1001
TIPPS & TRICKS
RUND UM DEN
GARTEN

1001
TIPPS & TRICKS
RUND UM DEN
GARTEN

NIKOL
VERLAG

Genehmigte Lizenzausgabe für
Nikol Verlagsgesellschaft mbH & Co. KG
Hamburg, 2009

© 2002 Reader's Digest – Deutschland, Schweiz, Österreich
Verlag Das Beste GmbH – Stuttgart, Zürich, Wien

Satz und Reproduktion: Hahn Medien GmbH, Kornwestheim
Covergestaltung: Thomas Jarzina, Holzkirchen
Printed in Slowenia

ISBN: 978-3-86820-014-0

www.nikol-verlag.de

VORWORT

Dieses Buch will Freizeitgärtner – Anfänger wie Fortgeschrittene gleichermaßen – in leicht zugänglicher Weise und zuverlässig über alle Gesichtspunkte ihres Hobbys unterrichten. Es ist einfach geschrieben und für jedermann verständlich. Auch das Unterhaltsame wurde nicht vergessen. Hier ein kleiner Wegweiser durch das Werk.

Das *Gartenalphabet* bietet eine Vielzahl leicht nachzuvollziehender Tipps und Tricks, die sich bei der Gartenarbeit als nützlich erweisen. Dank der alphabetischen Gliederung finden Sie mit einem Griff das Thema, das Sie interessiert. Am Ende vieler Einträge stehen Querverweise, die Sie rasch zu weiteren Hinweisen und Ratschlägen führen. Farbig gekennzeichnete Sonderseiten informieren Sie ausführlich über besondere Gartenthemen.

Schädlinge und Krankheiten macht Sie mit den Schäden bekannt, die in Ihrem Garten auftreten können. Sie erfahren die Ursache und können Ihre Pflanzen behandeln und wirksam vor weiterem Befall schützen. *Das Jahr des Hobbygärtners* führt Monat für Monat und nach Gartenbereichen geordnet die notwendigen Arbeiten auf. Dieser Kalender ist eine wertvolle Gedächtnisstütze, damit Sie immer an alles denken. *Gartenbegriffe A–Z* schließlich erläutert wichtige Fachbegriffe aus der Gartensprache.

1001 Tipps und Tricks rund um den Garten spiegelt das Wissen vieler Generationen von Gärtnern. Mit dieser Erfahrung lässt der Erfolg im Garten nicht lange auf sich warten.

Die Redaktion

INHALT

SONDERTHEMEN

DAS GARTEN-ALPHABET

Tipps und Tricks von A bis Z

Hier finden Sie in leicht zugänglicher und kompakter Form das Wissen von Gärtnern und Pflanzenzüchtern. Mithilfe der einzelnen Informationsbausteine werden Sie Ihren Garten bestmöglich nutzen – ganz gleich, ob er groß oder klein ist. Denn das Gartenalphabet enthält nicht nur wertvolle Tipps und Tricks zur Zucht und Pflege bestimmter Pflanzen, sondern auch gezielte Ratschläge zu allen anderen Aspekten der Gärtnerei. Ob Sie sich für biologisches Gärtnern, die Gestaltung einer Terrasse oder das Anlegen eines naturnahen Gartens interessieren, stets werden Sie im Alphabet die Lösung für Ihr Vorhaben finden. Als zusätzliche Hilfe bei der Suche dienen Ihnen Querverweise und das Register.

Absenken

Den richtigen Trieb auswählen
Das Absenken ist eine einfache Methode, um Sträucher zu vermehren. Wählen Sie einen einjährigen, biegsamen und tief sitzenden Trieb aus, der zu einer neuen Pflanze heranwachsen soll.

Blätter entfernen
Beim Absenken ist es wichtig, die Blätter von dem Trieb zu entfernen, der in die Erde gesteckt werden soll. Blätter, die am Trieb bleiben, faulen und hemmen die Wurzelbildung. Heften Sie den Trieb mit einem Draht am Boden fest oder beschweren Sie ihn mit einem flachen Stein.

Die richtigen Bedingungen
In einem lockeren Boden bilden Absenker rasch viele und kräftige Wurzeln. Stecken Sie den Trieb in eine Bodenmischung, die zu gleichen Teilen aus Gartenerde, Laubkompost und Sand besteht.

Schnellere Wurzelbildung
Beschleunigen Sie die Wurzelbildung, indem Sie den Trieb vor dem Fixieren schräg einschneiden und den Schnitt mit Bewurzelungspulver bestreuen. Sie können auch einen Draht oder Nylonfaden fest um den Trieb wickeln. An dieser Stelle reichern sich innerhalb von 2–3 Monaten natürliche Bewurzelungshormone an.

Rechtzeitig von der Mutterpflanze trennen
Im Frühjahr abgesenkte Triebe sollten bis zum Herbst oder spätestens nach einem Jahr Wurzeln und junge Pflänzchen gebildet haben. Trennen Sie die Jungpflanzen in diesem Stadium von der Mutterpflanze ab; später könnten sie dabei Schaden nehmen. Pflanzen Sie die jungen Setzlinge getrennt voneinander aus.

Umpflanzen leicht gemacht
Gut umpflanzen kann man Triebe, die in Töpfe abgesenkt wurden. Schneiden Sie einen 10 cm langen Schlitz in die Seitenwand eines Plastiktopfs, stecken Sie einen Zweig hinein und füllen Sie Erde auf. Hat sich ein Pflänzchen entwickelt, können Sie es von der Mutterpflanze trennen, ohne in den Wurzelraum eingreifen zu müssen.

Abmoosen mit der Zweigmanschette
Lässt sich ein Trieb nicht bis auf den Boden herab absenken, kann man ihn trotzdem zur Wurzelbildung anregen. Die Methode dazu heißt Abmoosen. Wählen Sie einen Zweig aus und befreien Sie einen Teil von den Blättern. Unterhalb eines Blattansatzes schneiden Sie den Zweig von oben schräg ein. Den Schnitt halten Sie mit einem Streichholz offen, bestreuen ihn mit Bewurzelungspulver und füllen ihn mit Moos. Nun wickeln Sie eine Manschette aus Plastikfolie um den Zweig. Schnüren Sie das untere Ende etwa 7 cm unterhalb des Schnitts fest und füllen Sie die Manschette mit einer angefeuchteten Mischung aus Moos und Pflanzerde. Zum Schluss binden Sie die Folie auch oben fest zu. Prüfen Sie in regelmäßigen Abständen, ob sich unter der Manschette Wurzeln gebildet haben. Ist dies der Fall, trennen Sie den neuen Trieb von der Mutterpflanze ab und setzen ihn in einen Topf.

Kletterpflanzen vermehren
Auch Kletterpflanzen wie Blauregen, Clematis, Geißblatt und Jasmin werden durch Absenken junger Triebe vermehrt. Schneiden Sie den Trieb drei- oder viermal jeweils in der Nähe eines Blattknotens bis maximal zur Hälfte ein, wobei Sie jeweils zwei Blattpaare zwischen den einzelnen Schnitten stehen lassen. Streuen Sie Bewurzelungspulver über die Einschnitte. Dann biegen Sie den Trieb zum Boden herunter und pflanzen ihn ein. Dabei empfiehlt es sich, ihn mithilfe u-förmiger Drahtstücke in der Erde festzustecken.

Loganbeeren absenken
Um die Loganbeere, eine Verwandte der Brombeere, zu vermehren, stecken Sie Ende Juli die Spitze eines neuen Triebs in den Boden. Hat der Trieb Wurzeln geschlagen, schneiden Sie ihn im Oktober über einer Knospe ab. Versetzen Sie die neue Pflanze jedoch nicht vor November.

Ackerwinden

Nicht auf den Kompost werfen
Versuchen Sie, auf Herbizide zu verzichten und das unerwünschte Wildkraut von Hand zu entfernen. Nach dem Ausreißen dürfen Sie die fleischigen Wurzelausläufer aber nicht auf den Kompost werfen. Selbst aus kleinen oder halb vertrockneten Wurzelresten können wieder Pflanzen wachsen. Verbrennen Sie deshalb die Wurzeln und nach der Blüte auch die Samen tragenden Triebe.

Chemisch bekämpfen
Wenn es nicht anders geht, kann man zur Vernichtung der Ackerwinden auch ein systemisches Herbizid einsetzen, das man mit einem Pinsel oder Schwamm auf die Blätter aufträgt. Lassen Sie das Wildkraut zunächst weiterwachsen und bekämpfen Sie die Pflanzen dann im vollen Wachstum. Dies wiederholen Sie einmal, damit auch hartnäckige Exemplare vernichtet werden.

Im Beet in eine Falle locken
In üppigen Gemüse- oder Blumenbeeten wickeln sich Ackerwinden oft um die benachbarten Pflanzen und verhindern so jegliches Jäten. Als Abhilfe steckt man Stangen oder Zweige in den Boden, die von den Winden rasch umrankt werden. Jetzt lässt sich die Ackerwinde gut von anderen Pflanzen unterscheiden und von Hand entfernen oder mit einem Herbizid bekämpfen.

Siehe auch *Bodenpflege, Unkrautbekämpfung*

Ahorn

Vielfältige Formen und Größen

Die rund 200 Arten der Ahornfamilie variieren in Wuchshöhe und -form: *Acer palmatum* var. *dissectum* erreicht eine Höhe von 1,5 m, der stattliche Spitzahorn *A. platanoides* 'Norway Maple' kann in weniger als 20 Jahren über 9 m groß werden. Die Wuchsformen reichen von säulenförmig und konisch über kugel- und pyramidenförmig bis zur ovalen oder weit ausladenden Krone.

Jedem Ahorn seinen Standort

Erkundigen Sie sich vor dem Kauf eines Ahorns nach dessen Bedürfnissen. Einige Arten, wie der Japanische Fächerahorn *(Acer palmatum)*, benötigen humusreiche Erde und einen geschützten Standort. Andere, wie der Bergahorn *(A. pseudoplatanus)*, gedeihen auch an nassen oder windreichen Stellen. Manche Arten, wie der Feuerahorn *(A. ginnala)*, mögen sauren Boden, andere gedeihen gut in kalkhaltiger Erde, z. B. der Feldahorn *(A. campestre)*.

Unter dem Blätterdach

Einige Ahornarten besitzen ein sehr dichtes Blätterwerk, unter dem weder Büsche noch mehrjährige Stauden gedeihen können. Pflanzen Sie stattdessen widerstandsfähige Bodendecker wie Efeu oder Immergrün. Sie haben den Vorteil, dass sie schattenverträglich sind und sich auch gegen die stark zehrenden Ahornwurzeln behaupten. Gut geeignet unter Ahornbäumen sind Frühblüher, von denen sich Schneeglöckchen und Winterling besonders bewährt haben.

Eigene Anzucht aus Samen

Sammeln Sie im Herbst reife Ahornsamen, die Sie zusammen mit etwas Sand in ein kleines Gefäß geben. Decken Sie den Behälter zum Schutz vor Mäusen mit Maschendraht ab und überwintern Sie die Ahornsamen im Freien. Im Frühjahr legen Sie die Samen dann in mit Anzuchterde gefüllte Töpfe oder säen sie direkt in ein sonniges und gut drainiertes Anzuchtbeet.

Aluminiumfolie

Makelloser Blumenkohl

Junger Blumenkohl bleibt bleich, wenn Sie ihm ein leicht zerknülltes Stück Aluminiumfolie überstreifen, das Sie mit Zahnstochern feststecken. Mit der Zeit strafft der wachsende Kopf die Folie.

Schutz vor Nagern

Jungbäume schützen Sie vor Nagern, indem Sie den Stamm 50 cm hoch mit einer dicken Lage Aluminiumfolie umhüllen. Die Nager werden durch das Glitzern des Metalls und das Kratzgeräusch ihrer Pfoten vertrieben. Lassen Sie etwas Luft zwischen Folie und Stamm, damit die Rinde atmen kann.

Glitzernde Vogelscheuchen

Um Vögel von Obstbäumen zu vertreiben, umwickelt man Gegenstände wie Pappstreifen oder Muschelschalen mit Folie und hängt sie an Schnüren so auf, dass sie im Wind schaukeln. Die sich spiegelnden Sonnenstrahlen halten die gefiederten Diebe wenigstens zeitweilig fern.

Wasser sparende Töpfe

Aus Tontöpfen verdunstet weniger Wasser, wenn man sie innen mit Aluminiumfolie auskleidet. Blockieren Sie jedoch nicht das Abflussloch für das Gießwasser im Boden.

Ökologischer Blattlausschutz

Legen Sie in Freilandbeeten ein großes Stück Aluminiumfolie unter Blumen oder Gemüse und beschweren Sie die Folie mit Kieseln oder Erdklumpen. Das Metall reflektiert die UV-Strahlung, die von den Blattläusen nicht vertragen wird.

Behütete Hyazinthen

Hyazinthen treiben normalerweise in der lichtarmen Jahreszeit aus. Um in einem Zimmer mit künstlicher Beleuchtung blühen zu können, brauchen die Pflanzen Lichtschutz. Formen Sie deshalb über dem sprießenden Blütenschaft von Hyazinthen einen Kegel aus Aluminiumfolie, der für Dunkelheit sorgt.

Ameisen

Eine gute Seite

Ameisen sind meistens unerwünscht. Doch bei schweren Böden können sie von Vorteil sein. Durch ihre Grabtätigkeit helfen sie, den Boden zu belüften und die Drainage entscheidend zu verbessern.

ERSTAUNLICHE TATSACHEN

Wie Ameisen überleben

In Ameisenkolonien können Millionen von Tieren leben. Im Garten richten die Insekten oft Schaden an – doch sie sind auch nützlich.

- In Deutschland gibt es mehr als 60 Ameisenarten. Einige eingewanderte Arten überleben nur im Haus.
- Die meisten in Deutschland vorkommenden Ameisen „halten" Blattläuse, deren Ausscheidungen sie als Nahrungsquelle nutzen.
- Wenn Rote Waldameisen *(Formica rufa)* sich bedroht fühlen, geben sie als Reizstoff gegen ihre Feinde Ameisensäure ab.
- Blutrote Raubameisen *(F. sanguinea)* rauben die Larven und Puppen anderer Ameisenarten. Die geraubten Tiere entwickeln sich zu Hilfsameisen ihrer neuen „Herren".
- Einige Pflanzen wie Veilchen nutzen Ameisen, um sich zu verbreiten, indem sie ihre Samen mit nährstoffreichen Futterkörperchen ausstatten. Die Ameisen transportieren die Samen ab, verzehren die Futterkörperchen und lassen die Samen zurück, die dann keimen können.

Anhäufeln

Wärmepolster für frühe Schösslinge

Eine milde Witterungsperiode im Winter oder zeitigen Frühjahr kann dazu führen, dass mehrjährige Pflanzen schon früh treiben. Bedecken Sie die jungen Triebe zum Schutz vor Frost vorsichtig mit einer dicken Schicht Torf oder Kokosfasererde. Drücken Sie die Lage aber nicht fest, damit die Schösslinge mit ihren empfindlichen Spitzen nicht zerquetscht werden.

Winterschutz für Fuchsien

Die meisten Fuchsien sind nicht robust genug, um raue Winter in Mitteleuropa zu überstehen. In Deutschland lässt sich im Freiland nur die Scharlachfuchsie *(Fuchsia magelanica)* kultivieren. Auch diese Pflanze sollte man vor Kälte schützen, indem man mit Rindenmulch oder Laub anhäufelt und zusätzlich mit Reisig bedeckt.

Standfester Kohl

Häufeln Sie um die Stängel von Blumenkohl und Winterkohl etwas Erde an. Dadurch werden die Pflanzen standfester. Den höher wachsenden Rosenkohl können Sie zusätzlich an einem Stab festbinden. Das verhindert, dass starker Wind die Pflanzen ein Stück weit aus dem Boden reißt, wodurch vor allem die feinen Wurzeln leicht Schaden nehmen.

Gemüse bleichen

Anhäufeln von Erde ist die einfachste und preiswerteste Methode, um Gemüse wie Knollenfenchel, Lauch und Sellerie zu bleichen. Am besten geht dies mit einem Rechen. Schieben Sie die Erde unten um die Stängel bereits zusammen, wenn die Pflanzen noch jung sind.

Kartoffeln anhäufeln

Kartoffelknollen, die dem Licht ausgesetzt sind, werden grün und giftig. Das lässt sich durch Anhäufeln der Reihen verhindern. Beginnen Sie damit, sobald die ersten oberirdischen Blätter erscheinen. Eine Rinne oben verbessert die Wasseraufnahme.

Anzuchtbeete

Immer eine gute Auswahl

Spezielle Beete für die Anzucht von Pflanzen sind für jeden ernsthaften Gartenfreund ein Muss. In solchen Beeten lassen sich nicht nur Jungpflanzen aus Samen und Stecklingen ziehen, sondern auch Bäume, Sträucher und Zierpflanzen vermehren. Anzuchtbeete sorgen dafür, dass Sie immer eine gute Pflanzenauswahl haben. Außerdem können Sie den Überschuss an Freunde abgeben und diesen eine Freude bereiten.

Der richtige Standort

Anzuchtbeete anzulegen stellt kein großes Problem dar. Ist ausreichend Platz vorhanden, wandelt man einfach einen Teil des Gemüsegartens in einen kleinen Anzuchtgarten um. Am besten wählen Sie eine leicht schattige Stelle mit einem Wasseranschluss in der Nähe. Da die Jungpflanzen unter Umständen innerhalb des Nachwuchsgartens an einen anderen Platz gebracht werden müssen, empfiehlt sich die Anzucht in Gefäßen. Weniger jäten muss man, wenn man die Behältnisse auf robuste schwarze Kunststofffolie oder ein Stück alten Teppich stellt, unter denen keine Pflanzen keimen können.

In kälteren Gegenden muss man die Jungpflanzen zum Schutz vor Frost unter Umständen in einen Kalten Kasten umsetzen.

Keine Pflanze ohne Etikett

Um ein späteres Durcheinander zu vermeiden, sollte man die Pflanzen im Anzuchtbeet immer mit einem Etikett versehen. Am sichersten sind Plastik- oder Metalletiketten, die man um die Pflanzenstängel schlingt; sie lassen sich nicht ohne weiteres entfernen und gehen deshalb nicht verloren. Beschriften Sie die Etiketten auf jeden Fall mit einem wasserfesten Stift.

Klein und kostengünstig

Junge Bäume, Sträucher und Stauden sind längst nicht so teuer wie ausgewachsene Pflanzen. Oft sind sie aber noch zu klein, um sofort im Garten ausgepflanzt zu werden. Deshalb lohnt sich hier ein Anzuchtbeet besonders. Nach 1 oder 2 Jahren dort haben sich die Jungpflanzen an ihre Umgebung gewöhnt und die richtige Größe erreicht, um ausgepflanzt zu werden.

Äpfel

Für jeden etwas

Egal, ob Ihr Garten groß oder klein ist – ein Platz für einen Apfelbaum findet sich immer. Das gilt sogar, wenn Sie für Ihre Pflanzen nur einen Balkon zur Verfügung haben. Einige Apfelarten sind selbstbestäubend, und man braucht nur einen einzigen Baum, um ausgezeichnete Früchte zu ernten. Bei anderen Arten sollte man einen geeigneten Pollenspender mit anpflanzen. In Baumschulen oder guten Gartencentern wird man Sie gerne beraten, welche Bäume für Ihren Garten am besten geeignet sind.

Äpfel vom Balkon

Die so genannten Ballerina- oder Minarette-Äpfel bieten als Kübelpflanzen eine ausgezeichnete Möglichkeit, auf der Veranda oder dem Balkon eigene Äpfel zu ziehen. Dank ihrer schlanken und säulenförmigen Wuchsform brauchen diese Bäumchen weniger Platz als große Topfpflanzen. Sie tragen trotzdem reichlich, und die Äpfel sind sehr wohlschmeckend. Im Winter sollten die Kübel vor Frost geschützt werden.

Bestäuber

Um Ihre Apfelernte zu erhöhen, oder wenn Ihr Garten nur für einen Apfelbaum Platz bietet, können Sie als Befruchtersorte einen Holzapfelbaum pflanzen. Eine zuverlässige, sehr attraktive Sorte ist der im Mai weiß blühende John Downie, der im Alter bis 8 m hoch und 3–4 m breit wird. Er trägt große rot geflammte Früchte, aus denen man ein sehr gutes Kompott herstellen kann. Als Pollenspender zu empfehlen ist auch der zwergwüchsige Evereste mit seinen weißrosa Blüten und kleinen orangefarbenen Früchten.

Schnurspalier entlang den Wegen

Fassen Sie Gartenwege statt mit kleinen Hecken mit Schnurspalierbäumen ein. Auf Zwergunterlagen gepfropft, werden diese Bäume von Baumschulen an einem einzelnen Draht in nicht mehr als 60 cm Höhe gezogen. Je länger Ihr Gartenweg ist, desto mehr Bäume können Sie pflanzen und eine umso größere Vielfalt an Äpfeln werden Sie genießen können.

Aufrechter Wuchs spart Platz

In einem schmalen Garten sollten Sie sich für Fächerspaliere, Kordons oder Spaliere entscheiden, damit die Früchte in die Höhe statt nach außen wachsen. Die endgültige Höhe der Spalierbäume wird nur von der Höhe der stützenden Mauer oder des Zauns begrenzt.

Einzelne Prachtexemplare

Frei stehende Bäume mit runden, kelch- oder pyramidenförmigen Kronen erreichen Höhen von 1,2–5 m. Einzeln stehende Exemplare eignen sich ausgezeichnet als dekorativer Mittelpunkt eines Rasens. Mit pyramidenförmigen Sorten kann man einen Miniaturobsthain anlegen.

Das Klima beachten

In rauen Lagen sollten Sie spät blühende und besonders frostharte Apfelbäume wie die alte Sorte Danziger Kantapfel oder auch Jacob Fischer pflanzen. In mittleren Lagen gedeiht die Rote Sternrenette, während die Sorte Golden Delicious warme Standorte bevorzugt. (Siehe auch *Frost*)

Junge Früchte ausdünnen

Im Mai oder Juni werfen Apfelbäume gewöhnlich einen Teil ihrer Früchte ab. Dieses als Junifall bezeichnete Phänomen gewährleistet, dass die verbleibenden Äpfel zu ansehnlicher Größe heranwachsen. Dünnt man die in Büscheln an den Ästen hängenden Früchte noch mehr aus, so erhält man große und wohlgeformte Früchte. Dazu muss man aus jedem Büschel die kleinsten Früchte entfernen. An buschförmigen Obstgehölzen lässt man am besten in jedem Büschel nur die größten Früchte stehen. Bei sehr vielen Äpfeln sollten Sie sogar ganze Büschel entfernen, sodass Tafeläpfel nur noch im Abstand von 10–15 cm und Kochäpfel im Abstand von 15–25 cm verbleiben. Bei Spalierbäumen empfiehlt es sich, die jungen Äpfel auf einen bis zwei pro Büschel zu reduzieren.

Misteln entfernen

Die meisten Menschen freuen sich, eine Mistel auf einem Baum zu entdecken. Wenn Sie einen solchen Parasiten allerdings von Ihren Apfelbäumen entfernen wollen, schneiden Sie ihn am besten mit einem scharfen Baumschnittmesser aus dem Holz. Stark befallene Äste kann man komplett absägen. (Siehe auch *Misteln*)

Leichtes Pflücken

Aus einer 3 m langen Stange, einer großen leeren Konservendose, zwei etwa 15 cm langen Drahtstücken und einem Nagel können Sie sich selbst einen Apfelpflücker herstellen.

Bohren Sie zunächst im Abstand von 1,5 cm zwei Löcher nebeneinander in den oberen Rand der Dose und direkt darunter, knapp über dem Dosenboden, ein zweites Paar Löcher. Ziehen Sie einen der Drähte durch die oberen Löcher und halten Sie die Stange senkrecht zwischen den beiden Drahtenden. Wickeln Sie nun den Draht um die Stange und verdrehen Sie die Enden mit einer Zange. Dabei sollten Sie darauf achten, dass die Stange nicht über die Dose hinausragt. Wiederholen Sie den Vorgang mit dem zweiten Stück Draht an den unteren Löchern. Zum Schluss schlagen Sie direkt unterhalb der oberen Drahtschlinge den Nagel in die Stange, damit die Dose nicht verrutschen kann.
Legen Sie die Dose mit etwas Schaumstoff oder Luftpolsterfolie aus, damit die Früchte bei der Ernte nicht auf dem harten Dosenboden aufschlagen. Nun brauchen Sie die Dose nur noch unter eine reife Frucht zu halten und sie sanft anzustoßen, um sie vom Baum zu pflücken.

Krebsgeschwüre ausschneiden

Die Äste mancher Apfelbäume wie Cox Orange und James Grieve werden oft von Krebs befallen. Beseitigen Sie stark befallene Äste ganz; einen leichten Befall können Sie mit einem scharfen Messer aus dem Holz schneiden. Entfernen Sie die kranken Teile des Astes, bis sie gesundes Holz erreichen, und verbrennen Sie das erkrankte Holz.

Larven verbrennen

Im Juli sollten Sie Wellpappestreifen mit der gewellten Seite nach innen um die Stämme von Apfelbäumen wickeln und mit Schnüren befestigen. Die Larven des Apfelwicklers, die sich von den Früchten ernähren, kriechen zum Überwintern in die Rillen der Pappe. Im Lauf des Winters können Sie dann die Pappe mitsamt den überwinternden Larven verbrennen.

Aprikosen

Eine Frucht für milde Lagen
Aprikosenbäume sind für raue Lagen nicht geeignet. In Deutschland gedeihen sie im Freien in klimatisch milden Regionen. In anderen Gegenden und in kleinen Gärten kann man sie als Fächerspalier an einer nach Süden oder Westen gerichteten Mauer ziehen und so das Mauerwerk als Wärmespeicher nutzen. Je nach Klima fruchten Aprikosenbäume in Deutschland nur sporadisch oder bringen gar keine Ernte. (Siehe auch *Fächerspaliere*)

Platz zum Wachsen
Achten Sie darauf, dass Ihre Aprikosenbäume genügend Platz zum Wachsen haben. Aprikosen sind kräftige Pflanzen, und die Krone eines erwachsenen, frei stehenden Baums kann einen Durchmesser von 4,5 m erreichen und eine Fläche von mehr als 15 m² überdecken. An Fächerspalieren gezogene Bäume brauchen weniger Platz. Sie benötigen aber eine mindestens 2,5 m hohe Mauer, um gut wachsen zu können.

Saftige Früchte durch Bewässern
In trockenen Sommern werden die Aprikosenfrüchte größer und saftiger, wenn man die Bäume zwischen Mitte Mai und September vier- bis fünfmal stark wässert. Bewässern Sie eine Fläche um den Baumstamm herum, die so weit reicht, wie sich die Äste ausbreiten.

Gefahr durch Fröste
Aprikosenblüten erscheinen schon im Februar. Weil Temperaturen unter dem Gefrierpunkt eine Bestäubung verhindern und die jungen Früchte absterben lassen, müssen die Bäume unbedingt geschützt werden. Ein erwachsener, frei stehender Baum ist nur schwer zu bedecken. Junge Bäume und solche, die an Wänden wachsen, kann man mit kräftigen Baumwolltüchern oder reißfester Kunststofffolie bedecken. (Siehe auch *Frost*)

Pollenspender

Bei der Auswahl von Apfelbäumen sollten Sie sich für Sorten entscheiden, deren Blütezeit sich um mehrere Tage überschneidet. Nur dann können Bienen Pollen von einer Sorte auf die andere übertragen. Die Tabelle zeigt einige gängige und schmackhafte Apfelsorten. Beachten Sie bitte, dass die triploide Sorte Mutsu zwei Bestäuber benötigt und selbst ein schlechter Pollenspender ist.

Blütezeit	Sorte	Beschreibung	Verwendung
Früh	Alkmene	Süßfruchtig, aromatisch	September bis November
	Discovery	Knackig, süßsaftig	August bis September
	Klarapfel	Gelblich weiß, erfrischend säuerlich	Juli bis August
Mittelfrüh bis mittelspät	Cox Orange	Aromatisch würzig, rot	November bis Januar
	Gloster	Dunkelrot, mild, feinfruchtig	November bis März
	James Grieve	Gelb-rot gestreift, süßsäuerlich	September bis November
	Mutsu	Goldgelb, süßfruchtig	Dezember bis Februar
	Rubinette	Orangerot, aromatisch	Oktober bis Januar
Spät	Elstar	Aromatisch, strohgelb, sonnenseits orangerot marmoriert	Oktober bis Januar
	Gewürzluiken	Erfrischend, bräunlich rot	Dezember bis März
	Ontario	Gelb-orange geflammt, fruchtig	Dezember bis März

Ernte zur richtigen Zeit
Die Äpfel auf einzelnen Bäumen reifen zu unterschiedlicher Zeit. Deshalb sollten Sie die verschiedenen Sorten nicht auf einmal, sondern über einige Wochen hinweg pflücken. Die Früchte sind reif, wenn sie sich bei leichtem Anheben und Drehen ablösen.

Knackige Lageräpfel
Damit Ihre Äpfel beim Lagern nicht weich und runzelig werden, sollten Sie die Früchte vorsichtig in Kartons zwischen Lagen aus sehr trockenem Torf oder Kokosfasererde legen. Bewahren Sie die Kartons an einem kühlen, feuchten Ort auf, an dem die Temperatur nicht unter 3 °C fällt, beispielsweise in einem geeigneten Keller oder einer Garage.

Köstliche Apfelringe
Getrocknete Apfelringe schmecken sehr gut, z. B. zusammen mit anderen Trockenfrüchten oder im Müsli. Dazu die Früchte schälen, entkernen, in 0,5 cm dicke Ringe schneiden und in eine Schüssel mit Zitronenwasser legen, damit sie sich nicht

verfärben. Die Ringe auf eine Schnur fädeln und über eine warme Heizung hängen, beispielsweise an Besenstielen oder Holzstangen. Nach ein paar Tagen sind die Ringe getrocknet, dann bewahrt man sie in Papiertüten an einem trockenen Platz auf. Vor dem Verzehr einweichen.

Schwer beladene Äste ausdünnen

Aprikosen sollte man nur ausdünnen, wenn die Äste schwer beladen sind. Dünnen Sie aber erst aus, wenn sich die Steine ausgebildet haben, weil es kurz vorher häufig zu einem natürlichen Fruchtfall kommt. Die Früchte sollten in Abständen von etwa 5 cm an den Ästen hängen.

Schutz vor Wildkräutern

Aprikosenbäume gedeihen nicht gut, wenn ihre Stämme von Gras oder Wildkräutern umgeben sind, die mit dem Obst um Wasser und Nährstoffe konkurrieren. Halten Sie deshalb die Erde um den Stamm frei. Noch besser ist es, den Boden mit Holzspänen oder Rindenmulch zu bedecken. Der Mulch unterdrückt das Wachstum der Gräser und Wildkräuter, erlaubt den Wurzeln des Baumes aber zu atmen.

Artischocken

Nutz- und Zierpflanze zugleich

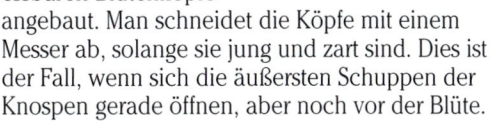

Artischocken anzupflanzen lohnt sich nicht nur wegen ihres Geschmacks, sondern auch aufgrund der großen schmucken Blätter. Allerdings ist die Pflanze für klimatisch raue Gebiete nicht geeignet. Im Gemüsegarten wird sie wegen ihrer essbaren Blütenköpfe angebaut. Man schneidet die Köpfe mit einem Messer ab, solange sie jung und zart sind. Dies ist der Fall, wenn sich die äußersten Schuppen der Knospen gerade öffnen, aber noch vor der Blüte.

Artischocken nicht erschöpfen

Lassen Sie Artischocken jeweils nur vier bis sechs Blüten tragen, damit die Pflanzen auch in der folgenden Gartensaison gut gedeihen. Im April sollten Sie dem Gemüse Mulch aus gut verrottetem Kompost zuführen.

Wasser für zarte Knospen

Für zartes Gemüse müssen die Blütenknospen rasch wachsen. Wässern Sie deshalb reichlich und häufig und fördern Sie das Wachstum auch durch Mulchen mit Kompost oder Mist.

Mit Seitentrieben vermehren

Artischocken sind zwar mehrjährig, halten sich aber nur 4–5 Jahre. Alte Pflanzen kann man gut durch Seitentriebe vorhandener Pflanzen ersetzen. Pflanzen Sie die Triebe im April und Mai in einem Abstand von 1 m aus.

Guter Winterschutz

Nach der Ernte im Spätherbst sollten Sie die äußeren Blätter der Artischocken abschneiden und die Wurzelhälse mit getrocknetem Farn oder Stroh umhüllen, das Sie mithilfe von Sackleinen oder biegsamem Karton dicht an die Pflanze binden. Häufeln Sie gegen strenge Fröste Sand, Sägemehl, Laub oder Asche an die Umhüllung, damit die Pflanzen sicher geschützt sind.

Lagerung

Verzehren Sie Artischocken so rasch wie möglich nach der Ernte. Wenn Sie das Gemüse nicht gleich verbrauchen möchten, können Sie die abgeschnittenen Blütenköpfe ohne weiteres 2–3 Tage in einem Gefäß mit sauberem Wasser frisch halten.

Asche

Nährstoffe aus dem Feuer

Die Asche von verbrannten Gartenabfällen und Gehölzen oder aus einem offenen Kamin können Sie auf vielfältige Weise im Garten einsetzen. Sie enthält z. B. 5–10 % Kalium und ist deshalb ein hervorragender Pflanzendünger, insbesondere für Obststräucher. (Siehe auch *Kali*)

Die richtige Asche

Im Gegensatz zu Asche aus Holz oder Gartenabfällen kann diejenige aus Kohle oder Koks Gifte enthalten, welche die Pflanzen schädigen können. Nutzen Sie Kohle- und Koksasche daher besser als Fundamentmaterial beim Anlegen von Veranden oder Wegen.

Gut für den Kompost

Die Asche von Gartenabfällen eignet sich sehr gut für den Komposthaufen. Sie enthält nicht nur wertvolle Nährstoffe, sondern beschleunigt auch den Verrottungsprozess.

Abwehrmittel gegen Schnecken

Manche Pflanzen wie z. B. Funkien wirken sehr anziehend auf Schnecken. Streuen Sie deshalb um solche Gewächse Holzasche aus. Schnecken meiden die Asche, weil sie deren körnige Struktur nicht mögen. Wenn Sie die Asche zuvor sieben, können Sie die groben Bestandteile als nährstoffreiches Fundament unter der Erde in einem Kalten Kasten verwenden.

Winterliches Ausrutschen verhindern

Im Winter können Sie vereiste Wege mit Asche streuen und auf diese Weise einer Rutschpartie vorbeugen. Verteilen Sie auch in Ihrer Garageneinfahrt Asche und verbessern Sie so die Griffigkeit Ihrer Autoreifen. Sie verhindern damit, dass Ihr Fahrzeug gegen eine Mauer rutscht.

Asche schützt empfindliche Pflanzen

Frostempfindliche Pflanzen wie Farne kann man während der winterlichen Kälteperiode vor dem Erfrieren schützen, indem man eine Mischung aus fein zermahlener Borke und aus grober Asche von Gartenabfällen um die Wurzelhälse herum anhäuft.

Auberginen

Hohe Temperaturen erforderlich

Als tropische Pflanzen benötigen Auberginen eine Keimtemperatur von mindestens 21 °C und ein warmes Klima zum Wachsen. Falls Ihr Gemüsebeet nicht gut geschützt liegt, müssen Sie die Auberginen im Gewächshaus anpflanzen.

Vorsichtig und tief pflanzen

Fassen Sie die zarten Keimlinge beim Auspflanzen nur an den Keimblättern an, sodass die Stängel nicht verletzt werden; das würde die jungen Pflanzen stark schädigen. Auberginen sollte man tief einpflanzen, d. h. mit den ersten Blättern in Bodenhöhe. Drücken Sie an der Basis der Pflanzen eine Vertiefung in die Erde, damit die Wurzeln ausreichend Wasser bekommen.

Für gute Wachstumsbedingungen sorgen

Zu den ungünstigen Umweltbedingungen für Auberginen zählen Kälte und Wassermangel, durch die das Wachstum behindert wird; ferner heiße, trockene Luft, die den Befall durch die Rote Spinnmilbe fördert. Um Schäden vorzubeugen, sollten Sie das Gewächshaus an kühlen Tagen nicht belüften und die Pflanzen gut wässern sowie alle 10 Tage mit einem kaliumreichen Dünger düngen. Bei heißer Witterung besprühen Sie die Pflanzen und auch die Wege im Gewächshaus am besten zweimal täglich mit Wasser, damit die Luftfeuchtigkeit steigt.

Reichlich Früchte

Um die Zahl der Früchte einer Auberginenpflanze zu erhöhen, sollten Sie den Vegetationskegel oberhalb des fünften Blattes abkneifen, sobald die junge Pflanze sechs oder sieben Blätter hat. Diese Maßnahme fördert die Bildung von Achselknospen, die Blüten und Früchte tragen. Nach der zweiten Blüte sollten Sie jeden Trieb oberhalb des jeweils ersten oder zweiten Blattes an einem Zweig auskneifen.

Nicht mehr als vier

Sofern Sie Ihre Auberginen nicht in einem beheizten Gewächshaus kultivieren oder es sich um kleinfruchtige Sorten handelt, sollten Sie die Zahl der Früchte auf maximal vier pro Pflanze beschränken. Lassen Sie an jedem Zweig nur eine Frucht heranwachsen und entfernen Sie alle weiteren Blüten, Knospen und Seitentriebe, sobald die ersten vier Früchte angesetzt haben.

Bitterem Geschmack vorbeugen

Pflücken Sie die Auberginen, sobald die Haut fest und glänzend ist. Belässt man die Früchte zu lange an der Pflanze, können sie bitter sein. Am besten schmecken Auberginen, wenn man sie der Länge nach halbiert, mit Salz bestreut und dann mit der Schnittfläche nach unten zum Abtropfen auf ein Drahtgitter legt. Das verhindert, dass sie beim Kochen zu viel Öl aufsaugen, und beseitigt zudem jeglichen bitteren Geschmack.

Purpurne Reihen

Besitzen Sie einen Süd- oder Westbalkon? Dann lohnt sich der Versuch, Auberginen entlang der Hauswand in Töpfen zu ziehen. Die großen, violetten Blüten und die tief purpurnen, glänzenden Früchte sehen sehr attraktiv aus.

Aussaat

Große Samen auf Abstand säen

Große Samen legt man gleichmäßig versetzt in einer Saatschale aus. Dann muss man die Sämlinge später nicht mehr pikieren. Säen Sie etwa Alpenveilchen mit rund 2,5 cm Abstand.

Ein Kniff für kleine Samen

Kleine Samen bleiben häufig an den Fingern hängen, werden deshalb ungleichmäßig verteilt und keimen in Klumpen. Um dies zu vermeiden, falten Sie ein Blatt weißes Papier in der Mitte und geben die Samen in die so geschaffene Rinne. Schieben Sie nun die Samen mit der Spitze eines Messers einzeln in die Saatrille. Beobachten Sie genau, wie die Samen vom Papier in die Erde rutschen, und bewegen Sie das Blatt

entlang der Saatrille weiter, um die Samen gleichmäßig zu verteilen. Halten Sie das Papier dabei dicht über dem Boden.

Rückenschmerzen ade

Große Samen können Sie aussäen, ohne sich zu bücken, indem Sie die Körner durch ein Stück Plastikleitungsrohr mit einem Durchmesser von 2,5 cm und mit etwa 1 m Länge in die Erde befördern. Sägen Sie dazu ein Ende des Rohrs spitz zu und stecken Sie das Gerät am Anfang der Saatrille in die Erde. Lassen Sie nun das erste Samenkorn durch das Rohr fallen. Rücken Sie das Rohr um den gewünschten Saatabstand weiter und geben Sie erneut ein Samenkorn hinein. Zum Schluss bedecken Sie die Samen mit Erde und drücken den Boden fest. Das Verfahren eignet sich für Samen von Roten Beeten, Erbsen, Kürbissen, Puff-, Feuer- und Stangenbohnen.

Nur steriles Substrat verwenden

Verwenden Sie zur Aussaat von Samen in Töpfe niemals Gartenerde. Sie enthält Bakterien, Pilze, Schädlinge und Unkrautsamen, die den Keimlingen schaden können. Gartenerde lässt sich im Ofen oder in der Mikrowelle selten vollkommen sterilisieren, wie häufig vorgeschlagen wird. Kaufen Sie lieber abgepacktes Anzuchtsubstrat, um den Sämlingen einen guten Start zu ermöglichen.

Doppelt gesät ist besser

Bei der Aussaat von Samen in Töpfe sollten Sie immer zwei Samen in jeden Topf geben. Keimen beide Samen, ziehen Sie den schwächeren Sämling behutsam heraus, sodass sich der kräftigere voll entwickeln kann. Knipsen Sie den überzähligen Sämling nicht ab, die im Boden verbleibende Wurzel könnte Wurzelfäule verursachen.

Schnelles Keimen bei Trockenheit

In trockene Erde ausgesäte Samen keimen erst, wenn Regen für die nötige Feuchtigkeit sorgt. Beschleunigen Sie diesen Prozess, indem Sie die Saatrille vor der Aussaat mit der Gießkanne – und zwar ohne aufgesetzte Brause – wässern. Bringen Sie dann die Samen aus und bedecken Sie die Saatrille wieder mit der ausgehobenen Erde. Ist der Boden nährstoffarm, können Sie die Saatrille auch mit frischem Anzuchtsubstrat bedecken und dann vorsichtig mit aufgesteckter Brause gießen.

„Damit ich dich besser sehen kann…"

Wenn Sie bei der Aussat von Samen Schwierigkeiten haben, weil die Saatkörner auf der dunklen Erde schlecht zu sehen sind, geben Sie eine Prise Talkpuder in die Samenpackung. Schütteln Sie die Packung kräftig, und säen Sie dann die Samen wie gewöhnlich aus. Das weißliche Pulver bleibt am Saatgut haften und lässt Sie die Samen besser erkennen.

Vorbild Natur

Samen, die in der freien Natur von allein auf die Erde fallen, werden durch den Wind mit einer dünnen Erdschicht bedeckt. Orientieren Sie sich bei der Aussaat an der Natur und bedecken Sie die ausgebrachten Samen nicht mit mehr Erde, als Sie ausgehoben haben.

Von Licht- und Schattenkeimern

Die meisten Samen keimen sowohl bei Licht als auch bei Dunkelheit – vorausgesetzt, ein warmes und feuchtes Milieu umgibt sie. In der Regel bedeckt man die Samen mit etwas Substrat, doch eher um ein Austrocknen zu verhindern, als um sie vor Licht zu schützen. Einige Samen, wie etwa die von Begonien, Fleißigen Lieschen, Lobelien und Primeln, sind allerdings zum Auskeimen auf Licht angewiesen. Bedecken Sie diese Samen deshalb nicht mit Erde.

Den Boden wieder andrücken

Eine Saatrille, in die der Samen gesät wurde, füllen Sie mit dem flachen Teil einer Harke wieder mit Erde. Benutzen Sie das Gerät auch zum Andrücken. Das Substrat in Töpfen lässt sich mit dem Boden eines kleineren Topfes festdrücken. Sie können dafür aber auch ein spezielles Gerät verwenden. Fertigen Sie es selbst aus einem kurzen Stück Rundholz, auf das Sie eine Scheibe aus Sperrholz nageln.

Die Umfallkrankheit bekämpfen

Die Umfallkrankheit ist eine Pilzerkrankung, die bei jungen Sämlingen zu Fäulnis an der Stängelbasis und zum Umfallen, also zum Absterben der Pflanze führt. Sie tritt häufig dann auf, wenn das Anzuchtsubstrat durch zu starkes Andrücken oder durch übertriebenes Gießen zu nass ist. Weitere Ursachen der Krankheit sind zu dichte Aussaat, die Verwendung von Gartenerde oder gebrauchtem Anzuchtsubstrat sowie die Aussaat in verschmutzte Töpfe oder Saatkisten. Gießen

Sie vorsichtshalber die Samen leicht mit einem flüssigen Kupferfungizid an und fahren Sie damit auch während der Keimung und nach dem Pikieren der Sämlinge fort.

Die richtige Temperatur

Die optimale Temperatur für die Keimung der meisten Samen liegt bei 21 °C. Stellen Sie den Saatkasten nach der Aussaat an einen warmen Platz im Haus oder Gewächshaus und kontrollieren Sie ihn jeden Tag. Sobald die Samen zu keimen beginnen, geben Sie dem Kasten einen kühleren und hellen Platz. Noch besser ist es, einen Anzuchtkasten mit Thermostat zu verwenden. So ist eine immer gleich bleibende Temperatur gewährleistet und die Keimung der Samen wird gefördert.

Dunkle Bedeckungen vermeiden

Samen sollte man nie mit einem lichtundurchlässigen Material wie z. B. dunkler Folie bedecken. Dadurch würde verhindert, dass Lichtkeimer ausreichend mit Helligkeit versorgt werden. Keimende Samen würden durch den Lichtmangel verkümmern.

Empfindliche Sämlinge nicht verpflanzen

Empfindliche Sämlinge sollte man nicht umpflanzen, weil ihre Wurzeln dadurch Schaden nehmen können. Besser ist es, die Samen dieser Pflanzen in biologisch abbaubare Saatbehälter auszusäen, z. B. in Kegel aus Zeitungspapier oder Eierkästen aus Pappmaché. Später können Sie die Sämlinge dann direkt an der gewünschten Stelle im Garten in den Boden setzen, wo sich das Material der Behälter auflöst. (Siehe auch *Zeitungspapier*)

Schützen Sie Ihre Sommeraussaat

Wenn Sie übers Wochenende wegfahren, können Sie Ihre Sämlinge schützen und frisch halten, indem Sie ein feines weißes oder helles Stück Stoff oder Gartenvlies über die Beete spannen. Befestigen Sie die Enden an kurzen, in die Erde gerammten Holzpflöcken. Regen kann durch den Stoff oder das Vlies dringen, vor Kälte oder Hitze aber sind die Sämlinge etwas geschützt.

Balkongärten

Sicherer Stand für Töpfe
Damit frei stehende Blumentöpfe, z. B. auf einem Wandbrett, bei Sturm nicht vom Balkon geweht werden, sollten Sie stets darauf achten, dass sie in sicherem Abstand zum äußeren Rand platziert sind, vor allem wenn sich darunter ein weiterer Balkon oder ein Gehweg befindet, auf dem Fußgänger vorbeikommen. Bei einem größeren Abstand zwischen Balkonboden und Geländer bringen Sie einen stabilen Maschendraht an.

Akzente setzen
Die dunklen samtigen Blütenblätter der Veilchensorte Viola 'Bowles Black' kommen besonders gut zur Geltung, wenn sie in einem Kübel zwischen den Blütenblättern einer weißen Verbene (Verbena) hervorschauen. Zwei gleich bepflanzte Töpfe ergeben zudem eine schöne Symmetrie.

Windschutz für den Balkon
Als Windschutz für Balkone eignen sich Bambusmatten oder Ähnliches, mit denen Sie den zur Windseite hin offenen Teil verkleiden. Hilfreich sind auch immergrüne Gehölze wie Aukube (Aucuba), Buchs (Buxus), Liguster (Ligustrum) und Portugiesischer Kirschlorbeer (Prunus lusitanica), die im Lauf der Zeit eine dichte Hecke mit glänzenden Blättern bilden.

Blumenkästen begrünen
Balkongeländer eignen sich gut für Blumenkästen, die Sie in feste Halterungen setzen und mit Zierpflanzen wie Fuchsie (Fuchsia) und Pelargonie (Pelargonia) bepflanzen oder in die Sie Gemüse und Früchte wie Tomaten und Erdbeeren, aber auch verschiedene Kräuter einsetzen können. Ebenfalls sehr attraktiv sind Hängepflanzen, die den Sommer über farbenprächtige Blütenkaskaden bilden. (Siehe auch Blumenampeln)

Duftender Jasmin
Der duftende Echte Jasmin (Jasminum officinale), der den ganzen Sommer über eine Fülle von Blüten hervorbringt, ist eine ebenso anpassungsfähige wie dekorative Kletterpflanze, die sich mit den übrigen Pflanzen auf dem Balkon zu einem prachtvollen Ganzen verbindet. Pflanzen Sie Jasmin am besten in einen großen Kübel.

Kletternder Blickfang
Wählen Sie für den Balkon zierliche Clematisarten wie etwa die Alpenwaldrebe (Clematis alpina), die mit etwa 2 m Höhe nicht zu hoch klettert und andere Pflanzen deshalb auch nicht überwuchert. Ihre becherförmigen blauvioletten Blüten bieten im April und Mai einen herrlichen Anblick. Auch die vielen Formen der Italienischen Waldrebe (Clematis viticella) in Rosa-, Rot- und Purpurtönen eignen sich gut als Kübelpflanzen; sie blühen vom Juli bis in den Herbst. (Siehe auch Clematis)

Balkonpflanzen schützen
Pflanzen, die auf dem Balkon überwintern, sollten Sie möglichst nah an die Hauswand stellen, damit sie besser vor der Kälte geschützt sind. Ist starker Frost zu erwarten, können Sie die Töpfe zusätzlich mit Luftpolsterfolie oder Stroh bedecken, das sie mit Bindfaden fixieren. Auch um alle hervorstehenden Pflanzenteile sollten Sie etwas Isoliermaterial wickeln und festbinden. Zum Schutz vor Bodenkälte können Sie außerdem zwischen Topf und Balkonboden Holz- oder starke Styroporplatten legen.

Exotische Pflanzen überwintern
Haben Sie keinen warmen, hellen Raum zum Überwintern von exotischen Pflanzen wie Bougainvillea oder Engelstrompete (Datura), können Sie die Gewächse auch an einen weniger hellen, aber dafür kühlen Platz bei 5–10 °C ins Haus stellen. So bleiben die Pflanzen in einem Ruhestadium und brauchen deshalb weniger Licht.

Blumen und Sträucher überwintern
Kleinere winterharte Pflanzen und Zwergsträucher können Sie über Winter in einen mit Stroh ausgelegten Karton stellen, um sie vor Frostschäden zu bewahren.

Große Pflanzen

Einen Strauch, den Sie über Winter nicht ins Haus bringen können, stellen Sie am besten in einen großen, stabilen Sack. Gut geeignet sind Säcke aus festem Papier, etwa solche, in denen größere Kartoffelmengen abgepackt werden. Füllen Sie den Sack anschließend mit Stroh und binden Sie ihn oben lose zusammen. Mehrjährige Kletterpflanzen sollten Sie durch Bambusmatten schützen.

Rustikale Pflanzgefäße
Mit einem schön bepflanzten Holzkübel, den man im Gartencenter erhält, verleihen Sie Ihrem Balkongarten einen rustikalen Charme. Bohren Sie zunächst einige Löcher in den Boden des Kübels und füllen Sie einige Zentimeter hoch große Kiesel oder Tonscherben ein, damit das Gießwasser gut ablaufen kann und die Wurzeln nicht darin stehen. Verwenden Sie nur hochwertige Blumenerde, am besten auf Torfersatzbasis. Lehmhaltige Erde ist zu schwer, sodass sich der Blumenkübel dann kaum noch bewegen lässt.

Blumenkübel transportieren
Blumenkübel lassen sich viel einfacher auf dem Balkon hin- und herschieben oder auch zum Schutz vor Kälte im Winter ins Haus transportieren, wenn Sie die Erde zuvor so stark austrocknen lassen, dass sie kaum noch feucht und damit leichter ist.

Balkonwände begrünen
Unansehnliche Balkonwände lassen sich sehr gut hinter einer grünen Wand aus Kletterpflanzen verstecken. Für eher dunkle Plätze eignet sich der immergrüne Efeu (Hedera helix), der keine Rankhilfe benötigt, weil er sich mit seinen Saugnäpfen von allein hochrankt. Allerdings ist seine Haftfähigkeit so groß, dass er sogar den Putz an den Wänden lockern kann. Deshalb ist es bei Mietwohnungen ratsam, sich vorher mit dem Vermieter abzusprechen. (Siehe auch Efeu)

Siehe auch Kübelpflanzen, Pflanzgefäße

Bambus

Optimale Wachstumsbedingungen

Außer in Frost- und Trockenperioden kann man im Container gezogenen Bambus während jeder Jahreszeit auspflanzen, er sollte aber möglichst vor kaltem Wind geschützt stehen. Da die Wurzeln nie austrocknen dürfen, mulchen Sie die Erde am besten im Frühjahr mit Kompost.

Ausbreitung in Grenzen halten

Bei manchen im Freiland gepflanzten Bambusarten sollten Sie darauf achten, dass sie sich nicht rapide ausbreiten – die unterirdisch wachsenden waagrechten Rhizome können rasch ganze Gartenbereiche erobern. Um den Bambus auf den für ihn vorgesehenen Platz zu beschränken, heben Sie um die Pflanze herum einen 50 cm tiefen Graben aus und schlagen ebenso tief feste Kunststoffelemente ein, um eine seitliche Ausbreitung der Rhizome zu verhindern. Die Rhizome wachsen dann nach oben, wo man sie leicht abschneiden kann. Vor allem die Arten *Indocalamus tessellatus, Pleioblastus humilis* var. *pumilus, P. pygmaeus* und *Sasa veitchii* breiten sich stark aus und sollten nur dort angepflanzt werden, wo ihnen genug Platz zum Wachsen bleibt.

GESCHICHTE IN KÜRZE

Neue Namen

In den letzten Jahren haben Bambusexperten die Namen zahlreicher Arten geändert, sodass viele vertraute Namen verschwunden und dafür neue in Gebrauch sind. Da diese Namensänderungen für Laien sehr verwirrend sein können, seien einige davon genannt.

Alter Name	Neuer Name
Arundinaria fargesii	*Bashania fargesii*
A. japonica	*Pseudosasa japonica*
A. murieliae	*Fargesia murieliae*
A. nitida	*F. nitida*
A. palmata	*Sasa palmata*
A. pygmaea	*Pleioblastus pygmaeus*
A. variegata	*P. variegatus*
A. viridistriata	*P. auricomus*
Sasa tessellata	*Indocalamus tessellatus*

Bambusschösslinge

Verteilen Sie trockenes Laub als Mulchschicht um die Basis neu gesetzter Bambuspflanzen. Es hält die Feuchtigkeit im Boden und schützt die Wurzeln vor zu viel Sonne. Auch wenn die Schösslinge dann angewachsen sind, sollten Sie den Boden regelmäßig mulchen, damit die Erde nie austrocknet.

Hohe Bambusarten

Hoch wachsende, immergrüne Bambusarten werden gewöhnlich zu groß für kleine Gärten, bilden aber einen interessanten Blickfang in mittelgroßen Gärten. Pflanzen Sie den Bambus an eine Stelle mit guter Drainage im Halbschatten.

Bambusrohr ernten

Bambusstängel sind ausgezeichnete Stützpfähle für andere Pflanzen und können geerntet werden, sobald sie etwas mehr als die erforderliche Länge erreicht haben. Die beste Zeit für den Schnitt ist der Herbst. Schneiden Sie die Stängel mit einer scharfen Gartenschere so nah wie möglich über dem Boden ab und lagern Sie die Rohre liegend oder an einer Schnur aufgehängt an einem kühlen, trockenen Ort, sodass sie rascher trocknen, beispielsweise in der Garage oder im Schuppen.

Blattkaskaden

Bambus eignet sich gut als leuchtend grüne Abschirmung oder Hintergrundbepflanzung und kann auch den Blick in einen Garten von einem Fenster aus einrahmen.

Bambus vermehren

Der optimale Zeitpunkt zur Vermehrung von Bambus ist im zeitigen Frühjahr, also noch vor Beginn der Wachstumsphase. Dafür graben Sie vier bis sechs 3-jährige Pflanzen aus, setzen die Stängel rasch an eine windgeschützte Stelle im Garten in ein vorbereitetes Pflanzloch in die gleiche Tiefe,

gießen reichlich und schneiden die Pflanzen dann jeweils um ein Drittel zurück.

GÄRTNER-WISSEN

Ausbreitung oder Horstbildung?

Beim Pflanzen von Bambus ist es wichtig, je nach Art den geeigneten Standort auszuwählen. Ein erster, wichtiger Schritt dazu ist die Unterscheidung zwischen den Rhizom und den Horst bildenden Arten.

Arten mit starker Rhizombildung
Indocalamus tessellatus, Pleioblastus humilis var. *pumilus, Pleioblastus pygmaeus, Sasa veitchii*

Arten mit mäßiger Rhizombildung
Phyllostachys aurea, Phyllostachys nigra, Pleioblastus variegatus

Horst bildende Arten
Arundinaria gigantea, Chusquea culeou, Fargesia murieliae, F. nitida, Shibataea kumasasa, Sinarundinaria intermedia

Bambus auf Balkon und Terrasse

Auch auf dem Balkon oder der Veranda kann Bambus einen prächtigen Anblick bieten. Wählen Sie dafür je nach Größe der Terrasse oder des Balkons eine nicht zu hoch wachsende, kälteresistente Art aus – eine gute Wahl ist beispielsweise *Shibataea kumasasa*. Setzen Sie die Pflanze in einen ausreichend großen Topf und gießen Sie regelmäßig.

Das passende Pflanzgefäß

Wollen Sie eine große Bambusart wie *Fargesia murieliae* oder *F. nitida* in einen Topf pflanzen, sollten Sie unbedingt ein schweres Gefäß verwenden, sodass die Pflanze nicht kopflastig und dadurch leicht vom Wind umgestoßen werden kann. Manche Bambusschösslinge wachsen nach erfolgreichem Einwurzeln so schnell in die Höhe, dass sie bald jedes Jahr in ein größeres Gefäß umgetopft werden müssen.

Bambus überwintern

Bambus in Pflanzgefäßen sollten Sie unbedingt vor Frost schützen, indem Sie die Pflanzen mitsamt Topf in mehrere Lagen Luftpolsterfolie einwickeln, die Sie lose mit etwas Schnur festbinden. Die Erde können Sie zuvor mit einer dicken Stroh- oder Laubschicht bedecken. Frost von unten lässt sich abhalten, indem Sie das Pflanzgefäß den Winter über auf eine Holz- oder starke Styroporplatte stellen, sodass es keinen unmittelbaren Kontakt zum kalten Boden hat.

BAUMFORMEN

Es gibt eine enorme Vielfalt an Bäumen in allen Formen und Größen und selbst für den kleinsten Garten findet man noch ein Gewächs, das dem Grundstück Eleganz und Stil verleiht.

Die meisten Bäume in unseren Breitengraden lassen sich in zwei grundlegende Typen einteilen – Laubbäume und Nadelbäume (Koniferen). Zu den am meisten verbreiteten Laubbäumen gehören Buche, Eiche, Esche und Weide. Zu den Koniferen zählen beispielsweise Eibe, Kiefer und Wacholder.

Fast alle Laubbäume werfen ihre Blätter im Herbst ab, während die meisten Nadelbäume immergrün sind. Dies ist bereits das erste Kriterium, das Sie bei der Wahl eines Baums berücksichtigen müssen. Weiterere wichtige Faktoren sind Form und Größe des Baumes. Hier zählen allerdings nicht nur Ihre persönlichen Vorlieben, sondern auch andere Gesichtspunkte wie Lichtverhältnisse und verfügbarer Platz.

Laub- und Nadelbäume gibt es in den unterschiedlichsten Formen. So hat beispielsweise die schlanke Birke nicht die geringste Ähnlichkeit mit der wuchtigen Gestalt einer Eiche, und eine ausgewachsene Kiefer ist kuppelförmig und nicht mehr konisch wie in der Jugend. Ein säulenförmiger Baum wie etwa Birke oder Pappel nimmt weniger Platz ein als ein weit ausladender Baum. Und eine Schirmform ist ein guter Schattenspender, ohne dabei zu viel Licht wegzunehmen. Etwas solidere Koniferen können als Lärmschutz oder Windfang fungieren. Und wenn Sie keine besonderen Bedürfnisse haben, können Sie als Augenweide so eigenartig geformte Bäume wie die Korkenzieherhasel anpflanzen.

Finden Sie auf jeden Fall heraus, wie groß und breit der für Sie infrage kommende Baum maximal werden darf, bevor Sie eine Entscheidung treffen. Wie hoch der Baum schließlich tatsächlich wird, hängt von der Wachstumsgeschwindigkeit und den vorherrschenden Winden ab, aber auch, ob und wie er beschnitten wird. Auf den folgenden Seiten finden Sie verschiedene Bäume ihren unterschiedlichen Formen nach aufgeführt; so können Sie leichter eine Entscheidung treffen.

Die Eberesche (Sorbus aucuparia) wird häufig in Alleen, aber auch in Gärten gepflanzt.

Kegel- und pyramidenförmig

Laubbäume

Acer platanoides (Spitzahorn)
A. rubrum (Rotahorn)
A. saccharinum (Silberahorn)
Alnus glutinosa (Erle)
Carpinus betulus (Hainbuche)
Corylus colurna (Baumhasel)
Davidia involucrata (Taubenbaum)
Fagus sylvatica (Säulenbuche)
Ginkgo biloba (Ginkgo)
Ilex aquifolium (Stechpalme)
Populus tremula (Espe)
Pyrus communis (Birnbaum)
Quercus coccinea (Scharlacheiche)
Salix alba (Silberweide)
Sorbus aucuparia (Eberesche)
Tilia tomentosa (Silberlinde)

Das rötlich braune Holz des Riesenlebensbaums (Thuja plicata) wird häufig für den Bau von Zäunen und Gartenschuppen verwendet.

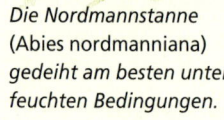

Die Nordmannstanne (Abies nordmanniana) gedeiht am besten unter feuchten Bedingungen.

Koniferen

Abies nordmanniana (Nordmannstanne)
Cedrus deodara (Himalayazeder)
C. libani ssp. *Atlantica* (Libanonzeder)
Chamaecyparis lawsoniana (Scheinzypresse)
Cryptomeria japonica (Japanische Sicheltanne)
× *Cupressocyparis leylandii* (Leylandzypresse)
Juniperus virginiana (Virginischer Wacholder)
Larix decidua (Europäische Lärche)
L. kaempferi (Japanische Lärche)
Picea sitchensis (Sitkafichte)
Pinus contorta (Drehkiefer)
Pseudotsuga menziesii (Douglasie)
Taxodium distichum (Sumpfzypresse)
Taxus baccata (Gemeine Eibe)
Thuja plicata (Riesenlebensbaum)

Wenn der Herbst relativ trocken bleibt, färben sich die Blätter des Ginkgobaums (Ginkgo biloba) zu einem leuchtenden Ockergelb.

Säulenförmig

Laubbäume

Acer platanoides 'Columnare'(Spitzahorn)
A. saccharinum pyramidale (Silberahorn)
Betula pendula 'Fastigiata' (Säulenbirke)
Carpinus betulus 'Fastigiata' (Hainbuche)
Fagus sylvatica 'Dawyck Gold' (Gelblaubige Säulenbuche)
Malus tschonoskii (Wolliger Apfel)
Populus alba pyramidalis (Silberpappel)
P. nigra var. *italica* (Pyramidenpappel)
Prunus serrulata 'Amanogawa' (Säulenzierkirsche)
Quercus robur 'Fastigiata' (Säuleneiche)
Robinia pseudoacacia 'Pyramidalis' (Gemeine Robinie)
Sorbus aucuparia 'Fastigiata' (Eberesche)
Tilia cordata 'Greenspire' (Winterlinde)
Ulmus minor 'Dampieri Aurea' (Feldulme)

Die Wurzeln der Pyramidenpappel (Populus nigra var. italica) breiten sich auf der Suche nach Wasser sehr weit aus.

Koniferen

Chamaecyparis lawsoniana 'Grayswood Pillar' (Scheinzypresse)
Juniperus chinensis 'Obelisk' und 'Spartan' (Chinesischer Wacholder)
J. communis 'Hibernica' (Gewöhnlicher Wacholder)
J. scopulorum 'Skyrocket' (Felsengebirgs-Wacholder)
Picea omorika (Omorikafichte)
Pinus sylvestris 'Fastigiata' (Gemeine Kiefer)
Taxodium distichum var. *imbricatum* 'Nutans' (Sumpfzypresse)
Taxus baccata 'Fastigiata Aurea', 'Fastigiata Aureomarginata' und 'Standishii' (Gemeine Eibe)
Thuja occidentalis 'Europa Gold' und 'Smaragd' (Abendländischer Lebensbaum)

Die Gemeine Eibe (Taxus baccata 'Fastigiata Aureomarginata'), ein immergrünes Gewächs, ist sehr schnitt- und schattenverträglich.

Oval geformt

Laubbäume

Acer cappadocicum (Kolchischer Ahorn)
A. negundo (Eschenahorn)
A. opalus (Schneeballblättriger Ahorn)
A. pseudoplatanus (Bergahorn)
Aesculus × carnea (Rote Rosskastanie)
A. hippocastanum (Rosskastanie)
Ailanthus altissima (Chinesischer Götterbaum)
Carya ovata (Hickorynuss)
Castanea sativa (Esskastanie)
Catalpa bignonioides (Gewöhnlicher Trompetenbaum)
Fraxinus excelsior (Gemeine Esche)
F. ornus (Mannaesche)
Juglans nigra (Schwarze Walnuss)
J. regia (Echte Walnuss)
Magnolia acuminata (Gurkenmagnolie)
Malus sylvestris (Holzapfel)
Platanus × hispanica (Gewöhnliche Platane)
Pterocarya fraxinifolia (Kaukasische Flügelnuss)
Quercus cerris (Zerreiche)
Q. frainetto (Ungarische Eiche)
Q. ilex (Steineiche)
Q. palustris (Sumpfeiche)
Q. robur (Gemeine Eiche)
Q. rubra (Roteiche)
Salix alba (Silberweide)
Tilia × europaea (Holländische Linde)
T. platyphyllos (Sommerlinde)
Zelkova carpinifolia (Kaukasische Zelkove)

Die Gewöhnliche Platane (Platanus × hispanica) wird in Städten angepflanzt, da sie widerstandsfähig gegen Luftverschmutzung ist.

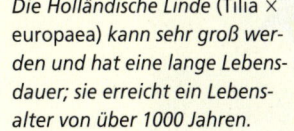

Die Holländische Linde (Tilia × europaea) kann sehr groß werden und hat eine lange Lebensdauer; sie erreicht ein Lebensalter von über 1000 Jahren.

Kugelförmig

Laubbäume
Acer platanoides 'Globosum' (Spitzahorn)
Robinia pseudoacacia 'Umbraculifera'
(Gemeine Robinie)

Der Spitzahorn (Acer platanoides 'Globosum') ist häufig in Parks anzutreffen.

Der Name der Robinie (Robinia pseudoacacia) erinnert an Jean Robin, der den Baum im Paris des 17. Jh. anpflanzte.

Koniferen
Abies lasiocarpa 'Arizonica Compacta'
(Felsengebirgs-Tanne)
Chamaecyparis lawsoniana 'Green Globe' und
'Tharandtensis Caesia' (Scheinzypresse)
C. obtusa 'Pygmaea' (Feuer-Scheinzypresse)
Cryptomeria japonica 'Globosa Nana' (Japanische Sicheltanne)
Picea abies 'Clanbrassiliana', 'Nidiformis' und
'Ohlendorffii' (Gemeine Fichte)
P. glauca 'Nana' (Zuckerhutfichte)
Pinus mugo 'Mops'(Krummholzkiefer)
P. sylvestris 'Moseri' (Waldkiefer)
Thuja occidentalis 'Danica' und 'Golden
Globe' (Abendländischer Lebensbaum)

Schirmförmig

Laubbäume
Betula nigra (Schwarzbirke)
Laburnum × watereri 'Vossii'
(Goldregen)
Prunus 'Kiku-shidare-zakura'
und *P.* 'Shirofugen' (Japanische Blütenkirsche)

Koniferen
Pinus nigra (Schwarzkiefer)
P. sylvestris (Gemeine Kiefer)

Die Japanische Blütenkirsche (Prunus serrulata) ist eine Sammelart, in der zahlreiche Kulturformen zusammengefasst werden.

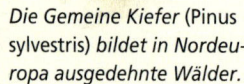

Die Gemeine Kiefer (Pinus sylvestris) bildet in Nordeuropa ausgedehnte Wälder.

Hängend

Laubbäume
Betula pendula 'Tristis'
und 'Youngii' (Weißbirke)
Cercidiphyllum japonicum pendulum (Katsurabaum)
Fagus sylvatica 'Pendula'
(Rotbuche)
Fraxinus excelsior
'Pendula' (Gewöhnliche
Esche)
Laburnum anagyroides
'Pendulum' (Goldregen)
Malus × gloriosa 'Ökonomierat
Echtermeyer' (Holzapfel)
Morus alba 'Pendula' (Weißer
Maulbeerbaum)
Populus tremula 'Pendula'
(Espe)
Pyrus salicifolia 'Pendula' (Weidenblättrige Birne)
Salix alba 'Tristis' *und S. ×
sepulcralis chrysocoma*
(Trauerweide)
Ulmus glabra 'Camperdownii'
(Bergulme)

Die Rotbuche (Fagus sylvatica 'Pendula') ist ein großer Baum mit bis zum Boden hängenden Ästen.

Koniferen
Cedrus deodara 'Pendula'
(Himalayazeder)
C. libani ssp. *Atlantica* 'Glauca
Pendula' (Libanonzeder)
Juniperus recurva var. *Coxii*
(Hängewacholder)
Picea abies 'Inversa' (Gemeine Fichte)
P. pungens 'Pendula' (Blaufichte)
Tsuga canadensis 'Pendula'
(Kanadische Hemlocktanne)

Die Trauerweide (Salix × sepulcralis chrysocoma) kann über 20 m hoch werden.

Weit ausladende und kletternde Bäume

Laubbäume
Acer palmatum var. *Dissectum* (Fächer-ahorn)
Albizia julibrissin (Seidenakazie)
Cotoneaster horizontalis (Fächerzwerg-mispel)
Lonicera pileata (Immergrüne Kriech-heckenkirsche)
Malus × purpurea 'Aldenhamensis' (Holzapfel)
Morus nigra (Schwarzer Maulbeerbaum)
Prunus sargentii (Bergkirsche)
Viburnum plicatum 'Mariesii' (Japani-scher Schneeball)

Koniferen
Juniperus communis 'Hornibrookii' (Gewöhnlicher Wacholder)
J. horizontalis (Kriechwacholder)
J. sabina 'Tamariscifolia' (Sadebaum)
Picea abies 'Repens' (Gemeine Fichte)
Pinus densiflora 'Umbraculifera' (Japani-sche Rotkiefer)
Taxus baccata 'Repandens' (Gemeine Eibe)

Der Schwarze Maulbeerbaum (Morus nigra) wurde zum Aufbau der Seidenindustrie in Europa eingeführt.

Der Kriechwacholder (Juniperus horizontalis) bildet mit seinen zahlreichen kurzen, aufsteigenden Zweigen Matten.

Mit mehreren Stämmen und zahlreichen Ästen

Laubbäume
Acer davidii 'Serpentine' (Davids-ahorn)
Betula papyrifera (Papierbirke)
Carpinus betulus (Hainbuche)
Cercis siliquastrum (Judasbaum)
Corylus avellana (Gemeine Hasel)
Gleditsia triacanthos 'Rubylace' (Mexikanische Gleditschie)
Magnolia sieboldii (Sieboldts Magnolie)

Die Gemeine Hasel (Corylus avellana) hat gelbe oder lilafarbene Blätter.

Koniferen
Juniperus chinensis 'Kaizuka' (Chinesischer Wacholder)
Pinus contorta (Drehkiefer)
Tsuga canadensis (Kanadische Hemlocktanne)

Das harte Holz der sommergrünen, im Herbst leuchtend gelben Hainbuche (Carpinus betulus) wurde einst für Radspeichen verwendet.

Bizarr und malerisch

Laubbäume
Acer palmatum var. *Dissectum* (Japanischer Fächerahorn): Gro-ßer Busch mit leicht bronzefarbenen Blättern
Corylus avellana 'Contorta' (Korkenzieherhasel): Gewundene Äste
Robina pseudoacacia 'Tortuosa' (Korkenzieherrobinie): In sich gedrehte Äste, an Korkenzieher erinnernde Triebe
Salix babylonica var. *Pekinensis* 'Tortuosa' (Korkenzieher-weide): Kegelförmige Wuchsform, mit gewundenen und in sich gedrehten Ästen und Zweigen
S. erythroflexuosa (Trauerweide): Hängende, spiralförmige Äste

Die gewundenen und in sich gedrehten Äste geben dem Japanischen Fächerahorn (Acer palmatum var. Dissectum) ein attraktives Aussehen.

Koniferen
Abies homolepis (Nikkotanne): Sym-metrische, dreieckige Form und klar voneinander getrennte Astansätze
Araucaria araucana (Chiletanne): Unge-wöhnlich aussehender Baum, dessen Form, Astansätze und Blätter geome-trisch angeordnet sind
Pinus parviflora (Mädchenkiefer): Über-aus eigenartig geformte Kiefer
P. thunbergii (Thunbergs Kiefer): Kiefer mit dicken, gewundenen Ästen und sehr langen Nadeln
Sequoiadendron giganteum 'Pendulum' (Mammutbaum): Vertikal nach unten hängende Äste, wird oft in phantasie-reiche Formen geschnitten
Taxodium distichum (Sumpfzypresse): Der Baum bildet oberirdische Wurzeln mit knieähnlichem Wuchs, wenn er in Wasser stehend wächst

Die Chiletanne (Araucaria araucana) wächst seltsam.

Bauernregeln

Wahrheit oder Aberglaube?

Die Abhängigkeit von Sonne, Regen und Wind zwang unsere Urväter, sich Tag für Tag mit dem Wetter auseinander zu setzen, denn es entschied über gute oder schlechte Ernten und damit über Gedeih und Verderb ganzer Landstriche. Als es noch keine Wetterstationen gab, las man aus dem Stand von Sonne, Mond und Sternen, an den Wolkenformationen, der Windstärke sowie am Verhalten von Tieren und Pflanzen das künftige Wetter ab und stellte darauf sein Handeln ein. Auf der Grundlage dieser jahrhundertealten Erfahrungen entstanden die Bauern- und Wetterregeln, die oftmals zwar mit mythologisch geprägtem Aberglauben vermischt sind, in denen aber häufig mehr als nur ein Körnchen Wahrheit steckt.

Wie reagieren die Pflanzen?

Auch für den Hobbygärtner kann es interessant sein, die Pflanzen im eigenen Garten zu beobachten und zur Wettervorhersage heranzuziehen. Einige Pflanzen sind nämlich ausgesprochen wetterfühlig und reagieren sehr sensibel. Eine davon ist das Leberblümchen, dessen Blüten sich vorzeitig schließen, wenn Regen kommt. Ein ähnliches Verhalten ist bei der Küchenschelle zu beobachten. Wenn in der Schweiz die Brennnesseln viele Löcher in ihren Blättern haben, soll es im Frühjahr des nächsten Jahres stark hageln.

Esche und Eiche

Eine in weiten Teilen Europas bekannte Wetterregel hängt mit dem Blattaustrieb von Esche und Eiche zusammen:

Treibt die Esche vor der Eiche,
hält der Sommer große Bleiche.
Treibt die Eiche vor der Esche,
hält der Sommer große Wäsche.

Treibt die Esche also früher aus als die Eiche, soll es einen schönen warmen Sommer geben, im umgekehrten Fall ist ein Sommer mit viel Regen zu erwarten.

Vielseitige Herbstzeitlose

Auf einen zeitigen Herbstanfang deutet das frühe Blühen der Herbstzeitlosen hin, die im Frühjahr Blätter und Früchte trägt und ab Ende August/Anfang September blüht. Auch was für ein Winter bevorsteht, soll einer Wetterregel zufolge mithilfe der Herbstzeitlosen vorhergesagt werden können. Wachsen ihre Wurzeln im Herbst nicht sehr tief, soll angeblich ein milder Winter kommen, treiben sie jedoch bis zu 60 cm tief, muss mit einem kalten Winter gerechnet werden.

Sommerliche Wettersprüche

Bauernweisheiten, die aus jahrhundertelanger Wetterbeobachtung heraus entstanden sind, können dem Hobbygärtner eine grobe Orientierungshilfe geben, doch völlig auf sie verlassen sollte er sich lieber nicht. Die moderne Meteorologie kann zwar das Wetter nicht sehr weit in die Zukunft voraussagen, dafür arbeitet sie aber wissenschaftlich und mit sehr viel größerer Genauigkeit. Die folgenden Sprüche beweisen allerdings, dass alte Bauernweisheiten teilweise mit der modernen Wetterbeobachtung übereinstimmen.

Mai

Wer sein Schafe schert vor Bonifaz,
dem ist die Wolle lieber als das Schaf.
Um Sankt Bonifatius (14. Mai) herum gibt es häufig Kälteeinbrüche durch kalte Nordwestwinde, die nicht nur frisch geschorene Schafe frösteln lassen, sondern auch die Baumblüte gefährden können.

Juni

Wenn nass und kalt der Juni war,
verdirbt er meist das ganze Jahr.
Tatsächlich beschert der Juni, obwohl der erste Sommermonat, ganz Mitteleuropa teils extreme Kälteeinbrüche. Gefürchtet ist die so genannte „Schafskälte", bei der die Höhenwindströmung auf Nordwest dreht und maritime Polarluft nach Mitteleuropa bringt. Daher ist der Juni häufig kaum wärmer als der Mai und im Durchschnitt gibt es in dieser Zeit mehr als 17 Regentage.

Juli/August

Wenn die Sonne in den Löwen (23. Juli) geht,
die größte Hitze alsdann entsteht.
Wenn in der Nacht zum 23. Juli der Hundsstern Sirius, der hellste Fixstern im Sternbild Großer Hund, aufgeht, zeigt sich das sommerliche Wetter zumeist am beständigsten. Dann sind bis zum 23. August die heißesten Tage eines Sommers, die so genannten Hundstage, zu erwarten.

August

Lorenz und Barthel schön,
wird der Herbst auch gut ausgehn.
Der Monat August soll das Herbstwetter bestimmen, wobei der Laurentiustag (10. August) als besonders wichtig gilt. Ist es um diesen Tag herum trocken und warm, kann man mit etwa 70%iger Wahrscheinlichkeit einen schönen Herbst erwarten.

Bäume

Laub abwerfende oder immergrüne Bäume?

Wenn Sie sowohl immergrüne als auch Laub abwerfende Bäume pflanzen, geben Sie Ihrem Garten eine solide Struktur, haben aber dennoch verschiedene Farben und Formen, die sich zudem im Laufe der Jahreszeiten immer wieder verändern. Zwei Drittel immergrüne und ein Drittel Laub abwerfende Bäume ergeben eine ausgewogene abwechslungsreiche Mischung. (Siehe auch *Immergrüne, Stadtgärten*)

Bäume für kleine Gärten

In einem kleinen Garten, in dem es nur Raum für einige wenige Zierbäume und -sträucher gibt, sollten Sie den verfügbaren Platz bestmöglich nutzen, indem Sie solche Gehölze pflanzen, die im Hinblick auf Laub, Herbstfärbung, Borkenstruktur und winterliche Silhouette besonders viel Abwechslung bieten. Dazu gehören beispielsweise Ahorn (*Acer*), Birke (*Betula*), Felsenbirne (*Amelanchier*), Zierapfel (*Malus*), Zierpflaume und -kirsche (*Prunus*-Arten) sowie einige Weidenarten (*Salix*). Ein dekorativer immergrüner Baum, der im Wechsel der Jahreszeiten seine Farbe ändert, ist die Glanzmispel (*Photinia* 'Red Robin'). (Siehe auch *Blüte, Borke, Herbstfärbung*)

Kübelgehölze

In einem kleinen Garten können Sie einen Baum auch in einen großen Kübel setzen. Dadurch verkürzt sich zwar seine Lebensdauer etwas, doch bei regelmäßigem Wässern und Düngen kann er bis zu 10 Jahre überleben. Bäume, die sich zur Aufzucht in Kübeln eignen, sind Ahorn (*Acer shirasawanum* f. *aureum*), Chinesischer Wacholder (*Juniperus chinensis* 'Kaizuka'), Goldlorbeer (*Laurus nobilis* 'Aurea'), Scheinzypresse (*Chamaecyparis lawsoniana* 'Columnaris'), Zierapfel (*Malus pumila* 'Cowichan', *M.* 'Crittenden', *M.* 'Elise Rathke'), Zypresse (*Cupressus sempervirens* 'Green Pencil') sowie Japanische Kirsche (*Prunus* 'Kiku-shidare Zakura' oder *P. incisa* 'Kojono-mai'). (Siehe auch *Kübelpflanzen*)

Rat vom Fachmann holen

Die meisten Bäume haben eine lange Wachstums- und Lebensdauer, sodass Sie genau überlegen sollten, welche Sie pflanzen möchten. Lassen Sie sich deshalb am besten in einer Baumschule fachkundig beraten, was für Baumarten in Ihrer Region und auf Ihrem Gartenboden am besten gedeihen. Außerdem kann man Ihnen dort alle Informationen über Wachstumsgeschwindigkeit und endgültige Größe der Bäume geben.

Bäume für feuchte Standorte

Wenn Sie in Ihrem Garten einen zwar feuchten, aber wasserdurchlässigen Platz haben, können

Sie einen schönen Blickfang schaffen, indem Sie hier den feuchtigkeitsverträglichen Japanischen Ahorn *(Acer palmatum)* pflanzen. Er bietet vor allem im Herbst einen wunderschönen Anblick, wenn sich sein außergewöhnliches Laub tiefrot färbt. Als langsam wachsender Baum ist er zudem besonders gut für kleine Gärten geeignet.

Einen Baum kaufen

Wählen Sie beim Kauf von Jungbäumen Exemplare mit nur einem Haupttrieb. Zwei Haupttriebe konkurrieren während des Wachstums miteinander, was die Güte des Baumes beeinträchtigt. Kaufen Sie außerdem möglichst junge, kleine Bäume. Sie sind nicht nur preiswerter, sondern lassen sich auch leichter transportieren. Zudem wachsen junge Bäume leichter an und haben eine höhere Wuchsgeschwindigkeit als ältere Bäume.

Wurzelnackte Bäume schützen

Die meisten Zierbäume werden in Baumschulen als Containerware angeboten, Obstbäume dagegen häufig auch wurzelnackt verkauft. Sorgen Sie bei Letzteren dafür, dass die Wurzeln bis zum Einpflanzen nicht austrocknen, indem Sie sie in feuchtes Sackleinen oder einen schwarzen Plastiksack einschlagen, der fest um den Stamm gebunden wird.

Gesunde Bäume erkennen

Kaufen Sie keine Bäume in Containern, deren Wurzeln aus dem Behältnis herauswachsen oder bei denen der Container mit sehr viel Unkraut bewachsen ist. Beides deutet darauf hin, dass der Baum schon zu lange im Container gestanden hat. Nehmen Sie auch keine Containerpflanzen, deren Erde bereits vollständig ausgetrocknet ist.

Rohre und Leitungen

Bei Gärten, in denen sich unterirdisch Wasser- und Abwasserrohre, Gas- oder Stromleitungen befinden, ist das Anpflanzen von Bäumen problematisch, da die Wurzeln den Zugang zu den Leitungen und Rohren versperren oder sie beschädigen können. Holen Sie in diesem Fall vor der Pflanzung bei Ihrer zuständigen Behörde die entsprechenden Informationen ein.

Begleitpflanzen schützen

Baumwurzeln entziehen dem Boden viel Wasser und Nährstoffe. Damit andere in der Nähe stehende Pflanzen nicht beeinträchtigt werden, können Sie den Baum in eine eigene Grube aus Backsteinen mit einem Drainageloch setzen. Noch günstiger sind jedoch Begleitpflanzen, die trockenen Boden vertragen.

Verfilzte Wurzelballen

Haben sich die Wurzeln eines im Container gezogenen Baumes verfilzt, ziehen Sie sie vor dem Einpflanzen vorsichtig auseinander.

Flach wurzelnde Bäume

Pflanzen Sie Birken, Erlen, Pappeln, Weiden oder Zierkirschen niemals auf Rasenflächen oder neben Gemüsebeete, denn diese Bäume wurzeln dicht unter der Erdoberfläche, sodass es schwierig werden könnte, den Rasen zu mähen oder den Boden zu bearbeiten, sobald sie erst einmal etwas größer geworden sind. Pflanzen Sie Bäume dieses Typs deshalb lieber in einen verwilderten Teil Ihres Gartens, auf keinen Fall jedoch in die Nähe von Gebäuden, gepflasterten Wegen, Zäunen oder Rohren und Leitungen, da diese durch die Wurzeln beschädigt werden könnten.

Stützstäbe setzen

Setzen Sie Stützstäbe immer vor dem Einpflanzen des Baumes in das Pflanzloch. So vermeiden Sie, dass die Wurzeln durch das harte Holz beschädigt werden.

Rückschnitt vor dem Pflanzen

Ehe Sie einen Laub abwerfenden Baum pflanzen, sollten Sie zunächst alle schwachen oder beschädigten Äste und Wurzeln entfernen. Dabei gilt, dass ein Baum bis zu einem Drittel seiner Äste und Wurzeln verlieren kann, ohne Schaden zu

nehmen. Das Zurückschneiden fördert im Gegenteil die Ausbildung neuer gesunder Triebe und Wurzeln. Sie können sich die Arbeit des Rückschnitts sehr erleichtern, indem Sie den Baum dafür auf einen großen Sägebock legen.

Sicherheitsabstände

In kleinen Gärten ist es häufig unmöglich, die empfohlenen Sicherheitsabstände zwischen Baum und Gebäude einzuhalten. In diesem Fall besteht die Gefahr, dass das Gebäude beschädigt wird. Pflanzen Sie deshalb besser Zwergsorten oder langsam wachsende Bäume, die näher an ein Gebäude gepflanzt werden können, oder wählen Sie einen auf den Wurzelstock einer Zwergform gepfropften Baum.

Die beste Pflanzzeit

In Containern gezogene Bäume können im Prinzip rund ums Jahr gepflanzt werden, vorausgesetzt, der Boden ist nicht gefroren oder zu trocken. Die beste Jahreszeit ist jedoch der Herbst, wenn der Boden feucht ist und noch die Sommerwärme gespeichert hat.

Begleitpflanzen setzen

Für einen farbigen Blickfang in Ihrem Garten, von dem Sie längere Zeit etwas haben, können Sie ein etwas größeres Pflanzloch ausheben, als es für die Pflanzung des Baumes nötig wäre, und zusammen mit dem Baum noch eine Kletterpflanze setzen, deren Blütezeit möglichst kurz vor oder nach der Baumblüte liegt. Besonders geeignete Begleitpflanzen sind *Clematis*, Kletterrosen und – bei großen Bäumen – auch Glyzinen.

Die Baumhöhe messen

Wollen Sie die Höhe eines bereits gepflanzten ausgewachsenen Baumes berechnen, stellen Sie einen Stab neben den Baum und messen Sie den Schatten, den der Baum wirft, sowie den Schatten des Stabes. Multiplizieren Sie die Länge des Stabes mit der Länge des Baumschattens und teilen Sie das Ergebnis dann durch die Länge des Schattens, den der Stab wirft. Dieses Ergebnis entspricht der Höhe des Baumes.

Ungünstigen Schattenfall vermeiden

Pflanzen Sie immergrüne Bäume oder hohe Koniferen nie an den westlichen oder südlichen Rand Ihres Gartens, da sie ihn rund um das Jahr großflächig überschatten würden.

GÄRTNER-WISSEN

Sicherheitsabstand

Bei Gebäudeschäden aufgrund von Bodenabsenkungen spielen meist auch die in unmittelbarer Nähe der betroffenen Gebäude wachsenden Bäume und Sträucher eine Rolle. Die Gefahr von Bodenabsenkungen wächst in heißen, trockenen Sommern, wenn die Pflanzen ihr Wasser dem Boden um das Gebäudefundament herum entnehmen. Dadurch verschieben sich nach einiger Zeit Teile des Fundaments, was zu Gebäudeschäden in Form von Wandrissen führen kann. Um solchen Schäden vorzubeugen, sollten Sie vor allem große Bäume immer in ausreichendem Abstand zum Haus pflanzen, wobei als Faustregel gilt, dass der Abstand mindestens 1,5-mal größer sein sollte als die maximale Größe, die der betreffende Baum erreichen kann. Aber auch kleinwüchsige Bäume oder größere Sträucher sollten nicht in die Nähe von Fundamenten gepflanzt werden, da sich ihre Wurzeln oftmals flächig ausbreiten und dann an die Fundamente heranreichen. Im Folgenden finden Sie eine Übersicht der empfohlenen Sicherheitsabstände bekannter Baum- und Straucharten.

Baumart	Mindestabstand zu Gebäuden
Ahorn	20 m
Apfel	10 m
Bergahorn	17 m
Birke	10 m
Birne	10 m
Buche	15 m
Eberesche	11 m
Eibe	5 m
Eiche	30 m
Esche	20 m
Fichte	7 m
Goldregen	09 m
Weißdorn	13 m
Kirsche	11 m
Magnolie	5 m
Pappel	36 m
Pflaume	11 m
Pinie	8 m
Platane	22 m
Rosskastanie	23 m
Stechpalme	6 m
Ulme	30 m
Walnuss	14 m
Weide	40 m
Zypresse	17 m

Den Schatten berechnen

Sie können im Voraus feststellen, wie weit der Schattenfall Ihres künftigen Baumes reichen wird, wenn er erst einmal ausgewachsen ist. Stecken Sie dazu einen Stock in der endgültigen Höhe des Baumes in das Pflanzloch und beobachten Sie an einem sonnigen Tag zu unterschiedlichen Zeiten, wohin der Schatten fällt. Achten Sie dabei vor allem auf Blumen- und Gemüsebeete oder Sitzbereiche, in denen Sie keinen Schatten haben möchten.

Luftballon an einer Schnur

Wenn Sie sehen möchten, wie weit der Schatten Ihres Baumes reichen wird, Sie aber keinen ausreichend langen Stock zur Verfügung haben, verwenden Sie einfach einen kürzeren Stock und binden einen mit Helium gefüllten Luftballon an einer Schnur daran fest. Die Schnur muss dabei so lang sein wie die künftige Höhe des ausgewachsenen Baumes abzüglich der Höhe des Stocks. Bringen Sie entlang der Schnur zunächst mehrere Blatt Papier an. Dann binden Sie den Ballon an ein Ende der Schnur und befestigen das andere Ende an dem Stock. Beobachten Sie nun, wohin der Schatten der Blätter fällt. Machen Sie diesen Test aber unbedingt an einem windstillen Tag, damit das Ergebnis nicht verfälscht wird.

Bäume düngen

Ausgewachsene Bäume, die in ihrem natürlichen Lebensraum wachsen, brauchen in den meisten Fällen nicht gedüngt zu werden. Junge Bäume, egal ob Obst- oder Zierbäume, gedeihen dagegen besser, wenn sie am Ende des Winters mit Langzeitdünger wie etwa Knochenmehl gedüngt werden. (Siehe auch *Düngemittel*)

Junge Bäume festbinden

Als Befestigungsmaterial für frisch gepflanzte Bäume an ihrem Stützpfahl sind alte Nylonstrümpfe geeignet, denn dieses Material verrottet nicht und hält den Baum an seinem Platz, ohne ihn zu beschädigen. Zu diesem Zweck schneiden Sie ein paar Strümpfe in Streifen, drehen sie ineinander, winden sie in Achterform um Baumstamm und Pfahl und verknoten die Enden.

Baumanbinder lockern

Wenn Sie einen Baumanbinder zum Festbinden verwendet haben, sollten Sie regelmäßig überprüfen, ob er inzwischen nicht zu eng geworden ist. Wird nämlich der Stamm zu fest eingeschnürt, können Holzfasern beschädigt und der Baum geschwächt werden, sodass er bei Sturm sogar brechen kann. Beseitigen Sie den Anbinder nach 2 Jahren, wenn der Baum gut angewachsen ist.

Bäume wässern

Bei ausgewachsenen Bäumen ist es ratsam, den Boden nicht unmittelbar am Stamm zu wässern, sondern besser weiter außen, wo die feineren Wurzeln liegen.

Schutz für junge Bäume

Bei jungen Bäumen ist es sinnvoll, am unteren Teil des Stammes eine Schutzhülle anzubringen, entweder aus Lochfolie oder feinem Maschendraht. Wenn der Stamm nicht zu dick ist, können Sie auch aus einer längs aufgeschnittenen Plastikflasche, die Sie wie eine Manschette um den Stamm legen, eine gute Schutzhülle herstellen. Die Hülle schützt die Rinde nicht nur vor Kaninchenfraß, sondern auch vor ungewollten Beschädigungen durch Rasenmäher oder Gartenschere.

Jungbäume wässern

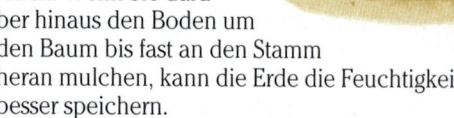

Einen frisch gepflanzten Baum versorgen Sie am besten mit Wasser, indem Sie um den Stamm herum einen kleinen Graben ausheben, den Sie mithilfe des Gartenschlauchs mit Wasser füllen. Wenn Sie darüber hinaus den Boden um den Baum bis fast an den Stamm heran mulchen, kann die Erde die Feuchtigkeit besser speichern.

Wurzelschösslinge entfernen

Bildet der Baum Wurzelschösslinge, sollten Sie diese sauber mit der Rosenschere abschneiden. Alle sich später ausbildenden Triebe werden dann mit Daumen und Zeigefinger abgezwickt.

Direkte Wasserversorgung

Ein frisch gepflanzter oder ein junger Baum sollte nie austrocknen, da dadurch sein Wurzelsystem geschwächt würde. Dem können Sie vorbeugen, indem Sie ein Rohr so in der Erde vergraben, dass sich sein eines Ende nahe an den Wurzeln des Baumes befindet und das andere Ende knapp über den Boden ragt. Wenn Sie nun in das Rohrende statt auf den Boden gießen, werden die Wurzeln direkt mit Wasser versorgt.

Was tun, wenn der Baum nicht wächst?

Gedeiht ein junger Baum nach dem Einpflanzen nur schlecht, kann die Ursache auch darin liegen, dass er nicht richtig anwächst. Achten Sie deshalb auf gute Wachstumsbedingungen, indem Sie rund um den Stamm regelmäßig mulchen und wässern. Stutzen Sie außerdem die Krone um ein Drittel, denn auch dies fördert das Wachstum.

Gefährliche Nägel

Schlagen Sie keine Nägel in einen Baum, denn sie könnten vergessen werden, in den Baum einwachsen und später Unfälle verursachen, wenn der Baum mit einer Motorsäge bearbeitet wird.

Baumschäden vermeiden

Schwere Geräte, die an einen Baum gelehnt werden, können den Stamm beschädigen. Ebenso vermag eine in der Nähe des Baumes abgestellte schwere Walze durch ihren Druck auf den Boden und das darunter liegende Wurzelwerk das Wachstum des Baumes zu beeinträchtigen. Auch der unachtsame Umgang mit dem Rasenmäher oder der Gartenschere kann zu Schäden an der Rinde und den oberirdischen Wurzeln führen.

Spechte im Garten

Ein Specht im Garten ist zwar ein faszinierender Anblick, doch sollte der Vogel sein Nest in einem Ihrer Bäume bauen, könnte dies ein Hinweis darauf sein, dass das betreffende Gehölz krank ist. Spechte nisten nämlich in der Regel in Bäumen, die innen bereits teilweise verfault sind. Wenn Sie also das Nest eines Spechtes entdecken, pflanzen Sie am besten gleich einen Ersatzbaum. Zwar besitzen einige Baumarten einen natürlichen Schutz gegen Fäulnis, doch im Allgemeinen überleben sie trotzdem nicht allzu lange.

Giftige Bäume und Sträucher

Einige schöne Zierbäume können für Kinder sehr gefährlich sein. Dazu zählen der Goldregen (*Laburnum*), bei dem vor allem die Schoten und Samen stark giftig sind, und die Eibe *(Taxus baccata)*, deren Nadeln und Samen, nicht aber die Beeren giftig sind, sowie der Liguster (*Ligustrum vulgare*), bei dem wiederum nur die Beeren schädlich sind, ferner die Thuja *(Thuja occidentalis)*, auch Lebensbaum genannt. Weitere giftige Gehölze sind die Heckenkirsche *(Lonicera)*, der Kirschlorbeer *(Prunus laurocerasus)* sowie der Spindelstrauch, zu dessen Gattung auch das Pfaffenhütchen gehört *(Euonymus)*. Gering giftig sind der Buchs *(Buxus sempervirens)*, die Berberitze *(Berberis)*, die Eberesche *(Sorbus)*, auch Vogelbeere genannt, der Ginster (*Genista* und *Cytisus*), die Rosskastanie *(Aesculus)*, die Strauchmispel *(Cotoneaster)*, der Strauchwacholder *(Juniperus chinensis)* und der Schneeball *(Viburnum)*. (Siehe auch *Giftpflanzen*)

Dornengehölze

Mit ihren spitzen Dornen kann die gelbblättrige Scheinakazie (*Robinia pseudoacacia* 'Frisia') recht unangenehm sein. Eine gute Alternative zu diesem Gehölz ist die Amerikanische Gleditsie (*Gleditsia triacanthos* 'Sunburst'). Bäume, die ebenfalls viele Dornen tragen, sind der Weißdorn *(Crataegus)* und die Schlehe *(Prunus spinosa)*.

Siehe auch *Baumschnitt, Pflanzen, Stäbe und Stützen, Verpflanzen*

Baumpflege

Risse im Baumstamm

Es gibt zwei Hauptursachen für Risse im Stamm. Zum einen entstehen sie bei manchen Baumarten im Frühjahr durch einen plötzlichen kräftigen Frosteinbruch im Anschluss an eine Warmluftperiode, in der das Wachstum der Bäume bereits stark eingesetzt hatte. Risse können aber auch auftreten, wenn es im Sommer nach einer längeren heißen Trockenperiode ausgiebig geregnet hat. In beiden Fällen geht der Riss gewöhnlich tiefer als nur bis in die Baumrinde, sodass es im Inneren des Stammes zu Fäulnis kommen kann. Dann ist es besser, den Baum ohne weitere Unterstützung heilen zu lassen und im kommenden Herbst alles abgestorbene Holz zu entfernen. Obwohl ein Baum mit aufgerissenem Stamm viele Jahre lang überleben kann, verkürzt sich seine Lebenserwartung meist beträchtlich. Das liegt u. a. auch daran, dass sich in den Rissen Algen, Moose und Pilze sowie Schädlinge wie Asseln, Milben und Spinnen ansiedeln, denen bald pilzfressende Käfer und Schnecken folgen. Der Schneckenkot wiederum fördert das Wachstum der Moose.

Fäulnis vorbeugen

In den Gabelungen mancher Bäume sammeln sich leicht altes Laub und andere organische Abfälle, was diese Stellen sehr anfällig für Fäulnis macht. Zur Vorbeugung sollten Sie die Gabelungen im Herbst stets von allen Abfällen befreien.

Aststümpfe entfernen

Hat ein abgebrochener Ast auf dem Stamm einen ausgefransten Stumpf hinterlassen, sollte dieser Rest entfernt werden, da über ihn leicht Bakterien und Pilze in den Baum eindringen können. Verwenden Sie zum Entfernen dicker Stümpfe am besten eine Gartensäge, die sie am unteren Teil des Astrestes ansetzen, sodass Sie von unten nach oben sägen. Setzen Sie die Säge bei Bedarf ruhig mehrmals an, um den Stumpf so nah wie möglich am Stamm zu entfernen. Schneiden Sie dann mit einem scharfen Messer alle ausgefransten Kanten ab, die eventuell noch um die Wunde herum verblieben sind. Ist die Säge nach Gebrauch noch vergleichsweise sauber – also nicht mit Harz verschmiert –, braucht die Stelle in der Regel nicht versiegelt zu werden.

Baumkrebs bei Obstbäumen

Überprüfen Sie Ihre Obstbäume zu Jahresbeginn auf Baumkrebs und schneiden Sie gegebenenfalls alle befallenen Rinden- und Holzteile mit einem scharfen Messer oder einer Säge ab. Wichtig ist, das Werkzeug nach Gebrauch zu sterilisieren, bevor Sie es an einem anderen Baum einsetzen.

Baumschnitt

Der richtige Zeitpunkt

Der beste Zeitpunkt für den Baumschnitt ist zu Beginn der Wachstumsperiode, je nach Region also im Februar oder März, denn dann steigt der Saft in den Bäumen und Schnittwunden heilen rascher. Ausnahmen sind Bäume mit kräftiger Saftzirkulation wie Ahorn, Birke, Kirsche und Walnuss, bei denen der Schnitt erst zum Ende des Sommers erfolgt, wenn der Saftfluss wieder nachlässt.

Schnittgut aufsammeln

Bevor Sie mit dem Schneiden von Bäumen, Sträuchern oder Hecken beginnen, ist es sinnvoll, ein altes Tuch oder ein Stück Plastikfolie auf dem Boden auszubreiten, um die herabfallenden Schnittabfälle später einfacher beseitigen zu können. Wenn Sie eine hohe Hecke oder einen Baum in der Nähe eines Strauchbeets schneiden möchten, sollten Sie die Sträucher ebenfalls zudecken, damit das herabfallende Schnittgut nicht in den Sträuchern hängen bleibt.

Lange Äste entfernen

Längere Äste sollten Sie nie auf einmal absägen. Sicherer und einfacher ist es, sie in handlichen Stücken zu kürzen, bis nur noch ein 30–50 cm langer Stumpf übrig bleibt. Beim Absägen dieses letzten Abschnitts wird der Stumpf zunächst bis zu einem Drittel seines Umfangs von unten nach oben angesägt und der Schnitt von oben nach unten vollendet, damit die Rinde nicht beschädigt wird. Ausgefranste Ränder glätten Sie mit einem scharfen Messer.

Äste sichern

Zum Entfernen von Ästen an hohen Bäumen kann es ratsam sein, einen qualifizierten Baumchirurgen zuzuziehen. Wenn Sie die Arbeit selbst ausführen möchten, sollten Sie zunächst den betreffenden Ast sichern, indem Sie ein Seil über einen darüber liegenden kräftigen Ast führen und anschließend an dem zu entfernenden Ast befestigen. Jetzt können Sie den Ast Stück für Stück absägen und jedes Teil mithilfe des Seils vorsichtig herablassen. Vergessen Sie dabei aber nicht, dass die Aststücke schwer sein können. (Siehe auch *Sicherheit*)

Kleine Gehölze

Kleinsträucher wie Heidekrautgewächse und Lavendel brauchen zwar kaum Pflege, sollten aber einmal jährlich zurückgeschnitten werden. Die verwelkten Blütenstände der Besenheide *(Calluna)* und der sommerblühenden *Erica* bleiben bis zum Frühjahr stehen, müssen dann aber bis zum Laub zurückgeschnitten werden. Auch die winter- und frühjahrsblühenden Sorten und hohe Heidekrautgewächse sollten Sie nach der Blüte im Frühjahr zurückschneiden. Abgestorbene Lavendelblüten werden im Spätsommer entfernt, der Formschnitt von Lavendelhecken erfolgt im März oder April. Am besten gelingt dies mit einer scharfen Gartenschere; stumpfe Scheren verletzen die Stängel. (Siehe auch *Heidekrautgewächse, Lavendel*)

Richtig schneiden

Der Rückschnitt sollte etwa 5 mm oberhalb einer gesunden Knospe erfolgen. Verläuft der Schnitt zu nah an der Knospe, kann sie beschädigt werden. Ist er zu weit entfernt, welkt das verbliebene Stück und bietet eine Angriffsfläche für Krankheiten.

GÄRTNER-WISSEN

Warum schneiden?

Ein Rückschnitt erfüllt je nach Pflanzenart unterschiedliche Zwecke.

Neu gepflanzte Bäume und Sträucher
- Der Erziehungsschnitt bildet die Grundlage für ein regelmäßiges, kräftiges Wachstum.

Obstbäume
- Der so genannte Erhaltungsschnitt dient zur Bewahrung des Erziehungsschnitts.
- Darüber hinaus fördert er eine reichliche, regelmäßige Fruchtbildung.

Zierbäume
- Mit dem Erhaltungsschnitt bleibt die durch den Erziehungsschnitt gegebene Form erhalten.
- Die Entfernung von abgeknickten Ästen nach Sturmschäden und von abgestorbenen oder von Krankheiten befallenen Ästen ist wichtig für ein gesundes Wachstum.

Hecken
- Mit dem Rückschnitt bleiben die gewünschte Höhe und Breite der Hecke erhalten.
- Regelmäßiges Schneiden gewährleistet außerdem, dass die Hecke dicht bleibt.

Sträucher
- Mit einem Rückschnitt lassen sich die Größe und Breite des Strauches regulieren.
- Der Schnitt dient der Ausbildung von Blättern und fördert die Blüten- und Fruchtbildung.
- Mit einem Rückschnitt kann man zudem die Ausbreitung von Krankheiten verhindern.

Koniferen schneiden

Im Gegensatz zu den Laub abwerfenden Bäumen und Sträuchern führt ein Rückschnitt bei Fichten, Kiefern, Zedern und vielen anderen Koniferen zu keinem guten Ergebnis. Außerdem können diese Bäume nach einem zu starken Schnitt häufig keine gesunden neuen Triebe mehr hervorbringen. Eine Ausnahme bildet die Eibe, die in der Regel auch einen kräftigen Rückschnitt gut übersteht.

Wie stark zurückschneiden?

Wollen Sie durch den Schnitt keinen formalen Effekt erzielen, wie beispielsweise bei einem Formgehölz oder einer Formhecke, werden alle Äste eines Baumes oder Strauches immer um dieselbe Länge gekürzt. Damit bleibt das natürliche Aussehen der Pflanze erhalten und der Windwiderstand des Gewächses verringert sich. (Siehe auch *Baumformen* S. 20–23)

Wo schneiden?

Geschnitten wird immer oberhalb eines Seitentriebs, um zu gewährleisten, dass der Saft in den lebenden Teil des Baumes läuft. Andernfalls sprießen aus den Stümpfen später nicht selten unansehnliche Triebe, und wenn diese Stümpfe absterben, kann es zu Infektionen kommen, die auch auf

die gesunde Pflanze übergreifen und möglicherweise zum Verlust des Gewächses führen.

Hecken schneiden

Ein Jahr nach der Anpflanzung einer Hecke sollten Sie sämtliche Zuwächse stark einkürzen. Die Hecke wird dann wesentlich schneller dicht, weil die Sträucher nach dem Schneiden zahlreiche neue, kräftige Triebe entwickeln.

Wenn der Baum aus der Form geraten ist

Einen hohen, pyramidenförmigen Baum, der aus Altersgründen oder durch mangelnde Pflege seine ursprüngliche Form verloren hat, können Sie wieder in Form bringen, indem Sie die Zweigenden oberhalb von nach innen zeigenden Knospen zurückschneiden. So wachsen die neuen Triebe statt nach außen nach innen auf den Stamm zu. Wenn Sie diese Schnittmaßnahme außerdem alle 2 Jahre wiederholen, wird der Baum seine alte Form innerhalb weniger Jahre zurückgewinnen. Bei wenig eigener Übung im Schneiden sollten Sie die Maßnahme allerdings besser einem erfahrenen Baumchirurgen überlassen.

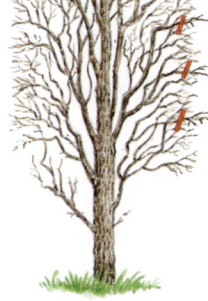

Baumstümpfe

Hallimaschbefall vorbeugen

Baumstümpfe sollten Sie immer vollständig entfernen, weil sich sonst leicht Hallimasch ansiedeln kann, der dann unter Umständen auch auf gesunde Bäume übergreift und sie zerstört.

Baumstümpfe entfernen

Lassen Sie beim Fällen eines Kleinbaums einen etwa 1,5 m hohen Stumpf stehen. Graben Sie anschließend in etwa 60 cm Entfernung ringsum einen breiten Graben und durchtrennen Sie die Wurzeln mit einer langen Astschere. Unterhöhlen Sie die Wurzeln mit einem Spaten und benutzen Sie den Stumpf als Hebel, um die Wurzeln vollständig herauszuziehen. Größere Baumstümpfe sollten Sie von professioneller Seite entfernen lassen.

Beerenobst

Auf gesunde Pflanzen achten

Kaufen Sie grundsätzlich nur solche Beerenobstpflanzen, die garantiert frei von Schädlings- und Krankheitsbefall sind. Von einer Reihe von Pflanzen existieren besonders robuste Sorten, darunter Erdbeeren, Himbeeren, Schwarze Johannisbeere und einige Beerenhybriden.

Reifende Beeren schützen

Schützen Sie reifende Beeren vor hungrigen Vögeln, indem Sie Ihr Strauchbeet mit einem Gerüst aus Metall umgeben, auf das Sie ein Netz legen; die Maschen sollten nicht größer als 2 cm sein. Das Gerüst sollte außerdem so hoch sein, dass Sie aufrecht darunter stehen können, wenn Sie die reifen Beeren pflücken.

Schutz für einzeln stehende Beerensträucher

Von einzeln stehenden Beerensträuchern halten Sie Vögel fern, indem Sie ein Vogelschutznetz über die Pflanze ziehen. Dazu treiben Sie rund um den Strauch Bambusrohre in den Boden und ziehen das Netz darüber. Achten Sie aber darauf, dass das Netz nicht durchscheuert und zum Beerenpflücken leicht wieder entfernt werden kann. Zu diesem Zweck setzen Sie auf die Spitzen der Bambusrohre jeweils einen alten Tischtennisball, den Sie zuvor aufgeschlitzt haben.

Beerenflecken vorbeugen

Alle Arten von Beeren sind sehr druckempfindlich, sodass leicht Saft austritt. Um zu verhindern, dass Ihr Obstkorb unschöne Flecken bekommt, wenn Sie Beeren darin sammeln, legen Sie ihn am besten vorher mit mehreren Lagen Küchenpapier aus oder schützen ihn mit einigen großen Pflanzenblättern.

Beerenpflücken leicht gemacht

Damit Sie die Hände beim Beerenpflücken frei haben, formen Sie aus einem kleinen Stück festen Stoffs einen Sack. Oben am Rand ziehen Sie einen Ring aus dickem Draht durch den Stoff, der den Sack offen hält. An diesem Ring befestigen Sie noch einen ebenfalls aus Draht gefertigten Henkel, sodass Sie den Sack bequem über den Arm hängen können.

29

Beete und Rabatten

Blumenbeete optimal gestalten

Für eine bestmögliche Wirkung bei der Gestaltung von Blumenbeeten oder Rabatten genügt es, wenn Sie zwei einfache Regeln beachten. Erstens sollten Sie alle hohen Pflanzen an den hinteren Rand von Beeten und Rabatten bzw. ins Zentrum von Rasenbeeten pflanzen – als Gegengewicht zu den kleineren Pflanzen im Vordergrund des Beetes oder der Rabatte bzw. am Rand des Rasenbeets. Wichtig ist es außerdem, nicht nach einem zu starren Muster zu pflanzen, denn auch eine Mischung aus einigen höheren und niedrigeren Pflanzen kann einen interessanten Blickfang bilden und dem Beet zusätzliche Tiefe verleihen. Zweitens sollten Sie immer eine ungerade Anzahl von Blüten- oder Blattpflanzen gruppieren. Kleinere Gruppen aus drei, fünf oder sieben Pflanzen ergeben eine weit natürlichere Wirkung als etwa Gruppen aus zwei, vier oder sechs Pflanzen.

Vertikale Strukturen

Einem Blumenbeet mit überwiegend niedrigen Pflanzen können Sie zusätzliche Höhe geben, indem Sie Einjährige über senkrechte Strukturen aus Bambusstäben oder Maschendraht wachsen lassen. Kegel, Kugeln oder andere Formen werden beispielsweise rasch von Duftwicke (*Lathyrus odoratus*), Glockenrebe (*Cobaea scandens*), Kapuzinerkresse (*Tropaeolum peregrinum*) und anderen einjährigen Kletterpflanzen überwachsen und bilden so einen schönen, abwechslungsreichen Blickfang.

Die richtige Pflanzenwahl

Durch geschicktes Auswählen von Pflanzen, die zu unterschiedlichen Zeiten blühen oder dekorative Blätter bilden, können Sie Ihr Blumenbeet fast das ganze Jahr hindurch zu einem attraktiven Anziehungspunkt machen. Wenn Sie Zwiebelpflanzen setzen, die gegen Ende des Winters blühen, sowie einige spät blühende Stauden pflanzen, wird Ihr Garten nicht nur im Herbst und Frühwinter, sondern auch im zeitigen Frühjahr lebendig wirken. Im Winter kommen schöne Ziergräser besonders gut zur Geltung.

Schutz vor Konkurrenten

Wichtig ist, dass Ihre Beetpflanzen auch in der Nähe von Hecken, Sträuchern oder Bäumen stets genügend Nahrung bekommen. Um zu verhindern, dass die Pflanzen mit ihren kräftigeren Nachbarn um Nährstoffe und Wasser konkurrieren müssen, sollten Sie die Beetpflanzen gegen deren Wurzeln abgrenzen. Graben Sie dazu eine stabile Plastikplane in Länge des Beetes 40–50 cm von der Hecke oder den Baumwurzeln entfernt 40–50 cm tief in den Boden ein.

Stimmen die Proportionen?

Ein im Verhältnis zum übrigen Garten überladenes oder zu großes Beet wirkt immer unproportioniert. Damit Sie sich besser vorstellen können, wie Ihr späteres Beet aussehen wird, streuen Sie auf die vorgesehene Fläche zunächst eine dünne Sandschicht. Als Entscheidungshilfe, wo Sie Ihre Pflanzen am besten platzieren, stellen Sie stellvertretend Bambusstöcke oder Pflöcke für hohe Gewächse sowie Töpfe für kleinere Pflanzen auf. So erhalten Sie einen Eindruck von der Wirkung Ihres künftigen Blumenbeets.

Gerade Beetbegrenzung anlegen

Bei der Anlage einer geraden Beetbegrenzung verwenden Sie am besten die Kante eines Brettes, das Sie auf den Boden legen, als Orientierung. Stechen Sie dann mit einem scharfkantigen Spaten in den Boden, um die Kante zu markieren. Selbst wenn Sie dabei auf dem Brett stehen, kann es allerdings geschehen, dass es durch die Hebelwirkung des Spatens verrutscht. Das lässt sich verhindern, indem Sie zunächst durch beide Enden des Brettes einen langen Nagel in den Boden schlagen, um es kurzzeitig zu fixieren, und erst dann die Kante markieren.

DIE RICHTIGE WAHL

Hohe Pflanzen für den Hintergrund

Den Hintergrund eines Beetes oder einer Rabatte gestalten Sie am besten mit hohen, stattlichen Pflanzen, die deutlich aus den übrigen hervorragen. In der folgenden Übersicht finden Sie einige besonders schöne Stauden, die Sie mit den Farben und Formen niedriger Pflanzen kombinieren können. Aber auch einige hohe Gräser oder Blattschmuckpflanzen wie etwa der grüne Beifuß (Artemisia lactiflora) *oder der silberfarbene Beifuß* (A. arborescens), *die Eselsdistel* (Onopordum acanthium) *sowie der bronzefarbene Fenchel* (Foeniculum 'Purpureum' oder 'Bronze') *sollten in keinem Beet fehlen.*

Pflanzenname	Blütenfarbe	Höhe
Fackellilie (*Kniphofia* 'Wrexham Buttercup')	Gelb	1,2 m
Federmohn (*Macleaya microcarpa* 'Kelways Coral Plume')	Rosa	1,5–2,4 m
Mädesüß (*Filipendula kamtschatica*)	Weiß, Zartrosa	1,2–2,4 m
Meerkohl (*Crambe cordifolia*)	Weiß	1,8 m
Montbretie (*Crocosmia* 'Lucifer')	Rot	1,2 m
Riesenehrenpreis (*Veronica virginica*)	Blauweiß	1,2–2 m
Rittersporn (*Delphinium*-Hybriden)	Weiß, Blau, Violett	1,2–2,4 m
Staudensonnenblume (*Helianthus salicifolius*)	Goldgelb	1,8–2,4 m
Waldgeißbart (*Aruncus dioicus*)	Cremeweiß	1,2–1,8 m
Wasserdost (*Eupatorium cannabinum* 'Flore Pleno')	Rosapink	0,6–1,2 m

Beetbegrenzung an Wegen

Wollen Sie ein Beet neben einem Kies- oder Rindenmulchweg anlegen, begrenzen Sie es am besten durch Steine, Ziegel, Fliesen, vorbehandelte Holzpfähle oder niedrig wachsende Sträucher und Stauden, damit keine Kieselsteine oder Rindenstücke hineingelangen.

Unregelmäßige Beetbegrenzungen

Eine bogenförmige oder andere unregelmäßige Begrenzung können Sie mit einem Schlauch markieren. Folgen Sie den Konturen des Schlauches mit einem Rasenkantenstecher und stechen Sie dann die Kanten ab.

Dekorative Umrandung

Eine attraktive Umrandung für ein Blumenbeet oder eine Rabatte können Sie aus frostbeständigen Backsteinen herstellen. Heben Sie dazu einen etwa 15 cm tiefen Graben aus, in den Sie die Steine sorgfältig einzeln im schrägen Winkel einsetzen. Nehmen Sie sich aber für diese Arbeit genügend Zeit, denn sonst kann das Ergebnis recht unschön aussehen.

Praktische Beetbegrenzungen

Um Rasenkanten nicht von Hand schneiden zu müssen, sollten Sie Ihre Blumenbeete mit einer Umrandung aus Pflastersteinen, Ziegeln oder alten Eisenbahnschwellen versehen. So können Sie bis an die Rasenkante mähen, ohne dabei die Pflanzen zu beschädigen.

Nur auf Brettern betreten

Ein schwerer, lehmiger Boden verfestigt sich beim Betreten sehr schnell. Das lässt sich verhindern, wenn Sie bei allen Arbeiten im Beet stets ein Brett unter sich legen. Dadurch wird Ihr Gewicht gleichmäßiger verteilt und die Erde weniger dicht zusammengepresst, sodass der ungehinderte Wasserabfluss gewährleistet bleibt.

Begrenzung aus Weidenzweigen

Ungewöhnlich, aber sehr elegant sind Rabattenbegrenzungen aus Weidenruten: Stecken Sie entlang der Rabatte in Abständen von 15 cm jeweils etwa 45 cm lange Holzpflöcke in den Boden, wobei Sie die Pflöcke je nach Höhe der Begrenzung 20–25 cm aus dem Boden ragen lassen. Dann fädeln Sie Weidenzweige so zwischen den Pflöcken hindurch, als würden Sie einen Korb flechten. Ein solches Weidengeflecht als Begrenzung wirkt besonders attraktiv rund um Blumenbeete und kleine Kräutergärten. Lange Weidenzweige sind bei Korbmachern erhältlich.

Gewächse für schattige Bereiche

Ein feuchtes, schattiges Beet kann in einem ansonsten hellen, freundlichen Garten sehr störend wirken, doch bei geschickter Pflanzenauswahl können selbst an einem schwierigen Standort Blumen in leuchtenden Farben gedeihen. Setzen Sie beispielsweise den tiefvioletten Storchschnabel (*Geranium ibericum*) zusammen mit der gelben Sumpfschwertlilie (*Iris pseudacorus* 'Golden Queen' oder 'Variegata'), die gelb panaschierte Blätter hat. Dazu passen die rosa-pinkfarbene Astilbe (*Astilbe × arendsii* 'Hyazinth'), die mehrfarbige Gauklerblume (*Mimulus*) und die tiefrote Große Sterndolde (*Astrantia major* var. *rubra*). Für mehr Höhe sorgt dann noch eine Gruppe der gelben Ligularie (*Ligularia* 'The Rocket'). (Siehe auch *Schattengärten*)

Pflanzen im Zaum halten

Starkwüchsige Pflanzen wie Großblütiges Johanniskraut (*Hypericum calycinum*) und Immergrün (*Vinca*) neigen dazu, über den Beetrand zu wachsen. Wollen Sie die Pflanzen nicht entfernen oder zurückschneiden, können Sie die Gewächse in den Griff bekommen, indem Sie als Beetbegrenzung Schieferplatten oder Fliesen vertikal in den Boden stecken. Das geht leichter, wenn Sie am Beetrand einen kleinen Graben ziehen. Drücken Sie die Platten nach dem Einsetzen gut fest.

GÄRTNER-WISSEN

Beetgestaltung

Kombinieren Sie doch einmal niedrige Blattstauden, die sich als Bodendeckerpflanzen wie ein Teppich auf dem Beet ausbreiten, mit Stauden, die durch ihre leuchtenden Blüten auffallen, und schönen Blattschmuckstauden in dichten Gruppen, etwa mit der scharlachroten Beetbegonie (*Begonia semperflorens* 'Danica Scarlet'), dem scharlachroten Feuersalbei (*Salvia splendens*), dem tiefblauen Männertreu (*Lobelia erinus* 'Crystal Palace') und dem goldgelben Mutterkraut (*Tanacetum parthenium* 'Golden Ball'). Farbenprächtige Blätter steuern die Echeverie (*Echeveria derenbergii*) und die Funkie (*Hosta*) bei.

Lücken füllen

Bis Beetstauden ihre volle Größe erreicht haben, können Sie die Lücken im Beet mit Einjährigen, Zweijährigen und Zwiebelpflanzen füllen.

Schöne Farbharmonien

Bei der Farbauswahl für Ihr Blumenbeet ist es sinnvoll, um eine dominierende Farbe herum entweder kontrastierende oder farblich passende Töne zu gruppieren, wobei durch Ergänzen von Weiß Farben hervorgehoben werden. Kräftige Farbtöne kommen am besten weiter vorn im Beet zur Geltung, blassere Farben dagegen in etwas größerer Entfernung – so wirkt das Beet größer, als es in Wirklichkeit ist.

Leuchtende Farben

Sie können ein Beet auch in kräftigen Farben anlegen und Rot- und Bronze-, Blau- und Orange-, Gelb- und Purpurtöne dazu mischen. Durch Grün, Weiß, Cremefarben und Silbergrau lassen sich intensive Farbkombinationen unterbrechen.

Formen kombinieren

Durch die Kombination kontrastreicher Blütenformen wie etwa der ährenförmigen Lupine und der Margerite mit ihrer flachen, runden Blüte können Sie Ihrem Beet zusätzliche Vielfalt geben.

Kräuter und Gemüse im Blumenbeet

Ein kleiner Garten lässt sich optimal nutzen, indem Sie in Ihr Blumenbeet auch einige dekorative Kräuter und Gemüse pflanzen. Petersilie, Schnittlauch und Karotten besitzen attraktive Blätter; bronzefarbener Fenchel, Rotkohl, violetter Rosenkohl und roter Stielmangold sorgen für die Farbtupfer.

Beetpflanzen

Einjährige und Zweijährige

Neben den Stauden sind die Einjährigen beliebte Beetpflanzen. In der Regel werden sie aus Samen gezogen, im Gewächshaus oder im Kalten Kasten kultiviert und ab dem Spätfrühling und im Sommer ins Beet gepflanzt, um dann nach einigen Monaten Blütezeit abzusterben. Etwas anders verhält es sich mit den Zweijährigen, die erst im zweiten Jahr blühen und danach absterben.

Jungpflanzen abhärten

Ein- und Zweijährige aus Samen werden meist im März oder April im Gewächshaus oder Kalten Kasten ausgesät. Wichtig ist, die Pflanzen abzuhärten, bevor man sie ins Blumenbeet umsetzt. Im Gewächshaus gezogene Pflanzen können Sie bei schönem Wetter täglich nach draußen bringen und über Nacht wieder hereinholen. Wurden die Pflanzen im Kalten Kasten kultiviert, sollten Sie den Deckel so bald wie möglich öffnen und ihn im Lauf der Zeit mit zunehmender Wärme jedes Mal etwas länger offen lassen.

Auf Qualität achten

Vom späten Frühjahr bis zum Frühsommer werden Ein- und Zweijährige in Töpfen, Kisten oder Topfplatten verkauft. Die besten Pflanzen kann man an ihren grünen Blättern und den kurzen verzweigten Trieben erkennen; die Erde ist leicht feucht und die Pflanzen haben ein kräftiges Wurzelsystem. Meiden sollten Sie dagegen Pflanzen mit überlangen, blassen Blättern oder Pflanzen, deren Wurzeln bereits durch die Drainagelöcher gewachsen sind. Ungünstig sind auch Pflanzen, deren Erde schon stark ausgetrocknet oder von Algen und Unkräutern bewachsen ist.

Blühende Pflanzen meiden

Wählen Sie möglichst nur solche Pflanzen, die noch nicht geblüht haben, denn sie halten länger und blühen dauerhafter als diejenigen, deren Blütezeit schon eingesetzt hat. Weisen Pflanzen bereits Blüten auf, sollte man sie abschneiden, um auf diese Weise das Pflanzenwachstum und die Bildung neuer Knospen anzuregen.

Blütenfarben überprüfen

Beim Kauf sollten Sie auch die Farben der Knospen überprüfen. Manchmal weicht die auf dem Etikett angegebene Farbe nämlich erheblich von der tatsächlichen Blütenfarbe ab.

Blumenkästen für Anfänger

Wenn Sie Ihren Balkon zum ersten Mal mit Blumen schmücken möchten und unsicher sind, welche Pflanzen sich dafür eignen, sollten Sie sich Hilfe vom Fachmann holen. In vielen Gärtnereien und Gartencentern wird man Ihnen gern bei der Auswahl der Pflanzen behilflich sein.

Einen Pflanzplan erstellen

Um Enttäuschungen vorzubeugen, sollten Sie vor der ersten Pflanzung einen Plan für Ihr Blumenbeet erstellen und Höhe und Ausbreitung der gewünschten Pflanzen eintragen. Filzstifte sind bei der Erstellung des Farbschemas hilfreich. Die richtige Mischung von winterharten und bedingt winterharten Einjährigen und Zweijährigen zu finden, erfordert allerdings viel Sorgfalt, damit sich ein harmonisches Gesamtbild ergibt. Gleichen Sie einen Blickfang aus scharlachroten Petunien beispielsweise mit einer pastellfarbenen Mischung aus Zweijährigen aus oder mischen Sie die violette Sonnenwende (*Heliotropium*) mit der ebenfalls zartvioletten Glockenblume (*Campanula*).

Mehr Höhe durch Kübelpflanzen

Durch einige hoch wachsende Pflanzen in Kübeln wie etwa Fuchsien und Lilien oder auch Tomaten können Sie Ihr Blumenbeet noch interessanter gestalten und ihm schnell zusätzliche Höhe verleihen. Die beste Wirkung erzielen Sie, wenn Sie die Kübelpflanzen bei runden Beeten ins Zentrum und bei Rabatten ans hintere Ende stellen.

Warmes Wetter abwarten

Erliegen Sie nicht der Versuchung, zu früh ins Freiland zu pflanzen. Oft werden Pflanzen im Gewächshaus gezogen und reagieren empfindlich auf die letzte Kälte im Frühling. Warten Sie besser bis Mitte Mai, im Norden sogar bis Ende Mai.

Unterschiedliche Pflanzmöglichkeiten

Setzen Sie die Pflanzen möglichst nicht in Reih und Glied ins Beet. Wesentlich attraktiver und natürlicher wirken sie in versetzten Reihen, bogenförmiger Anordnung oder auch in verschiedenen Gruppierungen entsprechend den unterschiedlichen Blütenfarben und Blättern.

Schnecken vorbeugen

Wenn Sie viele Nacktschnecken in Ihrem Garten haben, sollten Sie Ihre Pflanzen gleich nach dem Setzen vor den gefräßigen Tieren schützen, indem Sie zu jeder sofort nach dem Angießen ein einzelnes Schneckenkorn geben.

Vor dem Pflanzen

Bevor Sie die Pflanzen an ihren endgültigen Standort setzen, sollten Sie die Pflanztöpfe einige Minuten lang in eine halb mit Wasser gefüllte Waschschüssel stellen, sodass sich die Erde ausgiebig vollsaugen kann. Das trägt dazu bei, dass die Pflanzen besser einwurzeln, rascher wachsen und früher blühen.

Nach dem Pflanzen

Auch nach dem Einsetzen ist es wichtig, alle Pflanzen während der ersten Zeit regelmäßig zu wässern. Sobald die Pflanzen jedoch zu wachsen beginnen und die ersten neuen Blätter bilden, können Sie das Gießen je nach gefallener Regenmenge entsprechend variieren.

Blütezeit verlängern

Die Blühfreudigkeit von Ein- und Zweijährigen lässt sich fördern und ihre Blütezeit um einige Zeit verlängern, wenn Sie die verwelkten Blütenköpfe regelmäßig entfernen und die Pflanzen alle 2–3 Wochen mit einem geeigneten Flüssigdünger versorgen. Bei Kübelpflanzen sollten Sie den Dünger entsprechend den Herstellerangaben verdünnen und die Pflanzen alle 8–10 Tage düngen.

Beetpflanzen gießen

Vor allem an heißen Tagen ist regelmäßiges und ausreichendes Wässern besonders wichtig. Gießen Sie Ihre Pflanzen aber nicht, wenn sie gerade in der prallen Sonne stehen, da die Wassertropfen im Sonnenlicht wie Brenngläser wirken und die Blätter buchstäblich verbrennen können. Das gilt besonders für die Mittagszeit.

Siehe auch Aussaat, Einjährige Pflanzen, Zweijährige Pflanzen, Pflanzen, Sandböden

Begonien

Begoniensamen aussäen

Zur Aussaat im Februar oder März sollten Sie nur saubere Saatschalen und frische Anzuchterde verwenden, da die Samen anfällig für Pilzkrankheiten sind. Außerdem sollte die Erde nicht zu stark festgedrückt werden. Dadurch wird der Wasserabfluss behindert, was das Risiko für einen Pilzbefall erhöht. Mischen Sie die Samen unter feinen Sand und säen Sie die Mischung auf der Oberfläche der Anzuchterde aus. Geben Sie jedoch keine Erde darüber, damit die künftigen Sämlinge nicht ersticken. Decken Sie Frischhaltefolie über die Schale und stellen Sie das Gefäß in eine Schüssel mit Wasser, damit es Feuchtigkeit aufnehmen kann; das ist besser, als die Samen mit einer Kanne zu gießen. Sobald sich die Oberfläche der Erde verdunkelt, nehmen Sie die Schale heraus, lassen sie abtropfen und stellen sie in eine auf 20 °C eingestellte beheizbare Saatkiste.

Begonienknollen auswählen

Beim Kauf von Begonienknollen sollten Sie nicht am falschen Platz sparen und Wert auf gute Qualität legen – je größer die Knolle, desto mehr Blüten bringt sie hervor. Die größten Blüten bilden allerdings nur ganz bestimmte Sorten, die mitunter schwer erhältlich sind. Als Alternative können Sie Sortenmischungen pflanzen, z. B. 'Giant Doubles' mit großen Blüten in verschiedenen Farben oder 'Non Stop' mit einer größeren Anzahl kleinerer Blüten. Für Blumenampeln und -kästen bietet sich die hängende Sorte 'Sensation' an.

Die Knollen richtig pflanzen

Achten Sie darauf, die Knollen richtig herum einzusetzen, d. h. mit der nach innen gewölbten Seite oben; die Unterseite ist nach außen gewölbt. Wenn sich auf der Oberseite Ansätze erster Schösslinge zeigen, pflanzen Sie die Knolle so, dass die jungen Triebe oben liegen. Setzen Sie die Knollen im Februar und März bei einer Temperatur von etwa 18 °C in Kisten mit feuchtem Torf oder Kokosfasern. Graben Sie die Pflanzen aber nicht ganz ein, sondern lassen Sie die Oberseite etwas aus dem Substrat herausragen.

Knollen seitlich pflanzen

Wenn Sie nicht ganz sicher sind, welches die Oberseite der Begonienknolle ist, pflanzen Sie die Knolle am besten seitlich; dann wachsen die Schösslinge in jedem Fall senkrecht nach oben.

Die beste Pflanzzeit

Begonien dürfen erst ausgepflanzt werden, wenn es garantiert keinen Frost mehr gibt. Um ganz sicherzugehen, sollten Sie im Süden erst gegen Ende Mai, im Norden erst Anfang Juni pflanzen.

Was tun bei Mehltau?

In Trockenperioden werden die Blätter von Begonien leicht vom Echten Mehltau befallen, einer Pilzkrankheit, die kleine, staubige weiße Flecken auf den Blättern hervorruft. In einer sehr schlechten Saison können davon viele Sorten befallen werden. Behandeln Sie die betroffenen Pflanzen mit einem Fungizid, das Sie im Gartencenter bekommen, und wiederholen Sie die Behandlung regelmäßig alle 3 Wochen. (Siehe auch *Schädlinge und Krankheiten* S. 349)

Vorsicht vor Spätfrösten

Sind Spätfröste angesagt, sollten Sie alle Begonien in Töpfen am Abend hereinholen und über Nacht in einen kühlen Raum stellen.

Zimmerbegonien pflegen

Gießen Sie Begonien nur spärlich, denn sie sind äußerst anfällig gegen Wurzelfäule und haben es lieber trocken als feucht. Verwenden Sie zum Gießen außerdem möglichst nur zimmerwarmes Wasser.

Verlängerte Blüte

Im Spätsommer können Sie einige Ihrer kräftigsten Begonien mitsamt den Faserwurzeln in Blumentöpfe umsetzen. Auf diese Weise werden sie im Zimmer noch einige Monate weiterblühen.

Die Knollen aufbewahren

Nach dem Ausgraben der Knollen im Herbst sollten Sie die Pflanzen zunächst einige Tage lang auf Zeitungspapier auf das Fensterbrett legen, bis sie vollständig getrocknet sind. Werden sie noch feucht für den Winter gelagert, kann es leicht zu Fäulnis kommen. Graben Sie die Knollen anschließend in trockenen Torf ein und lagern Sie die Pflanzen bis zum Frühjahr an einem kühlen Platz bei einer Temperatur von 4–10 °C.

Vermehrung durch Blattstecklinge

Begonien lassen sich leicht durch Stecklinge vermehren. Nehmen Sie dafür eine Sorte mit besonders großen Blättern, beispielsweise *Begonia rex*, und wählen Sie das gesündeste ausgewachsene Blatt aus. Schneiden Sie den Blattstiel ab und legen Sie das Blatt mit der Unterseite nach oben auf ein Schneidbrett. Mit einer Rasierklinge beschneiden Sie das Blatt nun so, dass die Hauptadern erhalten bleiben. Danach legen Sie es mit der Oberseite nach oben in eine mit feuchter Blumenerde gefüllte Schale, beschweren es am Rand mit Steinen, damit es flach liegen bleibt, und stellen die Schale an einen hellen Platz, an dem die Temperatur 18 °C betragen sollte. Innerhalb weniger Wochen werden sich an den Schnittstellen die ersten kleinen Wurzeln bilden.

Blattstecklinge – ganz einfach

Noch einfacher können Sie Stecklinge ziehen, indem Sie ein gesundes Blatt abtrennen und es in kleine Stücke schneiden. Dabei ist es egal, ob quadratisch, länglich oder dreieckig – jedes Blattstück muss lediglich einen Abschnitt der Blattaderung enthalten. Drücken Sie diese Blattstücke nun mit dem äußeren Rand nach oben in eine Schale mit Blumenerde oder legen Sie die Stücke ganz einfach direkt auf die Erde; innerhalb weniger Wochen werden sich an der Basis der Blattstücke, wo die Blattadern mit der Erde in Berührung gekommen sind, erste kleine Wurzeln bilden. (Siehe auch *Stecklinge*)

Mit den überaus farbenprächtigen Begonien können Sie im Sommer rasch attraktive Farbtupfer selbst in schattige Gartenecken bringen.

Berberitzen

Widerstandsfähig und genügsam

Die robusten Berberitzen werden gern gepflanzt, weil sie mit den meisten Böden zurechtkommen. Alle Arten gedeihen an sonnigen Standorten, immergrüne Berberitzen auch im Halbschatten.

Vorsicht Dornen

Wichtig ist, dass Sie bei Dornen tragenden Berberitzenarten auf genügend Abstand zu Wegen und Türen achten, weil man sich leicht verfängt. Umgekehrt eignen sich dornige Berberitzenarten, etwa *Berberis × freikartii*, ausgezeichnet für eine dichte Abgrenzungshecke.

Attraktiver Bodendecker

Als ungewöhnlichen Bodendecker können Sie *Berberis wilsoniae* in Ihren Garten pflanzen. Die Blätter dieses Laub abwerfenden Zwergstrauchs verfärben sich im Herbst leuchtend rot.

Bestäubung

Für einen Pollenspender sorgen

Beim Anpflanzen von Obstbäumen sollten Sie darauf achten, dass die Gehölze einander als Pollenspender dienen oder durch einen weiteren Baum befruchtet werden. In einem kleinen Garten empfiehlt es sich, den Pollenspender möglichst in die Mitte der Baumgruppe zu pflanzen. In einem größeren Garten oder

im Obstgarten sollten Sie den Spender an jenes Ende einer Baumreihe pflanzen, aus dessen Richtung vorwiegend der Wind kommt. So werden die Pollen besser verteilt und die Pollen tragenden Insekten dazu angeregt, die Baumreihe in der richtigen Richtung anzufliegen.

Familienbaum pflanzen

Haben Sie im Garten nur Platz für einen einzigen Baum, können Sie auch einen „Familienbaum" pflanzen, auf den zwei oder drei gegenseitige Pollenspender aufgepfropft sind. Eine andere Möglichkeit besteht darin, eine selbstbefruchtende Sorte zu pflanzen. Allerdings ist hier die Auswahl nicht groß und auch die Erträge sind oft nur mittelmäßig.

Blütenstaubflecken entfernen

Blütenstaubflecken auf der Kleidung sollten Sie auf keinen Fall mit Wasser entfernen, denn durch die Feuchtigkeit dringt der Fleck noch tiefer in die Fasern ein und ist dann umso schwerer herauszubekommen. Schütteln Sie deshalb zuerst die losen Pollen von dem Kleidungsstück und ziehen Sie dann den Rest mit etwas Klebeband ab.

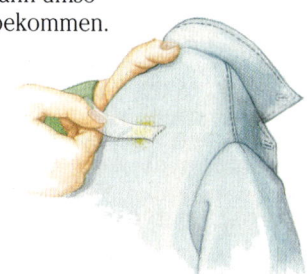

Bewässerungsgeräte

Preiswerter Schlauchroller

Rollen Sie Ihren Gartenschlauch nach Gebrauch auf, damit er nicht knickt und Risse bekommt. Dafür gibt es fertige Konstruktionen, Sie können aber auch eine alte Radfelge nehmen, die Sie an einen großen Haken oder eine Halterung hängen, die stabil an der Wand neben dem Wasserhahn angebracht ist.

Bewässerungsanlage

Befindet sich der Wasserhahn im Freien, kann die Anschaffung einer Bewässerungsanlage sinnvoll sein, mit der Sie viel Zeit und Mühe sparen und unnötigen Wasserverbrauch vermeiden. Diese Geräte lassen sich sowohl automatisch mit Zeitschaltuhr als auch manuell betreiben und eignen sich besonders gut für schmale Beete, da sie das Wasser nur dort verteilen, wo es auch benötigt wird.

Eine bewegliche Sprinkleranlage spart viel Zeit und Mühe, denn sie bewässert auch große Flächen problemlos mit ihrem gleichmäßig sanften Wasserstrahl.

Sprinkleranlagen

Sprinkleranlagen, die als Vorsatzgeräte für Gartenschläuche in unterschiedlichen Größen erhältlich sind, können individuell auf die gewünschte Weite, Höhe und Richtung des Wasserstrahls eingestellt werden. Sie sind vor allem für die Bewässerung größerer Flächen wie Rasen von Nutzen.

Bienen

Wichtige Bestäuber

Bienen übertragen die Pollen von Blüte zu Blüte und ermöglichen so die Bestäubung vieler Zier- und Nutzpflanzen. Manche Hummelarten verschaffen sich bei röhrenförmigen Blüten Zugang zum Nektar, indem sie von außen ein Loch hineinbeißen.

Wichtige Nützlinge

Bienen sind die wichtigsten Nützlinge im Garten, denn ohne ihre bestäubende Tätigkeit würden viele Pflanzen weder Samen noch Beeren oder Früchte bilden. Bei der Bestäubung spielen zwar auch verschiedene Käfer-, Schwebfliegen- und Wespenarten eine Rolle, sie können die Bienen aber nicht ersetzen. Folgende Pflanzen locken viele Bienen in den Garten: Beinwell (*Symphytum*), Glockenblume (*Campanula*), Heidekraut (*Calluna*), Karde (*Dipsacus*), Klee (*Trifolium*), Löwenmaul (*Antirrhinum*), Lungenkraut (*Pulmonaria*), Maiglöckchen (*Convallaria majalis*), Storchschnabel (*Geranium*), Thymian (*Thymus*), Waldmeister (*Galium*) und Zwergmispel (*Cotoneaster microphyllus*).

Vorsicht mit Pestiziden und Herbiziden

Infolge des weit verbreiteten Einsatzes von Herbiziden und Pestiziden in der Landwirtschaft wie auch durch die Vernichtung von natürlichem Lebensraum hat die Anzahl der Bienen in den letzten Jahrzehnten erheblich abgenommen. Daher sollte man im Garten möglichst vollständig auf die „chemische Keule" verzichten. Aber auch bei der Vorbeugung und Behandlung von Pflanzenkrankheiten oder -schädlingen mit natürlichen Mitteln, beispielsweise mit einer Brennnessel- oder einer anderen Kräuterbrühe, sollten Sie blühende Pflanzen grundsätzlich nur am Abend spritzen, wenn die Bienen weniger aktiv sind. Lassen Sie dabei die Blüten aus, damit die Tiere nicht durch den Geruch vertrieben werden. So können Sie zur Erhaltung dieser nützlichen Insekten beitragen.

Einen Bienenstachel entfernen

Versuchen Sie nie, einen Bienenstachel mit den Fingern herauszuziehen, denn dabei drücken Sie ihn leicht zusammen und bewirken so, dass das Gift noch tiefer eindringt. Entfernen Sie ihn besser durch schnelles Abkratzen mit einem Messer oder dem Fingernagel.

Schmerzen lindern nach einem Stich

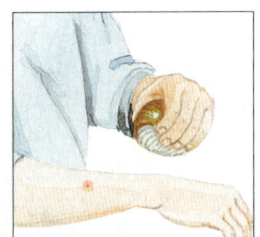

Zur Schmerzlinderung nach einem Bienenstich gibt es zahlreiche alte Volksheilmittel, die über Generationen weitergegeben worden sind – darunter auch das Einreiben des Bereichs um den Stich

ERSTAUNLICHE FAKTEN

Interessantes über Bienen

Eine Bienenkönigin kann bis zu 2000 Eier am Tag legen. Ihre Lebensdauer beträgt zwar bis zu 5 Jahre, aber sie paart sich nur ein einziges Mal und kann den Samen zum späteren Gebrauch speichern. Die Paarung mit der männlichen Biene, der Drohne, erfolgt in der Luft. Danach dürfen die Männchen nicht mehr in den Bienenstock zurück und sterben bald darauf. Die Arbeiterinnen im Bienenstaat produzieren in ihren Speicheldrüsen eine bestimmte Substanz, das Gelée royale, mit dem sie die Larven füttern. Diese Substanz ist so eiweißreich, dass Larven, die während ihrer gesamten Entwicklungszeit ausschließlich Gelée royale bekommen, später selbst zu Königinnen werden.

mit einer Zwiebelscheibe oder mit Lauchblättern. Diese beiden Hausmittel können zwar sehr wirkungsvoll sein, sind aber nicht ganz so effektiv wie eine Mischung aus Soda (Natriumbicarbonat) und Wasser. Wird diese Mischung früh genug angewendet, neutralisiert sie den Säureanteil im Gift und verhindert so das Anschwellen der betroffenen Stelle. Manche Menschen reagieren allergisch auf den Stich einer Biene, was sich in einer starken Anschwellung in Verbindung mit schwerer Atemnot zeigt (anaphylaktischer Schock). In diesem Fall sollten Sie den Betroffenen sofort in die Notfallaufnahme des nächsten Krankenhauses bringen oder den Notarzt rufen.

Biogärten

Konsequente Umstellung

Der erste Schritt auf dem Weg zum Biogarten ist die (umweltgerechte) Entsorgung aller „chemischen Keulen", die Sie vielleicht bisher in Ihrem Garten angewendet haben. Denn wenn Sie wirklich Erfolg haben wollen, müssen Sie konsequent biologisch gärtnern. Verbannen Sie z. B. die Chemikalien nur aus Ihrem Gemüsegarten, ernten Sie in Zukunft zwar Gemüse ohne chemische Rückstände, aber das für die Bekämpfung von Schädlingen und Krankheiten lebenswichtige natürliche Gleichgewicht ist dadurch noch nicht wiederhergestellt. Wenn Sie dann nämlich Ihre Rosen weiterhin mit einem chemischen Insektenvertilger besprühen, bekämpfen Sie damit nicht nur die Blattläuse, sondern gefährden unter Umständen auch die Nutzinsekten, die Ihre Gemüsepflanzen bestäuben. (Siehe auch *Chemikalien*)

Die Standortverhältnisse klären

Gesunde, gut genährte Pflanzen, deren Standortbedingungen ihren Bedürfnissen optimal entsprechen, sind weitaus weniger anfällig für Schädlinge und Krankheiten als Pflanzen, die in einem für sie ungeeigneten nährstoffarmen Boden bei schlechten Lichtverhältnissen um ihr Überleben kämpfen müssen. Kontrollieren Sie daher vor dem Anpflanzen den pH-Wert Ihres Gartenbodens und achten Sie darauf, nur solche Pflanzen auszuwählen, denen die vorhandenen Boden- und Lichtverhältnisse möglichst weitgehend entsprechen. Zur Verbesserung der Bodenstruktur und des Nährstoffgehalts sollten Sie den Boden außerdem jedes Jahr einmal mit gut verrottetem Kompost und Stallmist verbessern. Mit dem Anbau von Gründüngungspflanzen können Sie brachliegende Böden vor ungünstigen Witterungseinflüssen schützen. (Siehe auch *Bodenanalyse*)

Zusätzliche Nährstoffe geben

Ist Ihr Gartenboden sehr nährstoffarm, sollten Sie ihm so lange zusätzliche Nährstoffe in Form von organischen Düngemitteln zuführen, bis eine Verbesserung eintritt. Einen Nährstoffmangel können Sie leicht am schlechten Zustand der Pflanzen erkennen, aber auch mit einer Bodenanalyse lässt sich feststellen, ob und welche Mineralstoffe und Spurenelemente fehlen. Je nach Ergebnis können Sie dann entweder einen organischen Volldünger wie Blut-, Fisch- oder Knochenmehl geben oder einen Spezialdünger mit einem bestimmten Nährstoff – beispielsweise Hornmehl oder Hornspäne, die einen hohen Stickstoffgehalt haben – in den Boden einarbeiten. Diese Düngemittel sollten Sie allerdings stets nur dort verwenden, wo es absolut notwendig ist, vor allem aber immer nur als Zusatz, nicht als Ersatz für Kompost und Stallmist, denn sonst kann es schnell zu einer Überdüngung des Bodens kommen. (Siehe auch *Düngemittel, Spurenelemente, Stickstoff*)

Beinwell – natürlicher Nährstofflieferant

Die kräftigen, nährstoffreichen Blätter des Beinwells, der auch unter dem Namen Komfrey bekannt ist (*Symphytum × uplandicum*), sind besonders reich an Kalium, vor allem die Sorte 'Bocking 14'. Wenn Sie die Blätter drei- bis viermal jährlich abschneiden und in Kartoffelpflanzlöcher und Saatfurchen für grüne Bohnen legen oder an solchen Stellen im Boden vergraben, wo besonders viel Kalium benötigt wird, werden Ihre Pflanzen besser gedeihen. Beinwell bekommen Sie in spezialisierten Kräutergärtnereien.

Flüssigdünger aus Beinwell

Bereits sechs Beinwellpflanzen (*Symphytum × uplandicum* 'Bocking 14'), in Abständen von etwa 60 cm gepflanzt, liefern genügend Blätter für die Herstellung eines organischen Flüssigdüngers, mit dem Sie Ihre Kalium liebenden Pflanzen eine Saison lang versorgen können. Dafür werden die Blätter zunächst mit einer Gartenschere abgeschnitten und je nach Menge in ein geeignetes Gefäß gelegt. Am besten tragen Sie während der Ernte Gartenhandschuhe, denn Beinwell hat ziemlich viele Borsten. Auf jeweils 1,5 kg Blätter gießen Sie nun 20 l Wasser und decken anschließend den Behälter gut zu. Sobald sich die Blätter vollständig zersetzt haben, füllen Sie die Jauche durch ein Sieb in ein anderes Gefäß um und verwenden sie unverdünnt zum Gießen Ihrer Pflanzen.

GÄRTNER-WISSEN

Zugelassene organische Spritzmittel für den Biogarten

Biogärtner gehen nicht mit chemischen Mitteln gegen Schädlinge und Krankheiten vor, sondern versuchen, sie auf natürliche Weise zu bekämpfen. Im Folgenden einige organische Spritzmittel, die im biologischen Anbau zugelassen sind, obwohl ihnen unter Umständen auch Nutzinsekten zum Opfer fallen können. Sie bekommen diese Spritzmittel im Fachhandel.

Inhaltsstoffe	Herkunft	Krankheiten und Schädlinge
Neemextrakt	Wird aus den Samen des in den Tropen beheimateten Neembaums gewonnen	Viele Schädlinge wie Blattläuse, Raupen, Spinnmilben, Weiße Fliege und Thrips
Pyrethrum	Wird aus den Blüten von *Tanacetum cinerariifolium* gewonnen	Zahlreiche Schädlinge wie Blattläuse und Raupen
Schwefel	Natürlich vorkommendes Element	Pilzkrankheiten (schädigt unter Umständen einige Pflanzen)
Seife	Wird aus organischen Fettsäuren hergestellt	Viele Schädlinge wie Blattläuse, Blattspinnmilben und Weiße Fliege

Beinwellkonzentrat

Neben der unverdünnten Anwendung ist bei Beinwell auch der konzentrierte Gebrauch möglich. Zur Herstellung von Beinwellkonzentrat bohren Sie ein Loch in den Boden eines alten Behältnisses, etwa eines kleinen Holzfasses, und stellen es auf einen großen Eimer. Dann füllen Sie das Gefäß mit reichlich frisch geschnittenen Beinwellblättern und beschweren die Blätter mit einem großen Stein. Aus den Blättern entsteht bald eine übel riechende dunkelbraune Flüssigkeit, die durch das Loch in den Eimer tropft. Sie wird vor der Verwendung im Verhältnis von 1:10 mit Wasser verdünnt.

Vorbeugen ist besser als heilen

Dieses Sprichwort gilt auch im Garten, weshalb Sie stets nur garantiert gesunde Pflanzen kaufen sollten. Kontrollieren Sie auch alle Sämlinge oder Stecklinge, die Sie von anderen Hobbygärtnern und Freunden bekommen, weil sie sonst unter Umständen ganz schnell Schädlinge oder Krankheiten in Ihren Garten einschleppen. Achten Sie auch auf die Anfangssymptome von Schädlingsbefall und Krankheiten und gehen Sie unverzüglich dagegen vor, indem Sie die betroffenen Pflanzenteile schnellstmöglich behandeln oder beseitigen und vernichten.

Nützlinge und Schädlinge

Lernen Sie zwischen Freund und Feind zu unterscheiden. Gehen Sie nicht gleich davon aus, dass Insekten oder andere Lebewesen wie z. B. auch Maulwürfe, die erstmals in Ihrem Garten auftauchen, Vorboten einer Invasion sind. Meistens sind es nämlich Freunde, die Sie vor einer Invasion schützen und die Sicherheit Ihres pestizidfreien Gartens genießen möchten.

Nützlinge unterstützen

Wenn sich die Nützlinge in Ihrem Garten sammeln, sollten Sie ihnen anfänglich eventuell etwas helfen, die Schädlinge in Schach zu halten. Greifen Sie aber auch dabei nicht zu chemischen Schädlingsbekämpfungsmitteln, die Nützlinge wie Schädlinge gleichermaßen treffen, sondern besprühen Sie die befallenen Pflanzen mit einem organischen Mittel, wie es in der Tabelle oben angeführt ist, etwa Pyrethrum, Neemextrakt oder einer Insekten vernichtenden Seifenlösung.

Verschiedene Methoden

Unterstützen Sie die Nutzinsekten bei der Schädlingsbekämpfung im Garten, indem Sie möglichst nur robuste Pflanzen wählen, die weitgehend schädlings- und krankheitsresistent sind. Bauen Sie auch pflanzliche Helfer an und sorgen Sie für Mischkultur. Gehen Sie im Garten und im Gewächshaus auf biologische Schädlingsbekämpfung über, indem Sie Klebfallen aufhängen und einzelne Pflanzen oder Beete mit Schutzzäunen abschirmen. Achten Sie außerdem auf eine sorgfältige Gartenhygiene, indem Sie stets alle Pflanzen- und Abfallreste beseitigen, die Schädlingen als Unterschlupf dienen, sowie alle kranken Pflanzen entfernen, die eine Krankheit weiterverbreiten können. (Siehe auch *Gartenhygiene, Mischkultur, Nützlinge*)

Schädlinge und Krankheiten bekämpfen

In einem Biogarten mit natürlichem Gleichgewicht wird die Bekämpfung von Schädlingen und Krankheiten zum größten Teil von natürlichen Parasiten und Fressfeinden wie Käfern, Vögeln und parasitären Wespen übernommen. Mit dem Anbau von Pflanzen wie Lavendel, Rosmarin und Thymian, die den Tieren Nahrung, Unterschlupf und die Möglichkeit zur Eiablage bieten, können Sie viele dieser Nützlinge in Ihren Garten locken und dort halten.

Fruchtwechsel im Gemüsegarten

Der Anbau von Nutzpflanzen nach dem Rotationsprinzip ist eines der wichtigsten Prinzipien im Biogemüsegarten. Je mehr Jahre Sie vergehen lassen, bis Sie Gemüsepflanzen wieder an denselben Standort setzen, desto besser ist es, da auf diese Weise das Gleichgewicht zwischen den Bodennährstoffen und den Nährstoffbedürfnissen der Pflanzen erhalten bleibt.

Siehe auch *Bodenpflege, Düngemittel, Gemüsegärten, Insekten, Mischkultur, Nützlinge*

DIE RICHTIGE WAHL

Den Boden verbessern

Mit diesen Mineralien decken Sie den Nährstoffbedarf von Boden und Pflanzen.

Element	Quelle
Kalium (K)	Holzasche Kalimagnesium (Patentkali)
Kalzium (Ca)	Dolomit Gips
Phosphat (P)	Knochenmehl Rohphosphat
Spurenelemente	Algenmehl Gülle Kalkalgen trockener Stallmist
Stickstoff (N)	Blutmehl Fischmehl Hornmehl

Birnen

Fremdbefruchter

Damit sich Birnbäume gegenseitig ausreichend befruchten, muss man mehr als eine Sorte anpflanzen. 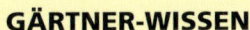 Abgesehen von der schwach selbst befruchtenden Sorte 'Conférence' ist der Anbau einer zweiten Sorte als Pollenspender nötig. 'Clapps Liebling', 'Conférence', 'Gellerts Butterbirne' und 'Williams Christ' sind gegenseitige Pollenspender; 'Clapps Liebling' und 'Gute Luise' befruchten sich gegenseitig, ebenso 'Köstliche von Charneux' und 'Gellerts Butterbirne' oder 'Gute Luise'. Bei anderen Sorten sollten Sie sich im Gartencenter oder in der Baumschule beraten lassen.

GÄRTNER-WISSEN

Reifeprüfung

Birnen sollte man ernten, bevor sie ihre volle Reife erreicht haben, wobei die Erntezeit von der Sorte abhängt; andernfalls werden sie weich und trocken. Zur Kontrolle heben Sie eine einzelne Frucht mit der Handfläche an und vollführen eine kleine Drehung. Wenn sich die Birne dabei leicht vom Fruchtholz löst, kann sie gepflückt werden. Nach der Ernte sollten Sie die Frucht bis zur Vollreife an einem kühlen, dunklen Ort lagern.

Erntezeit	Sorte
Ende August	'Clapps Liebling' 'Williams Christ'
September	'Gellerts Butterbirne' 'Conférence' 'Gute Luise' 'Tongern'
Oktober	'Köstliche von Charneux' 'Alexander Lucas' 'Vereinsdechantbirne'

Der richtige Standort

Der pH-Wert des Bodens, in dem Ihre Birnbäume stehen, sollte möglichst nicht über 6,5 liegen. Birnbäume blühen relativ früh, sodass sich vor allem für junge Bäume ein Windschutz empfiehlt, da sonst der Frühlingswind den Flug der Bestäuberinsekten behindert. Weil es an dichten Zäunen und Mauern zu Luftturbulenzen kommen kann, sollten Sie die Bäume im Windschatten von Hecken anpflanzen. Auf diese Weise wird die Kraft des Windes gebrochen, ohne dass Luftwirbel entstehen. (Siehe auch *Hecken*)

Düngen und Gießen

Im zweiten Jahr nach der Anpflanzung empfiehlt es sich, im März und Ende Juni jeweils einen Volldünger in der auf der Packung angegebenen Menge um den Baum zu streuen und im April den Boden mit reifem Kompost oder Stallmist zu mulchen. Wenn es während der Wachstumszeit sehr trocken ist, sollten Sie den Baum für eine gute Ernte einmal wöchentlich mit etwa 50 l Wasser gießen.

Zwergpyramiden

Wenn Sie in den Jahren nach der Anpflanzung keinen starken Rückschnitt vornehmen möchten, wählen Sie am besten Zwergpyramiden. Diese Bäume tragen auch ohne diese Maßnahme gut, und es genügt schon ein leichter Schnitt, um eine harmonische Form zu erhalten. Zweige, die zu stark nach  unten hängen, werden bis zu einem nach oben weisenden Seitentrieb zurückgeschnitten. Lange Seitentriebe aus der jeweiligen Wachstumsperiode werden Anfang oder Mitte August bis auf ein Blatt des basalen Blattbüschels eingekürzt.

Platz sparende Birnbäume

Haben Sie einen kleinen Garten oder einen großen Balkon, wählen Sie am besten einen Zwergbirnbaum – eine aufrecht wachsende Form, die man auch im Kübel ziehen kann. Gut geeignet ist etwa die selbst befruchtende Sorte 'Concorde', die aromatische, saftige Birnen trägt. (Siehe auch *Balkongärten, Kübelpflanzen*)

Besonders saftige Birnen bekommen Sie, wenn Sie die Früchte pflücken, sobald sie voll ausgewachsen, aber noch nicht vollreif sind.

Fruchtansatz ausdünnen

In der Regel müssen Birnbäume ausgedünnt werden, damit die auf dem Baum verbleibenden Früchte zu voller Größe auswachsen können. Die beste Zeit zum Ausdünnen ist im Juni, nachdem der Baum im Junifall bereits etliche der kleineren überschüssigen Früchte abgeworfen hat und die übrigen sich nach unten gedreht haben. Jeden Fruchtansatz dünnt man bis auf eine Birne aus, eventuell auch bis auf zwei, sofern das jeweilige Büschel von vielen Blättern umgeben ist. Die überzähligen Früchte werden mit einer Gartenschere oder einer kleinen, scharfen Schere entfernt. (Siehe auch *Fruchtfall, Obstbäume*)

Birnen ernten und lagern

Frühreife Birnen kann man nur wenige Tage lagern, Sommerbirnen bleiben bis zur Vollreife am Baum. Winterbirnen werden nach der Ernte offen auf Lattenrosten an einem kühlen, trockenen Ort gelagert, einige können Sie auch ins Gemüsefach des Kühlschranks legen. Prüfen Sie die Früchte regelmäßig, um den Reifegrad festzustellen – ein sicheres Zeichen ist Braunfärbung der Samenkerne. Vor dem Verzehr lagert man sie dann für 2–3 Tage bei etwa 18 °C. Winterbirnen sind 'Alexander Lucas' und 'Vereinsdechantbirne' (Genussreife November/Dezember) sowie 'Gräfin von Paris' (Genussreife November bis Januar).

Jungbäume unterstützen

Wenn ein junger Birnbaum trägt, können die weniger starken Äste unter der Last der Früchte leicht abbrechen. Das lässt sich verhindern, indem Sie an der Spitze des Stützpfahls Stricke befestigen und sie nach unten um die gefährdeten Äste schlingen und festbinden.

Haltbarkeit verlängern

Die Haltbarkeit von Birnen lässt sich verlängern, wenn Sie die Stiele in flüssiges Paraffin tauchen, das Sie anschließend erstarren lassen. Durch diese Versiegelung kann man den Reifeprozess verlangsamen.

Blattläuse

Vielfarbige Insekten

Blattläuse sind etwa stecknadelkopfgroße Insekten, die sich vom Saft der Pflanzen ernähren. Sie richten beträchtlichen Schaden an, weil sie nicht nur das Wachstum der Pflanzen hemmen, sondern auch Viruserkrankungen übertragen. Ein Anzeichen für Blattlausbefall kann der weiche, saftige Pflanzenwuchs sein, wie er auch durch einen Überschuss an Stickstoff bewirkt wird. Schwarze und grüne Blattläuse kommen am häufigsten vor, aber es gibt auch Arten in Gelb, Orange, Rot und vielen anderen Farben. Manche sind auf ganz bestimmte Pflanzen spezialisiert, während andere eine Vielzahl von Wirtspflanzen befallen.

Bittere Medizin

Wenn Blattläuse regelmäßig die Bäume in Ihrem Garten befallen, sollten Sie jeweils rund um den Stamm Gartenraute *(Ruta)* aussäen. Diese Pflanze produziert nämlich einen bitteren Inhaltsstoff, den die Bäume in ihren Saft aufnehmen und der ihn ungenießbar für Blattläuse macht.

Auf gesunde Pflanzen achten

Gesunde, gut gepflegte Pflanzen, die an einem Standort mit den entsprechenden Licht- und Bodenverhältnissen stehen, sind weit weniger anfällig für einen Blattlausbefall. Zur Vorbeugung gehört deshalb auch die regelmäßige Versorgung mit der richtigen Düngermenge.

Nützlinge fördern

Zum Schutz vor Blattläusen sollten Sie Nützlinge fördern, indem Sie Echten Wermut *(Artemisia absinthium)* in Blumen- und Gemüsebeete mit gefährdeten Pflanzen oder am Weg entlang setzen. Wermut dient bereits früh im Jahr als Anflugstelle für Marienkäfer und andere Insekten, die von den silbergrauen Blättern der Pflanze angezogen werden und die sich von Blattläusen ernähren.

Siehe auch *Schädlinge und Krankheiten* S. 342

Bleichen

Gemüse richtig abdecken

Wenn Sie Gemüse wie Chicorée, Endivie, Knollenfenchel und Lauch bleichen, sollten Sie darauf achten, dass keinerlei Licht an die Pflanzen gelangt. Denn wenn diese Gemüse Licht bekommen, bilden sie Chlorophyll, das die Pflanzen grün färbt und ihr Aroma verändert. Daher lohnt sich der Aufwand, alle entsprechenden Teile der Pflanzen ausreichend zu bedecken, damit die Sprosse weiß bleibt. Zum Bleichen von Gemüse eignen sich auch umgestülpte Blumentöpfe, deren Drainagelöcher Sie jedoch gut zudecken müssen, beispielsweise mit kleinen Steinen.

Die Blätter sauber halten

Wenn Sie zum Bleichen die Anhäufelmethode bevorzugen, sollten Sie darauf achten, dass möglichst wenig Erde zwischen die Blätter des Gemüses fällt, die beim späteren Zubereiten mühsam wieder entfernt werden muss. Umwickeln Sie die Pflanzenblätter am besten mit einem Gummiring, der sie zusammenhält.

Blumenampeln

Rechtzeitig pflanzen

Damit Ihre Ampelpflanzen möglichst früh blühen, sollten Sie die Gefäße schon im März oder April vorbereiten und bis Ende Mai ins Gewächshaus oder den Wintergarten hängen. Härten Sie die Pflanzen langsam ab, indem Sie die Körbe tagsüber nach draußen hängen und nachts wieder hereinholen und bedecken. Nach 2 Wochen können Sie die Ampeln dann an ihrem endgültigen Platz lassen.

Gesunde Pflanzen

Da die Pflanzen in Blumenampeln sehr dicht beieinander stehen, sollten Sie besonders gut darauf achten, dass sie frei von Schädlingen und Krankheitserregern sind. In einer Ampel können sich Läuse und Pilzsporen nämlich sehr schnell verbreiten.

Pflanzen für den Wintergarten

Bei der Gestaltung einer Blumenampel für den Wintergarten lässt sich eine besonders schöne optische Wirkung erzielen, wenn Sie breitblättrige Blattschmuckstauden mit dem eleganten Frauenhaarfarn mit seinen gefiederten Blättern oder dem zarten Zierspargel kombinieren.

Harmonische Farben

Beachten Sie bei der Gestaltung einer Blumenampel mit unterschiedlichen Pflanzen, dass die Farben der Blüten und Blätter gut harmonieren oder schöne Kontraste bilden. Vergessen Sie bei der Zusammenstellung der Pflanzen auch nicht, dass die Farben zur Umgebung passen sollten.

Die richtige Befestigung

Eine große, gut gefüllte Blumenampel mit angefeuchteter Erde kann 10 kg und mehr wiegen. Um dieses Gewicht halten zu können, müssen die Befestigungshaken stark genug und fest in der Wand oder Decke verankert sein. Hängen Sie die Körbe deshalb auch niemals an morsche Holzwände oder -decken bzw. an rissige Mauern und Decken, von denen sich bereits der Putz löst.

Der richtige Platz

Wind und intensive Sonneneinstrahlung, vor allem an weißen Wänden, wo das Licht besonders stark reflektiert wird, lässt Blumenampeln sehr schnell austrocknen. Hängen Sie die Körbe daher möglichst an Plätzen auf, wo sie vor Wind geschützt und zumindest zeitweise im Schatten sind. Wenn sie erst einmal völlig ausgetrocknet sind, ist es nämlich umständlich oder sogar unmöglich, ihnen mit der Gießkanne oder einer Spritzvorrichtung ausreichend Wasser zu geben. In diesem Fall sollte man sie abnehmen und in einen Wasserbehälter stellen, bis die Erde wieder ausreichend feucht ist.

Blumenampeln bewässern
Auch Blumenampeln brauchen stets genügend Feuchtigkeit, wenn sie einen schönen Anblick bieten sollen. Daher sollte die verwendete Erde Wasser speichern können, was ihr am besten gelingt, wenn Sie etwas Torf oder Kokosfasern beimengen. Auch Wasser speicherndes Granulat, das in den meisten Gartenfachgeschäften erhältlich ist, kann man unter die Erde mischen. Einlagen aus Papier, Schwamm, Moos oder Plastik tragen ebenfalls dazu bei, die Feuchtigkeit besser zu halten. Darauf legen Sie am besten noch eine Untertasse oder einen Plastikuntersetzer, der ein weiteres Wasserreservoir bietet.

Praktische Gießhilfe
Blumenampeln lassen sich leichter bewässern, wenn Sie eine zugeschraubte Plastikflasche in der Mitte durchschneiden, kleine Löcher in die Wand bohren und die Flasche mit dem verschlossenen Ende nach unten in die Blumenerde stellen. Füllen Sie zum Gießen das Wasser nun einfach in die Flasche, sodass es durch die Löcher in die Erde sickert.

Einlage aus Grillkohle
Wenn Sie Ihre Blumenampel mit Moos auskleiden, legen Sie am besten gleich noch etwas Grillkohle hinein, denn auch sie hilft, die Feuchtigkeit besser zu halten.

Verlängerte Blütezeit
Sie können das Leben Ihrer Blumenampel noch etwas verlängern, indem Sie bereits im Hochsommer einige Kapuzinerkressesamen aussäen. Wenn die anderen Pflanzen dann verblüht sind, bieten diese schönen trompetenförmigen Blumen immer noch einen attraktiven Anblick.

Blumenampeln einmal anders
Blumenampeln mit attraktiven Zierpflanzen sind natürlich immer schön. Sie können Ihre Ampel zur Abwechslung aber auch einmal mit Kräutern bepflanzen; gut geeignet sind etwa Basilikum, Majoran, dunkle Petersilie und Schnittlauch. Wenn Ihnen dann noch die nötigen Farbtupfer fehlen, setzen Sie einfach einige Cocktailtomaten dazwischen, und fertig ist das Mini-Kräuterbeet.

Erdbeerzauber
Erdbeeren gedeihen in Blumenampeln besonders gut. Grundsätzlich sind alle Sorten geeignet, die Sorte 'Temptation' ist aber die beste, da sie keine langen Ausläufer bildet.

Dauernde Blütenpracht
Blumenampeln bringt man immer mit dem Sommer in Verbindung, aber sie können auch zu anderen Jahreszeiten einladende Farbtupfer sein. Gestalten Sie beispielsweise im Sommer eine Ampel mit Pflanzen, die im Winter blühen, wie Heidekraut und Stiefmütterchen, und hängen Sie diese Winterampel anstelle der Sommerampel auf, wenn deren Pracht verblüht ist. In die erste Ampel können Sie dann kleine Zwiebeln setzen, etwa die Narzissensorte 'Tête-à-Tête', die im Frühling blüht.

Arbeitshilfen
Da Blumenampeln unten gerundet sind, lassen sie sich nur schwer mit Erde füllen und bepflanzen. Das geht leichter, wenn man sie dafür auf einen Eimer oder Blumentopf stellt.

Automatische Bewässerung
Blumenampeln müssen in Trockenperioden oft mehrmals täglich gewässert werden. Wenn Sie dafür nicht genug Zeit haben, sollten Sie den Kauf einer Bewässerungsanlage erwägen. Diese Anlagen haben eine elektronische Zeitschaltuhr und sind auch dann sinnvoll, wenn Sie einmal länger als einen Tag abwesend sind.

Vogelparadies
Eine Blumenampel kann auch eine Attraktion für Vögel sein: Setzen Sie ein paar Hängepflanzen in die Ampel, platzieren Sie einige kräftige Zweige, die als Sitzstangen dienen, und stellen Sie eine Schüssel mit frischem Wasser in die Mitte. Die Vögel werden es Ihnen danken, indem sie die schädlichen Insekten an Ihren Pflanzen vertilgen.

Alter Korb wie neu
Auch ein alter Einkaufskorb kann zu einem schönen, originellen Behälter für Pflanzen werden. Legen Sie ihn innen mit durchsichtiger Plastikfolie aus, in die Sie feine Löcher stechen, damit das überschüssige Wasser ablaufen kann. Besprühen Sie den Korb vor dem Bepflanzen von außen zweimal im Abstand von mindestens 24 Stunden mit einem biologischen Holzschutzmittel, um ihn vor Wind und Wetter zu schützen, und lassen Sie ihn gut trocknen. Zum Bepflanzen eignen sich Pflanzen mit dichtem Laub und buschigem Aussehen wie Fuchsien, Geranien und Petunien.

Blumenampel als Vogelhäuschen
Eine ausgediente Ampel kann auch zur Futterkrippe für Vögel werden: Entfernen Sie die Erde und alle Einlagen und stellen Sie je eine Schale mit Vogelfutter und Wasser hinein. Hängen Sie die Ampel in einen Baum oder an einen anderen Ort, den Katzen nicht so leicht erreichen können, und füllen Sie das Futter vor allem in den kalten Wintermonaten regelmäßig auf.

Blumenkäfig
Umgekehrt kann auch ein alter Vogelkäfig vom Flohmarkt zu einer originellen Blumenampel werden. Stellen Sie einen großen Blumentopf oder mehrere kleine Töpfe mit einer Mischung aus aufrecht wachsenden Pflanzen und Hängepflanzen auf den Boden und lassen Sie die Pflanzen durch die Gitterstäbe wachsen. Sie können auch ein altes Küchensieb mit Ketten versehen, mit perforierter Plastikfolie auslegen, mit Erde füllen und dann Cocktailtomaten, Kräuter oder Zierpflanzen darin ziehen.

Blumenkästen

Blumenkästen bepflanzen

Vor dem Bepflanzen von Blumenkästen sollten Sie zuerst die Drainagelöcher mit Tonscherben oder flachen Steinen bedecken; dann füllen Sie den Kasten zur Hälfte mit Erde auf. Bevor Sie die Pflanzen hineinsetzen, ist es sinnvoll, durch vorläufiges Anordnen auszuprobieren, wie die Blumen am besten zur Geltung kommen. Danach gießen Sie die Pflanzen reichlich, nehmen sie aus ihren Containern, ziehen verfilzte Wurzelballen vorsichtig auseinander und setzen die Blumen an ihren Platz. Nun füllen Sie den Kasten bis fast zum Rand mit Erde auf, sodass noch Platz für Gießwasser bleibt, drücken die Erde fest an und wässern gründlich.

Ersatz für Verblühtes

Sobald die ersten Blumen verblüht sind, entstehen schnell unschöne Lücken im Blumenkasten. Deshalb sollten Sie rechtzeitig für ausreichend Ersatz sorgen, indem Sie die gleichen Pflanzen wie im Blumenkasten in Töpfen ziehen und anstelle der verblühten Pflanzen einsetzen.

Immergrüne Pflanzen

Es gibt viele immergrüne Pflanzen, die auch im Winter etwas Farbe an das Balkongitter oder auf die Fensterbank bringen, etwa Sträucher wie der Spindelstrauch (*Euonymus*) mit seinen panaschierten Blättern, Beeren tragende Sträucher wie die Scheinbeere (*Gaultheria procumbens*) oder aber Zwergkoniferen mit grünen, blauen oder mehrfarbigen Nadeln. Auch der schwarzblättrige Schlangenbart (*Ophiopogon planiscapus* 'Nigrescens') mit seinen grasähnlichen Nadeln bietet eine ungewöhnliche farbliche Abwechslung. Ein weiterer Vorteil dieser Pflanzen ist, dass man sie im Frühjahr in den Garten verpflanzen kann, wo sie unter der Voraussetzung, dass sie winterhart sind, noch viele Jahre weiterwachsen.

Das richtige Substrat

Ein leichtes Substrat auf der Basis von Kompost ohne Erdanteil ist am besten für Blumenkästen geeignet, da die Kästen möglichst leicht sein sollen. Ein Substrat auf Lehmbasis ist zu schwer und eignet sich nur für Pflanzkübel auf dem Boden.

Mit üppig bepflanzten Blumenkästen haben Sie vom Frühjahr bis zum Herbst leuchtende Farben um sich.

Kontrolliert düngen

Sie können sich das wöchentliche Düngen mit Flüssigdünger sparen, wenn Sie einen Langzeitdünger anwenden, der als Granulat oder in Form von Kügelchen angeboten wird. Langzeitdünger sind mit einer temperaturempfindlichen Schicht ummantelt, die dafür sorgt, dass die Nährstoffe immer nur dann freigesetzt werden, wenn es so warm ist, dass die Pflanze sie auch aufnehmen kann. Mischen Sie den Dünger schon vor dem Bepflanzen des Blumenkastens in das Pflanzsubstrat und düngen Sie erst zum Ende des Sommers wieder mit einem Flüssigdünger, wenn die Nährstoffe aus dem Langzeitdünger aufgebraucht sind.

Rücksicht auf die Nachbarn nehmen

Wenn Sie in einem Mehrfamilienhaus wohnen, sollten Sie Ihre Blumenkästen auf Untersetzer aus Plastik oder Keramik stellen. So vermeiden Sie, dass überschüssiges Gießwasser an der Hauswand hinunterläuft, Ihrem unteren Nachbarn auf den Balkon tropft oder vorbeigehende Passanten beeinträchtigt.

Maßgeschneiderter Blumenkasten

Um den Platz auf Ihrer Fensterbank optimal zu nutzen, können Sie aus Holz auch Ihren eigenen Blumenkasten bauen, der genau auf die Maße der Fensterbank zugeschnitten ist. Behandeln Sie ihn mit einem biologischen Holzschutzmittel, damit er wetterfest ist, und legen Sie ihn mit perforierter Plastikfolie aus, ehe Sie ihn bepflanzen. Sie können aber auch einfach einige Pflanzen in Töpfen hineinstellen; das ermöglicht es Ihnen, die Anordnung der Pflanzen immer wieder zu verändern.

Wandblumenkasten

Ist Ihre Fensterbank nicht breit genug, um einen Blumenkasten darauf zu platzieren, bringen Sie stabile Halterungen unterhalb des Fensters an, in die Sie dann den Kasten stellen. Achten Sie aber beim Bepflanzen darauf, dass Ihnen auch dann noch genügend Platz bleibt, das Fenster zu öffnen, wenn die Pflanzen ausgewachsen sind.

Überschüssiges Gießwasser bleibt klar

Wenn Sie vermeiden wollen, dass beim Gießen jedes Mal etwas Substrat mit dem überschüssigen Wasser ausgespült wird – was sehr unschön aussieht –, legen Sie einfach vor dem Bepflanzen in jeden Kasten ein zusammengefaltetes altes Geschirrtuch. Auf diese Weise kann das Gießwasser zwar problemlos abfließen, aber es wird keine Erde mehr mit ausgespült.

Keine schmutzigen Fensterscheiben mehr

Die winzigen Partikel im Substrat, die beim Gießen oft auf die Fensterscheibe spritzen, machen häufiges Fensterputzen unumgänglich. Das lässt sich vermeiden, indem Sie die Erdoberfläche in Ihrem Blumenkasten mit einer dünnen Schicht Kies oder kleiner Steine bedecken. Eine solche Mulchschicht verbessert außerdem die Wasserhaltekraft des Substrats, sodass das Wasser nach dem Gießen nicht mehr so schnell verdunsten kann.

Windschutz

Schützen Sie auf Balkonen, die sehr stark dem Wind ausgesetzt sind, empfindliche Blumen mit dahinter gesetzten kleinen Koniferen.

Mini-Kräutergarten

Blumenkästen sind ideal, um sie mit duftenden Küchenkräutern wie Basilikum, Minze, Petersilie, Schnittlauch und Thymian zu bepflanzen. Auf diese Weise haben Sie den ganzen Sommer über immer frische Kräuter zum Kochen und für feine Salatsaucen zur Hand.

Blumenkohl

Die Sämlinge abhärten

Im Februar und März im Gewächshaus gezogene Blumenkohlsämlinge sollten unbedingt abgehärtet werden, ehe sie ins Freibeet kommen, denn ein plötzlicher Temperatursturz kann die Pflanzen erheblich belasten und zu Kümmerwuchs führen. Mindestens 2 Wochen vor dem Auspflanzen sollten Sie die Sämlinge deshalb in einen Kalten Kasten stellen, den Sie während der ersten Tage geschlossen halten und bei Frost nachts mit einer alten Decke, einem Sack oder anderem Isoliermaterial bedecken. Danach können Sie den Kasten während der wärmsten Stunden des Tages öffnen und allmählich immer länger offen lassen.

Den Boden gut festtreten

Damit sich später kompakte Köpfe bilden können, müssen die Blumenkohlsämlinge in festen Boden gepflanzt werden. Sofern Sie den Boden im Winter nicht umgegraben haben und er Zeit hatte, sich zu setzen, sollten Sie ihn vor dem Bepflanzen umgraben. Treten Sie ihn anschließend gut fest, indem Sie zweimal mit möglichst kleinen Schritten über das Beet gehen – das zweite Mal im rechten Winkel zum ersten. Drücken Sie dabei die Erde mit den Absätzen gut an. Danach rechen Sie den Boden sanft, um ihn wieder zu ebnen, setzen die Sämlinge ein und drücken die Erde um die eingesetzten Pflänzchen mit den Händen wieder gut fest.

Platz für die Wurzeln

Machen Sie die Pflanzlöcher für die Sämlinge am besten mit einer Pflanzschaufel oder einem Setzholz. Bei schwerem Boden ist eine Pflanzschaufel allerdings besser geeignet, weil das Setzholz die Erde an der Seite des Loches stark verfestigt und dadurch die spätere Wurzelbildung der Sämlinge behindert wird.

Feuchtigkeit und Wärme

Frisch gepflanzte Blumenkohlsetzlinge müssen bei trockener Witterung regelmäßig gegossen werden. Steht ein plötzlicher Temperatursturz bevor, ehe sie sich an ihrem neuen Standort einwurzeln konnten, sollten Sie die Pflänzchen vorsichtshalber mit Hauben bedecken, damit sie keinen Schaden nehmen. Bei steigenden Temperaturen können Sie die Hauben wieder entfernen.

Sonnenschutz

Schützen Sie Blumenkohlköpfe vor dem Verbrennen in der heißen Sommersonne durch eine Abdeckung mit einigen ihrer eigenen äußeren Blätter. Dafür ziehen Sie die Blätter nach oben über die Köpfe und halten sie dort mit einer Wäscheklammer zusammen.

Bormangel

Weist Ihr Blumenkohl unterentwickelte, braune Köpfe, verkümmerte, brüchige Blätter und braune Sprosse auf, können dies Anzeichen dafür sein, dass Ihr Boden zu sauer ist oder zu wenig Bor enthält. Beträgt der pH-Wert Ihres Bodens weniger als 6,5, können Sie ihn durch die Zugabe von Kalk auf den richtigen Wert bringen. Dadurch wird auch das Bor freigesetzt, das in sauren Böden gebunden und damit für Pflanzen nicht verfügbar ist. Weist der Boden bereits einen pH-Wert von 6,5 oder darüber auf, enthält er zu wenig Bor. In diesem Fall sollten Sie vor dem Pflanzen in der nächsten Saison 30 g Borax pro Quadratmeter ausbringen. Wenn Sie das Borax in einem Eimer mit etwas Sand mischen, lässt es sich gleichmäßiger in den Boden einarbeiten. (Siehe auch *Bodenanalyse, Saure Böden*)

Nach der Ernte

Frisch geernteter Blumenkohl hält sich bis zu 3 Wochen, wenn Sie die meiste Erde von den Wurzeln abschütteln und ihn kopfüber an einem kühlen, frostfreien Ort aufhängen. Sie können aber auch die Blätter abtrennen und den Kopf bis zu einer Woche in einem Plastikbeutel im Gemüsefach des Kühlschranks aufbewahren. Oder blanchieren Sie den Blumenkohlkopf und lagern Sie ihn im Kühlschrank oder in der Gefriertruhe.

DIE RICHTIGE WAHL

Blumenkohlsorten für eine lange Ernte

Wenn Sie sich bei der Auswahl Ihrer Pflanzen an die unten aufgeführten Sorten halten, können Sie von März bis November frischen Blumenkohl ernten. Und wenn Sie nach der Ernte jeweils einige Köpfe blanchieren und einfrieren, lässt sich auch die Lücke zwischen den Ernten im Herbst und im Frühling überbrücken.

Jahreszeit	Aussaat- und Erntezeiten	Sorten
Frühsommerernte	Säen Sie im Oktober unter Hauben und dünnen Sie die Sämlinge auf Abstände von 5 cm aus oder säen Sie im Februar in den Kalten Kasten. Pikieren Sie die Sämlinge in Töpfe und pflanzen Sie Ende April mit etwa 50 cm Abstand aus. Ernte Juni bis Anfang Juli.	'Alpha', 'Beauty F1', 'Erfurter Zwerg', 'Gipsy F1'
Sommerernte	Säen Sie im März in ein Saatbeet unter Hauben oder an einer geschützten Stelle. Pflanzen Sie Mitte Mai mit etwa 50 cm Abstand aus. Ernte im August und Anfang September.	'Beauty F1', 'Fremont', 'Leclerf', 'Whitney F1'
Frühherbsternte	Säen Sie Ende April in ein Saatbeet und dünnen Sie die Sämlinge auf Abstände von 5 cm aus. Pflanzen Sie Mitte Juni mit etwa 50 cm Abstand aus. Ernte Ende August und September.	'Alverda', 'Fremont', 'Whitney F1'
Herbsternte	Säen Sie Mitte Mai ins Saatbeet und dünnen Sie die Sämlinge auf 5 cm aus. Pflanzen Sie Ende Juni mit 65 cm Abstand aus. Ernte Oktober und November.	'Alverda', 'Fremont', 'Herbstriesen', 'Hormade'
Frühjahrsernte	Säen Sie Ende Mai ins Freibeet und dünnen Sie die Sämlinge auf 8–10 cm Abstand aus. Pflanzen Sie Mitte Juli mit 75 cm Abstand aus. Ernte von März bis Juni.	'Walcheren Winter 3'

EIN PRACHTVOLLES GARTENJAHR

Genießen Sie das ganze Jahr hindurch farbenfrohe, artenreiche Beete und Rabatten in einem prächtigen Garten. Dazu müssen Sie nur den Höhepunkt in der Entwicklung der einzelnen Gewächse kennen und die Pflanzung entsprechend koordinieren.

Jede Gartenpflanze hat eine ganz bestimmte Zeit, in der sie auf dem Höhepunkt ihrer Entwicklung ist; dann sind ihre Blüten und Blätter, ihre Früchte, ihre Borke oder ihr Duft am schönsten. Die Übersicht auf den folgenden Seiten zeigt Ihnen, wann für die bekanntesten und beliebtesten Pflanzenarten dieser Zeitpunkt gekommen ist. Und was noch wichtiger ist: Die Tabelle liefert Hinweise, wie Sie durch die richtige Kombination von Bäumen, blühenden Sträuchern, Einjährigen, Mehrjährigen und Zwiebelpflanzen die Bühne Ihres Gartens das ganze Jahr über erstklassig besetzen und dafür sorgen können, dass immer wieder neue Akteure strahlend hervorkommen.

Bitte beachten Sie jedoch, dass über die Glanzzeit der einzelnen Pflanzen nur grobe Anhaltspunkte gegeben werden können, denn aufgrund regionaler Klimaunterschiede ist es durchaus möglich, dass manche schon etwas früher oder erst etwas später als angegeben ihren Höhepunkt erreichen; bei vielen dauert diese Zeit der Vollendung einige Wochen an.

Eingeteilt sind die Pflanzen in die jeweiligen Hauptarten, die im Garten vorkommen: Einjährige (zur Pflanzung im Frühjahr), Zweijährige (vor allem zur Pflanzung im Sommer oder Herbst), Zwiebelpflanzen einschließlich Knollenpflanzen (zur Pflanzung im Frühling oder Herbst) sowie Mehrjährige, Sträucher und Bäume, die jahrelang gedeihen.

Die Übersicht führt zwar nicht alle Pflanzen auf, die für den Gartenliebhaber erhältlich sind, aber wenn Sie sie zusammen mit der Farbtabelle auf den Seiten 80–83 verwenden, können Sie sicher sein, dass Ihr Garten das ganze Jahr über außergewöhnlich und interessant gestaltet ist.

Kletterrosen bilden zusammen mit Glockenblumen, Hornkraut und Fingerkraut eine bezaubernde sommerliche Staudenrabatte in unterschiedlichen Weißtönen.

Januar/Februar

Einjährige/Zweijährige
Brassica 'Winter Beauty' (Zierkohl), rechts
Viola Ultima Serie gemischt und Universal Serie gemischt (Gartenstiefmütterchen)

Zwiebelpflanzen
Chionodoxa (Sternhyazinthe)
Crocus imperati (Krokus)
Galanthus nivalis (Schneeglöckchen), links

Mehrjährige
Bergenia (Bergenie)
Eranthis hyemalis (Kleiner Winterling)
Helleborus niger (Christrose oder Nieswurz)
H. orientalis 'Early Purple' (Orientalische Nieswurz)
Iris unguicularis (Winteriris)
Sempervivum (Hauswurz)

Sträucher
Chimonanthus praecox (Chinesische Winterblüte)
Daphne mezereum (Gewöhnlicher Seidelbast)
Erica carnea (Schneeheide)
Hamamelis (Zaubernuss)
Jasminum nudiflorum (Winterjasmin), rechts
Lonicera fragrantissima und *L. standishii* (Wohlriechende und Stinkende Heckenkirsche)
Mahonia (Mahonie)

Bäume
Betula ermanii (Ermans Birke oder Goldbirke)
Corylus colurna (Baumhasel), links
Prunus serrula (Tibetische Kirsche)
P. subhirtella 'Autumnalis' (Higankirsche)

März

Einjährige/Zweijährige
Viola Ultima Serie gemischt und Universal Serie gemischt (Gartenstiefmütterchen)

Zwiebelpflanzen
Anemone blanda (Balkanwindröschen)
Chionodoxa (Sternhyazinthe)
Crocus (Krokus)
Iris reticulata (Kleine Netzblattiris)
Leucojum vernum (Märzenbecher)
Narcissus (Narzisse), rechts
Puschkinia scilloides (Puschkinie)
Scilla (Blaustern)
Tulipa (Tulpe)

Mehrjährige
Bergenia (Bergenie)
Helleborus niger (Christrose oder Nieswurz)
H. orientalis (Orientalische Nieswurz)
Primula auricula (Alpenaurikel)
P. vulgaris (Kissenprimel)
Saxifraga × apiculata 'Gregor Mendel' (Polstersteinbrech)

Sträucher
Chaenomeles japonica (Japanische Scheinquitte)
C. speciosa (Chinesische Scheinquitte)
Forsythia (Forsythie)
Mahonia (Mahonie)
Ribes sanguineum (Blutjohannisbeere)
Skimmia (Skimmie), links

Bäume
Alnus incana 'Aurea' (Grauerle)
Prunus (Blütenkirsche)

April

Einjährige/Zweijährige
Bellis perennis (Gänseblümchen)
Erysimum cheiri (Goldlack)
Lunaria annua (Einjähriges Silberblatt)
Myosotis (Vergissmeinnicht)
Primula × variabilis (Primel), oben

Zwiebelpflanzen
Anemone nemorosa (Buschwindröschen)
Hyacinthus (Hyazinthe), unten
Ipheion uniflorum (Frühlingsstern)
Muscari botryoides (Kleine Traubenhyazinthe)
Narcissus (Narzisse)
Ornithogalum umbellatum (Doldenmilchstern)
Tulipa (Tulpe)

Mehrjährige
Anemone narcissiflora (Berghähnlein)
Aubrieta (Blaukissen)
Aurinia saxatilis 'Golden Dust' (Felsensteinkraut)
Epimedium (Elfenblume)
Primula vulgaris (Kissenprimel)
Pulmonaria (Lungenkraut)

Sträucher
Daphne tangutica (Bergseidelbast)
Magnolia × soulangeana (Tulpenmagnolie)
M. stellata (Sternmagnolie)
Rhododendron (einschließlich Azaleen)
Viburnum (Schneeball)

Bäume
Amelanchier lamarckii (Kupferfelsenbirne)
Malus (Holzapfel), unten
Prunus 'Kanzan' (Japanische Blütenkirsche)
Pyrus calleryana 'Chanticleer' (Zierbirne)

Mai

Einjährige/Zweijährige
Campanula medium (Marienglockenblume)
Dianthus barbatus (Bartnelke)
Myosotis sylvatica (Waldvergissmeinnicht)
Papaver (Mohn), rechts

Zwiebelpflanzen
Fritillaria imperialis (Kaiserkrone)
Muscari botryoides (Kleine Traubenhyazinthe)
Tulipa (Tulpe)

Mehrjährige
Dianthus (Nelke), rechts
Geranium (Storchschnabel)
Paeonia lactiflora (Gartenpfingstrose)
Phlox subulata (Moosphlox)
Saxifraga × urbium (Steinbrech)
Tanacetum coccineum (Bunte Margerite)
Verbascum (Königskerze)

Sträucher
Cytisus (Besenginster)
Pieris (Lavendelheide)
Rhododendron (einschließlich Azaleen), links
Syringa vulgaris (Gewöhnlicher Flieder)
Viburnum (Schneeball)
Weigelia (Weigelie)

Bäume
Aesculus hippocastanum (Gewöhnliche Rosskastanie)
Caragana arborescens (Erbsenstrauch)
Cercis siliquastrum (Gewöhnlicher Judasbaum)
Crataegus laevigata (Palmstrauch- oder Zweigriffeliger Weißdorn)
Davidia involucrata (Tauben- oder Taschentuchbaum)
Fraxinus (Esche)
Malus (Holzapfel)
Paulownia tomentosa (Blauglockenbaum)
Sorbus aucuparia (Eberesche oder Vogelbeere)

Juni

Einjährige/Zweijährige
Campanula (Glocken-
   blume), rechts
Clarkia (Clarkie)
Delphinium (Rittersporn)
Eschscholzia californica
   (Schlafmützchen)
Godetia (Godetie)
Iberis umbellata (Doldige Schleifenblume)
Impatiens walleriana (Fleißiges Lieschen)
Lathyrus odoratus (Duftwicke)
Limnanthes douglasii (Sumpfblume)
Malcolmia maritima (Malcolmie)
Matthiola (Levkoje)
Papaver (Mohn)
Scabiosa atropurpurea (Samtskabiose)

Zwiebelpflanzen
Allium (Zierlauch)
Iris (Schwertlilie)
Ixia (Ixie, Klebschwertel)
Lilium (Lilie)

Mehrjährige
Aquilegia vulgaris – Hybriden (Gewöhnliche
   Akelei)
   Campanula (Glockenblume)
   Delphinium (Rittersporn)
      Dianthus (Garten-, Feder-, Bartnelken)
      Gypsophila paniculata (Gipskraut)
      Papaver orientale (Türkenmohn), links
      Potentilla (Fingerkraut) – Garten-
      hybriden
      Scabiosa (Skabiose)

Sträucher
   Clematis (Waldrebe)
Hydrangea (Hortensie)
Passiflora caerulea (Gemeine Passionsblume)
Philadelphus (Sommerjasmin oder Pfeifenstrauch)
Rosa (Rose)
Viburnum opulus (Gewöhnlicher Schneeball)
V. plicatum tomentosum (Japanischer Schneeball)

Bäume
Crataegus persimilis
   'Prunifolia'
   (Pflaumenblättriger
   Weißdorn)
Laburnum
   (Goldregen)
Robinia pseudoacacia
   (Gemeine Robinie)
Tilia (Linde), rechts

Juli

Einjährige/Zweijährige
Antirrhinum (Löwenmaul)
Begonia semperflorens (Beetbegonie)
Convolvulus tricolor (Trichterwinde)
Coreopsis (Mädchenauge)
Digitalis purpurea (Roter Fingerhut)
Helianthus annuus (Gewöhnliche Sonnenblume)
Heliotropium × hybridum (Heliotrop)
Iberis umbellata (Doldige Schleifenblume)
Impatiens (Fleißiges Lieschen)
Lathyrus odoratus (Duftwicke)
Mimulus (Gauklerblume)
Petunia (Petunie)
Scabiosa atropurpurea (Samtskabiose)
Schizanthus pinnatus (Spaltblume)
Tagetes erecta und *patula* (Studentenblume)
Tropaeolum (Kapuzinerkresse)

Zwiebelpflanzen
   Galtonia (Riesenhyazinthe)
   Gladiolus (Gladiole)
   Lilium – (Lilie) verschiedene
      Hybriden, links

Mehrjährige
   Aquilegia vulgaris – Hybriden
      (Gewöhnliche Akelei)
   Clematis integrifolia (Waldrebe)
   Delphinium (Rittersporn) – groß-
      blütige Hybriden
   Dianthus (Gartennelken)
Kniphofia (Fackellilie) – Hybriden
Penstemon (Bartfaden)
Phlox maculata und *P. paniculata* (Wiesenphlox
   und Staudenphlox)
Potentilla (Fingerkraut) – Gartenhybriden
Salvia pratensis var. *haematodes* (Wiesensalbei)

Sträucher
Buddleja (Schmetterlings-
   strauch), rechts
Caryopteris (Bartblume)
Clematis (Waldrebe)
Hydrangea paniculata
   (Rispenhortensie)
Lavandula (Lavendel)
Rosa (Rose)
Yucca filamentosa (Fädige
   Palmlilie)

Bäume
Koelreuteria paniculata
   (Rispiger Blasenbaum)
Liriodendron tulipifera (Tulpenbaum)

August

Einjährige/Zweijährige
Althaea rosea (Gewöhnliche Stockrose)
Amaranthus caudatus (Gartenfuchsschwanz)
Centaurea cyanus (Kornblume)
Clarkia unguiculata (Wandelröschen)
Cleome spinosa (Spinnpflanze)
Helianthus annuus (Sonnenblume)
Impatiens (Fleißiges Lieschen)
Lavatera trimestris (Bechermalve),
   rechts
Limonium sinuatum (Strandflieder)
Malcolmia maritima (Malcolmie)
Phlox drummondii (Einjähriger Phlox)
Rudbeckia hirta (Rauer Sonnenhut)
Salvia farinacea, S. splendens (Salbei)
Tagetes (Studentenblume)
Verbena × hybrida (Verbene)

Zwiebelpflanzen
Begonia (Knollenbegonie)
Cardiocrinum giganteum (Riesenlilie)
Crocosmia × crocosmiiflora (Gartenmontbretie)
Galtonia candicans (Riesenhyazinthe)
Gladiolus (Gladiole)

Mehrjährige
Anemone × hybrida (Herbstanemonen)
Aster × frikartii (Frikarts Aster)
Clematis heracleifolia (Großblättrige Waldrebe)
Helenium autumnale (Gewöhnliche Sonnenbraut)
Leucanthemum × superbum (Sommermargerite)
Phlox paniculata (Staudenphlox)

Sträucher
Calluna vulgaris (Besenheide)
Fuchsia magellanica (Fuchsie)
Hebe (Strauchveronika), unten
   links
Hibiscus syriacus (Strauch-
   eibisch)
Hydrangea (Hortensie)
Hypericum 'Hidcote' (Johan-
   niskraut)
Lonicera japonica (Geißblatt)
   Potentilla (Finger-
      kraut), rechts
   Thymus × citriodorus
      (Zitronenthymian)

Bäume
   Catalpa bignonioides (Gewöhn-
      licher Trompetenbaum)
   Magnolia grandiflora
      (Immergrüne Magnolie)

September

Einjährige/Zweijährige
Begonia (Begonie)
Callistephus chinensis (Garten- oder Sommeraster)
Canna × generalis (Blumenrohr)
Cleome spinosa (Spinnenpflanze)
Helianthus annuus (Gewöhnliche Sonnenblume)
Impatiens (Fleißiges Lieschen)
Petunia (Petunie)
Tagetes (Studentenblume)

Zwiebelpflanzen
Amaryllis belladonna (Belladonnalilie)
Colchicum (Herbstzeitlose), links
Crocus sativus (Echter Safran)
Cyclamen hederifolium (Herbstalpenveilchen)
Dierama pulcherrimum
Gladiolus (Gladiole)
Leucojum autumnale (Herbstknotenblume)
Nerine bowdenii (Kaplilie)

Mehrjährige
Anemone hupehensis (Herbstanemone)
A. × hybrida (Herbstanemonen)
Aster novae-angliae und *A. novi-belgii* (Raublatt-aster und Glattblattaster)
Dendranthema (Chrysantheme)
Gentiana sino-ornata (Herbstenzian)
Penstemon (Bartfaden)
Sedum spectabile (Schöne Fetthenne)

Sträucher
Calluna vulgaris (Besenheide oder Heidekraut)
Clematis (Waldrebe)
Euonymus europaeus 'Red Cascade' (Gewöhnliches Pfaffenhütchen)
Hydrangea (Hortensie)
Parthenocissus (Jungfernrebe oder Wilder Wein)
Perovskia atriplicifolia (Silberperowskie)
Rosa (Rose)

Bäume
Cotoneaster lacteus (Zwergmispel), rechts
Sorbus aucuparia 'Beissneri' (Eberesche oder Vogelbeere)

Oktober

Einjährige/Zweijährige
Callistephus (Sommeraster)
Helianthus annuus (Gewöhnliche Sonnenblume), rechts außen
Helichrysum (Strohblume), rechts innen

Zwiebelpflanzen
Anemone × hybrida (Herbstanemonen)
Colchicum (Herbstzeitlose)
Crocus speciosus (Prachtkrokus)
Cyclamen hederifolium (Herbstalpenveilchen)
Schizostylis coccinea (Spaltgriffel)
Sternbergia lutea (Goldkrokus oder Gewitterblume)

Mehrjährige
Anemone hupehensis (Herbstanemone), rechts
Aster novae-angliae und *A. novae-belgii* (Raublatt-aster und Glattblattaster)
Cortaderia selloana (Pampasgras)
Dendranthema (Chrysantheme)
Echinacea purpurea (Purpurfarbener Sonnenhut)
Gentiana sino-ornata (Herbstenzian)
Liriope muscari (Lilienschwertel)
Saxifraga fortunei (Steinbrech)

Sträucher
Ceratostigma (Hornnarbe)
Cotoneaster (Zwergmispel)
Hebe × andersonii 'Variegata'
Rosa moyesii (Mandarinrose)
Skimmia japonica (Japanische Skimmie)

Bäume
Acer capillipes und *A. japonicum* (Ahorn)
Cotinus coggygria (Europäischer Perückenstrauch)
Liquidambar (Amberbaum), unten
Malus 'Golden Hornet' (Zierapfel)
Nyssa sylvatica (Waldtupelo)

November/Dezember

Einjährige/Zweijährige
Viola × wittrockiana (Gartenstiefmütterchen)

Zwiebelpflanzen
Cyclamen hederifolium (Herbstalpenveilchen), links

Mehrjährige
Bergenia (Bergenie)
Persicaria vacciniifolia = *Bistorta vacciniifolia* bzw. *Polygonum vacciniifolium* (Knöterich)
Saxifraga fortunei (Steinbrech)

Sträucher
Arundinaria (Bambus), unten rechts
Elaeagnus × ebbingei (Wintergrüne Ölweide)
Erica carnea (Schneeheide)
Gaultheria mucronata (Torfmyrte)
Jasminum nudiflorum (Winterjasmin)
Pyracantha 'Watereri' und *P. rogersiana* (Feuerdorn und Gelbfrüchtiger Feuerdorn)
Viburnum betulifolium (Birkenblättriger Schneeball)
V. × bodnantense (Bodnantschneeball)

Bäume
Fraxinus excelsior 'Jaspidea' (Gewöhnliche Esche)
Ilex (Stechpalme)
Malus × robusta 'Red Sentinel' und *M.* 'Yellow Sibirian' (Holzapfel)
Prunus subhirtella 'Autumnalis' (Higankirsche)
Salix babylonica var. *pekinensis* 'Tortuosa' (Trauerweide)

Blüte

BLUMEN

Tägliche Inspektion

Sehen Sie im Sommer möglichst täglich nach Ihren Pflanzen, um sie nötigenfalls zu gießen, welke Blüten abzuschneiden und schwache Triebe mit Stäben zu stützen.

Umgraben oder nicht?

Sobald Zierpflanzen einmal angewachsen sind, sollten Sie den Boden um sie herum nicht mehr umgraben. Wenn Sie dabei nämlich versehentlich die Wurzeln beschädigen, müssen die Pflanzen ihre ganze Energie darauf verwenden, die Triebe wieder zu erneuern, und blühen entsprechend weniger üppig. Entfernen Sie deshalb auch Unkräuter immer nur vorsichtig mit der Hacke oder jäten Sie das Unkraut bei empfindlichen Pflanzen gleich von Hand. (Siehe auch *Unkrautbekämpfung*)

Wertvolle Asche

Wenn Sie im Garten Holz verbrennen, sollten Sie die Asche erkalten lassen und um Ihre Zierpflanzen streuen. Holzasche enthält nämlich 5–10 % Kalium, das das Wachstum der Blüten fördert. (Siehe auch *Kali*)

GESCHICHTE IN KÜRZE

Bauerngärten

Der mittelalterliche Landmann baute in seinem Garten lediglich Gemüse für seine Ernährung an. Die Reformation des 16. Jh. bereicherte die Bauerngärten dann um die Schätze der nun verwaisten Klostergärten in Form von Heilkräutern wie Borretsch und Schwarzwurz, Duftkräutern wie Lavendel und Rosmarin, Blumen wie Schwertlilie und Goldrute. Vom Osteraltar gelangten Lilien in die Gärten. Hinzu kamen hübsche Heckenpflanzen – gefüllte Primeln und andere Gewächse, die vor Hexenzauber schützen sollten – sowie Dickröschen, Pfingstrose und Waldakelei. Neben dem Gemüse gab es nun also eine vielfältige Blütenpracht, die ab dem 18. Jh. noch variantenreicher wurde, als die aufkommende Landschaftsgärtnerei die formalen Gärten des Adels mehr und mehr verdrängte.

Die Blütezeit verlängern

Damit Ihre Blumen länger blühen, sollten Sie verwelkte Blüten immer gleich entfernen, denn um Samen zu produzieren und damit ihr Überleben zu sichern, bringen die Pflanzen schnell neue Blüten hervor. Düngen Sie nach der ersten Blüte und gießen Sie häufig, um das Blütenwachstum anzuregen.

Verwelktes entfernen

Nehmen Sie zum Schneiden eine Gartenschere und entfernen Sie sowohl Blüte als auch Stängel. Trägt ein Stängel keine Knospen mehr, schneiden Sie ihn in Bodenhöhe ab, damit die Pflanze ihre Energie auf andere Triebe lenken kann. Befinden sich dagegen weiter unten am Zweig noch Knospen, schneiden Sie ihn über den Knospen ab.

Reich blühende Pflanzen

Manche Zierpflanzen blühen sehr lange oder bilden mehrere Blüten nacheinander aus: Geranien (*Pelargonium*) vom Frühsommer bis zum ersten Frost, Mädchenauge (*Coreopsis*) mitunter von Juli bis Oktober, Kleine Tagetes (*Tagetes patula*) von Juni bis in den Spätherbst und Stiefmütterchen (*Viola*) blühen das ganze Jahr hindurch.

Schnell blühende Pflanzen

Während manche Pflanzen nach der Aussaat lange brauchen, bis sie blühen, sind einige schon nach wenigen Wochen so weit. Eine schnell blühende Pflanze ist die Malcolmie (*Malcolmia maritima*), die bereits 10 Wochen nach der Aussaat im Frühling ihre bunten Blüten entfaltet, ebenso die verschiedenfarbigen Varianten der Gauklerblume (*Mimulus*), die ebenfalls 10–12 Wochen nach der Aussaat und dann den ganzen Sommer hindurch blüht. Auch viele im Sommer gepflanzte Herbstkrokusse bilden ihre rosa und weißen Kelche bereits nach einigen Wochen und noch vor den Blättern aus.

GEHÖLZE

Kleine Bäume für kleine Gärten

Viele Zierbäume mit ihrer Blütenpracht passen auch in kleine Gärten. Wenn Sie wenig Platz haben, pflanzen Sie am besten einen mäßig großen Baum, etwa Flieder (*Syringa*), Kirsche (*Prunus*) oder Magnolie (*Magnolia*).

Schöne Blüten und Beeren

Manche Zierbäume bringen nicht nur auffallende Blüten, sondern im Spätsommer und Herbst auch besonders hübsche Früchte hervor wie beispielsweise der Vogelbeerbaum (*Sorbus aucuparia*), auch Eberesche genannt, der im Mai und Juni durch seine schönen weißen Blüten auffällt und später große Büschel kugelrunder orangeroter Beeren trägt, die ab August reifen. Weitere hübsche Zierbäume mit attraktiven Beeren sind die Kupferfelsenbirne (*Amelanchier lamarckii*) und der Zierapfel (*Malus*) mit seinen kleinen, apfelähnlichen Früchten.

Verlängerte Blütezeit
Bei einem großen Garten mit viel Platz können Sie verschiedene Baumarten pflanzen, die zu unterschiedlichen Zeiten blühen; in der Reihenfolge der Blütezeit sind dies beispielsweise Kirsche (Prunus), Magnolie (Magnolia), Pfirsich (Prunus), Zierapfel (Malus), Eberesche (Sorbus), Goldregen (Laburnum), Scheinakazie (Robinia) und Trompetenbaum (Catalpa).

Vorsicht beim Rückschnitt
Schneiden Sie einen Zierbaum nie zu stark zurück, da er sonst weniger Blüten hervorbringt. Die beste Zeit für den Rückschnitt ist das Frühjahr, wobei Sie nur beschädigtes Holz und dürre oder gesplitterte Äste und Zweige entfernen sollten.

Bäume für Stadtgärten
Wenn Sie in der Stadt wohnen, sollten Sie besonders robuste Gehölze in Ihren Garten pflanzen, die genügend Widerstandskraft gegen die größere Luftverschmutzung haben. Ideal geeignet sind Ebereschenarten (Sorbus) und Weißdornarten wie der Palmstrauch-Weißdorn (Crataegus laerigata), die im Mai weiße Blüten hervorbringen, gefolgt von scharlachroten Früchten.

Bodenanalyse

Die Bodenbeschaffenheit testen
Damit Ihre Pflanzen gut gedeihen, ist es wichtig zu wissen, welchen Boden Sie in Ihrem Garten haben. Einen ersten Anhaltspunkt für die Bestimmung der Bodenbeschaffenheit bekommen Sie, wenn Sie einmal darauf achten, welche Pflanzen in der Umgebung Ihres Gartens wachsen. Auf einen sauren Boden lässt das Vorkommen von Erika, Ehrenpreis, Fingerhut, Ginster, Glockenheide, Kiefer, Pinie und Stechginster schließen. Storchschnabel, Wacholder und wild wachsende Kirsche deuten dagegen auf einen alkalischen Boden hin.

Der richtige Boden
Bestimmte empfindliche Pflanzen überleben nicht, wenn sie in den falschen Boden gepflanzt werden, beispielsweise Azaleen oder Rhododendren, die nur in einem sauren Boden gedeihen. Selbst wenn Sie saure Erde aufschütten, in die

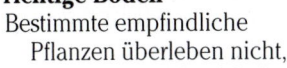

Sie die Pflanzen setzen, kann durch das Gießwasser so viel Kalk in den Boden gelangen, dass die Pflanzen bald kaum noch wachsen, sich gelb verfärben und schließlich absterben. In diesem Fall sollten Sie die Pflanzen in Töpfen kultivieren, die Sie mit spezieller Rhododendronerde gefüllt haben, und ausschließlich mit Regenwasser oder Wasser gießen, das zuvor mit einem Schuss Essig versetzt wurde.

GÄRTNER-WISSEN

Einfache Bodenanalyse
Zur Bestimmung des Bodentyps in Ihrem Garten können Sie auch einen einfachen Test mit der Hand machen. Dieser Krümeltest kann Ihnen bei der Entscheidung, welche Pflanzen in Ihrem Garten gedeihen, sehr helfen. Nehmen Sie dazu eine Hand voll feuchter Erde aus dem Garten und reiben Sie diese zwischen den Fingern. Trockene Erde sollten Sie zuvor geringfügig anfeuchten.

Sand
Wenn die Erde beim Zerreiben sofort zerbröckelt und sich körnig anfühlt, enthält sie Sand. Hier wachsen am besten Steingartengewächse und solche Pflanzen, die Trockenheit vertragen.

Ton
Fühlt sich die Erde eher weich und schmierig an und glänzt sie außerdem noch leicht, enthält sie einen größeren Anteil an Ton.

Schluff
Fühlt sich die Erde dagegen seifig und klebrig an, handelt es sich sehr wahrscheinlich um einen Schluffboden, auf dem zahlreiche Pflanzen gedeihen.

Lehm
Wenn die Erde beim Zerreiben anfangs schmiert und dann zerbröckelt, handelt es sich höchstwahrscheinlich um einen im Lauf der Zeit entstandenen Lehmboden, der für eine große Vielfalt an Pflanzen geeignet ist.

Den pH-Wert testen
Sie können den pH-Wert Ihres Bodens ganz einfach mit einem Testset bestimmen, das Sie in jedem Gartencenter bekommen. Dabei wird im Allgemeinen zuerst eine Bodenprobe in etwas Wasser aufgelöst, in das Sie dann eine Tablette aus dem Testset geben. Die dadurch in der Lösung auftretende Farbveränderung können Sie nun mit den Farben auf der dem Set beiliegenden Farbskala vergleichen. Dabei gilt, dass die unterschiedlichen Farben jeweils einem bestimmten Wert von 1–14 entsprechen. Liegt der Wert unter 7, bedeutet dies, dass Ihr Gartenboden ein saures Milieu hat, ein Wert über 7 zeigt dagegen an, dass der Boden alkalisch reagiert.

Siehe auch Kalkböden, Sandböden, Saure Böden, Tonböden

Bodendecker

VOR DEM PFLANZEN

Den Boden vorbereiten
Ehe Sie Ihre Bodendecker pflanzen, sollten Sie den Boden gut vorbereiten, indem Sie ihn lockern und alle Unkräuter mitsamt den Wurzeln gründlich entfernen, da dies später nur noch schwer möglich ist. (Siehe auch Unkrautbekämpfung)

Die richtige Pflanzzeit
Pflanzen Sie Bodendecker im Herbst, sodass sie bis zum Frühling, wenn die ersten Unkräuter erscheinen und mit ihnen um Nährstoffe und Wasser konkurrieren, bereits gut angewachsen sind.

Pflanzenvielfalt
Größere Flächen mit nur einer Art von Bodendeckern können schnell langweilig wirken. Mischen Sie deshalb am besten Laub abwerfende und immergrüne Pflanzen, sodass Sie das ganze Jahr hindurch Abwechslung haben. Setzen Sie außerdem Zwiebelpflanzen dazu, wie Milchsterne, Narzissen, Schneeglöckchen und Tulpen, die im Frühjahr blühen. Schön sind auch weiße Lilien, deren Blüten etwas später im Jahr erscheinen.

Kräftig sparen

Sie können so manchen Euro sparen, wenn Sie Stauden wählen, die sich gut teilen lassen. Dazu zählen etwa das Alpenhornkraut (*Cerastium alpinum*), eine Steingartenpflanze mit weißen, sternförmigen Blüten, die immergrüne *Tolmiea* und die Dreiblättrige Waldsteinie (*Waldsteinia ternata*).

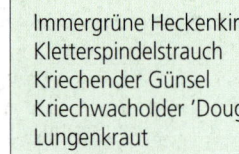

Niedriger Blickfang

Interessante Bodendecker sind niedrige Nadelgehölze wie etwa der Kriechwacholder (*Juniperus horizontalis* und *J. procumbens*) sowie das Heidekraut (*Erica*). Beide werden vor allem auf sauren Böden gepflanzt, einige Heidekrautarten wie die Schneeheide (*Erica carnea*) gedeihen aber auch auf alkalischen Böden. Bodendeckerrosen wie die rosafarbene 'Max Graf' und die zartrosa 'Nozomi' machen sich ebenfalls sehr gut, ebenso manche Ginsterarten (*Genista*).

Frauenmantel gegen Unkräuter

Unter den weitgehend winterharten Bodendeckerstauden ist der Frauenmantel (*Alchemilla mollis*), der sich von selbst aussät, eine gute Wahl. Zwischen Frühjahr und Herbst bedeckt er den Boden mit seinem typischen Laub und entwickelt den Sommer über duftende grüne Blüten, ist aber im Gegensatz zu vielen anderen Bodendeckern nicht immergrün. Sein Vorteil ist, dass er während der Vegetationsperiode Unkräuter unterdrückt.

Die richtigen Pflanzen wählen

Wählen Sie nur Bodendeckerpflanzen, die den Klima- und Bodenverhältnissen Ihres Gartens entsprechen (siehe Kasten). Bei den meisten Bodendeckerpflanzen sind die Lücken nach dem Anpflanzen erst nach 1–3 Jahren zugewachsen. In der Zwischenzeit können Sie jedoch Einjährige wie Große Kapuzinerkresse (*Tropaeolum majus*) oder Sumpfblume (*Limnanthes douglasii*) dazwischen setzen, die nicht nur sehr attraktiv sind, sondern auch die Ausbreitung von Unkräutern verhindern.

NACH DEM PFLANZEN

Unkräutern vorbeugen

Nach dem Anpflanzen Ihrer Bodendecker sollten Sie die Lücken zwischen den Pflanzen mit einer Schicht reifem Kompost oder Rindenmulch bedecken. Das hemmt die Ausbreitung von Unkräutern, bis die Bodendecker groß genug sind, um sie mit ihren Blättern zu unterdrücken.

Das Wachstum zügeln

Manche Bodendecker gedeihen so gut, dass sie sich bald überall im Garten ausbreiten, wenn man ihnen nicht rechtzeitig Einhalt gebietet. Begrenzen Sie das Territorium der Pflanzen deshalb am besten mit Schiefersteinen oder Plastik- bzw. Metallplatten, die Sie senkrecht in den Boden stecken. Auf diese Weise verhindern Sie die Ausbreitung der Wurzeln.

Winterschutz für Bodendecker

Verteilen Sie im Winter um die Basis von Laub abwerfenden Bodendeckern eine Schicht aus reifem Kompost. Auf diese Weise wird nicht nur im folgenden Frühjahr das Wachstum der Pflanzen angeregt, sondern auch die Ausbreitung von Unkräutern so lange verhindert, bis das neue Laub der Bodendecker diese Aufgabe selbst übernehmen kann.

Bodendecker zurückschneiden

Schneiden Sie großzügig alle blätterlosen oder abgestorbenen Stängel an wuchernden immergrünen Bodendeckern wie etwa Gelbe Goldnessel (*Lamiastrum galeobdolon*) oder Immergrün (*Vinca minor*) zurück, um die Pflanzen zu neuem Wachstum anzuregen, besonders wenn noch andere Pflanzen an der gleichen Stelle wachsen.

DIE RICHTIGE WAHL

Bodendecker für jeden Zweck

Bodendecker gibt es für jeden Standort, sie beleben eine weite Böschung ebenso wie schattige Mauerritzen. Wählen Sie Pflanzen in der Farbe Ihrer Wahl und beachten Sie die jeweiligen Licht- und Bodenbedingungen, die in der folgenden Übersicht beschrieben sind.

Name	Aussehen und Standort
Dreiblättrige Waldsteinie	Kriechende Stängel, rosettenförmige Blätter, gelbe Blüten; toleriert auch Halbschatten
Felsenstorchschnabel	Duftendes Blattwerk, rosa Blüten; wächst auf den meisten Böden, gedeiht auch im Schatten
Früh blühender Feldthymian	Polster bildender Thymian mit aromatischen Blättern; braucht einen sonnigen Standort
Gefleckte Taubnessel	Silber-grün gestreifte Blätter, purpurfarbene Blüten; kräftige Pflanze, die im Schatten gedeiht
Großblütiges Johanniskraut	Dichter Wuchs mit goldgelben Blüten; eignet sich für trockene Hanglagen
Heidekraut	Verschiedenartige Blüten; wächst auch auf kargen, sauren Böden in ungünstigen Lagen
Henne und Küken	Gelb gesprenkelte Blätter; gedeiht auf den meisten Böden in sonnigen oder halbschattigen Lagen
Immergrün	(Großes Immergrün 'Variegata', Kleines Immergrün): Lang blühende Pflanzen mit blauen oder weißen Blüten; wächst unter Bäumen und an steilen Böschungen
Immergrüne Heckenkirsche	Kleine gelbgrüne Blüten; idealer Bodendecker für große Flächen
Kletterspindelstrauch	Gedeiht selbst auf Kalkböden, sehr gut geeignet auch für Mauerritzen
Kriechender Günsel	Blaue Blüten und verschiedenfarbige Blätter; ideal für feuchte Standorte
Kriechwacholder 'Douglasii'	Blaugrünes, im Herbst scharlachrotes Laub; braucht viel Licht
Lungenkraut	Rosaviolette Blüten; eignet sich gut für Einfassungen und Steingärten
Mahonie	Gelbe Blüten und blauschwarze Beeren; toleriert Sonne, Schatten, Wind
Strauchveronika 'Pagei'	Spitze weiße Blüten, kleine glänzende Blätter; braucht viel Licht
Stachelnüsschen	Feine graugrüne Blätter und spitze Stängel; gedeiht zwischen Steinen
Zwergmispel	(Fächer-, Kleinblättrige, Teppichzwergmispel): Rote Beeren im Herbst, bei der Laub abwerfenden Fächerzwergmispel rotes Herbstlaub; wachsen auf den meisten Böden, eignen sich für Böschungen, steinige Böden, Mauern

Ausreichend wässern

Achten Sie darauf, dass Ihre Pflanzen immer genügend Wasser bekommen, besonders unter Bäumen, wo der Boden weniger feucht ist. Vor allem bei frisch gesetzten Pflanzen genügen schon einige Tage ohne Wasser, und sie gehen rasch ein.

Die richtigen Schneidewerkzeuge

Schneiden Sie überschüssige Triebe an Bodendeckern möglichst gleich zurück. Bei größeren Pflanzen sollten Sie dafür eine Gartenschere benutzen; bei kleineren Bodendeckern, etwa Diascie *(Diascia)*, Erdbeeren, Frauenmantel *(Alchemilla mollis)*, Gefleckte Taubnessel *(Lamium)*, Hornveilchen *(Viola cornuta)* oder – im Winter – immergrünes Johanniskraut *(Hypericum calycinum)*, können Sie jedoch ruhig einen Handmäher mit weit oben angesetzter Schneide verwenden.

UNTER BÄUMEN

Auf die Bodenbeschaffenheit achten

Unter Bäumen gedeihen nur solche Pflanzen, die Schatten vertragen und im Konkurrenzkampf um Wasser und Nährstoffe gegen die Baumwurzeln bestehen können. Daneben sollten Sie auch die jeweilige Bodenbeschaffenheit beachten, wobei es für fast alle Bodenverhältnisse geeignete Bodendecker gibt (siehe Kasten links).

Nährstoffarmer Kalkboden

Für kalkhaltige, nährstoffarme und trockene Böden eignet sich eine Mischung aus Gelber Goldnessel *(Lamiastrum galeobdolon* 'Florentinum'*)* in Verbindung mit Efeu *(Hedera helix)*, Immergrün *(Vinca minor)* und Ysander *(Pachysandra terminalis)*.

Nährstoffreicher Lehmboden

Ist der Boden unter den Bäumen schwer und nährstoffreich, haben Sie die Wahl zwischen zahlreichen verschiedenen Bodendeckerarten, etwa Beinwell *(Symphytum grandiflorum)*, der blauen Gedenkemein *(Omphalodes cappadocia)*, der Schaumblüte *(Tiarella cordifolia)* oder der Elfenblume *(Epimedium)*, wobei Letztere die Unkräuter besonders wirkungsvoll unterdrückt. Infrage kommt aber auch eine Auswahl der Schatten liebenden Aronstab-Arten *(Araceae)*, z. B. der Gefleckte Aronstab *(Arum maculatum)*.

Den Boden vorbereiten

Vor dem Einpflanzen der Bodendecker sollten Sie zuerst den Boden um die Baumwurzeln herum mit einer Grabgabel lockern. Fügen Sie anschließend etwas reifen Kompost zu, damit der Boden ausreichend Nährstoffe bekommt.

HANGLAGEN

Pflanzen sichern

Um eine Erosion an Böschungen zu vermeiden, sollten Sie solche Pflanzen auswählen, deren Wurzeln dem Boden zusätzlichen Halt geben, etwa Immergrün *(Vinca minor)*, Teppichzwergmispel *(Cotoneaster dammeri)* und Spalierzwergmispel *(C. adpressus)*. Bepflanzen Sie Steilhänge zuerst am Fuß und ziehen Sie die Triebe dann aufwärts. Sie können die Pflanzen so lange mit Steinen oder Holzklötzen sichern, bis sie sich fest eingewurzelt und so sicheren Halt haben.

Die Sackmethode

Eine weitere Methode, Bodenerosion an Hanglagen zu verhindern, ist das Auslegen eines alten Sackes auf der Erde, bevor Sie die Bodendecker pflanzen, denn dadurch kann der Boden nicht mehr vom Regen weggeschwemmt werden. Nachdem Sie den Sack ausgelegt haben, schneiden Sie ausreichend große Löcher hinein, setzen die Pflanzen durch diese Löcher hindurch in den Boden und beschweren den Sack an den Enden mit Steinen. Bis die Pflanzen sicher eingewurzelt sind, ist der Sack verrottet.

Geeignete Bodendecker

Hanglagen sind nicht für feuchtigkeitsliebende Pflanzen geeignet. Ergänzend zu Bodendeckerrosen, Kleinem Immergrün *(Vinca minor)* und kriechenden Zwergmispeln gibt es jedoch einige Arten, die gut auf abschüssigen Böden gedeihen. Dazu zählen etwa Efeu *(Hedera helix)*, immergrünes Johanniskraut *(Hypericum calycinum)*, Kriechwacholder *(Juniperus horizontalis* und *J. procumbens)*, Sandginster *(Genista pilosa)*, ein 20–30 cm hoher, niederliegender Strauch, oder die immergrüne Zierhimbeere *(Rubus pentalobus)*.

OBST- UND GEMÜSEGARTEN

Gemüsepflanzen

Früher wurde Gemüse so in Reihen gezogen, dass zwischen den Reihen mehr Platz war als zwischen den einzelnen Pflanzen. So entstanden Freiflächen, auf denen sich Unkräuter ausbreiten konnten. Um Platz, Licht, Wasser und Nährstoffe optimal zu nutzen, sollten Sie den Gemüsepflanzen nach allen Seiten hin gleich viel Raum lassen und die Reihen versetzt anordnen; so können sich auch die Unkräuter weniger schnell ansiedeln.

Freiflächen bepflanzen

Brachliegende Flächen ziehen Unkräuter an. Abgeerntete Beete sollten Sie deshalb mit einer weiteren Gemüseart oder mit Gründünger bepflanzen. (Siehe auch *Bodenpflege*)

Geschickte Zwischenlösung

Bestimmte Gemüsearten wie Kohl, die eine lange Wachstumszeit haben, können den Boden einige Monate lang nicht bedecken und so die Unkräuter unterdrücken. Pflanzen Sie deshalb in der Zwischenzeit beispielsweise schnell wachsenden Salat, damit sich kein Unkraut breit macht.

Lücken füllen

Auch wenn Sie Ihr Gemüsebeet geschickt anlegen: Irgendwo bleibt immer ein Fleckchen frei, auf dem sich Unkräuter ausbreiten können. Diese Lücken lassen sich mit Ringelblume *(Calendula officinalis)*, Stiefmütterchen *(Viola tricolor)* und Kapuzinerkresse *(Tropaeolum)* schließen, deren Blüten Sie auch für Salate verwenden können, oder aber mit Sumpfblume *(Limnanthes douglasii)* oder Tagetes bzw. Studentenblume, die Nützlinge anlocken. Ferner sind einjährige Küchenkräuter gut geeignet.

Zwischen Obststräuchern

Pflanzen Sie Erdbeeren, auch wilde Arten, als Bodendecker um Johannis- und Stachelbeeren, es sei denn, die Sträucher wurden stark gemulcht. Erdbeeren gedeihen gut auf leichten, mit Kompost versorgten Böden und wurzeln nicht tief, sodass sie mit den Beerensträuchern nicht um Wasser und Nährstoffe konkurrieren.

KÜBELPFLANZEN

Kübelpflanzen im Freien
Bei Kübelpflanzen wie Azaleen, Fuchsien und Lorbeerbäumen, die im Freien wachsen, können Bodendecker die Erde vor zu schnellem Austrocknen schützen. Pflanzen Sie deshalb Steinkraut (Alyssum), kleinblättrigen Efeu (Hedera helix), Lobelien (Lobelia) oder hängende Fuchsien (Fuchsia) in den Ecken der Kübel.

Kübelpflanzen im Haus
Hier pflanzen Sie am besten kleine, anspruchslose Bodendecker, etwa Dreimasterblume (Tradescantia), Kletterfeige (Ficus pumila) oder den hübschen, niederliegenden Harfenstrauch (Plectranthus oertendahlii), der weiße oder blassviolette Blüten hervorbringt. Wählen Sie Pflanzen mit den gleichen Ansprüchen an Wasser und Licht und setzen Sie möglichst alle Pflanzen zur gleichen Zeit.

Bodenpflege

Boden vorbereiten
Wollen Sie Ihre Beete künftig nur noch lockern, aber nicht mehr umgraben, muss der Boden vor dem Bepflanzen gut vorbereitet werden. Graben Sie ihn im ersten Jahr noch einmal tief um und arbeiten Sie dabei reichlich organisches Material ein. Wichtig ist auch das Entfernen sämtlicher Unkräuter, wobei Sie vor allem die Wurzeln ausdauernder Pflanzen sorgfältig jäten sollten, da selbst kleinste Wurzelreste wieder austreiben können. Damit der Boden bei der Gartenarbeit nicht verdichtet wird, stellen Sie sich beim Umgraben und Jäten am besten auf ein Holzbrett.

Einjährige Unkräuter entfernen
Bei sehr starkem Bewuchs mit einjährigen Unkräutern ist es unter Umständen ratsam, den Boden eine Weile brachliegen zu lassen, damit Sie die Gewächse vor dem Anbau Ihrer Nutz- oder Zierpflanzen gründlich jäten können. Bearbeiten Sie den Boden anschließend einige Zeit einmal wöchentlich mit der Hacke und entfernen Sie dabei alle gekeimten Unkräuter. Durch das Hacken werden auch die Samen an die Oberfläche gebracht, wo sie keimen und später ebenfalls gejätet werden können.

Starker Unkrautbewuchs
Ist Ihre Anbaufläche vollständig von Unkraut überwuchert, können Sie den Pflanzen wirkungsvoll zu Leibe rücken, indem Sie den Boden für einige Zeit mit lichtundurchlässiger schwarzer Plastikfolie bedecken; der Lichtmangel dämmt das Wachstum rasch ein. Ein schneller Erfolg stellt sich auch ein, wenn Sie die Unkräuter vorsichtig mit einem Abflämmgerät entfernen. Bei beiden Methoden werden allerdings die unterirdischen Wurzeln der Unkräuter nicht miterfasst, sodass Sie anschließend noch gründlich von Hand jäten müssen.

Fruchtwechsel im Gemüsegarten
Immer vorteilhaft ist es, im Gemüsegarten nach dem Prinzip des Fruchtwechsels vorzugehen, denn wenn Sie jedes Jahr die gleichen Nutzpflanzen an denselben Standort setzen, besteht die Gefahr, dass eventuell auftretende Schädlinge und Krankheiten von einer Saison an die nächste weitergegeben werden. Außerdem können bei einem Fruchtwechsel Gemüsepflanzen wie beispielsweise Kohl, die nach Erbsen und Bohnen an die gleiche Stelle gepflanzt werden, den noch im Boden enthaltenen Stickstoff optimal nutzen. (Siehe auch *Gemüsegärten*)

Gemulchte Beete bepflanzen
Kohl-, Tomaten- und Zucchinisämlinge können Sie problemlos in bereits gemulchte Beete pflanzen, indem Sie den Mulch mit der Hand beiseite schieben und eine Fläche mit 15–20 cm Ø freilegen. Anschließend setzen Sie die Sämlinge wie gewohnt ein. Dann klopfen Sie die Erde fest und schieben den Mulch wieder zurück, sodass um jede Pflanze ein Freiraum von 5 cm bleibt.

Kartoffeln unter Folie
Wenn Sie Ihre Kartoffeln unter schwarzer Plastikfolie anbauen, sparen Sie sich später viel Arbeit beim Unkrautjäten. Dazu mulchen Sie die Beetfläche stark und legen die Saatkartoffeln in Reihen darauf. Anschließend decken Sie die Kartoffeln mit schwarzer Folie zu. Ziehen Sie die Folie glatt und beschweren Sie sie an den Rändern mit Steinen. Sobald die Kartoffeln zu keimen beginnen, drücken die Pflanzen die Folie hoch. Schlitzen Sie dann das Plastik über jeder Pflanze x-förmig ein, sodass die Pflanzen hindurchwachsen können. Der einzige Nachteil bei dieser Methode ist die erschwerte Bewässerung. Damit Sie die Pflanzen nicht täglich einzeln gießen müssen, empfiehlt es sich, vor dem Auslegen der Folie Sprühschläuche zwischen den Reihen zu platzieren.

DIE RICHTIGE WAHL

Gründüngung – eine Wohltat für den Garten

Es ist nützlich, auf Brachflächen Gründüngungspflanzen auszusäen, denn sie decken den Boden schützend ab und bewahren ihn durch ihre Wurzeln vor Erosion. Im folgenden Frühjahr können Sie die Pflanzen dann untergraben, sodass sie den Boden zusätzlich mit ihren wertvollen Nährstoffen versorgen.

Art	Pflanzenname	Geeignete Böden
Einjährige Gründüngungspflanzen	Buchweizen (Fagopyrum esculentum)	Alle, auch nährstoffarme Böden
	Bienenfreund (Phacelia tanacetifolia)	Alle Böden
	Blaue oder Schmalblättrige Lupine (Lupinus angustifolius)	Leichte saure Böden
	Futterwicke (Vicia sativa)	Feuchtigkeit speichernde neutrale bis alkalische Böden
	Heu (Trigonella foenum graecum)	Durchlässige schwere Böden
	Inkarnatklee (Trifolium incarnatum)	Leichte Sand-Lehm-Böden
	Puffbohne (Vicia faba)	Feuchtigkeit speichernde schwere Böden
	Roggen (Secale cereale)	Alle Böden
	Senf (Sinapis alba)	Schwere Lehmböden
Zweijährige	Hopfenklee (Medicago lupulina)	Leichte neutrale bis alkalische Böden
Mehrjährige	Luzerne (Medicago sativa)	Durchlässige neutrale bis alkalische Böden
	Rotklee (Trifolium pratense)	Nährstoffreiche neutrale bis alkalische Lehmböden
	Schwedenklee (Trifolium hybridum)	Alle Böden

Schutz für die Beete

Das Geheimnis, nie mehr umgraben zu müssen, besteht darin, die Beete vor Witterungseinflüssen zu bewahren und sie zu keinem Zeitpunkt brachliegen zu lassen. Das bedeutet, dass Sie, sobald eine Nutzpflanze abgeerntet ist, eine Nachkultur oder auch einjährige Gründüngungspflanzen ansäen, z.B. Inkarnatklee *(Trifolium incarnatum)* im Frühjahr oder Puffbohne *(Vicia faba)* im Herbst. Sind die Pflanzen ausgewachsen, schneidet man sie ab und lässt sie als schützende Mulchschicht auf dem Boden liegen.

Zusätzlicher Kompost

Für viele Gärtner ist es problematisch, sich ausreichende Mengen Kompostmaterial zu beschaffen. Eine Möglichkeit besteht darin, Küchen- und Gartenabfälle von Nachbarn und Freunden oder vom Gemüsehändler zu sammeln. Bei ausreichend Platz im Garten können Sie aber auch einen Teil des Geländes für den Anbau mehrjähriger Gründüngungspflanzen wie Luzerne *(Medicago sativa)* reservieren. So wird es Ihnen künftig nie mehr an Kompost mangeln.

Siehe auch *Biogärten, Düngemittel, Mulchen*

Bogen

Der richtige Standort

Der Standort für einen Bogen im Garten sollte gut überlegt sein. Steht er z. B. für sich allein in der Mitte einer Rasenfläche, wirkt er beliebig. Sinnvoller ist es, ihn so zu platzieren, als würde er auf ein Ziel hinführen. Sie können ihn aber auch so stellen, dass er einen attraktiven Strauch, einen Springbrunnen oder eine Skulptur umrahmt und das Element hervorhebt.

Ein Platz zum Entspannen

Nach der Gartenarbeit ist eine Sitzgelegenheit unter einem Bogen, der von duftenden Rosen umrahmt ist, eine idealer Ort, um sich von der Arbeit auszuruhen und den Sommer zu genießen.

Stabilität überprüfen

Starker Wind kann selbst einen äußerst stabil gebauten Bogen beschädigen, vor allem wenn er mit Kletterpflanzen bewachsen ist. Daher sollten Sie Ihren Bogen alljährlich im Frühjahr überprüfen und eventuell beschädigte oder verrottete Pfosten austauschen. Achten Sie auch darauf, dass alle Querverstrebungen noch fest verankert sind.

Den Eingang verschönern

Ist der Eingang zu Ihrem Garten beiderseits von Hecken gesäumt, können Sie einen attraktiven grünen Pflanzbogen schaffen. Errichten Sie einen hölzernen oder metallenen Bogen über dem Eingang und sichern Sie ihn mit stabilen Metallhalterungen im Boden. Ziehen Sie von nun an alle neuen Triebe der angrenzenden Hecke in den Bogen. Je nach Wuchsgeschwindigkeit der Hecke wird er bereits nach 2–3 Jahren begrünt sein.

Bohnen

Den Boden vorbereiten

Graben Sie den Boden an dem für die Bohnen vorgesehenen Platz im Spätherbst tief um und arbeiten Sie gut verrotteten Mist oder reifen Kompost ein, ehe Sie die Bohnensamen aussäen.

Die Keimung beschleunigen

Zur Beschleunigung des Keimvorgangs können Sie die Bohnensamen vor der Aussaat über Nacht einweichen. Setzen Sie die Samen anschließend 3–5 cm tief in die feuchte Erde. Einer alten Gärtnerregel zufolge soll man Bohnensamen nämlich immer nur so flach aussäen, dass „sie die Glocken noch läuten hören".

Gute Stickstoffquelle

Die Wurzeln von Bohnenpflanzen enthalten sehr viel Stickstoff. Deshalb sollten Sie nach der Ernte auch nur die Stängel zurückschneiden und die Wurzeln im Boden lassen, wo sie ihren wertvollen Pflanzennährstoff freisetzen.

Altes Zeitungspapier nutzen

Wenn Sie die Saatrillen für die Aussaat vorbereiten, sollten Sie Zeitungsschnipsel hineinlegen, die Sie zuvor in Gülle eingeweicht haben. Dadurch bleibt die Feuchtigkeit besser im Boden und die Erde bekommt zusätzliche Nährstoffe.

Siehe auch *Feuerbohnen, Gartenbohnen, Puffbohnen*

Bonsais

Bonsais selbst ziehen

Wollen Sie Ihren Bonsai selber ziehen, suchen Sie am besten im Garten nach einem Baumsämling mit interessanter Wuchsform. Diesen Sämling graben Sie dann im Herbst vorsichtig aus, topfen ihn ein und lassen ihn ein Jahr lang stehen, sodass er in Ruhe einwurzeln kann. Im folgenden Frühjahr und ebenso im Frühjahr darauf schneiden Sie sämtliche dickeren Wurzeln um ein Drittel zurück und entfernen alle kräftigen oberirdischen Triebe. Im wichtigen dritten Jahr können Sie Ihren Bonsai dann in sein endgültiges Pflanzgefäß umtopfen. Schneiden Sie aber vorher die Wurzeln nochmals um ein Drittel zurück und entfernen Sie weiterhin alle unerwünschten Triebe.

Mit Draht in Form bringen

Mit Kunststoffdraht, den Sie um Stamm und Zweige wickeln, unterstützen Sie junge Bonsais darin, eine natürliche Wuchsform anzunehmen. Laub abwerfende Bäume sind besonders biegsam im Frühjahr, immergrüne im Herbst. Überprüfen Sie den Draht regelmäßig und lockern Sie ihn entsprechend der zunehmenden Größe des Baumes.

Zimmer- und Freilandbonsais

Sie haben die Wahl zwischen Zimmer- und Freilandbonsais. Zimmerbonsais stammen aus tropischen Klimazonen und passen sich viel einfacher an die Luftverhältnisse im Haus an als heimische Bäume, die besser im Freien wachsen. Dennoch tut es auch Zimmerbonsais gut, wenn sie bei mildem Wetter von Zeit zu Zeit etwas frische Luft bekommen. Stellen Sie Ihren Zimmerbonsai deshalb bei warmen Temperaturen entweder für einige Stunden in den Garten an einen halbschattigen Platz oder auf einen Sims ans offene Fenster.

Geeignete Pflanzen

Bei der Auswahl Ihres Bonsais sollten Sie vorher stets sorgfältig prüfen, ob die Wurzeln des Baumes gleichmäßig um den Stamm herum verteilt und außerdem nicht verfilzt sind. Achten Sie auch auf eine elegante Wuchsform und ein natürliches Aussehen. Als Bonsais sind am besten Pflanzen mit kleinen Blättern, Blüten und Früchten geeignet, da diese optimal zu der kleinen Wuchsform passen.

Was tun bei Austrocknung?

Übermäßige Feuchtigkeit ist schädlich für Freilandbonsais. Gießen Sie also sparsam, um zu vermeiden, dass der Topf für längere Zeit im Ablaufwasser steht. Nur wenn die Erde stark ausgetrocknet ist, empfiehlt es sich, den Topf oder die Schale so lange in ein Gefäß mit Wasser zu stellen, bis der Boden sich richtig vollgesaugt hat. Anschließend stellen Sie den Topf mit einem Ende schräg auf einen Stein, damit das überschüssige Wasser ablaufen kann.

Bonsais sind eine faszinierende Mischung aus Miniaturpflanze und erwachsenem Baum und bilden in Gruppen einen schönen Blickfang mit asiatischem Flair.

Für Feuchtigkeit sorgen

Zimmerbonsais brauchen eine feuchte Umgebung. Stellen Sie den Pflanztopf deshalb am besten in eine Schale mit Kieselsteinen, die Sie halb mit Wasser füllen. Im Sommer können Sie den Baum zusätzlich mit Wasser aus einem Zerstäuber besprühen. Feuchten Sie Ihren Bonsai allerdings niemals dann an, wenn er gerade im vollen Sonnenlicht steht, weil die empfindlichen Blätter sonst leicht verbrennen können.

Der richtige Standort

Ein Zimmerbonsai mag es nicht, wenn man ihn immer wieder an einen anderen Ort stellt. Der Topf sollte deshalb einen festen Platz haben, der frei von Zugluft ist und sich auch nicht zu nahe an einer Heizung befindet. Außerdem brauchen alle Bonsais viel Licht, müssen aber vor direkter Sonneneinstrahlung geschützt stehen. Zum Gießen Ihrer Bonsaibäumchen sollten Sie möglichst nur zimmerwarmes weiches Regenwasser verwenden. Ist dies nicht möglich und ist Ihr Leitungswasser sehr hart, sollten Sie es vor dem Gießen einige Tage stehen lassen.

Bonsais in Form halten

Sofern Sie keine neuen Verzweigungen wünschen, halten Sie Ihren Bonsai in Form, indem Sie im Frühling und Sommer alle neuen weichen Triebe entfernen. Bei kräftig wachsenden Pflanzen kann dies während der Wachstumsperiode mehrmals erforderlich sein.

Freilandbonsais überwintern

Einen Freilandbonsai sollten Sie im Winter nie ins Haus oder in ein beheiztes Gewächshaus stellen. Durch die Wärme kann der Pflanzensaft plötzlich wieder zu zirkulieren beginnen und so den natürlichen Zyklus der Pflanze durcheinander bringen. Bei drohendem Frost umwickeln Sie den Topf Ihres Freilandbonsais mit mehreren Lagen Zeitungspapier, Luftpolsterfolie oder Stroh, um die Wurzeln des Baumes vor Frostschäden zu bewahren. Sobald der Frost vorüber ist, können Sie den Schutz wieder entfernen. Ist Ihr Freilandbonsai zugeschneit, sollten Sie den Schnee zwar von den Zweigen schütteln, ihn um den Topf herum aber lassen, da Schnee einen guten natürlichen Wärmeschutz gegen Bodenfrost bietet.

Wann düngen?

Bonsais müssen während der Wachstumsperiode regelmäßig gedüngt werden. Lassen Sie den Baum nach einem Umtopfen 4–6 Wochen ruhen und verwenden Sie dann bis zum Herbst regelmäßig einen Flüssigdünger für Zimmerpflanzen.

Wie oft umtopfen?

Je nach Alter des Baumes sollten Sie Ihren Bonsai alle 2–5 Jahre im zeitigen Frühjahr umtopfen, wobei Sie jeweils die Erde im Topf erneuern und die Wurzeln um etwa ein Drittel einkürzen. Je älter der Baum ist, desto seltener müssen Sie umtopfen.

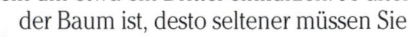

Größere Rückschnitte

Umfangreichere Formschnitte an Ihrem Bonsai sollten Sie ausschließlich im Spätwinter vornehmen, um einen Verlust an Pflanzensaft zu verhindern, wie er während der Vegetationsperiode zwangsläufig auftreten würde. Nach dem Schneiden ist nicht notwendig, die Wunden zu versiegeln, da die Pflanze sich selbst heilt.

Borke

Dekorative Birken

Hat Ihr Garten die geeignete Größe, können Sie darin Birken anpflanzen, deren Borke besonders dekorativ ist. Die Chinesische Birke (Betula albosinensis) mit ihrer orangefarbenen bis orangebraunen Rinde, die Gold-Birke (B. ermanii), deren abschälende Rinde sich orange-braun bis cremeweiß verfärbt, oder auch die Weißrindige Himalaja-Birke (B. jacquemontii) mit ihrer reinweißen Borke sind vor allem im Winter ein Blickfang. Die etwas kleinere Papier-Birke (B. papyrifera var. kenaica) hat eine weiß-orangefarbene Rinde.

Farbe in den Winter bringen

Neben Birken fallen auch viele andere Sträucher und Bäume durch ihr farbenprächtiges Astwerk auf. So sind die Triebe der Tangutischen Himbeere (Rubus cockburnianus) im Winter weiß-bläulich überhaucht, wie auch die Zweige der Behaarten Himbeere (R. lasyostylos) weiß-bläulich gefärbt sind. Die olivgrünen Zweige von Baileys Hartriegel (Cornus sericea 'Flaviramea') und die korallenroten Äste des Weißen Hartriegels (C. alba 'Sibirica') sorgen ebenfalls für eine lebhafte Winterfärbung. (Siehe auch Weiden)

Die Farben intensivieren

Damit Sie sich im Winter in Ihrem Garten an intensiv gefärbten Himbeer- und Weidenzweigen erfreuen können, sollten Sie alle Triebe im zeitigen Frühjahr bis in Bodennähe zurückschneiden. Die neuen Triebe erscheinen dann bald in frischen, kräftigen Farben.

Gehölze mit gestreifter Borke

Ahornarten werden häufig wegen ihres leuchtenden Herbstlaubs gepflanzt, bei einigen Arten ist aber auch die Borke sehr attraktiv. So ist etwa die grün-weiß gestreifte Rinde des Roten Schlangenhautahorns (Acer capillipes) oder des Schlangenhautahorns (A. pensylvanicum) ein auffälliger Blickfang im Garten. Achten Sie jedoch auf Grünalgen, die sich gelegentlich am Stamm bilden und die mit Seifenlauge abgewaschen werden sollten.

Die zunächst leuchtend orangefarbene Borke der Schwarz-Birke (Betula nigra) verfärbt sich an älter werdenden Bäumen zunehmend dunkler, bis sie schließlich fast ganz schwarz ist, rissig wird und sich in breiten Streifen abschält.

Gehölze mit Schälborke

Neben denjenigen Ahornbäumen, die vor allem durch ihre gestreifte Borke auffallen, gehört der Zimtahorn *(Acer griseum)* zu den bemerkenswerten Arten. Seine glänzende Borke schält sich in papierdünnen Blättchen ab und bringt darunter eine orange-braune Rinde zum Vorschein. Auch der Echte Fächerahorn (*A. palmatum* 'Sangokaku') wirkt im Garten äußerst dekorativ; er hat eine auffallend korallenrote Borke, die sich vor allem bei jungen Bäumen zeigt.

Brennnesseln

Attraktion für Nützlinge

Brennnesseln, von denen es zwei Arten gibt, die Große *(Urtica dioica)* und die Kleine Brennnessel *(U. urens)*, sind wegen ihres die Haut reizenden Brennsaftes zwar immer wieder ein Ärgernis, verdienen als ausgesprochene Nutzpflanzen aber einen Platz im Garten, am besten an einem unauffälligen sonnigen Standort. Diese Pflanzen locken Schmetterlinge zur Eiablage an, vor allem aber auch die nützlichen Marienkäfer, die sowohl ausgewachsen als auch im Larvenstadium einen geradezu unersättlichen Appetit auf Blattläuse haben und deshalb viele Zier- und Gemüsepflanzen von diesen Schädlingen befreien oder einem Befall vorbeugen.

DIES UND DAS

Vielseitige Brennnesseln

Brennnesseln haben eine lange interessante Geschichte. So schwor beispielsweise die schottische Königin Maria Stuart (1542–1587) auf Bettlaken aus Brennnesselfasern; ihrer Meinung nach gab es keine weicheren. Auch Fischernetze und Seile wurden früher aus den Fasern der Pflanze gefertigt und aus den Blättern stellte man grüne Farbe her. Ferner wurden die Blätter zu Tee und Bier verarbeitet, für die es zahlreiche medizinische Anwendungsgebiete gab. So hatte man schon früh den hohen Eisengehalt der Pflanze erkannt und verschrieb sie deshalb bei Blutarmut (Anämie). Nesselbier, so hieß es, helfe auch gegen Gelbsucht, aber nur wenn die Blätter vor dem 1. Mai gepflückt würden, denn danach gebrauche sie der Teufel als Material für seine Hemden. Sicher belegt ist, dass Rheuma gelindert wird, wenn man den betroffenen Körperteil mit Brennnesseln peitscht, da das Brennen einen wirksamen Gegenreiz ausübt.

Brennnesseln als Zeigerpflanzen

Bei der Neuanlage eines Gartens sollten Sie auf bestehende Brennnesselbestände achten, da diese Wildkräuter bevorzugt auf stickstoffreichen Flächen wachsen und demzufolge fruchtbaren Boden anzeigen. Für ein Gemüsebeet sollten Sie die Brennnesseln ausgraben und an diese Stelle Blattgemüse pflanzen, das gut auf stickstoffreichem Boden gedeiht.

Brennnesseln entfernen

Brennnesseln mit der bloßen Hand zu entfernen ist sehr schmerzhaft, da die Haut an Handgelenken und Armen von dem in den Blättern enthaltenen Saft stark brennt. Stülpen Sie deshalb zuerst eine Plastiktüte oder einige Lagen Zeitungspapier über die Pflanze, sodass die Blätter verdeckt sind. Dann umgreifen Sie die Brennnessel an den Stängeln und reißen die Pflanze mit einem kurzen Ruck heraus. Kommen Sie dabei trotz aller Vorsicht mit den Brennhaaren in Berührung, können einige alte Hausmittel helfen: Reiben Sie die betroffene Stelle mit Ampfer- oder Sauerampferblättern, einer Zwiebelscheibe oder einer leicht zerdrückten Knoblauchzehe ein.

Brennnesselbrühe als Dünger

Brennnesseln sind ein sehr guter natürlicher Dünger. Geben Sie die Blätter und Stängel in eine Regentonne oder in ein anderes Gefäß, gießen Sie pro Kilogramm Pflanze 10 l Wasser auf und lassen Sie das Ganze einen Monat lang zugedeckt stehen. Danach können Sie die Brühe zum Bewässern der Pflanzen verwenden. Brennnesseln sind zudem ein guter Kompostbeschleuniger, da sie die Zersetzung des Pflanzenmaterials fördern und dem Kompost Mineralstoffe zusetzen. Dennoch sollten Sie die Samen der einjährigen Kleinen Brennnessel bzw. die Wurzeln der ausdauernden Großen Brennnessel zuvor entfernen, da die Samen sonst leicht im Kompost keimen bzw. die Wurzeln darin weiterwachsen.

Schädlinge und Krankheiten bekämpfen

Eine selbst angesetzte Brennnesselbrühe, aber auch ein Tee aus Brennnesseln, im gleichen Mischungsverhältnis wie die Brühe zubereitet, gibt nicht nur einen vorzüglichen Dünger, sondern eignet sich unverdünnt auch gut als natürliches Spritzmittel zur Stärkung der Abwehrkräfte von geschwächten Pflanzen, zur Behandlung der Welkekrankheit sowie zur Vorbeugung und Bekämpfung von schädlichen Insekten wie etwa Blattläusen oder Roter Spinne. Zur Vorbeugung sollten Sie die Pflanzen einmal wöchentlich spritzen, bei bereits erfolgtem Befall ist es ratsam, sie regelmäßig alle 2–3 Tage mit der Brühe oder dem Tee zu behandeln. Wenn Ihnen das Zubereiten des Spritzmittels zu umständlich ist, können Sie auch auf Fertigpräparate zurückgreifen, die Sie im Fachhandel bekommen.

Obstreife fördern

Noch unreife Äpfel und Birnen werden rascher reif, wenn man sie auf eine Unterlage aus Brennnesseln legt oder in eine Papiertüte mit Brennnesselblättern füllt. Kontrollieren Sie die Früchte täglich und nehmen Sie das nachgereifte Obst immer gleich heraus. Tragen Sie dabei vorsichtshalber Handschuhe, um Ihre Haut vor dem aggressiven Brennsaft der Nesseln zu schützen.

Brokkoli

Geeignete Sorten

Beim Kauf von Brokkolisamen sollten Sie sorgfältig auf die Sorte achten. Die bei uns nur wenig bekannte Sorte 'Sprouting Broccoli' etwa entwickelt zwar nur kleine Köpfe, bildet dafür aber nach der ersten Ernte über viele Wochen hinweg immer wieder neue Triebe und sorgt auf diese Weise für eine sehr lange Erntezeit. Andere Sorten wie 'Calabrese' produzieren dagegen innerhalb eines kürzeren Zeitraums zwar weniger, aber dafür größere Köpfe.

Blütenansätze entfernen

Untersuchen Sie Ihre Brokkolipflanzen regelmäßig auf Blütenansätze, die Sie möglichst umgehend entfernen sollten. Denn bilden die Blüten erst einmal Samen, leidet darunter das Aroma des Gemüses.

Schräger Schnitt

Ernten Sie die Brokkoliköpfe immer mit einem scharfen Messer und schneiden Sie dabei die Triebe schräg ab. Auf diese Weise verhindern Sie, dass sich Regen oder andere Feuchtigkeit in den Stängeln sammelt und die Triebe zu faulen beginnen.

Sicherer Halt

Die mit der Zeit immer schwerer und höher werdenden Brokkolitriebe können bei Wind und Wetter leicht abbrechen. Häufeln Sie deshalb zu Beginn der Wachstumsperiode die Erde rund um die Basis der Stängel etwa 15 cm hoch an. Dadurch wird die Entwicklung zusätzlicher Wurzeln gefördert und die Pflanzen bekommen einen besseren Halt.

Brombeeren

Sorten ohne Dornen

Brombeersorten ohne Dornen lassen sich einfacher pflücken. Pflanzen Sie deshalb am besten Sorten wie 'Black Satin' oder die spät fruchtende Sorte 'Loch Ness'. Kletternde stachellose Sorten wie die im Juli und August fruchtende 'Wilsons Frühe' sind auch als dekorativer Bewuchs für einen Laubengang oder eine Pergola geeignet.

Brombeeren ziehen

Brombeeren gehören zu den ertragreichsten Früchten und lassen sich sehr einfach kultivieren. Ziehen Sie die Pflanzen einfach an Drähten hoch, was zu besseren Ergebnissen führt als das Anbinden an Stäbe. Spannen Sie dazu stabilen Draht waagrecht 1,8 m hoch zwischen die Stäbe, die einen Abstand von jeweils 30 cm haben sollten.

Brombeeren in Fächerform

Eine andere Möglichkeit besteht darin, die Pflanzen in Fächerform an waagrecht gespannten Drähten zu kultivieren. Ziehen Sie dazu die Triebe auf beiden Seiten des Wurzelstocks in gleichmäßigen Abständen an den Drähten entlang. Während der Blüte und des Fruchtens binden Sie alle neuen Triebe senkrecht als loses Bündel zwischen den fruchtenden Trieben fest. Nach der Ernte werden

dann alle Triebe, die Früchte getragen haben, bis zur Basis zurückgeschnitten. Die neuen Triebe werden losgebunden und anstelle der alten an den Drähten entlanggeführt, sodass sie im nächsten Jahr diejenigen sind, die Früchte tragen.

Zweite Möglichkeit

Erscheint Ihnen die gerade beschriebene Methode als zu schwierig, gibt es noch eine weitere einfache Möglichkeit, die Triebe eindeutig zu

trennen. Führen Sie dazu alle schon existierenden Triebe auf einer Seite des Wurzelstocks an den Drähten entlang und binden Sie die sich neu entwickelnden Triebe auf der anderen Seite fest. Die Früchte bilden sich nur an den älteren Trieben, die Sie nach dem Pflücken bis zum Boden zurückschneiden. Im folgenden Jahr tragen die Triebe auf der anderen Seite Früchte und Sie binden die neu wachsenden Triebe auf der zurückgeschnittenen Seite fest.

Ableger ziehen

Kommen die Enden von Brombeertrieben mit dem Boden in Berührung, bilden sich dort neue Wurzeln. Diese natürliche Ablegerbildung können Sie sich zunutze machen, indem Sie einige längere Triebe eingraben. Nach einem Jahr schneiden Sie die Triebe ab und setzen die neue Pflanze an einen geeigneten Standort. Werden die Ableger nicht entfernt, vergrößert sich die bestehende Pflanze entsprechend. (Siehe auch *Absenken*)

Schutz vor Dornen

Für Brombeersorten mit zahlreichen Dornen sollten Sie einen Standort wählen, der sich in ausreichender Entfernung von Wegen, Sitzplätzen und Spielplätzen befindet. Tragen Sie außerdem stets feste Kleidung und Gartenhandschuhe, wenn Sie die Beeren pflücken oder die Triebe zurückschneiden, und häckseln Sie Zweige möglichst klein, ehe Sie die Abfälle auf den Kompost geben.

Brombeeren pflegen

Während der Reifezeit sollten Sie Ihre Brombeerpflanzen bei Trockenheit ausgiebig wässern, damit sich große, gesunde Früchte bilden.

Schädlinge bekämpfen

Der Himbeerkäfer befällt Brombeeren wie Himbeeren. Halten Sie die Früchte möglichst frei von Maden, indem Sie ein pyrethrumhaltiges Mittel spritzen. (Siehe auch *Schädlinge und Krankheiten* S. 361)

Brombeeren vor Frost schützen

In sehr kalten Regionen sollten Sie die Triebe Ihrer Brombeeren im Herbst am untersten Draht zusammenbinden. Im Frühjahr kann man sie dann wieder losbinden und auseinander ziehen.

Brombeerhecken als Schutz

Brombeerhecken können Sie zu einem doppelten Zweck pflanzen – einmal, um die köstlichen Früchte zu ernten, zum anderen aber auch, um unerwünschte Eindringlinge oder Tiere von Ihrem Grundstück fern zu halten. Dafür errichten Sie am besten rund um das Grundstück einen Zaun, an dessen Basis Sie Kultursorten, Wildbrombeeren und dornige Kletterrosen anpflanzen, die den Zaun bald dicht überwuchern und so eine schützende Hecke bilden.

Den Ertrag fördern

Brombeeren gedeihen am besten auf Feuchtigkeit speichernden Böden. Sie können den Ertrag der Pflanzen vergrößern, indem Sie den Boden jährlich mit Kompost, verrottetem Stallmist oder Hopfentreber mulchen. Ungeeignet ist dagegen Champignonkompost, da er sehr viel Kalk enthält und Brombeeren lieber auf saurem Boden stehen.

Mineraldünger geben

Auch durch regelmäßiges Düngen mit einem Mineraldünger lässt sich die Ernte verbessern. Versorgen Sie im März Ihre Brombeerpflanzen mit 30 g Kaliumsulfat pro Quadratmeter; in jedem dritten Jahr können Sie zusätzlich 60 g Superphosphat geben.

Gesunde Brombeeren

Brombeeren schmecken nicht nur gut, sondern sind auch sehr gesund, da die in den reifen Beeren enthaltenen roten Pflanzenfarbstoffe (Anthozyane) in Verbindung mit Vitamin C das gesamte Immunsystem anregen. Außerdem wirken Brombeeren blutreinigend und blutbildend und bei Erkältung schweißtreibend und schleimlösend.

Buchsbaum

Den Garten strukturieren

Durch eine Umrandung Ihrer Blumen- und Gemüsebeete mit niedrigen Buchshecken können Sie Ihrem Garten einen formalen Ausdruck verleihen. Der robuste Buchs ist ideal für solche Hecken geeignet, weil er auch regelmäßiges starkes Zurückschneiden verträgt und viele Jahre lang hält.

Buchshecken pflanzen

Heben Sie im Herbst oder Frühling einen spatenstichtiefen und -breiten Graben aus und schaufeln Sie die Erde auf eine Seite. Dann glätten Sie den Grund des Grabens und geben reichlich organisches Material wie Kompost oder gut verrotteten Mist sowie Knochenmehl hinein, wobei Sie einen Teil des organischen Materials vorher mit der Erde aus dem Graben mischen. Zum Schluss setzen Sie die Buchspflanzen in den Graben, füllen die Erde auf und drücken sie gut fest.

So wird die Hecke gerade

Damit Ihre Hecke gerade wird, sollten Sie vor dem Pflanzen an jedem Ende

einen Pflock in den Boden treiben und zwischen den Pfosten eine Schnur spannen. Dann setzen Sie die Buchspflanzen in Abständen von 30–45 cm in den vorbereiteten Graben und gießen sie gut an. Zum Schluss können Sie die überstehenden Triebe noch mit der Gartenschere abschneiden.

Buchshecke aus Stecklingen

Eine Buchshecke oder -umrandung aus Samen zu ziehen ist nicht ratsam, da selten alle Pflanzen die gleiche Farbe und die gleiche Wuchskraft aufweisen. Stattdessen ist es besser, Stecklinge von nur einer einzigen Pflanze zu verwenden, sodass alle neuen Pflanzen gleich aussehen, oder aber Jungpflanzen in einer Baumschule oder einem guten Fachbetrieb zu kaufen, der seine Pflanzen ausschließlich aus Stecklingen zieht. Bei einem zweifarbigen Effekt (siehe Foto) sollten Sie die unterschiedlichen Stecklinge bis zum Einpflanzen sorgfältig auseinander halten.

Buchsgehölze pflegen

Buchspflanzen sind sehr genügsam und können auch längere Trockenperioden überstehen ohne Schaden zu nehmen. Dennoch sollten Sie Ihre jungen Pflanzen zunächst reichlich gießen, da sie auf diese Weise doppelt so schnell wachsen wie üblich, kräftige Wurzeln bilden und genügend Widerstandskräfte im Hinblick auf mögliche spätere Trockenzeiten entwickeln.

Wann schneiden?

Schneiden Sie Hecken und Formsträucher im August und September in die gewünschte Form. Auch wenn Buchs einen Rückschnitt problemlos verträgt, sollten Sie darauf achten, nicht zu viel auf einmal zurückzuschneiden, weil sich dadurch das Wachstum der Pflanzen verlangsamen kann.

Geeignete Sorten

Beim Kauf von Buchsbaumgehölzen sollten Sie die Sorte entsprechend ihrem künftigen Zweck auswählen. Für niedrige Buchshecken und -einfassungen von Blumen- oder Gemüsebeeten nehmen Sie am besten die Sorte 'Suffruticosa', die langsam und gedrungen wächst und selten höher als 1 m wird, oder auch die Sorte 'Elegantissima'. 'Myrtifolia' ist eine gute Wahl für höhere Hecken oder wenn Sie einen dichten Sichtschutz wünschen. Eine hervorragende Sorte für Formsträucher ist die straff aufrecht wachsende 'Handsworthiensis'.

Siehe auch *Formschnitt*

Mit verschiedenfarbigen Buchsgehölzen lassen sich interessante Effekte erzielen, etwa vor einer Veranda.

Chemikalien

Nur wenn nichts mehr hilft

Chemikalien aller Art sollten im Garten nur mit großer Vorsicht und entsprechend den Anweisungen des Herstellers angewendet werden. Bevor Sie zu Unkrautvertilgern, Fungiziden, Insektiziden und Mineraldünger greifen, sollten Sie sich stets fragen, ob ihr Einsatz wirklich notwendig ist. Sehr häufig lassen sich nämlich Probleme im Garten mindestens ebenso wirksam, wenn nicht sogar besser mit natürlichen Mitteln lösen.

Die Ursachen beheben

Gedeihen Ihre Pflanzen nicht gut, enthält der Boden wahrscheinlich zu wenig Nährstoffe. Mithilfe eines Mineraldüngers können die Gewächse dann zwar rasch wieder zu Kräften kommen, aber solange die Ursache für den Nährstoffmangel nicht behoben ist, wird der Erfolg dieser Maßnahme nur von begrenzter Dauer sein. Regelmäßiges Anreichern des Bodens mit gut verrottetem organischem Material wie Kompost verbessert dagegen nicht nur die Struktur des Bodens, sondern erhöht auch dessen Rückhaltevermögen für Wasser und Nährstoffe. Bei Pilzinfektionen ist es ebenfalls in der Regel besser, die betroffenen Pflanzenteile zu entfernen und die Ursachen zu beheben, als gleich zur „chemischen Keule" zu greifen.

Vor- und Nachteile abwägen

Löwenzahn im Rasen lässt sich problemlos und dauerhaft mithilfe eines Löwenzahnausstechers entfernen. Wird dagegen ein Unkrautvertilger benutzt, dauert es viel länger, bis die Wirkung einsetzt. Außerdem müssen Sie Kinder und Haustiere während dieser Zeit vom Rasen fern halten. Raupen auf Gemüse lassen sich zwar durch eine Insektizidbehandlung wirksam beseitigen, aber dafür müssen Sie mehrere Tage bis zur Ernte warten. Entfernen Sie die Raupen von Hand, können Sie Ihr Gemüse sofort ernten.

Chemikalien gezielt einsetzen

Die meisten Insektizide töten unterschiedslos alle Insekten, egal ob schädlich oder nützlich. Das Risiko für nützliche Tiere wie Bienen und Marienkäfer lässt sich jedoch verringern, indem Sie in den frühen Morgen- oder den späten Abendstunden spritzen, wenn diese Insekten weniger aktiv sind. Spritzen Sie außerdem nur bei Windstille und beschränken Sie die Behandlung auf die betroffenen Pflanzen. Nehmen Sie einen kleinen Zerstäuber und verwenden Sie nicht mehr Chemikalien als auf der Packung angegeben. Reste sollten Sie umweltgerecht entsorgen und nicht für eine spätere Verwendung aufheben.

Für jedes Problem das richtige Mittel

Auf dem Etikett des jeweiligen Produkts finden Sie genaue Angaben darüber, welche Schädlinge oder Krankheiten Sie damit bekämpfen können und für welche Pflanzen es geeignet ist. Die Behandlung sollte stets auf den speziellen Fall abgestimmt sein; andernfalls könnte es sein, dass Sie die Pflanzen schwer schädigen oder sogar abtöten, ohne dass das Problem beseitigt wäre.

Auf die Haltbarkeit achten

Die meisten Chemikalien sind nur begrenzt haltbar. Überprüfen Sie deshalb regelmäßig alle Packungen, Dosen und Flaschen und entsorgen Sie solche Mittel, die Sie nicht mehr benötigen oder deren Haltbarkeitsdatum überschritten ist. Schütten Sie die Chemikalien aber niemals in den Ausguss oder die Toilette, sondern beseitigen Sie die Präparate umweltgerecht als Sondermüll. Wegen einer möglichen Verwechslungsgefahr sollten Sie Chemikalien außerdem unbedingt in der Originalverpackung belassen und leere Behältnisse nicht zur Aufbewahrung anderer Substanzen verwenden. Selbstverständlich dürfen Chemikalien auch niemals in die Nähe von kleinen Kindern und Tieren gelangen.

Chemikalien mischen?

Verschiedene Chemikalien sollte man niemals einfach mischen, weder im Zerstäuber noch bei der Anwendung, indem man sie kurz nacheinander spritzt. Darf die Substanz laut Aufschrift in Verbindung mit anderen angewendet werden, sollten Sie den Anweisungen genau folgen und die Mischung sofort verbrauchen, weil die Chemikalien möglicherweise nur kurzzeitig verträglich sind.

Siehe auch *Düngemittel, Fungizide, Insekten, Schädlinge und Krankheiten* S. 340–369

DIE RICHTIGE WAHL

Chemische Pflanzenschutzmittel

Wenn Sie sich für ein chemisches Pflanzenschutzmittel entscheiden, sollten Sie seine Wirkungsweise kennen und darauf achten, in welchen Fällen es angewendet werden sollte.

Insektizide und Fungizide
Kontaktwirkung
Die Substanzen gelangen in direkten Kontakt mit den Schädlingen – vor allem blattvernichtende Insekten – bzw. mit den keimenden Pilzsporen.

Systemische Wirkung
Die Chemikalien werden von den Blättern aufgenommen und mit dem Pflanzensaft durch die Pflanze transportiert. Wirksam gegen Saft saugende Schädlinge sowie Pilze.

Unkrautvertilgungsmittel
Kontaktwirkung ohne Rückstand
Die Präparate töten die Blätter der Pflanzen ab, auf die man sie aufbringt. Wirksam gegen einjährige Wildkräuter.

Systemische Wirkung ohne Rückstand
Die Substanzen werden über die Blätter aufgenommen und gelangen in die Wurzeln. Wirksam gegen ein- und mehrjährige Wildkräuter.

Rückstandswirkung
Die Chemikalien werden auf dem Boden ausgebracht und von den Wurzeln aufgenommen, sodass ihre Wirkung monatelang anhalten kann. Man setzt sie auf Wegen und Flächen ein.

Selektive Wirkung
Die Präparate vernichten Wildkräuter auf Rasenflächen, ohne dabei die Gräser zu schädigen. Andere Chemikalien aus dieser Gruppe haben eine genau entgegengesetzte Wirkung.

Chicorée

Ein anderer Chicorée

Wie der Chicorée gehört der Radicchio zur Familie der Zichorien. Er schmeckt weniger bitter als sein Verwandter und sieht durch seine roten Blätter nicht nur im Gemüsebeet, sondern auch auf dem Esstisch attraktiv aus, wo er hübsche Farbtupfer in einen gemischten Salat zaubert.

Chicorée 'Rossa di Treviso'

Dieser Chicorée, der in der Küche als Salat verwendet wird, ist widerstandsfähiger als die meisten anderen Arten und gedeiht auch noch bei relativ widrigen Witterungsverhältnissen. Er bildet kein Herz, und seine schlanken roten Blätter wirken dekorativ.

Treiben im Winter

Die Sorte 'Witloof' wird im April oder Mai ausgesät. Im Winter gräbt man im November die Wurzeln aus, schneidet die Blätter 3–5 cm oberhalb der Wurzeln ab und lässt diese einige Tage im Freien liegen, damit sie etwas Frost bekommen. Anschließend gibt man wenig Erde in eine Kiste, stellt die Wurzeln im Abstand von 3–5 cm senkrecht so hinein, dass sie gerade eben über den Rand reichen, und füllt das Behältnis mit Erde auf. Dann gießt man gründlich an, deckt die Kiste mit schwarzer Plastikfolie zu und stellt sie in einen 18 °C warmen Raum. Nach 3–4 Wochen können die saftigen Chicoréesprosse geerntet werden.

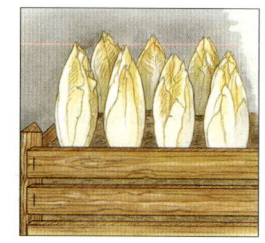

Zuckerhut

Anders als herkömmlicher Chicorée wird der Zuckerhut, den man auch Fleischkraut nennt, nicht getrieben, sondern wie der Radicchio an einem geschützten sonnigen Standort angebaut. Er kann noch im Frühwinter geerntet werden und treibt nach dem Abschneiden wieder aus.

Überzählige Sämlinge

Haben Sie mehr Chicoréesämlinge, als Ihr Gemüsegarten aufnehmen kann, können Sie die überzähligen im Abstand von etwa 25 cm ins Blumenbeet pflanzen. Im Juni und Juli werden Sie

dann durch leuchtend blaue oder rosafarbene hohe Blüten belohnt. Weil die Sämlinge dem Löwenzahn sehr ähnlich sehen, sollte man sie beschildern, damit sie später nicht verwechselt und aus Versehen als Unkraut gejätet werden.

Chlorose

Eisenmangel

Chlorose ist eine Eisenmangelerscheinung, bei der sich die Blätter zwischen den Adern gelb färben. Färben sich umgekehrt die Adern gelb, während das Blatt grün bleibt, handelt es sich um eine andere Mangelerscheinung. Chlorose betrifft meist Pflanzen, die eher sauren Boden brauchen, aber in einem kalkreichen Boden stehen.

IM GARTEN

Andere Ursachen

Ist Ihr Gartenboden kalkarm, kann die Ursache für die Verfärbung auch ein später Frost zu Beginn der Wachstumsperiode oder die fehlerhafte Anwendung eines Herbizids sein.

Vernünftig pflanzen

Auf kalkreichen Böden sollten Sie keine Heidegewächse pflanzen, ebenso wenig Amberbaum, Eiche, Hortensie, Kastanie, Kirschlorbeer, Kornelkirsche (Gelber Hartriegel), Lupine, Magnolie, Rhododendron, Säckelblume, Silberölweide und Weigelie, die nur wenig Kalk vertragen.

Boden verbessern

Verbessern Sie den Boden, indem Sie jedes Jahr reichlich organisches Material, also gut verrotteten Kompost, Mist oder Lauberde einarbeiten.

Diese Maßnahme ist vergleichsweise aufwändig, macht sich aber langfristig bezahlt, da so der Boden mit reichlich Nährstoffen versorgt wird.

Kalkreichen Boden ausgleichen

Um bei einem betroffenen Gehölz den pH-Wert eines stark kalkhaltigen Bodens etwas ins saure Milieu zu verschieben, wird im Frühling um die Pflanze herum ein kreisrunder Graben vom Durchmesser der Astkrone ausgehoben und mit Torf aufgefüllt. Achten Sie dabei darauf, nicht die Wurzeln zu beschädigen. Bei Bedarf können Sie diese Maßnahme in jedem Frühjahr wiederholen.

Schnelle Erfolge

Zur kurzfristigen Verbesserung können Sie ein Chlorosemittel verwenden, das die Blätter schnell wieder sprießen lässt. Führen Sie die Behandlung mehrmals im Abstand von 3 Wochen durch. Die Wirkung eines solchen Präparats ist allerdings zeitlich begrenzt, sodass sich eine tief greifende Bodenverbesserung empfiehlt, um die Ursache zu beheben.

Eisensulfat

Einen Eisenmangel können Sie auch dadurch ausgleichen, dass Sie das Moos im Rasen nach einer Behandlung mit einem eisensulfathaltigen Moosvertilgungsmittel herauslösen und die Stücke um diejenigen Gehölze herum verteilen, die besonders kalkempfindlich oder bereits von der Chlorose betroffen sind. Diese Maßnahme wirkt außerdem säureregulierend.

Regenwasser

Ist Ihr Leitungswasser sehr kalkhaltig, sollten Sie zum Gießen von kalkempfindlichen Pflanzen das Regenwasser in einer Tonne auffangen.

IM HAUS

Gießwasser entkalken

Bei sehr kalkempfindlichen Zimmerpflanzen wie Azaleen, Gardenien, Maranten, Petunien und Zitrusgewächsen sollten Sie kalkhaltiges Gießwasser mit einem entsprechenden Präparat enthärten, das es im Handel gibt. (Siehe auch *Zimmerpflanzen gießen*)

Pflanzen umtopfen

Bei starker Chlorose sollten Sie die Zimmerpflanze aus der Erde nehmen und ihre Wurzeln mit weichem Wasser gründlich auswaschen, um alle Kalkreste zu beseitigen. Anschließend setzen Sie die Pflanze in frische Erde.

Siehe auch *Kalkböden, Schädlinge und Krankheiten* S. 347

Chrysanthemen

Pflanzabstand einhalten

Zu dicht wachsende Pflanzen fördern Krankheiten oder Schädlingsbefall. Beim Auspflanzen von Chrysanthemen ins Freibeet sollte der Pflanzabstand deshalb je nach Art und Sorte 30–45 cm betragen, um die Pflanzen gesund zu erhalten und ein kräftiges Wachstum zu fördern.

Chrysanthemen, die schon vor mehr als 2000 Jahren in China kultivert wurden, zählen heute zu unseren beliebtesten Blumen.

Gut festdrücken

Chrysanthemen muss man beim Einpflanzen sanft, aber gründlich in der Erde festdrücken, damit ihre Wurzeln sie sofort mit ausreichend Feuchtigkeit versorgen können. Sind die Wurzeln von zu vielen Hohlräumen im Erdreich umgeben, trocknen die Pflanzen rasch aus.

Den Boden bearbeiten

Damit Chrysanthemen gut gedeihen, sollten Sie das Beet jeweils im Frühjahr tief umgraben und gut verrotteten Kompost oder Mist einarbeiten. Außerdem empfiehlt es sich, alte Pflanzen durch junge Stecklinge zu ersetzen.

Kräftige Blüten

Durch die Gabe von kaliumreichem Dünger im Juli werden Chrysanthemen zu kräftigem Wachstum und damit zur Bildung großer Blüten angeregt. (Siehe auch *Kali*)

Späte Blüten für die Vase

Schneiden Sie die Stängel früher Beetsorten gleich nach der Blütezeit auf etwa 20–30 cm zurück. Dadurch werden die Pflanzen zu neuem Wachstum angeregt, sodass sich weitere kleine Blüten bilden. Diese späten Blüten eignen sich gut als Schnittblumen für die Vase.

Schöne Herbstfarben

Mit spät blühenden Chrysanthemenarten lässt sich eine wahre Farbenpracht im Garten zaubern. Ihre kräftigen Farben in den verschiedenen Rot-, Rost-, Erd-, Gelb-, Orange- und Weißtönen eignen sich ausgezeichnet zur Schaffung einer schönen Herbststimmung. (Siehe auch *Herbstfärbung*)

Überwinterung im Gewächshaus

Zu hohe Temperaturen im Gewächshaus können dazu führen, dass die Wurzelstöcke überwinternder Garten- und Treibhaussorten zu früh ausschlagen und spindelförmige, blasse Triebe hervorbringen. Die optimale Temperatur zum Überwintern beträgt 4 °C. 3 Wochen, bevor Sie Ableger von den Schösslingen nehmen, sollten Sie die Temperatur dann auf 13–16 °C erhöhen.

Winterharte Chrysanthemen

Zu den unzähligen Chrysanthemenvarietäten, die mittlerweile bei uns in Staudengärtnereien und Gartencentern erhältlich sind, gehören auch die winterharten Hybriden *Chrysanthemum × hortorum (Dendranthema)* sowie *Chrysanthemum × koreanum* mit vielen verschiedenen Sorten in zahlreichen Farben und Formen. Sie werden im Frühjahr oder im Herbst gepflanzt, ihre Blütezeit liegt zwischen August und November.

GÄRTNER-WISSEN

Reiche Blütenpracht

Alle Chrysanthemenarten eignen sich gut als Schnittblumen und werden in zahlreichen Blütenfarben und -formen für drinnen und draußen angeboten. Verzweigte Freilandchrysanthemen entwickeln von Natur aus dichte Blütenköpfe, sodass kaum Knospen entfernt werden müssen. Frühchrysanthemen gedeihen ebenfalls im Freibeet, sollten aber auf sechs Stängel pro Pflanze ausgedünnt werden. Damit die Blüten möglichst groß werden, sollten Sie alle kleinen Knospen mit Ausnahme der obersten Hauptknospe entfernen. Bei verzweigten Chrysanthemen sollten Sie dagegen die oberste Hauptknospe ausbrechen, sodass sich die seitlichen Knospen gleichmäßig ausbreiten und schöne Verzweigungen bilden. Zimmerpflanzen werden auf die gleiche Weise behandelt wie Frühchrysanthemen, um an jedem Stängel eine einzelne große Blüte zu erzeugen.

Clematis

Sonne und Schatten

Clematis, die auch als Waldrebe bekannt ist, sollte mit ihren Blüten und Blättern in der Sonne stehen und mit den Wurzeln im Schatten. Schützen Sie den Wurzelbereich deshalb beim Einpflanzen im Herbst oder Frühjahr, am besten durch eine dicke Mulchschicht aus reifem Kompost. Oder decken Sie den Boden um die Pflanze mit Kieseln oder Schieferplatten ab. Sie können außerdem rund um die Clematis niedrige Pflanzen wie Lavendel, Strauchveronika (Hebe) oder Weinraute setzen. Sie spenden der Clematis kühlenden Schatten, sodass sie besser anwachsen kann, und sind zudem hübsche Begleitpflanzen. Der beste Standort ist eine nach Süden oder Westen ausgerichtete Mauer.

Reichlich wässern

Bevor Sie eine Clematis pflanzen, sollten Sie die Pflanze bis zum Rand in einen Eimer mit Wasser tauchen und eine Stunde stehen lassen. Füllen Sie auch das Pflanzloch mit Wasser. Lassen Sie das Wasser ablaufen. Dann setzen Sie die Clematis in das Loch und füllen mit Erde auf. Fest andrücken.

Partnerschaft mit Abstand

Zwei in enger Gemeinschaft wachsende und gleichzeitig oder nacheinander blühende Clematis sehen sehr attraktiv aus, sollten aber nie in dasselbe Pflanzloch gesetzt werden. Wird nämlich eine der Pflanzen von der Clematiswelke befallen, kann sie die Krankheit sehr rasch auf die andere Pflanze übertragen. Aus diesem Grund sollten Sie die Pflanzen im Abstand von mindestens 1,8 m setzen und die Triebe später so an der Rankhilfe entlangführen, dass sie ineinander wachsen.

Schneckenfraß vorbeugen

Bei krautigen Clematisarten sollten Sie die jungen Triebe im Frühjahr durch Schneckenfallen oder -zäune schützen. (Siehe auch *Schnecken*)

Clematiswelke

Wenn sich die Blüten und Blätter Ihrer Clematis bräunlich schwarz verfärben, leidet sie an der Welke. Sie können die Pflanze eventuell retten, indem Sie die befallenen Triebe entfernen und die Pflanze einige Monate in Ruhe lassen, bis sie sich wieder erholt hat. (Siehe auch *Schädlinge und Krankheiten* S. 352)

Geeignete Kletterhilfen

Clematis benötigen eine Kletterhilfe, am besten in Form eines Spaliers oder eines Drahtgeflechts. Beim Einpflanzen können Sie der Clematis gleich von Anfang an besseren Halt geben, indem Sie den Haupttrieb durch das Abflussloch eines Ton- oder Plastiktopfes ziehen und den Topf über die Pflanze stülpen. So verhindern Sie gleichzeitig, dass Nagetiere die jungen Triebe beschädigen.

Als Kletterhilfe für Clematis eignen sich Bambusstöcke, die gut mit den hübschen Blüten harmonieren.

Kletternde Arten vermehren

Schneiden Sie im späten Frühjahr oder im Frühsommer 5–8 cm lange, Knospen tragende Stecklinge zwischen zwei Triebansätzen ab. Stecken Sie die Triebe 2–3 cm tief in einen Topf mit einer Mischung aus Torf oder Kokosfasern und grobem Sand. Decken Sie den Topf mit Plastikfolie zu und stellen Sie ihn an einen warmen Ort, an dem er nicht direkt von der Sonne beschienen wird. Haben die Stecklinge sich nach 6–8 Wochen bewurzelt, werden sie in 8 cm große Töpfe mit Pflanzerde vereinzelt und zum Überwintern ins Gewächshaus oder Frühbeet gestellt. Im Frühjahr kommen die Pflanzen dann in 10 cm großen Töpfen nach draußen und zum Ende des Frühjahrs an ihren endgültigen Standort. (Siehe auch *Stecklinge*)

Krautige Arten vermehren

Krautige Clematisarten können Sie durch 7–8 cm lange Basalstecklinge vermehren, die Sie im April oder Mai von der Basis der Pflanze nehmen. Setzen Sie die Stecklinge einzeln in Töpfe mit einer Mischung aus Torf oder Kokosfasern und Sand zu gleichen Teilen. Stellen Sie die Gefäße in einen Kalten Kasten oder decken Sie die Töpfe mit Plastikfolie ab. Haben sich die Stecklinge bewurzelt, werden sie in 9 cm große

Töpfe mit Pflanzerde umgesetzt und in einen Kalten Kasten oder an eine geschützte Stelle im Freien gestellt, bis sie im Oktober ausgepflanzt werden. (Siehe auch *Stecklinge*)

Vermehrung durch Samen

Nur kletternde Wildarten wie *Clematis alpina*, *C. campaniflora*, *C. rehderiana* und *C. tangutica* lassen sich durch Samen vermehren. Dafür die Samen im Herbst in Schalen mit Aussaaterde aussäen, bis zum Frühjahr an einer schattigen Stelle stehen lassen und dann in ein beheiztes Treibhaus stellen. Die Sämlinge in 8 cm große Töpfe pikieren und von nun an genauso behandeln wie Clematisstecklinge.

Vielseitige Kletterer

Clematis wird oft zum Begrünen von Mauern verwendet. Sie können sie aber auch über eine Laube, einen Baumstumpf, einen Bogen oder eine Säule ranken lassen oder eine langweilige Hecke oder eine Konifere damit verschönern.

GÄRTNER-WISSEN

Clematis zurückschneiden

Bei Clematis unterscheidet man vier so genannte Schnittgruppen, die jeweils auf andere Weise zurückgeschnitten werden müssen.

Gruppe 1 (früh blühende Sorten)

Diese Gruppe wird gleich nach der Blüte so geschnitten, dass alle abgestorbenen Triebe entfernt werden und die Pflanzen in Form bleiben.

Gruppe 2 (Anfang bis Mitte der Saison blühende, großblütige Sorten)

Bei diesen Pflanzen wird Anfang März alles abgestorbene Holz entfernt. Die restlichen Triebe knapp oberhalb der obersten Knospen zurückschneiden und in gleicher Höhe festbinden.

Gruppe 3 (spät blühende Sorten)

Diese Pflanzen werden im März stark zurückgeschnitten, indem man die Triebe aus dem Vorjahr bis auf zwei kräftige Knospen knapp oberhalb der Basis kürzt.

Gruppe 4 (Wildarten)

Verholzte Wildarten werden nur dann zurückgeschnitten, wenn sie sich zu stark ausbreiten. Der richtige Zeitpunkt dafür ist unmittelbar nach der Blüte. Staudige Wildarten werden im Frühjahr bis zum Boden zurückgeschnitten, halbstrauchige Arten schneidet man bis zur verholzten Basis ab.

Dahlien

Zierde im Spätsommer

Mit ihren leuchtenden Farben und vielfältigen Formen beleben Dahlien in den späteren Sommermonaten das Bild des Gartens und tragen zu einem schönen Anblick bei. Sie mögen warme, sonnige Standorte und gedeihen auf den meisten Böden, die weder zu sauer noch zu alkalisch sind. Die Blütezeit beginnt Ende Juli und dauert bis zu den ersten Herbstfrösten. Zu den bekanntesten Sorten gehören die gefüllten Ball-, Kaktus-, Pompon- und Schmuckdahlien. Begehrt sind aber auch halb gefüllte Arten wie 'Dandy' oder 'Rigoletto' mit halskrausenförmigen Blüten sowie die bronzeblättrige 'Diablo'.

Aus Samen ziehen

Die meisten Dahliensorten sind in Gartencentern als Knollen erhältlich, doch man kann die Pflanzen auch aus Samen ziehen. Am besten gelingt das bei den niedrigen Beetformen, die eine Höhe von 30–40 cm erreichen. Säen Sie die Samen im März oder April in einem beheizten Gewächshaus aus und pikieren Sie die Sämlinge, die sich abhängig von der Temperatur nach 10–21 Tagen zeigen, in 9 cm große Töpfe. Sind die Sämlinge erstarkt, kommen sie zur Abhärtung in einen Kalten Kasten. Sobald keine Frostgefahr mehr besteht, können sie ausgepflanzt werden.

Vermehrung

Die großblumigen gefüllten Dahliensorten lassen sich nur durch Stecklinge oder Teilung der Wurzelknollen vermehren. Holen Sie alte Knollen im Februar oder März aus dem Winterlager. Entfernen Sie Erdreste und schneiden Sie kranke Stellen heraus. Setzen Sie die Knollen in Schalen mit feuchter Pflanzerde, die Sie fortan reichlich wässern; die erforderliche Temperatur beträgt mindestens 13 °C. Nach 3–4 Wochen werden sich neue Triebe entwickeln. Warten Sie, bis die Pflanzen eine Höhe von 7–8 cm erreicht haben, und

schneiden Sie die Triebe dann mit einem scharfen Messer oder einer Rasierklinge oberhalb der Basis bis knapp unter einem Blattgelenk ab. Füllen Sie 9 cm große Töpfe mit einem Gemisch aus Torf und Sand zu gleichen Teilen und setzen Sie in jeden Topf vier Stecklinge vorsichtig 2–3 cm tief; ein Bewurzelungspräparat ist den Trieben zuträglich. Stellen Sie die Pflanzen nun 2–3 Wochen ins Gewächshaus; sie müssen bei einer Temperatur von 20–22 °C mäßig feucht gehalten werden. Sobald sich Wurzeln gebildet haben, braucht jeder Steckling einen eigenen 9 cm großen Topf mit Blumenerde. Nach dem Umtopfen sollten Sie die Pflanzen 2 Tage lang vor Sonneneinstrahlung schützen. Ab Ende April erfolgt dann die Abhärtung im Frühbeet, bis die Dahlien Ende Mai oder Anfang Juni schließlich ausgepflanzt werden können. Kommt anschließend noch einmal eine Kälteperiode, wickeln Sie die jungen Pflanzen zum Schutz in Zeitungspapier ein.

Die Blütenbildung anregen

Da die meisten großblumigen Dahlien, etwa die Kaktus- und Schmuckdahlien, erst nach Ausbildung der starken Mitteltriebe richtige Seitentriebe entwickeln, empfiehlt es sich, die Mitteltriebe 2–3 Wochen nach dem Auspflanzen zu stutzen. Weitere 2 Wochen später müssen Sie jeweils das oberste Blattpaar aus den Blattachseln entfernen. Lassen Sie an den Seitentrieben nur die endständigen Knospen stehen. So werden sich besonders große Blüten ausbilden. Entfernen Sie außerdem die unteren Blätter am Haupttrieb; dadurch bewirken Sie, dass die Blume im oberen Teil stärker wächst und die Seitentriebe schön langstielig werden.

Mulchen

Sie unterdrücken Wildkräuter und erhalten die Bodenfeuchtigkeit in Ihrem Dahlienbeet, indem Sie eine etwa 3 cm dicke Schicht aus Heu, altem

Mist, Rindenhumus oder Stroh um die Pflanzen legen, sobald sie rund 30 cm hoch sind, also in der Regel ab Anfang Juli. Wässern Sie vorher noch einmal gründlich und beachten Sie, dass die Mulchschicht die Stängel nicht berühren darf. Wachsen dann trotzdem Wildkräuter, so müssen sie mit einer Hacke oder von Hand gejätet werden. Hacken Sie aber keinesfalls tiefer als 3 cm.

Stützen

Alle hohen Dahliensorten benötigen eine Stütze, denn sie entwickeln sehr viele Blätter, die bei Regen und Wind eine große Angriffsfläche bieten, sodass die Pflanzen schnell abbrechen würden. Befestigen Sie die Triebe deshalb bereits 2–3 Wochen nach dem Auspflanzen an einer dicken Bambusstange. Sobald die Pflanzen größer werden, müssen sie weiter oben angebunden werden; kontrollieren Sie gleichzeitig, ob die untere Schlinge inzwischen nicht zu fest ist und die Pflanze einschnürt. Oder stecken Sie drei oder vier dicke Bambusstöcke um jede Pflanze herum so in die Erde, dass die Stützen 1–1,2 m hoch aus dem Boden ragen. Spannen Sie Bast oder Schnur um die Stangen, die den nötigen Halt geben.

Durstige Pflanzen

Sobald die Blütezeit naht, müssen Dahlien reichlich gegossen werden. Im August und September benötigt jede Pflanze alle 2 Tage mindestens 9 l Wasser.

Bereicherung für Mischrabatten

Dahlien bekommen in vielen Gärten ein eigenes Beet, was sehr eindrucksvoll wirkt. Die kleinblütigen Sorten fügen sich jedoch auch gut in Misch- oder Staudenrabatten ein. Zu empfehlen sind hier beispielsweise die scharlachrote 'Bishop of Llandaff' und die mehrfarbige 'Redskin'. Eine ebenfalls reizvolle optische Vielfalt erzielen Sie mit 'Disco Mixed', einer Sorte, die weiß, gelb und rot blüht.

Dahlien für die Vase schneiden

Schneiden Sie Dahlien am frühen Morgen oder am Abend; dann sind sie voller Feuchtigkeit. Benutzen Sie dazu ein scharfes Messer, denn mit einer Schere quetscht man die Stängel leicht. Setzen Sie das Messer schräg an. Achten Sie auch darauf, dass die Länge des Stieles im richtigen Verhältnis zur Größe der Blüte steht. So muss der Stiel bei großblumigen Sorten, die Sie in die Vase stellen möchten, rund 60 cm lang sein. Entfernen Sie alle Blätter an der Stängelbasis; sie faulen im Wasser. Dahlien halten sich im Zimmer am besten an einem Platz ohne direkte Sonneneinstrahlung. Wechseln Sie das Wasser in der Vase möglichst täglich.

Behutsam mit den Knollen umgehen

Schneiden Sie die Dahlienstängel nach den ersten Frösten im Herbst etwa 15 cm über dem Boden ab. Holen Sie die Knollen vorsichtig zur Überwinterung heraus. Ziehen Sie auf keinen Fall an den Stängeln, sondern lockern Sie die Erde und nehmen Sie die ganzen Horste dann mit einer Grabgabel heraus. Lassen Sie die Knollen einen Tag lang im Freien trocknen, am besten in der Sonne. An-

Farblich aufeinander abgestimmte Dahlien mit unterschiedlichen Blütenformen beleben den spätsommerlichen Garten durch ihre Leuchtkraft.

schließend werden sie zugedeckt. Nach weiteren 10 Tagen schütteln Sie die Erdreste kräftig ab und schneiden die Stängel bis auf kurze Stümpfe zurück. Lassen Sie vor dem Einlagern eventuell vorhandenes Wasser komplett ablaufen und drehen Sie dazu die Knollen um.

Überwinterung im Haus

Bewahren Sie Dahlienknollen am besten in einem trockenen Keller bei 5 °C auf, entweder auf Horden oder in Kisten mit leicht feuchtem Sand, den Sie von Zeit zu Zeit neu befeuchten müssen. Ebenso ist es möglich, die Knollen mit Torf zu bedecken. Achten Sie auf Frischluftzufuhr. Darüber hinaus empfiehlt es sich, die Behälter zum Schutz vor Mäusen und Ratten mit einem feinmaschigen Drahtgeflecht zu bedecken. Vergessen Sie die Etikettierung nicht, damit Sie im nächsten Frühjahr rasch einen Überblick über Ihre Sorten haben. (Siehe auch *Namensschilder*)

Überwinterung im Freien

Wer über keinen geeigneten Raum zur Lagerung von Dahlienknollen verfügt, gräbt im Garten an einer Stelle mit guter Drainage ein etwa 60 cm tiefes Loch, in das alle Horste passen, und legt es mit einer 25 cm dicken Strohschicht aus. Verteilen Sie die Knollen mit den Wurzeln nach unten auf dem Stroh und decken Sie das Lagergut mit einer zweiten 25 cm dicken Lage Stroh zu. Häufeln Sie die Erde über dem Loch zu einem kleinen Hügel an.

Dill

Anzucht

Dill *(Anethum graveolens)*, ein einjähriges Küchenkraut, braucht einen fruchtbaren Boden mit guter Drainage und einen sonnigen Standort. Beginnen Sie ab April mit der Aussaat. Streuen Sie die Samen in flache Rillen mit 25–30 cm Abstand. Dünnen Sie die Sämlinge zur besseren Blattproduktion auf 10–15 cm Abstand aus. Bewässern Sie die Pflanzen gut.

Ständiger Vorrat

Bis Juni sind Folgesaaten möglich. So erhalten Sie den ganzen Sommer über frische Blätter, die man 6–8 Wochen nach der Aussaat ernten kann. Schneiden Sie die Stängel bei trockenem Wetter, sobald die Samen gereift sind.

Selbstaussaat

Aus Samen, die von Dillpflanzen selbst ausgestreut werden, entstehen meist kräftigere Kräuter als durch Handaussaat. Die Sämlinge lassen sich problemlos versetzen und passen sich leicht an neue Standorte an.

Dekorativ in Blumensträußen

Mit seinen hübschen Dolden und blaugrünen Blättern wirkt Dill auch in Blumenarrangements äußerst attraktiv. Schneiden Sie die Blütenstände für Frischblumensträuße ab, bevor sie sich braun färben. Für Trockenblumensträuße lassen Sie die Dolden ausreifen.

Disteln

Silbriger Glanzpunkt

Lassen Sie sich nicht von den Stacheln der Eselsdistel *(Onopordum acanthium)* abschrecken – es lohnt sich, die elegante Pflanze zu kultivieren. Ihre breiten silbrigen Blätter mit den feinen Härchen sind ebenso schön anzusehen wie die lilafarbenen Blüten. Blumensträußen verleiht die Distel eine ganz besondere Note. Bedenken Sie aber, dass geschnittene Disteln sich nicht allzu lange halten.

Ungewöhnliche Kombinationen

Setzen Sie einige Eselsdisteln zwischen Gruppen kleinerer Sommerblumen, die dadurch stärker leuchten und fülliger erscheinen. Beispielsweise kommen die Farben des Waldphlox *(Phlox divaricata)* neben dem Silber der Disteln außerordentlich gut zur Geltung.

Blaue Kugeln

Bienen wie Schmetterlinge lieben die stahlblauen Blüten der Kugeldistel *(Echinops ritro)*, die sich als Nachfolgerin von Schwertlilien im Blumenbeet eignet. Mit einer Größe von 80–120 cm bildet sie auch zwischen Stauden einen attraktiven Blickfang. Sie ist langlebig und wuchert kaum. Getrocknet macht sie sich hübsch als Winterdekoration.

Besonders große Sorte

Die Mariendistel *(Silybum marianum)* eignet sich ideal als Hintergrundbepflanzung in Rabatten. Sie wird bis zu 1,2 m groß und hat eine flache Rosette dunkler marmorierter Blätter mit stark hervortretenden weißen Adern. Von Juni bis September bringt sie prächtige dunkelviolette Blüten hervor.

Übermäßiges Wuchern vermeiden

Disteln enthalten reichlich Kalium, und ihre Samenköpfe locken verschiedene Vögel in den Garten. Da die meisten Arten sehr stark wuchern und äußerst zäh sind, müssen sie unter Kontrolle gehalten werden. Entfernen Sie überschüssige Pflanzen am besten im Juli.

Draht

Obstpflücker

Befestigen Sie einen mittelgroßen Haken aus Draht an einem Besenstiel oder einer langen Stange. Damit können Sie die Zweige eines Obstbaums zu sich herunterziehen und ohne große Mühe das daran hängende Obst pflücken.

Freie Hände

Es ist leichter und ungefährlicher, Obst zu pflücken, wenn man beide Hände frei hat. Machen Sie aus dickem Draht einen S-förmigen Haken für Ihren Korb und hängen Sie ihn beim Pflücken an einen kräftigen nahen Ast.

Erdbeeren vermehren

Häufig schneidet man Erdbeerausläufer ab und topft sie ein, bis sie Wurzeln ausgebildet haben. Hier eine Alternative: Biegen Sie 7–8 cm lange Drahtstücke zu einem U und senken Sie die Ausläufer damit ab, sodass sie Wurzeln schlagen.

Obstkäfige schnell repariert

Bessern Sie Löcher in Käfigen aus Maschendraht, die heranreifendes Obst vor Vögeln schützen sollen, mit feinem Draht aus.

Drainage

Ein Entwässerungssystem bauen

In Gärten mit schweren Tonböden, in denen das Wasser nach starken Regenfällen nur langsam versickert, empfehlen sich verschiedene Abhilfemaßnahmen. Die effektivste, aber kostspieligste und aufwändigste ist die Installation eines Entwässerungssystems mit Ton- oder Kunststoffrohren. Infrage kommen auch kleine, vom höchsten zum tiefsten Punkt des Gartens verlaufende Sickergräben in Fischgrätanordnung, die mit Kieselsteinen, Ziegelbruch oder Hammerschlacke angefüllt werden. Damit sie auch bei Gewitter funktionstüchtig bleiben, braucht man am niedrigsten Punkt eine 1,2–1,5 m tiefe Senkgrube.

Andere Maßnahmen bei schweren Böden

Es gibt auch einfachere Methoden, schwere Böden durchlässiger zu machen. Graben Sie Ihren Garten im Herbst gründlich um. So dringen Sie in verfestigte Schichten vor und der Boden kann anschließend durch winterlichen Frost aufbrechen. Ebenso ist es möglich, den Ton in der Erde durch Einbringen von Kalk zu Körnchen zu binden, zwischen denen das Wasser leichter abfließt. Darüber hinaus lässt sich Ton durch große Mengen von Grus (feinkörniges Gestein) oder organischem Material gut aufschließen. Bei zu viel Lehm an der Oberfläche graben Sie die Deckschicht tief um und mengen Flusssand unter. Lassen Sie die dicken Lehmklumpen getrost liegen: Der Winter wird sie durch den Wechsel von Frost und Tauwetter schon zerkleinern.

Lösung für kleine Gärten

Drainageprobleme lassen sich in kleinen Gärten leicht beheben, indem Sie das Bodenniveau mit fruchtbarer, gut entwässernder Erde erhöhen und reichlich Humus zusetzen. Ist keine vollständige Anhebung der Fläche möglich, so beschränken Sie sich auf die Beete. Sichern Sie die Erde mit einem hohen Rand aus Ziegeln, Rundhölzern oder Steinen.

Kräuterbeete entwässern

Die meisten Kräuter benötigen einen Boden mit sehr guter Drainage. Ein kleines Kräuterbeet, aus dem das Wasser nur schlecht abläuft, kann man leicht verbessern, indem man es erhöht. Verwenden Sie dazu Grus, den Sie gründlich mit gut verrottetem Gartenkompost oder Stallmist mischen. Umgeben Sie das Beet mit einem Stützmäuerchen aus Ziegelsteinen, das an jeder Seite mehrere Drainagelöcher aufweist. Ihre Kräuter werden nun bestimmt prachtvoll gedeihen.

Mit einem Graben entwässern

Vielleicht steht in Ihrem Garten ein Baum oder Strauch, der darunter leidet, dass der Boden eine unzureichende Drainage aufweist. Heben Sie rund um das betreffende Gewächs einen etwa 12 cm tiefen, spatenbreiten Graben aus, der ungefähr den Durchmesser der Krone haben sollte. Bedecken Sie den Boden des Grabens zunächst mit einer dicken Schicht Grobkies und füllen Sie ihn anschließend mit einer Mischung aus Gartenerde, Grus und gut verrottetem Gartenkompost oder Stallmist auf.

Sandigen Boden verbessern

In stark sandigem Boden versickert das Wasser zu schnell, wodurch die Nährstoffe herausgespült werden. Hier ist eine Anreicherung mit größeren Mengen Torf oder anderem organischem Material erforderlich.

Drainagehilfen für Töpfe und Balkonkästen

Als Drainagehilfen für Pflanzgefäße eignen sich besonders Steine und Tonscherben. Für Hobbygärtner lohnt es sich, solche Materialien in größeren Mengen zu lagern, etwa im Gartenhäuschen. Für Besitzer von Balkonen und Dachgärten ist es dagegen sinnvoller, auf Korken, saubere Muscheln, Nussschalen, Styroporstückchen oder kleine Kugeln aus Aluminiumfolie zurückzugreifen.

Dreiblatt

Blühende Exemplare auswählen

Größe und Farbe von *Trillium*-Pflanzen variieren stark; deshalb ist es am besten, die Auswahl während der Blütezeit zwischen April und Juni zu treffen. Nehmen Sie nur feste und feuchte Exemplare mit prallen grünen Sprossen. *Trillium erectum* blüht bräunlich rot oder grünlich rot, *Trillium grandiflorum* weiß bis rosa und *Trillium sessile* blutrot bis grünlich mit purpurnem Fleck.

Feuchte Umgebung

Setzen Sie Dreiblatt-Rhizome in feuchten, mit viel Lauberde oder Gartenkompost angereicherten Boden. Mit der Zeit bilden sie dann üppige Gruppen. Beachten Sie, dass die oberen Teile vieler *Trillium*-Arten nach dem Verpflanzen absterben. Markieren Sie die Stellen, an denen sie gestanden haben, und gießen Sie dort reichlich, damit sich im nächsten Frühling neue Triebe bilden.

Mögliche Schwierigkeiten

Bisweilen werden *Trillium*-Pflanzen von Jahr zu Jahr schwächer. Meist liegt das an zu trockenem Boden. Eine andere häufige Ursache ist Wurzelfäule; schneiden Sie die befallenen Stellen dann mit einem scharfen Messer ab.

Schönheit im Schatten

Das Dreiblatt ist ein Waldgewächs und mag deshalb Schatten. Es verträgt zwar auch Sonnenlicht, aber nur, wenn der Boden ständig feucht gehalten wird. Setzen Sie die Pflanzen im August oder September einzeln oder in kleinen Gruppen 7– 10 cm tief in durchlässige fruchtbare Erde, vorzugsweise unter Bäume oder Sträucher. Decken Sie *Trillium* jedes Frühjahr mit etwas Lauberde oder Torf zu.

Vermehrung

Vermehren Sie *Trillium*-Pflanzen, nachdem die Blätter abgestorben sind. Teilen Sie dafür die fleischigen Wurzeln. Es ist wichtig, dass jedes Exemplar einen Vegetationspunkt behält. Im Gegensatz zu anderen ausdauernden Pflanzen sollte man das Dreiblatt aber nicht allzu häufig vermehren, da es nach der Teilung einige Zeit braucht, bis es sich wieder vollständig erholt.

Die zarten Blüten von Trillium grandiflorum *erscheinen in der Mitte dreiteiliger Blattbündel, die auf kurzen aufrechten Stängeln sitzen. Das Dreiblatt mag schattige Plätze und feuchten Boden.*

Duft

Wohlgerüche in die Planung einbeziehen

„Vom Blütenduft überwältigt zu werden, ist eine lustvolle Niederlage", schrieb der englische Journalist Beverly Nichols. Achten Sie bei der Gartenplanung darauf, dass Sie nicht nur den Seh-, sondern genauso den Geruchssinn ansprechen. Wählen Sie möglichst Pflanzen, deren Gerüche sich harmonisch ergänzen, und berücksichtigen Sie dabei auch, dass sich Düfte je nach Tageszeit und Wetterlage verändern. Sobald Sie sich einmal zu einem Duftbegeisterten entwickelt haben, werden Sie wahrscheinlich nicht mehr nur auf die üblichen Duftpflanzen zurückgreifen wollen. Hilfestellung bei der Suche nach ungewöhnlichen Gewächsen bietet Ihnen dann eine Vielzahl von Büchern, die es inzwischen auf dem Markt gibt.

Lohnende Standorte aussuchen

Setzen Sie Ihre Duftpflanzen nicht in abgelegene Teile von Rabatten, wo nur Bienen und Schmetterlinge sie genießen. Vor Fenstern und Türen, die im Sommer häufig offen stehen, an einer Pergola über einem Gartenweg oder an windgeschützten sonnigen Stellen sind wohlriechende Gewächse optimal platziert. Lassen Sie beispielsweise eine Glyzinie über Ihre Haustür ranken oder ziehen Sie gut wachsende Kletterrosen wie 'Albéric Barbier' um Ihre Fenster.

Rosenzauber

Bei dem reichhaltigen Angebot an herrlich duftenden Rosensorten fällt jedem Hobbygärtner die Auswahl schwer. Hier einige Empfehlungen: Unter den Floribundarosen tun sich 'Chinatown', 'English Miss', 'Fragrant Delight' und 'Scented Air' hervor. Zu den geeigneten Kletterrosen gehören neben der bereits erwähnten 'Albéric Barbier' die Sorten 'Blush Noisette', 'Compassion' und 'Mrs Herbert Stevens'. Bei den großblütigen Teehybriden bieten sich insbesondere 'Crimson Glory', 'Fragrant Cloud', 'Sutter's Gold' und 'Whisky Mac' an. Gute Strauchrosen sind 'Fru Dagmar Hastrup', 'Graham Thomas', 'Maiden's Blush' und 'Queen of Denmark'. Bei den Zwergrosen lassen sich vor allem 'Angela Rippon' und 'Little Flirt' nennen.

Duftende Bäume

Pflanzen Sie Bäume, deren Blüten oder Laub zu unterschiedlichen Zeiten im Jahr ihren Duft verströmen. Die Blüten der Japanischen Aprikose (*Prunus mume*) erfreuen uns im März und April mit ihrem Wohlgeruch; anschließend tun das bis Mai Magnolien (*Magnolia stellata*) und Zierkirschen (*Prunus* 'Amanogawa'). Der Holzapfel (*Malus coronaria* var. *dasylcalyx* 'Charlottae') ist im Mai und Juni an der Reihe und Liguster (*Ligustrum lucidum*) im August und September. Beim Riesenlebensbaum (*Thuja occidentalis* 'Fastigiata') duften die Blätter nach Apfel.

Komposition aus Levkojen

Pflanzen Sie unterschiedliche Levkojen-Arten an Ihr Haus. Das ergibt eine wunderbare Komposition. Manche der Blumen öffnen bereits morgens ihre Blüten und umgeben Sie bis spätabends mit ihrem Duft. Andere öffnen sich erst abends, riechen in den folgenden Stunden dann aber besonders intensiv.

Ein Würzbeet anlegen

Wer kräftige Aromen in der Nase mag, der sollte sich ein Würzbeet anlegen. Mischen Sie hier ausdauernde Stauden wie Estragon (*Artemisia dracunculus*), Origano (*Origanum vulgare*) und Salbei (*Salvia officinalis*) mit einjährigen Kräutern wie Bohnenkraut (*Satureja hortensis*), Borretsch (*Borago officinalis*), Dill (*Anethum graveolens*) und Kerbel (*Anthriscus cerefolium*). Durch Kombination mit einigen Arznei- und Teepflanzen, etwa Indianernesseln (*Monarda*), Königskerzen (*Verbascum*-Hybriden) und Ringelblumen (*Calendula officinalis*) ergibt sich ein anmutiger Anblick.

Orientierungshilfe

Kieswege helfen Menschen mit schlechtem Sehvermögen, sich im Garten zurechtzufinden. Bepflanzungen der Gartenpfade mit unterschiedlichen Gerüchen bieten eine zusätzliche Orientierungshilfe. Kombinieren Sie zu einem solchen Zweck Rosmarin (*Rosmarinus officinalis*) und Thymian (*Thymus vulgaris*), Levkojen (*Matthiola incana*) und Nelken (*Dianthus*), Flammenblumen (*Phlox*) und Ziertabak (*Nicotiana*) sowie einen Pfeifenstrauch (*Philadelphus*) und Rosen.

Reseda als Winterpflanze im Haus ziehen

Auch im Winter brauchen Sie nicht auf die lieblichen Ausströmungen der Gartenreseda (*Reseda odorata*) zu verzichten. Säen Sie im Hoch- oder Spätsommer ein paar Samen in Töpfe, die Sie vor dem ersten Frost ins Haus stellen.

Siehe auch Immergrüne

DIE RICHTIGE WAHL

Ein duftendes Paradies anlegen

Bei einer sorgfältigen Zusammenstellung der Pflanzen wird Ihr Garten fast das ganze Jahr über zu einem Schnuppererlebnis. Hier eine Übersicht von unterschiedlichen Geruchsrichtungen:

Blumige Düfte
Alpenveilchen (*Cyclamen*)
Duft- oder Edelwicke (*Lathyrus odoratus*)
Flieder (*Syringa*)
Heckenkirsche oder Geißblatt (*Lonicera*)
Maiglöckchen (*Convallaria*)
Nelke (*Dianthus*)
Rose (*Rosa*), zahlreiche Sorten
Veilchen (*Viola odorata*)

Exotische Düfte
Echter Jasmin (*Jasminum*)
Jonquille (*Narcissus jonquilla*)
Königslilie (*Lilium regale*)
Losbaum (*Clerodendrum*)
Tuberose (*Polianthes tuberosa*)
Ziertabak (*Nicotiana*)

Honigdüfte
Flammenblume (*Phlox*)
Klebsame (*Pittosporum tenuifolium*)
Schmetterlingsstrauch (*Buddleja*)
Schneeball (*Viburnum*)
Steinkraut (*Alyssum*)

Mandel- und Vanilledüfte
Anemonenwaldrebe (*Clematis montana*)
Fingerblättrige Akebie (*Akebia quinata*)
Goldregen (*Laburnum* × *waterii* 'Vossii')
Orangenblume (*Choisya ternata*)
Petunie (*Petunia*), einige Sorten
Sonnenwende (*Heliotropium*)

Würzige Düfte
Azalee (*Rhododendron luteum*)
Kartoffelrose (*Rosa rugosa*)
Levkoje (*Matthiola bicornis*)
Myrte (*Myrtus*)
Salbei (*Salvia officinalis*)
Waldgeißblatt (*Lonicera periclymenum*)
Winterblüte (*Chimonanthus praecox*)

Zitrusdüfte
Duftblüte (*Osmanthus fragrans*)
Duftpelargonie (*Pelargonium crispum*)
Indianernessel (*Monarda*)
Rose 'Madame Hardy' (*Rosa*)
Skimmie (*Skimmia*)
Zitronenverbene (*Aloysia citriodora*)

Düngemittel

ORGANISCHE DÜNGER

Kuhmist

Kuhmist gilt traditionell als bestes organisches Düngemittel, aber selbst in ländlichen Gegenden bekommt man ihn nur schwer. In der Stadt ist gar nicht daran zu gelangen. Doch andere Arten von Mist, die leichter erhältlich sind, eignen sich ebenfalls als natürliche Dünger. Sie sind im Folgenden aufgeführt. Bis auf Schweinemist sind alle hitzig.

Pferdemist

In Reitschulen und Pferdeställen fallen große Mengen Pferdemist an, die ohnehin entsorgt werden müssen und deshalb verhältnismäßig günstig verkauft und unter Umständen sogar geliefert werden. Der beste Pferdemist kommt von Tieren, die auf Stroh stehen, denn er verrottet schneller als mit Sägespänen vermischter Mist. Nehmen Sie das Düngemittel deshalb sorgfältig in Augenschein und kompostieren Sie es mindestens ein Jahr lang, falls es sehr viele Sägespäne im Verhältnis zu Kot und Urin enthält. Geben Sie es erst dann auf Ihre Beete.

Schweinemist

Gut verrotteter, mit Stroh vermischter Schweinemist fördert das Wachstum Ihrer Pflanzen, während reiner Schweinemist für den Boden beinahe wertlos ist.

Ziegenmist

Ziegenmist enthält ähnliche Mengen an Mineralien und Spurenelementen wie Pferdemist. Es lohnt sich also, einen Ziegenbesitzer ausfindig zu machen.

Geflügelmist

Erwägen Sie, ob Sie Hühner halten wollen, soweit Sie über ausreichend Platz verfügen, denn dann erhalten Sie nicht nur stets frische Eier, sondern auch guten Mist. Holen Sie sich den Dünger ansonsten von einem Bauernhof mit frei laufendem Geflügel.

Schafmist

Leider ist Schafmist, der sich hervorragend für die Herstellung von Jauche eignet, nur schwer erhältlich. Vielleicht finden Sie ja einen Schafhalter, der es Ihnen erlaubt, kleine Mengen von seiner Weide aufzusammeln. Das ist natürlich ziemlich mühevoll, aber Sie werden vermutlich nichts bezahlen müssen.

Taubenmist

Viele Taubenzüchter sind froh, wenn sie die Ausscheidungen ihrer Tiere einem Gärtner verkaufen oder schenken können. Taubenmist beschleunigt den Rotteprozess und kann jeder neuen Lage auf dem Komposthaufen zugefügt werden.

Zunächst verrotten lassen

Frischer Tiermist würde Ihre Pflanzen verbrennen. Er muss also unbedingt verrotten, bevor Sie ihn als Dünger verwenden. Wer immer nur kleine Mengen Mist sammelt, gibt sie auf den Komposthaufen. Für große Mengen legt man auf festem Untergrund einen eigenen Komposthaufen an und bewässert ihn gründlich, sobald er zu trocknen beginnt. Eine Plastikfolie obenauf erhält die Feuchtigkeit und verhindert, dass die Nährstoffe vom Regen ausgewaschen werden.

Vorteile von getrocknetem Mist

Im Gartenfachhandel wird getrockneter Kuh- und Geflügelmist in Säcken angeboten, der genauso viele Nährstoffe wie frischer Mist enthält, sich aber nicht mehr zersetzen muss und kaum riecht. Streuen Sie solchen organischen Dünger einfach auf Blumen- und Gemüsebeete oder verwenden Sie ihn zur Beschleunigung des Rottevorgangs in Ihrem Kompost.

Nährstoffe bewahren

Mist, den Sie im Herbst auf die Beete geben, sollten Sie anschließend mit Plastikfolie bedecken, damit die wertvollen Bestandteile im Winter erhalten bleiben.

Jauche selbst herstellen

Gute Jauche lässt sich leicht und preisgünstig im eigenen Garten herstellen. Füllen Sie einen alten Leinensack zur Hälfte mit Tiermist – vorzugsweise mit Kuhmist ohne Stroh, Schafmist oder Hühnermist – und binden Sie ihn oben mit einer Kordel fest zu, in die Sie anschließend eine Schlaufe machen. Füllen Sie eine Regentonne oder einen anderen großen Behälter mit Wasser und tauchen Sie den Sack hinein. Führen Sie ein ausreichend langes Stück stabiles Holz durch die Schlaufe und legen Sie es über die Öffnung des Behälters. Ihre Jauche ist fertig, sobald sie eine dunkle Farbe angenommen hat. Gießen Sie nun den Wurzelbereich gut gewässerter Pflanzen mit verdünnter Jauche. Bei der Verwendung als Blattdünger ist eine sehr starke Verdünnung erforderlich.

Beim Rotationssystem düngen

Wer nach dem Rotationssystem gärtnert, sollte stets ausreichend gut verrotteten Mist zur Verfügung haben. Da die verschiedenen Gemüse bei

---

GÄRTNER-WISSEN

Die sechs Methoden des Düngens

Der Rasen wird nach dem Durchlüften (Vertikutieren) gedüngt.

Eine Kopfdüngung wird während der Kultur durchgeführt.

Eine Krumendüngung wird direkt vor dem Pflanzen vorgenommen.

Eine Vorratsdüngung wird beim Umgraben ausgebracht.

Eine Pflegedüngung wird unmittelbar auf den Boden gestreut.

Mit dem Gießwasser wird ein Blattdünger zugeführt.

dieser Methode jedes Jahr in einem anderen Teil des Gartens angebaut werden, erhält der Boden abwechselnd in unterschiedlichen Bereichen wichtige Nährstoffe.

Gründüngung

Eine andere Form der organischen Düngung ist die Gründüngung. Schon früher bauten Landwirte beispielsweise Ackerbohnen, Lupinen, Senf und Winterroggen an, die sie dann nicht ernteten, sondern in den Boden einarbeiteten. Im Fachhandel sind heutzutage auch Gründüngungsmischungen für Gärten erhältlich. Die Aussaat erfolgt in der Regel nach dem Abernten eines Beetes. Die dicht aneinander stehenden Pflanzen, die sich entwickeln, schützen den Boden vor Verdunstung und unterdrücken Unkraut. Ihre Wurzeln lockern die Erde, durchlüften sie und reichern sie mit organischer Masse an. Manche dieser Pflanzen binden auch Stickstoff. Nach einer Erholungsphase durch Gründüngung werden die Pflanzen entweder umgegraben oder aber abgeschnitten und zum Mulchen oder Kompostieren verwendet.

Haushaltsabfälle verwerten

Sammeln Sie Abfälle aus dem Haushalt wie Kaffeesatz, Teeblätter, rohe Gemüsereste und Obstschalen beispielsweise in einem Eimer mit Deckel oder einem speziellen Müllbehälter, den Sie dann auf den Komposthaufen entleeren. Gießen Sie außerdem übrig gebliebene Getränke aus dem Haushalt wie abgestandenes Bier und kalten Tee an die Wurzeln Ihrer Gartenpflanzen. Auch altes Wasser aus einem Aquarium ist von Nutzen.

MINERALISCHE DÜNGER

Vorteile

Häufig werden mineralische Dünger als „Kunstdünger" bezeichnet. Die Bezeichnung ist jedoch irreführend, denn bei den Bestandteilen handelt es sich um Naturprodukte. So werden Kalidünger im Bergbau gewonnen und setzen sich aus mineralisierten Meerespflanzen früherer Erdzeitalter zusammen. Das Angebot bei mineralischen Dün-

gern ist wesentlich größer als bei organischen, sodass man selbst für besondere Bodenverhältnisse leicht die passende Substanz findet. Auch kann man die Anwendung auf die individuellen Bedürfnisse abstimmen, denn die Präparate lassen sich in fester oder flüssiger Form und als Vorrats-, Krumen- oder Kopfdünger verabreichen. In Kleingärten setzt man normalerweise Volldünger ein; sie enthalten die wichtigsten Nährstoffe Stickstoff, Phosphor und Kalium sowie meist auch Kalzium und Magnesium.

Mögliche Nachteile

Der größte Nachteil mineralischer Dünger besteht darin, dass sie anders als organische Mittel ganz exakt dosiert und gleichmäßig verteilt werden müssen. Anwendungsfehler bewirken, dass die Pflanzen verbrennen. Darüber hinaus führt ein unsachgemäßer Einsatz zu einer einseitigen Ernährung der Gewächse, worunter deren Qualität leidet. Nicht zuletzt nimmt die Umwelt, insbesondere das Trinkwasser, unter überhöhten Gaben an mineralischen Düngern Schaden.

Lange Haltbarkeit

Bewahren Sie Ihre Dünger an einem trockenen, aber gut belüfteten Ort auf, etwa in einer Garage. Füllen Sie ihn in Plastiksäcke, die Sie auf Holzlatten auf dem Boden legen. Verschließen Sie die Säcke nach jeder Entnahme wieder fest, damit die Chemikalien in dem Dünger nicht mit feuchter Luft in Berührung kommen. So gelagert, können Düngemittel bis zu 4 Jahre halten.

Chemische Reaktionen vermeiden

Lagern Sie Dünger mit zugesetzten Unkrautvertilgern unbedingt getrennt von anderen Düngemitteln. Halten Sie Kalk von Ammoniumnitrat, Ammoniumsulfat, Kalkammonsalpeter und Superphosphat fern. Dadurch vermeiden Sie chemische Reaktionen.

Verwendung von Granulaten

Geben Sie granulierte Dünger möglichst auf den feuchten Boden, weil die Nährstoffe dann schneller freigesetzt und aufgenommen werden. Gießen Sie reichlich, falls es 2 Tage nach dem Düngen noch nicht wieder geregnet hat. Beachten Sie auf jeden Fall genau die Anweisungen des Herstellers; überschüssige Düngermengen können die Pflanzenwurzeln verbrennen.

Der richtige Zeitpunkt

Verwenden Sie mineralische Düngemittel nur vor und während der Vegetationszeit. Bäume und Sträucher, die kurz vor der Ruheperiode stehen, bedürfen keiner Wachstumsförderung mehr.

DIE RICHTIGE WAHL

Geeigneten Dünger einsetzen
Zusammensetzung und Wirkung von Düngemitteln sind ganz unterschiedlich.

Organische Dünger
Sie stammen ausschließlich aus natürlichen Quellen; einige wirken schnell, andere setzen ihre Nährstoffe allmählich über einen längeren Zeitraum frei. Im Allgemeinen verwendet man sie vor der Aussaat oder als Kopfdünger für wachsende Nutzpflanzen.

Stallmist
Er besteht hauptsächlich aus tierischem Dung und verbessert die Bodenverhältnisse. Bevor er auf Beete kommt, sollte er unbedingt gut verrottet sein.

Voll- oder Kombinationsdünger
Diese auch als Universaldünger bezeichneten Düngemittel enthalten die drei wichtigsten Nährstoffe für Pflanzen: Stickstoff, Phosphor und Kalium. Außerdem weisen sie Spurenelemente auf, die für das Wachstum von Pflanzen unerlässlich sind. Manche sind speziell auf die Bedürfnisse bestimmter Pflanzen wie Chrysanthemen, Rosen oder Tomaten abgestimmt.

Anorganische Dünger
Sie basieren auf nicht natürlichen Bestandteilen. Entweder beinhalten sie nur eine einzige chemische Substanz, die das Wachstum in Teilen der Pflanze stimuliert, oder eine Verbindung aus zwei oder mehr Chemikalien. Einige lösen einen sofortigen Wachstumsschub aus, während andere über einen Zeitraum von bis zu 18 Monaten wirken.

Flüssigdünger
Besonders Topf- und Kübelpflanzen sowie frisch gesetzte Pflanzen gedeihen besser durch den Einsatz von Flüssigdünger, den man in verdünnter Form an die Wurzeln gießt oder auf die Blätter sprüht.

Depot- oder Langzeitdünger
Sie setzen ihre Nährstoffe ganz allmählich frei. Manche sind eigens auf Pflanzen in Blumenampeln und Kübeln abgestimmt und versorgen diese bis zu 6 Monate lang mit allem Notwendigen. Andere Depotdünger wurden für die allgemeine Verwendung im Garten entwickelt und wirken bis zu 18 Monate.

Rasche Erholung

Durch Zugabe von Flüssigdünger erholen sich kränkelnde Pflanzen in Töpfen und Balkonkästen meist rasch wieder. Entweder gießt man das mit Wasser verdünnte Mittel direkt an die Wurzeln oder besprüht die Blätter damit. Als Alternative bietet sich ein schnell wirkender granulierter Dünger an, der gleichmäßig um die Pflanze herum verteilt wird.

Kraftnahrung für junge Gewächse

Arbeiten Sie Knochenmehl in den Boden ein, bevor Sie einen Baum oder eine mehrjährige Pflanze setzen. Dabei handelt es sich um ein tierisches Düngemittel, das aus Schlachthausabfällen hergestellt wird, reich an Phosphaten ist und eine gute Langzeitwirkung hat. Knochenmehl eignet sich ebenso als Dünger für Kübelpflanzen. Sie erhalten es im Gartenfachhandel. (Siehe auch *Knochenmehl*)

Das Wachstum von Bäumen fördern

Benutzen Sie ansonsten für Bäume Universaldünger. Verteilen Sie ihn auf der gesamten Fläche unter der Krone oder bohren Sie Löcher in den Boden, die Sie mit dem Mittel füllen. Wässern Sie die Erde bei Trockenheit.

Dauerhaft grüner Rasen

Rasendünger muss entsprechend den Anweisungen des Herstellers gleichmäßig verteilt und bei trockenem Wetter gewässert werden. Es empfiehlt sich, die Fläche vorab zu durchlüften. Dadurch verhindert man, dass sich der Boden verfestigt, und die Nährstoffe dringen leichter ein. Zudem wird die Oberflächenentwässerung verbessert. (Siehe auch *Rasenpflege*)

Ein Sieb basteln

Granulierter oder pulverartiger Dünger lässt sich mit einem selbst gebastelten Sieb besonders gleichmäßig verteilen. Bohren Sie einfach mit einem Schraubenzieher viele Löcher in den Boden einer alten Blechdose und füllen Sie die erforderliche Menge Dünger ein, den Sie dann herausschütteln.

Hilfsmittel für große Flächen

Es gibt spezielle Gießbrausen mit einem Einsatz für Düngemittel, die sich mit dem Wasser aus dem Schlauch vermischen und so verdünnt werden. Eine solche Vorrichtung erleichtert das Düngen eines großen Gartens erheblich.

Maßnahme bei leichten Böden

Sandige Böden sind sehr durchlässig und verlieren in Regenperioden rasch Nährstoffe. Häufiger als andere Böden benötigen sie Düngemittel, die überwiegend auf Stickstoff basieren; er fördert das vegetative Wachstum. Es ist jedoch Vorsicht geboten, zu hohe Dosierungen erhöhen die Nitratwerte im Grundwasser.

Vorgehensweise bei Tonböden

Wer in einen tonhaltigen Boden viel organisches Material einarbeitet, braucht nur wenig Dünger einzusetzen. Humus und Ton bilden nämlich ein Reservoir, das Nährstoffe bindet und über einen längeren Zeitraum an die Pflanzen abgibt.

Dünger für saure und kalkhaltige Böden

Phosphate und Kalium lösen sich leicht in saurem Boden; der Regen wäscht sie daher schnell aus. In kalkhaltiger Erde dagegen werden Phosphate unlöslich, sobald sie sich mit Kalzium vermischen. Sehr saure und sehr kalkhaltige Böden benötigen deshalb während der Wachstumsperiode in regelmäßigen Abständen zwei oder drei Düngergaben. Die Gesamtmenge sollte aber den Angaben des Herstellers entsprechen. Befolgen Sie die Anweisungen auf der Packung.

Siehe auch *Kali, Phosphate, Stickstoff*

Efeu

Problematische Standorte begrünen

Efeu, der auf jedem Boden und an fast jedem Standort gedeiht, ist die ideale Pflanze zum Begrünen problematischer Bereiche und gehört zu den wenigen Pflanzen, die sich auch an ungeschützten Plätzen wie etwa einer Ostmauer wohl fühlen. Allerdings sollten Sie für solche Standorte keinen panaschierten Efeu wählen, der zwar winterhart ist, ungünstige Bedingungen aber weniger gut verträgt als die grünblättrigen Arten.

Mauern verschönern

Eine unansehnliche Gartenmauer kann zu einem schönen Blickfang werden oder einen attraktiven kontrastreichen Hintergrund für andere Pflanzen bilden, wenn man sie mit panaschiertem und grünblättrigem Efeu begrünt. Bevor Sie Efeu pflanzen, sollten Sie die Mauer jedoch gründlich überprüfen und gegebenenfalls alle Stellen mit losem Putz oder schadhaften Steinen ausbessern, da Efeu sich seinen Weg durch jede noch so kleine Ritze bahnt. Einem intakten Bauwerk kann er dagegen nichts anhaben.

Das Wachstum begrenzen

Mit Efeu lässt sich auch eine Hauswand begrünen, allerdings sollte man ihn nicht bis unter das Dach ranken lassen, das er durch seine enorme Wuchskraft schnell lockern kann. Schneiden Sie ihn deshalb im Sommer bis auf 60 cm unterhalb der Regenrinne zurück und halten Sie auch Tür- und Fensterrahmen frei, damit er nicht ins Haus eindringen kann.

Vorsicht bei Bäumen

Die Wuchskraft des Efeus ist so stark, dass er sogar größere Bäume schädigen kann, indem er die Blätter überwuchert und das Laubwerk dadurch erstickt. Außerdem kann sich im Winter so viel Eis und Schnee auf den immergrünen Efeublättern sammeln, dass dieses Zusatzgewicht die Äste des Baumes abbrechen lässt. Wenn Sie also einen mit Efeu bewachsenen Baum im Garten haben, sollten Sie die Pflanze nur als Schmuckelement am unteren Teil des Stammes entlang bis höchstens zur ersten Astgabel klettern lassen.

Efeuhecke

Efeu können Sie auch als bis zu 1,5 m hohe, pflegeleichte Hecke ziehen. Nehmen Sie dafür im Sommer entsprechend der künftigen Heckenlänge genügend Ableger von ausgewachsenen Pflanzen, nicht jedoch von jungen Ausläufern. Setzen Sie die Ableger in Töpfe, die Sie zuvor mit einer Sand-Torf-Mischung im Verhältnis 1:1 gefüllt haben, und stellen Sie die Pflanzen ein Jahr ins Frühbeet. Dann setzen Sie die Ableger an ihren endgültigen Platz und ziehen sie mithilfe von Stützstäben zu einer Hecke hoch.

Formsträucher

Efeu eignet sich auch für auffällige Skulpturen. Pflanzen Sie panaschierten Efeu und bauen Sie außen herum ein Gerüst aus Holz in Form eines Sockels, einer Pyramide oder eines Kegels. Wenn Sie nun dieses Gerüst mit Maschendraht umspannen, wird der Efeu mit der Zeit am Draht entlang und hindurch wachsen, bis er ihn vollständig überwuchert hat. Schneiden Sie den Efeu dann im folgenden Frühjahr zurück, um die Form zu erhalten. (Siehe auch *Formschnitt*)

Schneller Teppich

Mit Irischem Efeu (*Hedera hibernica*) oder einer anderen bodendeckenden Efeuart können Sie einen hübschen grünen Teppich schaffen, der in kurzer Zeit nicht nur eine langweilige

Der vielseitige Efeu findet in fast jedem Garten ein Plätzchen – zum Überdecken einer Mauer im Schatten oder als Bodendecker an einem Weg entlang.

schattige Gartenecke belebt, sondern auch Unkräuter unterdrückt. Eine Pflanze pro Quadratmeter genügt, um in 3–4 Jahren den Boden völlig zu bedecken.

Dekorative Beeren

Efeutriebe eignen sich gut als Bestandteil winterlicher Blumenarrangements oder für Weihnachtsdekorationen. Ab Anfang März sollten Sie allerdings keine Beeren tragenden Triebe mehr schneiden, da die blauschwarzen Früchte dann überreif sind und abfallen. Beim Arbeiten mit Efeu sind Handschuhe sinnvoll, da der Saft die Haut reizt.

DIES UND DAS

Vielfältiger Nutzen

Ein weit verbreiteter Aberglaube besagt, dass Efeu im Haus Unglück bringen soll. Die einzige Ausnahme ist Weihnachten, aber auch dann sollte er bis zum Vorabend des Dreikönigstags wieder entfernt werden. Trotzdem wurde Efeu früher auf dem Lande vielfältig genutzt. An Waschtagen verwendete man Wasser, in dem zuvor Efeublätter gekocht worden waren, zum Stärken der Wäsche, und eine Packung aus in Essig geschmorten Efeublättern galt als sicheres Mittel gegen Hühneraugen. Da Efeu die heilige Pflanze des Bacchus war, ersetzte ein Efeubüschel oder eine -girlande über der Haustür häufig auch das Aushängeschild von Schenken.

Eiben

Pflegeleichte Heckenpflanze

Eiben *(Taxus baccata)* und insbesondere die Sorte 'Elegantissima' eignen sich ausgezeichnet für dichte Hecken, die nicht viel Arbeit machen. Da 'Elegantissima' jährlich nicht mehr als höchstens 25 cm wächst, muss sie auch nur einmal pro Jahr im Spätsommer zurückgeschnitten werden. Bei regelmäßigem jährlichem Schneiden kann die Hecke dann in etwa 10–20 Jahren eine Höhe von immerhin 2 m erreichen.

Das Wachstum fördern

Bevor Sie Eiben einpflanzen, sollten Sie gut verrotteten Mist oder Kompost in den Boden einarbeiten und die Pflanzen anschließend jedes Jahr mit Knochenmehl düngen, sodass sie alle Nährstoffe bekommen, die sie benötigen. Wässern Sie Eiben während der ersten 2 Jahre zudem reichlich – einmal pro Woche sollten es etwa 25 l Wasser pro Pflanze sein –, sodass der Boden nie austrocknet.

DIES UND DAS

Der Baum der Unterwelt

Eiben werden von alters her mit dem Tod in Verbindung gebracht, nicht zuletzt vielleicht wegen ihrer giftigen Beeren, deren Saft man einst in Gallien (Frankreich) zum Vergiften der Speerspitzen verwendete. In der Antike waren Eiben den Göttern der Unterwelt geweiht, und bei einem Todesfall bekränzte man sich zum Zeichen der Trauer mit ihren Zweigen. Der griechische Philosoph Dioskurides hielt den Schlaf im Schatten einer Eibe gar für lebensgefährlich, und bei uns wie auch in einigen anderen europäischen Ländern gilt die Eibe bis heute als typischer Friedhofsbaum. Die Ursache dafür hängt wohl mit einem alten Aberglauben zusammen, wonach die Eiben vor bösen Geistern und Dämonen schützen sollen. Im Mittelalter war Eibenholz aber auch ein beliebtes Material zur Herstellung von Waffen, vor allem von Armbrüsten, da es äußerst stabil und elastisch ist, und die Zweige der Eibe wurden einst zur Behandlung von Verletzungen verwendet. In Salzburg in Österreich dienen Eibenzweige noch heute als Weihnachtsschmuck.

Neue Hecken pflanzen

Für die Neuanlage einer Eibenhecke sollten Sie etwa 40 cm hohe Pflanzen wählen und sie entweder im Herbst oder im Frühjahr pflanzen. Wenn Sie die Eiben dann während der ersten 3–4 Jahre radikal zurückschneiden, wird die Hecke außen wie innen dicht und kompakt werden.

Alte Hecken restaurieren

Auch eine alte Eibenhecke können Sie radikal zurückschneiden, doch sollte dies pro Jahr stets nur auf einer Seite geschehen, da sie sonst nicht mehr weiterwächst. Schneiden Sie außerdem nur im Frühjahr vor Beginn der Wachstumsperiode.

Vorsicht bei Kindern und Tieren

Fast alle Teile der Eibe sind für Mensch und Tier sehr giftig, sodass Sie einen Garten, in dem Kinder spielen oder Tiere frei laufen, nie mit einer Eibenhecke begrenzen sollten. Insbesondere Kleinkinder werden von den leuchtend roten Beeren angezogen, deren Schale zwar harmlos ist, die aber hochgiftige Samen enthalten. Auch getrocknet sind die Zweige und Blätter der Eibe giftig, sodass beim Häckseln ungesunde Dämpfe freigesetzt werden.

Eierschalen

Schnecken abwehren

Da Schnecken nur ungern über spitze, raue Oberflächen kriechen, können Sie mit Eierschalen, die Sie im Backofen erhitzen, anschließend zermahlen und dann um die Basis von gefährdeten Pflanzen verteilen, eine wirkungsvolle Barriere gegen die Tiere errichten.

Natürliche Anzuchtgefäße

Eierschalen lassen sich als originelle Gefäße für Sämlinge oder Stecklinge verwenden und bieten den Vorteil, dass die Wurzeln beim Versetzen der Pflanzen kaum gestört werden. Bohren Sie dazu mit einer Nadel jeweils drei oder vier Löcher in die Unterseite und füllen Sie die Schalen mit Anzuchterde. Dann geben Sie je einen Samen in die Erde oder setzen je einen Steckling hinein. Sind die Gewächse groß genug, um sie zu verpflanzen, können Sie die Eierschale zerbrechen und die Pflänzchen in größere Gefäße umsetzen.

Kalzium für den Boden

Eierschalen können Sie gut auf den Kompost geben oder direkt in den Boden einarbeiten, da sie zusätzliches Kalzium bereitstellen. Wenn Sie die Schalen zuerst zerdrücken, zersetzen sie sich rascher.

Eingänge

Jahreszeitliche Gestaltung

Nicht nur den Garten, sondern auch Ihren Eingangsbereich können Sie abwechslungsreich gestalten, indem Sie dort je nach Jahreszeit immer wieder neue Blumenampeln und Kübelpflanzen platzieren. Wo im Frühling Töpfe mit blühenden Zwiebelpflanzen standen, sorgen im Sommer beispielsweise Steinkraut *(Alyssum)* und Ziertabak *(Nicotiana × sanderae)* für schöne Farben. Im Herbst kann dann ein üppig mit Chrysanthemen bepflanztes Gefäß oder ein Chrysanthemenbusch folgen, der einen schönen Kontrast zu den Rot- und Goldtönen dieser Jahreszeit bildet. Im Spätherbst können Sie sich schließlich an Blumenampeln mit Stiefmütterchen *(Viola wittrockiana)* und im Winter an rankendem Efeu *(Hedera)* erfreuen.

Farbharmonie

Achten Sie bei der Auswahl Ihrer Pflanzen darauf, dass die Farben zum äußeren Erscheinungsbild Ihres Hauses passen. So wirken etwa dunkelrote oder -blaue Blüten vor einer unverputzten Hauswand in der Regel recht düster, während helle Pastellfarben hier besser zur Geltung kommen. Umgekehrt sind dunkle oder intensive Farben wie beispielsweise blaue Hortensien *(Hydrangea)* ein schöner Kontrast zu hellen und weißen Wänden. Auch immergrüne Pflanzen wie Skimmie *(Skimmia)* oder Strauchveronika *(Hebe)* bilden an hellen Wänden das ganze Jahr hindurch eine schöne Dekoration.

Ordnung halten

Damit der Bereich um den Eingang stets einladend wirkt, sollten Sie regelmäßig alles Verblühte entfernen und rankende Pflanzen wie Efeu oder Wilden Wein immer wieder zurückschneiden, sodass sie nicht Türen und Fenster überwuchern.

Den Eingangsbereich einladend gestalten

Besonders einladend wirkt der Eingangsbereich, wenn Sie die Eingangstür mit schön blühenden Kletterpflanzen wie Clematis und Heckenkirsche (*Lonicera*) umranken, imposante Lilien und Stockmalven (*Alcea*) dazupflanzen und an den Fenstern Blumenkästen mit leuchtend rosa Pelargonien oder Petunien platzieren. Auch üppig bepflanzte Blumenampeln mit Fuchsien, Petunien und Lobelien verfehlen ihre Wirkung nie.

Formale Lösung

Für einen eher formal gestalteten Eingang stellen Sie zu beiden Seiten der Eingangstür Formgehölze wie Buchs- oder Lorbeerbäumchen in schönen Übertöpfen auf. Die Pflanzen wirken besonders dekorativ, wenn Sie noch panaschierten Efeu über die Ränder der Pflanzgefäße ranken lassen.

Siehe auch *Blumenampeln, Kletterpflanzen, Kübelpflanzen, Pflanzgefäße*

Einjährige Pflanzen

Der geeignete Zweck

Einjährige Pflanzen sind ideal, wenn Sie immer wieder neue Farbkombinationen in Beeten, Rabatten, Pflanzkübeln und Blumenkästen haben möchten. Sie eignen sich aber auch gut für Staudenbeete und -rabatten, in denen sie mit unterschiedlichen Blütezeiten die Lücken zwischen den Mehrjährigen schließen. Gleiches gilt für neu gepflanzte Strauchrabatten, in denen die Einjährigen die Lücken so lange füllen können, bis die Sträucher ihre endgültige Größe erreicht haben. Die meisten Einjährigen brauchen keinen speziellen Boden und gedeihen ebenso auf Kalkböden wie auch auf leichten Sand- und schweren Tonböden, benötigen aber stets eine gute Drainage.

Einjährige als Schnittblumen

Die meisten Einjährigen eignen sich ausgezeichnet als Schnittblumen. Wenn Sie jedoch regelmäßig Blumen für die Vase aus Ihrem Beet entfernen, entstehen unschöne Lücken in der Gesamterscheinung. Aus diesem Grund ist es besser, ein paar Reihen mit Einjährigen im Gemüsebeet anzulegen und diese als Schnittblumen zu verwenden; beim Gemüse fallen Lücken nicht weiter auf. Gut geeignete Sorten sind beispielsweise Atlasblume (*Godetia*), Jungfer im Grünen (*Nigella damascena*), Ringelblume (*Calendula*) oder Rittersporn (*Delphinium*).

Die passenden Farben auswählen

Bevor Sie Ihr Beet mit Einjährigen bepflanzen, sollten Sie zunächst die gewünschten Farben festlegen. Dabei können Sie sowohl unterschiedliche Pflanzen in einem einzigen Farbton wählen als auch mehrere Farben miteinander kombinieren, wobei Sie jedoch auf harmonische Farbschattierungen und -zusammenstellungen achten sollten, damit keine allzu harten Kontraste entstehen. Einjährige mit weißen, gelben und rosafarbenen Blüten kommen am besten abends und frühmorgens zur Geltung. (Siehe auch *Farbe, Ein prachtvolles Gartenjahr* S. 42–45, *Die Palette des Gärtners* S. 80–83)

Einjährige und Stauden kombinieren

Bei der Auswahl von Einjährigen für ein gemischtes Blumenbeet sollten Sie stets die Farben der bereits vorhandenen Stauden berücksichtigen und dazupassende Farbtöne auswählen.

Geeignete Samenmischungen

Zahlreiche Samen von Einjährigen sind auch in Form von Mischungen erhältlich, die nach Themen wie „Blumen für Schmetterlinge" oder „Duftende Blüten" zusammengestellt werden. Da die enorme Vielfalt an Pflanzen – mitunter enthält ein Päckchen bis zu 100 verschiedene – zu recht unvorhersehbaren Ergebnissen führen kann, sind Mischungen nach Kriterien wie „Hoch", „Mittelhoch" und „Niedrig" praktischer.

Einjährige für schattige Standorte

Es gibt nur wenige winterharte oder bedingt winterharte Einjährige, die im Schatten gedeihen. Dazu gehören vor allem die Begonie (*Begonia semperflorens*) sowie die aufrechte und kriechende Lobelie (*Lobelia*). Fingerhut (*Digitalis*), Fleißiges Lieschen (*Impatiens*), Fuchsie (*Fuchsia*), Hainblume (*Nemophila*), Stiefmütterchen (*Viola Wittrockiana*) und Veilchen (*Viola*) wachsen dagegen im Halbschatten.

DIE RICHTIGE WAHL

Winterharte und bedingt winterharte Einjährige

Bei einjährigen Pflanzen erfolgen Blüte, Samenbildung und Absterben innerhalb eines Jahres, wobei man zwischen winterharten und bedingt winterharten Einjährigen unterscheidet. Winterharte Pflanzen können Sie im März oder April im Freiland aussäen. Bedingt winterharte Einjährige werden unter Glas ausgesät und die Sämlinge ausgepflanzt, sobald keine Frostgefahr mehr besteht.

Winterharte Einjährige	Blütenfarbe	Bedingt winterharte Einjährige	Blütenfarbe
Atlasblume (*Godetia*)	Rosa, rot, weiß	Begonie (*Begonia*)	Rosa, rot, weiß
Bechermalve (*Lavatera*)	Blauviolett, rosa, weiß	Dahlie (*Dahlia*)	Rosa, rot, gelb
Chrysantheme (*Chrysanthemum*)	Rosa, rot, gelb, weiß	Fleißiges Lieschen (*Impatiens*)	Rosa, rot, weiß
Gauklerblume (*Mimulus*)	Rosa, rot, gelb	Lobelie (*Lobelia*)	Blau, rosa, rot, weiß
Goldmohn (*Eschscholtzia*)	Orange, rot, gelb	Löwenmaul (*Antirrhinum*)	Rosa, rot, weiß, gelb
Jungfer im Grünen (*Nigella*)	Blau, rosa, weiß	Nemesie (*Nemesia*)	Orange, rot, gelb
Kornblume (*Centaurea*)	Blau, rosa, rot, weiß	Pelargonie (*Pelargonium*)	Rosa, rot, weiß
Lein (*Linum*)	Blau, rosa, rot	Salbei (*Salvia*)	Rosa, rot, weiß
Levkoje (*Matthiola*)	Blauviolett, rosa, purpur, weiß	Sommeraster (*Callistephus*)	Blauviolett, rosa, purpur, rot, weiß
Ringelblume (*Calendula*)	Gelbbraun, gelb	Sonnenhut (*Rudbeckia*)	Orange, rot, gelb
Rittersporn (*Delphinium*)	Blau, rosa, rot, weiß	Tagetes (*Tagetes*)	Orange, rot, rostrot, weiß, gelb
Steinkraut (*Alyssum*)	Blauviolett, rosa, weiß	Verbene (*Verbena*)	Apricot, rosa, rot
Wandelröschen (*Clarkia*)	Rosa, purpur, rot, weiß	Ziertabak (*Nicotiana*)	Grün, rosa, rot, weiß
Winde (*Convolvulus*)	Blau, rosa, weiß	Zinnie (*Zinnia*)	Rosa, rot, gelb

In Halbkreisen pflanzen

Wenn Sie winterharte Einjährige in geraden Linien aussäen, lassen sich die Jungpflanzen später nicht nur leichter von den Unkräutern unterscheiden, sondern auch einfacher auf die jeweils erforderlichen Abstände ausdünnen. Da eine geordnete geradlinige Anordnung der Pflanzen im Beet jedoch recht langweilig aussieht, können Sie die Einjährigen auch in einander überlappenden Halbkreisen aussäen; ziehen Sie dazu die Saatrillen eines Halbkreises immer im abweichenden Winkel zum nächsten. Nach Belieben können Sie dabei auch für jeden Halbkreis eine andere Pflanzenart wählen. Wenn sich die größer werdenden Pflanzen ausbreiten, überdecken sie die Linien der Saatrillen und wirken dadurch bald ebenso natürlich wie unregelmäßig gepflanzte Einjährige.

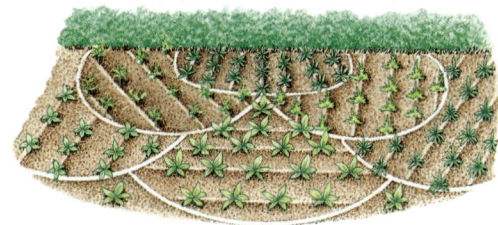

Sämlinge pflegen

Sobald die Sämlinge zu wachsen beginnen, müssen sie sorgsam gepflegt werden. Jäten Sie alle Unkräuter zwischen den Pflanzen vorsichtig von Hand und bewässern Sie die Gewächse großzügig, aber sanft mit dem feinen Sprühkopf der Gießkanne. Höhere Sorten sollten Sie rundherum mit kurzen Zweigen oder Stäben abstützen: Sie werden schon bald von den Blättern verdeckt.

Der richtige Abstand

Wenn Sie nicht zahlreiche kleine Anzuchttöpfe besitzen, können Sie zur Aussaat auch eine Anzuchtschale verwenden. Damit die Sämlinge den richtigen Abstand haben, decken Sie die Schale mit

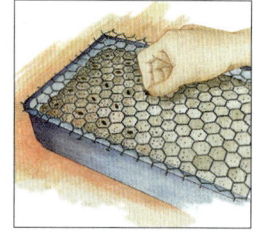

einem Stück Maschendraht zu, dessen Löcher einen Durchmesser von etwa 1,5 cm haben. Anschließend platzieren Sie einfach in jede Öffnung ein Samenkorn. Dann entfernen Sie den Draht wieder.

Vorgezogene Einjährige auspflanzen

Bevor Sie in Gefäße vorgezogene Einjährige ins Freie pflanzen, ist es wichtig, die Wurzeln zu wässern. Stellen Sie dazu die Behälter für einige Zeit

in ein Gefäß mit Wasser oder gießen Sie die Pflanzen gründlich. Dann lassen Sie das Wasser gut ablaufen, nehmen die Pflanzen aus den Töpfen und setzen sie in die vorbereiteten Pflanzlöcher. Achten Sie darauf, dass auch die Löcher gut gewässert sind und dass das Wasser abgeflossen ist.

Den Boden vorbereiten

Bei sehr hartem und trockenem Boden ist die Keimfähigkeit der Samen beeinträchtigt. Bereiten Sie daher den Boden vor der Aussaat gründlich vor, indem Sie ihn so lange glatt rechen, bis eine feine, krümelige Oberfläche entstanden ist. Die Saatrillen sollten Sie sowohl vor als auch nach der Aussaat wässern; dadurch wird die Keimung beschleunigt und die Pflanzen können lange, kräftige Wurzeln entwickeln.

Sämlinge pikieren

Sobald die Sämlinge eine Höhe von 2–3 cm erreicht haben, dünnen Sie die Pflänzchen auf etwa die Hälfte des auf den Samenpäckchen empfohlenen endgültigen Abstands aus. Bei sorgfältiger Vorgehensweise können Sie die meisten der pikierten Einjährigen problemlos in einen anderen Teil des Gartens verpflanzen, eine Ausnahme machen lediglich Pflanzen mit Pfahlwurzeln wie Lupinen oder Mohn. Wenn die Pflanzen rund 5 cm groß sind, sollten Sie noch ein zweites Mal ausdünnen.

Jungpflanzen entspitzen

Damit Ihre Einjährigen schön buschig werden, sollten Sie die Triebe kurz oberhalb des obersten Blattpaares entfernen. Auf diese Weise wird die Pflanze zur Bildung von mehr Seitentrieben und entsprechend mehr Blüten angeregt. Besonders hilfreich ist dieses Vorgehen bei Atlasblume (*Godetia*), Clarkie (*Clarkia*), Kosmee (*Cosmos*) und Wicke (*Convolvulus*).

Für Nachschub sorgen

Damit Sie auch im nächsten Jahr Pflanzen haben, sollten Sie die Samen Ihrer Einjährigen sammeln, ehe Sie die Pflanzen nach der Blüte entfernen. Im folgenden Jahr werden die Samen dann in Behälter ausgesät und im späten Frühjahr ausgepflanzt. Aus den Samen von F$_1$-Hybriden entstehen allerdings keine reinrassigen Nachkommen mehr.

Einkauf

Der richtige Zeitpunkt

Auch wenn es im Frühjahr bereits warm ist, muss man durchaus noch mit Nachtfrösten rechnen, denen zarte Pflanzen leicht zum Opfer fallen können. Wenn Sie weder ein Gewächshaus noch einen Kalten Kasten besitzen, sollten Sie empfindliche Pflanzen deshalb erst dann kaufen, wenn man sie sicher ins Freiland pflanzen kann.

Containerpflanzen

Beim Kauf von Containerpflanzen sollten Sie überprüfen, ob die Pflanze kräftig ist und ob das Pflanzsubstrat im Container nicht zu trocken oder zu feucht ist. Vor allem aber sollten Sie die Wurzeln kontrollieren, von denen das spätere Gedeihen der Pflanze hauptsächlich abhängt. Sind sie verfilzt, sodass sie eine wirre Masse bilden, wächst die Pflanze beim Auspflanzen unter Umständen nur schlecht an.

Knospen oder Blüten?

Wenn Sie Blühpflanzen kaufen, ist es ratsam, solche mit vielen Knospen bereits voll erblühten Exemplaren vorzuziehen, da deren Blüten nach dem Auspflanzen schneller welken. Eine leicht geöffnete Blüte hat den Vorteil, dass Sie die Farbe besser erkennen können.

Die richtige Größe

Beim Kauf von Containergehölzen nehmen Sie am besten mittelgroße Pflanzen. Große Gehölze wachsen manchmal nur schwer an, während es sich bei sehr kleinen Pflanzen möglicherweise um frisch bewurzelte Stecklinge handelt, bei denen es mehrere Jahre dauert, bis sie sich zu voller Größe entwickeln.

Die Qualität prüfen

Die Qualität von Containerpflanzen überprüfen Sie, indem Sie die Gewächse vorsichtig am Stängel anheben. Rutschen Sie dabei aus dem Container, kann dies ein Hinweis auf einen erheblichen Wassermangel sein, infolgedessen sich das Pflanzsubstrat von den Topfwänden gelöst hat. Dann kann es später schwierig, in manchen Fällen sogar unmöglich sein, die Pflanzen ausreichend zu wässern. Auch Pflanzen, bei denen bereits kräftige Wurzeln aus dem Containerboden wachsen, lässt man besser stehen, denn bei ihnen ist der Topf bereits völlig durchwurzelt. Gleiches gilt für Pflanzen mit verletzten Stängeln oder versengten oder verwelkten Blättern. Dass eine Pflanze richtig bewurzelt ist, erkennt man daran, dass einige feine Wurzeln aus dem Topfboden herauswachsen.

Wer zuerst kommt…

Als Vorbereitung auf den Ansturm am Wochenende füllen die Gartencenter ihre Vorräte in der Regel am Donnerstag und Freitag auf. Deshalb haben Sie an diesen Tagen beim Einkauf die größte Auswahl an Pflanzen.

Ballenlose Gehölze

Bäume und Sträucher ohne Ballen, die man auch als wurzelnackte Gehölze bezeichnet, sind in der Regel preiswerter als Containerpflanzen, sollten aber besonders sorgfältig ausgesucht werden. Wichtig ist ein gesundes, gut ausgebildetes Wurzelsystem. Krumme, verschrumpelte oder verfärbte Stängel können ein Hinweis auf eine Krankheit oder mangelhafte Wachstumsbedingungen sein. Die richtige Pflanzzeit für wurzelnackte Gehölze ist zwischen November und März.

Reklamationen nach dem Kauf

Pflanzen, die kurz nach dem Einpflanzen eingehen oder sich nicht entsprechend den Angaben auf dem Etikett entwickeln, sollten Sie reklamieren. Auch Gartencenter haben einen Ruf zu verlieren und ersetzen Ihnen die Pflanzen deshalb meist problemlos. Lassen Sie sich außerdem hinsichtlich der richtigen Pflanzung und Pflege beraten, damit es keine weiteren Enttäuschungen gibt.

Preise vergleichen

Vor dem Kauf von teuren Gartengeräten wie z. B. einem Rasenmäher und bei größeren Anschaffungen, sei es ein Schuppen oder ein Gewächshaus, sollten Sie die Preise genau vergleichen. Geräte bekommen Sie in Kaufhäusern und Baumärkten eventuell preiswerter als im Gartencenter.

Endivien

Vor der Ernte bleichen

Endivien werden durch das Licht bitter. Sofern Sie keine bitteren Blätter wünschen, müssen Sie die Pflanzen vor der Ernte bleichen. Prüfen Sie, ob die Blätter trocken sind, damit sie dabei nicht faulen, und binden Sie die ganze Pflanze lose mit Bast zusammen, sodass die äußeren Blätter das Licht von den inneren abhalten. Sie können aber auch Blumentöpfe über die Pflanzen stülpen und das Abzugsloch mit einem Stein bedecken. (Siehe auch *Anhäufeln, Bleichen*)

Erntereif

Bleichen Sie immer nur wenige Endivien auf einmal und lassen Sie den Pflanzen jeweils 10–14 Tage Zeit. Je nach Sorte sind die Blätter anschließend zartgrün, rosa, cremeweiß oder zartgelb gefärbt und können geerntet werden. Die flacheren Endiviensorten lassen sich leichter bleichen als aufrecht wachsende Pflanzen, indem man sie einfach vollständig mit einem großen tiefen Teller zudeckt.

Bald verbrauchen

Verbrauchen Sie Endivien möglichst bald nach der Ernte, weil die Blätter sonst rasch zäh werden und welken. Übrig gebliebene Blätter können Sie leicht angefeuchtet in einem Plastikbeutel im Kühlschrank aufbewahren, wo sie noch einige Tage lang frisch bleiben.

Mehrmals ernten

Wenn Sie Endivien zusammen mit Feldsalat, Kerbel, Kopfsalat, Portulak und Spinat anbauen, haben Sie immer frische Zutaten für einen köstlichen gemischten Salat. Säen Sie dafür die Samen in regelmäßigen Zeitabständen zwischen März und April in breiten Saatrillen aus. Sobald die Sämlinge eine Höhe von 10 cm erreicht haben, können Sie die Blätter bis 3 cm über dem Boden abschneiden. Auf diese Weise lassen sich mitunter zwei oder sogar noch mehr Ernten pro Jahr erzielen.

Neue Sorte

Selbst nach dem Bleichen schmecken Endivien in der Regel noch leicht bitter, was nicht jeder gerne mag. Mit der neu eingeführten Sorte 'Wallone', die selbstbleichend ist und etwas süßlicher schmeckt als die herkömmlichen Sorten, steht jetzt eine Endivie zur Verfügung, die nicht bitter ist.

Entspitzen

Rechtzeitig entspitzen

Durch das Entspitzen wird das Wachstum der Pflanzen angeregt, sodass sie stämmiger werden und buschiger wachsen. Langfristig fördert diese Maßnahme auch eine vermehrte Blütenbildung und eine bessere Blütenqualität. Das Ausbrechen der Spitzen bei Einjährigen und Stauden sollten Sie möglichst rechtzeitig vornehmen, bevor die Pflanzen zu hoch werden.

Kürbis und Zucchini

Kürbis- und Zucchinipflanzen können sich so stark ausbreiten, dass sie in kleineren Gärten bald andere Pflanzen überwuchern. Wenn Sie den Raum, den diese Gemüse einnehmen, begrenzen wollen, sollten Sie die Spitzen der Haupt- und auch der Seitentriebe ausbrechen, sobald diese Triebe eine Länge von 60 cm erreicht haben.

Hochstammrosen

Wildtriebe, die aus dem Stamm von Hochstammrosen sprießen, sollten Sie schon im Frühstadium entfernen. Lässt man die Triebe zu lang wachsen, braucht man dazu eine Gartenschere.

Chrysanthemen und Dahlien

Bei Chrysanthemen und Dahlien ist es empfehlenswert, die Nebenknospen möglichst frühzeitig aus den Blattachseln – das sind die Stellen, an denen die Blattstiele am Stängel sitzen – auszubrechen. Dadurch kommen die Nährstoffreserven der Pflanzen den Endknospen an jedem Trieb zugute, sodass besonders große Blüten entstehen.

Junge Obstbäume

Bei jungen Obstbäumen sollten Sie alle unerwünschten neuen Triebe auslichten, damit kein Gewirr von Zweigen entsteht. Kräftige Triebe, die an den Fruchttrieben wachsen, schneidet man zurück, um die Blütenbildung zu fördern.

Auberginen und Paprika

Auberginen- und Paprikapflanzen tragen zwar viele Blüten, doch längst nicht alle bringen auch Früchte hervor. Zur Verbesserung des Ertrags sollten Sie daher bereits im Frühstadium jeweils einige Blütenknospen entfernen, sodass nur noch sechs bis acht Blüten an jeder Pflanze übrig bleiben.

Pflanzen entspitzen

Einigen Pflanzen tut es gut, wenn man den Haupttrieb ausbricht, sodass sich in der Folge mehr Seitentriebe entwickeln. Dadurch gedeihen die Pflanzen besser und wachsen buschiger.

Freilandpflanzen

Bartfaden (*Penstemon*), Chrysantheme (*Chrysanthemum*), Dahlie (*Dahlia*), Löwenmaul (*Antirrhinum*), Nelke (*Dianthus*), Wicke (*Lathyrus*)

Balkon- und Zimmerpflanzen

Begonie (*Begonia*), Buntnessel (*Coleus*), Fleißiges Lieschen (*Impatiens*), Fuchsie (*Fuchsia*), Glockenblume (*Campanula*), *Hypoestes*, Malve (*Abutilon*), Pelargonie (*Pelargonium*), *Poinsettia*

Gemüse und Kräuter

Aubergine, Basilikum, Paprika, Estragon

Tomaten

Damit die Nährstoffreserven der Pflanzen vor allem den Früchten und weniger den Blättern zugute kommen, sollten Sie, außer bei den buschigen Sorten, regelmäßig alle in den Blattachseln entstehenden Seitentriebe ausbrechen.

Entspitzen oder schneiden?

Bei feuchter Witterung kann sich auf verwelkten Blüten ein grauer Schimmelbelag bilden. In diesem Fall sollten Sie die Blüten nicht entspitzen, sondern mit einer Schere abschneiden, sodass eine glatte Schnittstelle entsteht. Durch das Entspitzen wird nämlich unter Umständen der Stängel gequetscht, wodurch die Pflanze für einen erneuten Befall anfällig wird.

Schädlinge

Durch das rechtzeitige Entspitzen von Stängelenden – einer Stelle, an der sich häufig Schädlinge sammeln – lässt sich die Entstehung von Blattlauskolonien verhindern. Diese ebenso einfache wie umweltfreundliche Methode ist besonders gut für Puffbohnen geeignet, aber auch zahlreiche Zierpflanzen reagieren positiv darauf.

Erbsen

Ernte im Frühjahr

Sie können Ihre ersten Erbsen schon im Mai ernten, wenn Sie bereits im Oktober oder November säen. Damit die Pflanzen gedeihen, brauchen sie einen tiefgründig bearbeiteten, fruchtbaren Boden, der die Feuchtigkeit gut hält, aber ausreichend drainiert ist, und müssen unter Abdeckhauben gezogen werden. Am besten geeignet für die Aussaat im Herbst sind Markerbsensorten wie 'Sima' und 'Sperlings Winfrida'.

Schöne Begleitpflanzen

Säen Sie Kornblumen- und Mohnsamen zwischen die Erbsen für die Hauptkultur. Diese Sommerblumen verschönern nicht nur das Beet, sondern ziehen auch nützliche Insekten und Schmetterlinge an. Die Kornblumen nutzen die Stützen der Erbsentriebe und ergeben zusammen mit Islandmohn (*Papaver nudicaule*), der ebenfalls eine Stütze benötigt, schöne Schnittblumen. Allerdings welkt Islandmohn schnell, sobald er geschnitten ist.

Schädlingen und Krankheiten vorbeugen

Bessere Ernteerträge erzielen Sie auf Böden, auf denen zuvor mindestens 2 Jahre keine Erbsen angepflanzt wurden, denn durch den Wechsel in ein neues Beet beugen Sie einem Befall durch Schädlinge und Krankheitskeime vor, die im alten Beet leben. Im Herbst oder Frühwinter sollten Sie eine etwa 5 cm dicke Schicht gut verrotteten Mist oder Kompost auf der Fläche verteilen, die für die spätere Aussaat der Erbsen vorgesehen ist. (Siehe auch *Gemüsegärten, Zeitungspapier*)

Stützen

Erbsen müssen gestützt werden, da sie sonst umfallen, was zu einem teilweisen Verlust der Ernte führen kann. Zum Abstützen sollten Sie in Abständen von etwa 20 cm kräftige Stützreiser in den Boden stecken. Zwergsorten brauchen 40 cm hohe Stützen, bei kletternden Sorten sollten die Stützstangen mindestens 1,2 m hoch sein. (Siehe auch *Stäbe und Stützen*)

Erbsen für jeden Geschmack

Innerhalb der unterschiedlichen Erbsenarten können Sie zwischen zahlreichen frühen, mittelfrühen und späten Sorten auswählen.

Markerbsen

'Alderman': Lange, gerade Hülsen; wird bis zu 1,3 m hoch; späte Sorte
'Exzellenz': Lange Hülsen, sehr aromatisch; wird 60–80 cm hoch; mittelspäte bis späte Sorte
'Kelvex': Lange, dunkle, mittelbreite Hülsen; wird 70 cm hoch; frühe bis mittelfrühe Sorte
'Maxigolt': Dunkelgrüne Hülsen, große Samen; mittelspäte Sorte
'Onward': Dunkelgrüne Hülsen mit stumpfen Enden; sehr ertragreich und robust; wird etwa 70 cm hoch; späte Sorte
'Sperlings Winfrida': Winterhart, sehr ertragreich; wird 40 cm hoch; sehr frühe Sorte
'Wunder von Kelvedon': Runzlige, feste Erbse in spitzen Hülsen; wird etwa 50 cm hoch; mittelfrühe Sorte

Pal- oder Schalerbsen

'Allerfrüheste Mai': Mittelgroße Hülsen, gelbe Erbsen; wird etwa 70 cm hoch; frühe Sorte
'Feltham First' ('Frühes Wunder'): Etwa 10 cm große, spitz zulaufende Hülsen; wird etwa 40 cm hoch; sehr frühe Sorte
'Kleine Rheinländerin': lange, zugespitzte Hülsen, sehr ertragreich; wird etwa 30–35 cm hoch; frühe Sorte
'Maiperle': Verbesserung der Sorte 'Allerfrüheste Mai'; wird noch etwas früher reif als diese
'Schnabel': Sehr große Hülsen; widerstandsfähig gegen Krankheiten; wird etwa 1,2 m hoch; späte Sorte
'Überreich' ('Bountiful'): Leicht gebogene, dunkelgrüne Hülsen; wird 70–80 cm hoch; frühe bis mittelfrühe Sorte

Zuckererbsen

'Edula': Kreuzung aus Mark- und Zuckererbse; wird bis zu 1 m hoch
'Oregon Sugar Pod': Leicht gebogene dicke Hülsen, die jung gepflückt werden sollten; wird über 1 m hoch
'Sugar Snap': Dicke, sehr süße Hülsen, die auch roh gegessen werden; wird über 1,5 m hoch

Ziererbsen

'Purple Podded': Attraktive blauviolette Hülsen mit grünen Erbsen; wird etwa 1 m hoch

Schutz vor Mäusen

Achten Sie darauf, dass keine Mäuse an Ihre Saaterbsen gelangen. Zur Abschreckung können Sie entweder Zweige mit Dornen neben die Erbsen in die Saatrillen legen, wie etwa Rosen- oder Stechpalmenzweige, oder Sie geben die Saaterbsen vor dem Aussäen über Nacht in Paraffinöl, dessen Geruch Mäuse nicht mögen. Nicht zuletzt lässt sich Mäusefraß auch dadurch verhindern, dass Sie Fallen aufstellen. Wichtig ist, wirklich alle Samen ausreichend zu schützen, denn wenn die Mäuse erst einmal eine Saaterbse gefunden haben, fressen sie alle Reihen leer.

Klettergerüst selbst bauen

Die herkömmlichen Stützelemente nehmen oft sehr viel Platz ein. In einem kleinen Gemüsegarten kann es deshalb sinnvoller sein, ein einfaches Rankgerüst zu bauen, das sich für alle Erbsensorten eignet. Für das Gerüst brauchen Sie drei runde, 1,5 m lange Pfähle, von denen Sie zwei T-förmig zusammenschrauben und den senkrechten Teil fest im Boden verankern. Den dritten Pfahl legen Sie parallel auf den Boden, schrauben ihn an den senkrechten Pfahl und verankern beide Enden mit Krampen im Boden. Dann schrauben Sie jeweils sechs Ösenhaken in gleichen Abständen in den oberen und unteren waagrechten Pfahl und spannen von oben nach unten jeweils ein Stück stabile, wetterfeste Schnur zwischen die entsprechenden

Ösenpaare. Säen Sie nun um die Basis der Schnüre die Saaterbsen aus. Sobald die Pflanzen eine Höhe von 7–8 cm erreicht haben, wickeln Sie die Ranken vorsichtig um die Schnur.

Stickstoff für den Boden

Wie alle Hülsenfrüchte enthalten auch Erbsen in ihren Wurzeln Bakterien, mit deren Hilfe viel Stickstoff in den Wurzelknöllchen gespeichert wird. Wenn Sie die Erbsenpflanzen also nach der Ernte untergraben, wird der Boden mit reichlich Stickstoff versorgt, der nachfolgenden Kulturen zugute kommt. Deshalb sind Erbsen ideal geeignet, wenn Sie im Anschluss Endivien, späte Salate oder Buschbohnen kultivieren möchten, die sogar noch im Spätsommer angebaut werden können.

Erdbeeren

Erdbeeren pflanzen

Ehe Sie Erdbeeren pflanzen, sollten Sie den Boden umgraben, von allen Unkräutern einschließlich der Wurzeln befreien und gut verrotteten Mist oder Kompost einarbeiten. Setzen Sie dann in Töpfen vorgezogene Pflanzen in Reihen auf leicht erhöhten Boden, wobei die Herzknospe nicht mit Erde bedeckt werden darf, sondern sich in Höhe der Erdoberfläche befinden sollte. Für im Freiland gezogene Erdbeeren graben Sie dagegen jeweils ein Loch in den Boden, häufeln in der Mitte der Vertiefung etwas Erde an, setzen die Pflanze auf die Erhebung und ordnen die Wurzeln seitlich an. Füllen Sie zum Schluss das Loch wieder mit Erde auf und drücken Sie die Erde fest an.

Unkräutern und Schmutz vorbeugen

Die Ausbreitung von Unkräutern wie auch die Verschmutzung der heranreifenden Früchte lässt sich verhindern, indem Sie das vorbereitete Beet vor dem Einsetzen der Pflanzen mit schwarzer Plastikfolie bedecken; die Folienenden graben Sie in den Boden ein, damit sie nicht verrutschen können. Anschließend schneiden Sie die Folie in Abständen von jeweils 50 cm mit einem scharfen Messer kreuzförmig ein und setzen die Erdbeeren

---

GESCHICHTE IN KÜRZE

Früchte mit Vergangenheit

Schon die alten Römer genossen in großen Mengen die Erdbeere, die zur Familie der Rosengewächse gehört. Allerdings kultivierten sie die Frucht nicht selbst, sondern sammelten sie im Wald, wo sie als wilde Walderdbeere (*Fragaria vesca*) wächst – in Europa lange Zeit die einzige bekannte Erdbeerart. Erst im Jahr 1623 kam die nordamerikanische Scharlach- oder Himbeererdbeere (*Fragaria virginiana*) zu uns, die zwar süß schmeckte, aber nur kleine Früchte besaß. 1714 folgte dann die Chileerdbeere (*Fragaria chiloensis*), die wiederum große, aber wenig aromatische Beeren trug. Aus diesen beiden Arten entstand durch Kreuzung um 1750 schließlich die Ananaserdbeere (*Fragaria × ananassa*), von der alle unsere heutigen Gartenerdbeersorten abstammen.

---

durch die so entstandenen Schlitze in das Pflanzloch. Achten Sie aber auch hier darauf, dass sich die Herzknospen der Pflanzen immer in Höhe der Bodenoberfläche befinden.

Was tun bei schweren Böden?

Bevor Sie Erdbeeren in einen schweren Boden mit entsprechend schlechter Drainage setzen, sollten Sie zuerst den Wasserabfluss verbessern, indem Sie etwas Sand einarbeiten und dann Hügelbeete anlegen. Pflanzen Sie die Erdbeeren reihenförmig auf den Beeten und mulchen Sie den Boden anschließend 5 cm dick mit Rindenmulch, um Unkräuter zu unterdrücken. Außerdem wird so die Feuchtigkeit im Boden gehalten.

Erdbeertopf, Fass oder Blumenampel?

Erdbeeren lassen sich auch auf dem Balkon oder der Terrasse ziehen, wofür sich spezielle Erdbeertöpfe eignen. Sie können die Pflanzen aber auch in andere Gefäße wie etwa ein altes Holzfass setzen. Bohren Sie zuvor unten in das Fass ein 5 cm großes Abflussloch und legen Sie einen Stein oder eine Tonscherbe darauf. Zur Verbesserung der Drainage können Sie anschließend noch aus Maschendraht und Tonscherben einen Entwässerungsschacht in der Mitte des Fasses anlegen. Dann füllen Sie das Fass mit Erde auf und setzen die Erdbeeren hinein. Eine weitere Pflanzmöglichkeit sind Blumenampeln. Für dieses Gefäß eignet sich vor allem die Sorte 'Temptation' mit ihrer kompakten Wuchsform, die problemlos auch hoch über dem Boden gedeiht. (Siehe auch *Blumenampeln*)

Früher ernten

Bedecken Sie Erdbeerpflanzen, die Sie im August setzen, zwischen Mitte Februar und Mitte März des Folgejahres mit einem niedrigen Folientunnel. Auf diese Weise reifen die Erdbeeren etwa 14 Tage früher als gewöhnlich.

Mehrmals tragende Sorten

Bei allen mehrmals tragenden Erdbeersorten, den so genannten remontierenden Sorten, sollten Sie stets die ersten Blüten entfernen, da die Pflanzen dann später mehr Früchte tragen.

Erdbeeren pflegen

Halten Sie den Boden um die Erdbeerpflanzen herum immer unkrautfrei und die Früchte sauber und frei von Schimmelpilzen, indem Sie nach der Blüte Stroh oder Farnkraut unter und zwischen den Pflanzen ausbringen.

Walderdbeeren

Die hübschen aromatischen Walderdbeeren, die im Herbst geerntet werden, eignen sich auch gut als Randbepflanzung von Blumenbeeten.

Die Wurzelbildung fördern

Bei gesunden Mutterpflanzen können Sie die Wurzelbildung der Ausläufer fördern, indem Sie die Triebe mithilfe von U-förmig zurechtgebogenen Drähten in den Boden absenken. Lassen Sie pro Mutterpflanze aber nur sechs Ausläufer stehen, um die Pflanze zu schonen, und pflanzen Sie die bewurzelten Ausläufer bis Ende Juli in ein Beet.

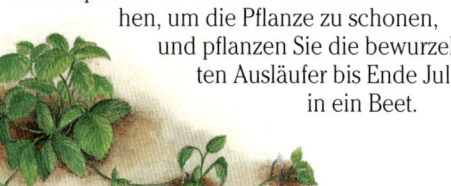

Nach der Ernte

Damit Sie auch im folgenden Jahr gesunde und kräftige Erdbeerpflanzen haben, entfernen Sie nach der Ernte das Stroh oder Farnkraut unter und zwischen den Gewächsen und schneiden alle alten Blätter und Ausläufer ab. Wenn Sie Erdbeeren in größeren Mengen anbauen, fahren Sie am besten mit einem motorbetriebenen Rasenmäher, dessen Schnittblätter auf höchster Stufe eingestellt sind, durch die Reihen. Düngen Sie danach mit einem Beerendünger, wobei Sie sich bei der Dosierung nach der Packungsaufschrift richten, und gießen Sie zum Schluss reichlich.

Erdbeeren erneuern

Durch Viruserkrankungen und Schädlingsbefall kann die Wuchskraft der Pflanzen und damit die Ernte erheblich beeinträchtigt werden. Ersetzen Sie deshalb Ihre Erdbeeren alle 2–3 Jahre durch neue gesunde Stöcke, wobei Sie grundsätzlich nur hochwertige Pflanzen kaufen sollten.

Die Vögel fern halten

Sobald die Erdbeeren beginnen, sich rot zu verfärben, sollten Sie unverzüglich flatternde Plastikbänder über die Pflanzenreihen spannen, um die Vögel vom Beet fern zu halten. Die Wirkung ist noch stärker, wenn sich die Plastikbänder in sich selbst drehen. Zum Schutz vor Vögeln können Sie aber auch mehrere Metallreifen im Abstand von 60 cm über das Beet in den Boden stecken und ein Netz darüber spannen, dessen Maschen nicht größer als etwa 2 cm sein sollten. Befestigen Sie das Netz an den Enden mit kleinen Holzpflöcken im Boden und beschweren Sie es an den Seiten mit Backsteinen, sodass die Vögel nicht unter dem Rand durchschlüpfen können.

Erdbeeren pflücken

Erdbeeren sind sehr druckempfindlich und werden schnell matschig. Reißen Sie die Früchte deshalb beim Pflücken nicht von der Pflanze. Besser ist es, Sie kneifen die Stängel knapp über dem Blütenkelch mit Daumen und Zeigefinger ab. So werden die Früchte nicht in Mitleidenschaft gezogen und halten entsprechend länger. Danach sollten Sie die Erdbeeren einzeln auf einer Fläche auslegen und bald verbrauchen. Im Kühlschrank lässt sich die Haltbarkeit um 1–2 Tage verlängern. Waschen Sie Erdbeeren zudem immer, bevor Sie die Blütenkelche entfernen, da sie sich sonst schnell mit Wasser vollsaugen.

Essbare Blüten

Duft und Farbe im Gemüsebeet

Mischen Sie zwischen das Gemüse in Ihrem Garten essbare Blumen und Küchenkräuter – so haben Sie einen Blickfang, der zudem noch essbar ist. Außerdem sorgen die Blumen und Kräuter für Düfte und Farben im Gemüsebeet.

Kübelpflanzen

Pflanzen mit essbaren Blüten wie Kapuzinerkresse, Ringelblumen und Wilde Stiefmütterchen eignen sich ausgezeichnet zur Bepflanzung von Blumenkästen auf dem Fensterbrett, für Blumenampeln oder als Kübelpflanzen auf dem Balkon und der Terrasse. Diese Pflanzen können Sie darüber hinaus sehr gut mit den attraktiven rötlichen gekräuselten Blättern des Lollorosso-Salates und Möhrensorten wie etwa 'Pariser Marlt 4' kombinieren.

Bekannte Blüten

Essen Sie nur die Blüten von Pflanzen, die Sie mit Sicherheit kennen und die garantiert nicht mit Herbiziden oder Pestiziden behandelt wurden.

Vorsicht bei Allergikern

Manche Menschen reagieren allergisch auf die Blüten bestimmter Pflanzen. Daher ist es ratsam, von Blüten, die man noch nie gegessen hat, zunächst nur kleine Mengen zu probieren. Während einer Schwangerschaft sollten Sie auf die Blüten von Ringelblume (*Calendula officinalis*) und Thymian (*Thymus vulgaris*) verzichten.

Salate mit Blütengarnierung

Grünen Salaten können Sie mit den attraktiven roten, orangefarbenen oder gelben Blütenblättern von Kapuzinerkresse und Ringelblume, die leicht nach Pfeffer schmecken, hübsche Farbtupfer verleihen. Obstsalate lassen sich sehr schön mit den Blütenblättern von Märzveilchen, Rosen oder Wilden Stiefmütterchen verzieren, die den Früchten zudem ein zartes Aroma geben.

Kräuterblüten

Essbare Blüten haben auch viele Kräuter wie Borretsch, Kamille, Kerbel, Knoblauch, Lavendel, Majoran, Minze, Oregano, Salbei, Schnittlauch, Thymian und Zitronenmelisse. Sie besitzen alle ein ähnliches Aroma wie  die Blätter der Pflanzen und können gut zum Garnieren verwendet werden. Besonders schön sind die sternförmigen blauen Borretschblüten.

Gemüseblüten

Auch Gemüsepflanzen wie Erbsen oder Feuerbohnen haben essbare Blüten. Werden sie jedoch gepflückt, können sich natürlich keine Hülsen bilden, sodass Sie sich zwischen Blüte und Frucht entscheiden müssen. Eine Ausnahme bilden Zucchinipflanzen, deren männliche Blüten gepflückt werden können, ohne dass dadurch die Fruchtbildung verhindert wird. Die blassgelben auffälligen Trompetenblüten sind begehrt, weil sie sich gut zum Füllen oder Frittieren eignen. (Siehe auch *Zucchini*)

Rosenblüten

Je süßer der Duft von essbaren Blüten ist, desto kräftiger ist auch ihr Aroma. Das gilt vor allem für Rosenblüten, weshalb Sie nur Blüten von duftenden Sorten nehmen sollten. Vor der Zubereitung der Rosenblütenblätter sollten Sie die Basis entfernen, da diese meist etwas bitter schmeckt.

Blüten aufbewahren

Blüten, die Sie nicht gleich nach dem Waschen und Trockentupfen verwenden, können Sie auch lose in einem Plastikbeutel verpackt einige Tage im Gemüsefach des Kühlschranks aufbewahren.

Mit Blüten aromatisierter Zucker

Pflücken Sie die Blütenstände von Lavendel bzw. die Blütenblätter von einigen großen Nelken oder Rosen und lassen Sie sie an einem luftigen Platz einige Stunden trocknen. Wenn Sie die Blüten anschließend in ein gut verschlossenes Gefäß mit Puder- oder Streuzucker geben, nimmt der Zucker schnell das Blütenaroma an und verleiht Süßspeisen, Kuchen oder anderen süßen Zubereitungen ein ganz besonders feines Aroma.

Blüten-Eiswürfel

Füllen Sie eine Eiswürfelschale mit Wasser, geben Sie in jede Unterteilung eine kleine essbare Blüte und lassen Sie das Wasser im Tiefkühlgerät gefrieren – so erhalten Sie eine ungewöhnliche Dekoration für Ihre Drinks.

Estragon

Vor dem Einpflanzen

Estragon, der bis zu 60 cm hoch und 30 cm breit wird, ist ein winterhartes mehrjähriges Küchenkraut, das vergleichsweise wenig Pflege benötigt und einmal eingewurzelt in der Regel viele Jahre lang überlebt. Er braucht jedoch zum Gedeihen einen durchlässigen Boden, sodass Sie bei einem schweren Boden die Drainage verbessern sollten, indem Sie jeweils eine Schaufel Sand in jedes Pflanzloch einarbeiten, ehe Sie die Pflanze einsetzen. Estragon lässt sich aber auch im Topf oder Blumenkasten ziehen, die beide ebenfalls einen guten Wasserabfluss haben sollten. Wenn Sie die Pflanzen regelmäßig etwas zurückschneiden, wachsen sie noch buschiger.

Russischer Estragon und Echter Estragon

Nicht ratsam ist es, Estragon aus Samen zu ziehen, da bei uns nur die Samen des Russischen Estragon erhältlich sind. Diese Sorte hat weniger Aroma und schmeckt etwas derber und bitterer als Echter Estragon, dessen dunkelgrüne duftende Blätter viel intensiver sind. Echter Estragon bringt jedoch in unserem Klima keine Samen hervor. Setzen Sie deshalb am besten im Oktober oder März vorgezogenen Estragon, den Sie in der Gärtnerei bekommen, und vermehren Sie die Pflanzen später durch Kopfstecklinge oder Wurzelteilung. (Siehe auch *Stecklinge, Teilen*)

Estragon pflegen

Estragon verträgt weder zu viel Feuchtigkeit noch starken Frost. Pflanzen Sie deshalb im Spätsommer jeweils einige 5–8 cm große Kopfstecklinge in einen Topf und stellen Sie die Töpfe über den Winter in einen Kalten Kasten. Sie können die Pflanzen aber auch im Spätherbst zurückschneiden und vor den ersten Nachtfrösten mit Stroh bedecken, bis keine Frostgefahr mehr besteht. Alle 2–3 Jahre sollten Sie die Pflanzen außerdem im Frühjahr ausgraben, den Wurzelballen teilen und die Pflanzen anschließend wieder einsetzen.

Eukalyptus

Schöne Exoten

Der immergrüne Eukalyptus, von dem mehr als 500 verschiedene Arten existieren und der einen sonnigen bis halbschattigen Standort braucht, wächst in seiner Heimat Australien fast überall, gedeiht in unseren Breitengraden jedoch nur als Kübelpflanze. Die geeignete Pflanzzeit ist gegen Ende des Frühjahrs, wobei die Bäume möglichst 25–30 cm hoch, auf keinen Fall aber höher als 1 m sein sollten. Da Eukalyptusbäume sehr rasch wachsen und vor allem hohe Gewächse im ersten Jahr leicht instabil werden, sollten Sie die Pflanzen zu Beginn mit Stäben stützen. Sollte dennoch eine umfallen, können Sie die Hauptachse im nächsten Frühjahr auf etwa 45 cm zurückschneiden und dem Baum so wieder Stabilität geben.

Junge Blätter

Eucalyptus gunnii bildet in den ersten beiden Jahren besonders schöne silbrig blaue Blätter aus. Durch alljährliches Zurückschneiden der Triebe im zeitigen Frühjahr, entweder bis fast zum Boden oder in 1,2–1,5 m Höhe über dem  Boden bis zur Hauptachse, bildet die Pflanze auch weiterhin jugendliche Blätter aus.

Eukalyptus überwintern

Stellen Sie die Pflanzkübel vor dem ersten Frost bei 2–10 °C in einen hellen, luftigen Raum und gießen Sie die Pflanzen nur wenig.

Fächerspaliere

Ein guter Anfang

Obstbäume wie Aprikosen, Nektarinen oder Pfirsiche lassen sich am besten als Fächerspaliere ziehen. Gehen Sie zum Kauf möglichst in eine Baumschule. Dort gibt es Bäume, bei denen die beiden Leitäste, d.h. die gezogenen Äste, bereits vorhanden sind. So müssen Sie nicht erst selbst die Grundform zurechtschneiden. Pflanzen Sie Ihren Baum vor eine sonnige Wand.

In Form halten

Es ist wichtig, einen fächerförmig gezogenen Baum jeden Winter zurückzuschneiden. Nur so wird er regelmäßig erstklassige Früchte tragen. Von den Kurztrieben, die zu dicht stehen, müssen Sie einige ganz entfernen. Kürzen Sie die übrigen. Mit dem Sommerschnitt sollten Sie dann warten, bis die neuen Triebe verholzt sind, etwa 25 cm Länge erreicht haben und dunkelgrüne Blätter tragen. Sobald es so weit ist, schneiden Sie diese Triebe bis auf ein Blatt vom Basisbüschel zurück.

Gleichmäßiges Wachstum

Man kann die beiden Leitäste zu gleichmäßigem Wachstum erziehen. Ist ein Trieb schwächer, so heben Sie den Stab, an dem Sie ihn befestigt haben. Der stärkere Trieb dagegen wird gesenkt; dies verlangsamt sein Wachstum. Im zweiten Winter binden Sie beide Leitäste waagrecht nach unten. Den schwächeren schneiden Sie um mehr als die Hälfte, den stärkeren um weniger als die Hälfte zurück.

GÄRTNER-WISSEN

Einen Fächerspalierbaum ziehen

In Fächerform wirken Obstbäume äußerst dekorativ und verhelfen tristen Mauern zu ungeahnter Pracht. Allerdings erfordert die Erziehung am Spalier viel Platz. Die Vorgehensweise ist bei allen Bäumen gleich. Auf den Bildern unten ist ein heranwachsender Aprikosenbaum zu sehen.

Drähte anbringen

Bevor Sie einen einjährigen Fächerspalierbaum pflanzen, müssen Sie an einer Wand waagrecht sechs bis acht Drähte spannen, jeweils im Abstand von 25 cm. Für die meisten Bäume genügt eine Fächerhöhe von 1,8 m. Spannen Sie den ersten Draht etwa 40 cm über dem Boden, sodass die Verzweigung der beiden Hauptäste knapp darunter liegt. Spannen Sie die Drähte auf Trägern. So hat der Baum Abstand zur Wand und die Luft kann gut hinter ihm zirkulieren. Dadurch kommt es selten zu Pilzkrankheiten.

Im ersten Winter

Pflanzen Sie den Baum etwa 15 cm von der Wand entfernt und lehnen Sie den Stamm gegen die Mauer, damit sich die Äste leichter an den Drähten befestigen lassen.
Im ersten Winter schneiden Sie die beiden Leitäste knapp oberhalb einer Knospe auf 30–45 cm zurück und binden sie an Stöcke, die Sie zuvor an den Drähten befestigt haben.

Im nächsten Sommer

Im folgenden Sommer befestigen Sie auch einige neue Seitentriebe an Stöcken und ziehen sie fächerförmig nach außen. Wählen Sie an jedem Ast in gleichmäßigen Abständen zueinander auf der Oberseite zwei Triebe und auf der Unterseite einen Trieb. Entfernen Sie den übrigen Austrieb mit einer Gartenschere oder brechen Sie ihn mit den Fingern heraus.

Die folgenden Schritte

Schneiden Sie im anschließenden Winter alle neuen Äste knapp oberhalb einer Knospe auf 60–75 cm zurück. Den Austrieb der Endknospen ziehen Sie im Sommer darauf an den Stöcken entlang. Sind diese Triebe ausgereift, wählen Sie daran wieder jeweils zwei neue Triebe auf der Oberseite und einen auf der Unterseite als weitere Äste aus.

Die anderen Triebe schneiden Sie bis auf drei Blätter vom Basisbüschel zurück. Sobald die 24 neuen Äste länger werden, benötigen auch sie Stöcke. Mit insgesamt 32 Ästen bedeckt der Fächer nun in der Regel eine ganze Wand. Sind alle Äste verholzt, entfernen Sie die Stöcke und binden die Verzweigungen direkt an die Drähte.

Falllaub

Schutz bei niedrigen Temperaturen

Verwenden Sie Herbstblätter als Deckschicht für empfindliche Pflanzen, vor allem solche in Töpfen. Verteilen Sie die Blätter großzügig um die Wurzeln und die Stängel, denn sie bieten einen sehr guten Schutz gegen Kälte und Frost. Mit einem im Boden verankerten Kunststoff- oder Drahtgeflecht lässt sich verhindern, dass das Laub wegweht.

Einfache Beseitigung

Stellen Sie das Messer Ihres Rasenmähers nach oben und blasen Sie das Falllaub mit dem Gerät weg. Die Methode funktioniert, solange die Blätter nicht zu hoch auf dem Rasen liegen. Vermutlich müssen Sie den Auffangbehälter recht häufig leeren, doch Sie sparen Zeit und Mühe ein, die es kostet, das Laub zusammenzurechen.

Simple Lösung

Gerade in großen Gärten ist es anstrengend, Laub zu einem Komposthaufen zusammenzufegen. Rechen Sie es stattdessen in die Rabatten und verteilen Sie es gleichmäßig unter den Sträuchern. Wie in der freien Natur werden die Blätter dann nach und nach von Würmern in die Erde gezogen. Dort verrotten sie und verbessern die Beschaffenheit des Bodens.

Vorsicht bei Krankheiten

Achten Sie beim Zusammenfegen des Herbstlaubs auf Anzeichen von Krankheiten wie Rost oder der Schwarzfleckenkrankheit, denen der Winter oft nichts ausmacht, sodass sie im Frühjahr neu ausbrechen. Im Laubkompost halten sie sich manchmal jahrelang. Daher sollten Sie befallene Blätter tief in den Boden eingraben oder in die Mitte des Komposthaufens befördern, wo die Sporen durch Hitze abgetötet werden. Sie können das kranke Laub natürlich auch einsammeln und in den Restmüll werfen.

Nährstoffreicher Kompost

Gesundes Falllaub ist ökologisch wertvoll. Sammeln Sie es in einer Tonne oder einem selbst gebauten Behälter, der sich leicht anfertigen lässt. Schlagen Sie dazu vier Pfähle in den Boden und ziehen Sie Maschen- oder Kunststoffdraht um die Pfosten. Halten Sie das Laub in dem Behälter gut feucht und pressen Sie die Blätter immer wieder zusammen, damit sie weniger Platz einnehmen. Nach einiger Zeit zersetzen sie sich zu Laubkompost, der ein hervorragender Ersatz für Torf ist. Verwenden Sie ihn als Mulch, graben Sie ihn zur Bodenverbesserung in Heidebeete ein oder mischen Sie ihn mit anderen kalkfreien Stoffen zum Pflanzen von Rhododendren, Heidelbeeren sowie verwandten Moorbeetpflanzen. Eine weitere sinnvolle Methode der Kompostierung sieht folgendermaßen aus: Sammeln Sie trockenes Laub in Säcken und mengen Sie es schichtweise unter Küchenabfälle und Rasenschnitt. Dadurch erzielen Sie ein optimales Verhältnis von Stickstoff und Kohlenstoff in der verrottenden Masse.

Saubere Rasenflächen

Fegen oder rechen Sie Blätter auf Ihrem Rasen häufig zusammen; sonst wird er gelb. Für große Flächen verwenden Sie am besten eine Kehrmaschine oder einen speziellen Laubsauger, mit dem Sie ebenso Blätter aus Blumenbeeten entfernen können.

Freie Rinnen

Beseitigen Sie Laub regelmäßig aus offenen Abflussrinnen und -rohren, damit sie nicht verstopfen, oder bringen Sie ein Drahtgitter darüber an.

Falllaub hat auch etwas Gutes: Es sieht oft nicht nur schön aus, sondern gibt auch eine vortreffliche Streu ab. Verteilen Sie die Blätter um Wurzeln und Stängel von frostempfindlichen Pflanzen oder kompostieren Sie das Laub.

DIE PALETTE DES GÄRTNERS

Die folgende Tabelle verhilft Ihnen durch eine entsprechende Pflanzenauswahl das ganze Jahr über zu einer ständig wechselnden, harmonierenden Farbenpracht in Ihrem Garten, ganz gleich, ob Sie ihn insgesamt verschönern oder einzelne Ecken gestalten wollen.

Farbe ist das zuverlässigste Werkzeug und zugleich der treueste Freund des Gärtners. Sie kennzeichnet die Jahreszeiten mit dem blassen Goldgelb des Frühlings, den opulenten Blütenteppichen des Sommers, den klaren, kräftigen Rot- und Gelbtönen des Herbstes und dem dunkelgrünen, karmin- und scharlachroten Gewand des Winters. Der Gärtner drückt mit Farben Stimmungen aus, erregt Aufmerksamkeit oder lenkt ab, kreiert besonders interessante Ecken oder schafft fließende Übergänge zwischen den Jahreszeiten. So kann man beispielsweise im Winter dafür sorgen, dass Feuerdorn seine karminroten Beeren mit den purpurnen Blättern von Bergenien vereinigt und im Sommer seine schaumweißen Blüten mit dem Blau von Rittersporn. In einem baumbestandenen Gartenbereich kombiniert man vielleicht Blauglöckchen und Waldscheinmohn mit Funkien und Farnen. Und am Lieblingsplatz für den letzten Abendgang lässt man möglicherweise hohe, blasse Lupinen das letzte Licht einfangen.

Die folgende Tabelle wird Ihnen helfen, die richtigen Pflanzen auszuwählen, um Monat für Monat über das ganze Jahr hinweg die gewünschten Farbkompositionen zu erzeugen. Die waagrechten Balken geben Auskunft über die Farbe der Blätter, Blüten, Früchte oder Borke der aufgeführten Pflanzen. Die senkrechten Spalten zeigen, ob es sich um krautige Pflanzen (einjährige, zweijährige, mehrjährige oder Zwiebelpflanzen) oder um verholzte Sträucher und Bäume handelt und in welchen Monaten die Gewächse ihre größte Farbwirkung entfalten.

Anhand der Tabelle können Sie Ihre eigenen Farbkombinationen für Rabatten, Terrassen oder Blumenkästen zusammenstellen. Vorzugsweise ziehen Sie die Aufstellung zusammen mit der Tabelle „Ein prachtvolles Gartenjahr" auf den Seiten 42–45 zurate, um die jeweils geeignetsten Pflanzen auszuwählen, gleichzeitig aber anhand der Palette die Farbverteilung zu beeinflussen.

Unsere Sommer sind manchmal recht trübe. Da ist ein Beet mit den feurigen Farben von Dahlien, Fackellilien, Goldruten, Montbretien, Sonnenblumen und Strauchmalven immer eine Bereicherung.

Januar/Februar

	Krautige Pflanzen	Sträucher und Bäume
WEISS	Crocus sieberi 'Bowles' White' Galanthus 'Atkinsii' Helleborus niger H. orientalis Pulmonaria rubra albocorollata Viola Ultima Serie White	Abeliophyllum distichum Betula utilis var. jacquemontii Erica carnea 'Springwood White' Lonicera fragrantissima Viburnum tinus

ROSA	Bergenia × schmidtii
	 Crocus tommasinianus 'Rose'
	 Cyclamen coum roseum
	 Helleborus orientalis
	 Vinca difformis bicolor
	   'Jenny Pym'
	 Viola Universal Serie Rose
		Daphne mezereum
		 Erica carnea 'Foxhollow'
		 E. × darleyensis 'Darley Dale'
		 Prunus mume
		 Rhododendron 'Rose Mundii'
		 Viburnum × bodnantense
		   'Dawn'

VIOLETT	Crocus sieberi 'Violet Queen' Helleborus orientalis. ssp. abchasicus Early-Purple-Gruppe Iris reticulata 'Pauline' I. unguicularis 'Mary Barnard' Viola Universal Serie Violet with Blotch	Erica carnea 'Ann Sparkes' E. c. 'King George' Rhododendron dauricum Salix acutifolia 'Blue Streak' S. irrorata
BLAU	Crocus chrysanthus 'Blue Pearl' C. sieberi ssp. atticus Euphorbia characias 'Blue Hills' Hepatica nobilis Iris reticulata 'Cantab' I. unguicularis 'Walter Butt' Viola Ultima Serie Marina	Elaeagnus macrophylla Hebe pinguifolia 'Pagei' Teucrium fruticans
GRÜN	Euphorbia × martinii Helleborus argutifolius H. odorus Iris foetidissima Polystichum setiferum	Daphne laureola Pleioblastus pygmaeus Viburnum rhytidophyllum V. tinus
GELB	Adonis amurensis Crocus ancyrensis Eranthis hyemalis Helleborus orientalis Iris danfordiae Narcissus 'February Gold' Viola Ultima Serie Yellow	Chimonanthus praecox Cornus mas Hamamelis mollis 'Pallida' Jasminum nudiflorum Mahonia × media 'Charity' Ulex europaeus
ORANGE	Crocus angustifolius C. chrysanthus 'Zwanenburg Bronze' C. gargaricus Viola Ultima Serie Orange V. Ultima Serie Orange with Blotch	Acer griseum Hamamelis × intermedia 'Jelena' H. × i. 'Winter Beauty' Prunus maackii 'Amber Beauty'
ROT	Bergenia 'Eric Smith' B. 'Jo Watanabe' Cyclamen coum Pulmonaria rubra Viola Ultima Serie Scarlet	Cornus alba 'Sibirica' Erica carnea 'Nathalie' E. c. 'Vivellii' E. × darleyensis 'Kramers Rote' Hamamelis × intermedia 'Diane'

März

Krautige Pflanzen	Sträucher und Bäume
Anemone blanda 'White Splendour' Crocus vernus ssp. albiflorus 'Jeanne d'Arc' Galanthus nivalis Helleborus orientalis Saxifraga × burserana	Chaenomeles speciosa 'Nivalis' Clematis armandii Daphne mezereum f. alba Lonicera × purpusii Rhododendron 'Snow Lady' Viburnum × burkwoodii
Anemone blanda 'Pink Star' Bergenia 'Bressingham Salmon' Helleborus orientalis Primula denticulata P. rosea 'Grandiflora' Tulipa 'Heart's Delight' T. humilis var. pulchella	Clematis montana Erica erigena 'Brightness' Prunus glandulosa 'Sinensis' P. padus 'Pandora' P. triloba 'Multiplex'
Aubrieta (verschiedene Arten) Crocus vernus ssp. albiflorus 'Purpureus Grandiflorus' Ipheion 'Froyle Mill' Iris reticulata 'Purple Gem' Tulipa humilis Violacea Gruppe Viola odorata	Daphne mezereum Erica carnea 'Ann Sparkes' E. c. 'King George' Rhododendron dauricum R. praecox
Chionodoxa forbesii C. luciliae Gigantea Gruppe Crocus vernus ssp. albiflorus 'Queen of the Blues' Primula Rainbow Serie Blue Shades Scilla sibirica 'Spring Beauty'	Calluna vulgaris 'Silver Queen' Hebe pinguifolia 'Pagei' Teucrium fruticans
Euphorbia × martinii Helleborus argutifolius H. odorus Iris foetidissima Polystichum setiferum Sedum rupestre	Daphne laureola D. pontica Elaeagnus pungens Olearia × macrodonta Ribes laurifolium
Crocus × luteus 'Golden Yellow' Eranthis Cilicica Gruppe Lysichiton americanus Narcissus (verschiedene Arten) Primula vulgaris Tulipa 'Golden Emperor' T. 'Jeantine'	Corylopsis pauciflora Forsythia (verschiedene Arten) Hamamelis (verschiedene Arten) Mahonia × media Rhododendron 'Rothenburg'
Narcissus 'Jetfire' Primula Rainbow Serie Orange Shades Tulipa urumiensis Viola Ultima Serie Orange	Acer griseum Hamamelis × intermedia 'Jelena' H. × i. 'Winter Beauty' Pinus sylvestris 'Gold Coin' Prunus maackii
Anemone blanda 'Radar' Helleborus orientalis Primula Rainbow Serie Scarlet Pulmonaria rubra Tulipa 'Lilliput' T. 'Showwinner'	Chaenomeles × superba 'Crimson and Gold' C. × s. 'Rowallane' Erica carnea 'Myretoun Ruby'

April

Krautige Pflanzen	Sträucher und Bäume
Erythronium californicum 'White Beauty' Fritillaria meleagris alba Leucojum aestivum Primula 'Schneekissen' Pulmonaria 'Sissinghurst White' Tulipa 'Concerto'	Magnolia stellata Pieris (verschiedene Arten) Prunus avium 'Plena' Rhododendron 'Cunningham's White' Spiraea thunbergii
Bellis perennis Carpet Serie Pink Myosotis 'Carmine King' Primula rosea 'Grandiflora' Pulmonaria 'Dora Bielefeld' Saxifraga 'Cranbourne' Tulipa 'Apricot Beauty'	Camellia (verschiedene Arten) Daphne odora Erica australis Magnolia × loebneri 'Leonard Messel' Pieris japonica 'Valley Rose' Prunus 'Fire Hill'
Fritillaria persica 'Adiyaman' Hyacinthus 'Purple Dream' Iris 'Church Stoke' Lewisia rediviva Muscari comosum Pulsatilla vulgaris Tulipa 'Striped Sail'	Clematis alpina 'Pamela Jackman' Magnolia × soulangeana 'Rustica Rubra' Rhododendron 'Susan'
Anemone nemorosa 'Allenii' Hyacinthus orientalis 'Blue Jacket' Muscari azureum Myosotis (verschiedene Arten) Pulmonaria officinalis Cambridge Blue Gruppe	Clematis alpina Rhododendron 'Blue Diamond' Rosmarinus officinalis
Euphorbia characias ssp. wulfenii Foeniculum vulgare Fritillaria pontica Ranunculus ficaria 'Green Petal'	Daphne laureola D. pontica Elaeagnus pungens Ribes alpinum R. laurifolium
Aurinia saxatilis Doronicum 'Spring Beauty' Erysimum 'Cloth of Gold' Erythronium 'Pagoda' Euphorbia polychroma Narcissus (verschiedene Arten)	Acer platanoides Cytisus × praecox 'Allgold' Forsythia × intermedia 'Lynwood' F. suspensa 'Nymans' Fothergilla major Kerria japonica 'Pleniflora'
Erysimum 'Orange Bedder' Fritillaria imperialis Tulipa 'Orange Princess' T. praestans 'Fusilier' T. 'Prinses Irene'	Berberis darwinii B. linearifolia B. × lologensis 'Apricot Queen' B. × stenophylla 'Etna' Chaenomeles × superba 'Boule de Feu'
Anemone coronaria Dicentra spectabilis Erysimum 'Fire King' Pulsatilla 'Eve Constance' Tulipa 'Carlton' T. 'Red Riding Hood'	Chaenomeles × superba 'Knap Hill Scarlet' Magnolia liliiflora 'Nigra' Malus 'Eleyi' M. 'Liset' Rhododendron 'Monica'

Mai

Krautige Pflanzen	Sträucher und Bäume
Allium neapolitanum Cowanii Group Convallaria majalis Phlox subulata 'Maischnee' Polygonatum × hybridum Tulipa 'White Triumphator'	Magnolia × kewensis 'Wada's Memory' Malus 'John Downie' Rhododendron 'Schneewolke' R. 'Silberwolke' Syringa vulgaris 'Madame Lemoine'
Convallaria majalis var. rosea Lychnis alpina Oxalis adenophylla Tulipa 'China Pink' T. 'Clara Butt'	Clematis montana var. rubens C. 'Pink Champagne' Crataegus laevigata 'Rosea Flore Pleno' Deutzia discolor 'Rosalind' Kolkwitzia amabilis 'Pink Cloud' Rhododendron 'Rosa Perle'
Erysimum 'Bowles' Mauve' Euphorbia amygdaloides 'Purpurea' Iris 'Brannigan' Tulipa 'Queen of Night' Vinca minor 'Atropurpurea'	Clematis 'Mrs Cholmondeley' Paulownia tomentosa Rhododendron 'Purpureum elegans' Syringa vulgaris 'Katherine Havemeyer' Wisteria sinensis
Ajuga reptans 'Braunherz' Brunnera macrophylla Corydalis flexuosa Iris 'Florentina' Muscari armeniacum 'Heavenly Blue' Viola 'Maggie Mott'	Ceanothus thyrsiflorus var. repens Clematis 'H. F. Young' Rhododendron 'Blue Wonder' Rosmarinus officinalis
Angelica archangelica Asplenium scolopendrium Athyrium filix-femina Dryopteris filix-mas Tulipa 'Spring Green' Viola 'Irish Molly'	Ailanthus altissima Griselinia littoralis Hedera maderensis Lonicera nitida Parthenocissus tricuspidata
Hyacinthus orientalis 'City of Haarlem' Iris 'Mary McIlroy' Primula prolifera Tulipa 'Golden Duchess' T. 'Silver Wedding' Uvularia grandiflora	Cytisus × beanii C. × kewensis Potentilla fruticosa Rhododendron 'Princess Anne' R. luteum
Euphorbia griffithii 'Dixter' Primula chungensis Trollius 'Feuertroll' Tulipa 'Dillenburg' T. linifolia Batalinii Gruppe 'Bronze Charm'	Berberis darwinii B. linearifolia Buddleja globosa Chaenomeles × superba 'Boule de Feu' Cytisus 'Killiney Salmon'
Dodecatheon media Heuchera 'Red Spangles' Iris 'Cherry Gardens' Primula japonica 'Miller's Crimson' Tulipa 'Flying Dutchman'	Chaenomeles × superba 'Knap Hill Scarlet' Magnolia liliiflora 'Nigra' Malus 'Eleyi' M. 'Liset' Rhododendron 'Tarantella'

Juni

Krautige Pflanzen

Clarkia 'Snowflake'
Delphinium Southern Maidens Gruppe
Dianthus 'Haytor White'
Iris 'Cliffs of Dover'
Paeonia lactiflora 'White Wings'
Papaver orientale 'Black & White'

Sträucher und Bäume

Cornus kousa var. chinensis
Exochorda × macrantha 'The Bride'
Pyracantha 'Mohave'
Rosa (verschiedene Arten)
Viburnum plicatum 'Lanarth'
Wisteria venusta

Krautige Pflanzen

Armeria maritima
Clarkia 'Appleblossom'
Delphinium Southern Aristocrats Gruppe
Heuchera 'Rachel'
Lupinus 'The Chatelaine'
Papaver orientale 'Mrs Perry'

Sträucher und Bäume

Clematis 'Comtesse de Bouchaud'
Daphne × burkwoodii 'Somerset'
Kalmia latifolia
Rosa (verschiedene Arten)
Weigela 'Florida Variegata'

Krautige Pflanzen

Delphinium Southern Consort Gruppe
Digitalis purpurea
Iris sibirica 'Blue Burgee'
Nepeta × faassenii
Papaver orientale 'Blue Moon'
Phacelia 'Lavender Lass'

Sträucher und Bäume

Clematis 'Lasurstern'
Hebe 'Youngii'
Lavandula angustifolia 'Hidcote'
Rosa 'Reine des Violettes'
Wisteria sinensis 'Caroline'

Krautige Pflanzen

Delphinium Southern Countrymen Gruppe
Iris sibirica 'Papillon'
Lupinus 'The Governor'
Meconopsis betonicifolia
Nemophila menziesii
Polemonium caeruleum

Sträucher und Bäume

Ceanothus 'Puget Blue'
Clematis 'Perle d'Azur'
Hebe × franciscana 'Blue Gem'
Teucrium fruticans

Krautige Pflanzen

Alchemilla mollis
Angelica archangelica
Asplenium scolopendrium
Athyrium filix-femina
Dryopteris filix-mas
Hosta 'Royal Standard'
Viola 'Irish Molly'

Sträucher und Bäume

Acer japonicum 'Vitifolium'
Ailanthus altissima
Hydrangea quercifolia
Paulownia tomentosa
Rosa × odorata 'Viridiflora'

Krautige Pflanzen

Aquilegia 'Yellow Star'
Asphodeline lutea
Bartonia aurea
Coreopsis 'Early Sunrise'
Lilium 'Connecticut King'
Lupinus 'Chandelier'
Sisyrinchium striatum

Sträucher und Bäume

Helianthemum 'Wisley Primrose'
Laburnum × watereri 'Vossii'
Paeonia delavayi var. ludlowii
Potentilla fruticosa 'Elizabeth'
Rosa (verschiedene Arten)
Spartium junceum

Krautige Pflanzen

Calendula 'Orange King'
Eschscholzia 'Orange King'
Lilium 'Enchantment'
Papaver 'Curlilocks'

Sträucher und Bäume

Buddleja globosa
B. × weyeriana 'Golden Glow'
Helianthemum 'Ben More'
Potentilla fruticosa 'Tangerine'
Rosa 'Just Joey'

Krautige Pflanzen

Centranthus ruber
Dianthus barbatus 'Blood Red'
D. 'Houndspool Cheryl'
Iris sibirica 'Ruffled Velvet'
Lupinus 'The Page'
Paeonia lactiflora 'Inspecteur Lavergne'

Sträucher und Bäume

Cornus florida rubra
Cytisus 'Killiney Red'
Potentilla fruticosa 'Red Robin'
Rosa (verschiedene Arten)

Juli

Krautige Pflanzen

Astilbe 'Deutschland'
Brachyscome 'White Splendour'
Campanula latifolia alba
Gypsophila paniculata 'Bristol Fairy'
Phlox paniculata 'Fujiyama'
Romneya coulteri

Sträucher und Bäume

Clematis 'John Huxtable'
Hebe albicans
Rosa (verschiedene Arten)

Krautige Pflanzen

Campanula 'Elizabeth'
Dianthus 'Doris'
Geranium endressii
Gypsophila paniculata 'Flamingo'
Petunia (verschiedene Arten)
Phlox paniculata 'Eva Cullum'
Potentilla nitida

Sträucher und Bäume

Cistus 'Silver Pink'
Clematis 'Hagley Hybrid'
Erica cinerea 'C. D. Eason'
Potentilla fruticosa 'Princess'
Rubus ulmifolius 'Bellidiflorus'

Krautige Pflanzen

Iris latifolia
Malva sylvestris 'Brave Heart'
Nepeta × faassenii
Petunia 'Purple Wave'
Phlox paniculata 'Border Gem'

Sträucher und Bäume

Clematis 'Gipsy Queen'
Hebe 'Amy'
Lavandula angustifolia 'Hidcote'
Rosa 'Wise Portia'
Salvia officinalis 'Purpurascens'

Krautige Pflanzen

Delphinium (verschiedene Arten)
Echinops ritro
Geranium 'Johnson's Blue'
Laurentia axiliaris 'Blue Stars'
Lithodora diffusa
Lobelia (verschiedene Arten)

Sträucher und Bäume

Clematis × durandii
C. 'Perle d'Azur'
Hebe × franciscana 'Blue Gem'
Rosa 'Blue Moon'
Teucrium fruticans

Krautige Pflanzen

Alchemilla mollis
Hosta 'Royal Standard'
Molucella laevis
Nicotiana 'Lime Green'
Ocimum basilicum

Sträucher und Bäume

Acer japonicum 'Vitifolium'
Ailanthus altissima
Hydrangea quercifolia
Liriodendron tulipifera
Paulownia tomentosa
Rosa × odorata 'Viridiflora'

Krautige Pflanzen

Anthemis tinctoria 'E. C. Buxton'
Carex elata 'Aurea'
Geum 'Lady Stratheden'
Hemerocallis (verschiedene Arten)
Hypericum olympicum
Tagetes Zenith-Serie

Sträucher und Bäume

Potentilla fruticosa 'Primrose Beauty'
Rosa (verschiedene Arten)
Santolina chamaecyparissus

Krautige Pflanzen

Hemerocallis (versch. Arten)
Lilium 'Festival'
Meconopsis cambrica var. aurantiaca
Nemesia 'Orange Prince'
Pelargonium 'Orange Appeal'
Tagetes 'Safari Tangerine'

Sträucher und Bäume

Buddleja × weyeriana 'Golden Glow'
Campsis × tagliabuana 'Madame Galen'
Potentilla fruticosa 'Sunset'
Rosa 'Just Joey'

Krautige Pflanzen

Centranthus ruber
Geum 'Mrs J. Bradshaw'
Nemesia 'St George'
Pelargonium (verschiedene Arten)
Polygonum amplexicaule
Potentilla atrosanguinea

Sträucher und Bäume

Clematis 'Niobe'
Potentilla fruticosa 'Red Robin'
Rosa (verschiedene Arten)

August

Krautige Pflanzen

Anaphalis margaritacea var. cinnamomea
Cortaderia selloana
Galtonia candicans
Leucanthemum maximum
Penstemon 'White Bedder'
Phlox paniculata 'Fujiyama'

Sträucher und Bäume

Buddleja davidii 'White Profusion'
Calluna vulgaris 'Alba Plena'
Hydrangea paniculata 'Grandiflora'
Rosa (verschiedene Arten)

Krautige Pflanzen

Geranium cinereum 'Ballerina'
Linaria purpurea 'Canon Went'
Monarda 'Fishes'
Penstemon 'Evelyn'
Phlox paniculata 'Prospero'
Stachys macrantha

Sträucher und Bäume

Buddleja davidii 'Pink Delight'
Clematis 'Miss Crawshay'
Hydrangea macrophylla (verschiedene Arten)
Rosa (verschiedene Arten)
Tamarix ramosissima 'Pink Cascade'

Krautige Pflanzen

Heliotropium 'Marine'
Hosta ventricosa
Penstemon 'Alice Hindley'
Salvia farinacea 'Victoria'
S. × superba 'Superba'
Verbena 'Imagination'

Sträucher und Bäume

Buddleja davidii 'Nanho Purple'
Clematis 'Jackmanii'
C. viticella 'Purpurea Plena Elegans'
Hebe 'Autumn Glory'
Hibiscus syriacus 'Meehanii'

Krautige Pflanzen

Ageratum (verschiedene Arten)
Campanula 'Kent Belle'
Geranium 'Buxton's Blue'
Lithodora diffusa
Lobelia (verschiedene Arten)
Scabiosa caucasica 'Clive Greaves'

Sträucher und Bäume

Clematis 'Perle d'Azur'
Hibiscus syriacus 'Oiseau Bleu'
Hydrangea macrophylla 'Blue Wave'

Krautige Pflanzen

Bassia 'Evergreen'
Galtonia viridiflora
Hosta 'Royal Standard'
Molucella laevis
Nicotiana langsdorffii
N. 'Lime Green'
Zinnia 'Envy'

Sträucher und Bäume

Ailanthus altissima
Hydrangea quercifolia
Liriodendron tulipifera
Paulownia tomentosa
Rosa × odorata 'Viridiflora'

Krautige Pflanzen

Helianthus annuus
Kniphofia 'Little Maid'
Lysimachia punctata
Oenothera fruticosa ssp. glauca
Rudbeckia 'Goldsturm'
Tagetes Zenith-Serie
Viola 'Sunbeam'

Sträucher und Bäume

Clematis 'Bill Mackenzie'
Hypericum 'Hidcote'
Kolereutania paniculata
Rosa (verschiedene Arten)

Krautige Pflanzen

Cosmos 'Sunny Orange-Red'
Crocosmia 'Star of the East'
Mimulus 'Magic Yellow'
Rudbeckia 'Marmalade'
Tagetes 'Sarafi Tangerine'
Verbascum 'Cotswold Queen'
Viola 'Padparadja'

Sträucher und Bäume

Buddleja × weyeriana 'Golden Glow'
Potentilla fruticosa 'Sunset'
P. f. 'Tangerine'

Krautige Pflanzen

Crocosmia 'Lucifer'
Lobelia 'Compliment Scarlet'
Monarda 'Cambridge Scarlet'
Penstemon 'Chester Scarlet'
Salvia 'Red Arrow'
Tagetes 'Red Seven Star'
Verbena 'Lawrence Johnston'

Sträucher und Bäume

Calluna vulgaris 'Dark Beauty'
Clematis 'Niobe'
Erica cinerea 'Stephen Davis'
Hydrangea 'Preziosa'

September

Krautige Pflanzen	Sträucher und Bäume
Anemone × hybrida 'Honorine Jobert' Colchicum speciosum 'Album' Cyclamen hederifolium album Nicotiana sylvestris Phlox paniculata 'Fujiyama' Viola cornuta Alba Gruppe	Clematis 'Alba Luxurians' Clethra alnifolia Erica tetralix 'Alba Mollis' Magnolia grandiflora Pileostegia viburnoides
Aster amellus 'Pink Zenith' Centaurea hypoleuca 'John Coutts' Colchicum agrippinum C. 'Waterlily' Cyclamen hederifolium Dierama pulcherrimum Physostegia virginiana	Calluna vulgaris 'H.E. Beale' Clematis 'Hagley Hybrid' C. 'Margot Koster' Erica vagans 'Mrs D. F. Maxwell' Hebe 'Great Orme' Hydrangea macrophylla 'Mariesii'
Aster amellus 'King George' A. × frikartii 'Mönch' Colchicum 'Lilac Wonder' Crocus karduchorum C. speciosus 'Oxonian' Viola cornuta 'Prince Henry'	Buddleja 'Black Knight' Clematis 'Jackmanii' C. viticella 'Etoile Violette' Hebe 'Alicia Amherst' H. 'Amy' H. 'Autumn Glory' Indigofera heterantha
Agapanthus 'Bressingham Blue' Crocus speciosus Echinacea purpurea 'Robert Bloom' Gentiana farreri G. sino-ornata Sisyrinchium angustifolium	Caryopteris × clandonensis 'Kew Blue' Hibiscus syriacus 'Oiseau Bleu' Perovskia atriplicifolia 'Blue Spire' Teucrium fruticans
Acanthus mollis Hosta (verschiedene Arten) Humulus lupulus Moluccella laevis Nicotiana langsdorffii N. 'Lime Green' Zinnia 'Envy'	Ailanthus altissima Hedera colchica
Helenium 'Waldtraut' Helianthus 'Lemon Queen' Hemerocallis 'Stella d'Oro' Kniphofia 'Little Maid' Solidago 'Spätgold' Sternbergia lutea	Acer palmatum Clematis 'Bill Mackenzie' Colutea arborescens Hypericum 'Hidcote'
Crocosmia 'Jupiter' Dendranthema 'Mary Stoker' Helenium 'Coppelia' Helianthus annuus Kniphofia 'Bressingham Comet' Physalis alkekengii	C. × tagliabuana 'Madame Galen' Oxydendrum arboreum Potentilla fruticosa 'Sunset'
Aster novae-angliae 'Red Cloud' Dahlia 'Bishop of Llandaff' Dendranthema 'Ruby Mound' Helenium 'Feuersiegel' Imperata cylindrica 'Rubra' Persicara amplexicaulis 'Firetail' Schizostylis coccinea	Clematis 'Madame Julia Correvon' Lonicera × brownii 'Dropmore Scarlet' Sambucus racemosa

Oktober

Krautige Pflanzen	Sträucher und Bäume
Aster 'Monte Cassino' Cyclamen hederifolium album Saxifraga fortunei Scabiosa caucasica 'Mount Cook' Sedum spectabile 'Iceberg' Zephyranthes candida	Calluna vulgaris 'White Star' Erica tetralix 'Alba Mollis' Euonymus fortunei 'Silver Queen' Pileostegia viburnoides Symphoricarpos × doorenbosii 'White Hedge'
Amaryllis bella-donna Aster novae-angliae 'Andenken an Alma Pötschke' Dendranthema 'Clara Curtis' Dendranthema 'Mei-Kyo' Nerine bowdenii Sedum 'Herbstfreude'	Erica cinerea 'Pink Ice' Gaultheria mucronata 'Pink Pearl' Hebe 'Great Orme' Lespedeza thunbergii Symphoricarpos × doorenbosii 'Mother of Pearl'
Aster novi-belgii 'Storm Clouds' Colchicum atropurpureum Crocus medius C. speciosus Salvia patens 'Chilcombe' Tricyrtis formosana	Callicarpa bodinieri var. giraldii 'Profusion' Gaultheria mucronata 'Mulberry Wine' Symphoricarpos × doorenbosii 'Magic Berry'
Aconitum carmichaelii Gentiana asclepiadea Liriope muscari Salvia guaranitica 'Blue Enigma' S. patens Scabiosa caucasica 'Clive Greaves'	Caryopteris × clandonensis 'Kew Blue' Ceanothus 'Autumnal Blue' Ceratostigma willmottianum Hibiscus syriacus 'Oiseau Bleu' Perovskia atriplicifolia 'Blue Spire' Symplocus paniculata
Acanthus mollis Helleborus foetidus Iris foetidissima Miscanthus (verschiedene Arten) Rudbeckia occidentalis 'Green Wizard'	Aucuba japonica f. longifolia Mahonia × media 'Charity' Trachycarpus fortunei
Dahlia 'Yellow Hammer' Dendranthema 'Enbee Sunray' D. 'Golden Seal' D. 'Nantyderry Sunshine' Helianthus salicifolius	Acer (verschiedene Arten) Clematis 'Bill Mackenzie' Cotoneaster salicifolius 'Rothschildianus' Fagus sylvatica Pyracantha 'Soleil d'Or' Sorbus aucuparia 'Xanthocarpa'
Dahlia 'David Howard' Dendranthema 'Bronze Elegance' D. 'Doctor Tom Parr' D. 'Paul Boissier' Kniphofia galpinii	Cercidiphyllum japonicum Fothergilla major Pyracantha (verschiedene Arten) Rhus typhina 'Laciniata' Sorbus (verschiedene Arten) Vitis coignetiae
Aster novi-belgii 'Crimson Brocade' Dahlia 'Preston Park' Dendranthema 'Duchess of Edinburgh' Zauschneria californica	Acer (verschiedene Arten) Cotoneaster (verschiedene Arten) Disanthus cercidifolius Euonymus alatus Gaultheria mucronata 'Crimsonia'

November/Dezember

Krautige Pflanzen	Sträucher und Bäume
Crocus niveus Cyclamen hederifolium album Galanthus caucasicus var. hiemalis Helleborus niger Schizostylis coccinea alba	Betula utilis var. jacquemontii Elaeagnus × ebbingei Erica × darleyensis 'Silberschmelze'
Cortaderia selloana 'Rendatleri' Cyclamen cilicium Helleborus niger Blackthorn Gruppe Nerine bowdenii Schizostylis coccinea 'Jennifer' Viola Universal Serie Rose	Erica carnea 'Foxhollow' E. carnea 'R. B. Cooke' Gaultheria mucronata 'Pink Pearl' Prunus × subhirtella 'Autumnalis' Rosa × odorata 'Pallida' Viburnum × bodnantense 'Dawn'
Crocus medius C. serotinus ssp. clusii Iris unguicularis 'Mary Barnard' Liriope muscari 'Royal Purple' Ophiopogon planiscapus Viola Ultima Serie Purple Wing	Callicarpa bodinieri var. giraldii 'Profusion' Gaultheria mucronata 'Mulberry Wine' Salix acutifolia 'Blue Streak' Symphoricarpos × doorenbosii 'Magic Berry'
Crocus niveus C. speciosus Elymus magellanicus Iris unguicularis 'Walter Butt' Liriope muscari Scilla lingulata ssp. ciliolata Viola Ultima Serie Marina	Ceratostigma willmottianum Picea pungens 'Hoopsii' Symoplocus paniculatus Viburnum davidii V. tinus 'Gwenllian'
Asplenium scolopendrium Bergenia 'Ballawley' Iris foetidissima Juncus effusus 'Spiralis' Luzula sylvatica Polystichum setiferum	Hedera maderensis Ilex aquifolium 'Ferox' Mahonia × media 'Charity' Viburnum davidii V. rhytidophyllum
Dendranthema nankingense Deschampsia cespitosa 'Goldschleier' Pennisetum alopecuroides Sternbergia sicula Viola Ultima Serie Primrose	Chimonanthus praecox Cornus stolonifera 'Flaviramea' Cotoneaster salicifolius 'Rothschildianus' Hamamelis mollis 'Pallida' Pyracantha 'Soleil d'Or' Sorbus aucuparia 'Fructo Luteo'
Carex comans bronze Dendranthema 'Mary Stoker' Iris foetidissima Uncinia uncinata Viola Ultima Serie Orange V. Ultima Serie Orange with Blotch	Calluna vulgaris 'Golden Feather' C. v. 'Sunrise' Hamamelis × intermedia 'Jelena' Prunus maackii 'Amber Beauty' Pyracantha 'Saphyr Orange' Thuja occidentalis 'Rheingold'
Bergenia 'Eric Smith' Dendranthema 'Emperor of China' Phormium 'Dazzler' Schizostylis coccinea Viola Ultima Serie Scarlet	Calluna vulgaris 'Fairy' C. v. 'Robert Chapman' Cornus alba 'Sibirica' Cotoneaster (verschiedene Arten) Euonymus europaeus 'Red Cascade'

Farbe

Lichtpunkte setzen
Es gibt einfache Mittel, dunkle Ecken im Garten freundlicher aussehen zu lassen. Setzen Sie Gewächse mit silbrigen oder blassen Blättern und weißen, gelben oder rosafarbenen Blüten an solche lichtarmen Stellen. Streichen Sie Spaliere, Pergolen, Zäune und Gartenmöbel weiß. Wählen Sie für Ihre Gartenwege eine helle Pflasterung. Auch weißer Kies sieht sehr schön aus, weil er das Licht reflektiert.

Weite schaffen
In einem kleinen Garten sollten die zarten Farben weit entfernt vom Hauptaussichtspunkt platziert sein und die kräftigen im Vordergrund. Auf diese Weise erscheint die Fläche größer. Falls Sie einen langen schmalen Garten haben und ihn optisch breiter wirken lassen wollen, dann pflanzen Sie hinten die leuchtenden Blüten und vorn die blasseren.

Für Ausgleich sorgen
Weiß vermittelt zwischen Farben, die nicht zueinander passen. Trennen Sie damit Pflanzen mit leuchtenden Blüten von solchen in Pastelltönen, die durch den Gegensatz leblos erscheinen. Orange beruhigt als Komplementärfarbe von Blau große blaue Flächen, während Grün ausgesprochen harmonisierend zwischen vielen roten Blüten wirkt.

Stimmiger Anblick
Bestimmte Farbkombinationen haben unterschiedliche Wirkungen. Gelb, Orange und Rot etwa beleben einen dunklen Hintergrund. Dagegen wirken Pastelltöne wie Rosa, Hellblau und Hellgelb beruhigend.

Dekorative Töpfe
Terrassen und Balkone müssen sich nicht in trübselige Orte verwandeln, sobald die Tage kürzer werden. Gestalten Sie im Spätsommer einen Topf oder Kübel mit einer attraktiven Mischung aus

roten und weißen winterharten Chrysanthemen und umpflanzen Sie die Blumen mit geschecktem hängendem Efeu. Die Blütenpracht der Chrysanthemen wird sich entfalten, sobald im Herbst die ersten Blätter von Sträuchern und Bäumen fallen. Pflanzen Sie die Chrysanthemen nach dem Verwelken in den Garten aus, wo sie im nächsten Jahr erneut blühen. (Siehe auch *Balkongärten*)

Reizvolle Gegensätze
Gewächse mit gescheckten oder gelben Blättern setzen sich interessant von grünblättrigen Pflanzen ab. Beachten Sie, dass einige gelbblättrige Pflanzen wie das Pfennigkraut (*Lysimachia nummularia* 'Aurea') im Schatten ihre Leuchtkraft verlieren. Farbbeständiger sind beispielsweise Ölweide (*Elaeagnus*), Pfaffenhütchen oder Spindelstrauch (*Euonymus*) und der herrliche Falsche Jasmin, auch Gewöhnlicher Pfeifenstrauch genannt (*Philadelphus coronarius* 'Aureus'), mit seinem starken, anhaltenden honigartigen Duft.

DIES UND DAS

Dunkle Blüten

Richtig schwarze Tulpen gibt es trotz gegenteiliger Behauptungen bisher nicht, doch Züchter haben mit 'Queen of Night' und 'Recreado' sehr dunkle Sorten geschaffen. Auch andere Pflanzen gibt es inzwischen in ähnlichen Färbungen. Sie bilden einen lebhaften Kontrast zu den Blüten und Blättern, von denen sie umgeben sind.

Dunkle Blumen
Hainblume (*Nemophila menziesii* 'Pennie Black')
Nelke (*Dianthus* 'Black and White Minstrels')
Schachbrettblume (*Fritillaria camschatcensis* und *F. persica*)
Schmuckkörbchen (*Cosmos atrosanguineus*)
Steckrose (*Alcea rosea* 'Nigra')
Veilchen (*Viola* 'Bowles Black')

Gewächse mit dunklen Blättern
Bronzefenchel (*Foeniculum vulgare* 'Purpureum')
Große Hasel- oder Lambertsnuss (*Corylus maxima* 'Purpurea') und
Haselnuss (*C. avellana* 'Fuscorubra')
Neuseeländischer Flachs (*Phormium tenax* Purpureum-Gruppe)
Perückenstrauch (*Cotinus coggygria* 'Royal Purple')
Purpurglöckchen (*Heuchera* 'Palace Purple')
Rot-Buche (*Fagus sylvatica* Atropurpurea-Gruppe)
Weinrebe (*Vitis vinifera* 'Purpurea')

Augenweide im Winter
Machen Sie im Winter mehr aus Ihrem Garten, indem Sie immergrüne Pflanzen setzen, und zwar so, dass man sie vom Haus aus gut sieht. Versuchen Sie es doch einmal mit einer Aukube (*Aucuba japonica* 'Rozannie' oder 'Variegata') oder einem Feuerdorn (*Pyracantha coccinea* 'Lalandei'). Beide Gewächse tragen in der kalten Jahreszeit leuchtend rote Beeren.

Gute Gedächtnisstütze
Bei Pflanzen, die gerade nicht blühen oder keine Blätter tragen, vergisst man leicht, wie sie aussehen. Binden Sie deshalb Nylonfäden in den entsprechenden Farben an die Stängel. Sollten Sie die Pflanzen umsetzen oder andere ergänzen, dann wissen Sie, ob die Töne zueinander passen. Auch vermeiden Sie dadurch eine langweilige Wiederholung von Farbschattierungen.

Siehe auch *Herbstfärbung, Die Palette des Gärtners* S. 80–83, *Ein prachtvolles Gartenjahr* S. 42–45

Farne

Mulchen statt häufig gießen
Verteilen Sie am Ende des Winters etwa 5 cm hoch Laubkompost oder gut verrotteten Gartenkompost um jeden Ihrer Farne. Der Boden hält so besser die Feuchtigkeit und Sie brauchen die Pflanzen nur noch in Trockenperioden zu gießen.

Einen Farn teilen
Einen Farn, der zu groß für seinen Standort im Garten geworden ist, sollten Sie im Frühjahr teilen. Nehmen Sie den Wurzelballen aus der Erde und trennen Sie ihn mit einer Säge. Falls der Ballen sehr groß ist, verwenden Sie zwei Grabgabeln, die Sie mit den Rückseiten gegeneinander in den Ballen stecken und dann behutsam auseinander hebeln. Pflanzen Sie die eine Hälfte zurück an die gewohnte Stelle und die zweite an einen Platz, der der Pflanze genügend Freiraum zum Wachsen bietet.

DIE RICHTIGE WAHL

Pflanzen für schattige Plätze

Farne bevorzugen generell einen dunklen Standort mit feuchtem, gut gemulchtem Boden.

Borstiger Schildfarn (Polystichum setiferum)

Immergrün, mit geteilten Wedeln; bevorzugt kühle bewaldete Plätze. Erreicht die volle Größe (bis zu 1,2 m) im Herbst. Empfehlenswert: die kleinwüchsige Form 'Plumoso-divisobulum'.

Brauner Streifenfarn (Asplenium trichomanes)

Halb-immergrüner, kleiner Farn mit leuchtend grünen, gefiederten Blättern, die eine schwarze Mittelrippe haben. Bevorzugt kalkhaltigen Boden; geeignet für Alpen- und Steingärten.

Europäischer Straußenfarn (Matteuccia struthiopteris)

Winterhart; wächst optimal in Wassernähe; die gebogenen Wedel ähneln Straußenfedern.

Gewöhnlicher Rispenfarn oder Königsfarn (Osmunda regalis)

Mag feuchte, sonnige oder schattige Standorte; *O. r. purpurascens* besitzt Wedel in Kupfer- und Rosatönen, die sich kupfergrün verfärben; die Mittelrippen sind purpur.

Hirschzunge (Asplenium scolopendrium)

Immergrün, mit ungeteilten Wedeln; lässt sich gut mit anderen Farnen kombinieren; fühlt sich auch in Steingärten wohl. Gekräuselte und buschige Sorten sehen besonders interessant aus.

Pfauenradfarn (Adiantum pedatum)

Winterhart mit anmutigen hängenden Wedeln. *A. p. subpumilum* wird nur 15 cm hoch und eignet sich ideal für Steingärten.

Waldfrauenfarn (Athyrium filix-femina)

Einheimischer Farn mit zarten grünen Wedeln; bevorzugt Halbschatten. Sehr attraktiv sind Sorten der Cruciatum-Gruppe.

Wurmfarn (Drypoteris)

Wächst auf sauren und alkalischen, *D. aemula* auch auf neutralen Böden. Die Farbgebung der breiten dreieckigen Wedel von *D. erythrosora* reicht von Kupfer- bis zu dunklen Grünschattierungen. *D. affinis* 'Crispa Congesta', eine kleinwüchsige dunkelgrüne Form mit gekräuselten dichten Wedeln, eignet sich für Steingärten.

Frühjahrsputz

Schneiden Sie die abgestorbenen Blätter eines Farnes stets nur im Frühjahr zurück, sobald neue Blätter sprießen. Die alten Wedel schützen den unteren Teil der Pflanze vor Kälte und Frost. Außerdem sehen sie schön aus.

Farne vermehren

Schneiden Sie im Herbst einen gesunden Wedel ab, legen Sie ihn auf ein Blatt Papier und lassen Sie ihn 2–3 Tage trocknen. Auf dem Papier setzt sich ein feiner Staub aus braunen Sporen ab. Entfernen Sie den Wedel vorsichtig. Sterilisieren Sie nun einen 8–10 cm weiten Topf mit kochendem

Wasser. Lassen Sie das Gefäß trocknen und füllen Sie es dann mit feuchter keimfreier Erde oder Anzuchterde. Nehmen Sie nun mit der Spitze eines Messers einige Sporen auf und streuen Sie das Saatgut gleichmäßig in den Topf. Zum Schluss stellen Sie den Topf auf einen Untersetzer mit Wasser.

Wachstum überwachen

Bedecken Sie den Topf nach der Aussaat der Sporen mit Frischhaltefolie oder Glas; so bleibt die Erde feucht. Achten Sie darauf, dass immer Wasser im Untersetzer ist. Abhängig von der jeweiligen Sorte entwickelt sich 3–12 Wochen später ein grüner Überzug auf der Erde. Es handelt sich um die Vorkeime, die so genannten Prothallien. Aus ihnen bilden sich etwa 6 Monate nach der Aussaat herzförmige Gebilde. Weitere 3 Monate später sind bereits kleine Farne erkennbar. Sobald die jungen Pflanzen 3–5 cm hoch sind, werden sie in eine Vermehrungsschale pikiert. Streuen Sie zunächst eine dünne Schicht aus grobem Sand oder Tonscherben auf den Boden der Schale, darüber kommt sterilisierte Komposterde. Dann setzen Sie die Pflanzen ein, stülpen eine Haube darüber und stellen sie

Der elegante Straußenfarn eignet sich für extreme Schattenlagen und Teichrandvegetationen gleichermaßen.

6 Wochen in den Schatten. Setzen Sie die Farne dann einzeln in kleine Töpfe und bedecken Sie die Oberfläche des Bodens mit Kieseln oder Splitt. Etwa 2 Monate später prüfen Sie, ob die Erdballen ganz durchwurzelt sind. Trifft das zu, so setzen Sie die Pflanzen in größere Töpfe. Wiederholen Sie den Vorgang einige Male, bis sich die Wurzeln gut ausgebildet haben. Pflanzen Sie die Farne im Herbst oder Frühjahr ins Freie.

Feigen

Auf Sonne und Wärme angewiesen

Der aus dem Mittelmeerraum stammende Feigenbaum braucht viel Sonne und Wärme. In Deutschland gedeiht er nur im Weinbauklima an Südseiten, und selbst dort lässt ein strenger Winter oder kühler Sommer die Früchte häufig absterben. Pflanzen Sie einen Feigenbaum am besten im März aus; dann ruht er noch und die größte Kälte ist vorüber. Setzen Sie den Baum an eine südliche Mauer und ziehen Sie ihn als Fächerspalier. Die Wurzeln benötigen ein Loch von rund 1 m Kantenlänge und Tiefe, das Sie mit Ziegeln, Beton- oder Steinplatten auskleiden. Füllen Sie es mit einem Gemisch aus zwei Teilen Erde, einem Teil Mörtelschutt und 1 kg Knochenmehl. Nach dem Einpflanzen mulchen Sie die Erdoberfläche mit Stallmist oder Kompost.

Neue Sorte

Seit kurzem gibt es eine neue Feigensorte 'Violetta' oder 'Bayernfeige', die in Weihenstephan gezüchtet wurde. Sie soll bis – 20 °C frosthart sein. Gleichwohl empfiehlt es sich, auch für diese Pflanze unbedingt einen geschützten sonnigen Platz zu wählen.

Kultivierung in Töpfen

Feigenbäume lassen sich in Töpfen kultivieren, in denen sie aufgrund des beengten Wurzelraums nicht unnötig viele sterile Zweige ausbilden. Setzen Sie den Baum in einen Topf mit 40 cm ∅. Füllen Sie das Gefäß mit Gartenerde und versenken Sie es nach der Bepflanzung bis zum Rand im Boden. Holen Sie den Topf jedes Jahr einmal hervor und beschneiden Sie die Wurzeln, die durch das Bewässerungsloch wachsen.

Junge Pflanzen schützen

Feigen brauchen zum Reifen 2 Jahre. Nur die kleinsten Früchte überstehen die Kälte im Winter. Entfernen Sie Ende September alle Früchte, die bis dahin größer als Erbsen sind. Schützen Sie die anderen mit Stroh, das durch ein Netz gehalten wird, oder wickeln Sie ein Gartenvlies um die Sprösslinge.

Auf Haut und Augen achten

Im Saft aus Früchten, Holz und Blättern des Feigenbaums befindet sich eine Substanz, die Haut und Augen reizt. Tragen Sie deshalb Handschuhe, wenn Sie an dem Baum arbeiten, und passen Sie auf, dass kein Saft in Ihre Augen gelangt.

Reif zum Verzehr

An feinen Rissen in der Schale oder dem Nektar, der an der Basis austritt, erkennen Sie, dass die Früchte reif sind. Zudem hängen sie nach unten, sobald sie zum Verzehr geeignet sind, da der Stamm während der Reifung schwächer wird.

Feldsalat

Die Aussaat vorbereiten

Bevor Sie den köstlichen zartblättrigen Feldsalat – auch Ackersalat oder Rapunzel genannt – aussäen, sollten Sie den Boden gut harken, Wildkräuter darin beseitigen und die Erde ausgiebig bewässern. Trennen Sie die Samen durch Mischen

---

Zweierlei Feldsalat

Es gibt zwei Typen von Feldsalat; die Unterscheidung ist allerdings in Samenkatalogen nicht immer vermerkt. Großsamige Sorten wie 'Deutscher' und 'Holländischer Breitblättriger' sind ertragreicher und haben zarte große Blätter. Sie werden im Frühjahr und Sommer gesät und im Frühherbst geerntet. Aus kleinsamigen Sorten entstehen kleinere Pflanzen mit recht derben dunkelgrünen Blättern. Sie gedeihen auch bei Kühle und eignen sich deshalb für eine späte Aussaat. Empfehlenswert sind hier 'Verte de Cambrai' und 'Vit'.

---

mit Sand und geben Sie die Saat in knapp 1,5 cm tiefe und etwa 15 cm auseinander liegende Furchen. Es ist auch möglich, sie breit über das Beet zu streuen. Rechen Sie die Samen vorsichtig ein. Benutzen Sie zum anschließenden Wässern eine Gießkanne mit feinem Sprühkopf.

Vitaminspender in der kalten Jahreszeit

Man sät Feldsalat hauptsächlich im August und September und erntet ihn zwischen dem Spätherbst und dem Frühjahr. Er ist zwar winterhart, doch sollten Sie ihn bei starkem Frost mit Reisig bedecken. Die Aussaat in einem kalten Treibhaus zwischen Oktober und Dezember garantiert eine Frühjahrsernte von hoher Qualität. In kalten Monaten, wenn es kaum andere heimische Salate gibt, versorgt uns Feldsalat mit vielen wichtigen Vitaminen.

Fenchel

Schön und schmackhaft

Wegen ihrer attraktiven gefiederten Blätter machen Fenchelpflanzen auch in Blumenrabatten viel her. Der 2-jährige Gewürz- oder Samenfenchel (*Foeniculum vulgare* var. *dulce*) wird wegen seiner Blätter und

Samen angebaut, während man vom einjährigen Knollen- oder Gemüsefenchel (*Foeniculum vulgare* var. *azoricum*) die würzige Knolle und auch die Blätter isst. Pflanzen Sie Fenchel in ein Beet mit Lavendel und Rosen. Einen ungewöhnlichen Blickfang bildet er auch zwischen Funkien (*Sedum acre*), Hundskamille (*Anthemis*), Irissorten oder Mauerpfeffer (*Hosta*).

Schön weiß durch Anhäufeln

Ziehen Sie bis auf halbe Höhe Erde um die Knollen von Gemüsefenchel, sobald sie sich zu verdicken beginnen, aber nicht höher. Dadurch wird das Gemüse schön weiß und zart. Gießen Sie reichlich; so verhindern Sie, dass die Pflanzen vorzeitig blühen.

Fernöstliches Gemüse

Chinesische Artischocken (Knollenziest)

Stachys affinis, der Knollenziest, gehört zur Familie der Lippenblütler, ist aber geruchlos und wird weniger wegen seiner Blätter als wegen der Knollen gepflanzt. Man setzt die Knöllchen im März und April im Abstand von je 40 cm oder kultiviert sie zunächst im Haus in Töpfen und pflanzt sie ins Freie, sobald sie Triebe entwickeln. Die Erntezeit beginnt 7 Monate später, doch chinesische Artischocken sind so winterhart, dass man sie getrost bis zum Verzehr im Boden lassen kann. Man bürstet sie nur ab und serviert sie dann roh, weich gekocht oder als pfannengerührtes Gemüse.

Shungiku (Salatchrysantheme)

Das in Japan viel verwendete Shungiku (*Chrysanthemum coronarium*) wird auch als Salatchrysantheme oder Chopsuey-Gemüse bezeichnet. Sein Geschmack erinnert an Blattspinat. Setzen Sie im zeitigen Frühjahr etwa 5 cm hohe Pflanzen im kalten Gewächshaus oder im Kasten aus. Auch eine Aussaat ist hier dann möglich. Im Freien dagegen sollten Sie erst ab der Mitte des Frühjahrs Samen in die Erde streuen. Wie praktisch alle asiatischen Salate und Gemüse gedeiht Shungiku ebenso problemlos in großen Töpfen mit kräftiger Erde. Verwenden Sie die jungen Blätter sparsam in Salaten; mit den älteren würzt man Suppen. Die Stängel schmecken gedünstet oder pfannengerührt.

Chinesischer Brokkoli

Anders als unser Brokkoli entwickelt der chinesische Brokkoli keinen Kopf. Es handelt sich hierbei um einen Blattkohl aus der Familie der Kreuzblütler. Man kann die Knospen mitessen, solange sie noch geschlossen sind. Aufgeblüht eignen sie sich als Dekoration. Säen Sie chinesischen Brokkoli im Juli und August und ernten Sie die Jungpflanzen, sobald Blütentriebe erscheinen. Das Gemüse wird vorsichtig gekocht oder gedünstet.

Malabarspinat

Der Malabarspinat, der in Südostasien heimisch ist, hat es gern warm. Er erreicht eine Höhe von bis zu 3 m und gedeiht als Kletterpflanze im Wintergarten oder Gewächshaus. Die Samen werden im Mai in eine Schale mit Anzuchterde gesät; die Sämlinge setzt man dann in kleine Töpfe. Sind sie etwa 10–12 cm groß, pflanzt man sie im Abstand von jeweils 30 cm an ihren endgültigen Standort und sorgt für eine Stützvorrichtung. Häufiges Ernten der Blätter, die man genau wie unseren heimischen Spinat zubereitet, fördert neues Wachstum der Pflanze.

Siehe auch *Kohl*

Feuerbohnen

Ertragreiche Nutzpflanze

Feuerbohnen, auch Prunkbohnen genannt, beanspruchen wenig Platz und eignen sich deshalb für kleine Gärten. Sie sind leicht zu ernten und weitgehend frei von Schädlingen. Bei regelmäßigem Pflücken – mindestens zweimal in der Woche – ist der Ertrag über einen längeren Zeitraum größer als bei Buschbohnen.

Abstützen

Rammen Sie an beiden Enden der für Ihre Feuerbohnen vorgesehenen Pflanzreihe jeweils zwei 2,5 m hohe Stangen so in den Boden, dass sie unten etwa 80 cm Abstand voneinander haben und sich oben kreuzen. Legen Sie eine Querstange durch die gekreuzten Spitzen und fixieren Sie die Verbindung mit Blumendraht oder Bindfaden. Stecken Sie nun zwischen den Außenstangen im Abstand von jeweils 30 cm je zwei Bambusstäbe wie die Außenstangen in den Boden. Pflanzen Sie die jungen Bohnen am Fuß der Bambusstäbe ein, sobald sie Ende Mai oder Anfang Juni 15–20 cm hoch sind. Statt Bambusstäben ist auch kräftige Schnur eine gute Rankhilfe. Man

zieht einzelne Stücke über die Querstange und befestigt sie an jedem Ende mit starken Krampen im Boden. Feuerbohnen sind Linkswinder. Beim Auspflanzen bindet man sie locker an, dann wachsen sie in der Regel von selbst an den Stangen oder Schnüren hoch.

Platz sparendes Zelt

Zeltförmig angepflanzt nehmen Feuerbohnen noch geringeren Platz ein und werfen weniger Schatten. Markieren Sie einen Kreis mit 1,2 m Ø und stecken Sie auf der Kreislinie sechs bis acht 2–2,5 m lange Bambusstäbe so in den Boden, dass die Stäbe sich an den Spitzen treffen; die Spitzen binden Sie mit Blumendraht oder starker Schnur zusammen. Pflanzen Sie die Feuerbohnen wie beschrieben. Im Sommer wird dann ein buntes Zelt in Ihrem Gemüsegarten stehen.

Am Drahtnetz

Drahtnetze bieten eine weitere Möglichkeit, auf kleinem Raum Prunkbohnen zu ziehen. Spannen Sie das Geflecht zwischen zwei starken Pfählen. Nachdem Sie die Rankhilfe im Herbst abgebaut haben, heben Sie das Drahtnetz auf und verwenden es im folgenden Jahr erneut, um Ihre Bohnen zu ziehen.

Bezaubernde Farben

Feuerbohnen tragen außer wohlschmeckenden Hülsenfrüchten auch äußerst dekorative Blüten. Aus diesem Grund stellen sie eine ideale Bepflanzung für Balkongitter oder kahle Zäune in neuen Stadtgärten dar. Die meisten Sorten blühen rot, beispielsweise 'Preisgewinner'; in Verbindung mit weißen Blüten, etwa denen des 'Weißen Riesen', entsteht ein hübscher Kontrast. Will man nur eine Sorte pflanzen, empfiehlt sich 'Painted Lady' mit attraktiven rotweißen Blüten. Alle genannten Sorten bringen gute Erträge.

Feucht halten

Gießen Sie Feuerbohnen bei Hitze und Trockenheit regelmäßig. Die Wurzeln brauchen Wasser, damit sich die Schoten entwickeln können.

Buschbohnen als Alternative

Bei niedrigen Temperaturen zur Blütezeit setzen Feuerbohnen bisweilen nicht gut an, weil nur wenige Insekten fliegen. Ein ungeschützter Standort ist dem Wachstum ebenfalls abträglich. Falls Sie keine gute Möglichkeit haben, die Pflanzen ausreichend vor Wettereinflüssen zu bewahren, bieten sich die flachhülsigen Buschbohnen als Alternative an, die nicht auf Bestäubung angewiesen sind. Zu den empfehlenswerten Sorten zählt 'Maxi'. (Siehe auch *Gartenbohnen*)

Bestäubung fördern

Pflanzen Sie einige Wicken neben die Bohnen. Die beiden Pflanzenarten ranken sich zusammen um die Stangen, und die von den Wicken angelockten Insekten statten auch den Bohnenblüten einen Besuch ab, um sie zu bestäuben. (Siehe auch *Mischkultur, Wicken*)

Überschüsse vermeiden

Ernten Sie die kräftigen langen Bohnenschoten, solange sie jung und zart sind. Später werden sie hart und „wollig", weshalb man die Pflanzen auch Wollbohnen nennt. Beachten Sie, dass schon eine kurze Reihe häufig einen enormen Ertrag bringt. Sollten Sie im Jahr die Erfahrung machen, dass Sie Ihre Ernte gar nicht verbrauchen können und keine Abnehmer für die Überschüsse finden, dann säen Sie in der nächsten Saison einfach weniger Pflanzen.

DIE RICHTIGE WAHL

Fadenlose Sorten

Neben den normalen Feuerbohnen erhält man auch folgende fadenlose Sorten, die zart sind und keine holzigen Stellen aufweisen.

'Desirée': Mittelstarker Wuchs; virusresistent
'Lady Di': Ausdauernd
'Red Knight': Frühe Sorte, sehr ertragreich

Flechten

Einfach zu entfernen

Flechten fügen Bäumen keinen Schaden zu. Dennoch möchte man sie in bestimmten Fällen entfernen, beispielsweise auf Bäumen mit dekorativer Rinde. Benutzen Sie dazu einfach eine harte Scheuerbürste und Wasser. Flechten auf Platten oder Fliesen, auf denen man ausrutschen kann, lassen sich mit Wäschebleiche oder einem Mittel gegen Moos und einem Schrubber beseitigen.

Achten Sie jedoch darauf, dass die verwendeten Mittel nicht auf Ihre Gartenpflanzen gelangen.

Natürliche Patina

Kahlen Mauern und steinernen Ziergegenständen verhilft man zu einem malerischen „antiken" Aussehen, indem man das Flechtenwachstum auf ihnen fördert. Dazu braucht man das betreffende Objekt lediglich mit flüssigem Meeresalgendünger oder Joghurt zu bestreichen.

Fleisch fressende Pflanzen

IM FREIEN

Nicht düngen

Fleisch fressende Pflanzen sind in Torfmooren und Gegenden mit kargen Böden heimisch. Im Garten benötigen sie reinen Hochmoortorf; düngen muss man nicht. Bei den Sumpfarten ist eine Mischung aus Torf und Sand erforderlich. Für Arten, die in Blumenampeln kultiviert werden, etwa die Kannenpflanze *(Nepenthes)*, empfiehlt sich eine faserige Mischung wie Orchideenerde.

Kultivierung in Kästen

Am einfachsten lassen sich Fleisch fressende Pflanzen in Kästen ziehen. Setzen Sie die Pflanzen in einen mit Torf gefüllten Kasten und sorgen Sie

dafür, dass die Erde immer feucht ist. Ein Teichrand bietet eine gute Platzierungsmöglichkeit. Holen Sie die Pflanzen im Winter in ein Gewächshaus mit Temperaturen zwischen 5 und 10 °C.

Arten für den Garten

In einem Gartenmoor fühlen sich widerstandsfähige Arten wie der Rundblättrige Sonnentau *(Drosera rotundifolia)* sowie die Schlauchpflanzen *Sarracenia flava* und *purpurea* wohl. In mildem Klima gedeiht auch die Venusfliegenfalle *(Dionaea muscipula)*. Heben Sie ein Loch von mindestens 40 cm Tiefe aus.

Legen Sie es mit einer starken Plastikplane, beispielsweise Teichfolie, aus und schütten Sie eine Lage Sand darauf. Stechen Sie dann im Abstand von jeweils 40 cm Drainagelöcher in die Grundlage. Füllen Sie das Loch mit Torf auf. Bei strengem Frost müssen Sie die Pflanzen mit Luftpolsterfolie oder Torf umhüllen. (Siehe auch *Torf*)

IM HAUS

Wärme, Licht und Feuchtigkeit

Als Zimmerpflanzen benötigen Karnivoren eine helle feuchtwarme Umgebung. Stellen Sie die Töpfe in eine Schale mit Kies oder Blähton, in die Sie regelmäßig Wasser gießen. Im Sommer dürfen die Töpfe auch direkt im Wasser stehen. Als Alternative bietet sich ein Zimmertreibhaus an.

Kein Fleisch geben

Gießen Sie Karnivoren mit Regenwasser oder zumindest entkalktem Wasser. Geben Sie den Pflanzen keine Insekten als Nahrung; sie sind nur in der freien Natur auf „Frischfleisch" angewiesen.

GÄRTNER-WISSEN

Verschiedene Fallen

In ihren Heimatregionen wachsen Karnivoren auf Böden, die nur wenig Nährstoffe bieten. Deshalb brauchen sie dort Insekten als Nahrung. Die einzelnen Arten verfügen über unterschiedliche Fallen.

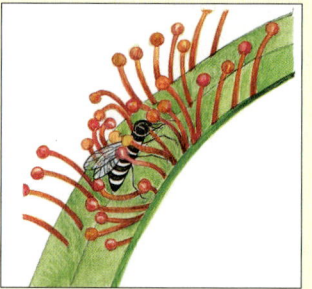

Passive Fallen: Z. B. die Schlauch- und Kannenpflanzen. Angelockt durch die auffälligen Farben, die längliche Form und den süßen Nektar, rutschen die Insekten an den glatten Innenwänden der Pflanzen hinunter und ertrinken.

Halbaktive Fallen: Z. B. der Sonnentau. Die Insekten bleiben am zähen Schleim der Blätter kleben, den die Pflanze in Drüsen auf ihren Fangarmen produziert. Der Sonnentau erstickt seine Opfer, bevor er sie verzehrt, was 30–60 Minuten dauert.

Aktive Fallen: Z. B. die Venusfliegenfalle. Bei ihr klappen zwei Blatthälften zusammen, sobald ein Insekt die Fühlhaare etwa 20 Sekunden lang berührt. Nun greifen die Zähne an den beiden Hälften ineinander – die Beute kann nicht mehr fliehen.

Fleißige Lieschen

Aus Samen ziehen

Anzucht aus Samen ist die preiswerteste Methode, eine größere Menge *Impatiens*-Pflanzen (Fleißige Lieschen) für Sommerrabatten zu gewinnen. Füllen Sie eine Saatkiste oder einen anderen Behälter mit Anzuchterde und verteilen Sie die Samen auf der Oberfläche, ohne sie einzuarbeiten. Stecken Sie die Kiste dann in einen Plastikbeutel; die erhöhte Luftfeuchtigkeit unter der Kunststoffhülle lässt die Saat schnell aufgehen. Das Mini-Treibhaus muss in einem warmen Raum stehen, darf aber keiner direkten Sonneneinstrahlung ausgesetzt sein. Nach den Eisheiligen im Mai pflanzen Sie die Sämlinge an hellen bis halbschattigen Standorten aus. *Impatiens* gedeihen auch gut in Kübeln.

Lange haltbar

Fleißige Lieschen blühen den ganzen Sommer über, wenn sie ausreichend Wasser bekommen und wöchentlich mäßig gedüngt werden. Erfolgt im Juli ein Rückschnitt, so ist ab August noch einmal mit einer vollen Blüte bis zum Frosteinbruch zu rechnen.

Gefüllte Blüten

Im Handel werden inzwischen Samen für *Impatiens*-Pflanzen mit gefüllten Blüten angeboten. Allerdings blüht nur etwa ein Viertel der Blumen, die sich aus diesen Samen entwickeln, tatsächlich in der beschriebenen Weise. Empfehlenswert ist

Mit leuchtenden Sommerfarben verwandeln üppig wuchernde Impatiens-*Pflanzen eine schattige Rabatte in eine wahre Augenweide.*

die Sorte 'Confection'; sie bringt die meisten gefüllten Blüten hervor. Nehmen Sie von solchen Pflanzen Ableger.

Vermehrung

Es ist leicht, Fleißige Lieschen zu vermehren. Nehmen Sie zwischen April und September Ableger. Schneiden Sie einen Trieb unterhalb eines Blattknotens ab, entfernen Sie die Spitzen an seinen unteren Blättern und stellen Sie ihn in einem Wasserglas an einen hellen Ort. Bis zur Blüte braucht der Steckling ungefähr 5 Monate. Er muss zwischendurch gestutzt werden. (Siehe auch *Stecklinge*)

Pflege in der kalten Jahreszeit

Überwintern Sie Fleißige Lieschen im Treibhaus; schneiden Sie vorher die Krone zurück. Solange es kühl ist, brauchen die Pflanzen wenig Wasser. Achten Sie aber unbedingt darauf, dass der Ballen nicht austrocknet, damit die Blätter nicht gelb werden.

Flieder

Vielzahl an Sorten

Mit leuchtenden Weiß-, Lila-, Violett- oder Purpurtönen und einem herrlichen Duft verleiht der Gemeine Flieder *(Syringa vulgaris)* seinen Standorten in der Blütezeit von Mai bis Anfang Juni einen besonderen Bauerngarten-Charme. Zu den einfach blühenden Sorten zählen 'Firmament', 'Massena' und 'Maud Notcutt'. Gefüllte Blüten haben beispielsweise 'Belle de Nancy', 'Katherine Havemeyer', 'Madame Antoine Buchner', 'Madame Lemoine' und 'Mrs Edward Harding'.

Wahl des Standorts

Flieder eignet sich für die meisten Bodenarten und gedeiht auch in verschmutzter Luft, liebt aber die Sonne. Man pflanzt ihn entweder im Oktober oder im März. Es ist sinnvoll, im ersten Jahr unmittelbar nach dem Austrieb die meisten Blütenstände zu entfernen; das erleichtert der jungen Pflanze die Eingewöhnung.

Regelmäßig zurückschneiden

Bei Flieder ist ein regelmäßiger Rückschnitt erforderlich, sonst wird er unten leicht kahl. An der Basis sollte er insgesamt fünf bis sieben Hauptstämme haben. Entfernen Sie in jedem Herbst einen davon; das fördert neues Wachstum. Führen Sie dem Strauch anschließend mit einem Volldünger Nährstoffe zu.

Verblühte Rispen entfernen

Entfernen Sie alle verblühten Rispen unbedingt sofort aus dem Strauch. Das gilt ebenso für Wurzelschösslinge. So kann der Flieder seine Energie darauf verwenden, neue Triebe statt Samen zu bilden.

Maßnahmen im Herbst

Schneiden Sie schwache Zweige ab Oktober bis zum Hauptast zurück, selbst wenn sie viele Blüten getragen haben. Lassen Sie nur kräftige Zweige stehen. Sie verhindern damit unnötiges Wuchern und der Strauch bleibt schön in Form.

Farbakzente durch Ranken

Nachdem der Flieder verblüht ist, können Sie für neue Farbakzente sorgen, indem Sie eine blühende Kletterpflanze neben ihn setzen, die allerdings nicht zu starkwüchsig sein sollte. Geeignet sind z. B. mehrjährige Wicken *(Vicia)* oder Staudenwicken *(Lathyrus latifolius)* und Clematis-Hybriden. (Siehe auch *Kletterpflanzen*)

Duftende Hecke

Flieder eignet sich ebenso als Heckenbepflanzung. Wählen Sie dazu am besten *Syringa microphylla* 'Superba', eine Sorte, die aufrecht, buschig und breit wächst. Ihre dunkelrosafarbenen Blüten erscheinen zwischen Mai und Oktober. Nach 3 Jahren ist dieser Flieder rund 90 cm hoch, nach 6 Jahren erreicht er etwa 1,5 m. Setzen Sie die Sträucher im Frühjahr, jeweils im Abstand von 60 cm. Beachten Sie allerdings, dass Sie eine Fliederhecke nicht streng schneiden können.

Formschnitt

Originelle Gestaltungsmöglichkeit

Der Formschnitt ist längst nicht mehr nur durch strenge geometrische Muster und Formen gekennzeichnet. Aus Grünpflanzen gestaltete Figuren können einen Garten sehr beleben und ihm einen originellen Charakter verleihen. Der Kreativität sind dabei keine Grenzen gesetzt.

An Vorbildern orientieren

Bevor Sie sich am Formschnitt versuchen, sollten Sie Schlossgärten und Parks besuchen, die für ihre grünen Skulpturen berühmt sind, z. B. Anlagen wie die von Hannover-Herrenhausen, Kassel-Wilhelmshöhe, Ludwigsburg oder Schwetzingen. Neben den traditionellen Formen werden Sie dort beispielsweise Tiere, Schachfiguren und selbst Eisenbahnen in Originalgröße vorfinden.

Geschützter Standort

Ein Strauch, der nach formalen Vorgaben erzogen werden soll, braucht unbedingt einen sonnigen und geschützten Standort; starker Wind würde das Kunstwerk zerstören. Achten Sie darauf, dass die Pflanze von allen Seiten aus leicht zugänglich ist, damit Sie genügend Bewegungsfreiheit beim Schneiden haben.

Auswahl der Pflanzen

Für den Formschnitt empfehlen sich zahlreiche immergrüne Pflanzen. Solange Sie nur einfache geometrische Figuren gestalten möchten, eignet sich die dicht wachsende Stechpalme (Ilex). Für kompliziertere Skulpturen verwenden Sie hingegen Buchsbaum (Buxus sempervirens) oder Eibe (Taxus baccata 'Fastigata'); beide wachsen relativ langsam und lassen sich deshalb leichter beschneiden. Gut sind auch duftender Rosmarin (Rosmarinus officinalis) und kleinblättrige Sträucher, darunter Myrte (Myrtus communis), Steinlinde (Phillyrea angustifolia, P. latifolia) sowie Immergrüner Kreuzdorn (Rhamnus alaternus).

Panaschierter Buchsbaum

Neben dem beliebten grünen Buchsbaum gibt es einige panaschierte Sorten, d. h. Pflanzen mit mehrfarbigen Blättern, die besonders attraktiv in Kugel- oder Pyramidenform wirken. Dazu gehören 'Argenteovariegata' – ihre leicht gekräuselten grünen Blätter haben einen weißen Rand – und 'Aureovariegata'; hier weisen die Blätter blassgelbe Streifen auf. 'Elegantissima' verdankt ihren Namen dem breiten silbrigen Rand um die dunkelgrünen Blätter, während die Einfassungen bei 'Marginata' teilweise goldfarben sind.

Erste Übungen

Beginnen Sie mit einfachen Formen, etwa Kugeln, Kegeln, Pyramiden und Säulen. Kaufen Sie zunächst im Fachhandel oder einer gut sortierten Gärtnerei ein Gerüst. Natürlich können Sie aus Holzstäben und Maschendraht auch selbst eines anfertigen. Stellen Sie das Gerüst über den Strauch und schneiden Sie während der Wachstumsphase regelmäßig alle durch den Draht dringenden Triebe ab. In nicht allzu langer Zeit wird der Strauch so die gewünschte Form erlangen.

Grüne „Töpfe"

Ein kahler Baumhochstamm sieht mit einem grünen „Topf" wesentlich schöner aus. Setzen Sie rund um den Stamm schnell wachsende Heckenpflanzen wie Buchsbaum oder Liguster (Ligustrum ovalifolium) und schneiden Sie die Pflanzen regelmäßig, bis sie zusammengewachsen sind. Gestalten Sie das so entstandene „Gefäß" dann rund, quadratisch oder achteckig.

Elegante Spiralen

Spiralen wirken sehr anmutig und es ist nicht schwierig, ihren Wuchs zu kontrollieren. Wählen Sie ein schlankes Gewächs, beispielsweise eine Eibe. Pflanzen Sie ein junges Exemplar und treiben Sie auf beiden Seiten jeweils einen stabilen Stab in den Boden; dazwischen sollte ein Abstand von etwa 15 cm liegen. Biegen Sie den Haupttrieb um einen Stab herum und fixieren Sie ihn daran.

Wickeln Sie den Trieb immer weiter um den Stab, während die Pflanze in die Höhe geht, und binden Sie die Pflanze nötigenfalls an beiden Stäben fest. Verwenden Sie für den Erziehungsschnitt zuerst eine normale Schere. Sobald das Gewächs älter und der Stamm dicker wird, müssen Sie mit einer Gartenschere arbeiten.

Bleibender Gast im Garten

Nachdem Sie erste Erfahrungen im Formschnitt gesammelt haben, sollten Sie sich an ein kleines Kunstwerk wagen. Ein Vogel etwa sieht sehr hübsch aus und ist gar nicht so kompliziert zu gestalten, wie Sie vielleicht denken. Treiben Sie einen Stab in den Boden, bis das obere Ende die gewünschte Höhe der geplanten Figur markiert. Pflanzen Sie einen Buchsbaum oder eine Eibe dicht an den Stab. Formen Sie nun aus einfachem Draht zweidimensional den Umriss eines Vogels. Ergänzen Sie anschließend aus demselben Draht oder aus Maschendraht die Konturen des gesamten Tierkörpers. Befestigen Sie Ihr Gerüst an dem Stab; er sollte etwa in der Mitte des Geflechts stehen. Binden Sie die Triebe des heranwachsenden Strauches dann an dem Draht fest, bis sie schließlich die gesamte Oberfläche des Gerüstes bedecken; suchen Sie dabei zwei besonders kräftige Triebe für den Kopf und den Schwanz der Figur aus. Binden Sie eine Schnur, die Sie auf dem Boden befestigen, an den Schwanz. So biegt sich das hintere Ende nach unten. Stutzen Sie den Vogel regelmäßig, sobald er „ausgewachsen" ist. Und vielleicht möchten Sie ihm ja bald einen Partner gegenüberstellen.

Wie ein Schaf entsteht

Pflanzen Sie vier Sträucher an die Stellen, an denen die Beine des Tieres stehen sollen, und stützen Sie die Pflanzen mit Stäben. Ziehen Sie dann etwa 30 cm waagrecht über dem Boden einen Draht um die Stäbe. Formen Sie anschließend mit einem weiteren Stück Draht den Umriss des Schafes und befestigen Sie dieses Gebilde senkrecht an dem unteren Draht. Sobald die Sträucher größer werden, binden Sie die Triebe fest; die über den Draht hinausragenden Spitzen schneiden Sie ab. Knoten Sie ein Stück Schnur um einen gesunden Trieb hinten an der Figur und befestigen Sie den Zweig am Boden; daraus entsteht der Schwanz. Bei regelmäßigem Schnitt mit einer Gartenschere werden Sie bald feststellen, dass die Pflanzen kompakt wachsen und das Drahtgerüst rasch vom Laubwerk ausgefüllt wird.

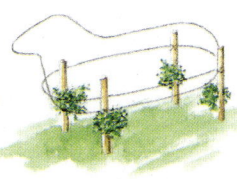

Rosenscheren für kleine Gewächse

Verwenden Sie für die Gestaltung kleiner Pflanzen möglichst eine Rosenschere. Gegenüber einer Gartenschere hat sie den Vorteil, dass man sie mit einer Hand benutzen kann, was den Schnitt leichter und wesentlich präziser macht.

Abfall entsorgen

Breiten Sie eine Plastikfolie unter einer Pflanze aus, bevor Sie an ihr schneiden. So können Sie alles, was herunterfällt, leicht entsorgen. Geben Sie weiche Triebe direkt auf den Kompost, sofern die Pflanze nicht von Krankheiten befallen ist. Dicken und verholzten Abfall sollten Sie vor der Kompostierung häckseln.

Triebe mäßig, aber regelmäßig kürzen

Figuren aus Pflanzen müssen regelmäßig, aber nur leicht beschnitten werden. Während ein Strauch allmählich Form annimmt, kürzen Sie neue Triebe auf die Hälfte; das fördert einen buschigen Wuchs. Stutzen Sie die vollständige Figur einmal nach der Ausbildung der Frühjahrstriebe und dann erneut im Spätsommer.

Düngen und mulchen

Aus unregelmäßig wachsenden Pflanzen entstehen keine ansehnlichen Figuren. Achten Sie daher darauf, dass die Gewächse schon im Anfangsstadium buschig in die Höhe gehen. Arbeiten Sie vor dem Einpflanzen einen Langzeitdünger wie Knochenmehl in die Erde ein und mulchen Sie danach mit gut verrottetem Kompost oder Stallmist; so bleibt der Boden feucht. Düngen Sie die Pflanzen in den Jahren ihres aktiven Wachstums im Frühjahr mit einem Volldünger; verwenden Sie dabei eine Dosierung von 85 g pro 1 m². Außerdem sollten Sie die Erde in dieser Phase auch jedes Mal wieder neu mulchen. Der ausgewachsene Strauch braucht später jedes Jahr im März ebenfalls einen Volldünger, der ihn mit Nährstoffen versorgt. Bei Trockenheit müssen Sie die Pflanze eventuell bewässern. (Siehe auch *Düngemittel*)

Vorsicht bei starkem Schneefall

Dünne Äste können unter dem Gewicht von Schnee abbrechen, was den Anblick eines edlen Formschnitts zerstört. In Gegenden mit häufigem Schneefall sollte man die Figuren deshalb vor Beginn der kalten Jahreszeit mit feinem Maschendraht schützen und dicke Schneeschichten regelmäßig von den Gebilden entfernen.

GESCHICHTE IN KÜRZE

Schon in der Antike praktiziert

Die Anlagen um die Hadriansvilla in Rom, die Villa Adriana, die im 2. Jh. entstand, sind ein berühmtes Beispiel dafür, dass bereits die Römer den Formschnitt liebten. Sie waren es auch, die ihn in Deutschland und anderen Teilen Europas einführten, doch richtig populär wurde die Erziehung von Grünpflanzen zu Figuren erst sehr viel später. Seine Blütezeit erlebte der Formschnitt im Barock, als die französische Gartenbaukunst mit ihren streng geometrisch strukturierten Grünflächen das angestrebte Ideal darstellte. Die Beschneidung von Büschen und Hecken nach formalen Vorgaben zählte dabei zu den wichtigen Gestaltungselementen. Der Stil verlor erst wieder an Bedeutung, als sich die freiere Konzeption des englischen Gartens gegenüber dem französischen durchsetzte und natürlichere Entwürfe mit sich brachte. Ende des 18. und Anfang des 19. Jh. wurden sogar viele Formschnittarbeiten zerstört. In letzter Zeit ist bei professionellen wie Hobbygärtnern erneut Interesse an der stilisierten Gartenkunst erwacht, was sich nicht zuletzt am reichhaltigen Angebot unterschiedlicher Gerüste im Fachhandel erkennen lässt.

Fotografieren

Grundausrüstung

Zum Fotografieren von Pflanzen, auch auf professionellem Niveau, genügt eine einfache Ausrüstung. Am besten eignet sich eine hochwertige 35-mm-Kamera mit eingebautem Belichtungsmesser. Verzichten Sie getrost auf technische Spielereien. Sie brauchen weder ein Blitzlicht noch einen automatischen Filmtransport; beides kann sogar von Nachteil sein.

Zwei Objektive genügen

Sie benötigen nur zwei Objektive. Die ideale Kombination besteht aus einem 50-mm-Standardobjektiv mit Makrofunktion und einem weiteren Objektiv mit einer Brennweite von 80–110 mm. Dafür erweist sich ein preiswerter Verlängerungsring als nützlich, der Nahaufnahmen ermöglicht. Zoom und Weitwinkelobjektive sind nicht erforderlich. Ebenso sind Filter überflüssig, es sei denn, Sie möchten besondere Effekte erzielen. Dagegen lohnt es sich, in ein stabiles Stativ zu investieren, das sich beim Festhalten des optimalen Bildausschnitts als hilfreich erweist und dazu beiträgt, dass die Motive gestochen scharf aufgenommen werden.

Geeignete Filme

Kaufen Sie Filme mit geringer Lichtempfindlichkeit; damit erzielen Sie die besten Ergebnisse. Benutzen Sie für Dias einen Film mit ISO 50 oder 64; verwenden Sie für Farbaufnahmen Filme mit maximal ISO 100. Experimentieren Sie mit verschiedenen Belichtungszeiten und Winkeln.

Regentropfen, die beim Durchbruch der Sonne auf Blättern glitzern, sind ein faszinierender Anblick.

Tiefenschärfe erzielen

Wählen Sie für Nahaufnahmen den höchstmöglichen „f-Wert" an Ihrer Kamera (f/22 oder f/32). Je höher dieser Wert liegt, desto kleiner wird die Blendenöffnung, was der Aufnahme mehr Tiefenschärfe verleiht. Hohe „f-Werte" gehen mit langen Belichtungszeiten von $\frac{1}{15}$ oder $\frac{1}{8}$ Sekunde oder länger einher. Sie sollten dann unbedingt mit einem Stativ arbeiten; es verhindert, dass die Aufnahmen verwackeln.

Ideale Lichtverhältnisse

Mit der Zeit werden Sie Erfahrungen sammeln, welche Wetterbedingungen für die Gartenfotografie besonders günstig sind. Als Faustregel gilt: Machen Sie keine Aufnahmen bei Wind oder Regen. Meiden Sie ebenso strahlenden Sonnenschein; Sie bekommen sonst Probleme mit Kontrasten oder Überbelichtung. Außerdem lässt grelles Licht selbst jedes noch so prächtige Gewächs völlig ausdruckslos erscheinen. Windstille Tage mit leicht oder ganz verhangenem Himmel sind dagegen ideal zum Fotografieren. Herrliche Motive tun sich darüber hinaus am frühen Morgen auf, solange noch ein leichter Tau auf den Pflanzen liegt. Nicht minder lohnt es sich, den Anblick eines Gartens im goldenen Licht des sommerlichen Abendhimmels festzuhalten.

Für eine optimale Hervorhebung sollte das Motiv das Format eines Bildes weitgehend ausfüllen. Lassen Sie unwichtige Details im Hintergrund verschwimmen.

Gegenlichtaufnahmen

Falls Sie unbedingt an einem sehr hellen Tag fotografieren müssen, sollten Sie Gegenlichtaufnahmen machen. Auf den Bildern kommt dann der natürliche Glanz der Pflanzen zum Ausdruck.

Gelungener Bildausschnitt

Grundsätzlich ist die Wahl des Motivs natürlich reine Geschmackssache. Jedoch lässt sich auch zu diesem Punkt eine Grundregel formulieren: In guten Aufnahmen füllt das Motiv das gesamte Format aus. Fotos, auf denen außer dem interessanten Objekt große Rasenflächen oder weite Teile des Himmels zu sehen sind, wirken langweilig. Gelungene Bilder zeigen ein Motiv aus der Nähe, und zwar vor einem ruhigen Hintergrund.

Freude am Experimentieren

Vergessen Sie gleichwohl nicht: Regeln sind dazu da, übertreten zu werden. Einige der schönsten Naturaufnahmen entstehen, wenn Fotografen mit allen Möglichkeiten ihrer Ausrüstung experimentieren und mit viel Phantasie versuchen, etwas Neues hervorzubringen.

Frost

Schutz für Topfpflanzen

Frost schadet besonders Topfpflanzen, da ihre Wurzeln der Witterung stärker ausgesetzt sind als bei Pflanzen im Boden. Außerdem brechen auch angeblich frostbeständige Keramiktöpfe des Öfteren. Bringen Sie Ihre Töpfe  daher im Winter ins Haus, in ein Gewächshaus oder einen geschützten Eingang. Ist keine dieser Lösungen vorhanden, dann graben Sie die Pflanzgefäße bis zum Rand in den Boden ein. Eine weitere gute Maßnahme besteht darin, Terracottatöpfe draußen in eine mit Stroh gefüllte Holzkiste zu stellen; so werden die Gewächse auch in der kalten Jahreszeit warm gehalten.

Hilfsmaßnahmen für Stauden

Bedecken Sie im Winter den Boden um empfindliche Stauden herum mit einer dicken Schicht aus Blättern, Stroh und alten Ziegeln oder Steinen. Noch geschützter sind die Pflanzen mit einem „Mantel". Stecken Sie dazu vier Stäbe in die Erde, die Sie dann mit Jute oder strapazierfähigem Plastik umspannen, und füllen Sie den Zwischenraum zwischen Strauch und Hülle mit Blättern, Farnkraut oder Kunststoffgranulat.

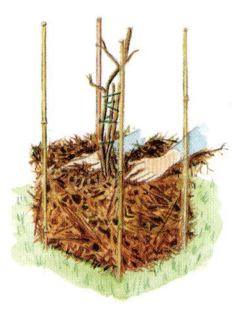

Hülle aus Jute

Immergrüne Pflanzen, die unter Kälte leiden, darf man im Winter nicht bedecken, da sie Licht brauchen. Ziehen Sie deshalb vor längeren Frostperioden Jute um die Pflanzen herum, die so gewärmt bleiben und weiterhin Licht bekommen.

Schnelles Auftauen verhindern

Der morgendliche Sonnenschein im Frühjahr bewirkt öfter, dass die Knospen früh blühender Pflanzen zu schnell auftauen und dadurch Schaden nehmen. Setzen Sie empfindliche Gewächse deshalb an geschützte Stellen, wo sich die Blüten langsam erwärmen.

Obsthölzer bedecken

Durch Frühjahrsfrost sterben an Obsthölzern häufig die Blütenknospen ab, sodass sich keine Früchte entwickeln. Bei Hölzern, die an einer Mauer stehen, können Sie der Zerstörung mit einer alten Gardine oder einem Gartenvlies leicht vorbeugen. Schlagen Sie einige Zentimeter oberhalb der Gehölzspitzen ein paar Haken in die Wand und befestigen Sie die Abdeckung mit Ösen oder Ringen daran. Rohre oder Stäbe, die Sie gegen die Mauer lehnen, verhindern, dass der Stoff nach dem Herunterziehen durchhängt. Am Boden lässt sich das Material gut

Kälte ist häufig nützlich

Bei manchen Pflanzen bewirkt Frost ein schnelleres Wachstum, andere bewahrt er vor gefährlichem Schädlingsbefall.

Frühlingsblumen

Bei Frühlingsblumen regt die Kälte das Wachstum an. Sie sollten sie erst bedecken, wenn die ersten Knospen treiben.

Obstbäume

Reif und Eis bewahren die Knospen von Obstbäumen vor Schäden durch starke Temperaturunterschiede zwischen frostkalten Nächten und sonnigen Tagen. Als Schutzmaßnahme besprühen Gärtner die Knospen manchmal mit kaltem Wasser, das dann gefriert.

Lockerung des Bodens

Das Nacheinander von Frieren und Tauen im Winter zersetzt in frisch umgegrabener Erde die dicken Klumpen. Dadurch verbessert sich die Beschaffenheit des Bodens, was Ihnen die Bearbeitung im Frühjahr erleichtert.

Vernichtung von Schädlingen

Kälte tötet viele schädliche Insekten und Pilzsporen im Garten ab.

---

durch Steine halten. Bedecken Sie Ihre Obsthölzer nachts und nehmen Sie den Stoff morgens wieder ab.

Gewächshäuser isolieren

Bei starkem Temperaturabfall ist es möglich, dass Pflanzen in einem kalten Gewächshaus Schaden erleiden. Heizen jedoch ist teuer. Sparen Sie Heizkosten, indem Sie die Innenwände und die Decke des Hauses mit Luftpolsterfolie verkleiden. Halten Sie außerdem die Blätter vom Glas fern.

Kiesel geben Halt

Alpenpflanzen trocknen im Winter leicht aus, weil Frost und Tauwetter den Boden lockern und die Wurzeln den Kontakt verlieren. Verteilen Sie rechtzeitig vorsichtig Kiesel um die Pflanzen herum, die dadurch Halt bekommen.

Erholung für gefrorene Pflanzen

Übergießen Sie eine gefrorene Pflanze niemals mit heißem Wasser und führen Sie ihr auch keine Heißluft zu, etwa mit einem Föhn, denn sie stirbt dadurch. Umwickeln Sie das Gewächs stattdessen mit Jute. So kann es ganz allmählich auftauen und sich erholen.

Eiszapfen entfernen

Glänzende Eiszapfen an Bäumen zählen im Winter zu den schönsten Anblicken. Doch das gefrorene Wasser ist schwer und sollte unbedingt von dünnen Ästen entfernt werden. Rütteln Sie vorsichtig mit einem Rechen an den Zweigen, sodass die Eiszapfen abfallen. Auf die gleiche Weise sollten Sie Schnee von Nadelhölzern schütteln, damit die Form der Bäume nicht beeinträchtigt wird.

Fruchtfall

Nützliche Erfindung der Natur

Dass Obst im Frühling abfällt, ist eine normale Erscheinung. Bei Steinobst passiert das häufig im Mai, bei Kernobst im Juni. Die Früchte sind dann unzureichend bestäubt worden oder an einer ungünstigen Stelle gewachsen. Schlechte Witterungsbedingungen stellen einen weiteren Grund dar. Der Fruchtfall ist eine äußerst nützliche Erfindung der Natur, denn dadurch werden die Bäume ausgedünnt und das verbleibende Obst reift optimal.

Für eine gute Ernte sorgen

Solange Bäume ausreichend Nährstoffe erhalten, tragen sie reichlich Früchte. Düngen Sie Ihre Obsthölzer deshalb im März und wässern Sie regelmäßig ab April.

Selbstbestäubende Kirschsorten wählen

An Kirschbäumen färben sich die unreifen Früchte rötlich, bevor sie aufgrund zu geringer Bestäubung vorzeitig abgeworfen werden; Fachleute nennen das Phänomen „Röteln". Dem Abfallen lässt sich teilweise vorbeugen. Falls Sie lediglich Platz für einen Baum haben, sollten Sie selbstbestäubende Sauerkirschen wie 'Ludwigs Frühe', 'Morellenfeuer' oder 'Schattenmorelle' pflanzen. Bei Süßkirschen sind nur sehr wenige Sorten selbstfruchtend. Möchten Sie zwei Bäume pflanzen, so suchen Sie unbedingt Sorten aus, die gleichzeitig blühen.

Den Apfelwickler bekämpfen

Bei Apfel- und Birnbäumen ist ein früher Verlust des Obstes häufig auch auf einen Schädling, den Apfelwickler, zurückzuführen. Der Falter fliegt ab Mai und legt Eier an die jungen Früchte. Sobald die Raupen geschlüpft sind, bohren sie sich in das Obst ein, das nach einiger Zeit abfällt. Die erwachsenen Raupen verlassen dann ihr zwischenzeitliches Zuhause, wandern Richtung Baumstamm und verpuppen sich unter den Borkenschuppen. Sammeln Sie Fallobst deshalb regelmäßig auf und verwerten Sie es; werfen Sie die Raupen nicht auf den Kompost. Suchen Sie darüber hinaus den Stamm regelmäßig nach verpuppungswilligen Raupen ab. Ab Mitte Mai können Sie eine Lockstofffalle in den Baum hängen. In ihr fangen sich die Männchen, was den Fortpflanzungszyklus unterbricht. Zudem hilft es, ab Ende Mai oder Anfang Juni Obstmaden-Fanggürtel um den Stamm zu legen. (Siehe auch *Schädlinge und Krankheiten* S. 360)

Fuchsien

Farbenprächtige Blüten und Blätter

Die Auswahl an Fuchsien ist riesig. Alle haben dieselben Kennzeichen: hängende, um die Staubfäden gelegte Blüten mit einem langen Kelch, an dem die Blätter abstehen. Es gibt kleinwüchsige, buschige und hochstämmige Arten. Die meisten Hobbygärtner ziehen Fuchsien wegen ihrer herrlichen ein- oder mehrfarbigen Blüten, die von Mai bis zum Frosteinbruch das Auge erfreuen und zum Teil überraschend bizarre Formen haben. Nicht minder schön ist jedoch das Blattwerk der Blumen, das in verschiedensten Tönen leuchtet und hübsche Kontraste zu den Blüten bildet.

Empfehlenswerte Sorten

Zu den widerstandsfähigsten Sorten gehören 'Sharpitor' *(Fuchsia magellanica molinae)* mit bräunlich geränderten Blättern und blassrosa Blüten sowie die rote 'Variegata' *(Fuchsia magellanica gracilis)*, deren graugrüne Blätter gelbe Ränder aufweisen. Für das Gewächshaus und den Wintergarten eignen sich Sorten wie 'Autumnale' mit rotgoldenem Blattwerk und 'Tropic Sunset', deren bronzefarbene Blätter eine interessante Verbindung mit den blauen und roten Blüten eingehen. Wegen ihrer Mehrfarbigkeit wird 'Golden Swingtime' gern in Hängekörbe gepflanzt.

Gute Pflege

Die meisten Fuchsien benötigen einen schattigen bis halbschattigen Standort. In der Regel hält man sie als Topf- oder Kübelpflanzen und stellt sie ab Mitte Mai ins Freie. Sobald sich kurz darauf neue Triebe bilden, ist es an der Zeit, die Blumen in

---

DIE RICHTIGE WAHL

Vielzahl an Sorten

Fuchsien stammen aus Mittel- und Südamerika. Sie mögen weder starken Wind noch heftigen Regen und Frost. Bis auf eine Ausnahme wachsen sie nur zur Sommerzeit im Freien.

'Auntie Jinks': Optimal für Hängekörbe; kleine purpurfarbene und weiße Blüten.

'Celia Smedley': Anpassungsfähige Sorte, die als Busch, Hochstamm oder Pyramide wächst; große rosafarbene und rote Blüten.

'Corallina': Üppig wachsende Blume mit zartroten und purpurfarbenen Blüten; eignet sich für Körbe und Fensterkästen.

'Fuchsia magellanica': Lediglich die Pflanzen dieser Sorte sind frosthart. In rauen Lagen brauchen allerdings auch sie einen Winterschutz, der sie vor der Kälte bewahrt.

'Golden Marinka': Äußerst beliebte Korbpflanze mit roten Blüten und goldenem Laub.

'Madame Cornelissen': Prächtige rote und weiße Blüten.

'Riccartonii': Kleine purpurfarbene und rote Blüten.

'Thalia': Beetfuchsie mit orangeroten röhrenförmigen Blüten.

'Tennessee Waltz': Attraktive Busch- oder Stammfuchsie mit rosa- und lilafarbenen Blüten.

'Ting-a-Ling': Üppig blühend mit prächtigen weißen Blüten; hübsche Beetpflanze.

'Tom Thumb': Zwergfuchsie mit roten und hellvioletten Blüten.

Form zu schneiden. Achten Sie darauf, dass mindestens drei Blätter an jedem Trieb stehen bleiben. Gießen Sie reichlich während des Sommers, dabei einmal in der Woche mit einem zugesetzten Flüssigdünger. Die Erde sollte stets feucht, aber nicht nass sein.

Umtopfen

In jedem Frühjahr müssen Sie die Pflanzen umtopfen. Wählen Sie dazu eine Erdmischung aus zwei Dritteln Blumenerde, einem Drittel guter Gartenerde und 5 g Langzeitdünger pro Liter Erde. Beginnen Sie spätestens 3 Monate später, regelmäßig wie im Absatz „Gute Pflege" beschrieben Flüssigdünger einzusetzen.

Neuer Stamm

Es kommt vor, dass der Stamm einer Fuchsie abstirbt. Ziehen Sie dann einen neuen Trieb von der Wurzel der Pflanze auf. Benutzen Sie einen Stab als Stütze.

Vermehrung

Das ganze Jahr über lassen sich aus Stecklingen leicht neue Fuchsien ziehen. Schneiden Sie einen Trieb mit der Spitze und drei gesunden Blattpaaren unterhalb eines Knotens ab und entfernen Sie das untere Blattpaar. Tauchen Sie dann den Ableger in einen Bewurzelungshilfsstoff und pflanzen Sie ihn in Anzuchterde. Stellen Sie den Steckling an einen warmen Ort, aber nicht direkt ins Sonnenlicht. Halten Sie die Erde feucht. Nach ein paar Wochen hat der Ableger Wurzeln ausgebildet und kann umgetopft werden. (Siehe auch *Stecklinge*)

Überwintern

Fuchsien benötigen im Winter einen frostfreien Platz, etwa in einer Garage, einem Schuppen oder einem Gewächshaus. Schneiden Sie vorher jeden Trieb oberhalb des dritten Blattpaares ab. Gießen Sie die Pflanze bis April nur,

wenn sie auszutrocknen scheint. Erhöhen Sie danach die Wassermenge, um das Wachstum wieder anzuregen. Behalten Sie Fuchsien im Haus, bis kein Frost mehr zu erwarten ist, und härten Sie die Pflanzen langsam ab.

Fungizide

Vorsichtig verwenden

Beachten Sie beim Einsatz von Fungiziden stets die Anwendungshinweise des Herstellers. Benutzen Sie Sprühdosen nur mit ausgestrecktem Arm und vergewissern Sie sich vorab, ob die Öffnung tatsächlich auf die Pflanze weist. Besprühen Sie das Gewächs von unten nach oben. Behandeln Sie vor allem die Unterseiten der Blätter, da dort die meisten Krankheiten auftreten.

Unverträglichkeitsreaktionen

Manche Pflanzen reagieren empfindlich auf bestimmte Substanzen in Fungiziden. So vertragen einige Stachelbeersorten keinen Schwefel. Lesen Sie deshalb das Etikett genau durch. Sprühen Sie nicht in hellem Sonnenlicht, bei Hitze oder wenn die Wurzeln der Pflanze trocken sind. Testen Sie die Wirkung der Chemikalien im Zweifelsfall erst an einem kleinen Teil des Gewächses.

Rasches Handeln

Pilze pflanzen sich durch winzige einzellige Sporen in der Luft fort, deren Verbreitung die meisten Fungizide verhindern. Behandeln Sie eine betroffene Pflanze und die sie umgebenden Gewächse deshalb schon beim ersten Anzeichen von Pilzbefall, z. B. Verfärbung der Blätter oder Mehltau.

Siehe auch Chemikalien

GÄRTNER-WISSEN

Fungizide vermeiden

Durch bestimmte Maßnahmen werden Ihre Pflanzen widerstandsfähiger gegen Pilzbefall. Der Einsatz von Chemikalien erübrigt sich dadurch.

- Wählen Sie robuste Pflanzensorten.
- Verschaffen Sie Ihren Gewächsen genügend Licht, Raum und Nahrung.
- Nehmen Sie regelmäßig Fruchtwechsel vor.
- Achten Sie auf Ordnung und Sauberkeit im Garten. Werfen Sie infizierte Blätter, Kräuter oder Früchte in die Mülltonne.

Garagen

In das Grundstück integrieren

Obwohl Garagen vor allem von praktischem und weniger von ästhetischem Wert sind, kann man sie dennoch attraktiv in die Gesamterscheinung von Haus und Garten integrieren. So lässt sich die Zufahrt interessanter gestalten, indem man sie mit einem vorn gelegenen Gartenweg verbindet und in einer leichten Kurve anlegt, die auf das Tor zuführt. Außerdem kann beispielsweise eine etwa 1–1,2 m hohe Buchenhecke an den Seiten der Zufahrt das Auge auf das Haus lenken und den Vorgarten optisch vergrößern.

Kletterpflanzen vor der Garage

Über der Zufahrt können Sie einen Laubengang anbringen, an dem sich Clematis, Glyzinen oder dornenlose Kletterrosen wie 'Zéphirine Drouhin' emporranken. Wichtig ist, dass die Blütenfarben zum Anstrich von Haus und Garage passen.

Garagenwände verschönern

Eine Garage, bei der der Betrachter auf eine lange, kahle Betonmauer blickt, wirkt sofort viel freundlicher, wenn Sie der Mauer einen warmen Farbton geben und davor einige Spalierbogen anbringen, die Sie in der Mitte mit einer kontrastierenden Farbe streichen. Stellen Sie dann noch vor jeden Bogen einen Kübel mit einer immergrünen Pflanze und setzen Sie im Herbst und Frühjahr Stiefmütterchen bzw. ab Mitte Mai andere niedrige Beet- oder Balkonpflanzen dazu, die mit ihren Farben den Blick auf sich lenken.

Steingartenbeet

Liegt die Garage unter dem Haus, können Sie die Böschungen zu beiden Seiten der Zufahrt auch als Steingarten anlegen, wobei Sie für jeden Quadratmeter mit etwa 250 kg Gestein rechnen müssen. Wenn die Steine verteilt sind, können Sie z.B. Blaukissen *(Aubrieta)*, Gänsekresse *(Arabis)* und Steinkraut *(Alyssum)* pflanzen, dazu Engelstränennarzisse *(Narcissus triandrus)*, Märzenbecher *(Leucojum)* und Traubenhyazinthe *(Musca-*

ri), die schon frühzeitig im Jahr blühen. Damit der Steingarten auch in den Folgemonaten lebendig wirkt, pflanzen Sie Sonnenröschen *(Helianthemum)*, das durch seine grauen Blätter und die hübschen Blüten ins Auge fällt, oder andere Steingartenpflanzen, die im Sommer und Herbst blühen. (Siehe auch *Steingärten*)

Attraktive Zufahrt

Der Zufahrtsweg zur Garage lässt sich auch dadurch verschönern, dass Sie eine niedrige Mauer ziehen und dahinter Erde aufschütten, die Sie mit Polsterpflanzen und niedrigen Büschen begrünen. Steht die Mauer tagsüber in der Sonne, empfehlen sich mediterrane Pflanzen wie etwa Lavendel *(Lavandula angustifolia)*, liegt sie meist im Schatten, eignen sich immergrüne Pflanzen mit hellen Blättern wie z.B. die Kriechheckenkirsche *(Lonicera pileata)*, die Sie durch Efeu *(Hedera)* auflockern können. Auch einige Blumenampeln an der Garagenwand können schöne Farbakzente setzen. Für schattige Mauern eignen sich etwa kleinblättriger Efeu, Fleißiges Lieschen *(Impatiens)* oder hängende Fuchsien *(Fuchsia)*. Wasser speicherndes Granulat und Langzeitdünger halten den Pflegeaufwand gering und erlauben auch eine längere Abwesenheit, z.B. im Urlaub.

Gartenbeleuchtung

Für Sicherheit sorgen

Die sicherste Beleuchtung für den Garten ist ein Niedervolt-Leuchtensystem, bei dem Transformatoren die Stromspannung auf 12 V reduzieren. Die Leuchten, die es mit weißem oder farbigem Licht gibt und die im Boden installiert oder aufgehängt werden, werden sogar als Teichleuchten angeboten. Leuchtensysteme, die fest in das Stromnetz des Hauses integriert sind, sollten aus Sicherheitsgründen nur von einem Fachmann installiert werden. Die 230-V-Kabel dürfen keinesfalls dicht unter der Erdoberfläche oder an einem Zaun entlang verlaufen, damit sie bei Gartenarbeiten nicht versehentlich beschädigt werden.

Bei der Neuanlage berücksichtigen

Gehört zur Neuanlage Ihres Gartens auch ein fest installiertes Leuchtensystem, beziehen Sie es am besten gleich in Ihre Planung mit ein. Denn wenn das Verlegen der Kabel an Wegen, unter der Rasenfläche oder unter Mauern hindurch vor der eigentlichen Gartengestaltung erfolgt, ist es weniger aufwändig und zudem kostengünstiger. Nach dem Verlegen der Kabel sollten Sie deren Lage auf einem Plan genau einzeichnen oder die Verlegung fotografieren. Das ist vor allem dann sinnvoll, wenn Sie das System später noch erweitern wollen.

Niedervoltleuchten, die verhältnismäßig einfach zu installieren sind, sorgen vor allem an warmen Sommerabenden für eine märchenhafte Stimmung.

Schöne Elemente hervorheben

Mit oben, unten oder seitlich angebrachten Leuchten können Sie in der Dunkelheit gezielt besonders schöne Elemente in Ihrem Garten hervorheben, beispielsweise attraktive Bäume, Sträucher oder Beete, eine Pergola, einen Springbrunnen oder den Gartenteich oder dekoratives Zubehör wie z. B. eine Statue.

Leuchtenvielfalt

Mehrere kleine Leuchten sind wirkungsvoller als ein großer zentraler Beleuchtungskörper, und in der Regel wirkt ein warmes Licht am besten. Bei einem Grillfest, einer Gartenparty oder zur Weihnachtszeit können Sie wetterfeste Lampionketten für den Außenbereich verwenden, deren weiße oder bunte Lichter auch als dekorative Beleuchtung für den Gartenteich dienen können.

Leuchten und Kabel installieren

Niedervoltleuchten gibt es als Bodenleuchten, die fest im Boden installiert werden, oder – mit Halterungen versehen – zum Anbringen an Bäumen oder Mauern. Beim oberirdischen Verlegen der Kabel sollten Sie darauf achten,

dass sie nur an Stellen verlaufen, die man selten oder gar nicht betritt. Wichtig ist, dass der Transformator nicht feucht werden kann und dass Kinder keine Zugriffsmöglichkeit haben.

Automatische Beleuchtung

Die Außenbeleuchtung des Hauses wird in der Regel von Hand ein- und ausgeschaltet. Sie können aber auch Fotozellen in den Schaltkreis einbauen lassen, sodass sich die Leuchten im Garten mit Beginn der Dämmerung von alleine einschalten. Auf diese Weise liegen Gartenwege und -treppen oder der Eingangsbereich nie mehr im Dunkeln und Sie haben mehr Sicherheit.

Energiesparlampen

Für die Außenbeleuchtung empfiehlt sich die Anschaffung von Energiesparlampen, die genauso viel Licht wie gewöhnliche Lampen geben. Sie sind zwar etwas teurer, verbrauchen aber wesentlich weniger Strom und halten bis zu zehnmal länger. Wenn Sie Energiesparlampen verwenden, können Sie die Außenbeleuchtung sogar über Nacht anlassen.

Kerzenlicht

Kerzen schaffen durch ihr mildes Licht eine besonders angenehme Atmosphäre im Garten, auf dem Balkon oder der Terrasse. Manche haben außerdem den positiven Nebeneffekt, dass sie durch ihre Inhaltsstoffe lästige Insekten abwehren. Stellen Sie Kerzen am besten in ein Glasgefäß, um die Flamme vor Wind zu schützen, und befestigen Sie sie mit etwas geschmolzenem Wachs am Grund des Gefäßes. Fackeln, die ebenfalls ein schönes Licht abgeben, brauchen zwar keinen Windschutz, müssen aber sicher verankert werden und sollten wegen ihrer großen Flamme auf keinen Fall zu nahe an Sitzplätzen oder in der Nähe von Sträuchern und unter Bäumen aufgestellt werden.

Bewegungsmelder

In die Beleuchtung von Gartenwegen oder dem Weg zwischen Garage und Haus können Sie auch einen Bewegungsmelder mit Sensor einbauen, der die Leuchten beim Betreten des Weges automatisch ein- und nach bestimmter Zeit, wenn er keine Bewegung mehr wahrnimmt, wieder ausschaltet. Das ist nicht nur praktisch, sondern hilft auch Strom sparen. Einen Bewegungsmelder bekommen Sie als Bausatz im Baumarkt oder Fachhandel, und mit etwas Geschick können Sie ihn auch selbst einbauen. Achten Sie aber bei der Installation darauf, den Sensor nicht zu fein einzustellen, sodass er nicht von jedem Passanten, der an Ihrem Haus oder Ihrer Garage vorübergeht, automatisch ausgelöst wird.

Ärger mit den Nachbarn vermeiden

Wollen Sie ein starkes Licht in Ihrem Garten installieren, sollten Sie sich vorher mit den Nachbarn absprechen. So kann das Licht aus dem gezielten Anstrahlen eines Baumes bis in die Nachbargärten streuen, was durchaus nicht von jedem als angenehm empfunden wird.

Gartenbohnen

STANGENBOHNEN

Stabilen Halt geben

Stangenbohnen brauchen einen festen Halt, da der Ertrag sonst deutlich geringer ausfällt. Wie Feuerbohnen wachsen sie an Bohnenstangen, die nicht nur ausreichend hoch sein müssen, da die Pflanzen eine Höhe von bis zu 2 m erreichen, sondern auch so stabil sein sollten, dass sie selbst starkem Wind standhalten.

Stangenbohnen im Freiland säen

Stangenbohnen benötigen einen sonnigen Standort und einen durchlässigen Boden. Die Samen von frühen Sorten werden je nach Klima Mitte bis Ende April in 2–3 cm Tiefe gesät, sodass man Ende Juli ernten kann. Damit die Sämlinge bei Nachtfrost nicht erfrieren, brauchen sie unbedingt einen Schutz, am besten in Form eines Folientunnels, der je nach Region erst Mitte bis Ende Mai entfernt werden darf.

Den Boden anwärmen

Bei der Aussaat von frühen Stangenbohnensorten können Sie die Folientunnel schon 2 Wochen vorher aufstellen. Auf diese Weise ist der Boden bereits etwas angewärmt, wenn die Samen in die Erde kommen, und die Keimlinge gedeihen besser. Nach der Aussaat müssen die Folientunnel dann sofort wieder aufgestellt werden.

Die Stangenbohne 'Goldmarie' mit ihren leuchtend gelben Hülsen braucht eine stabile hohe Stütze.

Unkräutern vorbeugen

Damit die Sämlinge nicht mit Unkräutern um Nährstoffe und Wasser konkurrieren müssen, sollten Sie das Beet mit einer Mulchschicht aus gut verrottetem Mist oder Kompost vor einem Unkrautbewuchs schützen. Sobald die ersten Blüten erscheinen, sollten Sie die Pflanzen außerdem sorgfältig gießen, am besten morgens, damit das Beet bis zum Abend abgetrocknet ist.

Stangenbohnen mit Vorkultur

Frühe Stangenbohnen können Sie Anfang April 2–3 cm tief auch in Töpfe mit Komposterde aussäen. Anschließend stellen Sie die Töpfe ins beheizte Gewächshaus oder ins warme Zimmer. Sind die Samen gekeimt, kommen die Sämlinge in einen Kalten Kasten. Dort müssen sie zuerst abgehärtet werden, ehe man sie ins Freibeet pflanzt. Lassen Sie dazu die Fenster bei warmem Wetter tagsüber stundenweise immer länger offen.

Stützhilfen aufstellen

Damit die jungen Pflänzchen nicht aus Versehen beschädigt werden, sollten Sie zuerst die Stützstangen aufstellen, ehe die Sämlinge ins Freibeet kommen. Achten Sie beim Aufstellen des Rankgerüsts auch darauf, dass der Abstand zwischen den Pflanzenreihen mindestens 80 cm beträgt und die Stangen 30–50 cm tief im Boden verankert sind, sodass sie nicht vom Wind umgeweht werden.

Jungpflanzen ins Freibeet setzen

Nach dem Einsetzen ins Beet sollten die Jungpflanzen gut gegossen werden, damit sie besser einwurzeln. In der Regel ranken sie sich dann mit zunehmender Größe von allein an ihren Stützstangen empor. Andernfalls führen Sie die Triebe vorsichtig um die Stangen herum. Dies sollte entgegen dem Uhrzeigersinn geschehen, da die Pflanzen Linkswinder sind. Ist das Beet häufig starkem Wind ausgesetzt, sollten Sie die Triebe an ihrer Stützvorrichtung festbinden.

BUSCHBOHNEN

Buschbohnen im Freiland säen

Buschbohnen sind kleiner und robuster als Stangenbohnen und können auch eher ausgesät werden als diese. Setzen Sie die Samen dafür Anfang April in 5 cm Abstand 10 cm tief in eine ausreichend große Kiste mit Anzuchterde und stellen Sie den Behälter in einen Kalten Kasten. Anschließend werden die Pflänzchen im Mai mit zunehmender Wärme tagsüber immer länger abgehärtet. Sobald die Bodentemperatur 16–18 °C beträgt, was Ende des Monats der Fall ist, können die Setzlinge ins Freibeet gesetzt werden, wobei der Abstand zwischen den Pflanzen 20 cm und zwischen den Reihen 40–50 cm betragen sollte. Danach sollten Sie gründlich gießen, damit die Pflanzen besser einwurzeln.

Buschbohnen sind in zahlreichen Sorten erhältlich und können zwischen Juli und Oktober geerntet werden.

Vorsichtig gießen

Beim Gießen von Buschbohnen ist Vorsicht geboten, da sich die Blüten dicht über dem Boden befinden und leicht vom harten Wasserstrahl beschädigt werden. Lassen Sie das Wasser deshalb möglichst in einem feinen Strahl zwischen die Reihen auf den Boden laufen.

Buschbohnen trocknen

Wollen Sie Bohnen für den Winter trocknen, lassen Sie die Hülsen von einigen Pflanzen so lang an der Pflanze, bis sie fast eingetrocknet sind. Dann schneiden Sie die Pflanzen in Bodennähe ab und hängen sie kopfüber zum Trocknen an einem geschützten Platz auf. Sobald die Hülsen vollständig getrocknet sind, lösen Sie die Kerne heraus und bewahren sie luftdicht auf.

Ernten

Die Hülsen von Busch- und Stangenbohnen sollten Sie regelmäßig dann pflücken, wenn sie noch jung und weich sind, weil dadurch die Blütenbildung angeregt und eine noch bessere Ernte erzielt wird. Alte, aufgequollene Schoten sollten Sie ebenfalls entfernen und auf den Kompost geben.

Nach der Ernte

Sobald die letzten Bohnen geerntet sind, werden die Pflanzen bis zum Boden abgeschnitten und auf den Kompost gegeben. Die Wurzeln sollten Sie jedoch stehen lassen, da sie durch die in den kleinen Wurzelknöllchen enthaltenen Bakterien ausgezeichnete Stickstoffspeicher sind und damit einen guten Dünger abgeben.

DIE RICHTIGE WAHL

Stangen- und Buschbohnen

Wenn Sie zwischen Mai (eventuell auch schon Mitte April unter Hauben) und Ende Juli fortlaufend aussäen, können Sie von Juli bis Oktober knackige, saftige Bohnen ernten. Da die Pflanzen selbstfruchtend und nicht auf Insekten zur Bestäubung angewiesen sind, ist sogar eine noch frühere Ernte möglich: Säen Sie im Februar Bohnen in einem warmen Gewächshaus bei mindestens 13 °C, und Sie können schon im Mai ernten.

Typ	Eigenschaften	Empfohlene Sorten
Stangenbohnen	Flache oder rundliche Hülsen in Grün, Purpurfarben oder Gelb	'Blauhilde' (purpurfarben, rund), 'Goldmarie' (gelb, flach, fadenlos), 'Markant' (grün, rund-oval, sehr ertragreich), 'Neckarkönigin' (grün, rund, sehr lange Hülsen)
Buschbohnen	Lila und gelbe Sorten sind ebenso erhältlich wie die gebräuchlicheren grünen. Meist rund, manche auch flach	'Berggold' (hellgelb, rund-oval, sehr ertragreich), 'Maxi GS' (neuartiger Bohnentyp, aufrechter Wuchs, Hülsen über dem Laub), 'Purple Teepee' (purpurfarben, sehr ertragreich), 'Saxa' (robust, leicht gebogene Hülsen)

DAS RICHTIGE GERÄT

Bei der großen Auswahl von Geräten, die heutzutage erhältlich sind, ist es mitunter schwierig zu entscheiden, welche wirklich nötig sind und welche nicht. Dieses Kapitel soll Ihnen beim Kauf ein verlässlicher Ratgeber sein.

Am besten ist es, sich zunächst einen Grundstock unentbehrlicher Geräte aufzubauen und mit zunehmender Erfahrung bzw. Interesse neue dazuzukaufen. Sie brauchen auf jeden Fall einen Spaten und eine Grabgabel, um den Boden umzugraben, eine Schuffel und eine Handhacke zum Unkrautjäten, einen Rechen und eine Kantenschere zur Rasenpflege, einen Handspaten zum Pflanzen sowie eine Garten- und eine Heckenschere zum Stutzen von Hecken und Sträuchern.

Abgesehen davon, dass das Gerät für die jeweils zu verrichtende Arbeit geeignet sein muss, sollte es auch leicht zu handhaben und Ihrer Körpergröße und -statur angemessen sein. Standardwerkzeuge werden sehr häufig benutzt, deshalb lohnt es sich, qualitativ hochwertiges Werkzeug aus stabilem Material zu kaufen. Die meisten Geräte werden bei entsprechender Handhabung und Pflege ein Leben lang halten.

Umgraben und Bestellung des Bodens

Das Umgraben mit einem Spaten oder einer Grabgabel lockert den Boden auf und macht ihn luft- und wasserdurchlässiger. Dadurch werden die natürlichen Zerfallsprozesse beschleunigt und der Boden wird fruchtbarer. Umgraben müssen Sie einen Boden auch, wenn Sie seinen Zustand verändern wollen – z. B. wenn Sie zersetztes Laub oder Kompost in einen Lehmboden einarbeiten, um ihn leichter zu machen.

Der Spaten ist ein unentbehrliches Gerät zum Auflockern oder Umgraben des Bodens oder zum Ausheben von Pflanzlöchern für Bäume oder Sträucher.

Der Gartenrechen dient zum Glätten des Bodens.

Die Grabgabel ist ein vielseitig einsetzbares Gerät zum Aufbrechen von Erdschollen, zum Ausheben von Pflanzen, zum Belüften des Rasens oder zum Aufgabeln von Kompost.

Unkrautjäten und Bewässern

Unkraut macht anderen Pflanzen Licht und Nahrung streitig und muss deshalb entfernt werden. Hacken ist dazu eine sichere, wirkungsvolle Methode. Darüber hinaus lockert es die Oberfläche des Bodens auf und verbessert somit die Luft- und Wasserdurchlässigkeit. Alle Pflanzen brauchen Feuchtigkeit, deshalb ist es eine der wichtigsten Aufgaben im Garten, sie mit ausreichend Wasser zu versorgen, vor allem solche Pflanzen, die unter Glas gezüchtet werden.

Mit dem länglich gegabelten Blatt des Unkrautstechers kann man Unkraut mitsamt der Wurzel entfernen.

Die Handgabel dient zum Bestellen der Erde und zum Unkrautjäten im Umkreis kleiner Pflanzen, ferner zum Ausheben von Pflanzen.

Der Kultivator ist ein langstieliges Werkzeug zur Auflockerung des Bodens und zum Aufbrechen von Erdschollen.

Einige Gießkannen haben besonders lange Tüllen für das Gießen im Gewächshaus. Es gibt spezielle Brauseaufsätze zum Ausbringen von Flüssigdünger.

Die Blatthacke (links) ist ideal zum Aushacken fest eingewachsenen Unkrauts, zum Ausheben von Furchen und zum Anhäufeln.

Mit der Schuffel (oben) kann besonders gut flach wachsendes Unkraut entfernt werden.

Der Zwiebeljäter ist eine kurzstielige Hacke für schwierige Arbeiten zwischen Sämlingen und Steingartenpflanzen.

Rasenpflege

Wenn Sie einen perfekten Rasen wünschen, dürfen Sie die Kanten und Ecken nicht vergessen, die mit dem Rasenmäher nicht zu erreichen sind. Im Herbst heißt es dann, Ordnung im Garten zu schaffen; Laub muss zusammengerecht und verdorrtes Gras und Moos vom Rasen entfernt werden.

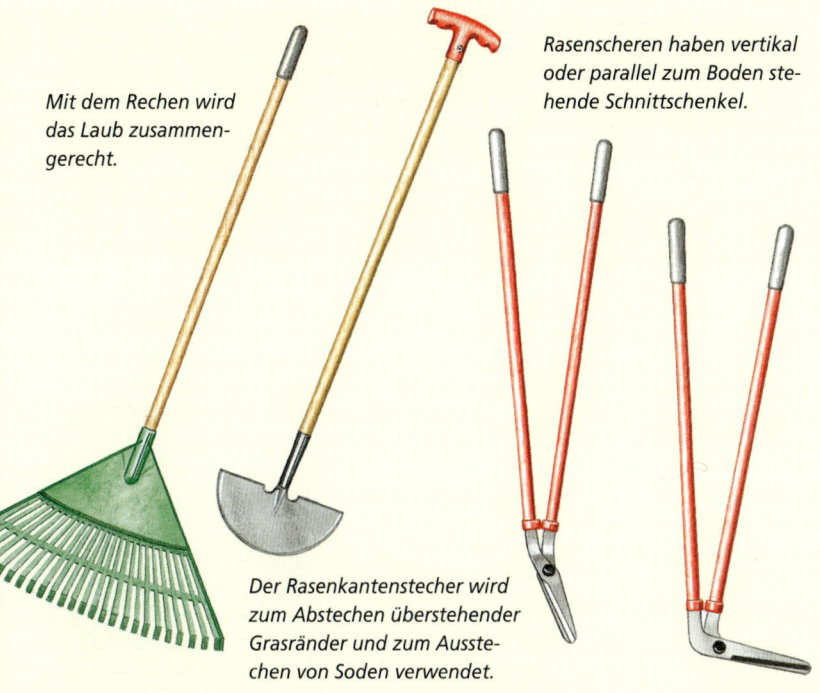

Mit dem Rechen wird das Laub zusammengerecht.

Rasenscheren haben vertikal oder parallel zum Boden stehende Schnittschenkel.

Der Rasenkantenstecher wird zum Abstechen überstehender Grasränder und zum Ausstechen von Soden verwendet.

Pflanzung und Aussaat

Einjährige, Stauden und Zwiebelgewächse müsssen mit großer Sorgfalt eingepflanzt werden, wenn sie gut anwachsen sollen. Wichtig ist auch der richtige Abstand, damit die Pflanzen genügend Luft, Licht und Platz haben. Die richtige Pflanztiefe ist ebenfalls von großer Bedeutung.

Der Zollstock dient zum Messen des richtigen Abstands bei Aussaat und Pflanzung.

Der Handspaten ist ein unentbehrliches Werkzeug zum Pflanzen und Ausheben kleinerer Pflanzen.

Der Blumenzwiebelpflanzer sticht ein Loch aus und gibt die Erde zurück auf die eingepflanzte Zwiebel bzw. Knolle.

Gartenschnur erleichtert das Säen und Pflanzen in gerader Linie. Die Schnur wird zwischen zwei kurze Holzpflöcke gespannt.

Mit dem Pflanzholz (oben) sticht man Pflanzlöcher. Es ist in verschiedenen Größen erhältlich.

Beschneiden und Ernten

Das Beschneiden holziger Pflanzen erfüllt einen dreifachen Zweck. Zum einen werden damit Wuchs und Form der Pflanze bestimmt, zum anderen verbessert es die Qualität von Blüten und Früchten. Darüber hinaus wird auf diese Weise abgestorbenes, beschädigtes oder krankes Holz beseitigt. Obst lässt sich gut mit einem Obstpflücker ernten.

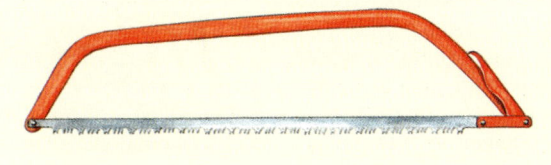

Die Bügelsäge eignet sich, um dicke Äste durchzusägen, allerdings nur, wenn ausreichend Bewegungsspielraum vorhanden ist.

Die Heckenschere dient zum Beschneiden von Hecken bzw. zum Schneiden kleiner Grasflächen.

Mit den weit auseinander stehenden Zähnen der Gartensäge kann insbesondere junges Holz gut abgesägt werden.

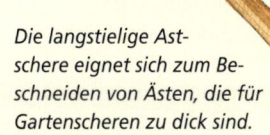

Die langstielige Astschere eignet sich zum Beschneiden von Ästen, die für Gartenscheren zu dick sind.

Der Obstpflücker ist ein Gerät zum Ernten von Äpfeln und Birnen an schwer zugänglichen Stellen oder hoch im Baum.

Gartenscheren dienen zum Abschneiden verwelkter Blütenköpfe oder dünner Äste. Sie arbeiten wie normale Scheren oder als Ambossscheren mit einer geraden, scharfen Schnittkante, die unten auf einen abgeplatteten Schenkel trifft.

Gartengeräte

Knieschützer

Die beim Pflanzen oder Unkrautjäten häufig auftretenden Rückenschmerzen lassen sich vermeiden, wenn Sie sich dabei hinknien anstatt sich zu bücken. Als Knieschoner eignet sich beispielsweise ein altes Kissen, um das Sie eine Plastiktüte wickeln, damit es nicht nass wird, oder auch eine stabile, mit Lumpen ausgepolsterte Plastiktüte. Eine andere Möglichkeit ist eine alte Wärmflasche, die Sie mit Sägemehl nicht zu voll füllen, damit sie nicht zu hart wird. Wenn Sie anschließend ein altes Teppichstück auf die Wärmflasche kleben, ist sie noch angenehmer für die Knie.

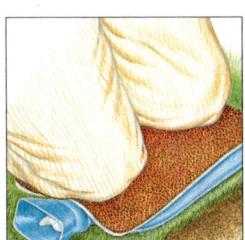

Vor dem Kauf testen

Ehe Sie sich für ein bestimmtes Gartenwerkzeug entscheiden, sollten Sie damit die für dieses Gerät typischen Bewegungen wie Umgraben, Pflanzen usw. ausführen. So lässt sich am besten herausfinden, ob das Werkzeug Ihrer Körpergröße und -statur optimal entspricht und ob es sich bequem handhaben lässt.

Den richtigen Spaten finden

Die Auswahl an Spaten, die für viele Arbeiten im Garten benötigt werden, ist groß, wobei Sie zwischen verschiedenen Blattgrößen und Grifflängen wählen können. Achten Sie beim Kauf darauf, dass der Spaten nicht zu schwer ist.

Reisigbesen selbst machen

Einen Reisigbesen zum Fegen von Rasen und Terrasse können Sie ganz einfach selbst herstellen, indem Sie einige gleich lange Birkenruten fest um einen alten Besenstiel binden.

Bügelsägen

Sehr dicke Äste sollten Sie nicht mit einer Bügelsäge abtrennen. So reicht eine 60-cm-Bügelsäge nur für Äste mit einem Durchmesser bis höchstens 10 cm aus.

Werkzeuge in Signalfarben

Kleine Werkzeuge gehen unter Pflanzen oder im Gebüsch sehr häufig verloren. Dem können Sie vorbeugen, indem Sie die Griffe Ihrer Geräte in leuchtenden Farben streichen, sodass sich die Werkzeuge von der grünen Umgebung abheben und somit leichter wiederfinden lassen.

Gartengeräte reinigen

Gartengeräte und -werkzeuge sollten möglichst nach jedem Gebrauch gereinigt werden, da sie so beim nächsten Mal nicht nur besser funktionieren, sondern auch länger halten. Bevor Sie Ihre Werkzeuge ins Winterlager bringen, sollten Sie zuerst mit Papier oder einer Bürste alle Erdreste entfernen. Anschließend waschen Sie die Geräte ab, reiben sie gut trocken und ölen alle Teile mithilfe eines Pinsels oder Lumpens ein. Holzgriffe sollten Sie mit Leinsamenöl behandeln, damit sie den Winter über geschmeidig bleiben.

Altes Werkzeug wie neu

Angerosteten oder stark verschmutzten Werkzeugen können Sie folgendermaßen zu neuem Glanz verhelfen. Füllen Sie zunächst einen Eimer mit einer Mischung aus grobkörnigem Sand und etwas Öl. Befreien Sie dann das Werkzeug mit einer Bürste von grobem Schmutz und stecken Sie es anschließend in die Sand-Öl-Mischung. Ziehen Sie das Gerät wieder heraus und wiederholen Sie diesen Vorgang mehrmals, bis das Werkzeug vom Sand sauber und glänzend gescheuert worden ist.

Sägen reinigen und pflegen

Ist Ihre Gartensäge stark verschmutzt, z. B. weil Sie einen verharzten Ast durchgesägt haben, besprühen Sie das Blatt am besten mit einem Backofenreiniger. Lassen Sie das Mittel einige Minuten lang einwirken und entfernen Sie den Schmutz anschließend mit einer alten Zahnbürste. Wenn Sie die Säge nach Gebrauch stets in eine leicht mit Öl getränkte Zeitung wickeln, verlängert sich ihre Haltbarkeit erheblich.

Holzgriffe reparieren

Überprüfen Sie regelmäßig die Holzgriffe an Ihrem Spaten oder der Grabgabel auf Risse, raue Stellen oder Splitter, die beim Hantieren mit dem Werkzeug Hautverletzungen verursachen können. Diese Stellen sollten Sie mit Sandpapier schmirgeln und danach mit Lack überziehen, damit sie griffiger werden. Auch die Holzgriffe von Handgabeln und -spaten haben an den Enden oft aufgeraute Stellen, die Sie zur Vorbeugung von Hautverletzungen ebenfalls glatt schmirgeln sollten. Eine Alternative zu Holzgriffen sind Griffe aus Metall, die zwar stabiler sind, aber nicht so warm in der Hand liegen, oder Plastikgriffe.

Schubkarre richtig beladen

Beladen Sie eine Schubkarre immer so, dass sich das meiste Gewicht über den Rädern befindet. Ihren Rücken schonen Sie, indem Sie beim Anheben und Absetzen der Schubkarre immer Ihre Knie und nicht den Rücken beugen.

Schubkarre richtig aufbewahren

Damit sich in Ihrer Metallschubkarre kein Regenwasser sammelt und sie zu rosten beginnt, stellen Sie die Karre am besten auf die Räder und lehnen die Griffe an eine Wand. Oder Sie legen die Schubkarre vollständig umgedreht auf den Boden.

Rasenmäher warten

Selbst wenn Ihr Rasenmäher einwandfrei funktioniert, sollten Sie ihn einmal jährlich zur Wartung geben und dabei gegebenenfalls auch die Scherblätter neu schleifen lassen. Lassen Sie die Überholung vorzugsweise während der Wintermonate durchführen, da die Betriebe im Sommer eventuell überlastet sind und Sie dann lange Wartezeiten in Kauf nehmen müssen.

Metall- oder Plastikrechen?

Die meisten Rechen haben dünne Metallzinken, die sich leicht zusetzen, wenn Sie damit das Laub zusammenrechen. Besser geeignet sind Plastikrechen, deren Zinken meist weiter auseinander stehen. Außerdem sind sie leichter, sodass die Arbeit besser von der Hand geht.

Plastikschaufel selbst machen

Schneiden Sie den Boden einer größeren Plastikflasche von etwa 2 l Fassungsvermögen mit Tragegriff ab, ebenso die dem Griff gegenüberliegende Seite des Behälters. So wird die Flasche zu einer leichten, bequemen Schaufel, die sich ideal für kleinere Gartenarbeiten eignet, etwa für das Schneeschippen auf Treppenstufen oder das Füllen von Pflanztöpfen mit Substrat.

Siehe auch Das richtige Gerät S. 98–99, Gartenscheren, Hacken, Heckenscheren mit Motor, Rasenmäher, Sicherheit

Gartenhygiene

Ordnung im Garten

Im Garten muss nicht jeder Winkel aufgeräumt sein und manches kann man ruhig seiner natürlichen Ordnung überlassen. Größere Mengen welkes Laub oder andere Pflanzenreste sollten Sie jedoch beseitigen, da sich darin sonst rasch Asseln, Ohrwürmer und Rüsselkäfer einnisten.

Pflanzen pflegen

Entfernen Sie bei Ihren Pflanzen regelmäßig alle abgestorbenen, verkümmerten oder von Schädlingen befallenen Blätter, um das Wachstum und die Blühfreudigkeit der Gewächse anzuregen und um Krankheiten vorzubeugen.

Ordnung im Gemüsebeet

Halten Sie Ihr Gemüsebeet frei von Unkräutern wie Kreuzkraut oder Vogelmiere, da diese Krankheiten übertragen können. (Siehe auch *Unkräuter und ihre Bekämpfung* S. 302–303)

Stützstangen säubern

Säubern Sie nach dem Abernten von Bohnen oder Erbsen die Stützstangen, an denen die Pflanzen gewachsen sind, indem Sie alle noch anhaftenden Erdreste, Pflanzenteile und Insekten entfernen. Stellen Sie die Enden der Stangen, die im Boden gesteckt haben, über Nacht in einen Eimer mit Haushaltsreiniger. Dann spülen Sie die Stangen mit klarem Wasser ab, lassen sie gut trocknen und bewahren sie an einem trockenen Ort auf.

Gartenmöbel

Stilvolles aus Stein

Steinerne Gartenmöbel, beispielsweise Bänke oder Tische im klassischen Stil, verleihen jedem Garten etwas Würdevolles, wobei schmückende Accessoires wie eine Sonnenuhr oder eine üppig bepflanzte Blumenampel einen interessanten Gegenpol bilden können.

Steinmöbel mit Patina

Neue Gartenmöbel aus Stein setzen schneller Patina an, wenn man sie mit einer Düngerlösung oder einer Mischung aus Wasser und Joghurt im Verhältnis 10:1 bestreicht.

Umweltfreundliche Holzschutzmittel

Schützen Sie Ihre Holzmöbel wie auch andere Gegenstände aus Holz in Ihrem Garten möglichst nur mit biologischen Holzschutzmitteln.

Eine Gartensitzbank aus Stein ist unverwüstlich. Damit Sie bequemer sitzen, können Sie ein paar Polsterkissen darauf legen.

Der richtige Standort

Als Standort für eine Gartenbank eignet sich das Ende eines Gartenwegs oder ein lauschiger Platz vor einer warmen Mauer. Ebenfalls schön wirkt eine Bank auf einem Halbkreis aus Kieselsteinen, der nach einem Regenguss schnell wieder trocknet. Dazu passen aromatischer Thymian und duftendes Steinkraut, im Schatten können Frauenmantel und Polsterglockenblume gedeihen.

Holzbänke

Eine Holzbank, die gut platziert einen schönen Ausblick auf den ganzen Garten gewährt, kann ein echtes Schmuckstück sein. Am besten geeignet ist Teakholz aus Plantagenwirtschaft, das sehr robust ist und mit der Zeit sogar noch schöner wird, oder Robinie, die ebenfalls sehr beständig ist. Solche Bänke können das ganze Jahr über draußen stehen und brauchen im Frühling nur kurz abgeschrubbt zu werden. Besonders schön wirkt eine Bank unter einem Bogen aus Clematis oder Rosen, dazu an den Seiten Lavendel oder Rosmarin.

Gartenlaube und Pavillon

Wenn Sie genügend Platz im Garten haben, können Sie an einer Stelle, die eine schöne Aussicht bietet, ein Plätzchen für eine Gartenlaube oder gar einen Pavillon reservieren, unter dem Sie vor Regen und Sonne geschützt sind. Beranken Sie die Konstruktion romantisch mit Kletterpflanzen. Gartenlauben und Pavillons gibt es fertig oder als Bausatz im Fachhandel oder in Baumärkten.

Mobile Gartenmöbel

Wollen Sie Ihre Bank öfter umstellen, empfiehlt sich eine Konstruktion mit Griffen und Rädern, die sich leicht an unterschiedliche Standorte im Garten verschieben lässt. Auch Gartenmöbel aus Leichtmetall sowie Korb- und Rattanmöbel haben im Allgemeinen wenig Eigengewicht, sodass man sie vergleichsweise einfach immer wieder umstellen kann. Gleiches gilt für Möbel aus Plastik, die aber unter Umständen keinen richtigen Halt geben. Außerdem sind sie optisch meist nicht sehr ansprechend und werden durch den Witterungseinfluss im Freien in der Regel nach einiger Zeit unansehnlich.

Improvisierte Bank

Eine Gartenbank muss nicht teuer sein – schon ein einfacher Holzbalken, den Sie auf zwei stabile Klötze stellen, kann seinen Zweck erfüllen. Achten Sie aber darauf, dass der Balken keine Risse und Splitter aufweist.

Welche Möbel für welchen Garten?

Achten Sie bei der Auswahl Ihrer Gartenmöbel darauf, dass sie im Stil mit dem Charakter von Haus und Garten harmonieren. Zierliche Möbel aus Metall etwa passen am besten in formal gestaltete Gärten, während schwere, rustikale Holztische und -stühle sich gut in einen naturnahen Garten oder Bauerngarten einfügen. Auch die Farbe der Möbel kann einen bestimmten Gartenstil unterstreichen: Ein kräftiges Blau beispielsweise ist typisch für englische Cottage-Gärten, während Rot die klassische Farbe in asiatischen Gärten ist und Beige und Ocker dem Stil eines mediterranen Gartens entsprechen.

Den Rasen schonen

Wollen Sie eine Bank auf dem Rasen platzieren, sollten Sie ihre Füße auf Holzstücke oder flache Steine stellen, damit sie nicht in den Boden einsinken. Pflastern Sie auch die Fläche davor, damit keine Trittstellen auf dem Gras entstehen.

Natürliches Sitzkissen

In einen weniger formalen Garten passt sehr gut eine Bank aus Holzstämmen, verwitterten Eisenbahnschwellen oder alten Backsteinen, die Sie selbst bauen und deren Sitzfläche Sie bepflanzen können. Wählen Sie einen geeigneten Standort und bauen Sie die Bank so, dass die künftige Sitzfläche etwa 1 m lang und 45 cm tief ist. Achten Sie dabei darauf, dass unten Abflussmöglichkeiten vorhanden sind. Dann füllen Sie die Sitzfläche mit Erde und legen Rasenstücke darauf. Sie können die Fläche aber auch mit Fliederpolster (*Cotula squalida*) oder kriechendem Thymian bepflanzen. Beide Pflanzen entwickeln bei Berührung einen aromatischen Duft.

Im Kreis sitzen

Unabhängig vom Sonnenstand können Sie immer im Schatten sitzen, wenn Sie eine Holzbank rund um den Stamm eines frei stehenden Baumes bauen. Wächst Gras unter dem Baum, beugen Sie dem Zertreten des Rasens vor, indem Sie die Fläche zuerst mit Backsteinen auslegen oder kleine, flache Kieselsteine aufschütten. Dieser Schutz kann sogar noch zum schönen Blickfang beitragen, den die Bank bildet.

Gartenmöbel vom Flohmarkt

Auf Flohmärkten, in Trödelläden oder in Antiquitätengeschäften können Sie oftmals schon für wenig Geld schöne alte Holzstühle, -tische und -bänke finden. Die Möbel müssen dabei durchaus nicht immer zusammenpassen – mit einem frischen Anstrich versehen oder sorgfältig abgebeizt und neu lasiert kann man sie an verschiedenen Plätzen im Garten aufstellen.

Korbmöbel reinigen

Gartenmöbel aus Weidenrohr, Bambus oder Rattan lassen sich ganz einfach mit einem Schwamm und warmem Wasser reinigen, dem Sie jedoch etwas Spülmittel zufügen sollten.

Farbliche Harmonie

Gartenmöbel kommen noch besser zur Geltung, wenn sie einen farblichen Kontrast zur Farbe des Hauses bilden. Besonders harmonisch wirkt es, wenn man sie in der gleichen Farbe wie die Holzelemente des Hauses, also meist Türen und Fensterrahmen, streicht oder lasiert.

Gartenpflanzen gießen

Wann gießen?

Im Frühjahr und Herbst sollten Pflanzen am Morgen gewässert werden. Dadurch lässt sich verhindern, dass die Blätter durch die Nachtfröste Schaden nehmen, da die Pflanzen tagsüber, wenn es bereits warm ist, gut abtrocknen können. Im Sommer sollten Sie dagegen erst abends gießen, wenn die Sonne bereits untergegangen ist. Werden die Pflanzen nämlich während der Hitze des Tages gewässert, verdunstet ein großer Teil des Wassers sehr rasch.

Wie viel gießen?

Wässern Sie den Boden einmal pro Woche sehr großzügig, sodass das Wasser zu den Wurzeln der Pflanzen vordringen kann. Nicht sinnvoll ist es, Pflanzen täglich, aber nur wenig zu gießen, da auf diese Weise lediglich die oberste Bodenschicht angefeuchtet wird. Das führt dazu, dass die Pflanzen ihre Wurzeln nur sehr dicht unter der Erdoberfläche, nicht aber bis tief in den Boden hinein ausbilden.

Wasserstrahl anpassen

Das Gießen mit einer grobporigen Spritzdüse vertragen nur fest verwurzelte oder sehr große Pflanzen. Samen und Sämlinge sollten Sie dagegen stets mit einem feinen Wasserstrahl gießen, damit sie nicht beschädigt werden.

Die Feuchtigkeit bewahren

Mit einer mindestens 5 cm dicken Mulchschicht aus gut verrottetem Kompost oder grob gehäckselter Baumrinde, die Sie auf dem Boden verteilen, können Sie nicht nur verhindern, dass das Gießwasser rasch verdunstet, sondern auch das Wachstum der Unkräuter unterdrücken, die mit den Pflanzen um das Wasser und die Nährstoffe im Boden konkurrieren.

Niemals in der prallen Sonne wässern

Wässern Sie Ihre Pflanzen möglichst nie bei praller Sonne. Die Wassertropfen, die auf den Blüten, Blättern und Stielen hängen bleiben, wirken nämlich wie ein Brennglas für die Sonnenstrahlen, sodass die Pflanze buchstäblich versengt wird.

Erdbeertöpfe wässern

Besorgen Sie sich vor der Bepflanzung Ihres Erdbeertopfes ein Stück Plastikrohr, das etwas länger als der Topf hoch ist. Bohren Sie mit einem erhitzten Metallspieß, den Sie jeweils schräg von unten ansetzen, Löcher in dieses Rohr und verschließen Sie das untere Ende mit einem Korken. Stellen Sie das Rohr nun aufrecht in die Mitte des Topfes und füllen Sie rundum so viel Erde auf, dass der obere Teil des  Rohres noch etwas über die Erdoberfläche herausragt. Setzen Sie dann Ihre Erdbeerpflanzen ein. Zum Wässern der Pflanzen füllen Sie das Rohr mit Wasser. Das Wasser sickert langsam in den Topf; dadurch ist jedes Pflanzloch stets ausreichend versorgt.

Große Pflanzen wässern

Wenn Sie zum Bewässern großer Pflanzen wie z. B. eines Baumes eine Sprinkleranlage verwenden, sollten Sie das Gerät immer in einigen Metern Entfernung aufstellen. Auf diese Weise fällt das Wasser von oben auf die Pflanze, rinnt am Stamm herab und versorgt so auch den Boden unter der Laubkrone mit genügend Feuchtigkeit.

Immergrüne Pflanzen abspritzen

Bei immergrünen Pflanzen sollten Sie das Laub hin und wieder mit Wasser abspritzen, um Staub- und Schmutzpartikel zu entfernen. Wenn Sie sehr nahe am Meer wohnen, spritzen Sie Ihre Nadelbäume und -sträucher regelmäßig mit Wasser ab, um auch möglichen Salzablagerungen vorzubeugen oder sie zu entfernen.

Gemüse gießen

Gemüse mit reichlich Fruchtfleisch wie Kürbis oder Tomaten dürfen niemals austrocknen. Damit die Wurzeln stets ausreichend Wasser bekommen, vergraben Sie am besten neben jeder Pflanze einen großen Tontopf oder eine umgedrehte, unten abgeschnittene Plastikflasche ohne Verschluss im Boden und gießen das Wasser immer dort hinein.

Gartenscheren

Gartenscheren pflegen

Nach Gebrauch sollten Sie die Schneiden Ihrer Gartenscheren mit Brennspiritus von Pflanzensäften säubern und nötigenfalls an einem Abziehstein schleifen, indem Sie die abgeschrägte Kante der Klinge entsprechend der Klingenform in einem Bogen über den Stein ziehen. Manche Hersteller bieten auch einen Schleifservice an.

Einfache und doppelte Schneide

Bei Gartenscheren mit einfacher Schneide, die vor allem für grobe Schnitte und weniger für feines Schneiden geeignet sind, muss die gerade Hartmetallschneide immer scharf sein, damit ein sauberer Schnitt gegen den Amboss möglich ist. Der Amboss besteht aus weicherem Metall und kann im Lauf der Zeit verschleißen. Scheren, bei denen die obere Klinge mit der Schneidekante wie bei einer Schere an der unteren vorübergleitet, gewährleisten einen glatten Schnitt und quetschen die abgeschnittenen Pflanzenstängel nicht.

Astscheren mit langem Griff

Astscheren mit langen Handgriffen haben eine größere Reichweite und eine bessere Hebelwirkung als solche mit kurzen Griffen, allerdings muss man sie mit beiden Händen bedienen. Man verwendet sie zur Entfernung von alten, harten Ästen mit 1,5–2,5 cm Durchmesser oder von dünnen Ästen, die nur schwer erreichbar sind.

Scheren für Linkshänder

Für Linkshänder ist das Schneiden mit normalen Gartenscheren, die für Rechtshänder konstruiert sind, in der Regel nicht ganz einfach. Deshalb gibt es inzwischen auch Gartenscheren für Linkshänder, die über entsprechend gebaute Schneiden und Verschlüsse verfügen. Solche Scheren finden Sie in gut sortierten Fachgeschäften oder man kann sie dort für Sie bestellen.

Siehe auch *Sicherheit*

Gartenschmuck

Accessoires für jeden Gartenstil

Je nach Gartenstil können Sie Ihren Garten mit passenden Accessoires ergänzen: Terracottatöpfe tragen zu einem mediterranen Erscheinungsbild bei, antike Statuen und Springbrunnen passen zu einem formal gestalteten Garten im klassischen Stil und asiatische Bambusmatten, Steinlampen und Skulpturen zaubern japanisches Flair in den Garten.

Für Überraschungen sorgen

Überraschende Elemente gehören in jeden Garten – ein schöner Blickfang etwa ist ein Vogelbad, das plötzlich hinter einer Wegbiegung auftaucht. Einen Schuss Humor bringen Sie ins Spiel, wenn Sie Statuen und andere Accessoires an Orten platzieren, an denen man sie nicht erwartet: Lassen Sie Igel, Schlangen oder Frösche aus Bronze über die Terrasse kriechen oder zwischen Pflanzen hervorschauen; verstecken Sie eine große Vogelplastik hinter Bambusstauden oder lassen Sie Tonferkel eine Treppe herabpurzeln. Für eine romantische Stimmung sorgt eine Nymphe, die zwischen Efeu und Rosen hervorschaut. Angenehme Töne erzeugt ein Windspiel.

Hintergrund

Ein Hintergrund aus immergrünen Pflanzen, etwa Buchsbaum, Efeu oder Eibe, bildet einen wirksamen Kontrast zu Schmuckelementen wie Büsten, Statuen oder Springbrunnen.

Ein einfaches klassisches Gefäß aus Ton trägt zur Schönheit eines stimmungsvollen mediterranen Gartens bei.

Aus Neu mach Alt

Stellen Sie eine neue Statue aus Stein an einen kühlen, schattigen Ort. Dort wird sie bald mit Flechten überwachsen sein und weniger nackt aussehen. Dieser künstliche Alterungsprozess lässt sich noch fördern, indem Sie die Statue ein- bis zweimal mit etwas Flüssigdünger bestreichen.

Große Übertöpfe

Wollen Sie eine kleine Topfpflanze in einen großen Übertopf setzen, können Sie ihr die nötige Höhe geben, indem Sie einen umgedrehten Topf unter sie stellen.

Von Schönheitsfehlern ablenken

Ein schön bepflanztes Terracottagefäß oder eine Statue auf der Rasenfläche abseits der Gartenmitte macht den Garten größer und lenkt von kleinen Schönheitsfehlern ab.

Gartenstile

Mediterrane Atmosphäre

Für einen Garten im Mittelmeerstil mit typisch südländischem Flair brauchen Sie nicht mehr als eine sonnige weiße Hauswand oder eine weiß gestrichene Mauer am wärmsten Platz im Garten; gestalten Sie deren Oberkante mit schräg nach unten weisenden Terracottaziegeln. Bevor Sie mit der Anlage des Gartens beginnen, sollten Sie zunächst den Boden von allem Unkräutern befreien. Dann wird eine Schicht Schotter ausgebracht und darauf eine etwa 10 cm dicke Kiesschicht gestreut, wobei Sie einige Stellen frei lassen sollten, um dort die typischen silbrig schimmernden Kräuter des Südens wie Lavendel, Salbei und Thymian zu pflanzen. Zu einem mediterranen Garten gehört auch ein schattiger Sitzplatz, den Sie sich in Form einer einfachen Pergola schaffen, die Sie mit Weinranken begrünen; den Boden bilden Terracottaziegel. Um das Gesamtbild zu vervollständigen, eignen sich als weitere Elemente ein silbrig glänzender Olivenbaum sowie einige Yuccas in dekorativen Pflanzkübeln oder Terracottagefäßen, ferner Geranien und Pelargonien.

Geometrisch geschnittene Buchsbaumhecken verleihen formal angelegten Gärten eine raffinierte Eleganz.

Römischer Kräutergarten

Stellen Sie in Ihren mediterranen Garten dekorative Ton- und Terracottatöpfe oder -kästen mit Kräutern und Gewürzen, die schon in der Küche des antiken Rom unentbehrlich waren, etwa Anis, Basilikum, Dill, Kapern, Katzenminze, Knoblauch, Koriander, Lorbeer, Myrte, Oregano, Petersilie, Rauke, Safran und Senf.

Asiatische Stile

Mit zwei oder drei Bonsais, einem in Form geschnittenen immergrünen Baum, z. B. einer Eibe, oder einem Gehölz mit besonders schönen Blüten, beispielsweise einer Zierkirsche, sowie einigen schön geformten größeren Findlingen, die wie Inseln aus dem Meer aus sauber geharktem Kies aufragen, können Sie die Atmosphäre eines japanischen Gartens erschaffen. Weitere typische Elemente eines asiatischen Gartens sind ein ruhiger Teich mit geschwungener Brücke, Steinlaternen oder auch grazile Stein- oder Bronzefiguren wie etwa Kraniche. (Siehe auch *Japanische Gärten*)

Formaler Garten im englischen Stil

Bei der Anlage eines formal gestalteten Gartens im elisabethanischen Stil ist etwas Geduld erforderlich, aber die Mühe lohnt sich. Diese Gartenform eignet sich auch für kleinere Stadtgärten, vor allem wenn man die Struktur von einem höher gelegenen Stockwerk aus im Ganzen überblicken kann. Eines der typischen Elemente dieser Gärten sind die streng geschnittenen Hecken mit ihren geometrischen Formen nach klassischen Mustern, wofür in der Regel Zwergbuchsbaum *(Buxus sempervirens 'Suffruticosa')* verwendet wird.

Naturnaher Garten

Bei diesem Gartenstil geht es um die Schaffung eines Ausschnitts aus der jeweiligen Umgebung, sodass hier weit weniger gezielt eingegriffen wird als bei einem formalen Garten. Typische Elemente eines naturnahen Gartens sind die natürlich geschwungenen Linien, verbunden mit üppiger einheimischer Pflanzenvielfalt und Wegen, Treppen und Zäunen aus Naturmaterialien.

Duftgarten auf der Veranda

Die Veranda ist in der Regel nicht nur sonnig, warm und trocken, sondern meist auch schnell von der Küche aus erreichbar. Deshalb ist sie der ideale Platz, um dort in Töpfen oder Blumenkästen Küchenkräuter wie Fenchel, Lavendel, Minze, Rosmarin, Salbei und Thymian anzupflanzen, deren aromatische Düfte Sie beim Sitzen genießen können.

Siehe auch *Historische Gärten* S. 130–131

Gartentagebuch

Gedächtnisstütze für den Ziergarten

Ein Gartentagebuch ruft Ihnen ins Gedächtnis zurück, wo Sie welche Pflanzen platziert haben, welche Sorten sich besonders gut entwickelt haben und welche eine Enttäuschung waren. Anhand Ihrer alljährlichen Notizen können Sie dann bald im Voraus sagen, wann eine bestimmte Rosensorte oder Kletterpflanze blühen wird, und so bei möglichen Schwankungen die Ursachen leichter herausfinden. Wie ausführlich diese Eintragungen sind, bleibt natürlich Ihnen überlassen – auch ein Schulheft leistet schon gute Dienste, in das Sie als Spaltenüberschriften etwa „Art und Sorte", „Aussaat- und Pflanzdatum", „Blütezeit" und „Bemerkungen" eintragen. Dabei können Sie unter dem Stichwort „Bemerkungen" beispielsweise besondere Maßnahmen notieren, also etwa welche Verbesserungen Sie bei den Pflanzen vorgenommen haben und wie diese sich ausgewirkt haben.

Obst- und Gemüsetagebuch

Ähnliche Notizen wie für Zierpflanzen können Sie natürlich auch zu Ihren Gemüsepflanzen machen. Hier sind allerdings zusätzliche Informationen nützlich, d. h., außer Arten und Sorten oder Aussaat- und Pflanzdatum sollten Sie möglichst noch Erntezeit und Ertrag vermerken und welche Obst- und Gemüsesorten am besten gedeihen und Ihnen am besten geschmeckt haben. Bei Ertragsverbesserungen oder -verschlechterungen machen Sie sich außerdem Notizen zum Mulchen und Düngen, ebenso zu Krankheiten oder Schädlingen, welche Vorbeuge- oder Behandlungsmaßnahmen Sie ergriffen und wie sie gewirkt haben. Auf diese Weise können Sie im Lauf der Zeit viel Geld sparen, da sich mögliche Misserfolge so von vornherein vermeiden lassen.

Das Wetter beobachten

Sehr nützlich sind langfristige Aufzeichnungen über die jährlichen Niederschläge und Temperaturen sowie über den jeweils ersten und letzten Frost oder längere Trockenperioden mit ihren Auswirkungen auf die Pflanzen. Aus diesen Notizen können Sie im Lauf der Zeit einen Aussaat- bzw. Pflanz- und Ernteplan entwickeln, der individuell auf Ihren Garten zugeschnitten ist. Wenn Sie bei Ihren Aufzeichnungen dann außerdem noch die Ertragsschwankungen innerhalb besonders trockener oder feuchter Jahre im Unterschied zu Jahren mit durchschnittlichem Wetter berücksichtigen, können Sie genau übersehen, wie sich ein solches durchschnittliches Jahr in Ihrem Garten darstellt.

Stauden in richtiger Höhe abstützen

Wenn Sie viele Stauden pflanzen, können Aufzeichnungen über die endgültige Höhe der einzelnen Arten und Sorten sehr von Nutzen sein. Das betrifft vor allem frisch gepflanzte Stauden, die mit zunehmender Höhe eine Stütze brauchen. Durch Ihre Aufzeichnungen wissen Sie dann von vornherein genau, wie hoch die Stützstäbe jeweils sein müssen, sodass sie die ausgewachsenen Pflanzen später weder überragen noch zu kurz sind, um ihren Zweck zu erfüllen.

Pflanzen vermehren

Bei einigen Pflanzen wie Clematis, Rhododendron und Seidelbast wurzeln die Stecklinge zu bestimmten Zeiten besser ein als sonst, und manchmal entscheiden schon wenige Wochen über den Erfolg. Genaue Aufzeichnungen darüber, wann Sie welche Stecklinge abgenommen haben und wie viele Pflanzen sich erfolgreich eingewurzelt haben, geben Ihnen bald Aufschluss über den optimalen Vermehrungszeitpunkt.

Gartenteiche

PLANUNG

Selbst machen oder machen lassen?

Das Ausheben der Grube für einen großen Teich lassen Sie am besten von einer Fachfirma mit den entsprechenden Geräten und geschultem Personal vornehmen. Planen Sie einen kleinen Teich, können Sie diese Arbeit mit Unterstützung von Familie und Freunden eventuell auch selbst ausführen. In jedem Fall sollten Sie aber vor der Beauftragung einer Spezialfirma Kostenvoranschläge einholen.

Der richtige Standort

Ein Teich sollte möglichst nicht in der Nähe von überhängenden Bäumen und Sträuchern liegen. Zum einen brauchen Wasserpflanzen viel Licht, zum anderen kostet es viel Zeit, im Herbst das Laub aus dem Teich zu fischen, das sonst verrottet und das Wasser verunreinigt. Selbst immergrüne Pflanzen werfen einige Blätter ab, und das Laub einiger Sträucher enthält sogar Giftstoffe, die Fischen und anderen Teichtieren schaden, wenn die Blätter im Wasser bleiben. Bei einem Teich in der Nähe von Bäumen und Sträuchern kann außerdem die Teichfolie von den sich ausbreitenden Wurzeln der Gehölze beschädigt werden.

Die passende Form

Die Form Ihres künftigen Teiches sollte zum Stil des Gartens passen. Für einen Teich in der Nähe des Hauses sind meistens klare, gerade Linien in Quadrat- oder Rechteckform am besten, in etwas weiterer Entfernung können dagegen unregelmäßige, leicht geschwungene Linien harmonischer wirken.

Die richtige Tiefe

Wollen Sie Fische in Ihren künftigen Teich setzen, muss dieser in der Mitte eine Tiefe von mindestens 50 cm haben, denn nur dann ist gewährleistet, dass zumindest eine Stelle am Grund des Teiches im Winter nicht gefriert und die Fische unter dem Eis einen Schlupfwinkel haben. Beim Ausheben der Grube sollten Sie außerdem daran denken, dass Sie etwa 25 cm unter dem oberen Rand einen 30 cm breiten Sockel für Flachwasserpflanzen stehen lassen, der nach Belieben rund um den Teich oder auch nur an ein oder zwei Seiten verlaufen kann. Bei der Anlage eines großen, tiefen Teiches können Sie außerdem unterhalb des ersten Sockels einen zweiten, etwas größeren Sockel für weitere Wasserpflanzen vorsehen. Teilen Sie die ausgehobene Erde aus der Teichgrube am besten in den dunkleren Oberboden und den helleren Unterboden. Den Unterboden können Sie entsorgen, den humusreichen Oberboden sollten Sie lagern und im nächsten Herbst auf Ihren Beeten und Rabatten verteilen.

Unregelmäßige Teichform

Vor der Anlage eines ungleichmäßig geformten Teiches empfiehlt es sich, den Umriss mit einem Gartenschlauch auf dem Boden zu markieren und den Schlauch so lange zu verändern, bis die Form Ihren Vorstellungen entspricht. Dann fixieren Sie ihn mit Holzpflöcken und markieren den Umriss mit einem Rasenkantenstecher oder Spaten im Boden. Wird der künftige Teich mit Teichfolie ausgelegt, sollte die Linienführung möglichst sanft sein, weil die Folie sich nicht an scharfe Kanten anpasst.

Teich in Hanglage

Für einen Teich an einem abschüssigen Standort verwenden Sie am besten ein vorgeformtes Glasfaserbecken, dessen oberes Ende in Bodenhöhe abschließt, während das untere Ende auf einer niedrigen Ziegel- oder Steinmauer ruht. Wichtig ist, dass das Becken von unten durch Hinterfüllen mit Sand oder Erde ausreichend abgestützt wird, damit die Glasfaser beim Füllen nicht durch das Gewicht des Wassers reißt.

Nitratgefahr

Wird das Becken am Fuß eines Abhangs angelegt, können die im Erdreich enthaltenen Nitrate in den Teich geschwemmt werden, was eine starke Algenbildung zur Folge hat. Das kann man vermeiden, wenn man am unteren Teil des Abhangs eine Plastiksperre errichtet.

Teich inmitten der Rasenfläche

Bei einem Teich inmitten des Rasens sollten Sie eine gepflasterte Randeinfassung anlegen, wobei die Platten etwas unterhalb des Rasenniveaus liegen müssen, damit Sie mit dem Rasenmäher mähen können. Beim Markieren des Beckens müssen Sie auch die Breite der Einfassung einkalkulieren.

ERSTE SCHRITTE

Teichauskleidungen

Die Haltbarkeit fester vorgeformter und flexibler Teichauskleidungen hängt von den verwendeten Materialien ab. Bei den festen Auskleidungen haben Sie die Wahl zwischen Elementen aus Plastik, die zwar preisgünstig sind, aber nur wenige Jahre überdauern, und Glasfaser, die etwas teurer ist, aber mindestens 10 Jahre hält. Bei flexiblen Teichauskleidungen können Sie wählen zwischen Butyl, EPDM, LDPE, Poläthylen und PVC. Sehr stabil ist Butyl, das aus Kunstkautschuk besteht und etwa 50 Jahre hält; eine Garantie wird im Allgemeinen allerdings nur für 20 Jahre gegeben. EPDM ist ebenfalls sehr reißfest, aber weniger flexibel als Butyl. LDPE-Folie ist in verschiedenen Stärken erhältlich, wobei die haltbarste Form aus mehreren Schichten besteht und eine 10-jährige Garantie haben sollte. Wenig belastbar ist Polyäthylen und daher für einen Gartenteich ungeeignet; es kann aber für Sumpfgärten verwendet werden. PVC ist recht widerstandsfähig und kostet nur halb so viel wie Butyl. Eine PVC-Folie für starke Beanspruchung sollte eine garantierte Haltbarkeit von etwa 15 Jahren haben.

105

Foliengröße berechnen

Zur Berechnung der Foliengröße messen Sie zuerst die maximale Tiefe, Länge und Breite der ausgehobenen Teichgrube. Dann verdoppeln Sie das Maß für die Tiefe und addieren diesen Wert jeweils zur Länge und Breite des Teiches. Diese Zahlen ergeben die benötigte Folienlänge und -breite, wobei eine ausreichende Zugabe für den Beckenrand und den Sockel enthalten ist.

Bei Sonne verlegen

Zum Verlegen einer flexiblen Teichfolie sollten Sie sich einen warmen, sonnigen Tag aussuchen. Durch die Wärme wird das Material etwas dehnbarer und lässt sich demzufolge auch leichter handhaben.

Teichfolie in Form ziehen

Legen Sie die Folie so über die Grube, dass sie ringsum mindestens 15 cm über den Rand hinausreicht, und beschweren Sie das Material auf allen Seiten mit Steinen. Dann lassen Sie mit dem Gartenschlauch das Wasser einlaufen und ziehen die Folie dabei vorsichtig so in Form, dass sie sich mit steigendem Wasserstand der Grubenform anpasst. Wenn Sie zu diesem Zweck anfangs im Teich stehen müssen, sollten Sie vorher die Schuhe ausziehen, damit die Folie nicht durch die Sohlen beschädigt wird.

Wasser nachfüllen

Vor allem im Sommer, wenn das Wasser schnell verdunstet, müssen Sie den Teich häufig wieder auffüllen. Allerdings sollten Sie dafür möglichst kein Leitungswasser verwenden. Besser geeignet ist Regenwasser aus einer Tonne, die Sie so aufstellen, dass sie oberhalb des Teiches steht. Wahlweise stellen Sie die Tonne  auf Ziegelsteine, damit das Wasser gut abfließen kann, und schließen das Schlauchende mit einem Anschlussstück an den Hahn der Tonne an. Wird der Teich vom Wasserhahn aus befüllt, lässt sich der Wasserdruck reduzieren, indem Sie das Ende des Schlauches in einen Eimer stecken oder eine  alte Socke darüber stülpen, die Sie mit einem festen Gummiring befestigen. Auf diese Weise fließt das Wasser mit weniger Druck ein und es wird kein Schlamm aufgewühlt.

Folienrand bedecken

Legen Sie um den Rand Ihres Gartenteichs am besten Natur- oder Pflastersteine und platzieren Sie die Steine so, dass sie etwa 5 cm über das Wasser ragen und gleichzeitig den Folienrand zudecken. Auf diese Weise schützen die Steine die Folie vor Beschädigung durch Betreten oder starke Sonneneinstrahlung. Bei der Auswahl der Pflastersteine sollten Sie sich vergewissern, dass sie bei Feuchtigkeit nicht rutschig werden.

Teichfolie reparieren

Mitunter wird flexible Teichfolie beim Einbau oder auch später im fertigen Teich versehentlich beschädigt. In diesem Fall können Sie sich im Fachhandel ein entsprechendes Reparaturset besorgen und das Leck selbst reparieren. Dafür leeren Sie den Teich bis zur undichten Stelle, flicken den Riss oder das Loch gemäß den Anweisungen des Herstellers und lassen die Reparatur einen Tag lang trocknen, ehe Sie den Teich wieder auffüllen.

BEPFLANZUNG UND PFLEGE

Algen entfernen

In einem neuen, frisch gefüllten Teich, in dem die Pflanzen noch nicht fest eingewurzelt sind, legt sich zunächst oft ein grüner Algenfilm über das Wasser. Entfernen Sie den Belag mit einer Grabgabel. Dazu streifen Sie ein Stück Maschendraht über die Zinken und fahren mit der Gabel durch das Wasser. Die Algen können Sie anschließend zum Düngen im Garten verwenden.

Algen vorbeugen

Algen brauchen Sonne und Mineralsalze zum Wachsen. Eine Woche nach dem Befüllen Ihres neuen Gartenteichs sollten Sie deshalb Pflanzen wie Kanadische Wasserpest (*Elodea canadensis*) einsetzen, die diese Salze aufnehmen. Im Frühjahr pflanzen Sie außerdem am besten einige Seerosen in den Teich, deren große Blätter besonders viel Schatten werfen.

Winterschäden verhindern

Glasfaserbecken können bei Frost durch Eis beschädigt werden. Zur Vorbeugung sollten Sie im Winter einen Stein an den Hals einer leeren Plastikflasche binden und diese im Wasser schwimmen lassen. Beim Gefrieren des Wassers wird der vom Eis ausgeübte Druck von der Flasche aufgenommen und etwas reduziert.

Die passenden Pflanzen

Bei der Auswahl von Wasser- und Uferpflanzen sollten Sie die endgültige Größe der Gewächse berücksichtigen und ob sie zur Teichgröße passen. Zierrhabarbersorten wie *Gunnera manicata* und *Rheum* wirken als Randbepflanzung eines großen Gartenteichs sehr dekorativ, während sie an einem kleinen Teich fehl am Platz wären.

Die richtigen Pflanzabstände

Uferpflanzen auf dem Sockel in der Flachwasserzone am Teichrand dürfen nicht zu dicht gesetzt werden. Bei hohen Pflanzen wie Weiderich sollte der Pflanzabstand mindestens 45–60 cm betragen, bei kleineren Pflanzen wie der Sumpfdotterblume genügt ein Abstand von etwa 30 cm. Als Randbepflanzung von sehr kleinen Teichen ist die Wasserminze eher ungeeignet, da sie sich stark ausbreitet, wenn man sie nicht in Schach hält.

Den Teich pflegen

Kleinere Abfälle sollten Sie mit einem Kescher aus dem Teich fischen, da sie andernfalls auf den Boden sinken, wo sie verrotten und das Wasser verunreinigen. Damit im Herbst kein Laub ins Wasser fällt, können Sie ein feinmaschiges Netz über den Teich spannen; die Ränder befestigen Sie mit Pflöcken im Boden. Haben sich viele Blätter auf dem Netz gesammelt, heben Sie es einfach ab und geben das Laub auf den Kompost.

Das Gleichgewicht erhalten

Einen kleinen Gartenteich sollten Sie nicht öfter als alle 4–5 Jahre bzw. einen großen Teich nicht öfter als alle 9–10 Jahre reinigen und neu füllen, weil ein zu häufiger Wasseraustausch das natürliche Gleichgewicht zerstört. Ist das Wasser allerdings stark verunreinigt und riecht unangenehm, sollten Sie den Teich umgehend leeren und vor dem Auffüllen mit frischem Wasser gründlich reinigen.

FISCHBESATZ

Genügend Platz lassen
Ehe Sie Zierfische wie Goldfische oder Karpfen in Ihren Teich setzen, sollten Sie berechnen, wie viele Tiere darin Platz haben. Als Anhaltspunkt gelten 5 cm Fisch pro 1 m² Wasserfläche, wobei Sie von der endgültigen Größe der Tiere ausgehen müssen. Anfangs ist es zudem sinnvoll, die Anzahl der Fische zu beschränken, damit auch die Pflanzen genug Platz zum Wachsen haben.

Geeignete Fischarten
Möchten Sie verschiedene Tierarten wie Frösche oder Molche an und in den Teich locken, dürfen Sie keine Raubfische wie Goldorfen oder Koikarpfen halten. Stattdessen nehmen Sie besser Elritzen und Stichlinge.

Schutz vor Vögeln
Raubvögel können Sie mithilfe von weitmaschigem Maschendraht daran hindern, in Ihrem Teich auf Fischfang zu gehen. Befestigen Sie den Draht mit Pflöcken am Rand und sorgen Sie für Abstand zum Wasser, indem Sie unter dem Draht Schnüre über den Teich spannen, die Sie an den Pflöcken festbinden.

Neue Fische einsetzen
Neue Fische können einen Temperaturschock erleiden, wenn man sie unvorbereitet in den Teich setzt. Legen   Sie daher den Beutel mit den Fischen ungeöffnet 1–2 Stunden in den Teich, bis sich die Wassertemperatur im Beutel der Temperatur des Teichwassers angeglichen hat. Anschließend können Sie den Beutel öffnen und eintauchen, sodass die Fische hinausschwimmen.

Schutz im Winter
Wenn der Teich zufriert, ziehen sich Fische an die tiefste Stelle im Wasser zurück. Wird das Eis dann dort nicht aufgebrochen, kann es zu Sauerstoffmangel kommen. Stellen Sie daher den Winter über regelmäßig einen Topf mit heißem Wasser über die Stelle, bis das Eis schmilzt.

Fütterungszeiten
Im Sommer brauchen Sie Ihre Fische nicht zu füttern, da sie sich in dieser Zeit von Insekteneiern, Larven, pflanzlichen Mikroorganismen und Samen ernähren. Im Winter fallen die Tiere in eine Art Winterstarre, sodass auch dann kein Füttern nötig ist. Lediglich von Februar bis Mai und von Ende September bis Ende November sollten Sie die Fische füttern. Seien Sie dabei sparsam, da sonst Futterreste das Wasser verunreinigen.

Vorsicht Dünger
Rasendünger oder gar Herbizide und Pestizide, die in den Teich gelangen, sind nicht nur schädlich für Fische und andere Teichbewohner, sondern können auch das biologische Gleichgewicht des Teiches empfindlich stören und den Algenwuchs fördern. Beim Düngen von Rasenflächen und Pflanzen in Teichnähe sollten Sie das Wasser deshalb vorher mit einer ausreichend großen Plastikfolie zudecken. Auch Rasenschnitt, selbst wenn er von unbehandeltem Rasen stammt, kann die Wasserqualität beeinträchtigen. Beim Mähen in der Nähe Ihres Teiches sollten Sie daher einen Rasenmäher mit Grasfangsack verwenden.

TIERWELT IM TEICH

Freier Zutritt zum Teich
Damit auch Tiere wie Igel oder Vögel problemlos und sicher an den Teich gelangen können, sollten Sie eine leicht abfallende Stelle am Ufer anlegen und mit Kieseln oder größeren Steinen befestigen oder an einer Teichecke im Wasser einige flache Steine aufschichten. Auf diese Weise können die Tiere mühelos trinken bzw. Vögel leichter ein Bad nehmen und Frösche oder Kröten einfach hinein- und hinausgelangen.

Nützliche Schnecken
Sobald sich die Wasserpflanzen im Teichboden fest eingewurzelt haben, sollten Sie einige Wasserschnecken ins Wasser setzen. Bei  diesen Tieren handelt es sich nämlich um unermüdliche Reinigungskräfte, die Wände und Boden des Teiches sauber halten, indem sie die Algen und die Abfälle der Fische verzehren. Allerdings sollten Sie die Schnecken erst dann anschaffen, wenn die Wasserpflanzen schon etwas älter sind, da die Tiere die zarten Blätter von Jungpflanzen beschädigen könnten.

Jungtiere schützen
Mit einem kleinen Kescher können Sie überschüssigen Laich aus dem Teich entfernen, um ihn an Freunde weiterzugeben, denn man sollte Laich nie aus natürlichen Gewässern holen. Ist Ihr Gartenteich ringsum mit Steinen eingefasst, lassen Sie am besten an einigen Stellen Pflanzen über die Steine ranken. So können junge Fröschen, Kröten und Wassermolche sicher ins Wasser gelangen, ohne auf den sonnenheißen Steinen zu verbrennen.

Brutplatz für Wildvögel
Von einem Garten mit einem großen, tiefen Teich werden auch Wildenten und andere Wildvögel angezogen. Die Bildung eines solchen Mini-Reservats können Sie fördern, indem Sie eine Insel in der Teichmitte bauen, die für Katzen und andere Kleinraubtiere unerreichbar ist, sodass die Wildvögel dort nisten und ihre Jungen großziehen können. Die Teichfläche sollte dafür jedoch mindestens 15 m² betragen und das Wasser muss tief genug sein, damit die Vögel darin untertauchen können.

Siehe auch *Der naturnahe Garten* S. 198–199, *Wassergärten*, *Wasserspiele*

Damit Sie im Herbst keine Probleme mit dem herabfallenden Laub bekommen, sollten Sie Ihren Gartenteich möglichst nicht in der Nähe von Bäumen anlegen.

Geißblatt

Roten Spinnmilben vorbeugen

Vor allem Geißblatt an sonnigen Hauswänden oder Gartenmauern leidet in Trockenperioden oft unter dem Befall durch die Rote Spinnmilbe, die von Hitze und Trockenheit angelockt wird und das Laub schädigt. Um die Insekten abzuwehren, sollten Sie die Pflanzen deshalb bei besonders trockenem Wetter im Frühling und Sommer regelmäßig mit Wasser besprühen.

Geißblatt zurückschneiden

Alte Geißblattpflanzen, die jahrelang nicht zurückgeschnitten wurden, haben in der Regel zahlreiche vertrocknete Triebe und entwickeln nur noch wenig neue Blätter und Blüten. Diese Pflanzen können durch einen radikalen Schnitt im März oder April verjüngt werden, bei dem Sie alle verholzten Triebe auf etwa 50 cm zurückschneiden und die neuen Triebe an der Wand oder am Spalier entlangführen. Damit Sie beim Schneiden nicht versehentlich erhaltenswerte Stängel verletzen, sollten Sie dafür keine Heckenschere, sondern eine Garten- oder Rosenschere verwenden.

Verschiedene Geißblattarten

Nicht alle Geißblattarten sind Kletterpflanzen, denn es gibt auch immergrüne oder halbimmergrüne Sträucher. Ihre Blüten sind zwar etwas weniger attraktiv als die der Kletterpflanzen, einige tragen dafür aber sehr schöne leuchtende Früchte wie beispielsweise die Rote Hecken-

kirsche (*Lonicera xylosteum*). Manche Arten eignen sich außerdem gut als niedrige Hecken, etwa die immergrüne Strauchheckenkirsche (*Lonicera nitida*), oder als niedriger Bodendecker unter Bäumen, wie z. B. die immergrüne Kriechheckenkirsche (*Lonicera pileata*).

Kletternde Arten

Zu den beliebtesten kletternden Geißblattarten gehören Jelängerjelieber (*Lonicera caprifolium*) und Waldgeißbart (*Lonicera periclymenum*), deren stark duftende Blüten von Juni bis August erscheinen. Beide Pflanzen sind sehr schnellwüchsig und brauchen in jedem Fall eine Kletterhilfe.

GÄRTNER-ALLERLEI

Sinnbild der Liebe

Geißblatt, auch Jelängerjelieber genannt, ist eine Kletterpflanze, die ihre Stütze fest umschlingt, weshalb sie seit dem Mittelalter als die Blume der Liebenden galt. Verliebte schenkten einander Geißblattsträußchen, die Beständigkeit symbolisierten, und im elisabethanischen England wurden daraus duftende Lauben geflochten, in denen sich die Liebenden trafen. Sogar auf Gräber wurde es als Zeichen ewiger Treue gepflanzt.

Der richtige Standort

Die kletternden Geißblattarten gedeihen am besten in durchlässigem Boden an einem sonnigen Standort, wobei die Wurzeln möglichst im Schatten stehen sollten. Im Container gezogene Pflanzen können Sie vom Frühjahr bis zum Herbst setzen. Im Herbst sollten Sie eine Mulchschicht aus reifem Kompost auf dem Boden um die Pflanzen verteilen, der nicht nur die Wurzeln im Winter vor starkem Frost schützt, sondern den Boden auch mit neuen Nährstoffen versorgt.

Gemüsegärten

Der richtige Standort

Der beste Ort für Gemüsebeete ist der flachste, sonnigste Teil des Gartens. Achten Sie bei der Wahl des Platzes auf die Unkräuter, die dort wachsen, denn Brennnessel, Hahnenfuß, Giersch und Vogelmiere gedeihen auf nährstoffreichem Boden, der ideal für das Gemüse ist.

Neues Gemüsebeet anlegen

Auch wenn Sie Ihr neues Gemüsebeet noch so sorgfältig bearbeiten, ist es fast unmöglich, alle Unkräuter restlos zu entfernen und eine optimale Bodenstruktur zu schaffen. Bauen Sie deshalb im ersten Jahr nur solches Gemüse an, das auch unter weniger günstigen Bedingungen gedeiht oder sogar zur Unterdrückung der Unkräuter beiträgt. So bilden beispielsweise Kartoffeln, Kürbis und Zucchini sehr große Blätter, die das Wachstum der Unkräuter hemmen. Blumenkohl, Karotten, Pastinaken oder Tomaten, die anspruchsvoll sind und einen guten Boden voraussetzen, sind dagegen im ersten Jahr problematisch. Auch Speisezwiebeln sollten Sie zunächst besser aus Steckzwiebeln – kleinen, unreifen Zwiebeln, die Sie im Fachhandel bekommen – und nicht aus Samen ziehen. (Siehe auch *Bodendecker*)

Die richtige Lage

Bei der Anlage eines neuen Gemüsebeets sollten Sie darauf achten, dass es möglichst von Ost nach West verläuft. So bekommen die Gemüsepflanzen mehr Sonnenlicht, als wenn sie in Nord-Süd-Richtung wachsen, denn in dieser Richtung würden sie sich mit zunehmender Größe je nach Sonnenstand gegenseitig beschatten.

Den pH-Wert des Bodens testen

Die meisten Gemüsearten gedeihen am besten in Böden mit einem pH-Wert von 6,5–8, nur Kartoffeln brauchen eine eher saure Umgebung. Kontrollieren Sie deshalb regelmäßig den pH-Wert Ihres Bodens, um zu erfahren, ob und wann der Boden verbessert werden sollte, etwa weil er zu sauer ist und deshalb mehr Kalk benötigt. Für den Test gibt es im Gartencenter oder dem Fachhandel entsprechende Sets. (Siehe auch *Bodenanalyse, Saure Böden*)

Organischer Dünger

Versorgen Sie Ihren Gemüsegarten jährlich mit organischem Dünger wie gut verrottetem Stallmist oder Kompost. Sie können aber auch Gründüngerpflanzen als natürliche Nährstofflieferanten für den Boden aussäen, beispielsweise Klee, Luzerne, Senf oder Winterwicke, die Sie im Herbst in den Boden einarbeiten. (Siehe auch *Biogärten, Düngemittel*)

Senf und Kohlhernie

Ist in Ihrem Gemüsebeet schon einmal Kohlhernie aufgetreten, sollten Sie besser auf Senf als Gründüngerpflanze verzichten, da die Senfpflanzen als Wirt für diesen Krankheitserreger dienen. (Siehe auch *Schädlinge und Krankheiten S. 347*)

Übergang schaffen

Mit schön blühenden Gemüsepflanzen können Sie einen sanften Übergang zwischen Ihrem Gemüsebeet und dem Ziergarten schaffen. Dafür eignen sich vor allem hohe

Kletterpflanzen wie Bohnen, beispielsweise Feuerbohnen mit ihren scharlachroten oder weißen Blüten, oder auch Stangenbohnen wie die Sorte 'Purple Podded Climbing'. Beide Bohnensorten sind nicht nur sehr dekorativ, sondern darüber hinaus auch ertragreich.

Vorgezogene Gemüsepflanzen

Beim Kauf von vorgezogenen Gemüsepflanzen sollten Sie darauf achten, dass die Setzlinge gut gewachsen sind und kräftige, gesunde Wurzeln haben. Nehmen Sie möglichst nur solche Pflanzen, die einzeln in Töpfen gezogen wurden, weil deren Wurzeln beim Herauslösen am wenigsten Schaden nehmen.

Attraktive Randbepflanzung

Gibt es in Ihrem Gemüsebeet zu wenig Platz für den Anbau von Kohl, können Sie die Kohlsorten 'Darkibor', 'Dwarf Green Curled' oder die F1-Hybride 'Showbor' auch im Blumenbeet ziehen. Mit ihren attraktiven krausen Blättern bilden diese Kohlsorten eine sehr schöne grüne Umrandung für Zierpflanzen.

Erbsen als Beetbegrenzung

Eine schöne optische Verbindung zwischen einem Gemüse- und einem angrenzenden Blumenbeet können Sie mit einer Reihe Buscherbsen herstellen, die Sie an den Rand des Gemüsebeets setzen. Die scharlachroten Blüten dieser Pflanze bringen hübsche zarte Schoten hervor.

Mangold und Rosenkohl als Übergang

Im Herbst bilden die leuchtend roten Stängel, Mittelrippen und Blattadern der Mangoldsorte 'Ruby Chard' oder die purpurroten Röschen der Rosenkohlsorte 'Rubine', die dicht gedrängt am Strunk unter einem Kopf mit großen Blättern sitzen, eine attraktive niedrige Abgrenzung zwischen Gemüse- und Ziergarten.

Grunddüngung ausbringen

Ehe Sie im März aussäen oder pflanzen, sollten Sie auf dem Gemüsebeet eine Grunddüngung ausbringen bzw. Pflanzen, die auf dem Beet überwintert haben, mit einem Stickstoffdünger versorgen. Düngen Sie die Pflanzen dann zwischen März und September je nach Bedarf mit einem für die jeweilige Gemüseart geeigneten Dünger. (Siehe auch *Düngemittel*)

Selbst anbauen oder kaufen?

Haben Sie nur wenig Platz in Ihrem Gemüsebeet, sollten Sie vor allem solche Gemüsearten anbauen, die bei Selbstanbau nährstoffreicher, frischer und preisgünstiger sind als beim Gemüsehändler oder im Supermarkt. Dazu gehören beispielsweise Bohnen, Mangold, Spinat, Zuckererbsen und Zuckermais.

Fruchtwechsel im Gemüsebeet

Fruchtwechsel bedeutet, dass Pflanzengruppen wie Kohlpflanzen, Wurzelgemüse oder Zwiebel- und Knollengewächse immer wieder an einer anderen Stelle im Gemüsebeet angebaut werden und erst nach 3–4 Jahren erneut an dieselbe Stelle kommen. So beugt man Schädlingen und Krankheiten vor; außerdem wird der Boden abwechselnd mit gut verrottetem organischem Material, Dünger und Kalk versorgt. Fruchtwechsel im Vierjahresrhythmus ist ideal, doch meist nur in großen Gärten möglich; bei weniger Platz können Sie auch im Dreijahresrhythmus anbauen. (Siehe auch Tabelle S. 112)

Fruchtwechsel bei wenig Platz

Wollen Sie nur kleine Mengen Gemüse oder wenige verschiedene Sorten anbauen, ist ein Fruchtwechsel nicht ganz so wichtig wie bei größeren Mengen oder bei zahlreichen unterschiedlichen Sorten. Sofern genügend Platz zur Verfügung steht, ist es trotzdem ratsam, Gemüsepflanzen zumindest nach 2 Jahren an einer anderen Stelle anzubauen.

DIE RICHTIGE WAHL

Gemüse in Mischkultur

Die meisten Gemüsesorten brauchen viel Licht und einen nährstoffreichen Boden, damit sie gut gedeihen. Außerdem ist es sinnvoll, in der Mitte des Gemüsegartens ein Beet mit intensiv duftenden Kräutern wie Lavendel, Rosmarin, Salbei und Thymian anzulegen, denn diese Pflanzen locken mit ihrem Duft zahlreiche nützliche Insekten an und halten das Ungeziefer fern. Darüber hinaus sollten Sie Ihr Gemüse möglichst in Mischkultur anbauen, indem Sie bestimmte Gemüsearten, die sich gegenseitig fördern, zusammen ins Beet pflanzen, sodass sie weniger anfällig für den Befall mit Schädlingen und Krankheiten sind. Im Folgenden finden Sie einige Beispiele für empfehlenswerte und ungünstige Pflanzenkombinationen:

- Pflanzen Sie Gurken und Kürbisse mit Zuckermais. Diese Pflanzen gedeihen in nährstoffreichem, feuchtem Boden, und der vom Zuckermais geworfene Schatten sorgt dafür, dass die Wurzeln der Gurken- und Kürbispflanzen schön kühl bleiben.
- Bauen Sie Kartoffeln für die Haupternte ebenfalls zusammen mit Zuckermais an. Beide gedeihen in nährstoffreichem Boden und können etwa zur gleichen Zeit geerntet werden.
- Ziehen Sie Zuckererbsen neben Stangenbohnen, da sich die Pflanzen gegenseitig in ihrem Wachstum fördern. Außerdem locken die duftenden Blüten der Zuckererbsen Insekten an, die für die Bestäubung der Bohnen sorgen.
- Kombinieren Sie Erbsen und Puffbohnen mit Frühkartoffeln; die Hülsenfrüchte geben den Kartoffeltrieben Schutz. Nach der Ernte bilden die abgestorbenen Erbsen und Bohnen einen guten stickstoffreichen Dünger für die Kartoffeln aus der Haupternte.
- Pflanzen Sie Gartenbohnen zwischen Kohl, da beide Pflanzen gegenseitig Schädlinge von sich fern halten.

- Setzen Sie Zwiebeln in die Nähe von Erdbeeren, da sie Pilzkrankheiten vorbeugen.
- Pflanzen Sie Karotten, Lauch und Zwiebeln nebeneinander. Die Düfte dieser Pflanzen überdecken sich gegenseitig und leiten so Schädlinge wie Möhren- und Zwiebelfliegen, die vom Duft der jeweiligen Pflanze angelockt werden, in die Irre.
- Ziehen Sie Kartoffeln nicht neben Himbeeren, Kürbissen oder Sonnenblumen, da diese Pflanzen die Anfälligkeit für Fäulnis bei den Kartoffelknollen fördern.
- Pflanzen Sie auf keinen Fall Bohnen – vor allem Puffbohnen oder Gartenbohnen – in die Nähe von Zwiebeln, da diese Pflanzen sich nicht vertragen und bei zu großer Nähe nicht mehr gut gedeihen.
- Bauen Sie niemals Tomaten in der Nähe von Kartoffeln an und achten Sie auch darauf, dass sie beim Fruchtwechsel nicht nacheinander auf derselben Fläche angebaut werden. Diese Pflanzen sind nämlich eng miteinander verwandt und deshalb auch für dieselben Schädlinge und Krankheiten anfällig.

ALTE GEMÜSESORTEN NEU ENTDECKT

Viele Gärtner bauen heute wieder Gemüse an, das schon unseren Vorfahren schmeckte, und auch solches, das lange Zeit als Unkraut galt. Auf diese Weise bleiben alte Sorten und damit ein wertvoller Genpool zur Zucht neuer Pflanzen erhalten, die resistent gegen Schossen sind, aber Geschmack und Farbe unverändert bewahren.

Die Begeisterung für neue Pflanzenarten aufseiten der Hobbygärtner (und natürlich auch das kommerzielle Interesse an ständigen Neuzüchtungen aufseiten der Händler) führt dazu, dass die Auswahl an Gartenzierpflanzen ständig wächst. Bei Nutzpflanzen sieht es nicht anders aus; die Forschung hat neue Gemüsesorten entwickelt, die resistenter gegen Schädlinge und Krankheiten sind, größere Erträge bringen und manchmal auch geschmacklich besser sind.

Diese Verbesserungen sind dem Landwirt wie dem Hobbygärtner gleichermaßen willkommen, doch sie sind auch ein Zeichen dafür, dass die Gemüsesorten von einst wieder an Popularität gewinnen. Die farbenprächtigen Zichorien, zu denen etwa Chicorée und Radicchio gehören, sind heute in den meisten Supermärkten erhältlich und in den Gärten wieder überaus beliebt. Auch andere Gemüse, beispielsweise die Kardone, die lange Zeit außer Mode waren, werden vereinzelt wieder in den Saatkatalogen angeboten.

Einige dieser neu entdeckten alten Gemüsearten, z. B. Zuckerwurzel, Topinambur, Hafer- und Schwarzwurzel, können auch Sie in Ihrem Garten anbauen, vorausgesetzt Sie wissen, wie man sie in der Küche verarbeitet. Manche alten Gemüsearten sind zur Zucht in modernen Kleingärten sogar außerordentlich gut geeignet, und das nicht zuletzt, weil sie so dekorativ sind, dass sie eine Bereicherung auch für das Blumenbeet darstellen.

Nostalgisches Wurzelgemüse

Zuckerwurzeln findet man vorerst noch selten in Deutschland. Die Pflanze – Botanikern als *Sium sisarum* bekannt – ist hier seit dem 16. und 17. Jh. heimisch und war damals überaus beliebt, galt sie doch als süßeste, weißeste und schmackhafteste aller Wurzeln. Sie ist mit Möhre und Pastinake verwandt und liegt geschmacklich etwa zwischen diesen beiden.

Zuckerwurzeln wachsen am besten an offenen Standorten in einem leichten, nährstoffreichen und mit Stallmist angereicherten Boden, der eine gute Wasserhaltekraft hat. Setzen Sie die Pflanzen mit einem Abstand von jeweils 20 cm. Wenn Sie Zuckerwurzeln im Frühjahr aus Samen ziehen, können Sie die fleischigen Knollen mit ihrer grauen Schale nach dem ersten Frost im Herbst und Winter ernten.

Eine lange Zeit in Vergessenheit geratene Pflanze, die ebenfalls vereinzelt von Gemüsehändlern angeboten wird, ist der nussartig schmeckende Topinambur. Er wird auch Erdbirne oder Jerusalemartischocke genannt und in bestimmten Gegenden Badens zur Herstellung von Schnaps verwendet.

Pflanzen Sie Topinamburknollen im Frühjahr etwa 15 cm tief und mit 30 cm Abstand. Sie gedei-

Die traditionellen Gemüsearten verleihen einem Küchengarten einen zeitlosen, wildromantischen Stil.

hen in allen Böden und sind besonders gut geeignet, um mit ihren Wurzeln schwere Böden aufzubrechen. Die Stängel können eine Höhe von bis zu 2,5 m erreichen. Im Gemüsegarten sind die Pflanzen hervorragende Windbrecher, wenn sie in mehreren Reihen gesetzt werden. Schneiden Sie die Stängel im Spätsommer auf etwa 1,5 m zurück. Dies verhindert die Blüten- und Samenentwicklung, sodass die ganze Energie der Pflanze den essbaren Knollen zugute kommt. Ernten Sie Topinambur immer frisch, kurz vor der Zubereitung. Sie können die Knollen den ganzen Winter hindurch ausgraben.

Wie der Topinambur, so gehören auch Hafer- und Schwarzwurzel zur Familie der Korbblütler. Haferwurzeln sehen aus wie dünne, lang gezogene Pastinaken, während die Schwarzwurzeln an ihrer dunklen Schale erkennbar sind. Beide Gemüsearten gedeihen am besten tief in einem gut durchlässigen, steinfreien Boden. Wenn Sie die Samen im Frühjahr direkt ins Freiland säen, können Sie ab Oktober ernten. Lassen Sie die Wurzeln den Winter über im Boden, sodass Sie sie nach Bedarf ernten können, oder heben Sie sie aus und lagern Sie sie in sandgefüllten Kisten an einem kühlen Ort, z. B. in Ihrem Schuppen oder der Garage.

Die schmackhaften Zuckerwurzeln sind nicht nur hübsch anzusehen, sondern auch eine kulinarische Bereicherung des winterlichen Speisezettels.

Großblättrige Augenweide

Meerkohl (*Crambe maritima*), der an der Küste auch wild wächst, wird wieder beliebter. Pflanzen Sie ihn in einen fruchtbaren, gut durchlässigen Boden und mischen Sie Kalk und Humus unter. Die Pflanzen sollten 5 cm tief und im Abstand von 45 cm an einen sonnigen Standort gesetzt werden. Im Januar, wenn sie zu wachsen beginnen, decken Sie sie gut zu, um die jungen Triebe zu bleichen. Treibtöpfe zum Bleichen werden heute wieder vereinzelt hergestellt; Sie können jedoch ebenso gut einen großen umgedrehten Blumentopf verwenden, dessen Drainageloch Sie mit einem Stein oder einer Tonscherbe bedecken. Ernten Sie die gebleichten Stängel, sobald sie etwa 25 cm groß sind, indem Sie sie vorsichtig aus dem Boden ziehen; achten Sie darauf, dass die Pflanze dabei nicht zerstört wird.

Auch die Kardone war früher beliebt. Diese Staude wird etwa 1,8 m groß; ihre Samen müssen im Frühjahr ausgesät werden. Binden Sie die Blätter im September zusammen und umhüllen Sie sie mit einem Stück Sackleinen, um die Stängel zu bleichen. Graben Sie die Pflanze nach 4 Wochen aus und entfernen Sie Blätter und Wurzeln; die Blattstiele und Rippen eignen sich gut als Suppengemüse.

Mit ihren geschwungenen Blättern ist die Kardone eine attraktive Bereicherung im Gemüsegarten.

Schmackhaftes Unkraut

Beim Löwenzahn wurden in früheren Zeiten die Blätter, Blüten, Blütenstängel und Wurzeln sehr geschätzt. Im 19. Jh. züchtete man in Großbritannien sogar eigens großblättrige Sorten für Salate, denen man Namen wie 'Ameliore Geant', 'Thickleaved Improved' und 'Vert de Montagny' gab. Der bittere Geschmack der Blätter kann leicht beseitigt werden, indem man die Pflanze mit einem Topf bedeckt, sodass sie kein Licht mehr bekommt. Die Wurzeln des Löwenzahns werden auch heute noch kommerziell zur Herstellung von Kaffee-Ersatz verwendet.

Es muss wohl kaum erwähnt werden, dass diese Pfahlwurzeln rasch neue Pflanzen hervorbringen, wenn auch nur kleinste Teile davon im Boden bleiben. Für die Vermehrung von Löwenzahn ist es deshalb ratsam, ihn aus Wurzelstecklingen zu ziehen, anstatt zu warten, bis er Samen bildet. Wäre der Löwenzahn nicht ein so hartnäckiges Unkraut, würde man ihn wahrscheinlich mehr schätzen.

Meerkohl-Treibtöpfe haben einen Nutzen und sind sehr dekorativ.

Hafer- und Schwarzwurzelpflanzen werden wegen ihrer Wurzeln angebaut, aber auch die Blütentriebe sind essbar.

Mini-Gemüsegarten

Selbst in einer Stadtwohnung können Sie Gemüse ziehen, vorausgesetzt sie verfügt über einen sonnigen Balkon oder eine helle Terrasse. Zwergformen gibt es z. B. von Karotten, Paprika, Salat und Tomaten, aber auch von anderen Gemüsearten, die Sie in Blumenkästen, Kübeln oder Ampeln anbauen können. Diese Zwergformen können Sie natürlich genauso im Garten nutzen, sofern Ihr Gemüsebeet so klein ist, dass der Anbau üblicher Arten zu viel Platz beanspruchen würde.

Jung und zart

Gemüse wird am besten geerntet, solange es jung und zart ist. Vor allem Kohlrabi wird leicht holzig, wenn man ihn zu lange stehen lässt. Regelmäßiges Abernten erhöht zudem bei mehrmals tragendem Gemüse wie Bohnen den Ertrag.

Bestmögliche Platznutzung

Sie können den Platz in Ihrem Gemüsebeet bestmöglich nutzen und gleichzeitig dafür sorgen, dass alle Pflanzen mit ausreichend Licht versorgt werden, indem Sie kleinwüchsige Gemüsepflanzen auf die sonnige Seite von großwüchsigem Gemüse setzen. Außerdem können Sie Gemüse, das zu unterschiedlichen Zeiten erntereif ist, gleichzeitig pflanzen. Schalotten etwa können gerade dann geerntet werden, wenn die großen Spargelpflanzen mit ihnen um Licht und Feuchtigkeit zu konkurrieren beginnen. (Siehe auch *Schatten*)

Schnecken vorbeugen

Achten Sie darauf, dass der Rasen an den Rändern Ihres Gemüsegartens immer möglichst kurz geschnitten ist. Schnecken verstecken sich nämlich sehr gern in langem, feuchtem Gras, von dem aus sie dann einen leichten Zugang zu Ihrem Gemüsebeet haben.

Nützlinge anziehen

Säen oder pflanzen Sie stark duftende Blumen und Kräuter rund um Ihren Gemüsegarten, deren Aroma nützliche Insekten wie Marienkäfer und Schwebfliegen anlockt. Dill, Fenchel, Studentenblume *(Tagetes)* und Sumpfblume *(Limnanthes douglasii)* eignen sich dafür besonders gut.

GÄRTNER-WISSEN

Fruchtwechsel in Drei- und Vierjahreszyklen

Fruchtwechsel heißt, dass Pflanzengruppen immer wieder an einer anderen Stelle im Gemüsebeet angebaut werden und erst nach 3–4 Jahren erneut an dieselbe Stelle kommen. Dadurch wird der Boden abwechselnd mit gut verrottetem organischem Material, Dünger und Kalk versorgt, also mit allem, was für das gesunde Wachstum der Gemüsepflanzen notwendig ist. Außerdem wird so das Risiko von bodenbedingtem Schädlings- und Krankheitsbefall gemindert, denn die im Boden lebenden, auf eine bestimmte Pflanzengruppe spezialisierten Schädlinge und Krankheitskeime finden auf neuen Pflanzen keinen Angriffspunkt mehr.

Dreijahreszyklus

Teilen Sie Ihren Garten in drei Parzellen und die Gemüsearten in drei Gruppen auf.

Gruppe A: Bohnen, Chicorée, Endivien, Erbsen, Gurken, Kopfsalat, Knoblauch, Kürbis, Lauch, Radicchio, Rettich, Sellerie, Spinat, Tomaten, Zuckermais, Zwiebeln
Gruppe B: Kartoffeln, Kohlrüben, Möhren, Pastinaken, Rote Beten, Speiserüben
Gruppe C: Blumenkohl, Brokkoli, Grünkohl, Rosenkohl, Rot- und Weißkohl

	Parzelle I	Parzelle II	Parzelle III
1. Jahr Zufügen	**A** Kompost oder Mist	**B** Kompost, Dünger, Mist für Kartoffeln	**C** Kalk und Dünger
2. Jahr Zufügen	**C** Kalk und Dünger	**A** Kompost oder Mist	**B** Kompost, Dünger, Mist für Kartoffeln
3. Jahr Zufügen	**B** Kompost, Dünger, Mist für Kartoffeln	**C** Kalk und Dünger	**A** Kompost oder Mist

Vierjahreszyklus

Teilen Sie Ihren Garten in vier Parzellen und die Gemüsearten in vier Gruppen auf.

Gruppe A: Blumenkohl, Brokkoli, Grünkohl, Kopfsalat, Rosenkohl, Rot- und Weißkohl, Speiserüben
Gruppe B: Kartoffeln, Knoblauch, Lauch, Schalotten, Sellerie, Zwiebeln
Gruppe C: Chicorée, Kohlrüben, Möhren, Pastinaken, Radicchio, Rote Beten, Schwarzwurzeln
Gruppe D: Bohnen, Endivien, Erbsen, Gurken, Kürbis, Rettich, Spinat, Tomaten, Zuckermais

	Parzelle I	Parzelle II	Parzelle III	Parzelle IV
1. Jahr Zufügen	**A** Kompost und Kalk	**B** Mist und Dünger	**C** Kompost und Dünger	**D** Kompost, Mist, Dünger
2. Jahr Zufügen	**D** Kompost, Mist, Dünger	**A** Kompost und Kalk	**B** Mist und Dünger	**C** Kompost und Dünger
3. Jahr Zufügen	**C** Kompost und Dünger	**D** Kompost, Mist, Dünger	**A** Kompost und Kalk	**B** Mist und Dünger
4. Jahr Zufügen	**B** Mist und Dünger	**C** Kompost und Dünger	**D** Kompost, Mist, Dünger	**A** Kompost und Kalk

Vögel abschrecken

Spannen Sie, um Vögel abzuschrecken, keine durchsichtigen Nylonfäden oder dunkle Baumwollschnüre über Ihre Beete mit Gemüsesämlingen. Sie werden von den Vögeln nicht gesehen, sodass sich die Tiere darin mit dem Schnabel oder den Beinen verfangen und sich verletzen können. Besser geeignet sind weiße oder farbige Baumwollschnüre, die sich vom dunklen Boden abheben und so von den Vögeln eher erkannt werden. Noch besser ist es jedoch, wenn Sie Ihre Sämlinge mit Vlies oder Folie bedecken. Man bekommt das Material im Handel und kann es immer wieder verwenden.

Ungeziefer vorbeugen

Ist Ihr Gemüsegarten von Hecken umsäumt, sollten Sie Ende März oder Anfang April überprüfen, ob die Sträucher eventuell von Blattläusen oder anderen Schädlingen befallen sind. Decken Sie in diesem Fall Ihre Gemüsepflanzen möglichst mit Vlies oder Folie zu, um zu verhindern, dass sich das Ungeziefer mit zunehmender Bodenerwärmung auch im Gemüsebeet ausbreitet.

Gewächshäuser

Die richtige Größe

Wenn Sie planen, ein Gewächshaus zu kaufen, sollten Sie das größtmögliche nehmen, das der Platz in Ihrem Garten und Ihr Geldbeutel zulassen: Je mehr Luft in dem Haus zirkuliert, desto besser gedeihen die Pflanzen, während sie unter beengten Verhältnissen nur schlecht wachsen.

Platz sparende Regale

Versehen Sie Ihr Gewächshaus neben Gestellen auch mit Regalen für die Saatschalen und Töpfe. Auf diese Weise können Sie sich um Ihre Sämlinge und Pflanzen kümmern, ohne sich vornüberbeugen zu müssen, und gewinnen zusätzlich an Bodenfläche. Platzieren Sie die Regale so, dass beim Gießen kein Schmutzwasser auf die Pflanzen in den unteren Regalbrettern tropft.

Heller Platz

Errichten Sie Ihr Gewächshaus an einem sonnigen Platz und nie im Schatten großer Bäume, damit auch in den Wintermonaten möglichst viel Licht hineinkommt.

Wärmeschutz im Sommer

Während der Sommermonate müssen Sie Ihr Gewächshaus vor zu viel Hitze schützen. Wenn es keine Jalousien hat, können Sie die Scheiben mit einer weißen Spezialfarbe streichen, die auch bei schlechtem Wetter noch Licht durchlässt und dem Regen mehrere Monate standhält. Diese Farbe, die Sie im Fachhandel bekommen, wird im Frühjahr aufgetragen und im Herbst mit einem Schwamm wieder abgewischt.

Kälteschutz im Winter

Im Winter können Sie Ihre Pflanzen vor Kälte schützen, indem Sie Dach, Seiten und Ecken des Gewächshauses mit Luftpolsterfolie isolieren. Zur Befestigung gibt es Spezialclips, die gewährleisten, dass zwischen Rahmen und Isolierung ein Abstand von 2 cm frei bleibt.

Kleingewächshaus

Haben Sie keinen Platz im Garten für ein großes Gewächshaus, können Sie an einer Seite des Hauses ein Miniaturgewächshaus anbringen. Solche Kleingewächshäuser lassen sich zwar nur schwer beheizen, reichen aber zur Anzucht winterharter Sämlinge und Stecklinge völlig aus.

Licht im Winter

Reinigen Sie in den dunklen Wintermonaten regelmäßig die Scheiben Ihres Gewächshauses, sodass die Pflanzen möglichst viel Licht bekommen. Mit einer Bürste, die Sie auf den Gartenschlauch stecken, können Sie sich diese Arbeit etwas erleichtern.

Wasserversorgung im Winter

Im Winter sollten Sie immer genügend abgestandenes, temperiertes Leitungs- oder Regenwasser im Gewächshaus bereithalten, damit empfindliche Pflanzen durch das Gießen keinen Kälteschock bekommen.

Auf undichte Stellen achten

Überprüfen Sie Ihr Gewächshaus regelmäßig auf undichte Stellen, da Holzverstrebungen durch eindringenden Regen zu faulen beginnen und sich Algen an den Scheiben bilden können.

Automatische Belüftung

Bei längerer Abwesenheit kann eine automatische Belüftungsvorrichtung sehr praktisch sein. Dieses System, das Sie in gut sortierten Gartenfachgeschäften bekommen, arbeitet auf der Basis thermaler Ausdehnungseffekte und öffnet bzw. schließt die Gewächshausfenster je nach Temperatur.

Aluminium-Gewächshaus

Achten Sie beim Aufbau eines Aluminium-Gewächshauses darauf, dass der Rahmen gerade steht. Ein ungerader Rahmen ist instabil, was zu Glasbruch führen kann.

DIE RICHTIGE WAHL

Materialien für Gewächshäuser

Beim Kauf eines Gewächshauses können Sie zwischen zahlreichen Ausführungen in unterschiedlichen Materialien und Preisklassen wählen.

Aluminium

Dieses Material braucht wenig Pflege, und weil die Verstrebungen sehr dünn sind, kommt sehr viel Licht in das Haus, vor allem in Bodennähe. Gewächshäuser aus Aluminium bekommen Sie auch als Bausatz, wobei das Aufstellen wegen der vielen Einzelteile recht mühsam ist, sodass man besser zu zweit arbeitet.

Holz

Gewächshäuser aus Hart- oder Weichholz lassen sich leichter aufbauen als Häuser aus Aluminium und sind auch dekorativer. Allerdings muss das Holz alle 2–3 Jahre mit einem Holzschutzmittel behandelt werden, damit es nicht verrottet. Holzgewächshäuser benötigen zudem einen Ziegel- oder Betonsockel.

Kunststoff

Gewächshäuser aus Kunststoff sind verhältnismäßig preiswert, haben jedoch eine recht kurze Lebensdauer; sie halten selten länger als 3 Jahre. Plastik zerkratzt leicht oder reißt, außerdem nimmt es durch das UV-Licht Schaden. Dies gilt selbst dann, wenn der Kunststoff mit einem entsprechenden Lichtschutz behandelt ist.

Zugluft vermeiden

Zug im Gewächshaus schadet nicht nur Ihren Pflanzen, sondern auch Ihrem Geldbeutel. Da allein durch den Boden schon etwa 8 % der Wärme entweichen, sollten Sie undichte Isolierungen an Türen und Fenstern umgehend erneuern und nicht richtig schließende Jalousienfenster reparieren. Kleinere Sprünge oder Risse im Glas können Sie mit transparentem wasserdichtem Klebeband abdichten, während zerbrochene Fensterscheiben auf jeden Fall ersetzt werden müssen. So können Sie abgestorbene Pflanzen und hohe Heizkosten vermeiden.

Wintersalat

Verfügt Ihr Gewächshaus über keine Heizung, können Sie es im Winter auch zum Anbau von Kopfsalat nutzen. Säen Sie dafür die Samen Ende August im Gewächshaus in Anzuchtschalen und pflanzen Sie die Sämlinge Ende September in die Gewächshausrabatte aus. Bei großer Hitze sollten Sie die Samen zuerst an einer schattigen Stelle im Freien aussäen, damit sie besser keimen, und erst die Sämlinge ins Gewächshaus bringen. Verwenden Sie nur solche Kopfsalatsorten, die sich für den Gewächshausanbau eignen.

Glasscheiben auswechseln

Müssen Sie zerbrochene Glasscheiben in Ihrem Gewächshaus austauschen, sollten Sie sich die Maße der einzelnen Teile notieren. Fertigen Sie bei Scheiben mit ungewöhnlichen Umrissen wie beispielsweise dreieckigem Glas nach Möglichkeit eine Schablone an, damit die Passform der neuen Scheibe garantiert stimmt. Nehmen Sie am besten auch ein in Zeitungspapier gewickeltes zerbrochenes Glasstück mit, damit der Glaser die genaue Stärke abmessen kann.

Für Feuchtigkeit sorgen

Bei heißem, trockenem Wetter sollten Sie zweimal täglich die Wege und Gestelle im Gewächshaus mit dem Gartenschlauch abspritzen, damit die Pflanzen genug Feuchtigkeit bekommen. Sie können aber genauso gut ein altes Handtuch so über einem Eimer mit Wasser befestigen, dass es mit seinem unteren Ende in der Flüssigkeit hängt. Auf diese Weise nimmt das Handtuch ständig Wasser auf, und es bleibt feucht im Gewächshaus.

Kübelpflanzen im Gewächshaus

Achten Sie darauf, dass das überhängende Laub von Kübelpflanzen im Gewächshaus nicht den Boden berührt, da es sonst bald welkt. Stellen Sie den Kübel mit der Pflanze am besten auf einen umgedrehten zweiten Topf, sodass die Luft frei unter den Blättern zirkulieren kann.

Kletterpflanzen im Gewächshaus

Kletterpflanzen können Sie im Gewächshaus statt mit Stützstäben auch mit einem stabilen Nylonfaden Halt geben. Befestigen Sie das untere Ende des Fadens am Boden des vorgesehenen Topfes und das obere mit einem Haken am Dach. Nun

füllen Sie die Erde auf und setzen die Pflanze hinein, die mit zunehmender Größe am Faden emporklettert.

Zwiebelpflanzen lagern

Bringen Sie im Frühjahr, wenn die Blätter verwelkt sind, Hyazinthen- und Tulpenzwiebeln zum Reifen ins Gewächshaus. Bis zum Auspflanzen im Herbst lagern Sie die Zwiebeln dann in Behältern unter den Gestellen.

Kunststoff- oder Glasscheiben?

Im Vergleich zu Kunststoffscheiben haben Glasscheiben den Vorteil, dass sie das Licht besser durchlassen und die Wärme bestmöglich halten. Kunststoff verkratzt leichter, sodass sich die Lichtdurchlässigkeit verringert, außerdem ist er teurer als Glas. Andererseits sind Glasscheiben schwerer als Kunststoffscheiben und müssen zudem häufiger repariert oder ersetzt werden.

Gewächshaushygiene

Abfälle entsorgen

Damit sich Schädlinge und Krankheiten gar nicht erst ausbreiten können, sollten Sie in Ihrem Gewächshaus auf Ordnung achten. Lagern Sie deshalb weder altes Substrat noch leere Düngerbehälter unter den Gestellen und lassen Sie auch keine abgestorbenen Pflanzenteile herumliegen. Solcher Abfall kann schnell zu einem Unterschlupf für Ungeziefer und zu einer Brutstätte für Krankheitserreger werden.

Frühjahrsputz

Putzen Sie mindestens einmal jährlich, am besten im Frühjahr oder Herbst, das Gewächshaus gründlich durch. Entfernen Sie zuvor vorsichtshalber alle Sämlinge, Pflanzen, Knollen und Zwiebeln und bringen Sie die Pflanzen an eine geschützte Stelle im Garten oder stellen Sie empfindliche Pflanzen ins Haus.

Zubehör säubern

Säubern Sie Ihre Werkzeuge und alle Einrichtungsgegenstände im Gewächshaus wie Stellagen und Regale ebenso regelmäßig und gründlich wie Ihre Haushaltsgegenstände. Wenn Sie keinen Schuppen oder andere Unterstellmöglichkeiten außerhalb des Gewächshauses haben, sollten Sie die gereinigten und getrockneten Werkzeuge in saubere Kisten oder Plastiksäcke verpacken und in einer Ecke des Gewächshauses lagern.

Pflanzbehälter reinigen

Säubern Sie Anzuchtschalen, Blumentöpfe und andere Pflanzbehälter mit heißem Wasser, etwas Haushaltsreiniger und einer Bürste von angetrockneten Erdresten. Weichen Sie Tontöpfe zuvor in einem Eimer mit Wasser ein.

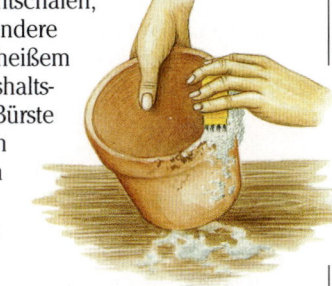

Funktionen überprüfen

Überprüfen Sie regelmäßig, ob sich in Ihrem Gewächshaus erste Anzeichen von Materialermüdung oder Rost an Schrauben, Schraubenmuttern, Türscharnieren, Fenstergriffen oder anderen Kleinteilen zeigen. Ersetzen Sie alle verrosteten Scharniere und behandeln Sie leichtere Fälle mit einem Entroster. Ölen Sie alle Teile, die in Ordnung sind, und warten Sie automatische Ventilatoren und Fensteröffner entsprechend den Empfehlungen des Herstellers.

Überlappendes Glas reinigen

An Stellen, an denen sich Fensterscheiben überlappen, können sich leicht Schmutz und Algen festsetzen und dunkle Ränder bilden, die den Lichteinfall beeinträchtigen. Fahren Sie deshalb bei der Reinigung mit einem dünnen Plastik- oder Metallstreifen vorsichtig zwischen den Scheiben auf und ab, wobei Sie darauf achten sollten, das Glas nicht zu verkratzen oder die Klammern zu lösen, die die Verglasung halten.

Unzugängliche Stellen reinigen

Achten Sie beim gründlichen Putzen Ihres Gewächshauses auch auf Ritzen in der Holz- oder Aluminiumkonstruktion, in denen sich leicht Schädlinge verkriechen können. Verwenden Sie zur Reinigung solcher Stellen warmes Wasser mit Haushaltsreiniger oder etwas Desinfektionsmittel sowie eine kleine, feste Bürste für Holz- bzw. eine Drahtbürste für Aluminiumkonstruktionen. Mithilfe einer langen Sprühdüse erreichen Sie auch schwer zugängliche Winkel.

Gewürze

Kreuzkümmel

Die würzigen Samen des Kreuzkümmels, die vor allem in der indischen Küche, aber auch bei uns verwendet werden, sind das Produkt einer zarten einjährigen Pflanze, die eine Höhe von 15–30 cm erreicht und eine lange Wachstumszeit hat. Sie wird von Februar bis April unter Glas ausgesät und ist als dekorative Pflanze eine Bereicherung für jeden Kräutergarten.

Fenchelsamen

Die wohlriechenden Fenchelsamen, die zusammen mit Anis und Kümmel nicht nur für beruhigende Magentees verwendet werden, sondern auch als Gewürz für eingelegte Früchte oder Brot dienen, entstehen in den gelben Blütendolden der 1–2 m großen kräftigen Pflanze. Ursprünglich aus dem Mittelmeer stammend, brauchen die Pflanzen einen sonnigen, geschützten Standort im Garten; die Blütezeit ist zwischen Juli und September, wobei die Samen nicht gleichzeitig reifen.

Safran

Safran, der zu den teuersten Gewürzen der Welt gehört, wird aus den Narben einer bestimmten Krokusart, des *Crocus sativus,* gewonnen. Wollen Sie die Pflanze in Ihrem Garten selbst anbauen, sollten Sie die Knollen im Spätsommer 5–8 cm tief in warmen, gut wasserdurchlässigen Boden setzen. Wenn die Pflanze dann im Oktober ihre blauvioletten Blüten hervorbringt, schneiden Sie die drei orangefarbenen Narben und den oberen Teil des Stempels ab und legen die Teile zum Trocknen aus. Es ist aber nicht ganz einfach, Safrankrokus selbst zu ziehen, da der Sommer recht warm sein muss, damit die Knollen austreiben; des Weiteren sollte der Boden gut drainiert sein. *Crocus-sativus*-Knollen bekommen Sie im guten Fachhandel und bei speziellen Versandfirmen. Für gerade einmal 10 g Safran benötigen Sie allerdings Hunderte von Blüten.

Senfsamen

Die scharfen dunkelbraunen Senfsamen, die schon bei den Römern der Antike ein beliebtes Würzmittel waren, werden vor allem zur Herstellung von Senf verwendet. Sie sind das Produkt einer etwa 1 m hohen Pflanze, die von Juni bis Juli schöne doldenartige gelbe Blüten trägt. Wegen ihrer verdauungsfördernden Wirkung gehören Senfkörner zu den gesündesten Gewürzen, die wir kennen.

Anis

Säen Sie Anissamen im Frühjahr an einer sonnigen, geschützten Stelle im Garten. Die Blätter können Sie in sommerliche Salate geben, die Samen eignen sich für Brotteige und herzhafte Gerichte. Ernten Sie die Samen, die im Herbst reifen, sobald sich ihre grünen Spitzen grau verfärben.

Giftpflanzen

Sicher pflanzen

Giftige Sträucher mit bunten Beeren sollten Sie außerhalb der Reichweite von Kindern an die Rückseite von Rabatten pflanzen. Eibe, Liguster oder Kirschlorbeer sollte man nicht in Reichweite von Weidetieren pflanzen oder Zweige auf den Weideflächen liegen lassen. (Siehe auch *Bäume*)

Bedeckt halten

Bei der Arbeit mit Pflanzen, die Hautreizungen verursachen, sollten Sie vorsichtshalber langärmelige Kleidung und Gartenhandschuhe tragen.

Kinder schützen

Durch Giftpflanzen ist Ihr Kind zwar weniger gefährdet als z. B. durch den Straßenverkehr, trotzdem sollten Sie ihm erklären, dass einige Pflanzen im Garten gefährlich sind und dass in jedem Fall nur die Beeren und Früchte gegessen werden dürfen, die Sie ihm ausdrücklich erlaubt haben.

Was tun bei einer Vergiftung?

Zeigt ein Kind Symptome einer Vergiftung – Erbrechen, Durchfall oder Magenschmerzen –, sollten Sie sofort einen Arzt rufen oder das Kind ins Krankenhaus bringen. Nehmen Sie Blätter und Früchte der verdächtigen Pflanze mit, sodass der Giftstoff schnell bestimmt werden kann.

GÄRTNER-WISSEN

Giftpflanzen im Garten

Viele bekannte Pflanzen haben eine Reiz- oder Giftwirkung. Nachstehend sind die häufigsten Giftpflanzen aufgeführt, von denen manche tödlich sind, während andere nur geringe Hautreizungen verursachen.

Pflanze	Giftige Teile	Mögliche Symptome
Christrose (*Helleborus*)	Alle Teile	Bei Berührung Hautreizungen, bei Verzehr Verdauungsstörungen
Dieffenbachie (*Dieffenbachia*)	Alle Teile	Der Saft ist gefährlich, wenn er in Mund oder Augen gelangt
Eibe (*Taxus*)	Alle Teile	Bei Verzehr Blutdruckabfall, Erbrechen, Durchfall
Efeu (*Hedera*)	Alle Teile	Bei empfindlicher Haut bei Berührung Hautreizungen
Eisenhut (*Aconitum*)	Alle Teile	Bei Verzehr auch kleiner Mengen schwere bis tödliche Vergiftung
Fingerhut (*Digitalis*)	Alle Teile	Bei Verzehr Kopfschmerzen, Krämpfe, Erbrechen
Glyzine (*Wisteria*)	Samen	Bei Verzehr Kopfschmerzen, Übelkeit, Erbrechen
Goldregen (*Laburnum*)	Alle Teile	Bei Verzehr Benommenheit, Kopfschmerzen, Erbrechen
Herbstzeitlose (*Colchicum*)	Alle Teile	Bei Verzehr Brennen in Mund und Hals, Erbrechen und Durchfall
Hyazinthe (*Hyacinthus*)	Alle Teile	Bei Berührung Hautreizungen, bei Verzehr Durchfall
Inkalilie (*Alstroemeria*)	Blätter	Bei längerer Berührung Hautreizungen
Liguster (*Ligustrum*)	Beeren	Bei Verzehr Erbrechen, Durchfall
Lorbeerkirsche (*Prunus laurocerasus*)	Beeren	Bei Verzehr Krämpfe, Erbrechen; tödlich, wenn sie gekaut werden
Lupine (*Lupinus*)	Samen	Bei Verzehr Schwindel, Übelkeit, Erbrechen
Narzisse (*Narcissus*)	Alle Teile	Bei Berührung Hautreizungen, bei Verzehr Krämpfe und Erbrechen
Primel (*Primula*)	Blätter	Bei Berührung Dermatitis, bei Verzehr Verdauungsstörungen
Raute (*Ruta*)	Alle Teile	Bei Berührung in praller Sonne Hautreizungen
Rittersporn (*Delphinium*)	Alle Teile	Bei Verzehr Übelkeit, Erbrechen, Sehstörungen
Rosskastanie (*Aesculus*)	Alle Teile	Bei Verzehr leichte Magen-Darm-Beschwerden
Seidelbast (*Daphne mezereum*)	Alle Teile	Bei Verzehr der Beeren schwere bis tödliche Vergiftung
Spindelstrauch (*Euonymus*)	Beeren	Bei Verzehr Müdigkeit, Erbrechen, Durchfall
Winde (*Ipomoea*)	Samen	Bei Verzehr Sehstörungen, Magenschmerzen, Übelkeit
Wolfsmilch (*Euphorbia*)	Alle Teile	Bei Verzehr Brennen im Mund, Erbrechen, Durchfall

---

Gladiolen

Knollen setzen

Pflanzen Sie den ersten Schub Knollen in Reihen mit etwa 30–40 cm Abstand zwischen Mitte März und Mitte April an einen sehr sonnigen Standort in gut gedüngtem Boden. Wenn Sie dann in Abständen von etwa 14 Tagen noch drei- bis viermal weitere Knollen setzen, haben Sie den ganzen Sommer hindurch blühende Gladiolen, die sich auch ausgezeichnet als Schnittblumen eignen.

Stabilen Halt geben

Ist der Boden eher locker oder stehen die Pflanzen an einem windigen Platz, sollten die Knollen mindestens 10 cm tief gesetzt werden. Auf diese Weise haben die Stängel einen besseren Halt.

Die Pflanzen stützen

Stecken Sie neben jeder Pflanze einen Stützstab in den Boden, und zwar auf der dem Wind zugekehrten Seite. Binden Sie jedoch den oberen Teil des Blütenstands nicht daran fest, da er sonst bei starkem Wind abbrechen kann.

Farbenpracht

Wollen Sie Gladiolen als Schnittblumen nutzen, sollten Sie auffällige Sorten wählen wie etwa die grüne 'Green Woodpecker', die rote 'Hunting Song', die rosafarbene 'My Love' oder auch die orangefarbene 'Saxony'.

Schnittblumen

Bevor Sie Gladiolen abschneiden, sollten Sie die Pflanzen 2 Tage lang großzügig gießen. Nehmen Sie Pflanzen mit Blüten, deren Kelche sich gerade eben öffnen, und schneiden Sie die Gladiolen am frühen Morgen.

Winterharte Gladiolen

Die großen Gladiolensorten wirken zwar besonders schön, sind bei uns aber nicht winterhart. Stattdessen können Sie frostharte Wildarten setzen, die auch zwischen anderen Pflanzen sehr dekorativ wirken und an Mauern in Richtung Süden oder Westen gedeihen, wo man sie sich selbst überlassen kann. Zu den widerstandsfähigsten Wildarten gehört die Gewöhnliche Siegwurz (*Gladiolus byzantinus*) mit einer Höhe von 60 cm und blutroten Blüten. Alle Gladiolenarten bevorzugen einen warmen, sonnigen Standort und einen nährstoffreichen, wasserdurchlässigen Boden.

Das Schwert der Gladiatoren

Gladiolen bekamen ihren Namen wegen der Ähnlichkeit ihrer Blätter mit dem Gladius, dem Schwert der alten Römer, das auch die Waffe der Gladiatoren war. In Südeuropa kannte man lange Zeit nur die Wildform dieser Pflanze, die in den Mittelmeerländern zu Hause ist, während die großen, auffälligeren Arten aus Südafrika stammen und erst vor gut 250 Jahren nach Europa gelangten. In England und Belgien entstanden dann durch Züchtung viele neue Sorten mit großen Blättern und leuchtenden Farben, die heute sehr beliebt sind, aber auch viel Pflege benötigen, während sich die kleineren natürlichen Arten wesentlich leichter ziehen lassen.

Frühere Blütezeit

Gladiolen blühen bis zu 3 Wochen früher, wenn Sie die Knollen im Februar oder März im Gewächshaus in Töpfen bei 12 °C an einem möglichst sonnigen Platz vorziehen. Ab Mitte Mai nach den letzten Nachtfrösten können Sie die Pflanzen dann ins Freibeet setzen.

Knollen überwintern

Nehmen Sie die Pflanzen im Herbst vor den ersten Nachtfrösten aus dem Boden und legen Sie die Knollen zum Trocknen in flache Kästen, die Sie in den Schuppen oder die Garage stellen, wo sie genügend Luft bekommen. Drehen Sie die Knollen zwischendurch um, damit die Feuchtigkeit auch aus den Stielen entweicht.

Tochterknollen aufbewahren

Nachdem die Knollen getrocknet sind, drehen Sie vorsichtig die alte verschrumpelte Knolle an der Basis der neuen ab und werfen sie weg. Entfernen Sie auch die trockene äußere Schale der Knollen und trennen Sie dann vorsichtig die kleinen Tochterknollen von den großen Knollen ab. Bewahren Sie diese Knollen in einer Papiertüte auf und vermerken Sie darauf neben der jeweiligen Sorte auch die Blütenfarbe und die Höhe der Pflanzen.

Knollen trocknen

Zum Überwintern können Sie die getrockneten Knollen auch in ein Netz legen, das Sie von der Decke des Schuppens hängen lassen, damit sie gut belüftet sind. Haben Sie nur wenige Knollen, können Sie sie in einer aussortierten Strumpfhose aufbewahren.

Gladiolen vermehren

Gladiolen werden aus Tochterknollen oder Samen gezogen, wobei Hybriden aus Samen nicht die gewünschte Farbe oder Form aufweisen. Die Tochterknollen werden in Abständen von 30 cm 5–8 cm tief in trockenen Boden gesetzt, den Sie zuvor mit reifem Kompost verbessern sollten. Wenn Sie in jedem Pflanzloch etwas Sand über und unter den Knollen verteilen, wird das Wachstum gefördert und das Herausnehmen im Herbst erleichtert. Nach dem Setzen sollten Sie die Pflanzen regelmäßig gießen und frei von Unkräutern halten. Sind die letzten Blätter verwelkt, nehmen Sie die Knollen aus dem Boden und lagern sie wie ältere Knollen. Viele Gladiolen blühen erst im zweiten, manche sogar erst im dritten Jahr.

Glockenblumen

Gute Drainage

Die meisten mehrjährigen Zwergglockenblumen sind Gebirgspflanzen und benötigen einen Boden mit guter Drainage, auf schweren, nassen Böden verfaulen sie über Winter häufig. Setzen Sie die Pflanzen am besten in sandigen Boden am Rand von steinigen Wegen oder in den Steingarten.

Blütezeit verlängern

Verwelkte Blüten von hohen Glockenblumen sollten Sie entfernen und die Pflanzen anschließend gut wässern; so können Sie die Blumen zu einer zweiten Blüte anregen.

Mehr Höhe im Blumenbeet

Mit hohen mehrjährigen Glockenblumen geben Sie Ihrem Blumenbeet mehr Höhe. *Campanula lactiflora* 'Loddon Anna' besitzt blassrosa Blüten, *C. latifolia* trägt große, blauviolette oder weiße Glocken und *C. persicifolia* hat blaue oder weiße Blüten, die eng an der Hauptachse sitzen.

Vielfalt der Glockenblumen

Glockenblumen mit ihren unterschiedlichen Wuchsformen und -höhen blühen lange und bringen viel Abwechslung ins Blumenbeet.

Zwergformen

Campanula 'Birch Hybrid': Kompakte Wuchsform, zart malvefarbene Glocken, lange Blütezeit

C. carpatica: Kompakte Wuchsform, hübsche große blaue oder weiße Blüten

C. cochleariifolia: Kleine Glöckchen in verschiedenen Blautönen, besonders hübsch ist die Sorte 'Elizabeth Oliver' mit blauen gefüllten Blüten; gedeiht gut in Ritzen zwischen Pflastersteinen

C. lactiflora: Die Sorten 'Pouffe' und 'White Pouffe' bilden üppige Blütenpolster

C. portenschlagiana: Polsterstaude mit tief lavendelblauen Blüten, breitet sich von alleine aus

C. poscharskyana: Schnellwüchsiger Sommerblüher mit sternförmigen blauen Blüten

Hohe Formen

C. glomerata: Robuste, kräftige Pflanze mit buschigen, auffällig blauen oder weißen Blüten

C. 'Kent Belle': Prachtvolle seidig blaue Glocken; im ersten Jahr niedrig, später höher

C. lactiflora: Zahlreiche blaue, rosafarbene oder leuchtend weiße Blüten; gedeiht am besten im Halbschatten

C. latifolia: Prächtige Staude mit verschiedenen Sorten in Weiß und unterschiedlichen blauvioletten Tönen

C. persicifolia: Die eleganteste Art mit blauen, weißen oder fliederfarbenen Blüten an kräftigen Stängeln

C. takesimana 'Elizabeth': Intensiv rosafarbene, innen zart gefleckte Blüten

Glockenblumen vermehren

Manche Glockenblumenarten mit mehr als einer Blütenkrone wie *Campanula glomerata*, *C. persicifolia* und *C. takesimana* lassen sich nur schwer aus Samen ziehen; sie können im März, April oder Oktober durch Teilung vermehrt werden. Beim Einsetzen der geteilten Pflanzen sollten Sie etwas Kompost in das Pflanzloch und rund um die Pflanzen verteilen, um das Wachstum zu fördern.

Hoch wachsende Glockenblumen bringen mehr Höhe in Beete und Rabatten und sind hübsche Schnittblumen.

Glockenblumen mit Pfahlwurzeln

Manche Glockenblumenarten wie etwa die Waldglockenblume *(Campanula latifolia)*, eine hübsche Wildstaude mit violetten Blüten, die vorzugsweise im Halbschatten gedeiht, besitzen lange Pfahlwurzeln. Deshalb lassen sich diese Pflanzen nicht teilen, sondern können nur über Samen vermehrt werden.

Glyzinen

Geeignete Pflanzen

Bei der Auswahl Ihrer Glyzinen nehmen Sie am besten veredelte Jungpflanzen. Sie sind nicht nur robuster, sondern blühen auch früher als aus Samen gezogene Pflanzen.

Kübelpflanzen

Haben Sie wenig Platz im Garten, können Sie Glyzinen auch im Pflanzkübel ziehen; dadurch bilden sich weniger Wurzeln. Durch vorsichtiges Beschneiden können die Pflanzen sogar als Hochstamm gezogen werden. (Siehe auch *Hochstämme*)

Der richtige Standort

Glyzinen sind zwar winterhart, benötigen aber für die Blütenbildung ausreichend Wärme. Der beste Standort ist deshalb eine nach Süden oder Südwesten ausgerichtete Mauer oder eine entsprechende Hauswand, an der die Pflanzen hochranken können. Wenn Sie Glyzinen im Herbst aus Samen ziehen, ist es allerdings besser, den Topf oder die Anzuchtschale mit den Samen zunächst an eine nach Norden ausgerichtete Wand zu stellen, denn die Samen brauchen Kühle, um keimen zu können. Sobald die Sämlinge groß genug sind, können sie dann an eine Süd- oder Südwest-Wand gesetzt werden.

Blütenbildung fördern

Ein regelmäßiger Rückschnitt fördert die Blütenbildung. Schneiden Sie daher im Juli oder August lange, nicht blühende Triebe bis auf fünf oder sechs Blätter an der Basis zurück. Im Dezember folgt dann der zweite Schnitt, bei dem an jedem Trieb nur noch zwei Knospen übrig bleiben.

Kräftige Stützen bauen

Da Glyzinen sehr schwer werden, sollte das Spalier aus festem Draht oder kräftigen Holzleisten bestehen und gut verankert sein, damit es die Pflanze mit ihrem Gewicht nicht aus der Wand reißt.

Glyzinen düngen

Selbst wenn Ihre Glyzinen trotz eines geeigneten Standorts und aufmerksamer Pflege noch nie geblüht haben, sollten Sie die Pflanzen auf keinen Fall entfernen, denn aus Samen gezogene Glyzinen brauchen zuweilen bis zu 10 Jahre, bis sie zum ersten Mal blühen, und auch dann kann die Blüte recht spärlich ausfallen. Um die Blühfreudigkeit der Pflanzen zu fördern, sollten Sie die Gewächse von Ende März bis zum September einmal wöchentlich mit einem kalireichen Flüssigdünger versorgen. Verwenden Sie auf keinen Fall Stickstoffdünger, da dieser das Blattwachstum auf Kosten der Blütenbildung fördert.

Granatapfelbäume

Schöne Kübelpflanze

Der Granatapfelbaum mit seinen schönen roten Blüten ist bei uns nicht winterhart und wird daher als Kübelpflanze gezogen. Nur ältere Pflanzen entwickeln in warmen Sommern auch Früchte, die  aber meist nicht reif werden. Die Zwergform 'Nana', die ebenfalls im Kübel kultiviert wird, blüht üppig und fruchtet reich. Granatapfelbäume stellt man im Herbst zum Überwintern in einen kühlen Raum oder ins frostfreie Gewächshaus.

Grillen

Der richtige Standort

Den Standort für einen flexiblen oder fest installierten Grill sollten Sie besonders sorgfältig auswählen, um unnötige Risiken zu vermeiden. Steht der Grill etwa zu nah an einer Wand oder Gartenmauer, können Luftverwirbelungen das Anzünden erschweren oder plötzliche Stichflammen hervorrufen. Stellen Sie Ihren Grill auch nie in die unmittelbare Nähe von Blumen oder Gehölzen – vor  allem nicht in die Nähe von harzigen Bäumen wie Fichten, Kiefern und Tannen – oder unter eine Pergola. Stehen Sie immer mit dem Rücken zum Wind und achten Sie darauf, dass es nicht zu Funkenflug kommt, der einen Brand auslösen könnte.

Kein Risiko eingehen

Alljährlich führt der sorglose Umgang mit dem Grill zu schweren Unfällen, manchmal auch mit Todesfolge. Tragen Sie deshalb stets spezielle Grillhandschuhe und verwenden Sie zum Grillen nur Geräte mit langem Griff, damit Sie immer den notwendigen Sicherheitsabstand einhalten können. Entzünden Sie das Feuer außerdem niemals mit Benzin oder Spiritus, sondern verwenden Sie

dafür einen flüssigen Grillanzünder, trockene Holzstückchen oder spezielle Grillanzünderwürfel, die Sie unter die Holzkohle legen. Lassen Sie auch keine kleinen Kinder unbeaufsichtigt in der Nähe des Grills spielen, solange das Gerät in Betrieb ist, und halten Sie für den Notfall stets eine Kanne mit Wasser bereit. Um nach dem Grillen einem möglichen Funkenflug vorzubeugen, sollten Sie etwas Asche über die noch glühende Holzkohle streuen.

Provisorischer Grill

Haben Sie keinen fest installierten Grill, können Sie sich auch mit einem provisorischen Grill aus Ziegel- oder Betonsteinen behelfen. Schichten Sie die Steine dafür mit einem Abstand von etwa 50 cm zu zwei Mäuerchen auf und legen Sie zwei Metallstangen darüber, auf denen Sie den Grillrost platzieren.  Die Holzkohle kommt auf ein Tablett aus Stahl; Sie können aber auch aus Ziegelsteinen eine Feuerstelle bauen.

Praktische Anzündhilfe

Eine Anzündhilfe können Sie leicht selbst herstellen. Dafür nehmen Sie eine große leere Konservendose, stanzen oberhalb des Bodens in regelmäßigen Abständen Löcher in den Rand und entfernen anschließend den Boden mit einem Dosenöffner. Stellen Sie nun die Dose mit den gestanzten Löchern nach unten in die Mitte des Grills. Geben Sie eine Schicht zerknülltes Zeitungspapier hinein. Dann füllen Sie die Dose mit Holzkohle auf und entzünden das Papier durch die gestanzten Löcher an der Seite. Die Konstruktion wirkt jetzt wie ein Kamin, und die Flammen ziehen durch die Holzkohle nach oben. Sobald die Kohle glüht, heben Sie die Dose mit einer Grillzange an und verteilen die Kohle auf dem Grill.

Rücksicht auf die Nachbarn nehmen

Beim Grillen im Garten müssen Sie die Geruchsbelästigung möglichst gering halten, damit Ihre Nachbarn nicht gestört werden. Wenn Sie dies beachten und jährlich nicht öfter als etwa zehnmal grillen, dürfte es aber keine Probleme geben.

Gurken

SALATGURKEN

Freilandgurken pflanzen

Freilandsorten können Sie ab Ende April bis Mitte Juni an einem geschützten Standort, etwa in einem ungeheizten Gewächshaus, aussäen. Setzen Sie die Sämlinge ab Mitte Mai ins Freiland und schützen Sie die Pflänzchen mit Hauben oder einem Folientun-  nel, bis die Nachtfröste vorbei sind. In kälteren Regionen sollten Sie die Pflanzen so lange zugedeckt lassen, bis sie gut angewachsen sind.

Treibhausgurken pflanzen

Gurken können Sie schon ab Mai ernten, wenn Sie die Samen von Treibhaussorten im Februar im Gewächshaus aussäen und die Sämlinge bei einer Temperatur von 18 °C kultivieren. Zur Förderung des Wachstums sollte das Anzuchtsubstrat im Gewächshausbeet möglichst nährstoffreich und immer leicht feucht sein. Mit zunehmender Größe der Pflanzen empfiehlt es sich, die Temperatur auf 21 °C zu erhöhen.

Männliche Blüten ausbrechen

Bei der Anzucht von Treibhausgurken darf es nicht zu einer Bestäubung der weiblichen Blüten kommen, da die Gurken sonst bitter schmecken. Daher müssen Sie die männlichen Blüten ausbrechen, die sich von den weiblichen Blüten dadurch unterscheiden, dass sie keinen Fruchtknoten unter der Blüte haben. Bei Freilandgurken ist dagegen eine Bestäu-  bung notwendig, deshalb müssen die männlichen Blüten an den Pflanzen bleiben. Es gibt im Fachhandel auch ausschließlich weibliche Treibhaus- und Freilandsorten, sodass Sie keine Blüten entfernen müssen.

119

Kletterhilfen

Sie können viel Platz sparen, wenn Sie Ihre Freilandgurken an Kletterhilfen ziehen. Dadurch kommt es nicht nur weniger zu Fäulnis, sondern es erhöht sich auch der Ertrag und Sorten mit langen Früchten bilden geradere Früchte.

Kleine Sorten ziehen

Gurken wachsen an langen Trieben, sodass jede Pflanze im Beet eine Fläche von etwa 1 m² benötigt. Wenn Sie wenig Platz haben, können Sie Gurken aber auch an Drähten ziehen oder buschige Sorten wie 'Bush Champion' pflanzen, die keine Ausläufer bilden. Sie gedeihen in Töpfen mit 40 cm Ø und können deshalb sogar auf dem Balkon oder der Terrasse angepflanzt werden.

Gurken im Kalten Kasten ziehen

Besitzen Sie kein Gewächshaus oder möchten Sie es für andere Pflanzen verwenden, können Sie Treibhausgurken auch gut in einen Kalten Kasten pflanzen und kriechend statt kletternd ziehen.

Damit die Pflanzen die dafür erforderlichen Seitentriebe bilden, müssen Sie die Vegetationskegel ausbrechen, sobald sich vier bis sechs Blätter entwickelt haben. Haben dann auch die Seitentriebe vier bis sechs Blätter gebildet, werden sie auf die gleiche Weise entspitzt. Verteilen Sie die Seitentriebe auf dem Boden des Kalten Kastens und entfernen Sie gleich nach ihrem Erscheinen alle männlichen Blüten, die Sie an dem fehlenden Fruchtknoten unter der Blüte erkennen. Entspitzen Sie auch die Fruchttriebe bis zum zweiten Blatt unterhalb der ersten Frucht. (Siehe auch *Kalter Kasten*)

Gerade Gurken ziehen

Wenn Sie gerade geformte Gurken wünschen, können Sie durchsichtige Plastikröhren über die Früchte stülpen, wenn diese sich eben zu verdicken beginnen, sodass sie gerade durch die Röhren hindurchwachsen müssen. Die Röhren sollten einen Durchmesser von etwa 10 cm haben und rund 30 cm lang sein. Als Röhren eignen sich auch durchsichtige Plastikwasserflaschen, bei denen Sie jeweils den Boden entfernen und das andere Ende so weit abschneiden, dass es den richtigen Durchmesser hat.

Vor dem Urlaub ernten

Vor längerer Abwesenheit sollten Sie sämtliche Gurken einschließlich der kleinen Früchte ernten, egal ob aus dem Freiland, dem Treibhaus oder dem Kalten Kasten. Während Ihrer Abwesenheit werden neue Gurken wachsen, die Sie dann nach Ihrer Rückkehr ernten können. Wässern Sie die Pflanzen vor der Abreise jedoch reichlich, da dies die Bildung neuer Früchte begünstigt. Bei Freilandgurken sollten Sie außerdem Schneckenfallen rund um die Pflanzen verteilen.

EINLEGEGURKEN

Was sind Einlegegurken?

Einlegegurken sind die gedrungenen Früchte einer bestimmten Gurkenart, die vor allem zum Einlegen verwendet werden. Man zieht sie wie andere Gurken und erntet sie bei einer Länge von 8–10 cm. Zu den besten Sorten zählen 'Mepram', eine F_1-Hybride, und 'Vorgebirgstrauben'.

Einlegegurken pflanzen

Einlegegurken reagieren empfindlich auf das Umsetzen. Säen Sie die Samen deshalb zunächst in Torfanzuchttöpfe, die Sie später in die Pflanzlöcher im Beet stellen, wo die Wurzeln dann durch den Topf hindurch in den Boden wachsen. Vorher sollten Sie die Sämlinge jedoch unbedingt ausreichend abhärten, indem Sie die Pflänzchen je nach Region zwischen Ende Mai und Anfang Juni mehrere Tage lang unter Glas ins Freie stellen.

Wann ernten?

Ernten Sie Einlegegurken möglichst morgens, ehe sie sich in der Sonne erwärmt haben. Dann sind sie noch fest und halten entsprechend länger. Wenn Sie kurze Früchte mit etwa 5 cm Länge bevorzugen, pflücken Sie alle 2–3 Tage. Wünschen Sie größere Gurken, lassen Sie die Früchte einige Tage länger hängen.

Maschendraht als Stützhilfe

Ziehen Sie die Gurken an Maschendraht hoch, der an 1,2 m hohen Pfosten befestigt ist. So bleiben die Früchte sauber und gut geformt, sind einheitlich grün und lassen sich leichter pflücken.

Hacken

Böden gut lockern

Hacken Sie während der Vegetationszeit regelmäßig die Flächen zwischen Ihren Pflanzen. Dadurch lockern Sie die verdichtete Oberfläche, sodass zwischen dem Boden und der Luft ein guter Gasaustausch stattfinden kann. Außerdem unterbrechen Sie so die feinen Kapillarröhren, die Wasser aus der Erde nach oben transportieren. Die Feuchtigkeit bleibt dadurch im Wurzelbereich. Hacken Sie am besten nach kräftigen Nieder-

DIE RICHTIGE WAHL

Geräte für verschiedene Zwecke

Die Hacke zählt zu den ältesten und nützlichsten Gartengeräten. Es gibt mehrere Arten für unterschiedliche Arbeiten. Mit ihrer geprägten Blattunterseite und ihren scharfen Kanten eignet sich die Schuffel (oben) zum leichten Jäten von Beeten und Wegen. Unproblematische Böden lockert man am besten mit einer normalen Ziehhacke (Mitte), die ebenso dazu dient, Unkraut zu zerkleinern und Gewächse mit Erde anzuhäufeln. Bei schwerem Boden setzt man dagegen eine schmale Schlaghacke ein. Mit dem kurzschaftigen Zwiebeljäter (unten) lässt sich nicht nur bequem zwischen Zwiebelpflanzen, sondern auch im Steingarten arbeiten.

schlägen oder stärkerem Gießen, sobald der Boden oberflächlich abgetrocknet ist. Lassen Sie Unkräuter liegen, die Sie mit dem Gerät aus der Erde gezogen haben, denn sie liefern nach dem Verdörren wertvollen Humus.

Auf die richtige Länge achten

Hacken werden mit unterschiedlichen Stiellängen angeboten. Wählen Sie eine, die im richtigen Verhältnis zu Ihrer Körpergröße steht, damit Sie bequem arbeiten können und sich weder bücken noch umständlich hantieren müssen. Die Faustregel lautet: Bei einer Hacke, die senkrecht auf dem Boden steht, muss sich das Ende des Schaftes in Augenhöhe befinden.

Die Ziehhacke

Je nach Bodenbeschaffenheit verwendet man unterschiedliche Hacken, von denen die Ziehhacke die wichtigste ist. Mit ihr lässt sich ohne großen Kraftaufwand arbeiten, da sie nicht angehoben werden muss, sondern immer in der Erde bleibt. Lediglich für schwere Böden ist eine Schlaghacke erforderlich.

Siehe auch *Das richtige Gerät* S. 98–99

Hanglagen

Von oben nach unten graben

Beim Graben am Hang beginnt man oben. So ist es möglich, nach unten geschwemmtes Erdreich wieder hochzuwerfen. Der Boden muss gut festgetreten werden, damit er an Ort und Stelle bleibt.

Geeignete Bepflanzung

Achten Sie beim Bepflanzen eines Hanges auf eine angemessene Luftzirkulation, die Sie erzielen, indem Sie robuste Sträucher und Laubbäume in den oberen Bereich setzen, die Wind abhalten, aber noch genug Luft durchlassen, z. B. Eberesche (*Sorbus*), Flieder (*Syringa*), Forsythie (*Forsythia*), Ginster (*Genista*), Goldregen (*Laburnum*), Haselnuss (*Corylus*), Weide (*Salix*) und Weißbuche (*Carpinus*). Wählen Sie niedrigere Pflanzen für die unteren Hangteile, etwa verschiedene Sorten des Sonnenröschens (*Helianthemum*).

Für gute Entwässerung sorgen

Es ist wichtig, am Fuß eines Hanges ein Auffangbecken für ablaufendes Wasser einzuplanen, beispielsweise einen Teich. Das gilt insbesondere für Gebiete, in denen es öfter zu heftigen Unwettern kommt.

Auf ausreichende Feuchtigkeit achten

Setzen Sie Hangpflanzen in kleine Gruben; darin sammelt sich Regenwasser. Solche Vertiefungen machen es dann auch einfacher, die Pflanzen bei Bedarf einzeln mit der Gießkanne zu bewässern. Zusätzlich hilft eine dicke Mulchschicht um jedes Gewächs, die Feuchtigkeit zu konservieren, und verhindert außerdem eine Bodenerosion.

Gras säen oder Soden legen

Gras lässt sich nur an Hängen mit einem Gefälle von maximal 15 cm auf 1 m aussäen. Bei steilerem Boden schwemmt der Regen die Samen nach unten. An abschüssigen Standorten empfiehlt es sich daher, Grassoden zu legen, und zwar im Winter, damit sie sich bis zum Beginn der Wachstumsperiode angewurzelt haben. Falls erforderlich, befestigt man jedes Sodenstück mit kleinen Pflöcken.

Steingarten mit Gefälle

Mit einer Einfassung aus größeren standfesten Steinbrocken lässt sich auch am Hang ein Steingarten anlegen, der mit einer Reihe kleiner Wasserfälle einen besonders hübschen Anblick bietet. Der Wasserlauf wird dabei fortwährend durch eine elektrische Umwälzpumpe in einem Becken am unteren Ende des Steingartens gespeist. (Siehe auch *Steingärten*)

Stützvorrichtung aus Flechtwerk

In naturbelassenen Gärten an Hängen vermeiden Stützvorrichtungen aus Flechtwerk, dass Erde abrutscht. Man schlägt im Abstand von je 60 cm mehrere 60 cm lange Pflöcke bis zur Hälfte in den Boden und flicht Weiden- oder Haselruten dazwischen. Je steiler die Böschung ist, desto enger gestaffelt sollten die Befestigungen stehen. Bei sehr steilen Lagen empfiehlt sich ein Abstand von 1 m, bei weniger abschüssigen Hängen einer von 3 m.

Den Boden festigen

Da Bodendecker und Zwergsträucher einen dichten Teppich bewurzelter Stängel bilden, tragen sie zur Festigung des Erdreichs an Hängen bei. Zu den geeigneten kleinen Pflanzen zählen Günsel (*Ajuga*) und Stachelnüsschen (*Acaena*). Bei den größeren sind die Felsenmispel (*Cotoneaster dammeri*) und *Rubus* 'Kenneth Ashburner' zu nennen. (Siehe auch *Bodendecker*)

Die richtigen Pflanzen für jeden Standort

Südhänge eignen sich in besonderer Weise für sonnenliebende Gewächse, auch für viele Zwiebelpflanzen, die im Frühjahr blühen. Nach Westen ausgerichtete Lagen sind ideal für Alpenpflanzen, während man an Nord- und Osthänge am besten Farne und widerstandsfähige immergrüne Pflanzen setzt.

Haselsträucher

Sehr anpassungsfähig

Die Gewöhnliche Hasel (*Corylus avellana*) wird wegen ihrer goldgelben Kätzchen, die sich im zeitigen Frühjahr zeigen, und der Nüsse geschätzt. Sie ist ziemlich robust und gedeiht in sonnigen Lagen gleichermaßen wie im Schatten oder an kalten ungeschützten Stellen. Zudem wächst sie genauso gut auf Kalk-, Lehm- oder Sandboden. Man pflanzt die Sträucher zwischen Oktober und März. Manchmal werden sie in Baumform mit nur einer einzigen Rute gezogen und erreichen dann bis zu 6 m Höhe und 4,5 m Kronendurchmesser. Durch Zurückschneiden bringen die Ruten mehrere Triebe hervor. Haseln locken Eichhörnchen, Vögel und nützliche Insekten an – ein willkommener Nebeneffekt.

Den Haselnussbohrer bekämpfen

Leider sind Haselsträucher auch ein bevorzugtes Angriffsziel des Haselnussbohrers (*Balaninus nucum*), der zur Familie der Rüsselkäfer gehört.

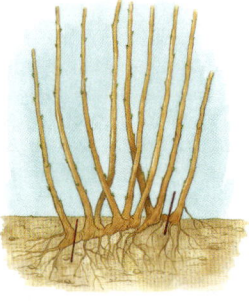

Im Mai oder Juni legen die Weibchen jeweils etwa 40 Eier in die unreifen Früchte. In ihnen wachsen die Larven bis zu einer Größe von 15 mm heran, bevor sie die Schalen durchnagen und sich nach außen zwängen. Meist sind die Früchte dann schon abgefallen. Die Larven graben sich anschließend zur Überwinterung in die obere Bodenschicht ein. Manche bleiben hier 1–2 Jahre; die meisten aber verpuppen sich im Frühjahr, schlüpfen wenige Wochen später und paaren sich. Zur Abwehr des Schädlings hilft es, Leimringe an den Stämmen der Sträucher anzubringen.

Köstliche Nüsse

Haselnüsse gehören zu den schmackhaftesten einheimischen Nüssen. Nachdem man die Schale entfernt hat, müssen sie mindestens eine Woche lang an einem warmen Ort trocknen, möglichst in der Sonne. Andernfalls werden sie bei der Lagerung schimmelig.

Empfehlenswerte Sorten

Pflanzen Sie stets mehrere Sorten zusammen an, da Haseln Windbestäuber und selbstunfruchtbar sind. Empfehlen lassen sich 'Cosford', 'Hallesche Riesennuss', 'Rotblättrige Lambertnuss' und 'Webbs Preisnuss'.

Vermehrung

Vermehren Sie Haseln im November durch Steckhölzer von jungen Ruten, die ungefähr 30 cm lang und etwas dicker als ein Bleistift sein sollten. Setzen Sie die Steckhölzer so in die Erde, dass sie zu einem Drittel herausragen.

Im Frühjahr werden sie zu sprießen beginnen und lassen sich dann entweder in leichtem Gartenboden oder in Kübeln auspflanzen. Im darauf folgenden Herbst sollten sie an den endgültigen Standort kommen. Als Alternative ist es möglich, Haseln zu vermehren, indem man zwischen November und Januar biegsame zweijährige Triebe absenkt und in nährstoffreichem Boden verankert. Nach einem Jahr haben sie Wurzeln geschlagen, werden von der Mutterpflanze abgenommen und gepflanzt. Wer die Gewächse aus Samen ziehen will, nimmt im Oktober die Aussaat in Töpfen vor. Die Pflanzgefäße müssen den Winter über in einem Frühbeetkasten aufbewahrt werden.

Schnitt

Mit vier bis sechs kräftigen Ästen und einer becherförmigen Hohlkrone sehen Haseln besonders schön aus. Kürzen Sie die Haupttriebe in den ersten 3–4 Jahren nach dem Einpflanzen jeweils im März auf etwa die Hälfte ein, und zwar bis über eine nach außen weisende Knospe. Nehmen Sie die gleiche Maßnahme bei den Seitentrieben vor, die neue Äste bilden sollen. Alle anderen Triebe werden um drei Viertel ihrer Länge zurückgeschnitten. Sobald das Gewächs die erwünschte Form hat, ist kein regelmäßiger Schnitt mehr erforderlich, sondern nur noch ein gelegentliches Auslichten. Wohl aber müssen Wurzelschosse immer wieder entfernt werden.

Hauben

Schutz und Wärme

Bewahren Sie Sämlinge, Stecklinge und Jungpflanzen mit Hauben vor Regen und Kälte. Die Dächer aus Glas oder Kunststoff erhalten zudem die Feuchtigkeit im Boden.

Unabdinglich bei Kälte und Frost

Sobald es kühler wird, brauchen Sie Hauben nacheinander für unterschiedliche Zwecke. Bedecken Sie zunächst alle Nutzpflanzen, die im Spätherbst reifen, damit. Im Winter brauchen frisch ausgesäte Gewächse die schützende Hülle. Anschließend sind die frühen Freilandsaaten an der Reihe und danach die zeitig gesetzten, halb winterfesten Gemüse.

Selbstanfertigung

Sparen Sie, indem Sie Ihre Hauben selbst bauen. Nageln Sie dazu Holzleisten zu einem quadratischen Rahmen zusammen und befestigen Sie darauf über Kreuz zwei stabile Drahtbügel, über die Sie ein Stück durchsichtige Plastikfolie ziehen.

Heften Sie die Folie an den Holzrahmen. In verschiedenen Größen angefertigt, lassen sich solche Hauben leicht ineinander stapeln, solange man sie nicht braucht.

Klassisches Modell

Hauben aus Korbflaschen erinnern an Glasglocken aus dem 19. Jh. Manchmal ersteht man sie günstig auf Flohmärkten, doch man kann sie auch selbst herstellen. Ziehen Sie dazu mit einem Glasschneider eine Linie um den Boden einer Korbflasche und füllen Sie die Flasche bis in Höhe dieser

Schützende Glasglocken wie diese wurden im 19. Jh. in zahlreichen Gemüsegärten eingesetzt.

Linie mit Eiswasser. Gießen Sie nun etwas heißes Wasser in eine Schüssel und tauchen Sie die Flasche vorsichtig ein. Dadurch wird sich der Boden exakt ablösen. Glätten Sie scharfe Kanten an der so entstandenen Glocke mit grobem Schmirgelpapier und tragen Sie dabei möglichst Gartenhandschuhe aus Leder.

Zweckentfremdete Plastikflasche
Schneiden Sie eine große Plastikflasche in der Mitte quer durch und benutzen Sie die obere Hälfte als Haube für zarte Pflanzen in kleinen Töpfen. Durch Öffnen und Schließen des Verschlusses regulieren Sie die Belüftung.

Umfunktionierter Blumentopf
Füllen Sie Blumentöpfe mit Stroh oder vertrocknetem Laub und stülpen Sie die Behälter über Pflanzen, die in einem harten Winter einer wärmenden Hülle bedürfen. Achten Sie aber darauf, dass keine Schnecken eindringen. Legen Sie notfalls Fallen oder Schneckenkorn aus. Entfernen Sie die Töpfe wieder, sobald die Kälte nachlässt.

Bedeckungen aus Folie
Legen Sie in der kalten Jahreszeit Gartenvlies oder durchsichtige Loch- und Schlitzfolie über Beete und empfindliche Pflanzen. Beschweren Sie die Abdeckung am Rand mit einigen großen Ziegelsteinen oder Holzbrettern. Sie muss aber genügend locker aufliegen, damit die Pflanzen ausreichend Platz zum Wachsen haben.

Haustreiberei

Den Garten ins Haus holen
Sträucherzweige lassen sich frühzeitig zum Blühen bringen, vor allem die der Forsythie *(Forsythia)*, des Gemeinen Seidelbasts *(Daphne mezereum)*, der Scheinquitte *(Chaenomeles)*, des Winterjasmins *(Jasminum nudiflorum)* und der Zaubernuss *(Hamamelis)*. Schneiden Sie einen Monat vor der Blüte einige biegsame Stängel ab, die gut ausgebildete Knospen haben und an der Spitze einen farbigen Punkt aufweisen. Stellen Sie die Zweige in einer Vase in ein helles Zimmer mit 16–18 °C. Innerhalb 2–3 Wochen werden sich Blüten zeigen.

Frühlingsblüten schon zur Weihnachtszeit
Viele im Frühjahr blühende Zwiebelpflanzen werden vorgetrieben und erfreuen uns dadurch bereits zur Weihnachtszeit, etwa Hyazinthen *(Hyacinthus)*, Krokusse *(Crocus)*, Narzissen *(Narcissus)*, Traubenhyazinthen *(Muscari armeniacum)* und Tulpen *(Tulipa)*. Speziell behandelte Zwiebeln sind im Gartenhandel erhältlich.

Blumen ziehen
Möchten Sie gern selbst Blumen ziehen? Dann füllen Sie im September einen großen Topf mit einer Mischung aus Blumenerde und feinem Sand und säen darin die Samen dicht aneinander aus. Gießen Sie reichlich und stellen Sie den Topf an einen dunklen kalten Ort. Ebenso ist es möglich, ihn mit einer schwarzen Plastikplane zuzudecken und für 2 Monate in den Keller oder die Garage zu stellen, wobei die Erde stets leicht feucht gehalten werden sollte. Holen Sie den Topf ins Haus, sobald die Schösslinge 2–5 cm groß sind.

Akklimatisieren
Ihre selbst gezogenen Blumen benötigen zunächst eine 10–15 °C kühle Umgebung. Sobald sich an ihnen jeweils ein feiner farbiger Punkt zeigt, gehören sie in ein helles Zimmer mit etwa 20 °C. Stellen Sie die Pflanzen aber nachts wieder in einen kühlen Raum; dadurch verlängern Sie die Blütezeit.

Hecken

Beim Pflanzen eine Folie verwenden
Vor dem Pflanzen einer Hecke legt man einen langen Streifen dicker Plastikfolie auf die Erde und fixiert ihn mit Pflöcken oder Ziegelsteinen. Dann schlitzt man die Folie in regelmäßigen Abständen kreuzweise auf und gräbt an den so markierten Stellen Löcher, in die man die Pflanzen setzt; die Wurzeln müssen ausreichend Platz haben. Geben Sie viel feuchten Torf in die Aushebungen, rütteln Sie die Stämme der Pflanzen leicht, damit keine Hohlräume im Boden bleiben, und verteilen Sie dann Erde über den Wurzeln. Streuen Sie anschließend Rindenmulch und Laub. Die Folie hält Unkraut zurück, mindert im Sommer die Verdunstung des Wassers aus dem Boden und bewahrt im Winter die Wurzeln vor Frost. Eine frisch gepflanzte Hecke braucht einige Wochen, bis sie sich an die neuen Lebensbedingungen gewöhnt. Gießen Sie anfangs reichlich.

Doppelreihen
Doppelreihige Hecken werden besonders kräftig und dicht. Markieren Sie die Pflanzlöcher vorab so, dass die Gewächse versetzt stehen.

Pflegeleichte Lösungen
Mit Lebensbäumen *(Thuja plicata* 'Atrovirens') oder Säulenzypressen *(Chamaecyparis lawsoniana* 'Green Hedger') bekommen Sie eine schnell wachsende und blickdichte immergrüne Hecke, die zudem nicht viel Pflege braucht. Kaufen Sie im März junge Bäume, die etwa 45 cm groß sind, und pflanzen Sie die Gewächse im Abstand von jeweils 60 cm. Dabei sind keine Stützen erforderlich. Die Hecke wird im zeitigen Frühjahr gedüngt und einmal pro Jahr zwischen Juli und September geschnitten. Grüne Wälle aus Buche *(Fagus sylvatica)*, Eibe *(Taxus)* oder Hainbuche *(Carpinus)* lassen sich ebenso leicht instand halten. Buchen behalten im Winter ihre braunen Blätter. Eiben wachsen zunächst relativ langsam, legen jedoch nach einigen Jahren schneller an Höhe zu, sodass sich der Rückstand ausgleicht.

Sichtschutz

Immergrüne Berberitzen (z. B. *Berberis × stenophylla*), die in 6 Jahren zwischen 1,8 und 2,4 m hoch werden, verhindern als Heckenpflanzen vollständig den Einblick in ein Grundstück. Die auch Sauerdorn genannten Pflanzen blühen orangefarben bis rötlich. Unter den Laub abwerfenden Gewächsen lassen sich vor allem die zahlreichen Variationen der Zwergquitte (*Chaenomeles speciosa*) empfehlen. Es gibt sie mit weißen, rosafarbenen oder roten Blüten. Berberitze und Zwergquitte werden einmal im Jahr beschnitten, und zwar unmittelbar nach der Blüte. Auch mit stacheligem Feuer- (*Pyracantha*) und Weißdorn (*Crataegus*) lässt sich eine sehr dichte Abgrenzung von der Außenwelt ziehen.

Windschutz

Hecken sind ein besserer Windschutz als Zäune und Mauern, weil sie wie ein Filter wirken und die Windgeschwindigkeit langsam herabsetzen. Als Windschutz in großen Gärten sind besonders Linden (*Tilia*), Rosskastanien (*Aesculus*) und Ulmen (*Ulmus*) zu empfehlen.

Geeignete Koniferen

Die Leyland-Zypresse (*Cupressocyparis leylandii*), eine Hybridform, wächst schnell und säulenförmig und ist daher die beliebteste Heckenkonifere. Nach 6 Jahren erreicht sie mindestens 3 m Höhe. Man pflanzt sie im Oktober oder April; nach dem Austrieb im späten Frühjahr muss sie jedes Jahr geschnitten werden. Zum gleichen Zeitpunkt bringt man auch andere Heckenkoniferen wieder in Form. Bei der Eibe, dem Lebensbaum und der Hemlocktanne (*Tsuga*) kürzt man die jungen Triebe bis auf rund 5 cm Länge.

Wall aus duftenden Blüten

Im Sommer gibt es wohl nur wenig Schöneres als eine duftende Rosenhecke. Dafür wählt man groß- oder vielblumige Beetrosen, etwa die großblumige zinnoberrote 'Alexander', die gelb leuchtende 'Chinatown' oder die rosafarben blühende Floribundasorte 'The Queen Elizabeth'. Sie alle werden nach einigen Jahren 1,2–1,5 m hoch. Beim Einpflanzen lässt man 60 cm Abstand zwischen den einzelnen Gewächsen. Im Frühling brauchen die Blumen Rosendünger. Außerdem müssen sie im Herbst und im zeitigen Frühjahr auf 15 cm über der Erde zurückgeschnitten werden; nur so wachsen sie gleichmäßig. (Siehe auch *Romantische Rosen* S. 240–241)

Mischungen

Gemischte Hecken wirken sehr schön, etwa abwechselnd gepflanzte Buchen mit grünem und rotem Laub. Dabei ist es wichtig, die einzelnen Bäume sorgfältig zu trimmen. Optisch nicht minder reizvoll ist eine Kombination aus Hartriegel (*Cornus*) und Wein-Rose (*Rosa rubiginosa*).

Winterputz

Nutzen Sie einen milden Wintertag, um Ihre Hecke dem notwendigen jährlichen Putz zu unterziehen. Schneiden Sie dabei alle abgestorbenen Zweige bis an den jeweiligen Ast zurück und entfernen Sie Unkräuter und Jungpflanzen, die unter der Hecke wuchern. Lassen Sie trockenes Laub jedoch liegen und streuen Sie falls vorhanden noch weiteres hinzu, denn es schützt die Hecke im Sommer vor Trockenheit. Entfernen Sie keine verlassenen Vogelnester – vielleicht finden sich ja im folgenden Frühling neue Mieter.

Schnittzeiten

Je nach Pflanzenart sind die Schnittzeiten verschieden, aber man kann sich an einer Faustregel orientieren: Formhecken werden dreimal im Verlauf des Frühjahrs und Sommers geschnitten. Die meisten anderen Hecken brauchen nur einmal im Jahr einen Schnitt, und zwar nach der Blüte.

Sichere Arbeitshöhe

Bei hohen Hecken ist es häufig schwierig, die obere Fläche zu schneiden. Auf einer Leiter zu stehen und gleichzeitig mit einer Heckenschere zu hantieren verlangt äußerste Konzentration. Wer sich die Arbeit erleichtern möchte und auf Sicherheit bedacht ist, sollte seine Hecke maximal 1,5 m hoch wachsen lassen.

Exakter Schnittwinkel

Hecken bleiben durch schräge Seitenschnittflächen, bei denen die Pflanzen unten breiter als oben sind, dicht und buschig. Fertigen Sie am besten eine heckenhohe Holzschablone an, mit der Sie den Schnittwinkel kontrollieren. So gehen Sie sicher, dass die Schräge gleichmäßig über die gesamte Heckenlänge verläuft.

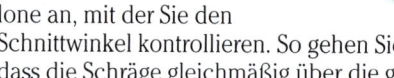

Abfall auffangen

Breiten Sie beim Schneiden ein altes Laken oder eine Plastikfolie dicht an Ihrer Hecke aus, auf die die Schnittabfälle fallen. Nach getaner Arbeit brauchen Sie nur noch die Enden übereinander zu schlagen und das Laub auf Ihren Komposthaufen zu schütten.

Hilfe für kahle Ligusterhecken

Schneiden Sie die Zweige einer Ligusterhecke, die unten kahl wird, bis auf einige Zentimeter an die jeweiligen Äste zurück, wobei Sie im oberen Bereich etwas mehr als gewöhnlich kürzen. Entfernen Sie alle Unkräuter unter der Hecke. Schütten Sie eine Kompostschicht von 3–5 cm auf und arbeiten Sie Universaldünger unter.

Siehe auch *Baumschnitt, Buchsbaum, Eiben, Wind*

Heckenscheren mit Motor

Das richtige Gerät nehmen
Motorheckenscheren eignen sich besonders für kleinblättrige Heckenpflanzen. Große Blätter werden von ihnen leicht verletzt, wodurch die Hecke unordentlich aussieht. Für großblättrige Gewächse benötigt man daher eine Baumschere. (Siehe auch *Gartenscheren*)

Regelmäßige Wartung
Entfernen Sie nach jedem Gebrauch mit einem alkoholgetränkten Lappen getrocknetes Harz und Pflanzensaft von dem Gerät und tragen Sie eine

dünne Schicht Öl auf die Messer auf. Lassen Sie die Messer Ihrer Motorheckenschere regelmäßig im Winter schärfen. Das sorgt für einen sauberen Schnitt.

Verlängerungskabel
Wählen Sie für elektrische Heckenscheren ein Verlängerungskabel auf einer Kabeltrommel; das Kabel sollte eine deutlich sichtbare Farbe haben, etwa Orange. Hängen Sie es sich bei der Arbeit über die Schulter nach hinten.

Siehe auch *Sicherheit*

Heidekrautgewächse

Erika und Heidekraut
Obwohl Erika und Heidekraut einander sehr ähnlich sind, werden sie botanisch unterschieden. Heidekraut, auch Besenheide genannt, gehört zur Gattung *Calluna*. Dagegen zählt Erika, ebenso als Glockenheide bezeichnet, zur Gattung *Erica*.

Saurer Boden erforderlich
In der Regel brauchen Heidekrautgewächse einen sauren Boden. In basischer Erde werden sie gelb und gehen ein. Überprüfen Sie deshalb zunächst mithilfe eines Analyse-Sets, das im Fachhandel erhältlich ist, den pH-Wert Ihres Gartenbodens. Für die meisten Heidekrautgewächse ist ein pH-Wert von 5,5–6 ideal. Verbessern Sie schwere Böden mit grobem Sand, gut verrottetem Kompost und saurer torfhaltiger Moorbeeterde. Eine Hand voll kalkarmer Moorbeetdünger pro 1 m² erhöht den Nährstoffgehalt leichter sandiger Böden. Verwenden Sie auf keinen Fall Pilzzuchtsubstrat, denn es ist alkalisch und somit ungeeignet. (Siehe auch *Bodenanalyse, Saure Böden*)

Winterblüher
Einige winterblühende Arten der Heidekrautgewächse vertragen auch leicht kalkhaltigen Boden, darunter *Erica × darleyensis* und die Schneeheide (*Erica carnea*). In der kalten Jahreszeit entfalten sich ihre leuchtenden Farben.

Geeignete Standorte
Heidekrautgewächse benötigen einen offenen und sonnigen Standort. Am besten gedeihen sie in Hochbeeten mit Spezialerde, etwa Rhododendronerde, die im Sommer reichlich bewässert werden muss. Außerdem ist eine gute Drainage erforderlich. Die Gewächse lassen sich aber auch problemlos in Strauch- und gemischten Rabatten oder Steingärten heranziehen.

Attraktive Kombinationen
In Nachbarschaft mit Wollweide (*Salix lanata*), Zwergbirke (z. B. *Betula nana*) oder verschiedenen Zwergkoniferen wirken Heidekrautgewächse äußerst schön. Vorteilhaft ist auch die Kombination mit Lavendelheide (*Andromeda polifolia*), die glöckchenförmige Blüten hat, oder Rebhuhnbeere (*Gaultheria mucronata*), deren weibliche Pflanzen Beeren in den Farben Weiß, Rosa, Rot oder Lila tragen.

Polster in verschiedenen Farben

Bringen Sie Heidekrautgewächse optimal zur Geltung, indem Sie verschiedenfarbige Gruppen nebeneinander setzen. Jede sollte aus mindestens fünf Pflanzen bestehen. Lassen Sie zwischen den einzelnen Gewächsen je nach Wuchskraft einen Abstand von 20–50 cm. Die Pflanzen brauchen etwa 3 Jahre, bis sie größere Polster bilden, doch auch schon vorher wirken sie im Zusammenspiel sehr gefällig.

Kompakte Form erhalten

Schneiden Sie winter- und frühjahrsblühende Arten nach der Blüte zurück. Dadurch fördern Sie das Wachstum und erhalten die Polsterform. Sommerblühende Gewächse müssen im folgenden Frühjahr beschnitten werden.

Mit kalkarmem Wasser gießen

Wässern Sie Heidekrautgewächse möglichst mit Regenwasser, das Sie im Garten auffangen. Leitungswasser bekommt den Pflanzen nicht gut, da es in der Regel kalkhaltig ist. Steht Ihnen jedoch kein anderes Wasser zur Verfügung, so lassen Sie es vor dem Gießen einige Tage stehen, damit sich ein Teil des Kalkes absetzt. Bei einer anderen Methode des Entkalkens gibt man drei Hände voll Torf in einen Eimer mit Leitungswasser. Nach einigen Tagen kann man mit dem überstehenden Wasser gießen.

Verjüngungskur

Ältere Pflanzen, die struppig und schütter wuchern, lassen sich verjüngen, indem man sie im Frühjahr ausgräbt und wieder in gut gedüngten Boden pflanzt. Sie müssen dabei so tief eingesetzt werden, dass nur neue Triebe aus der Erde schauen.

Schnitt im Frühjahr

Oft verblassen die abgestorbenen Blütenstände sommerblühender Erika-Arten wie *Erica cinerea* oder *E. vagans* zu einem warmen Rotbraunton, der sehr dekorativ aussieht. Es spricht nichts dagegen, die Blüten über Winter auf den Pflanzen zu lassen. Im Frühjahr schneidet man dann die alten Stängel knapp über den Blättern ab.

Vermehrung durch Absenken

Am besten vermehrt man Heidekrautgewächse durch Absenken. Dafür biegt man im März gesunde Seitentriebe herunter und bedeckt ihren Hauptstängel mit einer Mischung aus gleichen Teilen Torf und grobem Sand oder mit torfhaltigem Kompost. Nur die Spitzen bleiben über der Erdoberfläche. Dann steckt man die Absenker mit gebogenem Draht fest oder beschwert sie mit Steinen, damit sie sich nicht wieder aufrichten. Meist haben sie bis zum Herbst Wurzeln gebildet und können von den Mutterpflanzen getrennt werden.

Heilpflanzen

Apotheke im Garten

Zahlreiche gewöhnliche Gartenpflanzen haben heilende Wirkung. Kräutertees, Säfte und Tinkturen lassen sich leicht in der Küche zubereiten und helfen bei unterschiedlichsten Beschwerden. Eine kleine Auswahl wird hier vorgestellt.

Sachkenntnis erforderlich

Pflanzen, die man für die Herstellung von Heilmitteln verwendet, sollten frei von Chemikalien sein und auf keinen Fall an stark befahrenen Straßen gesammelt werden. Verwenden Sie niemals Gewächse, die Sie nicht eindeutig identifizieren können. Falls Sie nicht genau wissen, ob sich eine Pflanze überhaupt als Heilmittel eignet, fragen Sie einen Arzt der Naturheilkunde oder einen qualifizierten Heilpraktiker. Zudem empfiehlt es sich, grundsätzlich vor Einnahme oder Verabreichung eines Mittels erst einmal in einem guten Buch über Naturmedizin darüber nachzulesen. Bei der Behandlung von Säuglingen und Kleinkindern sowie schwangeren und stillenden Frauen ist besondere Vorsicht geboten. Suchen Sie unbedingt Ihren Arzt auf, falls die Symptome nach einer gewissen Zeit trotz regelmäßiger Anwendung des Heilmittels nicht abklingen.

Beruhigende Kamille

Kamille (*Matricaria chamomilla*), eine der wertvollsten und vielseitigsten Heilpflanzen, hilft u.a. bei Magen- und Darmbeschwerden sowie Entzündungen des Mund-, Nasen- und Rachenraums. Eine Tasse Kamillentee vor dem Zubettgehen fördert zudem einen ruhigen Schlaf. Am besten pflückt man die Blüten bei sonnigem Wetter kurz nach dem Aufblühen. Dann trocknet man sie im Schatten, aber nicht über 35 °C.

Belebende Pfefferminze

Wer morgens eine Tasse Tee aus Pfefferminze (*Mentha piperita*) trinkt, startet frisch in den Tag. Zusätzlich zu ihrem belebenden Effekt lindert die Pflanze Blähungen, Durchfall, Gallenbeschwerden, Magenschmerzen, Übelkeit und Brechreiz. Verwenden Sie eine Hand voll frischer Blätter oder einige junge Stängel, die Sie mit heißem Wasser übergießen. Legen Sie sich einen Vorrat an, indem Sie die Blätter zur Blütezeit sammeln und im Schatten trocknen.

Antiseptisches Mundwasser aus Thymian

Eine Tinktur aus frischem oder getrocknetem Thymian ist ein sehr gutes Mundwasser, das wunde Stellen und entzündetes Zahnfleisch schneller heilen lässt. Pflücken Sie Thymian kurz vor dem Aufblühen. Stellen Sie gleich ausreichend Mundwasser für ein ganzes Jahr her.

Entwässerung mit Petersilie

Die Früchte der Petersilie (*Petroselinum crispum*) wirken harntreibend und helfen dadurch beispielsweise gegen prämenstruelle Flüssigkeitsansammlungen im Körper, Wassersucht sowie Blasen- und Nierenentzündungen. Ihr hoher Vitamin-C-Gehalt fördert die Eisenaufnahme im Organismus. Schwangere sollten allerdings keine Petersilienfrüchte essen, weil deren Inhaltsstoffe Kontraktionen der Gebärmutter auslösen können. Schneiden Sie die Dolden der Pflanze kurz vor der völligen Reife ab; sie müssen dann flach ausgebreitet im Schatten trocknen. Übrigens: die Blätter der Petersilie eignen sich nicht nur zur Verfeinerung von Saucen und als Dekoration auf kalten Platten. Langsam gekaut, verleihen sie nach dem Verzehr von Zwiebeln und Knoblauch wieder frischen Atem.

Allheilmittel Knoblauch

Obwohl manche Menschen den Geruch von Knoblauch (*Allium sativum*) als unangenehm empfinden, sollten Sie nicht auf dieses Allheilmittel aus der Natur verzichten. Nehmen Sie bei Halsschmerzen oder Husten mehrmals täglich 1 EL frisch gepressten Saft mit etwas Honig ein. Durch seine galletreibenden Eigenschaften hilft das Liliengewächs bei Verdauungsbeschwerden. Zudem ist es dafür bekannt, dass es den Blutzuckerspiegel und den Blutdruck senkt. Bei Insektenstichen und Verstauchungen mindert das Auftragen von zerdrücktem Knoblauch Juckreiz und Schmerzen.

Kaffee-Ersatz aus Löwenzahn

Seit langem schon setzt man Löwenzahnblätter und -wurzeln gegen Infektionen der Harnwege und bei Wassersucht ein. Darüber hinaus werden sie bei einer Reihe von chronischen Beschwerden verabreicht, und zwar bei Gelenkerkrankungen, Hautleiden und Rheuma. Aus den gerösteten und gemahlenen Wurzeln lässt sich überdies ein schmackhafter Kaffee-Ersatz zubereiten.

Kraft und Energie durch Hagebuttensirup

Aus Hagebutten lässt sich ein herrlich aromatischer Sirup herstellen, der sich wegen seines sehr hohen Vitamin-C-Gehalts hervorragend als Stärkungsmittel eignet. Putzen, waschen und entkernen Sie 500 g Hagebutten, die Sie dann mit 1 l Wasser zunächst aufkochen und anschließend 20 Minuten köcheln lassen. Streichen Sie die Masse durch ein sehr feines Sieb. Mischen Sie den Saft mit 500 g Zucker und erwärmen Sie die Flüssigkeit bei gleichzeitigem Rühren langsam wieder. Füllen Sie den Sirup heiß ab.

Brombeere bei Verdauungsbeschwerden

Bei Magen- und Darmkatarrh sowie Durchfall haben sich die Blätter der Brombeere aufgrund ihrer leicht stopfenden Wirkung bewährt. Man sammelt sie von Juni bis August und lässt sie im Schatten oder in der Sonne trocknen.

Stets griffbereit

Aus Angst vor plötzlichem Schwindelgefühl oder einem Ohnmachtsanfall trugen viele Damen früher stets ein Riechfläschchen bei sich. Auch heute noch schwören manche Menschen darauf. Sobald man den Duft der Inhaltsstoffe einatmet oder ein Tröpfchen des Inhalts auf die Pulsadern reibt, lösen sich innere Verkrampfungen. Hätten Sie auch gern solch ein „Erste-Hilfe-Mittel"? Dann geben Sie einige Lavendelblüten in eine Schüssel, fügen etwas Branntwein oder Gin zu, decken das Gefäß zu und lassen den Inhalt 1–2 Tage lang stehen. Sieben Sie die Flüssigkeit anschließend in ein Fläschchen.

Im Herbst bringt der Japanische Ahorn (Acer palmatum) *eine beeindruckende Farbenpracht hervor. Er eignet sich ausgezeichnet zur Pflanzung im Garten.*

GÄRTNER-WISSEN

Heilpflanzen richtig zu Arzneien verarbeiten

Mit welcher Methode man pflanzliche Heilmittel herstellt, hängt vom jeweiligen Gewächs und vom Zweck der betreffenden Arznei ab. Im Folgenden sind drei grundlegende einfache Vorgehensweisen beschrieben. Sie brauchen dafür keine spezielle Ausrüstung. Allerdings eignen sich Küchengeräte aus Aluminium nicht für die Verarbeitung von Kräutern. Außer der hier dargestellten Aufgussmethode lassen sich Tees natürlich wie oben beschrieben auch aus getrockneten Blüten und Blättern zubereiten.

Methode	Vorgehensweise
Abkochungen	Methode zur Zubereitung von Tees aus holzigen Pflanzen. Gewächse zerquetschen oder in Stücke schneiden. 60 g in einen kleinen Topf geben. Knapp 600 ml kaltes Wasser zufügen und zum Kochen bringen. Temperatur reduzieren, Deckel auf den Topf geben, 10 Minuten köcheln lassen. Flüssigkeit in eine Tasse sieben und nach Bedarf mit Honig süßen.
Aufgüsse	Anzuwenden bei der Herstellung von Tees aus frischen Blüten und Blättern oder jungen Stängeln. 60 g Kräuter in eine angewärmte Teekanne geben, knapp 600 ml kochendes Wasser zufügen. Zudecken und 10 Minuten ziehen lassen, dann durchsieben und je nach Geschmack mit Honig süßen.
Tinkturen	200 g des jeweiligen Krautes in ein großes Schraubgefäß aus dunklem Glas geben, 1 l Wodka zufügen, kräftig schütteln. 2 Wochen lang an einen dunklen warmen Ort stellen. Das Gefäß zweimal täglich schütteln. Anschließend den Inhalt durch ein Stück Mull in ein zweites Schraubgefäß aus dunklem Glas gießen. Die im Kraut verbliebene Flüssigkeit ausdrücken. Das Gefäß fest zudrehen. Das ausgekochte Kraut auf den Kompost geben.

Herbstfärbung

Sinnvolle Platzierung

Am prächtigsten kommt farbiges Herbstlaub von Mitte Oktober bis Ende November zur Geltung. Allerdings verbringt dann kaum jemand noch viel Zeit im Garten. Setzen Sie die entsprechenden Pflanzen deshalb möglichst in Bereiche, die vom Haus aus gut zu sehen sind.

Leuchtkraft verlängern

Nach heißen Sommern stellt sich eine besonders intensive Herbstfärbung ein, die aber meist nicht lange anhält. Verlängern Sie die Dauer der Leuchtkraft, indem Sie bei allen Gewächsen, die sich ab Ende August verfärben, die Bewässerung reduzieren. Vermeiden Sie aber völliges Austrocknen. Dagegen brauchen Pflanzen, die erst im Oktober die Farbe wechseln, noch Anfang September viel Feuchtigkeit.

Bäume attraktiv kombinieren

Herbstliches Blattwerk unterschiedlicher Bäume kontrastiert besonders vorteilhaft. Beispielsweise bieten die roten Blätter des Japanischen Ahorns *(Acer palmatum)* neben den goldgelben Blättern und der weißen Rinde der Papierbirke *(Betula papyrifera)* einen herrlichen Anblick.

GÄRTNER-WISSEN

Bäume mit besonders schönen Herbsttönen

Genießen Sie vor der kalten Jahreszeit in vollen Zügen die warm leuchtenden Farben des Blattwerks.

Name	Blattfarben
Bis zu 6 m Höhe	
Ahorn (*Acer cappadocicum* 'Aureum')	Gold, gelb
Bergkirsche (*Prunus sargentii*)	Orange, karminrot
Echte Sumpfzypresse (*Taxodium distichum*)	Kupferbraun
Erlenblättrige Eberesche (*Sorbus alnifolia*)	Scharlachrot, orange
Japanischer Ahorn (*Acer palmatum* 'Osakazuki')	Scharlachrot, orange
Japanischer Blumen-Hartriegel (*Cornus kousa*)	Rot, purpurn
Japanische Eberesche (*Sorbus commixta*)	Kupferrot
Pflaumenblättriger Weißdorn (*Crataegus persimilis* 'Prunifolia')	Orange, scharlachrot
Scheinkamelie/Sommerkamelie (*Stuartia pseudocamellia*)	Orange, rot
Schlangenhaut-Ahorn (*Acer capillipes*)	Orange, rot
Tupelobaum (*Nyssa sylvatica*)	Karminrot
Woll-Apfel (*Malus tschonoskii*)	Karminrot, purpurn
Zierkirsche (*Prunus* 'Okame')	Gelb, orange
Bis zu 9 m Höhe	
Amberbaum (*Liquidambar styraciflua* 'Worplesdon')	Orange, scharlachrot, purpurn
Amerikanischer Streifenahorn (*Acer pennsylvanicum*)	Buttergelb
Buche (*Fagus sylvatica* 'Dawyck Gold')	Tief kupferbraun
Chinesische Birke (*Betula albo-sinensis* var. *septentrionalis*)	Gelb
Eberesche (*Sorbus* 'Embley')	Orange, scharlachrot

Leuchtende Zwiebel- und Knollenpflanzen

Mit Zwiebel- und Knollenpflanzen, die man im Spätsommer setzt, lassen sich innerhalb kurzer Zeit eindrucksvolle Farbeffekte erzielen. In Gruppen kombiniert, sehen beispielsweise blauviolette Herbstkrokusse (*Crocus speciosus* 'Oxonian'), leuchtend gelbe Sternbergien (*Sternbergia lutea*), weiße oder rosafarbene winterharte Alpenveilchen (*Cyclamen hederifolium* 'Album') sowie lilafarbene Herbstzeitlose (*Colchicum autumnale*) bezaubernd aus. Vorsicht aber bei den Herbstzeitlosen, denn sie sind giftig.

Zeit der Korbblütler

Im Herbst dominieren meist die Korbblütler in Staudenbeeten, darunter verschiedene Astern (*Aster*) und Dahlien (*Dahlia*), die Goldrute (*Solidago*), die Sonnenblume (*Helianthus annuus*), der Sonnenhut (*Rudbeckia*) und die Sonnenbraut (*Helenium*). Da sie alle ähnliche Blütenköpfe aufweisen, sollte man zusätzlich mit anderen Blütenformen für Variation sorgen, etwa mit silbernem Chinaschilf (*Miscanthus sinensis*), mit großblumigen Herbstanemonen (*Anemone-Japonica*-Hybriden) oder mit den aufrechten Rispen der Montbretien (*Crocosmia*).

Späte Glanzpunkte in Beeten und Rabatten

Nur wenige mehrjährige Pflanzen bieten eine vergleichbare Vielfalt an Farben und Formen wie die *Koreanum*-Hybriden und die Spraychrysanthemen, die im Herbst absolute Glanzpunkte in Beeten und Rabatten darstellen. Ebenso stechen die feurigen orangeroten Töne der Fackellilie (*Kniphofia*-Hybriden) hervor. Von zarter Schönheit ist die rosa blühende Myrtenaster (*Aster ericoides* 'Pink Cloud'), auch Septemberkraut genannt, die bis zu 1 m hoch wird und von Oktober bis November einen bereichernden Anblick bietet.

Belebung des Steingartens

Mit den azurblauen Blüten des Herbstenzians (*Gentiana sino-ornata*), dem elegant strahlenden Weißen Herbstenzian (*Gentiana* × *sino-ornata* 'Ballatrix') und den lachsroten Beeren der immergrünen Niederliegenden Scheinbeere (*Gaultheria procumbens*) bringt die kühlere Jahreszeit auch wieder Leben in einen farblos gewordenen Steingarten. Alle drei Pflanzen bilden üppige Polster.

Ein ganzes Beet mit Besenheide

Inzwischen sind die Zuchtformen der Besenheide (*Calluna vulgaris*) in einer solchen Vielfalt an Blüten- und Laubfarben erhältlich, dass es sich lohnt, ein Beet ausschließlich mit unterschiedlichen Sorten dieser Pflanze zu gestalten. Bei neueren Arten ist das Laub beispielsweise auffallend rot, gelb, orangerot oder bronzeartig gefärbt.

Prächtige Berankung

Verschönern Sie eine triste Hauswand oder Mauer, indem Sie Feuerdorn (*Pyracantha*) und eine robuste tiefrote Jungfernrebe (*Parthenocissus tricuspidata*) gemeinsam an ihr hochranken lassen. Im Herbst trägt der Feuerdorn dann dicke Fruchtstände aus langlebigen Beeren, die meist rot, teilweise aber auch gelb oder orange gefärbt sind.

Siehe auch *Borke, Farbe, Heidekrautgewächse*

GÄRTNER-WISSEN

Sträucher und Kletterpflanzen als farbiger Hintergrund

Ein günstig platzierter Strauch oder eine Kletterpflanze an einer Mauer bildet im Herbst einen hübschen Blickfang. Auch nachdem die Blätter abgefallen sind, sieht das verzweigte Astwerk noch gut aus.

Name	Blattfarbe und Besonderheiten
Azaleen (*Azalea*), Laub abwerfend	Rot bis gelb; je heller die Blüten, desto gelber das Laub
Dreilappige Jungfernrebe (*Parthenocissus tricuspidata* 'Veitchii')	Leuchtend rot; klettert auch hohe Wände mühelos hoch
Großer Federbuschstrauch (*Fothergilla major*)	Glänzend golden; nur für kalkfreien Boden
Grüner Perückenstrauch (*Cotinus coggyria*)	Rot; gehört zu den besten Herbststräuchern
Hartriegel (*Cornus* 'Eddies White Wonder')	Scharlachrot; gedeiht am besten auf saurem Boden
Scharlach-Rebe/Scharlach-Wein (*Vitis coignetiae*)	Tief karmin- und scharlachrot; braucht viel Platz
Scharlach-Sumach (*Rhus glabra* 'Laciniata')	Orange und gelb; für jeden Boden geeignet
Thunbergs Berberitze (*Berberis thunbergii*)	Leuchtend rot; unübertroffene Herbstfärbung

Himbeeren

Platz an der Sonne

Wie das meiste Tafelobst brauchen auch Himbeeren – vor allem die Spätsommer- und Herbstsorten – möglichst einen Standort in voller Sonne. Hier funktioniert die Bestäubung am besten und die Früchte reifen optimal. Außerdem mögen Himbeeren leicht saure und feuchte Erde. Die besten Pflanzzeiten sind die Monate September und Oktober sowie das zeitige Frühjahr.

Dichte Pflanzung

Treiben Sie zwei robuste 2,5 m lange Holzpfähle rund 60 cm tief in den Boden und spannen Sie jeweils in Knie- und Brusthöhe zwei verzinkte Drähte zwischen die Stützen. Bauen Sie 60 cm daneben ein zweites derartiges Gerüst. Verbinden Sie die obere und untere Drahtreihe an jeder Stützvorrichtung alle 60 cm mit Schnur. Achten Sie darauf, dass die Himbeerruten nur innerhalb der Drähte wachsen und entfernen Sie regelmäßig die nach außen strebenden Triebe.

Halt in windigen Lagen

In windigen Lagen spannt man in gut 1,7 m Höhe einen weiteren Draht zwischen den Pfählen. Dann wickelt man eine feste Schnur um die Drähte und umschlingt alle 7–10 cm die einzelnen Ruten damit. Knoten Sie die Schnur in Abständen von 1 m fest, damit sie gespannt bleibt.

Platz sparen

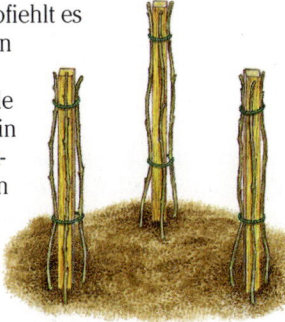

In kleinen Gärten empfiehlt es sich, jeweils drei Ruten um einige ebenfalls 2,5 m lange Stützpfähle zu pflanzen, die man in einer hellen Ecke platziert. Sobald die Ruten zu wachsen beginnen, bindet man sie locker mit Bast an den Stützen fest.

Mulchen gegen Unkräuter

Eine Pflanztiefe von 5–8 cm reicht bei Himbeeren aus. Später darf man zwischen den Ruten nur oberflächlich jäten; sonst beschädigt man die Wurzeln. Besser ist es, Unkräuter durch Mulchen zurückzuhalten.

Frühe Pflege

Schneiden Sie frisch gepflanzte Ruten bis auf 5 cm über dem Boden zurück. Dadurch verhindern Sie, dass sich übermäßig viele dünne Jungtriebe bilden. Außerdem fördern Sie so das Wachstum der kräftigsten Ruten und die Entwicklung des Wurzelsystems.

Häufig wässern

Himbeeren benötigen bei Trockenheit während der Reifungszeit abends viel Wasser. Verwenden Sie am besten einen Sprühschlauch, den Sie zwischen die Reihen legen. Auch Mulchen im Frühjahr hilft, die Feuchtigkeit im Boden zu bewahren.

Krankheitsbefall

Sinkende Erträge und fleckige spröde Blätter sind ein Hinweis darauf, dass die Ruten vom Mosaikvirus befallen sein könnten, was bei Himbeeren recht häufig vorkommt. Es bleibt Ihnen dann nichts anderes übrig, als die gesamte Reihe auszugraben, die Pflanzen zu verbrennen und zum passenden Zeitpunkt neue zu setzen. Wählen Sie dafür möglichst einen anderen Standort, denn wenn an der alten Pflanzstelle auch nur ein oder zwei alte Wurzeln zurückgeblieben sind, würden die jungen Ruten sehr rasch infiziert werden.

Schädlinge bekämpfen

Etliche bösartige Himbeerkrankheiten werden durch Blattläuse verbreitet. Bekämpfen Sie die Schädlinge, indem Sie Ruten und Laub sofort mit einem biologischen Insektenmittel spritzen. (Siehe auch *Chemikalien*)

Rückschnitt

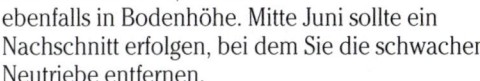

Schneiden Sie die abgetragenen Ruten von sommerfruchtenden Himbeeren zwischen August und Oktober knapp über Bodenhöhe ab. Entfernen Sie auch alle schwachen Jungtriebe und beseitigen Sie gebrochene oder dunkel verfärbte Ruten sowie abgestorbenes Holz. Jede erwachsene Pflanze behält fünf bis sieben starke Neutriebe; an den jungen Stöcken werden nur zwei bis drei belassen. Dagegen dürfen Sie die herbstfruchtenden Himbeerruten erst im Februar abschneiden, und zwar ebenfalls in Bodenhöhe. Mitte Juni sollte ein Nachschnitt erfolgen, bei dem Sie die schwachen Neutriebe entfernen.

Siehe auch *Vögel*

GÄRTNER-WISSEN

Verlängerung der Himbeerzeit

Es lohnt sich, verschiedene Himbeersorten anzubauen, denn so kann man die aromatischen Früchte über längere Zeit ernten. Da Gartencenter oft nur eine begrenzte Auswahl an Himbeerpflanzen führen, müssen Sie sich möglicherweise an eine Baumschule wenden, die sich auf Obst spezialisiert hat.

Reifezeit	Sorte	Beschreibung
Früh	'Glen Moy'	Große aromatische Früchte; zum Einfrieren geeignet; dornenfrei; kräftiger Wuchs
Mittelfrüh	'Malling Promise'	Große mittelrote Beeren; sehr gut zum Einfrieren geeignet; kräftiger Wuchs
Mittel	'Glen Prosen'	Sehr aromatische Früchte, mittelgroß; zum Einfrieren geeignet; gute Erträge; dornenfrei
Mittelspät	'Himbo Queen'	Sehr große und äußerst aromatische Früchte; zum Einfrieren geeignet; sehr gute Erträge
Spät	'Rumiloba'	Große und helle aromatische Früchte; zum Einfrieren geeignet; mittel- bis starkwüchsig; reiche Erträge
Sehr spät	'Fallgold'	Mittelgroße, leuchtend gelbe und aromatisch süße Früchte; Pflanze fruchtet im Herbst an den einjährigen Ruten und im nächsten Sommer an den zweijährigen Ruten
Herbst	'Autumn Bliss'	Große wohlschmeckende Früchte; gute Erträge

HISTORISCHE GÄRTEN

Alte Gärten sind ein Spiegelbild der Zeit, in der sie entstanden. Wo sie bezeugt oder erhalten sind, erzählen sie uns von historischen Einflüssen und gesellschaftlichen Entwicklungen, durch die sie geprägt wurden.

Die ersten Gärten entstanden, als die Menschen sesshaft wurden. Sie bauten nun Nahrungspflanzen an und mussten das mühsam bearbeitete Stück Land mit Zäunen oder Mauern vor wilden Tieren und Feinden schützen. Der Ursprung unseres Wortes Garten ist hier zu finden; er geht auf das Indogermanische „ghortos" zurück und meint „das Umzäunte" oder „das Eingefasste". Der Garten war also ein nach außen abgegrenztes Stück Erde.

Gärten in Germanien

Die Gärten der Germanen waren einfach und karg, sie stellten reines Nutzland dar, das ganz ohne Blumenschmuck auskommen musste. Hülsenfrüchte, Kohlarten und Möhren – nur was zum Überleben diente, wurde angebaut. Mit dem Eindringen der Römer, die über eine hohe Gartenkultur verfügten, erfuhren diese einfachen Gärten große Veränderungen. Die Legionäre brachten Blumen und bis dahin unbekannte Obst- und Gemüsesorten aus ihrer Heimat über die Alpen, z. B. Aprikose, Kirsche, Melone, Sellerie und Spargel, ferner Würz- und Heilkräuter wie Bohnenkraut, Knoblauch und Koriander.

Klostergärten

Im 8. und 9. Jh. liegt der Beginn des eigentlichen Gartenbaus in Deutschland. Er ist auf die Benediktinermönche zurückzuführen, die, aus Italien kommend, ihr reiches Wissen über Nutzpflanzen und deren Kultur verbreiteten. Sie brachten Samen und Ableger von Gemüse-, Würz- und Heilkräutern aus dem Süden mit. Die sonnenverwöhnten Gewächse mussten allerdings, bevor sie in den Gärten Einzug halten konnten, in den Klostergärten an das feuchte, kühle Klima gewöhnt werden.

In den Gemüsegärten der Klöster gediehen die feinen, pflegeintensiven Gemüsearten, nicht mehr die gröberen Gemüse wie Bohnen, Erbsen, Linsen und Rüben, die man auf dem Feld anbaute. In den Kräutergärten, den so genannten Wurzgärten, fanden sich neben den Würz- und Heilkräutern auch einige Blumen wie Lilie, Rose und Schwertlilie, die ebenfalls zu Heilzwecken verwendet wurden. Diese Gärten gelten deshalb als der Keim der späteren Blumengärten.

Die erste Kunde vom Gartenbau in Deutschland und gleichzeitig eine Anleitung dazu ist ein Gedicht mit dem Titel *Hortulus,* das zwischen 830 und 840 von Walahfried Strabo verfasst wurde, einem Abt des Reichenauer Benediktinerklosters im Bodensee. Walahfried beschreibt darin 24 Heilkräuter, Küchen- und Zierpflanzen, die von besonderem Geruch, Geschmack oder Aussehen sind und die noch heute die Gärten bereichern.

Dieses Gemälde aus dem 14. Jh. trägt den Titel Das Paradiesgärtlein des oberrheinischen Meisters *und zeigt einen mittelalterlichen Lustgarten.*

Mittelalterliche Lustgärten

Während des Hochmittelalters nahm langsam die Bedeutung der nicht der Kultur von Nutzpflanzen dienenden Bereiche des Gartens zu. Zu den Gemüse- und Kräutergärten gesellten sich „Paradiesgärtlein" und „Minnegärtlein". Albertus Magnus (1193–1280), Bischof von Regensburg und Naturforscher, befasste sich als einer der Ersten mit dem Thema Ziergarten. Der Dominikaner erstellte einen Plan von einem Lustgarten mit Rasenfläche, Rasenbank, Quelle und begrenzenden Baumreihen. Darüber hinaus gab er genaue Anweisungen, wie ein Zierrasen anzulegen sei.

Im Lauf der Zeit begeisterte eine immer größere Vielfalt von bisher unbekannten Gewächsen zuerst die Botaniker, dann das gehobene Bürgertum, schließlich hielt sie auch in den Gärten der einfachen Bürger Einzug. Die Pflanzenauswahl wurde zunehmend größer und die Anlagen glanzvoll. Mit symbolträchtigen Blumen wie Akelei, Madonnenlilie, Maßliebchen, Maiglöckchen, Pfingstrose, Rose und Veilchen waren die Gärten ein beliebtes Motiv mittelalterlicher Maler.

Auf der Insel Reichenau im Bodensee zeigt beim Kloster ein wieder erstandener Kräutergarten von mittelalterlicher Gartenkultur.

Renaissancegärten

Im 16. Jh. begann eine völlig neue Zeit für die deutschen Gärten. Deutsche Kaufleute brachten aus den prächtigen Gärten ihrer Handelspartner im Süden Zierpflanzen mit, und auch die zahlreichen Entdeckungsreisen trugen dazu bei, dass die Blumengärten der Bürger durch immer mehr Exoten bereichert wurden. So fanden Flieder, Hyazinthen, Kaiserkronen, Levkojen, Narzissen und Tulpen Eingang in die deutschen Gärten. Man konnte sich den Luxus leisten, Gewächse zu pflanzen, die außer ihrer Schönheit keinen Nutzen brachten.

Der typische Renaissancegarten war ein nach außen abgeschirmter Garten, meist von Mauern umgeben. Ein geometrisches Wegesystem, die Aufteilung in gleich große rechteckige oder quadratische Beete und ein deutlich hervorgehobener Mittelpunkt – meist eine Plastik oder ein Brunnen – bestimmten die Gliederung. Häufig wurde der Ziergarten durch Hecken vom Gemüsegarten getrennt, ein Charakteristikum waren ornamental angelegte Beete. In den Bauerngärten der Zeit wurden Zier- und Nutzpflanzen allerdings nicht voneinander getrennt; hier wuchsen Gemüse, Kräuter und Blumen bunt durcheinander.

Kübelpflanzen spielten im Barockgarten eine große Rolle, wie hier im Großen Garten Herrenhausen vor den Toren Hannovers. Der prachtvolle Herrschaftsgarten der Welfen ist der einzige Barockgarten in Deutschland, der weitgehend im ursprünglichen Zustand erhalten geblieben ist.

Barockgärten

Der 30-jährige Krieg hatte der Entwicklung des deutschen Gartenbaus schwer geschadet, doch als die Zeiten wieder ruhiger wurden, brach sich die Freude an schönen Gärten erneut Bahn. Von Frankreich ausgehend, begründete der Geist der Barockzeit eine Steigerung der Gartenkunst in Prunk und Geometrie, die nicht mehr zu überbieten war. Bäume und Sträucher wurden in Kugel- und Säulenformen oder sogar zu Tierfiguren geschnitten. Aus Heckenwerk wurden Irrgärten oder Labyrinthe gebildet, man schuf kunstvolle Blumenparterres und liebte die Wasserkunst mit technischen Spielereien wie Brunnen, Wasserbecken, wasserspeiende Gartenplastiken, Fontänen oder Kaskaden. Ein neues Gestaltungselement war das Boskett, das Lustwäldchen, das in geometrischen Formen angelegt wurde. Gartenanlagen wurden wesentlicher Bestandteil der Gesamtanlage der Schlösser. Aber nicht nur die Herrscher, auch die Bürger erfreuten sich an barocken Gärten in ihren Wohnvierteln. Selbst die Bauerngärten erfuhren einen Wandel, man schuf mit Buchs eingefasste Blumenrondelle an den Wegkreuzungen und mit Buchs eingefasste kunstvolle Gemüsebeete.

Landschaftsgärten

Während in Deutschland und Österreich zahlreiche fürstliche Residenzen noch weit bis ins 18. Jh. Gartenanlagen im französischen Stil erhielten, entstanden in England bereits um 1730 die ersten landschaftlich gestalteten Gärten. Der gleichmäßige, steife, formale Stil wich zugunsten des unregelmäßigen, natürlichen Landschaftsstils. Mit etwas Verzögerung wurde auch in Deutschland, vor allem durch Maler und Dichter, die Natur zum Vorbild der Gartenkunst. Es galt, eine idealisierte und idyllisierte Natur darzustellen: Wechselnde Landschaftsszenen mit weiten Wiesen und geschwungenen Wegen wurden geschaffen, Seen oder Teiche mit weichen, rasenbedeckten Ufern angelegt, Baumgruppen gesetzt. Man schätzte die individuelle Schönheit der Bäume und Sträucher. Der landschaftliche Gartenstil wirkte sich vor allem auf die Gestaltung großer

Der Fürst-Pückler-Park in Bad Muskau gilt als der schönste klassische Landschaftspark Deutschlands; er führt mit wechselnden Landschaftsbildern durch das Neißetal.

Parkanlagen aus, berühmt wurde der Englische Garten in München oder der Fürst-Pückler-Park in Bad Muskau. Aber auch auf die Hausgärten wurden Landschaftsbilder übertragen, so entstanden die ersten Naturgärten.

Gärten der Moderne

Anfang des 20. Jh. vollzieht sich eine Abkehr vom landschaftlichen Gartenstil, es folgt wieder eine geordnete und regelmäßige Gestaltung der Gärten. Rund um das Haus werden einzelne Gartenbereiche klar gegliedert und getrennt. Große Bedeutung kommt der Terrasse zu, dem Bindeglied zwischen Haus und Garten. Der Rasen, ein wichtiges Element, befindet sich vor der Terrasse, die Fläche ist eben gehalten. Gemüse- und Obstgarten sind getrennt angelegt.

Hitze

Schattenspender selbst bauen

Sammeln Sie Materialien wie engmaschige Plastiknetze, Jutestücke, Strohmatten, Gemüsekisten und Pappkartons. Auf Hölzern befestigt, eignen sie sich ausgezeichnet als Schattenspender.

Sonnenstrahlen abwehren

Setzen Sie Sämlinge, Jungpflanzen und empfindliches Blattgemüse wie Mangold, Salat und Spinat im Nutzgarten an Stellen, wo sie während der heißen Mittags- und Nachmittagsstunden Schatten bekommen. Ist das nicht möglich, so schützen Sie die zarten Gewächse vor starker Sonneneinstrahlung, indem Sie einige Reihen mit hoch wachsenden Pflanzen vor sie setzen, etwa Dahlien (Dahlia), Mais (Zea mays), Schmuckkörbchen (Cosmos) oder Sonnenblumen (Helianthus).

Den Boden kühl halten

Helle Streu, beispielsweise Sägemehl, Sand oder zerkleinerte Rinde, verhindert einen übermäßigen Temperaturanstieg im Boden. Verwenden Sie auf keinen Fall Plastik, darunter staut sich zu viel Wärme.

Frisch gepflanzte Bäume schützen

Streichen Sie den Stamm eines jungen Baumes bis zur ersten großen Astgabelung mit Kalkmilch; das Weiß reflektiert die Sonnenstrahlen.

Wärme erzeugen

Während man in den Sommermonaten schädlichen Auswirkungen der Hitze vorbeugen muss, gilt es vom Spätherbst bis zum nächsten Frühjahr, vielen Pflanzen ein wärmendes Umfeld zu bereiten. Glas- oder Kunststoffglocken, Folientunnel und Schutzhüllen dienen u. a. dazu, Freilandsaaten und Nutzpflanzen vor Frost zu bewahren. Darüber hinaus haben sich die Schläuche alter Autoreifen als schützender Ring um zarte Gewächse bewährt. Man füllt sie einfach mit Wasser und verschließt die Öffnung mit einer Wäscheklammer. Der schwarze Mantel zieht die Wärme an; dadurch steigt die Temperatur des Wassers, das die Wärme nachts dann wieder abgibt.

Siehe auch *Hauben, Schatten, Trockenheit*

Hochlagen

Nord- und Südhänge

In Gärten, die an einem Nordhang gelegen sind, bewähren sich Farne und robuste immergrüne Gewächse. An Südhängen sollte man einjährige Blumen und Gemüse mit kurzem Vegetationszyklus wie Salat und Rettich pflanzen.

Auch in Gebirgslage kann ein Garten wunderschön sein, wenn man die passenden Pflanzen aussucht.

Widerstandsfähige alpine Pflanzen

Bei optimaler Drainage unter den Wurzeln und Blattknoten gedeihen alpine Bodendecker, Stauden und Klettersträucher in rauen Lagen hervorragend. Die Auswahl ist riesig. Im Winter bildet der Schnee eine schützende Decke über den Gewächsen.

Hilfe für Nadelbäume

Nadelbäume mit aufragender Belaubung müssen vor harten Klimabedingungen in Hochlagen geschützt werden. Im Winter bindet man die Zweige solcher Koniferen nach Möglichkeit eine Zeit lang mit Schnur zusammen, damit sie unter dem Gewicht von Schnee und Eis nicht abbrechen.

Geeignete Obstbäume aussuchen

Wer in Hochlagen Obst anbauen will, muss unbedingt winterharte Arten auswählen. Eine Reihe von Apfelsorten verträgt beispielsweise Temperaturen bis −30 °C. Da Frost länger als andernorts eine Gefahr darstellt, empfiehlt es sich auch, spätblühende Bäume auszusuchen. Nur so ist eine ausreichende Bestäubung garantiert. Aprikosen- und Birnbäume sollten vor einer geschützten Mauer am Spalier gezogen werden. Die Süd- und Westseite eines Hauses sind geeignete Plätze hierfür. Unter den Beeren gedeihen Blaubeeren, Erdbeeren und Himbeeren gut in Hochlagen.

Treppenförmige Hanganlage

An steilen Böschungen, die durch Regen und Schneeschmelze ausgewaschen werden können, legt man Stufen an, die das Erdreich stützen und den Wasserfluss verlangsamen. Außerdem setzt man die Pflanzen in Mulden, sodass herabrutschendes Erdreich gleich wieder aufgefangen wird.

Siehe auch *Frost, Hanglagen, Schnee*

Hochstämme

Einen Strauch verwandeln

Viele Pflanzen sehen als Hochstämme sehr hübsch aus. Stecken Sie dazu einen Stab in ein Pflanzloch im Freien oder in einen mit Substrat gefüllten Topf und setzen Sie einen jungen Strauch mit einem geraden kräftigen Stamm in das Loch bzw. den Topf. Schneiden Sie nun die untersten Äste des Stammes weg, sodass er frei von Seitentrieben und völlig glatt ist, und befestigen Sie ihn an dem Stab. Entspitzen Sie den Strauch, sobald er die gewünschte Größe erreicht hat, und schneiden Sie ihn mit einer Gartenschere zu einer Kugel. Entfernen Sie alle Knospen und Zweige, die am Stamm austreiben.

Für Standfestigkeit sorgen

Verwenden Sie für Hochstämmchen in Töpfen immer Erde auf Lehmbasis, denn sie ist schwerer als z. B. torfhaltige Erde und verhindert durch ihr Gewicht, dass die Pflanze bei Wind umkippt.

Gleichmäßige Blütenbildung

Hochstämmchen in Kübeln, die an einer Wand, einer Hecke oder einem Zaun stehen, müssen einmal in der Woche umgedreht werden. Nur so wachsen die Pflanzen gleichmäßig und bilden ringsum Blüten aus.

Geeignete Sträucher

Immergrüne Sträucher ergeben besonders hübsche Hochstämme, die das ganze Jahr über gut aussehen. Sehr geeignet sind Buchsbaum (Buxus), Eibe (Taxus), Pfaffenhütchen (Euonymus) und Stechpalme (Ilex). Die Stämme dieser Pflanzen brauchen während des Wachstums unbedingt eine Stütze. Doch auch nachdem die Gewächse ihre volle Größe erreicht haben, empfiehlt es sich, ihnen weiterhin mit einem unauffälligen Stab Halt zu geben, damit sie bei stürmischem Wetter sicher stehen.

Große Gewächse für kleine Gärten

In kleinen Gärten erzieht man besser wenige große Sträucher als viele kleine zu Hochstämmen. Darunter hat man dann ausreichend Platz für andere Gewächse. So ergibt sich eine optisch stimmige Zusammenstellung.

Ungewöhnliche Formen für Kletterpflanzen

Unter den Kletterpflanzen entwickeln sich besonders Geißblatt (Lonicera) und Glyzine (Wisteria) zu außergewöhnlich attraktiven Hochstämmen. Die purpurroten oder gelben Blüten des Geißblatts verströmen im Sommer einen ausgeprägten Duft, und im Herbst trägt die Laub abwerfende Pflanze leuchtend rote Beeren. Glyzinen bereiten zwar mehr Arbeit als viele andere Gewächse, weil sie zur Erhaltung einer fülligen Krone sommers wie winters regelmäßig beschnitten werden müssen, doch der Anblick ihrer prächtigen blauvioletten oder weißen Blütentrauben macht die Mühe wett. Glyzinen müssen zeitlebens gestützt werden.

Stilvolles Entree

Lorbeer-Hochstämmchen zu beiden Seiten einer Haustür wirken sehr elegant. Leider werden sie vor allem in Großstädten häufig gestohlen. Ketten Sie die Pflanzen daher falls möglich an ein nahes Geländer oder an Haken in der Hauswand.

Ganzjährige Bewohner des Wintergartens

Zu Hochstämmchen erzogene Topfpflanzen wie Bougainvilleen (Bougainvillea), Engelstrompeten (Brugmansia) und Pelargonien (Pelargonium) bereichern jeden Wintergarten. Ein ausnehmend schönes Ensemble ergibt sich mit Kletterpflanzen an ihrem Fuß, beispielsweise mit einem Harfenstrauch (Plectranthus oertendahlii) und Hornklee (Lotus berthelotii). Keine der genannten Pflanzen ist winterfest; alle sollten deshalb dauerhaft im Wintergarten stehen bleiben.

Dekorativer Zopf

Pflanzen Sie drei Birkenfeigen (Ficus benjamina) in denselben Topf. Warten Sie, bis die Pflanzen 35–40 cm hoch sind, und entfernen Sie dann die Zweige unten an den Stämmchen. Anschließend verflechten Sie die Stämmchen, sodass sie einen einzigen Stamm in Zopfform bilden.

Pflege von Hochstammrosen

Als Stütze benötigen Hochstammrosen einen 2–3 cm dicken Stab, der gut 60 cm tief in der Erde steckt und rund 15 cm über die Veredelungsstelle hinausragt. Man setzt die Pflanzen in ein Loch mit 40 cm Kantenlänge und befestigt ihren Stamm mit Sisal-, Gummi- oder Plastikband an

Wohl nur wenige Gewächse bieten einen vergleichbar lieblichen Anblick wie ein zum Hochstamm erzogenes Geißblatt (Lonicera), das in voller Blüte steht.

dem Stab. Ab Anfang Mai muss man Wildtriebe unterhalb der Veredelungsstelle direkt an ihren Ursprüngen abreißen, niemals jedoch abschneiden. Man erkennt Wildtriebe daran, dass ihre Blättchen schmaler sind als die der Gartenrose; ihre Stacheln sehen nadelartig aus.

Hortensien

Bevorzugter Standort

In milden Klimazonen sind Hortensien (Hydrangea) winterhart, benötigen aber trotzdem einen geschützten Platz. Am besten gedeihen die immergrünen und Laub abwerfenden Sträucher an einem westwärts gelegenen Standort. Eine Ausnahme bilden die Klettervarietäten (Hydrangea anomala), die Nordseiten bevorzugen. Pflanzen Sie Hortensien in feuchten Boden und lassen Sie dabei Raum zwischen den einzelnen Gewächsen; 1,5–2 m Abstand sind ideal. Die Zwergsorte Hydrangea macrophylla 'Pia' muss in noch weiterer Entfernung zu anderen Pflanzen stehen, damit sie genügend Nährstoffe erhält.

Farbgebung bestimmen

Die Farbe von Horten-
sienblüten ist eine Art
pH-Wert-Indikator. Auf
sauren Böden werden
die Blüten blau, auf
alkalischen rosa. Es ist
jedoch möglich, rosafarbene Hortensien in blaue
zu verwandeln, indem
man Aluminiumsulfat
(Alaun) oder eine spezielle Lösung aus dem Gar-
tenfachgeschäft an die Wurzeln gibt.

Verschiedene Zuchtformen

Es ist allen Kulturformen der Hortensie gemeinsam, dass die Rispen auffällige unfruchtbare und
unscheinbare fruchtbare Blüten aufweisen. Bei der Gartenhortensie
(Hydrangea macrophylla) unterscheidet man zwischen zwei
Hauptgruppen; die eine hat
kugelige, die andere flach
gewölbte Dolden. Beide
Arten blühen im Hoch-
sommer auf den im Vorjahr
gebildeten Trieben.

Beliebte Rispenhortensie

Bei der verbreiteten Rispenhortensie (Hydrangea
paniculata 'Grandiflora' und 'Tardiva') bilden sich
die weißen Blüten an den neuen Trieben. Sie erscheinen im August und September an bis zu
45 cm langen kegelförmigen Rispen.

Wandteppich aus Blüten

Die Kletterhortensie (Hydrangea anomala ssp.
petiolaris) rankt mit Vorliebe an nördlichen Hauswänden und bringt im Juni und Juli Unmengen
weißer Blüten hervor. Obwohl sie bis zu 18 m

GESCHICHTE IN KÜRZE

Kalte Schönheit

Der botanische Name der Hortensie, Hydrangea, leitet sich ab aus den griechischen Wörtern
hydor (Wasser) und angeion (Gefäß), weil die
Samenkapseln wie Trinkbecher aussehen. Rund
80 Arten sind heute bekannt, darunter auch seltenere wie die Eichenblatthortensie (Hydrangea
quercifolia), deren Blätter im Herbst weinrot werden. Weil die Blüten nicht duften, galt die Pflanze früher in der Blumensprache als Symbol für
emotionale Kälte.

---

hoch wird, benötigt sie kein Gerüst. Die
besten Ergebnisse erzielt man, wenn
man sie in Erde pflanzt, die mit gut verrottetem Dung angereichert ist.

Winterschutz für neue Knospen

Entfernen Sie verblühte Hortensiendolden
nicht, denn sie sehen hübsch aus und schützen
außerdem die neuen Knospen vor Frost und
Schnee. Schneiden
Sie die Pflanzen erst
im April bis kurz
über die oberen
angeschwollenen
Knospen zurück.
Beseitigen Sie
außerdem die ältesten
Triebe.

Hunde

Rasenschäden durch Urin

Durch ständigen Kontakt mit Hunde-Urin entstehen auf Rasenflächen häufig gelbe, später braune
Flecken, und das Gras stirbt ab. Das lässt sich nur
verhindern, indem man den Urin jeweils sofort
mit Wasser verdünnt. Bereits abgestorbenes Gras
muss neu eingesät oder durch eine Sode ersetzt
werden. (Siehe auch Rasenpflege)

Schutz für das Gemüse

Durch einen Lattenzaun lassen sich kleine Hunde
davon abhalten, Sämlinge im Gemüsegarten auszugraben. Verdecken Sie einen solchen Zaun mit
farbenprächtigen einjährigen Kletterpflanzen wie
Kapuzinerkresse (Tropaeolum).

Dornige Barriere

Um fremde Hunde aus Ihrem Garten fern zu halten, können Sie ihn mit Feuerdorn (Pyracantha),
Rosen (Rosa), Stechpalmen (Ilex) und anderen
dornigen Gewächsen umgeben. Stellen Sie auch
sicher, dass Ihre Mülltonnen immer gut verschlos-
sen sind, damit nicht der Geruch von Essens-
resten Hunde anzieht.

Hyazinthen

Vorteilhafte kleine Zwiebeln

Lassen Sie sich beim Kauf nicht durch die Größe
von Hyazinthenzwiebeln irreführen. Die kleinen
wachsen genauso gut wie die großen, sind aber
erheblich preisgünstiger. Außerdem stehen ihre
Blütentrauben in einem besseren Verhältnis zur
übrigen Pflanze und knicken bei Wind und starkem Regen nicht so leicht um.

Duftende Blumen zum Weihnachtsfest

Ab August sind präparierte Hyazinthenzwiebeln erhältlich, deren Knospenbildung durch ein
spezielles Temperaturverfahren beschleunigt ist,
was einen besonders frühen Austrieb ermöglicht.
Sie eignen sich nur für die Kultur im Zimmer. Setzen Sie die Zwiebeln so schnell wie möglich in
Töpfe mit Drainagelöchern, auf keinen Fall später
als in der ersten Septemberwoche; dann werden
die Blumen zu Weihnachten blühen. Sollte sich
ein späteres Einpflanzen nicht vermeiden lassen,
bewahren Sie die Zwiebeln im Gemüsefach Ihres
Kühlschranks auf, und zwar einzeln in Zeitungspapier verpackt. Dort können sie bis zu 14 Tage
bleiben.

Zucht auf Gläsern

In den meisten Fachgeschäften
werden Hyazinthengläser angeboten. Man füllt sie bis auf rund 1 cm
unter den Hals mit Wasser und
setzt die Zwiebel darauf. Stellen
Sie die Gläser in einen dunklen
Raum mit 10–13 °C. Ein
Stück Holzkohle im Glas
verhindert Geruchsbildung
und bewirkt, dass das Wasser klar bleibt. Warten Sie,
bis die Wurzeln gut 10 cm
lang sind und erste Blätter erscheinen. Bringen
Sie die Gläser dann an einen helleren Platz mit
18–20 °C. Ersetzen Sie verdunstetes Wasser.

Nach der Blüte aufbewahren

Zwiebeln, die auf Spezialgläsern getrieben wurden, muss man nach der Blüte wegwerfen, da sie
die gespeicherten Nährstoffe aufgebraucht haben.
Dagegen empfiehlt es sich, andere Hyazinthen
aufzubewahren, denn nach einer längeren Erholungsphase werden sie erneut blühen, diesmal im
Garten. Schneiden Sie zunächst die verwelkten
Blütenstände ab und stellen Sie die Töpfe an
einen hellen kühlen Ort, wo Sie die Pflanzen mäßig gießen sollten. Pflanzen Sie die Zwiebeln im
Frühjahr bei milder Witterung in den Garten. Im

Zu Frühlingsbeginn bringen Hyazinthen in unterschiedlichen Farben neues Leben in den Garten und füllen ihn mit ihrem unverkennbaren, sehr kräftigen Duft. Hier wurden sie zusammen mit scharlachroten Tulipa-Greigii-*Hybriden gepflanzt, deren attraktives Laub purpurne Streifen aufweist.*

Hydrokultur

Geringer Pflegeaufwand

Bei der Hydrokultur dienen Blähtonkugeln als Substrat und Halt für die Pflanzen, die mit einer Lösung aus einem speziellen Hydronährstoff und Wasser versorgt werden. Die Methode eignet sich vorwiegend für Zimmerpflanzen. Als Gefäße verwendet man spezielle Töpfe mit Innentopf; Wasserstandsanzeiger lassen erkennen, ob nachgegossen werden muss. Im Übrigen muss man nur noch in längeren Abständen die Nährlösung erneuern. Die anfänglichen Kosten sind vergleichsweise hoch, doch der anschließende geringe Pflegeaufwand stellt einen großen Vorteil dar.

Mögliche Komplikationen

Ein fauliger Geruch aus dem Hydrotopf weist meist auf Sauerstoffmangel hin. Entweder haben sich Bakterien in dem Gefäß angesiedelt, weil die Nährlösung nicht rechtzeitig gewechselt wurde, oder die Wurzeln sind in zu starker Lösung gefault. Nehmen Sie die Pflanze heraus, entfernen Sie abgestorbene Wurzeln und reinigen Sie Topf sowie Substrat unter fließendem Wasser.

Den richtigen Nährstoff zuführen

Es ist wichtig, nur speziellen Hydronährstoff zu verwenden und genau die richtige Konzentration zu beachten. Fehler wirken sich umgehend negativ aus. Normale Blumendünger sind ungeeignet. Da sich Salzreste im Topf absetzen, sollte man die Gefäße jedesmal säubern, bevor man die Nährlösung erneuert.

Hydropflanzen aus Stecklingen ziehen

Möchten Sie selbst eine Zimmerpflanze in Hydrokultur ziehen? Dann schneiden Sie im Frühling einen gesunden starken Steckling von einer Topf- oder einer bereits vorhandenen Hydropflanze ab und stellen ihn in einem Gefäß mit Wasser an einen hellen Ort. Sobald sich Wurzeln entwickelt haben, setzen Sie den Ableger in einen Hydrotopf. Kultivieren Sie den Steckling wie die Mutterpflanze. (Siehe auch *Stecklinge*)

Umstellung von der Erdkultur

Am einfachsten lassen sich junge Pflanzen von Erd- auf Hydrokultur umstellen. Dabei muss man zunächst gründlich die Erde aus den Wurzeln waschen. Vorzugsweise weicht man den Topfballen dazu über Nacht in Wasser ein. Außerdem schneidet man alle beschädigten Wurzeln ab. Da die Umstellung eine größere Störung für das Wachstum der Pflanze bedeutet, sollte sie möglichst im Frühjahr oder Sommer erfolgen.

folgenden Jahr sind die Blütenschäfte in der Regel noch schwach, werden aber mit der Zeit wieder stärker. Ab dem zweiten Jahr bilden sich neue kräftige Blütentrauben.

Intensiver Duft im Frühling

Freilandhyazinthen werden im Herbst gepflanzt und erfreuen uns im Frühjahr mit ihrem unverwechselbaren starken Duft. Zu den empfehlenswerten großblumigen Hybriden, auch holländische Hyazinthen genannt, gehören die gelbe 'City of Haarlem', die blaue 'Delft's Blue', die weiße 'L'Innocence', die kirschrote 'Jan Bos' und die rosafarbene 'Pink Pearl'. Setzen Sie die Zwiebeln an einem sonnigen oder halbschattigen Platz 10–15 cm tief in durchlässigen Boden. Lassen Sie in einem reinen Hyazinthenbeet einen Abstand von jeweils rund 15 cm zwischen den Zwiebeln; in gemischten Beeten sind größere Zwischenräume erforderlich. Der Standort muss eine gute Drainage aufweisen; andernfalls faulen die Wurzeln. Graben Sie die Blumen nach der Blüte aus und pflanzen Sie die Zwiebeln an einer anderen Stelle wieder ein, wo sie nun mehrere Jahre lang ohne Probleme blühen werden. Hyazinthen lassen sich sehr hübsch mit roten Gänseblümchen (*Bellis perennis* 'Red Carpet') und Tulpen (*Tulipa*) kombinieren.

Erste Hilfe für beschädigte Zwiebeln

Es passiert leicht, dass man Zwiebeln beim Bodenlockern verletzt. Stäuben Sie Schwefelblüte oder Holzkohlepulver auf oberflächliche Wunden und lassen Sie die Zwiebeln vor dem erneuten Einpflanzen einige Stunden trocknen. Bei zerschnittenen Zwiebeln ist eine andere Vorgehensweise geboten: Man pflanzt sie in einen 13 cm großen Topf mit Kompost und zieht sie im Kalten Kasten auf, damit sich Brutzwiebeln auf den Schnittflächen bilden. Erst im nächsten Herbst setzt man die Gewächse wieder in ihr Beet.

GÄRTNER-ALLERLEI

Aus Blut entstanden

Gemäß der griechischen Mythologie verliebten sich der Gott Apollo und der Athlet Hyacinthus leidenschaftlich ineinander. Auch Zephyr, der westliche Wind, entflammte für den Jüngling, doch seine Zuneigung blieb unerwidert. In einem Anfall von Eifersucht blies er eines Tages gegen einen Diskus, den sich die Liebenden zuwarfen. Die Scheibe traf Hyacinthus und tötete ihn. Der untröstliche Apollo verwandelte das Blut seines Geliebten daraufhin in eine duftende Blume.

Igel

Willkommene Gäste

Igel sind unübertroffene Schnecken- und Insektenvertilger und somit willkommene Gäste im Garten. Bieten Sie ihnen als Gastschmaus ein Schälchen Müsli mit Wasser, Rosinen, Nüssen, etwas entrindetes und mit Honig beträufeltes Weißbrot oder Katzen- bzw. Hundefutter. Das beste Getränk für Igel ist Wasser, doch auch Ziegenmilch ist gut geeignet. Normale Kuhmilch kann dagegen zu Verdauungsstörungen führen, sodass man sie nur in Verbindung mit Futter anbieten sollte.

Schutz- und Schlafplätze

Lassen Sie in einer Ecke Ihres Gartens einen Blätterhaufen liegen, der den Igeln während kürzerer Kälteperioden einen warmen Unterschlupf bietet. Ein Blätterhaufen unter einer Hecke eignet sich ausgezeichnet für den Winterschlaf; ungünstig ist dagegen ein ungeschützter Platz, da er schnell vom Regen durchnässt wird.

Winterhäuschen

Eine dauerhafte Behausung für den Winterschlaf der Igel bietet ein stabiles Häuschen in Form einer etwa 45 cm langen, 30 cm breiten und 30 cm hohen Kiste aus unbehandeltem Holz. Sägen Sie in die Mitte einer Seitenwand ein 10 × 10 cm großes Eingangsloch und stellen Sie die Kiste umgedreht auf einen Blätterhaufen. Dann bauen Sie aus sechs Ziegelsteinen einen Tunnel, indem Sie je drei Steine parallel in einer Reihe vor dem Eingang aufstellen und diesen Zugang mit einem Brett überdachen, das Sie mit Maurernägeln festnageln. So können Füchse, Dachse und Marder nicht an den Winterschlafplatz gelangen. Zum

Schluss bedecken Sie die Kiste mit stabiler schwarzer Plastikfolie, sodass der Schlafplatz trocken bleibt. Damit er natürlicher und unauffälliger aussieht, häufen Sie noch etwas Reisig oder Laub darüber, das Sie mit ein paar Steinen fixieren.

Gifte vermeiden

Haben sich Igel in Ihrem Garten angesiedelt, sollten Sie auf keinen Fall Schneckenkorn auslegen. Sowohl das Gift als auch die möglicherweise vergifteten Schnecken sind für die Tiere äußerst gefährlich.

Weitere Gefahrenquellen beseitigen

Gefährlich für Igel sind auch Gartenteiche, besonders solche mit Steilufern. Als Rettungswege können Sie Rampen um das Ufer herum anlegen oder Maschendraht vom Ufer aus ins Wasser hängen lassen. Ebenfalls problematisch sind Tennisnetze, da die Tiere sich leicht darin verfangen können. Aus diesem Grund sollten Sie die Netze abends immer zusammenrollen.

Immergrüne

Wurzelnackte oder Containerpflanzen?

Die Wurzeln von Immergrünen dürfen nie austrocknen. Aus diesem Grund stellt der Kauf wurzelnackter immergrüner Pflanzen stets ein Risiko dar, sodass Sie sich im Zweifelsfall für Container- oder Ballenware entscheiden sollten.

Der beste Pflanzzeitpunkt

Bei leichten Böden können Sie immergrüne Containerware vom Herbst bis zum Frühling pflanzen, sofern der Boden nicht staunass oder gefroren ist. Bei schweren Böden warten Sie damit am besten bis zum Frühjahr. Ist trotzdem ein früherer Pflanztermin erforderlich, können Sie den Boden zuvor mit Plastikfolie bedecken, sodass sich die Bodentemperatur erhöht und ausreichend Feuchtigkeit gespeichert wird. In Regionen mit rauen Wintern sollten Sie Immergrüne grundsätzlich erst im Frühjahr pflanzen und außerdem sämtliche Jungpflanzen durch Bedecken mit Gartenvlies oder Folie vor möglichen Spätfrösten schützen.

Wind- und Kälteschutz

Wickeln Sie Immergrüne im Herbst zum Schutz vor Wind und Kälte in Sackleinen. Kleinere Pflanzengruppen schützen Sie am besten, indem Sie rundherum vier Stöcke in den Boden stecken und ein feinmaschiges Netz oder Sackleinen daran befestigen. Als zusätzlichen Schutz können Sie zuvor eine dicke Lage Rindenmulch um die Wurzeln verteilen.

Problematische Ostseite

Pflanzen Sie Immergrüne möglichst nicht auf die Ostseite, wo sie nach nächtlichem Frost durch das schnelle Auftauen in der Morgensonne Schaden erleiden würden. Nur die widerstandsfähigsten wie Besenheide (Calluna vulgaris), Mahonie (Mahonia aquifolium) und Kletternder Spindelstrauch (Euonymus fortunei) sind dagegen gefeit. Anders verhält es sich in der Nähe einer nach Osten weisenden Wand, die Wärme abstrahlt, sodass man hier die meisten Immergrünen pflanzen kann.

Unkräutern vorbeugen

Um Unkraut vorzubeugen, bedecken Sie den Boden mit Folie, beschweren diese mit Steinen und schneiden Kreuze hinein. Setzen Sie die Pflanzen ein und verteilen Sie Rindenmulch oder Kieselsteine um die Basis.

ERSTAUNLICHE TATSACHEN

Laubabwerfende und Immergrüne

Die Blätter von Immergrünen haben entweder eine ledrig-derbe, glänzende Oberfläche oder sind klein und nadelförmig. Beides bewirkt, dass die Pflanzen während der Wintermonate, wenn sie durch den Bodenfrost weniger Wasser aufnehmen können, nicht so viel Feuchtigkeit verlieren. Oft rollen sich die Blätter von Immergrünen bei kaltem Wetter auch zusammen, wodurch der Feuchtigkeitsverlust noch weiter verringert wird. Laub abwerfende Pflanzen besitzen in der Regel größere und nur selten mit Wachs überzogene Blätter; sie würden im Winter zu viel Feuchtigkeit verlieren und werden deshalb abgeworfen.

Duftende Immergrüne

Duftende Immergrüne sollten Sie an einen offenen, sonnigen Standort pflanzen, sodass die Blätter gut erwärmt werden und in der Folge ihren Duft freisetzen. Zu den duftenden Immergrünen gehören beispielsweise der Wintergrüne Duft-Schneeball (*Viburnum* × *burkwoodii*) und die Japanische Mahonie (*Mahonia japonica*).

Aromatische Blätter

Einige duftende immergrüne Sträucher setzen ihr Aroma frei, wenn man an den Blättern entlangstreift oder sie zwischen den Fingern zerreibt. Dazu zählen vor allem Beifuß (*Artemisia*), Lavendel (*Lavandula angustifolia*) und Rosmarin (*Rosmarinus officinalis*, nur winterharte Sorten) sowie der Riesen-Lebensbaum (*Thuja plicata* 'Stoneham Gold'). Setzen Sie die Pflanzen am besten an Wegränder und -ecken, wo man sie im Vorbeigehen berührt, sodass die Blätter die Luft ringsum mit ihrem angenehmen Duft erfüllen.

Mulchmaterial

Vor der Verwendung von gehäckseltem Material sollten Sie bedenken, dass nicht alle Holzspäne zum Mulchen geeignet sind. Besonders vorsichtig sollten Sie mit den Überresten von Rhododendren sein, weil die Späne schädliche Gifte freisetzen können, die Hunde über die Pfoten aufnehmen. Gehäckseltes Lorbeerholz und -laub geben das giftige Zyanid ab. Um sich beim Häckseln keiner unnötigen Gefahr auszusetzen, sollten Sie stets im Freien an einem gut belüfteten Standort und immer nur für kurze Zeit häckseln.

Verjüngungsschnitt

Eine ganze Reihe von älteren oder wuchernden Immergrünen wachsen wieder besser, wenn man sie im Frühjahr stark zurückschneidet. Besonders gut reagieren darauf Eibe (*Taxus*), Mahonie (*Mahonia*) und Schneeball (*Viburnum*). Nach dem Rückschnitt sollten Sie etwas Flüssigdünger um die Pflanzen herum auf dem Boden verteilen.

Insekten

Schädlinge und Nützlinge

Nicht alle Insekten sind Schädlinge. Einige dieser Tiere, wie beispielsweise Bienen oder Hummeln, bestäuben zahlreiche Pflanzen, während andere sich von Schädlingen ernähren. Zu den wichtigsten Nützlingen gehören neben der Weichwanze *Blepharidopterus angulatus* – erkennbar an ihren schwarzen geknickten Fühlern –, die sich von Spinnmilben ernährt, auch Netzflügler, vor allem die Florfliege (ebenso „Goldauge" genannt), Marienkäfer und Schwebfliege. Die im Boden lebenden Hundertfüßer, nahe Verwandte der Insekten, ernähren sich dagegen von abgestorbenen Pflanzenresten. Man darf sie nicht mit den schädlichen Tausendfüßern verwechseln, die an den Wurzeln der Pflanzen große Schäden anrichten. Diese unterscheiden sich von den Hundertfüßern insofern, als sie zwei Paar Gliedmaßen pro Segment haben, während Hundertfüßer nur je ein Paar Gliedmaßen besitzen.

Nützlinge schützen

Chemische Insektizide töten nicht nur Schädlinge, sondern auch Nützlinge, sodass man solche Pflanzenschutzmittel nicht ohne triftigen Grund anwenden sollte. Alternativen sind Pirimicarb oder gut abbaubare Pflanzenschutzmittel auf Seifenbasis, die nur für Blattläuse tödlich sind. Eine gute Vorbeugemaßnahme gegen Schädlinge ist

auch der Einsatz von Räuberinsekten. Nektar- und pollenreiche Pflanzen wie Ackerwinde (*Convolvulus tricolor*), Bienenfreund (*Phacelia*) und Sumpfschnabel (*Limnanthes douglasii*) bieten den Räubern Nahrung und locken sie an.

INSPIRIERENDE VORBILDER

Von Planten un Blomen im Norden bis zum Englischen Garten im Süden, von Schloss Augustusburg im Westen bis zum Fürst-Pückler-Park im Osten – einige der schönsten Gärten und Parks Europas liegen direkt vor unserer Haustür.

Gärten und Parks sind beliebte Ausflugsziele, sie laden ein zum Verweilen und Betrachten. Aber sie sind nicht nur Orte der Ruhe und Erholung, sie können dem Pflanzenliebhaber auch zur Inspiration bei der Gestaltung des eigenen Gartens dienen.

Augustusburg
Brühl

Schloss Augustusburg in Brühl hat eine der bedeutendsten Park- und Gartenanlagen der Barockzeit. Nachdem der Park im 19. Jh. im Auftrag Friedrich-Wilhelms IV. von Preußen zu einem englischen Landschaftsgarten umgestaltet worden war, wurde die Anlage 1930 rekonstruiert. Der alte Baumbestand aus dem 18. Jh. ist teilweise noch erhalten.

Blühendes Barock
Ludwigsburg

Auf einem Muschelkalkfelsen über einem Seitental des Neckars ließ sich Herzog Eberhard Ludwig von Württemberg im Jahr 1703 ein Schloss errichten. Zur 250-Jahr-Feier des Hauses 1954 wurden 30 ha Park und Garten als „Blühendes Barock" gestaltet und die einzelnen Gartenteile nach verschiedenen historischen Vorbildern angelegt. Dem Besucher präsentieren sich heute wechselnde Blumenschauen, Staudenbeete, Rosengärten, ein Obstgarten mit einer mittelalterlichen Landschaft oder die Zauberwelt eines Märchengartens.

Die Große Broderie ist Teil des „Blühenden Barock" im Ludwigsburger Schlosspark.

Der Botanische Garten Berlin-Dahlem zeigt viele tropische Pflanzen, u. a. im Palmenhaus.

Botanischer Garten
Berlin-Dahlem

Der Botanische Garten in Berlin-Dahlem war ursprünglich ein landwirtschaftlicher Mustergarten, der 1679 angelegt wurde. Heute verfügt er über rund 20 000 verschiedene Pflanzenarten. In der pflanzengeographischen Abteilung kann die Vegetation der gesamten gemäßigten Breiten der Erde betrachtet werden. Für tropische Nutz- und Zierpflanzen gibt es spezielle Gewächshäuser. Darüber hinaus wurden Themengärten wie Duft- und Farbgarten, Sumpf- und Wassergarten oder ein Arzneipflanzengarten angelegt.

Englischer Garten
München

Keiner der Gärten im englischen Landschaftsstil in Deutschland ist so bekannt wie der Münchener. Er liegt im Herzen der Stadt und geht auf Kurfürst Karl Theodor zurück, der im Jahr 1789 für das Volk einen Garten schaffen wollte. Vor dem Schwabinger Tor entstand so in einem früheren Hochwassergebiet der Isar eine malerische Auenlandschaft mit Bächen, Bäumen und Wiesen.

Fürst-Pückler-Park
Bad Muskau

Im 19. Jh. durch Hermann Fürst von Pückler-Muskau angelegt, ist diese Anlage der schönste klassische Landschaftspark Deutschlands. Er entstand in 30-jähriger Arbeit, nachdem Pückler 1814 nach England gereist war und dort Stourhead, den ersten bedeutenden Landschaftsgarten, studiert hatte. Der Park führt mit wechselnden Landschaftsbildern durch das Tal der Neiße, die eigens umgeleitet wurde, und über den Fluss auf die begleitenden Höhenzüge hinauf.

Großer Garten
Hannover-Herrenhausen

Der Große Garten in Herrenhausen vor den Toren Hannovers ist der einzige Barockgarten, der weitgehend im ursprünglichen Zustand erhalten geblieben ist. Der prachtvolle Herrschaftsgarten der Welfen verfügt u. a. über ein prächtiges Parterre, einen Irrgarten und ein Gartentheater, dessen ansteigende Bühne von Hecken kulissenartig unterteilt ist. Eine 70 m hohe Fontäne ist der Mittelpunkt des Boskettgartens.

Grugapark
Essen

Die Große Ruhrländische Gartenbauausstellung von 1929 gab dem Park seinen Namen. Nachdem das Gelände im Zweiten Weltkrieg zerstört worden war, wurde es 1952 erneut Schauplatz einer Gartenschau. Zur Bundesgartenschau 1965 schuf man Möglichkeiten zur Erholung durch Sport und Spiel. Später entstanden ein japanischer Garten, ferner Themengärten wie Bauern-, Duft-, Rosen-, Mittelmeer- und Staudengarten, Dahlienarena oder Alpinum. In drei großen Glaspyramiden kann man die Vegetation des tropischen Regenwalds, des Bergnebelwalds und der Wüste besichtigen.

Hofgarten
Veitshöchheim

Der Garten der Sommerresidenz der Würzburger Fürstbischöfe wird als Juwel des Rokokos bezeichnet. Besonders zu erwähnen sind die vielen gut erhaltenen Gartenfiguren, das nahe dem Schloss gelegene Heckentheater, der so genannte Circus, der aus einem Lindenrondell mit Skulpturen und Steinbänken in Heckenlauben besteht, und der „Große See" mit seiner Pegasusgruppe.

Der Rosengarten auf der Bodenseeinsel Mainau bietet einen wunderschönen Anblick.

Im Botanischen Garten wurden verschiedene Schauhäuser für Tropenpflanzen, Farne und Sukkulenten errichtet.

Schlosspark Wilhelmshöhe
Kassel

Der Schlosspark Wilhelmshöhe bei Kassel ist mit 314 m Höhenunterschied der größte Bergpark Europas. Er wurde unter Landgraf Karl von Hessen-Kassel (1670–1730) begonnen, der in 523 m Höhe ein Riesenschloss als Oktogon errichten und einen barocken Park mit mehreren Grotten und einer Kaskadenanlage bauen ließ. Landgraf Friedrich II. (1760–85) führte den Ausbau des Parks im englischen Landschaftsstil fort. Landgraf Wilhelm (1785–1821) schließlich, der spätere Kurfürst Wilhelm I., ließ den ganzen Bergpark außer der barocken Kaskadenanlage in einen klassischen Landschaftspark umgestalten.

Der Schlosspark Wilhelmshöhe bei Kassel ist eine gewaltige Gartenanlage mit großen Höhenunterschieden.

Insel Mainau
Bodensee

Schon im Mittelalter war die Insel im Bodensee durch ihre Lieblichkeit und ihr mildes Klima bekannt. Sie gehörte bis 1806 den Rittern des Deutschen Ordens und fiel danach an das Großherzogtum Baden. Großherzog Friedrich I. baute die Insel mit den Schwerpunkten Arboretum, Italienischer Rosengarten und Orangerie aus. Mit Gehölzen aus aller Welt wie Mammutbäumen und Zedern entstand eine Parklandschaft. In neuester Zeit kamen das Schmetterlings- und das Palmenhaus hinzu. Letzteres beherbergt im Winter über 20 Palmenarten und die unterschiedlichsten Pflanzenausstellungen wie z. B. die große Orchideenschau. Ein phantastisches Bild bietet im Frühjahr eine Fülle von Zwiebelpflanzen und im Hochsommer die leuchtende Blütenpracht der Dahlien.

Palmengarten
Frankfurt

Im Jahr 1868 wurde in Frankfurt am Main die Palmengartengesellschaft gegründet mit dem Ziel, auch dem Pflanzenliebhaber aus dem Volk die Flora der Tropen zugänglich zu machen. 1869 entstand das berühmte Palmenhaus; zu Beginn des 20. Jh. kamen weitere Pflanzenschauhäuser hinzu. Heute zeigt die Anlage in zahlreichen Gewächshäusern tropische und alpine Lebensräume. Im Freiland wurden Sondergärten geschaffen, z. B. für Rhododendren, Rosen oder Stauden.

Planten un Blomen
Hamburg

Der Park Planten un Blomen liegt am Dammtor unweit der Alster im Herzen der Stadt. Er entstand aus den ehemaligen Wallanlagen mit dem Alten Botanischen Garten, die im Jahr 1935 unter Einbeziehung der alten Friedhöfe für eine Gartenschau umgestaltet wurden. Weitere große Gartenschauen folgten 1953, 1963 und 1973. Im Parkteil befinden sich u. a. ein japanischer Garten, ein Rosengarten, ein Apothekergarten sowie Bürgergärten von 1935.

Iris

BARTIRIS

In Gruppen pflanzen
Damit die Pflanzen optimal zur Geltung kommen, sollte man möglichst nicht einzelne Iris hier und dort im Garten verteilen, sondern besser mehrere Iris der gleichen Sorte als Gruppe pflanzen.

Anspruchslose Gewächse
Schwertlilien sind sehr pflegeleicht. Alles, was sie brauchen, ist ein sonniger Standort, ein durchlässiger Boden und dazu im Frühling noch etwas Langzeitdünger.

Rhizome richtig pflanzen
Richten Sie die Rhizome beim Einsetzen von Norden nach Süden so aus, dass die Blätter nach Norden zeigen. Auf diese Weise werfen sie keinen Schatten über die Rhizome, wodurch die Entwicklung der Pflanzen gehemmt würde.

Schwere Böden
Wollen Sie Bartiris in schweren, feuchten Boden pflanzen, sollten Sie für jedes Rhizom zuerst einen kleinen Erdhügel anlegen, in den Sie etwas grobkörnigen Sand mischen, um die Drainage zu verbessern. Pflanzen Sie das Rhizom dann auf diesen Erdhügel.

Wichtiges Sonnenlicht
Achten Sie beim Einpflanzen darauf, dass die Oberseite der Rhizome nicht vollständig mit Erde bedeckt ist. Kontrollieren Sie dies regelmäßig, solange sich die Pflanze an ihrem neuen Platz noch nicht eingewurzelt hat, und legen Sie die Rhizome gegebenenfalls wieder frei, damit die Blüte nicht beeinträchtigt wird. Um zu vermeiden, dass die Pflanzen bei starkem Wind umknicken, sollten Sie die Blätter nach dem Einsetzen um die Hälfte zurückschneiden.

Vorsicht beim Jäten
Unkräuter zwischen den Schwertlilien sollten Sie nur mit der Hand oder mit einer Zwiebelhacke jäten, um die frei liegenden Rhizome und die zarten Wurzeln nicht zu beschädigen.

Wann teilen?
Teilen Sie die Rhizome alle 3–5 Jahre nach der Blütezeit, damit die Pflanzen nicht zu eng stehen und sich dadurch gegenseitig in ihrem Wachstum behindern.

Iris verjüngen
Schneiden Sie beim Teilen der Pflanzen die Mittelstücke der alten Rhizome heraus und werfen Sie diese weg. Pflanzen Sie die gesunden Endstücke, die frische Blätter hervorbringen, in Abständen von 30–40 cm in den Boden.

Irisrost bekämpfen

Untersuchen Sie die Blätter im Frühling regelmäßig auf orangefarbene, braune oder gelbe Sporen, die sichere Anzeichen für Rostpilze sind. Besprühen Sie befallene Pflanzen regelmäßig mit einem systemischen Fungizid. (Siehe auch *Schädlinge und Krankheiten* S. 350)

Pflege im Winter
Werden frisch gepflanzte Rhizome im Winter durch den Frost aus dem Boden gehoben, häufen Sie durchlässige Erde oder grobkörnigen Sand um sie herum, ohne sie dabei vollständig zu bedecken. Entfernen Sie alle vertrockneten oder beschädigten Blätter mit einem scharfen Messer, sodass eine saubere Schnittstelle entsteht.

GÄRTNER-WISSEN

Der Duft der Veilchenwurzel
Die Rhizome der weißlichen, violetten oder bläulichen Schwertlilie *Iris florentina* galten jahrhundertelang als Kostbarkeit, da sie getrocknet einen dauerhaften veilchenähnlichen Duft verbreiten. Das ist auch der Gund, warum das Pulver der so genannten „Veilchenwurzel" früher in den Wäschereien zum Spülwasser gegeben wurde, um die Kleidung zu parfümieren. Die getrockneten Rhizome werden auch heute noch zur Fixierung anderer Düfte verwendet oder sind Bestandteil von Potpourris. Zahnenden Kindern gab man die gedrechselten Rhizome früher häufig zum Kauen.

SUMPFIRIS

Sumpfiris
Im Unterschied zur Bartiris bevorzugen Sumpfschwertlilien einen feuchten Standort, etwa in einem Sumpfgarten oder am flachen Ufer eines Gartenteichs. Diese schönen, zierlichen Pflanzen benötigen einen neutralen bis leicht sauren, nährstoffreichen Boden, wie er in der Regel in Wassernähe vorkommt. Pflanzen Sie Sumpfiris im Frühling aus, wenn die grünen Triebe an den Rhizomen gerade eben zum Vorschein kommen.

Iris im Wasser pflanzen
Wollen Sie Sumpfiris in etwas tieferem Wasser anpflanzen, setzen Sie die Rhizome am besten in einen Flechtkorb, den Sie zuvor mit nährstoffreicher Erde gefüllt haben. Geben Sie nach dem Einsetzen eine Schicht Kies auf die Oberfläche, die den Boden vor dem Ausschwemmen schützt und verhindert, dass Fische die Pflanzen aus dem Korb reißen. Legen Sie anschließend einige Ziegelsteine auf den Teichboden und stellen Sie den Korb so darauf, dass sich der Korbrand nicht tiefer als 7–8 cm unterhalb der Wasseroberfläche befindet.

Pflege im Frühjahr
In Sumpfgärten sollten Sie im Frühjahr rund um die Pflanzstellen von Sumpfschwertlilien eine dicke Mulch- oder Kompostschicht verteilen. Sie hält nicht nur die Unkräuter zurück, sondern speichert auch die Feuchtigkeit und versorgt die Pflanzen mit neuen Nährstoffen.

Japanische Schwertlilien
Die empfindlichen Japanischen Schwertlilien vertragen etwas Kälte, wenn sie in einem großen Plastiktopf wachsen. Im Sommer gräbt man den Topf bis zur Oberkante am Wasserrand ein. Über Winter müssen die Pflanzen in ein Frühbeet oder ein ungeheiztes Gewächshaus gestellt werden, wo sie in trockener Kälte überwintern; feuchte Kälte vertragen sie nicht.

Geeignete Schnittblumen
Von allen Sumpfschwertlilienarten eignet sich die reich blühende Wieseniris *(Iris sibirica)* am besten als Schnittblume, denn ihre Blüten halten sich besonders lange.

Kleine Arten
In einen kleinen Gartenteich pflanzen Sie am besten die kleinwüchsigen Arten Asiatische Sumpfiris *(Iris laevigata)* und Verschiedenfarbige Iris *(Iris versicolor)*. Ungeeignet für kleine Teiche ist dagegen die gelbe Sumpfschwertlilie *(Iris pseudacorus* 'Golden Queen')*, die zu üppigem Wachstum und damit zu weitläufiger Ausbreitung neigt.

ZWIEBELIRIS

Der richtige Standort
Zwergarten der Zwiebeliris bevorzugen einen sonnigen Standort mit durchlässigem Boden. Andernfalls kann es geschehen, dass die Pflanzen nur im ersten Jahr reichlich blühen und danach langsam eingehen. Die gleichen Standortbedingungen gelten für alle anderen Zwiebelirisarten, die deshalb auch in der Wärme eines Hochbeets oder auf einer trockenen Böschung gedeihen.

Dünger nach der Blüte
Mit regelmäßigen Düngergaben in 14-tägigen Abständen von der Zeit an, wenn die Blüten zu welken beginnen, bis zu der Zeit, wenn die Blätter gelb werden, lässt sich die Lebensdauer und Blühfreudigkeit der Pflanzen erheblich verlängern.

Iris-Hollandica-Hybriden
Holländische Iris *(Iris-Hollandica-Hybriden)* und Englische Schwertlilien muss man nach der Blüte aus der Erde nehmen, sofern der Boden schwer und lehmig ist oder wenn die Pflanzen an einem sumpfigen Platz stehen. Warten Sie, bis die Blätter gegen Ende Juli eingezogen sind, und graben Sie die Gewächse aus. Trocknen Sie die Zwiebeln an einem luftigen Ort, etwa im Schuppen oder in der Garage, und wischen Sie anschließend die anhaftende Erde ab. Bewahren Sie die Zwiebeln in einem von der Decke hängenden Netz auf, bis sie im Oktober wieder eingepflanzt werden können.

Schwertlilien für den Steingarten
Kleine frühjahrsblühende Zwiebelirisarten wie etwa die verschiedenen Sorten der Kleinen Netzblattiris *(Iris reticulata)* mit ihren blauen und violetten Blüten oder die kleine gelbe Zwiebeliris *(Iris danfordiae)* sind die idealen Begleiter für Steingartenpflanzen. Das Pflanzloch sollte etwa 7–8 cm tief sein. Füllen Sie eine 2–3 cm dicke Schicht Sand ein, bevor Sie die Zwiebeln hineinsetzen. Damit die Iris am besten zur Geltung kommen, sollten Sie die Zwiebeln in Gruppen von mindestens sechs Stück setzen.

Zwiebeln teilen
Gelbe vertrocknete Blätter in der aktiven Wachstumsphase sind ein Zeichen dafür, dass die Zwiebeln geteilt werden müssen. Nehmen Sie dafür die Pflanzen vorsichtig aus der Erde und trennen Sie die Zwiebeln behutsam voneinander. Achten Sie dabei aber darauf, die Wurzeln nicht zu verletzen. Pflanzen Sie die Zwiebeln anschließend einzeln in kleinen Gruppen wieder ein.

Schwarzbeinigkeit
Setzen Sie auf keinen Fall Zwiebeln mit schwarzen Flecken auf der Schale, die ein Zeichen für Schwarzbeinigkeit sind. Auch Pflanzen, die geschwärzte Blätter haben, sollten Sie sofort aus der Erde nehmen und entsorgen, damit sie die gesunden Pflanzen nicht anstecken können.

Japanische Gärten

Abbild der Natur
Eine etwa 10 m² große Terrasse ist der ideale Ort für einen japanischen Garten. Bei dieser Gartenform, die sich an der Landschaft der Umgebung orientiert, werden Pflanzen, Wasser und Naturmaterialien in harmonischer Weise so arrangiert, dass eine Atmosphäre der Ausgewogenheit und Ruhe entsteht. Dazu gehört auch eine sorgfältige Auswahl der Pflanzen, die dazu beiträgt, dass der Garten zu jeder Jahreszeit anziehend wirkt.

Fernöstlicher Winkel
Auch ein entlegener Winkel des Gartens bietet sich zur Gestaltung nach den Prinzipien der japanischen Gartenbaukunst an. Um zu unterstreichen, dass dies ein besonderer Ort ist, können Sie ihn mit einer verputzten Mauer, einer Rabatte aus immergrünen Pflanzen in unterschiedlicher Höhe oder mit einer Bambushecke umranden.

Kühles, klares Wasser
Wasser, egal ob fließend oder still, ist ein wichtiges Gestaltungselement in einem japanischen Garten – etwa ein Springbrunnen, ein kleiner Teich, ein einfaches Wasserbecken wie z. B. ein Vogelbad oder ein Wasserlauf aus Bambusrohr. (Siehe auch *Gartenteiche, Vögel, Wasserspiele*)

Natürliche Skulpturen
Den Hintergrund eines japanischen Gartens können Sie mit einem Arrangement aus unterschiedlich großen, interessant geformten Findlingen gestalten, die aufrecht stehen oder flach liegen. Typisch für den japanischen Stil sind auch sorgfältig geharkte Kiesflächen.

Kunstvolle Einfachheit
Für den Vordergrund des Gartens eignen sich immergrüne Pflanzen mit charakteristischen Blättern in den unterschiedlichsten Grüntönen. Verteilen Sie einige wenige blühende Pflanzen so, dass sie besonders gut zur Geltung kommen.

Fernöstliche Motive
Betonen Sie das fernöstliche Flair, indem Sie an einem markanten Platz einen kleinen Pavillon errichten bzw. eine Steinlaterne oder -schale oder auch eine Buddhastatue aufstellen.

Die richtigen Möbel
Einfache Möbel aus Bambus, Rattan oder Holz harmonieren am besten mit den Pflanzen und der Atmosphäre eines japanischen Gartens. (Siehe auch *Gartenmöbel*)

Unregelmäßige oder gerade Wege?

In japanischen Gärten verlaufen die Wege kurven- oder zickzackförmig, um allgemein das Interesse zu wecken oder die Aufmerksamkeit gezielt auf bestimmte Gestaltungselemente zu lenken. Dabei wird die meistbenutzte Route mit Steinen ausgelegt, die man in der Erde versenkt oder auf dem Boden verlegt. Wenn Sie einen geraderen Weg bevorzugen, sollten Sie die Steine sorgfältig ausrichten.

Trittsteine

Als Ergänzung oder anstelle von Gartenwegen werden in japanischen Gärten oft Trittsteine verlegt. Um den richtigen Abstand zu ermitteln, gehen Sie in üblicher Schrittweise entlang der geplanten Strecke durch den Garten und markieren jeden Schritt mit einem kleinen Stock oder einer Hand voll Sand. Der ideale Abstand zwischen den einzelnen Steinen beträgt 30–45 cm.

Die richtige Größe

Trittsteine sollten eben und stabil sein und eine Trittfläche von mindestens 30 × 30 cm haben. Verlegen Sie die Steine in einem Sand-Kies-Bett auf gleicher Höhe mit der Bodenoberfläche oder höher stehend.

Fernöstliche Harmonie vermitteln die Sumpfpflanzen, die sich im ruhigen Wasser des Gartenteichs spiegeln.

Rutschsicherheit

Als Trittsteine eignen sich Natur-, Klinker- oder Pflastersteine. Achten Sie beim Kauf darauf, dass die Steine solide und auch bei Nässe möglichst rutschfest sind. Zum Verlegen heben Sie die Erde etwas tiefer aus als die Trittsteine dick sind, und legen die Steine anschließend auf ein Packleinwand-Sand-Bett, um ein Absinken zu verhindern. (Siehe auch *Pflasterarbeiten*)

Selbst gemachte Trittsteine

Selbst gemachte Trittsteine sind preisgünstiger als gekaufte und passen sich durch den Verwitterungseffekt bald an ihre Umgebung an. Markieren Sie zuerst die Lage der Steine und graben Sie an diesen Stellen etwa 10 cm tiefe und 30 × 30 cm große Löcher. Dann verstärken Sie die Löcher mit Maschendraht und füllen bis zur Bodenoberfläche Zement oder Beton ein. Nach Belieben glätten Sie zum Schluss die Oberfläche der Steine oder rauen sie etwas auf. Weißer Zement in Verbindung mit gelbem Sand ergibt honigfarbene Steine. Wünschen Sie einen anderen Farbton, können Sie Spezialfarbstoffe zufügen. Wichtig ist, die Steine nach dem Einfüllen gut austrocknen zu lassen, bevor man sie zum ersten Mal betritt.

Jasmin

Winterjasmin

Der garantiert winterharte Winterjasmin *(Jasminum nudiflorum)* ist zwar die robusteste von allen Jasminarten, hat aber dennoch relativ empfindliche Blüten: Ist er an einem ostwärts weisenden Standort der Morgensonne ausgesetzt, taut der Reif im Winter durch die Wärme schnell wieder ab und die Blüten bleichen aus. Pflanzen Sie Winterjasmin daher an eine nördliche oder westliche Hauswand, wo der Reif nur langsam taut.

Am Spalier fixieren

Wird Jasmin am Spalier oder an einem Gitter hochgezogen, muss er sorgfältig festgebunden werden. Im Gegensatz zu anderen Kletterern bildet er nämlich keine Schlingtriebe, mit denen er sich festhalten könnte.

Wann zurückschneiden?

Winterjasmin sollte jährlich nach der Blüte gründlich zurückgeschnitten werden. Entfernen Sie alle alten und verholzten Triebe und kürzen Sie auch die verblühten Zweige ein. So wachsen die jungen Triebe kräftiger nach und die Blüten entwickeln sich besser.

Sommerjasmin

Sommerjasmin oder Weißer Jasmin *(Jasminum officinale)* ist ein pflegeleichter Kletterer, der sich als hübscher Rahmen für ein Fenster oder den Eingang eignet und dessen glänzendes Laub die weißen Blüten besonders gut hervorhebt. Diese verbreiten vor allem abends einen herrlichen Duft und blühen vom Sommer bis zum Frühherbst.

Jasmin für die Vase

Für die Vase geschnittene Jasminzweige blühen länger, wenn Sie ein hitzebeständiges Gefäß etwa 3 cm hoch mit kochend heißem Wasser füllen und die Zweige unmittelbar nach dem Abschneiden für 1 Minute hineinstellen. Dann füllen Sie das Gefäß mit kaltem Wasser auf und lassen die Zweige 1 Stunde lang darin stehen. Anschließend können Sie die Zweige herausnehmen und nach Belieben mit anderen Pflanzen in der Vase arrangieren.

Kaffee

Gehaltvolle Kompostzugabe
Kaffeesatz ist reich an Phosphaten. Geben Sie ihn deshalb auf Ihren Komposthaufen; er verleiht dem Kompost außerdem Geschmeidigkeit und Fülle.

Aussaat erleichtern
Mischen Sie bei der Aussaat von Pflanzen trockenen Kaffeesatz unter Ihr Saatgut. So vermeiden Sie es, übermäßig viele Samen an eine Stelle zu werfen. Außerdem erkennen Sie an der tiefbraunen Farbe genau, wo Sie bereits gesät haben.

Mehrfach nützlich
Bei zahlreichen Samen wirkt Kaffeesatz keimfördernd. Streuen Sie ihn beispielsweise direkt in die Furchen, bevor Sie Gemüse wie Karotten und Zwiebeln aussäen. Außerdem verhindert er das Eindringen von Fadenwürmern ins Wurzelwerk, und nicht zuletzt vertreibt sein Geruch Fliegen.

Nahrung für Zimmerpflanzen
Vermengen Sie Kaffeesatz beim Umtopfen von Zimmerpflanzen mit der neuen Blumenerde, der Sie so zusätzliche Nährstoffe zuführen. Streuen Sie auch später immer wieder einmal einen Teelöffel voll auf die Erde und arbeiten Sie die Zugabe mit einer Gabel locker ein; mit dem Gießwasser gelangen die Nährstoffe dann direkt zu den Wurzeln der Pflanze.

Kaffeebäumchen
Kaffeepflanzen (Coffea) werden im Gartenhandel als Keimlinge angeboten, lassen sich aber auch leicht aus ganz frischen Samenkernen ziehen. Sie brauchen ganzjährig einen schattigen Standort im Zimmer. Die Wachstums- und Blütezeit dauert etwa von März bis September. Allerdings blühen die Bäumchen selten und tragen folglich kaum jemals Früchte. Man stutzt die Stängel, damit sie nicht dünn und fransig werden.

Kakteen und Sukkulenten

Anzucht aus Samen
Kakteen lassen sich in Schalen und Ton- oder Kunststofftöpfen kultivieren, die unbedingt ein Drainageloch haben müssen. Die Aussaat erfolgt im Frühjahr. Nehmen Sie dafür ein Gefäß mit feuchter, aber gut entwässerter Aussaaterde, das Sie an einen warmen halbschattigen Platz stellen, bis die Samen keimen. Bringen Sie die Sprösslinge dann in einen sonnigen Raum und halten Sie die Erde feucht. Topfen Sie die Pflanzen nach einem Jahr um; geeignet ist Kakteenerde oder eine Mischung aus gleichen Teilen Grus, Torf oder Kokosfasern und Laubmulm.

Geeignetes Winterquartier
Über Winter sollten Kakteen an einem hellen und kühlen Ort stehen, der jedoch frostfrei und trocken ist. Eine Kälteperiode lässt viele der Pflanzen erblühen. Im März oder April beginnt man mit dem Gießen und Düngen. Im Juni kommen Kakteen bei warmem Wetter nach draußen.

Gleichmäßiges Wachstum erzielen
Kakteen müssen von allen Seiten Licht erhalten; sonst leiden sie leicht unter Wachstumsstörungen.

Ein sonniges Fensterbrett ist ein idealer Standort. Alle paar Tage sollte man die Pflanzen um 180 Grad drehen.

Den richtigen Topf auswählen
Nehmen Sie beim Umpflanzen von Kakteen immer einen neuen Topf, in dem die Wurzeln genug Platz zum Wachsen haben. Der Durchmesser muss ungefähr der Breite der Pflanze einschließlich der Stacheln entsprechen, bei säulenförmigen Kakteen der halben Höhe des Gewächses. Halten Sie sich unbedingt an diese Vorgaben und verwenden Sie keine zu großen Töpfe.

Vorgehensweise beim Umtopfen
Setzen Sie einige Tage mit dem Gießen aus, bevor Sie einen Kaktus umpflanzen. Halten Sie das Gewächs mit dem alten Topf über ein Stück Zeitungspapier und stoßen Sie sanft mit einem Bleistift oder einer Stricknadel in das Drainageloch unten. So lockern Sie den Wurzelballen, der sich anschließend unversehrt aus dem Gefäß nehmen lässt.

GÄRTNER-WISSEN

Herkunft von Kakteen und Sukkulenten
Einige Kakteen und Sukkulenten stammen aus Halbwüsten, andere dagegen aus tropischen Wäldern. Deshalb brauchen sie unterschiedliche Bedingungen zum Gedeihen.

Lebensraum	Herkunft	Beispiele	Pflege
Wüstenpflanzen	Amerikanische Halbwüsten	*Cereus, Mammillaria, Opuntia, Rebutia*	Viel Sonne; Fensterbrett nach Süden oder Westen; zwischen Oktober und März wenig oder kein Wasser
Waldpflanzen	Wachsen zwischen Bäumen in den Wäldern Mittel- und Südamerikas	*Epiphyllum, Rhipsalidopsis, Schlumbergera*	Heller Standort ohne direkte Sonne, Schatten zur heißesten Tageszeit; ein Fensterbrett nach Norden oder Osten ist ideal

Besondere Maßnahme bei Sukkulenten

Mitunter ist es schwierig, Sukkulenten wie Dickblatt (Crassula), Fetthenne (Sedum) und Echeverien (Echeveria) umzutopfen, weil sie dabei leicht brechen. Das lässt sich vermeiden, wenn man ungefähr eine Woche vor dem Umpflanzen das Gießen einstellt. Die Blätter welken dann durch den Feuchtigkeitsmangel und werden gleichzeitig beweglicher, sodass man sie gefahrloser anfassen kann.

Die Hände schützen

Legen Sie einen Streifen aus dick gefaltetem Zeitungspapier um einen Kaktus, bevor Sie ihn aus dem Topf heben. So schützen Sie Ihre Hände und verletzen die Stacheln nicht.

Stacheln aus den Fingern ziehen

Trotz mancher Vorsichtsmaßnahmen passiert es bei der Kakteenpflege ab und zu, dass man Stacheln in die Finger bekommt. Am besten lassen

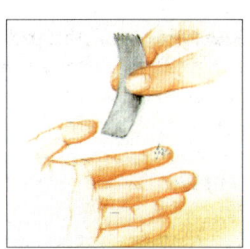

sich Stacheln mit einem Stück Klebeband entfernen, das man über die betreffende Stelle klebt und dann ruckartig abzieht. Sitzen sie sehr tief, empfiehlt es sich, eine Pinzette zu verwenden.

Wasserbedarf im Winter und Sommer

Zu starke Bewässerung schadet Kakteen und Sukkulenten. Im Winter benötigen sie im Allgemeinen wenig Wasser, und zwar lediglich dann, wenn sich die Erde vom Topfrand zu lösen beginnt. Es genügt, die Pflanzen einmal im Monat zu überprüfen, bei einer Raumtemperatur unter 10 °C auch seltener. Im Sommer ist es dagegen erforderlich, häufiger zu gießen. Sehen Sie einmal pro Woche nach, ob die obere Erdschicht ausgetrocknet ist. Wässern Sie dann ausgiebig.

Vorsichtig gießen

Seien Sie vorsichtig beim Gießen, denn Spritzer hinterlassen hässliche Flecken auf den Blättern. Stellen Sie die Töpfe besser in ein Schale mit Wasser, bis sich die Erde vollgesaugt hat. Lassen Sie die Gefäße anschließend abtropfen.

Abhilfe bei Oberlastigkeit

Durch das Austrocknen der Erde im Winter werden schwere oder hohe Kakteen leicht oberlastig

und fallen um. Legen Sie deshalb bei solchen Exemplaren vor dem Einpflanzen als Gegengewicht einen großen Stein oder einen anderen schweren Gegenstand auf den Boden des Pflanzgefäßes und füllen Sie erst dann Erde ein. Beachten Sie zudem, dass Töpfe aus Ton standfester sind als solche aus Plastik.

Düngen mit Bedacht

Verwenden Sie für Kakteen niemals stickstoffreiche Dünger, die das Wachstum der Blätter auf Kosten der Blütenbildung fördern würden. Regen Sie die Blüte vielmehr durch kaliumreiche Flüssigdünger an.

Pflanzen sauber halten

Entfernen Sie Staub auf Ihren Kakteen mit einer alten Zahnbürste oder einem Rasierpinsel. Bei warmem Wetter darf man die Pflanzen auch kurz abduschen, da die Feuchtigkeit rasch verdunstet.

Schmierläuse bekämpfen

Weiße wollige Flecken auf Kakteen deuten auf einen Befall durch Schmierläuse hin, die unter einem Gespinst leben und die Pflanzen schwächen, indem sie deren Saft saugen. Verwenden Sie zur Bekämpfung der Schädlinge ein für Zimmerpflanzen empfohlenes Insektizid. Lesen Sie zuvor sorgfältig die Anweisungen des Herstellers. (Siehe auch Schädlinge und Krankheiten S. 342)

Gegen Fadenwürmer vorgehen

Achten Sie beim Umtopfen von Kakteen auf Nematoden (Fadenwürmer), auf deren Vorkommen knötchenartige Verdickungen der Wurzeln hinweisen. Schneiden Sie alle befallenen Wurzeln ab und topfen Sie die betroffenen Pflanzen um. Werfen Sie die alte Erde unbedingt weg.

Wie Weihnachtskakteen jedes Jahr blühen

Wenn die Tage kürzer werden, bilden Weihnachtskakteen (Schlumbergera bridgesii) ihre Knospen aus. Alles was Ihr Weihnachtskaktus braucht, um jedes Jahr zuverlässig zu blühen, sind im Herbst und Frühwinter täglich 8–10 Stunden Licht. Weihnachtskakteen, die in der Nähe einer künstlichen Lichtquelle stehen, sollten abends möglichst in einen dunklen Raum mit einer Mindesttemperatur von 16 °C gestellt werden. Nachdem sich die ersten Knospen zeigen, darf man sie aber nicht mehr häufig umplatzieren.

Knospenfall vermeiden

Durch plötzlichen Temperaturabfall oder unvermittelte Lichtveränderungen werfen Weihnachtskakteen häufig vor der Blüte ihre Knospen ab. Vermeiden Sie daher Zugluft und lassen Sie die Pflanzen nie über Nacht hinter dem Vorhang am Fenster stehen. Gießen Sie ausgiebig mit lauwarmem Wasser, wenn die Oberfläche des Substrats ausgetrocknet ist.

Kali

Wichtiger Nährstoff

Kali ist eine Sammelbezeichnung für die natürlich vorkommenden Kalisalze, also die Chloride und Sulfate des chemischen Elements Kalium. Kali spielt eine wichtige Rolle bei der Fotosynthese der Pflanzen, bei der Wasser und Kohlendioxid mithilfe von Sonnenlicht und Chlorophyll in Sauerstoff und Glucose umgewandelt werden. Außerdem sorgt Kali für ein festes Gewebe, fördert die Wurzel- und Knollenbildung und schützt die Gewächse vor Dürre und Frost, da es die Wasserabgabe hemmt. Auch trägt es zur Abwehr von Krankheiten bei, verbessert die Farben von Blüten und Früchten und sorgt für eine ausgewogene Verwertung des Stickstoffs, der wichtigsten Pflanzennahrung. Vermutlich bewirkt es darüber hinaus, dass Nährstoffe gleichmäßig in alle Teile eines Gewächses transportiert werden.

Gesünderes Obst

Geringe Blütenbildung und ein übermäßig kräftiger Blattwuchs an Obstbäumen weisen auf einen Stickstoffüberschuss hin. In solchen Fällen streut man kalihaltigen Dünger in einem Bereich auf den Boden, der ungefähr dem Kronendurchmesser entspricht. Die Früchte werden so besonders süß und erhalten eine kräftige Farbe.

Kali für Gemüse

Verwenden Sie für Fruchtgemüse wie Tomaten und Paprika während des Wachstums regelmäßig einen kalihaltigen Tomatendünger. Hören Sie damit auf, sobald die Nachttemperaturen sinken.

Holzasche trocken lagern

Holzasche ist ein guter Kalilieferant, doch ihre Wirksamkeit hängt davon ab, ob man sie trocken lagert, bis man sie ausbringt. Lassen Sie die Asche daher nicht ungeschützt im Freien liegen. (Siehe auch *Asche*)

Wirksamer Komfrey

Kartoffeln benötigen kalihaltige Erde. Zur Verbesserung der Bodenqualität hackt man Komfreyblätter *(Symphytum × uplandicum)* klein und streut sie in die Saatfurchen, bevor man die Saatknollen in die Erde setzt. Komfrey, auch Beinwell genannt, lässt sich im Garten anbauen und mehrmals im Sommer abernten. Die großen Blätter der Pflanze eignen sich auch hervorragend zur Herstellung einer Pflanzenjauche, die neben Kali Stickstoff enthält und besonders das Wachstum von Tomaten fördert.

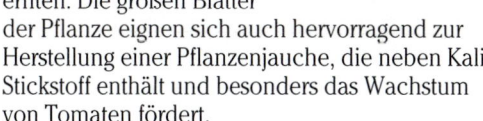

Wohltuende Zugabe

Im Herbst ist bei Azaleen, Rhododendren und Winterkohlsorten eine kleine Gabe Kalidünger von Nutzen. Man streut ihn unter die Pflanzen auf den Boden.

Siehe auch *Biogärten*

DIE RICHTIGE WAHL

Kalihaltige Dünger

Man kann Pflanzen in unterschiedlicher Form mit Kali versorgen. Hier eine Übersicht.

Holzasche

Zwei Faktoren beeinflussen den Kaligehalt von Holzasche: zum einen die Holzart, zum anderen Witterungsbedingungen. Bei Regen verliert der Dünger schnell seine Nährstoffe. Holzasche lässt sich leicht selbst herstellen, indem man große Äste verbrennt. Im Handel erhält man hochwertige Buchenholzasche.

Kalisalpeter

Ein Dünger, der sehr schnell wirkt und gleichzeitig mit Stickstoff eingesetzt werden sollte.

Kaliumchlorid

Ein heutzutage nicht mehr sehr verbreiteter Dünger, der sich nicht für Beerenobst, Rote Bete und Kartoffeln eignet.

Kaliumsulfat

Der Kalidünger, den Pflanzen am besten vertragen. Er zeigt schon kurz nach dem Ausbringen Wirkung und gibt seine Nährstoffe über längere Zeit im Boden ab.

Komfrey (Beinwell)

Gärtner, die biologischen Gartenbau betreiben, bauen Komfrey als Düngemittel an und verwenden die Blätter als Zugabe in Pflanzlöchern, zu Jauche verarbeitet oder als Mulch.

Kalkböden

Kalkgehalt des Bodens testen

Kalkhaltiger oder kreidiger Boden lässt sich an seiner hellen Färbung und seiner feinen Struktur erkennen. Oft enthält er viele Kiesel, Feuersteine oder Kreidebrocken. Überprüfen Sie die Beschaffenheit Ihrer Gartenerde, indem Sie etwas Essig auf einen trockenen Klumpen träufeln. Sprudelt der Essig, so ist der Boden kalkhaltig. Als Alternative bietet es sich an, ein Bodenanalyse-Set im Handel zu kaufen und damit eine Bodenprobe zu nehmen.

Pflanzen als Indikatoren

Man erkennt auch am häufigen Vorkommen bestimmter Pflanzen, ob der Boden in einer Gegend kalkhaltig ist. Eine Ansammlung dieser so genannten Zeigerpflanzen, darunter kleine Skabiosen *(Scabiosa)* und Gewöhnliche Waldrebe *(Clematis vitalba)*, deuten auf einen solchen Bodentyp hin. Ebenso können Bäume wie Gewöhnliche Mehlbeere *(Sorbus aria)* und Wilder Wacholder *(Juniperus)* als Indikatoren angesehen werden.

Gegebenheiten akzeptieren

Man neutralisiert kalkhaltige Erde, indem man ihren pH-Wert verringert. Dazu muss man sehr große Mengen Torf oder Schwefel einbringen, was zeitaufwändig, mühevoll und teuer ist. Zudem muss man die Prozedur in regelmäßigen Abständen wiederholen, weil sie keine dauerhafte Veränderung bewirkt. Deshalb empfiehlt es sich, das Beste aus den Gegebenheiten zu machen und kalktolerante Gewächse zu pflanzen. Dazu gehören u. a. Buche *(Fagus)*, Buchsbaum *(Buxus)*, Felsen- oder Zwergmispel *(Cotoneaster)*, Forsythie *(Forsythia)*, Glockenblume *(Campanula)*, Heckenkirsche *(Lonicera)*, Holzapfel *(Malus sylvestris)*, Nelke *(Dianthus)*, Schleierkraut *(Gypsophila)*, Schneeball *(Viburnum)* und Waldrebe *(Clematis)*.

Wurzeln schützen

Achten Sie bei einem kalkhaltigen Boden darauf, dass flache Wurzeln nicht durch wiederholte Regenfälle oder einen Wechsel von Frost und Tauwetter freigelegt werden. Drücken Sie zur Vorsicht Erde um den Wurzelhals der Gewächse.

Organische Dünger

Fügen Sie kalkhaltigem Boden häufig in größeren Mengen Laubmulm, gut verrotteten Gartenkompost oder Mist zu. Solch organisches Material trägt dazu bei, dass die Erde Nährstoffe besser speichert.

Geeignete Gemüse

Bauen Sie keine Gemüse wie Knollen- oder Stangensellerie auf kalkigem Grund an, denn sie benötigen nährstoffreiche feuchte Erde. Pflanzen Sie lieber Bohnen, Erbsen, Kohl und Salat. Ein Vorteil von kalkhaltigen Böden ist, dass die Kohlhernie, eine Pilzkrankheit, die Kohlgewächse und andere mit ihnen verwandte Kreuzblütler befällt, hier nur selten vorkommt.

Pflanzen für kalkhaltige Böden

Machen Sie das Beste aus Ihrem Kalkboden, indem Sie die passenden Pflanzen für alkalisches Erdreich auswählen.

Einjährige und Zweijährige
Bienenfreund (*Phacelia*), Chrysanthemen (*Chrysanthemum*), Gartenverbene (*Verbena*), Goldlack (*Cheiranthus*), Marienglockenblume (*Campanula*), Mohn (*Papaver*), Nelke (*Dianthus*), Nemesia-Hybriden (*Nemesia*), Petunien (*Petunia*), Salbei (*Salvia*), Sonnenhut (*Rudbeckia*), Winde (*Convolvulus tricolor*)

Mehrjährige
Fackellilie (*Kniphofia*), Glockenblume (*Campanula*), Leinkraut (*Linaria*), Lupine (*Lupinus*), Nelke (*Dianthus*), Skabiosen (*Scabiosa*), Strauchpfingstrose (*Paeonia*), Tränendes Herz (*Dicentra*)

Zwiebelpflanzen
Alpenveilchen (*Cyclamen*), Krokus (*Crocus*), Lauch (*Allium*), Madonnenlilie (*Lilium candidum*), Schneeglöckchen (*Galanthus*), Traubenhyazinthe (*Muscari*)

Bodendecker
Bergenie (*Bergenia*), Felsen- oder Zwergmispel (*Cotoneaster*), Glockenblume (*Campanula*), Immergrün (*Vinca*), Johanniskraut (*Hypericum*), Spindelstrauch oder Pfaffenhütchen (*Euonymus*)

Kletterpflanzen und Mauersträucher
Forsythien (*Forsythia*), Heckenkirsche (*Lonicera*), Waldrebe (*Clematis*), Wicke (*Lathyrus*), Winterblüte (*Chimonanthus*)

Steingartenpflanzen
Gänsekresse (*Arabis*), Hundskamille (*Anthemis*), Nelke (*Dianthus*), Schleierkraut (*Gypsophila*), Steinbrech (*Saxifraga*), Thymian, kriechende Sorten (*Thymus*)

Sträucher
Buchsbaum (*Buxus*), Holunder (*Sambucus*), Kornelkirsche (*Cornus mas*), Mahonie (*Mahonia*), Ölweide (*Elaeagnus*), Schneeball (*Viburnum*), Weigelie (*Weigela*)

Bäume
Buche (*Fagus*), Eberesche (*Sorbus*), Pappel (*Populus*), Weißdorn (*Crataegus*), Zeder (*Cedrus*), Zierapfel (*Malus*), Zierkirsche (*Prunus*)

Steinigen Kalkboden bearbeiten
Bearbeiten Sie auf einem sehr steinigen Kalkboden nur die oberste Schicht. Sobald Sie in tiefere Lagen vordringen, bringen Sie nur noch mehr Geröll an die Oberfläche.

Gabelung von Wurzelgemüse vermeiden
Durch Steine in kalkhaltigen Böden gabelt sich Wurzelgemüse öfter, was sich zwar nicht auf den Geschmack auswirkt, aber unschön aussieht und deswegen vermieden werden sollte. Das Problem lässt sich nicht vollständig beheben, aber deutlich verringern, indem man beim Umgraben der Nutzfläche alle großen Steine entfernt. Als weitere Lösung bietet es sich an, Gemüsesorten mit rundlichen Wurzeln anzubauen.

Lösung für Kalk meidende Pflanzen
Bei einem stark alkalischen Grund im Garten ist es unmöglich, Kalk meidende bzw. Säure liebende Blumen und Sträucher anzupflanzen, etwa Azaleen (*Azalea*), Besenheide (*Calluna vulgaris*), Glockenheide (*Erica tetralix*), Lavendelheide (*Pieris*), Lorbeerrose (*Kalmia*), Rhododendren (*Rhododendron*), Scheinbeere (*Gaultheria*) und Torfmyrte (*Pernettya mucronata*). Dennoch brauchen Sie nicht auf solche schönen Gewächse zu verzichten. Große Pflanzgefäße mit kalkfreier oder spezieller Rhododendronerde sind ein idealer Platz für sie. Wählen Sie einen halbschattigen Standort und achten Sie darauf, dass die Pflanzen auf keinen Fall austrocknen.

Ein Hochbeet anlegen
Ebenso ist es möglich, für Kalk meidende Pflanzen ein Hochbeet zu errichten. Bauen Sie dazu mindestens 30 cm hohe Stützwände aus Holz oder Ziegelsteinen. Streuen Sie eine dicke Lage aus kalkfreiem Drainagematerial, etwa Grus oder kleine Steinchen, auf den Boden des Beetes und legen Sie ein Trennvlies darüber, das in Gartencentern erhältlich ist, damit die Erde nicht ausgespült wird. Füllen Sie das Beet mit Rhododendronerde auf.

Einen Graben ausheben
Eine weitere Alternative zur Platzierung Säure liebender Pflanzen bietet ein 40–50 cm tiefer Graben, in den ebenfalls zunächst eine Schicht Drainagematerial mit einem Trennvlies darüber kommt. Dichten Sie die Seiten des Grabens mit Plastikfolie ab, damit kein Sickerwasser eindringt. Füllen Sie die Aushebung anschließend mit kalkfreier Erde auf und setzen Sie Ihre Pflanzen hinein, die nur mit kalkfreiem Wasser gegossen werden dürfen. Fangen Sie möglichst Regenwasser auf oder verwenden Sie abgekochtes Leitungswasser, das Sie vor dem Gießen abkühlen lassen.

Kalter Kasten

Standort
Ein Kalter Kasten, der Pflanzen beherbergt, aber nicht zur Anzucht aus Samen dient, ist am besten in voller Sonne an der Südseite eines Hauses aufgehoben, wo im Winter Schutz vor Nord- und Ostwinden besteht. Er sollte so stehen, dass man ihn auf der windabgewandten Seite belüften kann.

Schutz vor Frost
Legen Sie im Spätherbst und Winter als Frostschutz Sackleinen oder alte Teppiche über Ihren Kalten Kasten. Decken Sie ihn vor Sonnenuntergang damit zu, sodass die Wärme des Tages im Innern gespeichert bleibt. Ebenso sinnvoll ist es, die Seitenwände mit Resten von Styroporplatten zu verkleiden, die tagsüber das einfallende Licht reflektieren und nachts wärmedämmend wirken.

Nützliches Nachtlicht
In einem kleinen Kalten Kasten schützt auch ein Nachtlicht die Pflanzen vor frühem leichtem Frost. Stellten Sie es unter eine umgedrehte Dose, in die Sie rundum Löcher stanzen. So verteilt sich die Wärme gleichmäßig in dem gesamten Behältnis.

Im Sommer für Schatten sorgen
Öffnen Sie den Deckel eines Kalten Kastens bei heißem Wetter so weit wie möglich oder nehmen Sie ihn ganz ab, damit Luft hineinkommt. Denken Sie aber daran, dass die Pflanzen auch dann vor starkem Sonnenlicht bewahrt werden müssen. Sie beugen Überhitzung und Verbrennungen besonders gut vor,

indem Sie leichte Materialien an Stelle des Deckels über den Behälter ziehen. Befestigen Sie an jeder Ecke des Holzgerüsts einen Streifen Klettband und kleben Sie ein passendes Stück Mulltuch oder alten Gardinenstoff auf den Rahmen.

Kräftige Sämlinge

Sämlinge sind bestrebt, zum Licht hin zu wachsen, und bleiben durch den damit verbundenen Kraftaufwand leicht schmächtig. Daher ist es ratsam, Schalen und Töpfe im Kalten Kasten auf Ziegelsteine zu stellen. Gleichwohl dürfen die Sämlinge nicht mit dem Glas der Fenster in Berührung kommen, da sie sich sonst verformen oder verbrennen. Drehen Sie die Pflanzgefäße alle paar Tage um; dadurch erzielen Sie ein gleichmäßiges Wachstum.

Verschiedene Modelle

Im Gartenhandel stehen verschiedene Kastenmodelle zur Auswahl, die aus Holz, Holzzementplatten, Kunststoff oder Plexiglas bestehen. Ergänzend gibt es elektrische Heizsysteme, die man in der Erde verlegt, sodass es möglich ist, den Kasten künstlich zu erwärmen.

Konstruktion aus Altmaterial

Wer handwerklich begabt ist, besorgt sich alte Fenster und Ziegelsteine und baut sich ohne große Mühe selbst einen Kalten Kasten. Messen Sie zunächst die Fenster aus und fertigen Sie mit entsprechenden Maßen den Rahmen des Kastens an. Die hintere Wand sollte höher sein als die vordere, damit möglichst viel Licht eindringt und Regenwasser besser abläuft. Bei einem Kasten mit einer Tiefe von 1,8 m muss die Höhe der Vorderwand etwa 30 cm und die der Hinterwand rund 45 cm betragen. Statt Ziegelsteinen lassen sich für die Wände auch dicke Holzbretter oder Eisenbahnschwellen verwenden.

Pilzsporen bekämpfen

Pilzsporen, die sich in einem Holzrahmen ansiedeln, verursachen Pflanzenkrankheiten. Reinigen Sie die Konstruktion deshalb regelmäßig gründlich mit einem Desinfektionsmittel. Vermeiden Sie außerdem, dass Asseln und Schnecken in Ihrem Kasten heimisch werden. Lassen Sie deshalb vor allem keine zerbrochenen Töpfe oder Holzstücke darin liegen, denn sie bieten den Tieren willkommenen Unterschlupf.

Umwandlung in einen warmen Kasten

Verwandeln Sie Ihren Kalten Kasten in ein Frühbeet, das Pflanzen nach der Aussaat im Frühjahr durch Wärme aus Pferdemist einen Wachstumsvorsprung verschafft. Für ein solches Mistbeet brauchen Sie gleiche Teile frischen Pferdemist und altes Laub. Vermischen Sie die beiden Komponenten und schütten Sie die Masse auf einen Haufen, den Sie in den folgenden 2 Wochen drei bis viermal umschichten. Heben Sie inzwischen ein 1 m tiefes Loch aus, das an allen Seiten 45 cm breiter als Ihr Kasten ist. Füllen Sie die vorbereitete Mischung aus Pferdemist und Laub in mehreren Schichten in das Loch und treten Sie die Lagen jeweils intensiv fest. Zum Schluss ebnen Sie die Oberfläche ein, stellen den Kasten darauf und bedecken den Boden darin mit einer 15–20 cm dicken Schicht aus feinkrümeliger Erde. Schließen Sie den Kasten und warten Sie einen Tag ab, bevor Sie ihn in Gebrauch nehmen, denn zuerst muss sich genügend Wärme bilden. Sie können die Wärmebildung durch eine zusätzliche äußere Dämmschicht aus Laub oder Stroh fördern.

Richtige Verwendung eines Mistbeets

Säen oder pflanzen Sie nie direkt in das Substrat eines Mistbeets, weil die jungen Wurzeln durch die kräftige Mischung leicht Schaden nehmen. Pflanzen und Saatgut gehören in Töpfe oder Schalen, die man anschließend bis zum Rand in den Boden eingraben kann. Bei 21 °C Außentemperatur darf der Kasten geöffnet werden.

Kamelien

Empfindliche Schönheit

Kamelien (Camellia) stammen aus Japan und China. Sie gelten als schwierig zu pflegen, doch wer bereit ist, auf die spezifischen Bedürfnisse der zartblütigen Pflanzen einzugehen, wird sie auch gedeihen sehen. Die Gewächse haben ähnliche Ansprüche wie Azaleen und Rhododendren. Einige Sorten sind winterhart und können ins Freie gepflanzt werden. In der Regel aber empfiehlt es sich, die Sträucher in Töpfe oder Kübel mit Laubkompost oder Rhododendronerde zu setzen und ganzjährig in den Wintergarten zu stellen, soweit sie dort nicht in direktem Sonnenlicht stehen und im Sommer keine Überhitzungsgefahr besteht. Kamelien mögen hohe Luftfeuchtigkeit.

Düngen während der Blütezeit

Alle Kamelien blühen während der Wintermonate, je nach Sorte zwischen Oktober und Mai. Sobald sich neue Triebe bilden, benötigen sie wö

chentlich Dünger, aber nur in niedriger Dosierung, da sie keine hohen Salzkonzentrationen vertragen. Blätter, die vom Rand her braun werden oder abfallen, deuten auf eine Überdüngung hin. Am besten haben sich normale Blumen- und Azaleendünger bewährt. Die Nährstoffzufuhr muss Ende Juli eingestellt werden.

Möglicher Rückschnitt

Kamelienliebhaber kontrollieren das Wachstum der Pflanzen durch Formschnitt nach der Blüte, was aber eine Frage des individuellen Geschmacks ist. In der Regel ist kein Rückschnitt erforderlich.

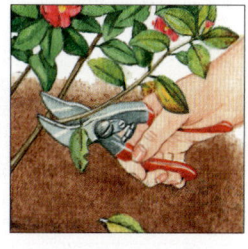

Allerdings kann man wuchernde Triebe im April kürzen. Sobald eine Pflanze zu groß wird, darf man zudem im zeitigen Frühjahr die Äste zurückschneiden. Selbst aus dicken blattlosen Sprossen wird sich der Strauch wieder regenerieren.

Schädliche schnelle Veränderungen

Jede Art von abrupter Veränderung wirkt sich schädlich auf Kamelien aus. Vermeiden Sie deshalb Standortwechsel. Gießen und düngen Sie die Pflanzen darüber hinaus regelmäßig.

Großzügig gießen

Achten Sie darauf, dass Sie den Wurzelballen von Kamelien gleichmäßig feucht halten. Tägliches Abbrausen mit weichem warmem Wasser wird von den Pflanzen als besondere Wohltat empfunden. Nach Triebabschluss ist eine etwa 3-wöchige trockenere Periode ratsam; sie begünstigt die Knospenbildung. Im Sommer brauchen die zarten Schönheiten dann wieder sehr viel Wasser. Vermeiden Sie jedoch Staunässe, die sich durch einen Kübel mit funktionsfähiger Drainage vermeiden lässt. Verwenden Sie möglichst Regenwasser zum Gießen oder nehmen Sie zumindest abgestandenes Leitungswasser, denn Kamelien vertragen keinen Kalk.

Kaninchen

Beweglicher Verschlag

Ein Kaninchen, das als Haustier gehalten wird, ist im Sommer in einem großen bodenlosen Drahtverschlag auf dem Rasen gut aufgehoben. Hier kann es seine Freiheit genießen, aber nicht fortlaufen. Man setzt den Verschlag öfter um, damit das Tier immer wieder frisches Gras zum Fressen hat. Auch eine mit Unkräutern bewachsene Fläche im Garten eignet sich als Standort.

Kraut gegen Fliegen

Einen festen Kaninchenstall umpflanzt man am besten mit Minze. Das Gewürzkraut hilft im Sommer Fliegen abzuwehren.

Stall in geschützter Lage

Die Tür eines Kaninchenstalls muss abgewandt zur Hauptwindrichtung liegen. In der warmen Jahreszeit darf sie nicht nach Süden gerichtet sein, weil sich der Innenraum stark aufheizen würde.

Guter Stickstofflieferant

Kaninchenmist eignet sich ausgezeichnet als Dünger im Nutzgarten, insbesondere für stark zehrende Gemüse. Es handelt sich dabei um einen hitzigen Nährstofflieferanten mit hohem Stickstoffanteil. Er lässt sich einzeln oder mit anderen Mistarten vermischt kompostieren. (Siehe auch *Düngemittel*)

Drahthosen an Bäumen

Zum Schutz vor Kaninchen und Hasen bringt man an jungen Bäumen so genannte Drahthosen aus feinem Maschendraht an, die etwa 80 cm hoch sein sollten. Sie schützen die Rinde, ohne den Baum einzuengen.

Unüberwindbare Zäune

Verhindern Sie, dass sich wilde Kaninchen in Ihren Garten wühlen und Pflanzen abfressen, indem Sie einen etwa 50 cm breiten und 30 cm tiefen Graben am Grundstücksrand ausheben. Ziehen Sie auf der dem Garten zugewandten Seite des Grabens einen 1,5 m hohen Maschendrahtzaun, dessen unteren Teil Sie umbiegen und über die Grabensohle legen. Füllen Sie die Aushebung dann wieder mit Erde auf. Die über- und unterirdische Barriere ist für Hasentiere nicht zu durchdringen.

Hemmschwelle

Kaninchen mögen bestimmte Pflanzen überhaupt nicht, darunter Astern (*Aster*), Katzenminze (*Nepeta*), Kugeldisteln (*Echinops*), Lupinen (*Lupinus*) und Klatschmohn (*Papaver rhoeas*). An die Außenränder eines Gartens gesetzt, halten solche Gewächse die unerwünschten Vierbeiner wirkungsvoll fern.

Andere einfache Abwehrmethoden

Zur Abwehr von Kaninchen aus dem Garten hilft es auch, zwischen Kohlköpfen und Salat ein altes Schlauchstück zu platzieren, das die Tiere für eine Schlange halten können, solange Sie es

häufig umlegen. Ebenso schreckt der Geruch von Düngemitteln wie Blut- und Knochenmehl Wildkaninchen ab.

Wenig verlockender Kohl

Wildkaninchen reagieren noch auf andere Gerüche empfindlich. So vergeht ihnen die Lust auf Kohl, wenn er zwischen Zwiebelgewächsen wie Knoblauch, Schalotten, Lauch und Zwiebeln wächst.

Kapuzinerkresse

Genügsame Pflanze

Die Kapuzinerkresse (*Tropaeolum*) bevorzugt kargen Boden und benötigt keine Nährstoffzufuhr. Dennoch ist sie eine schnellwüchsige Pflanze. Im Sommer verschönert sie langweilige Mauern und Zäune, dient mit ihrem bunten Blütenflor als dichter Sichtschutz für Komposthaufen und Mülltonnen oder füllt Lücken in einer Hecke aus. Man sät im April zwei oder drei Samenkörner in jedes Pflanzloch und dünnt die Jungpflanzen nach dem Austrieb aus. Ebenso ist es möglich, die Aussaat in kleinen Töpfen

---

GESCHICHTE IN KÜRZE

Würzige Köstlichkeit

Im 16. Jh. kam die Kapuzinerkresse aus Südamerika nach Europa. Man aß die Pflanze als Gemüse; ihr pikanter Geschmack erinnert an Gartenkresse. Die Samen legte man in Essig ein; sie ersetzten Kapern. Ebenso verarbeitete man die Knollen bestimmter Sorten so, wie es die Bewohner der Anden noch heute tun: Man kochte, trocknete oder marinierte sie. Solche Zubereitungsmethoden sind bei uns heute nicht mehr geläufig, doch inzwischen wurden die Blüten der einjährigen Blume als Salatdekoration wiederentdeckt – eine Verzierung, die man ruhig mitessen kann, weil sie wirklich äußerst schmackhaft und würzig ist.

Kapuzinerkresse: Vielfalt an Formen und Farben

Kapuzinerkresse ist als Busch- und Kletterpflanze erhältlich und eignet sich ideal für Beeteinfassungen, Blumentöpfe, Kübel und Ampeln. Sie haben die Wahl zwischen den hier aufgelisteten Sorten.

Typ	Sorte	Beschreibung
Kriechend	'Doppelte Glanzhybriden'	Gemischte Farben; halbgefüllte Blüten in Gelb, Orange und Rot; 30 cm hoch
	'Jewel of Africa'	Grüne, cremefarbene und weiß gesprenkelte Blätter; Blüten in Orange-, Rot- und Gelbtönen; 1–1,2 m hoch
Buschpflanze	'Alaskamischung'	Marmorierte cremefarbene und gefleckte Blätter; Blüten überragen die Blätter; 25–30 cm hoch
	'Empress of India'	Tief scharlachrote Blüten; dunkle Blätter; 20 cm hoch
	'Salmon Baby'	Dunkle Blätter; halbgefüllte lachsrote Blüten; 20–25 cm
	'Whirlybird Mischung'	Halbgefüllte, nach oben blickende Blüten, die cremefarben, goldgelb, rötlichbraun, rosa und scharlachrot sind; 30 cm hoch
Rank- oder Kletterpflanze	'Rankende Mischung'	Cremeweiße, gelbe, orange- und kirschfarbene Blüten; Pflanze wird 1,8–2,4 m hoch
	'Golden Emperor'	Grüne Blätter und große, goldgelb leuchtende Blüten; geeignet als Kletterpflanze oder Bodendecker; 1,8 m hoch

mit sandigem Substrat vorzunehmen. Sobald die Sämlinge eine Höhe von etwa 5 cm erreicht haben, setzt man sie ins Freiland. Aus den reifen Pflanzen lässt sich später leicht neues Saatgut gewinnen. Häufig säen sie sich auch selbst aus.

Leuchtendes Blütenzelt

Füllen Sie einen hölzernen Kübel mit einer Mischung aus Blumenerde und grobem Kies und stecken Sie in der Mitte einen dicken Stab in die Erde. Kerben Sie unterhalb der Stockspitze eine Rille ein, in der Sie zwölf Schnüre festbinden, und befestigen Sie die Schnurenden mit Heftzwecken in gleichmäßigen Abständen am Kübelrand. Säen Sie jeweils einen Kapuzinerkressesamen neben jede Schnur. Schon innerhalb weniger Wochen wird eine üppige Blütenpracht in Zeltform entstehen, die eine Zierde für Terrassen und Balkone ist und auch im Garten einen Blickfang bildet.

Bevorzugte Nachbarn

Kapuzinerkresse gedeiht besonders in Nachbarschaft zu Kartoffeln, Tomaten, Stangenbohnen und Rosen.

Beschützerin anderer Pflanzen

Ein paar Kapuzinerkressepflanzen halten weiße Fliegen (Mottenschildläuse) von Tomaten fern. Man setzt sie hinter Gewächshausrabatten oder zwischen die Tomatenpflanzen. Auch in der Nähe von Kohlbeeten ist die Kapuzinerkresse sehr nützlich, da Kohlweißlinge gern ihre Eier auf ihr ablegen; dadurch

bleibt der Kohl verschont. Außerdem hält die vielseitige Pflanze Ameisen, Mäuse, Raupen und Schnecken auf Distanz.

Eine Gaumenfreude entdecken

Kapuzinerkresse ist essbar und enthält wichtige Vitamine und Schwefel. Ihre Blüten bereichern Quark oder Salate mit einer süßlich-scharfen Geschmacksnote. Ähnlich würzig sind die Blätter, die man ebenfalls Rohkostspeisen beimischen kann. Versuchen Sie darüber hinaus doch einmal Knollenkapuzinerkesse (*Tropaeolum tuberosum*) als Beilage zu Ihrem Sonntagsbraten, entweder roh oder wie Kartoffeln gekocht. Die roten Streifen an den Knollen werden beim Kochen blau. Knollenkapuzinerkresse ist in manchen Ge-

genden Südamerikas ein Grundnahrungsmittel. Man nennt sie dort Ysano. (Siehe auch *Essbare Blüten*)

Kartoffeln

Delikate Vitaminspender

Wie Tomaten stammen Kartoffeln aus Südamerika, wo man sie seit mindestens 2000 Jahren verzehrt. Die braunen Erdäpfel sind äußerst eiweißreich und enthalten wichtige Vitamine (A, B_1, B_2, B_6 und C) sowie Mineralsalze.

Saatkartoffeln vorkeimen lassen

Durch Vorkeimen erzielt man höhere Erträge beim Kartoffelanbau. Dazu legt man die Knollen mit der Krone – das ist das Ende mit den meisten Augen – nach oben in flache Kisten und stellt sie an einen hellen frostfreien Ort. Nach 6 Wochen sind die Keime 2–3 cm lang. Die Knollen werden nun gepflanzt. Wer besonders große Exemplare ernten möchte, lässt an jeder Knolle nur zwei oder drei Keime stehen.

Hohe Ernteerträge

Es gibt noch eine weitere Methode, mit der man den Ernteertrag steigern kann. Große Saatkartoffeln werden so halbiert, dass beide Teile die gleiche Anzahl an Augen aufweisen. Dann lässt man die Knollen eine Woche lang liegen, damit die Schnittflächen abtrocknen; dadurch sind sie weniger infektionsanfällig. Die Kartoffeln, die man schließlich erntet, werden bei höherem Ertrag etwas kleiner als gewöhnlich sein. Es ist wichtig, nur garantiert virusfreie Knollen zu verwenden.

Zeitplan für den Anbau

Planen Sie die Pflanzzeiten im Voraus, damit Sie von Ende Juni bis Oktober ununterbrochen Kartoffeln ernten. Die ersten Frühkartoffeln, beispielsweise 'Christa' und 'Sieglinde', legt man je nach regionalen klimatischen Bedingungen Ende März oder Anfang April aus. Zunächst muss man sie zum Schutz vor Frost mit Vlies bedecken. Die Ernte beginnt etwa 13 Wochen nach dem Legen, also ab Ende Juni. Mittelfrühe Sorten wie 'Granola' oder 'Grata' werden ab Anfang April gepflanzt; sie sind ab Juli herangereift. Späte Sorten wie 'Aula' legt man ab Mitte April und beginnt nach etwa 20 Wochen mit der Ernte.

Löcher in die Saatfurchen stechen

Kartoffeln gedeihen am besten in Furchen mit einzelnen Löchern, die man möglichst mit einem Zwiebelpflanzer stechen sollte, weil sie dann genau die richtige Tiefe für Kartoffeln haben. Bei Frühsorten beträgt der Abstand zwischen den Löchern jeweils rund 30 cm, bei der Hauptkultur etwa 40 cm. Geben Sie eine kleine Menge Volldünger in jedes Loch. Nachdem Sie eine Reihe komplett vorbereitet haben, legen Sie die Saatkartoffeln mit der Krone nach oben in die vorbereiteten Vertiefungen. Füllen Sie anschließend die Furchen mit Erde auf; die Schicht darf aber nicht zu hoch sein. Angehäufelt wird erst später, wenn das Kraut 20–25 cm hoch ist. (Siehe auch *Anhäufeln*)

Vorsicht bei Frost

Bei Nachtfrostgefahr darf man Kartoffelreihen nicht hacken, denn dadurch kommt es leicht zu Kälteschäden. Das gilt besonders im Mai, wenn die ersten zarten Blätter treiben. Warten Sie mit der Arbeit, bis es wärmer wird.

Frühkartoffeln ernten

Nehmen Sie bei der Ernte von Frühkartoffeln möglichst immer nur so viele Knollen aus dem Boden, wie Sie essen wollen. Stechen Sie mit einer Grabgabel oder einem Spaten dicht an den krautigen Stängeln tief in den Boden und heben Sie die gesamte Pflanze heraus. Schütteln Sie das Arbeitsgerät etwas, damit die Erde abfällt. Legen Sie die Pflanzen zwischen den Reihen ab, bis Sie genug geerntet haben.

Maßnahmen bei Krautfäule

Flecken an den Blättern und ein weißer pelziger Belag an der Unterseite weisen darauf hin, dass eine Kartoffelpflanze an der Krautfäule leidet, einer gefährlichen Pilzkrankheit, die auf die Knollen übergeht und rötlichbraune Verfärbungen unter der Schale verursacht, die als graue Flecken durchscheinen. Es sind rasche Gegenmaßnahmen erforderlich; sonst faulen Blätter und Stängel und die gesamte Ernte ist vernichtet. Man zieht alle infizierten Pflanzen vorsichtig aus der Erde und verbrennt sie direkt im Anschluss. Auf keinen

Fall darf man sie auf den Kompost werfen, da dies einer Neuinfektion Vorschub leisten würde. An der Stelle, an der die kranken Pflanzen gewachsen sind, darf man mindestens 3 Jahre lang keine Kartoffeln mehr anbauen. Das gilt auch für Tomaten, die ebenso leicht von der Krankheit befallen werden. (Siehe auch *Schädlinge und Krankheiten* S. 364)

Drahtwürmer

Insbesondere auf neu kultiviertem Land richten Drahtwürmer häufig großen Schaden an Kartoffeln an. Ihre gelbbraunen Larven fressen kleine Löcher in die Knollen. Zur Abwehr der Schädlinge hilft vor allem eine sorgfältige und fortlaufende Kultivierung des Bodens. Vorbeugend lässt sich auch Branntkalk anwenden.

Erdäpfel aus dem Fass

In kleinen Gemüsegärten fehlt oft der Platz für ein Kartoffelbeet. Dennoch braucht man nicht auf schmackhafte Erdäpfel aus eigener Ernte zu verzichten, denn ein Anbau ist auch in großen Bottichen oder Ölfässern möglich. Das jeweilige Behältnis muss etwa 1,2 m hoch sein. Man bohrt einige Löcher in den Boden und bedeckt ihn mit einer 5–8 cm hohen Drainageschicht aus Steinen. Darauf kommt eine etwa 12 cm hohe Lage aus gut verrottetem Kompost,

ergänzt durch 100–120 g Volldünger. Abschließend füllt man das Fass mit einer 20–25 cm hohen Schicht Blumenerde auf und setzt die Kartoffeln hinein. Sobald das Kraut wächst, bietet ein Kartoffelfass einen sehr hübschen Anblick.

Gefäßkultur

Frühe Kartoffelsorten lassen sich auch in Töpfen anbauen. Man gibt Ende März vier ungefähr 80 g schwere Knollen in einen Topf mit einer rund

5 cm hohen Schicht Blumenerde. Der Abstand der Kartoffeln zueinander und zum Rand des Gefäßes beträgt jeweils 15 cm. Dann bedeckt man die Kartoffeln mit einer 8 cm hohen Lage Erde. Während die Stängel wachsen, fügt man weitere Erde zu und reichert sie auf je 15 cm Stängelhöhe mit einem handelsüblichen Dünger an. Der Topf muss häufig mit jeweils 5 l Wasser gegossen werden. Sobald das Kraut den Rand des Topfes überragt, brauchen die Pflanzen Stützstäbe. Die Kartoffeln können nach der Blüte, etwa ab Ende Juli, geerntet werden.

Richtig lagern

Graben Sie Kartoffeln bei schönem Wetter aus und lassen Sie die Knollen einige Stunden in der Sonne trocknen. Legen Sie Ihre Ernte dann 2 Wochen lang in einem dunklen Schuppen oder einer Garage auf Zeitungspapier. Die Temperatur in dem Raum muss etwa 15 °C betragen. Reiben Sie anschließend trockene Erdreste von den Knollen. Lagern Sie kleine Mengen Kartoffeln über Winter in Papierbeuteln an einem kühlen, dunklen und trockenen Ort. Verwenden Sie für größere Mengen eine luftdurchlässige Kiste oder eine Kartoffelhorde. Kontrollieren Sie Ihren Vorrat häufig und sortieren Sie beschädigte Knollen aus.

Kälte vermeiden

Bei Temperaturen unter –2 °C erfrieren Kartoffeln leicht und werden dann schwarz oder schmecken süßlich. Erhöhen Sie in diesem Fall die Temperatur am Lagerplatz oder bringen Sie die Knollen an einen wärmeren Ort.

Neue Sorten testen

Viele Kartoffelsorten, die man in Supermärkten erhält, werden hauptsächlich wegen ihrer hohen Erträge und weniger wegen ihres Geschmacks angebaut. Probieren Sie aus diesem Grund verschiedene Sorten, die Sie vielleicht bisher gar nicht gekannt haben, und finden Sie heraus, welche Ihnen am meisten mundet.

Beste Ofenkartoffeln

Zum Backen im Ofen eignen sich vor allem größere Exemplare der Frühkartoffel 'Marabel'. Bei den mittelspäten Sorten lassen sich 'Afra' und 'Agria' empfehlen.

Katzen

Eine Spielecke einrichten

Richten Sie in Ihrem Garten eine spezielle Spielecke für Ihre Katze ein, beispielsweise am erhöhten Rand eines sonnigen Blumenbeets, und setzen Sie Pflanzen dorthin, deren Duft Ihr schnurrender Liebling besonders mag. Dazu zählen Beifuß *(Artemisia)*, Katzenminze *(Nepeta)* und Kiwi *(Actinida chinensis)*.

Töpfe sichern

Bedecken Sie die Oberfläche in Ihren Blumentöpfen mit Kieselsteinen oder feuchtem Moos, damit Ihre Katze die Erde nicht herausscharrt. Ebenso geeignet ist Kaninchendraht, der sich leicht rund schneiden und mit einem Schlitz und in der Mitte mit einem Loch für die Stängel oder Stämme versehen lässt.

Verschmutzungen vorbeugen

Eine Katze hinterlässt ihre Exkremente am ehesten auf frisch umgegrabener kahler Erde, wo sie sie gut vergraben kann. Bepflanzen Sie Rabatten und Blumenbeete dicht, denn Ihr Tier wird solche Stellen in der Regel nicht verschmutzen.

Sämlinge bedecken

Sämlinge und Jungpflanzen lassen sich mit verschiedenen Methoden vor Katzen schützen. Zum einen ist es möglich, bogenförmig Maschendraht über die Beete zu spannen. Der Draht darf auch rostig sein; dann fällt er auf der Erde weniger auf. Denselben Abschreckungszweck erfüllt ein feinmaschiges Drahtgeflecht, das die Keimlinge durchdringen können. Schutz bieten ebenso mit Drahtbügeln gespannte Netze, Abdeckungen aus Gartenvlies und kleine Hürden aus Zweigen oder Bohnenstangen. Nicht zuletzt halten abgeschnittene Zweige von Dornensträuchern wie Mahonien *(Mahonia)* oder Stechpalmen *(Ilex)* Katzen wirksam auf Distanz; man legt die Zweige um das Saatbeet oder zwischen die Reihen.

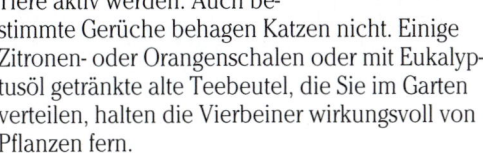

Natürliche Abwehrmittel

Katzen mögen in der Regel keinen nassen Boden. Wässern Sie Ihre Blumenbeete deshalb möglichst am späten Abend, bevor die Tiere aktiv werden. Auch bestimmte Gerüche behagen Katzen nicht. Einige Zitronen- oder Orangenschalen oder mit Eukalyptusöl getränkte alte Teebeutel, die Sie im Garten verteilen, halten die Vierbeiner wirkungsvoll von Pflanzen fern.

Öffnungen absperren

Sperren Sie die offenen Enden von Folientunneln beim Lüften mit Maschendraht ab, damit Katzen hier keinen warmen Schlafplatz finden. Die geöffnete Tür eines Gewächshauses oder die Oberseite eines Kalten Kastens lässt sich durch einen mit Maschendraht bespannten Holzrahmen sichern.

Kerbel

Beliebtes Würzkraut

Kerbel *(Anthriscus cerefolium)*, eine einjährige Pflanze, die aus Südosteuropa und Westasien stammt, hat ein würzig-süßes Aroma, das etwas an Anis erinnert. Die zarten jungen Blätter ähneln denen der Petersilie, sind aber feiner gefiedert. Das Würzkraut enthält ätherische Öle, Bitterstoffe, Vitamine, Karotin, Eisen und Mineralstoffe.

Ganzjährig ernten

Kerbel ist nicht sonderlich kälteempfindlich. Säen Sie ihn zwischen Ende März und August vier- bis sechsmal in Folge in ein kompostgedüngtes Freilandbeet, das an einer halbschattigen Stelle liegt. So werden Sie den ganzen Sommer über frische Blätter ernten. Lassen Sie zwischen den einzelnen Saatreihen rund 10 cm Abstand. Ziehen Sie das Kraut im restlichen Verlauf des Jahres in 15 cm großen Töpfen auf einer sonnigen Fensterbank. Gießen Sie die Pflanzen häufig.

Nützlich neben Salatpflanzen

Säen Sie Kerbel zu den Salatpflanzen in Ihrem Nutzgarten. Das Kraut schützt sie vor Ameisen, Läusen und Schnecken.

Frühe Erträge

Halten Sie Ihre Kerbelpflanzen den gesamten Winter über unter Hauben oder stellen Sie Töpfe in einen Kalten Kasten. Das ermöglicht eine zeitige Ernte im Frühjahr.

Blütenstängel entfernen

Entfernen Sie die blühenden Stängel am Kerbel, damit das Kraut seine Energie nicht auf die Samenbildung verwendet, sondern über lange Zeit zarte Blätter hervorbringt.

Selbstaussaat

Einige Kerbelpflanzen in Ihrem Kräuterbeet sollten Sie allerdings am Anfang des Herbstes Samen ansetzen lassen, die dann herausfallen und keimen. So werden sich im folgenden Jahr Jungpflanzen entwickeln, die keiner weiteren Pflege bedürfen. Beseitigen Sie lediglich überschüssige Sämlinge aus dem Beet.

Siehe auch *Aromatische Kräuter und Gewürzkräuter* S. 164–167

Kerne und Steine

Grundstock für die Obstbaumzucht

Wer Obstbäume selbst ziehen will, sucht die gesündesten Früchte kräftiger Pflanzen aus und lässt deren Kerne und Steine auf Küchenpapier trocknen. Nachdem man eventuell noch vorhandenes Fruchtfleisch abgerieben hat, erfolgt die Aussaat in Töpfen mit Anzuchterde.

Saatmaterial frisch halten

Soweit man Kerne oder Steine nicht unmittelbar nach dem Trocknen säen kann, steckt man sie in ein Gefäß mit feuchtem Sand. Darin bleiben sie kurze Zeit frisch. Das Gefäß muss an einem kühlen Ort stehen, beispielsweise im Gemüsefach des Kühlschranks.

Kaum einschätzbares Ergebnis

Die Zucht von Obstbäumen aus Kernen macht großen Spaß, doch man weiß nie, was dabei herauskommt. In den meisten Fällen entspricht der Baum nicht der Sorte, von der man die Samen genommen hat. Sät man also z. B. Kerne der Apfelsorte ’Cox Orange’ aus, so wird man später keinesfalls einen entsprechenden Baum im Garten haben. Auch dauert es häufig lange, bevor selbst gezogene Obstbäume überhaupt tragen. Gleichwohl kann natürlich ein annehmbares Ergebnis zustande kommen.

Erfolgschancen steigern

Es empfiehlt sich, zunächst drei oder vier Samen in einen Topf zu säen. Sobald alle keimen, lässt man den stärksten Sämling stehen und zieht die anderen heraus. Die meisten jungen Pflanzen bilden kräftige Vegetationspunkte aus, die bei einer Größe von 7–8 cm entfernt werden müssen, damit ein buschiger Baum heranwächst.

Kinder

Ein eigenes Beet

Ermuntern Sie Ihre Kinder zur Gartenarbeit. Stellen Sie ihnen am besten ein eigenes Beet mit pflegeleichten Blumen und Gemüsesorten zur Verfügung und trennen Sie das Beet durch Wege oder einen niedrigen Zaun vom übrigen Garten ab.

Wachstum beobachten

Es fasziniert die Kleinen, zu beobachten, wie Pflanzen wachsen. Geben Sie Ihren Kindern das ganze Jahr über Gelegenheit dazu. In der kalten Jahreszeit bietet eine Zwiebelpflanze, etwa eine Hyazinthe (*Hyacinthus*), die Möglichkeit für botanische Studien im eigenen Zimmer.

Ein Mini-Treibhaus basteln

Schneiden Sie eine große durchsichtige Plastikflasche der Länge nach in der Mitte durch. Bohren Sie mehrere Löcher in eine Hälfte und füllen Sie anschließend Aussaaterde ein. Säen Sie dann zusammen mit Ihrem Kind einige Samen von Pflanzen, die Wärme mögen, darin aus, beispielsweise von Tomaten. Die andere Hälfte der Flasche lässt sich als Dach verwenden, das man je nach Bedarf öffnet und schließt. Stellen Sie das Mini-Treibhaus auf

ein Fensterbrett. Ihr Kind hat nun Gelegenheit, die Entwicklung der Sämlinge genau zu verfolgen und sie nach Bedarf zu gießen und zu düngen. Sobald die ersten Blätter erscheinen, kommen die Sämlinge in 8 cm große Töpfe.

Kleine Projekte mit Keimen

Regen Sie Ihre Kinder dazu an, mit Keimen zu experimentieren, etwa mit Mungbohnen. Dazu gibt man eine 2–3 cm dicke Schicht der Hülsenfrüchte in ein Glas mit Wasser und gießt das Wasser kurz darauf ab. Danach zieht man einen alten Strumpf als Verschluss über das Gefäß. Weil die Bohnen beim Wachsen Feuchtigkeit produzieren, empfiehlt es sich, das Glas auf die Seite zu legen, damit das Wasser abläuft. Die Bohnen müssen 3–6 Tage lang zweimal täglich gespült werden, bis sie keimen. Für anschauliche Botanikprojekte eignen sich auch Apfel-, Zitronen- oder Orangenkerne, die in Töpfen mit Anzuchterde zu Baumsämlingen kultiviert werden, ferner Gartenkresse, die problemlos auf einer Lage feuchtem Küchenpapier keimt.

Männchen mit grünen Haaren

Hier eine Idee für eine lustige Überraschung: Malen Sie mit einem Filzstift ein Gesicht auf die Schale eines Frühstückseis, nachdem Sie es ausgelöffelt haben. Füllen Sie es mit Topferde und streuen Sie einige Kressesamen hinein. Stellen Sie das Ei in einen Eierbecher. Nach wenigen Tagen wird ein Männchen mit langen grünen Haaren vor Ihren Kindern stehen.

Einen Avocadobaum ziehen

Mit folgenden Anweisungen gelingt es Kindern, aus einem Avocadokern eine Pflanze zu ziehen: Man steckt knapp oberhalb der Basis drei Zahnstocher in den Kern und hängt ihn so über ein Glas mit Wasser, dass die Basis eingetaucht ist. Nach einigen Wochen erscheinen Wurzeln und ein Schössling. Jetzt wird die Pflanze eingetopft. Es empfiehlt sich, die Vegetationskegel zu entspitzen, sobald die Pflanze 15 cm hoch ist, denn das fördert ein buschiges Wachstum.

Altersgerechte Gartengeräte

Funktionieren Sie ausrangierte Küchenutensilien und Verpackungsmaterial zu kindgerechtem Gartenzubehör um. Ein alter Tafellöffel wird so zur Pflanzschaufel, eine Backschaufel zum Spaten und eine leere Spülmittelflasche dient mit zusätzlichen Löchern versehen als Gießkanne. Samen keimen in alten Eisbechern vor, eine Eierschachtel aus Kunststoff lässt sich als Anzuchtkästchen nutzen und eine Plastikschüssel bietet ausreichend Platz für die Gestaltung eines Miniaturgartens.

Erlauben Sie Ihrem Kind, bei leichten Gartenarbeiten mitzuhelfen. So regen Sie es zu einem interessierten und verantwortungsvollen Umgang mit Pflanzen an.

Blühendes Versteck

Bauen Sie gemeinsam mit Ihren Kindern ein Blütenzelt als Versteck im Garten. Konstruieren Sie dazu zunächst ein einfaches Gerüst aus Bambusstangen, die Sie in einem Kreis in die Erde treiben, schräg nach oben zusammenführen und dort aneinander binden. Ihre Kinder können nun einjährige Kletterpflanzen wie Feuerbohnen (*Phaseolus coccineus*), Kapuzinerkresse (*Tropaeolum*), Gartenwicken (*Lathyrus*) oder Winden (*Convolvulus*) aussäen und an dem Tipi hochziehen, das auch optisch eine Bereicherung darstellt. Den Sommer über wird die ganze Familie den Anblick der üppigen Blütenpracht genießen.

Wettbewerb mit Sonnenblumen

Nachdem Ihre Kinder und deren Freunde je eine Sonnenblume aus Samen gezogen und in ein Beet gepflanzt haben, werden sie mit Spannung beobachten, welche die größte wird.

Ast zum Schaukeln

Ein sehr stabiler Ast ist eine gute Aufhängevorrichtung für eine Schaukel. Streuen Sie als weichen Untergrund eine dicke Schicht aus Rindenschnitzen unter die Schaukel, wie man es auch auf vielen Spielplätzen sieht.

Den Rasen schonen

Ein aufblasbares Planschbecken oder eine Kunststoffsandkiste sollte nie länger als eine Woche an derselben Stelle auf dem Rasen stehen, damit das Gras nicht abstirbt. Verschieben Sie die Spielbehältnisse regelmäßig und wässern Sie die flach gedrückten Flächen ausgiebig. Ein fester Untergrund eignet sich besser als dauerhafter Standort. Mit einer 5 cm dicken Sandschicht unter dem Becken bzw. der Kiste vermeiden Sie Schäden an dem Kunststoff.

Eine Sandkiste bauen

Soweit Sie ausreichend Platz in Ihrem Garten haben, bietet es sich an, für einen schattigen Platz selbst eine Sandkiste zu bauen. Graben Sie dafür ein Loch, in das Sie Drainagematerial füllen. Verkleiden Sie den Boden und die Seiten mit Ziegeln oder Ziegelsteinen und pflastern Sie die Einfas

sung. Genauso ist es möglich, aus Brettern oder Ziegelsteinen eine Sandkiste anzufertigen, die nicht im Boden eingelassen ist. Füllen Sie die Grube bzw. die stehende Kiste mit speziellem Spielsand, den man in großen Spielwarengeschäften und Gartencentern erhält. Nehmen Sie keinen rötlichen Bausand, der die Kleidung stark verschmutzt und Hautallergien hervorrufen kann. Stellen Sie aus Sperrholz, das Sie mit Plastikfolie überziehen, einen Deckel her, damit kein Regen eindringt und Katzen keine Exkremente hinterlassen.

Eine lustige Vogelscheuche

Einer Figur einen alten Strohhut und farbenfrohe abgelegte Kleidung anzuziehen ist ein amüsanter Zeitvertreib für Kinder – zumal man die Vogelscheuche immer wieder umplatzieren und von Zeit zu Zeit umkleiden muss, da sich die Vögel durch eine unveränderte Figur nicht lange abschrecken lassen.

Kirschen

Süßkirschen für Hausgärten

Die meisten Süßkirschenbäume (*Prunus avium*) werden über 10 m hoch und sind deshalb für durchschnittliche Hausgärten zu groß. Falls Sie dennoch unbedingt Süßkirschen ernten möchten, dann ziehen Sie das Obst entweder als Fächerspalier vor einer Mauer oder als Pyramide. Pflanzen Sie zwei verschiedene Sorten, denn Süßkirschen sind selbstunfruchtend, und fragen Sie Ihren Gärtner nach geeigneten Kombinationen. (Siehe auch *Fächerspaliere*)

Anspruchslosere Sauerkirschen

Bei Sauerkirschen *(Prunus cerasus)* gibt es eine größere Auswahl als bei Süßkirschen, und sie eignen sich auch für kleine Gärten. Zudem sind sie etwas anspruchsloser in der Pflege. Meist wachsen sie als Buschbäume, gedeihen aber ebenso gut als Fächerspaliere. Da Sauerkirschen selbstfruchtend sind, genügt es, einen einzigen Baum zu pflanzen.

Einen Baum im Kübel ziehen

Bei einem Kirschbaum, den man in einen Kübel pflanzt, ist das Wurzelwachstum eingeschränkt. Dadurch behält der Baum eine überschaubare Größe.

Wählen Sie ein Behältnis mit einer Höhe und Breite von jeweils mindestens 50 cm, füllen Sie es mit Pflanzerde und setzen Sie einen jungen Baum hinein. Im Sommer braucht er viel Wasser; die Erde darf nie austrocknen.

Konkurrenzpflanzen beseitigen

Kirschbäume sind auf ausreichend Wasser angewiesen und vertragen keine Konkurrenz durch andere Gewächse. Entfernen Sie sämtliche Gräser, Unkräuter und sonstigen Pflanzen in einem Umkreis von 1,2–1,5 m um den Stamm.

Aufgeplatzte Früchte

Es ist wichtig, die Wurzeln eines Kirschbaums gleichmäßig feucht zu halten. Sobald er Früchte ansetzt, muss man ihn alle 2–3 Wochen ausgiebig gießen. Aufgeplatzte Kirschen sind ein Zeichen dafür, dass nach einer Trockenperiode zu stark gewässert wurde.

Eine Vogeltränke aufstellen

Vögel stehlen Kirschen hauptsächlich, weil sie Durst haben. Stellen Sie eine Vogeltränke oder ein anderes mit Wasser gefülltes Behältnis in die Nähe Ihres Kirschbaums, damit die Vögel weniger Früchte fressen.

Vögel abschrecken

Abschreckungen verlieren schon nach wenigen Tagen ihre Wirkung bei Vögeln. Hängen Sie sie also erst in Ihren Baum, wenn die Früchte reifen. Geeignet sind Aluminiumfolie, raschelnde Bänder oder Luftballons. Tauschen Sie die Objekte nach nicht allzu langer Zeit immer wieder aus, damit sich die Vögel nicht an sie gewöhnen.

Mögliche Gefahren bei Netzen

Ein Netz, das man über den gesamten Kirschbaum zieht, hält Vögel am wirksamsten fern, doch die Tiere können sich darin verfangen und qualvoll verenden. Setzen Sie Netze daher allenfalls kurzfristig während der Reifezeit ein und entfernen Sie die Bespannungen unverzüglich, sobald sie ihren Zweck erfüllt haben.

Obstbaumkrebs

Bakterieller Obstbaumkrebs verursacht flache Verletzungen am Stamm oder an den Ästen eines Kirschbaums, aus denen ein klebriges Harz fließt. Die Krankheit gelangt an Stellen in das Gewächs, an denen im Herbst beim Laubabwurf die Blattstiele von den Zweigen abbrechen. Nach einer Infektion öffnen sich die Knospen im Frühjahr oft nicht und die betroffenen Äste sterben im Sommer ab. Auch Blätter werden bisweilen befallen, was an runden braunen Flecken erkennbar ist, die schließlich zu Löchern werden. Man schneidet

abgestorbenes Holz und stark infizierte Äste heraus und verbrennt sie. Vorbeugend empfiehlt es sich, die Bäume nicht auf Böden mit stauender Nässe zu pflanzen, sparsam zu düngen und resistente Sorten anzupflanzen (Siehe auch *Schädlinge und Krankheiten* S. 352)

Kiwis

Weinbauklima erforderlich

In unseren Breitengraden lassen sich Kiwipflanzen *(Actinida chinensis)* nur in Gegenden mit einem Weinbauklima anbauen. Das Holz verträgt Fröste bis ungefähr –10 °C; allerdings sind die Jungtriebe empfindlicher. Kiwipflanzen mögen sauren und tiefen Boden, der wasserdurchlässig, aber zugleich ständig feucht ist. Die Erde muss mit Kompost und einem Dünger aus Blut-, Fisch- und Knochenmehl angereichert werden.

Männliche und weibliche Pflanzen

Kiwipflanzen tragen entweder nur männliche oder ausschließlich weibliche Blüten; Insekten nehmen die Bestäubung vor. Eine männliche Pflanze befruchtet bis zu sieben oder acht weibliche. In einem durchschnittlichen Hausgarten werden jedoch ohnehin nur jeweils ein männliches und ein weibliches Gewächs Platz finden. Letzteres trägt 3–5 Jahre nach der Pflanzung Früchte.

Selbstfruchtende Sorten

In den letzten Jahren wurden auch selbstfruchtende Kiwisorten entwickelt, die man immer häufiger im Handel findet. Besonders empfehlenswert ist die Sorte 'Jenny'.

Üppige Ranken

Je nach Standort pflanzt man Kiwis zwischen Mitte Mai und Anfang Juni. Sie brauchen viel

Raum – die Ranken werden 5–8 m lang. Als Stützen eignen sich Spaliere und Pergolen. Der Rückschnitt erfolgt während der Winterruhe im Dezember oder Januar. Bei ausgewachsenen Exemplaren kürzt man dann die Fruchttriebe auf zwei Knospen nach dem letzten Fruchtansatz ein.

Ernten und nachreifen lassen

Die Ernte beginnt meist im Oktober. Pflücken Sie die Früchte, sobald sie weich werden, mit einem Stückchen Stiel. Geben Sie Ihren Kiwis gut 4 Wochen Zeit zum Nachreifen; dann schmecken sie besser.

Früchte kühl lagern

Bei etwa 0 °C halten sich Kiwis einige Monate lang. Lagern Sie die Früchte bis zum Verzehr im Gemüsefach des Kühlschranks oder an einem trockenen und kühlen, aber frostfreien Ort, etwa in einer Garage oder auf dem Dachboden. Legen Sie die Kiwis auf ein Strohbett oder in Kistchen.

Kletterpflanzen

Gute Wachstumsbedingungen

Arbeiten Sie reichlich organisches Material in den Boden ein, bevor Sie eine Kletterpflanze an eine Wand setzen. Die Wurzeln müssen gut 30 cm Abstand zur Mauer haben. Ziehen Sie ein Stück flexibles Abflussrohr so durch den Boden, dass ein Ende dicht bei den Wurzeln liegt und das andere Ende gerade über die Oberfläche ragt. Verteilen Sie nun noch eine Lage Mulch als Feuchtigkeitsspeicher um die Pflanze und bewässern Sie die Wurzeln direkt durch das Rohr. Als natürlicher Schattenspender eignet sich ein immergrüner Strauch, der neben dem Klettergewächs platziert wird.

Drähte quer spannen

Horizontale Drähte bieten Kletterpflanzen stabilere Rankhilfen als vertikale. Spannen Sie die Drähte sehr straff im Abstand von 30–45 cm und ziehen Sie die wachsenden Stängel hindurch.

Vorsichtig anbinden

Binden Sie die Seitentriebe von Klettergewächsen zum Schutz vor starken Windböen mit Raffiabast oder weicher Gartenschnur an, aber nicht zu fest, denn die Stängel müssen sich während des Wachstums noch verdicken können.

Aushängbares Spalier

Sobald eine Mauer gestrichen werden muss, stellen Kletterpflanzen ein Problem dar. Hängen Sie ein Spalier deshalb möglichst an Haken auf, sodass es sich mitsamt den Trieben abnehmen lässt, ohne dass dabei die Wurzeln beschädigt werden.

Worauf man beim Kauf achten sollte

Je nach Alter des Gewächses sowie der Anzahl und Stärke der Sprosse schwanken die Preise von Kletterpflanzen erheblich. Besonders teuer sind gepfropfte Arten, denn das Pfropfen, das schnelleres Wachstum fördert, ist ein schwieriges und kostspieliges Verfahren. Kaufen Sie keine Pflanzen, deren Wurzeln bloß liegen oder durch den Boden des Topfes wachsen, denn sie sind wahrscheinlich ausgetrocknet.

Zweisamkeit

Verhelfen Sie einem alten Apfelbaum zu neuem Glanz, indem Sie ihn von einer kräftigen Kletterrose zuwachsen lassen. Besonders geeignet hierfür ist *Rosa filipes* 'Kiftsgate', die eine Höhe von bis zu 18 m erreicht

und im Hochsommer große Büschel aus duftenden weißen Blüten bildet. Ebenso lässt sich die Sorte 'Bobbie James' empfehlen.

Bäume beranken

Ausgewachsene Bäume bilden ideale Rankhilfen. Soweit sie aufrecht wachsen und eine schmale Krone haben, setzt man die Kletterpflanze nahe an den Stamm. Graben Sie dazu ein Loch zwischen den Baumwurzeln, setzen Sie die Kletterpflanze hinein und füllen Sie die Aushebung mit Pflanzerde auf. Gießen und düngen Sie die Pflanze reichlich, bis sie gut angewachsen ist; die Baumwurzeln dürfen ihr kein Wasser wegnehmen. Bei Bäumen, die oben dicht und ausladend sind, setzt man Kletterpflanzen unter den Rand der Krone und lässt sie an einem Seil oder Stab hochwachsen. Die jeweilige Rankhilfe wird an einem stämmigen Ast befestigt.

Siehe auch *Mauerbegrünung, Spaliere, Totholz*

KLIMA

Das Klima ist von größter Wichtigkeit für das Wachstum der Pflanzen. Niederschlagsmenge, Sonnenscheindauer, Wind, Luft- und Bodentemperatur bestimmen die Pflanzenwelt in der freien Natur wie im Garten.

Neben dem Boden stellt das Klima den wichtigsten Standortfaktor im Garten dar und beeinflusst in entscheidender Weise das Gedeihen der Pflanzen. Deutschland lässt sich einer bestimmten Klimazone, dem subozeanischen Waldklima zuordnen; unabhängig davon gibt es starke regionale und auch lokale Unterschiede. Auf diese Gegebenheiten hat der Hobbygärtner keinen Einfluss, wohl aber auf das so genannte Kleinklima in seinem Garten.

Buchenklima

Vor 20 000 Jahren herrschte in unseren Breiten eisige Kälte. Eismassen schoben sich über weite Teile Deutschlands, in den eisfreien Gebieten bot die Pflanzenwelt ein Bild ähnlich dem in den heutigen Tundren- und Steppengebieten oder auch in den alpinen Regionen. Die klimatischen Bedingungen hatten es den Wäldern nicht erlaubt zu überleben; die Bäume überdauerten diese Periode der Erdgeschichte in südlicheren Breiten.

Ohne die Hand des Menschen wäre Deutschland heute von Buchenwäldern bedeckt, denn bei uns findet der Baum ein ideales Klima.

Mit dem Ende der Eiszeit vor etwa 11 500 Jahren, als sich die Gletscher in das Alpeninnere zurückzogen, begannen die Bäume wieder einzuwandern. Kiefern und Birken bildeten allmählich die ersten Wälder. Nach weiterer Erwärmung, vor ungefähr 9500 Jahren, kamen die ersten Wärme liebenden Holzarten wie Eiche, Hasel und Ulme hinzu. Vor 6000–7000 Jahren siedelte sich dann die Buche an. Sie setzte sich in den damaligen Wäldern rasch durch und wurde immer mehr zur dominierenden Holzart, sodass sie heute weite Teile unserer Breiten bedecken würde, wenn der Mensch nicht ordnend eingegriffen hätte.

Der Klimatyp, in dem die Buche gut gedeiht, wird subozeanisches Waldklima genannt. Deutschland liegt heute im Bereich dieses Klimas, das auch als Buchenklima bezeichnet wird, aufgrund der Häufigkeit dieses Baumes. Es ist ein Übergangsklima zwischen dem stärker vom Meer beeinflussten ozeanischen Klima Westeuropas und dem kontinentalen Klima in Osteuropa und wird geprägt durch einen Wechsel von ozeanischen und kontinentalen Luftmassen und Wetterlagen.

Klimaprovinzen

Deutschland liegt innerhalb der kühlgemäßigten Klimazone der Erde. Das regionale Klima kann indes sehr unterschiedlich sein. So zeichnet sich das Küstenklima der Nordsee durch hohe Luftfeuchtigkeit, reichlich Niederschläge, lebhafte Winde und eine geringe Zahl von Frost- und Schneedeckentagen aus. An der Nordsee kommt Frost von –20 °C nur in sehr strengen Wintern vor, im kontinentalen Niederbayern dagegen in jedem zweiten Jahr. Ein strenger Winter kann dort sogar Frost bis –30 °C bringen.

Das Klima der deutschen Mittelgebirge oberhalb 300–500 m Höhe weist ebenfalls einen besonderen Charakter auf. Mit zunehmender Höhe ändern sich nahezu alle Klimaelemente. So sinkt die Temperatur je 100 Höhenmeter im Mittel um 0,6 °C. Die Zahl der Tage, an denen eine geschlossene Schneedecke liegt, ist in höheren Lagen größer als im Flachland und beträgt dort 90–150 Tage im Jahr. Was die Niederschlagsmenge anbetrifft, so ist diese dort ebenfalls höher, die Verdunstung aber geringer. Deshalb ist in den Mittelgebirgen sowie in den Alpen das ganze Jahr die Wasserbilanz – die Differenz zwischen Niederschlag und Verdunstung – positiv.

Im Flachland fällt die Wasserbilanz je nach Region sehr unterschiedlich aus. Der gesamte Nordwesten Deutschlands ist immerfeucht, im Südwesten hingegen gibt es Gebiete mit 4–5 Monaten Wasserdefizit. Der Südosten verfügt sowohl über trockene Senken als auch über feuchte Gebirge. Im Nordosten Deutschlands schließlich herrscht mehr als ein halbes Jahr Wassermangel und die Pflanzen müssen ihren Bedarf aus dem Grundwasser decken.

Über ein besonders mildes Klima verfügen die Oberrheinische Tiefebene, das Gebiet um den Bodensee und die Rhein-Main-Neckar-Region. Hier gedeihen auch wärmebedürftige Pflanzen, deren Kultur im übrigen Deutschland nicht oder nur in besonderem Kleinklima möglich ist.

In mildem Klima gedeihen in Deutschland auch Wärme liebende Pflanzen wie die Kiwi, die hier kletternd an einem Haus emporwächst.

Geländeklima

Auch durch die lokale Gestalt des Geländes, durch Verteilung von Gewässern, Feldern, Wäldern und Siedlungen kommen klimatische Unterschiede zustande. So sind Südhänge warm und trocken, Nordhänge schattig und kühl. Tallagen und Mulden werden in klaren windschwachen Nächten zu Kaltluftseen, da kalte Luft schwerer ist als warme und hangabwärts fließt.

Häuser speichern die Wärme und schützen vor starken Winden. Ein Haus im Nordosten eines ebenen Grundstücks hat ein günstiges Gartenklima zur Folge, da es kalte Winde abhält. Geschlossene Siedlungen sind immer wärmer als das freie Feld, der Unterschied kann bis zu 3 °C betragen. Auch am Ufer von Gewässern liegen die Temperaturen aufgrund der Wärmekapazität des Wassers höher. Daher ist die Gefahr von Spätfrösten in Ortschaften und an Uferzonen geringer als auf dem freien Feld.

Am Ufer von Gewässern wie hier auf der Bodenseeinsel Mainau liegen die Temperaturen höher als weiter landeinwärts, weil das Wasser die Wärme speichert.

Phänologischer Kalender

Die klimatischen Unterschiede Deutschlands lassen sich besonders gut anhand des so genannten phänologischen Kalenders aufzeigen. Die Phänologie beschäftigt sich mit den sichtbaren Entwicklungsphasen der Pflanzen- und Tierwelt, die von klimatischen Bedingungen abhängig sind. Ihr zufolge gibt es zehn Jahreszeiten: Vorfrühling, Erstfrühling, Vollfrühling, Frühsommer, Hochsommer, Spätsommer, Frühherbst, Vollherbst, Spätherbst, Winter. Der Anfang der Apfelblüte wird als Beginn des phänologischen Vollfrühlings definiert. Dabei zeigen sich innerhalb Deutschlands Abweichungen von bis zu 4 Wochen. Der Vollfrühling beginnt im Südwesten Deutschlands um den 20. April und im Norden und in den Mittelgebirgen um den 20. Mai; er wandert von Freiburg nach Flensburg mit einer Geschwingigkeit von 30–40 km pro Tag. Doch nicht nur von Süd nach Nord verschiebt sich der Blühbeginn, sondern auch mit der Höhe.

Kleinklima im Garten

Durch entsprechende Gestaltung kann man im Garten ein eigenes günstiges Kleinklima schaffen. Die Böschung an einer Terrasse erhält durch Steine ein warmes und trockenes Kleinklima, das für Steingartenpflanzen ideal ist. Eine Rasenfläche wird nachts kühler als ein Boden mit Steinplatten. Ein trockenes und schattiges Kleinklima herrscht unter Bäumen, denn das Blätterdach wirft Schatten und schirmt den Bereich darunter vor Niederschlägen ab.

Wind kann problematisch sein. Mit einem Windschutz lässt sich ein günstiges Kleinklima schaffen, wobei Mauern als Windschutz ungünstig sind, da der Wind zunächst über sie hinwegbläst, dann aber wieder abfällt und Wirbel bildet. Besser sind teilweise winddurchlässige Hecken oder Zäune.

In Höhen zwischen 600 und 800 m blühen Apfelbäume erst nach dem 10. Mai. Daher bilden sich die Blüten am 28. April, dem Zeitpunkt, den das Bild wiedergibt, gerade aus.

Bei 400–600 m liegt der Beginn der Apfelblüte zwischen dem 1. und dem 10. Mai. Deshalb brechen die Blütenblätter am 28. April allmählich auf und leuchten typisch hellrosa.

In Höhen zwischen 200 und 400 m blühen die Apfelbäume in der Zeit vom 20. bis zum 30. April. Daher stehen die Bäume in etwa 300 m Höhe am 28. des Monats in voller Blüte.

Hecken sind ein idealer Windschutz. Da sie teilweise durchlässig sind, schwächen sie den Wind ab, lassen aber weder Luftstaus noch Wirbel entstehen.

Knoblauch

Gedeiht auch in kühleren Regionen

Der Knoblauch (*Allium sativum*) zählt zu den ältesten Heil- und Gewürzpflanzen. Es wird oft vermutet, dass er hierzulande nicht gedeiht, was jedoch nicht stimmt. Das würzige Gewächs ist winterhart und fügt sich außerdem gut in unsere Ziergärten ein.

Sonniger Standort notwendig

Pro Tag braucht Knoblauch mindestens 6 Stunden Sonnenlicht. Er mag sandige Erde, die man mit Kompost anreichern, aber keinesfalls mit frischem Mist düngen sollte. Man pflanzt ihn entweder zwischen September und Oktober oder im April. Dafür zerteilt man Knollen in einzelne Zehen, die man im Abstand von jeweils 15 cm in 7–8 cm tiefe Löcher

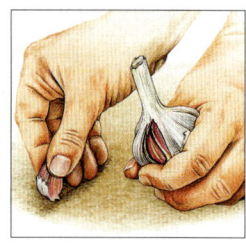

steckt. Darauf kommt dann eine dünne Schicht Gartenerde. Kaufen Sie unbedingt helle und feste Knollen mit fleischigen Zehen, und zwar im Gartenhandel, nicht auf dem Markt oder im Lebensmittelgeschäft. Knoblauch, der zum Verzehr gedacht ist, wächst meist im Garten nicht gut an.

Anspruchslos in der Pflege

Knoblauch ist sehr einfach zu pflegen; er braucht lediglich in Trockenperioden viel Wasser. Unkraut

lässt sich leicht durch Hacken oder Mulchen mit Stroh beseitigen. Es ist wichtig, die Blüten abzuschneiden, sobald sie erscheinen, damit die Nährstoffe in die Zwiebeln fließen.

Ernten und lagern

Im Herbst gepflanzter Knoblauch wird im Mai oder Juni geerntet, während im Frühjahr gepflanzter im August oder September reif ist.

Nehmen Sie die Pflanzen aus der Erde, sobald die Blätter gelb und trocken sind. Testen Sie zunächst an einer einzelnen Knolle, ob sich die Zehen leicht teilen lassen; dann ist der richtige Zeitpunkt gekommen. Warten Sie ansonsten weitere 2 Wochen. Nach dem Ausgraben müssen die Pflanzen zugedeckt in der Sonne trocknen. Flechten Sie die Blätter anschließend und hängen Sie das Bündel an einen kühlen und trockenen Ort. Die Küche eignet sich nicht zur Aufbewahrung, da die feuchten Dämpfe die Knollen aufweichen würden.

Erträge verbessern

Lassen Sie bei der Ernte zwei oder drei Zwiebeln zum Überwintern im Boden, und graben Sie die Knollen aus, sobald sich grüne Schösslinge zeigen. Teilen Sie die Knollen und pflanzen Sie die Zehen an anderer Stelle im Garten ein. Da sie bereits eingewurzelt sind, werden sie schnell wachsen und einen besonders guten Ertrag bringen.

Gute Abwehrpflanze

Schützen Sie andere Pflanzen vor Schädlingsbefall und Krankheiten, indem Sie Knoblauch in ihre Nachbarschaft setzen. Er passt gut zu Erdbeeren, Gurken, Kartoffeln, Möhren, Roten Beeten, Salat und Tomaten. Ebenso werden Rosen in seiner Nähe widerstandsfähiger und duften besser. (Siehe auch *Nagetiere*)

Bewährtes Heilmittel

Knoblauch enthält ein schwefelhaltiges ätherisches Öl, das Allicin, das für seinen starken Geruch verantwortlich ist, darüber hinaus aber auch heilsame Wirkung bei unterschiedlichsten Beschwerden hat. So senkt es den Blutdruck, vermindert Arteriosklerose, behebt Verstopfung und trägt zur Linderung von Magen-Darm-Infekten bei. Frisch gepresst hilft Knoblauch bei Husten und Erkältungen. (Siehe auch *Heilpflanzen*)

Knochenmehl

Wirksames tierisches Düngemittel

Bei Knochenmehl handelt es sich um ein tierisches Düngemittel, das aus Schlachthausabfällen hergestellt wird und im Garten vielseitige Verwendung findet. Es setzt seine Nährstoffe langsam frei. U. a. enthält es reichlich Phosphat, das die Entwicklung der Wurzeln fördert, sowie Nitrat, das dem Blattwachstum zuträglich ist. Geben Sie beispielsweise eine Hand voll Knochenmehl in das Pflanzloch, bevor Sie einen jungen Baum setzen. Der Dünger wird über lange Zeit hinweg dafür sorgen, dass das Gewächs kräftig gedeiht.

Problemlos anzuwenden

Knochenmehl ist unkompliziert in der Anwendung und ungefährlich. Trotzdem sollte man bei der Arbeit vorsichtshalber stets Gummihandschuhe tragen und darauf achten, das Mehl nicht einzuatmen.

Verunsicherung durch BSE

Knochenmehl unterliegt strengen Kontrollen. Bei der Herstellung werden keine Kadaverabfälle verwertet und die verwendeten Knochen haben Lebensmittelqualität; man gebraucht sie u. a. auch zur Herstellung von Suppen. Daher kann man davon ausgehen, dass der Dünger nicht durch BSE verseucht ist.

Knollensellerie

Aussaat und Pflanzung

Knollensellerie (*Apium graveolens* var. *rapaceum*) ist kälteempfindlich. Nehmen Sie die Anzucht im Februar oder März in kleinen Töpfen mit Aussaaterde vor, die Sie auf die Fensterbank stellen. Ebenso lässt sich das Gemüse in Kistchen aussäen, die ins warme Frühbeet kommen. Bei etwa 15 °C werden die Samen nach 2 Wochen keimen. Pikieren Sie die jungen Pflanzen ein- oder zweimal; sie dürfen erst nach den Eisheiligen im Mai ins Freiland gesetzt werden, und zwar nicht zu tief, da sie sonst keine Knollen bilden. Jede Pflanze benötigt rund 40 cm Platz um sich herum. Nach 4–5 Monaten ist Knollensellerie erntefähig.

Kräftig düngen

An Plätzen in voller Sonne wird Knollensellerie besonders kräftig, doch häufig verträgt er auch lichten Schatten. Da er zu den stark zehrenden Gewächsen gehört, muss der Boden leicht feucht und nährstoffreich sein. Am besten wird er vor dem Pflanzen mit Kompost versorgt, beispielsweise mit Holzasche und verrottetem Schweinemist, die beide Kali enthalten, eine Substanz, die dem Gemüse sehr zuträglich ist.

Ernte und Lagerung

Ernten Sie die Knollen zwischen Oktober und November, bevor starke Fröste einsetzen, und trennen Sie die Blätter und Wurzeln ab. Bewahren Sie das Gemüse in Kisten mit feuchtem Sand auf.

Knöterich

Zahlreiche Arten

Es gibt rund 150 verschiedene Arten von Knöterichgewächsen (Polygonum). Ihren Namen verdanken sie den verdickten Stängelknoten am Blattansatz.

Hübscher Bodendecker

Als Bodendecker eignet sich vor allem der Scheckenknöterich (Polygonum affine), der zu einem dichten, 15–30 cm hohen Teppich wächst. Von Juni bis Oktober bildet er rosafarbene Blütenähren. Er mag feuchten Boden und Halbschatten.

Üppige Stauden

In Rabatten und an Teichrändern bildet die Staudenart Polygonum amplexicaule einen attraktiven Blickfang, etwa in Kombination mit Astern (Aster × frikartii) und Herbsteisenhut (Aconitum carmichaelii). Polygonum bistorta wuchert stark und passt deshalb in wilde Naturgärten.

Polygonum affine, der Schneckenknöterich, stammt aus Nepal. Die Sorte 'Superbum' wird bis zu 25 cm hoch und entwickelt rosarote Blütenähren.

Kohl

Saatzeiten

Bei Kohl unterscheidet man zwischen drei Hauptgruppen: dem Früh-, dem Sommer- sowie dem Herbst- und Winterkohl. Frühkohl wächst am schnellsten.

Frühkohl kultivieren

Säen Sie Frühkohl im Februar oder Anfang März in Handkisten, die Sie in ein Kleingewächshaus oder ein beheizbares Frühbeet stellen. Pikieren Sie die Sämlinge, sobald sie 3–5 Blätter entwickelt haben, in den Gemüsegarten. Tauchen Sie die Wurzeln vorab in Wasser; das schützt sie vor raschem Austrocknen. Pflanzen Sie die Sämlinge so tief ein, dass die beiden untersten Blätter bedeckt sind. An den Sprossen, die in der Erde stecken, bilden sich später neue Wurzeln, wodurch die Pflanzen kräftiger werden. Man erntet Frühkohl im Juni.

Vorgehensweise bei Sommerkohl

Im März oder im frühen April ist es an der Zeit, Sommerkohlsorten auszusäen, entweder in einen Kalten Kasten oder in ein vorbereitetes Saatbeet, über das man eine Plastikabdeckung zieht. Streuen Sie die Samen breitwürfig oder dünn in 1,5 cm tiefe Saatrillen, die Sie vorher in einem Abstand von jeweils 15 cm gezogen haben. Härten Sie die Jungpflanzen rechtzeitig ab. Im Mai kommen sie ins Freiland; dabei sollten ihre unteren Keimblätter wie beim Frühkohl mit Erde bedeckt sein. Sommerkohl wird zwischen Juli und September geschnitten.

Eine zweite Ernte

Schneiden Sie Früh- und Sommerkohl mit einem scharfen Messer an der Basis ab und ritzen Sie dann die Oberseite des Stumpfes 1 cm tief kreuzförmig ein. Danach werden sich noch einmal Köpfe entwickeln. Nach der zweiten Ernte zieht man die Stümpfe heraus, zerkleinert sie mit einem Hammer und wirft sie auf den Kompost.

Späte Sorten aussäen

Säen Sie Herbst- und Winterkohl im April in ein vorbereitetes Saatbeet; gehen Sie hier genau wie beim Sommerkohl vor. Pflanzen Sie die jungen Gewächse im Juni oder Juli aus; der Abstand zwischen den Setzlingen muss 50 cm betragen.

DIE RICHTIGE WAHL

Gemüse für jede Jahreszeit

Aufgrund der großen Anzahl von Sorten ist es möglich, von Juni bis Dezember frischen Kohl zu ernten. Beachten Sie unbedingt die Angaben zu den Aussaatzeiten auf den Samenpäckchen. Hier eine Auflistung empfehlenswerter Sorten Weiß- und Rotkohl sowie Wirsing.

Frühweißkohl	'Dithmarscher Frühstamm' 'Marner Allfrüh' 'Nostra HKZ' 'Ruhm von Enkhuizen'	**Mittelfrüher Rotkohl**	'Allrot' 'Expo'
		Spätrotkohl	'Dauerrot' 'Marner Lagerrot' 'Winterrot'
Mittelfrüher Weißkohl	'Braunschweiger' 'Minicole' 'September'		
		Frühwirsing	'Advent' 'Eisenkopf' 'Marner Frühkopf' 'Vorbote'
Spätweißkohl	'Amager' 'Dauerweiß' 'Marner Lagerweiß'		
		Spätwirsing	'Dauerwirsing' 'Marner Spezial' 'Winterfürst'
Frührotkohl	'Frührot' 'Marner Frührotkohl'		

Kühl lagern

Lagern Sie Winterkohl bei einer Temperatur nahe dem Gefrierpunkt und wählen Sie dafür einen Ort, an dem er nicht austrocknet, etwa eine Garage oder einen ungeheizten Schuppen. Legen Sie ihn am besten auf ein Holzregal oder eine Lage Stroh.

Farbakzente setzen

Bringen Sie mit dekorativen blaugrünen Kohlsorten oder mit Wirsing, der schöne geriffelte Blätter hat, Farbe in Ihren winterlichen Gemüsegarten. In der kalten Jahreszeit ist auch Zierkohl ein Kontrast zu anderen Pflanzen. Er bildet keine Köpfe; seine zarten jungen Blätter sind essbar.

Schädlinge bekämpfen

Kohlweißlinge sehen zwar hübsch aus, aber ihre Raupen richten enorme Schäden an Kohlpflanzen an, denn oft fressen sie die Blätter bis auf das Gerippe ab. Sammeln Sie Eier und Raupen ein, sobald Sie welche sehen, und halten Sie die Schmetterlinge fern, indem Sie Kräuter neben Ihren Kohl pflanzen, deren Geruch die Insekten nicht mögen. Dazu eignen sich Kamille (*Matricaria chamomilla*), Minze (*Mentha piperita*), Rosmarin (*Rosmarinus officinalis*), Salbei (*Salvia officinalis*) und Thymian (*Thymus vulgaris*). Ebenso ist es möglich, die Pflanzen mit Mull oder Gartenvlies zu bedecken. Biogärtner besprühen das Gemüse zur Abwehr von Kohlweißlingen mit Wermuttee oder Tomatenblätterbrühe und bestäuben es mit Algenkalk. (Siehe auch *Nützlinge, Raupen, Schädlinge und Krankheiten* S. 343)

Der Kohlhernie vorbeugen

Kohlhernie ist eine schwerwiegende Pilzkrankheit, die Wucherungen und Knoten an den Wurzeln des Kohls verursacht und bewirkt, dass seine Blätter verwelken. Zur Verhinderung einer Infektion ist es wichtig, darauf zu achten, dass der Boden eine gute Drainage und einen hohen Kalkgehalt aufweist. Der pH-Wert muss mindestens 7 betragen. Überprüfen Sie die Beschaffenheit des Bodens mit einem Bodenanalyse-Set aus dem Gartencenter und fügen Sie der Erde Kalk zu, falls sie zu sauer ist. Sorgen Sie durch Fruchtwechsel dafür, dass der Kohl nicht öfter als einmal in 4 Jahren auf derselben Fläche angebaut wird. Beseitigen Sie außerdem alle Unkräuter aus der Familie der Kreuzblütler, denn sie sind anfällig gegen Kohlhernie. Dazu gehören u. a. Levkojen (*Matthiola incana*) und Schöterich (*Erysimum*). (Siehe auch *Bodenanalyse, Saure Böden, Schädlinge und Krankheiten* S. 347 und 363)

Wirsing anbauen

Für Wirsing gelten ähnliche Anbaudaten wie für Weiß- und Rotkohl. Die Vorgehensweise bei der Aussaat ist gleich. Die Jungpflanzen werden ausgesetzt, sobald sie 6 Wochen alt sind, und zwar im Abstand von jeweils 40–45 cm zueinander. Frühwirsing wächst schneller als die frühen Sorten der beiden anderen oben genannten Kohlarten. Dagegen brauchen fast alle Spätkohlarten gleich lange, bis sie schnittfähig sind.

Sämlinge von Chinakohl entspitzen

Bei Chinakohl empfehlen sich schnell wachsende Sorten. Entspitzen Sie die Sämlinge nach etwa 4 Wochen, indem Sie die Blätter 2–3 cm über der Erde abschneiden. Die Sprosse wachsen wieder nach. Halten Sie die Blätter mit Gummibändern zusammen, weil sich dann zarte weiße Herzen entwickeln.

Siehe auch *Gemüsegärten*

Kohlrüben

Geeigneter Boden

Bauen Sie Kohlrüben auf einem Boden an, den Sie im Vorjahr bereits für andere Feldfrüchte gedüngt haben. In frisch gedüngter Erde können die Rüben nämlich aufspringen und nehmen dann einen erdigen Geschmack an.

Aussaat und Aufzucht

Säen Sie Kohlrübensamen im Verlauf des Frühlings direkt ins Freiland, und zwar in 1,5–2,5 cm tiefe Saatrillen. Pikieren Sie die heranwachsenden Sämlinge; die einzelnen Pflanzen brauchen schließlich einen Mindestabstand von 25 cm zueinander, da sie sehr viel Laub hervorbringen.

Keine Frostschäden

In der Regel werden Kohlrüben im Winter verzehrt, doch sind sie im Herbst viel zarter, solange sie noch die Größe eines Tennisballs haben. Während der kalten Jahreszeit nehmen sie keinen Schaden im Boden, sodass

man sie getrost dort lassen kann. Allerdings ist es schwer, sie aus gefrorener Erde zu heben. Eine Mulchschicht aus Stroh, Farnkraut oder Zeitungspapier bewahrt den Boden vor Frost.

Kompost

Unverzichtbarer Humusdünger

Gartenkompost zählt zu den wichtigsten Humusdüngern. Er entsteht durch Zersetzung von organischem Material wie Pflanzenabfällen, Rasenschnitt und rohen Gemüseresten aus der Küche. Dabei handelt es sich nicht um einen Fäulnisprozess. Als Ergebnis der so genannten Rotte erhält man eine angenehm riechende krümelige Erde, die sich vielseitig verwerten lässt.

Die richtige Stelle aussuchen

Überlegen Sie gut, wo Sie Ihren Kompost platzieren möchten. Er muss vor starken Witterungseinflüssen geschützt und leicht mit einer Schubkarre erreichbar sein. Andererseits möchte man ihn nicht ständig im Blick haben. In großen Gärten findet sich rasch eine Lösung; hier lässt sich der Haufen beispielsweise zwischen Hecken verstecken. In kleinen Gärten empfiehlt es sich, hübsche Pflanzen als Sichtschutz um einen Kompost herum zu ziehen, beispielsweise hohe Sonnenblumen (*Helianthus*) oder Strauchmalven (*Lavatera*) oder Kletterpflanzen wie Kapuzinerkresse (*Tropaeolum*), Wicken (*Lathyrus latifolius*) und Winden (*Convolvulus*), die an Spalieren emporwachsen.

Einen Silo kaufen

Ein Kompostbehälter hat gegenüber einer selbst aufgebauten so genannten Kompostmiete den Vorteil, dass der Stellplatz immer aufgeräumt ist. Im Handel sind unterschiedlichste Silos mit belüfteten Wänden, einer Entnahmeklappe und einem dichten Deckel erhältlich. Im Sommer produzieren solche Modelle innerhalb von 3–4 Monaten Dünger; im Winter dauert die Rotte 6–8 Monate.

Zwei Behälter aufstellen

Soweit Ihnen ausreichend Platz zur Verfügung steht, sollten Sie möglichst zwei Kompostbehälter aufstellen. Auf diese Weise reift der eine Kompost, während Sie den anderen auffüllen, und Sie haben stets ausreichend Humus. Ein Fassungsvermögen von 1 m³ pro Silo reicht bei einem Garten durchschnittlicher Größe aus.

Eigenkonstruktion

Ein doppelter Kompostbehälter lässt sich einfach auch aus Abfallmaterial bauen. Treiben Sie zunächst in zwei Reihen hintereinander je drei 1,2 m hohe Zaunpfähle im Abstand von je 1 m rund 30 cm tief in den Boden. Streichen Sie unbehandelte Pfähle vorab mit einem umweltfreundlichen Holzschutzmittel. Nageln Sie nun seitlich, hinten und in der Mitte alte Bretter an die Pfähle, z. B. von Paletten oder aus alten Dielen. Benutzen Sie dazu galvanisierte Nägel. Streichen Sie auch die Bretter mit dem Holzschutzmittel. Schließlich nageln Sie an die vorderen Pfähle drei Pfähle mit Nut, sodass sich die Stirnbretter lose einlegen und wieder herausnehmen lassen. So können Sie jederzeit mühelos Kompost entnehmen.

Aufbau des Komposthaufens

Die Grundlage Ihres Komposthaufens sollte eine rund 25 cm dicke Schicht mit gröberen Gartenabfällen wie gehäckselten Ästen bilden, die gewässert werden müssen, falls sie zu trocken sind. Geben Sie eine 5 cm hohe Lage Erde darüber. Bauen Sie den Kompost danach schichtweise mit verschiedenen Materialien weiter auf, bis der Silo voll ist. Streuen Sie pro Kubikmeter Masse 1–3 kg Kalk darüber und legen Sie einen Deckel oder einen alten Teppich über den Behälter, damit der Kompost warm bleibt.

Geeignete Materialien

Alle gesunden organischen Materialien dürfen auf den Kompost. Da sich manche Stoffe schneller zersetzen als andere, muss man bestimmte Regeln beachten. Gröbere pflanzliche Abfälle wie Hecken- und Baumschnitt sollte man möglichst erst häckseln und mit feinem Material wie Rasenschnitt und weichen Gemüseabfällen mischen, bevor man sie auf den Haufen wirft. Als grob gelten u. a. auch Bohnen-, Erbsen- und Gurkenkraut, Kohlblätter und -strünke, Rosenschnitt, alle Stängel, Rinde und Stroh.

Separater Laubkompost

Blätter gehören in einen zugedeckten Silo aus Maschendraht, in dem sie sich separat zu leicht saurem Laubkompost zersetzen können, der speziell das Wachstum von Rhododendren, Azaleen und Obststräuchern wie Brombeeren und Himbeeren fördert. (Siehe auch *Fallaub*)

Rasenschnitt immer mischen

Geben Sie Rasenschnitt nie als einzelne Lage auf den Komposthaufen. Er bekommt so nicht ausreichend Luft und verklumpt zu einer schleimigen Masse. Mischen Sie ihn wie beschrieben mit gröberen Abfällen.

Genügend Feuchtigkeit ist wichtig

Sollten sich Ameisen in Ihrem Kompost tummeln, so ist das meist ein Anzeichen von Trockenheit. Die Masse verrottet dann nicht richtig. Wässern Sie deshalb jede neue Schicht mit einer Gießkanne oder mit dem Gartenschlauch.

Für gute Belüftung sorgen

Bohren Sie mit einem alten Besenstiel oder Metallstab Belüftungslöcher in Ihren Kompost, sobald Sie ihn komplett aufgehäuft haben. Achten Sie darauf, dass Sie dabei bis zum Boden des Haufens vordringen.

Alternative für Küchenabfälle

Wer nicht genug Material für einen Komposthaufen zusammenbekommt, aber regelmäßig kleine Mengen Küchenabfälle entsorgt, sollte in Betracht ziehen, einen Wurmkomposter aufzustellen. Damit lässt sich sehr fruchtbarer Dünger erzeugen. Die kleinen Mistwürmer (*Eisenia foetida*), die man der Rotte zusetzt, gibt es in allen Geschäften, die Nützlinge verkaufen. (Siehe auch *Nützlinge*)

Einen Wurmkomposter anfertigen

Besorgen Sie sich eine Kunststoffmülltonne mit Deckel und einem Fassungsvermögen von 20–50 l sowie einen Plastikuntersetzer für das Gefäß. Zunächst erhitzen Sie einen Metallspieß mit hitzebeständigem Griff und bohren damit unten ringsum zwei Reihen Löcher in die Tonne, die erste in 7–8 cm Höhe über dem Boden, die zweite in 15 cm Höhe. Geben Sie nun eine

Schicht Kies auf den Grund des Behälters und streuen Sie eine 7–8 cm hohe Lage gut verrotteten Gartenkompost oder Mist darauf. Jetzt füllen Sie Wasser auf, bis es durch die Abzugslöcher aussickert. Warten Sie 2 Wochen und werfen

Sie dann einige Küchenabfälle wie Gemüse- und Obstschalen, Kaffeesatz und Teebeutel in die Tonne. Pro 10 l Inhalt brauchen Sie etwa 500 Würmer. Geben Sie eine entsprechende Anzahl von Tieren auf die Schicht und bedecken Sie die Lage dünn mit Kompost oder Mist. Warten Sie, bis die Würmer die Schicht teilweise zersetzt haben, bevor Sie nach demselben Muster weiteren Abfall zufügen.

Vor Frost bewahren

Bei milder Witterung ist ein Wurmkomposter auf der Terrasse gut aufgehoben. Über Winter muss man die Tonne an einen geschützten warmen Ort stellen, da die Würmer keinen Frost vertragen.

Würmer vom Humus trennen

In der Regel lässt sich der Dünger aus einem Wurmkomposter nach 3 Monaten verwenden. Zuvor müssen die Würmer vom Humus getrennt werden. Dazu schaufelt man die verrottete Masse auf eine Seite der Tonne und fügt nur noch auf der anderen neues Material zu. Nach einigen Tagen werden die Würmer vollständig in das „frische Futter" abgewandert sein.

Keine Zweckentfremdung

Beachten Sie, dass sich Kompost nicht zur Aussaat von Samen und auch nicht für Topfpflanzen eignet. Dafür nimmt man Aussaaterde bzw. Kultursubstrat. (Siehe auch *Kultursubstrat*)

Koniferen

Mit Bedacht auswählen

Sehen Sie sich eine Konifere vor dem Kauf von allen Seiten genau an. Der Baum sollte einen ausgeglichenen Wuchs aufweisen, d. h. über einen geraden Stamm sowie symmetrisch gewachsene Zweige verfügen. Eine größere Menge abgefallener Nadeln an der Basis deutet darauf hin, dass die Pflanze nicht gesund ist oder ihre Wurzeln durch Austrocknung stark geschädigt wurden.

Kräftiger Stamm erforderlich

Für ein gutes Wachstum benötigt eine Konifere eine kräftige Hauptachse. Bricht der Hauptspross ab, so lässt sich der nächste junge Trieb an seiner Stelle ziehen. Nötigenfalls bindet man ihn dazu an einen stützenden Pflock. Entwickelt ein Baum zwei Hauptsprosse, muss man den schwächeren entfernen.

Pflanzzeiten

Koniferen gibt es im Handel als Ballen- oder Containerware. Ballenware sollte man in einen warmen Boden setzen, also entweder im September oder im April pflanzen. Containerware darf jederzeit gepflanzt werden. Achten Sie darauf, dass Sie die Wurzelballen nicht beschädigen.

Sinnvoll kombiniert, bilden verschiedene niedrige und hohe Koniferen einen harmonischen Anblick.

Blütenranken in dunklen Ästen

Bisweilen wirkt eine hohe Konifere im Sommer etwas düster. Verhelfen Sie einem solchen Baum zu einem freundlicheren Aussehen, indem Sie eine hübsch blühende Kletterpflanze auf seine Sonnenseite setzen, etwa eine Heckenkirsche *(Lonicera)* oder eine Waldrebe *(Clematis montana* oder *C. tangutica)*. (Siehe auch *Kletterpflanzen*)

Schöner Farbwechsel

Wählen Sie möglichst Koniferen, deren Grün sich nach dem Ende des Sommers verfärbt, beispielsweise Lebensbäume *(Thuja orientalis* 'Rosedalis')*; ihr Laub wird im Winter zunächst purpurn und im Frühling dann gelb. Eine andere Möglichkeit sind Sicheltannen *(Cryptomeria japonica* 'Elegans')*, deren Nadeln sich im Winter purpur oder bronzerot verfärben.

Blickfang an Steilhängen

Schlanke Koniferen bilden an steilen Hängen einen attraktiven Blickfang. Es empfiehlt sich, die Gewächse auf Terrassen zu pflanzen, die herabströmendes Wasser zurückhalten (Siehe auch *Hanglagen*)

Siehe auch *Baumformen* S. 20–23, *Schnee*, *Zwergpflanzen*

Koriander

Unterschiedliche Verwendung der Sorten

Blattkoriander pflanzt man wegen seiner aromatischen Blätter an, die als Zutat zu Salaten und asiatischen Gerichten dienen. Es handelt sich dabei um die Sorte 'Cilantro'. Bei den Sorten 'Jantar' und 'Thüringer' erntet man dagegen die Samen und verwendet sie in gemahlener Form als Gewürz für Currys und Schweinefleischgerichte. Saatgut für Koriander *(Coriandrum sativum)* ist in Gartencentern und bei speziellen Versandgärtnereien erhältlich.

In Reichweite

Stellen Sie einen Topf oder Kübel mit 'Cilantro'-Koriander auf eine Fensterbank, die Terrasse oder den Balkon und ernten Sie die Blätter nach Bedarf. Korianderblätter lassen sich schlecht trocknen, aber man kann sie fein gehackt in kleinen Mengen einfrieren.

Samen ernten

Ernten Sie Koriandersamen, solange sie noch unreif, aber schon rundlich sind und von der Pflanze noch nicht ausgestreut werden. Eine andere Möglichkeit besteht darin, die Kräuter vor der Samenreife vorsichtig aus dem Topf zu ziehen und sie umgedreht an einem schattigen und kühlen Ort

GESCHICHTE IN KÜRZE

Beliebt bei Ärzten und Gourmets

Koriander stammt vermutlich aus der östlichen Mittelmeerregion, wird aber seit alters auch in vielen anderen Kulturen geschätzt. Bei den Chinesen galt das Kraut lange Zeit als Mittel für ein langes Leben. Auch der griechische Arzt Hippokrates, der etwa von 460–377 v. Chr. lebte, war sehr angetan von den heilenden Eigenschaften der Pflanze. In Arabien waren die fein gemahlenen Samen und die grünen Blätter wichtige Bestandteile von *makhfiya*, einer Art Kebab, für das der Feinschmecker Muhammad ibn al-Hasan ibn Muhammad ibn al-Karim al-Katib al-Baghdadi im 13. Jh. ein Rezept kreierte. Durch die Römer gelangte Koriander nach Deutschland. Bis zum 16. Jh. wurde er hier häufig als Küchenkraut verwendet und war so beliebt wie Petersilie. Die Samen dienten dazu, alkoholische Getränke zu aromatisieren und den Geschmack unangenehmer Arzneien zu mildern. Außerdem stellte man mit ihnen ein mit Zucker überzogenes Konfekt her, das es noch vor 100 Jahren zu kaufen gab.

über einem Stück Zeitung aufzuhängen. Sobald die Samen reifen, fallen sie auf das Papier und können problemlos eingesammelt werden. Man bewahrt sie dann in einem luftdichten dunklen Glasgefäß auf.

An die nächste Aussaat denken
Behalten Sie immer genügend Koriandersamen für die Aussaat im nächsten Jahr zurück. Solange man sie an einer schattigen und trockenen Stelle aufbewahrt, bleiben sie bis zu 6 Jahre lang lebensfähig.

Kräuter

Von der Sonne verwöhnen lassen
Viele aromatische Kräuter wie Lavendel (*Lavandula angustifolia*), Rosmarin (*Rosmarinus officinalis*) und Salbei (*Salvia officinalis*) stammen aus dem Mittelmeerraum. Deshalb brauchen sie unbedingt viel Sonnenschein. Licht und Wärme fördern die Produktion von ätherischen Ölen, die den Pflanzen ihr charakteristisches Aroma verleihen. Leichter und durchlässiger Boden, der vor dem Pflanzen kompostiert wird, bewahrt die Wurzeln vor Staunässe und Fäule im Winter.

Vorsicht beim Düngen
Da die meisten Gewürzpflanzen ursprünglich aus heißen Regionen stammen, haben sie eher geringe Ansprüche an den Boden und brauchen nicht viel Dünger. Zu viel Stickstoff führt dazu, dass sich große Mengen an Blättern entwickeln, deren Geschmacksqualität dann zu wünschen übrig lässt.

Verschiedene Arten
In Kräutergärten unterscheidet man zwischen ein- und zweijährigen Arten sowie ausdauernden Stauden. Kurzlebige Pflanzen, darunter Borretsch (*Borago officinalis*), Dill (*Anethum graveolens*), Kapuzinerkresse (*Tropaeolum*), Majoran (*Majorana hortensis*) und Portulak (*Portulaca oleracea*) werden jedes Jahr neu ausgesät. Dagegen bleiben langlebige Kräuter, etwa Estragon (*Artemisia dracunculus*), Lavendel und Pfefferminze (*Mentha piperita*) über mehrere Jahre hinweg am selben Platz stehen.

Wurzeln eingrenzen
Kräuter, deren Wurzeln Ausläufer bilden, darunter Minze (*Mentha spicata*) oder Zitronenmelisse (*Melissa officinalis*), überwuchern den ganzen Garten, wenn man ihnen nicht rechtzeitig Einhalt gebietet. Am besten pflanzt man sie von vornherein in Terrakottatöpfe oder Tröge. Minze gedeiht beispielsweise auch in einer alten Waschschüssel aus Metall, denn ihre Wurzeln benötigen nicht mehr als 15 cm tiefe Erde. (Siehe auch *Kübelpflanzen, Pflanzgefäße*)

Basilikum entspitzen
Sorgen Sie dafür, dass Ihre Basilikumpflanzen buschig wachsen, indem Sie die Triebe ein- oder zweimal entspitzen. Das gilt für das dunkelgrüne Großblättrige (*Ocimum basilicum*) genauso wie das hellere Kleinblättrige Basilikum (*Ocimum basilicum* var. *minimum*). Entfernen Sie alle Blüten, da sie zur Bildung viele Nährstoffe verbrauchen, was wiederum die Blattentwicklung hemmt.

Attraktives Kräuterrad
Ein altes Wagenrad, das man mit einem umweltfreundlichen Holzschutzmittel behandelt und auf ein Beet legt, gibt eine hübsche Einfassung für Küchen-, Duft- oder Heilkräuter ab. In die Räume zwischen den Speichen pflanzt man jeweils eine Kräuterart, z. B. Oregano (*Origanum vulgare*), Petersilie (*Petroselinum crispum*), Schnittlauch (*Allium schoenoprasum*), Thymian (*Thymus vulgaris*) und Winterbohnenkraut (*Satureja hortensis*). Gerade für kleine Pflanzbereiche ist solch ein Küchengärtchen eine originelle Lösung.

Aromatischer Duft
Pflanzen Sie Salbei an den Rand einer Rabatte, sodass beim Rasenmähen jedes Mal einige Blätter erfasst werden. Genießen Sie anschließend den aromatischen Duft, der Ihren Garten durchzieht.

Schützender Wall
Eine Hecke aus Buchsbaum (*Buxus*), Lavendel oder Ysop (*Hyssopus officinalis*) schützt Kräuter vor Winterkälte. Hochwüchsige Gewürzpflanzen wie Liebstöckel (*Levisticum officinale*) brauchen außerdem Stützen, damit sie bei starkem Wind nicht umknicken.

Gewürzsamen einsammeln
Legen Sie sich einen Gewürzvorrat an. Sammeln Sie dazu die Samen von Dill, Fenchel (*Foeniculum vulgare*), Koriander (*Coriandrum sativum*) und Liebstöckel ein, sobald die Fruchtstände braun werden. Biegen Sie dazu die Pflanzen sanft nach unten und schütteln Sie die Samen in eine Papiertüte. Anschließend müssen sie in luftdichten Gefäßen an einem kühlen Ort ohne direktes Sonnenlicht aufbewahrt werden.

Vermehrung und Rückschnitt
Im Frühherbst vermehrt man winterharte mehrjährige Kräuter wie Estragon, Lavendel und Melisse, indem man sie aus der Erde nimmt und teilt. Dann kürzt man ihre Stängel sowie eventuell auch die Wurzeln ein und verpflanzt die neuen Stücke. Verhindern Sie Frostschäden an strauchartigen Kräutern, etwa Lavendel und Thymian, indem Sie neue Triebe zurückschneiden.

Pflege in der Küche
Topfen Sie Majoran, Minze, Petersilie, Schnittlauch und Thymian ein, bevor es draußen kalt wird. Diese Gewürze sind im Winter auf einer südlichen oder westlichen Küchenfensterbank gut aufgehoben und versorgen Sie dann weiter mit frischem Grün. Den meisten anderen Kräutern fällt es schwer, sich den Temperatur- und Feuchtigkeitsschwankungen in der Küche anzupassen. Achten Sie aber auch bei den unempfindlicheren Arten darauf, dass die durchschnittliche Raumtemperatur bei 15 °C liegt, und schützen Sie die Töpfe vor Zugluft.

Geeignete Trockenmethoden
Beim Trocknen von Kräutern haben sich zwei Methoden bewährt. Entweder bindet man sie zu Sträußchen, die man aufhängt, oder man breitet sie auf so genannten Trockentabletts aus. Stellen Sie selbst solch ein Tablett her, indem Sie Mull oder feinen Maschendraht mit verzinkten Nägeln auf einem Holzrahmen befestigen. Legen Sie Ihre Kräuter auf die Bespannung und stellen Sie das Tablett an einen warmen und ausreichend belüfteten Ort. Gut trocknen lassen sich u. a. Liebstöckel, Lorbeerblätter (*Laurus nobilis*), Majoran, Rosmarin, Salbei und Thymian. Sobald die Blätter beim Zerreiben bröseln, darf man sie zur Aufbewahrung verpacken.

Einfrieren
Kräuter, die sich nicht zum Trocknen eignen, etwa Dill, Kerbel, Koriander und Petersilie, sollte man einfrieren. Dabei bleiben Farbe und Duft der Pflanzen erhalten. Man gibt wahlweise ganze Blätter in Gefrierbeutel oder füllt Portionen mit fein gehacktem Grün und etwas Wasser in Eiswürfelbehälter.

AROMATISCHE KRÄUTER UND GEWÜRZKRÄUTER

Seit Jahrtausenden werden Kräuter kultiviert, vor allem wegen ihrer kulinarischen und medizinischen Eigenschaften. Viele von ihnen sind darüber hinaus auch eine hübsche Zierde für den Garten.

Der richtige Platz

Kräuter sind so anpassungsfähig, dass sie auf vielerlei Weise kultiviert werden können – die meisten bevorzugen jedoch sonnige Plätze. In einem traditionellen Kräutergarten gedeihen sie ebenso gut wie in einem Blumenbeet, wo die kühleren Farbtöne ihrer Blätter einen schönen Kontrast zu den leuchtend bunten Blumen bilden. Auf dem Balkon oder der Terrasse können Sie Kräuter auch in Töpfen, Kübeln, Blumenkästen oder Blumenampeln anpflanzen. Es ist keine besonders fruchtbare Erde oder ein spezieller Kompost erforderlich, das Substrat muss nur wasserdurchlässig und einigermaßen nährstoffreich sein. Am besten platzieren Sie Ihren Kräutergarten nicht weit von der Küchentür, um die Kräuter bequem ernten zu können.

Den Kräutergarten planen

Skizzieren Sie Ihre Vorstellung, bevor Sie ein Kräuterbeet anlegen, um die unterschiedlichen Blätterformen und -farben optimal aufeinander abzustimmen.

Beim Pflanzen beachten

Hochwüchsige Kräuter wie Dill und Fenchel sollten Sie in die hinteren Reihen pflanzen, kleinere wie Majoran, Petersilie, Schnittlauch und Thymian pflanzen Sie davor.

Die Ernte erleichtern

Pflanzen Sie Ihre Kräuter so, dass man sie bequem ernten kann. In einem Zierbeet sind Trittplatten praktisch und dekorativ zugleich. Eine weitere attraktive Möglichkeit besteht darin, das Beet im Schachbrettmuster anzulegen, wobei die gepflanzten Kräuter die „schwarzen" Felder und die Platten oder Kies die „weißen" Felder bilden. Bei wenig Fläche können Sie die Trittplatten kreuzförmig auslegen und die Quadrate zwischen den Armen des Kreuzes bepflanzen. Eine hübsche Alternative ist ein Wagenradmuster, bei dem die Platten die „Speichen" des Rades bilden.

❶ Süßdolde *(Myrrhis odorata)*

Mehrjährige Pflanze, die angenehm nach Anis duftet. Pflanzen Sie Süßdolde im Schatten und ernten Sie die Blätter den ganzen Frühling und Sommer hindurch. Regelmäßiges Gießen sorgt dafür, dass die Blätter zart bleiben.

Die kulinarischen Eigenschaften ähneln denen von Kerbel. Frieren Sie die Blätter auf Vorrat ein.

❷ Kerbel *(Anthriscus cerefolium)*

Winterharte, leicht zu kultivierende, mehrjährige Pflanze. Sät sich leicht aus, wenn man einige Pflanzen Samen bilden lässt. Pflanzen Sie Kerbel im Schatten und ernten Sie die jungen Blätter 6–8 Wochen nach der Aussaat.

Man benutzt die frischen Blätter und hackt sie kurz vor dem Servieren klein. Sie verfeinern Salate, Suppen und Grillfisch oder -fleisch. Frieren Sie die Blätter auf Vorrat ein.

❸ Schnittsellerie *(Apium graveolens)*

Winterharte zweijährige Pflanze; beliebt wegen ihrer petersilienähnlichen, nach Sellerie schmeckenden Blätter. Wird wie Petersilie angepflanzt. Braucht nährstoffreichen Boden und viel Sonne und muss häufig gegossen werden.

Schneiden Sie die Blätter ab und verfeinern Sie damit Salate und Suppen.

❹ Liebstöckel, Maggikraut *(Levisticum officinale)*

Winterharte, staudenartige mehrjährige Pflanze, die einer großen Selleriepflanze ähnelt. Wächst am besten in nährstoffreichem Boden an einem sonnigen oder halbschattigen Standort.

Hacken Sie die Blätter und würzen Sie damit Salate und Suppen. Das Kraut gibt einen wunderbaren Selleriegeschmack.

❺ Minze *(Mentha)*

Eine mehrjährige Pflanze, die ihre Blätter im Winter verliert. Die vielen verschiedenen Arten wachsen alle gut an einem kühlen, schattigen Platz oder in feuchtem Boden in der Sonne.

Mit Minzeblättern verfeinert man Salate, Vorspeisen, bestimmte Saucen, gegrilltes Lammfleisch, Himbeeren und Obstsalate. Aus der Zitronenminze *Mentha × piperita citrata* lässt sich ein fruchtig aromatischer Tee zubereiten.

❻ Sauerampfer *(Rumex acetosa)*

Mehrjährig; sehr lange Ernteperiode im Spätfrühling. Wächst am besten im Halbschatten auf wasserdurchlässigem, nährstoffreichem Boden. Verwenden Sie nur die jungen Blätter, die zarter und milder im Geschmack sind.

Sauerampfer verleiht Suppen, Saucen und Omelettes eine angenehme Säure. Man kann die Blätter auch wie Spinat gekocht oder püriert zu Fleisch- und Fischgerichten servieren.

❼ Schnittlauch *(Allium schoenoprasum)*

Mehrjährige Pflanze mit rosa Blütenköpfen. In guter, nährstoffreicher Erde, an einem sonnigen Standort oder im Halbschatten wächst Schnittlauch von März bis Oktober reichlich nach.

Die gehackten Blätter verleihen Salaten, Suppen, Omelettes und Käse- sowie Kartoffelgerichten ein feines Zwiebelaroma.

❽ Zitronenmelisse *(Melissa officinalis)*

Mehrjährige Pflanze, die ihre Blätter im Winter verliert. Gedeiht optimal im Halbschatten auf wasserdurchlässigem Boden. Da sich die Pflanze durch ihre Samen sehr schnell ausbreitet, müssen Sie sie regelmäßig kontrollieren.

Sie können Blätter und junge Triebe den ganzen Sommer über ernten. Das Zitronenaroma würzt Suppen und Marinaden, allerdings sollte man bei der Dosierung eher sparsam sein. Zitronenmelisse kann man auch als Zitronenschalenersatz für Kuchen und Obstgerichte nehmen, des Weiteren zur Zubereitung kalter Erfrischungsgetränke.

❾ Französischer Estragon *(Artemisia dracunculus)*

Winterharte mehrjährige Pflanze, die einen leichten Boden braucht und sonnige Standorte bevorzugt. Ernten Sie die Blätter frisch von Mitte Juni bis Ende September.

Hacken Sie die Blätter und verwenden Sie sie für Salate oder zum Würzen von Hähnchen und hellem Fleisch. Das bittersüße Aroma von Estragon macht sich auch in Kräuteressig gut.

❿ Petersilie *(Petroselinum crispum)*

Zweijährige Pflanze; liebt kühle, halbschattige Standorte oder ein Plätzchen in der Sonne auf nährstoffreichem Boden. Säen Sie Petersilie jedes Jahr im Frühling neu aus.

Ernten Sie die jungen Blätter. Frisch und fein gehackt verleihen sie Salaten, Vorspeisen, gegrilltem Fleisch, Füllungen und Butter ein besonderes, mild-würziges Aroma. Petersilie wird auch in Kräuterzusammenstellungen wie Bouquet garni und Fines Herbes verwendet. Gekochten Gerichten fügt man sie am Ende der Garzeit zu, damit ihr Aroma erhalten bleibt.

⓫ Meerrettich *(Armoracia rusticana)*

Winterharte, mehrjährige Pflanze, die sich schnell ausbreitet. In fruchtbare Erde gepflanzt, wächst er jahrelang am selben Platz. Ernten Sie die Wurzeln im Herbst und Winter.

Gerieben ergibt Meerrettich ein scharfes und pikantes Gewürz. Eine Sauce aus geriebenem Meerrettich können Sie als Ersatz für Senf verwenden. Die jungen Blätter schmecken bitter.

⓬ Schalotte *(Allium cepa Aggregatum Gruppe)*

Obwohl Schalotten eindeutig zum Gemüse zählen, sind sie seit je im Kräutergarten zu finden. Pflanzen Sie die Zwiebeln in leichten Boden an einen kühlen Standort. Schalotten werden im Sommer geerntet, wenn die Blätter sich gelb verfärben; man lässt die Zwiebeln trocknen. So sind sie mehrere Monate haltbar.

Fein gehackte, rohe Schalotten verwendet man für Salate; gekocht oder angebraten eignen sie sich für Saucen zu Fleisch und Wild. Außerdem sind Schalotten ideal zum Einlegen.

❶ Spanischer Pfeffer, Peperoni *(Capsicum annuum)*

 Einjährig; gedeiht zuverlässig nur im Gewächshaus. Gießen Sie regelmäßig und ernten Sie die Früchte, sobald sie reifen.

Spanischer Pfeffer wird frisch oder gekocht zum Würzen von mediterranen, südamerikanischen, karibischen und orientalischen Speisen verwendet.

❷ Bohnenkraut und Bergbohnenkraut *(Satureja hortensis* und *Satureja montana)*

Bohnenkraut ist einjährig und vermehrt sich durch Selbstaussaat; Bergbohnenkraut mehrjährig und winterhart. Beide brauchen Sonne und leichten Boden.

Die Blätter beider Arten schmecken leicht bitter bis pfeffrig. Man verwendet sie zum Würzen von Hülsenfrüchten, insbesondere grünen Bohnen, und Fleisch. Fügen Sie Bohnenkraut erst gegen Ende der Garzeit zu.

❸ Zitronenverbene, Zitronenstrauch *(Aloysia triphylla)*

Kleiner, frostempfindlicher, mehrjähriger Strauch; man zieht ihn unter Glas in Töpfen. Kontrollieren Sie die Pflanze bei warmem Wetter regelmäßig; sie trocknet leicht aus und braucht viel Wasser.

Man verwendet die nach Zitrone duftenden Blätter als Ersatz für Zitronengras *(Cymbopogon citratus)* zum Würzen orientalischer Speisen oder zur Zubereitung von Tee.

❹ Dill *(Anethum graveolens)*

Winterharte, einjährige Pflanze, die dem Fenchel ähnelt. Säen Sie die Samen im April an einen sonnigen Platz aus und pflücken Sie die Blätter nach Bedarf. Ernten Sie im Sommer die Samen und verwenden Sie sie, wenn Sie keine frischen Blätter mehr vorrätig haben.

Die Blätter werden verwendet, um Suppen, Bohnen, Kartoffeln, Geflügel und Fisch zu würzen. Kräftiger als die Blätter schmecken die trockenen Samen, die sich hervorragend für Essigmarinaden und Saucen eignen.

❺ Ysop *(Hyssopus officinalis)*

Kleiner, winterharter, immergrüner Strauch mit hübschen blauen, rosa oder weißen Blüten. Pflanzen Sie ihn an einen sonnigen Platz und ernten Sie die Blätter ab Frühsommer.

Die Blätter schmecken nach Minze und sind leicht bitter. Man verwendet sie sparsam zum Würzen von Salaten, Gemüse, weißem Fleisch, Fisch und Obstsalaten.

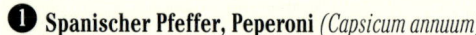

❻ Rosmarin *(Rosmarinus officinalis)*

 Nicht winterharter, immergrüner Strauch, der einen sonnigen Standort benötigt; nur in milden Gegenden ist er an einem geschützten Ort im Freien kultivierbar. Man erntet die beblätterten Triebe das ganze Jahr hindurch.

Die Blätter werden frisch oder getrocknet zum Würzen vieler Fleisch- und Gemüsegerichte verwendet.

❼ Majoran *(Origanum majorana,* auch *Majorana hortensis)*

Mehrjährige Pflanze, die aber in der Regel einjährig angebaut wird. Sie gedeiht auf fruchtbarem Boden in der Sonne. Die Blätter haben ein pfeffriges, mentholartiges Aroma.

Man verwendet die gehackten Blätter für Salate, Suppen, Eintöpfe, Käsegerichte und Füllungen sowie zum Marinieren von Fleisch, Wild und Geflügel.

❽ Oregano *(Origanum vulgare)*

Winterhart und mehrjährig; wird wie Majoran behandelt und verwendet.

❾ Basilikum *(Ocimum basilicum)*

Nicht frostharte, einjährige Pflanze. Säen Sie Basilikum im März unter Glas und pflanzen Sie es im Mai an einen sonnigen Standort. Gießen Sie die Pflanze regelmäßig und ernten Sie die Blätter nach Bedarf.

Basilikum wird nicht mitgekocht, sondern unmittelbar vor dem Servieren an die Speisen gegeben. Sein nelkenähnliches Aroma verleiht Salaten, Omelettes, Tomaten- und Fischgerichten eine intensive Würze.

❿ Salbei *(Salvia officinalis)*

Winterharter, immergrüner Strauch, der einen trockenen und sonnigen Standort bevorzugt.

Die Blätter können ganzjährig geerntet werden; man verwendet sie zum Würzen von fettem Fleisch (Schweinefleisch) und weißem Fleisch (Hähnchen, Kalbfleisch). Das ausgeprägte, leicht bittere Aroma von Salbei verbindet sich harmonisch mit diesen Fleischsorten und unterstreicht ihren Geschmack.

⓫ Fenchel *(Foeniculum vulgare)*

Winterhart, mehrjährig; wächst am besten an einem warmen, sonnigen Platz. Entfernen Sie die Blüten, wenn Sie keine Samen brauchen.

Die Blätter werden wegen ihres milden Anisgeschmacks für Salate, Saucen und Fischgerichte verwendet. Die Samen haben einen wesentlich intensiveren Geschmack und eignen sich zum Würzen von Suppen und Backwaren.

⓬ Lorbeer *(Laurus nobilis)*

Ein immergrüner Baum, der im Sommer an einem sonnigen, warmen Standort in einem Kübel, im Winter im Gewächshaus oder im Wintergarten gezogen werden sollte.

Die Blätter finden Verwendung in Suppen, Eintöpfen und Pasteten, ferner in Marinaden sowie zum Würzen von Fisch und Fleisch.

⓭ Thymian *(Thymus vulgaris)*

Winterharter Zwergstrauch, der in einer großen Formen- und Duftvielfalt erhältlich ist. Er braucht viel Sonne und Wärme.

Die kleinblättrigen Triebe können ganzjährig geerntet werden. Man verwendet sie zum Würzen von Bouillon, Eintöpfen und Grillgerichten, sie sind auch ein wichtiger Bestandteil küchenfertiger Kräutermischungen.

⓮ Knoblauch *(Allium sativum)*

Mehrjähriges zwiebelartiges Kraut, das jedoch in der Regel jährlich neu gepflanzt wird. Man steckt die Zehen im November. Blütenköpfe sollte man so schnell wie möglich abschneiden, um die Nährstoffe in die Knollen zu leiten. Die Ernte erfolgt im Sommer. Man kann Knoblauch zu dekorativen Zöpfen winden, die man in der Küche aufhängt.

Roh oder gekocht wird Knoblauch für viele Gerichte verwendet, besonders in der mediterranen und orientalischen Küche.

⓯ Koriander *(Coriandrum sativum)*

Zarte, einjährige Pflanze, die im Frühsommer an einem sonnigen Ort ausgesät wird. Ernten Sie junge Blätter und reife Samen.

Frische Blätter geben vielen orientalischen Gerichten und dem Kantonreis Würze. Mit den Samen würzt man gebratenes Fleisch und Marinaden.

Kräutertee

Zur richtigen Zeit ernten

Viele Pflanzen eignen sich zum Aufbrühen von Kräutertees, die heilsame Wirkungen haben. Nebenstehend finden Sie eine Aufstellung mit häufigen Gewächsen und deren Verwendung. Ernten Sie Stängel und Blätter möglichst unmittelbar vor der Blüte. Pflücken Sie Blüten dagegen, sobald sie halb geöffnet sind. Wählen Sie dafür einen sonnigen Morgen und warten Sie ab, bis der Tau verdunstet ist. Es ist wichtig, den richtigen Zeitpunkt zu beachten, da die jeweiligen Pflanzenteile, die man verwerten will, dann die meisten ätherischen Öle enthalten.

Auf Qualität achten

Man sollte nie Gewächse sammeln, die man nicht genau kennt. Ernten Sie zudem ausschließlich Blüten, Blätter und Stiele gesunder Pflanzen, die in einem natürlichen Umfeld wachsen, also weder gespritzt noch mit Kunstdünger behandelt wurden. Pflücken Sie auch keine Kräuter an Straßenrändern, da sie stark durch Autoabgase belastet sind. Meiden Sie zudem feuchte Pflanzen, weil sie leicht schimmeln. Legen Sie Ihre Ernte in einen großen Korb oder auf ein Tablett, damit sich die Gewächse nicht gegenseitig zerdrücken. Sehen Sie sich alle Teile, die Sie verwerten möchten, vorher ganz genau an, und werfen Sie angewelkte Blüten und beschädigte Blätter sofort weg.

Vollendeter Genuss

Wer gern Kräutertees mag, sollte die wohltuenden Getränke im Sommer mit frischen Blüten und Blättern aufbrühen und sich für den Winter einen getrockneten Vorrat anlegen. Hier das Grundrezept: Übergießen Sie 60 g frische oder 20 g getrocknete Pflanzenteile mit 600 ml kochendem Wasser. Lassen Sie den Tee 10 Minuten lang ziehen und sieben Sie ihn anschließend in eine Kanne oder in Tassen. (Siehe auch *Heilpflanzen*)

DIE RICHTIGE WAHL

Die heilenden Kräfte von Kräutertees

Kräutertees haben eine vielfältige heilende Wirkung. Zum Aufbrühen eignen sich zahlreiche Pflanzen, die im Garten oder in der freien Natur gedeihen.

Wirkung	Pflanze	Verwendete Teile
Beruhigend; gegen Schlaflosigkeit	Eisenkraut (*Verbena rigida*)	Blätter
	Hopfen (*Humulus lupulus*)	weibliche Blüten
	Johanniskraut (*Hypericum perforatum*)	Blätter und Blütenstände
	Lavendel (*Lavandula angustifolia*)	Blüten
	Majoran (*Majorana hortensis*)	Blätter und Blütenstände
	Melisse (*Melissa officinalis*)	Blätter
Kräftigend und anregend	Kerbel (*Anthriscus cerefolium*)	Blätter
Entwässernd	Borretsch (*Borago officinalis*)	Blüten
	Kirsche (*Prunus*)	Stiele
	Löwenzahn (*Taraxacum officinale*)	Blätter und Wurzeln
	Pfefferminze (*Mentha piperita*)	Blätter
Verdauungsfördernd	Echte Kamille (*Matricaria chamomilla*)	Blütenkörbchen
	Kerbel (*Anthriscus cerefolium*)	Blätter
	Majoran (*Majorana hortensis*)	Blätter und Blütenstände
	Pfefferminze (*Mentha piperita*)	Blätter
	Echter Salbei (*Salvia officinalis*)	Blätter
Gegen Bronchitis und Schnupfen	Borretsch (*Borago officinalis*)	Blüten
	Thymian (*Thymus vulgaris*)	Blätter und Blütenstände
	Ysop (*Hyssopus officinalis*)	Blätter und Blütenstände
Gegen Husten	Linde (*Tilia*)	Blüten und Deckblätter
	Veilchen (*Viola odorata*)	Blüten
	Zwiebel (*Allium cepa*)	4 Knollen je 1 l Honigwasser

Effektive Schwitzkur

Häufig sind auch Kräutermischungen sehr wirksam. Bei Erkältungen mit Fieber empfiehlt es sich, jeweils 20 g Lindenblüten, Kamillenblüten und Thymian zu vermengen. Auf je 1 TL der Mischung kommt $1/4$ l kochendes Wasser. Der Tee muss 10 Minuten ziehen. Das Gemisch eignet sich ideal für eine Schwitzkur, bei der man auf sanfte Weise Giftstoffe ausscheidet und den Körper stärkt. Als schweißtreibendes Mittel hat sich ebenso ein Tee aus 2 EL zerstoßener Weidenrinde und jeweils 20 g Anis, Holunder- sowie Lindenblüten und Rosmarin bewährt. Dieser Tee muss 15 Minuten lang ziehen. Beachten Sie allerdings unbedingt, dass sich Schwitzkuren nicht für Herz-Kreislauf- und Bluthochdruck-Patienten eignen.

Mit Honig verfeinern

Süßen Sie Kräutertee möglichst mit Honig, der wesentlich mehr wertvolle Nährstoffe enthält als Industriezucker und außerdem reizlindernd wirkt. Reformhäuser und Bioläden bieten heute eine große Auswahl an unterschiedlichen Honigsorten an, mit denen man Abwechslung in den Teegenuss bringt. So passt Lavendelhonig gut zu Kräutertees aus Mittelmeerpflanzen wie Lavendel (*Lavandula angustifolia*), Rosmarin (*Rosmarinus officinalis*) und Thymian (*Thymus vulgaris*). Lindenblütenhonig verfeinert nicht nur Aufgüsse aus Lindenblüten (*Tilia*), sondern auch aus Minze (*Mentha spicata*).

Feinsäuerliche Note

Eine unbehandelte Zitronen- oder Orangenscheibe verleiht einer Tasse Kräutertee eine erfrischende Note. Waschen Sie die Frucht vorher ab.

Kriechpflanzen

Andere Verwendung für Klettergewächse
Ohne Rankhilfe breiten sich viele Kletterpflanzen am Boden aus. Daher lässt sich mit ihnen beispielsweise ein kahler oder mit unattraktiven Unkräutern überwucherter Hang im Garten in eine Fläche aus leuchtenden Blüten und sattgrünen Blättern verwandeln. Unter solchen Bedingungen gedeihen etwa Efeu *(Hedera helix)*, Heckenkirsche *(Lonicera)*, Kletterrose *(Rosa)*, Waldrebe *(Clematis)* und Winterjasmin *(Jasminum nudiflorum)*. Kombinieren Sie zwei oder drei Arten mit zeitlich versetzter Blüte, auf diese Weise erzielen Sie eine lang andauernde Farbenpracht. Achten Sie darauf, Pflanzen mit ähnlichen Ansprüchen an den Standort auszuwählen.

Notwendige Arbeiten vor dem Frühjahr
Stutzen Sie Ihre Kriechpflanzen am Ende des Winters zurecht. Entfernen Sie trockene, beschädigte oder schwache Triebe und schneiden Sie zu lange Triebe zurück. Teilen Sie nötigenfalls die Wurzelballen und setzen Sie anschließend alle überschüssigen Pflanzen an eine andere Stelle Ihres Gartens.

Verjüngungskur für alte Pflanzen
Sobald eine Kriechpflanze in der Mitte ausdünnt, empfiehlt es sich, auf den kahl werdenden Sprossen etwas frische Erde oder aber auch gebrauchte Blumenerde aus Töpfen und Kübeln zu verteilen. Damit regt man die Pflanze zur Bildung neuer Wurzeln und Triebe an, sodass sie wieder dichter wird.

Regelmäßiger Schnitt bei Rosen
Wer keine Zeit oder Lust hat, niederliegende Rosen regelmäßig zurückzuschneiden, sollte sie nicht an Wegränder pflanzen. Die Pflanzen müssen ständig in Form gebracht werden; ansonsten verursachen die Stacheln leicht Verletzungen oder beschädigen Kleidungsstücke. Auch verfangen sich häufig herbeigewehte Blätter in ihnen, die im Garten im Allgemeinen nicht erwünscht sind.

DIE RICHTIGE WAHL

Einen dichten Farbteppich wachsen lassen
Viele Pflanzen, die man normalerweise an Wänden und Zäunen ranken sieht, entwickeln sich ohne Kletterhilfe häufig zu einem dichten Bodendecker.

Name	Beschreibung
Akebie *(Akebia quinata)*	Violettbraune und stark duftende Blüten im Frühling, gefolgt von violettbraunen, rund 10 cm langen Früchten
Chinesischer Knöterich *(Fallopia baldschuanica)*	Üppig wuchernd, weiße Blütenrispen im Sommer und Herbst
Efeu *(Hedera helix)*	Groß- und kleinblättrige Sorten, grüne oder gescheckte Blätter
Glyzine *(Wisteria sinensis)*	Wächst schnell; weiße oder fliederfarbene Blüten im Frühling
Heckenkirsche *(Lonicera japonica* 'Halliana')	Halbimmergrünes Gewächs; duftende weißgelbe Blüten von Juni bis Oktober
Heckenkirsche *(L. periclymenum* 'Belgica')	Purpurrote und gelbe Blüten im Mai und Juni
Heckenkirsche *(L. p.* 'Serotina')	Purpurne, innen cremeweiße Blüten von Juli bis Oktober
Hortensie *(Hydrangea petiolaris)*	Große spitze Büschel aus kleinen weißen Blüten im Sommer
Jungfernrebe *(Parthenocissus tricuspidata)*	Laub abwerfende Pflanze mit lebhafter roter Herbstfärbung
Rose *(Rosa* 'Breath of Life')	Mittelgroße Blüten in aparten Apricot- und Rosatönen
Rose *(R.* 'Félicité Perpétue')	Halb-immergrün mit duftenden Blüten in zartem Rosa
Rose *(R.* 'Immensee')	Niederliegend, mit duftenden Blüten in Rot- und Rosatönen
Waldrebe *(Clematis alpina)*	Blaue oder rosafarbene Blüten im Frühjahr, flaumige Fruchtstände im Sommer
Waldrebe *(C. montana)*	Weiße Blüten mit gelben Staubbeuteln im späten Frühjahr
Winterjasmin *(Jasminum nudiflorum)*	Hellgelbe Blüten von November bis April

---

Kübelpflanzen

Eindrucksvoll gruppieren
Einzeln wirken Pflanzgefäße häufig weniger attraktiv als in Gruppen. Stellen Sie die Töpfe und Kübel in Ihrem Garten deshalb möglichst zusammen. Positionieren Sie einige auf Erhöhungen, etwa auf Stapel aus Ziegelsteinen.

Unattraktives Plastik verdecken
Im Gartenhandel werden Pflanzen häufig in unattraktiven Plastiktöpfen angeboten. Meist setzt man die Gewächse zu Hause dann umgehend in hübschere Gefäße. Das Umtopfen lässt sich jedoch auch vermeiden, indem man die Plastikbehälter einfach in etwas größere Ton- oder Terrakottatöpfe stellt und die Lücke dazwischen mit Moos oder Sand auffüllt.

Pflanzen beliebig arrangieren
In vielen Gärten ist man durch den Bodentyp auf bestimmte Gewächse festgelegt. Demgegenüber bieten Kübel die Möglichkeit, Arrangements aus den Lieblingspflanzen zu komponieren. Beispielsweise gedeihen Säure liebende Pflanzen wie Lorbeerrosen *(Kalmia)*, Lavendelheide *(Pieris)* und Scheinbeeren *(Gaultheria)* nicht auf kalkhaltigem Boden. Wer auf solche Gewächse nicht verzichten möchte, setzt sie in Kübel mit Rhododendronerde und stellt sie zwischen die Beete mit Pflanzen, die Kalk mögen. (Siehe auch *Kalkböden*)

Gute Mischung für Waldgewächse
Setzen Sie Waldpflanzen wie Alpenveilchen *(Cyclamen)*, Dreiblatt *(Trillium)* und Goldsiegel *(Uvularia)* in Gefäße mit einem Gemisch aus gleichen Teilen Laubkompost und Pflanzerde. So erhalten die Gewächse genau die richtige Menge an Nährstoffen und Feuchtigkeit.

Substratverlust verhindern
Bedecken Sie das Drainageloch in Blumentöpfen stets mit einem Stein oder einer Muschel. Dadurch wird verhindert, dass die Erde beim Gießen ausgewaschen wird, das Drainageloch verstopft und Staunässe entsteht. Auch einen Kronkorken kann man über das Drainageloch legen.

DIE RICHTIGE WAHL

Kübelpflanzen für jede Jahreszeit

Wer die hier aufgelisteten Gewächse sinnvoll in Töpfen und Kübeln kombiniert, erfreut sich ununterbrochen an Blättern und Blüten in herrlichen Farben.

Pflanzen	Winter	Frühling	Sommer	Herbst
Sträucher	Buchsbaum, Schneeball, Seidelbast, Zaubernuss, Zwergkoniferen, einige Zwergrhododendren	Forsythien, Rhododendren, Seidelbast, Weiden, Zwerghängeweide	Fingerkraut, Hortensien, Pfeifenstrauch, Rosen, Strauchveronika, Zwergflieder	Federbuschstrauch, Feuerdorn, Pfaffenhütchen, Strauchveronika, Zwergmispel
Kletterpflanzen	Winterblüte, Winterjasmin	Glyzine, Heckenkirsche, Waldrebe	Heckenkirsche, Jasmin, Kletterhortensien, Nachtschatten, Passionsblume, Waldrebe	Nachtschatten, Trompetenblume, Waldrebe, Weinrebe
Mehrjährige Pflanzen	Immergrün, Nieswurz, frühe Primeln	Bergenien, Iris, Küchenschellen, Lungenkraut, Primeln	Diascien, Funkien, Glockenblumen, Iris, Nelken, Pfingstrosen, Belladonna-Rittersporn	Astern, winterharte Chrysanthemen, Fetthenne
Beetpflanzen		Goldlack, Polyantha-Primeln, Stiefmütterchen, Vergissmeinnicht	Begonien, Pelargonien, Salbei, Springkraut, Tabak	
Zwiebelpflanzen	Schneeglöckchen, Wildkrokusse, Winterling	Buschwindröschen, Hyazinthen, Krokusse, Narzissen, Traubenhyazinthen, Tulpen	Lilien, Riesenhyazinthen	winterharte Alpenveilchen, Herbstzeitlose, Echter Safran

Für eine gute Drainage sorgen

Auch in großen Pflanzkübeln ist es wichtig, für eine funktionierende Drainage zu sorgen. Legen Sie den Boden mit einer Lage Kies, grobem Sand oder Tonscherben aus. Decken Sie Gartenvlies, eine alte Fußmatte oder anderes poröses Material darüber. Bei einer Neubepflanzung brauchen Sie die Drainageschicht nicht zu ersetzen. Entnehmen Sie nur vorsichtig die alte Erde. (Siehe auch *Drainage*)

Staunässe in schmalen Krügen vorbeugen

Hohe Steingutkrüge mit engem Hals haben meist keine Abzugslöcher und zerbrechen leicht beim Bohren. Eine ausreichende Drainage lässt sich dennoch erzielen, indem man den Boden solcher Gefäße mit einer 5–8 cm dicken Kiesschicht auslegt und in deren Mitte eine Pappröhre von der Höhe des Krugs und etwa 4 cm Ø steckt, die man ebenfalls mit Kies auffüllt. Während man den Krug mit Blumenerde füllt, hält man die Röhre senkrecht und zieht sie anschließend heraus. Der zentrale Drainagekanal und die Kiesschicht am Boden sorgen dafür, dass um die Pflanzenwurzeln herum keine Staunässe entsteht.

Ganzjährige Farbenpracht

Machen Sie aus Ihren Töpfen das ganze Jahr über attraktive Blickfänge. Die Tabelle oben hilft Ihnen dabei, hübsche Gewächse auszusuchen und geschickt zu kombinieren. Ersetzen Sie die Pflanzen, sobald sie verblüht sind.

Schattenstandorte beleben

Kübelpflanzen bringen selbst die schattigsten Ecken zum Leuchten. An einem Standort ohne direkte Sonneneinstrahlung gedeihen im Frühling Immergrün (*Vinca*), Lavendelheide (*Pieris*), Pfaffenhütchen (*Euonymus*), Stiefmütterchen (*Viola*) und Zwergrhododendren (z. B. *Rhododendron* 'Carmen' und 'Moerheim'). Im Sommer erfreuen dort Begonien (*Begonia*), Fingerhut (*Digitalis*), Fleißige Lieschen (*Impatiens*), Fuchsien (*Fuchsia*) und Lobelien (*Lobelia*) das Auge. Sobald es kälter wird, sorgen Alpenveilchen (*Cyclamen*), Chrysanthemen (*Chrysanthemum*) und Heidekrautgewächse (*Erica* und *Calluna*) für optische Abwechslung. Buchsbaum (*Buxus*), Efeu (*Hedera helix*) und Skimmien (*Skimmia*) bleiben das ganze Jahr über grün.

Koniferen als Windfänger

Auf Balkonen und Terrassen, die dem Wind ausgesetzt sind, muss man empfindliche Gewächse unbedingt schützen. Setzen Sie am besten eine Reihe mit Zwergkoniferen hinter Ihre Pflanzgefäße.

Töpfe beschweren

Massige hohe Gewächse werden in Töpfen leicht vom Wind umgeworfen. Legen Sie deshalb vor dem Pflanzen einige schwere Steine oder sonstige Gewichte auf den Boden der jeweiligen Gefäße.

Große Kübel umstellen

Ein großer Pflanzkübel lässt sich einfach an einen anderen Ort verstellen, indem man ihn auf Rundhölzer hievt und darauf an den neuen Platz transportiert. Tragen Sie dabei Handschuhe. Sie können für diese Arbeit auch eine Sackkarre verwenden.

Austrocknung vermeiden

Bedecken Sie die Erde in großen Kübeln, damit die Wurzeln nicht austrocknen. Verwenden Sie dazu entweder feinen hellen Kies oder setzen Sie Bodendecker wie Kriechenden Günsel (*Ajuga reptans*) oder Taubnesseln (*Lamium*) an den Rand des Gefäßes. Sobald der Kies trocken wird oder die Bodendecker welk aussehen, muss gegossen werden. (Siehe auch *Bodendecker*)

Mit einer Kübelbepflanzung lassen sich auf Terrassen wahre Blumenparadiese schaffen.

Wurzelfäule verhindern

Untersetzer sollten gut 1 cm hoch mit Kies gefüllt werden, bevor man Kübel hineinstellt. Auf diese Weise staut sich kein Wasser am Boden des Gefäßes, wodurch die Wurzeln faulen könnten. Außerdem beugt man so Algenwachstum am Pflanzgefäß und am Untersetzer vor.

Düngen nicht vergessen

Führen Sie Ihren Kübelgewächsen 6 Wochen nach dem Pflanzen eine Gabe kaliumreichen Dünger wie Tomatendünger zu. Wahlweise ist es möglich, einen Langzeitdünger zu verwenden, der seine Nährstoffe allmählich abgibt.

Zusätzliche Mineralstoffe

Wasser aus Aquarien und Kochwasser von Gemüse und Eiern enthalten reichlich Mineralstoffe, die Kübelpflanzen sehr zuträglich sind. Lassen Sie das Wasser vor dem Gießen erst abkühlen.

Wärmedämmung im Winter

Kübelpflanzen, die im Freien überwintern, brauchen guten Schutz vor Frost. Nehmen Sie die Pflanze vorsichtig mit dem Erdballen aus dem Topf. Kleiden Sie dann ein etwas größeres Gefäß an den Seiten und am Boden mit Wärme dämmender Luftpolsterfolie aus. Unten stoßen Sie einige Löcher in die Folie, damit Regen- und Gießwasser ab-

laufen können. Zum Schluss setzen Sie die Pflanze in den neuen Topf und füllen den Raum zwischen dem Wurzelballen und der Folie mit frischer Blumenerde.

Nährstoffzufuhr im Frühjahr

Entfernen Sie in jedem Frühjahr 2–3 cm altes Substrat aus Ihren Pflanzgefäßen und ersetzen Sie es durch frische Erde. Gießen Sie anschließend; dadurch verteilen sich die Nährstoffe aus der neuen Erde im ganzen Gefäß. Verwachsene Wurzeln schneiden Sie im März zurück. Pflanzen Sie ein Gewächs sofort um, wenn seine Wurzeln aus dem Drainageloch wachsen.

Siehe auch *Pflanzen, Torf*

Kultursubstrat

Ein Sieb anfertigen

Man kann Kultursubstrat problemlos selbst herstellen (siehe Kasten rechts). Dabei kommt es darauf an, dass die einzelnen Bestandteile sehr feinkrümelig sind. Daher sollte man sie sieben, bevor man sie miteinander vermischt. Ein Sieb lässt sich ganz einfach aus einer Holzkiste anfertigen, deren Boden man durch ein Stück feinmaschigen Draht ersetzt, der auf den Rahmen genagelt wird. Noch lockerer wird der Kompost durch zwei Schichten Maschendraht.

Gründlich mischen

Achten Sie darauf, dass Sie die Bestandteile eines Substrats sehr gründlich vermengen. Das geht am leichtesten, wenn Sie alle Komponenten in einen großen festen Plastiksack geben, den Sie oben sorgfältig verschließen. Der Sack sollte nur zur Hälfte gefüllt sein. Heben Sie ihn dann mit beiden Händen hoch und schütteln Sie ihn mehrmals kräftig. Setzen Sie ihn ab und lassen Sie ihn einige Minuten stehen, bevor Sie ihn wieder öffnen, damit sich erst der Staub setzt.

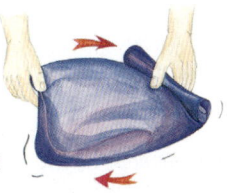

Einen Vorrat anlegen

Als Hobbygärtner braucht man stets verschiedene Substrate. Legen Sie sich deshalb einen Vorrat von jeder Sorte an und kennzeichnen Sie die einzelnen Verpackungen. Horten Sie aber keine zu großen Mengen, denn die Erde muss möglichst innerhalb von 6 Monaten verbraucht werden. Danach enthält sie nicht mehr genügend Nährstoffe, lässt sich aber noch zum Auffüllen von Pflanzlöchern bei Bäumen und Sträuchern benutzen oder auf Beeten und Rabatten verteilen. Dasselbe gilt für gekaufte Substrate.

Nährstoffzufuhr steigern

Beim Kultivieren von Pflanzen beginnt man stets mit einem nährstoffarmen Substrat und geht dann später auf nährstoffreichere Mischungen über.

Kühl und trocken aufbewahren

Lagern Sie Blumensubstrat an einem kühlen trockenen Ort. Kaufen Sie keine Substrate, deren Verpackungen von der Sonne ausgeblichen sind oder die feucht aufbewahrt wurden. Wasser dringt leicht durch die Belüftungslöcher in die Säcke ein und zersetzt den Inhalt.

Kürbisse

Unterschiedliche Platzbedürfnisse

Es gibt für jeden Geschmack die richtige Kürbissorte. Man unterscheidet zwischen rankenden und nicht rankenden Arten und Sorten. Die nicht rankenden, zu denen auch Zucchini (Cucurbita pepo convar. giromontina) gezählt werden, beanspruchen weniger Platz im Garten. Dagegen breiten sich rankende Kürbisse üppig über den Boden aus.

Vorbereitung des Bodens

Kürbisse gedeihen nur auf nährstoffreichem Boden. Heben Sie die Erde vor der Aussaat spatentief aus und arbeiten Sie 2–3 Eimer gut verrotteten Stallmist oder Gartenkompost pro 1 m² ein. Füllen Sie die Aushebung dann so wieder auf, dass ein kleiner Hügel entsteht. Es ist aber auch möglich, Kürbisse in normale Beete zu pflanzen.

Aussaat unter Glas

Im April oder Mai setzt man einzelne Kürbissamen 2–3 cm tief in 6–8 cm große Töpfe mit Komposterde, und zwar mit dem spitzen Ende nach oben. Dann legt man eine Glasscheibe über die Gefäße und stellt sie in ein kaltes Gewächshaus, in den Frühbeetkasten oder auf ein schattiges Fensterbrett. Sobald die Pflanzen keimen, entfernt man das Glas. Bei Frostgefahr stülpt man eine Pappschachtel über die Sämlinge oder deckt den Frühbeetkasten mit Sackleinen, Strohmatten, Teppichen oder ähnlichen Materialien ab. Anfang Mai beginnt die Abhärtung und am Ende des Monats werden die Jungpflanzen ins Freiland gesetzt. Jedes Pflanzloch muss so groß sein, dass der Erdballen mit den Wurzeln gut hineinpasst. Er sollte 2 cm unter der Erdoberfläche liegen. Nicht rankende Kürbisse brauchen einen Abstand von jeweils 60 cm zueinander, während bei den rankenden Arten Entfernungen von 90–120 cm nötig sind. Sobald die Früchte schwellen, benötigen die Pflanzen alle 2 Wochen eine ausreichende Gabe Tomatendünger.

Anzucht im Freiland

Ab Ende Mai lassen sich Kürbisse auf ähnliche Weise im Freiland aussäen. Man steckt drei Samen 10 cm voneinander entfernt und 2–3 cm tief in ein gemeinsames Pflanzloch, über das man eine Glasscheibe legt. Später dünnt man jeweils bis auf die kräftigste Pflanze aus.

Kürbisse sind ein beliebtes Gartengemüse. Es gibt sie in vielen Größen und Farbschattierungen.

Rekorde erzielen

Auf Gartenbauausstellungen werden häufig Kürbiswettbewerbe ausgerichtet. Wer bei solch einer Veranstaltung Siegerehren anstrebt, sollte 'Gelben Zentnerkürbis', 'Big Max' oder 'Atlantic Giant' – mit einem Maximalgewicht von über 200 kg die größte Sorte überhaupt – anbauen. Die Pflege eines Riesenkürbisses erfordert allerdings Zeit und Geduld, denn er muss mindestens 4 Monate lang mit Dünger, Wasser und Wärme versorgt werden. Im Anfangsstadium lässt man ihn drei Früchte ausbilden, von denen man später die beiden schwächsten abschneidet.

Zierkürbisse anbauen

Beim Erntedankfest dürfen Zierkürbisse (Cucurbita pepo ssp. pepo convar. microcarpina) nicht fehlen. Neben kleinen und abgeflachten Früchten mit gestreifter Schale gibt es eierförmige Sorten und 'Türkenturbane'. Bauen Sie möglichst mehrere Sorten an.

Befruchtung fördern

Jede Kürbispflanze trägt männliche und weibliche Blüten. Indem man am frühen Morgen, am besten direkt nach Sonnenaufgang, Zuckerwasser auf die Pflanzen spritzt, lockt man vor allem Bienen zur Bestäubung an.

Von Hand bestäuben

Bei kaltem und regnerischem Wetter ist es häufig erforderlich, die Bestäubung von Hand vorzunehmen, da nicht genügend Insekten fliegen. Man pflückt eine reife männliche Blüte ab, entfernt die Blätter und drückt die Staubgefäße gegen die Narbe einer weit geöffneten weiblichen Blüte. Mit einer männlichen Blüte lassen sich drei weibliche Blüten bestäuben. Der beste Zeitpunkt dafür ist um die Mittagszeit, weil die Pollen dann trocken sind.

Häufig gießen

Nachdem Kürbispflanzen Früchte angesetzt haben, brauchen sie bei sonnigem trockenem Wetter in der Woche mindestens 9 l Wasser pro 1 m². Stecken Sie schon beim Pflanzen einen Stock in jedes Loch, der anzeigt, wo die Wurzeln liegen, wenn sich die Gewächse weitläufig über den Boden ausgebreitet haben.

DIE RICHTIGE WAHL

Schmackhaftes Gemüse

Am Boden rankende und kletternde Kürbisse sieht man in vielen Gärten wachsen, während die buschigen Sorten bisher noch nicht allgemein bekannt sind.

Arten	Beschreibung
Rankende Kürbisse	
'Butternut':	Zylinderförmiger Kürbis mit zart orangefarbenem Fruchtfleisch
'Muscat Provence':	Sehr ertragreiche Sorte, orangefarben mit grauem Anflug, orangefarbenes Fruchtfleisch
'Roter Hokkaido': (Uchiki Kuri)	Orangeroter Kürbis, dessen Aroma an Maronen erinnert
Buschig wachsende Kürbisse	
'Long Green Bush':	Bewährte genügsame Sorte
'Sunburst F1':	Robuste F1-Hybride, leuchtend gelb, früh reifend
'Tiger Cross':	F1-Hybride; frühe, gegen Krankheiten resistente Sorte; grün mit cremefarbenen Streifen

Trockene Unterlage

Es ist wichtig, auf dem Grund wachsende Kürbisse vor Bodenfeuchtigkeit zu schützen, damit sie nicht faulen. Stellen Sie vier Blumentöpfe umgekehrt auf die Erde und legen Sie als Untersatz für die Frucht ein Brett oder eine Steinplatte darauf. Tun Sie dies, solange der Kürbis noch klein ist. Beim Bewegen großer schwerer Exemplare brechen nämlich häufig die Stängel ab.

Stängelfäule

Bisweilen faulen die Stängel nahe am Boden; meist sind die Wurzeln dann schon abgestorben. Hierbei ist stets Staunässe die Ursache. Bei richtiger Pflege, geeigneten Bodenverhältnissen und Fruchtwechseln tritt Stängelfäule in der Regel nicht auf.

Ungewöhnliche Berankung

Warum wählen Sie nicht einmal einen unkonventionellen Bewuchs für eine Pergola oder ein Spalier? Kürbispflanzen mit kleinen Früchten bilden einen Blickfang, den man nicht alle Tage sieht. Ziehen Sie einfach die langen Ausläufer an den Holzstreben hoch und binden Sie die Triebe an verschiedenen Stellen mit Bast oder Schnur fest.

Maßnahme im Herbst

Bei großen Kürbissorten besteht die Gefahr, dass die Ernte vor der vollen Reife erfriert. Knipsen Sie deshalb die Hälfte der Früchte ab, bevor sie ausgewachsen sind. Die Pflanze nutzt die vorhandenen Nährstoffreserven so für eine frühere Reifung der verbleibenden Früchte.

Reifetest

Stellen Sie fest, ob ein Kürbis ausgewachsen ist, indem Sie zunächst die Schale überprüfen. Sie sollte bei leichtem Fingerdruck nachgeben. Klopfen Sie dann an die Frucht. Ein reifer Kürbis gibt einen hohlen Ton von sich.

Laufend schneiden

Schneiden Sie Kürbisse und Zucchini laufend von der Pflanze, solange sie noch jung sind, und benutzen Sie dazu ein scharfes Messer. Bei Zucchini beginnt man damit im Juni, wenn die ersten welken Blüten abfallen. Lassen Sie Zucchini nicht größer als 10–15 cm werden; die kleinen Früchte schmecken am besten. Ernten Sie Kürbisse für den sofortigen Verzehr, sobald sie 15–20 cm groß sind. Alle Exemplare, die zur Lagerung gedacht sind, sollten voll ausreifen. Man schneidet sie im September oder Oktober, bevor die ersten Fröste einsetzen. Legen Sie die Früchte nach Möglichkeit einige Tage lang zum Trocknen und Aushärten der Schale in die Sonne.

Lange haltbar

Bewahren Sie Kürbisse und Zucchini in einem luftigen Raum auf, beispielsweise in einem Schuppen, einer Garage oder auf dem Dachboden. Sorgen Sie überall für helles Licht. Die Lagertemperatur sollte 10–18 °C betragen. Hängen Sie die Früchte einzeln in Netzen an die Decke. Ebenso ist es möglich, sie nebeneinander, aber ohne dass sie sich berühren, auf Regalen zu lagern, die man zuvor mit Stroh bedeckt hat. Unter solchen Bedingungen halten sich Zucchini einige Wochen lang und Kürbisse sogar ein paar Monate. Wickeln Sie Ihre Ernte bei starker Frostgefahr in Sackleinen. (Siehe auch *Zucchini*)

Laterne, Laterne

Halloween erfreut sich auch in Deutschland zunehmender Beliebtheit. Gestalten Sie aus diesem Anlass doch einmal selbst eine Laterne, wie es die Amerikaner und Briten tun. Suchen Sie einen großen Kürbis mit unversehrter Schale aus und schneiden Sie oben einen kleinen Teil ab. Höhlen Sie die Frucht aus und schneiden Sie dann ein Gesicht in die Schale. Stellen Sie ein angezündetes Teelicht in den Kürbis und legen Sie den Deckel wieder auf. Vor der Haustür oder im Vorgarten leuchtet solch eine Laterne wunderschön in der Dunkelheit.

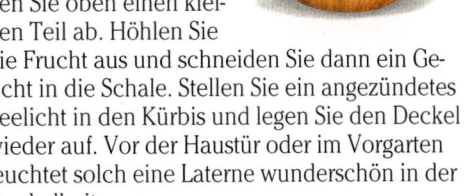

Siehe auch *Zierkürbisse*

Küstenregionen

Pflanzung im Frühjahr

Wer in einer Küstenregion lebt, sollte Sträucher und Bäume im Frühjahr in den Garten setzen. Die jungen Pflanzen müssen erst richtig anwachsen, bevor sie zum ersten Mal winterlichen Stürmen und Unwettern ausgesetzt sind.

Windschutz aus Kunststoff

Darüber hinaus erleichtert man neuen Pflanzen das Wachstum im rauen Seeklima, indem man in den ersten 2–3 Jahren einen Windschutz hinter sie stellt. Dafür eignen sich am besten spezielle Kunststoffnetze, die in Gartencentern erhältlich sind.

Eine Abstützung bauen

Mit einer Abstützung wird ein junger Baum nicht so leicht vom Wind entwurzelt. Treiben Sie einen Pfahl schräg in den Boden und befestigen Sie ihn so hoch wie möglich und entgegengesetzt zur vorherrschenden Windrichtung am Stamm. Verwenden Sie dazu ein Baumband und einen Abstandshalter, damit der Pfahl nicht bis an die Borke reicht und sie beschädigt. Binden Sie die Abstützung regelmäßig neu fest und justieren Sie dabei auch jedesmal den Abstandshalter.

Salz abspritzen

Immergrüne Pflanzen und Koniferen reagieren mit Verbrennungen auf Salz. Spritzen Sie solche Pflanzen gleich nach einem Sturm mit einem feinen Wasserstrahl ab.

Idealer Strauch

Für Küstenregionen gibt es kaum eine geeignetere Pflanze als Stechginster *(Ulex europaeus)*. Er lässt sich problemlos aus Samen ziehen, ist widerstandsfähig gegen salzige Seeluft und trotzt auch äußerst kräftigen Winden. An warmen Frühlingstagen erfüllt er die Luft mit dem süßen Duft seiner hübschen gelben Blüten. Die dornigen Zweige eignen sich darüber hinaus dazu, ungebetene Eindringlinge wie Katzen und Kaninchen aus einem Garten fern zu halten.

Lagerung

Lagerkisten vorbereiten

Holzkisten zum Einlagern von Obst und Gemüse sollten Sie zuerst abbürsten und mit heißem Wasser unter Zugabe eines Desinfektionsmittels gründlich abwaschen. Dann spülen Sie mit viel klarem Wasser nach, lassen die Kisten gut trocknen und streichen sie mit einem biologischen Holzschutzmittel. Wenn die Kisten getrocknet sind, können sie locker befüllt werden.

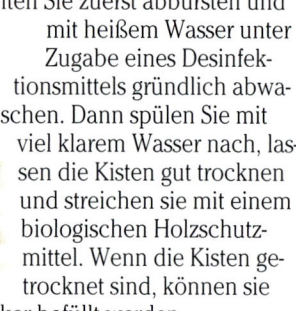

Natürliche Frischhaltehilfen

Beim Lagern von Gemüse können Sie die natürlichen Konservierungseigenschaften des Knoblauchs nutzen, indem Sie einige Zehen schälen und sie an verschiedenen Stellen nahe den Lagerplätzen im Keller oder Schuppen auslegen. Zur Frischhaltung von Gemüse und Obst eignen sich auch Lorbeerblätter.

Ordnung im Gartenschuppen

Schuhschachteln aus stabilem Karton sind eine gute Hilfe, um Ordnung in den Gartenschuppen zu bringen. An die Schuppenwand genagelt, sind die Behälter ideal zur Aufbewahrung von kleinen Objekten wie Etiketten, Samenpäckchen, Werkzeugen usw. geeignet.

Bindfadenverteiler

Ein Blumentopf lässt sich einfach in einen handlichen Bindfadenverteiler verwandeln: Legen Sie ein Knäuel Bindfaden oder Schnur auf eine Untertasse und ziehen Sie das Ende durch das Drainageloch des Topfes. Damit der Faden nicht jedes Mal, wenn Sie ein Stück davon abschneiden, zurück in den Topf fällt, sichern Sie ihn einfach mit einer Wäscheklammer.

GÄRTNER-WISSEN

Gemüse lagern

Die meisten Gemüsearten sind nicht für eine längere Lagerung geeignet. Wurzelgemüse wie Kohlrüben, Möhren, Pastinaken, Porree und Rote Beten können dagegen in Gebieten mit mildem Klima sogar in der Erde bleiben.

Kohlrüben, Möhren, Porree, Rote Beten

Lagern Sie Wurzelgemüse in Kisten, die mit leicht feuchtem Sand oder gesiebter Erde gefüllt sind, wobei Sie die größeren Wurzeln nach unten, die kleineren nach oben legen sollten, sodass die kleinen Wurzeln zuerst verwendet werden. Stellen Sie die Kisten an einen dunklen und kühlen, aber frostfreien Platz, beispielsweise in den Keller, in die Garage oder in den Schuppen.

Kürbisse

Trocknen Sie Kürbisse an der Sonne und lagern Sie die Früchte dann an einem trockenen und kühlen, aber frostfreien Ort auf einer luftdurchlässigen Unterlage. Alternativ können Sie Kürbisse auch in Netzen hängend aufbewahren.

Zwiebeln und Schalotten

Flechten Sie Zwiebel- und Schalottenstränge zu Zöpfen oder füllen Sie das Gemüse in Netze und hängen Sie diese an einem gut belüfteten, kühlen Ort auf, an dem die Temperatur knapp über dem Gefrierpunkt liegt.

Kartoffeln

Kartoffeln werden im Dunkeln gelagert, wobei die Temperatur über dem Gefrierpunkt liegen muss (vorzugsweise bei 4–10 °C). Zum Einlagern eignen sich Säcke aus stabilem Packpapier, die aber nur bis zur Hälfte gefüllt werden sollten, damit die Kartoffeln nicht zerdrückt werden. Sie können sie aber auch in flachen Holzkisten lagern und mit Teppichresten oder festem Stoff bedecken, um sie vor Licht zu schützen.

Winterkohl

Lagern Sie Winterkohl knapp über dem Gefrierpunkt an einem dunklen Platz auf einer luftdurchlässigen Unterlage, etwa auf einem Regal mit versetzten Holzleisten oder auf Strohmatten.

Obst nachreifen lassen

Geben Sie unreifes Obst zusammen mit einer Ananas oder einer Banane in eine Plastiktüte. Diese Früchte setzen ein Gas (Äthylen) frei, das zur Beschleunigung des Reifungsprozesses beiträgt.

Kunststoffglocken lagern

Kunststoffglocken, die Sie im Winter nicht verwenden, sollten Sie im Dunkeln aufbewahren. So wird verhindert, dass der in dem Plastikmaterial enthaltene Schutzstoff gegen ultraviolette Strahlung vorzeitig abgebaut wird, wodurch sich die Nutzungsdauer entsprechend verlängert.

Platz sparende Aufbewahrung

Ist Ihr Garten zu klein für einen Schuppen oder ein Gartenhäuschen, können Sie ersatzweise stabile Behälter aus Plastik oder Holz in einer entlegenen Ecke Ihres Gartens platzieren. Je nach Größe der Behälter lassen sich darin auch größere Gartengeräte wie Rasenmäher und Gartenstühle über Winter aufbewahren. Die Behälter gibt es im Baumarkt.

GÄRTNER-WISSEN

Obst lagern

Äpfel, Birnen, Nektarinen und Pfirsiche sind die einzigen Früchte, die über Winter eingelagert werden können. Anderes Obst muss durch Einfrieren oder Einmachen haltbar gemacht werden.

Äpfel

Hinsichtlich ihrer Lagerungseigenschaften unterscheiden sich die verschiedenen Apfelsorten erheblich voneinander: Frühe Sorten sollten möglichst bald nach dem Pflücken verzehrt werden, während Sorten aus der Haupternte 4–8 Wochen gelagert werden können und späte Sorten ihr volles Aroma sogar erst nach einiger Zeit entwickeln und sich monatelang halten. Am besten werden Äpfel bei hoher Luftfeuchtigkeit in einem dunklen, mäßig belüfteten Raum gelagert, wobei die Temperatur 3–5 °C betragen und möglichst keinen großen Schwankungen unterliegen sollte. Die Lagerung in einem Schuppen oder einer Garage ist zwar ebenfalls möglich, allerdings liegt die Temperatur hier in der Regel über den empfohlenen Werten.

Birnen

Anders als Äpfel muss man Birnen bei 0–1 °C lagern. Sie halten sich auch einige Tage im Gemüsefach des Kühlschranks, sollten aber regelmäßig überprüft werden, da ihr Aroma nur relativ kurze Zeit erhalten bleibt.

Nektarinen und Pfirsiche

Reife Nektarinen und Pfirsiche können für kurze Zeit an einem kühlen Ort in flachen, mit Luftpolsterfolie ausgelegten Kisten gelagert werden.

Lärm

Hecken als Lärmschutz
Befinden sich Haus und Garten in der Nähe einer stark befahrenen Straße, einer Bahnlinie oder einer anderen Lärmquelle, ist ein natürlicher Lärmschutz sinnvoll. Mit einer sorgfältig platzierten dichten Hecke oder Baumreihe lässt sich der Lärmpegel bis zur Hälfte senken. (Siehe auch *Hecken, Mauerbegrünung*)

Ruhige Sitzplätze
Pflanzen Sie Eiben, Koniferen oder Liguster als halbkreisförmige Hecke um Ihre Gartenbank. Bei sorgfältigem Formschnitt ist die Hecke in einigen Jahren so hoch und dicht, dass Sie einen ruhigen, abgeschirmten Sitzplatz haben.

Ausgleichendes Wasserspiel
Ein angenehmes Gegengewicht zu störendem Lärm aus der Umgebung kann auch das entspannende Plätschern eines Wasserspiels sein, beispielsweise ein Springbrunnen oder ein Bach.

DIE RICHTIGE WAHL

Lärmschutz durch Immergrüne
Immergrüne Hecken ergeben einen besseren Lärmschutz als Laubpflanzen, da ihre Blätter den Schall besser dämmen und zudem ganzjährig vorhanden sind. Um den Lärmpegel spürbar zu senken, brauchen Sie eine breite Hecke, was sich jedoch in kleinen Gärten oft nur schwer realisieren lässt. In diesem Fall kann aber auch schon eine schmale dichte Hecke eine gute psychologische Barriere sein. Nehmen Sie am besten eine Mischung aus groß- und kleinblättrigen Immergrünen, da die großblättrigen Pflanzen tiefere Töne dämmen, während die kleinblättrigen Arten höhere Töne unterdrücken. Eine Doppelreihe Rhododendron auf saurem Boden oder Runzelblättriger Schneeball (*Viburnum rhytidophyllum*) auf alkalischem Boden bildet eine gute Grundlage, die man zudem gut mit Stechpalmen (*Ilex*) oder Koniferen wie Bastardzypresse (× *Cupressocyparis leylandii*) und Riesenlebensbaum (*Thuja plicata* 'Atrovirens') kombinieren kann.

Ruhezeiten beachten
Wenn Sie im Sommer gerne schon frühmorgens mit der Gartenarbeit beginnen, sollten Sie dabei an Ihre Nachbarn denken, vor allem am Wochenende. Beschränken Sie sich am Morgen auf solche Arbeiten, die keinen Lärm machen, etwa Jäten, Hacken oder Schneiden, und holen Sie den Rasenmäher möglichst erst am späten Vormittag aus dem Schuppen.

Klangspiele
Auch wenn der sanfte Klang eines Windspiels keinen großen Lärm verursacht, sollten Sie es nur an solchen Stellen aufhängen, an denen das Klingen die Nachbarn nicht stört. Die Klänge können nämlich vom Wind weit in die Umgebung getragen werden, und manche Menschen empfinden die ständigen Geräusche als unangenehm und störend.

Laubengänge

Lattengerüst für die Seiten
Für die Seiten eines Laubengangs eignet sich ein hölzernes Lattengerüst mit rhombenförmigem oder rechteckigem Gitterwerk, das eine ideale Stütze für Kletterpflanzen wie Clematis, Heckenkirche (*Lonicera*) oder Rosen bietet. Maschendraht erfüllt den gleichen Zweck, wirkt aber weit weniger ansehnlich als eine natürliche Holzkonstruktion. (Siehe auch *Spaliere*)

Randbepflanzung
Anstelle von Kletterpflanzen kann man auch zwei junge, etwa ein Jahr alte Apfelbäumchen als Spalierbäume seitlich an einem Laubengang hochziehen. Auf diese Weise lässt sich im Frühjahr der süße Duft der Apfelblüten genießen und im Herbst kann man die frischen Früchte ernten. Sorten, die sich zur gegenseitigen Bestäubung eignen, sind 'Discovery' und 'Sunset'.

Feste Verankerung
Die an den Lattengerüsten von Laubengängen emporrankenden Kletterpflanzen werden mit zunehmender Größe immer schwerer, sodass die Stützpfosten, an denen das Lattengerüst befestigt ist, besonders stabil im Boden verankert sein müssen. Ist dies nicht der Fall, kann die gesamte Konstruktion mitsamt den daran gedeihenden Pflanzen bei starkem Wind aus ihrer Verankerung gerissen werden.

Stützpfosten imprägnieren
Als Stützen für Lattengerüste eignen sich einseitig zugespitzte Pfosten, die in Gartencentern und im Fachhandel angeboten werden. Zur Verlängerung ihrer Lebensdauer empfiehlt es sich, die zugespitzten Enden vor dem Einsetzen in den Boden 40–45 cm tief in einen Eimer mit Holzschutzmittel einzutauchen und sie mindestens 2 Tage darin stehen zu lassen, bis sie das Holzschutzmittel aufgesogen haben. Nach dem Trocknen werden die Pfosten dann bis knapp 3 cm unterhalb der Imprägnierung in den Boden getrieben.

Duftpflanzen am Ruheplatz
Pflanzen Sie Lavendel, Rosmarin und Süßdolde an die Wegränder des Laubengangs, sodass dieser von aromatischen Düften erfüllt wird. Diese Wirkung lässt sich noch verstärken, wenn Sie in der Nähe eines Ruheplatzes in der Laube Kamille, Minze oder Thymian anpflanzen.

Lauch

Bewährte Sorten
Von Lauch gibt es Sommer-, Herbst- und Wintersorten, sodass Sie bei aufeinander folgender Anpflanzung der unterschiedlichen Sorten mehrere Monate lang ernten können. Empfehlenswerte Sommer- und Herbstsorten sind 'Bulgaarze Reuzen', 'Elefant' oder 'Herbstriese'. Zu den bewährten Wintersorten gehören 'Carentanz', 'Blaugrüner Winter-Alaska' und 'Winterriese'. Herbst- und Winterlauch kann bis zum April geerntet werden, bei Sommerlauch, der im Februar unter Glas gesät wird, liegt der früheste Erntezeitpunkt im Juni.

Winterlauch ernten
Decken Sie den Boden zwischen den Pflanzen vor dem ersten Frost mit einer mindestens 5 cm dicken Schicht aus Laub oder Farnkraut ab. Auf diese Weise wird die Erde – außer bei sehr starkem Frost – nicht gefrieren, und Sie können immer ernten.

Erfolgreich Lauch pflanzen

Damit Lauch optimal gedeihen kann, ist ein gut vorbereiteter Boden wichtig.

- Wählen Sie einen sonnigen Standort für das Beet. Graben Sie den Boden zwischen Dezember und Februar um und arbeiten Sie gut verrotteten Kompost oder Stallmist ein. Dann lassen Sie die Erdschollen ruhen, die in den nächsten Wochen vom Frost zerkleinert werden.
- Säen Sie im März Lauch für die Hauptkultur in Abständen von 15 cm in 1–2 cm tiefe Saatrillen unter Glas aus. Pikieren Sie die Sämlinge auf Abstände von 4 cm.
- Arbeiten Sie im Mai vor dem Umpflanzen einen mineralischen Volldünger in die oberste Bodenschicht des Beetes ein, wobei Sie 30–40 g pro 1 m² rechnen müssen.
- Setzen Sie die Pflanzen Ende Juni oder Anfang Juli in das Beet um, sobald sie eine Größe von ungefähr 20 cm erreicht haben und etwa bleistiftdick sind. Halten Sie dabei einen Abstand von jeweils 25 cm zwischen den Pflanzen und den Reihen ein.
- Entfernen Sie in der Folgezeit die Unkräuter zwischen den Reihen mit der Harke bzw. jäten Sie zwischen den Pflanzen von Hand. Achten Sie darauf, die Pflanzen bei Trockenheit ausreichend feucht zu halten.
- Legen Sie etwa 4 Wochen nach dem Umsetzen ins Beet um jede Pflanze eine Manschette, damit die Stangen bleichen können.

Optimale Wachstumsbedingungen

Für eine optimale Laucherrnte sind mehrere Voraussetzungen nötig: Säen Sie die Samen im März in nährstoffreichen Boden und pflanzen Sie die Setzlinge 10–12 Wochen später, wenn sie etwa bleistiftdick sind, ins vorbereitete Freibeet um, wobei die Pflanzen in Abständen von 25 cm stehen sollten. Noch größer werden die Lauchpflanzen, wenn Sie die Abstände auf 30 cm ausdehnen.

Mini-Lauch

Ein besonders feines Aroma liefert der zarte Mini-Lauch, der in Abständen von 1–2 cm in Reihen mit 15 cm Abstand direkt ins Freibeet ausgesät und nicht wie andere Laucharten erst unter Glas gezogen und dann später ausgepflanzt wird. 3–4 Monate nach der Aussaat, wenn die Stangen etwa bleistiftdick geworden sind, können Sie ernten.

Jungpflanzen kürzen

Triebe und Wurzeln der Jungpflanzen werden vor dem Auspflanzen heutzutage in der Regel nicht mehr zurückgeschnitten, da diese Maßnahme weder das Wachstum noch den Ertrag fördert. Sinnvoll ist es jedoch, die Blattspitzen mit der Schere etwas einzukürzen, wenn sie nach dem Umpflanzen so lang sind, dass sie den Boden berühren.

Lauch in der Erde bleichen

Damit die Lauchstangen bleichen können, müssen sie besonders tief wurzeln. Ziehen Sie dafür knapp 8 cm tiefe Furchen in das Beet. Bohren Sie in diese Furchen in ausreichenden Abständen etwa 8 cm tiefe Pflanzlöcher, setzen Sie die Pflänzchen hinein und gießen Sie abschließend vorsichtig, um etwas Erde über und zwischen die Wurzeln zu spülen; die Pflanzlöcher werden sich beim Gießen und Jäten nach und nach weiter mit Erde füllen.

Bleichen mit Manschetten

Eine andere Bleichmöglichkeit sind Manschetten. Setzen Sie die Pflanzen in diesem Fall nur etwa 8 cm tief. Sind die Pflanzen dann 15 cm hoch, stülpen Sie je eine Röhre aus stabiler Wellpappe oder ein Stück Plastikabflussrohr mit einem Durchmesser von 5–8 cm über die Stangen, sodass kein Licht an die Pflanzen gelangt.

Ernte vor dem Frost

Ist im Winter starker Frost vorausgesagt, graben Sie am besten einige Lauchstangen aus und lagern sie im Schuppen oder im Keller, damit Sie immer Vorrat haben. Wickeln Sie die Stangen dafür so in Sackleinen oder Zeitung, dass die Blattspitzen frei bleiben.

Gleichmäßige Stangen

Bei der Laucherrnte sind häufig einige Stangen schon dick, andere dagegen noch dünn. Das lässt sich umgehen, wenn Sie 'Carlton', die erste F_1-Hybride für die Sommerernte, pflanzen. Sie ist zwar die teuerste Sorte im Handel, aber die Investition lohnt sich, denn bei ihr sind die reifen Stangen in der Regel alle gleich dick.

Lavendel

Sonnig und trocken

Ein sonniger, trockener Standort ist der ideale Platz für Lavendel, der ursprünglich aus dem warmen Süden stammt. Pflanzen Sie ihn in durchlässigen Boden, der ruhig auch kalkhaltig sein darf, und legen Sie einige Tonscherben in jedes Pflanzloch, um die Drainage zu verbessern. Lavendel kann zwar auch in schweren Böden eine Weile überleben, aber die winterliche Staunässe verkürzt seine Lebensdauer meist erheblich. Der Spätsommer ist die beste Zeit, um alte Pflanzen durch junge Stecklinge zu ersetzen.

Vermehrung durch Stecklinge

Nehmen Sie Ende August oder Anfang September mehrere 8–10 cm lange Stecklinge von halbverholzten, nicht blühenden Trieben und pflanzen Sie diese in Töpfe mit Anzuchterde. Stellen Sie die Töpfe zum Überwintern ins Frühbeet und setzen Sie die Stecklinge mit Beginn des Frühjahrs an ihren endgültigen Standort. In Regionen mit mildem Klima kann man die Stecklinge auch direkt ins Beet pflanzen. (Siehe auch *Stecklinge*)

Duftende Gartenwege

Pflanzen Sie Echten Lavendel (*Lavandula angustifolia*), der bis zu 60 cm hoch und breit werden kann, am besten an Gartenwegen. Seine silbrig grauen Blätter duften an sonnigen Wintertagen ebenso intensiv wie seine blauvioletten Blüten von Juli bis September, sodass Sie seinen einzigartigen Duft das ganze Jahr hindurch im Vorübergehen genießen können.

Von Blau bis Dunkelviolett

Die dunkelvioletten Blüten der Lavendelart *Lavandula angustifolia* 'Hidcote Blue', die ungefähr 60 cm hoch wird, harmonieren wunderbar mit

Mit seinen silbrig blauen oder violetten Blüten, die sich leise im Wind wiegen, und seinem unverwechselbaren intensiven Duft, den man in vielen Blütenpotpourris findet, ist Lavendel ein Symbol für Sommer, Sonne und Wärme.

zart rosafarbenen Rosen wie etwa der süß duftenden Sorte 'Warm Wishes'. Die Sorte 'Twickel Purple' trägt bis zu 10 cm lange violette Blütenstände.

Lavendel trocknen

Lavendel lässt sich ausgezeichnet trocknen und verströmt auch noch nach Monaten seinen intensiven Duft. Zum Trocknen schneiden Sie die Triebe an der Basis ab, sobald die Blüten Farbe angenommen, sich jedoch noch nicht vollständig geöffnet haben, und binden sie bündelweise zusammen.

Dann hängen Sie die Bündel zum Trocknen kopfüber an einen kühlen, luftigen Platz, etwa in den Geräteschuppen oder in den Hausflur.

Bunte Lavendelhecke

Lavendel lässt sich auch zu einer niedrigen duftenden Hecke ziehen, die im Sommer über und über mit Blüten bedeckt ist. Besonders schön wirkt eine Kombination aus unterschiedlichen Lavendelsorten mit violetten, weißen, mauve- und rosafarbenen Blüten. Da die Pflanzen verschieden hoch werden, sollten Sie die Hecke regelmäßig auf die gleiche Höhe zurückschneiden.

Wann schneiden?

Entfernen Sie im Spätsommer alle vertrockneten Blütenstiele und bringen Sie die Pflanzen durch einen Schnitt wieder in Form. Stark wuchernde Pflanzen können Sie außerdem im März oder April noch einmal zurückschneiden, um den Austrieb und ein buschiges Wachstum zu fördern. Allerdings neigt Lavendel dazu, im Lauf der Jahre an der Basis zu verkahlen und sollte daher alle 5–6 Jahre durch neue Pflanzen ersetzt werden.

Weißer Lavendel

Die langen weißen Blütenstände der *Lavandula-angustifolia*-Sorte 'Nana Alba', die vom Juli bis in den September blüht, bilden einen schönen Hintergrund für andere Pflanzen mit intensiveren Blütenfarben.

Schmetterlinge im Garten

Von dem stark aromatischen Duft des Lavendels werden im Sommer auch zahlreiche Schmetterlinge in den Garten gelockt. Schädlinge und Krankheiten haben die robusten Pflanzen dagegen kaum zu befürchten.

Leitern

Aluleiter

Leitern aus Aluminium sind leicht, stabil und praktisch. Erhöhte Vorsicht ist jedoch bei Elektroleitungen geboten, denn eine Berührung kann hier tödlich sein.

Sicherer Untergrund

Auf losem Untergrund sollten die Füße einer Leiter durch eine harte Unterlage gesichert werden, etwa durch ein Brett mit aufgenagelter Leiste oder – für eine Bockleiter – mithilfe von vier Konservendosen.

Kippsicher aufstellen

Beim Anlehnen einer Leiter an die Wand sollten Sie darauf achten, dass die Füße mit dem Boden einen Winkel von mindestens 70 Grad bilden. Bei einem steileren Winkel bekommen Sie leicht Übergewicht nach hinten und fallen herunter.

Spreizbremse

Doppelleitern sollten Sie möglichst weit aufklappen und auf Höhe der dritten Sprosse zur Sicherheit ein Seil als Spreizbremse spannen.

Glatter Boden

Auch bei einer sehr glatten Unterlage sollten Sie die Leiter sichern – etwa mithilfe eines Sand- oder Zementsacks oder mit einem großen Stein. Sie können die Leiter auch an einem

festen Gegenstand wie etwa einem Kellerfenstergitter festbinden.

Regenrinnen schützen

Zum Reinigen von Regenrinnen sollten Sie die Leiter nicht direkt gegen die Rinnen lehnen, die sich dadurch verziehen oder – sofern sie aus Plastik sind – brechen können. Befestigen Sie besser an den Wangen der Leiter zwei rechtwinklige Holzstützen, die an der Mauer aufliegen.

Sicherer Stand

Stellen Sie die Füße seitlich auf die Sprossen, nicht aber in die Mitte, und treten Sie nicht mit der Wölbung der Fußsohlen auf. So können Sie schneller reagieren, wenn Sie schwanken.

Levkojen

Gefüllte Blüten

Gefüllte Levkojen bilden schönere, dichtere und farbenprächtigere Blütenstände als die der einfach blühenden Arten. Außerdem blühen sie länger und duften intensiver als diese.

Intensiver Duft

Manche Levkojensorten haben nur kleine, unscheinbare Blüten, dafür aber einen umso betörenderen Duft, der sich abends und während der Nacht durch den ganzen Garten ausbreitet. Setzen Sie solche Levkojen deshalb einfach hinter die farbintensiveren Pflanzen.

Levkojen aussäen

Die Samen werden Ende März in Anzuchtkästen auf dem Fensterbrett oder im Gewächshaus ausgesät. Bedecken Sie das Saatgut nur leicht mit Erde und pikieren Sie lediglich die kräftigsten Sämlinge. Nach den Eisheiligen können Sie die Pflänzchen dann im Abstand von etwa 15 cm ins Freibeet setzen. Levkojen bevorzugen einen sonnigen Standort mit leicht alkalischem, nährstoffreichem Boden, der zudem gut wasserdurchlässig sein sollte. Vermeiden Sie ein Überdüngen, da die Pflanzen darauf sehr empfindlich reagieren.

Setzlinge aussortieren

Es gibt keine Levkojensorte, deren Sämlinge garantiert nur gefüllte Blüten hervorbringen. Allerdings besteht die Möglichkeit, die Sämlinge, die später aller Wahrscheinlichkeit nach nur einfache Blüten ausbilden werden, frühzeitig auszusortieren. Bei den meisten Sorten entwickeln nämlich dunkelgrüne Sämlinge einfache Blüten, hellgrüne Sämlinge dagegen gefüllte Blüten. Pikieren Sie deshalb zur weiteren Aufzucht nur die hellgrünen Sämlinge und entfernen Sie die dunkelgrünen Pflänzchen. Bei manchen Sorten werden die Setzlinge zuweilen auch danach aussortiert, ob die Blätter grob gezahnt oder ganzrandig sind.

Empfindliche Sämlinge

Levkojensämlinge sind anfällig für Krankheiten, die durch zu viel Feuchtigkeit verursacht werden. Achten Sie deshalb darauf, dass Sie das Anzuchtsubstrat nicht zu häufig gießen. Wenn Sie die Setzlinge beim Umsetzen in die Hand nehmen, sollten Sie die Pflänzchen außerdem immer nur an den Blättern und nie an den Stängeln festhalten.

Levkojen pflegen

Verwelkte Blüten sollten Sie immer gleich entfernen, denn so wird die Bildung weiterer Blüten gefördert. Nach den ersten starken Frösten können Sie die Pflanzen auf den Kompost geben.

DIE RICHTIGE WAHL

Duftende Blüten

Levkojen gehören zur Gattung Matthiola. Ihre duftenden Blüten, die je nach Sorte in kräftigen Farben oder in zarten Pastelltönen leuchten, sind in attraktiven, dichten, traubenförmigen Blütenständen angeordnet.

Sorte	Beschreibung	Blüte
'Beauty of Nice'	Rosa, karminrot, lila; gefüllte Blüten; bis etwa 45 cm hoch	Im Sommerbeet oder im Winter im Gewächshaus
'Brompton'	Gelb, weiß, rosa, karminrot; gefüllte Blüten; bis etwa 45 cm hoch	Im Frühlingsbeet; zum Überwintern in Töpfen geeignet
'Column'	Weiß, rosa, blau, violett; einstänglig; etwa 60–90 cm hoch; große Blütenstände mit dicht gefüllten Blüten; intensiver Duft	Können das ganze Jahr über im Gewächshaus, einige auch im Sommer im Freien gezogen werden
'East Lothian'	Gelb, weiß, rosa, lila; meist gefüllte Blüten; etwa 30 cm hoch	Im Sommer- oder Frühlingsbeet nach der Aussaat im Spätsommer
'Night-scented'	Lila; einfach blühend; duften abends und nachts sehr intensiv; etwa 30 cm hoch	Im Sommerbeet
'Ten Week'	Weiß, rosa, rot, karminrot; schnell wachsend; 20–45 cm hoch	Im Sommerbeet; blühen meist schon 10 Wochen nach der Aussaat

Lilien

Gesunde Zwiebeln

Lilienzwiebeln dürfen niemals völlig austrocknen. Greifen Sie deshalb beim Einkauf zu Zwiebeln mit eng aneinander liegenden Schalen und lassen Sie trockene, brüchige oder zu feuchte Exemplare liegen. Sollten zu Saisonende gekaufte Zwiebeln bereits angetrocknet sein, setzen Sie sie vor dem Auspflanzen am besten für einige Tage in eine Schale mit angefeuchtetem Torf oder feuchten Kokosfasern, damit sie Wasser aufsaugen können.

Den Boden vorbereiten

Lilien benötigen lockere, kalkhaltige Erde, in die Sie vor dem Einsetzen der Zwiebeln etwas Laubkompost oder reifen Kompost zusammen mit etwas Knochenmehl einarbeiten sollten.

Staunässe vorbeugen

Lilien vertragen weder trockenen Boden noch übermäßige Feuchtigkeit. Einen schweren, staunassen Boden sollten Sie deshalb vor dem Einsetzen der Zwiebeln mit grobkörnigem Sand anreichern, um die Wasserdurchlässigkeit zu fördern, und in die Pflanzlöcher um jede Zwiebel herum ebenfalls etwas Sand verteilen.

Die beste Pflanzzeit

Setzen Sie Lilienzwiebeln zwischen Oktober und März an einen sonnigen bis halbschattigen Standort. Nur die Zwiebeln der weißen Madonnenlilie (Lilium candidum) sollten schon Ende August gesetzt werden. Wenn Sie Lilienpflanzen umsetzen wollen, ist der beste Zeitpunkt nach der Blütezeit im Herbst.

Die richtige Pflanztiefe

Bei Lilien, deren Zwiebeln am unteren Ende Wurzeln ausbilden, sollten die Zwiebeln mit der Spitze nach oben 5 cm tief gesetzt werden. Lilien, die sowohl am Stängel als auch am unteren Teil der Zwiebel Wurzeln entwickeln, sollten drei- bis viermal so tief gepflanzt werden, wie die Zwiebeln hoch sind. Eine Ausnahme bildet die weiße Madonnenlilie (Lilium candidum), die so gesetzt werden sollte, dass sich die Spitze der Zwiebel direkt unter der Erdoberfläche befindet.

Vorsichtig jäten

Bearbeiten Sie im Frühjahr, wenn sich die ersten empfindlichen Spitzen gerade eben zeigen, den Boden um die Lilien herum nicht mit der Hacke.

Nährstoffe geben

Lilien sind Starkzehrer, sodass die Bodennährstoffe relativ bald erschöpft sind. Ersetzen Sie deshalb alle 3–4 Jahre im Herbst die Erde über den Zwiebeln und um die Zwiebeln herum durch eine Mischung aus hochwertiger Gartenerde und reifem Kompost im Verhältnis 1:1. Verteilen Sie bei schwerem Boden außerdem einige Hand voll Sand direkt über den Zwiebeln.

Stützhilfe erforderlich

Lilien, die eine Größe von mehr als 1 m erreichen, müssen im Frühjahr mit einem Bambusstab gestützt werden, damit sie bei starkem Wind, wie er in dieser Jahreszeit oft vorkommt, nicht umknicken. Wichtig ist, dass der Stützstab kurz unterhalb der Stelle endet, an der sich voraussichtlich die Blüte entwickeln wird. Binden Sie den Stängel an dem Bambusstab vorsichtig mit etwas Bast fest.

Farbakzente

In Gartenecken mit langweilig grünen Hecken oder Büschen lässt sich frische Farbe bringen, indem man dort einige Pflanzkübel mit Lilien aufstellt. Ihre leuchtenden Farben kommen durch den grünen Hintergrund sehr gut zur Geltung, und wenn sie verblüht sind, können die Kübel wieder weggestellt werden.

Topfpflanzung

Besonders schön zur Geltung kommen Lilien, wenn man sie in Gruppen in einen Topf pflanzt. Füllen Sie dafür eine etwa 3 cm dicke Drainageschicht aus Kies in einen 30 cm tiefen Topf und geben Sie darüber 8–10 cm Pflanzsubstrat auf Torfbasis. Stoßen Sie den Topf mehrmals kräftig auf dem Boden auf, damit sich das Substrat setzt, und drücken Sie es vorsichtig an. Setzen Sie jeweils vier bis fünf Zwiebeln einer Sorte, die am

Die orangefarbenen Lilienblüten heben sich wie züngelnde Flammen von dem grünen Hintergrund ab.

unteren Teil der Zwiebeln Wurzeln bildet, in Abständen von etwa 3 cm so in den Topf, dass sie sich und den Topfrand nicht berühren. Dann füllen Sie Erde auf und drücken sie vorsichtig so an, dass zwischen Erde und Topfrand knapp 3 cm Platz bleiben. Zum Schluss stellen Sie den Topf an einen sonnigen Platz. Lassen Sie die Erde nicht austrocknen und düngen Sie regelmäßig mit Flüssigdünger.

Frühere Blüte

Manche Liliensorten kann man mit einer einfachen Methode früher zum Blühen bringen. Setzen Sie dazu die Zwiebeln im Herbst mit ausreichendem Abstand in Töpfe mit einem Anzuchtsubstrat auf Torfbasis und vergraben Sie die Gefäße im Garten unter einer 10 cm dicken Sandschicht. Im Frühjahr entfernen Sie nach dem Erscheinen der ersten grünen Spitzen nach und nach den Sand, bis die Pflanzen im vollen Tageslicht stehen, wobei die Erde stets feucht gehalten werden sollte. Bringen Sie die Lilien dann ins Gewächshaus oder in ein Zimmer, in dem eine Temperatur von etwa 16 °C herrscht, sodass die Pflanzen zu einer rascheren Blüte angeregt werden. Nach dem Verblühen stellen Sie die Pflanzen an einen schattigen Platz und gießen Sie ausreichend, bis die Blätter eingezogen sind. Dann topfen Sie die Zwiebeln um oder setzen sie in ein sonniges Beet.

Schädlingen vorbeugen

Lilien sind ein bevorzugtes Ziel von Nacktschnecken, die sowohl die Zwiebelspitzen als auch die jungen Blätter anfressen. Deshalb ist es wichtig, die Pflanzen im Frühjahr ausreichend vor diesen Schädlingen zu schützen. (Siehe auch *Schnecken*)

Vorsicht bei Grauschimmel

Bekämpfen Sie Grauschimmel (Botrytis) durch regelmäßiges Spritzen im Frühjahr und Sommer. Bleibt die in warmen, feuchten Sommern häufig auftretende Krankheit längere Zeit unbehandelt, kann es zu Krüppelwuchs an Blättern und Blüten kommen. (Siehe auch *Schädlinge und Krankheiten* S. 348)

Lilienhähnchen

Der Rote Käfer, auch Lilienhähnchen genannt, und seine Larven fressen die Blätter, Stängel und Knospen von Lilien. Durch Absammeln kann der Schaden aber in Grenzen gehalten werden. Der Käfer, von dem es viele Arten gibt, ist in Mitteleuropa vorwiegend rot oder rötlich gelb.

Vermehrung durch Aussaat

Die meisten Lilienarten können durch Samen vermehrt werden, bei bestimmten Sorten oder Hybriden ähneln die Nachkommen dann allerdings nur selten den Eltern und manche blühen erst nach 5 Jahren. Säen Sie die reifen Samen im Herbst in Töpfe mit Anzuchterde aus. Stellen Sie die Pflanzgefäße zuerst über Winter in ein Frühbeet und im Frühjahr dann in ein beheiztes Gewächshaus.

Vermehrung durch Brutzwiebeln

Einige Lilienarten bilden an ihrem unterirdischen Stängelende direkt unter der Bodenoberfläche kleine Zwiebeln, so genannte Brutzwiebeln (Bulbillen), die Sie im Frühherbst abnehmen können. Anschließend entfernen Sie vorsichtig die noch anhaftende Erde, setzen die Brutzwiebeln an einem geeigneten Standort in den Boden und decken Sie zum Schutz vor Kälte im ersten Winter mit einer dicken Mulchschicht ab.

Oberirdische Brutzwiebeln

Bei einigen Lilienarten wie Feuerlilie *(Lilium bulbiferum)* und Tigerlilie *(Lilium tigrinum)* bilden sich die Brutzwiebeln in den Blattachseln. Auch hier nehmen Sie die Zwiebeln am Ende der Saison ab, wenn die Blätter eingezogen sind, und setzen sie knapp 3 cm tief in einen mit Erde gefüllten Topf. Das Pflanzgefäß stellen Sie in ein Frühbeet und pflanzen die Jungpflanzen im kommenden Herbst aus. Setzt man die Brutzwiebeln sofort ins Freiland, fallen die jungen Triebe im nächsten Frühjahr häufig den Schnecken zum Opfer.

Vermehrung durch Zwiebelschalen

Auch aus den äußeren Schalen von Lilienzwiebeln können sich neue Zwiebeln bilden. Trennen Sie zunächst im Herbst vorsichtig mehrere unbeschädigte gesunde Schalen ab. Dann waschen Sie die Schalen gründlich, legen sie 30 Minuten in eine Fungizidlösung und geben sie anschließend so in einen mit Vermiculit gefüllten Plastikbeutel, dass sie sich nicht berühren. Den Beutel binden Sie oben zu und legen ihn an einen warmen Platz, etwa in einen Schrank oder einen Anzuchtkasten, bis sich nach ungefähr 6 Wochen neue Zwiebeln an den Schalen bilden. Lagern Sie den Plastikbeutel anschließend 3 Monate im Gemüsefach des Kühlschranks. Im Frühjahr setzen Sie die Zwiebeln dann mit ausreichendem Abstand in Töpfe mit Anzuchterde, entweder zusammen mit den Schalen oder ohne, und stellen die Töpfe in ein kühles Gewächshaus. Nach 3–5 Jahren werden die Lilien zum ersten Mal blühen.

Löwenzahn

Lücken im Rasen vorbeugen

Wie andere krautige Unkräuter lässt sich auch Löwenzahn rasch mit einem selektiven Unkrautvertilger aus dem Rasen entfernen, zurück bleiben dann allerdings meist einige kahle Stellen, die rasch von anderen Unkräutern besiedelt werden. Um dies zu vermeiden, sollten Sie im März zuerst einen geeigneten Rasendünger ausbringen und den Rasen außerdem regelmäßig einmal wöchentlich mit hoch eingestellten Messern mähen, sodass die Gräser rasch zu neuem Wachstum angeregt werden. Nach etwa einem Monat können Sie dann den selektiven Unkrautvertilger anwenden, weil das Gras jetzt bereits so kräftig wächst, dass es die Lücken schnell füllen wird. Falls nötig, können Sie den Unkrautvertilger nach einem Monat dann noch ein weiteres Mal ausbringen. Siehe auch *Rasenpflege*

Gesundes Frühjahrsgemüse

Lassen Sie einige Löwenzahnpflanzen in einer Ecke Ihres Gartens stehen oder pflanzen Sie eine Reihe Löwenzahn im Gemüsegarten an. Im Frühjahr können Sie dann die jungen, hellen Blätter abschneiden und mit Petersilie, Schnittlauch, Öl und Zitronensaft vermischt als gesunden Salat genießen. Damit die Blätter nicht bitter schmecken, sollten Sie sie einige Tage vor der Ernte durch Zudecken mit umgedrehten Blumentöpfen bleichen. Entfernen Sie außerdem alle Blütenköpfe, ehe die Pflanzen Samen bilden.

Selektive Bekämpfung

Wollen Sie keinen Unkrautvertilger einsetzen, um einige wenige Löwenzahnpflanzen oder andere krautige Unkräuter zu beseitigen, können Sie die Pflanzen einschließlich der Wurzeln mithilfe eines Löwenzahnausstechers entfernen.

Siehe auch *Unkräuter und ihre Bekämpfung* S. 302–303

Luftverschmutzung

Dusche im Sommer

Vor allem bei warmer, trockener Witterung reagieren manche Pflanzen empfindlich auf die Luftverschmutzung. Wenn Sie dann kleinere Bäume, Büsche und Hecken mit etwas Wasser besprühen, sieht das Laub wieder frisch aus.

Hecken als Filter

Bei Gärten an belebten Straßen kann eine Hecke zur Straßenseite hin als Filter dienen, der empfindliche Pflanzen vor Schadstoffen schützt. Geeignete Heckenpflanzen sind Aukube *(Aucuba japonica,* nur in milden Lagen), Flügel-Spindelstrauch *(Euonymus alatus)* und Wintergrüner Liguster *(Ligustrum ovalifoliu).* (Siehe auch *Hecken*)

Magnolien

Großen Bäumen Freiraum geben

Magnolien gehören zu den schönsten blühenden Bäumen in unseren Breitengraden. Gleichzeitig sind sie sehr anspruchsvoll und die großen Arten benötigen viel Platz. *Magnolia salicifolia* beispielsweise wird bis zu 6 m hoch und 3 m breit. Pflanzen Sie solch eine ausladende Magnolie etwa 5 m vom Haus und rund 7 m von anderen Bäumen entfernt, damit sie sich während des Wachstums ausbreiten kann und ihre Pracht richtig zur Geltung kommt. Viele Magnolien gedeihen auch im Schutz von Hauswänden, was u. a. auf die Gartenmagnolie (*Magnolia × soulangiana*) zutrifft, die eine Höhe von rund 5 m erreicht und im zeitigen Frühjahr eine Fülle von rosaweißen Blüten entwickelt.

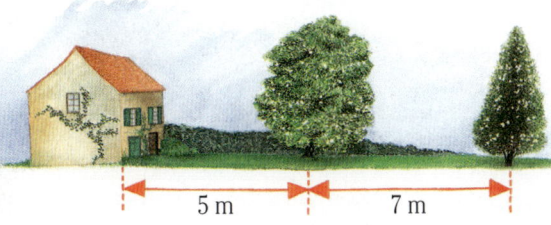

Gute Grundlage

Der Boden, auf dem Magnolien stehen, muss nährstoffreich und etwas lehmig, aber durchlässig sein. Reichern Sie die Erde vor dem Einpflanzen mit Torfmull an. Verteilen Sie jedes Jahr im April reichlich Laubkompost um den Stamm und bedecken Sie die Baumscheibe stets mit Mulch. Im ersten Jahr braucht die Pflanze eine Stütze.

Richtig pflegen

Wässern Sie Magnolien in heißen Sommern ausgiebig, da die Wurzelballen schnell austrocknen. Schneiden Sie die Pflanzen nicht zurück; entfernen Sie nur dürre Äste.

Vor Frost bewahren

Magnolien benötigen einen geschützten Standort, der sie vor Wind und spätem Frost bewahrt. Auch sollte die frühe Morgensonne sie nicht erreichen. Das gilt insbesondere für die früh blühenden Arten wie die Sternmagnolie (*Magnolia stellata*), deren duftende weiße Blüten sich im März und April öffnen.

Schutz vor Hasen

Manchmal knabbern Hasen im Winter an der Rinde junger Magnolien. Wickeln Sie vorsichtshalber Maschendraht unten um den Baumstamm. Ebenso ist es möglich, eine schützende Hülle aus einer Plastikflasche anzufertigen. Dafür schneidet man einfach deren oberen und unteren Teil quer ab, schlitzt sie längs auf und legt sie dann um das Stämmchen.

Vermehrung

Die Vermehrung durch Stecklinge gestaltet sich bei Magnolien meist recht schwierig. Eine Möglichkeit ist, reife Triebstecklinge in einem beheizten Vermehrungskasten zu bewurzeln; der richtige Zeitpunkt dafür ist im Juli. Die erfolgreichere Methode besteht darin, niedrige Zweige im Herbst abzusenken und in fruchtbarem Boden zu befes-

Die kelchförmigen rosaweißen Blüten von Magnolia × soulangiana *entfalten ihre Schönheit lange bevor die Blätter ausgewachsen sind.*

tigen. Ein Jahr später trennt man die neuen Triebe von der Mutterpflanze und versetzt sie an eine andere Stelle im Garten.

Maiglöckchen

Herrlich duftender Bodendecker

Wahrscheinlich erkennt jeder sofort den herrlichen Duft von Maiglöckchen (*Convallaria majalis*), der uns im Mai erfreut. Für Staudenbeete eignet sich die aparte Blume nicht, da sie sich zu schnell ausbreitet, aber unter Bäumen und Sträuchern bildet sie einen bezaubernden Bodendecker. Hier halten ihre Ausläufer auch starkem Wurzeldruck stand. Pflanzzeit ist zwischen September und März. Man setzt einzelne Pflanzen im Abstand von jeweils 10 cm in nicht zu nassen Boden. Jedes zweite Jahr müssen sie, bevor sie durchstoßen, mit etwas Lauberde oder verrottetem Gartenkompost bedeckt werden.

Ein Hauch von Frühling

Graben Sie im Herbst einige Maiglöckchen aus und setzen Sie die Pflanzen in Töpfe, die Sie mit einer Mischung aus lehmhaltiger Erde und Laubkompost gefüllt haben. Stellen Sie die Töpfe in ein ungeheiztes Gewächshaus oder in ein Frühbeet. Die Pflanzen sollten regelmäßig gegossen werden. Holen Sie sich dann am Jahresanfang jede Woche einen Topf mit blühenden Blumen – und damit den Vorfrühling – ins Haus.

Die Blüte beschleunigen

Gießen Sie Ihre Maiglöckchen im März, falls der Boden trocken ist, und bauen Sie anschließend einen wärmenden Glastunnel über den Pflanzen, der dazu beiträgt, ihr Wachstum zu beschleunigen. Legen Sie bei sehr niedrigen Temperaturen nachts als zusätzlichen Schutz Zeitungspapier über die Abdeckung. Entfernen Sie den Tunnel wieder, sobald die ersten Blätter sprießen.

Seltenere Sorten

Außer dem allgemein bekannten Maiglöckchen mit weißen glockenförmigen Blüten gibt es noch andere hübsche Sorten. 'Plena' hat gefüllte und 'Rosea' rosafarbene Blüten, während die seltene 'Albostriata' duch ihre grüngolden gestreiften Blätter auffällt.

Majoran

Empfindlich gegen Kälte

Majoran oder Wurstkraut (*Origanum majorana*) stammt aus dem Mittelmeerraum und verträgt deshalb keine Kälte. Bei uns wird er meist einjährig kultiviert. Mischen Sie zu Beginn des Frühjahrs Majoransamen mit feinem Sand und nehmen Sie die Aussaat in einer mit feuchter Anzuchterde gefüllten Schale vor. Stellen Sie das Gefäß in ein Gewächshaus oder auf eine Fensterbank im Haus. Besprühen Sie die Anzuchterde bei Bedarf mit Wasser, bis die Samen keimen. Im Frühsommer pflanzen Sie die Sämlinge an einem sonnigen geschützten Standort mit durchlässigem und humusreichem Boden aus, wo der Majoran eine Höhe von 20–50 cm erreichen wird. Ebenso ist es möglich, das Kraut in einem Topf nach draußen zu stellen, den Sie dann im Herbst wieder ins Haus holen. Manchmal übersteht Majoran den Winter.

Kreta-Oregano

Kreta-Oregano (*Origanum onites*) hat ein kräftigeres und fruchtigeres Aroma als sein Verwandter, der mildwürzige Majoran. Er wächst mehrjährig, bildet rosafarbene Blüten und erreicht eine Höhe von 45–60 cm. Man sät ihn zu Frühjahrsbeginn an einem geschützten Standort in lockerem, gut drainiertem Boden direkt ins Freiland. Er gedeiht auch in Kübeln auf der Terrasse oder dem Balkon und ebenso im Haus.

Unverkennbar kräftige Würze

Aus der Mittelmeerküche ist Oregano oder Gewöhnlicher Dost (*Origanum vulgare*) nicht wegzudenken. In griechischen Rezepten wird er Rigani genannt. Die Anzucht des Krautes mit dem unverkennbar intensiven Geschmack ist leicht. Säen Sie es im April in Reihen mit jeweils 25 cm Abstand aus. Die Pflanzen erreichen eine Höhe von ungefähr 60 cm. Kräftige Exemplare lassen sich später teilen und an anderen Stellen wieder einsetzen. Oregano braucht einen sonnigen Platz und eher mageren Boden, der nur mit reifem Kompost gedüngt werden sollte. Er eignet sich auch wunderbar als Wegbegrenzung, denn schon bei leichten Berührungen verströmt er seinen würzigen Duft.

Malven

Unzählige Trompetenblüten

Wer Bauerngärten mag, sollte nicht auf buschige Sommermalven (*Lavatera trimestris*) verzichten, die im Spätsommer und Herbst blühen und mit ihren trompetenförmigen Blüten eine üppige Zierde in Beeten oder Rabatten darstellen. Besonders wirkungsvoll sind die einjährigen Blumen als Hintergrundbepflanzung, denn sie werden bis zu 1 m hoch. Die Blüten von 'Mont Blanc' leuchten schneeweiß, während 'Loveliness' und 'Silver Cup' in unterschiedlich intensiven Rosatönen erstrahlen.

Aussaat im Frühjahr

Säen Sie Malvensamen im März unter Glas aus oder im April direkt an einem sonnigen Ort im Freiland. Bedecken Sie die Saat mit etwas Erde, die allerdings nicht allzu nährstoffreich sein sollte, damit das Blattwachstum nicht übermäßig gefördert wird.

Farbenzauber in Kübeln

Bestimmte Malvenarten entfalten auch in Kübeln ihre volle Pracht, beispielsweise die strauchartige *Lavatera olbia*, die bis zu 2,4 m hoch wächst und

zwischen Mai und November zahlreiche rosafarbene Blüten entwickelt. Ebenso eignet sich der Malvenbaum (*L. arborea*) für die Kübelkultur; einen sehr attraktiven Blickfang bildet die Sorte 'Variegata'.

Mangold

Verwandter des Spinats

Mangold schmeckt ähnlich wie Spinat, hat aber dickere Blätter. Beide Pflanzen gehören zur Familie der Gänsefußgewächse, doch der zweijährige Mangold benötigt längere Zeit zur Samenbildung als sein Verwandter, der einjährig ist.

Buntes Gemüsebeet

Neben dem Schnittmangold (*Beta vulgaris* var. *cicla*), auch Beet- oder Beißkohl genannt, gibt es den Stiel- oder Rippenmangold (*B. v.* var. *vulgaris*) mit roten oder weißen Stängeln, die wie Spargel zubereitet werden. Zusammen mit Kapuzinerkresse, purpurfarbenem Basilikum oder dekorativen Gemüsesorten wie Zierkohl bringt insbesondere Stielmangold leuchtende Farben ins Gemüsebeet. Empfehlenswert sind hierbei die Sorten 'Lukullus' (weißstielig) sowie 'Feurio' und 'Vulkan' (rotstielig).

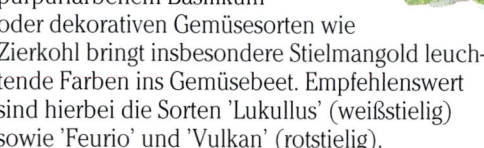

Anbau

Säen Sie Mangoldsamen im April auf ein Beet, das Sie im Herbst zuvor mit Kompost, Mulch und einer kleinen Menge organischem Dünger vorbereitet haben. Lassen Sie bei Blattmangold 30 cm Abstand zwischen den Saatreihen; verziehen Sie die Pflanzen später auf 15–20 cm Abstand zueinander. Bei Rippenmangold müssen die Entfernungen zwischen den Reihen und den einzelnen Pflanzen jeweils 40 cm betragen.

Lange Erntezeit

Mangold lässt sich den ganzen Sommer über ernten. Man benutzt kein Messer, sondern pflückt mit der Hand von jeder Pflanze stets nur ein oder zwei äußere Blätter ab; so regt man neues Wachstum an. Gießen Sie ausgiebig bei Trockenheit.

Unkräuter bekämpfen

Halten Sie Unkräuter in Schach, indem Sie Ihren Mangold mit schwarzer Plastikfolie bedecken und nur durch Schlitze wachsen lassen.

Marienkäfer

Weit verbreitet

Marienkäfer leben in Wäldern, auf Wiesen und in Städten. Ihre weite Verbreitung erklärt sich u.a. aus der Tatsache, dass sie wenig natürliche Feinde haben. Für Vögel sind sie giftig; ihre Signalfarben warnen die gefiederten Tiere davor, sie zu verspeisen.

Biologische Schädlingskontrolle

Über die Anwesenheit von Marienkäfern kann sich jeder Gärtner besonders freuen. Die Weibchen legen jeweils etwa 200 Eier auf Pflanzen, die mit Blattläusen befallen sind. In den 3 Wochen ihrer Entwicklung zum ausgereiften Insekt vernichten die schieferblauen Larven Hunderte der Schädlinge.

DIES UND DAS

Beliebte Nützlinge

In Deutschland kommen etwa 70 Marienkäferarten vor, die sich stark in Farbe und Anzahl der Flecken auf ihren Flügeldecken unterscheiden. Darunter gibt es sogar vollkommen schwarze Tiere und auch einen Vegetarier, der von Mehltaupilzen lebt und 22 Punkte trägt. Alle Marienkäfer sind Nützlinge und somit jedem Gärtner willkommen.

Mauerbegrünung

Triste Anblicke verdecken

Mit Mauerpflanzen lassen sich langweilige oder hässliche Mauern, Schuppen, Garagen und Zäune in attraktive Blickfänge verwandeln. Im Verhältnis zu ihrer Größe benötigen die Pflanzen nur wenig Bodenfläche, weshalb sie sich auch optimal zur Verschönerung trister Stellen in kleinen Gärten, auf Terrassen und auf Balkonen eignen.

Ausreichend Platz gewähren

Begrünen Sie Mauern mit Sträuchern oder Kletterpflanzen, indem Sie zuerst ein 30–50 cm tiefes Loch in die Erde graben; die Wurzeln müssen darin ausreichend Platz haben. Füllen Sie die Aushebung reichlich mit organischem Material wie gut verrottetem Kompost oder Mist auf, damit der Boden ausreichend Feuchtigkeit speichert. Anschließend setzen Sie die Pflanzen im Abstand von mindestens 30 cm zur Mauer ein und füllen

das Loch mit Erde auf. Achten Sie darauf, dass sich die Gewächse etwas zu der Wand neigen, während die Wurzelspitzen leicht in die andere Richtung wachsen sollten.

Lärm ausblenden

Eine 20–30 cm dicke Begrünung an der Wand eines Balkons oder einer Terrasse dämpft wirkungsvoll den Lärm, der von einer Straße oder aus der Nachbarschaft zu Ihnen dringt.

Neuen Mauern schnell Patina geben

Einer neuen unverputzten Natursteinmauer kann man leicht etwas Patina geben. Füllen Sie einfach Erde in die Ritzen und streuen Sie jeweils ein paar Mauerpflanzen-Samen hinein. Gießen Sie die betreffenden Stellen regelmäßig und setzen Sie dafür entweder eine feinporige Brause auf Ihre Gießkanne oder einen entsprechenden Aufsatz auf Ihren Gartenschlauch.

Steine erblühen lassen

Blaukissen (*Aubrieta*), Schleierkraut (*Gypsophila repens*), Seifenkraut (*Saponaria ocymoides*) und Sonnenröschen (*Helianthemum*) überziehen eine unansehnliche alte Steinmauer mit Blüten. Geben Sie jeweils einige Samen in eine Hand voll feuchte Erde, die Sie dann zu einer Kugel formen und mit etwas feuchtem Moos umhüllen. Drücken Sie

---

DIE RICHTIGE WAHL

Schmuck für Ritzen und Löcher

Selbst triste graue Mauern werden zu einer Augenweide, sobald sich die hier aufgelisteten Pflanzen in ihren Fugen ausbreiten.

Pflanzen für sonnige Mauern

Acker-Hornkraut (*Cerastium arvense*), Baldrian (*Valeriana*), Bitterwurz (*Lewisia*), Blaukissen (*Aubrieta*), Flammenblume, alpine Arten (*Phlox*), Glockenblume, Zwerg- und rankende Formen (*Campanula*), Lichtnelken (*Silene acaulis*, *S. uniflora*), Lerchensporn (*Corydalis*), Scheinmohn (*Meconopsis cambrica*), Storchschnabel (*Erodium*), Steinkraut, Zwerg- und rankende Formen (*Alyssum*), Thymian (*Thymus*)

Pflanzen für schattige Mauern

Gänsekresse (*Arabis*), Glockenblume (*Campanula*), Gelber Lerchensporn (*Corydalis lutea*), Schildfarn (*Polystichum setiferum*), Steinbrech (*Saxifraga*), Stiefmütterchen (*Viola*), Schwarzer Streifenfarn (*Asplenium adiantum-nigrum*), Mauer-Zimbelkraut (*Cymbalaria muralis*)

An solch einer Mauer geht niemand achtlos vorbei. Blaukissen (Aubrieta) und Steinkraut (Alyssum) bedecken den Steinwall mit einem Blütenmeer. Am Fuß der Mauer erstrahlen Trogpflanzen in leuchtenden Farben.

die Kugel behutsam in eine Mauerritze und bearbeiten Sie auf diese Weise die gesamte Mauer. Überlegen Sie vorher genau, wo die Pflanzen wachsen sollen, damit sich später ein stimmiges Bild ergibt. Gießen Sie reichlich; das Moos hält die Erde feucht und fördert die Keimung der Samen.

Dauerhafte Verschönerung

Pflanzen mit dichtem immergrünem Laubwerk bedecken eine hässliche Mauer dauerhaft. Spindelstrauch oder Pfaffenhütchen (*Euonymus*), kriechend wachsendes Geißblatt (*Lonicera japonica* 'Halliana'), Feuerdorn (*Pyracantha*) und diverse Rosensorten wie 'Gloire de Dijon', 'Guinée' und 'Mme Alfred Carrière' eignen sich besonders dazu. Anspruchslos ist Efeu (*Hedera helix*); die meisten Arten gedeihen selbst bei sehr schlechten Bodenverhältnissen noch.

DIE RICHTIGE WAHL

Pflanzen, die an Mauern und Hauswänden gedeihen

Je nach Lage zu einer bestimmten Himmelsrichtung eignen sich unterschiedliche Gewächse zur Pflanzung an Steinwänden. Die Tabelle bietet Ihnen eine Orientierungshilfe bei der Auswahl.

Für nördliche und östliche Mauern geeignet
Sträucher
Berberitze *(Berberis × stenophylla)*
Felsenmispel *(Cotoneaster horizontalis)*
Feuerdorn *(Pyracantha)*
Japanische Quitte oder Zierquitte *(Chaenomeles)*
Johannisbeere *(Ribes sanguineum)*
Ranunkelstrauch *(Kerria japonica)*
Stechpalme *(Ilex)*
Winterjasmin *(Jasminum nudiflorum)*

Kletterpflanzen
Akebie *(Akebia quinata)*
Baumwürger *(Celastrus orbiculatus)*
Breitblättrige Platterbse *(Lathyrus latifolius)*
Efeu *(Hedera helix)*
Geißblatt *(Lonicera periclymenum)*
Hortensie *(Hydrangea anomala ssp. Petiolaris)*
Rose *(Rosa* 'Danse du Feu')
Schisandra *(Schisandra chinensis)*
Schlingknöterich *(Fallopia baldschuanica)*
Scheinrebe *(Ampelopsis glandulosa var. Brevipedunculata)*
Spindelstrauch *(Euonymus fortunei)*
Waldrebe *(Clematis alpina, C. macropetala, C. montana)*
Wilder Wein *(Parthenocissus)*
Zierrebe *(Vitis coignetiae)*

Für südliche und westliche Mauern geeignet
Sträucher
Schneeball *(Viburnum × burkwoodii* und *V. macrocephalum)*

Kletterpflanzen
Geißblatt *(Lonicera × brownii* 'Dropmore Scarlet')
Glyzine *(Wisteria)*
Hopfen *(Humulus lupulus)*
Rose *(Rosa)*
Strahlengriffel *(Actinidia colomikta)*

Einjährige Kletterpflanzen
Duftwicke *(Lathyrus odoratus)*
Flaschenkürbis *(Cucurbita pepo)*
Kapuzinerkresse *(Tropaeolum majus)*
Schwarzäugige Susanne *(Thunbergia alata)*

Obst und Gemüse
Aprikosen *(Prunus armeniaca)*
Bohnen, verschiedene Arten
Feigen *(Ficus carica)*
Gurken (z. B. *Cucumis sativus)*
Pfirsiche *(Prunus persica)*
Weintrauben, verschiedene Züchtungen *(Vitis vinifera)*
Zucchini *(Cucurbita pepo* convar. *giromontina)*

Die scharlachroten Beeren des Feuerdorns (Pyracantha) *bringen Farbe in düstere Wintertage. Die Pflanze entwickelt ein dichtes Blattwerk und mag alle Böden.*

Warme Hauswände nutzen
An Hauswänden, hinter denen sich ein Kamin, ein Warmwasserspeicher oder eine sonstige Wärmequelle befindet, lassen sich in der kalten Jahreszeit erfolgreich blühende Sträucher und Kletterpflanzen wie Schneeforsythien *(Abeliophyllum distichum)* und Winterblüte *(Chimonanthus praecox)* ziehen.

Berankung mit Kübelpflanzen
Möchten Sie eine Hauswand interessanter gestalten, vor der sich kein Erdreich befindet? Dann stellen Sie Kübel mit Kletterpflanzen sehr nah vor die Mauer. Die Gefäße sollten unbedingt ein Drainageloch haben. Bei Gewächsen, die nicht selbst ranken, ist es erforderlich, Stützen z. B. aus Draht anzubringen, die Sie in waagrechten Reihen mit einem Abstand von jeweils 30 cm zueinander am Mauerwerk befestigen. Gießen Sie die Pflanzen häufig, vor allem an heißen Tagen. Schützen Sie die Berankung vor Winterfrösten, indem Sie die Kübel in Stroh, Luftpolsterfolie oder ein anderes isolierendes Material einschlagen.

Junge Gewächse verankern
Jungpflanzen werden leicht durch starken Regen oder kräftiges Gießen aus Mauerritzen gewaschen. Verankern Sie die Wurzeln deshalb gut, indem Sie Röllchen aus Knetmasse um die Basis der kleinen Pflanzen legen und sie damit fest ins Mauerwerk drücken.

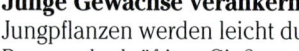

Tomaten als Bewuchs
Auch Buschtomaten sind an einer Mauer gut aufgehoben, wenn sie dort einen sonnigen Standort haben. Allerdings eignen sich nur bestimmte Sorten für diesen Zweck, darunter 'Tumbler' für niedrige Wälle und 'Red Alert' sowie 'Tornado' für höhere Steinwände.

Eine gute Obsternte
An einer südlichen oder westlichen Mauer machen sich Obstbäume und -büsche ideal. Durch die geschützte Lage und die Wärme, die von der Steinwand gespeichert und an die Pflanzen abgegeben wird, reifen die Früchte früher und regelmäßiger als an einem ungeschützten Standort.

Blüten- und Fruchtbildung fördern
Befestigen Sie die unteren Äste eines Obstbaums oder -busches im rechten Winkel zum Stamm bzw. zum Haupttrieb der Pflanze an der Mauer. So fördern Sie auch im bodennahen Bereich die Blüten- und Fruchtbildung.

Sträucher befestigen
Sträucher, die man an Mauern zieht, müssen an den Rankhilfen angebunden werden, während sich viele Kletterpflanzen selbstständig um die Stützen schlingen.

Blütenspalier

Falls Sie keine Mauer in Ihrem Garten haben, aber dennoch „grüne Wände" ziehen möchten, so kaufen Sie ein robustes Spalier und lassen Sie sehr dicht daran Kletterpflanzen wachsen. Wählen Sie Arten, die zu unterschiedlichen Zeiten blühen und Früchte tragen, damit Sie über mehrere Monate hinweg einen optimalen optischen Effekt erzielen.

Blütenkaskaden

Beetpflanzen wie Lobelien (*Lobelia*), Efeupelargonien (*Pelargonium-Peltatum*-Hybriden) und Petunien (*Petunia*) sorgen an Mauern für eine kaskadenartige Blütenpracht, wenn man sie in Blumenampeln oder -kästen pflanzt.

Herbstliches Farbenmeer

Wilder Wein und Zierwein bringen im Herbst außerordentlich prachtvolles buntes Laub hervor und überziehen Mauern wie Hauswände schnell mit einem dichten Blätterkleid. Die meisten Arten und Sorten klettern mindestens bis zu 3,5 m hoch und vertragen sonnige wie schattige Standorte. Sollen die Reben jedoch üppig fruchten, so brauchen die Pflanzen einen Platz an einer Süd- oder Südostseite.

Siehe auch *Kletterpflanzen, Spaliere*

Mauern

Auswahl von Ziegelsteinen

Achten Sie darauf, dass Sie für den Bau einer Gartenmauer frostunempfindliche Ziegelsteine wählen. Manche Steine eignen sich nur für den Innenausbau von Häusern.

Wärmespeicher

Ziegelsteinmauern geben die tagsüber gespeicherte Wärme nachts wieder ab. Damit schützen sie Pflanzen, die dicht an ihnen emporwachsen, wirksam vor Frost.

Romantische Patina

Bestreichen Sie die Ziegel oder Steine einer Mauer dünn mit einer Mischung aus Mehl, Milch und konzentriertem Flüssigdünger auf Seetangbasis. Damit regen Sie das Wachstum von Algen, Moosen und Flechten an, die einer Steinwand eine romantisch wirkende Patina verleihen.

Das Auge täuschen

Kreieren Sie ein ungewöhnliches Augenmerk in Ihrem Garten, indem Sie eine Grenzmauer mit einem Motiv bemalen, das für optische Weite sorgt, beispielsweise mit einem Bogen oder einem Tor, hinter dem sich eine reizvolle Landschaft auftut.

Maulbeeren

Ein Gehölz, das die Sonne liebt

Maulbeeren gedeihen in Deutschland nur im Weinbauklima und brauchen unbedingt einen geschützten Standort sowie durchlässigen nährstoffreichen Boden. Der pH-Wert muss unter 7 liegen; in saure Erde arbeitet man vor dem Pflanzen Algenkalk ein. Es empfiehlt sich, Maulbeeren als Spalier an einer warmen Wand zu ziehen.

Pflanzzeiten

Pflanzen Sie einen Maulbeerbaum entweder im Frühjahr oder im Herbst. Bedecken Sie junge Gehölze mit Tannenreisig oder Stroh.

Die Schwarze Maulbeere (Morus nigra) bringt köstliche Früchte hervor. Die Pflanze wurde zum Aufbau der Seidenindustrie aus Asien nach Europa gebracht, denn von ihren Blättern ernährt sich die Seidenraupe.

Drei Arten

Sie haben die Wahl zwischen Schwarzen (*Morus nigra*), Weißen (*M. alba*) und Roten Maulbeeren (*M. rubra*). Im Juli und August bilden sich aus kleinen Kätzchen die brombeerartigen Früchte. Schwarze Maulbeeren haben das beste Aroma. Drücken Sie die Früchte durch ein Stück Mulltuch, damit die Kerne zurückbleiben, und stellen Sie köstliche Desserts oder Marmeladen daraus her.

Mit Handschuhen ernten

Tragen Sie bei der Ernte möglichst alte Kleidung und Handschuhe, denn durch Maulbeersaft verursachte Flecken lassen sich nur schwer entfernen. Das gilt auch für Autolack. Stellen Sie deshalb nie Ihren Wagen unter einem Maulbeerbaum oder in dessen Nähe ab. Schütteln Sie die Früchte am besten auf Tücher oder eine Folie, die Sie unter das Gehölz legen.

Alte Bäume stützen

Frei stehende Maulbeerbäume werden etwa 8 m groß und bringen nach 5–6 Jahren einen vollen Ertrag. Ältere Hölzer brauchen Stützen, damit sie nicht unter dem Gewicht der Früchte abbrechen. Dafür eignen sich beispielsweise gegabelte Äste hervorragend.

Maulwürfe

Schaden und Nutzen

Maulwürfe werden bis zu 17 cm lang, haben ein samtiges dunkles Fell und kräftige Pfoten, die Schaufeln ähneln. Die Tiere sind halb blind. Beim Graben ihrer unterirdischen Gänge häufen sie Erdhügel an, die Rasenflächen und Beete verunzieren. Doch die Anwesenheit der Wühler bringt auch Vorteile, weil sie sich von Schädlingen ernähren, etwa von Drahtwürmern, Engerlingen, Mückenlarven, Nacktschnecken, Raupen und Schnellkäfern. Zudem sorgen ihre Gangsysteme in feuchten Teilen des Gartens für eine gute Drainage des Bodens. Die Tiere stehen unter Naturschutz und es ist verboten, chemische Mittel gegen sie einzusetzen.

Den Störenfried aufspüren

Gehen Sie im Morgengrauen oder in der Abenddämmerung in den Garten und erkunden Sie, wo ein Maulwurf, der Sie stört, gerade am Werk ist. Sollten Sie ihn ausfindig machen, dann graben Sie ihn vorsichtig aus, setzen ihn in einen Eimer und entlassen ihn außerhalb Ihres Gartens wieder in die Freiheit.

Natürliche Vertreibungsmethoden

Katzenhalter haben in der Regel keine Last mit Maulwürfen, während andere Gartenbesitzer auf sonstige natürliche Vertreibungsmethoden zurückgreifen müssen, beispielsweise indem sie für Geräusche und Gerüche sorgen, die

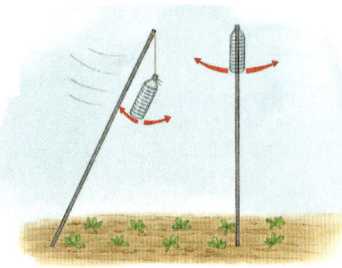

den Wühlern höchst unangenehm sind. So fühlen sich die Tiere durch den Lärm belästigt, den eine Plastikflasche bei Wind durch ihr Schlagen gegen einen Stab erzeugt. Sobald die Tiere auf Brombeerzweige in ihren Gängen stoßen, suchen sie ebenfalls das Weite. Außerdem mögen sie den Geruch von Kreuzblättriger Wolfsmilch (*Euphorbia lathyris*) überhaupt nicht.

Seismische Schwingungen

Seit einiger Zeit gibt es ein Gerät auf dem Markt, das alle 15 Sekunden seismische Schwingungen aussendet. Die Wellen sind für den Menschen nicht spürbar, doch Maulwürfe empfinden sie wie ein Erdbeben und suchen sich spätestens nach einer Woche einen neuen Ort zum Graben.

Meerrettich

Gerade Wurzeln

Pflanzen Sie Meerrettich (*Armoriaca rusticana*) in Stücke von Abflussrohren, die Sie senkrecht in den Boden gesteckt und mit einer Kompost-Erde-Mischung gefüllt haben.

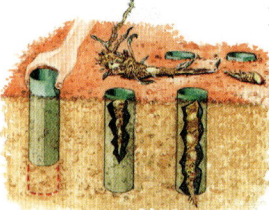

So entwickeln die Pflanzen gerade dicke Wurzeln. Außerdem verhindern Sie mit dieser Methode, dass die Pflanze übermäßig wuchert. Meerrettich gedeiht in voller Sonne oder leichtem Schatten.

Ganzjähriger Genuss

Graben Sie Meerrettich im Sommer und Herbst nach Bedarf aus. Holen Sie im November, noch bevor die ersten Fröste einsetzen, alle verbliebenen Wurzeln aus der Erde. Lagern Sie Ihren Meerrettich in Kisten mit Erde oder Torf. So hält er sich bis zur nächsten Ernte. Pflanzen Sie im folgenden März oder April die kleinsten Wurzeln oder eine Reihe von Seitenwurzeln wieder ins Freiland. Sie dürfen nur mit einer dünnen Schicht Erde bedeckt werden.

Melonen

Samen richtig einpflanzen

Stecken Sie Ende März oder Anfang April jeweils drei Melonensamen mit der Spitze nach unten in einen Topf mit Anzuchterde, die Sie anschließend gründlich bewässern. Ziehen Sie Klarsichtfolie über den Topf und stellen Sie ihn an eine warme Stelle im Gewächshaus. Entfernen Sie die Klarsichtfolie, sobald die Samen keimen, was nach 2–3 Wochen der Fall ist. Pflanzen Sie jeweils den kräftigsten Setzling in einen größeren Topf oder ins Frühbeet.

Rankhilfe im Gewächshaus

Stützen Sie den Haupttrieb Ihrer Melonenpflanzen (*Cucumis melo*) jeweils mit einem Stab, von dem aus Sie in Abständen von je 30 cm mehrere Drähte waagrecht zu den Pfosten Ihres Gewächshauses spannen. Binden Sie die Seitentriebe an den Drähten fest. Entspitzen Sie den Haupttrieb, sobald er den obersten Draht erreicht. Geizen Sie die Seitentriebe aus, nachdem sich fünf Blätter entwickelt haben.

Fruchtbildung fördern

Beschneiden Sie Jungpflanzen aus Frühbeeten dreimal; das fördert die Fruchtbildung. Entspitzen Sie den Haupttrieb, sobald er vier große Blätter trägt, und zwar über den ersten beiden davon. Schneiden Sie bei der zweiten Maßnahme alle neuen Triebe über dem dritten Blatt ab. Sobald sich erste Früchte zeigen, müssen die Triebe erneut gekürzt werden; schneiden Sie die Spitzen diesmal zwei Blätter über jeder Frucht ab. Beseitigen Sie außerdem alle Triebe, die keine Früchte tragen.

Im Frühbeet

Insbesondere Sorten der Cantalupmelone eignen sich für die Zucht in einem Frühbeet. Ende

Mai können sie hineingepflanzt werden. In einem Kasten, der nach Süden liegt, entwickelt sich viel Wärme. Öffnen Sie ein solches Frühbeet am Tag, damit die Sonne die Blätter nicht verbrennt. Schließen Sie es bei Regen, denn zu viel Feuchtigkeit begünstigt Stängelfäule.

Bestäubung von Hand

In kühlen und regnerischen Sommern empfiehlt es sich, die Befruchtung von Melonen von Hand vorzunehmen. Dazu drückt man die Staubgefäße einer männlichen Blüte auf die Narbe einer weiblichen Blüte. Sie erkennen weibliche Blüten daran, dass sie im Gegensatz zu männlichen eine kleine melonenähnliche Schwellung hinter den Blütenblättern aufweisen. Wählen Sie einen trockenen Tag für die Bestäubung.

Unkräuter hemmen

Legen Sie schwarze Folie oder dicke Wellpappe auf die Anbaufläche für Ihre Melonen und lassen Sie die Pflanzen durch

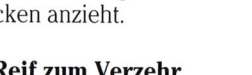

Löcher in der Bedeckung wachsen. So halten Sie Unkräuter zurück und vermindern die Verdunstung der Bodenfeuchtigkeit.

Bodenkontakt vermeiden

Melonen sollten nicht direkt auf dem Boden liegen, weil sie dort leicht faulen. Legen Sie die Früchte auf Dachziegel oder Brettchen, sobald sie so groß wie Orangen sind. Ziegel haben den Vorteil, dass sie die Sonnenwärme aufnehmen und an die Pflanzen weitergeben. Stellen Sie Bierfallen rund um die Pflanzen auf, weil die feuchte Erde unter den Dachziegeln Schnecken anzieht.

Reif zum Verzehr

Eine Melone ist reif, sobald sich an ihrem Stielansatz ein kleiner Riss zeigt und die Schale auf der gegenüberliegenden Seite bei Druck etwas nachgibt. Lassen Sie beim Ernten ein Stück des Stieles an der Frucht. So hält sie sich einige Tage.

Messhilfen

Längeneinheiten markieren

Aus dem Stiel einer Harke oder einem schmalen, etwa 1,5 m langen Holzstück lässt sich leicht eine Messhilfe zum Pflanzen herstellen. Markieren Sie mit einem wasserfesten Stift Längeneinheiten von jeweils 15 cm auf dem betreffenden Objekt. Beim Kennzeichnen einer Harke drücken Sie am besten die Zinken des Geräts in den Boden, damit es nicht verrutscht.

Pflanztiefen überprüfen

Teilen Sie eine Pflanzhilfe und das Blatt einer Pflanzschaufel in 5 cm lange Abschnitte, die Sie mit einem scharfen Gegenstand einkerben. So gehen Sie sicher, dass Sie beim Pflanzen Löcher in der jeweils empfohlenen Tiefe für unterschiedliche Gewächse

stechen. Messen Sie außerdem die Länge Ihres Spatenblatts, damit Sie in der Lage sind, die Tiefe größerer Löcher zu schätzen.

Fassungsvermögen feststellen

Manche Gießkannen haben keine Markierungen, an denen man das Fassungsvermögen ablesen kann. Es lässt sich hier durch Auffüllen mit einem Messbecher feststellen; in der Regel sind es 7 oder 9 l. Bei einer durchsichtigen Plastikgießkanne markiert man mit einem wasserfesten Stift außen die Maßeinheiten auf dem Gefäß. Der Wasserbedarf Ihrer Pflanzen ist abhängig von der Bodenbeschaffenheit und vom Wetter, doch als Faustregel gilt: Gießen Sie Blattpflanzen oder Früchte tragende Gewächse im Sommer einmal wöchentlich und bei Trockenheit zweimal wöchentlich.

Empfohlene Gartengröße

In der Regel liefert ein 100 m² großer Garten, den man durch Folgesaaten, Zwischensaaten und eine enge Bepflanzung optimal nutzt, ausreichend Gemüse für eine vierköpfige Familie. Allerdings finden Blumenkohl, Kartoffeln und Rosenkohl auf einem solchen Grundstück nicht genügend Platz. In kleinen Gärten empfiehlt es sich, Gemüse in einem separaten Hochbeet zu ziehen oder es einfach zwischen Blumen in die Beete zu setzen. Ebenso lässt es sich in Töpfen oder Kübeln anbauen.

Vergleiche mit Körpermaßen

Sie besitzen ein äußerst praktisches Messinstrument: Ihren Körper. Prägen Sie sich einige Ihrer Maße ein, damit Sie in der Lage sind, schnell und präzise Abstände oder Tiefen im Garten zu schätzen.

- Legen Sie Zeige-, Mittel- und Ringfinger zusammen und messen Sie die Breite auf Höhe der Fingerknöchel.
- Überprüfen Sie die Länge Ihres Zeigefingers.
- Halten Sie eine gespreizte Hand auf ein Lineal oder Maßband und merken Sie sich den Abstand zwischen Daumen und kleinem Finger.

- Messen Sie an einem Arm die Länge zwischen den Fingerspitzen und dem Ellbogen.
- Stellen Sie die Länge Ihrer Gartenschuhe oder Gummistiefel von der Spitze bis zum Absatz fest.
- Finden Sie Ihre normale Schrittlänge heraus, indem Sie einen Zollstock oder ein Maßband aus Metall auf den Boden legen und einen Schritt machen. Probieren Sie aus, inwieweit Sie Ihren Schritt anpassen müssen, damit die Schrittlänge ungefähr 1 m beträgt.

- Strecken Sie einen Arm waagrecht aus und bitten Sie jemanden, die Entfernung von den Fingerspitzen der angehobenen Hand bis zur Schulter des anderen Arms zu messen. Strecken Sie dann beide Arme aus und lassen Sie den Abstand zwischen den Fingerspitzen der einen Hand und denen der anderen Hand messen.

Minze

Unkontrolliertes Wachstum vermeiden

Minze wuchert extrem stark. Häufig durchziehen ihre Wurzeln innerhalb weniger Wochen ein ganzes Kräuterbeet. Pflanzen Sie das Gewürz deshalb in einen Topf, den Sie anschließend in ein Beet eingraben. Lassen Sie den Topfrand dabei ungefähr 5 cm über den Boden ragen. Graben Sie das Gefäß jeden Herbst aus und schneiden Sie alle Wurzeln ab, die durch das Drainageloch gewachsen sind. Topfen Sie die Minze alle 3 Jahre um. Bei frei wachsenden Pflanzen lassen sich die Wurzeln in Schach halten, indem man um die Pflanze herum einige Schieferplatten tief in den Boden steckt.

Vielseitig verwendbare Sorten

Minze verträgt Sonne, gedeiht aber am besten im Halbschatten. An den Boden stellt sie keine Ansprüche; er darf nur nicht zu trocken sein. Wer genügend Platz hat, sollte verschiedene Sorten der nützlichen Pflanze ziehen. So lässt sich mit Zitronenminze (*Mentha × piperita citrata*) ein fruchtig-aromatischer Tee zubereiten. Sparsam verwendet gibt Ingwerminze (*Mentha gentilis variegata*) Salaten und Rohkost besonderen Pfiff, während man Apfelminze (*Mentha rotundifolia*) und die englische Grüne Minze oder Spearmint (*Mentha spicata*) – die bekannteste Sorte – zu einer kalten Sauce oder Gelee verarbeitet und zur Erfrischung in eisgekühlte Getränke gibt. Kölnischwasserminze (*Mentha piperita* v. *HP*) ist als Badezusatz zu empfehlen, und Blumenampeln mit Ananasminze (*Mentha suavolens*) stellen eine hübsche Dekoration dar.

Unangenehmer, aber wirksamer Geruch

Poleiminze (*Mentha pulegium*) ist nicht jedermanns Geschmack. Das niedrig wachsende Kraut strömt einen eigentümlichen Geruch aus, den viele Menschen unangenehm finden. Allerdings soll er wirkungsvoll Hunde- und Katzenflöhe vertreiben. Man reibt dazu eine Hand voll frischer oder getrockneter Blätter in das Fell ein.

Duft im Steingarten

Für den Steingarten eignet sich die kleine Korsische Minze (*Mentha requienii*). Direkt an einen Kiesweg gepflanzt, verströmt sie schon bei leichten Berührungen einen herrlichen Duft.

Mischkultur

Sympathien und Antipathien

Seit je wissen Gärtner, dass sich manche Pflanzen gut miteinander vertragen und andere gar nicht. Bestimmte Mischkulturen erschweren darüber hinaus die Ausbreitung von Schädlingen und Krankheiten. Beispielsweise duften Rosen (Rosa) in der Nähe von Knoblauch (Allium sativum) intensiver und sind auch weniger krankheitsanfällig. Setzt man Lavendel (Lavandula) zwischen sie, so werden sie seltener von Blattläusen befallen. Ein Beispiel für eine ausgeprägte Abneigung sind Bohnen, die in Nachbarschaft mit Zwiebeln überhaupt nicht gedeihen.

Konkurrenz vermindern

Erwiesenermaßen konkurrieren Pflanzen unterschiedlicher Arten weniger untereinander als Exemplare derselben Art und befördern einander sogar. So ergibt ein Nebeneinander von Puffbohnen (Vicia faba ssp. faba var. minor) und Kartoffeln im selben Beet bei beiden Gemüsen höhere Erträge als bei anderen Anbauweisen.

Gesellig und schön

Blütenpflanzen, die bestäubende Insekten anlocken, erhöhen den Ertrag von Gewächsen im Nutzgarten. So sind Duftwicken (Lathyrus odoratus) und Prunkwinden (Ipomoea) überaus gute Begleitpflanzen für Feuerbohnen (Phaseolus coccineus) und verschönern mit ihren leuchtenden Farben überdies den Anblick der Rankhilfen des Gemüses.

Natürliche Unkrautvertilger

In Kiefernwäldern wachsen nur sehr wenige Unkräuter, weil deren Keimung durch Abscheidungen der Koniferen verhindert wird. Machen Sie sich diese Tatsache zunutze. Beispielsweise unterdrückt ein Mulch aus Kiefernnadeln die Unkräuter in einem Erdbeerbeet und verbessert zudem häufig den Geschmack der Früchte. Hilfreich sind auch Pontische Rhododendren (Rhododendron ponticum), deren Blätter Stoffe abgeben, die Unkrautsamen in der umgebenden Erde am Keimen hindern. Den gleichen Effekt haben die Blätter von Löwenzahn (Taraxacum officinale); sie setzen eine gasförmige Verbindung frei.

Blattläuse mit Schwebfliegen bekämpfen

Schwebfliegenlarven (Eristalis horticola) zählen zu den gefräßigsten Blattlausvertilgern und damit zu den wichtigen Nützlingen. Versuchen Sie, erwachsene Schwebfliegen zur Eiablage in Ihren Garten zu locken, indem Sie Dreifarben-Winden (Convolvulus minor), Echten Buchweizen (Fagopyrum esculentum) und Sumpfblumen (Limnanthes douglasii) anpflanzen; alle drei Gewächse ziehen nachweislich über 30 Arten von Schwebfliegen an.

Andere Schädlinge fern halten

Durch Anbau von Möhren und Zwiebeln in einem gemeinsamen Beet verwirren Sie Möhren- (Psila rosae) und Zwiebelfliegen (Phorbia antiqua). Gartenbohnen halten Schädlinge fern, die mit dem Kohl verwandte Vertreter aus der Familie der Kreuzblütler angreifen. Und an den klebrigen Blättern des Bergtabaks (Nicotiana sylvestris) bleiben Weiße Fliegen (Mottenschildläuse, Aleyrodidae) hängen, die u.a. Edelpelargonien (Pelargonium-Grandiflorum- Hybriden), Fuchsien (Fuchsia), Tomaten und Stechäpfel (Datura sanguinea) befallen.

Sonnenschirme aus Blättern

Nutzen Sie sonnenliebende Pflanzen als Schattenspender für empfindlichere Arten. Das Heiligenkraut (Santolina) etwa schützt die wärmeempfindlichen Wurzeln einer Waldrebe (Clematis), während empfindliche Lilien (Lilium) wunderbar zwischen kleinen immergrünen Pflanzen wie Seidelbast (Daphne) gedeihen.

Lauchgewächse als Schutz für Äpfel

Unter Apfelbäumen gepflanzt, verringern alle Lauchgewächse einen Befall der Früchte mit Schorf und anderen Pilzkrankheiten. Am stärksten wirkt Schnittlauch (Allium schoenoprasum).

Hilfreiche Brennnesseln

Brennnesseln (Urtica) geben Stoffe ab, die sich in geringen Mengen vorteilhaft auf andere Pflanzen auswirken. So trägt ein kleiner Brennnesselbusch im Kräutergarten häufig dazu bei, den Gehalt der übrigen Pflanzen an ätherischen Ölen zu erhöhen und sie somit aromatischer zu machen. Zu viele Brennnesseln hemmen jedoch die Entwicklung von Kräutern.

Krankheitsresistenz erhöhen

Manche Pflanzen steigern die Krankheitsresistenz anderer Arten. Kamille (Matricaria chamomilla) ist sozusagen die „Ärztin" in der Natur, weil ihre Anwesenheit zahlreiche andere Arten positiv beeinflusst. Ähnliche Breitenwirkung haben Fin-

GESCHICHTE IN KÜRZE

Lang bekannte Kombinationen

Die Methode, Arten anzupflanzen, die sich gegenseitig positiv beeinflussen, lässt sich bis in die Antike zurückverfolgen. So schrieb der römische Gelehrte Marcus Varro (um 116–27 v. Chr.) in einer Abhandlung über die Landwirtschaft, dass Weinreben und Kohl nebeneinander nicht gedeihen würden. Und der römische Schriftsteller und Provinzverwalter Gaius Plinius Secundus, genannt Plinius „der Ältere" (23–79), vermerkte in seiner umfangreichen Enzyklopädie der Naturgeschichte, Kichererbsen würden Kohl vor Raupenbefall schützen.

gerhut (Digitalis) und Mutterkraut (Tanacetum parthenium 'Aureum'). Andere Pflanzen zeigen nur in Nachbarschaft mit bestimmten sonstigen Gewächsen Wirkung. Beispielsweise begünstigt Bohnenkraut (Satureja hortensis) Bohnen, während Zwiebeln bei Erdbeeren oft einen Befall mit Schimmelpilzen verhindern.

Den Boden für Gemüse vorbereiten

Bereiten Sie den Boden für einen Gemüsegarten vor, indem Sie im Jahr vorher auf der betreffenden Fläche Kartoffeln anpflanzen. Dabei ist es erforderlich, das Erdreich gründlich zu lockern und bei der Ernte der Kartoffeln keimende Unkräuter zu vernichten. In der nächsten Saison bietet die Fläche anderen Gemüsen dann ausgezeichnete Wachstumsbedingungen.

Platz sparendes Miteinander

Pflanzen Sie flach und tief wurzelnde Gemüse jeweils zusammen in ein Beet, damit Sie den vorhandenen Platz in Ihrem Garten optimal nutzen. Beispielsweise gedeihen Möhren und Radieschen (Raphanus sativus var. sativus 'Sara') gut miteinander und nehmen dabei weniger Raum ein als in getrennten Reihen.

Siehe auch Gemüsegärten

Mispeln

Unempfindlich gegen Kälte

Mispeln (*Mespilus germanica*) werden heute hauptsächlich wegen ihrer schönen Form sowie ihres dichten Ast- und Blattwerks angepflanzt, weniger wegen ihrer Früchte. Die Bäume sind sehr unempfindlich gegen Kälte, eine Eigenschaft, die man sich zunutze machen kann, indem man einige Exemplare nördlich von Obstbäumen pflanzt, die Schutz vor rauen Winden brauchen.

Zu jeder Jahreszeit attraktiv

Wer einen Blickfang für einen mittelgroßen Garten sucht, sollte in Erwägung ziehen, eine Mispel zu pflanzen, denn dieser Baum ist zu jeder Jahreszeit attraktiv. Im Winter bietet das Muster der ausladenden, ineinander verwobenen Äste einen reizvollen Anblick. Im Frühsommer leuchten die weißen tellerförmigen Blüten, und im Herbst ist das herrliche Rotbraun der Blätter ein Augenschmaus. Außerdem blüht die Mispel noch ein zweites Mal im August oder September, während sie bereits Früchte trägt.

Sorten mit walnussgroßen Früchten

Bei den wilden Mispelsorten werden die Früchte im Allgemeinen nur so groß wie Murmeln. Gartenbesitzer, die auch an einer guten Ernte interessiert sind, sollten deshalb eine Sorte kaufen, deren Früchte ungefähr Walnussgröße erreichen, etwa 'Dutch' oder 'Nottingham'.

Reifung während der Lagerung

Mispelfrüchte werden Anfang November geerntet, also etwa zur Zeit der ersten Fröste. Sie sind dann allerdings noch nicht verzehrfähig, da sie zu herb schmecken. Man lagert sie zunächst kurze Zeit, bis das Fruchtfleisch zu faulen beginnt und weich wird. Dann kann man sie roh essen oder Gelee bzw. Kompott daraus kochen.

Misteln

Geeignete Wirtspflanzen aussuchen

Sehr gut gedeihen Misteln (*Viscum album*), die Halbschmarotzer sind, auf Apfelbäumen (*Malus*), Linden (*Tilia*) und Weißdorn (*Crataegus*). Wählen Sie im Februar oder März einen jungen kräftigen Zweig an einer Wirtspflanze aus und schneiden Sie an dessen Unterseite die Rinde mehrmals schräg, aber nicht sehr tief ein. Drücken Sie eine reife Mistelbeere in jeden Schnitt. Die dabei austretende klebrige Substanz wird hart, wodurch die Samen an ihrem Platz fixiert werden. Bis sie zu keimen beginnen, dauert es einige Zeit. Die Mistel, die sich entwickelt, treibt ihre Wurzeln in das Holz der Wirtspflanze und beschafft sich so ihre Nahrung. Häufig sind mehrere Versuche nötig, bis man eine Mistel zum Wachsen bringt. Meist trägt der Strauch auch erst nach über 7 Jahren Früchte. Misteln sind entweder männlich oder weiblich; ein einzeln wachsender Strauch weist dementsprechend keine Beeren auf.

Weihnachtszweige verwenden

Die Beeren von Mistelzweigen, die als Weihnachtsdekoration aufgehängt werden, trocknen aus, verschrumpeln und sind dann nicht mehr keimfähig. Falls Sie also vorhaben, neue Misteln zu ziehen, dann stellen Sie Ihre Zweige in eine

---

DIES UND DAS

Wichtige Kultpflanze

Um die Mistel ranken sich zahlreiche Legenden. Für die Druiden, die Priester der Kelten, war sie die heiligste aller Pflanzen; sie glaubten, die Götter seien in den Sträuchern anwesend. In einer von vielen christlichen Überlieferungen heißt es, das Holz des Kreuzes, an dem Christus starb, habe von einer Mistel gestammt. Vor Schande sei der Baum dann eingetrocknet und habe sich in eine Pflanze verwandelt, die allen Gutes bringt, die unter ihr hergehen. Darauf beruht der auch heute noch in Großbritannien gepflegte Brauch, dass sich junge Paare unter einem Mistelzweig küssen.

Vase mit Wasser und verfahren Sie zum gegebenen Zeitpunkt wie oben beschrieben. Säen Sie viele Samen aus, und zwar möglichst auf der gleichen Baumart, auf der die Zweige vorher gewachsen sind.

Möhren

Knackige Vitaminspender

Bei richtigem Anbau sind Möhren (*Daucus carota* ssp. *sativus*) aus dem eigenen Garten besonders süß und knackig. Das Gemüse, das auch Karotte oder Gelbe Rübe genannt wird, enthält eine Vorstufe von Vitamin A, die sich im menschlichen Körper zu dem eigentlichen Vitamin verbindet, wenn man die Möhren mit Fett isst.

Kurze und längere Sorten

Im Lauf der Zeit hat man eine Vielzahl von Sorten gezüchtet, die sich in kurze, mittellange und lange Möhren einteilen lassen und jeweils unterschiedliche Bedingungen mögen. Kurze stumpfe Sorten eignen sich gut für die Freilandkultur in Frühbeetkästen oder unter Folie. Nach 12–14 Wochen beginnt die Ernte. Die mittellangen und langen Sorten mit abgestumpftem oder spitzem Ende empfehlen sich für die spätere Aussaat und Lagerung. Sie wachsen innerhalb 14 Wochen heran.

Frühe Aussaat

Säen Sie kurze Sorten Ende Februar oder Anfang März ins Freiland und ziehen Sie dazu 15 mm tiefe Rillen mit 15 cm Entfernung voneinander. Legen Sie die Samen im Abstand von etwa 3 cm in die Rillen und bedecken Sie die Saat mit feiner Erde; gießen Sie die Reihen dann ausgiebig. Bis in den August hinein sind Folgesaaten möglich.

Frühere Erträge

Beschleunigen Sie die Ernte von Frühkarotten, indem Sie die Pflanzen unter Folie ziehen. Legen Sie die Plastikbedeckung 2 Wochen vor der Aussaat auf das Beet, damit sich der Boden genügend erwärmt, und entfernen Sie die Folie erst wieder, nachdem sich kräftige Pflanzen entwickelt haben. Ebenso ist eine vorgezogene Anzucht im Frühbeetkasten möglich.

Späte Aussaat

Säen Sie mittellange und lange Sorten zwischen April und August im Freiland aus. Die Samen kommen im Abstand von gut 8 cm in 15 mm tiefe Rillen, die etwa 20 cm voneinander entfernt sind. Dann werden auch sie mit etwas Erde bedeckt, die anschließend reichlich gegossen wird.

Möhrenfliegen abwehren

Die Maden der Möhren-
fliege *(Psila rosae)* ernähren sich von den
zarten Wurzeln der
Frühkarotten. Bauen
Sie Ihre Möhren des-
halb unter Garten-
vlies, feinmaschigen
Insektennetzen oder
alten Gardinen an und
graben Sie die Ränder der Bedeckung fest in den
Boden ein. Da die Schädlinge tief fliegen, bietet
sich als Alternative eine etwa 60 cm hohe Absper-
rung aus durchsichtiger Plastikfolie rund um die
Pflanzen an. Ein Befall lässt sich auch verhindern,
indem man die Aussaat bis Ende Mai oder Anfang
Juni hinauszögert, da die erste Generation der Insekten nicht vorher schlüpft. Ferner hilft es, Pflanzen wie Knoblauch und Zwiebeln in die Nachbarschaft der Möhren zu setzen; ihr starker Duft ver-
wirrt die Schädlinge. (Siehe auch *Mischkultur, Rosmarin, Schädlinge und Krankheiten* S. 364)

Lagerung

Lagern Sie Möhren in Kisten zwischen Schichten
aus Sand oder gemahlener Rinde. Schneiden Sie
vorher das Grün etwa 1 cm über dem Ansatz ab
und säubern Sie die Rüben von Erdresten. Wählen Sie einen kühlen Aufbewahrungsort. Manche
Sorten eignen sich zur Überwinterung im Boden.
Decken Sie Streifen aus Maschendraht über Reihen mit solchen Pflanzen und legen Sie Laub
oder Stroh darauf. So halten sich die Wurzeln bis
April oder Mai. Ernten Sie den Winter über nach
Bedarf; Sie brauchen die Bedeckung dazu nur
hochzuheben.

Leichte Ernte

Direkt vor der Ernte sollten Sie Ihr Möhrenbeet
wässern. Dann fassen Sie die Rüben unten am
Grün, drücken die Wurzeln zunächst leicht in den
Boden, damit die Wurzelhaare abbrechen, und
ziehen das Gemüse heraus.

Siehe auch *Gemüsegärten*

Mond

Kosmischer Einfluss

Es gehört zu den althergebrachten Traditionen der Landwirte, bei der Aussaat den Stand des Mondes zu beachten. In Bauernkalendern früherer Jahrhunderte lassen sich entsprechende Regeln nachlesen. Man war der festen Überzeugung, dass die Wachstumsrhythmen von den jeweiligen Mondphasen abhingen und dabei auch die Pflanzenart beachtet werden müsse, da Gewächse über der Erde anders reagierten als solche unter der Erde. Lange Zeit wurden die alten Regeln dann als Aberglauben abgetan, aber anthroposophische und esoterisch orientierte Gärtner besannen sich im 20. Jh. wieder darauf. Sie betonen allerdings, dass nur biologisch-dynamisch oder biologisch-organisch bearbeitete Böden auf kosmische Konstellationen ansprechen, während konventionell bearbeitete Flächen solche sensiblen Impulse nicht empfangen könnten.

Die Planetenstellung berücksichtigen

Der Gartenbau nach dem Mondkalender beruht auf der Tatsache, dass der Erdsatellit auf seiner Umlaufbahn regelmäßig die zwölf Tierkreiszeichen durchwandert. Je nachdem, wo er sich gerade befindet, pflanzt man Blatt-, Frucht-, Wurzel- oder Blütengewächse. Jede der Pflanzengruppen ist drei Tierkreiszeichen zugeordnet: Blattgewächse den Zeichen Fische, Krebs und Skorpion; Fruchtgewächse den Zeichen Widder, Löwe und Schütze; Wurzelgewächse den Zeichen Jungfrau, Stier und Steinbock und Blütengewächse den Zeichen Zwilling, Waage und Wassermann. Da der Mond sich nur jeweils 1–2 Tage in jedem Sternzeichen aufhält, sind ständig neue Saattermine zu beachten.

Veredeln von Obstbäumen

Gemäß der Überlieferung veredelt man Obstbäume gegen Ende der Winterzeit am besten bei Neumond. Es heißt, der zunehmende Mond, also der Übergang vom Neumond zum Vollmond, rege die Saftzirkulation an und begünstige die Ausbildung kräftiger Knospen. Im Sommer dagegen soll man die Veredelung möglichst genau bei Voll- oder bei Neumond vornehmen.

Schnitt bei zunehmendem Mond

Das Beschneiden von Obstbäumen im Februar und März mache die Knospen frostempfindlicher, lautet eine Erkenntnis. Nehme man die Maßnahme jedoch bei zunehmendem Mond vor, so gleiche man die Schwächung der Knospen wieder aus.

Unkräuter im Dunkeln jäten

Gärtner, die an kosmische Einflüsse glauben, hacken ihre Beete in der Nacht und möglichst bei Vollmond, weil ihrer Überzeugung nach weniger Unkräuter wieder nachwachsen, wenn sie die Arbeit im Mondschatten statt bei Tageslicht ausführen.

Genaue Wettervorhersage

Wer den Himmel rings um den Mond beobachtet, kann ziemlich genaue Wettervorhersagen machen. Erscheint ein Ring – ein so genannter Halo – um den Erdsatelliten oder lässt sich dessen Umriss nur verschwommen erkennen, so ist Regen zu erwarten. Der Halo entsteht nämlich durch Zirrostratus- oder Altostratus-Wolken, die Niederschlag mit sich bringen. In der kalten Jahreszeit bedeutet ein klar sichtbarer Mond ohne umgebende Wolken baldigen Frost.

Esoterisch orientierte Gärtner glauben, das Pflanzenwachstum sei abhängig von den Mondphasen, und richten sich dementsprechend bei Aussaat- und Pflanzzeiten nach dem Stand des Erdsatelliten.

Moos

Moos bekämpfen

Moos im Rasen ist ein Zeichen dafür, dass die Fläche nicht richtig gepflegt wurde und Wasser aufgrund einer Verdichtung des Bodens nur langsam abfließt. Im Gartenfachhandel erhalten Sie Mittel auf Eisensulfat-Basis, die Moos abtöten. Geben Sie die Chemikalie nach Packungsanweisung auf den Rasen und rechen Sie das Moos ab, nachdem es abgestorben ist. Rechen Sie keinesfalls lebendes Moos ab, denn dabei verbreiten sich die Sporen der Pflanzen.

Eine Rasenfläche lüften

Auch nach häufiger Anwendung eines Eisensulfat-Mittels wird sich an bestimmten Stellen immer wieder Moos zeigen, solange Sie nicht die Ursache für dessen Ausbreitung beheben. Verbessern Sie deshalb unbedingt den Wasserabfluss, indem Sie Ihren Rasen lüften. Auf einer kleinen Fläche sticht man dazu mit einer Grabgabel in Abständen von ungefähr 15 cm 7–8 cm tief in den Boden und streut dann pro 1 m² gut 1 kg trockenen Sand auf den Rasen. Bei größeren Flächen empfiehlt sich der Einsatz eines Vertikutiergeräts.

Hochdruckreiniger benutzen

Moos wächst an feuchten Orten, insbesondere auf Gehflächen oder Dächern, die im Schatten liegen. Verwenden Sie zur Reinigung von Wegen, Terrassen und niedrigen Dächern ein Hochdruckgerät, das man bei Reinigungsunternehmen ausleihen kann. Spritzen Sie ein Dach stets von oben nach unten ab, damit der Wasserstrahl nicht die Dachschindeln abhebt. Anschließend besprühen Sie die betreffende Fläche mit einem Mittel gegen Moos, das kein Eisensulfat enthält; die Chemikalie würde Flecken hinterlassen. Entfernen Sie am Ende der Winterzeit auch das Moos aus Ihren Dachrinnen, damit das Regenwasser ungehindert abfließen kann. Schrubben Sie Wege und Terrassen häufig ab, damit Moos und Algen gar nicht erst entstehen.

Augenschutz

Tragen Sie eine Schutzbrille, während Sie ein Mittel gegen Moos anmischen und Flächen damit bearbeiten.

Sinnvolle Wiederverwertung

Sammeln Sie das Moos, das Sie von verschiedenen Stellen entfernt haben. Warten Sie, bis es abgestorben und dunkel geworden ist. Verwenden Sie es dann als saures Mulchmaterial, das besonders Moorbeetpflanzen wie Azaleen, Kamelien, Heidekrautgewächsen und Rhododendren zuträglich ist.

Polster für Topfpflanzen

Stecken Sie Moos als Polster für eine Zimmerpflanze zwischen einen Ton- und einen Übertopf. Dort nimmt es Wasser auf und sorgt für eine feuchte Atmosphäre, sodass das Pflanzgefäß nicht austrocknet. Außerdem schützt das Moos auf diese Weise die Wurzeln des Gewächses vor extremen Temperaturen.

Neues mit antikem Aussehen

Neuen Ziergegenständen im Garten kann man leicht zu einem antiken Erscheinungsbild verhelfen. Geben Sie einige Hände voll Moos zusammen mit Bier und Zucker in einen Eimer und verquirlen Sie die Mischung mit einem Farbrührer. Streichen Sie die Substanz dann mit einem Pinsel auf alle Objekte, denen Sie ein verwittertes Aussehen verleihen wollen, beispielsweise auf Zaunlatten, Mauern, Steintöpfe oder Vogelbäder. Schon bald werden Moos und Algen darauf wachsen und Ihre Gäste werden denken, Ihr Garten sei mit wertvollen Antiquitäten bestückt.

Blumenampeln auspolstern

Rechen Sie nach einem feuchten Winter Moos vom Rasen oder von Blumenrabatten und verwenden Sie es als Auspolsterung für Blumenampeln mit Pflanzen.

Motorsägen

Elektro- oder Verbrennungsmotor?

Für jemanden, der lediglich in geschlossenen Räumen oder in der Nähe seines Hauses Holz sägen will, genügt eine Elektrosäge; hier gibt es preiswerte Modelle, die wenig Lärm machen. Zum Auslichten und Fällen von Bäumen ist dagegen eine Motorsäge erforderlich. Achten Sie darauf, dass Sie ein ausreichend starkes Gerät kaufen, das bei der Arbeit nicht sofort heiß wird.

Sorgfältige Pflege

Fetten und schleifen Sie die Kette Ihrer Säge häufig. Sobald die Führung blau wird, glüht der Stahl weich und verformt sich dann leicht. Denken Sie daran, eine symmetrische Führung umzudrehen. Füllen Sie zudem den Ölbehälter regelmäßig auf.

Zweite Kette mitnehmen

Es ist wichtig, immer eine neue, gut geschliffene Kette in Reserve zu haben, vor allem bei Arbeiten, die man weit vom Haus entfernt mit einer Säge durchführt.

Mulchen

Natürliche und künstliche Materialien

Es gibt ganz unterschiedliche Mulchmaterialien, natürliche genauso wie künstliche. Zu den natürlichen zählen Kompost, zerkleinerte Rinde und Rasenschnitt, zu den künstlichen Folie, Papier oder Pappe. Viele Gärtner verwenden jeweils nur eine Art der Bodenbedeckung, aber es ist auch möglich, organische und anorganische Materialien zu kombinieren. Die Auswahl des jeweiligen Mulches hängt von der Beschaffenheit des Bodens und der Wirkung ab, die erzielt werden soll. In der Übersicht rechts werden die wichtigsten Verfahren vorgestellt.

Wärmende Schicht

Bewässern Sie frisch gepflanzte Sträucher und Bäume häufig und mulchen Sie den Grund rund um die Gewächse mit einer dicken Schicht aus Gartenkompost oder gut verrottetem Mist. Eine solche Bedeckung versorgt den Boden mit Nährstoffen, vermindert die Wasserverdunstung und wärmt im Winter.

Dekorativ und nützlich

In einem Ziergarten verhindert Rindenmulch die Austrocknung von Beeten und Rabatten und unterdrückt einjährige Unkräuter. Nicht zuletzt ist die Schicht hübsch anzusehen.

Bedeckung aus Plastik

Da Gemüsegärten nicht unbedingt dekorativ sein müssen, lässt sich hier schwarze Folie einsetzen, die das Wachstum von Unkräutern unterbindet und verhindert, dass Nährstoffe durch Regen und Schnee ausgewaschen werden.

Mehrjährige Unkräuter beseitigen

Eine genügend dicke Schicht aus organischem Mulch hemmt flach wurzelnde einjährige Unkräuter. Bevor man das Material ausstreut, ist es wichtig, alle mehrjährigen Unkräuter vollständig zu entfernen, denn unter den verbesserten Bodenbedingungen würden sie wie die Kulturpflanzen prächtig gedeihen. Wahlweise ist es möglich, die betreffende Fläche mit perforierter schwarzer Folie oder schwarzem Vliesstoff zu bedecken und darauf eine dünnere Lage organisches Mulchmaterial zu verteilen. Dies ist die kostengünstigere Variante.

DIE RICHTIGE WAHL

Geeigneten Mulch verwenden

Besonders Gärtner, die nur wenig Zeit für die Pflanzenpflege haben, greifen gern auf Mulch zurück. Es gibt verschiedene Arten der Bodenbedeckung, deren Besonderheiten man kennen muss, bevor man sich für ein Material entscheidet. Hier eine Übersicht der wichtigsten Mulchverfahren:

Bodenbedeckung	Beschreibung
Gartenkompost	Das selbst erzeugte Material setzt sich aus Rasenschnitt, verwelkten Blüten, abgestorbenen Pflanzen, Unkräutern und Küchenabfällen zusammen, die man auf einem Haufen gesammelt und mehrere Monate lang kompostiert hat. Gartenkompost ist ein besonders wertvoller Humus, soweit seine Bestandteile nicht mit Herbiziden behandelt wurden. Beschleunigen Sie den Rotteprozess, indem Sie auf jeweils 20 cm Kompost etwas Blutmehl oder einen anderen stickstoffhaltigen Dünger geben.
Kaffeesatz und Teeblätter	Diese beiden organischen Materialien machen alkalischen Boden etwas saurer und führen ihm Stickstoff und Phosphat zu. Da Kaffeesatz und Teeblätter nur in geringen Mengen verfügbar sind, setzt man sie am besten als Mulchmaterial für Topfpflanzen ein, die saure Erde mögen, beispielsweise für Azaleen.
Kiesel, Steine und Schotter	Um Baumstämme oder Topfpflanzen gelegt, sehen solche Materialien nicht nur äußerst dekorativ aus, sondern vermindern auch die Verdunstung von Feuchtigkeit. Außerdem unterdrücken sie sehr wirksam Unkräuter, wenn man sie auf eine perforierte schwarze Plastikfolie schüttet. Durch die Löcher in der Kunststoffbedeckung gelangt noch ausreichend Regenwasser in den Boden.
Nadelstreu	Sie bleibt auch bei windigem Wetter an Ort und Stelle und sorgt für eine Steigerung des Säuregehalts im Boden. Für Heidekrautgewächse und Rhododendren stellt sie einen hervorragenden Mulch dar.
Pilzsubstrate	Kommerzielle Pilzzüchter verkaufen nach der Ernte Stroh oder ähnliche Substrate, auf denen Pilze gewachsen sind. Solche Materialien eignen sich ausgezeichnet als Mulch für alle Blumen und Gemüse, die kalkhaltige Böden lieben.
Rinde (in verschiedenen Größen zerkleinert)	Rindenmulch ist schön anzusehen, baut sich nur langsam ab und unterbindet den Unkrautwuchs, da er keimhemmende Eigenschaften besitzt. Bei der Verrottung führt er dem Boden Humus zu, ohne die Erde zu verdichten. Außerdem verbessert er den Wärmehaushalt des Bodens.
Schwarze Folie	Schwarze Mulchfolien wärmen den Boden und verhindern, dass die Nährstoffe ausgewaschen werden. Darüber hinaus unterdrücken sie Unkräuter in Blumen- und Gemüsebeeten. Setzen Sie Ihre Pflanzen in Schlitze, die Sie zuvor in die Folie geschnitten haben, und beschweren Sie die Bedeckung an den Rändern mit Steinen. Ebenso ist es möglich, die Seiten einzugraben. Vielleicht haben Sie auch noch ein paar alte Zeltheringe, mit denen Sie die Folien am Rand im Boden verankern können.
Stallmist	Vollständig, aber auch nur teilweise verrotteter Stallmist vermischt sich mit der Erde und führt ihr wichtige Nährstoffe zu. Nehmen Sie jedoch nie frischen Stallmist; er muss vor der Verwendung mindestens 3 Monate lang kompostiert werden.
Stroh	Obwohl Stroh öfter Samen von Unkräutern enthält, die auf den Feldern wachsen, lässt es sich als gutes Mulchmaterial empfehlen. Bedecken Sie die betreffende Fläche mit einer 10 cm dicken Schicht. Wenn Sie das Stroh zuvor zerkleinern, hält es Schnecken fern. Fahren Sie dazu mehrmals mit dem Rasenmäher darüber.

Vlies als Schutz vor Kälte

Leichtes und durchlässiges Material wie Vliesstoff schützt frisch eingesäte Beete oder junge Pflanzen vor Kälte. Er muss entfernt werden, sobald die Pflanzen zu wachsen beginnen.

Geschredderte Gartenabfälle nutzen

Zweige und andere verholzte Gartenabfälle ergeben geschreddert besten Mulch, der sich sofort verwenden lässt, dem Boden jedoch Nährstoffe entzieht, bevor er verrottet. Deshalb sollte man die Erde zunächst düngen.

Pilzsubstrate einsetzen

Pilzsubstrate verbessern die Bodenqualität außerordentlich. Allerdings darf man sie nicht für Pflanzen verwenden, die säurehaltige Erde lieben. Auf Pilzfarmen gekaufte Substrate muss man verrotten lassen, bis sie dunkel sind und die Konsistenz von Torf angenommen haben. Dagegen sind die meisten abgepackten Substrate sofort verwendbar.

Schnellkompost herstellen

Wer keinen Komposthaufen hat, aber in kurzer Zeit Mulchmaterial herstellen möchte, füllt einen schwarzen Plastiksack mit Garten- und Küchenabfällen und stellt ihn ungefähr 6 Wochen lang an einen sonnigen Ort. Danach ist der Rotteprozess so weit fortgeschritten, dass man den entstandenen Mulch auf dem Boden verteilen kann, wo ihn Würmer langsam weiter abbauen. Es ist möglich, die Kompostschicht zusätzlich mit Pappe oder Folie zu bedecken, doch die Masse darf nicht untergegraben werden, weil sie zu diesem Zeitpunkt noch nicht vollständig verrottet ist.

Die notwendige Menge berechnen

Bei Mulch aus dem Handel, beispielsweise zerkleinerter Rinde oder Kokosfasern, sagt das Gewicht nichts über die Ergiebigkeit aus, da einige Materialien leichter, andere schwerer sind. Lesen Sie gleich beim Kauf die Angaben auf dem Paket oder fragen Sie nach, wie viele Quadratmeter sich mit einer bestimmten Menge bedecken lassen.

Siehe auch *Sägemehl*

Mülltonnen

Hinter Efeu verstecken

Zumindest in kleinen Gärten stehen Mülleimer häufig an Stellen, an denen man sie ständig sieht, weil Hausbewohner und Müllabfuhr leicht an die Tonnen herankommen müssen. Da Abfallbehälter nicht gerade einen schönen Anblick bieten, empfiehlt es sich, einen Standort für sie zu suchen, an dem man sie zumindest teilweise verbergen kann, etwa unter einer mit Efeu *(Hedera helix)* bewachsenen Pergola. Wählen Sie dafür eine  Efeusorte aus, die farblich zu den anderen Pflanzen in Ihrem Garten passt. U. a. eignen sich 'Chrysophylla' mit hellgelbem Laub, die grau gescheckte Sorte 'Glacier' oder 'Goldheart' mit grüngelben Blättern.

Verschlag mit Arbeitsfläche

An einer Hintertür oder einem Gartentor lässt sich aus Ziegelsteinen ein niedriger Verschlag für Mülltonnen errichten, den man auch als kleinen Gartenschuppen mit Platz für Töpfe und Säcke nutzen kann. Die Vorderseite sollte aus einer Doppeltür bestehen, damit Sie leicht an die Behälter gelangen. Für die Hinterseite bietet sich die gleiche Lösung an, soweit Sie auch von dort Zugang haben möchten. Andernfalls mauern Sie die rückwärtige Begrenzung. Fertigen Sie für den Verschlag außerdem eine wettersichere Bedeckung aus dicken Holzbrettern oder Dachpappe an, die Sie mit Scharnieren versehen. Sie wird Ihnen zusätzlich als Arbeitsfläche beim Eintopfen und bei anderen ähnlichen Verrichtungen dienen.

Abschirmung aus Topinambur

Im Sommer schirmt eine Reihe mit gelb blühenden Topinamburpflanzen *(Helianthus tuberosus)* Mülleimer und Komposthaufen auf hübsche Weise ab. Topinambur wird aus Knollen gezogen, die man in Bioläden, Feinkostgeschäften, Reformhäusern und seit neuestem in manchen Gartencentern erhält. Die Gemüsepflanzen erreichen schnell eine Höhe von gut 2 m.

Myrte

Würziger Duft

Es gibt kaum Gewächse, die so anspruchslos und gleichzeitig so schön sind wie die Gemeine Myrte *(Myrtus communis)*. Ihre kleinen immergrünen Blätter verströmen das ganze Jahr über einen herrlich würzigen Duft. Im Juli und August ist die Pflanze mit weißen Blüten übersät, die dann im Herbst von kleinen dunkelvioletten Beeren abgelöst werden. Traditionell verwendet man Myrten für Brautkränze und -sträuße.

Sehr robust

Myrtensträucher vertragen Temperaturen bis zu −23 °C und gedeihen auf jedem Boden. Auch Wind und sogar Meeresgischt machen ihnen nichts aus. Zudem werden sie nur sehr selten von Schädlingen oder Krankheiten befallen.

Als Kübelpflanze halten

Die Myrte wird als Kübelpflanze gehalten, die im Winter im kalten Gewächshaus stehen muss oder in einem hellen Raum, in dem die Temperatur 10 °C möglichst nicht übersteigt. Sie braucht leicht saures Substrat. Halten Sie den Topfballen gleichmäßig feucht; es darf aber keinesfalls Staunässe entstehen.

Vermehrung durch Stecklinge

Nehmen Sie im Juli oder August halbreife Stecklinge von einer Myrte. In Töpfen, die zu gleichen Teilen mit Sand und Laubkompost oder Sand und Torf gefüllt werden, bilden die Ableger dann leicht Wurzeln.

Nachtkerzen

Zwei- und mehrjährige Arten
Bei Nachtkerzen haben Sie die Wahl zwischen zwei- und mehrjährigen Pflanzen. Zu den zweijährigen Arten gehört auch die bis 2 m hohe Sommernachtkerze (*Oenothera erythrosepala*) mit ihren großen, duftenden gelben Blüten, die sich am Abend öffnen und vormittags wieder schließen.

Robuste Pflanzen
Die robusten Nachtkerzen sind relativ pflegeleicht und kaum anfällig für Krankheiten. Alles, was sie brauchen, ist ein sonniger Platz und ein durchlässiger Boden, der nicht allzu nährstoffreich ist.

Pflanzen und pflegen
Die Samen der zweijährigen Arten werden im Haus vorgezogen und im August ins Freiland gesetzt, die mehrjährigen Arten kommen im Herbst ins Beet. Letztere sollten vor dem ersten Frost auf Handbreite zurückgeschnitten und über Winter mit Kompost oder Reisig bedeckt werden, um sie vor starkem Frost zu schützen.

Oenothera macrocarpa ist eine der interessantesten Nachtkerzenarten. Sie wächst niedrig; die Blüte dauert von Mai bis September.

Nagetiere

Blumenzwiebeln schützen
Krokus- und Tulpenzwiebeln, aber auch die empfindlichen Zwiebeln der Lilien lassen sich am besten vor Mäusefraß schützen, indem man sie in einem feinmaschigen Drahtkorb in die Erde setzt oder eine größere Pflanzgrube mit Maschendraht auskleidet. Die Triebe wachsen durch die Öffnungen hindurch und blühen völlig störungsfrei, während der Maschendraht verhindert, dass sich die Mäuse von oben zu den wohlschmeckenden Zwiebeln vorarbeiten können.

Knoblauchbarriere
Eine wirksame Methode, um den Duft derjenigen Zier- oder Gemüsepflanzen zu überdecken, die von Mäusen besonders geschätzt werden, ist das Anpflanzen einiger Reihen Knoblauch rund um die gefährdeten Gewächse. Besonders Mäuse verabscheuen seinen starken Geruch und versuchen deshalb selten, an die Pflanzen hinter der Abschirmung zu gelangen.

Obst- und Gemüsevorrat schützen
Auch eingelagertes Obst und Gemüse entgeht Mäusen nicht, sodass es bei ungeschützt liegenden Äpfeln oder Kartoffeln leicht zu erheblichen Schäden kommt. Äpfel lassen sich wirksam schützen, indem man die Früchte nicht offen, sondern in luftdurchlässigen feinmaschigen Körben lagert. Bei in Säcken und Kisten gelagerten Kartoffeln ist ein Schutz aus feinmaschigem Draht sinnvoll, den die Tiere nicht durchbeißen können.

Sichere Fallen
Beim Aufstellen von Fallen für Mäuse und Wühlmäuse sollten Sie unbedingt darauf achten, dass die Geräte nicht zu einer Gefahr für die Vögel in Ihrem Garten werden. Stellen Sie die Fallen deshalb ausschließlich an solchen Plätzen auf, an die nur die Nager gelangen können, oder platzieren Sie einige Steine um die Falle herum, auf die Sie einen Topfdeckel, einen Dachziegel oder eine stabile Saatschale legen. Wichtig ist, die Bedeckung gerade eben so hoch zu machen, dass nur Mäuse darunter Platz haben, damit andere Kleintiere nicht ungewollt gefährdet werden.

Abschreckung durch Kaiserkronen
Nicht nur Knoblauch, sondern auch der starke, an Moschus erinnernde Geruch der Kaiserkrone (*Frittilaria imperialis*) hat eine abschreckende Wirkung auf Wühlmäuse. Deshalb kann es einen Versuch wert sein, diese schönen Zwiebelpflanzen in die Nähe gefährdeter Pflanzen zu setzen.

GÄRTNER-WISSEN

Nützlinge und Schädlinge
Die folgenden typischen Merkmale helfen Ihnen, die Nager in Ihrem Garten zu erkennen und zu entscheiden, ob sie schädlich oder nützlich sind.

Eine lange, spitze Nase und kleine Augen sind die typischen Merkmale der nützlichen Spitzmaus (oben), die sich hauptsächlich von Insekten ernährt. Die winzige Zwergmaus, die ebenfalls Insekten, aber auch Getreide frisst, hat kleine Ohren, eine stumpfe Nase und einen langen Greifschwanz. Große

schwarze Augen, große Ohren und ein langer Schwanz sind die Merkmale der Waldmaus, auch Feld-Waldmaus (Mitte) genannt, die sich von Samen ernährt. Um einiges größer als diese ist die Wanderratte, die buchstäblich alles frisst, auch eingelagertes Gemüse. Ihr Fell ist braun, gelegentlich auch schwarz, und von der schwarzen Hausratte unterscheidet sie sich durch ihre kleinen Ohren und den dicken, schuppigen Schwanz, der etwas

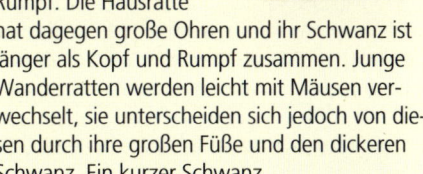

kürzer ist als Kopf und Rumpf. Die Hausratte hat dagegen große Ohren und ihr Schwanz ist länger als Kopf und Rumpf zusammen. Junge Wanderratten werden leicht mit Mäusen verwechselt, sie unterscheiden sich jedoch von diesen durch ihre großen Füße und den dickeren Schwanz. Ein kurzer Schwanz, kleine Augen, runde Nase und kaum sichtbare Ohren sind dagegen die typischen Kennzeichen der Wühlmaus

(unten), die durch ihre Wühltätigkeit große Schäden im Garten anrichten kann.

Namensschilder

Namensschilder aus Stein

Sammeln Sie am Strand, an Bach- und Flussufern oder in einem Steinbruch kleine, flache, schön gemusterte Steine, die Sie gründlich abwaschen. Schreiben Sie die Pflanzennamen mit wasserfester Farbe darauf und drücken Sie die Steine in die Erde neben die Pflanzen.

Unterschiedliche Farben

Für die Beschriftung von Namensschildern ist es sinnvoll, verschiedenfarbige wasserfeste Stifte zu benutzen. Gelb etwa könnten Sie für Zwiebelpflanzen verwenden und Rot für Stauden. Blau könnte ein- und zweijährige Pflanzen markieren. Versiegeln Sie die Beschriftung anschließend mit farblosem Nagellack.

Aussaaten markieren

Haben Sie Samen ausgesät, können Sie das Samentütchen anschließend auf einen kleinen Stock spießen und diesen in einen durchsichtigen Plastikbeutel stecken. Dann binden Sie den Beutel mit Gummiband oder Bindfaden fest und stecken den Stock am Ende der Saatreihe in die Erde. So wissen Sie, was Sie wo ausgesät haben, und haben zudem immer gleich die jeweilige Pflegeanleitung zur Hand.

Kunststoffschilder für Stauden

Sammeln Sie Lebensmittelverpackungen aus festem Kunststoff mit geraden Seiten, die Sie in der gewünschten Länge und Breite in Streifen schneiden. Schneiden Sie dann ein Ende der Streifen spitz zu, sodass sie leicht in die Erde gesteckt werden können. Schreiben Sie mit wasserfesten Stiften Namen und Farbe der jeweiligen Pflanze darauf und stecken Sie die Schilder an der entsprechenden Stelle in den Boden. So sind auch nach der Blütezeit die Standorte der Stauden markiert und Sie pflanzen nicht aus Versehen etwas darüber. Auf der Rückseite der Schildchen können Sie noch das Pflanzdatum und andere Informationen eintragen.

Holzstäbchen

Verwenden Sie die flachen Holzstäbchen von Stangeneis als Namensschilder für Gewächshauspflanzen. Die Schrift ist besser sichtbar, wenn man die Stäbchen zuerst mit weißer Dispersionsfarbe streicht. Bei Plastikblumentöpfen können Sie den Topfrand mit Dispersionsfarbe streichen und nach dem Trocknen den Namen der jeweiligen Pflanze darauf schreiben.

Bambusstäbchen

Besonders natürlich wirken Namensschildchen aus dünnem Bambusrohr. Halbieren Sie dafür ein längeres Bambusrohr der Länge nach und schneiden Sie die Hälften diagonal in kurze Stücke mit spitzen Enden. Auf diese Stäbchen können Sie nun mit wasserfesten Stiften die Pflanzennamen und -farben schreiben.

Gehölze markieren

Sägen Sie einen Ast mit einem Durchmesser von etwa 6 cm schräg in dünne Scheiben und glätten Sie jede Scheibe auf einer Seite mit Sandpapier. Bohren Sie jeweils ein Loch durch das schmale Ende der Scheiben und fädeln Sie ein festes Stück Schnur hindurch. Zum Schluss schreiben Sie mit wasserfesten Stiften den Namen der jeweiligen Pflanze und das Pflanzdatum darauf und hängen die Scheiben an die betreffenden Sträucher und jungen Bäume.

Dahlien markieren

Dahlienknollen werden im Herbst ausgegraben und getrocknet, bevor man sie über Winter einlagert. Bei verschiedenen Sorten und Blütenfarben ist es sinnvoll, auf jeder Knolle mit  wasserfesten Stiften in der Farbe der Blüten die jeweilige Sorte zu vermerken. Wenn Sie die Knollen wieder einpflanzen, gibt es keine Verwechslung. Die Beschriftung schadet den Pflanzen nicht.

Narzissen

Osterglocke oder Narzisse?

Gärtner bezeichnen diejenigen Narzissen mit langen Trompeten häufig als Osterglocken, während die Arten mit kurzen, schalenförmigen Trompeten als Narzissen im Handel angeboten werden. Darüber hinaus gibt es Dichternarzissen, Jonquillen, groß- und kleinkronige Narzissen, Tazetten und viele Wildsorten. Aus botanischer Sicht sind sie jedoch alle Narzissen, denn sie gehören zur Gattung *Narcissus*. Doch egal, wie man sie nennt: Sie sind echte Frühlingsboten, weshalb man bei der Anpflanzung großzügig vorgehen sollte. Einige wenige im Garten verteilte Pflanzen wirken spärlich, während eine Gruppe mit 50 oder 100 Pflanzen einen herrlichen Blickfang bietet.

Zwiebeln teilen

Lässt die Blühfreudigkeit von Narzissen im Lauf der Jahre nach, stehen die Pflanzen vermutlich zu dicht. Daher ist es sinnvoll, Narzissen von Zeit zu Zeit nach dem Einziehen der Blätter herauszunehmen, die Zwiebeln zu trennen und sie sofort mit etwas Abstand wieder einzupflanzen.

DIES UND DAS

Die unerwiderte Liebe des Narziss

Einer griechischen Legende nach war Narziss ein schöner Jüngling, der von der Göttin Nemesis dazu verurteilt wurde, sich im Wasser eines Teichs zu betrachten und sich dabei in sein eigenes Spiegelbild zu verlieben, weil er die Anträge der Nymphe Echo zurückgewiesen hatte. Echo schwand dahin, bis nur noch ihre Stimme übrig blieb, Narziss dagegen betrachtete in großer Bewunderung sein Spiegelbild. Andere Versionen der Legende erzählen, Narziss habe die Liebe der jungen Ameinias verschmäht oder er habe sich angesichts seines Spiegelbilds nach den geliebten Zügen seiner toten Zwillingsschwester verzehrt. Wie auch immer – es war eine Liebe, die sich nicht erfüllen konnte und für die Narziss schließlich Selbstmord beging oder eines natürlichen Todes starb. An der Stelle am Teich, an der er zu Boden sank, wuchs eine Blume, die heute seinen Namen trägt. In allen Fassungen war die Legende möglicherweise das Symbol dafür, dass nach dem Glauben der Griechen der Anblick des eigenen Spiegelbilds Unglück oder sogar Tod bringt.

Narzissen als Schnittblumen

Werden Narzissen als Schnittblumen gepflanzt, sollte man die Pflanzen alle 3–4 Jahre aus der Erde nehmen, die Zwiebeln trennen, beschädigte Exemplare entfernen und die intakten Zwiebeln an einem kühlen Ort trocknen lassen. Sobald die Pflanzen trocken und spröde sind, werden die abgestorbenen Blätter, lose Zwiebelhäute und Wurzeln entfernt und die Zwiebeln bis zum September gelagert. Dann setzt man sie wieder in die feuchte Erde und bringt eine dünne Schicht Langzeitdünger auf dem Boden aus.

Früh pflanzen

Die Zwiebeln von Narzissen und Osterglocken sollten im Frühherbst gesetzt werden. In dem noch sommerwarmen Boden wurzeln sie schneller und haben dann eine entsprechend längere Lebensdauer.

Nach der Blüte

Verwelkte Blüten sollten Sie möglichst bald entfernen, denn sie wirken nicht nur unansehnlich, sondern entziehen den Zwiebeln auch wertvolle Nährstoffreserven, die für die Blütenbildung im folgenden Jahr benötigt werden. Am besten ist es, die verwelkten Blüten mit der Schere abzuschneiden oder sie von Hand abzubrechen. Die Blütenstängel sollten Sie dagegen stehen lassen, sodass sie zusammen mit den Blättern absterben.

Blätter einziehen lassen

Mit dem Ende des Wachstumszyklus beginnen die Blätter zu vergilben, was in der Fachsprache „Einziehen" genannt wird. Auch wenn dieser Anblick nicht schön ist, sollte man die Blätter noch mindestens 6 Wochen lang stehen lassen und nicht abschneiden, weil sie zum Neuaufbau der Nährstoffreserven in den Zwiebeln benötigt werden. Die Blätter sollten während dieser Zeit auch nicht zusammengebunden werden, da dadurch das Gewebe beschädigt und die Blattfläche verkleinert wird, sodass die Pflanzen keine ausreichenden Nährstoffdepots mehr bilden können.

Zwiebeln umsetzen

Nach der Blütezeit, wenn die Blätter der Narzissen zu vergilben beginnen, können Sie im Beet oder der Rabatte Platz für neue Pflanzen schaffen, indem Sie die Narzissenzwiebeln vorsichtig ausgraben und an einer unauffälligen Stelle im Garten wieder in die Erde setzen. Ist das Laub dann vollständig vertrocknet, nehmen Sie die Pflanzen heraus, entfernen Blätter, lose Zwiebelhäute und Wurzeln und lagern die Zwiebeln an einem kühlen Ort. Im Herbst werden sie an ihrem ursprünglichen Platz wieder eingesetzt.

Unschönes verdecken

Ist es Ihnen zu umständlich, die verblühten Narzissen aus der Erde zu nehmen, können Sie stattdessen Stauden so ins Beet pflanzen, dass sie die einziehenden Narzissenblätter und nach dem endgültigen Verwelken die leeren Stellen verdecken. Für sonnige Beete eignen sich Geranien und Taglilien, während Funkien ideale Pflanzen für feuchte, halbschattige Standorte sind.

Naturnahe Pflanzung

Rasenflächen mit Osterglocken- und Narzissenhorsten bieten einen wunderschönen Anblick, doch kann man den Rasen dann bis zum Einziehen der Blätter mindestens 6 Wochen lang nicht mähen. Eine gute Alternative ist eine kleine Fläche in einer ruhigen Gartenecke, eventuell mit zwei bis drei Bäumen im Hintergrund. Damit die Pflanzung nicht zu geordnet wirkt, können Sie die Narzissenzwiebeln mithilfe eines Zwiebelpflanzers unregelmäßig setzen und zur weiteren Auflockerung Schneeglöckchen und Krokusse dazupflanzen, die für weitere bunte Tupfer sorgen.

Ein Pflanzgefäß mit Narzissen ist ein schöner Blickfang und zeigt, dass der Frühling vor der Tür steht.

Vorbereitung für die Vase

Werden Narzissen für die Vase geschnitten, sollten sie nach dem Schneiden nicht gleich zusammen mit anderen Blumen ins Wasser gestellt werden. Die Narzissenstängel sondern nämlich einen giftigen Saft ab, der andere Pflanzen – insbesondere Tulpen – vorzeitig welken lässt. Schneiden Sie die Stiele deshalb bis knapp 3 cm über dem Boden ab und stellen Sie die Narzissen 24 Stunden in eine mit Wasser gefüllte Vase. Danach haben sich die Stielenden geschlossen, und nachdem Sie die Stängel unter fließendem Wasser abgespült haben, können Sie die Pflanzen problemlos zusammen mit anderen Blumen in der Vase arrangieren. (Siehe auch *Schnittblumen*)

Narzissen für halbschattige Lagen

Für halbschattige, leicht feuchte Standorte im Garten mit leicht saurem Boden eignet sich die früh blühende Alpenveilchen-Narzisse *(Narcissus cyclamineus)*, die sich unter guten Wachstumsbedingungen durch Selbstaussaat allein vermehrt. Gelbe bis goldgelbe Blüten tragen die Sorten 'February Silver' und 'Peeping Tom', hellgelb blüht die Sorte 'Jack Snipe'.

Keine Probleme mit Wühlmäusen

Im Gegensatz zu vielen anderen Zwiebelpflanzen wie Lilie oder Krokus bleiben die Zwiebeln der Narzissen von Wühlmäusen verschont, was wohl daran liegt, dass die Pflanze leicht giftig ist.

DER NATURNAHE GARTEN

Gestalten Sie Ihren Garten nicht zu makellos – ein kleines, naturbelassenes Fleckchen hat seinen eigenen Reiz und entwickelt sich bald zum Schlupfwinkel für eine Vielzahl wild lebender Tiere.

Kaulquappen im Teich, Grünfinken, die schwungvoll einen Futterplatz anfliegen, und gaukelnde Schmetterlinge zwischen den Sommerblumen – ein Garten, der lebt, ist für Groß und Klein immer wieder ein Vergnügen. Wenn der Gartenbesitzer dafür sorgt, dass Nahrung und Unterschlupfmöglichkeiten vorhanden sind, kommen Vögel, Insekten und andere Tiere nicht nur auf einen kurzen Besuch vorbei, sondern wählen den Garten als ihr ständiges Zuhause. Sogar mitten in der Innenstadt kann dann ein Garten zur Zufluchtsstätte für die Tierwelt werden.

Für Kleintiere sind „unordentliche" Stellen im Garten von hohem Wert. Alte Bäume oder eine verwitterte Mauer bieten ideale Schlupfwinkel, und aus einem Fleckchen mit ungemähtem Gras kann eine kleine Wildblumenwiese entstehen, in der die Pflanzen mit ihren Samen und den Insekten, die sie anlocken, eine Nahrungsquelle für die Vögel sind.

Auch andere Orte im Garten lassen sich als Anziehungspunkt für verschiedene Tierarten gestalten. Ein Beet mit Nektar produzierenden Blumen lockt Schmetterlinge und Bienen an, der Gartenteich ist eine natürliche Brutstätte für Libellen, Frösche und Kröten, und Sträucher und Bäume mit Beeren sind in den kargen Wintermonaten ein Magnet für Vögel aus der ganzen Umgebung.

Legende zum Plan links

❶ *Eine alte Mauer dient als Unterschlupf für Insekten und Vögel.*

❷ *Ein locker aufgeschichteter Steinhaufen bietet Kröten ein Versteck.*

❸ *Ein Futterplatz ist vor allem im Winter ein Versammlungsort für Vögel.*

❹ *Ein schützendes Beerendickicht gibt Vögeln Unterschlupf und Nahrung.*

❺ *Ein Gartenteich bietet Fischen und Amphibien ein Zuhause.*

❻ *Eine Sommerwiese dient einheimischen Pflanzen als Lebensraum.*

❼ *Ein Beet mit Nektar produzierenden Blumen versorgt Schmetterlinge.*

❶ Einladender Unterschlupf

Eine alte Mauer, die Wärme zurückstrahlt, ist sehr attraktiv für Schmetterlinge. Die natürlichen Öffnungen oder zusätzliche Nistkästen bieten Vögeln wie der Kohlmeise, dem Rotschwänzchen, dem Zaunkönig und eventuell dem grauen Fliegenschnäpper eine Nistmöglichkeit. In den Spalten und Ritzen sitzen Asseln, Käfer und Spinnen. Pflanzen – darunter Flechten und Moose – besiedeln die Maueroberfläche, andere sprießen auf kleinen Humusansammlungen in den Spalten. Für einen farbenprächtigen Anblick sorgen die zähen Steingartenpflanzen *Alyssum*, *Arabis*, *Aubrieta*, *Campanula portenschlagiana*, Goldlack, *Helianthemum*, Efeublättriger Lein, *Saponaria ocymoides* und *Sedum*.

❷ Steiniges Versteck

In einer Gartenecke dient ein Steinhaufen auf Laubabfall als Schlupfwinkel für Kröten und Blindschleichen.

❸ Futterzeit

Ein Futterplatz für Vögel, z. B. auf einem hohen Baumstumpf, ist ein reizender Blickfang, vor allem im Winter. Regelmäßige Besucher sind Buchfinken, Gimpel, Grünfinken, Spatzen und Zaunkönige. Die Mitglieder der Meisenfamilie, Kleiber, Zeisige und eventuell Buntspechte schätzen einen aufgehängten Futterspender mit Nüssen, z. B. aus einer halben Kokosnuss. Amseln, Drosseln, Sperlinge und Goldammern mögen Nüsse und Samen, die auf dem Boden ausgestreut sind. Ein Vogelbad in der Nähe dient als Tränke und Badestelle.

❹ Beerendickicht

Dicht gepflanzte Bäume und Sträucher bieten mit ihren undurchdringlichen Zweigen Vögeln sichere Nistplätze und Beeren als Nahrung. Auch Schmetterlinge und viele andere Insekten sowie Kleintiere, z. B. Igel und Mäuse, finden sich in solchen Dickichten ein. Die idealen Gewächse für Pflanzungen dieser Art sind *Cotoneaster*, Feldahorn, Geißblatt, Hainbuche, Holunder, Schlehe, Schneeball, Stechpalme oder Weißdorn.

❺ Wasserwelt

In einem Gartenteich siedeln sich Frösche, Kröten und Wasserinsekten an. Pflanzen, die Schutz und Nahrung bieten und für Sauerstoff sorgen, sind u. a. *Myriophyllum spicatum* (Ähriges Tausendblatt) und *Potamogeton crispus* (Krauses Laichkraut). Die Blätter von Seerosen sorgen für Schatten und begrenzen so den Algenwuchs. Ergänzt wird die Wasserwelt durch Uferpflanzen wie *Caltha palustris* (Sumpfdotterblume) und *Iris pseudacorus* (Wasserschwertlilien), die Amphibien Schatten spenden. Libellen, Schwimmkäfer und Wasserschneider finden sich meist ganz von selbst im Teich ein, Amphibien muss man dagegen in der Regel im Gartencenter kaufen. Bisweilen kommen auch unerwartete Besucher wie Vögel, Igel und Füchse, die am Teich ihren Durst stillen.

❻ Wiesenzauber

Legen Sie in einer sonnigen Gartenecke eine Sommerwiese mit einheimischen Gräsern und Wildblumen an, die Vögel und Insekten anziehen. Der Nektar von Disteln, Flockenblumen, Klee und Skabiosen ist Nahrung für Schmetterlinge und Bienen. Finken und andere Vögel mögen Kardendistel und Löwenzahn besonders gern. Im Gras siedeln sich Insekten und Kleintiere an, die wiederum Eulen, Fledermäuse und Libellen anlocken.

❼ Nektarbeet

Im Sommer macht es großen Spaß, Bienen und Schmetterlinge bei der Nektarsuche zu beobachten, und es lohnt sich, eine Rabatte für diese kleinen Besucher anzulegen. Im Frühsommer sind *Arabis* und Silberblatt zuverlässige Nektarspender; Fingerhut, Goldrute und Herbstastern eignen sich für den Spätsommer. Die *Buddleja* hat eine so starke Anziehungskraft auf Insekten, dass sie auch Schmetterlingsstrauch genannt wird.

Nelken

Der richtige Standort

Nelken brauchen einen sonnigen Standort, da sie an Schattenplätzen nicht nur weniger reich blühen, sondern auch anfälliger für Krankheiten sind. Der Boden sollte durchlässig und vergleichsweise nährstoffarm sein. Heidenelken *(Dianthus deltoides)* gedeihen sogar am besten auf trockenen, kalkarmen Böden. Alle Nelkenarten sollten nur sehr sparsam gedüngt werden.

Bunte Vielfalt

Graugrüne Polster bildet die Pfingstnelke *(Dianthus gratianopolitanus)*, die ab Mai je nach Sorte zahlreiche zart rosafarbene bis dunkelrote Blüten trägt und sich ebenso gut als Beeteinfassung wie als Kübelpflanze eignet. Die Federnelke *(Dianthus plumarius)* ist eine klassische Bauerngartenpflanze und blüht von Mai bis Juli, ihre gefransten Blütenblätter leuchten je nach Sorte von Reinweiß über Rosa bis Weißrot. Etwas später – von Juni bis September – blühen die Heidenelken *(Dianthus deltoides)*, die sich in Steingärten, an Trockenböschungen oder auf Trockenmauern am wohlsten fühlen, wo sie bald ausgedehnte Matten bilden.

Veränderte Blütenformen und -farben

Kommt es bei Nelken im Lauf der Jahre zu einer Veränderung der Blütenformen und -farben, liegt dies daran, dass aus Samen gebildete Pflanzen nur selten ebenso aussehen wie ihre Eltern. Das lässt sich vermeiden, indem man Verblühtes regelmäßig entfernt. Andernfalls können sich die Samen von allein ausbreiten und in der Folge Pflanzen mit einem anderen Erscheinungsbild hervorbringen.

Stecklinge ziehen

Aufgrund ihrer schmalen Stängel lassen sich Federnelken nur schwer absenken, sodass man sie besser durch Stecklinge vermehrt. Entfernen Sie dafür in der Zeit nach der Blüte bis Ende August zuerst die Seitentriebe an der Basis.

Schneiden Sie dann knapp unterhalb eines Blattpaares jeweils 8–10 cm lange Stecklinge und streifen Sie die unteren Blätter ab, sodass an

---

GESCHICHTE IN KÜRZE

Dianas Strafe

Schon in der Antike wurden Nelken wegen ihres Duftes und ihrer Schönheit geschätzt, und der Legende nach soll die Edelnelke ihren lateinischen Namen *Dianthus caryophyllus* der römischen Jagdgöttin Diana verdanken. Diese wurde heimlich von einem neugierigen Schäfer beim Baden beobachtet und verwandelte daraufhin seine Augen zur Strafe kurzerhand in zwei rote Nelken. Gegen Ende des 18. Jh., zur Zeit der Französischen Revolution, wurden rote Nelken dann zu einem Symbol für Mut und Unerschrockenheit, das die zum Tode verurteilten Aristokraten auf ihrem Weg zur Guillotine trugen, und auch in den Zeiten des politischen Klassenkampfs waren rote Nelken ein wichtiges Symbol für die Unterdrückten. Im Lauf der Zeit entstanden dann durch Züchtung immer neue Blütenfarben, und die Nelke wurde zu einer echten Modepflanze, die bis weit in die 1970er-Jahre hinein zu den beliebtesten Schnittblumen zählte.

jedem Stängel nur noch drei bis vier Blattpaare stehen bleiben. Pflanzen Sie die Stecklinge in Töpfe mit einer Mischung aus Torf und grobkörnigem Sand und stellen Sie die Pflanzen in einen Kalten Kasten. Wenn sich die Stecklinge dann nach 3–4 Wochen bewurzelt haben, werden sie einzeln in kleinere Töpfe mit Anzuchterde gesetzt und im nächsten Frühjahr ins Freie gepflanzt.

Nüsse

Süße Mandeln

Der Echte Mandelbaum *(Prunus dulcis)* ist nur mäßig groß und eignet sich aufgrund seiner sehr frühen Blütezeit ab dem Spätwinter bis zum zeitigen Frühjahr – noch vor dem Austrieb der Blätter also – als schönes Solitärgehölz auf dem Rasen. Eine besonders reiche Ernte lässt sich erzielen, wenn man den Baum vor eine Südwand pflanzt, wo der Frost die Blüten nicht beschädigen kann. Wenn die Mandeln im Oktober abfallen, löst man sie aus den Schalen, breitet sie auf einer luftigen, durchlässigen Unterlage aus und lässt sie an einem luftigen Ort, etwa im Schuppen oder in der

---

Garage, gründlich trocknen. Danach kann man sie in einem gut verschlossenen Gefäß an einem kühlen, trockenen Ort aufbewahren. Wahlweise bewahrt man die Mandeln nach der Ernte ungeschält in einem Tonkrug in einer Mischung aus feuchten Kokosfasern und grobem Salz zu gleichen Teilen auf.

Robuste Esskastanien

Eine 20 Jahre alte Esskastanie *(Castanea sativa)* kann bereits 10–11 m hoch sein, ein ausgewachsener Baum sogar eine Höhe von etwa 30 m erreichen, sodass diese Art nur für große Gärten geeignet ist. Dann jedoch ist die Esskastanie nicht nur ein schönes Ziergehölz, sondern auch wegen ihrer essbaren Früchte sehr attraktiv – als beste Sorte gilt 'Marron de Lyon' mit großen, leicht süßen Früchten, die bei uns auch als Maronen oder Maroni bekannt sind. Wenn die Kastanien im Oktober abfallen, entfernt man die Schalen und breitet die Früchte an einem warmen Ort zum Trocknen aus, wobei man sie jeden zweiten Tag wenden sollte. Anschließend kann man sie in einem mit Sand gefüllten Gefäß an einem frostfreien Ort bis zu 6 Monate lagern. Esskastanienbäume sind robust und pflegeleicht. Ist der Baum erst einmal angewachsen, braucht er nur noch selten einen Rückschnitt und wird auch kaum von Schädlingen und Krankheiten befallen.

Siehe auch *Haselsträucher, Walnüsse*

Die Esskastanie (Castanea sativa), *die eine Höhe von etwa 30 m erreicht, trägt überaus nahrhafte Früchte.*

Nützlinge

Natürliches Gleichgewicht

Bei der Bekämpfung von Schädlingen ist es meist sinnvoller, anstelle von chemischen Präparaten biologische Mittel wie Pheromone und Nützlinge in Form parasitärer Insekten einzusetzen. Da diese Mittel spezifisch wirken, lässt sich die Anzahl der Schädlinge auf ein akzeptables Maß reduzieren, ohne dass das natürliche Gleichgewicht im Garten gestört wird. Und weil z. B. die Nützlinge nicht ohne die Schädlinge überleben können, von denen sie sich ernähren, besteht auch keine Gefahr, dass die Räuber von heute zu den Schädlingen von morgen werden.

Brutparasiten

Zur Schädlingsbekämpfung mit Parasiten werden Insekten verwendet, die ihre Eier in die Larven anderer Insekten legen. Mit der parasitären Schlupfwespe *Encarsia formosa* beispielsweise bekämpft man die Weiße Fliege, deren Larven gleich nach dem Schlüpfen, also noch ehe sie sich zu Insekten entwickeln und dann weiter vermehren, von diesen Parasiten sicher vertilgt werden.

Nematoden

Bei Pflanzenschäden durch Dickmaulrüssler und Nacktschnecken sollten Sie sich im Gartencenter Nematoden (parasitäre Fadenwürmer) besorgen. Im Gegensatz zu chemischen Mitteln wie z. B. dem giftigen Schneckenkorn helfen die winzigen Würmer bei der Beseitigung der Schädlinge, ohne Igel oder Vögel zu gefährden. Der Einsatz von Nematoden ist aber nur dann sinnvoll, wenn die Bodentemperatur über 15 °C liegt, da die Fadenwürmer bei kühlerer Witterung nicht überleben.

Kohl schützen

Bacillus thuringiensis ist ein Bakterium, das Kohlraupen befällt und für die Tiere tödlich ist. Dieses biologische Schädlingsbekämpfungsmittel wird in Form eines Spritzmittels eingesetzt.

Pheromone für Äpfel- und Pflaumenbäume

Durch synthetische Geschlechtshormone, die Pheromone, werden männliche Apfel- und Pflaumenwickler angelockt. Eine Pheromonfalle, bei der die Inhaltsstoffe auf einer klebrigen Unterlage angebracht sind, an der die Insekten hängen bleiben, genügt als Schutz für fünf Bäume und wird im Mai in den Obstbäumen aufgehängt, wo sie für wirksamen Schutz sorgt.

DIE RICHTIGE WAHL

Schädlinge mit natürlichen Mitteln bekämpfen

Biologische Schädlingsbekämpfungsmittel wie Pheromone bekommen Sie in jedem Gartencenter, Nützlinge dagegen per Post über den Versandhandel. Manche der im Folgenden genannten Nützlinge eignen sich nur zur Verwendung im Haus oder Gewächshaus, während andere ausschließlich im Freien eingesetzt werden. Einige Anbieter finden Sie auf S. 368.

Schädling	Nützling/ Bekämpfungsmittel	Typ (*geeignet für die Anwendung im Freien)
Apfelwickler	*Pheromone*	Falle*
Blasenfüße	*Amblyseius cucumeris*	Raubmilbe
Blattminierer	*Dacnusa sibirica*	Schlupfwespe
	Diglyphus isaea	Schlupfwespe
Blattläuse	*Aphidoletes aphidimyza*	Räuberische Mückenlarve
	Aphidius matricariae	Schlupfwespe
Dickmaulrüssler	*Steinernema carpocapsae*	Nematode*
	Heterorhabditis megidis	Nematode*
Nacktschnecken	*Phasmarhabditis hermaphrodita*	Nematode*
Pflaumenwickler	*Pheromone*	Falle*
Raupen	*Bacillus thuringiensis*	Bakterium*
Rote Spinnmilben	*Phytoseiulus persimilis*	Raubmilbe
Schildläuse	*Metaphycus helvolus*	Schlupfwespe
Schmierläuse	*Cryptolaemus montrouzieri*	Räuberischer Käfer
Trauermücken	*Hypoaspis miles*	Nematode
Weiße Fliegen	*Encarsia formosa*	Schlupfwespe

Nylonstrümpfe

Schutz für Zwiebeln und Samen

Nager werden von Kunstfasern wie Nylon abgeschreckt. Ein guter Schutz für Ihre Blumensamen und -zwiebeln sind deshalb ausgediente Strümpfe oder Strumpfhosen, in die Sie das Material füllen und die Sie im Schuppen aufhängen.

Strümpfe statt Schnur

Aus alten Nylonstrümpfen lassen sich weiche, unauffällige Binder schneiden, die auch Wind und Wetter standhalten. Zum Anbinden eines Baumes sollten Sie die Strümpfe als Achterschlinge legen, da so die Rinde am besten geschont wird.

Preiswerte Speisekammer

Ausgediente Nylonstrümpfe eignen sich aufgrund ihrer guten Luftdurchlässigkeit bestens zum Trocknen und Lagern von Bohnen, Erbsen, Körnern, Kräutern, Linsen, Mais, Tee, Soja usw.

Praktischer Filter

Wollen Sie Regenwasser aus der Dachrinne auffangen, sollten Sie einen Nylonstrumpf zwischen zwei Rohrstücke des Fallrohrs klemmen. Dieser Filter hält allen Unrat zurück und das Wasser bleibt klar.

Sinnvolle Abschreckung

Obst und Gemüse wie Birnen, Tomaten oder Weintrauben können Sie mithilfe von übergestülpten Nylonstrümpfen vor Nagern, Vögeln und Wespen schützen, da das schimmernde Gewebe die Tiere abschreckt. Nylon hat zudem den Vorteil, dass es die Wärme auf der Oberfläche der Früchte konstant hält und sich durch seine Elastizität dem Wachstum der Früchte sehr gut anpasst.

Einfacher Honigfilter

Wenn Sie Bienen im Garten halten, können Sie Ihren frisch geschleuderten Honig durch einen sauberen Nylonstrumpf passieren.

Obstpflücker

Ein praktischer, reißfester Obstpflücker für höher hängende Früchte entsteht aus einem Nylonstrumpf, den Sie an einer Drahtschlinge befestigen, die wiederum an einer langen Bambusstange festgebunden wird.

Obstbäume

Trockener Boden

Obstbäume brauchen trockenen Boden zum Gedeihen. Schweres Erdreich saugt sich mit Wasser voll und führt dazu, dass Wurzeln absterben und Triebe verwelken.

Lockern Sie deshalb den Boden sorgfältig bis in eine Tiefe von 40–50 cm, bevor Sie ein Obstgehölz pflanzen. Sollte es Ihnen jedoch aus irgendeinem Grund nicht gelingen, die betreffende Stelle trockenzulegen, dann versuchen Sie, die Wurzeln des Baumes über die feuchte Erde wachsen zu lassen. Werfen Sie dazu vor dem Pflanzen zunächst einen kleinen Erdhügel auf und setzen Sie den Baum so hinein, dass sich der obere Teil der Wurzeln 10–20 cm über dem Boden befindet.

Triebe statt Blüten wachsen lassen

Fördern Sie an einem frisch gepflanzten Obstgehölz das Wachstum neuer Triebe, indem Sie im ersten Jahr die Blüten herausbrechen.

Gras und Unkräuter entfernen

Halten Sie den Boden um einen jungen Obstbaum bis über die Kronentraufe hinaus frei von Gras und Unkräutern, damit seine Wurzeln nicht mit den Wurzeln anderer Pflanzen um Wasser und Nährstoffe konkurrieren müssen. Bereinigen Sie die Fläche regelmäßig, bis sich das Gehölz gefestigt hat. Gehen Sie dabei behutsam vor, da sich ein Teil der Wurzeln bei allen Obstarten dicht und flach unter der Erdoberfläche ausbreitet. Man sollte also weder graben noch groß hacken. Nach 3–4 Jahren darf dann Gras unter dem Baum wachsen. Gleichwohl sollte stets ein Ring von etwa 15 cm um den Stamm nackt bleiben; so vermeidet man Kragenfäule.

Richtig düngen

Bearbeiten Sie gegen Ende des Winters gründlich den Boden um die Obstbäume und düngen Sie die Hölzer anschließend im Bereich der Baumkrone mit 70–140 g Volldünger pro 1 m². Bringen Sie das Düngemittel dabei gleichmäßig auf der Erdoberfläche aus; der Regen wäscht es dann ein. Bei einem bewachsenen Boden gehen Sie anders vor. Stechen Sie hier mit einem Blumenzwiebelpflanzer unterhalb der Baumkrone Löcher im Abstand von jeweils 30 cm in die Erde. Füllen Sie die Löcher mit Dünger, den Sie mit verbrauchter Blumenerde oder gutem Boden mischen. Ebenso ist es möglich, Obstbäume im April oder Mai mit gut verrottetem Kompost oder Mist zu düngen.

Kultur in Töpfen

Auch in winzige Gärten passt zumindest ein Obstbaum in einem Kübel. Im Gartenhandel gibt es Äpfel, Pfirsiche, Nektarinen und Quitten, die auf einen kleinen Wurzelstock aufgepfropft sind und sich gut für die Topfkultur eignen. Nehmen Sie unbedingt Keramiktöpfe, denn sie sind stabiler als Pflanzgefäße aus Plastik. Außerdem schützen sie die Gewächse besser vor Frost und sehen schöner aus, insbesondere wenn sie Ornamente tragen.

Übermäßige Fruchtentwicklung

Obstbäume bringen bisweilen mehr Früchte hervor, als sie eigentlich tragen können. Solch ein hoher Ertrag kann dazu führen, dass Zweige brechen, das Obst fortan kleiner ausfällt oder das Wachstum des Baumes gestört ist. Überprüfen Sie im Juni, ob das Gehölz von sich aus genügend überschüssige Früchte abstößt. Ist das nicht der Fall, dann schneiden Sie ungenügend bestäubte, beschädigte oder verkümmerte Früchte ab. Lassen Sie an jedem Zweig ein oder zwei der reifsten Früchte hängen.

Nach und nach ernten

Die Früchte an einem Obstbaum reifen nicht alle zur selben Zeit. Ernten Sie deshalb nach und nach. Gehen Sie dabei behutsam vor, damit Sie das saftige Fruchtfleisch nicht beschädigen. Verwenden Sie möglichst luftige Erntekörbe und legen Sie nicht zu viele Früchte übereinander.

Träge Bäume zum Fruchten bringen

Bei kräftigen Bäumen, die gut wachsen, aber wenig oder gar nicht fruchten, empfiehlt es sich, die Stickstoffaufnahme zu reduzieren, indem man Gras um die Hölzer herum wachsen lässt. Eine andere Methode zur Anregung des Fruchtens ist das Wurzelstechen. Dabei hebt man im Bereich der Kronentraufe einen schmalen Graben mit mindestens 35 cm Tiefe aus; das Wurzelsystem wird so durchtrennt. Diese Maßnahme hat zur Folge, dass

DIE RICHTIGE WAHL

Obstbäume in Form bringen

Gekauftes Obst schmeckt nie so gut wie Früchte aus dem eigenen Garten. Zumindest für einen einzelnen Baum findet sich auch auf dem kleinsten Grundstück immer ein Platz. Machen Sie sich vor dem Kauf Gedanken darüber, welche Sorte für Sie infrage kommt und wie groß der Baum sein sollte. Überdies ist die Form sehr wichtig. Die unten stehenden Illustrationen zeigen Ihnen, wie sich Obsthölzer ziehen lassen.

Halbstamm/Hochstamm
Höhe: 3,7–6 m. Langsameres Wachstum als bei Schnurbäumen oder Spindelbüschen, aber ertragreichere Form; benötigt viel Platz

Spalierbaum
Bildet Reihen waagrechter Äste, die meist an einer Mauer wachsen; gut geeignet für Kleingärten

Spindelbusch
Höhe: 2,4–3,7 m. Trägt schnell Früchte; leicht zu pflegen und zurückzuschneiden; eignet sich gut für kleine und mittelgroße Gärten

Fächerförmige Palmette
Braucht viel Freiraum an einer Mauer; bringt aber auch hohe Erträge

Pyramidenbaum
Höhe: 2,4–3 m. Rückschnitt schwieriger als bei anderen Formen, trägt aber rasch Früchte, die sich leicht ernten lassen

Schnurbaum
Platz sparende, ertragreiche Form, die meist für Äpfel und Birnen verwendet wird

sich im Juli oder August Blütenknospen bilden. Bei sehr großen Bäumen hebt man den Graben zunächst nur in einem Halbkreis und ein wenig innerhalb der Kronentraufe aus. Den Aushub schaufelt man jeweils zurück und tritt die Erde fest. Im folgenden Winter nimmt man sich die andere Hälfte in derselben Weise vor.

Heim für Vögel
Meisen sind willkommene Gäste im Garten, da sie schädliche Insekten fressen. Bringen Sie deshalb zwischen den Ästen anfälliger Bäume einen Nistkasten an. Eine kreisförmige Öffnung mit 2–3 cm Ø an der Vorderseite ist groß genug für Meisen, aber zu klein für Spatzen, sodass diese nicht in den Kasten gelangen können. Das Behältnis sollte sicher befestigt und unerreichbar für Katzen sein.

Für Luftzirkulation sorgen
Die einzelnen Obstsorten sind unterschiedlich empfindlich. Grundsätzlich brauchen die meisten Gehölze aber einen geschützten und sonnigen Standort. Sie sollten niemals eine Hecke an den Fuß eines Obstgartens am Hang pflanzen, denn es darf sich keine Kaltluft im Garten stauen; sie würde die Blüten absterben lassen. Sollten Sie eine Einfriedung benötigen, stellen Sie einen Zaun aus Holzlatten oder Maschendraht auf, der den Luftstrom nicht behindert. Als Alternative bieten sich spät blühende Obstbäume als Grenzbepflanzung an; sie sind eher frostunempfindlich.

Orangen

Als Kübelpflanze ziehen
Orangenbäume sind weniger empfindlich als Zitronenpflanzen; sie überstehen sogar ein oder zwei Minusgrade. Dennoch zieht man sie in unserem Klima am besten als Kübelpflanzen im Gewächshaus oder Wintergarten und bringt sie nur bei schönem Wetter ins Freie.

Anzucht aus Kernen
Stecken Sie im Frühjahr jeweils einen Orangenkern in Töpfchen mit feuchter Anzuchterde. Für die Keimung ist eine Mindesttemperatur von 15 °C erforderlich. Topfen Sie die Pflanzen in 9 cm große Gefäße mit Blumenerde um, sobald sie eine Höhe von 3–5 cm erreicht haben.

Duftend und dekorativ
Wegen ihres herrlichen Duftes und ihrer dekorativen Wirkung lohnt es sich, Orangenbäume zu ziehen. Man braucht dabei jedoch viel Geduld und sollte zudem keine allzu hohen Erwartungen an den Fruchtertrag stellen. Meist blühen die Pflanzen erst nach 7–8 Jahren und die Früchte sind selten aromatisch.

Wohlgeruch im Zimmer
Schälen Sie Orangen spiralförmig und lassen Sie die Schale auf einem Heizkörper oder im Kamin trocknen; ein anregender Duft wird sich im ganzen Zimmer ausbreiten. Allerdings verfliegt das Aroma nach einiger Zeit; trocknen Sie deshalb in regelmäßigen Abständen immer wieder neue Schalen.

Eine Duftkugel herstellen
Duftkugeln halten Motten aus Schränken fern; außerdem verleihen sie Kleidung und Wäsche einen angenehmen Geruch. Bohren Sie mit einem kleinen Spieß Löcher in die Schale einer Orange und stecken Sie in jedes Loch eine Gewürznelke. Wenden Sie die Frucht dann in pulverisierter Iriswurzel; anschließend muss sie in Seidenpapier eingewickelt werden und etwa 3 Wochen lang an einem warmen Ort lagern, bis sie völlig trocken ist.

Orchideen

Worauf beim Kauf zu achten ist

In Deutschland kommen rund 50 Orchideenarten vor. Die Pflanzen sind ziemlich teuer, weshalb man sich beim Kauf Zeit für eine sorgfältige Auswahl nehmen sollte. Orchideen müssen unbedingt gesunde Blätter und Rispen mit ungeöffneten Knospen aufweisen.

Anspruchsvolle Pflanzen

Überlegen Sie, ob Sie in der Lage sind, die Ansprüche eines Gewächses zu erfüllen. Einige Arten gedeihen am besten im Zimmer, andere im Gewächshaus. Manche benötigen eine sehr hohe Luftfeuchtigkeit. Bei einer Reihe von Orchideen empfiehlt sich ein Sommeraufenthalt im Freien, wobei es recht schwierig ist, einen geeigneten Standort zu finden, denn der Platz muss Schutz vor Regen und Wind bieten und darf außerdem weder zu hell noch zu dunkel sein.

Blühkraft bewahren

Schneiden Sie die Rispen einer Orchidee ab, sobald die Pflanze zum ersten Mal blüht. Dadurch kräftigen Sie die Wurzelknolle. Die abgeschnittenen Blüten stellen Sie in eine Vase mit weichem Wasser, in

---

---

der sie sich lange halten werden. Erneuern Sie das Wasser alle 2–3 Tage und entfernen Sie dabei jedesmal ein kleines Stück vom Stängelende.

Blütezeit verlängern

Bei der Malaienblume oder Nachtfalter-Orchidee *(Phalaenopsis),* die bei guter Zimmerkultur eine Fülle weißer Blüten entwickelt, ist es zu jeder Jahreszeit möglich, die Blütezeit noch zu verlängern. Warten Sie, bis die Blüten verwelkt sind, und schneiden Sie dann die Stängel mit einer scharfen Schere bis zu dem Punkt zurück, an dem sich die ersten Blüten gezeigt haben. Dort werden sich Seitentriebe bilden, die in 6–8 Wochen neue Blüten tragen.

Wurzelbild

Viele Orchideen haben Luftwurzeln, an denen sich der Zustand der Pflanzen genau erkennen lässt. Sind die Wurzelenden weiß oder grün, ist die Orchidee gesund. Gelbe oder braune Spitzen weisen auf mangelnde Pflege hin. Kontrollieren Sie in diesem Fall, ob die Standortbedingungen ausreichen. Die Pflanzen brauchen viel Luft, nehmen jedoch bei kalter Zugluft Schaden. Auch zu viel Sonne bekommt ihnen nicht.

Mit weichem Wasser gießen

Wässern Sie Orchideen möglichst morgens, und zwar nur mit Regenwasser oder zumindest mit abgekochtem und abgekühltem Wasser. Die Pflanzen benötigen viel Feuchtigkeit, insbesondere von April bis September. Durch übermäßiges Gießen faulen allerdings die Wurzeln. Setzen Sie die Töpfe am besten in Schalen mit Tonkügelchen oder Kies.

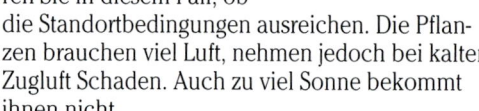

Spezielle Bewässerung

Bei epiphytischen Orchideen wie der Malaienblume stellt man den Topf einmal, bei heißem Wetter zweimal wöchentlich in einen Eimer mit

---

Wasser. Erdorchideen, beispielsweise die Kahnorchidee *(Cymbidium),* werden so lange gegossen, bis der Wasserüberschuss unten aus dem Pflanzgefäß herausläuft. Sollte die Erde im Topf aus Versehen irgendwann einmal zu stark austrocknen, gießt man die Pflanze ausnahmsweise durchdringend; sie wird sich sogleich vollkommen erholen.

Korrekt düngen

Einige Orchideen reagieren dankbar auf eine Nährstoffzufuhr in der Wachstumsperiode, andere nicht. Informieren Sie sich gleich beim Kauf, wie die Art, für die Sie sich entschieden haben, korrekt gedüngt wird.

Umtopfen

Orchideen sollten entweder nach der Blüte oder während der Ausbildung neuer Blätter umgetopft werden. Verwenden Sie dabei ein Pflanzgefäß, das eine Nummer größer ist als das vorherige, und füllen Sie es mit Orchideenerde. Bürsten oder waschen Sie die alte Blumenerde von den Wurzeln und schneiden Sie mit einer Schere alle abgestorbenen Wurzeln ab. Nach dem Umtopfen benötigen Orchideen weniger Wasser. Man gießt sie dann 7–10 Tage gar nicht und in den folgenden 2 Wochen nur sehr sparsam. Dadurch regt man das Wachstum neuer Wurzeln an.

Prächtige Exoten für den Garten

Wer für Orchideen nicht ausreichend Platz im Gewächshaus hat oder durch die hohen Ansprüche der besonders schönen Arten vor der Züchtung zurückschreckt, sollte eine pflegeleichtere winterharte Spezies im Garten anpflanzen. Zwar ist das Sammeln wild wachsender Arten verboten, doch einige davon sind in Spezialgärtnereien erhältlich, etwa das Gefleckte Knabenkraut *(Dactylorhiza maculata).* Leichter gelangt man an zwei nicht heimische Arten, die rosafarbene Japanorchidee *(Bletilla striata)* und die Tibeterorchidee *(Pleione formosana);* Letztere bildet in Steingärten einen prachtvollen Blickfang. Beachten Sie, dass beide Arten unbedingt einen geschützten Standort brauchen und sehr empfindlich gegen Staunässe sind.

Paprika

Gemüsepaprika und Chilis

Die ovalen bis rundlichen Früchte der Paprikapflanze (Capsicum) sind zunächst grün und färben sich je nach Sorte mit zunehmender Reife rot, gelb oder lilarot, wobei voll ausgereifte Früchte milder schmecken als die grünen Schoten im Stadium der Vorreife. Gute rote Sorten sind 'Bell Boy' und 'Merit', gelbe Früchte entwickelt die Sorte 'Luteus', während die Früchte der Sorte 'Mavras' fast schwarz sind. Sortenmischungen wie etwa 'New Carnival Mixture' bringen verschiedenfarbige Früchte hervor. In warmen, sonnigen Gegenden kann man Paprika im Freien entweder im Gemüsegarten oder auf der Terrasse bzw. dem Balkon kultivieren. Chilis, die insbesondere exotischen Gerichten Schärfe geben, gedeihen an zarten Pflanzen, am besten in einem beheizten Gewächshaus. Die kräftig wachsende Sorte 'Hero' bringt sehr scharfe Früchte hervor, während die robuste Sorte 'Apache' ein milderes Aroma besitzt und problemlos auch auf einer sonnigen Terrasse gedeiht.

Optimale Startbedingungen

Gemüsepaprika benötigt ähnliche Kulturbedingungen wie Tomaten und wird im März in Schalen im Gewächshaus ausgesät. Sobald sich die ersten Blattpaare bilden, pikiert man die Sämlinge in Einzeltöpfe mit Komposterde. In Gegenden mit mildem Klima kann man sie Anfang Juni ins Freibeet pflanzen, in kühleren Regionen müssen sie weiterhin im Gewächshaus kultiviert werden. (Siehe auch Tomaten)

Freilandpaprika

Paprikapflanzen, die ursprünglich aus den Tropen stammen, gedeihen am besten im Gewächshaus, wo die höheren Temperaturen für ein optimales Wachstum und reiche Erträge sorgen. Sie wachsen aber auch problemlos im Freien, wenn man sie Mitte bis Ende Mai, sobald also mit Sicherheit keine Frostgefahr mehr besteht, vor eine warme Südwand pflanzt. Besprühen Sie die Pflanzen während der Blütezeit täglich mit Wasser, um die Fruchtbildung zu fördern, und düngen Sie einmal wöchentlich mit einem Tomatendünger. Hohe Sorten sollten Sie außerdem an Stützstäben festbinden. In der Regel können Sie das Gemüse dann von Juli bis zum ersten Frost ernten.

Krankheiten vorbeugen

Im Freiland sollten Sie Gemüsepaprika nicht in Beeten anpflanzen, in denen im Vorjahr Gurken, Kartoffeln, Kürbis oder Tomaten kultiviert wurden, da diese Pflanzen alle für dieselben Krankheiten anfällig sind. Sofern die Pflanzen im Vorjahr von einer dieser Krankheiten betroffen waren, besteht die Gefahr einer Infektion der Jungpflanzen.

Wachstum optimieren

Damit die Pflanzen kräftig und buschig wachsen, sollten Sie die obersten Triebe der Pflanzen abkneifen, sobald die Gewächse 30 cm hoch sind.

Aroma fördern

Die jeweils in den Paprikapflanzen enthaltene Wassermenge beeinflusst das Aroma der Früchte: Wünschen Sie ein kräftiges Aroma, verringern Sie etwa 2 Wochen vor der Ernte die Wasserzufuhr. Möchten Sie dagegen milder schmeckende Früchte ernten, gießen Sie die Pflanzen wie gewohnt und reduzieren die Wassermenge erst etwa eine Woche vor der Ernte.

Vorsichtig ernten

Paprikafrüchte schneiden Sie am besten mit der Gartenschere ab. Reißt man sie von den Stängeln, können die Pflanzen beschädigt und in der Folge anfällig für Krankheiten werden.

Blütenendfäule

Blütenendfäule tritt zwar häufiger bei Tomaten auf, doch auch Paprikapflanzen können davon betroffen sein. Dieser Krankheit, die sich in Form von braunen Flecken am Ende der Blüten zeigt, lässt sich vorbeugen, indem man die Erde in den Pflanzgefäßen nie austrocknen lässt. (Siehe auch Schädlinge und Krankheiten S. 362)

Chilis ernten

Chilis werden geerntet, sobald die Früchte voll ausgebildet sind, und zum Trocknen am besten auf einer Papierunterlage auf dem Fensterbrett ausgebreitet. Bei regelmäßiger Ernte bringen die Pflanzen den ganzen Sommer über immer wieder neue Früchte hervor.

Papyrus

Empfindlicher Papyrus

Die Kultivierung von Cyperus papyrus, dem Echten Papyrus, gelingt in Mitteleuropa mit seinem relativ rauen Klima nur schwer. Wenn man nicht über einen Wintergarten oder ein sonniges, verglastes Treppenhaus verfügt, sollte man deshalb besser auf Schirmschilfgras (Cyperus involucratus) zurückgreifen. Diese mit dem Echten Papyrus zwar verwandte, aber weit weniger kälteempfindliche Pflanze hat feste, aufrecht wachsende Stängel mit gebogenen, blattartigen Hochblättern, die an die Speichen eines Schirms erinnern. Damit das Schirmschilfgras optimal gedeiht, sollte die Erde stets feucht gehalten werden und das Pflanzgefäß zusätzlich in einen mit Wasser gefüllten Übertopf gestellt werden.

Wärme und Feuchtigkeit

Der Echte Papyrus (Cyperus papyrus) erreicht die stattliche Höhe von 1,5–2,4 m und benötigt eine Temperatur von 18–21 °C. Man pflanzt ihn am besten in ein großes Gefäß, beispielsweise in einen Holzkübel, mit nährstoffreichem, sehr feuchtem Pflanzsubstrat. Von Juli bis September bringt die Pflanze dann ungewöhnliche braungrüne, flaumige Blüten auf runden Blütenköpfen hervor.

Attraktive Uferpflanze

Ein verhältnismäßig großer Gartenteich mit seichten Uferbegrenzungen bietet die besten Standortbedingungen für das ungemein dekorative Lange Zyperngras (Cyperus longus). Diese Pflanze mit ihren breiten olivgrünen Blättern, die im August und September rotbraune fedrige Blüten mit glänzend grünen Tragblättern hervorbringt, ist zwar sehr attraktiv, wuchert aber stark. Einen kleinen Gartenteich bepflanzen Sie deshalb am besten nur mit einer einzigen Pflanze, die Sie zudem in ein Gefäß setzen sollten, um auf diese Weise einem unkontrollierten Wurzelwachstum vorzubeugen.

Das Papier vom Nil

Für die alten Ägypter war Papyrus eine wichtige Nutzpflanze, die sie zur Herstellung von Stoffen, Seilen und Segeln, vor allem aber von Papier verwendeten. Dafür wurde das faserige Mark in Streifen geschnitten und nebeneinander gelegt. Eine zweite Schicht kam im rechten Winkel darüber und wurde angepresst. Der stärkehaltige Zellsaft verband die Schichten zu Blättern, von denen je 20 zu Rollen aneinander geleimt wurden.

Wurzelteilung

Die äußerst zähen Papyruswurzeln teilt man am besten mit einem Hackmesser. Dafür legen Sie die Pflanze auf einen Holzklotz, richten die Schneidkante des Messers über der Wurzel aus und schlagen mit einem Holzhammer kräftig auf das Messer.
(Siehe auch *Stecklinge*)

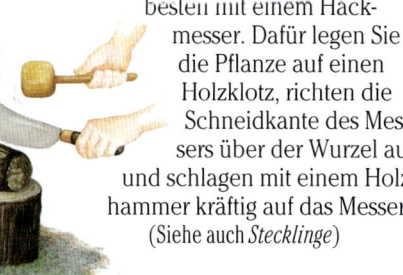

Pastinaken

Keimfähige Samen

Die Samen von Pastinaken halten sich nicht sehr lange, sodass man sie dem jeweiligen Bedarf entsprechend jedes Jahr frisch kaufen sollte. Der Versuch, Saatgut aus dem Vorjahr zu verwenden, lohnt sich nicht, da es in seiner Keimfähigkeit meistens stark eingeschränkt ist.

Leichtes Saatgut

Die überaus leichten Pastinakensamen werden schnell vom Wind davongetragen. Halten Sie die Hand deshalb beim Säen dicht über dem Boden und wählen Sie für die Aussaat einen möglichst windstillen Tag.

Richtig aussäen

Pastinakensamen sollten Sie nie in gerade mit Stallmist gedüngten Boden säen, da sich die Wurzeln der künftigen Pflanzen sonst spalten können. Die Samen werden in Dreiergruppen in die Saatrillen ausgesät und mit etwas Erde bedeckt. Wenn sie gekeimt haben, ziehen Sie die zwei schwächeren Sämlinge heraus, sodass sich nur der stärkste Sämling zu einer kräftigen Pflanze entwickeln kann.

Zwischenkultur anlegen

Pastinaken können früher als die meisten anderen Gemüsearten ausgesät werden: im Süden etwa ab Anfang März, in nördlichen Regionen 2–3 Wochen später. Vorteilhafter ist allerdings eine späte Aussaat im Mai, denn dann keimen die Samen besser und die Pflanzen entwickeln gesündere Wurzeln. Da Pastinaken erst im Winter geerntet werden und das Beet dadurch den Großteil des Jahres belegt ist, können Sie zur besseren Ausnutzung des Platzes beispielsweise Salat zwischen die Reihen säen. Bis die Pastinaken reif sind, ist der Salat bereits abgeerntet.

Reihen kennzeichnen

Pastinakensamen keimen sehr langsam, sodass oft schon Unkräuter sprießen, ehe die ersten Sämlinge erscheinen. Damit diese nicht durch das Unkrautjäten beeinträchtigt werden, säen Sie in jede Rille einige Radieschensamen zwischen die Pastinakengruppen. Deren Sämlinge erscheinen nämlich sehr schnell, sodass man den Standort der Pastinaken besser erkennen kann und ihr Wachstum nicht stört.

Pelargonien

Geranie oder Pelargonie?

Die Namen dieser Pflanzen werden oft verwechselt, obwohl sie zu verschiedenen Gattungen gehören. Die bekannten Zimmer- und Beetpflanzen tragen den botanischen Namen *Pelargonium* und teilen sich in drei Gruppen ein: Edelpelargonien, Efeupelargonien und Zonale Hybriden. Edelpelargonien haben einfache grüne Blätter mit scharf gezahnten Rändern; die Efeupelargonie ist eine hängende Art. Die Zonalpelargonien verdanken ihren Namen den bronzefarbenen oder braunen Blattzonen. Zur Gattung *Geranium*, häufig Storchschnabel genannt, gehören dagegen einige überwiegend winterfeste einheimische Wildpflanzen.

Auf Farben achten

Beim Kauf von Pelargonien sollten Sie Pflanzen mit ein bis zwei gerade eben erblühten Knospen wählen, damit Sie die Farben der künftigen Blüten besser erkennen können.

Wasser und Dünger

Pelargonien, die aus Südafrika stammen, vertragen keine Staunässe. Gießen Sie deshalb immer erst dann, wenn die Erde trocken ist. Die Blütenbildung lässt sich fördern, indem Sie dem Gießwasser Geranien- oder Tomatendünger entsprechend der Packungsanweisung zufügen.

Zonalpelargonien

Sehr preisgünstig sind aus Samen gezogene Zonalpelargonien. Die Samen werden Ende Februar in eine Schale mit Anzuchterde auf Torfbasis ausgesät. Dann stellt man die Schale in einen Vermehrungskasten oder an einen warmen Platz und lässt die Samen keimen. Sobald die ersten Triebe sprießen, kommt die Saatschale an einen hellen Ort, an dem die Temperatur auch nachts nicht unter 13 °C sinkt. Wenn die ersten Blätter erscheinen, werden die Sämlinge pikiert und in Töpfe mit 8 cm ⌀ gesetzt. Sind die Gewächse größer geworden, kneift man die Spitzen der jungen Triebe aus, damit die Pflanzen kräftiger und buschiger wachsen.

Mehr Blüten in kleineren Töpfen

Ausgewachsene Pelargonien sollten Sie in Töpfe mit höchstens 13 cm ⌀ pflanzen. Größere Pflanzgefäße fördern nämlich das Wachstum der Blätter auf Kosten der Blüten.

Vorsicht bei Frost

Die zarten Edelpelargonien, Efeupelargonien und Zonalpelargonien sind sehr frostempfindlich. Bringen Sie die Pflanzen deshalb erst dann ins Freie, wenn garantiert keine Frostgefahr mehr besteht, am besten also erst nach den Eisheiligen.

Duftende Pelargonien

Die getrockneten Blätter der Dufthybriden können Sie für Potpourris oder Duftkissen verwenden, und mit einem Aufguss aus den Blättern, die kurz vor dem Öffnen der Blüten gepflückt werden, lassen sich Gelees und Konfitüren aromatisieren. Die Blätter kann man in kandierter Form außerdem zum Garnieren von Torten oder frisch als Einlage für Suppen, Eintöpfe und Käsegerichte verwenden. Für diese Zwecke eignen sich die getrockneten oder frischen Blätter der folgenden Arten und Sorten am besten:

Art	Duft
Pelargonium capitatum	Rosen
P. Fragrans Gruppe	Muskat mit einem Hauch Kiefer
P. 'Graveolens'	Pfefferminz
P. odoratissimum	Apfel
P. 'Prince of Orange'	Orange
P. quercifolium	Weihrauch
P. radens	Rose und Zitrone
P. tomentosum	Pfefferminz

Verblühtes entfernen

Sobald die Blüten zu welken beginnen, sollte man sie entfernen, indem man die Blütenstiele am Knoten vorsichtig nach unten knickt. Dadurch sehen die Pflanzen nicht nur gepflegter aus, sondern es fördert auch die weitere Blütenbildung, denn durch das Entfernen der verwelkten Blüten kommt die Energie, die für die Samenbildung benötigt wird, wieder der Blütenproduktion zugute.

Hängepelargonien

Die besten Pelargonien für Blumenampeln und Balkonkästen sind hängende F$_1$-Hybriden wie 'Breakaway Red' und 'Breakaway Simon'. Beide Sorten blühen den ganzen Sommer hindurch. (Siehe auch *Blumenampeln, Blumenkästen*)

Urlaub

Sollten Ihre Pelargonien gerade dann in voller Blüte stehen, wenn Sie in Urlaub fahren, schneiden Sie am besten vor der Abreise alle Blüten ab. Bei Ihrer Rückkehr werden die Pflanzen dann wieder reichlich blühen. Sind Sie länger als 2 Wochen von zu Hause fort, sollten Sie nicht nur die Blüten, sondern auch die Knospen entfernen.

Beetpflanzen überwintern

Nehmen Sie Pelargonien noch vor dem ersten Frost aus der Erde und bringen Sie die Pflanzen zum Überwintern an einen kühlen, frostgeschützten Platz. Wichtig ist, dass sie ab jetzt nicht mehr gegossen werden, damit die Blätter auf natürliche Weise absterben. Zupfen Sie Verwelktes regelmäßig ab und decken Sie die Wurzeln mit etwas feuchtem Torf zu. Oder umwickeln Sie jede Pflanze so mit Zeitungspapier, dass der obere Teil frei bleibt, und hängen Sie die Gewächse kopfüber auf. Im Frühjahr werden sie dann wieder ins Beet gesetzt und reichlich gegossen.

Topfpflanzen überwintern

Eingetopfte Pelargonien werden zum Überwintern auf die Hälfte zurückgeschnitten und in ihren Pflanzgefäßen an einen frostgeschützten Standort gestellt. Gießen Sie die Pflanzen den Winter über gerade so viel, dass sie nicht völlig austrocknen, und zupfen Sie regelmäßig alle abgestorbenen braunen Blätter ab. Wenn dann im Frühjahr die neuen Triebe erscheinen, können Sie die Wassermenge allmählich wieder erhöhen.

Vielseitige Pflanzen

Pelargonien eignen sich nicht nur ausgezeichnet als Kübelpflanzen, sondern kommen auch in Balkonkästen oder als Randbepflanzung von Wegen sowie als Beet- und Rabattenpflanzen zur Geltung. Wenn Sie beispielsweise ab Mai einige in Töpfe gepflanzte Pelargonien in Ihr Frühjahrsbeet stellen, können Sie dadurch geschickt die zu dieser Zeit gerade vergilbenden Blätter der Zwiebelpflanzen verdecken.

Geeignete Partner

Durch ihre attraktiven Blätter und ihre Vielfalt an Blütenfarben harmonieren Pelargonien mit zahlreichen einjährigen Sommerblumen, was sich vor allem bei der Bepflanzung von Blumenkästen gut nutzen lässt: Klassisch schön etwa ist die weiß-rotblaue Kombination aus weißem Duftsteinrich *(Lobularia maritima)*, blauen Lobelien *(Lobelia erinus)* und roten Pelargonien. Sehr harmonisch wirken auch rote Pelargonien, vor die Sie gelbe Goldmarie *(Bidens ferulifolia)* und tiefblaue Lobelien pflanzen.

Vermehrung durch Stecklinge

Wollen Sie Pelargonien durch Stecklinge vermehren, wählen Sie dafür im Frühjahr, wenn keine Frostgefahr mehr besteht, einige gesunde Triebe ohne Blüten und schneiden Sie diese mit einem scharfen Messer unterhalb des dritten Blattaustriebs ab. Teilen Sie die Triebe ebenfalls jeweils unterhalb eines Blattansatzes in mehrere kurze Stücke, entfernen Sie die unteren Blätter und setzen Sie jeweils fünf bis sechs Stecklinge etwa 5 cm tief in einen mit Anzuchterde

gefüllten Topf. Gießen Sie alles gut an, decken Sie die Stecklinge zu, um Wärme und Feuchtigkeit zu speichern, und stellen Sie den Topf an einen warmen, hellen Platz. Nach 2–3 Wochen haben sich die Stecklinge bewurzelt, was Sie daran erkennen, dass weiße Würzelchen aus den Abzugslöchern wachsen und Sie bei vorsichtigem Ziehen einen leichten Widerstand verspüren. (Siehe auch *Stecklinge*)

Pergolen

Schattiges Plätzchen

Als Pergola bezeichnet man eine Konstruktion aus senkrechten Pfosten und waagrechten Trägern (Pfetten), die als Rankgerüst für Kletterpflanzen, als geschützter Laubengang oder als schattiger Sitzplatz dient. Sie kann frei stehen oder an eine Wand anschließen. (Siehe auch *Schatten*)

Das richtige Holz

Das gängigste Material für Pergolen ist gehobeltes oder sägeraues Hartholz, bei dem die Oberfläche abgeschliffen wird, damit sie nicht splittert. Verwenden Sie Rund- oder Vierkantpfosten von mindestens 8 × 8 cm Stärke und wählen sie ein Holz ohne Astlöcher, das gerade ist. Das Holz sollte kesseldruckimprägniert oder mit einem Holzschutzmittel vorbehandelt sein; andernfalls ist es ratsam, alle Teile vor dem Aufbau der Pergola mit einem Holzschutzmittel zu streichen, wobei Sie besonders die Enden gründlich schützen sollten. Bei Holzschutzmitteln haben Sie passend zur Umgebung die Wahl zwischen transparentem und farbigem Material.

Pfostenträger

Als Träger für Pergolapfosten verwendet man einseitig zugespitzte Eisenfüße, die mit einem Vorschlaghammer senkrecht in den Boden getrieben werden. Dann wird das Pfostenende in den Fuß gestellt und mit Schrauben fixiert. Auf betonierten Flächen werden dagegen aufschraubbare Pfostenhalter angebracht, so genannte Balkenschuhe, die mithilfe von Ankerschrauben im Untergrund befestigt werden. Balkenschuhe eignen sich jedoch nicht für gepflasterte Flächen, da Pflaster meist keinen ausreichenden Halt bietet. In diesem Fall hebt man zuerst die Bodenplatten ab, versenkt zugespitzte Eisenfüße in der Erde und verlegt das Pflaster nach dem Aufbau der Pergola um die Pfosten herum neu.

Pfosten aufstellen

Pergolapfosten kann man mithilfe eines Erdbohrers, den Sie sich im Baumarkt ausleihen können, auch direkt in den Boden versenken. Nach dem Bohren der Löcher wird zunächst eine Schotterschicht auf dem Grund der Bohrlöcher ausgebracht, dann werden die Pfosten einzementiert. Wichtig ist, dass zwischen Holz und Zement keine Lücken entstehen, weil dort Regenwasser eindringen kann, das die Pfosten faulen lassen würde.

Querträger anbringen

Die Querträger werden in der Regel an die Pfosten geschraubt, wofür je nach Holzstärke Schrauben von 15 cm Länge und mehr erforderlich sein können. Sollten Sie diese nicht bekommen, sind Gewindestangen mit Muttern eine Alternative, die Sie auf die gewünschte Länge schneiden. Bringen Sie eine Unterlegscheibe zwischen Holz und Mutter an und fetten Sie die Schrauben vor dem Einsetzen, damit sie geschützt sind und sich leichter wieder herausschrauben lassen.

Stütze für die Querträger

Wo eine Pergola auf eine Wand trifft, können Sie an den betreffenden Stellen Winkel für die Befestigung der Querträger anbringen. Eine andere Möglichkeit besteht darin, einen Balken mithilfe von Ankerschrauben an der Wand zu fixieren, in den Sie zuvor dort Vertiefungen schneiden, wo die Querträger aufliegen. Bei kleineren Abschnitten genügt es, wenn man sie anstatt mit Ankerschrauben mit gewöhnlichen Schrauben befestigt oder sie einfach an die Wand nagelt.

Pergola als Lärmschutz

Eine Pergola auf der Terrasse oder dem Balkon kann einen vergleichsweise guten Lärmschutz bieten. Stellen Sie dafür an den Fuß jedes Pfostens einen Pflanzkübel, in den Sie jeweils ein- oder mehrjährige Kletterpflanzen setzen. Sobald diese herangewachsen sind, bieten ihre Blätter einen guten Schutz gegen unangenehmen Verkehrslärm und andere störende Geräusche aus der näheren Umgebung.

Vorsicht Wind

Wollen Sie Ihre Pergola teilweise am Haus befestigen, sollte das Gerüst leicht, aber robust, und die Befestigung im Boden sehr stabil sein. Kletterpflanzen wie Clematis, Glyzinen oder Kletterrosen können nämlich eine erhebliche Zugkraft ausüben, die sich bei heftigem Wind noch verstärkt.

Laubengang mit Apfelbäumen

Apfelbäume sind eine reizvolle Bepflanzung für einen Laubengang aus stabilem Holz oder Metall. Genießen Sie im Frühjahr einen schönen Blütenbogen mit vielen Blüten und ernten Sie im Spätsommer oder Herbst das leicht erreichbare köstliche Obst.

Die richtige Größe

Wollen Sie Ihren Laubengang mit einer bestimmten Pflanze beranken, sollten Sie deren künftige Größe schon bei der Planung berücksichtigen. Bei Kletterrosen sind mindestens 2 m Höhe erforderlich, damit man sich mit den Haaren nicht in den Rosentrieben verfängt. Will man den Kontakt mit nassen Clematistrieben vermeiden, sollte der Laubengang mindestens 1,2 m breit sein.

Geeignete Pflanzen

In einem großen Garten ist Platz für einen klassischen Laubengang mit Stützpfeilern aus Ziegel- oder Natursteinen und Querträgern aus massiven Holzbalken. Einen solchen stabilen Laubengang können Sie beispielsweise mit Glyzinen (Wisteria) oder Goldregen (Laburnum) beranken, die während ihrer Blütezeit einige Wochen lang über und über mit schweren Blütentrauben behangen sind. Für eine kleine Pergola eignen sich dagegen besser mehrere leichte Kletterpflanzen mit aufeinander folgenden Blütezeiten.

Filigraner Bogen

In kleinen Gärten kommt ein zierlicher Bogen aus filigranen Metallstangen besonders gut zur Geltung. Sehr romantisch wirkt ein Rosenbogen, aber auch Kletterpflanzen wie Clematis oder immergrüner Efeu sind eine schöne Bepflanzung.

Perspektive

Optische Kunstgriffe

In größeren Gärten erscheint der Abstand zwischen parallelen Linien in der Ferne kleiner; in großen Gartenanlagen laufen solche Parallelen mit zunehmender Entfernung sogar scheinbar zusammen. Bei kleinen Gärten kann man solche optischen Täuschungen nutzen und den Garten durch bestimmte Kunstgriffe länger und schmaler oder kürzer und breiter erscheinen lassen.

Größe vortäuschen

Ein Teich, egal ob groß oder klein, ist nicht nur ein schöner Blickfang, sondern lässt den Garten auch größer wirken. In kleinen Gärten sollte man den Teich möglichst nah am Haus anlegen und seine Form in Längsrichtung verlaufen lassen.

Der Goldene Schnitt

Das Prinzip des Goldenen Schnitts wurde schon von den Künstlern und Baumeistern der Antike angewandt. Es beruht auf der Erkenntnis, dass jede beliebige Form oder Fläche – etwa ein Rechteck – so unterteilt werden kann, dass sie für das Auge harmonisch und stimmig wirkt, wobei das Verhältnis zwischen dem kleineren und dem größeren Teil etwa 1:2 beträgt. Dieses alte Prinzip lässt sich natürlich auch auf einen rechteckigen Garten anwenden. So kann in größeren Gärten die Sitzfläche außerhalb des Hauses etwa ein Drittel der Fläche umfassen, während Rasen und Beete die restlichen zwei Drittel ausmachen. In kleinen Gärten kann dagegen der Sitzplatz mit Tisch und Stühlen zwei Drittel des Gartens belegen und das restliche Drittel als Kiesfläche mit einem kleinen Teich und verschiedenen Kübelpflanzen gestaltet werden.

Länge vortäuschen

Ein Garten wirkt länger, wenn Sie große Pflanzen in Hausnähe setzen und dann immer kleiner werdende Pflanzen in einer Sichtlinie über die Länge des Gartens verteilen. Solche Sichtlinien verlaufen in der Regel von Türen, Fenstern und Sitzplätzen in Richtung einer auffälligen Pflanze, einer attraktiven Aussicht oder eines markanten Zierelements. Auch zum Ende des Gartens hin leicht schmaler werdende Wege und Beete oder etwas schmaler werdende Abstände zwischen Pflanzengruppierungen entlang der Sichtlinien lassen den Garten länger erscheinen.

Optische Überraschungen

Ein Garten erscheint größer, wenn man ihn beim Betreten nicht gleich vollständig überblickt, sondern erst allmählich „entdecken" muss: Legen Sie Gartenwege und Rasenflächen so an, dass sie um die Ecken von Rabatten oder Pflanzengruppen führen oder unter Bogen und Laubengängen verlaufen, bis sie sich in versteckten Gartenwinkeln verlieren. So entsteht der Eindruck von weiteren Bereichen, die dahinter liegen könnten. An den Enden dieser Gartenwinkel sollte man immer etwas Interessantes entdecken können: einen eingefassten Brunnen oder einen Teich, eine Bank, eine Laube, eine Statue oder ein anderes schönes Zierelement. Für einen kleinen Garten bietet sich ein echter oder falscher Durchgang an. Er lässt eine dahinter liegende „Überraschung" vermuten und lädt den Betrachter zu weiteren Erkundungsgängen ein.

Weite fördern

Bietet Ihr Garten einen Ausblick auf etwas Markantes in der Umgebung, etwa einen Kirchturm, einen schönen Berg oder auch einen See, der in der Ferne glitzert, lässt sich dieser Effekt noch fördern, indem Sie den Vordergrund möglichst wenig betonen: Ein einfacher Gartenweg oder eine Rasenfläche ohne Blumen, Sträucher oder Bäume lenkt den Blick nicht ab, sodass er auf den Blickpunkt fällt. Dieser freie Blick lässt sich noch durch einen „Rahmen" betonen, z.B. durch attraktive Sträucher am Weg oder ein Tor.

Den Garten verlängern

Ein Garten lässt sich optisch verlängern, indem Sie an der Rückwand einer Pergola oder an einer Mauer am Ende des Gartens einen großen Spiegel anbringen, dessen Kanten Sie hinter Kletterpflanzen verschwinden lassen. Größer wirkt der Garten auch, wenn Sie einen Spiegel neben dem Gartenteich aufstellen, sodass er die Wasseroberfläche reflektiert. Wichtig: Ein Spiegel für den Außenbereich sollte zum Schutz vor Wettereinflüssen mit Bleifolie beschichtet sein.

Spiegel im Garten anbringen

Spiegel für den Gartenbereich können Sie sich nach Ihren eigenen Wünschen individuell anfertigen lassen oder fertig zugeschnitten und mit Folie beschichtet im Fachgeschäft kaufen. Kleben Sie den Spiegel am besten auf eine lasierte oder lackierte Sperrholzplatte und schrauben Sie diesen Träger mit Leisten an eine Wand oder einen Zaun. Richten Sie den Neigungswinkel des Spiegels dabei möglichst so aus, dass er zwar den Garten reflektiert, der Betrachter sich selbst aber nicht darin sehen kann.

Farben geschickt einsetzen

Ihr Garten wirkt größer und geheimnisvoller, wenn Sie die Pflanzen mit den intensivsten Blütenfarben in die Nähe des Hauses setzen und alle anderen ihren Farben entsprechend so pflanzen, dass sie zum Ende des Gartens immer heller werden. Geschickt eingesetzt kann Weiß übrigens ebenso strahlend wirken wie Scharlachrot.

Zusätzliche Weite schaffen

Bietet ein Garten nur wenig Weite, kann man sie sich eventuell aus der Umgebung „borgen": Schaffen Sie mit sorgfältig platzierten Pflanzen, einem auffälligen Bogen, einem attraktiven Gartentor oder einem interessanten Durchbruch in einer Mauer oder dem Zaun den passenden Rahmen für einen Blickfang aus der näheren Umgebung. Das kann beispielsweise ein besonders schön gewachsener Baum oder ein interessantes architektonisches Bauwerk wie etwa ein Kirchturm sein. Auf diese Weise wirkt das optisch hervorgehobene Detail wie ein Teil Ihres Gartens und lässt ihn dadurch weiter erscheinen als er in Wirklichkeit ist.

Petersilie

Verschiedene Arten

Bei Petersilie unterscheidet man zwischen drei Arten. Am dekorativsten ist die Mooskrause Petersilie mit ihren dunkelgrünen gekräuselten Blättern. Ein kräftiges Aroma hat die glattblättrige Petersilie, deren Blätter jedoch weniger attraktiv sind. Die winterharte Wurzelpetersilie ist ebenfalls glattblättrig, sie wird aber ihrer Wurzeln wegen angebaut, die ähnlich wie Pastinaken aussehen. Auch 'Par-Cel' ähnelt im Aussehen der glattblättrigen Petersilie, ist aber eine Sellerieart mit besonders feinem Aroma. (Siehe auch *Stangensellerie*)

Keimdauer verkürzen

Petersiliensamen brauchen viel Zeit zum Keimen. In warmen Böden dauert es etwa 4 Wochen, bis die Sämlinge erscheinen, in kälteren Böden erheblich länger. Der Keimvorgang lässt sich jedoch beschleunigen, indem man die Samen vor der Aussaat einige Stunden in lauwarmes Wasser legt, sodass die harten Schalen aufgeweicht werden.

Aussaat im Freibeet

Bei der direkten Aussaat ins Freibeet sollten Sie beachten, dass Petersilie, die erst im Mai und Juni in den schon leicht erwärmten Boden ausgesät wird, zuverlässiger keimt als frühe Aussaaten im März und April. Ziehen Sie für die Aussaat mithilfe eines Stokkes eine 5 mm tiefe Saatrille. Mischen Sie die Samen mit

einer Hand voll trockenem Sand, sodass sie sich gleichmäßiger verteilen lassen, und streuen Sie die Mischung vorsichtig in die Saatrille. Füllen Sie die Rille mit fein gesiebter Erde auf, gießen Sie vorsichtig und bedecken Sie das Beet mit schwarzer Folie. Heben Sie die Folie regelmäßig an und kontrollieren Sie die Saat: Sobald die ersten Blättchen erscheinen, nehmen Sie die Folie ab.

Pflege im Urlaub

Schneiden Sie die Pflanzen vor Ihrem Urlaub bis auf die Stängel zurück und geben Sie einen flüssigen Volldünger ins letzte Gießwasser. Dann werden Sie bei Ihrer Rückkehr zahlreiche neue Blätter vorfinden. Auf die gleiche Weise können Sie während Ihres Urlaubs auch mit Estragon, Sauerampfer und Schnittlauch verfahren.

DIES UND DAS

Düstere Geschichten

Vermutlich lassen sich die vielen Geschichten und Aussprüche rund um die Petersilie auf deren unsichere Keimung zurückführen. So heißt es, dass der Teufel sich ein Zehntel vom Saatgut nehme oder die Pflanze siebenmal zur Hölle gehe, ehe sie wachse; außerdem solle man sie nur am Karfreitag säen. Andere Legenden besagen, dass man Petersilie nie verschenken darf, sonst sterbe der Geber innerhalb eines Jahres, und dass Petersilie nur dann gedeiht, wenn die Frau der Herr im Hause ist.

Petersilie tiefgefrieren

Nach der Ernte sollten Sie überschüssige Petersilienblätter sofort waschen, klein schneiden und portionsweise in Gefrierbeuteln oder -behältern im Tiefkühlgerät lagern. So bleiben sie bis zur Verwendung ebenso frisch und aromatisch wie am Tag der Ernte.

Frische Petersilie im Winter

Als vielseitiges Küchenkraut ist Petersilie das ganze Jahr über unentbehrlich. Damit Sie auch im Winter immer einen Vorrat an frischen Blättern haben, säen Sie noch ein letztes Mal im Juli oder August ins Freibeet aus und schützen die Pflanzen über Winter mit einer Haube vor Frost. Außerdem können Sie einige Sämlinge aus dieser Aussaat in Blumentöpfe setzen und die Pflanzen auf das Fensterbrett stellen.

Die Blüten entfernen

Im zweiten Jahr entwickeln Petersilienpflanzen Blütenstängel mit grünlichen Blüten. Sie sollten sie sofort entfernen, weil das Blattwachstum der Pflanze sonst nachlässt und es rasch zur unerwünschten Samenbildung kommt.

Pfingstrosen

Staude und Strauch

Bei Pfingstrosen (*Paeonia*), die entsprechend ihrem lateinischen Pflanzennamen auch Päonien genannt werden, unterscheidet man zwischen zwei Arten, die beide schöne Blüten hervorbringen: Staudenpäonien erreichen eine Höhe von 50–75 cm und eignen sich als Beet- und Rabattenpflanzen. Strauchpäonien sind Laub abwerfende Sträucher mit verholzenden Trieben, die bis 2 m hoch werden.

Welkekrankheit

Vor allem auf staunassen Böden sind Pfingstrosen anfällig für die Welkekrankheit, in deren Folge sich ein samtiger Belag auf den Knospen bildet und die Stängel in Bodenhöhe absterben. Befallene Pflanzen sollten Sie deshalb einschließlich der Wurzeln sofort entfernen und über den Hausmüll entsorgen, damit die Krankheit sich nicht ausbreiten kann. (Siehe auch *Schädlinge und Krankheiten* S. 354, 358)

Jungpflanzen schützen

Frisch gesetzte Pfingstrosen werden vom kräftigen Frühlingsregen oft auf den Boden gedrückt und dadurch beschädigt. Schneiden Sie deshalb zur Vorbeugung ein Plastikgitter in Stücke von

Ein sonniger Platz und ein humoser Boden sind wichtig, damit die Päonien ihre ganze Blütenfülle entwickeln.

der Größe der Pflanzstellen und bedecken Sie jede Stelle mit einem Gitter. Fixieren Sie die Gitter mit einem Stab, den Sie mittig in den Boden schlagen. Die Triebe werden durch die Gitter hindurchwachsen und dabei von diesen aufrecht gehalten. Mit fortschreitendem Wachstum der Pflanzen schieben Sie die Gitter jeweils so weit nach oben, dass sie einige Zentimeter unterhalb der Triebspitzen liegen. Je nachdem, wie fest die Gitter auf dem Stützstab in der Mitte sitzen, müssen Sie sie unter Umständen an den Rändern abstützen, damit sie nicht nach unten hängen. Dafür eignen sich kleinere Stäbe oder Stöcke.

Pfingstrosen vermehren
Staudenpfingstrosen lassen sich durch Teilung vermehren – vorzugsweise im Frühherbst, sodass sich noch vor dem Winter neue Wurzeln bilden können: Graben Sie die Pflanze vorsichtig aus und teilen Sie den Wurzelstock mit einem scharfen Messer. Achten Sie dabei darauf, dass jedes Teilstück bewurzelt ist und eine Wachstumsknospe aufweist. Setzen Sie die Stücke einzeln in

Töpfe mit 8 cm ∅; Pflanzen mit langen Wurzeln brauchen etwas größere Töpfe. Füllen Sie Blumenerde auf und gießen Sie die Pflanzen gründlich. (Siehe auch *Teilen*)

Geteilte Pflanzen einsetzen
Setzen Sie die Pflanzen knapp 3 cm tief in die Erde, verteilen Sie im Frühjahr eine Mulchschicht auf dem Boden und gießen Sie die Päonien bei Trockenheit gründlich. Frisch geteilte Pfingstrosen blühen oft erst nach 2–3 Jahren.

Schnittblumen
Damit Pfingstrosen für die Vase nicht zu früh aufblühen, schneidet man sie noch im Knospenstadium ab, wickelt sie in feuchtes Zeitungspapier und legt sie ins Gemüsefach des Kühlschranks. Dort halten sich die Pflanzen bis zu 2 Wochen.

Heilpflanze
Die dunkelroten gefüllten Blüten der Bauernpfingstrose (*Paeonia officinalis*) schmückten schon im Mittelalter die Bauern- und Klostergärten Mitteleuropas. Gefüllte weiße Blüten trägt die Sorte 'Alba plena', rosafarben blüht die Sorte 'Rosea plena'.

GÄRTNER-WISSEN

Empfindliche Päonien
Wenn Ihre Pfingstrosen nicht blühen, kommen folgende Ursachen infrage:

- Die Pflanzen wurden tiefer als 3 cm gesetzt: Heben Sie den Wurzelballen vorsichtig aus dem Boden und verringern Sie die Pflanztiefe entsprechend.
- Die Pflanzen stehen im Schatten: Pfingstrosen sind sonnenliebende Pflanzen, die nur wenig Schatten vertragen. Graben Sie die Pfingstrosen vorsichtig aus und setzen Sie die Pflanzen in der richtigen Pflanztiefe an einen sonnigen Standort.
- Der Boden ist zu trocken: Päonien benötigen einen durchlässigen, humusreichen Boden. Verteilen Sie gut verrotteten Stallmist oder Kompost auf dem Boden.
- Die Pflanzen sind noch zu jung: Frisch gepflanzte Pfingstrosen blühen meist erst im dritten Jahr.

Pfirsiche

Pfirsichblüte schützen
Pfirsichbäume sind zwar winterfest und brauchen keinen Kälteschutz, stellen aber hohe Ansprüche hinsichtlich der Wärme und gedeihen in unseren Breiten deshalb am besten im milden Weinbauklima. Da ihre Blüte so früh einsetzt, dass die Blüten nicht selten erfrieren oder zumindest geschädigt werden, ist es in raueren Lagen ratsam, Pfirsiche als Spalierbaum an einer Süd- oder Westwand zu ziehen. Diese Wände strahlen genügend Wärme ab, um die Blüten vor Frostschäden zu bewahren. (Siehe auch *Fächerspaliere, Frost*)

Bewährte Pfirsichsorten
Bei der Wahl eines Pfirsichbaums, der für das in Ihrer Region vorherrschende Klima geeignet ist, sollten Sie auch Saisonanfang und -ende berücksichtigen: Die Blüten müssen die Frühlingsfröste überstehen, und die Früchte brauchen im Sommer ausreichend Zeit zum Reifen, ehe es wieder kühl wird. Ende Juli reifen die Sorten 'Amsden' und 'Früher roter Ingelheimer'. Mitte bis Ende August werden die robusten Sorten 'Anneliese Rudolph' und 'Cumberland' geerntet. Wenn Sie diese Sorten nicht in Ihrem Gartencenter finden, fragen Sie in Obstbaumschulen nach.

Pfirsichbaum für die Terrasse
Platzmangel muss kein Hindernis sein, um Pfirsichbäume zu kultivieren, denn sie lassen sich auch im Kübel auf der Terrasse ziehen. Dafür eignen sich alle Pfirsichsorten, die auf eine niedrige Unterlage gepfropft wurden. Daneben gibt es auch zwergwüchsige Pfirsicharten, die höchstens 1,2 m hoch werden. Ihr Aroma ist jedoch nicht so gut wie das der herkömmlichen Sorten und sie sind auch weniger ausdauernd als diese.

Ohrwürmer gegen Apfelwickler
Apfelwickler können auch Pfirsichbäume schädigen. Sammeln Sie deshalb alle Ohrwürmer in Ihrem Garten ab – sie halten sich vorzugsweise in der Nähe von Chrysanthemen auf – und setzen Sie die Tiere an den Pfirsichbäumen aus, wo sie sich von den Larven der Apfelwickler ernähren.

Erziehungsschnitt

Auch fächerförmige Spalierbäume benötigen in den ersten Jahren einen Erziehungsschnitt, bei dem es vor allem um den harmonischen Aufbau der Aststruktur geht. Dafür werden im Spätwinter alle Leittriebe um etwa ein Viertel gekürzt, wodurch die Entwicklung der Seitentriebe gefördert wird, die später Teil der fächerförmigen Palmette sind.

Im Sommer werden dann die Seitentriebe ausgewählt und angebunden, die zum Aufbau des Fächers erforderlich sind, und alle übrigen Zweige, die senkrecht nach oben oder unten wachsen bzw. zur Wand hin oder von der Wand fort weisen, werden knapp über der Basis abgeschnitten. Auf diese Weise wachsen die Seitentriebe in die gewünschte Richtung. (Siehe auch *Fächerspaliere*)

Rückschnitt

Der Rückschnitt sollte erst dann erfolgen, wenn die Blütenknospen sich bereits rötlich gefärbt haben, also kurz vor dem Aufblühen stehen. Nimmt man den Schnitt zu diesem Zeitpunkt vor, lässt sich nicht nur besser erkennen, welche der Triebe Früchte tragen werden. Da

der Baum am Beginn einer neuen Wachstumsperiode steht und der Saft steigt, heilen die entstandenen Schnittwunden auch vergleichsweise schnell wieder. Ist ein Rückschnitt zur Blütezeit im Frühjahr nicht möglich, kann er notfalls auch im August nach der Ernte erfolgen.

Kräuselkrankheit bei Pfirsichen

Pfirsichbäume sind anfällig für die durch Pilzsporen verursachte Kräuselkrankheit. Dabei bilden sich vor dem Aufbrechen der Knospen zunächst große rötliche Blasen auf den Blättern, die später weißlich und schließlich braun werden, bis die Blätter verkümmern und abfallen. Um die Krankheit zu begrenzen, ist es wichtig, die abgefallenen Blätter häufig zusammenzurechen und zu verbrennen oder über den Hausmüll zu entsorgen; man darf sie nicht auf den Kompost geben. Auf diese Weise wird verhindert, dass durch Regen und Wind weitere Sporen auf die Bäume gelangen. (Siehe auch *Schädlinge und Krankheiten* S. 346)

Pflanzen

Größere Pflanzen setzen

Wollen Sie gleichzeitig mehrere größere Pflanzen setzen, markieren Sie die künftigen Standorte entsprechend Ihrem Pflanzplan am besten zuerst mit Stöcken, um die Anordnung zu überprüfen, und stecken die Markierungen so lange um, bis sich ein harmonisches Gesamtbild ergibt. Achten Sie bei der Auswahl des Standorts und der Pflanzgruben auch darauf, dass die Wurzeln genügend Platz haben. Erst dann heben Sie die Gruben aus, lockern das Erdreich am Grund mit der Grabgabel, setzen die Gewächse ein und wässern den Boden gründlich.

Vorsicht bei Ostlagen

Pflanzen, die im zeitigen Frühjahr oder im Spätherbst blühen, sollten möglichst nicht in Ostlagen gepflanzt werden. Sonst kann es geschehen, dass die Knospen, Blüten und jungen Blätter nach kalten Frostnächten in der Morgensonne zu rasch auftauen und dadurch anschwellen und platzen. Das geschieht in der Regel nicht an Standorten, an denen die Erwärmung langsamer vor sich geht.

Wurzelnackte Gehölze pflanzen

Bei wurzelnackten Gehölzen muss man die Wurzeln vor dem Einpflanzen über Nacht wässern. Am folgenden Tag füllt man die Pflanzgruben mit Wasser, lässt es versickern, setzt die Gehölze ein und wässert den Boden gründlich.

Wartezeit überbrücken

Wurzelnackte Gehölze dürfen nicht in gefrorene oder staunasse Böden gesetzt werden. Um die Zeit zu überbrücken, bis sich die Pflanzbedingungen verbessert haben, heben Sie einen Graben aus, platzieren die Pflanze so, dass ihre Wurzeln schräg darin liegen, und decken sie mit Erde ab.

Containerpflanzen

Containerpflanzen kann man zwar jederzeit setzen, doch sollte dies nicht kurz vor dem Urlaub geschehen. Frisch gepflanzt brauchen sie nämlich vor allem bei Trockenheit sehr viel Wasser.

Gehölze einsetzen

Einen Baum sollten Sie immer zu zweit einpflanzen, da es sonst kaum möglich ist, ihn in der richtigen Position zu halten und gleichzeitig die Pflanzgrube mit Erde aufzufüllen. Ist kein Helfer zur Hand, lässt sich das Problem auch mithilfe eines Holzbalkens lösen, der etwas länger sein muss als der Durchmesser der Pflanzgrube. Binden Sie den Baum an der Stelle, an der der Stamm aus dem Boden ragen soll – erkennbar an der vorhandenen Bodenmarkierung –, fest an den Balken und stellen Sie den Baum so in die Pflanzgrube, dass

die Enden des Balkens beiderseits auf dem Boden aufliegen. Prüfen Sie nun mit einer Wasserwaage, ob der Baum senkrecht steht, und füllen Sie die Grube mit Erde auf. Treten Sie die Erde fest, damit keine Lufteinschlüsse entstehen, entfernen Sie den Balken und wässern Sie gründlich.

Containergehölze pflanzen

Containergehölze lassen sich zu jeder Jahreszeit pflanzen, bei Trockenheit sollten die Wurzelballen jedoch zuerst einige Stunden gründlich gewässert werden. Auch nach dem Einpflanzen muss man mindestens zwei- bis dreimal wöchentlich gießen. Eine dicke Mulchschicht hilft, die Feuchtigkeit länger im Boden zu halten.

Pflanzen austopfen

Lässt sich eine Pflanze trotz aller Bemühungen nicht aus ihrem Topf heben, sollten Sie nicht versuchen, sie mit Gewalt herauszuziehen, da sonst die Wurzeln beschädigt werden oder der Topf zu Bruch geht. Stellen Sie den Topf stattdessen für einige Stunden bis zum Rand in ein Gefäß mit Wasser und versuchen Sie es dann noch einmal. Eine andere Möglichkeit ist, mit einer Messerklinge vorsichtig zwischen Erdreich und Topfwand entlangzufahren und so die Erde zu lösen. Wenn beide Methoden versagen, bleibt nichts anderes übrig, als den Topf zu zerschlagen. Einen Tontopf zerbricht man mit einem kräftigen Hammerschlag auf die Topfwand, einen Plastiktopf können Sie vorsichtig mit der Gartenschere aufschneiden.

Containerpflanzen umsetzen

Hat eine im Container gezogene Pflanze das Gefäß bereits stark durchwurzelt, muss sie vor dem Auspflanzen ins Beet besonders vorsichtig herausgenommen werden, damit die Wurzeln nicht beschädigt werden. Dann entwirrt man die Wurzeln behutsam und breitet sie aus, ehe man die Pflanze einsetzt. Auf diese Weise kann die Pflanze die Bodennährstoffe besser nutzen.

Spätgemüse

Gemüsearten, die im August und September geerntet werden sollen, sät oder pflanzt man erst Mitte Juni, denn um diese Zeit wachsen die Pflanzen sehr rasch und die Schädlinge sind weniger aktiv. Gemüsearten, die sich besonders gut für eine späte Aussaat oder Pflanzung eignen, sind Chinakohl, Erbsen, Kohlrabi, Kopfsalat, Romanesco-Kohl, Rote Bete, Rüben, Stangenbohnen und Zucchini. Wichtig sind häufiges Gießen und regelmäßiges Düngen bis Ende September mit einem kalihaltigen Dünger. (Siehe auch *Kali*)

Empfindliche Gehölze

Einige Gehölze, darunter vor allem Magnolien, haben so empfindliche Wurzeln, dass sie sich an keinen neuen Standort gewöhnen, sobald sie sich erst einmal fest eingewurzelt haben. Aus diesem Grund sollte man bei solchen Pflanzen den künftigen Standort besonders sorgfältig auswählen.

Standort für Ziergehölze

Als Standort für Zierbäume wie z. B. Ahorn, den man vor allem wegen seiner schönen Herbstfärbung schätzt, sollte man stets geschützte, warme, sonnige Lagen wählen. Kälte und Wind können die Knospen und Blätter so stark beschädigen, dass die Bäume dann kaum noch attraktiv sind.

Ausreichend wässern

Frisch gesetzte Pflanzen müssen nach dem Einpflanzen gründlich gegossen werden, selbst wenn Regen angesagt ist. Durch das Wasser verschwinden die Lufteinschlüsse im Boden und die Wurzeln können sich besser im Erdreich verankern.

Krankheiten vorbeugen

Wenn Sie eine Neubepflanzung als Ersatz für abgestorbene oder kranke Pflanzen planen, sollten Sie die neuen Pflanzen nie an dieselbe Stelle setzen, an der die alten standen, um das Risiko einer Neuinfektion auszuschließen. Legen Sie das neue Pflanzloch stattdessen in mindestens 1 m Entfernung an oder – wenn im Beet nicht ausreichend Platz ist – tragen Sie möglichst viel Erdreich von der alten Pflanzstelle ab und ersetzen Sie es durch Erde aus einem anderen Gartenbereich.

Pflanzennamen

Verwechslungen vermeiden

Die botanischen Pflanzennamen – lateinische oder latinisierte Bezeichnungen – können für Gartenliebhaber mitunter zum Ärgernis werden, nämlich dann, wenn sie beim Pflanzenkauf im Gartencenter entdecken, dass manche Etiketten keinen deutschen Pflanzennamen tragen. Der Grund dafür ist, dass die gleiche Pflanze auch in zahlreichen anderen Ländern erhältlich ist, wo man sie unter dem jeweiligen einheimischen Namen kennt, und selbst innerhalb eines Landes gibt es häufig regional unterschiedliche Namen. Wenn Gartenfreunde sich also untereinander verständigen wollen, muss jeder ohne Rücksicht auf die eigene Sprache wissen, was der andere meint. Daher stehen auf den Etiketten immer die botanischen Namen, denen bei der Entdeckung von neuen Arten und der Züchtung von neuen Sorten jeweils weitere Ergänzungen zur eindeutigen Kennzeichnung zugefügt werden.

Herkunft der Namen

In seiner einfachsten Form besteht ein botanischer Name immer aus zwei Teilen, dem kursiv geschriebenen Substantiv und Adjektiv. Das Substantiv, etwa *Salix* (Weide), bezeichnet die Gattung, der die Pflanze angehört. Das Adjektiv, beispielsweise *alba* (weiß), beschränkt den Namen auf eine bestimmte Art, in unserem Beispiel *Salix alba*, also Silberweide. Gattungsnamen entstammen verschiedenen Quellen, einschließlich der griechischen und römischen Sagenwelt, wie es sich an Pflanzennamen wie *Achillea* (Garbe), *Daphne* (Seidelbast) und *Narcissus* (Narzisse) ablesen lässt. Andere, wie etwa *Rhododendron*, nach der griechischen Bezeichnung für Rosen, haben einen beschreibenden Charakter. Wieder andere stammen aus anderen Sprachen. Eine weitere große Gruppe erinnert an die Namen von Botanikern und Pflanzenforschern. Beispiele sind die Fuchsie *(Fuchsia),* die ihren Namen dem im 16. Jh. lebenden deutschen Botaniker Leonard Fuchs verdankt, oder *Lewisia,* die nach einem amerikanischen Forscher benannt wurde, sowie *Leycesteria* nach einem Richter aus Bengalen, der diese Pflanze zuerst entdeckt hat.

Artenbezeichnung

Die Artenbezeichnungen haben verschiedene Ursprünge, die sich vier Gruppen zuordnen lassen: die Herkunft der Pflanze, ihr natürlicher Lebensraum, ihr Erscheinungsbild und ihr Entdecker, meist ein Botaniker, bzw. die Widmung an eine herausragende Persönlichkeit.

Die Glockenblume Hyacinthoides hispanica *mit den Farben Rosa, Weiß oder Blau stammt aus Spanien.*

Geographische Herkunft

Zu den lateinischen Bezeichnungen, die sich auf das ursprüngliche Herkunftsgebiet einer Pflanze beziehen, gehören beispielsweise *australis* (Süden), *borealis* (Norden), *canariensis* (Kanarische Inseln), *himalayensis* (Himalaja), *hispanica* (Spanien), *japonicum* (Japan), *lusitanica* (Portugal), *occidentale* (Westen), *orientale* (Osten) oder *sinensis* (China). Bei der Glockenblume *Hyacinthoides hispanica* lässt sich also anhand des Namens ablesen, dass diese Pflanze ursprünglich von der Iberischen Halbinsel stammt.

Ursprünglicher Lebensraum

Genauere Hinweise auf den natürlichen Lebensraum von Pflanzen sind beispielsweise *alpina* (Gebirge), *aquatica* (Wasser), *campestris* (Feld, Ebene), *littorale* (Strand), *maritima* (Meer) und *sylvatica* (Wald).

Erscheinungsformen

Bezeichnungen, die sich auf das typische Erscheinungsbild bzw. die Farbe einer Pflanze oder die mögliche Verwendbarkeit beziehen, sind z. B. *alba* (weiß), *arborea* (baumartig), *aurea* (golden), *bella* (schön), *cinerea* (aschgrau), *communis* (gewöhnlich), *edulis* (essbar), *floribunda* (reich blühend), *formosa* (hübsch), *fruticosa* (strauchig), *grandiflora* (großblumig), *horizontalis* (sich ausbreitend), *latifolia* (breitblättrig), *nana* (Zwergwuchs), *niger* (schwarz), *nudiflora* (blattlose Blüten), *officinalis* (heilkräftig), *pendula* (trauernd), *sempervirens* (immergrün) und *splendens* (prächtig).

Botanische Forscher

Namen, die an Botaniker und andere verdienstvolle Personen aus dem Bereich der Botanik erinnern, sind beispielsweise *hookeri*, zum Gedenken an Sir Joseph Hooker (1817–1911), Pflanzenforscher und Direktor der englischen Kew Gardens, und *thunbergii* nach Carl Thunberg (1743–1828), dem fachkundigen Pionier der Pflanzenwelt von Südafrika und Japan.

Pflanzenfamilien und -unterarten

Verwandte Pflanzengattungen werden in Familien zusammengefasst. So sind beispielsweise Kartoffel *(Solanum tuberosum)*, Tomate *(Lycopersicon esculentum)* und Petunie *(Petunia)* miteinander verwandt. Obwohl man es ihnen nicht ansieht, gehören die drei zur Familie der Solanaceae, der Nachtschattengewächse. Auch bei manchen wild wachsenden Pflanzen entwickeln sich hin und wieder Unterschiede, sodass man die einzelnen Arten dann einer entsprechenden Unterart zuordnet, was mit der Abkürzung ssp. gekennzeichnet wird. Solche Unterarten sind z.B. *Clematis alpina* ssp. *sibirica* (Clematis) oder *Euphorbia characias* ssp. *wulfenii* (Wolfsmilch).

GESCHICHTE IN KÜRZE

Carl von Linné

Das Prinzip, jeder Pflanze einen zweiteiligen botanischen Namen zu geben, der sich aus dem Gattungs- und Artnamen zusammensetzt, wurde von dem berühmten schwedischen Botaniker, Forschungsreisenden und Arzt Carolus Linnaeus (1707–78) entwickelt. Linnaeus, der sich seit 1762 Carl von Linné nannte, war Professor für Anatomie und Medizin, bald darauf auch Professor für Botanik an der Universität Uppsala und Begründer des naturhistorischen Museums sowie Mitgestalter des Botanischen Gartens. Seine systematische Unterteilung der bis dahin bekannten Pflanzen legte er um die Mitte des 18. Jh. in einer Reihe von Werken nieder. Zu einer Zeit in der Geschichte der Botanik, als fast täglich unbekannte Gewächse in allen Teilen der Welt entdeckt wurden, war sein System eine große Hilfe, da es den Forschern und Studenten eine rasche Einordnung dieser neuen Pflanzen ermöglichte. Nach der botanischen Klassifizierung gab er später auch zoologische und mineralische Systeme heraus, ebenso eine systematische Erfassung aller Krankheiten. Obwohl einige seiner Methoden inzwischen überholt sind, gilt Linné nach wie vor als anerkannter Schöpfer der internationalen botanischen Nomenklatur.

Campanula rotundifolia ist die lateinische Bezeichnung für unsere einheimische rundblättrige Glockenblume.

Sorten und botanische Varietäten

Werden untypische Merkmale einer Pflanze durch Züchtung kultiviert, spricht man von einer Sorte und kennzeichnet diese durch einfache Anführungszeichen; die Schreibung ist normal. So ist etwa *Lavandula angustifolia* ’Hidcote’ eine Lavendelsorte, die man nach dem englischen Herrenhaus Hidcote benannte, wo sie gezüchtet wurde. Bei Sorten handelt sich also immer um eine Kulturform. Wenn sich die Abweichung auf natürliche Weise ergibt, spricht man von einer botanischen Varietät, die durch den Zusatz var. gekennzeichnet wird, wie beispielsweise bei *Phlox paniculata* var. *alba*, einer Phlox-Art mit weißen Blüten.

Hybriden

Entsteht durch Kreuzung zweier Arten innerhalb einer Gattung eine so genannte Hybride, kennzeichnet man diese mit einem ×, beispielsweise die Elfenblume *Epimedium × rubrum*, die eine Kreuzung aus *Epimedium grandiflorum* und *Epimedium alpinum* ist.

Die Eiche als Beispiel

Ein gutes Beispiel für die botanische Klassifizierung mit ihren genauen Bezeichnungen und ihren verwandtschaftlichen Beziehungen in absteigender Hierarchie bietet die Eiche. Familie: Fagaceae; Gattung: *Quercus;* Art: *Quercus robur;* Unterart: *Quercus robur* ssp. *brutia*; Kulturform (Sorte): *Quercus robur* ’Concordia’; Hybride: *Quercus × turneri*, eine Kreuzung aus *Quercus robur* und *Quercus ilex*.

Pflanzgefäße

Originelle Behälter

Werfen Sie Ausrangiertes wie alte Ofen- und Tonrohre nicht einfach weg, denn sie lassen sich hervorragend in hohe Pflanzbehälter verwandeln. Ein ausgedientes Keramikspülbecken können Sie zu einem originellen Mini-Alpengarten umfunktionieren, und auch alte Eimer und Gießkannen aus Metall ergeben dekorative Pflanzkübel. Bohren Sie zuerst einige Abflusslöcher in den Boden der Behälter und geben Sie dann eine Schicht Kieselsteine hinein. Bedecken Sie die Steine mit Zeitungspapier und füllen Sie zum Schluss die Erde ein.

Vom Spülbecken zum Blumentrog

Mithilfe von selbst hergestelltem Kunststein können Sie ein altes Keramikspülbecken in einen originellen Blumentrog verwandeln. Mischen Sie dazu je zwei Anteile Sand und Torf oder Kokosfasern mit einem Teil Zement und fügen Sie unter Rühren so viel Wasser zu, bis die Mischung zu einem festen Brei geworden ist. Ziehen Sie Handschuhe an und rauen Sie mit einem Meißel die Glasur des Spülbeckens auf. Überziehen Sie die Glasur mit einer Schicht Epoxidkleber und tragen Sie eine knapp 2 cm dicke Schicht Kunststeinmischung auf. Verteilen Sie die Mischung unregelmäßig, damit sie natürlicher aussieht. Der Auftrag braucht etwa eine Woche, um fest zu werden. Anschließend kann man ihn noch mit einer Drahtbürste bearbeiten und danach mit flüssigem Algenextrakt bestreichen, um das Wachstum von Moosen und Algen anzuregen, die dem Pflanztrog schnell eine schöne Patina verleihen.

Mülltonne als Kübel

Leichte Plastikmülltonnen sind ideale Pflanzgefäße für Sträucher und Kleinbäume, sehen allerdings nicht sehr schön aus. Man kann sie jedoch gut hinter Holzlatten verstecken, die man oben

PFLANZGEFÄSSE

und unten mit kunststoffummanteltem Draht an der Tonne befestigt. Tackern Sie den Draht an die Rückseite der Latten. Wahlweise können Sie auch zuerst Löcher durch das Holz bohren und dann den Draht durchziehen.

Nostalgische Metallbehälter
Auch alte Küchengefäße aus Metall wie Milchkannen, Wasserkessel und Kochtöpfe lassen sich als originelle Pflanzgefäße verwenden. Bohren Sie vor dem Bepflanzen einige Abflusslöcher in den Boden der Behälter und verkleiden Sie die Innenseiten mit perforierter Plastikfolie.

Mit Holzschutzmittel behandeln
Holzkübel und -fässer für den Garten sollten zuerst mit einem Holzschutzmittel behandelt werden. Allerdings wirken sich die Inhaltsstoffe der Mittel, solange das Präparat nicht ausgetrocknet ist, schädlich auf die Pflanzen aus. Lassen Sie daher frisch behandelte Kübel eine Woche lang trocknen oder setzen Sie die Pflanzen in einem Plastiktopf in den Kübel.

Holzgefäße bauen
Zum Bau eines Holzgefäßes sollten Sie Hartholz, beispielsweise Eichenholz, oder kesseldruckimprägniertes Holz verwenden, denn diese Hölzer sind besonders widerstandsfähig gegen Feuchtigkeit. Noch besser wird das Holz geschützt, wenn Sie die Pflanze in einen Plastiktopf setzen und diesen auf einen Plastikuntersetzer in das Holzgefäß stellen.

Tontöpfe einweichen
Bevor Sie Ihre Pflanzen in neue Tontöpfe setzen, sollten Sie diese gut einweichen – sonst wird das erste Gießwasser von den Topfporen aufgesaugt und fehlt den Pflanzenwurzeln. Tauchen Sie die Töpfe daher so lange in eine Schüssel mit kaltem Wasser, bis keine Luftblasen mehr aufsteigen, und füllen Sie erst dann die Erde ein.

Tonscherben nutzen
Zerbrochene Tontöpfe sollten Sie nicht wegwerfen. Die Bruchstücke eignen sich nämlich ausgezeichnet zum lockeren Bedecken von Drainagelöchern in Pflanztöpfen und -kübeln. Sehr große Scherben können Sie mit einem Hammer in kleinere Stücke zerschlagen und in einem Behälter aufbewahren.

Kalkflecken beseitigen
Weiße Rückstände auf Tontöpfen durch kalkhaltiges Wasser sollten Sie nicht abkratzen. Füllen Sie stattdessen ein großes Gefäß mit Rindenmulch, feuchten Sie die Rinde mit Wasser an und vergraben Sie den Tontopf über Nacht vollständig darin. Am nächsten Morgen werden die Kalkflecken verschwunden sein oder können zumindest einfach mit einem Tuch abgewischt werden.

Tontöpfe aufhängen
Aufgehängt werden bepflanzte Tontöpfe zu schönen Blumenampeln. Stellen Sie den Topf dafür auf einen Ring, an dem drei Metallketten befestigt sind, und hängen Sie die Ketten in einen stabilen Wandhaken. Eine einfache Aufhängung können Sie auch selbst basteln: 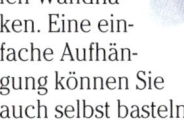 Sägen Sie aus einem Stück Holz ein Quadrat, das etwas größer als der Topfboden ist. Bohren Sie in jede Ecke ein Loch und ziehen Sie durch jeweils zwei Löcher ein ausreichend langes Stück gewachste Schnur. Nun können Sie den Topf auf das Brett stellen und die Schnurenden in den Haken hängen.

Tontöpfe schützen
Hat ein Tontopf erst einmal Risse bekommen, wird er den Witterungseinflüssen nicht mehr lange standhalten und schließlich auseinander brechen. Das lässt sich vermeiden, indem Sie unterhalb des Randes einen starken Draht um den Topf legen und die Enden mit einer Zange fixieren.

Tontöpfe überprüfen
Beim Kauf eines Tontopfs sollten Sie seine Unversehrtheit überprüfen, indem Sie mit dem Fingernagel dagegen klopfen. Ein klares Geräusch zeigt, dass der Topf keine unsichtbaren Risse aufweist.

Drainagelöcher für Plastiktöpfe
Wollen Sie Abflusslöcher in den Boden eines Plastiktopfes bohren oder vorhandene Löcher vergrößern, nehmen Sie einfach einen alten, dünnen Schraubenzieher oder einen anderen spitzen Gegenstand aus Metall mit hitzebeständigem Griff. Erhitzen Sie die Metallspitze und durchstoßen Sie damit vorsichtig den Boden des Topfes, indem Sie die Spitze sanft hin- und herdrehen. Diese Arbeit sollte im Freien erfolgen, da aus dem erhitzten Kunststoff ungesunde Dämpfe entweichen können.

Pflanzgefäße reinigen
Sofern es die Größe der Pflanzen erlaubt, sollte man Pflanzgefäße mit Bewässerungssystem alle 2–3 Jahre vorsichtig leeren und mit warmem Wasser innen und außen sorgfältig abwaschen. Kalkrückstände am Grund des Gefäßes können Sie mit einer Mischung aus Essig und warmem Wasser entfernen. Anschließend sollten Sie die Gefäße gründlich ausspülen, bevor Sie die Pflanzen wieder einsetzen.

Abzugslöcher bohren
Wollen Sie Ton- oder Holzbehälter zu Pflanzgefäßen umfunktionieren, müssen Sie zuerst einige Abflusslöcher in den Boden der Behälter bohren. So kann keine Staunässe entstehen, die für die meisten Pflanzen schädlich ist. Bei einem Holzgefäß können Sie die Löcher langsam mit einem Hand- oder Elektrobohrer bohren und sie dabei ganz allmählich erweitern, bis sie die richtige Größe haben. Ist das Pflanzgefäß aus Ton oder glasierter Terrakotta, sollten Sie einen Steinbohrer verwenden und mit der Maschine nicht zu viel Druck beim Bohren ausüben, damit das Gefäß nicht zerspringt. Ziehen Sie die Bohrerspitze während des Bohrens außerdem ab und zu langsam wieder heraus, um eine Überhitzung des Materials zu verhindern.

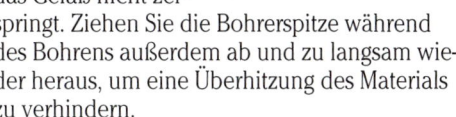

215

Die richtige Größe

Beim Kauf eines Pflanzgefäßes sollten Sie darauf achten, dass es die richtige Größe für die künftige Pflanze hat. Steingartenpflanzen benötigen einen mindestens 15 cm tiefen Topf. Für Beetstauden ist im Allgemeinen je nach Größe der Pflanze eine Pflanztiefe von 20–30 cm erforderlich. Höhere Gewächse wie kleinere Kletterpflanzen, Sträucher und niedrige Koniferen brauchen 30–40 cm tiefe Töpfe, und für kräftige Kletterpflanzen oder kleine Bäume benötigen Sie sogar noch tiefere Gefäße.

Geeignete Formen

Pflanzgefäße mit engem Hals und bauchiger Mitte sind zwar sehr attraktiv, eignen sich aber nicht für Sträucher oder kleinere Bäume. Deren Wurzeln bilden nämlich bald einen so festen Wurzelballen, dass Sie die Pflanzen später nicht mehr herausnehmen können. Bepflanzen Sie solche Gefäße stattdessen besser mit Einjährigen oder zarten Stauden, die jährlich ausgewechselt werden.

Siehe auch *Balkongärten, Blumenampeln, Blumenkästen*

Pflasterarbeiten

Platten oder Steine?

Gartenwege und Sitzplätze werden meist mit Platten gepflastert. In den letzten Jahren haben darüber hinaus Beläge aus kleinen Beton- oder Natursteinen an Beliebtheit gewonnen. Sowohl Platten als auch Steine werden zunächst auf Sand verlegt, dann verfugt man die Platten mit Mörtel. Steine sind dagegen klein genug, um sich gegenseitig zu halten. Fegt man Sand zwischen die Fugen, wird ein solcher Steinbelag noch stabiler.

Richtig planen

Platten gibt es in den verschiedensten Größen, Formen und Farben, und auch bei der Struktur der Oberfläche können Sie zwischen unterschiedlichen Varianten wählen. Hinsichtlich der Größe gilt die Faustregel: Je größer die Platte, desto rascher lässt sie sich verlegen, aber desto schwerer ist auch ihre Handhabung. Zu einer guten Planung gehört neben der Entscheidung, welche Art von Platten man verlegen möchte, auch die Berücksichtigung der Plattenstärke, die Sie mit einbeziehen müssen, wenn Sie die Höhe der Terrasse oder der Gartenwege berechnen, vor allem wenn diese Flächen direkt an die Hauswand angrenzen. Dabei gilt, dass gepflasterte Flächen mindestens 15 cm unterhalb der Feuchtigkeitssperre liegen sollten, damit keine Feuchtigkeit aufsteigt.

Stabilität für befahrene Flächen

Für Zufahrten und Parkplätze ist ein Steinpflaster am besten geeignet. Wählt man einen Plattenbelag, sind eine feste Unterlage und eine gute Befestigung besonders wichtig, damit die Platten nicht verrutschen oder reißen.

Richtig berechnen

Für die Planung der Anlage nehmen Sie am besten Millimeterpapier, damit Sie genau berechnen können, wie viele Platten oder Steine Sie benötigen. Bei diagonalen Mustern, die häufig viel Zuschnitt an den Kanten erfordern, müssen Sie entsprechend mehr Material einrechnen. Außerdem sollten Sie immer einige Reserveplatten kaufen, da es später problematisch werden kann, passenden Ersatz für zerbrochene oder beschädigte Platten zu bekommen.

Den Unterbau vorbereiten

Besonders wichtig für die Stabilität einer Pflasterfläche ist die Vorbereitung des Untergrunds. Dazu entfernen Sie zunächst die Rasensoden bzw. Hindernisse wie z. B. große Steine. Bei wenig begangenen Wegen genügt anschließend das Ausbringen einer 4 cm dicken Schicht aus feinem Sand. Flächen, die stärker belastet werden, müssen Sie tiefer ausheben und auf dem Boden zunächst zerkleinerten Bauschutt verteilen und feststampfen. Bei Wegen, die mit Schubkarren und schweren Gartengeräten befahren werden, sollte der Unterbau 10 cm stark sein, bei Zufahrten und Carports sollten Sie 15 cm vorsehen. Zum Verteilen der Sandschicht auf größeren Flächen fassen Sie das Gelände am besten mit entsprechend hohen Brettern ein. Dann geben Sie den Sand auf die Fläche und verteilen ihn gleichmäßig mit der Harke oder Schaufel. Zum Glätten legen Sie eine lange Leiste mit geraden Kanten auf die Höhenbretter und ziehen sie über den Sand.

Plattenmörtel mischen

Zum Verfugen der Platten brauchen Sie Mörtel, den Sie aus einem Teil Zement, vier Teilen feinem Sand und so viel Wasser mischen, dass eine Hand voll Mörtel beim Zusammendrücken ihre Form behält. Setzt man zu viel Wasser zu, ist der Mörtel zu weich und wird vom Gewicht der Platten zusammengepresst.

Gefälle ausgleichen

Stecken Sie zuerst die zu pflasternde Fläche mit einer Schnur ab. Um  dem Pflaster das richtige Gefälle zu geben, benötigen Sie einen Hammer, Holzpflöcke, ein Bandmaß, eine Wasserwaage, ein Stück Leistenholz und ein Holzklötzchen (für ein Gefälle von 2,5 cm auf 1,5 m sind ein 2,5 cm dickes Holzklötzchen und ein mindestens 1,5 m langes Leistenholz erforderlich). Schlagen Sie unter Einbeziehung der Plattenstärke am höchsten Punkt der Pflasterfläche einen Pflock ein, messen Sie einen Abstand von 1,5 m ab und schlagen Sie dort einen weiteren Pflock ein. Dann legen Sie das 2,5 cm dicke Holzklötzchen auf den unteren Pflock, legen das Leistenholz über beide Pflöcke und platzieren darauf die Wasserwaage. Dann wird der untere Pflock so weit in die Erde geklopft oder herausgezogen, bis die Wasserwaage waagrecht liegt. Wiederholen Sie diesen Vorgang bis zum Ende der Strecke. Prüfen Sie rechtwinklig zum Gefälle mithilfe der Wasserwaage, ob die Platten waagrecht liegen.

Platten verlegen

Platten sollten Sie nie direkt in das Sandbett legen, weil sie sonst vom Regen unterspült und dadurch instabil werden. Damit sie fest aufliegen, geben Sie auf jede Platte fünf Mörtelkleckse, jeweils einen in die Mitte und in die Ecken, legen die Platte vorsichtig auf die Unterlage und klopfen sie mit einem Fäustel oder einem anderen Holzwerkzeug fest, bis sie waagrecht liegt. Bei dünnen Platten können Sie auch zuerst eine 2–3 cm dicke Mörtelschicht auf dem Sand aufbringen.

Platten verfugen

Zum Verfugen mischen Sie Zement und feinen Sand im Verhältnis 1:2 oder 1:3. Diese Mischung fegen Sie in die Spalten, drücken sie mit der Kante einer Kelle fest hinein und fegen Überschüsse ab. Nun feuchten Sie die Fugen mit dem Brauseaufsatz der Gießkanne vorsichtig an und pressen, kurz bevor der Mörtel aushärtet, einen Rundstab so in die Fugen, dass eine Rille entsteht, durch die das Regenwasser besser abfließen kann. Dann entfernen Sie die Mörtelreste.

Platten schneiden

Zum Schneiden von Platten brauchen Sie einen breiten Flachmeißel und einen Fäustel. Nachdem Sie die Schnittlinie markiert haben, legen Sie die Platte auf einen Sanduntergrund, damit sie beim Schneiden nicht zerbricht, und kerben den Stein beidseitig entlang der Markierung ein. Stemmen Sie den Meißel in die Kerbe und schlagen Sie mit dem Fäustel fest zu, bis die Platte sich sauber teilt. Wenn Sie viele Platten schneiden müssen, können Sie sich eine Steintrennmaschine ausleihen.

Pflasterbeete

Pflasterflächen wirken lebendiger, wenn Sie beim Verlegen einige Platten oder Steine aussparen, an diesen Stellen etwas Erde entfernen und eine

Lehm-Kompost-Mischung einfüllen. Solche kleinen Beete eignen sich ideal für niedrige Steingartenpflanzen und Kräuter, deren Farben durch die Pflastersteine noch hervorgehoben werden.

Platten reinigen

Über Winter können sich Algen und Moose auf den Platten bilden, sodass sie gefährlich rutschig werden. Schrubben Sie den Stein gegebenenfalls mit einem Spezialreiniger für Wege und Terrassen oder – falls die Platten nicht mit Sand verfugt wurden – mit einem Hochdruckreiniger.

Steinpflaster verlegen

Wollen Sie Steine als Pflastermaterial verwenden, sollte die Pflasterfläche eine feste Randeinfassung in Form einer schmalen Kante aus Beton oder kesseldruckimprägniertem Holz bekommen, damit die Steine nicht verrutschen. Bringen Sie zunächst eine Unterlage aus Schotter auf, den Sie mit einem Vorschlaghammer oder einem anderen schweren Gerät feststampfen. Dann verteilen Sie eine Sandschicht auf dem Schotter (dafür können Sie sich im Baumarkt auch einen Rüttler mieten, den Sie zwei- bis dreimal über die Fläche bewegen) und verlegen die Steine direkt in das Sandbett, indem Sie vom Rand aus nach innen arbeiten. Fügen Sie die Steine dicht aneinander und füllen Sie die Zwischenräume mit Steinstückchen aus. Zum Abschluss fegen Sie feinen, trockenen Sand in die Fugen zwischen den Steinen.

Pflaumen

Kreuzbefruchtung

Wie die meisten anderen Obstbäume tragen auch Pflaumen und Renekloden besser, wenn sie von einer anderen Sorte bestäubt werden. Nur einige Sorten wie 'Bühler', 'Czar', 'Nancy Mirabelle' oder 'Oullins Reneklode' sind selbstfruchtend oder schwach selbstfruchtend und bringen auch ohne Pollenspender gute Erträge. Geeignete Pollenspender für die Sorten 'Große Grüne' und 'Zimmers' sind 'Czar' oder 'Königin Victoria' sowie die Sorte 'Lützelsachser' für 'Ruth Gerstetter'.

Pflaumenbäume schneiden

Pflaumenbäume schneidet man so wenig wie möglich, sondern entfernt nur kranke oder infizierte Äste oder lichtet zu eng stehende Äste aus. Kräftige junge Seitentriebe werden auf sechs bis sieben Blätter zurückgeschnitten. Wenn Sie sofort nach der Ernte zwischen Ende Juli und September schneiden, heilen die Schnittstellen rasch.

Bleiglanzkrankheit verhindern

Bleiglanzkrankheit ist eine häufige Krankheit bei Pflaumenbäumen, in deren Folge sich die obere und untere Blattschicht voneinander lösen, sodass silbrig glänzende Lufteinschlüsse entstehen. Dieser Krankheit lässt sich vorbeugen, indem Sie nach der Ernte im Juli, August oder September alle abgestorbenen, kranken oder geschädigten Äste entfernen. (Siehe auch *Schädlinge und Krankheiten* S. 350)

Stützhilfe geben

Damit die Äste von Pflaumenbäumen unter der Last der Früchte nicht abbrechen, sollten Sie bis zur Ernte alle schwachen Äste mit einer langen Stange abstützen. Wichtig ist, die Stützen bereits Ende Mai vor dem Schwellen der Früchte anzubringen. (Siehe auch *Stäbe und Stützen*)

Junge Bäume pflegen

Bei Jungbäumen sollte der Boden um den Stamm möglichst frei bleiben, da sie keine Konkurrenz vertragen. Jäten und hacken Sie regelmäßig. Allerdings sollten Sie nur die oberste Bodenschicht bearbei-

ten, um Wurzelschäden zu vermeiden, die in der Folge zur Bildung von unerwünschten Wurzelschösslingen führen können.

Trockenpflaumen

Überschüssige Pflaumen können Sie nach der Ernte zu Trockenpflaumen verarbeiten, die sich viele Monate lang halten. Dafür halbieren Sie die Früchte in Längsrichtung, ohne sie ganz auseinander zu schneiden, und legen sie in einen offenen Kasten oder eine Schale, die Sie mit einer Glasscheibe bedecken und für einige Tage an einen sonnigen Platz stellen. Dann breiten Sie die Pflaumen auf Backofenrosten aus und lassen die Früchte 1–2 Stunden bei niedrigster Temperatur im Backofen trocknen, wobei die Backofentür einen Spalt breit offen stehen muss, damit alle restliche Feuchtigkeit verdampft. Wenden Sie

'Czar' ist zwar selbstfruchtend, bringt aber durch Bestäubung mit einer anderen Sorte noch bessere Erträge.

die Pflaumen dabei von Zeit zu Zeit, damit sie gleichmäßig trocknen, und bewahren Sie die Früchte anschließend in einem gut verschlossenen Behälter auf.

Pflaumen im Winter

Pflaumen können Sie auch tiefgefrieren. Wenn Sie die Früchte gleich nach der Ernte waschen, entsteinen und gut verpackt einfrieren, schmecken sie nach dem Auftauen frisch und saftig.

Pflaume oder Zwetsche?

Pflaumen und Zwetschen, die in Süddeutschland auch Zwetschgen heißen, lassen sich auf den ersten Blick nur schwer voneinander unterscheiden. Typische Merkmale der Pflaume sind die eiförmige bis rundliche Form der Früchte. Auch der Stein ist bei Pflaumen fast rund, während Zwetschenfrüchte und -steine eher länglich sind. Außerdem sind die Stiele bei Pflaumen etwas dicker als bei Zwetschen.

Mirabellen

Mirabellen gehören zur selben Art wie Pflaume, Zwetsche und Reneklode (Reineclaude); sie alle werden unter dem Artnamen Hauspflaume (Prunus domestica) zusammengefasst. Allerdings ist die Mirabelle etwas kleiner als ihre Verwandten und beinahe rund. Unter ihrer dünnen goldgelben Haut wächst ein gelbes, aromatisches Fruchtfleisch. Mirabellen sind zudem etwas kälteempfindlicher als ihre größeren Verwandten und sollten deshalb einen sonnigen, geschützten Standort bekommen. Sie gedeihen am besten auf leichtem Sandboden, der sich im Frühjahr schnell erwärmt. Im September liefern sie dann hohe Erträge und ein ausgezeichnetes Aroma. Allzu dicht hängende Früchte sollten im Juni ausgedünnt werden, und im Frühjahr und Herbst empfiehlt sich eine Düngergabe mit reifem Kompost oder gut verrottetem Stallmist.

GESCHICHTE IN KÜRZE

Nahrung für das ewige Leben

Die meisten Pflaumenarten sind wahrscheinlich aus einer Kreuzung zwischen Schlehe (Schwarzdorn) und Kirschpflaume (Myrobalane) hervorgegangen, die beide inzwischen nur noch als Heckenpflanzen genutzt werden. Schon die alten Ägypter kannten die Früchte, die sie in Form von Trockenpflaumen ihren Verstorbenen als Proviant für das Leben nach dem Tod mit ins Grab gaben, wie sich durch Grabfunde in Theben gezeigt hat. Auf einer weniger geistigen Ebene wurden die Früchte von den Römern der Antike wegen ihrer abführenden Wirkung geschätzt; die römischen Dichter besangen die Pracht der „großen Anzahl von Pflaumenbäumen" in den Obstgärten der Stadt. Von den Tafelpflaumen hat die Reneklode (Reineclaude) einen der längsten Stammbäume. Sie wurde nach der „guten, süßen Königin" des französischen Königs Franz I., Reine Claude (Königin Claudia), benannt, die von 1499–1524 gelebt hat und das aromatische Fruchtfleisch dieser Edelpflaume besonders geschätzt haben soll.

Phosphate

Wichtiger Pflanzennährstoff

Phosphor ist ein unverzichtbarer Pflanzennährstoff und zählt deshalb neben Stickstoff und Kalium zu den wichtigsten Bestandteilen in zahlreichen Düngemitteln. Das phosphorhaltige Phosphat fördert die Fruchtbildung und regt sowohl die Wurzelbildung als auch das Wurzelwachstum an. Bei Phosphatmangel im Boden wurzeln sich neu gepflanzte oder umgesetzte Pflanzen nur langsam ein, sodass es häufig zu anfänglichem Kümmerwuchs kommt und die Pflanzen sich schlecht entwickeln.

Obstbäume düngen

Vor dem Anpflanzen von Obstbäumen sollten Sie Knochenmehl auf dem Grund der Pflanzgruben verteilen. Wenn Sie die Bäume außerdem alle 2–3 Jahre mit Knochenmehl oder Superphosphat versorgen, setzen sie mehr Früchte an.

GÄRTNER-WISSEN

Phosphatdüngemittel

Je nach Bodenverhältnissen können Sie zwischen verschiedenen Phosphatdüngern auf organischer und chemischer Grundlage mit Sofort- oder Langzeitwirkung wählen. Sie sind im Gartencenter oder in Fachgeschäften erhältlich.

Knochenmehl

Knochenmehl besteht aus gemahlenen, sterilisierten Tierknochen. Es ist ein organischer Dünger, der seine Nährstoffe über einen längeren Zeitraum und nur langsam im Boden freisetzt.

Rohphosphate

Diese natürlich vorkommenden Phosphatminerale wirken besonders lange und eignen sich hervorragend für phosphatarme Böden.

Superphosphat

Superphosphat ist chemisch aufgeschlossenes Rohphosphat. Der Pflanzennährstoff, von dem 30 g pro 1 m² in den Boden eingearbeitet werden, wirkt relativ schnell und bleibt 1–2 Jahre wirksam.

Stallmist und Gartenkompost

Eine Gabe Stallmist oder Gartenkompost in der Größenordnung von 4,5 kg pro 1 m² liefert dieselbe Menge Phosphor wie dreifaches Superphosphat.

Gehölze düngen

Da Phosphat für die Entwicklung der Pflanzenwurzeln wichtig ist, sollten Sie vor dem Einsetzen von Bäumen und Sträuchern ausreichend Knochenmehl in den Pflanzgruben verteilen und nach dem Einpflanzen eine Gabe Knochenmehl in den Boden einarbeiten, sodass die Pflanzen sich rascher einwurzeln und in der Folge besser anwachsen. Aufgrund der lang anhaltenden Wirkung reicht eine Knochenmehlgabe zur Pflanzzeit für 2 Jahre. Anschließend setzen Sie das Knochenmehl alle 2 Jahre als Kopfdünger zu, sofern Sie keinen anderen Universaldünger geben.

Superphosphat für Sämlinge

Damit Sämlinge im Freiland rasch kräftige Wurzeln entwickeln, sollten Sie vor der Aussaat eine Gabe Superphosphat in den Boden einarbeiten.

Pikieren

Richtig pikieren

Als Pikieren oder Vereinzeln bezeichnet man das Entfernen von zu eng stehenden Sämlingen aus Anzuchtkästen, Töpfen oder Beeten, mit dem man das Wachstum der verbliebenen Pflanzen fördert. Dafür lockert man zuerst vorsichtig den Boden um die Wurzeln des Pflänzchens, das man entfernen möchte. Dann hält man die Erde um die benachbarten Sämlinge mit den Fingern einer Hand vorsichtig fest und hebt mit der anderen Hand den zu entfernenden Sämling vorsichtig aus der Erde. So lässt sich verhindern, dass die Wurzeln der benachbarten Sämlinge beschädigt oder zerstört werden

bzw. dass man die Pflänzchen vollständig aus dem Boden reißt. Wenn Sie zum Pikieren ein Pikierholz verwenden, lassen sich die Pflänzchen noch einfacher herausziehen.

Gießen und pikieren

Sie können sich das Pikieren der Sämlinge erleichtern, indem Sie die Pflänzchen am Vorabend vorsichtig gießen. Pikieren Sie die Sämlinge dann möglichst gleich am nächsten Morgen und gießen Sie die verbliebenen Sämlinge anschließend behutsam, aber reichlich, da sich die Erde um die Wurzeln auf diese Weise schneller wieder festigt.

Schneiden statt Pikieren

Stehen die Sämlinge sehr eng, kann es schwer sein, sie zu pikieren, ohne die übrigen Pflanzen zu beschädigen. In diesem Fall schneiden Sie die überschüssigen Sämlinge mit der Schere zurück, sodass die Wurzeln im Boden bleiben. Ohne ihre Blätter, mit deren Hilfe die Pflanzen die für sie lebensnotwendige Fotosynthese durchführen, sterben die Wurzeln rasch ab, sodass die übrigen Pflanzen genügend Platz haben.

Gemüsepflanzen pikieren

Pikieren Sie Gemüsepflanzen immer in mehreren Etappen, weil die Sämlinge meist auch auf natürliche Weise durch Ungeziefer, Krankheiten oder andere widrige Umstände ausgedünnt werden. Entfernen und vernichten Sie die Pflanzenabfälle, da ihr Geruch Ungeziefer anlockt. So können sowohl Möhren- als auch Zwiebelfliege den Duft der Abfälle noch aus größerer Entfernung wahrnehmen.

Möhren und Zwiebeln pikieren

Beim letzten Pikieren Ihrer Möhren und Zwiebeln, bei dem Sie zwischen den Reihen 15 cm sowie zwischen den Möhren 3–5 cm bzw. zwischen den Zwiebeln 10 cm Abstand lassen sollten, brauchen Sie die ausgedünnten Sämlinge nicht wegzuwerfen. Junge Zwiebeln schmecken nämlich sehr gut in Salaten, und kleine Karotten eignen sich besonders gut als Rohkost. Auch andere ausgedünnte Gemüsesämlinge wie etwa Salat kann man in diesem Frühstadium schon sehr gut in der Küche verwenden.

Pikierte Gemüsesämlinge einpflanzen

Ausgedünnte Sämlinge von einigen Gemüsearten wie Kopfsalat und Zwiebeln können Sie vorsichtig wieder einpflanzen. Damit die Stängel und Wurzeln nicht beschädigt werden, lockern Sie die Erde rund um die Wurzeln mit einem Pikierholz und heben die Sämlinge mit einem an der Spitze gegabelten Stäbchen heraus. Sämlinge von Rettich, Roten Beten oder anderem Wurzelgemüse lassen sich dagegen nur sehr schwer wieder einsetzen. (Siehe auch *Verpflanzen*)

Planung und Gestaltung

In Ruhe planen

Zeichnen Sie die Umrisse Ihres Gartens auf einen großen Bogen Papier und tragen Sie alle bereits bestehenden Elemente ein, wie Beete, Rasen, Gemüsegarten, Gewächshaus und Schwimmbecken. Fügen Sie dann dem, was bereits vorhanden ist und auch bleiben soll, die neuen Elemente hinzu, etwa Treppen und Wege. Feilen Sie so lange an Ihrem Plan, bis Sie vollständig zufrieden sind.

Fotos als Planungshilfen

Als Planungshilfen können Sie Fotos verwenden. Nehmen Sie dazu Ihren Garten aus verschiedenen Winkeln auf und lassen Sie die Fotos vergrößern. Dann zeichnen Sie Ihre Entwürfe in entsprechender Größe auf Pergamentpapier und legen das Papier so über die Fotos, dass ein genaues Bild Ihres künftigen Gartens entsteht. Wenn Sie die einzelnen Bestandteile Ihrer Planung jeweils auf ein eigenes Blatt Papier zeichnen, können Sie die Teile wie ein Puzzle immer wieder neu zusammenfügen.

Weniger ist mehr

Wenn Sie zum ersten Mal einen kleineren Garten anlegen, ist es besser, nicht zu viele verschiedene Pflanzen auf einmal zu setzen. Pflanzen Sie stattdessen lieber Gruppen derselben Art.

Erdvolumen

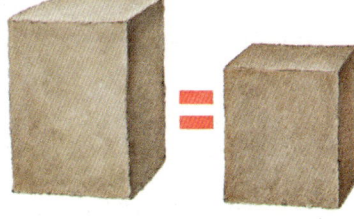

Beachten Sie bei der Neugestaltung Ihres Gartens, dass ein Boden, der ausgegraben und umverteilt wird, etwa 20 % seines bisherigen Volumens verliert.

Pflanzen schützen

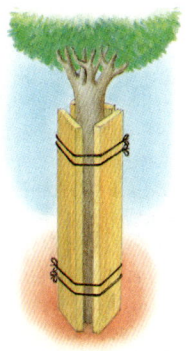

Planen Sie in Ihrem Garten größere Arbeiten, etwa Rodungen oder die Errichtung von Bauten, sollten Sie die bereits vorhandenen Pflanzen schützen, indem Sie alle größeren Gehölze mit Holzlatten bzw. kleinere Pflanzen und Beete oder Rabatten mit stabilen Plastikplanen bedecken.

Rasen oder Kies?

Überlegen Sie bei der Planung Ihres neuen Gartens auch, ob Sie einen Rasen oder lieber eine Kies- oder Pflasterfläche anlegen wollen. Letztere passt mitunter nicht nur besser, sondern erspart auch das lästige Mähen.

Haus und Garten verbinden

Haus und Garten bilden eine geschlossene Einheit, wenn Eingänge und Mauern mit Kletterpflanzen berankt sind oder die Einfahrt von einem berankten Laubengang überdacht wird.

Gartenbereiche schaffen

Mit geschwungenen Linien in Form von Wegen und Rasen- oder Beetbegrenzungen lassen sich einzelne Bereiche voneinander abgrenzen und auf diese Weise interessante Gartenlandschaften gestalten. Legen Sie bei der Planung einen Gartenschlauch oder ein Seil aus, damit Sie sehen, wie die jeweilige Krümmung wirkt. Betrachten Sie die Linie aus verschiedenen Blickwinkeln im Garten und aus den Fenstern im oberen Stockwerk des Hauses. Planen Sie möglichst sanfte Kurven, die leichter instand zu halten sind als enge Krümmungen, und legen Sie nicht zu viele Kurven an, weil der Garten sonst schnell sehr unruhig wirkt.

Hügelgrundstück bepflanzen

Ein allein stehendes Haus auf einem Hügel, das nur von Rasen umgeben ist, kann leicht verloren wirken. Schaffen Sie einen Ausgleich, indem Sie Bäume, Büsche und große Stauden an mindestens zwei Seiten pflanzen, sodass die Silhouette des Hügels geglättet wird und Haus, Garten und Landschaft eine harmonische Einheit bilden.

Kahle Stellen gestalten

Kahle Stellen, etwa zwischen Haus und Gartenzaun, lassen sich durch einen geschwungenen Weg verschönern, der noch attraktiver wird, wenn er von unterschiedlich großen Beeten und einem kleinen Teich gesäumt wird. Kahle Mauern kann man hinter Spalieren und Bogen verstecken, an denen Kletterpflanzen emporranken.

GÄRTNER-WISSEN

Sechs Schritte zu einem schönen Garten

Neben den Ratschlägen auf diesen Seiten sind die folgenden sechs Schritte wichtig, wenn Sie Ihren Garten neu oder umgestalten wollen. Gehen Sie am besten schrittweise vor – angefangen bei der Entscheidung, was Sie anpflanzen wollen, und der Planskizze bis zum Bepflanzen und Ausschmücken.

1. Schaffen Sie Ordnung im Garten! Ist er angelegt, entfernen Sie unerwünschte Pflanzen, Gerümpel und Schutt, bei einem frisch angelegten Garten die etwaigen Hinterlassenschaften der Arbeiter. Heben Sie Reste der verwendeten Ziegel, Beton- und Natursteine auf, um sie später gegebenenfalls bei Wegen, Einfassungen oder für die Fundamente von Mauern oder Terrassen verwenden zu können.

2. Säubern Sie den Boden von Steinen, Unkräutern und altem Holz. Errichten Sie eine Einfriedung oder setzen Sie die bestehende instand. Nehmen Sie gegebenenfalls die geplanten Bodenbewegungen vor, wie sie beispielsweise bei der Anlage von Begrenzungen, höher gelegenen Beeten, Treppen oder Teichen erforderlich sind.

3. Errichten oder reparieren Sie alle Elemente, die Sie in die Gartengestaltung einbeziehen möchten, etwa Wege, Treppen, Mauern, Sitzgelegenheiten, Gartenschuppen und Spielplätze. Verlegen Sie Wasserrohre und elektrische Leitungen oder bereiten Sie die Installation vor, z. B. durch Legen von Kabelkanälen, damit Sie die Leitungen vor der Neuanlage von Wegen und Flächen ziehen können.

4. Markieren Sie die Pflanzbereiche und graben Sie den Boden zweimal um. Entfernen Sie dabei alle Unkräuter und größeren Steine und arbeiten Sie organische Stoffe wie Torfersatz, Laubkompost, Komposterde oder gut verrotteten Stallmist ein. Geben Sie dem Boden Zeit, sich zu setzen, ehe Sie ihn bepflanzen.

5. Markieren Sie auch die künftigen Rasenflächen. Graben Sie die Flächen um, entfernen Sie alle Unkräuter und Steine und ebnen Sie den Boden mit dem Rechen ein. Warten Sie, bis er sich gesetzt hat, harken Sie dann nochmals und verteilen Sie einen Universaldünger, ehe Sie aussäen. Betreten Sie frisch gesäten Rasen möglichst nicht oder – falls notwendig – zumindest nur auf Bohlen.

6. Geben Sie dem Garten zum Schluss seine individuelle Note: Sorgen Sie für Gartenschmuck, errichten Sie ein Vogelbecken, Statuen oder ein Wasserspiel. Stellen Sie Gartenmöbel auf. Pflanzen Sie je nach Jahreszeit Gehölze, Stauden, einjährige Sommerblumen und Zwiebelpflanzen. Reinigen und füllen Sie den Gartenteich. Nach einer Woche können Sie ihn dann bepflanzen, nach 2 Wochen die ersten Fische einsetzen.

Optische Verlängerung

Wirkt Ihr Garten eher kurz, können Sie mehr Länge vortäuschen, indem Sie beispielsweise einen Weg durch das Grundstück so anlegen, dass er mit zunehmender Entfernung vom Haus allmählich etwas schmaler verläuft. Pflanzen Sie eine Baum- oder Strauchreihe am Weg entlang, deren Größe mit zunehmender Entfernung vom Haus ebenfalls ganz langsam abnimmt. Besonders gut dafür geeignet sind gepflegt aussehende kugel-, kegel- oder spiralförmige Formgehölze. (Siehe auch *Formschnitt*)

Kahle Flächen beleben

In einen kaum oder gar nicht bepflanzten Garten, in dem die senkrechten Strukturen noch fehlen, sollten Sie keine einzeln stehenden hohen Bäume oder Sträucher pflanzen, die wie Säulen emporragen und angesichts der kahlen Umgebung sehr disharmonisch erscheinen würden. Ausgleichend wirken hier weit ausladende Sträucher und Bäume wie etwa Amberbaum (*Liquidambar*), Bastardlorbeer (*Viburnum tinus*), Eisenholzbaum (*Parrotia persica*) und Zierapfel (*Malus*).

Platz für Kinder

Ist Ihr Garten groß genug, sollten Sie bei der Planung eine Spielecke nicht vergessen. Je nach Alter der Kinder kann hier ein Sandkasten oder eine Schaukel stehen oder – bei älteren Kindern – ein schönes Baumhaus oder auch ein erstes eigenes Beet, das die Kinder selbst bepflanzen.

Refugium im Grünen

Verwandeln Sie einen stillen Winkel Ihres Gartens in Ihr ganz privates kleines Paradies. Hier ist der ideale Platz für eine Laube und eine gemütliche Bank zum Entspannen und Träumen. Ihren Winkel können Sie dann ganz nach Belieben beispielsweise mit Beerensträuchern bepflanzen oder einen schönen Rosenbogen anlegen.

Schöne Accessoires

Je überlegter Sie die Accessoires für Ihren Garten auswählen und platzieren, desto besser kommen sie zur Geltung. Setzen Sie z. B. auffällige Pflanzen wie *Yucca filamentosa* in Kübel und stellen Sie die Pflanzgefäße in eine gut sichtbare Ecke Ihres Grundstücks oder vor eine schöne Mauer. Hübsch wirkt auch ein an einer Wand angebrachter Wasserspeier mit Becken, um den herum Sie Bambus, Efeu oder Farn in dekorativen Pflanztrögen pflanzen. Ist ein besonders attraktives Accessoire vom Haus aus zu sehen, können Sie es durch eine geschickt installierte Beleuchtung gezielt so anstrahlen, dass Sie sich auch am Abend und nachts an seiner Schönheit erfreuen können. (Siehe auch *Gartenbeleuchtung*)

Geeignete Pflanzen

Haben Sie Ihren Garten neu angelegt und wollen nicht zu lange auf prachtvolle Blüten warten, pflanzen Sie am besten schnell wachsende Stauden wie Lupinen und Rittersporn, üppige *Geranium*-Arten, Indianernessel, Knöterich und Schleierkraut, die einander durch ihre unterschiedlichen Größen ergänzen. Niedrige Bodendeckerstauden wie Efeu, Immergrün und Schattensteinbrech überwachsen die Lücken zwischen den Stauden relativ rasch. Die gleiche Funktion erfüllen auch schnell zur Blüte kommende einjährige Sommerblumen wie Kapuzinerkresse, Malcolmie, Ringelblume, Steinkraut oder Sumpfblume.

Lebendige Accessoires

Verschönern können Sie Ihren Garten auch mit einem Springbrunnen in einem stillen Winkel, einem gemütlichen Gartenhäuschen oder einem dekorativen alten Wagenrad, das Sie ganz nach  Belieben mit duftenden Kräutern oder niedrigen Stauden bepflanzen.

Siehe auch *Perspektive*

Potpourri

Rosen-Potpourri

Zur Herstellung eines Rosen-Potpourris legen Sie die abgezupften Blütenblätter von verblühten Rosen lose in einen luftdurchlässigen Behälter, etwa in einen kleinen Korb, und lassen die Blüten so lange liegen, bis sie vollständig getrocknet, aber noch geschmeidig sind. Dann schichten Sie die Blütenblätter im Wechsel mit Kochsalz in eine Schale und lassen sie weitere 2–3 Wochen stehen, bis eine feste Masse entstanden ist. Zerkrümeln Sie die Masse zwischen den Fingern und fügen Sie als Fixiermittel pro Schüssel etwa 50 g gemahlene Iriswurzel (aus der Apotheke) sowie nach Wahl einige duftende Gewürze und getrocknete, gemahlene Zitrusschalen zu. Zum Schluss bedecken Sie die Schale mit Klarsichtfolie und lassen die Mischung bis zum Gebrauch 2–6 Monate ziehen.

Farbenfrohe Duftmischung

Zur Herstellung eines Potpourris, das nicht nur angenehm riecht, sondern auch hübsch aussieht, sammeln Sie die ausgewählten Pflanzen mitsamt den Stängeln in den frühen Morgenstunden eines trockenen Tages; der Blütenduft ist am stärksten, wenn der Tau gerade eben verdunstet ist. Trocknen Sie die Pflanzen, indem Sie die Stängel zu-

GESCHICHTE IN KÜRZE

Düfte für jeden Zweck

Wörtlich übersetzt bedeutet das französische Wort „Potpourri" so viel wie „verfaulter" oder „stinkender" Topf, was sich aber nicht auf die im Potpourri enthaltenen Blüten bezieht, sondern auf die Wirkung, die das beim Trocknen verwendete Salz entfaltet. Einfache Potpourris wurden schon zu biblischer Zeit verwendet, als Wüstenbewohner Beutel mit aromatischen Kräutern in ihr Nachtlager und zwischen die Kleider legten, damit die Stoffe angenehm dufteten. Im Mittelalter bestreute man den Boden im Haus mit Kräutern und Gewürzen, um die unangenehmen Gerüche zu überdecken, die von der damaligen mangelhaften Hygiene herrührten. Heute kann man zwischen zahlreichen Duftnoten wählen; beliebt sind Potpourris mit Lavendel und Rosen, Früchten und Beeren, Frühlingsblumen und Blättern, Gewürzen und Koniferen.

sammenbinden und die Sträuße kopfüber an einem luftigen Platz aufhängen. Nach dem Trocknen nehmen Sie die Blütenköpfe ab. Wahlweise können Sie die Blütenblätter abzupfen und zum Trocknen auf einer flachen, luftdurchlässigen Unterlage ausbreiten. Die getrockneten Blütenblätter und -köpfe legen Sie in eine Schüssel, fügen gemahlene Iriswurzel und einige Tropfen eines beliebigen ätherischen Öls hinzu, mischen alles vorsichtig, aber gründlich, und füllen die Mischung in einen luftdicht verschlossenen Behälter, den Sie etwa 3 Monate an einen warmen, trockenen Ort stellen. Zusätzliche Farbe liefern die getrockneten Blütenblätter von bunten, nicht duftenden Blumen.

Düfte im ganzen Haus

Potpourris lassen sich an den unterschiedlichsten Plätzen im Haus verteilen. Man kann sie nicht nur in dekorativen Schälchen offen auf den Tisch stellen, sondern in kleine Stoffsäckchen gefüllt auch an der Heizung und in Schränken sowie in Küche und Bad aufhängen. Auch zwischen Sofakissen oder im Bettzeug versteckt verbreiten Potpourris ihren angenehm zarten Duft.

Duftende Samenkapseln

Anstelle von Blütenblättern oder in Kombination mit diesen können Sie auch die getrockneten Samenkapseln von verschiedenen Pflanzen für Ihre Potpourris verwenden. Besonders gut eignen sich die duftenden Fruchtstände von Clematis, Jungfer im Grünen, Klatschmohn, Rittersporn und Silberblatt. Die Samenkapseln von duftenden exotischen Pflanzen bekommen Sie in gut sortierten Blumengeschäften.

Jahreszeiten-Potpourri

Sie können Potpourris auch der Jahreszeit entsprechend zusammenstellen. Für Weihnachten eignen sich beispielsweise kleine getrocknete Kiefernzapfen, die Sie mit gebündelten Zimtstangen, Gewürznelken und getrockneten Schalenstückchen von Clementinen, Mandarinen und Satsumas mischen.

Duft auffrischen

Lässt der Duft eines Potpourris allmählich nach, können Sie ihn mit einigen Tropfen Kognak rasch wieder auffrischen. Verteilen Sie dafür einige Spritzer Kognak zwischen den getrockneten Blüten und rühren Sie die Mischung mit den Fingern vorsichtig um.

Diese farbenfrohe, süß duftende Mischung enthält Römische Kamille, Kornblumen, Ringelblumen und Rosen.

EIN GARTEN NACH MASS

Einen Garten so zu gestalten, dass er den eigenen Wünschen entspricht, ist ein interessantes, wenn auch arbeitsreiches Vorhaben. Glücklicherweise gibt es einen reichen Erfahrungsschatz und viele Gartenideen, auf die man zurückgreifen kann.

Der Stil Ihres Gartens sagt ebenso viel über Sie aus wie die Wahl Ihrer Kleidung oder Ihrer Wohnungseinrichtung – zumindest ist dies erstrebenswert. Denn es ist an der Zeit, sich von der lange gültigen Vorstellung zu lösen, die makellose Wege, kurzen Rasen und exakt markierte Beete vorschrieb, ohne Rücksicht darauf, ob dieser Stil dem Charakter des Hauses und seiner Bewohner entsprach. Lassen Sie Ihren Garten stattdessen Ihren eigenen Geschmack und Ihre Ideale widerspiegeln, Ihre Vorstellungen vom Praktischen und Schönen.

Bevorzugen Sie einen Garten, der wenig Arbeit macht und einfach der Entspannung dient, in dem Sie Obst und Gemüse anbauen oder der zahlreiche Pflanzen und Tiere beheimatet? Mögen Sie die Ruhe japanischer Gärten, den strengen englischen Stil, ein Blütenmeer, das allseits Bewunderung findet, oder eher einen stillen Ort, an den man sich zurückziehen kann?

Jede dieser Vorstellungen lässt sich verwirklichen. Während Sie an Ihrem Garten arbeiten und Ihr Idealbild langsam Gestalt annimmt, werden Sie bemerken, dass es das Wichtigste verkörpert: Ihren persönlichen Stil.

Der Landschaftsgarten
Dieses Konzept geht auf die Landschaftsbewegung des 18. Jh. zurück, die den bis dahin streng gestalteten Gärten den neuen Trend einer idyllischen, wenn auch weitgehend künstlichen weiten Landschaft mit Rasenhügeln und einzclnen Baumgruppen entgegensetzte. Aufgrund der eher beengten Verhältnisse kann heutzutage kaum jemand mehr in solchen Größenordnungen planen. Doch oft reicht ein kleiner Winkel aus, um sich an den Plänen der großen Pioniere des Landschaftsgartenbaus wie Hermann Fürst von Pückler-Muskau (1785–1871) zu versuchen. Voraussetzung ist ein durchdachtes Konzept mit sorgfältig ausgewählten Bäumen und Sträuchern, die die kleinen Wäldchen ersetzen, mit der diese Gartenarchitekten die Landschaft belebten. Pflanzen Sie sie rund um eine Graslichtung und ergänzen Sie weitere Elemente wie einen Gartenteich, eine Laube oder eine Holzbank, die sich gut in das Gesamtbild einfügen.

Nach englischer Art blühen in diesem Landhausgarten Kranzlichtnelken, Rosen, Shastagänseblümchen und Sonnenblumen.

Eine kleine Wiese, im Schatten von Bäumen und Sträuchern, wirkt wie die Miniaturausgabe einer größeren Landschaft.

Eine Mischung aus Licht und Schatten, Sumpf- und Wasserpflanzen, Wildblumen und Beerensträuchern bildet ein reiches Biotop, das zahlreiche Lebewesen anzieht.

Der Naturgarten
Die Natur braucht etwas Unterstützung, wenn Ihr Biotop einladend statt einfach nur vernachlässigt aussehen soll. Pflanzen Sie eine Wildhecke aus Hainbuche, Haselnuss und Weißdorn, um Vögel und kleine Säugetiere anzulocken, sowie Baldrian, Nachtkerze, Skabiose, Sommerflieder und Thymian als Anziehungspunkt für Schmetterlinge. Auch ein Apfelbaum ist eine Bereicherung – seine Blüten locken Bienen an, und sein Fallobst dient vielen Tieren als Nahrung. Schaffen Sie einen Mini-Urwald mit einer Mischung aus Wild- und Kulturpflanzen wie Beinwell, Nieswurz und Vergissmeinnicht, der den kleineren Tieren Schutz gewährt. An anderer Stelle können Sie eine kleine Wiese mit Butterblumen, Schlüsselblumen und Storchschnabel anlegen. Bei ausreichend Platz geben auch ein Haufen altes Laub oder Brennnesseln in einem halb vergrabenen Eimer vortreffliche Biotope ab. Wenn Sie einen Gartenteich haben, sollten Sie darauf achten, für Frösche einen flachen Zugang anzulegen und Schatten spendende *Hosta*, Iris oder Lilien zu pflanzen. Der einzige Zugang zu Ihrem Naturgarten sollte ein verschlungener Trampelpfad sein, der durch hohes Gras führt.

Der formale Garten

Obwohl die Idee, Gärten mit anspruchsvollen geometrischen Mustern zu gestalten, auf die Renaissance des 16. Jh. zurückgeht, kommen die meisten Impulse für diesen Gartentyp aus dem 17. Jh., als man den Garten häufig als zusätzliches Zimmer betrachtete, in das man vom Haus aus hinaussah und in dem man sich bei gutem Wetter aufhielt. Um dieses Konzept nachzuempfinden, sollte man Haus und Garten miteinander verbinden, indem man beim Anlegen von Wegen und Plätzen Steine verwendet, die denen des Hauses ähneln. Die Ränder der Beete können mit Kies begrenzt oder von niedrigen Buchsbaum- oder Lavendelhecken gesäumt sein. Die Beete sollten kräftige Farbblöcke aufweisen, z. B. aus Tulpen im Frühjahr und Geranien im Sommer. Als zentraler Blickfang könnte eine Sonnenuhr oder ein formal geschnittener Lorbeer- oder Buchsbaum dienen.

Streng angelegte Beete, Wege und Hecken lenken das Auge des Betrachters.

Der Landhausgarten

Wurde der Hausgarten früher in erster Linie für den Anbau von Nahrungsmitteln genutzt, so ist er heute ein buntes Blumenmeer aus den traditionellen Pflanzen, die für diese Gärten typisch sind und die zwischen Mai und Juli ihre größte Pracht entfalten. Rosen sind hier ebenso wenig wegzudenken wie Chrysanthemen, Kaiserkronen, Lupinen, Rittersporn und Stockrosen. Aber auch etwas Obst und Gemüse sollte in einem solchen Garten Platz finden. Bei sorgfältiger Planung gedeihen die Pflanzen bald von selbst, ohne dass Sie sich ständig darum kümmern müssen. Einen Landhausgarten anzulegen ist nicht weiter schwierig, obwohl er viele Pflanzen enthalten muss, um seinem Namen gerecht zu werden. Füllen Sie leere Flächen mit früh blühenden Zwiebelpflanzen sowie ein- und mehrjährigen Pflanzen. Lohnenswert sind auch solche Gewächse, die sich selbst aussäen, wie Fingerhut, Jungfer im Grünen und Primeln.

Der Garten als Ort der Entspannung

Vielleicht gehören Sie zu den Menschen, die zwar den Garten genießen, doch wenig Zeit oder Lust haben, darin zu arbeiten. In diesem Fall können Sie ihn als kleines Erholungsgebiet anlegen. Denken Sie an Kiesflächen, auf denen Sie Feste feiern, und an Planschbecken und Sandkasten für die Kinder. Ein Grillplatz gehört natürlich auch dazu. Farbe gewinnt so ein Garten durch große blühende Sträucher und Bäume, die zugleich verhindern, dass Sie zu viel Zeit auf Rasenmähen und Unkrautbekämpfung verwenden müssen. Sehr dekorativ sind außerdem Töpfe und Kübel mit ein- und mehrjährigen Pflanzen und Sträuchern, die am Rand stehen, bis sie blühen und es Zeit ist, sie heranzuholen.

Eine Grillstelle ist der Mittelpunkt dieses pflegeleichten Gartens. Dennoch gibt es noch genügend anzuschauen, während die Fleischspieße garen.

Primeln

Hybridformen
Bei Primeln kommt es häufig zur Bildung von Hybridformen: Werden verschiedene Primelsorten zusammen angepflanzt, entstehen im folgenden Jahr häufig Pflanzen in anderen Farben, die zwar nur noch wenig Ähnlichkeit mit den Originalsorten aufweisen, aber trotzdem sehr attraktiv sein können.

Handschuhe tragen
Die Becherprimel (*Primula obconica*), die von Dezember bis Mai blüht, ist eine hübsche Topfpflanze für das Fensterbrett. Bei der Arbeit sollten Sie allerdings Handschuhe tragen, da sie wie einige Freilandarten auch allergische Reaktionen in Form von geröteten oder juckenden Schwellungen hervorrufen kann.

Vorsicht vor Nachtfrösten
Primeln in Blumenkästen sollten Sie im Herbst vor überraschenden Frösten schützen, indem Sie die Kästen nachts mit Vlies, Pappe oder Plastikhauben bedecken. Morgens wird die Bedeckung wieder abgenommen; die Pflanzen blühen auch bei Kälte weiter.

Kübel- und Fensterpflanzen
Die großblütigen Primeln der *Polyanthus*-Gruppe eignen sich gut für die Bepflanzung von Kübeln und Kästen. Nach der Blüte kann man sie ins Freibeet setzen, wo sie im nächsten Jahr blühen.

Stecklinge abnehmen
Während die meisten Primelarten durch Teilung vermehrt werden, können Sie Kugelprimeln (*Primula denticulata*) mithilfe 5 cm langer Wurzelstecklinge fortpflanzen. Legen Sie die Stecklinge waagrecht in eine mit einer Torf-Sand-Mischung gefüllte Kiste und bedecken Sie die Pflänzchen 1 cm hoch. Stellen Sie die  Kiste über Winter in einen Kalten Kasten. Die Wurzelstecklinge entwickeln rasch neue Triebe; trotzdem sollte man sie zu dieser Zeit nicht umsetzen, da die Wurzeln sich erst im Frühjahr bilden. Die erste Blüte erfolgt dann im kommenden Jahr. (Siehe auch *Teilen*)

Die farbenfrohen Primeln gedeihen am besten in lehmhaltigem, mit grobem Sand vermischtem Substrat.

Primeln für den Garten
Kissenprimeln (*Primula vulgaris*) und die zahlreichen *Primula-Polyantha*-Hybriden gedeihen zwar auch im Zimmer, fühlen sich aber im Freien wohler und blühen dort entsprechend länger.

Blütezeit verlängern
Zimmerprimeln blühen länger, wenn der Raum nicht wärmer als 12–16 °C ist. Ist dies nicht möglich, sollte man sie nachts an eine geschützte Stelle im Freien bringen. Gedüngt werden die Pflanzen alle 2 Wochen mit etwas Zimmerpflanzendünger, den Sie zuvor auf die Hälfte der empfohlenen Konzentration verdünnen sollten.

Schöne Kombinationen
Früh blühende Primeln sind schöne Begleiter für Frühlingsblumen wie Lungenkraut oder Vergissmeinnicht und Zwiebelpflanzen wie Narzissen und Traubenhyazinthen. Die Japanische Etagenprimel (*Primula japonica*) blüht später und wirkt am besten in Verbindung mit Farnen, Funkien und *Rodgersia*.

Primeln für die Vase
Primelstängel biegen sich nicht nach unten, wenn man sie in eine schlanke Vase stellt. Sie können die Stängel aber auch unterhalb der Blüten locker zusammenbinden.

Puffbohnen

Blattläusen vorbeugen
Um Blattläusen vorzubeugen, sollten Sie die Puffbohnenpflanzen entspitzen, sobald sich die ersten Bohnen bilden. Eine andere Möglichkeit besteht darin, die Schädlinge abzulenken, indem Sie Kapuzinerkresse zwischen die Pflanzen setzen und befallene Kapuzinerkressetriebe sofort entfernen und entsorgen.

Wann ernten?
Puffbohnen oder Dicke Bohnen werden als eines der ersten Gemüse gesät und schmecken am besten, wenn die Hülsen 6 cm lang und die Bohnen etwa erbsengroß sind. Sie brauchen nicht enthülst zu werden, sondern können mitsamt den Hülsen zubereitet werden. Wenn Ihnen enthülste Bohnen lieber sind, sollten Sie ernten, sobald die Bohnen groß und gut ausgebildet, die Hülsen aber noch nicht holzig sind.

Puffbohnen lagern
Puffbohnen, die Sie über längere Zeit lagern wollen, schneiden Sie mitsamt den Stängeln ab. Binden Sie die Bohnen zusammen und hängen Sie sie kopfüber an einem trockenen, luftigen Platz auf, etwa im Schuppen. Oder wickeln Sie das Gemüse in Zeitungspapier. Enthülsen Sie die Bohnen erst bei der Zubereitung. Sie sind dann allerdings härter als frische Puffbohnen.

DIE RICHTIGE WAHL

Zarte Bohnen
Zarte weiße, grüne oder braune Bohnen können Sie im Juni ernten, wenn Sie im zeitigen Frühjahr aussäen und die Bohnen noch jung pflücken. Empfehlenswerte Sorten, die auch nach dem Kochen weiß oder grün bleiben, sind: 'Bianca', 'Dreifache Weiße', 'Hangdown Grünkernig' und 'Hangdown Weißkernig'. Zu den empfehlenswerten Sorten, deren Bohnen sich nach der Zubereitung braun färben, gehören: 'Con Amore', 'Felix', 'Gruno', 'Hangdown', 'Hedosa', 'Osma', 'Osnabrücker Markt', 'Trio', 'Frühe Weißkeimige/Major' und 'Frühe Weißkeimige Vroma'.

Quitten

Obstbaum und Zierstrauch

Was Quitten betrifft, herrscht oft Verwirrung, denn neben der Obstart (Cydonia oblonga) gibt es noch die Japanische oder Zierquitte (Chaenomeles japonica), ein Zierstrauch. Cydonia oblonga gehört zu den ältesten Obstarten. Im Frühjahr tragen die Bäume herrliche große, weiße Blüten; die goldgelben Früchte können bis spät in den Herbst an den Zweigen bleiben. Man kann das Obst gekocht zu Fleisch reichen oder z. B. zu einem köstlichen Gelee verarbeiten.

DIE RICHTIGE WAHL

Zu Gelee, Marmelade, Kompott oder Saft verarbeitet, sind Quitten köstlich. Entsprechend der Form der Früchte unterscheidet man zwischen Apfel- und Birnenquitten.

Apfelquitten
'Konstantinopler': Hell- bis strohgelbe Früchte; frühe und reiche Ernte; die frosthärteste Sorte

'Riesenquitte von Lescovac': Sehr große, gelbe bis goldgelbe Früchte; frühe und reiche Ernte; frosthart; selbstunfruchtend

Birnenquitten
'Champion': Zartes Aroma; große, gelbe bis zitronengelbe, ungleichmäßig geformte Früchte; als Solitärbaum geeignet; selbstfruchtend

'Bereczki': Schwaches Aroma; goldgelbe große Früchte; nur für warme Lagen; selbstfruchtend; gute Befruchtersorte

'Portugiesische Quitte': Große Früchte mit mildem Aroma; hoher kräftiger Baum; gedeiht am besten in wärmeren Gegenden; selbstfruchtend

Apfel- und Birnenform

Bei *Cydonia oblonga* unterscheidet man zwischen Apfel- oder Birnenquitten. Die apfelförmigen Früchte haben ein etwas intensiveres Aroma und empfehlen sich für kältere Regionen, da sie frosthart sind. Sehr robust ist die Sorte 'Konstantinopler', zudem hat sie geringe Bodenansprüche. Stark duftende Früchte trägt die Birnenquitte 'Champion'; sie ist ebenfalls robust.

Ein Baum genügt

Die meisten Quittensorten sind selbstfruchtend; also genügt es, nur einen Baum zu pflanzen. Gleichwohl fällt die Ernte reichhaltiger aus, wenn eine zweite Sorte als Pollenspender in der Nähe steht.

Düngen und mulchen

Cydonia oblonga wird etwa 4,5 m hoch und gedeiht am besten in feuchten Lehmböden, akzeptiert aber auch andere Bodenverhältnisse. In kälteren Gegenden braucht sie einen geschützten sonnigen Platz. Arbeiten Sie jeweils im Februar 130 g Knochenmehl pro 1 m² in die Baumscheibe ein; dadurch bleibt das Gehölz gesund und ertragreich. Im Mai mulchen Sie die Baumscheibe dann mit reifem Kompost.

Gegen Pilzbefall vorgehen

Überprüfen Sie im Sommer, ob sich braune oder schwarze Flecken auf den Blättern Ihres Quittenbaums zeigen. Solche Veränderungen sind Anzeichen für eine Pilzkrankheit, die häufig zum vorzeitigen Abfall des Laubs führt. Ist Ihre Quitte betroffen, beseitigen und entsorgen Sie die befallenen Blätter.

Ernten und lagern

Pflücken Sie Quitten im Oktober vor dem ersten Frost; manche Sorten sind dann noch grün, andere schon gelb. Lagern Sie die Früchte 4–8 Wochen lang zum Nachreifen an einem trockenen und frostsicheren Ort, etwa in einem Schuppen, aber nicht zusammen mit anderem Obst, weil dessen Geschmack dadurch beeinträchtigt würde. Quitten sind roh ungenießbar, aber verarbeitet ein besonderer Genuss.

Im Frühjahr bringen Zierquitten eine Fülle aparter Blüten hervor. Die robusten und üppig wachsenden Pflanzen tragen dann im Spätsommer leuchtend gelbe Früchte, die einen weiteren Schmuck darstellen.

Ganzjährige Zierde

Die Zierquitte *Chaenomeles japonica* stammt aus Japan; sie wird als Zierstrauch angepflanzt und ist zu jeder Jahreszeit attraktiv. Die Pflanzen wachsen zu kräftigen dornigen Sträuchern heran. Man kann sie vor Mauern pflanzen, denn sie vertragen Schatten. Sie eignen sich auch für Hecken. Was die Bodenverhältnisse betrifft, sind sie anspruchslos; man muss sie nur regelmäßig düngen. Im zeitigen Frühjahr erfreuen sie durch den Anblick ihrer zarten Blüten, die weiß oder in unterschiedlichen Rottönen leuchten und Apfelblüten ähnlich sind. *C. × superba* 'Knap Hill Scarlet' blüht bei milder Witterung im Winter sogar häufig noch ein zweites Mal. Die kleinen gelben Früchte reifen im Spätsommer. Lässt man sie am Strauch, bleiben sie die ganze kalte Jahreszeit über eine Zierde für den Garten. Wenig bekannt ist, dass sie sich wie die Früchte von *Cydonia oblonga* zur Zubereitung von Gelee, Marmelade, Kompott oder Likör eignen. Man kann sie gut mit weniger aromatischen Früchten wie Apfel oder Kürbis mischen.

Aromatischer Duft im ganzen Haus

Die Früchte der Japanischen Zierquitte verströmen einen sehr angenehmen Duft. Legen Sie jeweils ein paar reife Früchte in Schalen und verteilen Sie die Gefäße im Haus. Die Quitten halten sich bis zu 4 Wochen.

Radieschen

Aussaat
Säen Sie Radieschen von Ende Februar bis Ende
März im Frühbeetkasten oder unter Folientunneln
aus. Danach ist eine
Freilandaussaat mög-
lich. Streuen Sie
die Samen in
Abständen
von 1–2 cm in
1–2 cm tiefe Ril-
len, die jeweils
10 cm voneinan-
der entfernt sind.
So haben die Pflan-
zen genügend Platz
und das Ausdünnen entfällt.

Fördern Sie eine rasche Keimung und ein frühes
Wachstum, indem Sie die Reihen vor der Aussaat
gießen und dann ein wenig antrocknen lassen.

Laufende Ernte
Radieschen wachsen schnell. Sie können bereits
8–10 Wochen nach der Aussaat gezogen werden;
dann sind sie besonders zart und würzig. Wenn
Sie alle 10–14 Tage eine kleine Samenmenge aussäen, werden Sie eine laufende Ernte erzielen.

Markierung
Im Frühjahr zwischen Feldsalat, Möhren, Pastinaken, Petersilie und Zwiebeln ausgesät, markieren
Radieschen die unterschiedlichen Gemüsereihen
schon innerhalb weniger Tage. Nachdem sie geerntet wurden, lassen sich andere Gemüsesorten
an ihrem Platz anbauen.

Einmal wöchentlich gießen
Gießen Sie jede Reihe Radieschensämlinge bei
Trockenheit einmal wöchentlich mit 10 l Wasser
pro 1 m. So erhalten die Pflanzen genug Feuchtig-
keit. Eine stärkere Bewässerung fördert nur das
Blattwachstum auf Kosten der Wurzelbildung.

Schattenspender
Im Sommer ge-
deihen Radies-
chen am besten
an einer schattigen
Stelle im Gemüse-
beet, etwa zwischen
Reihen mit Bohnen
oder Tomaten, de-
ren Blätter sie vor
vollem Sonnenlicht
schützen.

Ernte und Lagerung
Oft werden viele Radieschen gleichzeitig reif. Ernten Sie täglich. Heben Sie Knollen, die Sie nicht
sofort verzehren, gewaschen im Kühlschrank auf,
wo sie sich in der Regel eine Woche halten.

Schmackhafte Blätter
Werfen Sie zartes junges Radieschengrün keinesfalls weg, denn es enthält Mineralsalze und wich-

---

tige Vitamine. Außerdem verleiht es grünen
Sommersalaten eine wunder-
bare Würze, besonders
wenn man es mit Rüben-
oder Senfblättern
mischt. Verwenden Sie
zwischendurch ruhig
auch die unreifen
Schoten geschosse-
ner Radieschen im
Salat. Älteres Radies-
chengrün schmeckt als
Suppenzutat sehr gut.

Rasenmähen

Fläche mit schönem Muster
Durch Mähen in parallelen Streifen gleicher Breite
erzielt man ein Streifenmuster auf einem Rasen.
Wer seiner Grünfläche ein besonders samtiges
Aussehen verleihen möchte, mäht jeden Streifen
in beide Richtungen.

Erster Schritt
Schneiden Sie zu Beginn des Mähvorgangs an
den Enden Ihres Rasens einen doppelten Streifen
quer zur späteren Mährichtung. So lassen Sie
beim Wenden des Rasenmähers kein Stück aus
und verletzen das Gras nicht.

Streifen auf gequetschtem Gras
Zeigen sich nach der Arbeit mit einem Walzen-
mäher helle Streifen auf den Grashalmen, wurde
der Rasen gequetscht statt geschnitten. Bringen
Sie dann die untere Platte des Rasenmähers mithilfe der Verstellschrauben näher an die Spiral-
messer heran.

Verschiedene Schnitthöhen
Schneiden Sie einen Zierrasen im Sommer auf
eine Höhe von 1,3 cm, einen Gebrauchsrasen auf
2,5 cm und intensiv genutzte Flächen auf 5 cm.
Mähen Sie beim ersten Frühlingsschnitt nur die
Halmspitzen. (Siehe auch *Trockenheit*)

Nützlicher Rasentrimmer
Rasentrimmer schneiden
Gras mit einem rotie-
renden Nylonfaden.
Mit solchen Geräten er-
reicht man leicht Ra-
senkanten und andere
Stellen, an die man mit
einem Rasenmäher
nicht herankommt. Es

gibt elektrische und mit Benzin betriebene Modelle. Tragen Sie bei der Verwendung eines Rasentrimmers möglichst eine Schutzbrille, weil der schnell rotierende Nylonfaden häufig Staub aufwirbelt und Steine hochschleudert.

Baumrinde schützen

Mit Rasentrimmern lässt sich auch gut das Gras entfernen, das um Bäume wächst. Lehnen Sie vorab zum Schutz ein längs durchgeschnittenes Plastikrohr gegen die Stämme, damit Sie die Rinde nicht verletzen.

Hindernisse beiseite räumen

Das Mähen ist auf einer freien Fläche wesentlich einfacher. Räumen Sie deshalb Bänke, Statuen und sonstige Hindernisse an die Seite, bevor Sie mit der Arbeit beginnen.

Gras aufharken

Harken Sie Ihr Gras vor dem ersten Mähen im Frühjahr ein wenig mit einem Rechen auf. Kürzen Sie Ihren Rasen aber nicht, solange er nass ist. Der Schnitt würde ungerade und feuchte Grasklumpen könnten den Rasenmäher blockieren. Im Herbst bleibt manchmal den ganzen Tag über Tau auf dem Gras liegen.

Warten Sie schönes oder windiges Wetter ab und entfernen Sie die Feuchtigkeit dann mit einem Besen, bevor Sie mähen.

Regelmäßig schneiden

Im späten Frühling und Frühsommer sollte man einen Zierrasen alle 3 Tage, einen Gebrauchsrasen jede Woche und eine stark beanspruchte Fläche alle 10 Tage mähen. Bei langsamem Wachstum hält man doppelt so lange Zeiträume ein. Außer in besonders milden Perioden ist Mähen während des Winters nicht gut für einen Rasen.

Zum richtigen Zeitpunkt düngen

Warten Sie im Sommer nach dem Rasenmähen 2 Tage, bevor Sie düngen oder Unkrautbekämpfungsmittel einsetzen. In Phasen langsamen Wachstums lassen Sie 4 Tage nach dem Schnitt verstreichen. Nehmen Sie im Frühjahr und Sommer stickstoffreichen Dünger, im Herbst dagegen

ein Mittel mit viel Phosphaten. Bei einem Gebrauchsrasen reichen drei Düngungen pro Jahr, während ein Zierrasen bis zu fünfmal Nährstoffzufuhr benötigt. Bei häufig genutzten Flächen sind noch mehr Gaben erforderlich. Besonders wichtig ist bei allen Rasenarten die Herbstdüngung im Oktober; sie sorgt dafür, dass das Gras über Winter grün bleibt. (Siehe auch *Rasenpflege*)

Sicherheit an Hängen

Es ist sehr anstrengend, abschüssige Rasenflächen in Längsbahnen zu mähen, weil der Bediener dabei den Rasenmäher mit großem Kraftaufwand festhalten muss, damit das Gerät nicht wegrutscht. Das gilt insbesondere, wenn der Bediener unterhalb des Mähers läuft, wo die Gefahr besteht, dass das Gerät ihm beim Wegrutschen über die Füße fährt. Schneiden Sie daher immer quer über einen Hang. Diese Methode gewährleistet einen gleichmäßigen Schnitt und bessere Kontrolle über den Rasenmäher.

Gras liegen lassen oder zusammenrechen?

Schnittgut, das nach dem Mähen auf einem Rasen liegen bleibt, liefert dem Boden wertvolle Nährstoffe, während es sich zersetzt. Bei heißem trockenem Wetter spendet es einer Fläche Schatten, schützt das Gras dadurch vor Verbrennungen und mindert den Feuchtigkeitsverlust der Erde. Deshalb empfiehlt es sich, in regenarmen Sommern öfter den Grasauffangkorb des Rasenmähers zu entfernen und das Schnittgut liegen zu lassen. Bei feuchterem Wetter, wie es für unsere Regionen typisch ist, begünstigt Rasenschnitt dagegen die Ausbreitung von Moos und Wildkräutern. Nicht zuletzt machen große Mengen nasser Grashaufen einen ungepflegten Eindruck. In der Regel wird man das Schnittgut also beseitigen.

Schnittgut an einer Stelle sammeln

Breiten Sie beim Mähen einer großen Grünfläche eine Plastikfolie aus, auf der Sie den Grasauffangkorb zwischendurch ausleeren. So sammeln Sie systematisch das gesamte Schnittgut und sind in der Lage, es nach verrichteter Arbeit in einem Gang zu entsorgen.

Rasenmäher

Wichtige Sicherheitsvorkehrungen

Verbinden Sie einen Elektrorasenmäher möglichst über einen Stromkreisunterbrecher mit der Steckdose. Falls das Kabel in das Messer gerät, wird so auf der Stelle der Strom unterbrochen. Mähen Sie niemals mit einem Elektrogerät, solange das Gras nass ist, und legen Sie das Kabel beim Mähen über Ihre Schulter, damit es Ihnen bei der Arbeit nicht in die Quere kommt oder versehentlich durchtrennt wird. Schieben Sie den Rasenmäher immer von sich weg; ziehen Sie ihn niemals zu sich hin. Nach Gebrauch sollten Sie das Gerät sofort abschalten, damit es nicht irrtümlich wieder gestartet wird. Vergewissern Sie sich, dass der Stecker gezogen ist, bevor Sie einen Elektrorasenmäher warten oder reinigen. Entfernen Sie bei benzinbetriebenen Geräten vorab das Starterkabel von der Zündung.

Festes Schuhwerk tragen

Viele Menschen ziehen sich beim Rasenmähen schmerzhafte Verletzungen an den Füßen zu, weil sie nur leichtes Schuhwerk anhaben oder barfuß sind. Zudem hinterlässt Gras auf Leinenschuhen bleibende Flecken. Tragen Sie also stets feste Schuhe oder Stiefel.

Hülle für junge Bäume

Großen Bäumen macht es in der Regel nichts aus, wenn man einmal mit dem Rasenmäher gegen sie fährt. Kleinere Hölzer hingegen nehmen dabei leicht Schaden. Schützen Sie solche empfindlichen Gewächse, indem Sie Isoliermaterial, wie es für Warmwasserrohre benutzt wird, um sie legen. Beachten Sie aber auch, dass man in den ersten 4–5 Jahren möglichst einen kleinen Kreis um den Stamm grasfrei lässt, den man regelmäßig gut mulcht. So schafft man die besten Wachstumsbedingungen für einen Baum.

Muster mit hellen und dunklen Streifen

Wer auf seinem Rasen ein Muster mit hellen und dunklen Streifen im Wechsel haben möchte, benötigt einen Rasenmäher mit Hinterradantrieb. Wählen Sie ein Modell, das leicht zu handhaben ist, damit die Streifen gleichmäßig werden.

227

Reinigung und Wartung

Reinigen Sie nach Gebrauch den Motor und die Messer Ihres Rasenmähers. Benutzen Sie dazu eine Bürste und tragen Sie Arbeitshandschuhe. Entfernen Sie auch Grasreste von der Unterseite des Geräts. Reiben Sie den Motor trocken und fetten Sie ihn anschließend mit einem ölgetränkten Lappen ein. Überprüfen Sie die Messer gründlich auf Beschädigungen. Kleinere Scharten können Sie selbst wegfeilen. Messer mit größeren Scharten müssen in die Werkstatt.

DIE RICHTIGE WAHL

Ein geeignetes Modell finden

Beachten Sie beim Kauf eines Rasenmähers neben der technischen Ausstattung des Geräts auch die Größe der Fläche, die Sie bearbeiten müssen. Hier sind die wichtigsten Eigenschaften verschiedener Modelle zusammengefasst:

Handmäher

Für einen kleinen und gut gepflegten Rasen benötigen Sie lediglich einen Handmäher. Modelle mit Rädern an den Seiten lassen sich aufgrund ihres geringen Gewichts leicht schieben, aber man gelangt mit ihnen nicht richtig an die Ränder der Fläche. Das wiederum geht problemlos bei Geräten mit Hinterradantrieb, mit denen man einem Rasen außerdem ein schönes Streifenmuster verleiht.

Walzenmäher

Bei Walzenmähern, die über Hinterradantrieb verfügen, ergibt sich durch das Zusammenspiel der beweglichen und fest stehenden Messer ein sauberes Schnittbild, ebenfalls in einem Streifenmuster. Elektrische Modelle erzeugen weniger laute Geräusche als benzinbetriebene.

Sichelmäher

Sichelmäher, deren Messer mit hoher Geschwindigkeit rotieren, eignen sich besonders zum Schneiden von hartem oder langem Gras. Für größere Rasenflächen empfiehlt sich ein benzinbetriebenes Gerät eher als ein elektrisches.

Luftkissenmäher

Auch Luftkissenmäher schneiden das Gras mit einem rotierenden Messer. Da sie wenig Gewicht haben, sind sie problemlos unter Büschen und auf leicht abschüssigem Gelände zu führen.

Rasenpflege

Einen Saatgutverteiler basteln

Ein Saatgutverteiler ist ein nützliches Hilfsmittel, denn Samen oder auch Dünger in Pulverform lässt sich damit ohne Mühe sehr gleichmäßig auf großen Flächen ausstreuen. Stechen Sie einfach viele Löcher in den Boden einer großen leeren Konservendose und füllen Sie den jeweiligen Inhalt ein.

Den Boden vorbereiten

Gleichgültig, ob Sie Rasen aussäen oder Soden verlegen möchten, ist es dringend nötig, dass Sie den Boden zunächst gründlich vorbereiten. Die Erdoberfläche muss locker sein, aber gleichzeitig auch so fest, dass sie sich nicht nachträglich noch setzt. Auf kleineren Flächen zertritt man Erdklumpen oder zerschlägt sie mit dem Rechen. Auf größeren Grundstücken empfiehlt sich der Einsatz einer Bodenwalze. Anschließend ebnet man den Boden diagonal und über Kreuz mit einem Rechen ein und entfernt alle Steine. Etwa eine Woche vor der Aussaat bzw. der Verlegung nimmt man eine Grunddüngung mit 50 g Volldünger pro 1 m² vor und arbeitet das Mittel mit einem Rechen in den Boden ein. Sollte eine Düngung zum genannten Zeitpunkt nicht möglich sein, wartet man damit, bis der Rasen gekeimt hat. Mineralische Dünger dürfen auf keinen Fall zusammen mit dem Saatgut ausgebracht werden.

Die passende Grassorte auswählen

Wählen Sie das Saatgut für den Rasen mit Blick auf die spätere Beanspruchung aus. Es gibt unterschiedliche Samenmischungen für Zier-, Gebrauchs- und Spielrasen.

Systematisch aussäen

Lesen Sie vor dem Einsäen eines Rasens genau die Anleitungen auf der Samenpackung zur erforderlichen Dichte der Aussaat. Gehen Sie dann wie folgt vor: Markieren Sie zunächst eine Fläche von 1 m². Wiegen Sie nun die Menge Grassamen ab, die laut Angaben des Herstellers für eine Fläche dieser Größe nötig ist, und füllen Sie die Saat in einen Behälter. Säen Sie eine Hälfte der Menge in einer Richtung, die andere in der entgegengesetzten Richtung aus. Sollten Sie größere Saatflächen einteilen wollen, so benutzen Sie zur Kennzeichnung eine Wäscheleine oder eine Schnur. Beach-

ten Sie, dass der Rand eines Rasens dichter bewachsen sein muss; verwenden Sie hier deshalb mehr Samen.

Fertigrasen ohne Fugen

Verlegen Sie einen Fertigrasen am besten im Spätherbst. Legen Sie die Grassoden bündig aneinander. Füllen Sie alle Zwischenräume mit sandiger Erde und klopfen Sie die Fugen vorsichtig fest. Benutzen Sie dazu die flache Seite eines Spatens oder ein dickes Brett, an dem Sie waagrecht einen Griff befestigt haben.

Rasensaat von der Rolle

Im Gartenhandel gibt es leichte Fasermatten mit Grassamen, die sehr einfach zu verlegen sind und sich vor allem dafür eignen, einzelne schadhafte Grassoden zu ersetzen. Die Fasern lösen sich nach einiger Zeit auf.

Einen Rasen lüften

Einen Rasen zu lüften ist eine anstrengende, aber notwendige Arbeit, die einmal im Jahr anfällt, und zwar im Frühherbst. Stechen Sie eine Grabgabel in regelmäßigen Abständen von höchstens 15 cm mindestens 7–8 cm tief in den Boden. Erweitern Sie die so entstandenen Löcher durch Hin- und Herbewegen des Gartengeräts. Düngen Sie den Rasen, nachdem Sie die gesamte Fläche bearbeitet haben, und bewässern Sie ihn in den folgenden 2 Tagen gründlich, falls kein Regen fällt.

Regelmäßige Bewässerung

Es hängt vom Wetter und der jeweiligen Bodenart ab, wie häufig ein Rasen gesprengt werden muss. Gleichwohl lässt sich eine Faustregel aufstellen: Fällt im Sommer eine Zeit lang kein Niederschlag, braucht eine Rasenfläche einmal wöchentlich eine ausgiebige Bewässerung, damit das Gras tiefe Wurzeln ausbildet. Eine häufige oberflächliche Beregnung ist eher von Nachteil, da sie nur die Entwicklung flacher Wurzeln begünstigt. Sprengen Sie Ihren Rasen immer am Abend; dann ist die Verdunstung am geringsten.

Düngemittel auf die Jahreszeit abstimmen

Achten Sie darauf, das zur Jahreszeit passende Düngemittel zu verwenden. Rasendünger für das Frühjahr und den Sommer beinhaltet viel Stickstoff, der für kräftigen Wuchs und sattes Grün sorgt. Dagegen weisen Herbstdünger wenig Stickstoff auf, jedoch eine große Menge Phosphate zur Stimulierung der Wurzelbildung, wodurch Gras auch einen strengen Winter gut übersteht. Beide Düngersorten enthalten zudem Kalium, das ganzjährig für einen gesunden Wuchs notwendig ist.

Feuchten Boden düngen
Streuen Sie stickstoffreichen Rasendünger stets nur auf feuchte Erde. Auf trockenem Boden verbrennt Gras durch solch ein Düngemittel.

Gewicht verteilen
Knien Sie sich bei der Arbeit an einem Beet, das an einen Rasen grenzt, möglichst auf ein Brett. So verteilt sich Ihr Gewicht und das Gras bekommt keine Druckstellen. Außerdem bleiben die Rasenkanten unversehrt.

Betreten verboten
Vermeiden Sie es, Ihren Rasen nach einem starken Frost zu betreten. Die gefrorenen Halme würden brechen und es würden unansehnliche braune Fußspuren entstehen, die sich so lange halten, bis das Gras im Frühjahr nachwächst.

Kahle Stellen ausbessern
Säen Sie kahle Flecken auf einer freien Rasenfläche, die z. B. durch verschüttetes Rasenmäherbenzin entstanden sind, nicht wieder ein. Das neue Gras würde wahrscheinlich nicht zum alten passen und an solch einer gut sichtbaren Stelle nur besonders auffallen. Stechen Sie die kahle Stelle stattdessen aus und ersetzen Sie den Ausschnitt durch ein Rasenstück gleicher Größe und Form, das Sie der Grünfläche in einem weniger beachteten Teil entnommen haben. Führen Sie solche Reparaturen unbedingt im Herbst durch; die Grassode wird dann problemlos anwachsen. Im Sommer wäre das nicht der Fall. Füllen Sie die Stelle, an der Sie das Stück entfernt haben, mit Erde auf, die Sie anschließend einebnen und neu einsäen.

Randstücke ersetzen
Eine beschädigte Stelle am Rand eines Rasens stechen Sie in Form einer rechteckige Sode aus. Heben Sie das Stück mit einem Spaten an und drehen Sie es so, dass die kahle Stelle nun zum Rasen zeigt. Klopfen Sie die Grassode vorsichtig an der neuen Randkante fest. Sieben Sie etwas Erde auf die be-

schädigte Stelle, damit sie auf gleicher Höhe mit der Rasenfläche liegt, und streuen Sie eine kleine Menge Grassamen darauf. Wässern Sie die bearbeitete Fläche gründlich.

Grassoden auf Vorrat
Es empfiehlt sich, zur Behebung von Schäden am Rasen immer einige Grassoden auf Vorrat zu lagern. Wer über einen Gemüsegarten verfügt, hat die Möglichkeit, darin einen Weg aus Gras anzulegen, aus dem sich dann bei „Notfällen" ein kleiner Teil für Rasenreparaturen entfernen lässt. Die betreffende Stelle wird anschließend wieder neu eingesät.

Farbtupfer
Durch Frühblüher wie Krokusse (Crocus), Narzissen (Narcissus) oder Schneeglöckchen (Galanthus) erhält Ihr Rasen im Frühjahr hübsche Farbakzente. Setzen Sie die Pflanzen jedoch nur an eine einzige Stelle, beispielsweise an einen Teil des Randes, da Sie die Fläche sonst erst nach dem Absterben der Blätter im Sommer mähen können.

Traum aller Naturgärtner
Eine herrliche Wiese voller Wildblumen ist der Traum aller Naturgärtner. Die unterschiedlichen Pflanzen brauchen jedoch zur artgerechten Entfaltung viel Platz. Ein harmonisches Miteinander von Gräsern und Blumen ist zudem nur auf mageren Böden in sonniger Lage gewährleistet. Bedenken Sie zudem, dass die Pflanzen nicht niedergetreten werden dürfen. Eine wilde Wiese ist also keine Spielwiese.

Eine Wildblumenwiese anlegen
Bereiten Sie den Boden für eine Wildblumenwiese genauso vor wie für einen gewöhnlichen Rasen vor. Streuen Sie dann eine geeignete Mischung mit einjährigen Pflanzen wie Klatschmohn (Papaver rhoeas) und Kornblumen (Centaurea cyanus) aus, wie sie im Handel erhältlich ist. Legen Sie Wege an, sobald die Wiese gewachsen ist, und mähen Sie die Pfade regelmäßig. Entfer-

nen Sie anschließend den Grasschnitt, damit dem Boden keine zusätzlichen Nährstoffe zugeführt werden. Wildblumenwiesen brauchen keine Düngergaben. Schneiden Sie die gesamte Wiese nach der Blütezeit im Juli oder August. (Siehe auch *Vertikutieren, Wildblumenwiese*)

Raupen

Abschreckung durch starken Geruch
Halten Sie Kohlweißlinge durch starken Geruch von der Eiablage ab, indem Sie frische Ginster- (Genista) oder Lebensbaumzweige (Thuja) zwischen Ihre Kohlköpfe setzen. Ebenso ist es möglich, ausgegeizte Tomatenschösslinge auf den Blättern des Gemüses zu verteilen.

Eier vernichten
Sammeln Sie sorgfältig alle Raupen von Ihren Pflanzen. Untersuchen Sie immer auch die Unterseite der Blätter und vernichten Sie alle Eier, damit keine weitere Generation von Schädlingen schlüpfen kann.

Bekämpfung mit Bakterien
Das Bakterium *Bacillus thuringiensis* vernichtet zwar Raupen, ist aber für Menschen, Haustiere und andere Insekten harmlos. Erwägen Sie, anfällige Pflanzen wie Kapuzinerkresse (Tropaeolum) und Kohlarten damit zu spritzen.

Vögel als Helfer
Nistkästen locken Vögel in Ihren Garten, die als nützliche Helfer große Mengen schädlicher Insekten und deren Raupen fressen.

Siehe auch *Schädlinge und Krankheiten* S. 357 f.

RECHT UND PFLICHT IM GARTEN

Im Allgemeinen ist der Gartenbesitzer in ein Nachbarschaftsverhältnis eingebunden. Um ein friedliches Miteinander sicherzustellen und möglichen Konflikten vorzubeugen, die die Freude am Garten trüben könnten, sollte jeder über seine Rechte und Pflichten als Hobbygärtner Bescheid wissen.

Manchmal ist es nur ein winziges Problem, das ein bisher gutes Nachbarschaftsverhältnis aus dem Lot bringt. Wer zahlt bei Zaunreparaturen? Ist es erlaubt, den Baum des Nachbarn zurückzustutzen, wenn die Zweige in den eigenen Garten wachsen? Darf ich auf meinem Grundstück Gartenabfälle verbrennen? In der Regel reicht ein freundliches Gespräch aus, um kleine Meinungsverschiedenheiten zu schlichten.

Planung eines Gartenhäuschens

Wer auf dem eigenen Grundstück den Bau eines Gartenhäuschens plant, muss Verschiedenes berücksichtigen. So ist z. B. zu klären, ob die Baufläche innerhalb oder außerhalb eines gemeindlichen Bebauungsplans liegt. Ist sie innerhalb gelegen, sollte der betreffende Bebauungsplan oder die jeweilige Landes- (Schweiz: kantonale) Bauordnung auf bestimmte Regelungen hin gelesen werden. Vor allem auf die Einhaltung der vorgeschriebenen Grenzabstände ist dabei zu achten. Als Miteigentümer einer Wohnanlage hat man außerdem zu berücksichtigen, dass der Bau eines Gartenhäuschens gewöhnlich erst nach Einwilligung durch die Eigentümergemeinschaft erfolgen darf. In Schrebergartenkolonien gibt es dagegen in dieser Hinsicht meist keine Beschränkungen.

Abgrenzende Zäune und Mauern

Jeder Grundstückseigentümer hat das Recht, sein Grundstück durch eine Hecke, einen Zaun oder eine Mauer deutlich abzugrenzen – diese Begrenzung muss jedoch auf seinem eigenen Boden angepflanzt bzw. gebaut werden. Bei Nachbarschaftskonflikten über den genauen Grenzverlauf zwischen den Grundstücken kann ein Gericht eingeschaltet werden, um die Grenze zu bestimmen. Das Gericht wird dann in das Grundbuch der jeweiligen Gemeinde Einblick nehmen, um die Streitfrage zu klären. Existiert eine genau auf der Grenzlinie stehende Begrenzung bereits seit langer Zeit, sodass der Eigentümer nicht mehr ermittelt werden kann, sind beide Nachbarn dazu verpflichtet, für den Unterhalt der Begrenzung aufzukommen oder sich über deren Beseitigung zu einigen. Diese Regelung gilt auch für Bäume oder Sträucher samt Früchten, die genau auf der Grundstücksgrenze wachsen.

Planen Sie gemeinsam mit Ihrem Nachbarn, um unnötigen Streit zu vermeiden.

Laub und Fallobst

Nach dem Gesetz lässt sich einer wesentlichen Beeinträchtigung durch heruntergefallenes Laub zwar entgegentreten, doch die Praxis zeigt, dass der Gesetzestext in dieser Hinsicht sehr weit ausgelegt werden kann. Demnach kann ein Gericht eine solche Beeinträchtigung nur dann anerkennen, wenn sich ein durchschnittlich empfindender Mensch gestört fühlt – dieser Fall tritt jedoch nur selten ein.

Die Früchte eines Obstbaums, die auf ein angrenzendes Grundstück fallen, gehören grundsätzlich dem Nachbarn. Diesem ist es jedoch nicht erlaubt, so kräftig an den Zweigen zu rütteln, dass das Obst in seinen Garten fällt. Der Eigentümer des Baumes hat wiederum nicht das Recht, ohne Einverständnis des Nachbarn dessen Grundstück zu betreten, um seine Früchte von dort aus zu ernten. Diese Regeln gelten nicht für öffentliche Grundstücke; dort gehört auch das heruntergefallene Obst weiterhin dem Eigentümer des Baumes.

Wer Früchte von einem auf sein Grundstück überhängenden Zweig pflücken möchte, muss den Eigentümer vorher um Erlaubnis bitten.

Wurzeln und überhängende Äste

Einem Grundstückseigentümer ist es grundsätzlich erlaubt, Zweige und Wurzeln von Bäumen und Sträuchern des Nachbargrundstücks abzuschneiden, wenn sie in seinen Garten wachsen. Bevor er sich an diese Arbeit macht, muss er jedoch dem Nachbarn eine Frist einräumen, innerhalb derer dieser den Überhang selbst entfernen kann. Außerdem muss objektiv festzustellen sein, dass die Zweige und Wurzeln die Nutzung des Grundstücks beeinträchtigen. Im Zweifelsfall – wenn also der Nachbar nicht einwilligt – muss ein Gericht entscheiden, ob tatsächlich eine Einschränkung besteht. Erst wenn eine solche Entscheidung vorliegt, ist der Grundstückseigentümer berechtigt, zur Selbsthilfe zu greifen und den Stein des Anstoßes zu entfernen. Hält er sich nicht an diese Vorgehensweise, macht er sich möglicherweise sogar schadenersatzpflichtig.

Gartenabfälle verbrennen

Wenn Gartenabfälle anfallen, ist es erlaubt, diese zu verbrennen – vorausgesetzt, das Feuer wird beobachtet und unter Kontrolle gehalten. Entsteht dabei jedoch eine starke Rauchentwicklung, welche die Nachbarn wesentlich beeinträchtigt, kann von deren Seite Einspruch erhoben werden.

Es ist in jedem Fall ratsam, einen Häcksler zu verwenden, um größere Zweige und Äste vor dem Verbrennen zu zerkleinern. Ein Häcksler ist auch sinnvoll, um kleinere Abfälle auf kompostierfähige Größe zurechtzuschneiden.

Frische Gartenabfälle nicht verbrennen – sie bewirken eine sehr starke Rauchentwicklung.

Lärmbelästigung

Bei lärmintensiven Arbeiten im Garten, z. B. Rasen mähen, sowie bei Gartenpartys sind die in der Gemeinde bzw. Hausordnung festgelegten Ruhezeiten einzuhalten. In der Regel ist es nach 22 Uhr untersagt, Lärm zu verursachen, der die Nachtruhe anderer Hausbewohner oder der Nachbarn stört. Ein Missachten dieser Vorschrift kann mit einem Bußgeld geahndet werden. Es ist daher ratsam, Lärm verursachende Gartenarbeiten oder Feste im Freien zuvor mit den Nachbarn abzusprechen.

Sicherheit

Grundstücksbesitzer sind – wenn es die Umstände erfordern – dazu verpflichtet, auf ihrem Grund und Boden bestimmte Sicherheitsvorkehrungen zu treffen. Wer z. B. in seinem Garten einen Teich anlegt, sollte dafür sorgen, dass zum Schutz von Kindern ein Sicherheitsnetz darüber gespannt wird. Wenn Fische den Gartenteich bevölkern, ist ein solches Netz auch nützlich, um Katzen fern zu halten.

Ein Netz über dem Teich dient als Schutz für kleine Kinder.

Pollenflug

Bei der Streitfrage um starken Pollenflug von Nachbarbäumen muss – ebenso wie bei herabfallendem Laub – eine wesentliche Beeinträchtigung festgestellt werden, bevor ein Beseitigungsanspruch besteht. Diese Feststellung ist meist schwer zu erwirken.

Unkraut und Schädlinge

Eine häufige Streitfrage bei Nachbarschaftsauseinandersetzungen ist die Definition von Unkraut. Hier wird es dem engagierten Hobbygärtner, der sich über den herüberwuchernden Wildwuchs und dessen Samen aus dem ökologischen Nachbargarten ärgert, schwer fallen, seine Interessen durchzusetzen, da Naturgärten heute immer beliebter werden. Gegen Schädlinge sind inzwischen fast nur noch biologische Bekämpfungsmittel im Handel erhältlich, die andere Tiere nicht gefährden. Der Einsatz von chemischen Giften ist für den Privatgebrauch weitgehend verboten. Bei größerem Schädlingsbefall sollte ein Fachmann hinzugezogen werden, der zum Umgang mit diesen Stoffen berechtigt ist.

Kaninchen können Schäden anrichten, man sollte sie aber nicht bekämpfen.

Zutritt zum Gartengrundstück

Bestimmte Autoritäten haben das Recht, ein Gartengrundstück – das Haus eingeschlossen – zu betreten, ohne den Eigentümer vorher benachrichtigen und auch ohne dessen Einwilligung einholen zu müssen. Dazu gehören beispielsweise die Polizei mit Durchsuchungsbefehl im Zuge einer Untersuchung sowie Feuerwehrleute, die im Einsatz sind, um Menschenleben oder Wertgegenstände zu retten.

In allen anderen Fällen muss der Eigentümer des Grundstücks verständigt und um Erlaubnis gebeten werden. Dies gilt auch für den Nachbarn, der Reparaturen an der ihm gehörenden Begrenzung vornehmen, die überhängenden Zweige eines auf seinem Grundstück stehenden Baumes zurückschneiden oder dessen Obst ernten möchte. Im Zweifelsfall ist es immer ratsam, genaue Absprachen zu treffen.

Recycling

Auf weitere Verwertbarkeit prüfen

Im Haushalt gelangen oft große Mengen Verpackungen und Stoffe in den Abfall, die man sinnvoll für zahlreiche andere Zwecke wieder verwerten kann. Hier werden Ihnen sinnvolle Ideen vorgestellt, wie sich verschiedenste Materialien bei der Gartenarbeit neu nutzen lassen.

Aluminiumfolie gegen Schädlinge

Aluminiumfolie ist vielseitig im Garten verwendbar, vor allem bei der Schädlingsabwehr. So können Sie z. B. Vögel von Obstbäumen fern halten, indem Sie einige Folienstreifen mithilfe von Bindfäden in die Äste hängen. In Form von Vierecken um Pflanzenstängel gelegt, stört Aluminiumfolie die Orientierung schädlicher Fluginsekten. Schäden durch Kohlfliegenmaden lassen sich verhindern, indem man etwa 15 cm lange Streifen Folie um die Kohlstrünke wickelt. An den Stängeln von Kürbissen und Stangenbohnen verhindert Aluminiumfolie Schneckenfraß. Zudem ist sie als Lichtreflektor bei Sämlingen, die auf der Fensterbank gezogen werden, nützlich, da sie deren Vergeilen verhindert.

Beutel wieder verwenden

Hüllen Sie Stecklinge vor und nach dem Eintopfen in gebrauchte Plastikbeutel; das bewahrt die zarten Jungpflanzen vor dem Austrocknen. Heben Sie selbst gezogene Samen in kleinen Papierbeuteln oder auch alten Briefumschlägen auf. (Dafür eignen sich übrigens auch Plastikdöschen von 35-mm-Filmen.) Für getrocknete Kräuter oder überwinternde Blumenzwiebeln brauchen Sie größere Papierbeutel.

Tragbarer Gartenweg

Aus altem Kisten- oder ähnlichem Holz lässt sich leicht ein nützlicher aufrollbarer Gartenweg anfertigen. Schneiden Sie das Holz in etwa 10 × 15 cm große Stücke und bohren Sie 1,5 cm vom Rand entfernt ein Loch in jede Ecke. Legen Sie nun zwei Teile an ihren Längskanten zusammen und fädeln Sie jeweils ein kurzes Drahtstück durch die nebeneinander liegenden Löcher. Verdrehen Sie die Enden und drücken Sie den hoch stehenden Draht in die Fuge zwischen den Kanten. Fügen Sie alle weiteren Holzteile auf dieselbe Weise an. Sie können nun Ihren tragbaren Weg überall dort ausrollen, wo Sie auf feuchter oder umgegrabener Erde gehen müssen, und vermeiden so, in den Boden einzusinken oder ihn festzutreten.

Plastikflaschen umwandeln

Ein kleiner Vorrat alter Plastikflaschen ist immer nützlich. Verwenden Sie große Flaschen, die Sie in der Mitte durchschneiden, als Minihauben. Ebenso leisten Plastikflaschen als Bewässerungsvorrichtung in Beeten gute Dienste. Trennen Sie den Boden ab, bohren Sie Löcher in den oberen Teil und drücken Sie die Gefäße kopfüber neben Ihren Pflanzen in die Erde. Mit Abflussöffnungen versehen, stellen die unteren Hälften von Plastikflaschen gute Pflanztöpfe dar. Kleinere Flaschen oder Plastikbecher schneidet man in Ringe und legt sie als Schneckenzaun um Pflanzenstängel. Aus undurchsichtigen Flaschen lassen sich gut Etiketten zur Kennzeichnung von Gewächsen schneiden.

Schutznetze aus Gardinen

Funktionieren Sie alte Gardinen und Stores zu Netzen um, mit denen Sie dann Vögel von Obststräuchern fern halten. Außerdem sind solche Stoffbahnen als Frostschutz für empfindlichere Pflanzen sehr nützlich.

Unkräuter zurückdrängen

Legen Sie ausrangierte Teppiche, Läufer oder Filzunterlagen auf Stellen im Garten, die von Unkräutern überwuchert sind. So vernichten Sie das Unkraut und verhindern, dass dessen Samen keimen. Außerdem halten die Abdeckungen die Feuchtigkeit im Erdreich.

Dünger aus Federn

Federn aus alten Kissen und Decken enthalten viel Stickstoff und bilden einen hervorragenden Dünger für Beeren. Geben Sie beim Anpflanzen von Beerensträuchern eine gut 10 cm dicke Schicht auf den Boden der Pflanzgrube. Gehen Sie bei Erdbeerbeeten so vor, dass Sie die Federn vorab in die Fläche eingraben.

Gummibänder

Schneiden Sie ungefütterte Gummihandschuhe, die Sie nicht mehr zur Arbeit verwenden möchten, quer in schmale Ringe mit verschiedenen Weiten. Damit lassen sich u. a. Plastikbeutel am Rand von Blumentöpfen befestigen.

Bäume anbinden

Schneiden Sie alte Fahrradschläuche längs in 30–50 cm lange Stücke und befestigen Sie damit Bäume an Stützpfählen. Schlingen Sie die Bänder in Form einer Acht um den Stamm und den Pfahl; so scheuert die Rinde nicht an der Stütze.

Strapazierfähiger Armschutz

Schneiden Sie die Schäfte alter Gummistiefel ab und nutzen Sie die Stücke als Armschutz, wenn Sie stachelige Büsche zurückschneiden oder ausreißen.

Joghurtbecher als Pflanztöpfe

Benutzen Sie ausgewaschene Joghurtbecher oder halbierte Tetrapacks als Pflanzgefäße. Bohren Sie mit einer Stricknadel oder einem Metallspieß Abzugslöcher in den Boden der „Töpfe".

Eierkartons als Anzuchtkästchen

Eierkartons eignen sich durch ihre Form ideal zum Vorkeimen von Saatkartoffeln. Ebenso kann man sie mit Anzuchtsubstrat füllen und Samen darin aussäen.

Aussaat in Toilettenpapier-Rollen

Auch Toilettenpapier-Rollen sind hilfreich bei der Anzucht von Pflanzen. Füllen Sie die Rollen mit Substrat und säen Sie Samen von Stangenbohnen und Wicken hinein. Schneiden Sie längere Rollen in zwei oder drei Teile.

Fenster für Kalte Kästen

Verwerten Sie alte Fenster als Dächer für selbst gebaute Kalte Kästen, ob mit oder ohne Rahmen. Falls Sie nur die Scheiben verwenden möchten, empfiehlt es sich, die Glasplatten mit Spezialklammern, die im Fachhandel erhältlich sind, zusammenzufügen. (Siehe auch *Kalter Kasten*)

Regenwürmer

Unverzichtbare Helfer

Regenwürmer, von denen es mehrere Arten gibt, zählen zu den wichtigsten Helfern im Garten. Sie ernähren sich von verrottendem organischem Material, das sie in die Erde ziehen und dort in wertvollen Humus verwandeln. Ferner belüften sie durch ihre Grabtätigkeit den Boden. Die Pflanzenwurzeln können durch ihre Gänge tief in das Erdreich eindringen. So können die Gewächse leichter Wasser und Mineralstoffe aufnehmen. Aus diesen Gründen sollten Sie dafür sorgen, dass sich die nützlichen Tiere in ausreichender Zahl auf Ihrem Grundstück ansiedeln. Halten Sie den

Boden gut feucht, mulchen Sie ihn sorgfältig und düngen Sie ihn mit gut verrottetem Mist. Verzichten Sie auf aggressive Düngemittel wie Ammoniumsulfat, Branntkalk und Kalkstickstoff, die die Würmer vertreiben oder töten.

Fruchtbarkeitstest

Heben Sie einen Spaten voll Erde aus und zählen Sie, wie viele Regenwürmer sich darin befinden. Sechs oder mehr Tiere sind ein Anzeichen für fruchtbaren Boden. Sind es weniger, so arbeiten Sie reichlich organisches Material ein.

Wertvolle Pflanzennahrung

Die tägliche Nahrungsmenge eines Regenwurms entspricht seinem Körpergewicht. Pro Jahr entfallen auf 1 ha Kulturland etwa 100 t Regenwurmkot. Sammeln Sie die Häufchen auch als Nahrung für Ihre Topfpflanzen auf.

Dünger für den Rasen

Lassen Sie Regenwurmhäufchen zum Trocknen auf dem Rasen liegen und verteilen Sie die Ausscheidungen anschließend mit einem Reisigbesen gleichmäßig über die gesamte Grasfläche. Damit verabreichen Sie dem Boden eine nährstoffreiche Düngung.

Hervorragender Kompostlieferant

Der Kompostwurm (*Eisenia foetida*) ist ein Verwandter des Gemeinen Regenwurms (*Allolobophora caliginosa*). Er wird 4–13 cm lang und lässt sich an den gelblichen Ringen auf seinem roten bis rosarot gefärbten Körper erkennen. Man findet ihn in Mist und Komposthaufen, wo er große Mengen organischen Materials zersetzt. Die Kompostmasse ist vollständig verrottet, sobald er sein Terrain dem Gemeinen Regenwurm überlässt. Häufig wird der Kompostwurm auch zur Herstellung von Wurmkompost in speziellen Tonnen verwendet. (Siehe auch *Kompost*)

Die Nützlinge schonen

Nehmen Sie Rücksicht auf Regenwürmer; der Boden wird es Ihnen danken. Graben Sie Gartenerde im Herbst nicht mit einer Schaufel um, denn dadurch zerstören Sie die von den Tieren geschaffene natürliche Schichtung. Lockern Sie den Boden lediglich mit einer Grabgabel oder einem

Sauzahn. Arbeiten Sie nur in der Mittagszeit mit dem Motorvertikutierer; dann halten sich die Würmer gerade tief in der Erde auf.

Rhabarber

Blüten abschneiden

An Rhabarberstauden (*Rheum rhubarbarum*) entwickeln sich zur Reifezeit üppige Blütenschäfte, die große Mengen Nährstoffe verbrauchen. Das geht auf Kosten der Stängel, die Sie verzehren möchten. Schneiden Sie die Blütenstiele deshalb während der gesamten Erntephase immer ab, sobald sie erscheinen.

Wärmende Blätterdecke

Lassen Sie die nach der Ernte verbliebenen Blätter an Ihren Rhabarberstauden stehen; sie verwelken beim ersten Frost und bilden eine wärmende Schicht über den Pflanzen. In Gegenden mit harten Wintern empfiehlt es sich, die Stauden zusätzlich mit Stroh oder Laub anzuhäufeln. (Siehe auch *Mulchen*)

Maßnahme gegen Kohlhernie

Legen Sie beim Pikieren von Goldlack (*Cheiranthus cheiri*) und Kohlarten je 4–5 Rhabarberstückchen zu den Wurzeln in die Erde. Die Oxalsäure im Rhabarber hemmt das Wachstum eines parasitären Pilzes, der Kohlhernie hervorruft und häufig in sauren oder schlecht entwässerten Böden vorkommt.

Mittel zur Bekämpfung von Blattläusen

Ein Sud aus gekochten Rhabarberblättern ist wirksam gegen Blattläuse. Setzen Sie dafür 600–700 g Blätter mit 5 l Wasser auf und lassen Sie die Mischung etwa 30 Minuten kochen. Gießen Sie die Flüssigkeit durch ein Sieb ab und rühren Sie ein paar Tropfen Geschirrspülmittel in den Sud, damit er gut an den behandelten Pflanzen haftet. Lassen Sie das Mittel abkühlen und füllen Sie es zur Verwendung in eine Sprühflasche.

Junge Stiele ernten

Rhabarber enthält Oxalsäure, die im Körper zusammen mit Kalzium Kalziumoxalatkristalle bildet. In größeren

Mengen führen diese Kristalle bei empfindlichen Menschen zu Nierenbeschwerden. Verwenden Sie deshalb grundsätzlich nur junge Stiele, deren Gehalt an Oxalsäure noch gering ist, und schneiden Sie die Blätter weit unterhalb des Ansatzes ab. Ernten Sie lediglich von der Frühjahrsmitte bis zum Frühsommer; danach sind die neuen Stängel zu säurehaltig.

Säure entziehen

Schälen Sie den Rhabarber und legen Sie die Stiele vor der weiteren Verarbeitung einige Stunden in kaltes Wasser. Sie können die Stiele auch klein schneiden und einige Minuten in kochendem Wasser blanchieren. So entziehen Sie dem Gemüse einen Teil seiner Säure. Rhabarberkompott wird durch Bananen, Birnen und gehackte Dörraprikosen milder.

Zucker einsparen

Die meisten Rezepte für Rhabarbertorten sehen große Mengen an Zucker vor. Backen Sie eine kalorienärmere Variante, indem Sie weniger Zucker verwenden und dafür vor dem Kochen eine Hand voll süßlicher Kräuter zu den rohen Stielen geben. Dafür eignen sich Engelwurz (*Angelica archangelica*), Kerbel (*Anthriscus cerefolium*) oder Melisse (*Melissa officinalis*).

Rhododendren

Halbschattigen Standort aussuchen

Ursprünglich bildeten lichte Wälder den natürlichen Lebensraum der meisten Rhododendren. Deshalb brauchen die Pflanzen im Garten einen Platz im Halb- oder lichten Schatten, wobei besonders die großblättrigen Arten die Nähe von Bäumen bevorzugen. Bekommen Rhododendren allerdings zu wenig Licht, blühen sie schlecht.

Sonne für Azaleen

Azaleen, die ebenfalls zur botanischen Gattung *Rhododendron* gehören, mögen einen offenen und sonnigen Standort. Hitze und Trockenheit schaden den Pflanzen jedoch.

Saurer Boden erforderlich

Die meisten Rhododendren gedeihen nur in sauren durchlässigen Böden. Mit Laubmulch, Rindenmulch oder gut verrottetem Stallmist lassen sich leichte Böden für die Pflanzen anreichern und schweres Erdreich auflockern. Lediglich die Behaarte Alpenrose (*Rhododendron hirsutum*) und der große rosa blühende *Rhododendron rubiginosum* wachsen auch in kalkhaltigem Milieu.

Kleine und große Sorten

Rhododendren weisen eine große Auswahl an Arten und Hybriden auf, deren Wuchs sich jeweils deutlich unterscheidet. Viele Sorten erreichen eine Höhe von 1,5–2,4 m, doch es gibt auch eine ganze Reihe baumähnlicher Gewächse, die über 4,5 m groß werden. Dagegen erreichen Zwergsträucher nur 30–60 cm Höhe. Informieren Sie sich vor dem Kauf genau über die Größe der Sorte, die Sie in Betracht ziehen, damit sie auch wirklich zum Standort passt.

Schönes Laub zur Geltung bringen

Rhododendren werden in der Regel wegen ihrer Blütenpracht angepflanzt, doch die meisten Arten blühen nur kurz im Frühling und Frühsommer. Durch ihr dunkles immergrünes Laub bleiben sie

An geschützten Plätzen entfaltet sich die Rhododendronsorte 'Coccineum Speciosum' besonders gut und bildet zahlreiche wohlgeformte rote Blüten aus.

aber das ganze Jahr über reizvoll. Besonderheiten sind *Rhododendron haematodes* mit rostbrauner Laubunterseite und *Rhododendron campanulatum,* ein Strauch, dessen junge Triebe und Blätter eine beigefarbene wollige Schicht aufweisen. Ausnehmend interessant sehen die nierenförmigen Blätter von *Rhododendron williamsianum* aus, die sich schokoladenbraun entfalten. Nach dem Rhododendren verblüht sind, bildet ihr auffallendes Laub einen reizvollen Hintergrund für später blühende Pflanzen. Lassen Sie Lilien-Hybriden (*Lilium*), beispielsweise die prächtige pinkfarbene Sorte 'Côte d'Azur', durch die Blätter der Sträucher wachsen. Auch Rosen (*Rosa*) machen sich sehr gut vor deren dunkel glänzendem Laub.

Konkurrenz im Wurzelbereich vermeiden

Rhododendren wurzeln flach. Deshalb sollte man sie nicht in die Nähe flach wurzelnder Bäume wie Birken (*Betula*), Linden (*Tilia*), Pappeln (*Populus*) und Ulmen (*Ulmus minor*) setzen, denn dadurch kommt es zu einer Konkurrenz um Bodenfeuchtigkeit. Dagegen machen sich tief wurzelnde Bäume wie Eichen (*Quercus*) oder Kiefern (*Pinus*) gut als Nachbarn von Rhododendren.

Pflanzung in Kübeln und Hochbeeten

Wer einen Garten mit kalkhaltigem Boden hat, braucht nicht auf prächtige Rhododendren zu verzichten, denn die Pflanzen sind auch hervorragend in Kübeln und Hochbeeten mit spezieller Rhododendronerde zu ziehen. Für die Kultivierung in Kübeln eignen sich vor allem die kleineren und langsam wachsenden Formen, etwa die Yakushimanum-Hybriden, die weiße, rosa oder lilafarbene Blüten haben. (Siehe auch *Kalkböden*)

Blütenzauber im Wintergarten

Einige Arten, die in der kalten Jahreszeit blühen, bereichern einen Wintergarten mit ihren zarten Farben. *Rhododendron dauricum* und *Rhododendron mucronulatum* tragen von Januar bis März rosa bis violette Blüten, während die Hybriden 'Emasculum' und 'Praecox' in unterschiedlichen Rosaschattierungen erstrahlen.

Guter Start

Pflanzen Sie junge Gewächse mit gedrungenem Wuchs, gesundem Laub und kräftigen Knospen. Heben Sie ein großes Pflanzloch aus und legen

Sie es mit einer etwa 3 cm dicken Rindenschicht aus. Mischen Sie anschließend den Aushub mit Rhododendronerde und füllen Sie so viel davon in das Loch, dass die Pflanze ein wenig über den Erdboden ragt. Füllen Sie dann die restliche Erde rund um den Strauch ein. Zum Schluss wässern Sie den umgebenden Boden durchdringend. Warten Sie mit dem Düngen, bis die Pflanze fest angewurzelt ist, also etwa ein Jahr. Noch besser gedeiht Ihr Strauch, wenn Sie das Pflanzloch vor dem Einsetzen der Pflanze mit einer Pflanzmatte auslegen.

Mulchen
Da Rhododendren flach wurzeln, mögen sie regelmäßige Gaben Laub- oder Rindenkompost. Solche Mulche fördern das Wachstum, wirken ausgleichend auf die Wurzeltemperatur, verringern den Feuchtigkeitsverlust des Bodens und unterdrücken Unkräuter. (Siehe auch *Mulchen*)

Verwelkte Blüten entfernen

Brechen Sie verwelkte Rhododendronblüten regelmäßig aus, damit die Pflanzen keine Energie zur Samenbildung verbrauchen, was die Qualität der nächsten Blüte mindern würde. Seien Sie behutsam; die Knospen, die unmittelbar neben den alten Blüten sitzen, dürfen nicht beschädigt werden.

Leichter Rückschnitt
An Jungpflanzen fördert eine leichte Kürzung der Triebe nach der Blüte das Wachstum. Ansonsten brauchen Rhododendren aber keinen regelmäßigen Rückschnitt.

Alte Pflanzen wieder in Form bringen
Bisweilen verlieren alte Rhododendren die Form und werden sparrig. Schneiden Sie solche Sträucher dann bis auf gut 1 m Höhe zurück, sodass sich wieder neue buschige Triebe entwickeln. Nehmen Sie den Schnitt im zeitigen Frühjahr vor, aber erst, sobald keine Frostgefahr mehr besteht. Es dauert unter Umständen anschließend 3 Jahre, bis die Büsche das nächste Mal blühen.

Problemlos umpflanzen
Rhododendren, die für ihren Standort im Garten zu groß geworden sind, lassen sich dank ihrer flachen Wurzeln ohne Schwierigkeiten umsetzen.

Bringen Sie einen Strauch möglichst im Frühherbst an seinen neuen Platz; dann wurzelt er noch vor dem Winter ein.

Hilfe bei Frostschäden
Umwickeln Sie Rinde, die durch Frosteinwirkung aufgesprungen ist, mit Stoffstreifen. So regeneriert der betreffende Strauch leichter. Bedecken Sie seine Basis zudem mit einer dicken Schicht kalkfreiem Mulch.

Vermehrung durch Stecklinge
Schneiden Sie an immergrünen Rhododendronarten zwischen August und Oktober etwa 15 cm lange Stecklinge mit einer kleinen Blütenknospe an der Spitze ab. Entfernen Sie die unteren Blätter und trennen Sie die Triebe direkt unter einem Blattknoten glatt ab, sodass nunmehr 5–10 cm lange Stecklinge übrig bleiben. Schälen Sie dann an den unteren Enden auf beiden Seiten einen 2–3 cm langen Rindenstreifen ab und kürzen Sie hier alle Blätter mit mehr als 7–8 cm Länge um die

Hälfte. Setzen Sie die Stecklinge in Sand und stülpen Sie eine Abdeckung darüber. Topfen Sie die Pflanzen ein, sobald sie Wurzeln geschlagen haben. (Siehe auch *Stecklinge*)

Ringelblumen

Schönheit im Bauerngarten
Mit ihren sonnenähnlichen Blüten in Gelb- und Orangetönen bilden Ringelblumen (*Calendula officinalis*) zwischen Juni und November strahlende Blickfänge. Vor allem in Bauerngärten gelten sie seit je als unverzichtbarer Bestandteil. Überdies haben sie sich als Heilpflanzen bewährt, die entzündungshemmend wirken. Ihre Blüten sind essbar.

Gesundung des Bodens
Ringelblumen zählen zu den Lieblingen der Biogärtner, denn durch ihre leuchtenden Farben und ihren strengen Geruch locken sie viele nützliche Insekten an. Außerdem wirken sie gesundend auf den Pflanzort, weil ihre Wurzeln den Boden lockern und darüber hinaus Stoffwechselprodukte an das Erdreich abgeben, die Nematoden vertreiben. Es empfiehlt sich, Ringelblumen als Mischkultur in Zier- wie in Nutzgärten einzubeziehen.

Viele Sorten
Bei Ringelblumen unterscheidet man zwischen Zwergformen und hohen Sorten. Im Handel sind zahlreiche Sorten und Mischungen erhältlich, die 25–60 cm hoch werden.

Vorkultur
Säen Sie für eine Vorkultur im Februar oder März jeweils 2–3 Ringelblumensamen in kleine Töpfe. Bedecken Sie die Saat mit einer dünnen Schicht Erde und gießen Sie vorsichtig. Stellen Sie die Gefäße dann an einen hellen Ort; bei 14–16 °C werden die Samen nach rund 10 Tagen keimen. Anschließend brauchen die Töpfe einen sonnigen Fensterplatz. Dünnen Sie die Sämlinge aus, sobald sie 5 cm groß sind, und setzen Sie nun jede Pflanze in ein eigenes Gefäß. Anfang Mai beginnt die Abhärtung; einige Wochen später kommen die Jungpflanzen ins Freiland.

Aussaat im Freien
Von April bis Mai ist ebenso eine Aussaat im Beet möglich, wo die Samen rasch keimen. Bei Zwergformen ist ein Abstand von 20 cm, bei hohen Sorten von 30 cm erforderlich. Ringelblumen säen sich häufig selbst aus. An Orten, wo sie sich wohl fühlen, erscheinen sie immer wieder.

Rittersporn

Den Boden vorbereiten

Rittersporn *(Delphinium)* braucht einen sonnigen Standort und einen tiefen nährstoffreichen Boden mit guter Drainage. Die Umgebung der Wurzeln darf niemals austrocknen. Arbeiten Sie vor dem  Auspflanzen im zeitigen Frühjahr reichlich grobes organisches Material in das betreffende Beet ein und mulchen Sie es mit gut verrottetem Kompost.

Lange Blütezeit bewirken

Sorgen Sie für eine gestaffelte Blüte, indem Sie einige der Jungpflanzen entspitzen, sobald sie rund 15 cm hoch sind. Schneiden Sie die Blumen dann nach der ersten Blüte auf 10–20 cm oberhalb der grundständigen Blätter zurück; dadurch blühen sie ein weiteres Mal.

Stützen für hohe Pflanzen

 Hohe Rittersportsorten benötigen Stützen. Binden Sie jeden Stängel einer Pflanze an einen kräftigen Bambusstock oder umgeben Sie die gesamte Pflanze mit einem Kreis von Stäben, die Sie in Abständen von 15–20 cm in die Erde stecken und mit Draht, starkem Bindfaden oder einem speziellen Stützring verbinden.

Aussaat im Freiland

Es ist möglich, Rittersporn im September oder zwischen März und April direkt im Freiland auszusäen. Mit der Herbstaussaat erzielt man in der Regel besonders gute Ergebnisse, wenn man die Sämlinge über Winter mit Hauben bedeckt. Die Frühlingsaussaat blüht im Spätsommer.

Samen sammeln

Besonders bei Sorten der 'Southern'-Serie bringt die Anzucht aus Samen hervorragende Ergebnisse. Beachten Sie, dass Rittersporsamen sich nicht lange halten. Sie sind ausgereift, sobald sie sich im Sommer schwarz färben. Dann müssen sie eingesammelt und in einen Frühbeetkasten mit Kultursubstrat oder ins Freie gesät werden.

Vermehrung durch Stecklinge

Vermehren Sie die Pflanzen im Frühling durch Stecklinge. Dazu schneiden Sie frische Triebe an den Wurzelstöcken ab. Geben Sie eine 2–3 cm hohe Schicht Sand in ein Glas und füllen Sie anschließend Wasser ein, das etwas über dem Sand stehen sollte. Stecken Sie einen Trieb in den Sand und lassen Sie ihn auf einer Fensterbank bewurzeln. Genauso gut gehen die Stecklinge in einem Frühbeet mit feuchtem grobem Sand an, das sich an einem kühlen sonnenfreien Platz befindet. Pflanzen Sie die bewurzelten Stecklinge sofort an ihren endgültigen Standort.

Von unten gießen

Wässern Sie Rittersporn stets um die Basis herum. Gießen Sie ihn nicht von oben, denn Wassertropfen können auf den Blättern Krankheiten hervorrufen.

Rosen

Vorbereitung zum Pflanzen

Pflanzen Sie Rosen am besten zwischen Mitte Oktober und Ende November an einen sonnigen Standort. Zuvor müssen Sie sich sorgfältig um das Wurzelwerk kümmern, damit die Pflanzen sich erwartungsgemäß entwickeln. Wässern Sie trockene Wurzeln über Nacht in einem Eimer mit Wasser, dem Sie ein wenig Flüssigdünger zugeben. Ebenso gut ist es, trockene Wurzeln in einen Lehmbrei

zu tauchen. Kürzen Sie überlange Ausläufer bis auf 25 cm ein und entfernen Sie alte dicke Exemplare. Beschädigte Wurzeln schneiden Sie bis kurz hinter die Schadstelle zurück. Achten Sie darauf, dass die dünnen Faserwurzeln erhalten bleiben müssen.

Richtig in die Erde setzen

Graben Sie ein Pflanzloch, in dem sich die Wurzeln bequem ausbreiten können. In seiner Mitte schichten Sie einen kleinen Erdhügel auf und füllen dann eine etwa 3 cm hohe Lage Pflanzerde in die Aushebung. Stellen Sie die Rose auf den Hügel und breiten Sie die Wurzeln vorsichtig aus; sie dürfen sich weder überkreuzen noch am Lochrand umbiegen. Bedecken Sie die Wurzeln mit etwas Erde und bewegen Sie die Rose leicht auf und ab, damit alle Hohlräume ausgefüllt werden. Stellen Sie sicher, dass die Veredelungsstelle, eine Verdickung zwischen Wurzel und Stängel, knapp unterhalb der Bodenoberfläche liegt. Am besten legen Sie einen Stock quer über das Loch; dann sind Sie in der Lage, die Pflanztiefe genau zu messen. Zum Schluss füllen Sie die Aushebung mit Erde auf. Gießen Sie die Rose normal an; Sie brauchen sie nur bei starker Trockenheit durchdringend zu wässern.

Auswahl nach Wuchsform

Informationen zu Herkunft und Blütenform helfen Ihnen bei der Auswahl einer Rosensorte für einen bestimmten Standort nicht weiter. Wichtiger sind Angaben zu Größe und Wuchsform. Es gibt klein-

wüchsige Rosen für Kübel und Terrassenbeete, Sträucher für Mischbeete sowie Hochstämme und Kletterrosen.

Mauern verschönern

Ostwände sind ideal für Kletterrosen, beispielsweise die scharlachrote Sorte 'Blaze Superior', die gelb blühende 'Goldstern' oder die weiß leuchtende 'Schwanensee'. Alle drei wachsen 3–4 m hoch.

Romantischer Baumbewuchs

Mit einer kräftigen Kletterrose lässt sich ein alter Baum wunderbar beleben. Zu den geeigneten Sorten zählen 'Kiftsgate', die bis zu 18 m hoch rankt, 'Paul's Himalayan Musk' mit üppigen rosa-farbenen Blüten und 'Wedding Day' mit duftenden weißen Blütenbüscheln. (Siehe auch *Duft, Kletterpflanzen*)

Kletterrose ziehen

Ziehen Sie eine frei stehende Kletterrose hoch, indem Sie ihre Stängel spiralförmig um einen Stützpfahl schlingen und dabei fast waagrecht biegen. Dadurch entwickeln sich die neuen Seitentriebe nach oben. Binden Sie die wachsende Rose regelmäßig oben am Stützpfahl fest, damit sie guten Halt hat und auch starkem Wind standhält.

Leuchtende Hagebutten

Bei einigen Rosenarten bilden sich im Herbst große Hagebutten, die aus den ersten Frühjahrsblüten hervorgehen und sich gleichzeitig mit den späteren Blüten zeigen. *Rosa rugosa* beispielsweise trägt im Frühherbst Büschel scharlachroter runder Früchte, während die von *Rosa moyesii* flaschenförmig sind.

Gründlich gießen

Im Allgemeinen überstehen Rosensträucher Trockenperioden recht gut, doch ohne regelmäßige gründliche Wässerung blühen sie nur spärlich. Achten Sie darauf, dass jede Pflanze 10–20 l Wasser pro Woche erhält. Gießen Sie die einzel-

---

DIE RICHTIGE WAHL

Eine späte Pracht genießen

Bei sorgfältiger Pflege erfreuen uns Rosen auch im September und Oktober noch mit ihren eleganten Blüten. Folgende Arten und Sorten blühen im Herbst besonders schön (K=Kletterrose, S=Schlingrose):

Rosa
'Angela'
'Ballerina'
'Bonica '82'
'Centenaire de Lourdes'
'Galway Bay' (K)
'Sommerwind'

Gold
'Allgold'
'Berolina'
'Elina'
'Friesia'
'Golden Showers' (K)

Rot
'Europeana'
'Lilli Marleen'
'Sympathie' (K)
'Tornado'
'Trumpeter'
'Ulmer Münster'

Andere Farben
'Buff Beauty'
'Félicité Perpétué'(S)
'Freisinger Morgenröte'
'Gloire de Ducher'
'Prosperity'

Weiß
'Blanc Double de Coubert'
'Margaret Merril'
'Nevada'
R. rugosa alba
'Schneewittchen'
'Weiße Wolke'

Hagebuttenblüten
'Bourgogne'
R. davidii
R. glauca
Formen von *R. moyesii*
R. pimpinellifolia
R. rugosa

---

nen Pflanzen im Wurzelbereich, am besten mit dem Gartenschlauch. Wahlweise können Sie ein automatisches Berieselungssystem verwenden, das den Boden um die Pflanzen herum aus feinen Düsen besprüht. Setzen Sie Regner nur abends oder frühmorgens ein, denn tagsüber wirken Wassertropfen in der heißen Sonne auf den Blütenblättern wie Brenngläser. Mulchen Sie Ihre Rosenbeete außerdem mit einer rund 5 cm dicken Schicht Humusdünger, am besten mit gut verrottetem Kuh- oder Pferdemist.

Wachstumsbedingungen verbessern

Viel organisches Material im Boden ist Rosen äußerst zuträglich. Verabreichen Sie zudem ab dem Beginn der ersten Wachstumsperiode alle 3 Wochen flüssigen Tomatendünger. Ausgewachsene Rosen brauchen dann stets im Februar oder März sowie noch einmal Anfang Juli eine Nährstoffzufuhr durch einen speziellen Rosendünger. Ende August verabreicht man darüber hinaus Kalidünger, und zwar 35 g pro 1 m²; das Mittel fördert die Winterhärte der Triebe.

Brennnesseljauche verwenden

Stellen Sie Brennnesseljauche her, indem Sie frisches Kraut in einem Fass oder Steinguttopf mit Regenwasser übergießen und 2–3 Wochen ziehen lassen. Verdünnen Sie die Brühe vor der Anwendung im Verhältnis 1:10 und düngen Sie den Wurzelbereich der Rosen während der Vegetationszeit nach Regenschauern oder Bewässerungen damit.

Verwelkte Blüten entfernen

Bei Teehybriden und Floribunda-Rosen erzielen Sie einen zweiten Blütenflor, indem Sie verwelkte Blüten sofort entfernen. Schneiden Sie bei Teehybriden jeden abgeblühten Stiel mit einer Gartenschere bis auf einen kräftigen Trieb oder ein nach außen weisendes Auge zurück. Gehen Sie bei Floribunda-Rosen so vor, dass Sie die gesamten verwelkten Büschel bis auf das erste darunter liegende Auge wegnehmen.

Lange frisch

Schneiden Sie die Stiele von Schnittrosen schräg an und reißen Sie von den Enden vorsichtig die Stacheln ab. So kann die Blume über zusätzliche Öffnungen Wasser aufsaugen. Genauso wirksam ist es, jeden Stängel mit einem senkrechten Schnitt zu versehen oder mit einem schnellen Hammerschlag leicht zu quetschen. Lassen die Rosen ihre Köpfe hängen, steckt man das Stielende in siedendes Wasser; die Blumen erholen sich. (Siehe auch *Schnittblumen*)

Wildtriebe entfernen

Achten Sie ab Anfang Mai auf Wildtriebe, die Sie daran erkennen, dass sie aus dem Wurzelteil unterhalb der Veredelungsstelle und nicht aus der aufgepfropften Kulturform sprießen. Ihre Stacheln sind nadelartig und ihre Blätter haben eine schmalere Form als die der sonstigen Pflanze. Wildtriebe schwächen veredelte Rosen und lassen sie irgendwann eingehen. Reißen Sie solche Triebe mit einer Drehbewegung unmittelbar an ihrer Wuchsstelle unter der Erde ab.

Krankheiten rechtzeitig bekämpfen

Beugen Sie Sternrußtau und anderen Pilzkrankheiten an Rosen vor, indem Sie die Pflanzen ab Austriebsbeginn im Frühjahr alle 2 Wochen mit Fungiziden spritzen. Die Knospen sollten zu dem Zeitpunkt bereits schwellen, aber die Blätter dürfen sich noch nicht zu entfalten beginnen. Treten Pilzkrankheiten ab Juni auf, so lässt sich nichts mehr dagegen tun. Harken Sie die abgefallenen Blätter der betroffenen Pflanzen Anfang Dezember zusammen und verbrennen Sie das infizierte Laub. Umgeben Sie Ihre Rosen mit einer 7–10 cm dicken Mulchschicht, die verhindert, dass durch Regenspritzer Sporen auf die Stängel gelangen und die Pflanzen erneut anstecken. (Siehe auch *Schädlinge und Krankheiten* S. 350)

Resistente Sorten

Durch Pflanzung krankheitsresistenter Sorten wie 'Flower Carpet' vermeiden Sie den Einsatz von Chemikalien. Der niederwüchsige Bodendecker bringt den ganzen Sommer über Blüten in hellen Rosatönen hervor.

Vermehrung durch Stecklinge

Nehmen Sie im Herbst oder Frühwinter Stecklinge von Busch- und Kletterrosen ab und wählen Sie dazu etwa 25 cm lange unverzweigte neue Triebe. Entfernen Sie die Blätter und versehen Sie die Stecklinge mit einem kleinen Schrägschnitt über dem obersten Auge sowie einem Querschnitt unter dem niedrigsten Auge. Ziehen Sie nun an einer geschützten Stelle Ihres Gartens eine dünne Furche in den Boden und verteilen Sie eine 2–3 cm dicke Sandschicht darin. Setzen Sie die Triebe im Abstand von jeweils 15 cm in die Furche und füllen Sie anschließend mit Erde auf. In der Regel sind die Stecklinge bis zum folgenden Frühjahr bewurzelt und lassen sich im Herbst darauf auspflanzen.

Alter Bewurzelungstrick

Schwächliche Stecklinge bilden nur schwer Wurzeln und wachsen schlecht. Schon im 19. Jh. schworen Gartenfreunde in solchen Fällen auf folgenden Trick: Mit einem scharfen Messer schneidet man einen kreuzförmigen Schlitz in die Stängelbasis der betreffenden Triebe und steckt jeweils ein Weizenkorn hinein. Anschließend umwickelt man die Stängelenden mit Bast, damit die Weizenkörner fest sitzen. Nun stellt man die Stecklinge über Nacht in Wasser. Am nächsten Tag pflanzt man sie in 13 cm große Töpfe mit Anzuchterde und stellt sie in einen Kalten Kasten. Bis zum Frühjahr sollten die Stecklinge mit dieser Methode tatsächlich gewurzelt haben. Heben Sie die Pflanze nicht zu früh heraus; Sie würden dabei die neuen Wurzeln beschädigen.

Rückschnitt bei Kletter- und Schlingrosen

In der nebenstehenden Tabelle ist zusammengefasst, was beim Rückschnitt von Edel- und Floribunda-Rosen zu berücksichtigen ist. Bei Kletterrosen geht man so vor, dass man zu Beginn des Winters abgestorbenes Holz und schwache Triebe entfernt. Danach kürzt man ältere Leittriebe bis zu einem starken jungen Spross. Soweit sich kein neues Holz gebildet hat, schneidet man die Leittriebe und alle Seitentriebe, die in Blüte gestanden haben, um etwa die Hälfte zurück. Alle paar Jahre nimmt man einen oder zwei der Leittriebe bis auf wenige Zentimeter oberhalb der Basis zurück. Bei Schlingrosen wird jedes Jahr ein Drittel des alten Holzes gekürzt; junge Triebe werden angebunden.

Strauch- und Zwergrosen kürzen

Grundsätzlich sollten alle buschartig wachsenden Rosen so gestutzt werden, dass sie eine lockere, in der Mitte nicht zu dichte Krone bilden. Bei Strauchrosen regt man jedes Jahr eine Verjüngung an, indem man ein Stück des alten Holzes entfernt. Ansonsten steht nur alle 3–4 Jahre ein gründlicher Schnitt an. Zwergrosen putzt man mit einer Schere aus.

GÄRTNER-WISSEN

Übliche Schnittmethoden für Edel- und Floribunda-Rosen

Unabhängig von der Art kürzt man Rosen grundsätzlich bis zu einem nach außen gerichteten Auge ein. Ansonsten sind unterschiedliche Maßgaben beim Rückschnitt zu beachten, die im Folgenden aufgelistet sind.

Schnitt	Edelrosen (Teehybriden)	Floribunda-Rosen
Pflanzschnitt	Pflanzung im Herbst; Rückschnitt im Frühjahr auf 15 cm über der Basis	Herbstpflanzung; im Frühjahr starker Rückschnitt auf 15–25 cm über der Basis; Entfernung aller schwachen Triebe
Kräftiger Rückschnitt	Kürzung auf 15 cm über der Basis zur Verjüngung alter Pflanzen; man erhält so eine kleinere Anzahl verhältnismäßig großer Blüten.	Rückschnitt auf 25 cm über der Basis zur Verjüngung alter Pflanzen
Mäßiger Rückschnitt	Rückschnitt der kräftigsten Triebe auf etwa 25 cm; Kürzung aller schwächeren Triebe auf etwa 15 cm. Die klassische Technik, mit der sich ein schöner Blütenflor erzielen lässt.	Kürzung einjähriger Triebe um ein Drittel oder die Hälfte; Zurücknehmen älterer Triebe auf 15–25 cm. Da sich viele Stängel bilden, schneidet man außerdem 1–2 der alten harten Triebe an der Basis ab.
Leichter Rückschnitt	Die Methode ist für Teehybriden ungeeignet, weil die Pflanzen dadurch leicht zu hoch wachsen und schwächlich werden.	Einige von Natur aus buschig wachsende Sorten wie 'Iceberg' können leicht zurückgeschnitten werden. Durch Kürzen der ganzen Pflanze um etwa ein Viertel bis ein Drittel fördert man ein höheres und buschigeres Wachstum.

Wandel in der Symbolik

Die älteste bekannte Abbildung einer Rose findet sich auf einer sumerischen Tontafel, die vor rund 4000 Jahren entstand. In späteren antiken Quellen begegnet man der Blume immer wieder, etwa auf Wandmalereien im Palast von Minos auf Kreta und in Pompeji. In einem ägyptischen Grab wurde eine vertrocknete Rosengirlande entdeckt.

Die Römer betrachteten die Rose als Symbol für Mut und malten sie eine Zeit lang auf ihre Schilde. Übermäßiger Gebrauch brachte die Pflanze aber in Verruf, sodass sie später als Sinnbild für Schwelgerei und Weichlichkeit galt. Kaiser Nero (37–68) hat angeblich bei einem Gelage so viele Rosenblätter auf seine Gäste niederregnen lassen, dass einige unter dem Gewicht erstickten.

In der christlichen Symbolik steht die Rose für Reinheit und Sittlichkeit; auf zahlreichen Darstellungen umgibt sie die Muttergottes. Der heilige Dominikus widmete Maria zudem den Rosenkranz. Auch im Islam wird die Blume zutiefst verehrt, da sie aus Schweißtropfen des Propheten Mohammed entstanden sein soll. Im weltlichen Bereich brachte man sie ab der Renaissance mit königlicher Macht in Verbindung.

Auch heute noch kommt der Rose große Symbolkraft zu. Wegen ihrer anmutigen Schönheit wird sie mit Vollkommenheit, Lebensfreude und Liebe gleichgesetzt, wegen ihrer Dornen aber auch mit Blut, Tod und Vergänglichkeit. Unabhängig von ihrer übertragenen Bedeutung hat sie in den letzten Jahrhunderten immer mehr Verehrer gefunden, die sie hingebungsvoll pflegen und viel Energie darauf verwenden, neue Sorten zu züchten. Ein passionierter Rosenliebhaber war beispielsweise der frühere deutsche Bundeskanzler Konrad Adenauer (1876–1967).

Frühjahrsfarben

Bringen Sie mit Zwiebelpflanzen schon im Frühjahr leuchtende Akzente in Ihr Rosenbeet. Wählen Sie dabei zwischen verschiedenfarbigen Anemonen (*Anemone blanda*) und Krokussen (*Crocus*), goldenen Narzissen (*Narcissus*), blauem und weißem Schneestolz (*Chionodoxa*), hell-blauen Puschkinien (*Puschkinia scilloides*) und blauen Traubenhyazinthen (*Muscari*). Alle diese Blumen sind verblüht, bis die Rosenblüte beginnt, sodass man dann wie üblich in dem Beet arbeiten kann. Pflanzen Sie die Zwiebeln allerdings ein wenig tiefer als gewöhnlich.

Hübsche Kontraste

Im Sommer bilden Blumen mit weichen Umrissen eine schöne Ergänzung zu aufrecht wachsenden Rosen. Für eine solche Zwischenpflanzung eignen sich Frauenmantel (*Alchemilla*), ausdauernde Geranien (*Geranium*), Katzenminze (*Nepeta*) und Schleierkraut (*Gypsophila*).

Siehe auch *Romantische Rosen* S. 240–241

Rosenkohl

Vitaminspender im Winter

In der kalten Jahreszeit gehört Rosenkohl (*Brassica oleracea* var. *gemnifera*) zu den wenigen heimischen Gemüsen, die uns mit Vitaminen und Mineralstoffen versorgen. Die Röschen, die wir verzehren, entwickeln sich in den Blattachseln der Strünke als kugelige geschlossene Knospen.

Bedingungen für feste Knospen

Pflanzen Sie Rosenkohlsämlinge zwischen Mitte Mai und Mitte Juni ins Freie und halten Sie dabei Abstände von 40–60 cm zwischen den einzelnen Jungpflanzen ein. Setzen Sie das Gemüse tief in die Erde, damit sich viele standfeste Wurzeln bilden. Rosenkohl braucht einen nährstoffreichen mittelschweren Boden, der zuvor gut mit Mist gedüngt wurde. Nur unter solchen Bedingungen bildet er feste Knospen.

Hohe Sorten festbinden

Achten Sie darauf, eine Rosenkohlsorte zu wählen, die zu den Klimabedingungen in Ihrer Region passt. Beispielsweise empfehlen sich für den Anbau in Gegenden mit viel Wind niedrigere Sorten wie 'Peer Gynt'. Binden Sie hoch wachsende Sorten, die an ungeschützten Stellen wachsen, an Pfählen fest, und häufeln Sie um jeden Spross etwas Erde an.

Röschen ernten

Fördern Sie die Entwicklung der Knospen an der Sprossspitze, nachdem die ersten Röschen an der Basis erschienen sind. Schneiden Sie dazu die oberen Blätter ab, die sich wie Blattkohl zubereiten lassen. Ernten Sie immer nur die größten Röschen. Man bricht sie einfach aus. Ihr Geschmack verbessert sich bei Kälte, da dann der Zuckergehalt in ihnen steigt. Rosenkohl verträgt Frost bis –12 °C.

Kohlfliegen abschrecken

Teppichunterlagen aus Schaumstoff halten Kohlfliegen (*Phorbia*) davon ab, ihre Eier an Rosenkohl zu legen. Fertigen Sie aus dem Material Kreise mit etwa 15 cm Ø an und schneiden Sie jeweils an einer Stelle vom Rand bis zur Mitte einen Schlitz. Bedecken Sie die Basis der einzelnen Sprosse vorsichtig mit den Kreisen; sie sollten von der Pflanzung bis Ende September dort liegen bleiben.

Rosmarin

Sonnenhungriges Kraut

In seiner Heimat, dem Mittelmeerraum, gedeiht Rosmarin (*Rosmarinus officinalis*) an sonnigen Felshängen oder bildet dichte duftende Hecken. Bei uns hält man ihn dagegen am besten in Töpfen, die man im Sommer an einer geschützten hellen Stelle im Garten platziert und während des Winters ins Haus holt. Jede Gärtnerei bietet gezogenen Rosmarin an. Ebenso ist es möglich, ihn in Saatschalen auf der Fensterbank auszusäen und ältere Pflanzen durch Stecklinge zu vermehren.

Verschiedene Blütentöne

Rosmarin hat meist blaue Blüten. Wer mehrere Exemplare der Pflanze zieht, bringt mit der weißen Varietät *Albiflorus*, dem gelb gesprenkelten Rosmarin 'Aureus' oder der rosafarbenen Sorte 'Majorca Pink' Abwechslung in seine Kräutersammlung.

Herrliche Erfrischung

Genießen Sie öfter mal ein belebendes Rosmarinbad und halten Sie dazu einfach ein Sträußchen mit frischem Kraut unter den Wasserhahn, während Sie die Wanne füllen.

239

ROMANTISCHE ROSEN

Rosen sind der Traum eines jeden Gartenliebhabers. Doch angesichts der vielen Arten, Varietäten und Hybriden, der Stile und Farben muss der Hobbygärtner beim Pflanzen vorausschauend ans Werk gehen.

Das Röslein auf der Heide, die Rose unter Dornen, auf Rosen gebettet sein, blutrote Rosen, die Rose der Jugend, die letzte Rose des Sommers – der Rose wurde von vielen Dichtern ein Denkmal gesetzt, und auch zahlreiche volkstümliche Redewendungen zeigen, wie sehr die schönste aller Blumen die Menschen beschäftigt – eine Blume, die überall zu Hause ist und alle Gärten bereichert, ob Schlossgarten oder Bauerngarten.

Die Begeisterung für die Rose ist vermutlich auf ihre unendliche Vielfalt zurückzuführen, auf ihren fast unübersehbaren Reichtum an Formen, Farben und Düften. Schling- und Kletterrosen eignen sich hervorragend zur Gestaltung eines prächtigen Hintergrunds, Beete mit Wildrosen und großblumigen Rosen, den so genannten Teehybriden und Floribunda-Rosen, bieten eine üppige Blütenpracht, während Zwergrosen auch auf kleinstem Raum für Farbtupfer sorgen.

Einen Garten anzulegen, der allein der Rose gewidmet ist, erweist sich als schwierig. Ein Rosengarten kann sehr steif wirken, besonders dann, wenn sich der Gärtner für eine bestimmte Rose begeistert, denn in diesem Fall zeigt sich der Garten für einen Teil des Jahres kahl und seelenlos.

Viele Rosenfreunde haben inzwischen festgestellt, dass es besser ist, eine Vielzahl verschiedener Rosen mit Sträuchern wie Lavendel und Rosmarin und Stauden wie winterharten *Geranium*-Arten, Iris und Rittersporn zu mischen. Auf diese Weise wird man der Rose gerecht, weil ihre Schönheit betont wird, gleichzeitig ist das Beet aber auch dann noch ansehnlich, wenn die Rosenblüte vorbei ist.

Patio-Rosen strahlen mit Lavendel und Schwertlilien um die Wette.

Rosen für wenig Platz

Patio-Rosen mit ihrer schönen, kompakten Form und ihrer langen Blütezeit sind wie andere niedrige Rosensorten auch ideal für kleine Gärten oder im Kübel für Terrassen oder Balkone. Dort wie in der Rabatte strahlen diese schönen Rosen besonders, wenn man sie mit anderen kleinen Sträuchern wie Fingerstrauch (*Potentilla*), Heiligenkraut (*Santolina*) und Weigelien mischt.

Empfehlenswerte Sorten:
'Baby Brio', 'Bright Smile', 'Kent', 'Lilli Marlene' (links), 'Rose de Meaux', 'The Fairy', 'Trumpeter'

Schling- und Kletterrosen

Meistens werden Schlingrosen zu den Kletterrosen gezählt, der Rosenspezialist behandelt sie jedoch als separate Gruppe. Einige Kletterrosen, die von Wildformen abstammen, blühen nur einmal und gedeihen wegen ihrer starken Wuchskraft am besten, wenn sie an Hauswänden oder alten Bäumen emporwachsen. Andere sind Mutationen von Teehybriden oder Floribunda-Rosen. Sie eignen sich besser für Spaliere und Zäune und haben den Vorteil, dass sie mehrmals blühen. Schlingrosen lassen sich über Pergolen oder Lauben ziehen, wo sie im Juni und Juli zarte Blütenbüschel entfalten. Zwischen die Rosen kann man andere Kletterpflanzen setzen, die zeitversetzt zu den Rosen blühen, z. B. Clematis.

Empfehlenswerte Sorten:
Kletterrosen: 'Constance Spry', 'Gloire de Dijon'
Schlingrosen: 'Albéric Barbier', 'Dorothy Perkins', 'Kiftsgate' (links), 'New Dawn', 'Seagull', 'Wedding Day'

Die üppig blühende 'Seagull' (links) hat Dolden süß duftender, weißer Blüten mit goldenen Staubgefäßen.

Töpfe und Kübel

Während Schling- und Kletterrosen gern an hohen Bäumen emporranken, werden Zwergrosen nur selten höher als 50 cm und gedeihen auch im Pflanzgefäß. Sie sind blühwillig und bringen von Mai bis zum Herbst unermüdlich Blüten hervor. Wegen ihrer geringen Größe sind sie ideale Farbtupfer im Steingarten, an einer Treppe, einer niedrigen Mauer oder während der Blütezeit auch an einem sonnigen Platz im Haus.

Empfehlenswerte Sorten:
'Angela Rippon', 'Baby Maskerade', 'Cinderella', 'Starina', 'Sweet Fairy'

Zwergrosen kommen im Haus am besten in einem dekorativen Topf zur Geltung.

Blütenteppich

Bodendecker-Rosen gehören zu einer kleinen Gruppe von Rosensorten, die man vor allem als Bodendecker pflanzt, denn sie breiten sich schnell aus. Sie gedeihen in der Sonne und eignen sich hervorragend, um Böschungen zu bepflanzen oder um die Ränder einer gepflasterten Terrasse aufzulockern. Einige bilden dichte Hügel, andere, z. B. 'Nozomi', kann man über Baumstümpfe und an Wänden hochwachsen lassen. In Kübel gepflanzt sind diese Rosen ein dekorativer Blickfang.

Empfehlenswerte Sorten:
'Flower Carpet', 'Magic Carpet', 'Max Graf', 'Nozomi' (links)

Bodendecker-Rosen verbinden auf ideale Weise formale und natürliche Bereiche im Garten.

Blühende Hecke

Die modernen Strauchrosen sind für die Blumenbeete vieler kleiner Gärten zu groß. Man kann sie jedoch mit anderen blühenden Sträuchern zu einer attraktiven Hecke kombinieren, z. B. mit Forsythien, Geißblatt, Hartriegel, Schneeball oder Japanischer Zierquitte. Auch aus den zahlreichen Arten von Teehybriden lassen sich wirkungsvolle und attraktive Hecken gestalten, die eine Höhe von bis zu 1,5 m erreichen können. *Rosa rugosa* mit ihren kräftigen Stacheln ist bestens geeignet, wenn man eine dicke, dichte Hecke benötigt, die streunende Hunde und Katzen aus der Nachbarschaft fern halten soll. Zudem erfreut diese Rose den Betrachter mit großen, duftenden, rosafarbenen Blüten und einer herbstlichen Fülle von orangeroten Hagebutten.

Eine dichte Rosenhecke ist nicht nur schön anzusehen, sondern auch ein guter Schutz gegen Eindringlinge.

Empfehlenswerte Sorten:
'Alexander', 'Escapade', 'Golden Wings' (links), 'Iceberg', 'Mountbatten', *Rosa rugosa* 'Alba' und 'Scabrosa'

Klassische Rosenbeete

Ein reines Rosenbeet ist ein ausgesprochener Blickfang im Garten, insbesondere wenn man Floribunda-Rosen mit Hochstämmen und Trauerrosen mischt. Floribunda-Rosen leuchten den ganzen Sommer hindurch in schönen Farben, während man die großblumigen Teehybriden vor allem wegen ihrer unvergleichlichen Blüte und ihres wunderbaren Duftes schätzt. Floribunda-Rosen können ebenfalls gut in Staudenbeeten angepflanzt werden, da die Stauden auch dann noch für Farbe und Vielfalt sorgen, wenn die Rosenblüte bereits vorüber ist.

Empfehlenswerte Sorten:
'Arthur Bell', 'Blessings', 'Fellowship', 'Graham Thomas' (links), 'Grandpa Dickson', 'Southampton'

Floribunda-Rosen passen gut zu Weigelien und anderen frühsommerlichen Sträuchern.

Buketts aus dem Garten

Als Schnittblumen verschönern alle Rosensorten ein Zimmer mit anmutiger Pracht. Wer vor allem langstielige, klassische Buketts bevorzugt, sollte Edelrosen – Teehybriden – im Garten anpflanzen. Diese bringen vom Frühsommer bis zum Herbst große, wohlgeformte Blüten hervor, oftmals eine an jedem Stängel. Wegen ihres mäßigen Wachstums eignen sie sich hervorragend für Rosenbeete, auch wenn sie für manche Gartenanlagen zu feierlich und elegant sind. In diesem Fall empfiehlt es sich, sie an einem separaten Standort anzupflanzen, beispielsweise im Gemüsegarten, wo man sie dann eigens als Schnittblumen für das Haus heranzieht. Dort fallen auch Lücken im Beet nicht so auf.

Ein Strauß Edelrosen bildet einen Blickfang in jedem Raum.

Empfehlenswerte Sorten:
'Elina', 'Duftwolke', 'Ingrid Bergmann', 'Gloria Dei', 'Piccadilly', 'Sylvia', 'Wendy Cussons' (links), 'Whisky'

Rote Beten

Samen vorquellen lassen

Das Saatgut von Roten Beten (Beta conditiva) besteht meist aus Knäueln von 3–4 Samen; bei einigen neueren Sorten sind die Samen allerdings auch einzeln erhältlich. Aufgrund einer chemischen Substanz in der Saat unterbleibt oftmals die Keimung, bis schwere oder länger anhaltende Regenfälle einsetzen. Beschleunigen Sie den Keimungsvorgang, indem Sie die Samen 24 Stunden lang in lauwarmem Wasser einweichen und noch feucht aussäen. 10–14 Tage später erscheinen dann die ersten Sämlinge.

Aussaat- und Erntezeiten

Ab April ist bei Roten Beten eine Aussaat im Freiland möglich. Legen Sie in Abständen von 10 cm jeweils zwei Körner in die Erde; die einzelnen Reihen müssen 30 cm voneinander entfernt sein. Lassen Sie nur die stärksten Pflanzen wachsen; so ersparen Sie sich das Vereinzeln. Bei der Aussaat von Samenknäueln ist allerdings eine spätere Ausdünnung der Sämlinge erforderlich. Ernten Sie die ersten Wurzeln bereits während des Sommers. Die Knollen aus den späten Aussaaten von Mai bis Juni müssen im Oktober vor Frostbeginn ausgegraben werden.

Vorzucht

Wer bereits Ende Mai oder Anfang Juni junge Rote Beten ernten möchte, sät im Februar eine frühe Sorte in Töpfen aus und stellt die Gefäße in ein beheiztes Gewächshaus mit einer Mindesttemperatur von 13 °C. Sobald die Sämlinge etwa 5 cm hoch sind, werden sie ausgepflanzt, aber zunächst 2 Wochen lang unter Plastikfolien oder Hauben ausreichend abgehärtet.

Spatzen fern halten

Oft glauben Hobbygärtner, ihre Rote-Bete-Ernte sei schlecht ausgefallen, weil zu wenige Samen gekeimt hätten. Wahrscheinlich aber haben Spatzen die Saat aus dem Boden gepickt. Schützen Sie Ihre Sämlinge deshalb mit einem Netz.

Zarte rote Kugeln

Ziehen Sie Rote Beten aus der Erde, wenn sie die Größe eines Golfballs haben. So klein sind sie nämlich besonders zart.

Mögliche Ursachen für Qualitätsmängel

Bei schlechtem Geschmack und holzigen Stellen an den Wurzeln kommen unterschiedliche Ursachen in Betracht. Vielleicht ist der Boden zu nährstoffreich oder wurde mit frischem Mist gedüngt. Rote Beten gedeihen am besten auf einer Fläche, die für den Anbau im Vorjahr gedüngt wurde. Möglicherweise ist das Erdreich in dem betreffenden Nutzgarten aber auch zu sauer. Bei einem pH-Wert unter 6 muss man einen Ausgleich durch Kalkgaben schaffen. Schließlich mag der Boden einfach zu trocken sein; Rote Beten benötigen stets genug Feuchtigkeit, und gerade in Trockenperioden müssen sie ausgiebig bewässert werden. Trifft keiner der genannten Faktoren zu, so sollte man überprüfen, ob man die Sämlinge zu stark ausgedünnt hat. (Siehe auch *Bodenanalyse, Saure Böden*)

Ausbluten verhindern

Die spät geernteten Rote-Beete-Sorten halten sich einige Monate lang. Ziehen Sie das Gemüse an einem freundlichen Oktobertag aus der Erde und lassen Sie die Früchte anschließend auf dem Boden trocknen. Die Blätter dürfen Sie auf keinen Fall abschneiden; dadurch bluten die Beten häufig aus. Drehen Sie das Grün vielmehr sehr vorsichtig ab.

Aufbewahrung im Winter

Bewahren Sie Rote Beten den Winter über in Kisten mit leicht angefeuchtetem Sand oder Torf auf. Als Lagerplatz eignet sich ein trockener frostfreier Schuppen oder eine Garage. Man kann mehrere Lagen übereinander in eine Kiste füllen. Achten Sie darauf, dass die Stängel nach oben weisen und die obere Schicht bedeckt ist. Die Knollen dürfen sich nicht berühren. Derartig geschützt, bleiben Rote Beten meist bis März schön fest.

Zubereitung

Setzen Sie Rote Beten häufiger auf Ihren Speiseplan, denn sie enthalten reichlich Mineralsalze ebenso wie Vitamine und wirken blutbildend. Kochen Sie das Gemüse und ziehen Sie die Haut erst dann ab. Anschließend schneiden Sie die Rüben in Scheiben oder Würfel und servieren sie heiß als Beilage oder kalt mariniert als Salat. Als geraspelte Rohkost schmeckt das Gemüse ebenfalls ausgezeichnet. Rote Beten lassen sich zudem gut in Essig einlegen. Verwerten Sie möglichst auch die zarten jungen Blätter, die man als Salat anmachen oder wie Spinat kochen kann. Flecken an den Fingern lassen sich übrigens ganz leicht mit Zitronenschalen oder -saft entfernen.

Siehe auch *Gemüsegärten*

DIE RICHTIGE WAHL

Schmackhaftes Wurzelgemüse

Man unterscheidet zwischen runden und langen Roten Beten, die wie unten beschrieben verschiedene Merkmale haben. Bei beiden Typen gibt es empfehlenswerte Sorten.

Typ	Beschreibung	Gute Sorten
Lange Rote Beten	Gut lagerbar bis zum Verzehr im Winter; geeignet für Salate. Wachsen langsamer als runde Rote Beten. Alle Sorten haben rotes Fleisch.	'Cylindra' (gute Schossresistenz) 'Forono' (zylinderförmig) 'Molonga' (spitz zulaufend, nur ein Samen)
Runde Rote Beten	Werden am besten gleich verwendet. Die meisten Sorten sind tiefrot, es gibt aber auch gelbe und weiße Rüben. Runde Sorten entwickeln sich schnell. Viele sind resistent gegen Schossen.	'Ägyptische Plattrunde' (rot, groß, plattrund, gute Lagerfähigkeit) 'Albina Vereduna' (weiß, besonders wohlschmeckend) 'Burpee's Golden' (gelb) 'Rote Kugel' (rot, frühe Ernte, lagerfähig bis März)

Rote und weiße Johannisbeeren

Sonne und feuchter Boden

Weiße Johannisbeeren sind keine eigene Art, sondern eine Zuchtform der roten Johannisbeeren *(Ribes rubrum)*. Beide gedeihen bei uns fast überall, auch in Hanglagen und zwischen Obstbäumen. Sie stellen keine übermäßigen Ansprüche an den Boden, außer dass er feucht ist und gleichzeitig eine gute Drainage aufweist. Darüber hinaus bevorzugen sie offene, sonnige und windgeschützte Standorte, die nicht durch Spätfröste gefährdet sind; sie vertragen aber auch Halb-

schatten. Man braucht sie nur in langen Trockenperioden zu wässern. Heckensträucher erhalten einen Stab als Stütze.

Richtige Pflanztiefe

Schichten Sie reifen, mit Steinmehl vermischten Kompost in die Pflanzlöcher von Johannisbeeren und setzen Sie die Sträucher genauso tief ein, wie sie in der Baumschule gestanden haben. Unter den niedersten Zweigen sollten 10–15 cm Stamm unbewachsen sein.

Geeignet für Spaliere

Beide Kulturformen lassen sich problemlos als Spalier an Wänden oder Zäunen ziehen. Dazu biegt man sie in der Regel U-förmig.

Rückschnitt im ersten Winter

Kaufen Sie Johannisbeerpflanzen möglichst in einer guten Baumschule. Suchen Sie stämmige einjährige Exemplare aus. Die richtige Pflanzzeit liegt zwischen Oktober und März. Kürzen Sie gleich nach dem Pflanzen alle Seitentriebe oberhalb einer nach außen zeigenden Knospe bis auf vier Knospen vom Stamm.

Rückschnitt im zweiten Winter

1. Kürzen Sie den jungen Zuwachs an den Leittrieben um die Hälfte, bei schwacher Entwicklung um zwei Drittel bis zu einer nach außen gerichteten Knospe ein.
2. Nehmen Sie die Seitentriebe bis auf eine Knospe an ihrer Basis zurück, damit sie Fruchtholz ausbilden.
3. Schneiden Sie alle Triebe ab, welche die ausgewogene Form des Strauches beeinträchtigen.

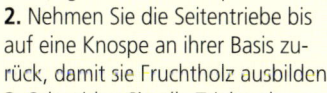
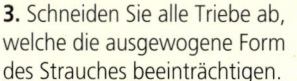
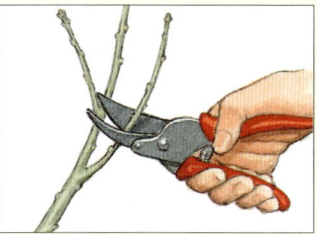

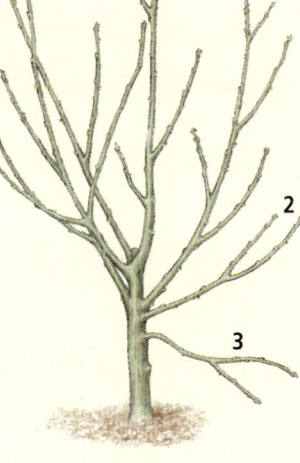

Bezaubernde Lösung

Mit roten und weißen Johannisbeeren erzielt man auch auf engem Raum gute Ernten. Für kleine Gärten eignen sich insbesondere Hochstämme, die etwa 1,2 m groß werden. Mehrere solcher Pflanzen als Säumung eines Gartenwegs sehen auf altmodische Weise ganz bezaubernd aus. Unter Hochstämmen im Beet ist Platz zum Anbau von Salat.

Gut mulchen

Johannisbeeren brauchen unbedingt eine Mulchdecke, die laufend erneuert werden muss, damit der Boden gleichmäßig feucht bleibt und die flach wachsenden Wurzeln ausreichenden Schutz haben. Als Materialien kommen Brennnesseln, Comfrey, Gründüngung, holzige Abfälle, Laub, Rindenmulch oder Stroh infrage.

Vögel abschrecken

Decken Sie Johannisbeerbüsche zum Schutz gegen Vogelfraß mit Netzen ab, sobald die Knospen schwellen. Ebenso ist es möglich, Stäbe mit übergestülpten leeren Konservendosen zwischen die Sträucher zu stecken. Die Dosen klappern beim kleinsten Luftzug, was abschreckend auf Vögel wirkt. Auch Säckchen mit zerschnittenen Knoblauchzehen, die man an die Zweige hängt, vertreiben die gefiederten Schädlinge zumindest vorübergehend.

Sägemehl

Sägemehl für den Garten
Sägemehl für den Garten, das man sackweise von Sägewerken oder Schreinereien beziehen kann, verrottet sehr langsam, sodass es bis zur völligen Zersetzung 2 Jahre dauern kann. Da Sägemehl große Mengen Wasser aufnimmt, verbessert es die Wasserspeicherfähigkeit bei leichten Böden und ist zudem ein ideales Mulchmaterial für Obstbäume und Blühgehölze wie etwa Rosen. Allerdings entzieht es beim Verrottungsvorgang dem Boden kurzfristig Stickstoff, den es erst langfristig wieder freisetzt. Um die Nährstoffversorgung der Pflanzen zu sichern, sollten Sie deshalb den Boden um Bäume und Sträucher bis zur völligen Zersetzung des Sägemehls regelmäßig mit einem stickstoffhaltigen Dünger versorgen.

Bodenverbesserer
Streuen Sie abwechselnd je eine Schicht Sägemehl und Hühnermist auf den Kompost. Der Säuregehalt des Sägemehls wirkt dem stark basischen Mist entgegen, sodass im Ergebnis ein Bodenverbesserer entsteht, bei dem sich der hohe Nährstoffgehalt des Hühnermists mit dem organischen Füllstoff des Sägemehls verbindet. Verwenden Sie diese Mischung aber erst nach der Zersetzung des Sägemehls, wenn sie wie dunkler Torf aussieht.

Gutes Mulchmaterial
Als 2–3 cm dicke Schicht auf dem feuchten Boden ausgebracht, ist Sägemehl ein vorzügliches Mulchmaterial, das hilft, die Verdunstung zu verringern und so die Feuchtigkeit zu bewahren. Außerdem unterdrückt es einjährige Unkräuter.

Gemüse- und Blumenbeete
Verrottetes Sägemehl lässt sich auch als Bodenverbesserer im Gemüse- und Blumenbeet einsetzen. Hier wird es am besten gleich beim Umgraben in den Boden eingearbeitet, Sie können es aber auch im Herbst als Mulchschicht auf dem frisch bearbeiteten Boden verteilen. Vor der Frühjahrspflanzung geben Sie dann zur Ergänzung der notwendigen Nährstoffe eine Gabe Volldünger auf die Beete.

Salat

Folgesaaten ausbringen
Säen Sie Salat grundsätzlich zeitlich versetzt, damit nicht alle Pflanzen zur selben Zeit fertig sind. Sobald die erste Aussaat zu keimen beginnt, sollten Sie bereits eine zweite vornehmen, sodass Sie immer frischen Nachschub haben.

Früher ernten
Wollen Sie Ihren Salat möglichst bald ernten, kaufen Sie am besten Jungpflanzen. Setzen Sie die Pflänzchen in Abständen von ungefähr 20 cm in feuchte, nährstoffreiche Erde und halten Sie den Boden immer ausreichend feucht.

Blütentrieben vorbeugen
Wenn Salat schießt, also Blütentriebe bildet, bevor er erntereif ist, so liegt dies daran, dass die Pflanzen in ihrem Wachstum aus verschiedenen Gründen behindert sind, vor allem durch eine verspätete Auspflanzung, zu große Hitze, zu wenig Platz oder auch durch ausgetrocknete Wurzeln aufgrund mangelhafter Bewässerung. Pflanzen Sie Salat deshalb möglichst an einen leicht beschatteten Platz, halten Sie den empfohlenen Pflanzabstand ein und gießen Sie die Pflänzchen stets ausreichend.

Vögel fern halten
Vor dem Auspflanzen der Setzlinge sollten Sie zuerst die untersten Blätter der Pflanzen entfernen. Dadurch lässt sich nicht nur ihr Wachstum fördern, sondern die Vögel werden auch daran gehindert, die Pflänzchen aus dem Boden zu ziehen. Zum Schutz vor Vogelfraß können Sie außerdem ein Netz auf ein niedriges Holzgestell über und um das Beet herum spannen.

Optimale Ernte bei wenig Platz
Bei wenig Platz im Gemüsebeet können Sie auch Schnittsalat anpflanzen. Grundsätzlich lässt sich zwar jeder Salat als Schnittsalat verwenden, aber spezielle Schnittsalatsorten wie 'Hohlblättriger Butter' und 'Grünetta' oder Römischer Salat wie 'Valmaine' sind noch besser geeignet. Säen Sie ab April 2 Monate lang

---

GÄRTNER-WISSEN

Salat aussäen, vereinzeln und ernten

Wird Salat auf einmal ausgesät, kommt es nach einer größeren „Salatschwemme" zur erntelosen „Durststrecke". Damit Sie durchgehend von April bis Oktober frischen Salat ernten können, ist eine regelmäßige Aussaat alle 14 Tage sinnvoll.

Sorte	Aussaat	Erstes Vereinzeln	Zweites Vereinzeln	Ernte
Sommersorten	Mitte März bis August	Sobald man die Sämlinge anfassen kann	Sobald sich die Salatpflanzen berühren	Juni bis Oktober
Frühlingssorten	September	Sobald man die Sämlinge anfassen kann	März	April bis Mai

einmal pro Woche aus und pikieren Sie die Sämlinge auf 5 cm Abstand. Nach 4–8 Wochen, wenn die Köpfe eine Höhe von 10–13 cm erreicht haben, können Sie ernten, indem Sie die Pflanzen 2–3 cm hoch über dem Boden abschneiden. Anschließend wachsen die Salatpflanzen wieder nach und können 7–8 Wochen später erneut geschnitten werden, bis sie nach zwei oder drei weiteren Ernten schließlich verkümmern und absterben. Wichtig für eine gute Ernte sind ausreichendes Wässern und wöchentliche Düngergaben mit einem Flüssigdünger.

Pflücksalate

Regelmäßige Ernten garantieren auch Pflücksalate, die zwar viele Blätter, aber kein festes Herz entwickeln. Sie werden geerntet, indem man regelmäßig die jeweils besten Blätter der Salatpflanzen einer Reihe abpflückt. Da stets nur die äußeren Blätter entfernt werden, können immer neue Blätter im Innern nachwachsen. Gute Pflücksalate sind der gelbgrüne Eichblattsalat 'Salad Bowl' und der rote Eichblattsalat 'Red Salat Bowl', die beide krause Blätter entwickeln. Sie werden im Frühjahr ausgesät und in Abständen von ungefähr 30 × 30 cm ausgepflanzt. Fallen bei der Ernte mehr Salatblätter an, als Sie sofort verbrauchen können, lässt sich das Gemüse für kurze Zeit in einem Plastikbeutel im Gemüsefach des Kühlschranks aufbewahren.

Lücken füllen

Ist in Ihrem Gemüsebeet im Frühjahr nicht genug Platz für Salat, können Sie die Samen im Mai auch in größere Saatschalen aussäen. Wenn dann im Juli die ersten Lücken im Gemüsebeet entstehen, pflanzen Sie die Sämlinge ins Beet um.

Symmetrie im Beet

Haben Sie Salat als dekorative Begrenzung eines Blumenbeets angepflanzt, wird die Symmetrie nicht gestört, wenn Sie bei der Ernte jeweils nur jeden zweiten Salat entfernen.

Robuste Sorten pflanzen

Salat ist für zahlreiche Pilzkrankheiten anfällig, sodass Sie möglichst robuste Sorten anpflanzen sollten. Lassen Sie sich am besten im Gartencenter oder in einer Gemüsegärtnerei beraten, welche der zahlreichen krankheitsresistenten Sorten für Ihren Garten geeignet ist.

Wann ernten?

Ernten Sie Salat möglichst frühmorgens, wenn er noch feucht vom Tau ist. Wählen Sie dafür Köpfe mit gut gefüllten, festen Herzen und schneiden Sie die Pflanzen mit einem scharfen Messer kurz unterhalb der untersten Blätter ab.

Reichlich gießen

Für eine optimale Ernte sollte der Boden besonders nährstoffreich sein. Wichtig ist auch, dass die Pflanzen nie austrocknen, weshalb Sie vor allem bei Hitze gut gießen müssen, sodass die Feuchtigkeit bis zu den Wurzeln gelangt. Am besten wässern Sie die Pflanzen abends, damit sie während der Nacht genug Zeit haben, die Feuchtigkeit aufzunehmen, ehe sie wieder der Hitze des Tages ausgesetzt sind.

Gute Drainage

Bei schweren Böden sollten Sie die Sämlinge auf 10 cm hohe Erdwälle setzen. Das gilt vor allem für Wintersalate, die bei Staunässe sehr anfällig für Grauschimmel sind.

Raupen vorbeugen

Zur Beetpflege gehört neben dem Jäten das regelmäßige Hacken des Bodens. Dadurch werden neben den Unkräutern auch viele Salat fressende Raupen an die Oberfläche befördert, die dann entfernt werden können.

Wintersalate bleichen

Wintersalate, vor allem Endivien und Radicchio, werden zur Verbesserung von Geschmack und Konsistenz mithilfe einer Bedeckung gebleicht. Dafür eignen sich umgedrehte Blumentöpfe oder mit schwarzer Folie überzogene Gemüsekisten, die man über die Pflanzen stülpt.

Salbei

Beliebtes Küchenkraut

Salbei (Salvia officinalis) ist ein beliebtes Küchenkraut, dessen aromatische Blätter gerne für Füllungen oder als Würze für Fleischgerichte und mediterrane Speisen verwendet werden. Salbeiblätter eignen sich aber auch sehr gut zum Trocknen. Verwenden Sie dafür die jungen Triebe, die im Frühsommer vor der Blüte geerntet werden.

Der richtige Standort

Aus Samen gezogener Salbei kann von sehr unterschiedlicher Qualität sein, sodass man besser die Stecklinge einer hochwertigen Pflanze nimmt. Salbei gedeiht am besten an einem sehr sonnigen Standort, wo er besonders kompakt wird und das intensivste Aroma bekommt. Im Schatten entwickeln sich dagegen nur lange, dünne Triebe mit wenig Aroma, und in sehr feuchten Wintern kann die Pflanze sogar eingehen.

Dekorative Pflanze

Neben dem grünblättrigen Salbei gibt es auch Sorten mit farbigen Blättern, deren Aroma ebenfalls sehr intensiv ist. So besitzt Salvia officinalis 'Icterina' gelb panaschierte Blätter, während das Laub der Purpurascens-Sorten purpurfarben ist. Sorten mit mehrfarbigen Blättern in Rosa, Grün und Creme wie 'Kew Gold' und 'Tricolor' sind besonders attraktiv, wachsen jedoch etwas weniger kräftig als die anderen Sorten.

Leichter Rückschnitt

Haben Sie Ihren Salbei nicht schon durch den täglichen Bedarf für die Küche im Winter zurückgeschnitten, sollte die Pflanze im Frühjahr einen Rückschnitt erhalten, damit sie schön dicht und buschig bleibt. Allerdings dürfen die Triebe dabei nicht mehr als 5–8 cm gekürzt werden, da die Pflanze sonst eingehen kann.

Absenker und Stecklinge

Salbei ist eine relativ kurzlebige Staude und sollte alle 3–4 Jahre durch neue Pflanzen ersetzt werden. Das kann zum einen durch Absenker geschehen, wobei sich die unteren Triebe manchmal von allein absenken und bewurzeln. Schneiden Sie die Absenker ab und pflanzen Sie sie ein, sodass sich daraus neue Pflanzen entwickeln. Andernfalls nehmen Sie im Juni oder Juli 7–10 cm lange Stecklinge von der Mutterpflanze und lassen sie in Töpfen mit grobsandiger Anzuchterde im Kalten Kasten Wurzeln bilden. Ende August setzen Sie die Stecklinge dann einzeln in Töpfe und pflanzen sie im nächsten Frühjahr aus.

Salvien

Hübsche Farbtupfer

Ährensalbei (Salvia farinacea), der je nach Sorte eine Höhe von 30–90 cm erreicht und von Mai bis Oktober blüht, bringt lebendige Farbtupfer ins Sommerbeet – entweder als schöne Solitärpflanze oder als Gruppenpflanzung. Die Staude, die häufig auch als einjährige Schnittblume verwendet wird, trägt weiße, tiefblaue oder zart silberweiße Blüten und lässt sich leicht aus Samen ziehen. Damit sie bis zum Sommer ihre endgültige Größe erreicht, müssen die Samen bereits im Januar oder Februar in Saatschalen ausgesät werden. Die Jungpflanzen werden einzeln in große Töpfe gesetzt und kommen im Frühsommer ins Beet. Im Herbst können Sie die Stauden dann im Kalten Kasten oder im Gewächshaus unterstellen und im folgenden Jahr wieder auspflanzen.

Einjährige Salvien

Einjährige Salvien werden im Februar oder März bei 21 °C in Anzuchterde ausgesät. Sind die Sämlinge etwas mehr als 1 cm groß, pflanzt man sie in Einzeltöpfe oder pikiert sie in Saatschalen und stellt sie in ein beheiztes Gewächshaus. Vor dem Auspflanzen werden sie an einem sonnigen, frostfreien Platz abgehärtet und in Abständen von etwa 25 cm ins Beet gepflanzt.

Jungpflanzen entspitzen

Sobald die Jungpflanzen etwa 5 cm hoch sind, sollten Sie die Spitzen abknipsen, damit die Pflanzen buschiger wachsen. Damit sie noch reicher blühen, entfernen Sie den Hauptblütentrieb, sobald seine Blüten verwelkt sind.

DIE RICHTIGE WAHL		

Salvien für unterschiedliche Standorte

Es muss nicht immer Salbei sein – innerhalb der rund 700 verschiedenen Salvienarten haben Sie die Wahl zwischen Einjährigen, Zweijährigen, Stauden und immergrünen Sträuchern, die Sie für sehr unterschiedliche Zwecke im Garten einsetzen können.

Art	Beschreibung	Pflanzzeit/Standort
Salvia officinals (Salbei)	Beliebtes Küchenkraut, von dem es auch Sorten mit panaschierten Blättern gibt	Frühling; in jeden durchlässigen Boden in voller Sonne
Winterharte Stauden	Robuste Stauden mit blauen, lila- oder rosafarbenen Blütenständen im Sommer	Herbst oder Frühjahr; in durchlässigen Boden in voller Sonne
Nicht winterharte Stauden	Bis zu 1,8 m hoch; tragen im Sommer blaue, rosafarbene oder rote Blüten	Frühling; in gut drainierten Boden in voller Sonne
Nicht winterharte Gehölze	Niedrige verzweigte Sträucher, die im Sommer rote, rosafarbene oder cremeweiße Blüten tragen	Frühjahr; in durchlässigen Boden; windgeschützt und in voller Sonne
Einjährige	Einjährige Sommerblumen mit violetten, scharlachroten, weißen, blauen, lachs- und rosafarbenen Blüten	Februar; Aussaat im Gewächshaus; im Mai abhärten und auspflanzen
Hohe Beetpflanzen	Hohe, elegante Pflanzen in verschiedenen Blautönen	April oder Mai; in normalen, gut entwässerten Boden in voller Sonne
Zweijährige	Im ersten Jahr nur als Blattrosette sichtbar, im zweiten Jahr erscheinen dann die weißen Blüten	Sommeraussaat in normalen, gut drainierten Boden in voller Sonne

Schützende Pflanze

'Salvia' kommt vom lateinischen *salvare* (retten oder schützen). Das wussten schon die griechischen und römischen Ärzte der Antike und ein uralter Spruch lautete deshalb auch: „Iss Salbei im Mai und du wirst ewig leben." Das Würzkraut Salbei, nur ein Mitglied aus der großen Salvia-Familie, wurde einst bei Wechselfieber und Zahnschmerzen verordnet und sollte sogar gegen Haarausfall helfen. Heute verwendet man Salbeitee vor allem zum Gurgeln bei Halsschmerzen und Heiserkeit.

Winterharte Salvien vermehren

Winterharte Salvien lassen sich durch Stecklinge vermehren. Nehmen Sie dafür im Frühherbst einige nicht blühende Seitentriebe mit jeweils einem verholzten Stängelstück von der Pflanze ab. Setzen Sie die Stecklinge einzeln in Töpfe mit einem Torf-Sand-Gemisch, in das Sie

zuvor ein Bewurzelungspräparat mischen. Sie können die Stecklinge aber auch mit dem unteren Ende in das Mittel eintauchen, damit sie schneller Wurzeln bilden.

Samen

Samen selbst sammeln

Wollen Sie Samen von Beetpflanzen sammeln, lassen Sie einfach einige verblühte Blütenstände stehen, sodass sich Samen bilden können, und sammeln Sie diese nach der Reife ab. Bedenken Sie jedoch, dass die meisten Samen von F_1-Hybriden Pflanzen hervorbringen, die anders als ihre Eltern aussehen, was Enttäuschungen, aber auch schöne Überraschungen mit sich bringen kann.

Sämlinge durch Selbstaussaat

Samen werden von zahlreichen Stauden und Einjährigen nach der Blüte abgeworfen und keimen dann von allein im Herbst oder Frühjahr. Achten Sie deshalb auf Sämlinge in Ihrem Blumenbeet und pflanzen Sie sie gegebenenfalls um, damit die Pflanzen später nicht zu eng stehen.

Samen richtig sammeln

Damit möglichst wenige Samen beim Einsammeln verloren gehen, können Sie gegen Ende der Blütezeit eine Papiertüte über die betreffenden Pflanzen stülpen, die sie mit einem Plastikbändchen oder Bast vorsichtig am Pflanzenstängel befestigen. Sind die Blüten getrocknet, schneiden Sie die Stängel einfach unterhalb des Bändchens ab und schütteln die Samen vorsichtig in die Tüte. Dann beschriften Sie die Tüte und bewahren die Samen bis zur weiteren Verwendung an einem dunklen, luftigen, trockenen Platz auf. Wichtig ist, dass Sie zum Sammeln keine Plastikbeutel verwenden, da sonst zu wenig Luft an die Pflanzen gelangt.

Selbstaussaat fördern

Unter Stäuchern und Bäumen können Sie ein- und zweijährige Sommerblumen wie etwa Jungfer im Grünen, Klatschmohn und Vergissmeinnicht sich selbst aussähen lassen. Dazu schneiden Sie die Pflanzen kurz vor der Samenreife ab und hängen sie kopfüber in die Zweige der Gehölze, sodass die Samen leicht abfallen und vom Wind verteilt werden. Lockern Sie zuvor den Boden an den betreffenden Stellen mit der Hacke auf.

Keimfähigkeit testen

Ältere Samen sollten Sie vor der Aussaat auf ihre Keimfähigkeit überprüfen. Dafür säen Sie einige Samen auf ein Stück feuchtes Küchenpapier in einen sauberen Topf, bedecken den Topf, stellen ihn an einen warmen Platz und kontrollieren regelmäßig alle paar Tage, ob die Samen keimen. Geschieht dies nicht, sind die Samen unbrauchbar geworden. Gehen zumindest einige auf, zeigt der Prozentsatz der gekeimten Samen, wie viele Sie insgesamt für die gewünschte Anzahl an Pflanzen benötigen.

Samen säubern

Zum Säubern von Samen legen Sie einen Tortenteiler auf ein Häufchen Samen und blasen vorsichtig darüber, sodass die Hüllen fortfliegen und nur die Samen zurückbleiben. Den gleichen Effekt erzielen Sie, wenn Sie die Samen von einem gefalteten Stück Papier vorsichtig in eine Tüte schütten und dabei leicht darüber blasen.

Keimvorgang beschleunigen

Die harte Samenschale von Bäumen, Sträuchern und einigen Stauden wird durchlässiger, wenn Sie die Samen vor der Aussaat in ein verschlossenes Glas geben, in das Sie zuvor mittelfeines Schmirgelpapier mit der beschichteten Seite nach innen gesteckt haben, und das Glas einige Minuten lang schütteln. Durch dieses Aufrauen kann die Feuchtigkeit nach der Aussaat besser in die Samen eindringen, sodass die Keimung oft schon innerhalb von Tagen und nicht erst nach Monaten erfolgt. Beschleunigen lässt sich der Keimvorgang auch dadurch, dass Sie hartschalige Samen, etwa die Samen von Alpenveilchen, Ginster, Lupinen und Wicken, zwischen zwei Schichten feuchtes Küchenpapier legen und so lange liegen lassen, bis sie etwa zur doppelten Größe aufgequollen sind. Samen, die dadurch nicht weicher werden, können Sie mit einem kleinen scharfen Messer gegenüber dem Auge leicht einritzen.

Frühsaaten schützen

Gemüsesamen, die schon früh im Jahr ins Freibeet kommen, keimen wesentlich rascher, wenn Sie den Boden im Gemüsebeet 2 Wochen vor der Aussaat mit schwarzer Plastikfolie bedecken, sodass er schneller aufwärmt. Herrscht noch Kälte, wenn die Samen bereits aufgegangen sind, sollten Sie die Sämlinge mit Gartenvlies oder Hauben vor zu starkem Frost schützen.

Kürbisgewächse richtig aussäen

Die Samen von Gurken, Melonen, Zucchini und verschiedenen Kürbissorten sollten mit dem spitzen Ende nach oben in die Erde oder das Anzuchtsubstrat gesteckt werden. Auf diese Weise kann man in der Regel verhindern, dass die Samen noch vor der Keimung faulen und dadurch unbrauchbar werden.

Samen kennzeichnen

Damit Sie immer wissen, welche Pflanzen Sie zu welchem Zeitpunkt ausgesät haben, sollten Sie nach der Aussaat ein entsprechendes Etikett an den Saatschalen und Töpfen anbringen.

Dunkelkeimer schützen

Bei Dunkelkeimern siebt man mithilfe eines Gartensiebs (Maschengröße 3 mm) eine 3–6 mm dicke Schicht feine Erde auf die frisch gesäten Samen. Sie schützt die Samen nicht nur vor Lichteinfall, sondern verhindert auch, dass sie austrocknen, ohne dass der Keimvorgang behindert wird.

Samen aufbewahren

Samenreste in Papiertüten bleiben länger keimfähig, wenn Sie die Tüten in Aluminiumfolie wickeln und in einen luftdichten Behälter legen, den Sie in einem kühlen Raum oder im Gemüsefach des Kühlschranks lagern.

Aussaattermine nicht vergessen

Nach dem Kauf lagern Sie Ihre Samentütchen am besten in der Reihenfolge der Aussaat, damit Sie die jeweiligen Termine nicht übersehen.

Nach der Aussaat

Nach der Aussaat der Samen sollten Sie die Saatschalen oder Anzuchttöpfe mit Plastikfolie oder einer Glasscheibe bedecken, damit das Anzuchtsubstrat feucht bleibt, und die Behälter an einen dunklen, warmen Ort stellen, um die Keimung zu beschleunigen. Sobald die Sämlinge erscheinen, werden sie in einen Raum mit Tageslicht gestellt und die Glas- oder Folienabdeckungen am folgenden Tag entfernt.

Lichtkeimer säen

Bei manchen Pflanzen wie Begonie, Fleißiges Lieschen, Lobelie und Petunie werden die Samen auf das Substrat gesät und nicht mit Erde bedeckt, da sie zum Keimen Wärme und Licht brauchen. Sind die Sämlinge da, bedeckt man sie vorsichtig mit einer dünnen Schicht Vermikulit, ein poröses mineralisches Material, das die Wuchskraft der Pflänzchen fördert. (Siehe auch *Aussaat*)

Sand

Tonböden verbessern

Um die Wasserdurchlässigkeit von schweren Tonböden zu verbessern und die Bearbeitung zu erleichtern, arbeitet man groben Sand, der auch scharfer Sand genannt wird, in die oberste Bodenschicht ein. Scharfen Sand bekommen Sie lose in Baustoffhandlungen. Gewöhnlichen weichen Sand sollten Sie dagegen nicht zur Bodenverbesserung verwenden, da er für diesen Zweck viel zu fein ist.

Vasen stabilisieren

Zierlichen Vasen, die unten schmal zulaufen, können Sie vor dem Einfüllen des Wassers mit einer Hand voll feinem Sand mehr Standfestigkeit verleihen. Bei Glasvasen wirken mehrere Sandschichten in verschiedenen Farben sehr dekorativ.

Saatgut schützen

Nach der Reihenaussaat von Blumen- oder Gemüsesamen ist es ratsam, zum Markieren der Reihen eine dünne Schicht groben Sand auf die Saatrillen zu streuen. So wird nicht nur verhindert, dass man versehentlich darauf tritt, die Sandschicht schützt die Erdoberfläche auch vor starken Regenfällen, die den Boden verdichten und so die Keimung behindern können.

Staunässe bei Stecklingen vorbeugen

Ehe Sie frisch geschnittene Stecklinge in ein Pflanzgefäß setzen, sollten Sie immer zuerst eine dicke Schicht scharfen Sand auf die Anzuchterde geben und fest andrücken, da sie nicht nur die Bewurzelung der Stecklinge fördert, sondern auch schädliche Staunässe verhindert. Bohren Sie anschließend mit einem Pflanzholz Löcher durch die Sandschicht und setzen Sie die Stecklinge an diesen Stellen in das Pflanzgefäß. Wenn sich die Wurzeln dann entwickeln, wachsen sie durch den Sand hindurch in die nährstoffreiche Erde.

Sand als Keimhilfe

Die Samen vieler Bäume und Sträucher keimen erst, wenn sie zuvor niedrigen Temperaturen ausgesetzt waren. Legen Sie deshalb die Beeren von Sträuchern wie Berberitze, Schneeball, Seidelbast, Stechpalme oder Weißdorn kurz nach der Reife im Herbst zwischen feuchte Sandschichten in einen frostbeständigen Tontopf oder in ein anderes Gefäß mit ausreichend Abflusslöchern. Decken Sie den Behälter mit feinem Maschendraht zu, um die Samen vor Mäusen und anderen Kleinnagern zu schützen, und graben Sie ihn den Winter über im Garten ein. Im Frühjahr nehmen Sie die Samen dann heraus und säen sie mit dem Sand in tiefe Anzuchtkisten oder in ein Anzuchtbeet im Freien.

Sandböden

Vor- und Nachteile

Sandböden sind besonders leicht und wasserdurchlässig, sodass sie sich im Frühjahr rasch erwärmen und man früh säen und pflanzen kann. Sie haben jedoch den Nachteil, dass die lebenswichtigen Bodennährstoffe von Regen oder Gießwasser schnell ausgewaschen werden; daher benötigen die Pflanzen regelmäßige Düngergaben.

Nährstoffe zuführen

Die Fruchtbarkeit von Sandböden lässt sich erheblich verbessern, wenn Sie große Mengen gut verrotteten Kompost, Stallmist oder verbrauchte Pilzzuchterde in den Boden einarbeiten. Wichtig ist, dass diese Gaben regelmäßig erfolgen, weil die Nährstoffe durch das Gießwasser oder bei Regen rasch aus dem Boden geschwemmt werden.

Stabilisieren und schützen

Sehr leichte Sandböden lassen sich stabilisieren, indem Sie bestimmte Pflanzen wie etwa Haargras, Johanniskraut, Schmalblättrige Ölweide und Tamariske anpflanzen. Grenzt Ihr Garten zudem an einen Strand oder ein vorwiegend sandiges Gelände, können Sie mit einem niedrigen Schutzzaun aus Stroh verhindern, dass zu viel Sand

auf die Pflanzen geweht wird. Legen Sie dafür das Stroh quer über die vorgesehene Linie und versenken Sie es so mit dem Spaten im Boden, dass es sich senkrecht aufstellt und gleichzeitig tief genug steht, um nicht weggeweht zu werden.

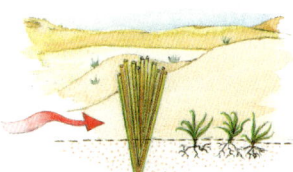

Mit Zierpflanzen stabilisieren

Viele Beetpflanzen gedeihen besonders gut auf einem leichten, durchlässigen Sandboden. Zur besseren Stabilisierung und um die Feuchtigkeit länger zu halten, können Sie Bärenohr (*Arctotis*), Gazanie (*Gazania*), Mittagsblume (*Mesembryanthemum*), Portulak (*Portulaca*) und Steinkraut (*Alyssum*) so dicht aneinander in solche Beete und Rabatten pflanzen, dass sich die Pflanzen dabei fast überlappen. Auf diese Weise überziehen sie das Beet nicht nur mit ihren schönen Farben, sondern wirken auch wie eine Mulchschicht.

Erosion und Wasserverlust vorbeugen

Gegen Wasserverlust und Bodenerosion bei leichten Sandböden hilft auch eine Bepflanzung mit Bodendeckern wie Fächer-Zwergmispel (*Cotoneaster horizontalis*), Teppich-Zwergmispel (*Cotoneaster dammeri*) oder Zwergformen des Ehrenpreis (*Veronica surculosa*). Hilfreich ist außerdem eine Mulchschicht aus Rindenmulch, halb verrottetem Stroh, reifem Kompost oder Kieselsteinen zwischen den Pflanzen. (Siehe auch *Mulchen*)

Gemüse für Sandböden

Sandböden sind ideal für den Anbau von Möhren, Pastinaken, Hafer- und Schwarzwurzeln, Wurzelpetersilie oder andere Gemüsearten mit langen, spitz zulaufenden Wurzeln. Auf dem wasserdurchlässigen Boden wachsen die Wurzeln nicht nur besonders gut, sondern bleiben auch gerade und glatt, spalten sich nicht und lassen sich leichter ernten. Über Winter kann man sie mit Ausnahme von Möhren im Boden lassen, mit Erde bedecken und dadurch jederzeit ernten – zumindest solange der Boden nicht gefroren ist.

Spargel anbauen

Auch Spargel wächst besonders gut auf wasserdurchlässigen Sandböden. Um die Feuchtigkeit im Boden zu halten, sollten Sie reichlich organisches Material einarbeiten und den Boden im zeitigen Frühjahr mit einer dicken Mulchschicht aus gut verrottetem Stallmist bedecken. Wenn Sie die zweijährigen Pflanzen dann Anfang April setzen, können Sie im folgenden Jahr ernten.

Sauerampfer

Der richtige Standort

Sauerampfer (*Rumex acetosa*) gedeiht am besten auf nährstoffreichen, feuchten Böden an einem halbschattigen bis schattigen Standort. Schild-Sauerampfer (*Rumex scutatus*), der noch saftigere Blätter besitzt als der gewöhnliche Sauerampfer, wächst dagegen vorzugsweise an trockenen, sonnigen Plätzen. Besonders dekorativ wirken Sauerampfersorten mit roten Blättern in Kombination mit den grünblättrigen Sorten.

Sauerampferblätter zubereiten

Die würzigen, stark sauer schmeckenden Sauerampferblätter werden in der Küche für Salate, Suppen und Saucen verwendet oder wie Spinat zubereitet. Aufgrund ihres hohen Oxalsäuregehalts sollten sie jedoch stets gegart und auch nur in kleineren Mengen verzehrt werden – vor allem, wenn Kinder mitessen –, da roher Genuss zu Durchfall bis hin zu schweren Vergiftungserscheinungen führen kann. Wenn Sie die Blätter außerdem in Email- oder Glastöpfen zubereiten, werden sie beim Garen nicht dunkel.

Richtig ernten

Sauerampfer sollten Sie möglichst noch vor der Blüte ernten, da die Pflanzen dann ihre ganze Kraft auf das Wachstum der würzigen Blätter konzentrieren. Pflücken Sie außerdem nie zu viele Blätter auf einmal – wenn Sie mehr als eine halbe Blattrosette ernten, geht die Pflanze ein. Besser ist es, zuerst nur eine Hälfte des Blätterbüschels abzuschneiden und mit dem Pflücken der anderen Hälfte so lange zu warten, bis die erste Hälfte wieder nachgewachsen ist.

Sauerampfer für den Winter

Sauerampfer kann bis zum Spätherbst gepflückt werden und treibt im Frühjahr relativ früh wieder aus. Möchten Sie auch später im Jahr noch ernten, können Sie einige Pflanzen mit Glashauben vor den ersten Nachtfrösten schützen oder sie in ein Beet in einem unbeheizten Gewächshaus setzen. Wenn Sie außerdem im Sommer einige Samen in Töpfe säen und diese im Herbst an einen kühlen Platz im Haus stellen, haben Sie auch den Winter über immer wieder frische Blätter.

Säulenform

Dekoratives Element
Säulenförmige Bäume verleihen jedem Garten eine gewisse Würde und eignen sich besonders als eleganter Rahmen für einen schönen Ausblick oder auch als wirkungsvolle Abgrenzung, ohne dass sie das Dahinterliegende verdecken. Sie sollten die Bäume jedoch möglichst nicht in gerader Linie pflanzen, da sie dann meist zu steif und geordnet erscheinen. Wesentlich lebendiger wirken sie, wenn sie immer abwechselnd zu beiden Seiten einer Linie gesetzt werden.

Obstbäume im Kübel
Selbst in einem noch so kleinen Garten können Sie Äpfel ernten, wenn Sie 'Ballerina'- oder 'Minarette'-Bäumchen in Kübel pflanzen, denn diese dekorativen Pflanzen mit ihren kurzen Ästen bleiben auch ausgewachsen rank und schlank. Damit sie immer gut tragen, sollten die Bäumchen den Sommer über allerdings stets reichlich gegossen werden.

Wie schneiden?
Beim Rückschnitt eines säulenförmigen Baumes sollten Sie darauf achten, den Vegetationspunkt nicht zu entfernen, da sich sonst die Wuchsform des Baumes verändert. Schneiden Sie nur die nach außen gerichteten Triebe zurück. Wenn Sie dafür eine Teleskop-Baumschere verwenden möchten, sollten Sie mit ihr nur Äste schneiden, deren Durchmesser nicht mehr als 8 cm beträgt, da sonst die Kraftanstrengung für Hände und Arme zu groß ist und die Klinge zudem leicht im Ast stecken bleibt. Für dickere Äste nehmen Sie besser eine Bügelsäge.

Siehe auch *Baumformen* S. 20–23

Saure Böden

Den ph-Wert testen
Ob Ihr Boden sauer ist, können Sie mithilfe eines entsprechenden Testsets überprüfen, das den pH-Wert des Bodens misst. Bei einem pH-Wert unter 7 (neutral) spricht man von einem sauren Boden. Achten Sie außerdem darauf, welche Pflanzen in Ihrem Garten oder in der Umgebung wachsen, denn auch Ampfer, Barbarakraut, Disteln, Gänseblümchen, Kriechender Hahnenfuß und Wegerich zeigen einen sauren Boden an. (Siehe auch *Bodenanalyse*)

Ausgleich durch Kalk
Zwar gedeihen zahlreiche Pflanzen auch auf leicht sauren Böden (pH-Wert 6,5), aber wenn Ihr Boden einen pH-Wert von 6 oder darunter aufweist, empfiehlt sich eine Behandlung mit Kalk, um den pH-Wert anzuheben. Verteilen Sie den Kalk in Form von Gärtnerkalk, Kali, Kreide, Mergel oder Phosphor bindender Schlacke im Herbst oder Winter beim Umgraben oder Mulchen. Um den pH-Wert innerhalb eines Jahres um einen ganzen Punkt anzuheben, rechnet man 4–5 kg Kalk pro 100 m². Danach genügt zur Konstanthaltung des Wertes ein Viertel dieser Menge, also etwa 1 kg pro 100 m².

Saure Böden mulchen
Beim jährlichen Mulchen von saurem Boden, auf dem die entsprechenden Pflanzen wachsen, sollten Sie auf Pilzkompost als Mulchmaterial verzichten. Er enthält zwar viele organische Bestandteile, aber auch große Mengen Kalk, der für diese Pflanzen sehr schädlich wäre. (Siehe auch *Mulchen*)

Pflanzen für saure Böden
Bei einem sauren Boden ist es sinnvoll, nur solche Pflanzen auszuwählen, die einen Boden-pH-Wert von 4–6,5 bevorzugen. Pflanzen, die saure Böden vertragen oder sogar brauchen, sind Azaleen und Rhododendren, Erika, Heidekraut (Besenheide), Hortensie, Magnolie, Lavendelheide, Lorbeerrose (Berglorbeer), Scheinbeere, Scheinhasel, Torfmyrte und Zaubernuss. Wollen Sie den Boden-pH-Wert im übrigen Garten durch Kalkgaben anheben, sollten Sie dabei den Bereich aussparen, an dem diese Pflanzen wachsen.

Häufiger düngen
Einen sauren Boden sollten Sie öfter als üblich düngen, vor allem mit Phosphat- und Kalidünger, da sich der Säuregehalt auch auf die Bioverfügbarkeit wichtiger Pflanzennährstoffe auswirkt. Am besten ist es, wenn Sie die empfohlene Düngermenge in zwei bis drei gleich großen Teilmengen in Abständen von jeweils etwa 6 Wochen auf dem Boden ausbringen.

Regelmäßig testen
Einige Düngemittel wie Ammonium- und Kaliumsulfat können den ph-Wert des Bodens so weit absenken, dass er in den sauren Bereich gerät. Bei regelmäßiger Anwendung solcher Düngerpräparate sollten Sie deshalb den pH-Wert Ihres Bodens alljährlich überprüfen, um sicherzustellen, dass er noch in dem von den Pflanzen benötigten pH-Bereich liegt, und den ph-Wert gegebenenfalls mit Kalkgaben wieder anheben.

Flüssige Kalkgaben
Anstatt den Kalk zur Anhebung des pH-Wertes direkt in den Boden einzuarbeiten, können Sie ihn auch in flüssiger Form geben. Mischen Sie dafür in einem großen Gefäß, etwa in einer Wasser- oder Mülltonne, pro 100 m² Bodenfläche 1,5 kg Kalkpulver mit 10 l Wasser, rühren Sie die Mischung sehr gut um und verteilen Sie die Lösung mit der Gießkanne zwischen den Pflanzen auf dem Boden.

GÄRTNER-WISSEN

Saure Böden ausgleichen
Durch die Zugabe folgender Mengen an Kalk oder Kalziumcarbonat können Sie den pH-Wert Ihres Bodens auf 6,5 anheben.

Bodenart	Aktueller pH-Wert	g/1 m²
Sand	6,0	140
	5,5	240
	5,0	440
	4,5	620
Lehm	6,0	200
	5,5	380
	5,0	620
	4,5	960
Ton	6,0	240
	5,5	480
	5,0	820
	4,5	1200

Schalotten

Steckzwiebeln setzen

Schalotten gedeihen am besten in nährstoffreichen, lockeren Böden. Arbeiten Sie deshalb beim Umgraben des Beetes reichlich gut verrottetes organisches Material wie beispielsweise reifen Kompost oder Stallmist in den Boden ein und düngen Sie einige Tage vor dem Pflanzen großzügig mit einem Universaldünger. Setzen Sie die Steckzwiebeln dann im März oder April in Abständen von 15–20 cm mit dem spitzen Ende nach oben so in die Pflanzlöcher, dass sich die Spitzen knapp unter der Erdoberfläche befinden. Der Abstand zwischen den Reihen sollte 25–30 cm betragen. (Siehe auch *Düngemittel*)

Schwere Böden auflockern

Werden die Steckzwiebeln in schwere Böden gesetzt, empfiehlt es sich, zuerst ausreichend Sand in den Boden einzuarbeiten, um Staunässe vorzubeugen, und die Pflanzlöcher in kleinen Erdwällen anzulegen. Dann setzen Sie die Schalotten so in die Erde, dass die Zwiebelspitzen auf Höhe der Oberkante der Wälle liegen.

Schalotten aus Samen

Wenn Sie Schalotten aus Samen ziehen, werden diese im März im Abstand von etwa 2 cm ins Freiland gesät. Sobald die Sämlinge etwa 5 cm hoch sind, dünnen Sie auf 5 cm aus. Sie können aber auch im Februar unter Glas aussäen, Ende März mit der Abhärtung der Sämlinge beginnen und die Pflanzen Ende April ins Freiland setzen. Aus Samen gezogene Schalotten sind weniger krankheitsanfällig als Pflanzen aus Zwiebeln, da mögliche Viren nicht von einem Jahr zum nächsten übertragen werden. Gute Sorten sind die gelbe 'Creation' und die roten 'Atlas' oder 'Matador'.

Schalotten in Mischkultur

Schalotten (*Allium cepa* var. *ascalonicum)*, die aromatisch-feinen Verwandten der Speisezwiebel, werden bei uns nur einjährig kultiviert, da sie bei Temperaturen unter −8 °C eingehen. Sie gedeihen sehr gut in Verbindung mit Erdbeeren, Möhren und Salat, vertragen sich aber schlecht mit Bohnen und sämtlichen Kohlarten.

Richtig gießen

Herrscht im Frühjahr sehr trockenes Wetter, sollten Sie die Schalotten bis zum Juni gut wässern, damit sie sich ausreichend entwickeln können. Andernfalls kommt das Wachstum zum Stillstand und das Laub stirbt ab, ehe die Zwiebeln voll ausgebildet sind.

Aromatische Blätter

Die zarten grünen Triebe der Schalotte, deren Aroma an Schnittlauch oder Frühlingszwiebeln erinnert, sind eine ideale Ergänzung im Salat. Wenn Sie ein kleines Beet mit Steckzwiebeln in Abständen von 7–8 cm bepflanzen, können Sie die Triebe ab Juni wie Schnittlauch ernten.

Schalotten ernten

Sobald die Triebe im Juli vergilben und umknicken, werden die Schalotten mit der Grabgabel geringfügig so weit angehoben, dass sich die Wurzeln lösen, um den Reifevorgang etwas zu beschleunigen. Wenn die Zwiebeln sich dann braun färben, gräbt man sie an einem warmen Tag ganz aus und legt sie zum Trocknen aus.

Steckwiebeln für die nächste Saison

Steckzwiebeln für die nächste Pflanzsaison müssen Sie nicht jedes Jahr wieder neu kaufen, sie können dafür auch einige selbst geerntete feste Zwiebeln mit glatter, unbeschädigter Schale verwenden, sofern sie nicht von Krankheiten oder Schädlingen wie der Zwiebelfliege befallen sind. Am besten geeignet sind mittelgroße, gleichmäßig geformte Zwiebeln.

Beschleunigte Trocknung

Zum Trocknen eignet sich ein leicht erhöhtes, mit einem Draht- oder Plastikgitter (Maschengröße 1,5 cm) bezogenes Holzgestell. Legen Sie die frisch geernteten Schalotten auf das Gestell, stellen Sie es im Freien in die Sonne und wenden Sie die Schalotten ab und zu, bis sie so trocken sind, dass die Schalen bei Berührung knistern. Stellen Sie das Gestell aber über Nacht ins Haus, damit der Tau die Zwiebeln nicht durchnässt.

Schalotten richtig lagern

Getrocknet lassen sich Schalotten an einem trockenen, luftigen Ort bei 8 °C 4–5 Monate lagern. Dafür eignen sich Holzkisten, in die Sie die Schalotten locker und nicht zu hoch einschichten. Sie können die Schalotten nach der Ernte aber auch mit den vertrockneten Blättern zu Zöpfen flechten und aufhängen. Vielleicht überlässt aber auch Ihr Gemüsehändler Ihnen einen ausgedienten, grobmaschigen Zwiebelsack, in dem Sie die Schalotten über Winter im Geräteschuppen oder in der Garage lagern.

DIE RICHTIGE WAHL

Bewährte Schalottensorten

Bei Schalotten haben Sie die Wahl zwischen roten, gelben und braunen Sorten.

Gelbe Schalotten

Die sehr leicht zu ziehende Standardsorte 'Giant Yellow' ist in der Regel überall erhältlich. Die Sorte 'Topper' ist allerdings um fast 30 % ertragreicher und wird deshalb auch immer beliebter. Bei 'Golden Gourmet' sind die großen, wohlgeformten Schalotten goldgelb.

Rote Schalotten

Die Sorte 'Pikant' bringt kleine, scharfe Zwiebeln hervor, während die rotfleischige 'Success' etwas größer und milder ist. Schalotten der Sorten 'Delicato' und 'Sante' sind deutlich größer und bringen gute Erträge. Einige Sorten sind eher kupferoder purpurfarben als rot.

Braune Schalotten

Schalotten von gleichmäßiger Größe und Form, die nur geringe Erträge bringen – durchschnittlich vier Zwiebeln pro Horst. Die beste Sorte ist 'Hative de Niort', eine flaschenförmige Schalotte mit tiefbrauner Schale, die allerdings mindestens viermal so teuer ist wie die übrigen Sorten.

Zwiebelfliegen vorbeugen

Ein Schädling der Schalotte sind die Maden der Zwiebelfliege, deren Fraßgänge bis ins Innere der Pflanzen reichen können. Spannen Sie zur Vorbeugung rechtzeitig im April und Mai Gartenvlies über das Gemüsebeet oder bestäuben Sie die jungen Pflanzentriebe regelmäßig mit Gesteinsmehl, um die Schädlinge fern zu halten. Bereits befallene Pflanzen sollten Sie unverzüglich aus der Erde nehmen und in der Mülltonne entsorgen, damit sich die Schädlinge nicht noch weiter ausbreiten. (Siehe auch *Schädlinge und Krankheiten* S. 366)

DAS SCHATTENPROBLEM LÖSEN

Auch Besitzer von problematischen Gärten – selbst wenn es sich nur um ein paar im Schatten stehende Kübel auf der Kellertreppe handelt – können mit einer Auswahl an Schatten liebenden Pflanzen für etwas Farbe sorgen.

In jedem Garten gibt es Stellen, die zeitweise oder ständig im Schatten von Gebäuden, Mauern oder Bäumen liegen. Weil es eine so reiche Auswahl an Pflanzen für offene, sonnige Gartenbereiche gibt, gilt Schatten häufig als vergleichsweise schwierig oder unerwünscht.

Tatsächlich braucht aber jeder Garten den mildernden Gegensatz lichtarmer Bereiche; Schatten sorgt für Üppigkeit und Tiefe. Vom kreativen Standpunkt aus betrachtet hat Schatten sogar mehr Vorteile als Nachteile. Man kann ihn z. B. nutzen, um die sonnigen Standorte im Garten zu betonen, indem man durch die Dunkelheit des einen Bereichs die Aufmerksamkeit auf die Helligkeit des anderen lenkt wie in den Gärten herrschaftlicher Häuser, in denen z. B. Laubengänge das Auge auf eine dahinter liegende Aussicht leiten.

Interessante Blattpflanzen

Blattpflanzen, die in Schattenbereichen eine große Rolle spielen, müssen nicht zwangsläufig langweilig sein. Form und Beschaffenheit der Blätter können auch bei wenig Licht gut wirken. Panaschierte Formen von Efeu, *Euonymus* und *Hosta* erweisen sich dabei nur zum Teil als geeignet. Besser sind gelbblättrige Pflanzen, die halbschattige Standorte bevorzugen, weil ihr Laub dort nicht von der Sonne versengt wird. Als besonders empfehlenswert gelten der Japanische Ahorn *Acer shirasawanum* 'Aureum', der sattgelbe Efeu *Hedera helix* 'Buttercup', das Ziergras *Milium effusum* 'Aureum' und der Pfeifenstrauch *Philadelphus coronarius* 'Aureus' mit seinen duftenden Blüten. Der panaschierte Efeu *Hedera helix* 'Goldherz' ist das ganze Jahr der Glanzpunkt eines düsteren Winkels, wenn er an einem Spalier, einer Mauer oder einem Baum hochgezogen wird.

Diese gut gewählte Schattenbepflanzung besteht aus Fingerhut, Funkien, Geranien und Lungenkraut.

Schatten liebende Funkien stehen einer Gruppe hoher Primeln vor, die näher am Licht sind.

Im Schatten von Bäumen

Der Schatten von Laubbäumen ist anders als der, den immergrüne Bäume abgeben. Laubbäume lassen im Herbst und Winter und lange Zeit im Frühjahr eine gewisse Menge an Licht durch ihre Zweige auf den Boden fallen. Immergrüne Bäume geben ständigen Schatten, sodass auf dem dunklen und trockenen Boden unter ihnen kein Grashalm gedeiht.

Es gibt eine große Auswahl an Zwiebelpflanzen und früh blühenden Stauden, die während der kälteren Jahreszeit das Licht unter Laubbäumen nutzen. So ist die Blütezeit von wild wachsenden Blumen wie Gemeinem Kerbel, Glockenblume, Schlüsselblume und Wiesenschaumkraut bereits beendet, bevor das Laubdach über ihnen zu dicht wird, um direktes Licht durchzulassen. Im Garten können Sie dem Beispiel der Natur folgen, indem Sie entsprechende Blumen für eine üppige Frühlingsblüte zwischen März und Juni pflanzen, gefolgt von Blattpflanzen, die das Gartenbild durch ihre Blattform beleben. Akelei, Tränendes Herz *(Dicentra spectabilis)*, Elfenblume *(Epimedium)*, Funkien und Lungenkraut sind geeignete Pflanzen für diese Standorte.

Der unterschätzte Farn

Obwohl Farne in den letzten Jahren ein wenig in Vergessenheit geraten sind, gehören sie zu den attraktivsten Pflanzen für Schattenzonen. Es gibt Farne für feuchte und trockene Böden; manche muss man vor Frost schützen. Darüber hinaus gedeihen Farne in Kübeln und können so z. B. dunklen Eingangsbereichen Eleganz verleihen.

Der männliche Farn *Dryopteris filix-mas* ist ein ausgezeichnetes Gewächs für den Anfang, denn er ist nahezu unverwüstlich. Er gedeiht in fast allen Böden, außer in stauender Nässe, und verträgt trockenen Schatten.

Silbertöne sind bei Farnen eher ungewöhnlich. Eine Ausnahme bildet *Athyrium niponicum* var. *pictum,* dessen elegante silberfarbene Wedel mit auberginefarbenen Purpurstreifen an den Adern durchsetzt sind. In der Pflege ist dieser Farn anspruchsvoller als andere Arten, denn er muss windgeschützt stehen und benötigt fruchtbaren, gut gemulchten Boden.

Der Hirschzungenfarn *Asplenium scolopendrium* bildet zahlreiche Gruppen glänzender, bandförmiger Wedel. An den Boden stellt er keine besonderen Ansprüche, gedeiht aber am besten auf Kalkstein. Die zur *Marginatum*-Gruppe gehörenden Farne haben reizvoll eingerollte und gekräuselte Blattränder.

Die grünen Bänder des Hirschzungenfarns sind ein schöner Blickfang in einer waldigen Senke.

Zwiebelpflanzen für Farbe

Früh blühende Zwiebelpflanzen nutzen das helle Licht unter Laubgehölzen, die noch keine Blätter tragen. Im Spätwinter bieten am Fuß von Bäumen und Sträuchern wachsende Vorfrühlingsalpenveilchen und Schneeglöckchen sowie der goldgelbe Wolfseisenhut einen schönen Anblick. Auch der Blütenteppich der rötlich violetten Dalmatiner Krokusse ist ein Anzeichen dafür, dass der Winter auf dem Rückzug ist.

Auf fruchtbarem, saurem Boden lässt sich die winzige Alpenveilchennarzisse *Narcissus cyclamineus* mit ihren stark zurückgeschlagenen Blütenblättern am Fuß kahlstämmiger Sträucher ansiedeln. Sie ist verwandt mit anderen kleinwüchsigen Narzissensorten wie 'February Gold', 'Jack Snipe', 'Jenny' und 'Peeping Tom', die ebenfalls Farbe in einen später schattigen Bereich bringen. Im Spätfrühjahr blühende Waldzwiebelpflanzen wie *Erythronium* und *Trillium* vertragen das geringe Licht schattiger Rabatten und ergänzen sich ausgezeichnet mit Farnen und Funkien. Als Ersatz für das Laub ihres natürlichen Lebensraums benötigen sie einen fruchtbaren Boden mit viel Laubmulch oder reifem Kompost.

Zwiebelpflanzen und Baumblüten nutzen die kurze Zeit der Helligkeit, bis die Blätter an den Bäumen ausschlagen.

Trockener Schatten

Während Schatten allein nicht allzu viele Probleme bereitet, ist die Kombination von Trockenheit und Schatten schwieriger zu meistern. Diese Bedingungen sind z. B. am Fuß einer sonnenlosen Mauer vorzufinden, wo Lichtmangel häufig mit trockenem Boden verbunden ist.

Ein weißer oder sehr heller Maueranstrich reflektiert das Licht an die dunklen Stellen, doch um möglichst viele schattenverträgliche Pflanzen setzen zu können, muss die Wasserhaltefähigkeit des Bodens durch reichlich Kompost und Laubmulch verbessert werden. Bei ausreichender Bodenfeuchtigkeit kann man eine Fülle schöner Schattenpflanzen ziehen wie z. B. Hortensien, Japananemonen oder Sterndolden.

Wenn sich die Bodenfeuchte im Sommer durch Mulchen allein nicht bewahren lässt, sollte man eine Tropfbewässerung mit Zeitschaltuhr in Erwägung ziehen, die unter dem Mulch verlegt wird.

Japananemone, Federmohn, Frauenmantel, Gefleckte Taubnessel und Storchschnabel beleben ein trockenes, schattiges Fleckchen.

Schatten

Wärmeschutz im Gewächshaus

Zum Absenken der Temperatur im Gewächshaus sollten Sie im Sommer Raffrollos auf nach Süden ausgerichteten Gewächshausdächern anbringen und am First befestigen. An trüben Tagen können Sie die Rollos dann mit der Schnur problemlos so weit hochziehen, dass ausreichend Licht einfällt.

Kästen und Hauben kühl halten

Damit Pflanzen, die den Sommer über in Kästen oder unter Hauben stehen, nicht zu viel Wärme bekommen, können Sie das Glas im späten Frühjahr mit einer speziellen Schattierfarbe für Gewächshäuser streichen. Im Herbst wird die Farbe dann einfach wieder abgewaschen.

Lichter Schatten für Rhododendren

Einige Sträucher, darunter auch Azaleen und Rhododendren, brauchen zum Gedeihen einen halbschattigen Standort. Daher pflanzt man sie vorzugsweise in die Nähe von Bäumen mit lichtem Laub wie etwa dem Japanischen Ahorn (*Acer japonicum*) oder Birken (*Betula*).

Den Schatten einer Hecke berechnen

Planen Sie eine hohe Hecke, sollten Sie vorher berechnen, wie viel Schatten sie später wirft. Stellen Sie dafür Äste oder Pfosten in der Höhe auf, die auch die ausgewachsenen Heckenpflanzen erreichen, und messen Sie dann über den Tag verteilt die Länge des Schattens, der von den Markierungen aus in den Garten fällt. Vergessen Sie dabei nicht, dass die Sonne im Winter tiefer steht als im Sommer und somit auch der Schatten entsprechend länger wird. (Siehe auch *Bäume*)

Pergolabepflanzung

Auf einer sonnigen, geschützten Terrasse können Sie in einer Gegend mit mildem Klima die Südseite einer Pergola mit Kiwis beranken. Schon einige Jahre später werden diese Pflanzen nicht nur erholsamen Schatten spenden, sondern auch gesunde, wohlschmeckende Früchte liefern.

Schnelle Kletterpflanzen

Eine Pergola oder ein Laubengang lässt sich bereits im ersten Jahr beschatten, wenn Sie einjährige Kletterpflanzen wie Glockenrebe (*Cobaea scandens*) und kletternde Sorten der Kapuzinerkresse (*Tropaeolum peregrinum*) zwischen langsamer wachsende Pflanzen wie Clematis und Rosen setzen, bei denen es viel länger dauert, bis sie eine ganze Pergola umranken. Säen Sie die Einjährigen im März im Haus aus und pflanzen Sie sie Anfang Juni ins Freie.

Licht unter Bäumen

Wenn man Bäume unterpflanzt, sollten die unteren Baumäste ausgelichtet werden, damit genug Licht und Regen durch die Zweige zu den Pflanzen gelangen. Steht ein Baum auf einer Rasenfläche, fällt das Mähen leichter, wenn die Baumkrone erst weiter oben ansetzt.

Schattengärten

Schattenblüher

Pflanzen, die mit ihren Blüten im Schatten für Farbe sorgen, sind die Glockenblume (*Campanula latifolia*) und das Maiglöckchen (*Convallaria*), die im Frühjahr blühen. Die Riesenlilie (*Cardiocrinum giganteum*) und die Türkenbundlilie (*Lilium martagon*) sind dagegen schöne Sommerblüher. Die Herbstzeitlose (*Colchicum speciosum* 'Album') und das Schneeglöckchen (*Galanthus*) im Spätwinter bevorzugen Halbschatten.

Duftende Pflanzen

Maiglöckchen, Primel und Veilchen bringen im Frühjahr Duft in einen Schattengarten. Wesentlich höher (60–90 cm) wird der Ziertabak (*Nicotiana alata*), der im Halbschatten gedeiht und an Sommerabenden einen intensiven Duft verströmt.

Dunkle Winkel aufhellen

Dunkle Ecken im Schatten von Mauern lassen sich mit immergrünem panaschiertem Kletterefeu aufhellen: *Hedera helix* 'Glacier' hat silbergrau panaschierte Blätter, 'Goldherz', auch als 'Oro di Bogliasco' bekannt, trägt grün-goldenes Laub.

Vorsicht Schnecken

Funkien (*Hosta*) sind zwar prachtvolle Blattschmuckstauden für schattige Standorte, durch ihre großen, schönen Blätter aber auch ein Festmahl für Schnecken aller Art. Zur Vorbeugung sollten Sie die Pflanzen deshalb in Kübel setzen und Insektenleimringe um den Kübelrand legen.

Pflanzen mit panaschierten Blättern

Eine schöne Bepflanzung für schattige Plätze ist die Gefleckte Taubnessel (*Lamium maculatum* 'Beacon Silver'), die durch ihre silbrig gefleckten Blätter auffällt. Auch das Salomonssiegel (*Polygonatum falcatum* 'Variegatum'), dessen panaschierte Blätter cremeweiße Spitzen und Ränder haben, eignet sich gut für Schattenplätze.

Mulch für bessere Bedingungen

Bei einer Unterpflanzung unter Bäumen und Sträuchern ist es besonders wichtig, alljährlich gut zu mulchen, um die Wasserspeicherfähigkeit des Bodens und die Nährstoffversorgung zu fördern. Die beste Zeit zum Mulchen ist im zeitigen Frühjahr; als Mulchmaterial eignen sich reifer Kompost, gut verrotteter Stallmist, verbrauchtes Pilzzuchtsubstrat und Rindenmulch.

Schatten liebende Stauden

Zu den Stauden, die sich im Schatten wohl fühlen, gehören das frühjahrsblühende Lungenkraut (*Pulmonaria*), die frühsommerblühende Schattenblume (*Smilacina racemosa*) sowie Nieswurz (*Helleborus*) und Schaftdolde (*Hacquetia epipactis*), die im Spätwinter blühen. Stauden, die Halbschatten bevorzugen, sind das im Frühjahr blühende Salomonssiegel (*Polygonatum × hybridum*) und die im Sommer blühenden Stauden Blutweiderich (*Lythrum salicaria*), Fingerhut (*Digitalis*) und Große Sterndolde (*Astrantia major*).

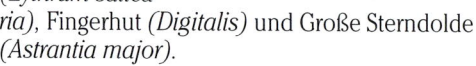

Bodendecker

Für leuchtende Farben im Schatten sorgen der Frauenmantel *(Alchemilla mollis)*, der den ganzen Sommer über sternförmige gelbgrüne Blüten trägt, oder das blau blühende Immergrün *(Vinca minor)* mit seinen attraktiven panaschierten Blättern. Ebenfalls für Schattenplätze geeignet ist das Kaukasus-Vergissmeinnicht *(Brunnera macrophylla)* mit seinen leuchtend blauen Blüten im Frühsommer, von dem es auch Sorten mit weiß geränderten oder silbergrau gefleckten Blättern gibt. (Siehe auch *Bodendecker*)

Schattenplätze unter Bäumen

Besonders heikel ist ein schattiger Standort unter großen Bäumen und Sträuchern, an dem der Boden völlig durchwurzelt ist und die Pflanzen mit den Gehölzen um Feuchtigkeit und Nährstoffe konkurrieren. Unter solch schwierigen Bedingungen gedeihen beispielsweise das Herbst-Alpenveilchen *(Cyclamen hederifolium)*, das einen Teppich aus marmorierten Blättern bildet und im Herbst eine Vielzahl zierlicher Blüten trägt, sowie Iris *(Iris foetidissima)* und Wolfsmilch *(Euphorbia robbiae)*, zwei sommerblühende Stauden mit blaugrünen Blättern.

Immergrüne Sträucher

Für einen schattigen Standort eignen sich auch einige immergrüne Sträucher wie etwa die Aukube *(Aucuba japonica)* mit ihren glänzenden, ovalen Blättern, der Buchsbaum *(Buxus sempervirens 'Marginata')*, der gelb geränderte Blätter trägt, das Geißblatt *(Lonicera nitida)*, das hübsche Johanniskraut *(Hypericum calycinum)* und die Skimmie *(Skimmia japonica)*, aus deren ovalen Blättern im Herbst große Büschel mit roten Beeren ragen.

Einjährige für den Halbschatten

Für lebhafte Farben sorgt das Fleißige Lieschen *(Impatiens walleriana)*, das den Boden im Sommer mit einem üppigen Blütenteppich überzieht.

Gemüse für schattige Plätze

Die meisten Gemüsearten bringen nur dann gute Erträge, wenn sie in voller Sonne angebaut werden. Lediglich Frühlingskohlarten, Lauch, Schalotten, Wurzelpetersilie und Wintersalate gedeihen auch noch in leichtem Halbschatten.

Siehe auch *Das Schattenproblem lösen* S. 252–253

Schildkröten

Den Garten sichern

Damit Ihre Schildkröte nicht aus dem Garten entweichen kann, sollten Sie die Gartentür und andere mögliche Schlupflöcher mit Brettern sichern. Ideal als Aufenthaltsort ist ein Gewächshaus; es bietet den Tieren im Frühjahr und Herbst zudem einen guten Kälteschutz.

Gesunder Appetit

Vor allem Jungpflanzen sind ein Leckerbissen für Schildkröten, sodass man die Gewächse am besten mit fest im Boden verankerten Maschendrahtbedeckungen schützt. Lassen Sie als Futter für Ihre Schildkröte einige Kopfsalat- und Löwenzahnpflanzen unbedeckt stehen.

Gefahrenquellen

Für Schildkröten sind Geräte wie Rasenmäher und Motor-Vertikutierer die häufigsten Unfallquellen im Garten. Verbrennen Sie auch kein herumliegendes Schnittgut, während sich Ihre Schildkröte im Garten aufhält, oder überprüfen Sie zumindest vorher gründlich, ob sich das Tier nicht darin versteckt hält.

Wasserschildkröten

Wasserschildkröten sollten Sie nicht in Ihrem Gartenteich unterbringen. Die Tiere würden sich zwar an die Umgebung gewöhnen, dafür aber alle Fische, Molche und Frösche verdrängen.

Exotische Tiere

Exotische Schildkröten, die Sie in einem Zoofachgeschäft gekauft haben, würden bei uns im Freien nicht lange überleben. Wenn man seine Schildkröte nicht länger haben möchte, sollte man sie deshalb auf keinen Fall im Garten aussetzen, sondern an Freunde oder Nachbarn verschenken oder sich im örtlichen Tierheim nach einem Platz erkundigen.

Schildläuse

Biologisch bekämpfen

Sind Ihre Pflanzen noch nicht zu stark befallen, können Sie die Schädlinge mit einer Lösung aus 1 l Wasser, 50 g Seife und 100 g denaturiertem Spiritus bekämpfen, die Sie mithilfe eines Wattestäbchens auf die Tiere tupfen. Bei Kakteen verwenden Sie einen Pinsel mit harten Borsten. Sie können aber auch Essig, Molke oder mit Wasser verdünnten 60%igen Alkohol einsetzen.

Weitere Abwehrmethoden

Ist der Befall noch nicht allzu stark, können Sie die Schädlinge zunächst auch dadurch bekämpfen, dass Sie die Unterseiten der betroffenen Blätter mit einem in Seifenlauge getränkten Schwamm abwaschen. Erst bei stärkerem Befall sollten Sie die Schildläuse mithilfe eines Zerstäubers mit Paraffinöl besprühen, ein für Mensch und Haustier unschädliches Insektizid auf Ölbasis, das sich als

feiner Film über die Tiere legt, sodass sie darunter ersticken. Die Behandlung mit konventionellen Insektiziden bleibt bei Schildläusen dagegen oft wirkungslos, da sie durch ihren haarigen Panzer besonders gut geschützt sind und nur die beweglichen Larven abgetötet werden. Allerdings dürfen paraffinölhaltige Präparate ausschließlich bei hartlaubigen Pflanzen angewandt werden und auch nur außerhalb der Blütezeit, damit die Blüten nicht geschädigt werden.

Nützlinge einsetzen

Bei der Bekämpfung von Schildläusen im Garten kann ebenfalls eine Reihe von Nützlingen hilfreich sein. So ernähren sich nicht nur die beiden schwarzen Marienkäferarten *Chilocorus bipustulatus* und *Chilocorus renipustulatus* gern von diesen Schädlingen, sondern auch zahlreiche Vögel, dabei vor allem die Blau- und Kohlmeisen. Schildläuse und ihre Larven werden außerdem von Florfliegen gefressen, und einige Schlupfwespenarten legen ihre Eier in die Schädlinge, die den Larven dann als Wirtstiere dienen.

Schildläusen vorbeugen

Schildläuse befallen meist geschwächte Pflanzen, vor allem Zier- und Obstgehölze, aber auch Farne, Kübel- und Zimmerpflanzen, die zu viel oder zu wenig Licht und Wasser bekommen haben oder überdüngt wurden. Sie schädigen die Pflanzen durch eine klebrige Ausscheidung, den Honigtau, auf dem sich in der Folge häufig schwarze Rußtaupilze entwickeln. Achten Sie deshalb auf geeignete Standortbedingungen und mulchen Sie den Boden ausreichend, um ihn immer gleichmäßig feucht zu halten.

Schmetterlinge

Schmetterlinge anlocken

Möchten Sie Schmetterlinge in Ihren Garten locken, brauchen Sie geeignete Futterpflanzen für die ausgewachsenen Tiere, aber auch für die Raupen. Die meisten Schmetterlinge legen ihre Eier an solchen Pflanzen ab, die an einem vollsonnigen Standort wachsen. So bevorzugen etwa Admiral, C-Falter, Kleiner Fuchs und Tagpfauenauge üppige Brennnesselbüsche, die tagsüber in der Sonne stehen.

Fraßschäden begrenzen

Die Raupen der Kohlweißlinge ernähren sich vorzugsweise von Kohl und Kapuzinerkresse. Damit diese Pflanzen in Ihrem Garten nicht zu stark geschädigt werden, sollte man sie in ausreichender Menge anpflanzen, sodass es keine Folgen

DIE RICHTIGE WAHL	
Futterpflanzen für Raupen	
Folgende Pflanzen werden von Schmetterlingen besonders gern zur Eiablage genutzt.	
Pflanze	**Schmetterling**
Ampfer	Gefleckter oder Kleiner Feuerfalter
Brennnessel	Admiral, C-Falter, Distelfalter, Kleiner Fuchs, Tagpfauenauge
Distel (Gewöhnliche Distel oder Sumpfkratzdistel)	Distelfalter
Faulbaum	Zitronenfalter
Gewöhnlicher Hornklee	Dunkler Dickkopffalter, Hauhechelbläuling
Gewöhnlicher Hufeisenklee	Dunkler Dickkopffalter
Gräser	Ockergelber Braundickkopffalter, Kleiner Heufalter, Großes Ochsenauge, Rotbraunes Ochsenauge, Waldbrettspiel, Brauner Waldvogel
Hopfen	C-Falter
Knoblauchsrauke	Aurorafalter
Stechpalme	Faulbaumbläuling
Wiesenknäuelgras	Rostfarbiger Dickkopffalter
Wiesenschaumkraut	Aurorafalter, Rübenweißling

hat, wenn einige den Raupen zum Opfer fallen. Die Raupen der meisten anderen Schmetterlingsarten sind weniger gefräßig – schlimmstenfalls verzehren sie einige Blätter von verschiedenen Pflanzen, ohne dass sie dabei größere Schäden anrichten.

Die richtigen Pflanzen

Wollen Sie im Sommer viele Schmetterlinge in den Garten locken, sollten Sie ihnen die richtigen Pflanzen anbieten. Dafür ist es hilfreich, wenn Sie sich notieren, welche Pflanzen im letzten Sommer bevorzugt von den Schmetterlingen besucht wurden, sodass sie diese dann im nächsten Jahr gezielt anpflanzen können.

Blüten für Schmetterlinge

Schmetterlinge, von denen einige der größten und schönsten wie Admiral, Distelfalter und Tagpfauenauge zur Familie der Edelfalter gehören, werden vor allem von gelben, roten, orange- und purpurfarbenen Blüten angelockt. Denken Sie bei der Auswahl Ihrer Pflanzen jedoch daran, dass der Nektar in einfachen Blüten für Schmetterlinge leichter zugänglich ist als jener von gefüllten Blüten, die mitunter sogar überhaupt keinen Nektar enthalten, und dass hängende Blüten oder Blüten mit gekräuselten Blütenblatträndern für Schmetterlinge schwerer anzufliegen sind als aufrechte Blüten mit glatten Rändern.

Attraktives Fallobst

Nahrungsquelle für Schmetterlinge sind nicht nur Pflanzen, deren Blüten viel Nektar enthalten, auch Fallobst kann sie in den Garten locken. Lassen Sie deshalb im Herbst einige abgefallene Äpfel, Birnen und Pflaumen liegen, denn dann werden sich bald zahlreiche Schmetterlinge einfinden, allen voran der Admiral.

DIE RICHTIGE WAHL	
Futterpflanzen für Schmetterlinge	
Schmetterlinge locken Sie mit solchen Pflanzen an, die das ganze Jahr über Nektar bieten.	
Jahreszeit	**Pflanzen**
Frühjahr	Blaukissen (*Aubrieta*), Duftveilchen (*Viola odorata*), Felsensteinkraut (*Alyssum saxatile*), Levkoje (*Matthiola*), Primel (*Primula*), Schlehe (*Prunus spinosa*), Schöterich (*Erysimum*)
Frühsommer	Gänsekresse (*Arabis*), Grasnelke (*Armeria*), Nelke (*Dianthus*), Schleifenblume (*Iberis*), Silberling (*Lunaria*), Skabiose (*Scabiosa*), Vergissmeinnicht (*Myosotis*)
Spätsommer	Heckenkirsche (*Lonicera*), Katzenminze (*Nepeta*), Lavendel (*Lavandula*), Schmetterlingsstrauch (*Buddleia*), Verbene (*Verbena*), Ysop (*Hyssopus*)
Herbst	Goldrute (*Solidago*), Neuengland-Aster (*Aster novae-angliae*), Prachtsedum (*Sedum spectabile*)

Schnecken

Schnecken rechtzeitig vorbeugen

Schnecken halten sich tagsüber im dichten Blattwerk auf und ernähren sich nachts vorzugsweise von Funkien, zarten Gemüsesämlingen, Kohlherzen, Lupinen und Rittersporn, verschmähen aber auch andere Pflanzen nicht. Schnecken, egal ob Nackt- oder Gehäuseschnecke, hinterlassen pro Jahr etwa 500 Nachkommen, sodass Sie sich bereits im zeitigen Frühjahr um eine gute Vorbeugung kümmern sollten, damit die Tiere nicht zu einer Plage werden.

Natürliche Fressfeinde

Igel, Frösche und Kröten ernähren sich von Schnecken, sodass man ihnen mit Laub- oder trockenen Holzhaufen in einer entlegenen Gartenecke eine Zuflucht schaffen bzw. einen kleinen Teich anlegen sollte. Durch die Anpflanzung von Beeren tragenden Bäumen und Sträuchern als Nahrungsquelle, Unterschlupf und Nistplatz locken Sie auch Vögel wie Drosseln an, die ebenfalls Schnecken fressen. (Siehe auch *Igel, Vögel*)

Rauer Schutzwall
Schnecken kriechen nicht über Hindernisse mit sehr unebener oder rauer Oberfläche, etwa über ein Kieselsteinbett oder zerdrückte Eier- oder Nussschalen. Streuen Sie diese Materialien deshalb im Frühjahr rechtzeitig als Schutzwall um besonders anfällige Pflanzen wie etwa junge Zierpflanzen oder Gemüsesämlinge.

Kartoffeln schützen
Auch Kartoffeln sind bei Schnecken begehrt. Daher sollten Sie den Boden im Herbst umgraben und die groben Schollen als Hindernis über Winter liegen lassen.

Ungiftiges Schneckenkorn
Schneckenkorn mit Eisen-III-Phosphat ist ein neues Ködermaterial zur Schneckenbekämpfung, das andere Tiere wie Igel nicht gefährdet und auch Regen standhält. Im Gegensatz zu den herkömmlichen Präparaten muss es flächig ausgestreut werden, damit die kreuz und quer ziehenden Schnecken möglichst überall auf die Körner stoßen. Das Präparat wird zu Substanzen abgebaut, die auch in der Natur vorkommen.

Schutzwall für große Pflanzen
Auch größere, von Schnecken besonders bevorzugte Pflanzen wie Chrysanthemen, Funkien und Rittersporn können Sie wirksam vor den Schädlingen schützen, indem Sie die Pflanzen einzeln mit einem Schutzwall aus Asche, Kalk, grob gemahlenen Eier- oder Muschelschalen oder grobem Sand umgeben. Achten Sie aber darauf, dass der Schutzwall keine Lücken hat, durch die sich die Schnecken Zugang zu den Pflanzen verschaffen.

Grapefruitfallen
Nehmen Sie leere Grapefruithälften, schneiden Sie kleine Öffnungen in die Schalen, sodass die Schnecken hindurchkriechen können, und legen Sie die Hälften neben die gefährdeten Pflanzen. Die Schnecken werden vom Geruch angelockt, sammeln sich über Nacht in den Schalen und können am Morgen eingesammelt werden.

ERSTAUNLICHE FAKTEN
Gefräßige Gastropoden
Schnecken, wissenschaftlich Gastropoden (Bauchfüßer) genannt, sind für das Fressen von Pflanzen hervorragend ausgestattet, denn sie haben Raspelzungen, die zahnähnliche Gebilde tragen. Diese Zahnansätze können die Tiere, wenn sie beim Fressen ausfallen, sofort neu bilden. Aus diesem Grund können Schnecken in kurzer Zeit erhebliche Fraßschäden im Garten anrichten, sodass ganze Ernten vernichtet werden.

Sämlinge schützen
Schneiden Sie den Boden und das Oberteil von durchsichtigen Plastikflaschen ab und stecken Sie die Flaschen einzeln über die Sämlinge in den Boden. Wichtig ist, die Flaschen rechtzeitig wieder zu entfernen, sobald die Pflanzen zu groß für sie werden.

Bierfallen
Bier hat eine unwiderstehliche Anziehungskraft auf Schnecken, selbst wenn es abgestanden ist. Vergraben Sie deshalb in der Nähe von schutzbedürftigen Pflanzen einen halb mit Bier gefüllten Plastikbecher so im Boden, dass er etwas über die Erdoberfläche ragt, da sonst auch Nützlinge wie Laufkäfer, die sich von Schnecken ernähren, hineinfallen können. Einen zusätzlichen Schutz für die Nutzinsekten bietet ein Plastikblumentopf mit einem großen Loch im Boden, den Sie über den Becher stülpen. Entleeren Sie den Becher alle 3 Tage und füllen Sie neues Bier auf.

Schnecken absammeln
Wollen Sie nicht mit Bierfallen oder Schneckenkorn gegen die Schädlinge vorgehen, können Sie die Tiere auch einfach von Hand absammeln und auf einem brachliegenden Gelände außerhalb des Gartens aussetzen. Vorsicht ist allerdings geboten, wenn zwischen dem Garten und dem Freigelände eine Steinmauer steht, da die Steine und der feuchte Mauersockel ein guter Schlupfwinkel für Schnecken sind. Außerdem können die Tiere über solche Mauern leicht wieder in den Garten zurückkriechen, sodass Sie die Schädlinge besser weiter entfernt aussetzen.

Nachts absammeln
Schnecken mögen die Kühle und Feuchtigkeit der Nacht. Am einfachsten lassen sich die Tiere deshalb zwischen Mitternacht und Morgengrauen, wenn sie am aktivsten sind, im Schein einer Taschenlampe von Hand absammeln.

Verstecke beseitigen
Schnecken verstecken sich tagsüber gern an warmen, dunklen, feuchten Orten und gehen nachts auf Nahrungssuche. Reduzieren Sie deshalb die Schlupfwinkel der Schädlinge, indem Sie auch in unbelebten Gartenecken die Gräser und Unkräuter niedrig halten oder vollständig entfernen, beispielsweise unter Hecken oder hinter dem Schuppen, vor allem aber in der Nähe von anfälligen Pflanzen wie etwa Salat oder jungen Gemüse- und Zierpflänzchen. Achten Sie auch darauf, dass die Pflasterplatten von Gartenwegen oder auf der Terrasse fest auf dem Boden aufliegen, damit sich die Tiere nicht darunter verstecken können, und entfernen Sie große Steine und alte Holzbretter aus versteckten Gartenwinkeln.

Keine Tierquälerei!
Ungeeignet zur Schneckenbekämpfung ist das Bestreuen mit Salz. Dadurch trocknen die Schnecken zwar langsam aus und gehen dann ein, es bedeutet aber für die Tiere eine unnötige Qual.

Boden trocken halten
Da Schnecken Feuchtigkeit bevorzugen, sollten Sie Beete mit gefährdeten Pflanzen im Sommer nie abends gießen. Von den trockenen Böden halten sich die Schädlinge dann fern.

Schnee

Kälteschutz durch Schnee
Lassen Sie den Schnee auf Ihren Pflanzen liegen, da er sie vor starkem Frost schützt. Entfernen Sie ihn auch nicht von den Glasscheiben Ihres Frühbeetkastens oder des Gewächshauses, da er hier ebenfalls eine gute Kälteisolierung bietet. Erst wenn der Schnee eine Höhe von etwa 15 cm erreicht hat, sollte man ihn teilweise abtragen, da sonst das Glas durch das Gewicht brechen könnte.

Schneelasten entfernen

Schütteln Sie regelmäßig den Schnee von immergrünen Sträuchern und Koniferen ab, sobald er so hoch liegt, dass sein Gewicht zum Abbrechen der Äste führen könnte. Diese Gefahr ist vor allem dann gegeben, wenn der Schnee gefriert und nicht mehr abrutschen kann. Verwenden Sie zum Schneeräumen am besten einen langen Besenstiel oder ein langstieliges Gartenwerkzeug.

Schnee als Wärmeindikator

Die wärmsten Stellen im Garten sind diejenigen, an denen der Schnee zuerst schmilzt. Wenn Sie sich diese Plätze merken, können Sie dort im Frühjahr besonders kälteempfindliche Stauden und Einjährige pflanzen oder aussäen. Wenn Sie außerdem empfindliche Kübelpflanzen im Herbst an diese Plätze stellen, können Sie deren Wachstumsperiode entsprechend verlängern.

Koniferen schützen

Säulenförmige Koniferen mit dichten, nach oben gerichteten Ästen können sich durch das Gewicht von länger liegenden Schneelasten verbiegen und dadurch ihre schöne schlanke Form verlieren. Das lässt sich vermeiden, indem Sie die Bäume im Herbst in ein Plastiknetz einschlagen, das so großmaschig ist, dass die Spitzen der jungen Triebe hindurchwachsen können, ohne dabei beschädigt zu werden. Im Frühjahr können Sie die Netze dann wieder vorsichtig entfernen.

Wege freiräumen

Zum Freiräumen von verschneiten Wegen sollten Sie möglichst kein Streusalz verwenden, da dies bei einsetzendem Tauwetter in den Boden eindringen und so die Pflanzenwurzeln in der Nähe beschädigen kann. Entfernen Sie den Schnee besser mit der Schaufel und streuen Sie anschließend Asche, Sägemehl, Sand oder Schotter auf den Boden, um die Wege rutschfest zu machen.

Schneeglöckchen

Schneeglöckchen pflanzen

Schneeglöckchenzwiebeln, die im nächsten Winter blühen sollen, müssen nicht im Herbst gesetzt werden, obwohl sie vor allem zu dieser Jahreszeit erhältlich sind. Bessere Blühergebnisse erzielen Sie nämlich, wenn Sie vorgezogene Pflanzen aus dem Gartencenter oder der Gärtnerei im Februar oder März in den Boden setzen, also unmittelbar nach der Blütezeit, solange die Blätter noch grün sind.

Pflanzen von Schneeglöckchen auf Rasen

Besonders schön wirken Schneeglöckchen auf einer Rasenfläche. Im Hinblick auf das Mähen ist dies völlig unproblematisch, da die meisten Schneeglöckchen in der Regel schon verblüht sind, wenn Sie den Rasenmäher im Frühjahr erstmals wieder einsetzen. Wenn Sie den ersten Rasenschnitt außerdem noch um einige Wochen verschieben und die Schnittblätter des Rasenmähers so hoch einstellen, dass sie nicht zu dicht über dem Boden entlangfahren, werden auch die Blätter der Schneeglöckchen nicht beeinträchtigt.

Setzen von Steckzwiebeln in den Rasen

Wollen Sie Schneeglöckchenzwiebeln in den Rasen setzen, stechen Sie dafür mit einem Spaten zuerst eine Rasensode aus und klappen sie zur Seite. Dann heben Sie an dieser Stelle die Erde etwa 5 cm tief aus, graben den Boden darunter leicht um, drücken ihn mit den Fingern wieder an und streuen eine Hand voll Knochenmehl darauf. Nun verteilen Sie die Zwiebeln wie zufällig auf dem Boden, damit die spätere Pflanzung möglichst natürlich wirkt, bedecken sie mit der ausgehobenen Erde und legen die Rasensode wieder an die ursprüngliche Stelle. Zum Abschluss treten oder walzen Sie den Rasen gut fest und wässern die Stelle gründlich.

Sorten für den Rasen

Am besten geeignet zur Rasenbepflanzung oder für einen lichten Standort unter Bäumen und Sträuchern ist das einfache Schneeglöckchen (*Galanthus nivalis*) und seine gefüllte Variante *Galanthus nivalis* 'Flore Pleno'. Richtig gepflanzt blühen Schneeglöckchen jedes Jahr zwischen Januar und Februar immer wieder aufs Neue.

Ein tief verschneiter Garten ist nicht nur ein wunderschöner Anblick. Ein Schneemantel auf den Pflanzen bietet vielmehr auch einen guten Schutz vor Frost, denn große Kälte kann sogar robusten Pflanzen zu schaffen machen.

Einen Hauch von Frühling bringen Schneeglöckchen zu Beginn des Gartenjahrs. Gelbe Markierungen auf den inneren Blütenblättern zeigt die Sorte 'Lutescens'.

Schneeglöckchen verjüngen

Graben Sie alle 3–4 Jahre zu dicht wachsende Schneeglöckchenhorste unmittelbar nach dem Verblühen aus, entfernen Sie die an den Zwiebeln haftenden Erdreste und trennen Sie sie vorsichtig voneinander. Setzen Sie jeweils fünf bis sechs Zwiebeln zusammen an eine neue Stelle, nachdem Sie zuvor etwas Knochenmehl in die Pflanzlöcher gestreut haben. Durch diese Maßnahme werden die Pflanzen im folgenden Jahr wieder besonders reich blühen.

Schnittblumen

Morgens schneiden

Schneiden Sie Schnittblumen am besten morgens, wenn sie noch voll im Saft stehen. So halten sie länger, da sie das Wasser besser aufnehmen.

Sauberer Schnitt

Zum Schneiden von Schnittblumen sollten Sie stets eine gute Schere oder ein scharfes Messer verwenden. So werden die Stängel nicht beschädigt und durch die glatte Schnittfläche können die Pflanzen das Wasser besser aufnehmen.

Schnittblumen frisch halten

Damit Schnittblumen nicht austrocknen, bis sie in die Vase kommen, stellt man die Pflanzen am besten gleich nach dem Abschneiden in einen halb mit Wasser gefüllten Eimer.

Vorbereitung für die Vase

Ehe Sie Schnittblumen in die Vase stellen, sollten Sie zuerst alle Blätter entfernen, die unterhalb der Wasseroberfläche liegen, und die Stängel kurz unter fließendes kaltes Wasser halten. Wenn Sie die Stängelenden dann noch schräg anschneiden, wird die Schnittfläche größer, sodass die Blumen entsprechend mehr Wasser aufnehmen können.

Blumen mit hartem Stängel

Bei Schittblumen mit einem sehr hartem Stängel wie Flieder, Rosen oder Schneeball sollten Sie die Stängelenden zuerst mit einem scharfen Messer einritzen. Wenn Sie dann noch mit einem Hammer vorsichtig darauf klopfen, können die Stängel das Wasser in der Vase besser aufnehmen.

Stützen für lange Stängel

Tulpen und andere langstielige Blumen lassen nach dem Abschneiden rasch die Köpfe hängen. Damit sie aufrecht stehen, können Sie ein Stück Draht mehrfach falten, in den Vasenhals stecken und die Stängel durch die Löcher hindurch in die Vase stellen.

Hohlstängel

Blumen mit hohlen Stängeln wie Amaryllis und Rittersporn bleiben länger frisch, wenn Sie die Stängel nach oben halten, mit Wasser füllen und die Enden mit angefeuchteten Wattestückchen verstopfen. Stellen Sie die Blumen danach sofort aufrecht in die Vase.

Langer Blütenzauber

Damit Schnittblumen länger halten, sollten Sie die Stängel zuerst bis in Höhe der Blüten über Nacht in einen Eimer mit Wasser stellen, damit sie sich vollsaugen können. Auch mit zerstoßenen Aspirintabletten, etwas Zucker oder einer Kupfermünze im Wasser bleiben Blumen länger frisch.

Welke Blumen auffrischen

Verwelkte Blumen werden wieder frisch, wenn Sie die Stängelenden abschneiden und die Stiele 30 Sekunden in einen Eimer mit heißem Wasser tauchen. Dann füllen Sie frisches kaltes Wasser in die Vase und stellen die Blumen wieder hinein. Ist der Raum sehr warm, können Sie auch Eiswürfel dazugeben und die Blüten zusätzlich mit einem Zerstäuber besprühen, um sie aufzufrischen. Oder Sie stellen den Strauß in einen kühlen Raum, auf den Balkon oder das Fensterbrett.

Mischung für die Vase

Schnittpflanzen bleiben länger frisch, wenn sie in einer Lösung aus 2 EL Zucker, 1 TL Backnatron und 1 l warmem Wasser stehen, mit der Sie die Blumenvase füllen.

DIES UND DAS

Die Sprache der Blumen

Ein Blumenstrauß ist immer ein schönes Geschenk. Eine noch persönlichere Bedeutung bekommt Ihr Präsent, wenn Sie Ihre Blumen so auswählen, dass sie dem Empfänger eine besondere Botschaft übermitteln. Im Volksmund und in der Mythologie haben viele Pflanzen nämlich eine ganz bestimmte Bedeutung.

Blume	Bedeutung
Amaryllis	Stolz
Aster	Neubeginn
Begonie	Vergeistigte Liebe
Chrysantheme	Wahrheit
Clematis	Reine Seele
Flieder	Erste Liebe
Geißblatt	Zuneigung
Gladiole	Charakterstärke
Hyazinthe	Spiel
Iris	Botschaft
Lavendel	Unschuld
Maiglöckchen	Reinheit
Magnolie	Würde
Narzisse	Ritterlichkeit
Primel	Trauer
Ringelblume	Hartnäckigkeit
Rose	Liebe
Schleifenblume	Frieden
Schmetterlingsstrauch	Vornehmheit
Sonnenblume	Hochmut
Studentenblume	Glück
Veilchen	Liebe
Vergissmeinnicht	Treue
Wicke	Sanftmut

Rosen wiederbeleben

Lassen Rosen und andere Blumen mit verholzten Stängeln die Köpfe hängen, kann man sie wie folgt dazu bringen, sich wieder aufzurichten: Schneiden Sie die Stängelenden 1–2 cm ab und halten Sie die Stiele einige Sekunden 2–3 cm tief in kochendes Wasser. Damit Blätter und Blüten dabei nicht beschädigt werden, sollten Sie diese solange mit einem Tuch umwickeln. Dann arrangieren Sie die Blumen wieder in der Vase, die Sie zuvor mit frischem Wasser gefüllt haben.

Persönliches Blumengesteck

Ein Blumengesteck für besondere Gelegenheiten können Sie ganz leicht selbst herstellen, indem Sie aus Steckschaum einen Buchstaben oder eine Zahl ausschneiden. Stecken Sie nun kurzstielige Blüten hinein und legen Sie das Gesteck in ein flaches Gefäß mit Wasser. (Siehe auch *Steckschaum*)

Stängel vorbereiten

Damit Schnittblumen nach dem Abschneiden möglichst lange frisch bleiben, sollten sie je nach Sorte zuerst entsprechend vorbereitet werden: Tauchen Sie Clematisstängel 30 Sekunden lang knapp 3 cm tief in kochendes Wasser, ehe Sie die Blumen in kaltes Wasser stellen. Pflücken Sie Mohn bereits im Knospenstadium und versiegeln Sie die Stängelenden über einer Flamme oder durch Eintauchen in kochendes Wasser. Pfingstrosen und Veilchen sollten Sie vor dem Arrangieren in der Vase mehrere Stunden in einen mit Wasser gefüllten hohen Eimer stellen.

Wann schneiden?

Der beste Zeitpunkt zum Schneiden hängt von der jeweiligen Pflanzenart ab: Schneiden Sie Narzissen bereits im Knospenstadium, ebenso Pfingstrosen, sobald sich deren Knospen gerade eben verfärben. Dahlien sollten Sie dagegen niemals vor dem Öffnen der Blüten schneiden, und bei Gladiolen ist es ratsam, mit dem Schneiden so lange zu warten, bis sich die erste Blüte an der Stängelbasis geöffnet hat. Nicht selten bleiben die obersten Knospen von Gladiolen nach dem Abschneiden geschlossen. Man kann sie dann vorsichtig mit einer scharfen Schere entfernen.

Vasen abdichten

Ist Ihre Lieblingsvase gesprungen oder porös geworden, lässt sie sich mit Wachs wieder wasserdicht machen. Erhitzen Sie dazu das Wachs bis zum Schmelzen, geben Sie etwas flüssiges Wachs in die Vase und drehen Sie diese anschließend schnell hin und her, sodass die Innenseite vollständig vom Wachs überzogen wird. Lassen Sie das Wachs vor Gebrauch der Vase gut trocknen und spülen Sie das Gefäß später immer nur mit kaltem Wasser aus, damit das Wachs nicht schmilzt.

Düfte zaubern

Einige der schönsten Schnittblumen duften nicht. Wenn Sie auf Duft nicht verzichten möchten, können Sie mogeln und selbst einen hinzufügen: Träufeln Sie dazu einige Tropfen eines passenden ätherischen Öls auf ein kleines Stück Baumwolle oder Papier und stecken Sie es zwischen die Stängel Ihrer Frisch- oder Trockenblumen.

Transporte im Sommer

Wollen Sie Schnittblumen bei Hitze im Auto transportieren, sollten Sie die Stängel zuvor in nasses Zeitungspapier wickeln und den Strauß bis in Höhe der Blüten in einen Plastikbeutel stecken. Legen Sie den Beutel in den Kofferraum, damit die Blumen nicht direkt von der Sonne beschienen werden.

Schnittlauch

Schnittlauch ernten

Ernten Sie Schnittlauch nie durch Abschneiden der Spitzen, sondern schneiden Sie die ganzen Röhren mit einem scharfen Messer direkt über der Basis ab. So bleibt Ihr Schnittlauch nicht nur

zart und grün, sondern die Pflanze wird auch zu neuem Wachstum angeregt. Regelmäßiges Düngen mit einem Flüssigdünger für Tomaten lässt die Pflanzen ebenfalls kräftiger wachsen und verlängert zudem ihre Lebensdauer.

Schnittlauch teilen

Schnittlauchhorste sollten alle 3–4 Jahre geteilt werden, vorzugsweise im Herbst. Heben Sie die Pflanze dazu mit der Grabgabel aus dem Boden und teilen Sie sie so, dass jeder Teil aus nicht mehr als sechs Trieben besteht. Arbeiten Sie gut verrotteten Stallmist in den Boden ein und setzen Sie die Pflanzen in Abständen von 30 cm wieder in die Erde. Im Sommer geteilte Pflanzen entwickeln rascher neue Wurzeln, wenn man sie zuvor bis zur Basis zurückschneidet.

Schnittknoblauch

Schnittknoblauch verleiht nicht nur Salaten und gegarten Gerichten einen leichten Knoblauchgeschmack, sondern seine weißen Blüten verschönern auch jedes Kräuter- und Gemüsebeet. Mit rund 45 cm wird Schnittknoblauch, der jedes Jahr wiederkommt, etwas höher als der bekannte Schnittlauch, und auch seine Blätter sind breiter als die des gewöhnlichen rosa blühenden Schnittlauchs. Schnittknoblauch wird wie Schnittlauch aus Samen gezogen.

Schnittlauchblüten

Neben den Blattröhren können auch die Blüten des Schnittlauchs in der Küche verwendet werden. Wenn Sie nur die Röhren benötigen, sollten Sie die Blüten entfernen, da sie das Aroma der Blätter mindern und schließlich Samen bilden.

Ernte von der Fensterbank

Ein sonniges Fensterbrett in der Küche ist der ideale Platz für einen Topf mit Schnittlauch, der den Bedarf einer Familie einen Winter lang decken kann. Setzen Sie dafür im September einen Horst aus dem Garten in einen 13-cm-Topf mit nährstoffreicher Erde. Halten Sie die Erde stets feucht und düngen Sie die Pflanze alle 3 Wochen mit einem Flüssigdünger für Zimmerpflanzen.

Riesenschnittlauch

Wollen Sie Schnittlauch aus Samen ziehen, steht Ihnen eine größere Auswahl an Sorten zur Verfügung als bei vorgezogenen Pflanzen. Dazu gehört auch Riesenschnittlauch *(Allium schoenoprasum var. sibiricum)*, der sehr große purpurfarbene Blüten bildet. Er schmeckt zwar weniger aromatisch als der rosa blühende gewöhnliche Schnittlauch *(Allium schoenoprasum)*, kommt aber vor allem in Blumenbeeten gut zur Geltung.

Schnittlauch im Blumenbeet

Lassen Sie auch die blaugrünen Röhren und die attraktiven rosafarbenen Blüten des gewöhnlichen Schnittlauchs optimal zur Geltung kommen, indem Sie einige Pflanzen ins Blumenbeet setzen. Besonders attraktiv wirkt Schnittlauch in Kombination mit Glockenblumen oder Nelken.

Feine Blätter

Möchten Sie etwas Außergewöhnliches für den Garten und die Küche, sollten Sie feinblättrigen Schnittlauch pflanzen. Seine grasähnlichen Blattröhren sind dünner als die anderer Schnittlauchsorten und ergeben fein gehackt eine zarte Garnierung für frische Salate und gegarte Gerichte.

Rotblütiger Schnittlauch

Schnittlauchkenner bevorzugen den heute nur noch selten kultivierten rotblütigen Schnittlauch. Wenn Sie einen Gärtner kennen, der diese Art anbaut, sollten Sie ihn nach einem Horst fragen. Teilen Sie die Pflanze und setzen Sie die Teile in ein Freilandbeet, in das Sie zuvor gut verrotteten Stallmist oder Kompost eingearbeitet haben.

Schnurbäume

Senkrecht, schräg aufwärts oder waagrecht

Schnurbäume, auch Kordons genannt, sind Spalierobstbäume, hauptsächlich bei Kernobst, mit einem einzelnen Leittrieb, der senkrecht, schräg aufwärts oder waagrecht wächst, in der Regel an Spanndrähten an einer Mauer oder einem Zaun. Das Fruchtholz sitzt dem Leittrieb unmittelbar an.

Ernte auf kleinstem Raum

An Schnurbäumen lassen sich Äpfel und Birnen auf kleinstem Raum ziehen, denn sie benötigen nur wenig Platz, sind pflegeleicht und erbringen trotz ihrer geringen Größe recht ansehnliche Erträge. Zieht man sie an einer Mauer, sollten die Bäume in einem Abstand von mindestens 15 cm zur Wand stehen und leicht schräg gepflanzt werden, damit sie sich anlehnen können.

Schnurbäume liefern trotz ihres geringen Platzbedarfs große Erträge bei Äpfeln und Birnen. Dieses Exemplar steht frei und wird durch einen Stab gestützt.

Richtig pflanzen

Pflanzen Sie die Bäume im Herbst in Abständen von jeweils 1,8 m in den vorbereiteten Boden und schneiden Sie die Triebe danach knapp oberhalb einer Knospe auf etwa 40 cm zurück. Auf diese Weise werden sich im Frühjahr ein bis zwei neue Triebe bilden, die Sie dann an waagrecht gespannten Drähten ziehen können. Im Juli oder August sollten Sie die Seitentriebe bis auf ein bis zwei Knospen zurückschneiden.

Optimale Raumnutzung

Schnurbäume, die in einem Winkel von 45 Grad gezogen werden, bringen nicht nur höhere Erträge als waagrecht wachsende Bäume, mit ihnen lässt sich auch der meist knapp bemessene Platz an einer Mauer oder einem Zaun optimal nutzen. Spannen Sie dafür drei waagrechte Drähte in 1 m, 1,5 m und 2 m Höhe, pflanzen Sie die Bäume in Abständen von jeweils 1 m in den vorbereiteten Boden und ziehen Sie die Triebe so an den Drähten hoch, dass die Triebspitzen jeweils über der Basis des Nachbarbaums stehen.

Rückschnitt

Damit die Ernte reich ausfällt und die Bäume in Form bleiben, sollten Sie bei Schnurbäumen alljährlich im Sommer einen Rückschnitt vornehmen. Schneiden Sie die Seitentriebe zwischen Ende Juli und September bis auf ein Blatt an der Basis zurück, wobei Sie die basalen Blattbüschel außer Acht lassen. Auch alle Unterverzweigungen sollten Sie bis auf ein bis zwei Knospen zurückschneiden. Hat der Haupttrieb den oberen Draht erreicht, können Sie ihn im Mai zurückschneiden und alle neuen Triebe beim Rückschnitt im Sommer auf 2–3 cm kappen.

Siehe auch Baumschnitt, Spalierbäume, Spaliere

Schwarze Johannisbeeren

Richtige Größe

Bei größeren Sträuchern können Sie einer zu weiten Ausbreitung dadurch vorbeugen, dass Sie alle mehr als 3 Jahre alten Triebe auslichten. Oder Sie wählen bei einer Neupflanzung eine der kleinen Sorten mit aufrechter Wuchsform, etwa 'Ben Connan' und 'Ben Sarek', die kaum größer als 1 m werden und die man mit 1,2 m Abstand pflanzt. Bei höheren Sorten ist dagegen ein Abstand von etwa 1,8 m erforderlich.

Richtige Pflanztiefe

Pflanzen Sie Johannisbeeren stets ausreichend tief: Die Oberseite des Wurzelballens sollte sich mindestens 7–8 cm unterhalb der Erde befinden, was ein kräftiges Wachstum an der Basis der Pflanze fördert.

Richtiger Rückschnitt

Die jungen Triebe aus dem Vorjahr tragen die meisten Früchte. Ein Rückschnitt, bei dem die älteren Äste entfernt werden, fördert die Bildung von neuen Trieben und sorgt damit für eine reiche Ernte. Die beste Zeit dafür ist im Herbst nach dem Laubabwurf, wobei man alle Triebe entfernt, die Früchte getragen haben, und nur acht bis zehn ältere stehen lässt. Auch sämtliche äußeren Triebe, die in einem Winkel von weniger als 45 Grad überhängen, sowie abgestorbene, kranke oder abgebrochene Zweige sollten entfernt werden.

Regelmäßig mulchen

Verteilen Sie regelmäßig im Herbst eine dicke Mulchschicht aus gut verrottetem Kompost oder Stallmist um die Johannisbeersträucher. Dadurch wird nicht nur der Boden verbessert, sodass die Pflanzen mit mehr Nährstoffen versorgt sind. Mit dieser Maßnahme lassen sich vielmehr auch die Unkräuter wirksam unterdrücken. Weniger empfehlenswert ist dagegen das Ausbreiten von schwarzer Mulchfolie, die zwar ebenfalls verhindert, dass sich die Unkräuter ausbreiten, aber im Gegensatz zu organischem Material keine weiteren Vorteile bietet.

Vermehrung durch Stecklinge

Für die Vermehrung durch Stecklinge wählen Sie im Oktober mehrere gesunde gerade Jahrestriebe. Schneiden Sie diese in 25 cm lange Stücke, indem Sie knapp oberhalb einer Knospe an der Spitze und unterhalb einer Knospe an der Unterseite schneiden. Wenn Sie die Stecklinge nun in Abständen von ungefähr 20 cm etwa 15 cm tief in die Erde setzen, werden sie im kommenden Frühjahr Wurzeln bilden und zu wachsen beginnen.

Hochstammbäumchen

Ein Johannisbeerstrauch lässt sich relativ einfach in ein Bäumchen verwandeln. Nehmen Sie dafür einen 60–70 cm langen Steckling, den Sie 15 cm tief in die Erde setzen und mit Bast an einem Holzstab festbinden. Dann entfernen Sie bis auf drei bis vier Triebknospen alle Knospen an der Spitze mit einem Messer – die verbliebenen werden das künftige Astsystem des Baumes bilden. Auf diese Weise haben Sie schon nach etwa 3 Jahren ein hübsches kleines Hochstammbäumchen, das allerdings etwas weniger Früchte trägt als ein Strauch. Wenn Ihnen die Stecklingsvermehrung zu aufwändig ist, können Sie auch vorgezogene Hochstämme in Baumschulen kaufen.

Seetang

Richtig vorbereiten

Sammeln Sie trockenen Seetang, da er weniger wiegt und sich somit leichter transportieren lässt als nasse Pflanzen. Wegen seines hohen Salzgehalts sollten Sie ihn zuerst einige Monate in einer Gartenecke liegen lassen und ab und zu wässern. Vor Gebrauch wird er dann mehrmals gewendet und nochmals gut gewässert.

Pflanzen

Artischocken, Kohl, Rote Bete, Rosenkohl und Spargel gedeihen optimal mit Seetang, der sie mit Kalium, Kalzium und Magnesium sowie den Spurenelementen Bor, Chlor, Jod, Natrium und Schwefel versorgt. Er wird ohne vorheriges Verrotten auf dem Beet verteilt und regt die Entwicklung von Mikroorganismen im

Boden an. Seetang wirkt ähnlich wie Stallmist, enthält aber mehr Kalium und Spurenelemente als dieser. Dafür besitzt er nur wenig Stickstoff und Phosphat, sodass Sie diese Stoffe über einen Zusatzdünger geben sollten.

Algenkalk statt Seetang

Algenkalk, den Sie in Granulatform in Gartencentern bekommen, ist eine gute Alternative zu Seetang, denn er enthält nahezu dieselben mineralischen Substanzen und Spurenelemente.

Bormangel ausgleichen

Mit jährlichen Gaben von frischem Seetang oder Algenkalk lässt sich ein Bormangel im Boden ausgleichen. Bormangel führt dazu, dass Blumenkohl braune Flecken bekommt und Rosenkohl, andere Kohlarten und Sellerie geschädigt werden.

Sicherheit

Vorsicht Tetanus

Tetanuserreger lauern im Garten nicht nur an rostigen Gartenwerkzeugen, sondern auch in der Erde an den Wurzeln der Pflanzen. Überprüfen Sie deshalb, ob Ihre Tetanusimpfung noch gültig ist, und suchen Sie im Zweifelsfall auch bei kleinen Verletzungen vorsichtshalber einen Arzt auf.

Arbeitskleidung

Arbeiten Sie im Garten nie barfuß oder in Sandalen, sondern tragen Sie immer robuste Schuhe, vor allem dann, wenn Sie mit schweren, scharfen Geräten oder Maschinen hantieren. Beim Schneiden von Gehölzen sollten Sie zudem stets Handschuhe tragen. Meiden Sie weite Jacken, lange Schals oder Schmuckketten, die sich in Geräten verfangen können. Bei längeren Arbeiten an lauten Maschinen sind Ohrschützer ratsam.

Schubkarren

Schubkarren sollten nicht gezogen, sondern geschoben werden. Beim Ziehen lässt sich das Gleichgewicht schwerer halten, sodass sie leicht fallen und es zu Verletzungen kommen kann.

Gießkannen

Gefüllte Gießkannen sollten Sie nie an Türen, Toren oder Spielplätzen stehen lassen, da sie eine Stolpergefahr für Kinder darstellen und Verletzungen verursachen können.

Schutzbrillen verwenden

Arbeiten, bei denen Splitter umherfliegen können, beispielsweise beim Schneiden von Sträuchern und Bäumen, beim Heckenschneiden oder auch beim Hantieren mit der Kettensäge, sollten nur mit einer großen Schutzbrille ausgeführt werden. Beim Rasenmähen oder -trimmen und bei weniger aufwändigen Gartenarbeiten genügt in der Regel eine kleine Schutzbrille.

Gartenmesser und -scheren
Stecken Sie Gartenschere und -messer zwischen zwei Arbeitsgängen nie in die Tasche, damit Sie sich beim Bücken nicht verletzen. Für diese Werkzeuge gibt es spezielle Taschen, in denen sie gefahrlos am Gürtel getragen werden können.

Stützstäbe sichern
Stützstäbe zwischen großen Pflanzen werden oft übersehen, vor allem, wenn man sich auf die Gartenarbeit konzentriert. Um Augenverletzungen beim Bücken zu vermeiden, stecken Sie am besten alte Tischtennisbälle oder auffällige Joghurtbecher fest auf die Stäbe. Dekorativer sind farbige Glaskugeln in unterschiedlichen Größen oder andere Steckaufsätze, die Sie in Gartencentern oder im Fachhandel bekommen.

Schutzhüllen für Sägeblätter
Zur Vorbeugung von Unfällen mit den Blättern von Gartensägen sollten Sie bei Nichtgebrauch immer die Plastikschutzhüllen überziehen.

Ordnung im Schuppen
Grabgabeln, Spaten, Rechen und andere Gartengeräte mit gefährlich scharfen Kanten und Spitzen sollten Sie bei der Gartenarbeit nie auf dem Boden liegen lassen und nach Gebrauch immer in die Garage oder den Geräteschuppen räumen. Wichtig ist auch, dass die Geräte sicher verwahrt werden, z. B. Leisten. Stellt man sie einfach in die Ecke oder an die Wand, können sie leicht umfallen und zu Stolperfallen werden.

Strom im Gewächshaus
Durch die feuchte Luft und das Spritzwasser beim Gießen ist eine sichere Stromversorgung im Gewächshaus besonders wichtig. Lassen Sie die Installation von einem Elektriker vornehmen und verwenden Sie nur Schalter, Steckdosen und Kabel für Feuchträume. Auch sämtliche elektrischen Geräte sollten für Feuchträume geeignet sein. Lassen Sie die Anlage außerdem regelmäßig alle paar Jahre von einem Fachmann überprüfen.

GÄRTNER-WISSEN

Elektrogeräte

Die Verwendung von Elektrogeräten im Garten ist gefahrlos, sofern man einige Regeln beachtet:

- Elektrogeräte sollten immer mit einem Fehlstrom-Schutzschalter oder einem Überlastungsschalter ausgestattet sein.
- Elektrokabel sollte man bei der Arbeit stets über die Schulter und hinter sich legen.
- Bei Regen oder im Schnee sollte man nicht mit Elektrogeräten im Garten arbeiten.
- Zum Einstellen oder Säubern sollte man das Gerät grundsätzlich ausschalten und den Stecker vorsichtshalber aus der Steckdose ziehen.
- Aus Sicherheitsgründen und zur Verlängerung der Lebensdauer von Elektrogeräten sollte man diese regelmäßig von einem Fachmann in einer zuverlässigen Servicestelle überprüfen und warten lassen.
- Elektrokabel sollten regelmäßig auf Beschädigung oder Verschleiß kontrolliert werden.
- Verlängerungskabel sollten dreipolig und mit speziellen Gummisteckern ausgestattet sein. Sie dürfen zudem nicht überlastet werden. Angaben über die Belastbarkeit finden sich oft auf den Steckern der Kabel.
- Kinder sollten keine Elektrogeräte bedienen und sich bei Arbeiten damit fern halten.

Sicherheitsschalter
Elektrische Gartengeräte sollten grundsätzlich mit einem Fehlstrom-Schutzschalter oder einem Überlastungsschalter ausgestattet sein. Sie sind als Stecker oder Adapter erhältlich und beugen Unfällen durch fehlerhafte Geräte oder Kabel vor.

Strom abschalten
Bei elektrischen Geräten wie Rasenmäher oder Vertikutierer sollten die Stecker vor dem Reinigen oder Überprüfen grundsätzlich aus der Steckdose gezogen sein. Beim Arbeiten an dem Gerät könnte sonst der Schalter versehentlich betätigt werden, was tödliche Verletzungen zur Folge haben kann.

Auffällige Kabel
Die meisten elektrischen Gartengeräte sind mit einem grell orangefarbenen Kabel ausgestattet. Wenn Sie ein Verlängerungskabel verwenden, sollten Sie stets ein Kabel in derselben Farbe nehmen, denn schwarze Kabel sind schwerer zu erkennen und können beim Arbeiten leicht aus Versehen beschädigt werden.

Sonnenblumen

Richtig pflanzen
Die Samen der Sonnenblume werden in nährstoffreichen, durchlässigen Boden an einem sonnigen Platz in Zweier- oder Dreiergruppen mit 60 cm Abstand ausgesät. Sind die Sämlinge einige Zentimeter groß, werden sie pikiert, sodass nur die jeweils kräftigste Pflanze einer Gruppe stehen bleibt.

Kleine Sorten
Haben Sie nicht genügend Platz für die üblichen großen Sonnenblumen, sollten Sie es mit den neuen Zwergsorten probieren. Die Sorte 'Music Box' erreicht gerade einmal eine Höhe von etwa 60 cm und entwickelt sehr schöne Blüten in unterschiedlichen Farben, die cremefarben, strahlend gelb und sogar rostrot sein können. Die Sorte 'Sunspot' wird zwar nur 45–60 cm hoch, bringt jedoch besonders große Blüten mit einem Durchmesser von mindestens 20 cm hervor, während die Sorte 'Teddy Bear', die 60 cm groß wird, kleinere, strahlend gelbe Blüten mit einem Durchmesser von etwa 15 cm trägt, die gefüllt sind und in ihrer Erscheinung an Nadelkissen erinnern.

Die strahlend gelbe Sonnenblume 'Teddy Bear' ist eine Zwergform, die sich bestens für kleine Gärten eignet.

Riesenblumen

Am richtigen Standort und richtig gepflanzt können die strahlend gelben Blütenköpfe der Sonnenblume im August einen Durchmesser von ungefähr 30 cm erreichen. Dafür brauchen Sie die Samen im April nur an ihrem endgültigen Standort auszusäen. Sie können die Sämlinge zwar später noch umsetzen, die Pflanzen werden dann aber nicht mehr ganz so hoch. Mit zunehmender Größe sollten Sonnenblumen an exponierten Plätzen außerdem eine Stütze bekommen, damit sie bei starkem Wind oder nach heftigem Regen, wenn das Wasser sich in den großen Blättern sammelt, nicht umknicken.

Jungpflanzen schützen

Junge Sonnenblumen sind ein Leckerbissen für Schnecken und Kaninchen, sodass die Pflanzen einen Schutz brauchen. Streuen Sie ungiftiges Schneckenkorn und versenken Sie um jede Sonnenblume ein Drahtnetz im Boden, das die Wurzeln nicht nur vor den Nagern, sondern auch vor dem Entwurzeln schützt. (Siehe auch *Schnecken*)

Pollenfreie Sonnenblumen

Werden Sonnenblumen in der Vase als Schnittblumen verwendet, verfärbt sich ihre Umgebung durch den Blütenstaub bald gelb. Aus diesem Grund gibt es mittlerweile einige Sorten, die keine Pollen mehr produzieren, wie etwa 'Full Sun', 'Prado Yellow', die kastanienbraune 'Prado Red' und die Zwergform 'Big Smile'.

Feuchte Plätze austrocknen

Obwohl Sonnenblumen am besten in der Sonne gedeihen, nehmen ihre Wurzeln sehr viel Feuchtigkeit auf. Diese Fähigkeit, die Feuchtigkeit wie ein Löschpapier aufzusaugen, können Sie sich zunutze machen, indem Sie die Pflanzen in Gruppen an Mauern oder Zäunen entlang setzen. An solchen Stellen ist es in der Regel nämlich besonders feucht, sodass sie durch die Sonnenblumenwurzeln wesentlich trockener werden. Diese Methode funktioniert so gut, dass zur Rückgewinnung von Schwemmland in den Niederlanden riesige Sonnenblumenfelder gepflanzt wurden.

Spalierbäume

Kleine Obstbäume

Einen freien Platz an einer Wand können Sie optimal für einen Spalierbaum nutzen. Das ist in der Regel ein Obstbaum mit drei oder mehr „Etagen" aus waagrechten

Ästen, die entlang einer Kletterhilfe gezogen werden. Diese Kulturform eignet sich besonders gut für den Anbau von Äpfeln und Birnen in Kleingärten, wo jeder freie Zentimeter möglichst effektiv genutzt werden muss.

Früher ernten

Sie können schon früher ernten, wenn Sie einen vorgezogenen Spalierbaum mit zwei Etagen pflanzen. Solche Bäumchen bekommen Sie in gut sortierten Baumschulen und in Spezialgärtnereien.

Richtig pflanzen

Zum Pflanzen eines zweireihigen Spalierbaums spannen Sie drei oder mehr Drähte in Abständen von je 45 cm waagrecht an die Wand; die beiden unteren Drähte sollten sich allerdings auf gleicher Höhe wie die bereits vorhandenen Seitentriebe des Spalierbaums befinden. Wenn Sie den Baum dann in etwa 25 cm Entfernung von der Wand pflanzen, wächst er besser und der Stamm kann sich leichter in Richtung Wand neigen, was das Befestigen der Äste an den Drähten erleichtert.

Stabile Stützen

Wenn Sie die Drähte an Holzstützen befestigen, sollten Sie sich für stabile kesseldruckimprägnierte oder mit einem Holzschutzmittel vorbehandelte Holzpfosten entschiden, die Sie im Boden verankern. Verwenden Sie galvanisierten Draht, den Sie mit Ösen an den Pfosten befestigen, und sorgen Sie mithilfe einer Spannvorrichtung dafür, dass die Drähte immer straff gespannt sind.

Äste in Form ziehen

Schneiden Sie den Hauptstamm im ersten Winter nach der Pflanzung bis knapp unterhalb des dritten Drahtes von unten an einer Stelle zurück, an der sich auf beiden Seiten des Stammes Triebknospen gebildet haben. Sobald die neuen Triebe etwas länger sind, bindet man Bambusstöcke daran. Senken Sie die Stöcke nun allmählich und vorsichtig so, dass die Triebe bis zum Herbst bis an die Drähte gezogen sind. Binden Sie die Triebe fest und entfernen Sie die Stöcke. Achten Sie darauf, dass die Äste etwa gleich lang werden. Sie können das Wachstum anregen, indem Sie die Äste anheben, und es vermindern, indem Sie sie absenken.

Spalierbaum mit mehreren Etagen

Wünschen Sie einen Spalierbaum mit mehr als drei Etagen, schneiden Sie den Haupttrieb bis auf eine Knospe knapp oberhalb des dritten Drahtes zurück. Ziehen Sie den Haupttrieb an einem Bambusstock nach oben, zwei weiter unten liegende Triebe dagegen wie zuvor beschrieben waagrecht an Spanndrähten entlang. Das Maximum sind in der Regel fünf Drähte mit etwa 1,8 m langen Ästen. Man kann aber auch einen Spalierbaum mit bis zu zehn Etagen ziehen, sofern die Gesamtbreite der Äste weniger als 1,8 m beträgt.

Spalierpfirsichbaum

In Regionen mit sehr mildem Klima ist eine nach Süden oder Südwesten ausgerichtete Wand der ideale Platz für Wärme liebende Obstbäume wie z. B. einen Spalierpfirsichbaum. Allerdings werden Bäume an sehr warmen Standorten häufig von der Kräuselkrankheit befallen, was meist an der unzureichenden Luftzirkulation liegt, aber auch durch Verschmutzungen aufgrund der bei Regen aufspritzenden Erde verursacht werden kann. Dieser Krankheit können Sie vorbeugen, indem Sie in den Zwischenräumen zwischen den Ästen mehrere Holzleisten im rechten Winkel so an der Wand anbringen, dass sie 15–25 cm abstehen. An diese Leisten nageln Sie dann im Herbst eine bis zum Boden reichende Plastikplane, sodass der Spalierbaum während der Wintermonate vor Verschmutzungen geschützt ist, die Luftzirkulation aber nicht behindert wird. (Siehe auch *Schädlinge und Krankheiten* S. 346)

Frühe Ernte

Sie können früher ernten, wenn Ihre Spalierobstbäume an einer nach Süden oder Südwesten ausgerichteten Wand stehen. Hier sind die Pflanzen nicht nur vor kaltem Wind geschützt, sondern profitieren auch von der in der Wand gespeicherten Sonnenwärme.

Attraktive Wegbegrenzung

Als ungewöhnliche Wegbegrenzung für große Gärten eignen sich einreihige Spalierbäume, auch Schnurbäume genannt, die vorgezogen in Baumschulen erhältlich sind.
Sie können die Bäume aber auch selbst an einem zwischen Pfosten gespannten Draht ziehen.  Darüber hinaus eignen sich einreihige Spalierbäume zum Verdecken von unansehnlichen Maschendrahtzäunen oder als schöne Begrenzung von Gemüse- oder Blumenbeeten. (Siehe auch *Schnurbäume*)

Selbstbestäubende Sorten

Können Sie mangels Platz nur einen einzigen Spalierbaum pflanzen, sollten Sie beim Kauf eine selbstbestäubende Sorte auswählen. Alternativ können Sie sich auch für einen „Familienbaum" entscheiden, bei dem zwei oder drei verschiedene Sorten auf eine Unterlage gepfropft wurden; solche Bäume sind in Baumschulen allerdings nur relativ selten zu finden.

Spaliere

Ausreichend Abstand

Fixieren Sie ein Spalier niemals direkt an der Wand, sondern an 5 × 5 cm dicken Holzleisten, die Sie zuvor senkrecht an der Wand befestigt haben.  Auf diese Weise kann Luft zirkulieren, sodass die Pflanzen vor Pilzkrankheiten und Blattlausbefall geschützt sind.

Optische Täuschung

Eine interessante Perspektive ergibt sich, wenn Sie an einer Wand einen Spiegel anbringen, um den herum Sie einen Spalierbogen installieren. Besonders attraktiv wirkt ein Spalier auch, wenn es so geformt ist, dass es wie ein Tunnel oder ein Bogengang erscheint und den Garten dadurch etwas größer erscheinen lässt.

Gut versteckt

Das für eine bestimmte Pflanze jeweils am besten geeignete Spalier zu finden ist nicht immer einfach. Generell gilt, dass ein Spalier die gleiche Farbe haben sollte wie der Hintergrund, auf dem es angebracht wird, sodass es nicht zu sehr ins Auge fällt. Anders verhält es sich, wenn Sie das Spalier bewusst als Gestaltungselement einsetzen wollen. Vor allem, wenn Sie Ihr Spalier mit starkwüchsigen mehrjährigen Kletterpflanzen beranken wollen, sollten Sie darauf achten, dass es fest im Boden verankert und stabil ist.

Stabiles Bambusspalier

Für einjährige Kletterpflanzen eignet sich auch ein Bambusspalier. Damit die Rohre nicht faulen, sollten Sie die Hälfte der Stöcke an einem Ende spitz zuschneiden und mit den Enden für etwa 24 Stunden in einen Eimer mit einem Holzschutzmittel stellen. Nach dem Trocknen werden die Rohre mit Draht zu einem Gitter gebunden und mit den spitzen Enden im Boden und an der Wand verankert.

Dekorativer Sichtschutz

Ein dicht beranktes Spalier können Sie sehr gut als Abgrenzungselement für unterschiedliche Gartenbereiche oder als Sichtschutz zum Nachbargrundstück verwenden. Zum Begrünen eignen sich viele kräftige Kletterpflanzen und natürlich auch Rosen, sofern das Spalier nicht so platziert ist, dass man sich im Vorübergehen an den Dornen verletzen kann. Sehr schöne Kletterrosen sind beispielsweise die gelb blühende 'Chinatown' und die rosafarbene 'Queen Elizabeth', die beide besonders kräftig und dicht wachsen, jedoch regelmäßig zurückgeschnitten werden müssen, damit ihre Form erhalten bleibt und die Blütenbildung gefördert wird. Bei der duftenden *Rosa × odorata* 'Mutabilis', die ebenfalls sehr dicht wächst, färben sich die anfangs pfirsichfarbenen Blüten im Lauf der Zeit karminrot. Auch diese Sorte benötigt einen regelmäßigen kräftigen Rückschnitt, damit sie im Sommer üppig blüht.

Geeignete Spalierpflanzen

Die schönen Blüten der Kletterrosen kommen am wirkungsvollsten an einem Spalier zur Geltung. Wichtig ist es jedoch, die jungen Triebe so rechtzeitig an das Spalier zu binden, dass sie nicht zu lang werden und man sich an den Dornen nicht verletzt. Auch die *Clematis* eignet sich bestens zum Beranken von Spalieren, denn ihre Triebe drehen sich in sich selbst und können sich deshalb von allein am Spalier festhalten. Ein Spalier an einer sonnigen Süd- oder Südwestwand ist der beste Platz für die einjährige Winde *Ipomoea tricolor* 'Heavenly Blue', die besonders hübsche himmelblaue Blüten trägt. Sie rankt sich ebenfalls von allein an den Spalierstreben empor, sodass sie keine zusätzliche Fixierung benötigt.

Spargel

Männlich und weiblich

Männliche Spargelpflanzen bringen höhere Erträge als weibliche. Allerdings sehen sich die Pflanzen so ähnlich, dass es nur eine Möglichkeit zur Unterscheidung gibt, nämlich so lange zu warten, bis die weiblichen Pflanzen erste Früchte ansetzen. Werden die Pflanzen aus Samen gezogen, können Sie weibliche Spargelpflanzen erst nach 2 Jahren erkennen und gegebenenfalls entfernen.

Schnelle Ernte

Eine schnellere Ernte erzielen Sie, wenn Sie die Samen im Februar bei 13–16 °C unter Glas säen. Pikieren Sie die Sämlinge einzeln in Töpfe und setzen Sie die Jungpflanzen im Juni ins Freibeet.

Männliche Hybriden

Hohe Erträge lassen sich relativ einfach erzielen, indem Sie F_1-Hybriden setzen, die nur männliche Pflanzen hervorbringen. Dazu gehören die Sorten 'Franklim', 'Gijnlim', 'Lukullus' und 'Venlim'. Wenn Sie außerdem vorgezogene einjährige Jungpflanzen kaufen, können Sie bereits im zweiten Jahr ernten, wobei sich die Erträge in den folgenden Jahren noch erheblich steigern.

Spargel aus Samen ziehen

Damit die Ernte besonders reich ausfällt, sollten Sie Spargel in leichten Sandboden setzen oder bei schweren Böden reichlich groben Sand einarbeiten. Die Samen werden im März oder April in einem eigenen Saatbeet 2–3 cm tief in Saatrillen gesät, die einen Abstand von 30 cm haben sollten. Sobald die Sämlinge etwas größer sind, werden sie auf Abstände von 25 cm vereinzelt. Im Spätherbst oder – noch besser – im nächsten Frühjahr können Sie die Pflanzen dann an ihrem endgültigen Standort in den Boden setzen.

Jungpflanzen pflegen

Bei frisch gekauften Pflänzchen dürfen die Wurzeln bis zum Einpflanzen nicht austrocknen. Können Sie die Pflanzen nicht sofort setzen, sollten Sie sie in nasse Tücher einschlagen oder mit feuchtem Sand bedecken. Nach dem Pflanzen sollten Sie außerdem eine Mulchschicht aus gut verrottetem Stallmist oder Kompost auf dem Boden verteilen, damit er feucht bleibt.

Optimale Raumnutzung

Damit das Beet optimal genutzt wird, pflanzen Sie Spargel am besten blockweise in jeweils drei Reihen mit je 30 cm Abstand und halten 1 m Abstand zwischen den Blöcken. In diese Lücken können Sie z. B. schnell wachsenden Salat säen.

Erste Ernte

Entfernen Sie bei der ersten Spargelernte die Erde rund um die Pflanzen und schneiden Sie nur die dickeren Stangen knapp 3 cm unterhalb der Erdoberfläche mit einem scharfen, schmalen Messer vorsichtig so ab, dass die Wurzeln oder andere Stangen dabei nicht beschädigt werden. Ernten Sie Spargel außerdem immer nur bis Mitte Juni, da die Pflanzen sonst im nächsten Jahr weniger kräftig wachsen. Das Spargelgrün wird erst im Herbst nach dem Vergilben abgeschnitten und das Beet anschließend mit gut verrottetem Stallmist oder reifem Kompost bedeckt.

Zarte Spargelstangen

Kochen Sie Spargel in einem zugedeckten Topf in wenig Wasser, dem Sie je 1 Prise Salz und Zucker zufügen. Nach 3–4 Minuten nehmen Sie den Topf vom Herd und lassen die Stangen offen 10 Minuten ziehen.

Goldgelbes Spargelkraut

Das dekorative Spargelkraut lässt sich sehr gut mit Trockenblumen kombinieren, sobald es sich im Herbst goldgelb verfärbt. Schneiden Sie die Blätter aber wirklich erst dann ab, wenn sie nicht mehr grün sind. Andernfalls würden die Pflanzen stark geschwächt werden, da nur das Spargelkraut die Pflanzenwurzeln für die nächstjährige Ernte mit ausreichend Nährstoffen versorgt.

Speisepilze

Eigene Pilzzucht

Pilze selbst zu kultivieren ist nicht schwer, der Ernteerfolg hängt jedoch wesentlich vom Wetter ab. Ideale Wachstumsbedingungen haben die Pilze, wenn morgens Tau liegt und tagsüber trockenes Wetter herrscht. Wählen Sie als Standort einen ruhigen, aber sonnigen Rasenplatz und heben Sie dort Ende Mai bis Anfang Juni eine etwa 45 × 30 cm große Grassode aus. Entfernen Sie etwa 15 cm der darunter liegenden Erde und füllen Sie das entstandene Loch mit gut verrottetem Pferdemist auf. Impfen Sie den Mist nun mit der so genannten Pilzbrut, die Sie über den Versandhandel beziehen können, legen Sie die Grassode wieder an ihren Platz und treten Sie den Boden fest. Zum Schluss brauchen Sie die Stelle nur noch gut anzufeuchten. Bei idealen Wetterbedingungen zeigen sich die ersten Pilze

dann bereits nach etwa 12 Wochen. Damit die eigene Pilzzucht wirklich gelingt, darf der Boden vorher allerdings nicht frisch umgegraben und auch nicht mit chemischem Dünger behandelt worden sein.

Pilzkultur im Haus

Pilze können Sie auch im Haus züchten. Die im Spezialhandel angebotenen Anzuchtpackungen reichen für eine 8- bis 12-wöchige, regelmäßige Ernte und enthalten die Pilzbrut, Komposterde und das Kultursubstrat. Fällt die Temperatur nach dem Impfen des Substrats nicht unter 16 °C, können Sie die ersten Pilze nach 8–9 Wochen ernten.

Delikatesse aus dem Osten

Shiitakepilze sind in Japan und China schon lange wegen ihres leicht nussigen Aromas und ihres hohen Nährwerts begehrt, werden aber auch bei uns zunehmend beliebter. Diese Delikatesse können Sie zu Hause mithilfe von speziellen Anzuchtpackungen sehr gut selbst züchten, wobei eine Packung etwa vier reichliche Ernten ergibt.

Pilzkultur auf Baumstämmen

Am einfachsten ist die Pilzkultur mit Fertigsubstraten aus dem Fachhandel, als Zuchtgrundlage eignen sich aber auch Stücke von Baumstämmen, Rasensoden oder mit Stroh oder Sägemehl gefüllte Säcke. Damit haben Sie die Möglichkeit, auch solche Pilze zu züchten, die nicht in den Anzuchtpackungen erhältlich sind. Am besten für die Pilzkultur auf Baumstämmen eignen sich Stücke von Birken- oder Eichenstämmen, die etwa 50 cm lang sein sollten und einen Durchmesser von mindestens 10 cm haben müssen. Schlagen Sie das Holz im Winter und lagern Sie es auf einer auf dem Boden ausgebreiteten Plastikfolie an einem kühlen, feuchten Ort. Bohren Sie dann im Frühjahr große Löcher in das Holz, füllen Sie die Öffnungen mit Pilzbrut und versiegeln Sie die Stellen mit Wachs. Bis die Pilze zu wachsen beginnen, muss der Baumstamm warm und feucht gehalten werden. Umwickeln Sie die Holzstücke deshalb dick mit alten Teppichresten, Zeitungspapier, Pappe oder Plastikfolie. Nach einigen Monaten können Sie überprüfen, ob sich bereits die ersten Pilze zeigen, wobei die Wachstumsdauer von der Pilzsorte abhängig ist. Sind Pilze zu sehen, legen Sie die Holzstücke bis zur endgültigen Reife der Pilze an einen kühlen, schattigen Ort, etwa unter Bäume, in eine Garage oder in den Keller.

Pilzkultur in Säcken

Bei der Pilzkultur in Säcken mit Sägemehl oder Stroh muss zuerst das Substrat sterilisiert werden, indem Sie es für 2 Stunden in eine Lösung aus Wasser und Natron geben, wobei man 1 EL Natron auf 1 l Wasser rechnet. Sie können das Substrat aber auch mit Wasser vermischt 45 Minuten im Schnellkochtopf kochen, abgießen und abkühlen lassen. Dann vermengen Sie die erkaltete Masse mit der Pilzbrut, geben die Mischung in einen durchlöcherten Plastiksack, binden diesen oben zu und lagern ihn bei einer Temperatur von 20–25 °C. Sobald das Myzel das Stroh oder Sägemehl zu durchziehen beginnt, stellen Sie den Sack an einen kühlen, feuchten, hellen Ort, ohne dass er direktem Sonnenlicht ausgesetzt ist. Nach 2–3 Wochen können Sie dann erstmals ernten.

Pilze ernten

Pilze sollten Sie wegen der Fäulnisgefahr nicht abschneiden, sondern unten am Stiel abbrechen oder herausdrehen. Entfernen Sie alle Reste von Pilzen und Pflanzen aus dem Substrat, um einer Schimmelbildung vorzubeugen, und füllen Sie zur Wachstumsförderung der neuen Pilze die Löcher im Substrat wieder auf.

DIE RICHTIGE WAHL

Köstliche Speisepilze aus eigener Zucht

Mit folgenden Sorten, die sich auf verschiedenen Unterlagen kultivieren lassen, haben Sie stets frische Pilze.

Sorte	Zuchtunterlage
Coprinus comatus (Schopf-Tintling, Spargelpilz)	Mit Stroh gefüllte Säcke; Rasen
Flammulina velutipes (Samtfußrübling, Winterrübling)	Mit Sägemehl gefüllte Säcke; Baumstämme
Lentinus edodes (Shiitake)	Mit Sägemehl gefüllte Säcke; Baumstämme
Pholiota nameko (Nameko)	Mit Sägemehl gefüllte Säcke; Baumstämme
Pleurotus ostreatus (Austernseitling)	Mit Stroh/Sägemehl gefüllte Säcke, Baumstämme
Stropharia rugosoannulata (Braunkappe)	Mit Stroh/Sägemehl gefüllte Säcke; Rasen

---

Speiserüben

Frühe und späte Sorten

Sie können regelmäßig vom Sommer bis in den Winter hinein ernten, wenn Sie von März bis Anfang Juli alle 3 Wochen frühe Sorten und dann im Juli und August die späten Sorten aussäen.

Schattenspender

Säen Sie Speiserüben neben hohe Gemüsepflanzen wie Erbsen, Feuerbohnen, Tomaten oder Zuckermais. Sie spenden den Rüben Schatten, sodass diese nicht holzig werden.

Optimale Beetnutzung

Säen Sie schnell wachsendes Gemüse wie etwa Radieschen zwischen Ihre Speiserüben, um den verfügbaren Platz im Beet optimal zu nutzen. Da die Radieschen sehr rasch geerntet werden, beeinträchtigen sie die Rüben überhaupt nicht.

Unverträgliche Nachbarschaft

Bauen Sie Kohlrüben und Speiserüben nicht zusammen mit anderem Wurzelgemüse an. Auch wenn sie nicht danach aussehen, gehören beide Gemüsearten zur Kohl-Familie (*Brassica*), sind also mit Blumenkohl und Kohl verwandt und somit anfällig für die Kohlhernie, eine durch einen Schleimpilz verursachte Pflanzenkrankheit. Ziehen Sie deshalb im Gemüsebeet beide Rübenarten zusammen mit anderen Kohlarten, sodass sie alle im Fruchtwechsel angebaut werden können. Dadurch lässt sich verhindern, dass sich der Pilz im Boden über Sporen ausbreitet. (Siehe auch *Gemüsegärten, Kohl*)

Sonnenschutz

Die Samen von Speiserüben vertragen keine direkte Sonne. Decken Sie das Beet deshalb kurz nach der Aussaat mit Sackleinen zu und halten Sie das Leinen stets feucht. Kontrollieren Sie täglich, ob die Samen zu keimen beginnen, und entfernen Sie dann die Bedeckung wieder.

Sämlinge und Jungpflanzen

Beim Pikieren der Sämlinge und Jungpflanzen von Haupterntesorten sollten Sie die kleinen Rübchen nicht wegwerfen. Sie sind eine leckere Zutat für Suppen und Eintöpfe, und die Blätter können als Suppengrün verwendet werden.

Speiserüben pflegen

Gießen Sie Rüben während der Wachstumsperiode stets reichlich. So bleiben sie nicht nur zart, sondern schießen auch weniger schnell.

Blätter als Suppengrün

Säen Sie im August oder September relativ dicht eine Haupterntesorte, etwa die 'Imperial Green Globe', und lassen Sie die Pflanzen über Winter wachsen, sodass Sie im März die Blätter als Suppengrün ernten können. Schneiden Sie die Blätter dafür dicht am Stängel ab, sobald sie eine Länge von 10–15 cm erreicht haben. Dann wachsen sie wieder nach und können mehrmals geerntet werden. Voraussetzung für ein üppiges Blattwachstum ist jedoch, dass die Pflanzen regelmäßig mit einem Flüssigdünger gedüngt werden.

Spinat

Neue Sorten

Säen Sie Spinatsamen im Sommer nie in trockenen, ungeschützten Boden, da die Pflanzen bei Hitze rasch zu schießen beginnen, sondern besser im Schatten von Erbsen, Stangenbohnen oder Zuckermais. Eine gute Alternative sind auch die neuen schossfesten und mehltauresistenten Sorten 'Chica', 'Mazurka', 'Monnopa GS', 'Rico' oder die F_1-Hybride 'Space'.

Saatzeiten für Sommerspinat

Sie können den ganzen Sommer über bis zum Oktober bzw. bis zum ersten Frost Spinat ernten, wenn Sie die Samen in regelmäßigen 3-wöchigen Abständen von Anfang März bis Ende August aussäen.

Saatzeiten für Winterspinat

Säen Sie im September zweimal Winterspinat aus. Wenn Sie die Sämlinge, die kurz vor Beginn des Winters erscheinen, mit einer Glashaube schützen, können Sie den ganzen Winter über bis in den Frühling hinein ernten, ehe sich die Pflanzen dann im April und Mai voll entwickeln. Wählen Sie dafür jedoch spezielle Winterspinatsorten, etwa die Sorte 'Vital'.

Stickstoffgehalt im Boden

Wachsen Ihre Spinatpflanzen kräftig, deutet dies auf eine ausreichende Stickstoffversorgung des Bodens hin; schwache blassgrüne Blätter sind dagegen ein sicheres Anzeichen für einen zu niedrigen Stickstoffgehalt im Boden. Einen solchen Mangel können Sie aber mit einem stickstoffhaltigen Dünger rasch wieder ausgleichen.

Der richtige Boden

Spinat gedeiht am besten in einem aufgelockerten Boden mit gutem Wasserhaltevermögen, der jedoch nicht staunass sein darf und vor der Aussaat mit gut verrottetem Stallmist oder Kompost verbessert werden sollte. Nährstoffarme, trockene Böden bringen dagegen bittere, minderwertige Blätter hervor, die zudem schnell schießen. Spinat wird bei Wassermangel außerdem häufig von Mehltau befallen, sodass Sie im Zweifelsfall besser neuere Sorten pflanzen, die robust und krankheitsresistent sind.

Regelmäßig gießen

Spinat braucht vor allem bei sehr warmem Wetter reichlich Wasser. Gießen Sie Ihre Pflanzen deshalb in Hitzeperioden zwei- bis dreimal pro Woche mit etwa 20 l pro 1 m², damit die Blätter kräftig wachsen.

Optimale Platznutzung

Nutzen Sie den Platz in Ihrem Gemüsegarten, indem Sie Spinat zwischen Gemüsepflanzen wie z. B. Bohnen säen, die wesentlich länger bis zur Reife benötigen. Wenn dann die Bohnen so weit sind, dass sie das Gemüsebeet ausfüllen, ist der Spinat bereits abgeerntet.

Ernte und Lagerung

Spinat wird vor der Blüte geerntet, wenn die Blätter etwa 20 cm hoch sind. Schneiden Sie die Blätter mit einem scharfen Messer am Stängelende ab und bewahren Sie sie bis zur weiteren Verwendung in ein Tuch eingeschlagen im Gemüsefach des Kühlschranks auf, wo sie noch etwa 2 Tage frisch bleiben.

Spinnmilben

Anfällige Pflanzen

Spinnmilben (Rote Spinnen) befallen vor allem Obstbäume wie Apfel, Birne, Pfirsich und Pflaume, Gemüsepflanzen wie Erdbeere, Gurke und Tomate, einige Stauden wie Montbretie und Primel sowie Sträucher und Rosen. Am anfälligsten sind Pflanzen, die im Haus, Gewächshaus oder Kalten Kasten vorgezogen wurden.

Spinnmilben erkennen

Wassertröpfchen, die nach dem Gießen auf fast unsichtbaren Gespinsten zwischen Pflanzenstängeln und -blättern hängen bleiben, weisen auf einen Befall mit Spinnmilben hin. Wenn Sie abends mit einer Taschenlampe auf die Gespinste leuchten, lässt sich der Befall noch deutlicher erkennen.

Sichtbare Schäden

Die winzigen Spinnmilben sind zwar mit bloßem Auge nicht zu erkennen, doch der an den Pflanzen angerichtete Schaden ist umso sichtbarer: Die Blätter werden fleckig, verlieren ihre Farbe und rollen sich an den Rändern ein. Schließlich fallen sie ab, und die Pflanze geht in der Folge oft ein.

Feuchtigkeit erzeugen

Spinnmilben mögen trockene Wärme. Wässern Sie den Boden deshalb häufig und besprühen Sie die Pflanzen einschließlich der Blattunterseite, wo sich die Schädlinge vermehren.

Frischluft für Zimmerpflanzen

Zimmer- und Gewächshauspflanzen sollten Sie an schönen warmen Tagen ins Freie stellen. So werden sie aus der warmen, trockenen Umgebung geholt, die die Spinnmilben begünstigt.

Nützlinge einsetzen

In mit Spinnmilben befallenen Gewächshäusern kann man die Raubmilbe *Phytoseiulus persimilis* einsetzen, die täglich fünf ausgewachsene Spinnmilben bzw. 20 Jungtiere verzehrt und sich rascher vermehrt als diese, sodass sie ihnen bald zahlenmäßig überlegen ist. Ist das Nahrungsangebot aufgebraucht, sterben die Raubmilben und müssen notfalls im nächsten Jahr ersetzt werden. Erhältlich sind sie im Versandhandel.

Siehe auch *Schädlinge und Krankheiten* S. 348

Brutstätten vernichten

Vernichten Sie die Überwinterungsplätze der Schädlinge, indem Sie im Spätherbst alle abgestorbenen Pflanzenreste abräumen und entsorgen bzw. alle leer stehenden Pflanzgefäße mit heißem Wasser und einem Reinigungsmittel gründlich auswaschen.

Spritzen

Spritzgeräte verlängern

Schädlinge und Krankheiten an schwer erreichbaren Stellen wie etwa auf hohen Bäumen lassen sich leichter bekämpfen, wenn Sie Ihr Spritzgerät mithilfe eines Spezialaufsatzes verlängern. Dieses Zubehör, das teilweise auch ausziehbar ist, bekommen Sie im Fachhandel oder Gartencenter.

Rückenspritze

Um Dünge- oder Pflanzenschutzmittel großflächig auszubringen, verwenden Sie am besten ein Spritzgerät, das auf dem Rücken getragen wird, sodass Sie die Hände frei haben. Eine Rückenspritze kann zudem erheblich mehr Flüssigkeit aufnehmen als ein Handspritzgerät und über längere Zeit eingesetzt werden, da die Gewichtsbelastung auf dem Rücken weit weniger groß ist als bei einem Handgerät.

Flüssigdünger

Anstatt ein großes, schweres Spritzgerät mit sich herumzuschleppen, kann man auch ein Vorsatzgerät am Gartenschlauch anbringen. So können Sie beim Wässern Ihrer Pflanzen gleich auch den Flüssigdünger mit ausbringen.

Wann spritzen?

Da zahlreiche Präparate erst nach mehreren Stunden wirksam werden, sollten Sie keine Arbeiten mit dem Spritzgerät ausführen, wenn ein Regenschauer bevorsteht. Der Regen wäscht die ausgebrachten Stoffe nämlich unter Umständen schnell wieder aus, sodass sie ihre Wirkung nicht vollständig entfalten können. Warten Sie also besser auf trockenes Wetter.

Sauberes Wasser

Müssen Spritzmittel vor der Anwendung mit Wasser verdünnt werden, sollten Sie dafür immer nur Leitungswasser verwenden. Regenwasser aus der Tonne oder Wasser, das offen für längere Zeit im Freien gestanden hat, enthält häufig Algen und andere winzige Bestandteile, die den feinen Zerstäuber des Spritzgeräts schnell verstopfen können.

Vorsicht vor direkter Sonne

Spritzen Sie Ihre Pflanzen nie, wenn sie gerade in direktem Sonnenlicht stehen. Die feinen Tröpfchen aus dem Zerstäuber wirken dann wie kleine Brenngläser, die den Einfall der Sonnenstrahlen noch verstärken, sodass die Blätter versengt werden können.

Exotische Pflanzen

Wenn in Ihrem Haus oder Garten Pflanzen wachsen, die in ihrem Ursprungsland auf Bäumen im Regenwald leben, ist ein Wassersprüher unerlässlich. Pflanzen dieses Typs wie beispielsweise tropische Orchideen und bestimmte Farne können dem Boden weder ausreichend Flüssigkeit noch Nährstoffe entziehen, sondern bekommen alle lebensnotwendigen Substanzen aus der sie umgebenden Luft. Um ähnliche Lebensbedingungen zu schaffen, sollten Sie die Pflanzen nicht zu viel gießen, sondern die Blätter besonders im Sommer immer wieder mit Wasser zu besprühen. Achten Sie jedoch darauf, dass das Wasser nicht gechlort ist, und mischen Sie alle paar Wochen einige Tropfen Flüssigdünger bei.

Empfindliche Blüten

Wollen Sie die Blätter einer blühenden Pflanze spritzen, sollten Sie die Blütenblätter durch ein Stück Karton vor dem Spritzmittel schützen.

Kälteschock vermeiden

Füllen Sie den Zerstäuber mit der Spritzflüssigkeit einige Stunden bevor Sie Ihre Zimmerpflanzen besprühen, und lassen sie ihn anschließend so lange stehen, bis die Flüssigkeit sich auf Zimmertemperatur erwärmt hat. So erleiden die Pflanzen keinen Kälteschock.

Empfindliche Möbel schützen

Stellen Sie Ihre Zimmerpflanzen zum Besprühen mit Wasser am besten auf ein Abtropfbrett im Bad oder in der Küche. Dann kann der feine Nebel, der beim Spritzen mit dem Zerstäuber entsteht, die Oberfläche der Möbel nicht beschädigen.

Spinnmilben

Bei einem Befall mit Spinnmilben sollten Sie die gesamte Pflanze regelmäßig zweimal täglich mit lauwarmem Wasser besprühen. Kontrollieren Sie dabei vor allem die Unterseite der Blätter, denn hier legen Spinnenmilben bevorzugt ihre Eier ab. (Siehe auch *Spinnmilben*)

Richtig spritzen

Besorgen Sie sich am besten zwei Spritzgeräte und verwenden Sie eines ausschließlich zum Befeuchten der Pflanzen mit Wasser und das andere nur zum Spritzen von Pflanzenschutzmitteln. Damit es nicht zu Verwechslungen kommt, sollten Sie die beiden Spritzbehälter entsprechend mit Etiketten versehen.

Kinder und Haustiere schützen

Wollen Sie großflächig chemische Pflanzenschutzmittel ausbringen, sollten Sie unbedingt darauf achten, dass sowohl während des Spritzvorgangs als auch während der Einwirkungszeit keine Kinder oder Haustiere in der Nähe sind. Außerdem sollten Spritzgerät und Pflanzenschutzbehälter sicher aufbewahrt werden, sodass sie auf keinen Fall in Kinderhände gelangen können.

Blattdünger geben

Kann eine Pflanze nicht genügend Nährstoffe aus dem Boden aufnehmen, etwa weil die Erde zu stark verdichtet ist oder die Wurzeln krank oder beschädigt sind, müssen ihr durch einen flüssigen Blattdünger die fehlenden Nährstoffe von außen zugeführt werden. Der Dünger wird nach Anweisung des Herstellers mit Wasser verdünnt, in den Spritzbehälter gefüllt und mit dem Zerstäuber fein auf den Blättern der Pflanze verteilt.

Spritzbehälter reinigen

Füllen Sie den leeren Spritzbehälter unmittelbar nach Gebrauch zur Hälfte mit Wasser, fügen Sie einige Tropfen Geschirrspülmittel zu und schütteln Sie ihn dann mehrere Male kräftig. Spülen Sie das Gerät anschließend mit klarem Wasser aus, spritzen Sie einige Male ins Leere, um sämtliche Rückstände, die den Zerstäuber oder den Zulauf bei späteren Anwendungen verstopfen könnten, zu entfernen, und schütten Sie das restliche Wasser zum Schluss vollständig wieder aus.

Siehe auch Chemikalien, Fungizide, Insekten

Spurenelemente

Mangelerscheinungen erkennen

Pflanzen können dem Boden in der Regel zwar die jeweils erforderlichen Mineralstoffe und Spurenelemente entnehmen, hin und wieder kann es aber trotzdem zu Mangelerscheinungen kommen. Die häufigsten Symptome für einen solchen Mangel sind Gelbfärbungen zwischen den Blattadern (Chlorose), die hauptsächlich bei jungen Blättern durch Kalkmangel verursacht werden, Gelbfärbungen zwischen den Blattadern auf älteren Blättern aufgrund eines Manganmangels oder gelbe Streifen zwischen den Blattadern, die sich braun färben und auf einem Magnesiummangel beruhen. Weniger häufig ist ein Molybdänmangel, vor allem bei Blumenkohl und Brokkoli (Klemmherzigkeit), sowie ein Bormangel, der bei Stangensellerie braune Stellen verursacht.

Mangelerscheinungen ausgleichen

Pflanzen mit erkennbaren Mangelerscheinungen sollten Sie mit einem Blattdünger aus dem Gartencenter besprühen, der das jeweils fehlende Spurenelement oder den Mineralstoff enthält. Geben Sie im Frühjahr kalkunverträglichen Pflanzen wie Azaleen und Rhododendren einen Spezialdünger. Pflanzen, die an durch Kalkmangel verursachter Chlorose leiden, behandeln Sie mit einem Eisenchelat-Präparat. Einem Mangel an Spurenelementen und Mineralstoffen können Sie aber auch auf natürliche Weise begegnen oder vorbeugen, indem Sie den Boden um Obst- und Gemüsepflanzen im Frühjahr mit reichlich gut verrottetem Stallmist oder reifem Kompost verbessern. Das Mulchen mit verrottetem Laub oder kompostierter Baumrinde trägt darüber hinaus dazu bei, einen leicht alkalischen Boden in einen eher sauren Bereich zu überführen.

Allheilmittel Seetang

Zuweilen ist es nicht ganz einfach zu erkennen, welches Spurenelement oder Mineral einer Pflanze fehlt. Düngen Sie in diesem Fall am besten mit einem organischen Flüssigdünger auf Seetangbasis oder mit einem Algenkalk-Granulat. Beide enthalten eine so breite Palette an verschiedenen Spurenelementen und Mineralstoffen, dass sie in der Regel fast alle Mangelerscheinungen ausgleichen. (Siehe auch *Seetang*)

Stäbe und Stützen

Langlebige Stützstäbe

Die besten Stützstäbe werden aus Haselnuss-, Eschen- oder Kastanienholz hergestellt, da sie dann meist gleichmäßig gerade und besonders langlebig sind. Leider ist die verwendete Holzart bei den im Handel angebotenen Stäben nicht immer angegeben, doch wenn Sie diese Baumarten im Garten haben, können Sie sich Ihre Stützstäbe eventuell auch selbst herstellen.

Stützstäbe vorbereiten

Die Lebensdauer von Stützstäben lässt sich dadurch verlängern, dass Sie die Enden, die im Boden versenkt werden, zuerst für 24 Stunden in einen Eimer mit einem biologischen Holzschutzmittel stellen und anschließend gut trocknen lassen. Wenn Sie den Stab ein zweites Mal verwenden wollen, sollten Sie das Ende, das in der Erde gesteckt hat, gründlich reinigen und dann erneut mit einem Holzschutzmittel behandeln.

Grüne Stäbe

Besonders unauffällig sind grün lackierte Stäbe. Sie können aber auch ein grünes Holzschutzmittel verwenden, das die Stäbe gleichzeitig färbt und vor Fäulnis schützt.

Zwergbäume stützen

Jungbäume mit schwachem Wurzelwerk, etwa Apfelbäumchen auf einer Zwergunterlage, werden am besten mit einem kurzen Stab gestützt, der ungefähr ein Drittel so hoch sein sollte wie der Baum selbst und an dem die Pflanze in der Mitte des Stammes mit Bast befestigt wird. In windreichen Regionen ist es allerdings ratsam, einen etwas dickeren und höheren Stab zu verwenden, damit der Baum mehr Halt hat, und die Pflanze an drei Stellen zu befestigen.

Warum stützen?

Bäume und Sträucher sollten gleich nach dem Einpflanzen eine stabile Stütze bekommen. Dadurch werden der Stamm und die Wurzeln auch bei stürmischem Wetter sicher an ihrem Platz gehalten, sodass sich die Wurzeln leichter im Boden verankern können. Indem die Bewegung der Gewächse begrenzt wird, werden auch die empfindlichen Wurzelhaare, die für die Aufnahme von Wasser und Nährstoffen aus dem Boden lebenswichtig sind, vor Schaden bewahrt.

Richtige Reihenfolge

Sie sollten immer zuerst den Stützstab im Boden fixieren, ehe Sie den Baum oder Strauch in die Pflanzgrube setzen und an seiner Stütze festbinden. So wird verhindert, dass die empfindlichen Wurzeln beim Einsetzen des Stützstabs versehentlich beschädigt werden. Außerdem sollte der Stützstab lang genug sein, damit er den gesamten Stamm bis hoch zum Astansatz stützen kann.

Exponierte Bäume stützen

Wird ein Baum an eine besonders windige Stelle gepflanzt, sollten Sie vorsichtshalber zu beiden Seiten der Pflanzgrube je einen stabilen Stützstab im Boden versenken. Dann setzen Sie den Baum ein und fixieren ihn an beiden Stützpfählen mit einer dicken Schnur, sodass er von zwei Seiten sicher gehalten wird.

Gepflanzte Bäume stützen

Wollen Sie einen bereits gepflanzten Baum stützen, können Sie eine Beschädigung der Wurzeln vermeiden, indem Sie jeweils einen Stützstab in etwas größerer Entfernung zu beiden Seiten des Baumes im Boden versenken. Nageln Sie auf halber Höhe des Stammes quer liegend eine Holzlatte an die Stützstäbe, an der Sie den Baum festbinden.

Unsichtbare Stützen

Dünne Äste sind ideale Stützen für bis zu 1,2 m hohe Beetpflanzen, die bei starkem Wind leicht umknicken. Stecken Sie dafür drei bis vier Äste rund um die Pflanze fest in den Boden. Sollten die Pflanzen bei starkem Regen oder Wind eine zusätzliche Stütze benötigen, verbinden Sie einfach den oberen Teil der Äste mit etwas Bast.

Stützstäbe entfernen

Ein fest im Boden verankerter Stützstab lässt sich leichter entfernen, wenn Sie ihn mit einem sanften Hammerschlag noch ein Stück weiter in den Boden rammen. So lockert er sich und kann dann einfacher herausgehebelt werden, als wenn Sie ihn einfach nur herausziehen würden.

Baumanbinder

Baumanbinder sollten stabil genug sein, um Wind und Wetter standzuhalten, ohne jedoch in die Baumrinde einzuschneiden und sie dadurch zu verletzen. Als Baumanbinder eignen sich Gurte aus Plastik oder beschichtetem Stoff mit einem dazwischenliegenden Plastik- oder Gummipuffer, ausgediente Nylonstrümpfe oder -strumpfhosen und breite Plastik- oder Gummistreifen, die mit Schnur oder Draht am Baum fixiert werden. Letzterer sollte allerdings regelmäßig überprüft und gegebenenfalls gelockert werden, da der Umfang des Stammes im Lauf der Zeit zunimmt und der Draht durch das Plastik oder Gummi hindurch in den Stamm schneiden und ihn beschädigen kann. Als Baumanbinder können Sie aber auch ein etwa 15 cm langes Stück Gartenschlauch verwenden, durch das Sie einen langen Draht ziehen. Dann legen Sie das Schlauchstück um den Baumstamm und befestigen es am Stützstab. Auf diese Weise sorgt der Draht für den nötigen Halt, während der übergezogene Schlauch die Baumrinde vor Verletzungen schützt.

Stützen für jeden Geschmack

Für Kübelpflanzen in einem großen Gefäß sowie für Beetpflanzen gibt es zahlreiche attraktive Stützen wie Dreifüße und Obeliske aus dekorativem Drahtgeflecht, Schmiedeeisen oder mit Plastik überzogenem Stahlrohr. Ein fächerförmiges Spalierstück ist eine gute Stütze für Kletterpflanzen oder an einer Mauer wachsende Sträucher im Kübel, das Sie beim Bepflanzen des Kübels mit dem „Fächerende" nach unten in die Erde setzen.

Zierde aus Weidengeflecht

Sehr dekorativ wirkt ein Dreifuß aus unbehandelten dünnen Holzstäben, wenn Sie Weidenruten um die Stäbe flechten. Verwenden Sie dafür frisch geschnittene Ruten, die sehr elastisch sind. Noch biegsamer werden die Ruten, wenn Sie sie einige Stunden vor dem Flechten in kaltem Wasser einweichen.

Dünne Stützen aufwerten

Dünne Äste als Stützen für Pflanzen bekommen den letzten Schliff, wenn Sie sie in Höhe der Pflanze oben einknicken, das obere Stück nach unten biegen und um das untere Stück winden.

Aststützen beranken

Die Stützen von schweren, mit Früchten behangenen Obstbaumästen lassen sich dekorativ begrünen, indem Sie an den Fuß der Stützen einjährige Kletterpflanzen setzen, die auch etwas weniger Sonne akzeptieren. Dafür eignen sich beispielsweise Stangenbohnen sehr gut.

Attraktive Pflanzsäule

Stützstäbe für Bäume können Sie auch in dekorative Pflanzsäulen verwandeln: Treiben Sie zunächst einen etwa 1,8 m hohen stabilen Stützstab etwa 60 cm tief in den Boden. Nehmen Sie nun ein Drahtgeflecht mit 8 cm großen Maschen, das so breit ist, dass Sie es mit 30 cm Abstand um den Stab herum aufstellen können, und belegen Sie es mit einem entsprechend großen Stück schwarzer Plastikfolie. Platzieren Sie das Drahtgeflecht mit der Folie nach innen um den Stützstab und befestigen Sie Folie und Drahtgeflecht mit Draht am Stab. Füllen Sie nun den Zwischenraum zwischen Folie und Stab mit Erde, stechen Sie Löcher durch das Drahtgeflecht hindurch in die Folie und pflanzen Sie beispielsweise Kräuter, Fleißiges Lieschen und Stiefmütterchen in die Löcher.

Bambusstützen befestigen

Damit die Basis eines Bambusgestells für Kübelpflanzen nicht ständig vom Topfrand rutscht, bohren Sie am besten mehrere kleine Löcher in den Rand, durch die Sie je eine Drahtschlaufe ziehen. Mit den Schlaufen können Sie die Bambusstützen unten stabil befestigen.

Hohe Stauden stützen

Langstielige Blumen wie Chrysanthemen, Gladiolen, Iris oder Rittersporn können Sie entweder mit Schnur an ein dünnes Bambusrohr binden oder aber mit dünnem Draht an einem in der Erde steckenden gabelförmigen Metallstäbchen fixieren.

Natürliche Stützen

Als Stütze für Kübelpflanzen eignen sich auch schön geformte Triebe von ungewöhnlichen Gehölzen wie Korkenzieherhasel (Corylus avellana 'Contorta') oder Korkenzieherweide (Salix babylonica var. pekinensis 'Tortuosa'). Attraktive farbige Strauchtriebe, etwa die der verschiedenen Hartriegelarten (Cornus alba), können als dekorative Stützen für frühjahrsblühende Zwiebelpflanzen dienen.

Pflanzsäulen im Kübel

Eine dekorative Pflanzsäule im Kübel lässt sich aus einem Zylinder aus Drahtgeflecht herstellen, den Sie nach der Bepflanzung in den Topf stellen und mit dünnen Stäben fixieren. Sie können das Drahtgeflecht auch zu einem Kegel formen, den Sie fest in die Topferde drücken und am oberen Ende mit Draht zusammenbinden.

Stachelbeeren

Stachelbeer-Schnurbäume

Bei wenig Platz im Garten empfiehlt es sich, Stachelbeeren als Schnurbäume zu pflanzen; allerdings brauchen Sie dann gleich mehrere Bäumchen, wenn Sie einen wirklich lohnenden Ertrag erzielen möchten. U-förmig geschnittene Stachelbeer-Schnurbäume mit zwei senkrechten Ästen tragen nicht nur reichlich Früchte, durch die offene Mitte kann auch die Luft besser zirkulieren, was einer möglichen Pilzinfektion wie z. B. Mehltau vorbeugt.

Unkräuter bekämpfen

Den Boden rund um die Stachelbeersträucher sollten Sie nicht umgraben, da die Wurzeln sonst leicht beschädigt werden. Unterdrücken Sie Unkräuter besser durch vorsichtiges Hacken oder eine dicke Mulchschicht aus reifem Kompost oder Rindenmulch. Zur Vorbeugung von Unkräutern können Sie aber auch eine schwarze Plastikfolie auf dem Boden ausbreiten.

Rechtzeitig ausdünnen

Pflücken Sie die ersten Stachelbeeren Ende Mai teilweise ab, damit sich die übrigen Früchte besser entwickeln. Die kleinen, unreif gepflückten Beeren können Sie einmachen oder einkochen.

Knospen schützen

Stachelbeerknospen sind ein Leckerbissen für Spatzen. Schützen Sie daher die Pflanzen mit einem Gitter, sobald sich mit Beginn des Winters die ersten Knospen zeigen. Am besten eignet sich ein mit einem Netz bespanntes Holzgestell, das groß genug ist, dass die Vögel von keiner Seite an die Knospen gelangen können. Ist ein solcher Schutz nicht möglich, sollten Sie mit dem Auslichten der Sträucher bis zum Aufgehen der Knospen warten, höchstens jedoch bis Ende März, da der Ertrag sonst zu gering ausfällt.

DIE RICHTIGE WAHL

Robuste Stachelbeeren

Die folgenden Sorten eignen sich teils zum Frischverzehr, teils zum Konservieren.

'Greenfinch': Neuzüchtung mit besonders frühen Früchten, die sich gut zum Einkochen eignen; resistent gegen Mehltau.

'Hinnonmäki': Mittelfrüh reifende, glatte dunkelgelbe Früchte; resistent gegen Mehltau.

'Invicta': Reicher Ertrag; große blassgrüne Früchte mit gutem Aroma. Sehr gut zum Frischverzehr oder auch zum Einkochen und Einmachen geeignet; resistent gegen Mehltau.

'Reflamba': Mittelspät reifende, große Früchte mit glatter grasgrüner Schale. Kräftiges, süß-säuerliches Aroma; resistent gegen Mehltau.

'Remarka': Große, wohlschmeckende Früchte. Können bei früher Ernte zum Einkochen oder voll ausgereift zum Frischverzehr verwendet werden; resistent gegen Mehltau.

'Rixanta': Spät reifende, große honiggelbe Früchte mit leicht behaarter Schale. Aromatisch süßer Geschmack; resistent gegen Mehltau.

'Rolonda': Spät reifende, mittelgroße Früchte mit süß-mildem Aroma. Eignen sich gut zum Einkochen und Frischverzehr; resistent gegen Mehltau.

GESCHICHTE IN KÜRZE

Gesunde Klosterbeer

Stachelbeeren wurden wahrscheinlich schon im 14. oder 15. Jh. kultiviert. Im Kräuterbuch des Tabernaemontaus (1520–90) finden sich hilfreiche Anweisungen, wie man Blätter und Rinde der Klosterbeer – so wurde sie damals genannt – medizinisch bei Entzündungen, Geschwüren und Mundfäule nutzen konnte. Im 19. Jh. gab es dann schon knapp 1000 Kultursorten der Beere, deren leicht säuerlich süß schmeckende grüne, gelbe oder rote Früchte bald immer beliebter wurden.

Wurzeln schützen

Da Stachelbeeren nicht sehr tief wurzeln, können bei frisch gepflanzten Sträuchern die Wurzeln durch Frost leicht wieder freigelegt werden. Prüfen Sie deshalb während der Wintermonate regelmäßig, ob sich der Boden um die Pflanzen herum gelockert hat, und treten Sie ihn gegebenenfalls vorsichtig wieder fest.

Vielseitige Sorten

Wollen Sie Stachelbeeren sowohl roh verzehren als auch einmachen oder zu Kompott verarbeiten, wählen Sie am besten Sorten, die sich für beide Verwendungsformen eignen, etwa 'Invicta', 'Remarka' oder 'Rolonda'.

Wann ernten?

Stachelbeeren zum Einmachen oder Einkochen können Sie schon kurz vor der Reife abnehmen. Beeren für den Frischverzehr sollten Sie jedoch erst bei Vollreife ernten, wenn sie sich ganz leicht vom Strauch lösen lassen. Überschüssige Früchte können Sie bis zur weiteren Verwendung locker in einer Papiertüte verpackt oder in einem luftdurchlässigen Gefäß einige Tage im Gemüsefach des Kühlschranks lagern.

Wann schneiden?

Stachelbeersträucher werden im Winter zurückgeschnitten, wobei Sie alle Triebe entfernen sollten, die älter als 4 Jahre sind oder nach innen wachsen bzw. überhängen. Zeigen sich an den Astspitzen dunkle Flecken, ist dies ein Zeichen für Mehltau. Solche Triebe sollten Sie ebenfalls entfernen, damit die Krankheit sich nicht ausbreitet.

Stadtgärten

Geeignete Bäume

Vor allem Reihenhausgärten liegen meist im Halbschatten, sodass man hier am besten kleinere Bäume oder Sträucher pflanzt, die den Garten nicht noch düsterer erscheinen lassen. Gut geeignet sind säulenförmige Bäume wie der Japanische Kirschbaum (*Prunus* 'Amanogawa') oder filigrane, nicht zu starkwüchsige Bäume, die auch einen stärkeren Rückschnitt vertragen, etwa die Ahornsorte *Acer negundo* 'Flamingo' und Roter Holunder (*Sambucus racemosa* 'Plumosa Aurea').

Immergrüne Pflanzen

In kleinen Stadtgärten, in denen nur wenig Platz für Pflanzen ist, sollten die Gehölze möglichst ganzjährig zur Geltung kommen. Hier eignen sich deshalb immergrüne Sträucher besser als Laubgehölze, da sie auch im Winter einen reizvollen Anblick bieten. Gut geeignet sind etwa der Lorbeerblättrige Schneeball (*Viburnum tinus*) mit seinen cremeweiß panaschierten Blättern, rosafarbenen Knospen und weißen Blüten im Winter, die sich zu schwarzblauen Beeren entwickeln, oder die Ölweiden-Hybride (*Elaeagnus* × *ebbingei* 'Limelight'), deren gelb gesprenkelte Blätter und winzige, duftende Blüten im Herbst eine schattige Wand oder einen dunklen Zaun erstrahlen lassen. Pflanzen Sie zwischen die Immergrünen jedoch auch einige Laubsträucher, sodass sich das Aussehen Ihres Gartens im Lauf der Jahreszeiten immer wieder verändert.

Rasen oder Kiesbeet?

Rasenflächen in Stadtgärten sind durch die Autoabgase stärker belastet als auf dem Land. Daher kann es eine Überlegung wert sein, ob Sie anstelle eines Rasens den Boden nicht besser mit Steinplatten bedecken oder ein Kiesbeet anlegen, das viel pflegeleichter ist als eine Rasenfläche. Außerdem sparen Sie auf diese Weise wertvollen Lagerraum, da Sie keinen Rasenmäher und andere Geräte zur Rasenpflege benötigen.

Zementierter Untergrund

In manchen Stadtgärten ist der ganze Untergrund zementiert. Es ist sehr mühsam, den Zement wieder zu entfernen und den Boden anschließend so zu bearbeiten, dass er bepflanzt werden kann. Sie können sich einige Mühe sparen, wenn Sie genau planen, wo Sie Ihre Blumen- und Gemüsebeete anlegen, und den Zement dann nur an diesen Stellen aufbrechen. Der restliche Zementboden lässt sich für Hochbeete und Wege nutzen.

Enge Nachbarschaft

Bei Reihenhäusern grenzen die Gärten in der Regel unmittelbar an die Nachbargärten. Bei der Planung Ihres Zaunes sollten Sie bedenken, dass ein Maschendrahtzaun lärmdurchlässiger ist als ein Zaun aus dichten Holzlatten, die zudem mehr Sicht- und Windschutz bieten.

Stangensellerie

Zarter Bleichsellerie

Damit Bleichsellerie zart und hell bleibt, sollten Sie die Stangen, sobald sie eine Höhe von 30–40 cm erreicht haben, in den letzten 2–3 Wochen vor der Ernte mit Karton oder schwarzer Plastikfolie umwickeln und diese mit Schnur festbinden, sodass nur noch die Blattspitzen herausschauen. Wenn Ihnen dies zu umständlich ist, können Sie stattdessen auch selbst bleichende goldgelbe Selleriesorten pflanzen wie etwa 'Giant Pascal', 'Golden Spartan' oder 'Selfira', die mit 30 × 30 cm in etwas geringeren Abständen als grüner Stangensellerie gepflanzt werden und zwischen August und Oktober erntereif sind.

Vorsicht Selleriefliege

Frisch gepflanzter Sellerie ist anfällig für einen Befall mit den Maden der Selleriefliege. Kontrollieren Sie die Pflanzen daher regelmäßig auf die-se Schädlinge. Entfernen Sie bereits befallene Blätter möglichst umgehend und entsorgen Sie sie im Müllcontainer. Wenn Sie Sellerie zusammen mit Knollensellerie und Pastinaken pflanzen, die ebenfalls von den Fliegenmaden befallen werden, haben Sie alle drei zugleich im Blick.

Stangensellerie pflanzen

Der einjährige Stangensellerie braucht einen sonnigen Standort und nährstoffreichen, durchlässigen Boden. Die Samen werden im März in Aussaatschalen gesät und die Sämlinge auf Abstände von 6–8 cm pikiert, sobald sie zwei Laubblätter gebildet haben. Nach den Eisheiligen im Mai können Sie die Pflanzen dann in Abständen von gut 30 cm ins Freibeet setzen, wobei der Reihenabstand etwa 40 cm betragen sollte.

Schnittsellerie

Versuchen Sie es ruhig auch einmal mit Schnittsellerie. Die Blätter dieser widerstandsfähigen, 60–70 cm hohen zweijährigen Pflanze sind besonders aromatisch und werden als Würze für Suppen und Eintöpfe verwendet oder fein gehackt über Salate und Käsegerichte gestreut. Im Gegensatz zu Stangensellerie braucht Schnittsellerie keine Vorkultur, sondern wird im April und Mai direkt ins Freiland gesät. Die Saattiefe sollte 0,5–1 cm betragen, der Abstand zwischen den Reihen 30–40 cm.

Stauden

Was sind Stauden?

Stauden sind mehrjährige Pflanzen mit meist biegsamen, manchmal auch verholzten Trieben, die jedes Jahr im Frühjahr aus winterharten Wurzelstöcken wieder neu austreiben, während die oberirdischen Pflanzenteile bei Frost meist absterben. Da sie Jahr für Jahr am selben Standort stehen, bilden sie das Herzstück in jedem Blumenbeet, während einjährige Sommerblumen für Abwechslung sorgen.

Farbe im Frühjahr und Sommer

Mit Stauden bringen Sie ab dem Frühjahr immer wieder neue Farben in den Garten: Lungenkraut (*Pulmonaria*) blüht bereits im April, und im Mai folgen dann schon Akelei (*Aquilegia*), Glockenblume (*Campanula*) und Steinbrech (*Saxifraga*). Einige dieser Stauden stehen noch in voller Blüte, wenn im Juni Fingerhut (*Digitalis*), Frauenmantel (*Alchemilla mollis*), Lupine (*Lupinus*), Pfingstrose (*Paeonia*) und Rittersporn (*Delphinium*) erscheinen. Im Juli folgen dann schließlich Nelke (*Dianthus*), Stockrose (*Alcea*) und zahlreiche andere schön blühende Stauden.

DIE RICHTIGE WAHL

Stangen- oder Bleichsellerie?

Der Vorteil von Bleichsellerie liegt in dem geringeren Arbeitsaufwand, dafür schmeckt er aber nicht ganz so intensiv wie nicht selbst bleichender grüner Stangensellerie.

Typ	Eigenschaften	Bewährte Sorten
Selbst bleichender goldgelber und grüner Stangensellerie	Sorten mit mildem Geschmack, um die keine Erde angehäuft werden muss	'Giant Pascal', 'White Pascal' 'Golden Spartan', 'Selfira'
Nicht selbst bleichender grüner Stangensellerie	Widerstandsfähige Sorten, um die Erde angehäuft werden muss oder die mit Folie zugedeckt werden; aromatischer im Geschmack als die selbst bleichenden hellen Sorten	'Bolivar', 'Goldener Schuss', 'Tall Utah'

Die gelben Blüten des Frauenmantels (Alchemilla mollis) im Vordergrund lenken den Blick auf die dahinter liegenden hohen Stauden in unterschiedlichen Farben.

273

Schöne Herbstfarben

Auch im Frühherbst gibt es noch eine Fülle von Stauden als Auftakt zu den glühenden Herbstfarben der Bäume und Sträucher. So blühen Astern in allen Farbtönen von Rosa bis zu dunklem Karminrot bis in den November hinein. Chrysanthemen bieten ebenfalls eine Vielfalt an Farben und Formen, vor allem die hellrote *Dendranthema* 'Duchess of Edinburgh'. Der Herbst ist auch die richtige Zeit für die hübsche Fetthenne mit ihren dunkel bronzefarbenen Blüten.

Staudenwicken

Auch wenn der Staudenwicke (*Lathyrus latifolius*) die Farbfülle und der Duft ihrer einjährigen Schwestern fehlt, haben die Blüten doch ihren eigenen Reiz. Die bis zu 3 m hohen Pflanzen sind leicht zu kultivieren und tragen im Sommer und Frühherbst rosarote, weiße oder rote Blüten. Man pflanzt sie zwischen hohe Sträucher und lässt sie durch die Zweige wuchern. Nach dem Rückschnitt im Herbst treiben sie im Frühjahr wieder neu aus. (Siehe auch *Kletterpflanzen, Wicken*)

DIE RICHTIGE WAHL

Stauden für nährstoffarme Böden

Für Plätze mit unfruchtbarem Boden, bei denen es sich nicht lohnt, viel Zeit oder Geld in die Bodenverbesserung zu investieren, eignen sich die folgenden robusten Stauden, die auch nährstoffarme Böden vertragen.

Jahreszeit	Pflanzenart	Beschreibung	Standortansprüche
Frühjahr	Akelei (*Aquilegia*)	Blüten in verschiedenen Farben	Schatten; kalkhaltiger oder saurer Boden
	Fingerhut (*Digitalis*)	Fingerhutförmige weiße, purpurrote oder rosa Blüten	Schatten; vorzugsweise saurer Boden
	Gemswurz (*Doronicum*)	Frühblühend, gelbe Blüten	Halbschatten; kalkhaltiger oder saurer Boden
	Immergrün (*Vinca*)	Immergrüner Bodendecker	Schatten; kalkhaltiger oder saurer Boden
	Iris (*Iris*)	Schwertförmige Blätter	Sonne; vorzugsweise kalkhaltiger Boden
	Lungenkraut (*Pulmonaria*)	Raue Blätter, lila Blüten	Sonne oder Schatten; kalkhaltiger oder saurer Boden
	Steinkraut (*Alyssum*)	Gelbe Blüten	Sonne; vorzugsweise Kalkboden
	Taubnessel (*Lamium*)	Niedrige Pflanzen	Schatten oder Halbschatten; alle Böden
Sommer	Akanthus (*Acanthus*)	Fiederteilige Blätter, lila Blüten	Sonne oder Schatten; vorzugsweise kalkhaltiger Boden
	Blauminze (*Nepeta*)	Silbergraue Blätter, blaue Blüten	Sonne; vorzugsweise kalkhaltiger Boden
	Ehrenpreis (*Veronica*)	Schöne Blätter, blaue Blüten	Sonne oder Schatten; vorzugsweise kalkhaltiger Boden
	Funkie (*Hosta*)	Dekorativer Blattschmuck	Schatten; fast alle Böden
	Johanniskraut (*Hypericum*)	Große gelbe Blüten	Sonne oder Schatten; vorzugsweise kalkhaltiger Boden
	Steinbrech (*Saxifraga*)	Weiße, gelbe, rosafarbene sternförmige Blüten	Sonne; vorzugsweise kalkhaltiger Boden
	Storchschnabel (*Geranium*)	Niedrigwüchsig; rosa, blaue, lavendelblaue Blüten	Sonne oder Schatten; kalkhaltiger oder saurer Boden
	Taglilie (*Hemerocallis*)	Breite, grasartige Blüten	Sonne; kalkhaltiger oder saurer Boden
Herbst	Goldrute (*Solidago*)	Aufrechter Wuchs; gelbe Blüten	Sonne; vorzugsweise kalkhaltiger Boden
	Herbstanemone (*Anemone japonica*)	Rosa oder weiße Blüten	Halbschatten; vorzugsweise kalkhaltiger Boden

---

Staudenbeet planen

Ehe Sie ein Staudenbeet anlegen, sollten Sie sich auf Millimeterpapier einen Plan machen und dabei Höhe, Form, Farbe und Blütezeit der Pflanzen berücksichtigen. Möchten Sie einen ständigen Blütenflor, sollte das Blumenbeet eine Mindestfläche von 1,8 × 4,5 m haben, wobei Sie Stauden mit lebhaften Blütenfarben am besten in der Mitte des Beetes anordnen und zu den Rändern hin Stauden mit allmählich immer blasser werdenden oder pastellfarbenen Blüten setzen. Ein ausgewogenes Bild entsteht durch Gruppenpflanzungen – bei kleinen Stauden setzt man jeweils fünf bis sieben gleiche Exemplare, bei größeren genügen drei Pflanzen. Hohe Stauden wie Glockenblume, Pfingstrose und Rittersporn spielen in der Struktur eines Beetes eine wichtige Rolle, sodass ihr Standort sorgfältig ausgewählt werden sollte.

Feuchte Standorte

Bei schweren, staunassen Böden sollten Sie im Gartencenter keine Pflanzen aus dem Staudengarten, sondern Moor- oder Sumpfpflanzen wählen, die für feuchte Plätze besser geeignet sind.

Umsichtig planen

Die meisten Containerstauden, die zum Ende des Winters verkauft werden, sind zu dieser Zeit zwar noch relativ klein, manche können allerdings innerhalb von 2–3 Monaten eine Höhe von 3 m und mehr erreichen. Informieren Sie sich deshalb vor dem Kauf über ihre endgültige Größe, damit Sie später keine Überraschungen erleben.

Containerstauden auspflanzen

Containerstauden können Sie nach dem Kauf ruhig einige Tage stehen lassen und währenddessen gründlich gießen, um die Wurzeln und Triebe zu kräftigen. Auch beim Auspflanzen sollte der Boden der Pflanzgrube – vor allem bei Trockenheit – gut gewässert sein. Achten Sie außerdem darauf, dass die Wurzelballen nach dem Einsetzen in das Pflanzloch nicht aus der Erde ragen.

Die beste Pflanzzeit

Ist Ihr Boden schwer und staunass, sollten Sie Stauden im Frühjahr pflanzen, wenn sich das Erdreich wieder erwärmt. Umgekehrt sollte man leichte Böden im Herbst bepflanzen. Pflanzen mit fleischigen Wurzelstöcken wie Iris und Pfingstrosen teilt man im Juli oder August, damit sie bis zum Herbst genügend Zeit haben, um neue Wurzeln zu bilden.

Selbst aussäende Stauden

Bereits vorhandene Pflanzenbestände lassen sich durch die Kultivierung von Stauden, die sich von selbst aussäen, einfach und ohne weitere Kosten vergrößern. Dazu gehören vor allem Akelei, Fenchel, Fingerhut, Geranien, Lupinen und Zwergglockenblumen. Beim Abräumen der Rabatten und Beete im Herbst brauchen Sie nur die Samenkapseln der Pflanzen einzusammeln und diese entweder an einem geeigneten Standort im Garten auszusäen oder in Töpfen zu ziehen.

Regelmäßig düngen

Versorgen Sie Ihre Stauden alljährlich im März mit einem Universaldünger. Blühfaule Pflanzen blühen besser, wenn sie während des Sommers bis Ende September flüssigen Kalidünger bekommen.

Wuchs- und Blühkraft verbessern

Stauden wachsen noch kräftiger und buschiger bzw. blühen noch reicher, wenn Sie die Haupttriebe im Frühjahr auskneifen, sobald diese etwa 15–20 cm hoch sind. Auf diese Weise bilden die Pflanzen mehr Stängel und Blüten aus.

Vorsichtig gießen

Viele Stauden haben biegsame Stängel und große Blütenköpfe, die bei Nässe sehr schwer werden.

Verwenden Sie deshalb zum Gießen am besten einen Sprühschlauch oder eine Tropfbewässerung, damit das Wasser nicht direkt an die Blüten gelangt.

Siehe auch *Ein prachtvolles Gartenjahr S. 42–45*

Stechpalmen

Männliche und weibliche Pflanzen

Eine einzelne Stechpalme im Garten trägt in der Regel keine Beeren, da die Pflanzen entweder nur männliche oder nur weibliche Blüten haben und somit nicht selbstbestäubend sind, sich also auch keine Beeren entwickeln können. Soll Ihr Garten zu Weihnachten leuchtend rot erstrahlen, brauchen Sie demzufolge mindestens eine Beeren tragende weibliche Pflanze (rechts oben) und eine Pollen produzierende männliche Pflanze (rechts unten). Achten Sie deshalb beim Einkauf auch auf das Pflanzetikett, auf dem in der Regel vermerkt ist, ob es sich um eine männliche oder eine weibliche Pflanze handelt. Dagegen sind die verschiedenen Sortennamen eher irreführend. So bringt etwa die Sorte 'Golden Queen' nur männliche Pflanzen hervor, trägt also keine Beeren, während die Sorte 'Golden King' weiblich ist und somit Früchte trägt, sofern sie in der Nähe einer männlichen Stechpalme steht.

Diese Stechpalme, die zu einer Kugel gestutzt wurde, wirkt nicht nur durch ihre Form, sondern auch durch ihre glänzenden Blätter und die leuchtenden Beeren.

Stachellose Sorten

Möchten Sie keine stacheligen Stechpalmenbüsche im Garten haben, etwa weil sich Kinder und Haustiere an den Stacheln verletzen könnten, sollten Sie stachellose Sorten pflanzen, zum Beispiel *Ilex × altaclerensis* 'Camellifolia' und *Ilex aquifolium* 'J. C. van Tol'. Beide Sorten sind allerdings weiblich.

Richtig schneiden

Wollen Sie Stechpalmenzweige für die Weihnachtsdekoration schneiden, sollten Sie nicht ausschließlich Beeren tragende Zweige nehmen, da Sie auf diese Weise gleichzeitig auch die künftigen Blütenknospen entfernen. Wenn Sie zudem zu viele Zweige auf einmal schneiden, tragen die Pflanzen im nächsten Jahr möglicherweise gar keine Früchte. Lassen Sie deshalb einige Beeren tragende Triebe stehen und schneiden Sie die Zweige gleichmäßig von allen Seiten so, dass die gleichmäßige Wuchsform der Pflanze erhalten bleibt.

Langlebige Arrangements

Stechpalmenzweige in Weihnachtsarrangements halten länger, wenn Sie die Blätter gleich nach dem Abschneiden von beiden Seiten mit einem Spezialpräparat zur Vorbeugung von vorzeitigem Feuchtigkeitsverlust besprühen. Solche Sprays gibt es in Gartencentern und Fachgeschäften.

Stecklinge

Neue Pflanzen durch Stecklinge

Die am häufigsten angewendete Methode zur Vermehrung von Pflanzen ist die Stecklingsvermehrung. Dafür schneidet man einen bestimmten Teil der Pflanze ab und setzt ihn in geeignete Erde, wo er nach einiger Zeit Wurzeln bildet, sodass eine neue Pflanze entsteht, die eine genetische Kopie der Elternpflanze ist. Damit diese Vermehrungsmethode gelingt, sollten die Stecklinge nur von gesunden Pflanzen stammen und stets hell, warm und feucht in einem guten Anzuchtsubstrat stehen. Wichtig ist auch, dass die Stecklinge zum richtigen Zeitpunkt abgenommen werden. So lassen sich ohne großen Kostenaufwand immer wieder neue Pflanzen ziehen.

Bewurzelungshilfsstoff

Zur Verbesserung des Pflanzsubstrats für Stecklinge und Jungpflanzen können Sie einen so genannten Bewurzelungs- oder Bodenhilfsstoff verwenden, damit die Stecklinge leichter Wurzeln bilden bzw. die Jungpflanzen kräftiger wachsen.

Er ist in Pulverform erhältlich und wird vor dem Einsetzen der Stecklinge mit dem Anzuchtsubstrat vermischt oder in die zuvor mit einem Pflanzholz vorbereiteten Pflanzlöcher gestreut. Sie können den Bodenhilfsstoff aber auch mit dem Gießwasser vermischen, sodass er beim Wässern in die Erde gelangt, oder den Steckling vor dem Einsetzen in das Pflanzsubstrat kurz mit dem Wurzelende in das Pulver tauchen.

Oben und unten unterscheiden

Sobald die Blätter von einem Steckling entfernt wurden, ist es mitunter nicht ganz einfach, zwischen oben und unten zu unterscheiden. Um Fehler zu vermeiden, sollten Sie die Stecklinge am oberen Ende schräg und am unteren Wurzelende gerade abschneiden.

Sauberer Schnitt

Beim Schneiden eines Stecklings sollten Sie die Messerklinge unter dem Trieb ansetzen, sodass Sie von unten nach oben schneiden. Bei einer Gartenschere sollten Sie die scharfe Schneidefläche bündig zum Haupttrieb der Elternpflanze halten. Hält man die Gartenschere dagegen anders herum, bleibt ein Stumpf stehen.

Wasserstecklinge

Die Stecklinge einiger Zimmerpflanzen wie Buntnessel (*Coleus blumei*) oder Fuchsie (*Fuchsia*) sowie kurzlebiger Stauden wie Fleißiges Lieschen (*Impatiens*) bilden leichter Wurzeln, wenn man sie zum Bewurzeln in ein Gefäß mit Wasser hängt. Bedecken Sie dafür das Gefäß mit Folie, in die Sie mit einer Messerspitze kleine Löcher ritzen, und stecken Sie die Stecklinge vorsichtig so hindurch, dass eventuell vorhandene Blätter sich oberhalb der Folie befinden. Füllen Sie das Wasser immer wieder auf bzw. wechseln Sie es aus, sobald es sich grün verfärbt. Sie können auch ein kleines Stück Kohle ins Wasser geben; das verhindert Fäulnis und fördert das Wachstum der zarten Wurzeln. Wenn sich dann die ersten Wurzeln gebildet haben, pflanzen Sie die Stecklinge in feuchte Anzuchterde. Allerdings wachsen sie so manchmal recht langsam an.

Papyrus vermehren

Schneiden Sie einen Stängel von einer Papyruspflanze ab und kürzen Sie die Blätter auf etwa 5 cm ein. Stellen Sie den Stängel nun mit den Blättern nach unten in ein Gefäß oder eine Flasche mit Wasser und füllen Sie das Wasser immer wieder auf. Wenn sich an den Knoten um die Blätter Wurzeln gebildet haben, können Sie die Stecklinge einzeln in Töpfe mit Anzuchterde setzen.

Giftpflanzen vermehren

Der Saft mancher Pflanzen ist giftig oder zumindest allergieauslösend, sodass man Stecklinge solcher Gewächse besonders vorsichtig abnehmen sollte, damit weder ihr Saft noch Pflanzenteile mit der Haut oder den Augen in Berührung kommen. Stecklinge von Giftpflanzen sollte man deshalb auch nicht direkt auf Arbeitsflächen vorbereiten und Hände, Werkzeug und Arbeitsfläche anschließend gründlich waschen. Vorsicht ist u. a. geboten bei Dieffenbachie (*Dieffenbachia*), Gloxinie (*Sinningia speciosa*), Philodendron (*Philodendron*) und Wunderstrauch (*Codiaeum*).

Stecklinge mit Astring

Stecklinge mit Astring, also Holzstecklinge vom Haupttrieb an der Basis, eignen sich am besten für die Vermehrung halb verholzter Pflanzen mit Hohltrieben. Dafür wählen Sie einen geeigneten Seitentrieb, nehmen ihn zwischen Daumen und Zeigefinger und ziehen ihn ruckartig nach unten, während Sie den Haupttrieb mit der anderen Hand festhalten. Dann schneiden Sie den Astring ab und entfernen die unteren Blätter. Nehmen Sie auf diese Weise mehrere Stecklinge, die Sie in einen kleinen Topf mit Anzuchterde oder einer Mischung aus Torf oder Kokosfasern und grobem Sand zu gleichen Teilen stecken. Stecklinge, die sich besser in feuchter Umgebung bewurzeln, schützen Sie mit einem Plastikbeutel vor Feuchtigkeitsverlust. Damit der Beutel sich nicht auf die Stecklinge legt, können Sie als Stütze einige Stöckchen oder ein Stück festen Draht, der an einem Ende zu einem Ring gebogen ist, mit in das Anzuchtsubstrat stecken.

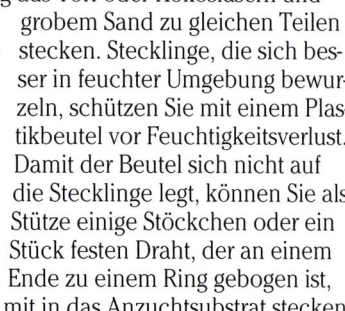

DIE RICHTIGE WAHL

Der optimale Zeitpunkt zur Stecklingsvermehrung

Der beste Zeitpunkt zum Abnehmen von Stecklingen hängt vor allem davon ab, welche Pflanzenart Sie vermehren möchten und in welchem Wachstumsstadium sich die Pflanzen gerade befinden.

Pflanzen	Stecklingsart	Zeitpunkt
Zimmerpflanzen, bedingt winterharte Einjährige	Grünsteckling	Februar bis Juli
Sträucher, Bäume, Koniferen, Heidekraut	Halb verholzter Steckling Steckholz	Juli bis September, Oktober bis März
Stauden, Sträucher und Bäume mit fleischigen Wurzeln; Pflanzen, die Absenker bilden	Wurzelstecklinge	Wenn sich die Pflanze im Ruhestadium befindet

Rhododendren vermehren

Einige Pflanzen wie etwa Rhododendren lassen sich nur schwer durch Stecklinge vermehren, weil sich an ihren Trieben eine Lücke zwischen Rinde und Holz befindet, die eine Wurzelbildung verhindert. Um die Erfolgsaussichten zu erhöhen, können Sie mit einem scharfen Messer einen flachen, etwa 2 cm langen Einschnitt in die Basis des Stecklings machen, bevor sie ihn einpflanzen.

Blattstecklinge

Blattstecklinge sind eine einfache und zuverlässige Methode zur Vermehrung von Zimmerpflanzen wie Begonien (mit Ausnahme von *Begonia rex*) und Usambaraveilchen (*Saintpaulia*). Füllen Sie eine Schale oder ein anderes flaches Gefäß mit Anzuchterde oder einer Mischung aus gleichen Teilen mit gesiebtem Torf und Kies. Dann wählen Sie ein unbeschädigtes Blatt aus und trennen es mit einem scharfen Messer von der Elternpflanze ab, wobei Sie etwa 5 cm des Blattstiels mit abschneiden. Bohren Sie nun mit einem feinen Setzholz ein Loch in die Erde, das gerade tief genug ist, um den Steckling aufzunehmen, und stecken Sie das Blatt schräg so hinein, dass die Blattspreite fast flach liegt. Drücken Sie die Erde um den Steckling gut fest und gießen Sie ihn mit dem feinen Sprühkopf der Gießkanne.

Hartriegel und Weide vermehren

Viele Hartriegel- und Weidenarten (*Cornus* und *Salix*), die wegen ihrer dekorativen farbigen Äste beliebt sind, können Sie zwischen November und März ganz einfach durch Steckhölzer vermehren. Schneiden Sie dafür die Triebe entsprechend der Anleitung von *Oben und unten unterscheiden* auf Seite 276 in 30 cm lange Stücke.

Stecklinge im Freiland

Die Stecklinge einiger Gehölze wie Johannisbeere, Rosen oder Schmetterlingsstrauch lassen sich im Freien in der Nähe von Gehölzen und Stauden bewurzeln, die über Winter regelmäßig gegossen werden. Dazu stecken Sie die Stecklinge im Herbst in den Boden, lassen sie bis zum nächsten Herbst ungestört Wurzeln bilden und setzen sie dann an ihren endgültigen Standort.

Pflanzlöcher bohren

Ehe Sie Stecklinge in die Erde stecken, sollten Sie stets zuerst mit einem Setzholz die Löcher bohren. Drückt man die Stecklinge gewaltsam in den Boden, kann die Basis erheblich beschädigt werden.

Wurzelstecklinge

Einige Stauden, Sträucher und Bäume, beispielsweise Kalifornischer Baummohn (*Romneya coulteri*), Kugelprimel (*Primula denticulata*), Ochsenzunge (*Anchusa azurea*), Sumach (*Rhus*) und Zierquitte (*Choenomeles*), lassen sich durch Wurzelstecklinge vermehren. Legen Sie dafür zuerst die Wurzeln der Elternpflanzen frei, solange diese sich noch im Ruhestadium befinden.

Schneiden Sie dann einige junge Wurzeln nahe des Wurzelhalses ab und füllen Sie die Erde um die Elternpflanzen wieder auf. Waschen Sie die jungen Wurzeln gut ab und schneiden Sie sie mit einem scharfen Messer in 5 cm lange Stücke. Nun füllen Sie einen Topf mit feuchter, sandiger Anzuchterde, bohren entsprechend viele Pflanzlöcher mit dem Setzholz in die Erde und stecken die Stecklinge so weit hinein, dass sie mit der Oberfläche der Anzuchterde abschließen. Stellen Sie den Topf an einen frostfreien Ort und gießen Sie die Stecklinge erst, wenn sich die ersten Blättchen entwickelt haben.

Bewurzelung überprüfen

Lassen Sie Stecklingen stets genügend Zeit, um sich zu bewurzeln, was je nach Pflanze und Jahreszeit unterschiedlich lange dauern kann. Untersuchen Sie die Stecklinge jedoch regelmäßig auf Anzeichen für Wachstum, also auf neue Blätter, Triebe und Wurzeln, die aus dem Boden des Topfes herausragen, oder fassen Sie den Steckling an der Basis zwischen Daumen und Zeigefinger und ziehen Sie ganz sanft an der Pflanze. Zeigt sich ein Widerstand, ist dies ein sicheres Zeichen, dass der Steckling bereits erste Wurzeln gebildet hat.

Bewurzelte Stecklinge umtopfen

Ehe Sie bewurzelte Stecklinge an ihren endgültigen Standort pflanzen, sollten Sie sie mitsamt ihren Töpfen in eine Schüssel mit Wasser stellen, damit das Substrat sich so lange vollsaugen kann, bis es gut durchfeuchtet ist und keine Luftblasen mehr aufsteigen. So lösen sich auch ineinander verschlungene Wurzeln. Dazu kann es immer dann kommen, wenn mehrere Stecklinge gleichzeitig in einem Topf gezogen wurden.

Einfacher Anzuchtkasten

Eine alte Styroporschale können Sie ganz einfach in einen Anzuchtkasten für Wurzelstecklinge umwandeln: Entfernen Sie die Haken von drei Drahtkleiderbügeln und biegen Sie den übrigen Draht zu drei Bögen, von denen Sie je einen an den Enden der Schale und in der Mitte befestigen. Füllen Sie die Schale mit Anzuchterde, stecken Sie die Stecklinge hinein und umhüllen Sie das Ganze mit transparanter Plastikfolie, deren Enden Sie mit Plastikdraht verschließen.

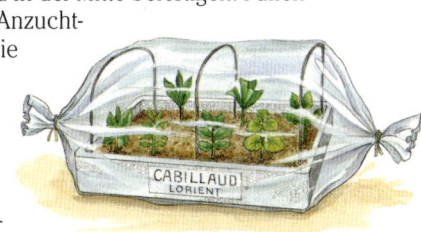

Siehe auch *Sand*

GÄRTNER-WISSEN

Tipps für die Vermehrung

Wenn Sie sich an die folgenden Regeln halten, wird die Stecklingsvermehrung sicher gelingen.

- Achten Sie darauf, dass Messer und Scheren zum Abschneiden der Stecklinge immer scharf und sauber sind.
- Nehmen Sie die Stecklinge in der für die jeweilige Pflanze geeigneten Jahreszeit ab.
- Wählen Sie gut gewachsene, kräftige Elternpflanzen aus, die frei von Schädlingen und Krankheiten sind.
- Etikettieren Sie Ihre Stecklinge, damit es später nicht zu Verwechslungen kommt.
- Legen Sie die Stecklinge gleich nach dem Abschneiden in Plastikbeutel, damit es keinen unnötigen Feuchtigkeitsverlust gibt.
- Lagern Sie Bewurzelungshilfsstoff lichtgeschützt an einem kühlen, trockenen Ort; wenden Sie ihn nach Angabe des Herstellers an.
- Achten Sie darauf, dass die Gefäße für die Stecklinge eine gute Drainage haben.
- Verwenden Sie als Pflanzsubstrat niemals Gartenerde oder bereits gebrauchte Erde.
- Bohren Sie stets Pflanzlöcher in die Erde, bevor Sie die Stecklinge hineinstecken.
- Achten Sie auf eine hohe Luftfeuchtigkeit; stellen Sie die Töpfe mit den Stecklingen nötigenfalls in einen bedeckten Kasten.
- Sammeln Sie erste Erfahrungen bei der Stecklingsvermehrung mit Dreimasterblume (*Tradescantia*), Fleißigem Lieschen (*Impatiens*) und Spindelstrauch (*Euonymus*), die sich besonders leicht bewurzeln.

Steckschaum

Grün oder braun?
Grüner Steckschaum saugt das Wasser auf, sodass sich frische Blumen länger halten, während brauner Steckschaum, der kein Wasser aufnimmt, für getrocknete oder künstliche Blumen verwendet wird. Weichen Sie grünen Steckschaum vor Gebrauch ein, bis er vollgesogen ist und durch sein Gewicht auf den Grund des Behälters sinkt.

Originelle Vasen
Schnittblumen müssen nicht immer in gewöhnlichen Vasen stehen. Mithilfe von Steckschaum lassen sich auch unkonventionelle Behältnisse wie Sektkübel, Kannen oder geflochtene Weidenkörbe mit Plastikeinsatz in schöne Vasen verwandeln. Wenn Sie gerade keinen Steckschaum zur Hand haben, können Sie zum Befüllen des Pflanzbehälters auch etwas Schnittgut von Sträuchern wie Buchs oder Eibe einfüllen, in das Sie dann die Pflanzenstängel stecken.

Steine

Steinmulch
Verteilen Sie eine dünne Schicht aus kleinen Steinen oder Schotter auf dem Boden. So verdunstet die Feuchtigkeit langsamer; außerdem geben die Steine in der Nacht die am Tag gespeicherte Wärme ab.

Unkräutern vorbeugen
An einem nicht bepflanzten Platz im Garten können Sie Unkräuter wirksam unterdrücken, indem Sie die gesamte Fläche mit schwarzer Plastikfolie auslegen. Für einen besseren Anblick können Sie die Folie unter einem Kiesbett verstecken.

Schwere Steine versetzen
Ein schwerer Stein lässt sich leichter versetzen, wenn Sie ihn auf fünf oder sechs runde Holzpfosten oder Metallrohre stemmen und darauf rollend fortbewegen. Legen Sie dabei den jeweils hintersten Pfosten immer wieder nach vorn.

Wieder verwertbare Steine
Haben Sie eine Mauer abgetragen, werfen Sie die Steine nicht weg. Sie können z. B. beim Bau eines Hochbeets wieder verwendet werden.

Trittsteine im Blumenbeet
Verlegen Sie einzelne Trittsteine in Ihren Beeten, damit Sie beim Gießen und Jäten auf festem Untergrund stehen und der Boden sich nicht verfestigt bzw. die Pflanzen nicht versehentlich beschädigt werden. Verlegen Sie die Steine in einem Sandbett, damit sie gleichmäßig aufliegen. Mit der Zeit werden sie dann so überwuchert, dass sie gar nicht mehr auffallen.

Gleichmäßige Proportionen
Steine sind ein markantes Gestaltungselement. Wollen Sie sie in einem kleinen Garten verwenden, sollten Sie bei der Planung die Größe Ihres Gartens und die bereits vorhandenen Gestaltungselemente mit einbeziehen, damit die Proportionen erhalten bleiben und der harmonische Gesamteindruck des Gartens nicht beeinträchtigt wird. So können beispielsweise sehr breite Stufen oder eine hohe Eingrenzungmauer in einem kleinen Garten schnell erdrückend wirken.

Steingärten

Günstige Lage
Ideal für einen Steingarten ist ein sonniger Standort mit teilweise schattigen Bereichen. Auf diese Weise haben Sie die Möglichkeit, zahlreiche unterschiedliche Pflanzen zu setzen.

Ungünstige Lage
Legen Sie einen Steingarten nicht unter Bäumen und Großsträuchern an. Die Gehölzwurzeln könnten die Steine mit der Zeit anheben, und kleinere Pflanzen werden im Herbst unter der feuchten Laubschicht schnell erstickt.

Steingarten in Hanglage
Für die Anlage eines Steingartens können Sie auch vorhandene Hanglagen im Garten nutzen, beispielsweise ein abschüssig liegendes Beet. Oder Sie schichten in einer Gartenecke einen flachen Erdhügel auf. Noch attraktiver ist ein Steingarten, der sich über einen breiten, leicht erhöhten Erdhügel zieht.

Steingarten in einer Rasenfläche
Wollen Sie einen Steingarten in einen Rasen an einem Hang integrieren, heben Sie die dafür vorgesehene Fläche 40–50 cm tief aus, schichten zur besseren Drainage eine 10–15 cm hohe Lage Schotter ein und füllen die Pflanzfläche mit Erde auf, die Sie zuvor mit reichlich Lauberde und grobem Sand vermischt haben. Dann rammen Sie einige große Steinbrocken verteilt über die Fläche schräg in den Boden, um die Anlage zu stabilisieren, und setzen die Pflanzen ein.

Kalkgestein
Verwittertes Kalkgestein war lange Zeit ein beliebtes Material für Steingärten. Leider sind diese Kalksteine im Vergleich zu anderen Steinarten inzwischen rar geworden; die große Nachfrage hat dazu geführt, dass die natürlichen Vorkommen fast völlig verschwunden sind. Mit etwas Glück kommen Sie vielleicht noch an schöne Kalksteine aus alten Steingärten, ansonsten können Sie sich auch in größeren Gartencentern nach Steinen erkundigen, die aus Steinbrüchen stammen.

Natürliches Erscheinungsbild
Bei der Neuanlage eines Steingartens sollten Sie die Steine zuerst probeweise auslegen, bevor Sie sie richtig setzen. In den dabei entstehenden Spalten und Rissen können Sie dann die Pflanzen leichter so anordnen, dass ihre Erscheinung dem Bewuchs eines natürlichen Felsvorsprungs ähnelt.

Steine richtig legen
Bei der Anlage eines Steingartens in Hanglage werden zuerst die Steine am Fuß des Hanges gesetzt. Große, abgeflachte Steine legt man dabei auf die flache Seite und neigt sie leicht hangwärts, damit sie stabiler liegen. Dann wird die Erde hinter, zwischen und unter den Steinen gut festgetreten, um zu verhindern, dass sich Schädlinge wie Ameisen, Schnecken und Mäuse nicht in den Lufteinschlüssen ansiedeln.

Natürliche Landschaft

Bei der Neuanlage eines Steingartens sollten Sie darauf achten, dass das Gleichgewicht zwischen großen und kleinen Steinen gewahrt bleibt. Mit einigen großen, flachen Steinen lässt sich eine besonders natürliche Wirkung erzielen. Größere Steine liegen stabiler als kleine.

Kies als Landschaftsbildner

In einem Steingarten mit nur einigen großen Steinen lässt sich der Gesamteindruck durch eine 2–3 cm hohe Kiesschicht auf dem Boden zwischen den Pflanzen betonen. Eine solche Schicht eignet sich für jeden Steingarten, da sie nicht nur Unkräuter unterdrückt, sondern auch die Feuchtigkeit länger im Boden hält.

Steingartenhochbeet

Da Natursteine immer seltener und damit teurer werden, kann ein Steingartenhochbeet mit einer niedrigen Ziegel- oder Steinummauerung eine gute Alternative zu einem herkömmlichen Steingarten sein. Die dafür erforderlichen kleineren Steine sind nicht nur leichter erhältlich, ein erhöht liegender Steingarten kann auch dem verfügbaren Platz in einem kleinen Stadtgarten oder auf der Terrasse optimal angepasst werden. Auch bei schweren Böden ist ein Hochbeet besser für Steingartenpflanzen geeignet als eine ebenerdige Anlage. Zur besseren Durchlässigkeit sollten Sie auf dem Boden zunächst reichlich Schotter verteilen, ehe Sie eine Erde-Sand-Mischung einfüllen.

Steinblöcke selbst machen

Steinimitate für Ihren Steingarten können Sie ganz einfach selbst herstellen: Mischen Sie je 2 Teile groben Sand und gesiebten Torf mit einem Teil Zement und fügen Sie unter Rühren so viel Wasser hinzu, bis eine feste Masse entstanden ist. Graben Sie unterschiedlich große ungleichmäßige Löcher in den Boden und gießen Sie den Boden und die Seiten der Löcher 5 cm dick mit der Masse aus. Jetzt brauchen Sie die „Steine" nur noch mehrere Tage trocknen zu lassen, aus der Erde zu lösen und zu säubern.

Abstand lassen

Empfindliche Steingartengewächse wie Enzian (Gentiana) und Mannsschild (Androsace) sollten Sie in etwas Abstand zu Polsterstauden wie Blaukissen (Aubrieta) und Steinkraut (Alyssum) setzen, da sie sonst von ihnen überwuchert werden.

Wartepause vor der Pflanzung

Nach der Neuanlage eines Steingartens sollten Sie mit der Bepflanzung 2 Wochen warten. Bis dahin hat sich die Erde gesetzt und der Regen hat mögliche Fehler im Aufbau sichtbar gemacht.

Spalten bepflanzen

Setzen Sie in senkrecht verlaufende Spalten oder in die Winkel zwischen den Steinen Rosetten bildende Stauden wie Hauswurz (Sempervivum) und drücken Sie die Erde über und unter den Pflanzen danach gut an. Der geschützte Standort verhindert, dass sich das Regenwasser in den Rosetten sammelt, was zu Fäulnis führen kann.

Pflanzen für den Herbst

Mit Stauden, die im Spätsommer und Herbst blühen, bleibt Ihr Steingarten lange attraktiv. Für sonnige Standorte eignen sich etwa Seltsamer Enzian (Gentiana paradoxa), Reiherschnabel (Erodium), Sedum (Sedum 'Vera Jameson') mit lilafarbenen Blättern, ferner der ebenfalls lilablättrige Ehrenpreis (Veronica peduncularis 'Georgia Blue') mit blauen Blüten und Kolibritrompete (Zauschneria cana) mit orangefarbenen Blüten. An schattigen Plätzen gedeihen die Blaublume (Cyananthus lobatus), die Scheinbeere (Gaultheria myrsinoides) mit dunklen Beeren oder Steinbrech (Saxifraga fortunei), der weiße Sternblüten trägt.

Unkräuter entfernen

Entfernen Sie in Ihrem Steingarten regelmäßig alle aufkommenden Unkräuter, damit sie den empfindlichen Pflanzen weder die notwendige Feuchtigkeit noch die wichtigen Bodennährstoffe entziehen können. Um die Pflanzenwurzeln nicht zu beschädigen, sollten Sie außerdem möglichst von Hand und nicht mit der Hacke jäten.

Schwerpunkte setzen

Mit einer säulenförmigen Zwergkonifere, die Sie vor Ihren Steingarten setzen, entsteht der Eindruck einer Mini-Alpenlandschaft. Niedrige Polsterstauden kommen dagegen am besten an den Rändern der oberen Steine zur Geltung; sie wuchern allmählich herab und bedecken dabei die Steine.

Wurzeln festigen

Am Ende des Winters sollten Sie Erde mit Lauberde, Sand und einem organischen Langzeitdünger wie beispielsweise Knochenmehl mischen und um die Basis solcher Pflanzen verteilen, deren Wurzeln über Winter vom Frost freigelegt wurden. So werden die Wurzeln nicht nur wieder stabilisiert, sondern für die kommende Saison auch mit neuen Nährstoffen versorgt. (Siehe auch Frost)

Beetstauden für den Steingarten

Echte Steingartenfans lehnen zwar Beetstauden im Steingarten ab, aber es gibt einige zierliche Arten, die durch Selbstaussaat an ganz unerwarteten Stellen wieder auftauchen können. Dazu gehört beispielsweise das Scheinveilchen *(Ionopsidium acaule)*, das violette Blüten an 5–8 cm hohen Stängeln trägt, oder die Steinbrechart *Saxifraga cymbalaria* mit ihren sternförmigen gelben Blüten, die höchstens 10 cm hoch wird. Die Sommerschleifenblume *(Iberis umbellata)* erreicht eine Höhe von 15–30 cm, trägt schmale Blätter und weiße, rosa- oder lilafarbene Blütenbüschel, während der hübsche Alpenbalsam *(Erinus alpinus)*, der je nach Sorte in Rosa oder Weiß blüht, nur etwa 5–10 cm hoch wird.

Siehe auch *Steingartenpflanzen*

Steingartenpflanzen

Frostkeimer säen

Die Samen mancher Steingartenpflanzen brauchen zunächst Kälte, um im Frühjahr keimen zu können. In ihrer natürlichen Umgebung ist so gewährleistet, dass sie erst im Frühjahr und nicht zu Beginn des Winters aufgehen. Säen Sie die Samen, die je nach Pflanzenart im Sommer oder Herbst erhältlich sind, in Töpfe aus und stellen Sie die Gefäße über Winter in einen Kalten Kasten oder in eine geschützte Gartenecke. Bei Frühjahrsaussaaten sollten Sie die Töpfe zuerst für 8 Wochen in den Kühlschrank stellen, ehe sie ins Freie kommen. Lassen Sie die Pflanzen in dieser Zeit jedoch nicht austrocknen.

Seltene Pflanzen

Weniger bekannte Steingartenpflanzen bekommen Sie in Spezialgärtnereien, die in der Regel eine reiche Auswahl haben. Die meisten Gartencenter führen zahlreiche beliebte Arten, und es lohnt sich, mehrere Center zu besuchen.

Richtiger Boden

Als Standardboden für die meisten Steingartenpflanzen eignet sich nährstoffreicher Lehmboden, gemischt mit viel grobem Sand und Kies, damit eine ausreichende Drainage gewährleistet ist. Bei Pflanzen, die einen alkalischen Boden benötigen, sollten Sie außerdem Kalk einarbeiten, bei Säure liebenden Pflanzen wird dagegen Schwefelblüte

zugefügt, wobei Sie die Stoffe nur an den Standorten dieser speziellen Pflanzen im Steingarten verteilen sollten.

Polsterstauden schützen

Bedecken Sie den Boden zwischen und unter niedrigen Polsterstauden wie Phlox und Steinbrech *(Saxifraga)* mit einer Schicht aus kleinen Kieselsteinen. In Regenperioden werden die Blätter so vor zu viel Bodenfeuchte bewahrt; zudem halten die rauen Kieselsteine Schnecken fern.

Richtige Größe

Steingärten sollten höchstens 1,2 m breit sein, damit man sie leichter bepflanzen und pflegen kann. Bei breiteren Beeten sind die weiter hinter stehenden Pflanzen weniger einfach erreichbar.

Vorsichtig gießen

Wässern Sie Ihren Steingarten nur während längerer Trockenperioden oder wenn Sie gerade neue Pflanzen eingesetzt haben. Gießen Sie außerdem möglichst langsam und vorsichtig, damit die Pflanzen nicht ausgeschwemmt werden.

Sparsam düngen

Steingartenpflanzen benötigen nicht viel Dünger; es genügt, wenn Sie alljährlich im Februar einen Universaldünger geben. Dabei gelten als Richtwert 30 g pro 1 m².

Empfindliche Pflanzen schützen

Bei einigen Steingartenpflanzen, vor allem bei solchen mit silbrig glänzenden Blättern oder dichten Polstern, können in feuchten und kalten Wintern die Blätter und Stängel faulen, sodass die Gewächse in der Folge absterben. Um die Pflanzen vor Regen und Frost zu schützen, sollten Sie sie deshalb im Herbst mit Glasplatten bedecken, die Sie auf Holzklötze legen und mit kleinen Steinen beschweren. Auf diese Weise stehen die Pflanzen relativ geschützt, erhalten aber dennoch ausreichend Licht und Luft.

Geeignetes Bodenwerkzeug

Zu den Bodenwerkzeugen für den Steingarten sollte unbedingt auch eine alte Besteckgabel gehören, mit der Sie die Erde rund um empfindliche Pflanzen lockern können, ohne dabei die Wurzeln zu beschädigen.

Zweite Blüte

Verwelkte Blüten sollten Sie regelmäßig mit der Gartenschere entfernen, sofern Sie die Samen nicht sammeln möchten. Dadurch bleiben die Pflanzen kompakt und manche werden sogar zu einer zweiten Blüte angeregt. Diese fällt zwar in der Regel etwas weniger spektakulär aus als die erste, sorgt aber dennoch für einen farbenprächtigen Ausklang der Saison.

Steingartenpflanzen in Töpfen

Steingartenpflanzen vertragen keine Staunässe. Wollen Sie Pflanzen in Ton- oder Plastiktöpfe setzen, sollten Sie den Gefäßboden zuerst mit Tonscherben oder Kieselsteinen bedecken; auf diese Weise ist eine gute Drainage gewährleistet. Einen unerwünschten Moosbewuchs können Sie verhindern, indem Sie kleine Kieselsteine auf der Topferde verteilen.

Mini-Steingarten

Ein altes tiefes Waschbecken lässt sich ganz einfach in einen Mini-Steingarten verwandeln. Stellen Sie dazu das Becken auf Ziegelsteine, decken Sie den Ausguss mit einem flachen Stein und den Boden mit Tonscherben oder Kieselsteinen ab und füllen Sie das Gefäß mit einer Mischung aus gleichen Teilen Erde, Torf und grobem Kies. Wählen Sie für die Bepflanzung kleinere Stauden wie Fetthenne *(Sedum)*, Zwergformen der Glockenblume *(Campanula)*, Nelke *(Dianthus)* und Steinbrech *(Saxifraga)*. Eine schmale Zwergkonifere sorgt für mehr Höhe und einige Steine unterstreichen die natürliche Wirkung des Mini-Steingartens. (Siehe auch *Pflanzgefäße*)

Ausreichend Abstand halten

Steingartenpflanzen sollten Sie mit genügend Abstand setzen, damit sie sich gegenseitig nicht behindern. Dabei gilt als Richtwert für mittelgroße Pflanzen, dass nicht mehr als neun Pflanzen pro 1 m² gepflanzt werden sollten. Schützen Sie die Stängel und Blätter der Pflanzen außerdem vor zu viel Bodenfeuchtigkeit, indem Sie rund um die Pflanzen eine 2–3 cm hohe Kiesschicht auf dem Boden verteilen.

Lücken im Beet schließen

Damit Ihr frisch gepflanzter Steingarten durch die Lücken zwischen den Pflanzen nicht so kahl wirkt, können Sie im Frühsommer kleine Glockenblumen (*Campanula*) und Küchenschellen (*Pulsatilla*) in mit Kies vermischte Erde in Töpfe setzen und die Gefäße an einen sonnigen, geschützten Platz im Steingarten stellen.

Schöne Frühjahrsblüher

Lassen Sie Ihren Steingarten im Frühjahr in frischen Farben leuchten. Besonders früh blüht die immergrüne Schleifenblume (*Iberis sempervirens* 'Zwergschneeflocke'), die 15–20 cm hoch wird und deren weiße Blüten ab März dichte weiße Polster bilden. Das 10–15 cm hohe Felsenschneekissen (*Iberis saxatilis*) blüht ab April ebenfalls in Weiß. Dazu passen Blaukissen (*Aubrieta*), blaue Traubenhyazinthen (*Muscari botryoides*), rote Wildtulpen (*Tulipa sylvestris*) oder die hübsche Zwergiris (*Iris-Barbata-Nana*-Hybriden).

Siehe auch *Steingärten*

Stickstoff

Stickstoffdünger aus Geflügelfedern

Schon seit uralter Zeit werden in China Geflügelfedern zur Herstellung eines vorzüglichen organischen Stickstoffdüngers verwendet. Dafür füllen Sie die Federn in ein Fass oder einen anderen größeren Behälter, übergießen sie mit Regenwasser, legen stabilen Maschendraht oder ein Brett darauf und beschweren das Ganze mit großen Steinen. Dann stellen Sie den Behälter etwa 2 Monate an einen schattigen Ort. In dieser Zeit zerfallen die Federn zu einer weichen Masse,

die Sie anschließend als Mulchschicht auf dem Boden rund um die Pflanzen verteilen. Beim Hantieren mit Geflügelfedern ist allerdings Vorsicht geboten, da sie bei manchen Menschen Asthma auslösen können.

Lebenswichtiger Nährstoff

Stickstoff ist als wichtiger Eiweißbestandteil unentbehrlich für den Aufbau der Zellen und damit auch für die Entwicklung der Pflanzen. Ein Stickstoffmangel im Boden führt zu Kümmerwuchs, blassgrünen Blättern und einer erhöhten Anfälligkeit für Schädlinge und Krankheiten. Da Stickstoff durch das Regenwasser leicht aus dem Boden geschwemmt wird, sollte er regelmäßig zugesetzt werden. Arbeiten Sie im Frühjahr zuerst reichlich Kompost oder gut verrotteten Stallmist ein und verteilen Sie dann als oberste Schicht Blutmehl oder Hornspäne auf dem Boden. Geben Sie aber nicht zu viel Stickstoff, denn ein zu hoher Gehalt im Boden kann zu einer verstärkten Blattentwicklung auf Kosten der Blütenbildung führen.

Sträucher

Pflanzschock vermeiden

Lässt es sich nicht vermeiden, einen Strauch zu einem ungünstigen Zeitpunkt umzusetzen – beispielsweise im Sommer –, sollten Sie ihn zuerst um etwa ein Drittel zurückschneiden. Pflanzen Sie den Strauch unmittelbar nach dem Ausgraben an seinem neuen Standort wieder ein und wässern Sie ihn zum Abschluss gründlich, damit die Wurzeln nicht austrocknen.

Besser nicht umpflanzen

Immer ungünstig ist es, wenn Sie einen neuen Strauch an die falsche Stelle setzen, sodass er später umgepflanzt werden muss. Lassen Sie ihn besser nach dem Kauf in seinem Container und stellen Sie den Behälter an verschiedene Plätze im Garten. Wenn Sie dann den richtigen Standort gefunden haben, pflanzen Sie den Strauch aus.

Sträucher in den Rasen pflanzen

Möchten Sie einen Strauch auf eine Rasenfläche pflanzen, stechen Sie zunächst den Rasen kreisförmig in einem Durchmesser aus, der dreimal so groß sein muss wie der Durchmesser des Wurzelballens oder Containers. Das gelingt am besten, wenn Sie in der Mitte der Pflanzstelle einen Pflock einrammen, an den Sie

eine Schnur binden, wobei die Länge der Schnur dem Radius des vorgesehenen Kreises entspricht. Binden Sie ein Messer an das andere Schnurende, straffen Sie die Schnur und markieren Sie den Kreis mit dem Messer. Teilen Sie nun mit dem Spaten die Fläche innerhalb des Kreises in Rechtecke und heben Sie die Soden ab. Anschließend graben Sie das Pflanzloch und schichten den Aushub auf eine Plastikfolie, damit der Rasen nicht verschmutzt.

Eine lockere Gruppierung aus verschiedenen Sträuchern mit gleicher Blütezeit kommt am besten in großen Gärten zur Geltung. Mit ihrer überbordenden Blütenfülle sorgen die Gehölze im Frühjahr für einen wahren Farbenrausch.

Sträucher für den Schatten

Schöne immergrüne Sträucher, die auch im Schatten gedeihen, sind Aukube (*Aucuba*), Duft-Schneeball (*Viburnum × burkwoodii*), Kissen-schneeball (*Viburnum davidii*), Lorbeerrose (*Kalmia*), Mahonie (*Mahonia*), Ölweide (*Elaeagnus*), Rhododendron (*Rhododendron*), Runzelblättriger Schneeball (*Viburnum rhytidophyllum*), Spindelstrauch (*Euonymus*), Stechpalme (*Ilex*) und Strauch-Heckenkirsche (*Lonicera nitida*). Zu den attraktivsten Laubgehölzen gehören etwa Azalee (*Azalea*), Hortensie (*Hydrangea*), Magnolie (*Magnolia*) und Schneebeere (*Symphoricarpos*).

Schöne Unterpflanzung

Unter Gehölze mit kahlen Stämmen können Sie immergrüne Pflanzen setzen, die neue Farbe bringen und die Stämme verdecken. Dafür eignen sich etwa Efeu (*Hedera*), Immergrün (*Vinca*) oder die gold- oder silberpanaschierten Sorten des Kletternden Spindelstrauchs (*Euonymus fortunei*) wie 'Emerald 'n Gold' und 'Silver Queen'.

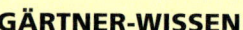

Richtig gießen

Neu gepflanzte Sträucher, deren Wurzeln noch nicht fest in der Erde verankert sind, können die Feuchtigkeit zunächst nur schwer aus dem Boden aufnehmen. Wässern Sie die Pflanzen deshalb täglich nach Sonnenuntergang gründlich, damit sie sich schneller einwurzeln und keine Schäden aufgrund von Trockenheit entstehen.

Solitärgehölze mit schönen Blüten

Bei sorgfältiger Auswahl des Standorts kommen manche Sträucher am besten durch einen Einzelstand auf Rasenflächen oder in Beeten und Rabatten zur Geltung. Besonders schön wirken solche Arten, die nicht nur schöne Blätter, sondern auch auffallende duftende Blüten tragen wie etwa Mahonie (*Mahonia*) oder Pfeifenstrauch (*Philadelphus*). Große auffällige Blütendolden und attraktives Laub besitzt auch die Hortensie (*Hydrangea*), während der Sommerflieder (*Buddleja*) vor allem durch seine üppigen Blütenrispen ins Auge fällt. Ebenfalls gut für einen Einzelstand geeignet ist der Hibiskus (*Hibiscus*); auch er blüht im Sommer reich und lange.

Sträucher mit schönem Laub

Die schönsten Blätter bringen viele Laubsträucher nach einem starken Rückschnitt im Frühjahr hervor. Dazu gehören etwa der Perückenstrauch (*Cotinus coggygria* 'Royal Purple') mit seinen roten Blättern oder der Trauben-Holunder (*Sambucus racemosa* 'Plumosa Aurea') mit seinem goldgelben Laub, der außerdem im August Dolden mit leuchtend scharlachroten Früchten trägt. Damit die Sträucher starke, kräftige Triebe mit auffallend gefärbten Blättern entwickeln, sollten sie zu Beginn der Wachstumsperiode zurückgeschnitten werden, wobei man alles vorjährige Holz bis auf 5–10 cm entfernt. Allerdings gehen bei dieser Methode die Blüten verloren, die sich auf dem vorjährigen Holz gebildet haben, und die Pflanzen erreichen auch nicht ihre maximale Höhe.

Sträucher befestigen

Überprüfen Sie bei den neu gepflanzten Sträuchern regelmäßig, ob sich die Wurzeln über Winter durch starken Frost aus dem Boden gehoben oder zumindest gelockert haben. Ist dies der Fall, sollten sie rasch wieder befestigt werden.

Gehölze mit panaschierten Blättern

Bei Sträuchern und Bäumen mit panaschierten Blättern sollten Sie alle Triebe rigoros entfernen, an denen im Frühjahr einfache grüne Blätter erscheinen. Da diese sehr wuchsfreudig sind, würden sie bald die Triebe mit panaschierten Blättern verdrängen.

Verjüngungskur

Bei Sträuchern mit Kümmerwuchs und geringer Blütenbildung sollten Sie einen starken Rückschnitt vornehmen, der am besten im Frühjahr zu Beginn der Wachstumsperiode

erfolgt. Entfernen Sie dafür zunächst alles abgestorbene oder kranke Holz sowie alle dünnen Triebe und schneiden Sie die ältesten Äste, die in der Regel dick und dunkel sind, bis zur Basis zurück. Dann bringen Sie den Strauch wieder in Form, indem Sie die Triebe des laufenden Jahres bis auf einige Zentimeter vor einem kräftigen Ast zurücknehmen und alle sich kreuzenden oder überhängenden Triebe entfernen. Zum Abschluss geben Sie einen Volldünger und verteilen eine Mulchschicht aus organischem Material, etwa reifen Kompost oder gut verrotteten Stallmist, auf dem Boden rund um die Pflanze. Wichtig ist, dass der Strauch in der folgenden Zeit nicht an Wassermangel leidet, sodass Sie nach dem Rückschnitt stets ausreichend gießen sollten.

Krankheiten vorbeugen

Mit Beginn des Blattaustriebs sollten Sie auf totes Holz in Sträuchern achten. Zweige, die nicht austreiben und daher abgestorben sind, müssen vollständig entfernt werden, damit es nicht zu einem Befall mit der Rotpustelkrankheit kommt. Sie zeigt sich in Form korallenroter Flecken auf der Rinde und greift oft auf gesunde Äste über. (Siehe auch *Schädlinge und Krankheiten* S. 353)

Winterblühende Sträucher unterpflanzen

Setzen Sie unter winterblühende Sträucher früh blühende Zwiebelpflanzen wie etwa Puschkinie (*Puschkinia scilloides*), Schneeglöckchen (*Galanthus nivalis*), Strahlenanemone (*Anemone blanda*) und Zweiblättrigen Blaustern (*Scilla bifolia*).

Sträucher mit auffallender Rinde

Im winterlichen Garten kommen Sträucher mit einer auffälligen Rindenstruktur oder -farbe besonders gut zur Geltung. Dazu gehören etwa verschiedene Hartriegel-Arten wie *Cornus alba* 'Sibirica' (hellrot) und *Cornus stolonifera* 'Flaviramea' (gelb) oder die Silberweide (*Salix alba vitellina*) mit senfgelber Rinde. Damit die Sträucher kräftig wachsen, sollten sie alljährlich im Frühjahr stark zurückgeschnitten werden – nur bei *Cornus alba* 'Sibirica' darf der Rückschnitt nicht zu tief greifend erfolgen. (Siehe auch *Borke*)

Bei Vögeln beliebt

Viele Vögel lassen sich von den bunten Früchten der Sträucher anlocken und tragen zur Vermehrung bei, indem sie die Beeren fressen und die Samen an anderer Stelle wieder ausscheiden. Dabei scheinen die Tiere eine besondere Vorliebe für bestimmte Farben zu haben. So sind die roten und orangefarbenen Beeren von Feuerdorn (*Pyracantha*), Stechpalme (*Ilex*) und Zwergmispel (*Cotoneaster*) am beliebtesten und werden zuerst verspeist. Bei den gelben Früchten derselben Pflanzen dauert es dagegen etwas länger, bis die Vögel sie von den Sträuchern picken, und die purpurfarbenen Beeren der Schönfrucht (*Callicarpa*) sowie die violetten, weißen oder schwarzblauen Beeren der Scheinbeere (*Gaultheria*) werden manchmal sogar ganz von ihnen verschmäht. Keinerlei Anklang bei den Vögeln finden auch die dicken weißen Beeren der Schneebeere (*Symphoricaos*).

GÄRTNER-WISSEN

Wenn Sträucher nicht blühen

Wollen Ihre Sträucher trotz Erreichen des richtigen Blühalters nicht blühen, kommen dafür einige Ursachen infrage.

- Der Strauch wurde zur falschen Zeit zurückgeschnitten oder der Rückschnitt wurde nicht richtig ausgeführt, sodass auch die Knospen entfernt wurden.
- Der Strauch leidet an Kalimangel, denn Kali fördert die Blütenbildung. Durch zu viel stickstoffhaltigen Dünger haben sich nur die Blätter, aber keine Blüten entwickelt.
- Während der Knospenbildung haben die Wurzeln an Wassermangel gelitten.
- Die Knospen waren über Winter zu starkem Frost oder zu heftigem Wind ausgesetzt.
- Die Knospen wurden von Vögeln, Kaninchen oder Raupen gefressen.

Empfindliche Beerensträucher

Feuerdorn (*Pyracantha*) und andere Frucht tragende Sträucher werfen mitunter ihre Beeren vorzeitig ab. Das geschieht vor allem dann, wenn die Pflanzen sehr nahe an einer Wand stehen, sodass zu wenig Regen in den Wurzelbereich gelangt, oder wenn sie in die Nähe großer Gehölze gepflanzt wurden, mit denen sie um Bodenfeuchtigkeit konkurrieren. Dieses Problem können Sie lösen, indem Sie den Boden um die Sträucher alljährlich mit einer 7–10 cm dicken Mulchschicht aus organischem Material wie reifem Kompost, gut verrottetem Stallmist oder Rindenmulch bedecken. Außerdem sollten Sie die Sträucher vor allem während der Zeit der Fruchtbildung regelmäßig gründlich wässern.

Ginster richtig schneiden

Es gibt verschiedene atttraktive Ginsterarten, vor allem die unterschiedlichen Sorten des *Cytisus scoparius* mit ihren hübschen Schmetterlingsblüten in Gelb, Cremeweiß, Rot oder auch mit zweifarbigen Blüten. Ginster kann allerdings ohne regelmäßigen Rückschnitt schnell unansehnlich und struppig werden, sodass man die Blütentriebe jedes Jahr nach der Blüte bis auf 5–8 cm vom alten Holz zurückschneiden sollte.

Sonne willkommen

Sträucher mit besonders schönen farbigen Blättern wie etwa der goldgelbblättrige Europäische Pfeifenstrauch (*Philadelphus coronarius* 'Aureus') und die gelbblättrige Johannisbeere (*Ribes sanguineum* 'Brocklebankii') bilden die intensivste Laubfarbe aus, wenn sie an einen sonnigen Standort gepflanzt werden. Allerdings kann zu viel Sommersonne die Blattränder auch braun färben.

Schutz für goldfarbenes Laub

Damit die Blätter von goldblättrigen Laubsträuchern nicht von der Sommerhitze versengt werden, pflanzt man sie am besten an eine offene, halbschattige Stelle. So bekommen die Sträucher stets ausreichend Sonne, ohne dass sie beschädigt werden. (Siehe auch *Mauerbegrünung*)

Strauch für jede Jahreszeit

Bei wenig Platz pflanzt man am besten Sträucher, die zu allen Jahreszeiten mit verschiedenen Farben aufwarten. Zu den dekorativsten gehört hier der Weiße Hartriegel (*Cornus alba* 'Spaethii'), der im Winter mit seiner roten Rinde und im Sommer durch panaschierte Blätter und kleine cremefarbene Blüten auffällt, die sich im Herbst zu bläulich weißen Früchten entwickeln.

Siehe auch Baumschnitt, Hochstämme

STRUKTUR MIT PFLANZEN

Beim Anlegen eines Gartens konzentriert sich der kluge Gartenfreund zunächst auf ausdrucksvolle Baum- und Blattformen, denn sie bilden das Grundgerüst, das später von einem bunten Blütenteppich überzogen wird.

Gute Strukturen bilden die Grundlage für eine gelungene Bepflanzung des Gartens; ohne strukturgebende Pflanzen wirkt ein Garten schnell langweilig und gesichtslos. Der Begriff Struktur umfasst dabei neben der Beschaffenheit und weiteren charakteristischen Merkmalen vor allem das Äußere der Pflanzen. Interessant wird ein Garten etwa durch Pflanzen mit kegelförmigem Wuchs, mit schön gerundeten, gedrungenen Köpfen oder mit waagrecht abstehenden Zweigen. Ebenso gut können aber auch Pflanzen mit hängenden Zweigen wie z. B. die Trauerweide oder solche mit besonders ausdrucksvollem Laub im Garten für Wirkung sorgen. Was immer die Besonderheit ist, allen strukturgebenden Pflanzen ist gemein, dass sie die Aufmerksamkeit des Betrachters auf sich ziehen und deutliche Akzente setzen.

Die dichte Robinie *Robinia pseudoacacia* 'Umbraculifera' mit ihrer lockeren Krone und der schlanke Wacholder *Juniperus scopulorum* 'Skyrocket' stellen durch ihre klaren Konturen ein besonderes Augenmerk im Garten dar. In Blumenbeeten erzielen Funkien eine außergewöhnliche Wirkung, insbesondere *Hosta sieboldiana* var. *elegans* mit ihren tief geäderten, gewellten Blättern und *H.* 'Krossa Regal', die steife Blätter an langen, aufrechten Stängeln trägt. Auch die schmalen Blätter der Bartiris setzen auffällige Akzente.

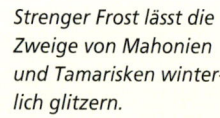

Die unterschiedlichen Laubstrukturen von Funkien, Iris pseudacorus 'Variegata', Scheinmohn und Storchschnabel bilden eine eindrucksvolle Mischung.

Die hohen schmalen Formen von Fackellilie, Lupine und Rittersporn ergeben zusammen mit Mohn eine lebendige, vertikale Einheit.

Strenger Frost lässt die Zweige von Mahonien und Tamarisken winterlich glitzern.

Lang- und kurzzeitige Wirkung

Struktur im Garten lässt sich auf zweierlei Weise erzielen: Auf der einen Seite langfristig durch Bäume und Sträucher, auf der anderen Seite kurzfristig durch krautartige Pflanzen, die jahreszeitlich unterschiedliche Akzente setzen.

Die Aufmerksamkeit sollte zunächst Bäumen und Sträuchern gelten, weil sie das Grundgerüst des Gartens bilden. Ein großer und wichtiger Bestandteil im Repertoire des Hobbygärtners sind dabei immergrüne Pflanzen – Koniferen eingeschlossen – mit ihren unterschiedlichen Wuchsformen und ihrer reichhaltigen Palette an Laubfarben.

Die klaren Formen immergrüner Pflanzen sind besonders im Winter von Bedeutung, wenn der Garten weitgehend karg und leer ist. Zwar ist der glitzernde Raureif auf den kahlen, braunen Stängeln der ruhenden Pflanzen hübsch anzusehen, doch die immergrünen Bäume und Sträucher geben auch in den trübsten Monaten das Gefühl, dass das Leben im Garten weitergeht.

Ein Besuch in einem großen Gartencenter oder einer Baumschule vermittelt ein Gefühl für die Vielfalt der unterschiedlichen Formen, Farben und Beschaffenheiten von Koniferen und anderen immergrünen Gewächsen. Allein Wacholder kommt säulen- und buschförmig, in rundlicher, ausgebreiteter und kriechender Form vor, und die Farben seiner Nadeln reichen von Gold- und Grüntönen bis hin zu gräulichen Blautönen.

Jahreszeitliche Höhepunkte

Der Garten kann das ganze Jahr hindurch interessant gestaltet werden, wenn man besonders auffällige Pflanzen zwischen zierlichen Exemplaren anordnet. Ein Glanzpunkt in einem sonnigen Beet auf gut durchlässigem Boden ist die Karde *Cynara cardunculus* mit ihrer riesigen Rosette aus gebogenen, spitzen Blättern. Kleinwüchsige Büsche wie *Artemisia* und Salbei sowie Frühsommerblumen gewinnen durch eine solch ausdrucksstarke Pflanze an Geltung und werden zu einer Einheit zusammengeschlossen.

Auch die silbergraue zweijährige Eselsdistel (*Onopordum acanthium*) und die Königskerze (*Verbascum bombyciferum*) mit ihrem pelzigen Blattwerk entwickeln eine wunderbare Wirkung im Blumenbeet.

Viele Pflanzen haben besonders schön geformte Blüten, etwa Lilien wie die Zimmerkalla *Zantedeschia aethiopica*. Wenn Sie auffällige, kugelige Formen auf hohen Stängeln mögen, sollten Sie den sonnenliebenden Zierlauch *Allium giganteum* pflanzen oder *Echinops bannaticus*, eine mehrjährige Kugeldistel. Selbst der bescheidene Lauch erweist sich als anmutige und attraktive Rabattenpflanze, wenn man ihn nicht erntet und im Boden lässt, sodass er seine typischen Kugelblüten entwickeln kann. Vertikale Akzente setzen Fackellilien, Lupinen und Rittersporn.

Zahlreiche Blattpflanzen gedeihen auf feuchtem Boden im Halbschatten, wo ihre Blätter groß und üppig werden. Tafelblatt (*Astilboides tabularis*) und Kreuzkraut (*Ligularia dentata*) eignen sich hervorragend für Sumpfgärten, vor allem wenn sie zwischen *Iris-ensata-* und *Primula-candelabra*-Hybriden gepflanzt werden. Auch der Straußenfarn *Matteuccia struthiopteris* wächst ausgezeichnet unter diesen Bedingungen. Der immergrüne Gelappte Schildfarn *Polystichum aculeatum* ist das ganze Jahr über formschön und farbenfroh.

Der flache Blütenstand des Kreuzkrauts (Ligularia dentata) ist ein reizvoller Anblick.

Mit Fotos dokumentieren

Um zu entscheiden, welche Pflanzen in Ihrem Garten Akzente setzen sollen, nehmen Sie am besten Fotos aus verschiedenen Blickwinkeln auf, auch von den Fenstern des Wohnhauses aus. Auf den Fotos zeichnen Sie dann die Stellen ein, an denen auffällige Pflanzen als Blickfang gesetzt werden sollen, etwa eine kegelförmige Stechpalme oder eine säulenartige Eibe. Experimentieren Sie mit unterschiedlichen Pflanzenformen, so können Sie besser beurteilen, welche sich für die jeweiligen Bereiche des Gartens eignen.

Emporstrebende Formen von Säulenbäumen ziehen den Blick nach oben, während waagrecht abstehende Zweige das Auge des Betrachters wandern lassen. Die Zweige des Japanischen Schneeballs *Viburnum plicatum* 'Mariesii', die im Frühjahr einen üppigen weißen Blütenflor tragen, haben auch im Winter mit ihrer eleganten, blattlosen Struktur einen eigenen Reiz.

Die besondere Wirkung der dunkelgrünen Zypresse *Cupressus sempervirens* 'Stricta', die in den Gärten der Mittelmeerländer und an den Hügeln der Toskana ein vertrauter Anblick ist, kann in kälteren Gegenden auch mit dem Abendländischen Lebensbaum *Thuja occidentalis* 'Smaragd' erzielt werden.

Die Standorte der so genannten Trauerpflanzen, z.B. der Trauerweide, müssen mit Bedacht ausgewählt werden, damit die einzelnen Exemplare bestmöglich zur Geltung kommen. Die anmutigen, hängenden Zweige von *Prunus yedoensis*, einer weiß blühenden Kirsche, machen den Baum zu einem prachtvollen Einzelexemplar, während die Zwergweide *Salix caprea* 'Klimarnock' neben einem Teich am attraktivsten wirkt.

Ein Trauerbaum wirkt an einem Teich wie ein Wasserfall. Die sanft verlaufenden Konturen des Blumenbeets heben die typische Form der Yucca hervor.

Stufen und Treppen

Stufen aus Ziegelsteinen
Aus Ziegelsteinen lassen sich Stufen unterschiedlichster Größe bauen, die auf festem Boden oder einer betonierten Unterlage verlegt werden. Man sollte die Steine vorher jedoch mit einem wasserfesten transparenten Schutzspray behandeln.

Glatte oder strukturierte Stufen?
Stufen aus glattem Material, etwa Holzplanken oder Schieferplatten, können bei Glatteis sehr rutschig sein. Wählen Sie deshalb besser Materialien mit strukturierter Oberfläche, beispielsweise natürlich strukturierte bzw. oberflächenbehandelte Platten aus Naturstein oder Betonplatten mit Profil, die auf stabile Setzstufen aus Stein oder Ziegelstein aufgelegt werden und sehr trittfest sind. Haben sich die Stufen dann nach einiger Zeit glatt gescheuert, dreht man sie einfach um, sodass die Unterseite oben liegt.

Begleitpflanzen für Stufen
Stufentrittplatten sollten mindestens 2–3 cm über die Setzstufen hinausreichen und leicht nach unten geneigt sein, damit das Regenwasser ablaufen kann. Als Begrenzung eignen sich z. B. Phlox, das braunblättrige Stachelnüsschen (*Acaena microphylla*) und wilder Thymian, die man über die Stufenränder und in die Dehnungsfugen wachsen lässt. Schneiden Sie die Pflanzen aber zurück, sobald sie zu weit über die Stufen wuchern.

Höhe und Tiefe
Setzstufen sollten mindestens 10 cm und maximal 18 cm hoch sein. Je geringer die Höhe der Setzstufe ist, umso tiefer muss die Trittplatte sein. Wählen Sie also beispielsweise für eine 10 cm hohe Setzstufe eine 45 cm tiefe Trittplatte und für eine 18 cm hohe Setzstufe eine 30 cm tiefe Trittplatte. Beginnen Sie beim Bau von Stufen stets mit der untersten Setzstufe und arbeiten Sie sich dann nach oben vor.

Treppen in Hanglage
Setzen Sie bei einem Gelände mit starkem Gefälle die Stufen besser schräg zum Hang anstatt steil nach oben. Bei viel Platz können Sie auch eine geschwungene Treppe anlegen, die besonders dekorativ ist. Markieren Sie den Verlauf der Stufen vor dem Bau mit Pflöcken.

Breite Stufen schmaler erscheinen lassen
Breite Stufen erscheinen etwas schmaler, wenn Sie Kletterpflanzen wie Efeu (*Hedera*) oder Wilden Wein (*Parthenocissus*) an die Stufenseiten setzen oder Berg-Waldrebe (*Clematis montana*), Geißblatt (*Lonicera*) und Glyzine (*Wisteria*) entlang der Treppe pflanzen.

Fröhlicher Zugang
Wenn Sie in einer Wohnung im Tiefparterre leben, können Sie den Zugang freundlicher gestalten, indem Sie auf die zur Tür führenden Stufen blühende Kübelpflanzen stellen und die Wände in einer leuchtenden Farbe streichen. Geben Sie dem Eingang Höhe mit einer schönen Kletterpflanze an einem Spalier im Kübel oder verleihen Sie ihm Eleganz mit einem Lorbeer-Hochstämmchen in einem eleganten Holzgefäß.

Preiswerte Treppe
Einfach und preiswert sind Erdstufen. Dafür heben Sie stufenförmig Erde aus, verdichten sie zu Tritt- und Setzstufen und streuen ein stabilisierendes Material wie Kies, Schotter oder Rindenmulch auf die Trittflächen. Anschließend befestigen Sie die Stufen an der Stirnseite mit aneinander genagelten kurzen Pflöcken, die Setzstufen wahlweise auch mit einzelnen längeren Hölzern, die waagrecht verlegt werden. Das Holz sollte kesseldruckimprägniert sein. Ebenfalls schön sind Dachziegel, die dicht aneinander an der Stirnseite der Stufen einzementiert werden.

Stufen aus Eisenbahnschwellen
Eisenbahnschwellen eignen sich zum Befestigen niedriger Stufen und verbreitern schmale Trittflächen. Fragen Sie bei Ihrem örtlichen Bahnhof nach und lassen Sie sich beim Verlegen helfen, da die Schwellen sehr schwer sind.

Breite Terrassenstufen
Auf einem sanft abfallenden Gelände können Sie auch eine großzügige Treppe mit terrassenförmigen Stufen anlegen. Heben Sie dafür etwa 10 cm hohe Stufen in der gewünschten Breite mit entsprechend tiefen Trittflächen aus, die Sie mit quer verlegten Holzbalken und -pflöcken fixieren.

Treppe im Steingarten
Mit einigen Stufen oder einer kleinen Treppe lässt sich die Arbeit in einem Steingarten in Hanglage erheblich vereinfachen. Verwenden Sie dafür ein Material, das zu den Steinen passt, und verlegen Sie die Stufen in unregelmäßigen Windungen so durch die Anlage, dass sie möglichst natürlich wirken. Wenn Sie zusätzlich zwischendurch immer wieder eine kleine Plattform einbauen, können Sie dort verweilen und Ihre Pflanzen in Ruhe betrachten.

Rutschige Stufen vermeiden
Stufen aus alten Eisenbahnschwellen oder Holzplanken können leicht zur Rutschbahn werden, vor allem unter Bäumen oder an schattigen, feuchten Standorten. Das lässt sich verhindern, wenn Sie Drahtgeflecht auf die Trittflächen legen, das Sie seitlich einschlagen und mit Draht und Nägeln fixieren. So besteht selbst bei Glatteis keinerlei Rutschgefahr mehr. Nach Belieben können Sie zusätzlich noch ein Geländer anbringen.

Harte Kanten verstecken
Säumen Sie Betonstufen mit duftenden Sträuchern, etwa mit blauviolettem Lavendel, oder mit farbenfrohen Einjährigen wie beispielsweise Kapuzinerkresse, die über die Kanten wuchern und sie dadurch etwas weicher erscheinen lassen.

Swimmingpools

Der beste Platz

Richten Sie Ihren Swimmingpool an einem möglichst windgeschützten Standort ein und außerhalb der Reichweite von Laubbäumen, damit im Herbst keine Blätter in das Wasser fallen. Immergrüne Bäume in der Nähe sind dagegen ideale Schattenspender im Sommer, solange sie den Pool nicht völlig überschatten.

Sicherheit für Kinder

Vor allem wenn Kinder den Swimmingpool nutzen, sollten Sie ihn an einer Stelle im Garten anlegen, die vom Haus aus jederzeit gut eingesehen werden kann. Lassen Sie die Kinder während der Benutzung nie aus den Augen. Bei kleineren Kindern sollten Sie den Pool außerdem hoch genug einzäunen und eine verschließbare Tür in den Zaun einbauen.

Die richtige Beckeneinfassung

Für die Beckeneinfassung sollten Sie nur rutschfestes Material verwenden, das Sie vor dem Verlegen am besten selbst überprüfen. Gießen Sie dazu reichlich Wasser auf das Material und gehen Sie dann zuerst barfuß und anschließend mit Schuhen darüber.

Abfallend verlegen

Die Beckeneinfassung sollte vom Pool aus gesehen leicht nach außen hin abfallen, damit sich am Beckenrand kein Regenwasser sammelt oder in den Swimmingpool läuft.

Rutschgefahr

Hat Ihr Swimmingpool eine Holzeinfassung, sollten Sie diese regelmäßig mit einem harten Besen oder einer Scheuerbürste bearbeiten, damit sich keine Moose und Algen darauf bilden und sie nicht rutschig wird.

Stets gut bedecken

Decken Sie Ihren Swimmingpool stets zu, wenn Sie ihn gerade nicht benutzen – vor allem, wenn sich kleine Kinder im Garten aufhalten. Dafür ist eine Folie besser geeignet als ein Netz, da der Pool mit ihr sauberer bleibt und die Wassertemperatur über Nacht weniger schnell absinkt. Wichtig ist, dass die Bedeckung möglichst einfach über den Swimmingpool gezogen und ebenso einfach wieder entfernt werden kann.

Sicht-, Lärm- und Windschutz

Liegt Ihr Garten nach außen hin ungeschützt, können Sie durch einen Zaun oder eine Hecke nicht nur ungewollte Einblicke abwehren, sondern auch den Lärm etwas reduzieren und einen wirksamen Windschutz schaffen. Am besten eignet sich dafür ein Zaun aus dichten Holzpaneelen, der zusätzlich als Kletterhilfe für mehrjährige Kletterpflanzen wie Clematis oder Rosen verwendet werden kann. Einen noch besseren Windschutz bekommen Sie, wenn Sie zusätzlich noch eine Hecke vor die dem Wind zugewandte Zaunseite setzen.

Exotische Umgebung

Wünschen Sie eine eher exotische Umgebung für Ihren Swimmingpool, pflanzen Sie am besten Bambus, Farne und Riesenziergräser wie etwa Chinaschilf (Miscanthus).

Platz zum Entspannen

Schaffen Sie auf mindestens einer Seite des Pools eine breitere Fläche, um dort Gartenmöbel aufstellen zu können. Legen Sie ein Stück Rasen an und pflanzen Sie immergrüne Bäume oder Büsche als Sichtschutz und Schattenspender.

DIE RICHTIGE WAHL

Einen Swimmingpool planen

Ein Swimmingpool muss gut geplant werden, wobei man einige Punkte beachten sollte.

Bau- und Wasserverordnung

Für größere Swimmingpools ab einer bestimmten Kubikmeterzahl ist eine Baugenehmigung erforderlich. Da die Verordnungen von Bundesland zu Bundesland verschieden sind, sollten Sie Ihre Pläne in jedem Fall vor dem Bau Ihrer örtlichen Baubehörde vorlegen. Wollen Sie außerdem zum Befüllen des Swimmingpools kein Leitungswasser verwenden – je nach Größe des Pools und Häufigkeit der Befüllung kann Ihre Wasserrechnung astronomische Höhen erreichen –, sondern das Wasser aus einem auf Ihrem Grundstück befindlichen Brunnen beziehen, müssen Sie sich unbedingt mit dem örtlichen Wasserwerk in Verbindung setzen, weil dadurch das Grundwasser angezapft wird.

Standortkontrolle

Kontrollieren Sie vor dem Bau den Verlauf von Wasser-, Abwasser- und Stromleitungen, damit diese beim Bau nicht beschädigt werden. In Regionen mit hohem Grundwasserspiegel können beim Erdaushub Probleme auftreten.

Wassererwärmung und Stromversorgung

Eine Wassererwärmungsanlage ist ein Muss, wenn Sie Ihren Swimmingpool optimal nutzen wollen. Dabei haben Sie die Wahl zwischen Anlagen, die mit unterschiedlichen Treibstoffen arbeiten, und elektrisch betriebenen Anlagen. Auch eine Wärmepumpe, die die Bodenwärme nutzt, kann eine gute Alternative sein. Darüber hinaus werden Sie wahrscheinlich einen neuen Stromanschluss brauchen, um weiteres Zubehör wie beispielsweise eine Poolbeleuchtung installieren zu können. Lassen Sie sich bei der Planung wie auch bei der Ausführung unbedingt von einem Fachmann beraten und helfen.

Schöne Extras

In den Katalogen der Hersteller finden Sie zahlreiche weitere Extras wie Unterwasserbeleuchtungs- oder Wasserreinigungsanlagen. Auch solche Zusatzeinrichtungen müssen bereits vor dem Bau berücksichtigt werden und sollten ebenfalls nur vom autorisierten Fachmann installiert werden.

Tagetes

Wirksam gegen Schädlinge

Biogärtner schwören auf die Fähigkeiten der Studentenblume oder Tagetes (*Tagetes*), vor allem weil die Wurzelausscheidungen der Pflanze erwiesenermaßen schädliche Nematoden aus dem Boden fern halten. Darüber hinaus soll der eigentümliche Geruch der Blüten und Blätter Weiße Fliegen (*Aleyrodidae*) vertreiben. Dafür gibt es zwar keinen wissenschaftlichen Beleg, doch manchmal empfiehlt es sich auch, auf Erfahrungswerte zu vertrauen.

Drei Hauptgruppen

Jedes Gartencenter bietet im Frühjahr ein reichhaltiges Angebot an Tagetes-Sorten. Achten Sie beim Kauf auf kräftiges dunkelgrünes Blattwerk. Man unterscheidet bei Tagetes zwischen drei Hauptgruppen: *Tagetes*-Erecta-Hybriden haben dicke gefüllte Blüten; die niedrigen Sorten werden etwa 50 cm hoch, die hohen 1,2 m. Dagegen erreichen *Tagetes*-Patula-Hybriden maximal eine Größe von 60 cm; ihre kleineren Blüten sind einfach oder gefüllt und häufig zweifarbig, was sehr hübsch aussieht. Ausnehmend apart wirken die zierlichen *Tagetes-tenuifolia*-Sorten mit kleinen einfachen Blüten und gefiedertem Laub. Sie werden bis zu 30 cm groß.

Anzucht und Pflanzung

Die Pflanzen lassen sich auch leicht selbst ziehen. Säen Sie die Samen im Februar oder März in Anzuchtschalen oder Torfpress- bzw. Torfquelltöpfe, die Sie an einen hellen und warmen Platz stellen. Die Sämlinge werden im Mai an einer schattigen Stelle im Freien abgehärtet. Ende Mai bringen Sie die Pflanzen an ihren endgültigen Platz im Beet und mulchen den Boden anschließend gut.

Methoden gegen Schneckenfraß

Tagetes blühen häufig bis in den Oktober mit unverminderter Leuchtkraft – falls sie nicht Schnecken zum Opfer fallen, die eine besondere Vorliebe für die Pflanzen hegen. Wehren Sie die Kriecher durch Schneckenzäune oder Bierfallen ab. Streuen Sie möglichst kein Schneckenkorn, denn es ist sehr giftig – auch für andere Tiere.

Teilen

Der richtige Zeitpunkt

Viele Pflanzen lassen sich hervorragend durch Teilung vermehren. Die meisten Gewächse teilt man im Herbst, doch bei bestimmten Arten empfiehlt es sich, bis zum Frühjahr zu warten, etwa bei Astern (*Aster*), Chrysanthemen (*Chrysanthemum*), Fackellilien (*Kniphofia*), Hundskamille (*Anthemis*), Lobelien (*Lobelia*), Rittersporn (*Delphinium*), Sonnenbraut (*Helenium*) und Veilchen (*Viola*). Mitunter ist es bei schweren Tonböden, insbesondere in kalten Regionen, sogar für alle Pflanzen besser, mit der Teilung zu warten, bis sich das Erdreich im Frühjahr erwärmt hat.

Den Boden anreichern

Nachdem man eine Pflanze zur Teilung aus dem Boden gezogen hat, bietet sich eine gute Gelegenheit, die betreffende Stelle mit reichlich grobem organischem Material wie gut verrottetem Kompost oder Stallmist anzureichern. Mischen Sie auch ein wenig Knochenmehl oder einen anderen langsam wirkenden, organischen Dünger unter das Material. Nach der Wiedereinpflanzung hat das geteilte Gewächs so gute neue Wachstumsbedingungen.

Zwei Gabeln benutzen

Verwenden Sie möglichst zwei Grabgabeln zum Teilen großer Wurzelballen, wie sie für mehrjährige Pflanzen typisch sind. Stechen Sie die Geräte zunächst mit den Rückseiten zueinander in den Ballen; die Griffe sollten dabei einen Abstand von etwa 40 cm haben. Bewegen Sie die oberen Enden dann zuerst gegen- und anschließend auseinander. Es ist wesentlich einfacher, eine Wurzel mit dieser Methode zu teilen, als sie mit einer Hand festzuhalten und mit der anderen eine Gabel zu betätigen.

Zeit sparen bei kleineren Pflanzen

Ziehen Sie kleinere Pflanzen, von denen Sie nur ein oder zwei Teile versetzen möchten, nicht komplett heraus. Entfernen Sie vielmehr die Erde auf einer Seite der jeweiligen Pflanze und lockern Sie mithilfe einer Grabgabel die Wurzeln so tief wie möglich. Schneiden Sie dann mit einem Messer das gewünschte Stück ab. Füllen Sie das Loch um die verbliebenen Wurzeln wieder auf und drücken Sie die Erde fest. Nehmen Sie allerdings nicht allzu häufig kräftige äußere Triebe von gut gedeihenden Pflanzen, weil die Maßnahme sie schwächt und eventuell sogar absterben lässt.

Besonderheit bei Funkien

Die kräftigen, dicht stehenden Wurzeln von Funkien (*Hosta*) sind bisweilen schwer zu teilen. Am einfachsten sticht man mit einem scharfen Spaten ein V-förmiges Stück vom Rand des Ballens ab, das man dann an eine andere Stelle des Gartens setzt.

Schwache Teile wegnehmen

Behalten Sie beim Teilen einer alten Pflanze nur die kräftigsten Triebe vom äußeren Rand des Ballens und werfen Sie das verholzte Innere weg. Setzen Sie lediglich Stücke mit gut ausgebildetem Wurzelsystem wieder in die Erde. Teile mit schwachen Wurzeln brauchen oft lange, bis sie wieder anwachsen, und entwickeln sich nicht zu schönen Schaupflanzen.

Für einen gesunden Bestand sorgen

Teilen Sie grundsätzlich nur gesunde Pflanzen, denn bei der Vermehrung erkrankter Gewächse bleibt die jeweilige Infektion in den einzelnen Stücken bestehen. Überprüfen Sie alle Wurzeln vor dem Einpflanzen auch auf Schädlinge.

Schnell wieder einsetzen

Versetzen Sie Pflanzenteile möglichst sofort und gießen Sie die Stücke reichlich an. Bewahren Sie Teile, die Sie nicht gleich unterbringen können, bis zur Verpflanzung in einem flachen Graben auf. Decken Sie Boden über die Wurzeln und drücken Sie die Erde gut fest. Schlagen Sie größere Gewächsteile schräg ein, damit der Wind sie nicht umwehen kann. Topfen Sie Stücke, die Sie verschenken möchten, ein, und halten Sie die Wurzeln ausreichend feucht.

Terrassen und Sitzplätze

Die Lage aussuchen

Bevor man mit der Arbeit an einer Terrasse beginnt, sollte man genau überlegen, welche Lage man am sinnvollsten wählt. Bei einem südlich gelegenen Garten ist es möglich, die Terrasse nahe ans Haus zu bauen, da dessen Schatten nicht auf die Fläche fällt. Dagegen sollte man bei einem nördlich ausgerichteten Garten erwägen, den Sitzplatz weiter vom Wohngebäude entfernt zu positionieren, damit er nicht vom Hausschatten erreicht wird.

Maßnahmen bei abfallenden Flächen

Bei einem Sitzplatz am Haus muss sich das Niveau der Platten mindestens 15 cm unterhalb der Feuchtigkeitssperre befinden. Auf einem steil vom Haus abfallenden Gelände ist es ratsam, eine niedrige Stützmauer um die Terrasse herumzubauen, die das Erdreich und die Packlage an den Außenrändern hält. Neigt sich die Fläche dagegen zum Haus hin, sollte man den Boden einebnen. Auch hier empfiehlt sich eine umgebende Stützmauer.

Für eine gute Entwässerung sorgen

Der Boden unter einer Terrasse muss unbedingt eine gute Drainage aufweisen, die durch ein Gefälle von 2–3 cm pro 1,5 m vom Haus weg gewährleistet wird. Ist ein Platz zum Haus hin abschüssig und keine Einebnung möglich, so baut man zwischen Hauswand und Terrasse eine Entwässerungsrinne, über die das Regenwasser entweder in ein vorhandenes Abflussrohr oder in eine eigens gebaute Sickergrube geleitet wird.

Blickfänge einplanen

Mauern erfüllen nicht nur wichtige Befestigungszwecke, sondern verschönern eine Terrasse auch, wenn man sie attraktiv mit Kästen und Kübeln gestaltet. Ausgesparte Pflanzbereiche in der Pflasterung oder ein kleiner Teich wirken ebenfalls hübsch. Berücksichtigen Sie solche Blickfänge bereits bei der Planung.

Kriterien für die Auswahl der Platten

Wer seinen Sitzplatz selbst pflastert, sollte bei der Auswahl der Steinplatten darauf achten, dass sie ohne problematisches Durchtrennen auf die Fläche passen. Bei viereckigen Platten sind Fugen einzukalkulieren. Machen Sie sich zunächst eine Planskizze und berechnen Sie präzise, wie viele Platten Sie benötigen.

Unkrautwuchs verhindern

Achten Sie bei einem Sitzplatz aus Holz darauf, dass das Material mit einem umweltfreundlichen Konservierungsmittel behandelt wurde und druckimprägniert ist. Bedecken Sie den Boden mit einer dicken perforierten Polyäthylenfolie, bevor Sie die Holzlatten verlegen. Solch eine Plastikbedeckung verhindert, dass Unkräuter durch die Holzritzen dringen. Bei Sitzplätzen mit Steinplatten fugt man die Platten meist mit Mörtel, damit kein Unkraut zwischen ihnen sprießt. Sandgefüllte Fugen sollte man gelegentlich mit einem speziellen Fugenmesser von unerwünschtem Bewuchs befreien. (Siehe auch *Unkräuter und ihre Bekämpfung* S. 302–303)

Einheimisches Gestein verwenden

Wer das Glück hat, in einer Gegend mit Gesteinsvorkommen zu wohnen, sollte Sitzplätze, Wege und Mauern aus dem vorhandenen natürlichen Material bauen, das in seiner Farbgebung mit dem Erdreich harmoniert. Bei Steinen, die am Ort gebrochen werden, fallen außerdem die Transportkosten erfreulich gering aus.

Kunst- statt Naturstein

Platten aus Kunststein sind oft deutlich billiger als Naturmaterialien. Sie werden aus gemahlenem Gestein hergestellt und in Standardgrößen angeboten, was die Berechnung der benötigten Menge erleichtert.

Einheitliche Farbgebung bei Ziegelsteinen

Gartenwege aus Ziegelsteinen in der Nähe des Sitzplatzes sollten eine einheitliche Farbe aufweisen. Eine Mischung verschiedener Farbtöne lenkt vom Blick auf die Terrasse ab und stört oftmals die Harmonie der Grünanlage.

Beleuchtungen für jede Gelegenheit

Beleuchten Sie einen Sitzplatz, der sich unmittelbar ans Haus anschließt, am besten mit speziellen Gartenleuchten. Die Lichtquellen sollten von einem Elektriker an das Stromnetz im Haus angeschlossen werden. Als Alternative ist es möglich, dass Sie selbst eine Niederspannungsbeleuchtung mit einem Transformator installieren, der über eine Steckdose läuft und die Voltstärke reduziert. Zünden Sie bei besonderen Anlässen Kerzen oder Fackeln auf Ihrer Terrasse an. Mit Dimmern in den Zimmern, die zum Sitzplatz hinausleuchten, lässt sich ebenfalls eine sanfte Beleuchtung einstellen, die für romantische Stimmung sorgt. (Siehe auch *Gartenbeleuchtung*)

Gestaltung mit Kübeln, Kästen und Ampeln

Große Terrassen bieten ausreichend Platz für viele hübsch aufeinander abgestimmte Kübelpflanzen. Auf kleinen Sitzplätzen dagegen sollte man die Zahl der Pflanztröge auf ein Minimum beschränken und lieber Blumenkästen und -ampeln farbenprächtig gestalten. (Siehe auch *Blumenampeln, Blumenkästen, Kübelpflanzen*)

Geeignete Bepflanzung

In unseren Breitengraden verbringt man recht viel Zeit im Haus. Da eine Terrasse immer im Blickfeld liegt, sollte ihre Bepflanzung nicht nur in den sonnigen Monaten dekorativ wirken. Immergrüne Gewächse wie Buchsbaum (*Buxus*), Efeu (*Hedera helix*), Skimmien (*Skimmia*) und Zwergkoniferen sind im Winter genauso schön anzusehen wie im Sommer. Preiselbeeren (*Vaccinium*) und Scheinbeeren (*Gaultheria mucronata*) bilden mit ihren bunten Früchten einen guten Gegensatz zu den Grünpflanzen. Erfreulicherweise hinterlassen die Beeren keine Flecken auf Steinplatten. Auch Alpenveilchen (*Cyclamen*), Chrysanthemen (*Chrysanthemum*) und Heidekrautgewächse (*Erica* und *Calluna*) beleben eine winterliche Terrasse.

Siehe auch *Pflasterarbeiten*

Eine Vielzahl gepflegter Kübelpflanzen belebt den Anblick einer großen Terrasse das ganze Jahr über.

Thymian

Schwere Böden anpassen

Am besten wächst Thymian (*Thymus vulgaris*) in gut durchlässigem, nährstoffarmem Boden unter praller Sonne. Gleichwohl lässt sich auch schweres Erdreich mit unzureichender Drainage so bearbeiten, dass das Kraut in ihm gedeiht. Füllen Sie bei solchen Bodenbedingungen ein Drittel des Pflanzlochs mit Kies, Schotter oder feinem Sand. Bedecken Sie die Drainageschicht mit Pflanzerde und setzen Sie den Thymian hinein. Verwenden Sie keinen Dünger, sondern nur etwas reifen Kompost.

Aroma im Winter

Obwohl Thymian eine immergrüne Pflanze ist, haben seine Blätter im Winter weniger Aroma. Schneiden Sie deshalb im Sommer kurz vor der Blüte einige Zweige ab, die Sie dann in einem warmen, dunklen Schrank trocknen lassen. Bewahren Sie das so konservierte Kraut in Papiertüten oder in Behältern mit Schraubverschluss auf, bis Sie es zum Würzen verwenden.

Beschneiden

Schneiden Sie Thymiantriebe nach der Blüte zurück, damit sich neue bilden. Die Büsche neigen ohne Rückschnitt zum Schossen.

Insekten anlocken

Da Thymian schön dicht wächst, macht er sich besonders gut zur Einsäumung von Blumenbeeten. Bei der leichtesten Berührung verbreitet sich dann sein würziger Duft, der zudem Bienen und Schmetterlinge anlockt.

Schutz gegen Schädlinge

Planen Sie das Kraut auch als Randpflanze im Nutzgarten ein, denn es vertreibt Läuse und die Raupen des Kohlweißlings.

Besondere Sorten

Wer Thymian mag, sollte Sorten in unterschiedlichen Farben und Düften pflanzen, etwa solche, die nach Kümmel (*Thymus herba-barona*) oder Zitrone (*Thymus × citriodorus*) riechen. Oder säen Sie den rosa blühenden *Thymus serpyllum*

---

in die Spalten von Pflastersteinen auf Ihren Gartenwegen. Sobald Sie darauf treten, zieht Ihnen sein wundervolles Aroma in die Nase.

Maßnahme in harten Wintern

Das Kraut kommt mit kaltem und nassem Wetter nicht zurecht; in harten Wintern geht es leicht ein. Lassen Sie in einem solchen Fall die abgestorbenen Stängel als Schutz gegen weitere Schäden stehen und streuen Sie außerdem eine Schicht Stroh über die betreffenden Pflanzen.

Tomaten

Preiswert selbst ziehen

Im Frühjahr gibt es in Gärtnereien und auf Märkten eine reiche Auswahl an Tomatenpflanzen. Allerdings ist es weitaus preiswerter, das fruchtige Gemüse aus Samen zu ziehen. Im beheizten Gewächshaus beginnt man damit im Januar, im unbeheizten erst im März. Ab April ist dann eine Freilandaussaat möglich. Einige Sorten lassen sich auch in Töpfen, Blumenkästen oder -ampeln ziehen. Beispielsweise eignet sich die äußerst aromatische Partytomate 'Totem' für die Kübel- und Kastenkultur.

Die letzten Fröste abwarten

Grundsätzlich fällt die Ernte umso besser aus, je jünger eine Tomate bei ihrer Auspflanzung ins Freie ist. Da aber bis Mitte Mai Nachtfrostgefahr besteht, sollte man bis dahin warten.

Sämlinge richtig einpflanzen

Härten Sie Tomaten ab, die Sie im Gewächshaus angezogen haben, sobald die Pflanzen 3–5 Blätter aufweisen. Bringen Sie die Sämlinge dazu tagsüber nach draußen und nachts wieder zurück ins Gewächshaus. Setzen Sie die Pflanzen dann so in den Boden, dass sich die untersten Blätter knapp über der Erdoberfläche befinden. Am Stängel bilden sich in der Folgezeit neue Wurzeln, die alle notwendigen Nährstoffe aus dem Boden aufnehmen. Binden Sie die Pflanzen an Stäbe.

Nährstoffe aus Brennnesseln und Bananen

Legen Sie den Boden des Pflanzlochs mit Brennnesselblättern aus und häufen Sie eine Schicht gut verrotteten Stallmist darüber. Während sich die Brennnesseln zersetzen, versorgen sie die Tomate mit wertvollen Nährstoffen. Auch zwei Bananenschalen pro Loch tragen zum Gedeihen von Tomaten bei, da sie viel Kalium enthalten.

Tonplatten als Wärmespeicher

Tomaten vertragen keine großen Temperaturschwankungen. Vor allem in den ersten Wochen nach der Auspflanzung brauchen ihre Wurzeln Schutz vor Kälte. Legen Sie deshalb auf beide Seiten jeder Pflanze eine Terrakottaplatte. Die Platten speichern während des Tages die Sonnenwärme und geben sie nachts an den Boden ab.

Entspitzen

Entspitzen Sie Gewächshaustomaten, nachdem sich 6–7 Blütentriebe gebildet haben, spätestens aber Ende August. Freilandtomaten werden bereits entspitzt, sobald 3–5 Blütentriebe erscheinen sind. Bei Buschtomaten ist die Maßnahme nicht erforderlich.

Hervorragender organischer Dünger

Stellen Sie mit der schnell wachsenden Beinwellsorte 'Bocking 14' einen hoch konzentrierten Kaliumdünger her. Füllen Sie dazu Beinwellblätter in einen Wasserbottich und bedecken Sie das Grün mit Wasser. Lassen Sie die Blätter 1–2 Wochen lang ziehen. Sieben Sie die Flüssigkeit dann durch und gießen Sie Ihre Tomaten damit. Streuen Sie die halb zersetzten Blätter als zusätzlichen Dünger auf den Boden um die Pflanzen herum. (Siehe auch *Biogärten*)

Reichlich wässern

Gießen Sie Ihre Tomaten regelmäßig und mulchen Sie die Pflanzen; das bewahrt den Boden vor übermäßiger Verdunstung von Feuchtigkeit und hält Unkräuter unter Kontrolle. Starkes Wässern nach dem Austrocknen der Erde führt dazu, dass die Früchte aufplatzen. Lassen Sie es nicht so weit kommen. (Siehe auch *Mulchen*)

Bestäubung im Gewächshaus fördern

Pflanzen im Gewächshaus müssen normalerweise nicht künstlich bestäubt werden, wenn dort für ausreichend Luftbewegung gesorgt ist. Fördern Sie die Bestäubung jedoch, indem Sie um die Mittagszeit leicht gegen die Stützen Ihrer Tomaten klopfen. Dadurch löst sich der Pollen und fällt auf die Narben.

Wohltuender Schatten

Manche Tomatensorten reifen schlecht am Kopfende, bleiben dort grün und sind ungenießbar. Schützen Sie solche Früchte vor direktem Sonnenlicht. Beschatten Sie beispielsweise Pflanzen im Gewächshaus oder lassen Sie bei Freilandtomaten das Laub stehen, das Sie üblicherweise entfernen würden.

Beschleunigter Reifungsprozess

Wickeln Sie Tomaten, die am Ende der Wachstumsperiode noch grün sind, einzeln in Küchenpapier. Legen Sie die unreifen Früchte danach in eine Schublade oder einen Karton. Geben Sie ein paar rote Tomaten oder einige Bananen dazu; sie 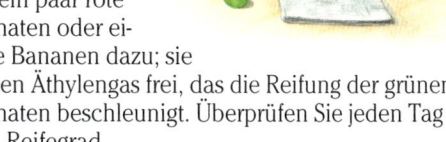 setzen Äthylengas frei, das die Reifung der grünen Tomaten beschleunigt. Überprüfen Sie jeden Tag den Reifegrad.

Verwertung grüner Früchte

Ernten Sie vor dem ersten Frost alle verbliebenen Tomaten ab. Kleine grüne Früchte können Sie zu Chutney verarbeiten. Ausgewachsene, aber noch unreife Früchte füllen Sie in einen Korb, den Sie im wärmsten Bereich Ihres Hauses aufhängen, etwa in der Nähe eines Warmwasserboilers. Dort wird das Gemüse schnell nachreifen.

Flecken an den Händen entfernen

Tomatenpflanzen hinterlassen oft grüngelbe Flecken an den Händen, die sich aber leicht mit einem Gemisch aus Zitronensaft und Zucker entfernen lassen.

Siehe auch *Blumenampeln, Blumenkästen, Kübelpflanzen, Mauerbegrünung*

Tonböden

Merkmale

Einen Tonboden erkennt man daran, dass man eine Hand voll Erde zu einem zähen Klumpen zusammendrücken kann. Aufgrund seiner dichten Schichtung ist solch ein Boden undurchlässig für Luft und Wasser. Bei Trockenheit bäckt er hart zusammen und reißt dann auf. In feuchten Perioden wird die Erde klebrig. Tonböden lassen sich zwar nur schwer bearbeiten, doch wenn es gelingt, ihre Struktur zu verbessern, sind sie fruchtbar.

Passender Baum

Die Kanadische oder Kupferfelsenbirne *(Amelanchier lamarckii)*, ein recht kleiner Baum, gedeiht gut auf Tonböden und trotzt auch starken Winden. Im Frühjahr ist sie von weißen Blüten übersät, aus denen sich essbare schwarze Früchte entwickeln, und im Herbst verfärben sich ihre Blätter goldgelb.

Betonharte Oberfläche

Ein Boden, der bei trockener Witterung an der Oberfläche hart wie Beton wird, braucht regelmäßig reichlich organisches Material wie verrotteten Kompost oder Mist. Es dauert aber bisweilen mehrere Jahre, bis das Problem behoben ist.

Risse im Boden

Mitunter verschwinden Risse, die nach einer Trockenperiode entstehen, durch ausgiebige Bewässerung wieder. Sollte das nicht der Fall sein, füllt man die Furchen am besten mit sandigem Boden, dem man etwas Universaldünger beifügt.

Das Erdreich lockern

Durch so genanntes Holländern, eine Tiefpflügetechnik, lassen sich Tonböden lockern. Im nebenstehenden Kasten wird erläutert, wie man dabei vorgeht. Da die Methode sehr anstrengend ist, empfiehlt es sich, zunächst nur einen kleinen Teil des Geländes zu bearbeiten und anschließend zu beurteilen, ob das Ergebnis die Mühe lohnt. (Siehe auch *Drainage*)

Nützlicher Frost

Die beste Zeit für das Holländern ist nach der Ernte im Herbst. Die winterlichen Fröste brechen anschließend die Erdschollen auf, sodass die Fläche im Frühjahr leichter zu bearbeiten ist. Graben Sie einen Tonboden nicht im Frühjahr oder Sommer um, weil Sie dann nur große Klumpen an die Oberfläche bringen.

Arbeit mit der Motorhacke

Auch Motorhacken, die inzwischen alle mit L-förmigen Messern ausgestattet sind, eignen sich gut zur Bearbeitung von Tonböden. Versuchen Sie aber niemals, das Erdreich in feuchtem oder gefrorenem Zustand zu fräsen.

Kartoffeln anbauen

Nicht zuletzt gehört der Kartoffelanbau zu den besten Möglichkeiten, einen schweren Tonboden zu lockern. Es genügt, im Frühsommer zwei- bis dreimal Erde um die Pflanzen anzuhäufeln, damit der Grund eine gute Beschaffenheit bekommt und keine Unkräuter wachsen.

Hilfreiches Material für neue Pflanzen

Arbeiten Sie Grus, groben Sand oder organisches Granulatmaterial wie Rindenschnitzel in eine stark lehmhaltige Fläche ein, bevor Sie Sträucher und mehrjährige Gewächse pflanzen. Verwenden Sie bei Zwiebelpflanzen nur Grus, und geben Sie außerdem unter jede Zwiebel eine 3–5 cm dicke Grusschicht.

Anwärmung im Frühjahr

Eine Reihe von Gemüsen, darunter Frühlingszwiebeln, Rettich und Salat, gedeihen nicht bei einer Aussaat in kaltem Boden. Da sich tonhaltige Erde nur langsam erwärmt, ist es ratsam, im März Hauben oder stabile schwarze Kunststofffolie über die betreffenden Beete zu decken Ansonsten müssen die Pflanzen zunächst in einem Gewächshaus oder einem Vermehrungskasten keimen und werden ausgepflanzt, wenn der Boden warm genug ist, also in der Regel im April.

GÄRTNER-WISSEN

Die Technik des Holländerns

Beim Holländern gräbt man einen Boden systematisch in Bahnen zwei Spatenstiche tief um. Nehmen Sie die Maßnahme nur auf einem trockenen Tonboden vor, damit Sie während der Arbeit darauf gehen können, ohne dass die Erde an Ihren Stiefeln kleben bleibt und sich verfestigt.

1. Markieren Sie die Fläche, die Sie umgraben wollen, auf allen Seiten mit einer Schnur. Heben Sie an einem Ende einen etwa 45 cm breiten Graben aus, und zwar einen Spatenstich tief. Nehmen Sie dabei immer nur dünne Scheiben des Bodens auf den Spaten, damit Ihnen die Arbeit leichter fällt. Bringen Sie die Erde mit einer Schubkarre ans Ende der Fläche. Ist das Gelände sehr groß, halbieren Sie es der Länge nach und laden die ausgegrabene Erde am Ende des benachbarten Abschnitts ab. Lassen Sie sich Zeit für die ersten Arbeitsschritte; sonst ermüden Sie zu schnell.

2. Lockern Sie den Boden des Grabens mit einer Grabgabel oder einem Spaten; dadurch verbessern Sie seine Drainage. Stechen Sie das Arbeitsgerät dabei ganz ein. Verteilen Sie eine 5–8 cm dicke Lage gut verrottetes organisches Material auf dem Grund. Heben Sie dann den nächsten Streifen aus und werfen Sie die Erde daraus so in den ersten Graben, dass sie verkehrt herum auf dem Humus liegt. Bearbeiten Sie auf diese Weise Bahn für Bahn, bis Sie das Ende der Fläche erreicht haben.

3. Nachdem Sie den letzten Streifen ausgehoben und bearbeitet haben, füllen Sie ihn mit der Erde aus dem ersten Graben auf. Falls Sie die Fläche in zwei Hälften unterteilt haben, setzen Sie die Arbeit am unteren Ende der Fläche im zweiten Abschnitt fort und geben die Erde aus dem ersten Streifen des zweiten Abschnitts in den letzten Graben des ersten Abschnitts. Arbeiten Sie sich zurück und geben Sie in den letzten Streifen des zweiten Abschnitts den Boden aus dem Graben, den Sie ganz am Anfang ausgehoben haben.

Topinambur

Schmackhaft und nützlich

Die Knollen von Topinambur *(Helianthus tuberosus),* die im Herbst und Winter geerntet werden, enthalten viel Eiweiß und Vitamin C. Warm zubereitet eignen sie sich für Suppen, Aufläufe und helle Saucen; als Rohkost schmecken sie fein nussig. Man bezeichnet Topinambur auch als „Diabetikerkartoffel", denn das Gemüse enthält das für Zuckerkranke sehr bekömmliche Inulin. Abgesehen von seinen kulinarischen Eigenschaften  eignet sich Topinambur auch zur Bepflanzung von Stellen, an denen ein Sicht- oder Windschutz erforderlich ist, beispielsweise vor einem Komposthaufen oder an einem offenen Gemüsebeet. Da die Pflanzen mindestens 3 m hoch werden, stützt man sie in windigen Lagen am besten mit einem Draht, den man zwischen zwei Pfosten zieht. (Siehe auch *Mülltonnen)*

Sehr hartnäckig

Kaufen Sie frische feste Topinamburknollen und pflanzen Sie die Knollen sofort ein. An Stellen, an denen das Gemüse einmal gedeiht, lässt es sich nicht so leicht wieder vertreiben. Das kleinste Knollenstück, das in der Erde bleibt, wächst zu einer neuen Pflanze heran.

ERSTAUNLICHE FAKTEN

Irreführende Bezeichnung

Topinambur wird auch Erdschocke oder Jerusalem-Artischocke genannt, obwohl er nicht mit der Artischocke verwandt ist und auch nicht aus dem Gebiet des heutigen Israel stammt. Vielmehr handelt es sich bei dem Gemüse um eine Sonnenblumenart, die ursprünglich in Nordamerika beheimatet war. Allerdings stimmt es, dass sein Aroma an die echte Artischocke erinnert. Innerhalb Europas fand die Pflanze zunächst in Italien Verbreitung und wurde ab dem 17. Jh. allmählich auf dem ganzen Kontinent bekannt. Die Italiener nennen Topinambur *girasole articiocco* (Sonnenblumen-Artischocke). Vermutlich wurde daraus die Bezeichnung Jerusalem-Artischocke abgeleitet.

Torf

Zwei Sorten

Torf setzt sich aus verwesenden Pflanzenteilen zusammen, die in Sumpfgebieten und Mooren unter Wasserabschluss durch Sauerstoffmangel konserviert wurden. Es gibt zwei Sorten: Niedermoor- und Hochmoortorf. Für Gärtner ist eine Form des Hochmoortorfs, der Weißtorf, am wichtigsten, da er eine faserige Struktur aufweist und aus diesem Grund Böden gut auflockert. Außerdem speichert er reichlich Feuchtigkeit.

Sparsam verwenden

Lange wurde Torf als universaler Bodenverbesserer eingesetzt. Inzwischen wächst das Bewusstsein, dass man ihn nur äußerst sparsam verwenden sollte, weil seine Gewinnung natürliche Lebensräume dauerhaft zerstört. Die Qualität des Erdreichs lässt sich genauso gut mit Kokosfasern und kompostierter Baumrinde steigern. Beachten Sie zudem, dass Torf den Boden bei regelmäßiger Anwendung sauer macht. Außerdem besitzt er in seiner Naturform keine Düngewirkung, sondern nur in Mischungen, die mit Stickstoff, Phosphaten, Kali und Spurenelementen angereichert wurden. Strecken Sie Torf stets und verwenden Sie ihn erst zum Aussäen, Pikieren oder Eintopfen. Verteilen Sie das benutzte Material später auf den Beeten und Rabatten.

Austrocknung vermeiden

Torfkultursubstrat darf bei der Anzucht nie völlig austrocknen. Es ist äußerst schwierig und oft sogar unmöglich, das Material wieder anzufeuchten.

Tontöpfe feucht halten

Setzen Sie Pflanzen in Tontöpfen während des Sommers in größere Gefäße und füllen Sie die Zwischenräume mit feuchtem Torf auf, der in der Folgezeit dafür sorgt, dass die Pflanzen bei Hitze nicht austrocknen.

Wasser entziehen

Stellen Sie Pflanzen in Tontöpfen, die Sie zu kräftig gegossen hat, in Plastikbeutel mit trockenem Torf und drücken Sie das Material fest an die Behälter. Bringen Sie die Pflanzen anschließend an einen schattigen Ort. Der Torf entzieht den Tontöpfen die überschüssige Feuchtigkeit.

Gute Isolierung

Im Winter lassen sich kälteempfindliche Pflanzen wie Hortensien gut schützen, indem man sie locker mit fester Plastikfolie umhüllt, die mit einem Drahtgeflecht fixiert wird. Den Zwischenraum zwischen den Gewächsen und der Folie füllt man mit trockenem Torf aus, der wirksam Schäden durch Frost verhindert.

Totholz

Geschätztes Zuhause

Auch ein abgestorbener Baum hat manchmal seine Berechtigung im Garten. Vielleicht weist er eine schöne Gestalt auf oder bietet unterschiedlichen Lebewesen ein Zuhause. Oft nisten Vögel wie Eulen, Kleiber, Kohlmeisen und Rotschwänzchen in Astlöchern und Höhlen. Auch Insekten, kleine Nagetiere und Kröten fühlen sich häufig in Totholz wohl. Schneiden Sie ein unattraktives Gehölz so zurück, dass es eine interessante Form erhält. Entfernen Sie alle kleinen Äste und lassen Sie nur einige der größeren stehen.

Schöne Berankung

Kletterpflanzen erwecken tote Bäume mit abgestoßener Borke zu neuem Leben. Bei der Auswahl sollte man darauf achten, dass sie zur Größe und Wuchsform des Gehölzes passen. Für kleine Bäume bildet beispielsweise Rehders Waldrebe *(Clematis rehderiana)* einen idealen winterharten Bewuchs. (Siehe auch *Kletterpflanzen)*

Immergrüne Hülle

Setzen Sie drei oder vier Efeupflanzen *(Hedera)* an die Basis eines abgestorbenen Baumes; innerhalb weniger Jahre werden sie den Stamm völlig mit ihren immergrünen Blättern bedecken. Sollte das Holz eines Tages verrotten, dann wird das Efeu bereits sehr kräftig sein und ohne Rankhilfe weiterwachsen.

Ungewöhnlicher Kübel

Ein halb verrotteter Baumstumpf lässt sich zumindest vorübergehend noch als Pflanzkübel nutzen, was sehr interessant aussieht. Sägen Sie den betreffenden Stumpf oben flach ab, höhlen Sie ihn aus und kleiden Sie die Vertiefung mit einer dünnen Zementschicht aus. Bohren Sie nun von außen ein Abzugsloch zum Boden der Aushöhlung, die Sie anschließend mit einer Mischung aus Erde und Kompost füllen und bepflanzen. Ein solcher Kübel hält, bis das Holz schließlich ganz verrottet ist.

Gründe für eine Beseitigung

Beseitigen Sie einen abgestorbenen Baum, falls er sich in der Nähe eines Hauses, einer Garage, einer Mauer oder eines Zaunes befindet. Die Schäden, die beim Umstürzen des Gehölzes entstünden, wären zu groß. Sägen Sie den betreffenden Baum ab und verbrennen Sie die Teile, falls sich bereits Pilze um das Gewächs herum ausgebreitet haben.

Erkrankungen durch Hallimasch

Zu den häufigsten Todesursachen von Bäumen zählt der Hallimasch oder Honigschwamm (*Armillariella mellea*). Es handelt sich dabei um einen büschelig wachsenden Pilz, der nur auf Holz lebt und dieses zersetzt. Bis zu 40 Jahre lang kann er dort als Parasit existieren und sich sogar von totem Material ernähren. Er wird von befallenem Gehölz über schwarze fadenartige Strukturen, Myzelstränge genannt, durch den Boden auf gesunde Bäume übertragen. Als erste Symptome der Erkrankung treten Vitalitätsverlust und Spitzendürre auf; später zeigen sich u.a. Weißfäule und Risse. Auf Grundstücken, die vor der Bebauung als Ackerland dienten, besteht nur ein geringes Infektionsrisiko; besonders anfällig sind hingegen Gärten in Waldnähe. Man sollte abgestorbene Bäume möglichst beseitigen. (Siehe auch *Schädlinge und Krankheiten* S. 363)

Transport

Kühles Behältnis

Wer eingetopfte oder geschnittene Stecklinge oder Sämlinge bei heißem Wetter transportieren muss, sollte die Pflänzchen möglichst in eine Kühlbox stellen, damit sie nur wenig Feuchtigkeit verlieren und sich schnell wieder von der Reise erholen.

Stabile Verpackung

Sämlinge, die einen weiten Transport vor sich haben, werden am besten in Eierwaben gezogen. Vor Beginn der Reise schließt man die Verpackungen und setzt sie in eine stabile Tasche oder stellt sie in den Kofferraum. Am Ziel muss man die Kartons umgehend wieder öffnen und die Pflanzen gießen.

Kleinere Pflanzen befördern

Kleine Pflanzen und Stecklinge lassen sich unbeschadet befördern, wenn man sie mit einigem Abstand nebeneinander auf ein längeres Stück leicht feuchtes Küchenpapier legt und sehr vorsichtig darin einwickelt. Geben Sie die Rolle dann in eine durchsichtige Plastikdose oder in eine Plastiktüte, die Sie fest zubinden, und halten Sie die Verpackung während des Transports kühl, damit keine Feuchtigkeit verloren geht.

Beförderung mit dem Auto

Bei Reisen mit dem Auto sollten Pflanzen im Kofferraum, dem kühlsten Teil des Fahrzeugs, verstaut werden. Einen Baum transportiert man dagegen vorzugsweise auf einem Dachgepäckträger. Wenn der Wurzelballen nach vorn gerichtet ist, kann das Gehölz nicht vom Wind beschädigt werden. Sollten die Äste über das Heck hinausragen, so befestigen Sie an der Baumkrone ein Stück Stoff in einer leuchtenden Farbe, möglichst rot. Dadurch erkennen andere Autofahrer, dass sie Abstand halten müssen.

Siehe auch *Schnittblumen*

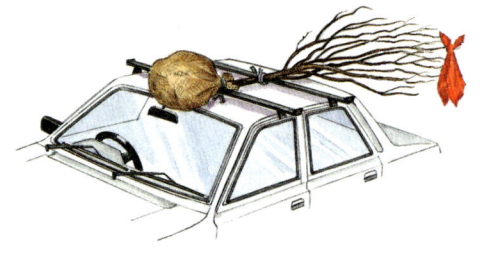

Trauerbäume

Grüne Sitzecke

Schaffen Sie einen gemütlichen schattigen Sitzplatz unter einem ausgewachsenen Trauerbaum, indem Sie dessen untere Äste abschneiden und eine niedrige Bank um den Stamm herum anbringen. Überlegen Sie, ob Sie den Boden natürlich belassen oder mit Holz oder Pflastersteinen auslegen möchten.

DIE RICHTIGE WAHL

Idylle unter hängenden Zweigen

In jedem nicht allzu kleinen Garten wirkt eine Ecke mit einem Trauerbaum sehr romantisch. Wählen Sie anhand der nachfolgenden Liste ein passendes Gehölz aus.

Hängebirke (*Betula pendula* 'Youngii')
Ein Baum, der sich hervorragend als Mittelpunkt einer schönen Rasenfläche eignet.

Goldregen (*Laburnum alpinum* 'Pendulum')
Wegen ihrer kaskadenförmig herabfallenden gelben Blüten erfreut sich die Pflanze großer Beliebtheit. Allerdings ist sie in allen Teilen giftig. Falls Sie kleine Kinder haben, sollten Sie deshalb sorgfältig einen geeigneten Standort aussuchen.

Gemeine Rotbuche (*Fagus sylvatica* 'Purpurea Pendula')
Die hängende Form der Gemeinen Rotbuche trägt den ganzen Sommer über wunderschöne rote Blätter.

Weide (*Salix × sepulchralis* 'Chrysocoma')
Ein Baum, der sich nur für größere Gärten empfehlen lässt; er macht sich besonders gut am Rand eines Teiches.

Weidenbirne (*Pyrus salicifolia* 'Pendula')
Das attraktive Gehölz mit silbrigen Blättern bringt im Frühjahr cremefarbene Blüten und im Herbst kleine, nicht essbare Früchte hervor.

Zierkirsche (*Prunus subhiertella* 'Pendula Rubra')
Im April bieten die rosafarbenen Blüten einen überwältigenden Anblick.

Besonderheit bei Weiden

Es ist völlig normal, wenn eine Weide zunächst aufrecht wächst. Man kann in einem solchen Fall die Äste beschneiden, damit der Baum letztlich nicht zu groß wird. Soweit ausreichend Platz vorhanden ist, empfiehlt es sich jedoch, geduldig abzuwarten, denn nach einiger Zeit nimmt das Gehölz von selbst seine typische hängende Form an.

Beste Methode beim Rasenmähen

Fassen Sie die Äste eines Trauerbaums vor dem Rasenmähen mit einem stabilen Seil zusammen, das Sie am Stamm befestigen. So vermeiden Sie eine Beschädigung der hängenden Krone.

Siehe auch *Baumformen* S. 20–23

Trockenblumen

Geeigneter Zeitpunkt

Manche Blumen, die man präparieren möchte, muss man pflücken, bevor sie ihre Blüten geöffnet haben, weil sonst die Blütenblätter abfallen. Informieren Sie sich, wann Sie Pflanzen, die Sie trocknen wollen, pflücken (siehe Kasten S. 296).

Stützen aus Draht

Bei manchen Blumen ist es ratsam, sie vor dem Trocknen mit Bindedraht zu stützen. Gehen Sie bei Pflanzen mit hohlen Stängeln so vor, dass Sie ein Ende des Drahts zu einem kleinen Haken biegen und das andere durch die Blütenmitte in den Stängel schieben. Bei Blumen mit festen Stängeln wickeln Sie den Draht um den Stiel.

Umgedreht aufhängen

Pflücken Sie Blumen zum Trocknen am Vormittag, nachdem sämtlicher Tau verdunstet ist. Binden Sie die Pflanzen zu kleinen Bündeln. Die meisten frischen Blumen hängt man verkehrt herum zum Trocknen auf. An einem gut belüfteten und trockenen Ort mit wenig Licht, etwa in einer Garage oder einem Keller, bleiben die Farben gut erhalten. Lassen Sie mindestens 15 cm Abstand zwischen den aufgehängten Bündeln.

Aufrecht trocknen

Pflanzen mit großen schweren Blütenköpfen wie Artischocken *(Cynara cardunculus)*, Lauch *(Allium porrum)* und Kugeldisteln *(Echinops*

ritro) müssen beim Trocknen aufrecht stehen. Befestigen Sie ein Stück feinen Draht über einem offenen Karton und stecken Sie die Stängel einfach durch die Maschen.

Ungewöhnliche Sträuße mit Samenkapseln

Lassen Sie verwelkte Blüten an der Jungfer im Grünen *(Nigella damascena)* stehen, damit sich Samenkapseln bilden. Die Kapseln sind hellbraun mit rötlichen Streifen und ergänzen die fein geschlitzten Blätter der Pflanzen. Getrocknet lassen sich die Blumen zu interessanten Sträußen zusammenstellen; durch Sprühfarbe erzielt man eine zusätzliche ungewöhnliche Wirkung.

Vorgehensweise bei Rosen

Pflücken Sie Rosen *(Rosa)* schon im Knospenstadium, spätestens aber, sobald sich die Blüten gerade öffnen. Anstatt die Blumen in Bündeln aufzuhängen, ist es auch möglich, sie 5 Stunden lang bei sehr niedriger Hitze in den Backofen zu legen, dessen Tür dabei offen bleibt. Beim Trocknen bewahren rosafarbene Rosen ihre Farbe am besten. Rote, gelbe und orangefarbene Rosen werden bei dem Vorgang dunkler, während cremefarbene und weiße sich beige verfärben.

Gepresste Pflanzen

Pressen Sie Stängel, Blätter und Blüten in einem alten Telefonbuch. Stecken Sie die Teile einzeln zwischen die saugfähigen Seiten und beschweren Sie das Buch mit einem Gewicht. Gepresstes Pflanzenmaterial ist sehr empfindlich. Kleben Sie es vorsichtig in ein Album.

Blätter bügeln

Bügeln Sie große Blätter von Bäumen wie Buchen *(Fagus)*, Kastanien *(Castanea sativa)* und Linden *(Tilia)* mit einem mäßig heißen Eisen; so bewahren Sie die Farben. Legen Sie kleinere Blätter an ihren Stängeln zwischen eine doppelte Lage Zeitungspapier und pressen Sie dieses Laub leicht mit einem etwas heißeren Bügeleisen.

Sträuße auffrischen

Ersetzen Sie verblasste oder verstaubte Blumen in Ihren Trockenblumensträußen immer wieder durch frisch präparierte Pflanzen.

Mittel für empfindliche Blüten

Kieselgelkristalle und Borax – Mittel, die man im Bastel- und Chemiebedarf erhält – eignen sich zum Trocknen von Pflanzen mit leicht brechenden Blütenblättern wie Gartennelken *(Dianthus)* und Rosen. Legen Sie die Blütenköpfe mit ausreichendem Abstand zueinander in ein Gefäß und streuen Sie das betreffende Trockenmittel darüber. Sehen Sie bei der Verwendung von Kieselgel alle 2–3 Tage nach Ihren Blumen, weil der Trocknungsprozess schnell abgeschlossen ist.

Bei starren Stängeln Salz verwenden

Blumen mit starren Stängeln wie Eisenhut *(Aconitum)* und Rittersporn *(Delphinium)* lassen sich gut folgendermaßen trocknen: Füllen Sie eine Vase mit grobkörnigem Salz, das Sie mit einigen Teelöffeln Wasser anfeuchten. Stellen Sie die Pflanzen dann eine Zeit lang in die Vase.

Bei Blumen, die man nach dem Pflücken sofort in Bündeln mit ausreichendem Abstand zueinander zum Trocknen aufhängt, bleiben die Farben gut erhalten.

Haarspray kittet brüchige Pflanzen

Sprühen Sie Trockenblumen, die auseinander zu brechen drohen, mit Haarspray ein. Dadurch werden die Einzelteile miteinander verklebt, aber so fein, dass beispielsweise selbst kleine Härchen an Ähren noch zu erkennen sind. Bedenken Sie allerdings, dass getrocknetes Haarspray Staub anzieht.

Glyzerin für Zweige mit Früchten

Zweige mit saftigen Früchten, beispielsweise Feuerdorn (Pyracantha) und Weißdorn (Crataegus), präpariert man vorzugsweise 2–3 Wochen lang in einem Glyzerin-Wasser-Gemisch im Verhältnis 1:2. Das Wasser muss vor dem Anrühren erhitzt werden, damit sich das Glyzerin darin löst.

Siehe auch Potpourri

GÄRTNER-WISSEN

Zur optimalen Zeit pflücken

Nicht jede Blumenart lässt sich im gleichen Entwicklungsstadium gut präparieren. Lesen Sie in der Aufstellung unten nach, wann man verschiedene beliebte Pflanzen am besten trocknet.

Im Knospenstadium, sobald die erste Farbe erscheint

Papierknöpfchen (Ammobium), Strohblume (Helichrysum)

Bei Öffnung der Knospen

Kugeldistel (Echinops ritro), Lavendel (Lavandula), Silberimmortelle oder Großblütiges Perlkörbchen (Anaphalis margaritacea), Sonnenflügel (Acrolinium roseum), Stranddistel (Eryngium maritimum), Ziergräser

In voller Blüte

Weicher Frauenmantel (Alchemilla mollis), Golddistel oder Kleine Eberwurz (Carlina vulgaris), Kanadische Goldrute (Solidago canadensis), Kugelamaranth (Gomphrena globosa), Meerlavendel oder Widerstoß (Limonium), Papierblume (Xeranthemum), Riesenlauch (Allium giganteum), Rispiges Gipskraut (Gypsophila paniculata), Schafgarbe (Achillea)

Nach Bildung der Fruchtstände

Fingerhut (Digitalis), Löwenmaul (Antirrhinum), Mohn (Papaver), Silberling (Lunaria)

Kurz vor der Öffnung der Fruchtstände

Jungfer im Grünen (Nigella damascena), Simse (Scirpus), Zuckermais (Zea mays)

Trockenheit

Vorbereitet sein

Sammeln Sie vor Trockenperioden viel Regenwasser zum Gießen Ihres Gartens, damit Sie dann nicht über längere Zeit ausschließlich auf teures Frischwasser angewiesen sind. Platzieren Sie dazu Regentonnen unter den Abflussrinnen an Ihrem Haus, Ihrer Garage, einem Schuppen oder einem Gewächshaus.

Nützliche Anlage

Erwägen Sie vor einem Neu- oder Umbau Ihres Hauses, eine Regenwasseraufbereitungsanlage in Ihrem Garten installieren zu lassen. Die dazugehörigen Zisternen fangen in der Regel mehrere tausend Liter Wasser auf, das auch ins Haus geleitet und dort u. a. für die Toilettenspülung genutzt werden kann.

Ausgiebig wässern

Bei Trockenheit muss der Boden im Pflanz- und Rasenbereich reichlich gewässert werden. Eine oberflächliche Beregnung ist eher von Nachteil, denn wenn nur wenige Zentimeter unterhalb der Erdoberfläche angefeuchtet werden, entwickeln die Pflanzen viele flache Wurzeln, die in der Folge der Sonne ausgesetzt sind. Wässern Sie Ihren Boden deshalb so, dass er bis in eine Tiefe von mindestens 30 cm durchfeuchtet wird. Damit fördern Sie das Wurzelwachstum in einer unteren Bodenschicht, an die keine Sonnenstrahlen mehr gelangen und die folglich lange feucht bleibt.

Tontöpfe einsenken

Senken Sie an Wurzeln, die große Mengen Wasser benötigen, Tontöpfe in den Boden ein. Füllen Sie die Gefäße bei jedem Gießen; das Wasser sickert dann direkt in den Boden.

Reichlich mulchen

Treffen Sie vor einer zu erwartenden Hitzeperiode ausreichende Vorkehrungen im Garten, besonders wenn Sie im Hochsommer in den Urlaub fahren. Bedecken Sie Beete und Rabatten nach dem Gießen mit einer mindestens 10 cm dicken Mulchschicht aus einem nährstoffreichen organischen Material. Eine solche Lage wirkt sich nicht nur vorteilhaft auf die Bodenbeschaffenheit und das Pflanzenwachstum aus, sondern hält auch das Wasser zurück. (Siehe auch Mulchen, Urlaub)

Den Rasen schonen

Während es sich bei feuchtem Wetter empfiehlt, nach dem Rasenmähen das Schnittgut zusammenzurechen, sollte man Rasenflächen in trockenen Phasen mit hoch eingestellten Messern schneiden oder den Auffangkorb am Mäher entfernen. Das Gras, das liegen bleibt, spendet dem Boden Schatten und erhält die Feuchtigkeit darin. (Siehe auch Rasenmähen)

DIE RICHTIGE WAHL

Gewächse für trockene Böden

Selbst in sehr trockenen Sommern erwarten Sie von Ihrem Garten, dass er eine Fülle von Blüten hervorbringt. Dabei soll jedoch die Bewässerung nicht zur Last werden. Mit anspruchslosen Pflanzen, die Trockenheit vertragen, lässt sich das Gießen auf ein Minimum reduzieren und trotzdem eine attraktive Gestaltung erzielen.

Bäume und Sträucher

Berberitzen (Berberis), Brandkraut (Phlomis), Brom- und Himbeeren (Rubus), Deutzien (Deutzia), Fingerkraut (Potentilla), Flieder (Syringa), Geißkraut (Senecio), Ginster (Genista), Heiligenkraut (Santolina), Johannis- und Stachelbeeren (Ribes), Lavendel (Lavandula), Liguster (Ligustrum), Mispeln (Cotoneaster), Scheinakazien (Robinia), Schmetterlingsstrauch (Buddleja), Schnee-, Korallen- und Amethystbeeren (Symphoricarpus), Tamarisken (Tamarix), Wacholder (Juniperus), Zistrosen (Cistus)

Einjährige

Klarkien (Clarkia), Löwenmaul (Antirrhinum), Mohn (Papaver), Nelken (Dianthus), Ringelblume (Calendula), Schmuckkörbchen (Cosmos), Schwarzkümmel (Nigella), Skabiosen (Scabiosa), Studentenblumen (Tagetes)

Mehrjährige

Akanthus (Acanthus), Beifuß (Artemisia), Distelarten (Eryngium), Kugeldisteln (Echinops), Glockenblumen (Campanula), Echtes Feder- und Espertogras (Stipa joannis und S. tenacissima), Katzenminze (Nepeta), Kokardenblumen (Gaillardia), Leinarten (Linum), Malven (Malva), Nelken (Dianthus), Ochsenzungen (Anchusa), Rudbeckien (Rudbeckia), Schafgarben (Achillea), Schleierkraut (Gypsophila), Wolfsmilch (Euphorbia), Ziest (Stachys)

Zwiebel- und Knollenpflanzen

Alpenveilchen (Cyclamen), Gladiolen (Gladiolus), Hyazinthen (Hyacinthus), Sternhyazinthen (Chionodoxa forbesii), Doldiger Milchstern (Ornithogalum umbellatum), Montbretien (Crocosmia), Tulpen (Tulipa), Zwiebelgewächse (Allium)

Tulpen

Auf die korrekte Pflanztiefe achten

Ohne verschiedenfarbig leuchtende Blütenkelche von Tulpen *(Tulipa)* ist ein ansprechend gestalteter Frühlingsgarten gar nicht vorstellbar. Legen Sie Tulpenzwiebeln im Herbst an einem sonnigen Ort in den Boden, der möglichst humusreich und durchlässig sein sollte. Je leichter das Erdreich ist, umso tiefer müssen die Zwiebeln eingepflanzt werden. Während sie in schwereren Böden nur 12–15 cm tief in den Grund gesetzt zu werden brauchen, sollten sie in sandigen Böden 18–20 cm unter der Oberfläche liegen.

Kraft spendende Blätter

Schneiden Sie die Blütenköpfe Ihrer Tulpen sofort nach dem Verblühen mit einem 3–5 cm langen Stielstück ab, damit sich keine Samenkapseln bilden, was den Zwiebeln viel Kraft rauben würde. Lassen Sie dagegen verwelkte Blätter unbedingt stehen, selbst wenn die Pflanzen so nicht gerade schön aussehen. Zusammen mit den Stängeln bauen die Blätter in den Zwiebeln nämlich Nährstoffe auf und sorgen so dafür, dass die Blume im folgenden Jahr wieder Blüten bildet.

Auch am Fuß von Baumstämmen sind Tulpen ideal platziert und bilden einen dichten Blütenteppich.

DIE RICHTIGE WAHL

Frühlingsboten in Hülle und Fülle

Tulpen werden in 15 Klassen eingeteilt, von denen jede charakteristische Merkmale besitzt.

Klasse	Beschreibung	Sorten
Darwin-Hybriden (mittelfrüh)	Große Tulpen mit kräftigen Stängeln; ideal für Beete an unterschiedlichsten Standorten	'Apledoorn' (kirschrot), 'Elizabeth Arden' (intensiv lachsfarben), 'Golden Apledoorn' (intensiv gelb)
Einfache frühe Tulpen	Sehr schön als Farbtupfer in Kübeln oder gut sichtbaren Beeten	'Apricot Beauty' (lachsrosa und orange), 'Colour Cardinal' (rot), 'Keizerskroon' (rot, gelb gesäumt)
Einfache späte Tulpen	Gut geeignet zum Pflanzen vor Mauern; ideale Schnittblumen; zahlreiche Sorten	'Georgette' (gelb), 'Maureen' (weiß), 'Queen of Night' (tief kastanienbraun und lila)
Fosteriana-Tulpen	Relativ kurzstielige Sorten mit farbenprächtigen Blüten, die groß und schmal geformt sind	'Candela' (gelb), 'Princeps' (scharlachrot), 'Purissima' (weiß)
Gefranste Tulpen	Einfache Tulpen mit attraktivem gekräuseltem Rand; geeignet für Beete; gute Schnittblumen	'Fancy Frills' (rosa und weiß); 'Hamilton' (intensiv gelb), 'Redwing' (tiefrot)
Gefüllte frühe Tulpen	Langlebiger als einfache Tulpen; ideal für Kübel und Beete	'Peach Blossom' (intensiv rosa), 'Schoonoord' (weiß)
Greigii-Tulpen	Interessant marmorierte Blätter; ideal für kleine Kübel, Beete und Steingärten	'Cape Cod' (gelb, apricotfarben gesäumt), 'Mary Ann' (intensiv rosa und weiß), 'Red Riding Hood' (karminrot)
Kaufmanniana-Hybriden	Zwergformen; ideal für kleine Kübel und Fensterkästen an windigen Standorten	'Ancilla' (rosa und weiß), 'César Franck' (karminrot und gelb), 'Shakespeare' (karminrot und lachsfarben)
Lilienblütige Tulpen	Äußerst elegante Blumen; optimal für Spätbeete und Kübel	'Ballerina' (blutrot auf gelbem Untergrund), 'West Point' (gelb), 'White Triumphator' (weiß)
Päonienblütige Tulpen	Gefüllte Pflanzen für geschützte Lagen	'Angélique' (blassrosa), 'Carnival de Nice' (weiß und tiefrot)
Papageien-Tulpen	Sehr farbenfroh; tief eingefranste, kontrastierend gestreifte Blüten	'Estella Rijnveld' (rot und weiß), 'Flaming Parrot' (rot und gelb)
Rembrandt-Tulpen	Einfache Tulpen mit Streifen in vielen verschiedenen Farben	Normalerweise nur gemischt erhältlich
Triumph-Tulpen (mittelfrüh)	Klassische Beettulpen in vielen unterschiedlichen Farben; zu groß für Kübel	'Dreaming Maid' (malvenfarben, weiß gesäumt), 'Garden Party' (karminrot und weiß), 'Yellow Present' (gelb)
Viridiflora-Tulpen	Ungewöhnliche einfache Tulpen mit grünen Streifen auf den Blütenblättern	'Aartist' (lila und lachsrot); 'Greenland' (rosa), 'Spring Green' (weiß)
Andere Arten	Züchtungen und Hybriden	*T. batalinii* (blass zitronengelbe Blüten); *T. clusiana* (schmale Blüten, weiß mit scharlachroten Streifen); *Tulipa praestans* (sechs scharlachrote Blüten pro Zwiebel); *T. sprengeri* (schlanke grüne Knospen, die scharlachrot werden)

Als die „Tulpenmanie" ausbrach

Nachdem der niederländische Botanikprofessor Carolus Clusius im 16. Jh. verschiedene Tulpensamen aus der Türkei mitgebracht und daraus Zwiebeln gezogen hatte, brach innerhalb kürzester Zeit in ganz Holland eine „Tulpenmanie" aus. Seltene Zwiebelarten wechselten für enorme Geldsummen ihre Besitzer; auf neue Sorten wurden ganze Vermögen verwettet. 1637 kostete eine Zwiebel der berühmten Sorte 'Semper Augustus' 10 000 Gulden – so viel wie ein Haus an einer der Grachten in Amsterdam. Gestreifte und gesprenkelte Tulpen erfreuten sich der größten Beliebtheit. Die Muster sind, wie man heute weiß, nicht geschickten Züchtern zu verdanken, sondern durch bestimmte Viren hervorgerufen worden. Erst als die Tulpe auf dem gesamten europäischen Kontinent Verbreitung gefunden hatte, nahm die besessene Spekulation mit den Zwiebeln ein Ende. Heute werden Tulpen allenthalben angebaut. Es gibt inzwischen mehr als 100 Arten und 2000 Sorten.

Nach der Blüte ausgraben und lagern

Lassen Sie Zwiebeln von Beettulpen nach der Blütezeit nicht im Boden. Ihre Qualität vermindert sich dadurch von Jahr zu Jahr. Graben Sie die Pflanzen aus, sobald sich die Blätter gelblich verfärbt haben. Entfernen Sie vertrocknete Blätter und Stängel sowie abgestorbene Wurzeln. Lagern Sie die Zwiebeln bis zum Herbst an einem trockenen Ort. Dann werden sie wieder eingepflanzt.

Einfaches Ausheben

Legen Sie die Pflanzlöcher für Ihre Tulpen mit einem Stück Maschendraht aus, dessen Rand etwas über den Boden ragt. Noch besser ist es, einen in Gartencentern erhältlichen Pflanzkorb mit einer umgebogenen Kante in die Vertiefung zu stellen. Zum gegebenen Zeitpunkt lassen sich die Tulpenzwiebeln ganz einfach ausheben. Man braucht nur leicht an der Kante des Behältnisses zu ziehen.

Zwiebeln in einem Graben einschlagen

In kleinen Gärten kommt es häufig vor, dass man die Beete für die Sommerblumen herrichten muss, bevor die Tulpen vollständig verblüht sind. In solchen Fällen pflanzt man die Zwiebelgewächse um. Heben Sie dazu an einer abseits gelegenen Stelle Ihres Grundstücks einen Graben aus und kleiden Sie ihn so mit einem Streifen Maschendraht oder netzartigem Plastik aus, dass die Enden des Materials etwas über dem Boden stehen. Legen Sie die Pflanzen darauf und decken Sie Erde über die Zwiebeln, nicht jedoch über die Blätter. Heben Sie den Draht bzw. das Plastiknetz aus dem Beet, nachdem die Blätter an den Pflanzen abgestorben sind. Lagern Sie die Zwiebeln dann wie beschrieben.

Konkurrenz vermeiden

Tulpen sollten im Beet nicht mit anderen Frühjahrsblühern kombiniert werden. Sobald sie nämlich von fremdem Laub bedeckt werden, erhalten sie zu wenig Licht und ihre Zwiebeln speichern nicht genug Energie für die Blüte im Folgejahr.

Ursachen für eine ausbleibende Blüte

Falls Tulpen nicht blühen, kommen dafür zwei Ursachen infrage. Eventuell wurden die jungen Knospen durch schweren Frost zerstört. Dann bilden die Zwiebeln im Regelfall im nächsten Jahr neue Blüten, zumindest bei mildem Wetter. Es kann aber auch sein, dass man sehr kleine Zwiebeln gesetzt hat, die noch etwas Zeit zur Blütenentwicklung brauchen. Mit reichlich Dünger versorgt, werden sie im folgenden Frühjahr oder spätestens nach 2 Jahren normal blühen. Setzen Sie vorsichtshalber immer einige große Zwiebeln zwischen junge, damit nicht die Gefahr besteht, dass Sie leer ausgehen.

Windbeständige Sorten

Große Tulpen wie Darwin-Hybriden eignen sich nicht für windige Lagen. Für solche Standorte wählt man am besten unter den kleinwüchsigen Arten *Tulipa tarda*, *T. tubergeniana* oder *T. turkestanika* aus.

Farbtupfer in Kästen

Auch für Blumenkästen empfehlen sich kurzstielige Tulpen, weil sie nicht leicht umknicken. Versuchen Sie es doch einmal mit den attraktiven Sorten 'Ancilla' (rosa und weiß), 'César Franck' (karminrot und gelb) und 'The first' (weiß und karminrot).

Türkenmohn

Überwältigende Schönheit

Wie bei allen Mohnarten ist die Blüte des Türkenmohns (*Papaver orientale*) sehr kurz, dafür aber atemberaubend schön. Die bis zu 15 cm großen schalenförmigen Kelche erstrahlen in kräftigem Rot oder dezenterem Weiß, Rosa, Lachs und Orange. Auf ihrem Grund leuchten blaue bis schwarze Flecken.

Im Frühjahr pflanzen

Die beste Pflanzzeit für Türkenmohn ist im Frühjahr. Arbeiten Sie einige Wochen vorher eine rund 10 cm dicke Schicht Kompost in den Boden ein. Die Mohnpflanzen werden dann in Dreieroder Fünfergruppen eingesetzt, zwischen denen man Abstände von 40–50 cm lässt.

Rückschnitt

Schneiden Sie verblühte Mohnstängel bis zur Basis zurück. Nach der Blüte vergilben die großen gezähnten oder eingeschnittenen Blätter und ziehen ein; im Herbst treiben sie aber wieder aus.

Wichtige Kompostgaben

Mulchen Sie Türkenmohn vor dem Winter mit Kompost. Wiederholen Sie die Maßnahme im Frühjahr; arbeiten Sie dann zusätzlich einen Volldünger in die Erde ein.

Stützen

Binden Sie hohe Pflanzen an Stützen. Im Gartenhandel gibt es inzwischen eine große Auswahl an größen- und höhenverstellbaren Halterungen.

Die Sorte Papaver orientale *'Allegro' ist mit ihren leuchtend roten Blütenblättern eine Zierde für jeden Garten.*

Umgraben

Spaten und Grabgabel

Achten Sie beim Kauf eines Spatens darauf, dass er die richtige Länge hat, damit Sie beim Graben keine Rückenschmerzen bekommen, und probieren Sie aus, welcher Griff – D-, Y- oder T-förmig – am bequemsten für Sie ist. Ein Spaten ist das ideale Grabwerkzeug, solange der Boden nicht so nass oder schwer ist, dass er am Blatt hängen bleibt; in diesem Fall ist eine stabile Grabgabel besser geeignet.

Richtig vorbereiten

Markieren Sie zuerst die Fläche, die Sie umgraben möchten, mit vier Stöcken und einer Schnur. Dann heben Sie die Erde entlang einer der Flächenbegrenzungen so aus, dass ein Graben in der Breite des Spatenblatts entsteht, und schaufeln die Erde in eine Schubkarre, die Sie anschließend an das gegenüberliegende Ende der Fläche fahren. Nun heben Sie am ersten Graben entlang einen zweiten Graben aus und schaufeln dabei die Erde in den ersten Graben. Nach dem Ausheben des letzten Grabens füllen Sie diesen dann wieder mit der Erde aus dem ersten Durchgang.

Die beste Technik

Stecken Sie das Spatenblatt zunächst im rechten Winkel zur Ausrichtung des Grabens in die Erde und drücken Sie es bis zu einem Viertel seiner Tiefe fest in die Erde. Dann richten Sie den Spaten parallel zum Graben aus und drücken das Spatenblatt vollständig hinein. Wenn Sie nun den Spatengriff fest nach unten drücken, können Sie anschließend selbst größere Erdschollen problemlos herausheben.

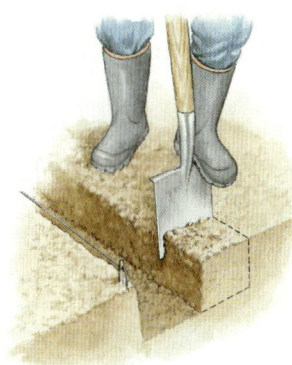

Gesundheitliche Aspekte

Graben Sie den Boden möglichst nur bei milder Witterung um, da die Muskeln bei Wind, Regen und Kälte schneller kalt werden und dementsprechend rascher ermüden, und verzichten Sie auf größere Bodenarbeiten, solange die Erde gefroren, mit Schnee bedeckt oder sehr nass ist. Bei schweren Tonböden sollten Sie außerdem besser eine stabile Grabgabel anstelle eines Spatens verwenden. Achten Sie zudem darauf, sich nicht zu übernehmen und stets nur kleinere Erdmengen auszuheben. Wichtig ist auch, den Rücken dabei möglichst gerade zu halten und die Knie leicht zu beugen. Auf diese Weise lastet weniger Druck auf Armen und Schultern und der Rücken wird geschont.

Die Arbeit erleichtern

Wenn Sie beim Umgraben reichlich organisches Material wie reifen Kompost oder gut verrotteten Mist einarbeiten, brauchen Sie in den folgenden Jahren im Herbst nur noch eine Schicht aus Rindenmulch auf dem Boden zu verteilen, der dann von den Bodenlebewesen umgesetzt wird. Säen oder pflanzen Sie zudem immer von einem Brett aus, damit sich der Boden durch Ihr Gewicht nicht verfestigt. (Siehe auch *Mulchen*)

Schwere und leichte Böden

Haben Sie einen schweren Tonboden, sollten Sie ihn im Herbst umgraben und die Zerkleinerung der groben Erdschollen dem Frost überlassen. Bei einem leichten Boden mit guter Drainage ist es dagegen ratsam, ihn erst im Frühjahr umzugraben, damit die Nährstoffe nicht über Winter vom Regen und während der Schneeschmelze ausgewaschen werden.

Unkräuter entfernen

Entfernen Sie beim Umgraben alle großen Steine und Unkräuter und achten Sie darauf, dass dabei keine Wurzelreste von Pfahlwurzlern wie Disteln oder Löwenzahn bzw. keine Wurzelunkräuter wie Brennnessel, Giersch, Quecke oder Winde im Boden zurückbleiben, aus denen sich rasch wieder neue Pflanzen entwickeln. Einjährige Unkräuter können Sie nach dem Jäten in der Erde vergraben, wo sie verrotten.

Umtopfen

Wann umtopfen?

Um zu überprüfen, ob eine Pflanze umgetopft werden muss, nehmen Sie ihre Stängel zwischen die Finger der einen Hand, greifen den Topf, drehen ihn um und schlagen mit der anderen Hand leicht auf die Unterseite. Wenn sich das Gewächs nicht löst oder die Wurzeln bereits ein gutes Stück aus dem Abzugsloch des Gefäßes ragen bzw. stark verfilzt sind, ist es höchste Zeit, die Pflanze umzutopfen.

Richtig umtopfen

Zum Umtopfen nehmen Sie ein Ton- oder Plastikgefäß, das eine Nummer größer ist als der bisherige Topf, waschen es aus, legen Tonscherben über das Abzugsloch und füllen neue Erde ein. Dann wässern Sie die Pflanze in ihrem alten Gefäß etwa eine Stunde lang, schlagen mit der Hand kräftig auf die Unterseite des Topfes, damit sich der Erdballen löst, setzen die Pflanze ein, drücken die Erde fest und wässern nochmals. Sitzt die Pflanze zu fest in ihrem alten Gefäß, können Sie den Topfrand auf einer festen Unterlage vorsichtig mit dem Hammer aufschlagen oder – bei Plastikgefäßen – mit der Schere aufschneiden.

Pflanzschock vermeiden

Damit Pflanzen durch das Umtopfen weniger belastet werden, sollten sie in ihrem neuen Topf auf gleicher Höhe stehen wie im alten Gefäß. Dazu füllen Sie die entsprechende Menge Erde in den Topf, drücken sie leicht fest, setzen die Pflanze ein und füllen so viel Erde auf, dass bis zum oberen Topfrand 1–2 cm frei bleiben. Dann gießen Sie die Pflanze und stellen Sie eine Woche in den Schatten, ehe sie wieder an ihren Platz kommt.

Verbrauchte Erde entfernen

Entfernen Sie vor dem Einsetzen der Pflanze in ihren neuen Topf mithilfe einer kleinen Gabel alle alten, verbrauchten Erdreste von der Unterseite und den Seiten des Ballens. Auf diese Weise wird das Wachstum neuer Triebe optimal gefördert.

Wie viel Dünger?

Auf dem Etikett ist meist genau angegeben, wie viel Dünger die neue Pflanzerde enthält: Bei manchen Substraten reicht die Düngermenge für 6 Wochen, bei anderen können es dagegen bis zu 6 Monate sein. Geben Sie den ersten Flüssig- oder Langzeitdünger erst nach Ablauf dieser Zeit, damit die Pflanzen nicht überdüngt werden.

Kübelpflanzen umtopfen

Bei größeren gesunden Kübelpflanzen können Sie sich das Umtopfen ersparen, indem Sie alljährlich einfach nur die oberste Erdschicht (5–10 cm) entfernen und sie durch neues Pflanzsubstrat ersetzen. Achten Sie aber darauf, dass dabei nicht versehentlich die zarten Wurzeln direkt unter der Erdoberfläche beschädigt werden.

Wann umtopfen?

Topfen Sie am besten dann um, wenn die Belastung für die Pflanzen am geringsten ist, also entweder vor Beginn der Wachstumsphase im Frühjahr oder nach der Blüte. Bei Laub tragenden Gewächsen ist der beste Zeitpunkt im Herbst, wenn die Blätter abgefallen sind, bei immergrünen im Spätherbst oder im zeitigen Frühjahr.

Umweltschutz

Öko-Produkte kaufen

Kaufen Sie ökologische Gartenprodukte. Mit dem Signet des blauen Umweltengels gekennzeichnet sind beispielsweise Schmieröle aus Pflanzen für Maschinen, Naturdüngerpräparate sowie biologische Bekämpfungsmittel gegen Schädlinge und Krankheiten, die keine Umweltschäden anrichten.

Gartenabfälle kompostieren

Die Beseitigung von Mäh- und Schnittgut oder anderen Gartenabfällen über den Hausmüll kostet unnötig Geld, und die meisten organischen Abfälle lassen sich durch Kompostieren mühelos in wertvollen Humus umwandeln. Stellen Sie daher in einer versteckten Gartenecke ein oder zwei Kompostbehälter auf, in denen Sie Ihre organischen Garten- und Hausabfälle entsorgen. Wenn Sie anstelle von großen Rasenflächen pflegeleichte Kiesflächen anlegen und anstatt schnittintensiver Hecken einzelne Blütensträucher pflanzen, fällt entsprechend weniger Schnittabfall an.

Rauch vermeiden

Das Verbrennen von Gartenabfällen ist in der Regel erlaubt – vorausgesetzt, das Feuer steht unter ständiger Beobachtung und die Nachbarn werden dadurch nicht belästigt. Das ist jedoch grundsätzlich dann der Fall, wenn sich starker Rauch entwickelt, etwa beim Verbrennen von feuchten Gartenabfällen wie frisch gemähtem Gras und anderem feuchtem Schnittgut bzw. Laub. Auf keinen Fall dürfen Plastikabfälle verbrannt werden, denn dabei wird hochgiftiges Chlor freigesetzt. Wollen Sie trockene Äste verbrennen, empfiehlt sich die Anschaffung einer Häckselmaschine, mit der Sie größere Zweige und Äste mühelos zerkleinern können.

Wasser sparen

Aktiver Umweltschutz bedeutet auch, möglichst kein Wasser zu verschwenden. Dazu gehört z. B., im Frühjahr nach dem Lockern des Bodens reichlich reifen Kompost in den Boden einzuarbeiten, denn dadurch wird seine Wasserhaltefähigkeit in erheblichem Maß verstärkt. Gleiches gilt für das Ausbringen einer Mulchschicht nach dem Pflanzen, die ebenfalls hilft, die Feuchtigkeit länger im Boden zu speichern, sodass Sie weniger häufig gießen müssen. Außerdem sollten Sie für das Ein- oder Umsetzen Ihrer Pflanzen einen Tag wählen, an dem Regen vorhergesagt ist. So können Sie sich das Angießen nach dem Einsetzen sparen und die Pflanzen haben weniger Eingewöhnungsschwierigkeiten als an sonnigen Tagen.

Richtig gießen

Viel Wasser lässt sich auch durch richtiges Gießen sparen: Wässern Sie Ihre Pflanzen nur morgens oder abends, nie jedoch bei voller Sonne, da dann das meiste Wasser verdunstet. Oft werden Pflanzen auch zu häufig gegossen: Regelmäßiges tägliches Gießen ist erst dann erforderlich, wenn der Boden bis in eine Tiefe von 3 cm ausgetrocknet ist. Außerdem hängt die nötige Wasserzufuhr von der Bodenbeschaffenheit ab: Ein lehmiger oder humoser Boden kann das Wasser viel länger speichern als ein leichter, sandiger Boden, der deshalb häufiger gewässert werden muss. Gießen Sie außerdem nur die Wurzeln der Pflanzen oder legen Sie am besten gleich einen Schlauch für Tropfbewässerung. Er gibt das Wasser genau dosiert an die Wurzeln ab, sodass es nicht im Grundwasser versickert. (Siehe auch *Gartenpflanzen gießen*)

Regentonnen aufstellen

Eine weitere Möglichkeit, nicht nur Wasser zu sparen, sondern die Pflanzen auch optimal mit weichem Wasser zu versorgen, ist das Aufstellen von Regentonnen. Im Herbst sollten Sie die Tonnen leeren und im Gartenschuppen lagern oder verkehrt herum aufstellen, damit sich über Winter kein Wasser darin sammeln und gefrieren kann, das die Tonnen unter Umständen sprengt. (Siehe auch *Wasser*)

Lärm vermeiden

Zum aktiven Umweltschutz gehört auch das Vermeiden von unnötigem Lärm. Im Garten können Sie viel dazu beitragen, indem Sie zum Mähen einen möglichst leisen Rasenmäher verwenden.

Siehe auch *Recht und Pflicht im Garten* S. 230–231

Mit einem elektrisch betriebenen Rasenmäher, der besonders leise ist, lässt sich unnötiger Lärm vermeiden.

Unkrautbekämpfung

Unkraut entsorgen

Frisch gejätete Unkräuter, die noch keine Samen gebildet haben, können Sie bei warmer, trockener Witterung ruhig auf dem Boden liegen lassen, wo sie bald vertrocknen. Bei Nässe bilden die Pflanzen dagegen rasch neue Wurzeln, sodass man sie besser auf den Kompost gibt, wo sie dann verrotten. Unkräuter, die schon Samen gebildet haben, sollten in der Mülltonne entsorgt werden, damit sie sich nicht wieder ausbreiten können.

Langlebiger Löwenzahn

Unkräuter mit langen Pfahlwurzeln, z. B. Löwenzahn, können auch ohne Erde und Wasser mehrere Monate lang überleben. Daher sollte man sie zur Sicherheit nicht auf den Kompost geben, sondern besser in der Mülltonne entsorgen.

Gemüsebeet hacken

Wenn Sie nichts gegen die Unkräuter in Ihrem Gemüsebeet unternehmen, entziehen diese Gewächse bald den Nutzpflanzen die wichtigen Bodennährstoffe und die Feuchtigkeit. Deshalb ist neben dem Jäten regelmäßiges Hacken des Bodens wichtig, denn auf diese Weise wird auch das gerade keimende Unkraut frühzeitig unterdrückt. Hacken Sie jedoch möglichst nur bei trockenem, warmem Wetter, da die Unkrautsämlinge in feuchtem, gelockertem Boden nach dem Hacken rasch wieder neue Wurzeln bilden können.

Vorsicht beim Umgraben

Beim Umgraben des Bodens werden auch ruhende Unkrautsamen an die Erdoberfläche befördert, wo sie in der Regel rasch zu keimen beginnen. Kontrollieren Sie den bearbeiteten Boden deshalb einige Wochen nach dem Umgraben und entfernen Sie alle Unkrautsämlinge, die sich in der Zwischenzeit gebildet haben, mit der Hacke oder jäten Sie von Hand.

Gutes Werkzeug

Eine stumpfe Hacke erschwert nicht nur die Arbeit, sondern zerquetscht auch das Unkraut oder drückt es nieder, anstatt es glatt zu durchtrennen. Schleifen Sie Ihre Hacke deshalb regelmäßig mit einem groben Schleifstein oder lassen Sie das Werkzeug vom Fachmann schärfen.

Wurzelunkraut

Hartnäckige Unkräuter wie Ackerwinde (*Convolvulus arvensis*), Quecke (*Elymus repens*) oder Zaunwinde (*Calystegia sepium*) bilden weit verzweigte unterirdische Wurzelsysteme. Werden sie beim Jäten nicht restlos entfernt, können sich bereits aus kleinsten Wurzelstücken schnell wieder neue Pflanzen entwickeln. Deshalb ist es wichtig, beim Jäten auch die Wurzeln möglichst vollständig auszugraben und zu entsorgen.

Brachliegender Boden

Zur Entfernung von Unkräutern auf brachliegenden Böden schneiden Sie zunächst alle größeren Unkrautpflanzen ab. Dann bedecken Sie die Flächen mit schwarzer Plastikfolie, deren Ränder Sie mit Steinen beschweren, damit sie nicht wegweht. Durch den vollständigen Lichtentzug werden die meisten Unkräuter innerhalb einer Wachstumsperiode vernichtet.

Vorbeugung durch Gründünger

Eine weitere Möglichkeit, brachliegenden Boden weitgehend unkrautfrei zu halten, ist das Anpflanzen von Gründüngerpflanzen wie Bienenfreund (*Phacelia*), Buchweizen und Wicken. Diese rasch wachsenden Pflanzen unterdrücken nicht nur die Unkräuter, sondern können am Ende der Wachstumsperiode auch als Gründünger in den Boden eingearbeitet oder kompostiert werden.

Kartoffeln gegen Unkraut

Auch der Anbau von Kartoffeln kann bei der Vorbeugung von einjährigen Unkräutern helfen. Dabei verhindert nicht nur regelmäßiges Hacken des Bodens und das Ausgraben der Kartoffeln, dass die Unkrautpflanzen sich ausbreiten können, sondern ebenso das dichte Laubwerk der Kartoffelpflanzen, das kaum Licht durchlässt und so das Wachstum der Unkräuter einschränkt.

Rasen unkrautfrei anlegen

Vor der Neuanlage einer Rasenfläche sollten Sie zuvor alle Unkräuter gründlich beseitigen. Graben Sie dafür zunächst die Fläche tiefgründig um und entfernen Sie dann alle mehrjährigen Unkräuter mitsamt den Wurzeln. Lassen Sie den Boden anschließend eine Zeit lang ruhen, bis die Samen der einjährigen Unkräuter gekeimt haben, und hacken Sie die Fläche zum Schluss noch zwei- bis dreimal gut durch, damit auch die letzten Unkrautsämlinge entfernt werden.

Heißes Wasser

Ein einfaches Mittel, um Unkräuter in Sprüngen und Rissen von gepflasterten Wegen, Treppenstufen und Terrassen zu entfernen, ist heißes Wasser.

Unterpflanzung

Teppich aus Immergrün

An schattigen Standorten unter Sträuchern und Bäumen können Sie mit Immergrün (*Vinca minor*) einen hübschen, farbenfrohen Frühlingsteppich schaffen. Diese niedrige Pflanze mit ihren einfarbigen oder panaschierten Blättern blüht von Mai bis September je nach Sorte in Blau, Purpurrot, Violett oder Weiß.

Violette Blüten

Sehr gut zur Unterpflanzung eignet sich auch das Steingartenveilchen (*Viola riviniana*) mit seinen rötlich violetten Blättern und den weiß-violetten Blüten. Als hübscher Bodendecker vermehrt es sich an geeigneten Standorten ganz von allein.

Konkurrenz vermeiden

Stauden als Unterpflanzung unter Bäumen stehen häufig in Konkurrenz mit den Baumwurzeln um Bodennährstoffe und -feuchtigkeit. Damit es nicht zu Mangelerscheinungen kommt, sollten Sie den Boden regelmäßig mit Kompost und Langzeitdünger versorgen. Düngen Sie auch den Bereich am Rand der Baumscheibe, in dem das Regenwasser von den äußeren Blättern der Baumkrone tropft, denn hier befinden sich zahlreiche feine Baumwurzeln, die Wasser und Nährstoffe aufnehmen.

Laub als Mulchschicht

Haben Sie Stauden unter Laubbäume gepflanzt, können Sie deren abgefallene Blätter im Herbst als Mulchschicht liegen lassen. Die Schicht sollte jedoch höchstens 10 cm dick sein, damit die Pflanzen darunter nicht ersticken.

Duftender Frühlingsteppich

Das zierliche Maiglöckchen (*Convallaria*) ist nicht nur eine attraktive Unterpflanzung, sondern verbreitet mit seinen Büten auch einen feinen Duft. Beste Standortbedingungen findet es unter Laubbäumen, wo es sich mithilfe seiner horizontal verlaufenden Rhizome rasch ausbreitet. Für solche Plätze eignet sich aber auch das Duftveilchen (*Viola odorata*), das an halbschattigen Standorten gedeiht und von Februar bis April blüht.

UNKRÄUTER UND IHRE BEKÄMPFUNG

Ungeachtet ihres schlechten Rufs bei vielen Hobbygärtnern sind Unkräuter einfach nur sehr kräftige Pflanzen, die alle weniger robusten, anspruchsvolleren Pflanzen verdrängen. Wenn sie nicht unter Kontrolle gehalten werden, können sie in kürzester Zeit den ganzen Garten überwuchern.

Ein- und mehrjährige Unkräuter müssen ständig bekämpft werden, da sie sonst in der Nahrungs- und Feuchtigkeitsaufnahme in Konkurrenz zu den anderen Pflanzen treten und sehr schnell deren Platz einnehmen können. Die hier abgebildeten Unkräuter gehören zu denen, die am häufigsten in Blumenbeeten und Gemüsegärten vorkommen und so früh wie möglich entfernt werden müssen. Es gibt verschiedene Möglichkeiten, die unliebsamen Pflanzen loszuwerden: Die teure und unökologische Methode ist die Anwendung eines chemischen Unkrautbekämpfungsmittels. Die Unkräuter einzeln mit der Hand auszureißen ist dagegen mühevoll. So bleibt als beste Variante die Möglichkeit, die Pflanzen mit einer Hacke zu entfernen, sobald sie sprießen. Allerdings hängt viel davon ab, um welche Art Unkraut es sich handelt.

Mehrjährige Unkräuter

Mehrjähriges Unkraut, zu dem z. B. Ampfer, Löwenzahn und Winde gehören, vermehrt sich durch Wurzeln, Rhizome, Knollen und Zwiebeln. Beim Jäten und Ausgraben kann sich manche dieser Pflanzen leicht verbreiten. Beim Ausgraben muss man daher z. B. sorgfältig darauf achten, dass keine Wurzelreste in der Erde zurückbleiben, beim Jäten, dass sich schnell ausbreitende Samen – wie die fliegenden Samen des Löwenzahns – nicht verteilen.

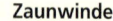

Zaunwinde
(Calystegia sepium)
Kann wie die Ackerwinde durch mehrmaliges Aushacken bekämpft werden.

Ackerwinde
(Convolvulus arvensis)
Hartnäckiges Unkraut, durch wiederholtes Aushacken zu bekämpfen.

Kriechender Hahnenfuß
(Ranunculus repens)
Kann auf schlecht durchlässigen Böden zur Plage werden. Junge Pflanzen sollten frühzeitig ausgestochen werden.

Breitblättriger Ampfer
(Rumex obtusifolius)
Bildet aus den kleinsten Wurzelstücken immer wieder neue Pflanzen. Ausgraben und dabei darauf achten, dass tatsächlich alle Pflanzenteile entfernt sind.

Löwenzahn *(Taraxacum officinale)*
Kann normalerweise leicht ausgehackt werden; problematischer ist es, wenn er zwischen den Wurzeln von Obstbäumen oder -sträuchern wächst.

Schachtelhalm *(Equisetum arvense)*
Vermehrt sich durch Rhizome und Sporen. Die Bekämpfung ist schwierig; es kann helfen, die Rhizome auszugraben und den Boden gut zu lockern.

Krauser Ampfer *(Rumex crispus)*
Zu behandeln wie der Breitblättrige Ampfer.

Ackerdistel
(Cirsium arvense)
Vermehrt sich nicht nur durch Samen, sondern auch durch kriechende Rhizome. Zur Bekämpfung die Pflanze mit der Wurzel ausgraben.

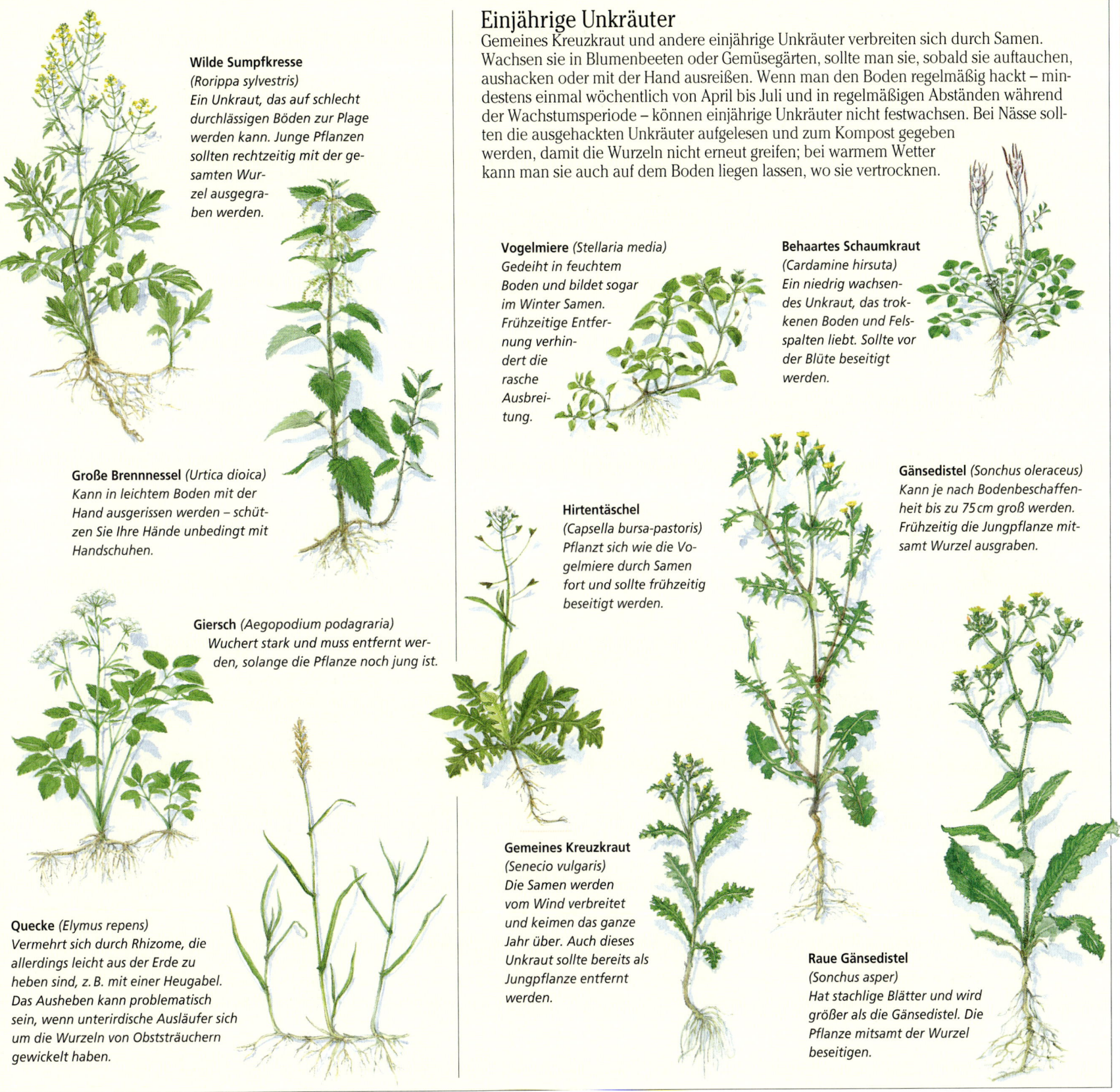

Wilde Sumpfkresse
(Rorippa sylvestris)
Ein Unkraut, das auf schlecht durchlässigen Böden zur Plage werden kann. Junge Pflanzen sollten rechtzeitig mit der gesamten Wurzel ausgegraben werden.

Große Brennnessel *(Urtica dioica)*
Kann in leichtem Boden mit der Hand ausgerissen werden – schützen Sie Ihre Hände unbedingt mit Handschuhen.

Giersch *(Aegopodium podagraria)*
Wuchert stark und muss entfernt werden, solange die Pflanze noch jung ist.

Quecke *(Elymus repens)*
Vermehrt sich durch Rhizome, die allerdings leicht aus der Erde zu heben sind, z. B. mit einer Heugabel. Das Ausheben kann problematisch sein, wenn unterirdische Ausläufer sich um die Wurzeln von Obststräuchern gewickelt haben.

Einjährige Unkräuter

Gemeines Kreuzkraut und andere einjährige Unkräuter verbreiten sich durch Samen. Wachsen sie in Blumenbeeten oder Gemüsegärten, sollte man sie, sobald sie auftauchen, aushacken oder mit der Hand ausreißen. Wenn man den Boden regelmäßig hackt – mindestens einmal wöchentlich von April bis Juli und in regelmäßigen Abständen während der Wachstumsperiode – können einjährige Unkräuter nicht festwachsen. Bei Nässe sollten die ausgehackten Unkräuter aufgelesen und zum Kompost gegeben werden, damit die Wurzeln nicht erneut greifen; bei warmem Wetter kann man sie auch auf dem Boden liegen lassen, wo sie vertrocknen.

Vogelmiere *(Stellaria media)*
Gedeiht in feuchtem Boden und bildet sogar im Winter Samen. Frühzeitige Entfernung verhindert die rasche Ausbreitung.

Behaartes Schaumkraut
(Cardamine hirsuta)
Ein niedrig wachsendes Unkraut, das trockenen Boden und Felsspalten liebt. Sollte vor der Blüte beseitigt werden.

Hirtentäschel
(Capsella bursa-pastoris)
Pflanzt sich wie die Vogelmiere durch Samen fort und sollte frühzeitig beseitigt werden.

Gänsedistel *(Sonchus oleraceus)*
Kann je nach Bodenbeschaffenheit bis zu 75 cm groß werden. Frühzeitig die Jungpflanze mitsamt Wurzel ausgraben.

Gemeines Kreuzkraut
(Senecio vulgaris)
Die Samen werden vom Wind verbreitet und keimen das ganze Jahr über. Auch dieses Unkraut sollte bereits als Jungpflanze entfernt werden.

Raue Gänsedistel
(Sonchus asper)
Hat stachlige Blätter und wird größer als die Gänsedistel. Die Pflanze mitsamt der Wurzel beseitigen.

Urlaub

Ferien für den Garten

Planen Sie Ihren Jahresurlaub nach Möglichkeit für die Zeit, in der Ihr Garten am wenigsten Pflege benötigt und – sofern Sie einen Gemüsegarten haben – keine größeren Ernten anfallen.

Willkommensernte

Manchmal fällt der Urlaub ausgerechnet in die Zeit, in der der Garten vor Obst und Gemüse überquillt. Sind dann auch keine Freunde oder Nachbarn da, um die Ernte und Gartenpflege während Ihrer Abwesenheit zu übernehmen, sollten Sie vor der Abreise alles reife Obst und Gemüse ernten und den Garten gründlich gießen. Wenn Sie zuvor den Boden rund um empfindliche Pflanzen großzügig mulchen, bleibt die Feuchtigkeit lange im Boden. Bei Ihrer Rückkehr werden Sie dann mehrfach tragende Pflanzen wie Bohnen und Tomaten mit einer reichen Ernte erwarten.

Umtopfen verschieben

Topfpflanzen benötigen in der ersten Zeit nach dem Umtopfen besonders viel aufmerksame Pflege. Deshalb sollten Sie Pflanzen möglichst nicht unmittelbar vor Ihrem Urlaub umtopfen.

Junge Topfpflanzen

Vor längerer Abwesenheit setzen Sie junge Topfpflanzen am besten bis zum Topfrand in ein Beet aus feuchter Gartenerde. Sie können die Pflanzgefäße aber auch mit angefeuchteten Stoffstreifen oder reichlich angefeuchtetem Zeitungspapier umwickeln und sie dann an einen kühlen, windgeschützten Schattenplatz in den Garten stellen.

Kübelpflanzen eingraben

Kübelpflanzen auf der Terrasse stellen Sie vor Ihrem Urlaub am besten in eine schattige Gartenecke, damit sie weniger schnell austrocknen. Noch besser ist es, wenn Sie die Pflanzgefäße bis zum Rand in ein schattiges leeres Beet eingraben, sodass die Pflanzen kühl stehen. Wenn Sie dann kurz vor der Abfahrt alles nochmals gründlich gießen, werden die Pflanzen auch eine längere Abwesenheit in der Regel ohne Schaden überstehen.

Hecken schneiden

Eine Hecke aus Liguster (*Ligustrum*) oder Strauch-Heckenkirsche (*Lonicera nitida*) sollten Sie vor dem Urlaub in Form schneiden, damit sie nicht zu stark wuchert und damit potenziellen Einbrechern einen Hinweis darauf gibt, dass die Hausbesitzer offensichtlich abwesend sind.

Rasenpflege nach dem Urlaub

Ist der Rasen während eines längeren Urlaubs zu hoch geworden, sollten Sie ihn während der ersten 3 Wochen nach Ihrer Rückkehr nur stufenweise mähen. Schneiden Sie beim ersten Mal lediglich die Spitzen der Gräser. Beim zweiten Durchgang kann der Rasen schon etwas kürzer geschnitten werden. Erst beim dritten Mal – am besten 3–4 Tage später – mähen Sie ihn dann so kurz wie gewöhnlich. (Siehe auch *Rasen*)

Unkräuter entfernen

Vor dem Urlaub sollten Sie Beete und Rabatten noch einmal gründlich jäten und den Boden hacken. Sind weniger Unkräuter vorhanden, gibt es auch weniger Konkurrenz für die Beetpflanzen um Wasser und Bodennährstoffe.

Dauerblüher vorbereiten

Unmittelbar vor Ihrem Urlaub sollten Sie bei Dauerblühern alle Blüten und die sich gerade eben öffnenden Knospen entfernen. So sparen die Pflanzen ihre Energie für die Bildung neuer Knospen auf, die dann bei Ihrer Rückkehr erblühen und Sie erfreuen.

Mini-Gewächshaus für Zimmerpflanzen

Zimmerpflanzen wie Farne oder Maranta und andere Blattpflanzen können Sie vor dem Austrocknen bewahren, indem Sie die Pflanzgefäße während Ihrer Abwesenheit einzeln in durchsichtige Plastiktüten stellen. Verteilen Sie zuerst eine Hand voll Kies oder einige kleine Steine auf dem Boden der Tüte, damit der Topfboden nicht mit dem Plastik in Berührung kommt. Dann gießen Sie die Pflanzen gründlich und stellen den Topf in die Tüte. Zum Schluss blasen Sie hinein, um den für die Pflanzen wichtigen Kohlendioxidgehalt in der Tüte zu erhöhen, und binden zu – fertig ist Ihr Mini-Gewächshaus.

Bewässerungssystem für Zimmerpflanzen

Stehen keine Nachbarn oder Freunde zur Verfügung, die sich während Ihres Urlaubs um Ihre Zimmerpflanzen kümmern, können Sie auch ein einfaches Bewässerungssystem anlegen. Sammeln Sie Plastikflaschen in unterschiedlichen Größen und schneiden Sie die Böden der Flaschen ab. Stechen Sie dann jeweils ein kleines Loch in die Verschlusskappe oder entfernen Sie die Kappe und dichten Sie den Flaschenhals mit Watte ab. Stellen Sie jeweils eine Flasche kopfüber in einen Topf, wobei die Flaschen umso größer sein sollten, je größer Topf und Pflanze sind. Stecken Sie nun einen Bambusstab in die Erde, befestigen Sie die Flasche an zwei bis drei Stellen mit festem Klebeband an dem Stab, damit sie stabil steht, und füllen Sie die Flaschen mit Wasser. Auf diese Weise kann das Wasser langsam durch das Loch in der Kappe oder den Wattepfropf sickern, sodass die Erde stets feucht bleibt.

Wasserspeichervlies

Zimmerpflanzen können Sie während Ihres Urlaubs vor dem Austrocknen bewahren, indem Sie die Badewanne mit einem speziellen Wasserspeichervlies auslegen, das Sie als Meterware im Fachhandel bekommen. Wenn Sie das Vlies vor Ihrer Abfahrt gut anfeuchten und die Blumentöpfe darauf stellen, werden die Pflanzen kontinuierlich mit ausreichend Feuchtigkeit versorgt. Wichtig ist, dass das Badezimmer ausreichend hell ist, da die Pflanzen sonst durch Lichtmangel verkümmern.

Pflanzen aus dem Urlaubsland?

Erliegen Sie nicht der Versuchung, in Ihrem Urlaubsland geschützte Pflanzen oder deren Ableger oder Samen zu erwerben oder sie sich selbst zu beschaffen und sie ohne gültige Einfuhrgenehmigung mit in die Heimat zu bringen. Infolge der Schäden, die durch dieses Verhalten von Reisenden in der Vergangenheit in der Pflanzenwelt angerichtet wurden, haben die meisten Länder strenge Gesetze zum Schutz seltener Pflanzen erlassen, sodass eine unerlaubte Einfuhr mit hohen Bußgeldern oder sogar mit einer Gefängnisstrafe bis zu 5 Jahren geahndet werden kann. Informieren Sie sich deshalb rechtzeitig vor Reisebeginn beim Zollamt Ihres Flughafens darüber, welche und wie viele Pflanzen Sie aus dem jeweiligen Urlaubsland einführen dürfen. Bedenken Sie aber auch: Solche Souvenirs sind in der Regel gar nicht nötig, da die meisten exotischen Pflanzen inzwischen längst auch bei uns kultiviert werden und in gut sortierten Gartencentern bzw. in Spezialgärtnereien erhältlich sind.

Veredeln

Methode zur Vermehrung

Die Veredelung zählt zu den den gebräuchlichsten Arten, bestimmte Gewächse zu vermehren. Man überträgt dabei einen Pflanzenteil – entweder ein Edelreis oder ein Edelauge – auf eine geeignete Unterlage. Je nach Pflanzenart wendet man dabei unterschiedliche Techniken an, wie im nebenstehenden Kasten erläutert ist.

Reiser schneiden und lagern

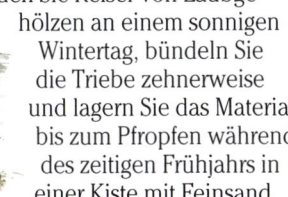

Schneiden Sie Reiser von Laubgehölzen an einem sonnigen Wintertag, bündeln Sie die Triebe zehnerweise und lagern Sie das Material bis zum Pfropfen während des zeitigen Frühjahrs in einer Kiste mit Feinsand.

Plastik statt Raffiabast

Sollte Ihnen während eines Veredelungsvorgangs der Raffiabast ausgehen, so nehmen Sie Plastikband. Sie können auch gut 1 cm breite Streifen aus Gefriertüten ausschneiden. Das Material hält 2–4 Wochen.

Sitzstange für Vögel

Vögel reißen oder brechen Edelreiser leicht ab. Befestigen Sie deshalb zum Schutz einen gebogenen Weidenzweig als Sitzstange über der Spitze eines Triebes.

Bleistift als Keilersatz

Beim Pfropfen in einen Spalt ist es mitunter schwierig, das Reis in kräftige Unterlagen einzuführen. Falls Sie keinen Keil zur Hand haben, nehmen Sie einen spitzen Bleistift, den Sie mit einem kleinen Holzhammer in den Spalt klopfen. Entfernen Sie ihn nach dem Einsetzen des Reises wieder.

GÄRTNER-WISSEN

Perfekte Ausführung

Beim Veredeln kommt es darauf an, die erforderlichen Schnitte schnell und sauber vorzunehmen. Wenden Sie die Maßnahmen erst einmal bei Holzarten an, die sich leicht schneiden lassen, beispielsweise bei Weidenholz. Benutzen Sie dazu ein Okulier- bzw. Kopuliermesser. Im Folgenden sind die wichtigsten Veredelungstechniken für unterschiedliche Pflanzenarten zusammengestellt.

Zwischen Holz und Rinde pfropfen: Der beste Zeitpunkt hierfür ist im späten Winter oder zeitigen Frühjahr. Vermeiden Sie dabei große Wunden, da die Heilung lange dauert.

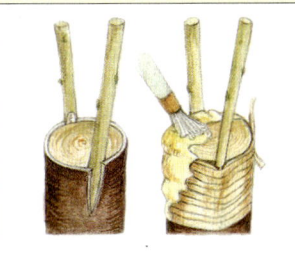

1. Schneiden Sie Edelreiser der Pflanze, die Sie veredeln wollen, am unteren Ende keilförmig an, und kürzen Sie die Sprosse oberhalb einer Knospe ein.
2. Schneiden Sie die Unterlage seitlich auf einer Länge von 4 cm bis zum Holz ein. Hinter die entstandenen Rindenflügel schieben Sie die zugeschnittenen Edelreiser. Ihr Kambium (Gewebe) sollte mit dem der Unterlage engen Kontakt haben.
3. Umwickeln Sie die Pfropfstellen mit Raffiabast und verteilen Sie Baumwachs darüber.

Span-Okulieren: Diese Technik eignet sich zur Vermehrung von Rosen, Obstbäumen und manchen Ziersträuchern im Hoch- und Spätsommer. Man benötigt nur ein Reis.

1. Entfernen Sie alle Triebe von der Unterlage. Schneiden Sie aus der zu veredelnden Pflanze ein etwa 5 cm langes Stück mit einem Edelauge in der Mitte. Belassen Sie ein etwa 1,5 cm langes Stück Blattstängel; es erleichtert Ihnen die Handhabung des Pflanzenstücks.
2. Schneiden Sie die Unterlage T-förmig ein und heben Sie die Rinde ab. Setzen Sie das Auge ein.
3. Binden Sie das Auge oben und unten mit Raffiabast fest, bis es im folgenden Jahr austreibt.

Seitliches Anplatten: Vorzugsweise im Frühjahr wendet man diese Methode bei Kamelien, Magnolien und allen Zitrusbäumen an, die sich nicht für die anderen Veredelungsformen eignen.

1. Kultivieren Sie die Unterlage und das Edelreis in getrennten Töpfen. Schneiden Sie beide leicht schräg ein.
2. Binden Sie die beiden Pflanzen an den Schnittstellen mit Raffiabast zusammen.
3. Sobald beide Pflanzen zusammengewachsen sind, entfernen Sie den oberen Teil der Unterlage und den unteren Teil des Edelreises.
4. Halten Sie die Pflanze im Gewächshaus in einem geschlossenen Kasten, damit sie Feuchtigkeit erhält und die Schnittstellen besser heilen.

In den Spalt pfropfen: Diese seltenere Veredelungsmethode wird im späten Winter oder im Frühjahr bei vielen Bäumen und Sträuchern durchgeführt, beispielsweise bei Glyzinen.

1. Kürzen Sie die Unterlage, idealerweise eine 1–2 Jahre alte Topfpflanze, bis auf 10 cm. Schneiden Sie die Pflanze in der Mitte knapp 4 cm tief senkrecht ein.
2. Teilen Sie ein etwa bleistiftdickes einjähriges Edelreis in Stücke mit jeweils 2–3 Augen, und schneiden Sie die Teile an beiden Enden etwa 4 cm lang keilförmig an.
3. Setzen Sie die Edelreiser in die Unterlage und umwickeln Sie die Propfstelle eng mit Klebeband, sodass das Kambium der Reiser guten Kontakt mit dem der Unterlage hat. Setzen Sie die Pflanze in einen Kalten Kasten und entfernen Sie das Klebeband bei Beginn des Austriebs.

Verpflanzen

Zeitig umpflanzen

Pflanzen Sie Sämlinge sofort um, wenn sie groß genug dafür sind. Ansonsten besteht die Gefahr, dass die dicht nebeneinander wachsenden Pflanzen vergeilen und krankheitsanfällig werden. Eine Bewässerung einige Stunden vor dem Verpflanzen und wieder unmittelbar danach hilft den zarten kleinen Gewächsen bei der Anpassung an das neue Umfeld.

Nicht vor dem Urlaub

Setzen Sie Sämlinge nicht vor einem Urlaub ins Freiland, selbst wenn die Pflanzen schon die erforderliche Höhe erreicht haben. Da sie während der Umgewöhnung regelmäßig gegossen werden müssen, wären sie in Ihrer Abwesenheit stark beeinträchtigt. (Siehe auch *Urlaub*)

Behutsamer Umgang

Handhaben Sie Sämlinge sehr behutsam. Ziehen Sie beim Umsetzen nicht an ihnen. Heben Sie die Pflanzen stattdessen vorsichtig mithilfe einer schmalzinkigen Gabel oder einem zum Mini-Pflanzenheber umfunktionierten Pikierholz aus dem Anzuchtgefäß. Halten Sie die Sämlinge immer an einem Blatt fest, nicht am

Stängel, was leicht Schäden hervorruft. Statt eines Setzholzes lässt sich ein Bleistift hervorragend zum Bohren kleiner Pflanzlöcher verwenden.

Nützliche Korken

Nageln Sie Reihen von Flaschenkorken mit regelmäßigen Abständen auf ein leichtes Brett. Drücken Sie die Vorrichtung dann mit den Korken nach unten auf ein gut vorbereitetes Beet. So bohren Sie im Handumdrehen viele gleichmäßig voneinander entfernte Pflanzlöcher in die Erde.

Wurzelverankerung fördern

Die meisten Sämlinge sollten nach der Verpflanzung nicht stark in die Erde gedrückt werden; dadurch erleiden die jungen Wurzeln leicht Verletzungen. Man fördert die Verankerung genügend durch vorsichtiges Gießen.

Kohlsämlinge fest andrücken

Bei Kohlarten (*Brassica*) ist es allerdings ratsam, die Erde nach dem Aussetzen immer sehr gut anzudrücken. So vermeiden Sie beispielsweise, dass große Pflanzen wie Brokkoli und Rosenkohl bei starkem Wind umknicken.

Lobelien in Gruppen pikieren

Die winzigen Sämlinge von Lobelien (*Lobelia*) lassen sich nicht einzeln pikieren, sodass man sie am besten in Gruppen von 4–5 Exemplaren verpflanzt.

Bäume vorbereiten

Bereiten Sie den „Umzug" eines erwachsenen Baumes schon im Vorjahr vor. Graben Sie etwa auf halber Entfernung zwischen dem Stamm und dem äußeren Rand der Äste rund um das Gehölz einen schmalen Graben und trennen Sie mit der Kante eines Spatens alle darüber hinausragenden Wurzeln durch. Füllen Sie den Graben danach mit gut verrottetem Kompost. Bewässern Sie den Boden innerhalb des Grabens anschließend regelmäßig und reichlich, sodass kräftige Wurzeln nahe am Stamm wachsen, die dem Gehölz nach der Verpflanzung helfen, sich schnell wieder zu verankern und sich gesund weiterzuentwickeln.

Bei Regen umsetzen

Verpflanzen Sie Bäume und Sträucher grundsätzlich nur an regnerischen Tagen, damit sich der Feuchtigkeitsverlust der Hölzer und der dadurch hervorgerufene Stress so weit wie möglich in Grenzen halten.

Perfektes Timing

Versetzen Sie Laub abwerfende Bäume und Sträucher am besten im Herbst. So haben die Gewächse ausreichend Zeit, noch vor längeren Frösten neue Wurzeln zu bilden. Bringen Sie immergrüne Pflanzen dagegen entweder im Oktober oder im April an einen anderen Standort, weil die Erde dann feucht und warm ist.

Die Wurzeln schonen

Bei der Verpflanzung an einen nahen Ort kann man Bäume und Sträucher mit freiliegenden Wurzeln befördern. Auf längeren Transporten kommt es hingegen oft vor, dass die Pflanzen größeren Belastungen ausgesetzt sind. Deshalb empfiehlt es sich, die Wurzeln bei solchen Umzügen in Sackleinen zu hüllen.

Gute Bedingungen am neuen Standort

Achten Sie darauf, dass die neuen Pflanzlöcher für Bäume oder Sträucher rund 30 cm breiter als die Wurzelballen der Pflanzen sind. Arbeiten Sie eine Hand voll Knochenmehl und etwas gut verrotteten Kompost in die Aushebungen ein und setzen Sie die Gewächse wieder genauso tief wie an ihrem vorherigen Platz in die Erde.

Wichtige Hilfsmaßnahme

Sollten beim Verpflanzen eines Baumes oder Strauches einige Wurzeln abgetrennt werden, so ist das Wurzelsystem eventuell nicht mehr fähig, das gesamte Gewächs mit Feuchtigkeit und Nährstoffen zu versorgen. Verhindern Sie dann Mangelerscheinungen, indem Sie die Äste einkürzen.

Stützen für Sträucher

In Regionen mit viel Wind benötigen Sträucher während des Anwachsens eine solide Stütze. Stecken Sie an jedem Strauch mit genügend Abstand zu den Wurzeln eine Stange in den Boden und binden Sie die Äste so an der Stütze fest, dass die Triebe nicht daran scheuern. Entfernen Sie die Stange, sobald der Strauch gut verankert ist.

Aussaat statt Verpflanzung

Einige Pflanzen, darunter Nachtkerzen (*Oenothera*), lassen sich nicht gut umsetzen. Man sollte sie daher besser neu ziehen. Säen Sie die Samen in kleine Anzuchttöpfe aus einem Material, das sich im Boden zersetzt, und verpflanzen Sie die Sämlinge direkt an ihren endgültigen Standort.

Siehe auch Absenken, Pflanzen

GÄRTNER-WISSEN

Gemüsesämlinge einsetzen

Achten Sie darauf, dass Sie die zarten Gewächse mit der richtigen Tiefe einpflanzen.

Tiefes Einpflanzen

Setzen Sie Sämlinge von Auberginen, Salat- und Gewürzgurken, Kohl, Melonen, Paprika, Tomaten und Zucchini bis zum untersten Blattansatz in den Boden.

Normal tiefes Einpflanzen

Graben Sie bei Chicoree, Roten Beten, Salat und Sellerie nur die Wurzeln ein und lassen Sie die Stängel komplett über der Bodenoberfläche stehen. Möglicherweise sieht es dann zunächst so aus, als ob sich die Sämlinge seitlich zum Boden neigten, doch sie erholen sich rasch wieder.

Vertikutieren

Wichtige Frühjahrskur

Rasenflächen müssen in jedem Frühjahr vertikutiert werden. Dabei entfernt man eine Filzschicht aus Moos, abgestorbenem Gras und anderem organischem Material, die sich unter dem Gras am Boden verdichtet hat.

Die richtige Tiefe feststellen

Ermitteln Sie zunächst die richtige Vertikutiertiefe. Fahren Sie dazu mit dem Vertikutierer über ein kleines Rasenstück und stellen Sie dabei die Messer so ein, dass diese den Boden gerade eben berühren. Damit haben Sie die Grundeinstellung. Geben Sie bei leicht verfilzten Flächen 3 mm Schnitttiefe und bei stark verfilzten 5 mm zu. Achten Sie immer darauf, nicht zu tief zu vertikutieren.

Filz entfernen

Leihen Sie sich zur Bearbeitung einer großen Rasenfläche möglichst ein motorbetriebenes Vertikutiergerät aus. Gehen Sie damit einmal in Längs- und einmal in Querrichtung über die Fläche. Bei kleinen Gärten genügt ein Rechen zur Entfernung des Filzes. Wiederholen Sie die Maßnahme nach 2 Wochen, falls sich nach der Bearbeitung immer noch Filz am Boden befindet.

Moos zusätzlich bekämpfen

Behandeln Sie Ihren Rasen, falls erforderlich, vor dem Vertikutieren mit einem Spezialmittel zur Bekämpfung von Moos, das ausgeharkt werden muss, sobald es sich schwarz verfärbt hat. Vertikutieren Sie niemals während der Moosblüte; sonst verteilen sich die Sporen.

Kahle Stellen neu einsäen

Säen Sie Stellen, die nach dem Vertikutieren kahl sind, neu ein. Halten Sie den Rasen bis zu 10 Tage nach dem Keimen der Gräser feucht. Bei großen Flächen empfiehlt sich ein Regner.

Notwendige Düngung

Düngen Sie die bearbeitete Fläche direkt nach dem Vertikutieren mit einem speziellen Rasendünger, entweder einem mineralischen Langzeit-präparat oder einem organischen Mittel. Beachten Sie die vom Hersteller empfohlene Dosis. Wässern Sie den Rasen anschließend reichlich.

Im Sommer sachgemäß gießen

Gießen Sie Ihren Rasen im Sommer nur bei lang anhaltender Hitze und Trockenheit, dann aber reichlich. Vermeiden Sie häufige oberflächliche Bewässerungen, die die Filzbildung steigern.

Kompostieren

Werfen Sie das Material, das Sie aus Ihrem Rasen entfernt haben, nicht in einem großen Haufen auf den Kompost. Es würde so nicht ausreichend Luftzufuhr erhalten und zu einer schleimigen Masse verklumpen. Häufen Sie es vielmehr auf und kompostieren Sie es nach und nach zwischen Schichten von Küchenabfällen und Stallmist. Dadurch ist eine gute Verrottung gewährleistet.

Siehe auch Moos, Rasenpflege

Vögel

Gefiederte Freunde

Die meisten Vögel zählen zu den besonders willkommenen Gästen im Garten, denn sie fangen große Mengen Insekten, Raupen, Larven, Maden und Läuse, mit denen sie sich und ihre hungrigen Jungen ernähren. Manche Vogelarten fressen auch Unkrautsamen. Achten Sie darauf, dass auf Ihrem Grundstück reichlich artgerechte Nahrung und frisches Wasser für die gefiederten Freunde vorhanden sind. Wichtig sind auch gute Rückzugsmöglichkeiten, etwa in Hecken oder Nistkästen.

Lästige Gesellen fern halten

Manche Vögel stellen allerdings auch ein Ärgernis dar. So treten Amseln, Spatzen und Stare oft in großer Zahl auf und hinterlassen irreparable Schäden. Beispielsweise zerwühlen sie Saatbeete, scharren Sämlinge aus der Erde oder fressen Samen und Obst. Auch umweltbewusste Gärtner müssen solche Zerstörungen nicht einfach hinnehmen. Es empfiehlt sich, sanfte Vertreibungsmethoden anzuwenden, unter denen die Tiere nicht leiden.

Vögel mögen Erdbeeren. Deshalb sollte man feinmaschige Schutznetze über die Pflanzen spannen, bevor die Früchte zu reifen beginnen.

Ein Futterbrett bauen

Ein Futterbrett für Vögel lässt sich mühelos selbst bauen. Hämmern Sie dazu einen 1,5 m langen Holzpfahl fest in den Boden. Sägen Sie ein rundes, etwa 4 cm dickes Stück Holz aus und bohren Sie ein dünnes Loch in die Mitte. Schlagen Sie die Platte nun mit einem Nagel, der dicker als das Loch ist, oben in die Mitte des Pfahles; bei dieser Vorgehensweise wird das Holz nicht splittern. Legen Sie außer Sämereien auch einige größere Kieselsteine auf das Futterbrett; die Vögel benutzen sie gern als Sitzgelegenheit. Stellen Sie unbedingt auch eine Schale mit Wasser dazu.

Hübsches Futterhäuschen

Wer sich gern handwerklich betätigt, sollte ein überdachtes Futterhäuschen anfertigen. Sägen Sie dazu zunächst ein quadratisches Futterbrett aus, auf dem Sie mit zwei Stützen wie links abgebildet ein Dach aus Sperrholz befestigen. Nageln Sie außerdem eine Umrandung aus Sperrholz um den Rand des Brettes, damit keine Samenkörner herunterfallen. Stellen Sie Ihr Futterhäuschen in der Nähe Ihres Hauses auf, sodass Sie oft Gelegenheit haben, die Vögel bei der Nahrungsaufnahme zu beobachten.

Feinde abwehren

Eine runde Holzscheibe, die etwa 30 cm unterhalb des Futterplatzes am Pfahl angebracht wird, hält Katzen und andere Vogelfeinde fern. Eine weitere Methode, diese Tiere abzuwehren, besteht darin, ein etwa 75 cm langes Stück Abflussrohr aus Kunststoff über den Pfahl zu stülpen. Genauso gut kann man auch einen Kletterrosenbusch an den Fuß des Pfostens pflanzen.

Eine bunte Besucherschar anlocken

Verteilen Sie Sonnenblumenkerne oder Samenmischungen mit verschiedenen öl- und eiweißreichen Samen auf dem Futterbrett; dann wird sich eine Vielzahl von Vogelarten bei Ihnen einstellen. Grünfinken mögen offenbar fast alles und werden Ihnen, zusammen mit Spatzen, wahrscheinlich die meisten Besuche abstatten. Zu den weiteren Gästen werden Blaumeisen, Kleiber, Kohlmeisen und Zeisige gehören. Auch Buchfinken und Türkentauben werden sich dann und wann sicherlich blicken lassen, obwohl sie grundsätzlich lieber vom Boden fressen.

Mit kleinen Portionen beginnen

Legen Sie anfänglich nur kleine Futtermengen aus, da Samen schnell feucht werden und dann zu schimmeln anfangen. Warten Sie ab, wie viele Vögel zum Fressen in Ihrem Garten erscheinen, und erhöhen Sie die Nahrungsmenge erst mit zunehmender Anzahl von Gästen.

Die Nahrung ergänzen

Ergänzen Sie die Samennahrung auf dem Futterbrett mit Getreideflocken, Trockenfrüchten, Käsekrümeln, Vollkornbrotkrumen und Kekskrümeln. Ganze Nüsse, auch ungesalzene Erdnüsse, eignen sich ebenfalls als Futter; man muss sie jedoch in einen Napf geben. Aufgehängte Fettklumpen locken speziell Meisen an. Bieten Sie Vögeln dagegen weder rohes Fleisch noch schimmeliges Brot an. Ebenso wenig dürfen die Tiere getrocknete Kokosnuss bekommen, denn diese kann im Kropf aufquellen und zum Erstickungstod führen.

Für genug naturgemäßes Futter sorgen

Achten Sie auch darauf, dass Ihre gefiederten Freunde genug Nahrung an den Pflanzen im Garten finden. Schneiden Sie deshalb Früchte bildende Sträucher und Hecken, beispielsweise Feuerdorn (*Pyracantha*), Rugosa-Rosen (*Rosa rugosa*), Schneebeeren (*Symphoricarpos*) und Stechpalmen (*Ilex*), nicht zu sehr zurück.

Leckerbissen aus dem Kompost

Drehen Sie an kalten oder verschneiten Wintertagen die oberste Schicht Ihres Komposthaufens um. In der Masse verstecken sich unzählige Insekten, die für viele kleine Vogelarten einen Festschmaus darstellen.

Nisthilfen anbieten

Bieten Sie den Vögeln in Ihrem Garten Baumaterial für ihre Nester an. Füllen Sie ein Netz, das zuvor als Verpackung von Zitrusfrüchten gedient hat, mit Bindfäden, Haaren und Woll- sowie Baumwollresten. Hängen Sie das Netz an einen Zweig.

Ein Vogelbad aufstellen

Ein Vogelbad sollte flach sein; 6–12 mm Tiefe sind genug. Es muss dann aber mindestens einmal am Tag aufgefüllt werden. Wählen Sie einen Platz in voller Sonne, der zudem nicht zu weit von Büschen oder einer Hecke entfernt liegt, damit die Vögel die Möglichkeit haben, sich nach dem Bad dort zum Trocknen ihres Gefieders niederzulassen. Das Bad sollte allerdings so frei stehen, dass sich keine Feinde ungesehen anschleichen können. Legen Sie auch einige Steine ins Wasser, auf die sich die Tiere setzen können. Ein Becken auf einem niedrigen Sockel lockt mehr Arten an als eines auf einem hohen Podest.

Gemüsebeete schützen

Verhindern Sie Schäden durch Vögel in Ihrem Gemüsegarten, indem Sie bei einer frisch eingesäten Fläche auf jeder Seite einen Holzpflock in den Boden schlagen und die jeweils einander gegenüberliegenden Pflöcke mit Schnüren verbinden, an denen Sie dornige Zweige befestigen.

Tunnel aus Maschendraht

Sämlinge und Jungpflanzen lassen sich wirksam mit einer Drahtabdeckung vor Vogelfraß bewahren. Schneiden Sie biegsamen, mit PVC beschichteten Maschendraht von 13 mm in ausreichend große Stücke, biegen Sie die Teile halbrund und stecken Sie den Draht entlang der Sämlingsreihen in den Boden.

Netze rutschfest anbringen

Häufig rutschen Netze zur Vogelabwehr von Obststräuchern herunter. Das können Sie mit einigen Bambusstöcken verhindern, die Sie um jeden Strauch in den Boden senken und auf deren Spitzen Sie eingeschlitzte Tennis- oder Tischtennisbälle stecken. Legen Sie nun das Netz über den Strauch und die Stöcke; es wird sicher an seinem Platz bleiben.

Abschreckende Folie

Hängen Sie zusammengeknüllte Aluminiumfolie an Fäden in Ihre Obstbäume. Sie schreckt Vögel ab, weil sie in der Sonne glitzert und außerdem im Wind raschelt. Der Effekt hält allerdings nur relativ kurze Zeit an.

Himbeersträucher schützen

Ziehen Sie aus einer alten Musikkassette, die Sie nicht mehr hören, das Band heraus. Ein Ende befestigen Sie an einem Himbeerstrauch; das andere bleibt frei hängen. Auch hier hält das Geräusch des flatternden Bandes die fliegenden Nahrungssucher fern – zumindest vorübergehend.

Siehe auch *Blumenampeln, Kirschen, Rote und Weiße Johannisbeeren, Zwiebeln*

Wacholder

Anspruchslose Konifere

Wacholder (*Juniperus*) stellt keine besonderen Anforderungen an den Boden, gedeiht aber besonders gut auf leicht kalk- oder kreidehaltigem Grund. Nur solange die Pflanzen jung sind, muss man sie im Sommer bei längerer Trockenheit gießen und mulchen, während ausgewachsene Koniferen kaum noch Pflege benötigen. Man braucht sie nicht einmal zurückzuschneiden, sondern höchstens ab und zu bei starkem Wuchern in Form zu bringen. Im Winter empfiehlt es sich allerdings, die aufrecht wachsenden Arten mit Schnüren fest zusammenzubinden, damit sich die Zweige bei Schneefällen unter der weißen Last nicht verbiegen oder gar abbrechen.

Vielfältige Wuchsformen

Es gibt rund 60 Wacholderarten auf der Welt, von denen ein gutes Dutzend mit einer großen Zahl an Sorten in unseren Regionen zur Gartengestaltung Verwendung findet. Je nach Wuchs eignen sich die Koniferen zur Pflanzung an ganz unterschiedlichen Stellen. Breitbuschige Formen wie der Stink-Wacholder oder Sadebaum (*Juniperus sabina* 'Mas') und der Chinesische Wacholder (*Juniperus chinensis*) werden bis zu 3 m hoch und eignen sich als Hintergrundbepflanzung in Rabatten und an Grundstücksrändern. Als Solitär genauso wie in Gruppen kommen säulenartige Gewächse gut zur Geltung, etwa der blaugraue Raketen-Wacholder (*Juniperus virginiana* 'Sky rocket'), der nach 10 Jahren seine volle Höhe von rund 1,8 m erreicht. Zwergformen, beispielsweise der 60–90 cm große *Juniperus communis* 'Compressa', wachsen hervorragend in Kübeln und zieren jede Terrasse. In Steingärten bilden niedrige und kriechende Sorten eine schöne Begrünung.

Steingärten auflockern

Pflanzen Sie kriechende Wacholderarten nicht an ebenen Stellen. Die Benadelung und die Farben kommen an einer Böschung oder auf einer Anhöhe besser zur Wirkung. In Kombination mit Zwergsträuchern lockern sie außerdem den Anblick eines Steingartens auf.

Beliebter Lückenfüller

Der äußerst beliebte Pfitzer-Wacholder (*Juniperus × media* 'Pfitzeriana') mag Schatten und füllt mit seinem ganzjährig dichten Laub wunderbar Lücken zwischen höheren Bäumen aus.

Farbe im Winter

Geben Sie Ihren winterlichen Rabatten mit *Juniperus conferta* schöne Farbe. Der apfelgrüne Laubteppich, den die Pflanze bildet, erhält in der kalten Jahreszeit zusätzlich einen Bronzestich und stellt beispielsweise einen

äußerst reizvollen Kontrast zu Blauen Kriechwacholdern (*Juniperus horizontalis* 'Glauca' und 'Prince of Wales') sowie der ausladenden Sorte *Juniperus communis* 'Depressa Aurea' her.

Rücksicht auf Birnbäume nehmen

Beachten Sie, dass manche Wacholdersorten, darunter viele des Stink-Wacholders, Zwischenwirte für den Birnengitterrost, eine Laubkrankheit, sind. Informieren Sie sich also genau, welche Wacholderarten und -sorten für Sie infrage kommen, falls Sie auch Birnen in Ihrem Garten kultivieren.

Walnüsse

Frostfreier Standort

Lassen Sie sich bei der Auswahl einer Echten Walnuss (*Juglans regia*) in einer Baumschule eingehend beraten, damit die Sorte, für die Sie sich entscheiden, optimal zu den klimatischen Bedingungen in Ihrer Region passt. Kaufen Sie ein veredeltes Gewächs, das Sie im zeitigen Frühjahr in humosen Boden setzen. Das Pflanzloch muss dreimal so groß wie der Wurzelballen sein. Achten Sie darauf, dass die Veredelungsstelle eine Handbreit über der Erde liegt. Walnüsse brauchen mindestens 6 Stunden Sonne am Tag, damit sie nach 2–3 Jahren tragen.

Plastikfolie unterlegen

Je nach Sorte werden Walnüsse im September oder Oktober reif und fallen dann größtenteils ab. Bedecken Sie den Boden um Ihren Baum rechtzeitig mit Plastikfolie. Schütteln Sie mit einem langen Stock alle Nüsse herunter, die noch am Baum hängen. Klappen Sie die Folie anschließend an den Ecken zusammen und transportieren Sie Ihre Ernte so bequem ins Haus.

Die Schalen reinigen

Reinigen Sie Walnüsse mit einer angefeuchteten sauberen Nagelbürste. Dadurch entfernen Sie nicht nur Schmutz, sondern vermindern auch das Risiko einer Schimmelbildung. Trocknen Sie die Nüsse daraufhin am besten in einem gut belüfteten Raum auf einem Gitter. Wenden Sie die Früchte täglich.

Maßnahmen nach Frostschäden

An jungen Walnüssen wird der Haupttrieb leicht durch Frost beschädigt. Der Baum entwickelt dann drei oder vier Triebe anstelle des einen ursprünglichen Triebes. Dadurch wird er unansehnlich und letztlich instabil. Bevor es so weit kommt, sollte man einen Trieb auswählen, der den abgestorbenen Haupttrieb ersetzt, und den sonstigen Zuwachs entfernen. Bestreichen Sie die Schnittstellen immer mit Wundverschluss. Die Maßnahme muss unbedingt im Spätsommer erfolgen. Bei einer Einkürzung im Frühling würde das gesamte Gewächs geschwächt und schnell mit Pilzen infiziert.

Lagerung der Früchte

In Salz halten sich Walnüsse über ein Jahr lang. Schichten Sie dazu abwechselnd eine Lage Nüsse und eine Lage aus gleichen Teilen grobkörnigem Salz und Kokosfasern in einen Tontopf oder eine Holzkiste. Statt der Kokosfasern eignen sich auch getrocknete Hartholzspäne, Kartoffelkraut oder Sägemehl. Drücken Sie jede Schicht gut fest. Decken Sie den Behälter zu und stellen Sie ihn an einen kühlen dunklen Platz.

Wasser

Eingegrabenes Auffangbecken
Zweigen Sie von einer Dachrinne am Gewächshaus eine Rohrleitung ab und fangen Sie das durchlaufende Regenwasser in einer eingelassenen Zisterne auf. Das Wasser sollte sich leicht erwärmen, bevor Sie vor allem empfindliche Pflanzen wie Azaleen (Rhododendron), Gardenien (Gardenia) und Orchideen damit gießen.

Regentonne auf dem Balkon
Wer auf einem Balkon gärtnert, der zu einer Eigentumswohnung gehört, sollte dort eine Regentonne an ein Fallrohr der Dachrinne anschließen. Vorab muss man die Erlaubnis der Miteigentümer einholen.

Übermäßige Algenbildung vermeiden
Regenwasserbehälter sollten möglichst aus lichtundurchlässigem Material bestehen, damit sich nicht zu viele Algen darin bilden. Versehen Sie das Fass am Boden mit einem Abfluss mit Schraubverschluss, damit Sie es bei Bedarf bequem entleeren und reinigen können.

Schmutzwasser
Beim ersten Regenschauer nach einer längeren Trockenheit werden anfänglich größere Mengen Schmutz aus der Luft und vom Dach in eine Regentonne geschwemmt. Leiten Sie solches Schmutzwasser mit einer Rinne, die Sie mittels eines Scharniers über dem Auffangbehälter installieren,

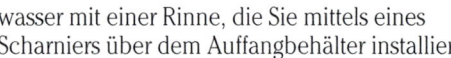

in einen leichten Plastikbehälter mit Henkel, der am Ende der Rinne hängt. Die Vorrichtung muss so funktionieren, dass das Gewicht des vollen Behälters die Rinne hochdrückt und alles weitere Wasser, das nun wieder sauber ist, aus dem Fallrohr in die Tonne läuft.

Autos nicht zu Hause waschen
Waschen Sie Ihren Wagen nicht in der Einfahrt, auf dem Hof oder auf der Straße, da die Rückstände das Grundwasser verschmutzen. Fahren Sie möglichst zu einer Waschstraße.

Korrekter Ölwechsel
Beim Ölwechsel an Ihrem Pkw oder Rasenmäher darf auf keinen Fall Altöl in die Kanalisation gelangen. Fangen Sie es in einem Kanister auf. Bringen Sie es zu einer Werkstatt oder erkundigen Sie sich bei der Stadtverwaltung nach anderen Entsorgungsmöglichkeiten in Ihrer Umgebung.

GÄRTNER-WISSEN

Sinnvoll: Regenwasseranlagen
Erwägen Sie, eine Zisterne in Ihrem Garten oder Keller zu installieren, die sich über eine Leitung auch mit der Toilettenspülung und der Waschmaschine in Ihrem Haus verbinden lässt.

Pro Person werden in Deutschland täglich etwa 140 l Frischwasser verbraucht. Davon entfallen allein auf die Gartenbewässerung und die Toilettenspülung rund 36 %, eine erhebliche Menge, die sich durch Nutzung von Dachablaufwasser leicht einsparen lässt, denn dieses eignet sich für alle Zwecke, bei denen es nicht auf mikrobiell einwandfreie Qualität ankommt. Mit dem Wasser, das in der Anlage mehrfach gefiltert wird, kann man auch problemlos Wäsche waschen. Sobald der Tank voll ist, versickert überschüssiges Wasser auf dem Grundstück oder wird in das Kanalnetz geleitet. Und ist die Zisterne nach einer längeren Trockenperiode einmal leer, so füllt sie sich automatisch mit Trinkwasser auf.
Die Kosten für die Installation einer für einen Vier-Personen-Haushalt notwendigen 6000 l fassenden Anlage durch einen Fachbetrieb belaufen sich auf etwa 5 000 Euro, eine Investition, die sich aufgrund der ständig steigenden Trink- und Abwassergebühren bereits nach einigen Jahren amortisiert, zumindest mit öffentlicher Bezuschussung. Auf jeden Fall aber leistet man einen wichtigen Beitrag zur Einsparung einer immer knapper werdenden Ressource. Für Regenwasseranlagen braucht man in der Regel keine spezielle Baugenehmigung.

Wassergärten

Optisch reizvolle Abwechslung
Wählen Sie bei der Planung eines Wassergartens Pflanzen mit unterschiedlichen Formen und Farben aus. Kombinieren Sie beispielsweise tellerförmige Seerosen (Nymphaea), Schwertlilien (Iris), unterschiedliche Gräser und Gewächse mit eher rundlichen Formen. Setzen Sie auch ein paar panaschierte Pflanzen dazwischen, die einen dauerhaft schönen Blickfang bilden, während andere Arten nach dem Verblühen unattraktiver werden.

Vor dem Einsetzen reinigen
Setzen Sie Wasserpflanzen auf keinen Fall unmittelbar nach dem Kauf in Ihren Teich, denn auf Blättern und Wurzeln könnten sich Larven, Eier oder unerwünschtes Ungeziefer befinden. Reinigen Sie die Gewächse zunächst gründlich unter dem Wasserhahn.

Die richtige Erde
Sieben Sie die Erde für Teichpflanzen immer gut durch, denn Blätter, Zweige und Unkraut in der Masse würden sich im Wasser zersetzen und es faulen lassen. Verwenden Sie vorzugsweise schweren Lehmboden; er fördert ein gesundes Wachstum bei Wasserpflanzen. Erde mit viel organischem Material ist in Teichen nicht ideal, weil sie das Wasser schnell grün einfärbt.

Fest verankern
Umhüllen Sie die Wurzelstöcke von Seerosen vor der Pflanzung mit einem Stück Rasen, das Sie mit einem Gummiband oder einem Stück plastikbeschichtetem Draht zusammenhalten. Geben Sie die Pflanze dann behutsam ins Wasser. Durch das Gewicht des Rasenstücks sinkt sie auf den Grund des Teiches hinab, wo sie von selbst Wurzeln ausbildet und festwächst. Indem Sie zusätzlich einen kleinen Stein am unteren Teil des Wurzelballens befestigen, stellen Sie sicher, dass sich die Seerose präzise an den gewünschten Platz bewegt.

Pflanzkörbe benutzen
Noch besser ist es allerdings, Seerosen in spezielle Pflanzkörbe aus Plastik zu setzen. Der Behälter

wird mit sauberer grober Jute oder Sackleinen ausgelegt und zum Teil mit Lehmerde gefüllt, in die pro Eimer zwei Hand voll sterilisiertes Knochenmehl oder eine Hand voll Superphosphat gemischt sind. Man legt Seerosen mit rhizomartigen Wurzelstöcken waagrecht in den Behälter und ergänzt dann so viel von der Bodenmischung, dass die Vegetationspunkte gerade noch zu sehen sind. Pflanzen mit knollenartigen Wurzeln werden senkrecht in die Erde gesenkt und bis zum Hals eingegraben. Zum Schutz vor Fischen streut man oben eine Schicht Kies auf den Behälter.

Andere Behälter

Als Alternative zu den genannten Pflanzkörben sind Plastiktöpfe mit 25 cm Ø einsetzbar, in die man mehrere 6 mm große Löcher bohrt. Auch ausrangierte Nylonstrümpfe lassen sich gut nutzen. Ziehen Sie mehrere davon übereinander, bis Sie einen dicken Beutel haben. Stecken Sie dann eine Wasserpflanze in den inneren Strumpf und füllen Sie ihn mit Erde auf. Binden Sie den Beutel vorsichtig am Hals der Pflanze zusammen, damit sich die einzelnen Teile im Wasser nicht voneinander lösen.

Schwer erreichbare Stellen bepflanzen

Es ist nicht schwierig, eine Pflanze in der Mitte eines großen Teiches zu versenken. Ziehen Sie auf beiden Seiten des Pflanzkorbs durch zwei einander gegenüberliegende Löcher am oberen Rand jeweils ein stabiles dünnes Seil. So sind Sie in der Lage, den Behälter mithilfe einer anderen Person über den Teich zu heben. Bringen Sie den Korb nun durch Ziehen bzw. Nachgeben an den Seilenden in die richtige Position. Entfernen Sie das Seil vorsichtig aus dem Pflanzbehälter, nachdem Sie die Pflanze eingesenkt haben.

Wildes Wuchern verhindern

Schwimmpflanzen wie das Moosfarn (Azolla caroliniana) und die Wassernuss (Trapa natans) vermehren sich so stark, dass sie zur Plage werden können und einen ganzen Teich zuwachsen. Das sieht nicht nur unschön aus, sondern kann eine Gefahr darstellen, etwa wenn Gäste nicht bemerken, dass sich unter der grünen Schicht Wasser befindet. Setzen Sie deshalb nur sehr wenige solcher Pflanzen in den Teich.

Insektenbefall bekämpfen

Legen Sie bei Schädlingsbefall ein Stück Gitterdraht über die Blätter Ihrer Pflanzen und lassen Sie zusätzliches Wasser einlaufen. Die Fische im Teich können die Insekten nun mühelos abfressen. Entfernen Sie den Gitterdraht nach ein paar Tagen wieder. Verwenden Sie chemische Insektenvertilgungsmittel nur in Teichen ohne Fische und andere tierische Bewohner.

Seerosen auswählen

Setzen Sie nicht zu viele Seerosen in einen Teich; höchstens die Hälfte der Wasseroberfläche sollte mit den tellerförmigen Blättern bedeckt sein. Lassen Sie sich auf alle Fälle in einem auf Wasserpflanzen spezialisierten Gartencenter beraten und bedenken Sie bei der Auswahl, dass Seerosen sehr ruhiges Wasser benötigen und nur in großer Entfernung von Springbrunnen oder Wasserfällen gedeihen. Wählen Sie für kleine Teiche am besten Zwergformen.

Schrittweise Ansiedlung in tiefem Wasser

Tiefwasserpflanzen, zu denen auch Seerosen gehören, wachsen in bis zu 2 m tiefen Teichen. Damit sie in der ersten Saison schon blühen, müssen sie dort schrittweise angesiedelt werden. Stellen Sie die Gewächse in ihren Pflanzkörben zunächst so auf einen Stapel Ziegelsteine in den Teich, dass die Blätter knapp über die Wasseroberfläche ragen. Sobald die Pflanze größer wird, entfernen Sie allmählich einen Ziegelstein nach dem anderen. Der Vorgang dauert mehrere Wochen. Bei Pflanzen, die in großen Teichen außer Reichweite angesiedelt werden, geht man so vor, dass man den Pflanzkorb mit einem Seil an zwei Stöcken an einander gegenüberliegenden Ufern befestigt. Dann lockert man das Seil nach und nach, sodass die Pflanze immer tiefer ins Wasser sinkt.

Optische Vergrößerung

Lassen einen kleinen Teich optisch größer erscheinen, indem Sie struppigen Zwergwacholder mit silbrig-bläulichem Laubwerk an die Ränder pflanzen, beispielsweise Schuppen-Wacholder (Juniperus squamata 'Blue carpet' oder 'Blue Star').

DIE RICHTIGE WAHL

Schöne Wasserpflanzen

Suchen Sie die Gewächse für Ihren Teich entsprechend der Pflanztiefe aus.

Pflanzen für tiefes Wasser (50 cm–2 m)
Hornkraut (Ceratophyllum demersum), Laichkraut (Potamogeton natans), Seekanne (Nymphoides peltata), Seerosen, große Arten (Nymphaea), Gelbe Teichrose (Nuphar lutea), Wasserähre (Aponogeton distachyos)

Pflanzen für mittlere bis flache Wassertiefe (10–30 cm)
Fieberklee (Menyanthes trifolia), Froschlöffel (Alisma plantago-aquatica), Igelkolben (Sparganium erectum), Pfeilkraut (Sagittaria sagittifolia), Rohrkolben (Typha latifolia), Schwanenblume oder Blumenbinse (Butomus umbellatus), Tannenwedel (Hippuris vulgaris)

Schwimmpflanzen (für jede Wassertiefe geeignet)
Froschbiss (Hydrocharis morsus ranae), Moosfarn (Azolla caroliniana), Tausendblatt (Myriophyllum verticillatum), Wasseraloe oder Krebsschere (Stratiotes aloides), Wasserhahnenfuß (Ranunculus aquatilis), Wasserhyazinthe (Eichhornia crassipes), Wasserlinse (Lemna minor), Wassernuss (Trapa natans)

Anzucht

Wasserpflanzen lassen sich am einfachsten durch Teilung vermehren. Einige Arten wie die Wasserähre (Aponogeton distachyos) und die Wassernuss (Trapa natans) sind aber auch leicht zu ziehen. Sammeln Sie die Samen von den reifen Fruchtständen; die Saat darf nicht austrocknen. Nehmen Sie die Aussaat in einem flachen Behälter mit Lehmerde vor, den Sie so in eine Schale mit Wasser stellen, dass der Boden etwa 3 cm unter der Wasseroberfläche liegt. An einem halbschattigen Platz im Gewächshaus oder im Kalten Kasten keimen die Samen nach 2–3 Wochen. Pikieren Sie die Sämlinge, sobald das erste echte Blattpaar an ihnen erscheint, in Töpfe oder Kisten, die dann erneut im Gewächshaus bzw. im Kalten Kasten unter Wasser gestellt werden müssen. Setzen Sie die jungen Pflanzen im Frühjahr des folgenden Jahres in Ihren Teich.

Siehe auch *Gartenteiche, Iris*

Wasserspiele

Ausreichender Abstand zu Pflanzen

Eine Fontäne ist wunderschön anzusehen; ihr fließendes Wasser begünstigt darüber hinaus den Sauerstoffhaushalt eines Teiches. Doch stören Wasserspritzer empfindliche Ziergewächse wie Seerosen (Nymphaea). Zudem werden Schwimmpflanzen leicht von den Pumpen unter Wasser gezogen. Deshalb empfiehlt es sich, ein Wasserspiel stets in ausreichendem Abstand zu zarten Pflanzen zu installieren und möglichst eine glockenförmige Kaskade zu wählen.

Den Strahl niedrig halten

Starke steile Wasserstrahlen spritzen häufig über Teiche hinaus und verwandeln den umliegenden Garten in einen Morast. Stellen Sie eine Fontäne so ein, dass ihre Höhe dem Radius des Wasserbeckens entspricht.

Passende Modelle für Familien mit Kindern

Die geringste Gefahr für Kinder besteht, wenn das Wasser in ein unterirdisches Reservoir sickert. Dies ist bei Springbrunnen der Fall, die in einem Mühlstein oder Kiesbett installiert sind.

Eine sprudelnde Fontäne macht einen Gartenteich optisch noch interessanter.

Gaben für die Brunnengeister

Es ist ein uralter Glaube, dass im Wasser Geister hausen, mit denen sich die Menschen gut stellen müssen. In ganz Europa brachte man früher an Quellen und anderen Gewässern Girlanden oder Kränze dar, mit denen man die „Wasserbewohner" wohlwollend stimmen wollte. Die Tradition hat sich u. a. im Wunsiedeler „Brunnenputzen" erhalten, das jedes Jahr am Samstag vor Johanni (24. Juni) begangen wird. Dabei werden bei einem farbenprächtigen Umzug 32 Wasserspender in der Fichtelgebirgsstadt festlich geschmückt und beleuchtet.

Verstopfte Filter vermeiden

Abgestorbene Pflanzenteile am Grund eines Teiches blockieren leicht die Filter von Wasserpumpen. Das lässt sich verhindern, indem man Ziegelsteine nebeneinander auf den Beckenboden legt und die Pumpe darauf stellt.

Der passende Stil

Wählen Sie Wasserspiele, die zum Stil Ihres Gartens passen. Auf einem nach strengen formalen Kriterien angelegten Grundstück sieht ein klassischer Springbrunnen am besten aus, während sich für einen naturnahen Garten eher ein kleiner Wasserfall eignet. Inmitten von Blattwerk wirkt auch ein exotischen Vorbildern nachempfundener Wasserspeier sehr originell, der ganz einfach anzufertigen ist. Schneiden Sie ein dickes hohles Bambusrohr an einem Ende im Winkel von 45 Grad ab und stecken Sie das andere Ende auf das Auslassrohr einer kleinen Wasserpumpe. Bauen Sie aus zwei weiteren Rohren einen x-förmigen Ständer.

Siehe auch *Gartenteiche*

Weiden

Durstige Hölzer

Es gibt für jede Gartengröße eine passende Weidenart. Auf weitläufigen Flächen kommen beispielsweise Sal- (Salix caprea) und Korkenzieherweiden (Salix matsudana 'Tortuosa') schön zur Geltung. Für kleine Grundstücke bieten sich eher Kriech- (Salix repens) und Spießweiden (Salix hastata 'Wehrhahnii') an. Die sommergrünen Bäume oder Sträucher, deren silbergraue Kätzchen uns den Frühling verkünden, geben sich mit jedem Bodentyp zufrieden, soweit er nur feucht genug ist. An sonnigen Stellen wachsen sie am schönsten.

Weites Wurzelgeflecht

Bedenken Sie beim Pflanzen, dass sich Weidenwurzeln oft sehr stark ausbreiten und auch vor Wasserleitungen nicht Halt machen, an denen sie dann erhebliche Schäden anrichten. Wählen Sie also einen weit vom Haus entfernten Standort. Die Pflanzzeit liegt zwischen Oktober und März.

Farbakzent im Winter

Mit leuchtend orangefarbenen Ästen sorgt die Salweiden-Sorte 'Britzensis' für mehr Farbe im winterlichen Garten. Wer kühlere Töne bevorzugt, pflanzt eine Reifweide (Salix daphnoides), die schönes violettfarbenes Astwerk aufweist.

Zwei Schnittmethoden

Schneiden Sie Weidenarten mit farbiger Rinde jedes Jahr im Februar oder März zurück. Soll das Gehölz eine buschige Form annehmen, bei der alle Äste stammartig aus dem Boden wachsen, dann kürzen Sie es fast vollständig ein. Warten Sie dagegen bei Pflanzen, die hoch werden sollen, bis eine Größe von etwa 1,2 m erreicht ist; nehmen Sie dann die seitlichen und oberen Äste zurück. Beide Schnittmethoden kräftigen die Gewächse und sorgen für leuchtende Farben am Holz.

Vermehrung durch Stecklinge

Verwenden Sie einige der beim Rückschnitt abfallenden Teile als Stecklinge. Schneiden Sie jeden Trieb in 30 cm große Stücke, die Sie anschließend rund 25 cm tief in eine Furche im Boden setzen. Bis zum Herbst schlagen die Stecklinge Wurzeln und lassen sich nun an andere Standorte verpflanzen.

Weihnachtsbaum

Ein Anblick, der vielen Freude macht

Ein geschmückter Christbaum im Garten schafft zur Weihnachtszeit eine wunderbar festliche Atmosphäre. Der Anblick erfreut nicht nur Ihre eigene Familie, sondern auch Gäste, Nachbarn und Passanten. Ideal ist ein traditioneller Nadelbaum, aber genauso eignen sich kahle Laubbäume oder große Sträucher dafür, mit einer dekorativen Lichterkette beleuchtet zu werden. Wählen Sie ein Gehölz mit einer schönen Wuchsform, das von Ihrem Wohnzimmer wie von der Straße aus gut sichtbar ist.

Jedes Jahr wieder verwenden

Es ist möglich, einen Wurzeln tragenden Weihnachtsbaum nach dem Fest in den Garten zu pflanzen und im folgenden Jahr wieder ins Haus zu holen. Setzen Sie solch einen Baum in einen Topf mit Pflanzerde. Das Gefäß muss einen Durchmesser von mindestens 25 cm haben. Gewöhnen Sie das Gehölz langsam an die Wärme im Haus und lassen Sie es nicht länger als 10 Tage drinnen stehen. Bringen Sie den Baum nach Weihnachten wieder nach draußen. Stellen Sie ihn aber nachts noch einige Wochen lang in einen Schuppen oder eine Garage. Danach graben Sie den Topf an einer geschützten halbschattigen Stelle bis zum Rand ein. Holen Sie die Pflanze im folgenden Jahr 3 Wochen vor dem Fest mitsamt dem Topf wieder aus der Erde, ohne dabei die Wurzeln zu beschädigen. Gewöhnen Sie den Baum behutsam an Zimmertemperaturen und bewahren Sie ihn zunächst in einem kühlen hellen Raum auf.

Starkes Nadeln verhindern

Durch Heizungsluft verlieren Weihnachtsbäume oft große Mengen an Nadeln und sehen dann unattraktiv aus. Sprühen Sie Ihren Baum, noch bevor

Sie ihn ins Haus holen, mit einem Transpirationshemmer ein. So bleibt er bis zum Dreikönigstag frisch. Das in Gartencentern erhältliche Spray enthält Kiefernnadelöl und überzieht die Nadeln mit einer wasserundurchlässigen Schicht. Auf diese Weise verhindert es den Verlust von Feuchtigkeit, was der Grund für das Abfallen von Nadeln ist. Nach dem Trocknen wird das Mittel unsichtbar; es hat keine Nebenwirkungen.

Hoher Wasserbedarf

Ein Weihnachtsbaum braucht im Haus abhängig von seiner Größe und dem Volumen des Pflanzgefäßes täglich bis zu 1 l Wasser oder sogar mehr. Stellen Sie den Topf vor dem Schmücken in einen Untersetzer. Wer mag, umwickelt beide zusammen mit Krepppapier. Geben Sie dem Baum möglichst einen hellen Platz, der weit von Heizkörpern und Kaminen entfernt ist.

Natürliche Dekoration

Sammeln und bemalen Sie mit Ihren Kindern Tannenzapfen, die Sie dann an Ihren Weihnachtsbaum hängen. Beschränken Sie sich auf wenige Farben; ein natürlicher Baumschmuck wirkt mit dezenter Gestaltung am schönsten. Besprühen Sie die Zapfen zum Abschluss mit Klarlack, damit sie besonders gut zur Geltung kommen.

Weitere Verwertung

Werfen Sie einen Weihnachtsbaum ohne Wurzeln nach den Festtagen nicht einfach weg. Verwenden Sie trockene Nadeln als sauren Mulch für Heidekrautgewächse (Erica und Calluna). Legen Sie kleine Zweige zum Schutz gegen Kaninchen und Katzen an Ihre Sämlinge im Gemüsebeet. Und benutzen Sie den Stamm, an dem Sie einige Äste belassen, als Rankhilfe für einjährige Kletterpflanzen wie Glockenwinden (Codonopsis clematidea), Kapuzinerkresse (Tropaeolum), Prunkwinden (Ipomoea), Wicken (Lathyrus) oder Zierhopfen (Humulus lupulus).

Weintrauben

Geschützte Lage

Weinreben (Vitis vinifera) gedeihen im Garten, aber nur in geschützten Lagen; über 300 m wachsen sie nicht mehr gut. Selbst wenn die Ernte in einem kühleren Sommer einmal nicht zufrieden stellend ausfällt, bilden die Pflanzen doch zumindest eine herrliche Zierde, vor allem mit herbstlich verfärbtem Laub. Weinstöcke werden bis zu 4,5 m hoch und ebenso breit.

Anpflanzung

Der beste Platz für Wein ist an der Süd- oder Südwestseite eines Hauses. Lassen Sie ihn vorzugsweise als Kordon hochranken, also als kleinwüchsigen Schnurbaum. Als Stützen befestigen Sie einige waagrechte Drähte, die Sie in etwa 15 cm lange Haken vor die Wand spannen. Heben Sie anschließend direkt vor der Mauer einen 30 cm breiten Graben aus und füllen Sie ihn mit Kies. Graben Sie dann rund 50 cm von der Mauer entfernt ein etwa 40 cm tiefes Pflanzloch. Geben Sie reichlich Kompost hinein, dem Sie Kalk beimischen. Wässern Sie den Wein mehrere Stunden und setzen Sie ihn dann in das Loch; der Wurzelballen muss schräg liegen. Achten Sie darauf, dass sich die Veredelungsstelle etwa 5 cm über dem Boden befindet. Gießen Sie die Pflanze anschließend noch einmal ausgiebig.

Pilzbefall vorbeugen

Spritzen Sie Ihre Weinstöcke zwischen Mai und August einmal im Monat mit einem biologischen Pilzvorbeugungsmittel.

Sorgfältiger Schnitt

Eine der wichtigsten Arbeiten am Weinstock ist der Pflegeschnitt. Ziehen Sie bei Kordons im ersten Jahr nur den Haupttrieb und schneiden Sie alle Nebentriebe auf zwei Augen zurück. Kürzen Sie dann den Haupttrieb im folgenden Frühjahr auf 60–100 cm und binden Sie ihn senkrecht hoch. Im Sommer darauf entfernen Sie alle Seitenäste bis auf zwei, die Sie dann im Winter bis zur gewünschten Länge zurücknehmen und waagrecht an die Drähte binden. Aus den Augen treiben in der Folge neue Seitensprosse mit Früchten. Kappen Sie diese jungen Seitentriebe wiederum auf vier Blätter über dem Fruchtansatz und entfernen Sie allen weiteren Zuwachs. Im Winter darauf kürzen Sie dann die Ruten bis auf zwei Knospen, über denen ungefähr 2 cm Holz stehen bleiben muss, damit sie nicht austrocknen. Von den beiden Trieben, die sich aus den Knospen entwickeln, bildet einer das Fruchtholz und der zweite den Ersatztrieb, aus dem im nächsten Jahr die Fruchtrute wächst.

Andere wichtige Pflegemaßnahmen

Düngen Sie Ihren Wein in jedem Herbst mit einer großen Menge reifem Kompost oder gut verrottetem Mist. In kalkarmen Böden sind zusätzliche Kalkgaben erforderlich. Mulchen Sie die Pflanze während der gesamten Vegetationszeit mit Stroh oder Grasschnitt, damit der Grund immer gut feucht bleibt. In kühlen Lagen ist während der Wintermonate eine dickere Schutzschicht aus Stroh ratsam.

DIE RICHTIGE WAHL

Gute Trauben für den Garten

Wählen Sie entsprechend Ihrem persönlichen Geschmack zwischen den hier genannten Sorten aus. Alle zeigen nur eine geringe Anfälligkeit gegen Echten Mehltau und sind resistent gegen Falschen Mehltau.

'Boskoop Glory': Mittelgroße blaue Beeren mit süß-fruchtigem Geschmack; sogar sehr geringe Anfälligkeit gegen Echten Mehltau

'Muscat bleu': Mittelgroße blaue Beeren mit feinem Muskatton

'Phoenix': Kleine grüngelbe Beeren mit feinem Muskatgeschmack; brauchen Weinbauklima

'Regent': Kleine dunkelblaue Beeren mit fester Schale

Gewächshauskultur

Weintrauben eignen sich auch gut für die Kultivierung im Gewächshaus, was auf zwei verschiedene Arten möglich ist: Entweder wächst die Pflanze vollständig unter Glas oder sie wird in ein Beet außerhalb des Gewächshauses gesetzt und nur ihre Zweige wachsen durch eine Öffnung ins Innere. Jede Methode hat bestimmte Vorteile. Im ersten Fall bringt die Pflanze durch die anhaltende Wärme mehr Reben hervor, während im zweiten die Bewässerung wesentlich leichter ist. Als Stützen spannt man unterhalb des Daches Drähte in Abständen von etwa 30 cm.

Anbau auf dem Balkon

Weintrauben gedeihen auch auf sonnigen geschützten Balkons, wo man sie in Pflanzkübel mit einem Durchmesser von 40–50 cm und einer Höhe von etwa 50 cm setzt. Wählen Sie kräftige Triebe zur Erziehung aus, die Sie an einem Rankgitter hochwachsen lassen. Topfen Sie die Pflanze alle 2 Jahre um; so wird sie prächtig gedeihen und Ihnen viele süße Früchte schenken. Greifen Sie zu einem organisch-mineralischen Dünger.

Weiße Fliege

Lästige Schädlinge

Mottenschildläuse *(Aleyrodidae)*, besser unter der Bezeichnung Weiße Fliegen bekannt, sind mit den Blatt- und Schildläusen verwandte Schädlinge. Sie saugen Saft aus Blättern und legen ihre Eier auf deren Unterseiten. Die länglichen schuppigen Larven scheiden ein süßes klebriges Sekret aus, den Honigtau, auf dem sich leicht schwärzliche Rußtaupilze ansiedeln. Da sich die Insekten schnell vermehren, welken befallene Pflanzen bald und sterben ab, falls man nicht eingreift.

Gefährdete Pflanzen

Im Freiland lassen sich Weiße Fliegen im Sommer vor allem auf Kohl und Rhododendren nieder, während sie in Gewächshäusern und Frühbeeten bevorzugt Gurken, Tomaten, Fuchsien, Geranien und Primeln angreifen. In heißen Monaten ohne Regen hat man öfter auch bei Sommerblumen und Balkonpflanzen Probleme mit den Insekten.

Vorbeugung

Mottenschildläuse mögen Wärme und Trockenheit. Gießen oder sprühen Sie deshalb im Gewächshaus und in Folientunneln häufig. Hängen Sie zudem Gelbtafeln über oder neben gefährdeten Pflanzen auf. So erkennen Sie schon früh einen Befall.

Natürliche Feinde anlocken

Raubmilben und Schlupfwespen gehören zu den natürlichen Feinden der Weißen Fliege. Locken Sie solche Insekten an, indem Sie Doldenblütler wie Dill und Kerbel pflanzen.

Abhilfe bei geringem Befall

Schütteln Sie Gewächse, auf denen sich bislang nur eine geringe Zahl von Weißen Fliegen befindet, oder saugen Sie die Tiere mit einem Handstaubsauger ab. Ebenso ist es möglich, die Pflanzen mit einer Schmierseifenlösung einzusprühen oder abzuwaschen.

Vorgehensweise bei starkem Befall

Biogärtner versuchen auch bei starkem Befall der Insekten erst einmal mit Brennnesselauszug oder Rainfarn-Tee Herr zu werden. Zeigt solch hausgemachter Pflanzenschutz keine Wirkung, bleibt noch die Möglichkeit, Pyrethrum-Präparate einzusetzen. Es handelt sich dabei um Insektizide, die aus den getrockneten Blütenköpfen von Chrysanthemen hergestellt werden. Man muss sie mehrere Male nacheinander im Abstand von 10 Tagen anwenden. Spritzen Sie möglichst mit einem Hochdruckgerät; damit erreichen Sie am besten die Blattunterseiten.

Ausräuchern

Manche Gartenfreunde schwören auf die Methode, Weiße Fliegen im Gewächshaus auszuräuchern. Geben Sie eine größere Menge fast trockenes Eichenlaub in einen großen Tonblumentopf mit Untersetzer und stellen Sie das Gefäß auf den Boden oder eine Unterlage aus Metall.

Dichten Sie dann die Fenster und Belüftungs-schlitze in Ihrem Gewächshaus gut ab und ent-zünden Sie die Blätter. Lassen Sie das Laub 30 Mi-nuten lang glimmen und geben Sie bei Bedarf weitere Blätter hinzu. Der beißende Qualm, der entsteht, tötet nicht nur Mottenschildläuse, son-dern auch andere schädliche Insekten.

Einsatz von Pestiziden vermeiden
Greifen Sie bei der Bekämpfung von Weißen Flie-gen möglichst nicht zu starken Chemikalien, denn Sie vernichten dabei gleichzeitig viele Nützlinge.

Zerstörte Gewächse entsorgen
Vernichten Sie im Herbst alle Blätter oder Pflan-zen, die durch Weiße Fliegen zerstört wurden. Werfen Sie die infizierten Teile keinesfalls auf den Kompost.

Wespen

Fallen an Bäume hängen
Halten Sie Wespen mit einer einfachen Methode von Ihrem Obst fern. Schneiden Sie den oberen Teil einer Plastikflasche ab und setzen Sie ihn um-gedreht in den verbliebenen Teil, in den er nun tunnelartig hineinragt. Gießen Sie etwas gezuckertes Wasser in die Flasche. Bohren Sie anschließend mit einer Stopfnadel oder einem Metallspieß zwei Lö-cher in den Flaschenhals und ziehen Sie einen Faden hindurch. Hängen Sie die Vorrichtung an einem Ast auf. Die Wespen werden durch das Zuckerwasser an-gelockt und kommen nicht mehr aus der Flasche heraus.

Unreifes Obst schützen
Ebenso hilfreich ist es, zum Schutz vor Wespen durchlöcherte durchsichtige Plastiktüten über unreifes Obst zu binden. So werden die Früchte außerdem etwas schneller reif.

„Drink" für Störenfriede auf der Terrasse
Halten Sie sich störende Wespen auf Ihrer Ter-rasse vom Leib, indem Sie einige kleine Flaschen mit Apfelwein füllen und waagrecht auf den Boden legen. Die Insekten lieben diesen „Drink", kriechen in die Flaschen und ertrinken darin.

Wetterstationen

Wetterumschwünge vorhersagen
Vertrauen Sie nicht ausschließlich auf die offi-ziellen Wetterberichte, da darin keine lokalen Be-sonderheiten berücksichtigt werden. Richten Sie sich besser mit geringem Aufwand eine eigene Wetterstation ein. So sind Sie in der Lage, Wetter-umschwünge in Ihrer Region relativ präzise vor-herzusehen. Im Folgenden wird beschrieben, wel-che Ausstattung dazugehört.

Der richtige Platz für ein Thermometer
Berücksichtigen Sie stets die Höhe, in der ein Thermometer hängt. Zeigt beispielsweise ein Tem-peraturmesser, der 1,5 m hoch hängt, 5 °C an, so herrschen am Boden lediglich 3 °C; es könnte also Frost geben. Beachten Sie ferner, dass im Schat-ten gemessene Temperaturen am aussagekräftigs-ten sind; hängen Sie deshalb ein Thermometer nicht in die pralle Sonne.

Niederschläge messen
Basteln Sie aus einer Plastikflasche mit 1 l Fas-sungsvermögen ein Gerät zum Messen von Nie-derschlägen. Schneiden Sie das obere Viertel ab, stecken Sie es umgedreht in den verbliebenen Teil und befestigen Sie es mit Klebeband. An-schließend bringen Sie schmale Streifen aus Klebeband mit Abstän-den von jeweils 5 mm auf einer Seite der Flasche an; das ist die Messskala. Sollte die Flasche unten un-

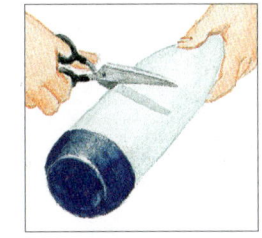

durchsichtig sein, so füllen Sie sie bis dorthin, wo sie durchsichtig wird, mit Wasser auf. Diese Oberkante dient dann als Nullpunkt Ihrer Mess-skala. Stellen Sie das Gefäß in Ihren Garten und lesen Sie nach jedem Regen die Nieder-schlagsmenge ab. Notieren Sie die Messwerte. Schütten Sie anschließend das Was-ser aus bzw. bringen Sie das Gefäß wieder auf den Nullpunkt.

Bestimmung des Mikroklimas
Das Mikroklima im Garten lässt sich am besten mit einem so genannten Minimum-Maximum-Thermometer bestimmen. Es misst an der Stelle, an der es hängt, sowohl die höchste als auch die niedrigste Temperatur. Möchten Sie beispiels-

Ein Wetterhahn, auf dem Dach oder an einer anderen freien Stelle weitab von Bäumen platziert, ist eine de-korative Möglichkeit, die Windrichtung zu bestimmen.

weise herausfinden, ob sich an einem Standort, den Sie für einen neuen Apfelbaum ausgesucht haben, eine Frostsenke befindet, so hängen Sie das Thermometer dort eine Zeit lang während der Apfelblüte an einem bereits vor-handenen Baum oder Strauch auf. Die rechte Säule verzeichnet dann die höchste Temperatur in der be-treffenden Zeitspanne, während die linke Säule die niedrigste Grad-zahl wiedergibt. Verwenden Sie solch ein Thermometer ebenso in Ihrem Gewächshaus oder auf einer mit Pflanzen bestückten Fenster-bank, damit Sie wissen, welchen Kältegraden die Gewächse dort in Winternächten ausgesetzt sind.

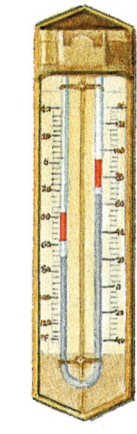

Prognosen mithilfe des Barometers
Natürlich brauchen Sie unbedingt auch ein Barometer. Verlassen Sie sich allerdings nicht auf das Wetter, das es anzeigt, weil die Angaben nicht immer stimmen. Beobachten Sie vielmehr, mit welcher Geschwindigkeit der Zeiger seine Positi-on verändert. Wenn er sich längere Zeit gar nicht oder kaum bewegt, ist gutes Wetter zu erwarten. Bei einer plötzlichen Veränderung der Position muss man mit einem Umschwung rechnen.

EINEN WILDBLUMENGARTEN ANLEGEN

Obwohl sie weitläufig bekämpft werden, wachsen viele Wildblumen weiter an Straßenrändern, auf Wiesen, in Mooren und stillgelegten Steinbrüchen. Wenn Sie einen Wildblumengarten anlegen wollen, greifen Sie besser nicht auf diese Pflanzen zurück, sondern ziehen sich Ihre Wildblumen selbst aus Samen, die im Fachhandel erhältlich sind.

Wenn Sie über ausreichend Fläche verfügen, ist es eine lohnende und interessante Herausforderung, einen Wildblumengarten anzulegen. Die Zahl der Wildpflanzen ist so groß, dass sich für jeden Bodentyp, jedes Kleinklima und jeden Geschmack etwas Geeignetes findet, von zarten Alpenblumen bis hin zu üppigen Wasserpflanzen, von farbenfrohen Kalk liebenden Gewächsen bis hin zu pastellfarbenen Waldblumen. Andere wild wachsende Pflanzen, mit denen sich eine Naturwiese verschönern lässt, sind Arten, die früher häufig auf Ackerland wuchsen oder ursprünglich in Mooren oder an Küsten beheimatet waren. Wildpflanzen sind nicht nur schön anzusehen, sondern schonen auch den Geldbeutel, da sie weder Dünge- noch Pflanzenschutzmittel oder ein Gewächshaus benötigen.

Wiesen- und Ackerblumen

Der infolge wachsenden Umweltbewusstseins zurückgehende Einsatz von Chemikalien in der Landwirtschaft lässt wieder viele Wiesen- und Ackerblumen sprießen, die vor ein paar Jahrzehnten schon fast verschwunden waren. Sie sind jedoch noch lange nicht so zahlreich, dass es sich nicht lohnen würde, einen eigenen kleinen Wildblumengarten mit einigen dieser Pflanzen anzulegen.

Beginnen Sie damit, dass Sie eine kleine Grasfläche eine Weile ungemäht lassen, und beobachten Sie, was von alleine wächst – wahrscheinlich Gänseblümchen, Klee und Wegerich. Ergänzen Sie sie mit Samen oder Setzlingen von Wiesenblumen wie Glocken- und Schlüsselblumen auf kalkhaltigen oder Hornklee und Wiesenstorchschnabel auf Tonböden. Fügen Sie auch Acker-, Korn- und Mohnblumen hinzu. Diese kommen jedoch nur im ersten Jahr zur Blüte und verschwinden dann wieder, da sie offenen Boden brauchen. Als Zugang zur Wiese mähen Sie einen oder zwei Pfade ins Gras. Lassen Sie den Rest bis zum Herbst ungemäht, damit die Blumen sich aussamen können.

Fingerhut und Rhododendron tauchen eine nachempfundene Waldlichtung in warme, leuchtende Farben.

Eine Waldlandschaft

Sie benötigen keine große Fläche, um in Ihrem Garten eine schöne Waldlandschaft zu schaffen. Ein kleiner, schattiger Winkel unter ein paar Baumkronen oder größeren Sträuchern reicht völlig aus.

Wählen Sie kleine, aber Schatten spendende, einheimische Laubbäume. Hängebirke, Holzapfel, Weißdorn oder wilder Birnbaum eignen sich am besten, denn sie stellen keine besonderen Ansprüche an die Bodenbeschaffenheit und sind sehr genügsam. Unter die Krone dieser Bäume können Laub abwerfende, blühende Sträucher als Zwischenschicht gepflanzt werden, z. B. Hasel- und Schneeballstrauch oder *Rosa rugosa*. Wenn Sie immergrüne Pflanzen bevorzugen, können Sie auch Stechpalme oder unbeschnittenen Buchsbaum wählen.

Die meisten Waldblumen lassen sich aus Samen ziehen, was allerdings einige Zeit erfordert. Wenn Sie nicht lange warten wollen, bis Ihre Waldlandschaft entstanden ist, können Sie in einer auf Wildpflanzen spezialisierten Gärtnerei Waldblumen kaufen, die in Töpfen gezogen wurden.

Auf keinen Fall dürfen in einer solchen Waldlandschaft Farne, Fingerhut, wilde Narzissen, Stinkender Nieswurz, Primeln, Hohe Schlüsselblumen und Waldanemonen fehlen. Dazu bilden Hasenglöckchen und Weidenröschen eine schöne Ergänzung. Allerdings wuchern diese Pflanzen sehr stark, sodass Sie sie hin und wieder kontrollieren und ausdünnen müssen.

In dieser Wildblumenrabatte am Rasenrand strahlen Gänseblümchen, Kornblumen und Mohn um die Wette.

Gänseblümchen, Mohnblumen und wilde Stiefmütterchen zaubern einen Hauch ländlicher Einfachheit in den Stadtgarten.

Eine Wildhecke

Wie in vielen Ländern ist es auch in Deutschland üblich, den Garten mit einer Hecke vor neugierigen Blicken zu schützen. Besonders schöne und alte Hecken, die zuweilen sogar bis in die Zeit des Mittelalters zurückgehen, gibt es in Großbritannien. Dort haben sie außerdem einen praktischen Nutzen: Sie bilden bei dem oftmals sehr starken Wind einen natürlichen Windfang und sind deshalb noch zahlreicher vertreten als in den mittel- oder südeuropäischen Ländern.

Buche, Eiche, Esche, Feldahorn, Geißblatt, Heckenrose, Holunder, Schneeballstrauch und Weißdorn eignen sich besonders gut für dicke, solide Hecken. Außerdem tragen sie in der entsprechenden Jahreszeit Blüten, Früchte und Beeren und bieten also Vögeln und anderen Tieren nicht nur einen schützenden Lebensraum, sondern auch Nahrung. Mit Efeu, Eibe und Stechpalme können Sie Ihrer Hecke immergrüne Elemente hinzufügen.

Diese Wildhecke besteht aus Buche, Efeu, Eiche, Geißblatt, Hagedorn und Wildrosen.

Wildblumen in einem Stadtgarten

Gärten in der Stadt sind meist sehr klein, doch auch hier können Sie ein Plätzchen für Wildblumen schaffen, indem Sie sie einfach mit anderen, bereits vorhandenen Pflanzen kombinieren. Eine kleine Rasenfläche kann z. B. im Frühjahr mit wilden Narzissen *(Narcissus pseudonarcissus)* und Schlüsselblumen aufgeheitert werden. Farne und Venusnabel lassen sich zwischen Pflastersteinen und in Mauerritzen ansiedeln. Wie andere Pflanzen gedeihen natürlich auch Wildblumen am besten in dem Lebensraum, in dem sie heimisch sind. Für schattige Blumenbeete unter verschiedenen Arten von Sträuchern, wie sie häufig in Stadtgärten zu finden sind, eignen sich Süßdolde und Wiesenkerbel sehr gut, ferner Glockenblumen, Rote Lichtnelke oder Storchschnabel. In einem sonnigen Blumenbeet können Sie Malven und Skabiosen ansiedeln.

317

Wicken

Die Keimung fördern

Weichen Sie Samen von Wicken (*Lathyrus odoratus*) vor der Aussaat in einem Plastikbehälter zwischen zwei Lagen feuchten Tüchern ein, am besten über Nacht. Am folgenden Morgen sind sie doppelt so groß. Kerben Sie Samen, die nicht aufgequollen sind, mit einem scharfen Messer ein und weichen Sie diese Saat noch eine weitere Nacht lang ein.

Aussaat

Zwar ist es die einfachste Methode, Wicken zwischen März und Mai direkt im Freilandbeet auszusäen, doch die Blumen blühen dann meist nicht so lange wie bei anderen Formen der Kultivierung. Am schönsten werden Wicken, die man in der Herbstmitte in Töpfe sät und dann über Winter in einen Anzuchtkasten stellt. Nehmen Sie dazu 13 cm große Pflanzgefäße mit Anzuchtsubstrat, in die Sie jeweils sechs Samen stecken, und pflanzen Sie die Sämlinge im März aus. Gute Ergebnisse erzielt man ebenfalls bei der Aussaat im Vorfrühling. Die Pflanzen müssen auch hierbei zunächst in Töpfen keimen. Die Sämlinge dürfen ins Freiland, sobald sie eine Größe von 7–8 cm erreicht haben.

Sämlinge trocken halten

Gießen Sie überwinternde Wickensämlinge nicht übermäßig. Zu viel Wasser schadet den zarten Gewächsen sogar mehr als extreme Kälte.

Blütenzelt im Kübel

Kreieren Sie mit Zwergwicken wie 'Kleiner Liebling' ein hübsches Blütenzelt. Stecken Sie drei kurze Bambusstangen schräg in einen mit Substrat gefüllten Kübel und binden Sie die Stöcke oben zusammen. So haben Sie ein ideales Rankgerüst. Verwenden Sie bei großen Töpfen 4–5 Stangen, die Sie auf halber Höhe mit Draht zusammenbinden, damit die Pflanze stabil heranwächst.

Schöne kleine Sorten

Für Rabatten, Kübel und Ampeln eignet sich besonders die sehr alte Wickensorte 'Cupid', die inzwischen wieder erhältlich ist. Sie blüht rosa und weiß und wird nur 15 cm hoch, breitet sich jedoch in Beeten bis zu 45 cm flächig aus. Als Kübelpflanze strebt sie in hübschen Windungen in die Höhe. Die Sorte 'Fantasia' hat ähnliche Eigenschaften und blüht sogar in noch mehr Farbtönen.

Überwältigende Pracht

Ziehen Sie im Garten besonders langstielige Exemplare heran; bei richtiger Vorgehensweise wird das Ergebnis überwältigend sein. Setzen Sie dazu zwei parallele Reihen 1,8 m hoher Stangen im Abstand von jeweils 30 cm in den Boden und pflanzen Sie an jede Rankhilfe eine Wicke. Winden Sie die Gewächse um die Stangen; ferner ist ein Festbinden erforderlich. Zwicken Sie alle Seitensprosse und Blüten ab, die sich in der Folgezeit bilden. Wickeln Sie die Pflanzen von den Stangen ab, sobald sie die Spitze erreicht haben. Legen Sie jeweils die untere Hälfte einer Pflanze auf den Boden und wickeln Sie die obere Hälfte um die nächststehende Stange, an der die Blume nun weiterwachsen kann. Führen Sie die letzte Pflanze jeder Reihe zur gegenüberliegenden Seite des Gerüsts. So entwickeln sich Ranken mit fünf oder sechs besonders großen Blüten am Stängelende. Gießen und düngen Sie die Pflanzen reichlich.

Ranken ohne Kletterhilfen

Viele kleine und halbhohe Wicken brauchen keine Stützen, darunter 'Explorer', 'Snoopea' und die buschige Sorte 'Jet Set', die alle bis zu 60 cm groß werden.

Lieblicher Duft

Wer Wicken wegen ihres wunderbaren Duftes zieht, sollte ebenfalls alte Sorten auswählen, die allerdings nicht überall im Fachhandel zu kaufen sind. Halten Sie deshalb in Katalogen von Spezialitäten- und Raritätenanbietern Ausschau nach Mischungen wie 'Antique Fantasy', 'Old Fashioned Mixed', 'Old Fashioned Scented Mixed' und 'Old Spice Mixed'. Ebenso lassen sich zwei Züchtungen empfehlen: 'Matucana', die in Lila- und Blautönen erstrahlt, sowie 'Painted Lady' mit rosafarbenen und weißen Blüten.

Regelmäßig gießen und mulchen

Halten Sie Wicken bei Hitze und Trockenheit gut feucht, vorzugsweise mit einer Sprinkleranlage, die 2 Stunden lang laufen sollte. Mulchen Sie das betreffende Beet zudem regelmäßig zur Erhaltung der Bodenfeuchtigkeit.

Samen aufbewahren

Beschneiden Sie Wicken, sobald sie verblühen, damit sich neue Blüten ausbilden. Sparen Sie aber immer einige Blüten aus, aus denen Sie dann Samen für die Anzucht im folgenden Jahr gewinnen.

Schädlinge biologisch bekämpfen

Besprühen Sie Ihre Wicken zum Schutz vor Blattlausbefall regelmäßig mit Brennnesselbrühe. Gehen Sie mit Bierfallen gegen Schnecken vor.

Wildblumenwiese

Ein Paradies für Tiere

Verfügen Sie über ein großes Grundstück? Dann erwägen Sie doch, einen Teil davon in eine Naturwiese zu verwandeln. Solch eine Fläche mit Wildblumen sieht nicht nur herrlich romantisch aus, sondern gewährt auch zahlreichen Tieren einen natürlichen Lebensraum. Bald werden sich u.a. verschiedenste Vögel und vielfältige Insekten wie Schmetterlinge, Käfer und Grillen dort ansiedeln, denn  mit Wiesenblumen und Gräsern bieten Sie ihnen eine bevorzugte Nahrung an. (Siehe auch *Der naturnahe Garten* S. 198–199)

Nährstoffarmer Boden

Bei hohem Nährstoffgehalt, Feuchtigkeit, guter Düngung und Schatten wird sich keine Wildblumenwiese richtig entfalten. Ein Naturgarten entwickelt sich nur auf mageren Böden in offener sonniger Lage. Humusreiche Erde muss zunächst mit Sand und gegebenenfalls mit Algenkalk abgemagert werden. Ansonsten geht man so vor, dass man von dem brachliegenden Gelände eine 5–8 cm dicke Schicht Erde abträgt, die sich beispielsweise gut im Gemüsegarten verwenden lässt. Dann entfernt man alle Steine und recht den

Boden. Anschließend muss das Gelände 1–2 Wochen ruhen. Vor der Aussaat hackt man alle tief wurzelnden Unkräuter sorgfältig aus. (Siehe auch *Unkrautbekämpfung*)

Gras- und Blumensamen mischen

Die beste Zeit zur Anlage einer Fläche mit Wiesenblumen liegt zwischen April und Juni sowie im August und September. Verwenden Sie eine Mischung mit 80 % Gras- und 20 % Blumensamen. Harken Sie das Saatgut nur leicht in die oberste Bodenkrume ein und drücken Sie es anschließend mit einer Walze oder mit Trittbrettern fest. Wenn es nicht regnet, muss die Fläche mit einem Rasensprenger gleichmäßig feucht gehalten werden; die Samen dürfen in den ersten 5–6 Wochen keinesfalls austrocknen.

Sachgemäß mähen

Sobald eine Wildblumenwiese gewachsen ist, braucht sie nur noch wenig Pflege. Mähen Sie erst nach der Hauptblüte, also im Juli oder August, und verwenden Sie entweder eine Sense, einen Nylonfaden-Mäher oder einen Balkenmäher. Lassen Sie die abgeschnittenen Pflanzen 1–2 Tage liegen, sodass reife Samen herausfallen. Anschließend muss das Schnittgut entfernt werden, weil keine Nährstoffe in den Boden gelangen dürfen. Mähen Sie die Wiese eventuell noch einmal im September oder Oktober.

Ein Weg zum Lustwandeln

Da Wildblumen und Wiesengräser nicht niedergetreten werden dürfen, sollte man einen Weg in eine Naturwiese mähen und ihn kurz halten.

Einen Rasen umgestalten

Wer einen Rasen in eine Naturwiese verwandeln möchte, lockert erst einmal den Boden gründlich mit einem Rechen auf, wässert die Erde reichlich und streut daraufhin die Samen wie auf der Packung angegeben aus. Ferner ist es möglich, einen Rasen mit Wiesenblumen aus Töpfen zu bepflanzen. Stechen Sie dafür ein Stück aus der Grünfläche aus, dessen Durchmesser dem des Pflanzgefäßes entspricht, und graben Sie an dieser Stelle ein Loch. Dann setzen Sie die Gewächse ein, drücken den Wurzelballen fest und gießen reichlich.

Siehe auch *Einen Wildblumengarten anlegen*
S. 316–317

Wind

Mehrere Schutzwälle

Auf großen Grundstücken, die dem Wind ausgesetzt sind, empfiehlt es sich, zwei oder drei unterschiedlich hohe Hecken anzupflanzen, da die Luftströme so besser gefiltert werden als mit einer einzigen Hecke. Man legt zunächst eine Reihe aus niedrigen unempfindlichen Sträuchern wie Berberitzen (*Berberis darwinii*), Hainbuchen (*Carpinus betulus*) oder Liguster (*Ligustrum*) an. Dahinter setzt man eine zweite Hecke mit Sträuchern, die 1,8–4 m Größe erreichen. Auf sehr großen Grundstücken lässt sich noch eine dritte Reihe mit Bäumen gestalten, die 5,5–9 m hoch werden. So eine dreifache Heckenanlage bietet auch empfindlichen Pflanzen in bis zu 100 m Entfernung einen guten Windschutz.

Breite Barriere

Bei kleinen Flächen muss man sich auf eine einzelne Hecke beschränken, die in exponierten Lagen möglichst breit sein sollte, damit sie heftige Windstöße wirksam abfängt. Ein dichter grüner Wall reduziert die Windstärke um gut 60 % und schützt eine Fläche, die seiner 5–10fachen Höhe entspricht. Eine derartige Wirkung erzielt man beispielsweise mit immergrünen Pflanzen wie Eiben (*Taxus baccata*), Riesen-Lebensbäumen (*Thuja plicata*) und Scheinzypressen (*Chamaecyparis*).

Dem Charakter des Grundstücks anpassen

Passen Sie die Hecke dem Stil Ihres Grundstücks an. Als Begrenzung für einen streng formal gestalteten Garten eignet sich am ehesten eine exakt ge-

DIE RICHTIGE WAHL

Hecken für windige Lagen

Folgende Pflanzen eignen sich als Begrenzungen und Windschutz in exponierten Gärten:

Berberitze (*Berberis darwinii, B. × stenophylla*)
Hainbuche (*Carpinus betulus*)
Rotbuche (*Fagus sylvatica*)
Eibe (*Taxus baccata*)
Holunder (*Sambucus nigra*)
Riesenlebensbaum (*Thuja plicata*)
Liguster (*Ligustrum*)
Scheinzypressen (*Chamaecyparis*)
Schlehe (*Prunus spinosa*)
Stechginster (*Ulex europaeus*)
Stechpalme (*Ilex aquifolium*)
Tamariske (*Tamarix gallica, T. pentandra*)
Rote Zeder (*Thuja plicata* 'Atrovirens')

schnittene Hecke aus Hain- oder Rotbuchen (*Fagus sylvatica*), hinter der sich auch idyllische Sitzplätze einrichten lassen. Naturgärten und rustikale Häuser werden dagegen ideal durch Pflanzenreihen mit unregelmäßigen Formen ergänzt, etwa durch veredelte Fliedersorten (*Syringa vulgaris*), Haselnüsse (*Corylus avellana*), Kartoffelrosen (*Rosa rugosa*) oder Spiersträucher (*Spiraea × vanhouttei* und *S. nipponica*). Auch diese Gewächse sind ausgesprochen gute Windbrecher.

Die Höhe planen

Überlegen Sie vor der Auswahl Ihrer Heckenpflanzen genau, wie hoch die Barriere sein muss, damit Ihr Garten auch wirklich vor starkem Wind bewahrt wird. Lassen Sie sich dazu in einem Gartencenter oder einer Baumschule eingehend beraten. Bedenken Sie, dass hohe Hecken auch negative Auswirkungen haben; u. a. werfen Sie sehr große Schatten und entziehen dem Boden viele Nährstoffe. Pflanzen, die sich auf der sonnenabgewandten Seite einer Hecke befinden, werden oft krumm, da sie sich dem Licht zuwenden. Befestigen Sie solche Gewächse an Stützen; so wachsen sie gerade.

Optische Aspekte berücksichtigen

Vermeiden Sie, dass eine dicke Hecke eine schöne Aussicht versperrt. Pflanzen Sie an solchen Stellen attraktive Bäume mit lichtem Laubwerk, die gleichwohl den Wind brechen, etwa Hängebirken (Betula pendula) oder Kanadische Felsenbirnen (Amelanchier lamarckii).

Behutsam eingewöhnen

Junge Pflanzen, die später eine Hecke bilden sollen, müssen erst einmal selbst vor dem Wind geschützt werden. Bringen Sie deshalb auf der windzugewandten Seite der kleinen Gewächse Netze an, die Sie an tief in den Boden gerammten Pfosten befestigen. Lassen Sie den Wall die ersten beiden Winter über stehen. Noch hübscher sehen Windfänge aus Weidengeflecht aus, die allerdings auch mehr kosten. Sie sind im Fachhandel erhältlich.

Stabile Stütze

An sehr windigen Stellen dürfen auch Bäume, die sich noch im Wachstum befinden, nicht einfach sich selbst überlassen werden. Die Gefahr der Entwurzelung wäre zu groß. Bringen Sie am oberen Teil des Stammes einen stabilen Ring an. Befestigen Sie daran rundum mehrere Drähte, die Sie an tief eingelassene Pflöcke binden.

Netze statt Hecken

Für Gärten, in denen man aus Platzgründen keine Hecke anlegen kann, gibt es spezielle Windschutznetze aus feinmaschigem Plastik, die man an Pfähle nagelt.

Mildes Mikroklima für Bienen

Bienen mögen keine starken Luftbewegungen. Schaffen Sie daher durch einen Windfang ein mildes Mikroklima für die nützlichen Insekten und ebenso für zarte Obstblüten, die gleichfalls unversehrt bleiben sollen. Eine solche Investition lohnt sich auf jeden Fall, weil sie Ihnen höhere Fruchterträge sichert.

Siehe auch *Hecken, Küstenregionen*

Wintergärten

Die optimale Lage

Am besten liegen Wintergärten nach Westen oder Osten ausgerichtet. Auf Südseiten werden die gläsernen Vorbauten im Sommer oft unerträglich heiß, und auf Nordseiten muss man sie im Winter bisweilen beheizen. Unabhängig von der Lage sollte jeder Wintergarten mit einer guten Beschattungsmöglichkeit ausgestattet sein und zudem im Dach über Belüftungsklappen verfügen, deren Fläche zusammen etwa einem Viertel des Fußbodens entspricht.

Auswahl der Materialien

Überlegen Sie vor dem Bau eines Wintergartens, welche Ansprüche Sie an die Baumaterialien stellen. Holz vermittelt einen wohnlichen Eindruck und ist warm, muss jedoch alle 2–3 Jahre mit Öl oder Holzschutzmittel behandelt werden. Ein Vorbau aus Aluminium benötigt weniger Pflege als aus Holz, wirkt aber sachlich und ist im Winter 1–2 °C kühler. Modelle mit Kunststoffrahmen sind pflegeleicht; man muss sie nur einmal jährlich abwaschen.

Die passenden Möbel

Suchen Sie bequeme und feuchtigkeitsresistente Möbel für Ihren Wintergarten aus. Der Stil der Ausstattung sollte zum übrigen Haus, den Baumaterialien des Wintergartens selbst und insbesondere natürlich auch zu den Pflanzen passen. Rattanmöbel etwa lassen sich sehr gut mit großblättrigen Pflanzen wie Bergpalmen (Chamaedorea elegans) und Geigenbogen-Gummibäumen (Ficus lyrata) kombinieren. Ein gleichermaßen harmonisches Miteinander bilden schmiedeeisernes Mobiliar und Gewächse wie Fuchsien (Fuchsia) und Pelargonien (Pelargonium) sowie duftende Blumen wie Heliotrop (Heliotropium). Ein solches Ensemble erinnert dann an Einrichtungen aus dem frühen 20. Jh.

Stimmiges Gesamtbild

Gestalten Sie auch die Wände und die Decke Ihres Wintergartens mit Pflanzen. Ziehen Sie beispielsweise Blauglöckchen (Sollya heterophylla),

rankende Bougainvilleen (Bougainvillea) und Passionsblumen (Passiflora caerulea) sowie kletternden Kastanienwein (Tetrastigma voinierianum). Stellen Sie einen Vielblütigen Jasmin (Jasminum polyanthum) auf, der schnell meterlange Jahrestriebe entwickelt und gut duftet. Lassen Sie aus Blumenampeln, von Fensterbrettern und von Wandregalen efeublättrige Pelargonien hängen. (Siehe auch *Blumenampeln, Blumenkästen*)

Gut platzieren

Pflanzen, die hohe Luftfeuchtigkeit lieben, gedeihen am besten in Töpfen auf dem Boden des Wintergartens. Behalten Sie hohe Regale, auf denen die Luft stärker zirkuliert, für Gewächse wie Begonien (Begonia) oder Usambaraveilchen (Saintpaulia-Ionantha-Hybriden) vor. Hier sollte nach dem Gießen kein Wasser in den Untersetzern stehen bleiben.

Preiswerter Schatten

Fertigen Sie selbst eine preisgünstige Markise an. Nähen Sie dazu einfach mehrere kleine Laschen an den oberen Saum eines großen Stückes Musselin, das Sie dann in Haken im Rahmen Ihres Wintergartens hängen.

Heizkosten sparen

Bestücken Sie Ihren Wintergarten vorzugsweise mit Pflanzen aus dem Mittelmeerraum statt aus tropischen Regionen. Dadurch sparen Sie Heizkosten, denn im Winter geben sich Mittelmeerpflanzen mit Temperaturen um 6 °C zufrieden, während manche exotischen Gewächse wesentlich mehr Wärme benötigen.

Gründlicher Sommerputz

Eine ganze Reihe von Pflanzen aus dem Wintergarten steht im Sommer gern draußen und braucht nicht wieder hereingeholt zu werden, bevor die ersten Fröste kommen. Nutzen Sie die Zeit, in der Ihr Vorbau relativ leer ist, für eine gründliche Reinigung. Wischen Sie dabei Glasscheiben und Wandbretter mit einem Desinfektionsmittel ab. Entfernen Sie mit einem kleinen Messer den Schmutz aus den Bereichen, in denen sich die Glasscheiben überlappen.

Yuccas

Tropische Pflanzen

Yuccas oder Palmlilien (*Yucca*) sind Agavengewächse, die aus den südlichen USA und aus Mittelamerika stammen. Nur wenige Arten gedeihen auch in unserem Klima; die meisten müssen als Gewächshaus- oder Zimmerpflanzen gehalten werden. Aber es gibt auch drei winterharte Arten, die Gärten eine interessante exotische Note verleihen: *Yucca flaccida, glauca* und *filamentosa*; Letztere bildet im Spätsommer einen wunderschönen cremeweißen Blütenstand. Die Pflanzen benötigen einen durchlässigen, vorzugsweise kalkhaltigen Boden und einen sehr sonnigen geschützten Standort.

Besser in Töpfe setzen

Es ist sicherer, auch winterharte Yuccas in Töpfe zu setzen, damit sie sich jederzeit schnell an die wärmste Stelle im Garten umplatzieren lassen – im Sommer in die volle Sonne und ab dem Herbst in Ecken ohne Wind. Bewahren Sie die Pflanzen im Winter mit einer Lage Mulch aus Rindenschrot vor Frost.

Zimmerpflanzen ins Freie stellen

Von Mitte Mai bis Ende September genießen auch Palmlilien, die als Zimmerpflanzen kultiviert werden, einen Aufenthalt im Freien. Wählen Sie dafür einen windgeschützten Ort auf dem Balkon, der Terrasse oder am Haustüreingang.

Vermehrung

Vermehren Sie Yuccas, indem Sie junge Wurzelschösslinge von der Pflanze abschneiden und einzeln eintopfen. Beachten Sie, dass neue Pflanzen bisweilen erst nach 5 Jahren blühen.

Zäune

Notwendige Vorinformationen

Informieren Sie sich vor dem Bau eines Zaunes, ob Sie eine Genehmigung dafür brauchen. Unterrichten Sie Ihre Nachbarn von Ihrem Vorhaben.

Behandeltes Holz verwenden

Achten Sie beim Kauf von Holz für Zäune darauf, dass das Material mit einem Holzschutzmittel für den Außenbereich behandelt ist. Streichen Sie die Latten ansonsten selbst zum Schutz vor Witterungseinwirkung.

Die Spitzen bearbeiten

Auf der Oberseite von Zaunpfosten darf sich kein Wasser ansammeln, weil das Holz dadurch leicht fault. Bei Hartholzpfosten empfiehlt sich ein Anschrägen oder Zuspitzen. Decken Sie Planken aus Weichholz mit einer hölzernen oder metallenen Kappe ab.

Instandhaltung von Holzzäunen

Holzzäune müssen regelmäßig instand gesetzt werden, damit sie lange halten. Scheuen Sie den Aufwand nicht; Sie sparen so auf Dauer Zeit und Geld. Frischen Sie einen Farbanstrich alle paar Jahre auf; je hochwertiger der Lack, desto seltener ist die Maßnahme nötig. Sägen Sie außerdem in regelmäßigen Abständen von 2–3 Jahren sämtliche angefaulten Teile heraus und ersetzen Sie die Stücke durch neues Material, das ebenfalls mit einem Holzschutzmittel und gegebenenfalls mit Farbe gestrichen werden muss. Schützen Sie geschlossene Bretterzäune im unteren Bereich durch eine Leiste vor Verrottung durch Bodenfeuchtigkeit. Lassen Sie unter der Leiste etwas Abstand zur Erde, damit die Luft hier gut zirkuliert.

DIE RICHTIGE WAHL

Zaun, Hecke oder Mauer?

Zäune

Zäune aus Holz oder Maschendraht lassen sich schnell bauen und nehmen nur wenig Platz ein. Holz ist das schönere Material, muss aber im Gegensatz zu Draht regelmäßig instand gehalten werden. Maschendraht eignet sich insbesondere für Geflügelpferche oder Einfriedungen, die Tiere aus dem Garten fern halten sollen. Durch Kletterpflanzen wird auch ein einfacher Zaun zu einem hübschen Blickfang.

Hecken

Wer eine Hecke heranzieht, braucht viel Geduld, weil die Pflanzen nur langsam wachsen. Solch ein grüner Wall beansprucht mehr Fläche als ein Zaun oder eine Mauer, wirkt aber wesentlich natürlicher. Außerdem schützt er am wirksamsten vor Wind. Nicht zuletzt finden im Garten willkommene Tiere in Hecken wichtige Rückzugsmöglichkeiten; die Beeren tragenden Arten bieten Vögeln zudem Nahrung.

Mauern

Für Mauern spricht, dass sie die stabilsten Einfriedungen von Grundstücken darstellen und keiner aufwändigen Instandhaltung bedürfen. Soweit man sie selbst baut, muss man etwas handwerkliches Geschick haben. Das Material ist nicht immer billig. Mitunter sehen neue Mauern nicht sonderlich attraktiv aus, lassen sich aber durch Begrünung der Fugen oder Kletterpflanzen leicht verschönern. Gerade in kleinen Gärten sind Mauern in Sonnenlage hilfreich bei der Kultivierung von Pflanzen als Spalier, Fächer oder Kordon.

Pfosten solide verankern

Es gibt zwei verschiedene Lösungen für das Aufstellen von Zaunpfosten. Am einfachsten ist es, Holz- oder Stahlpfosten mit Sockel in den Boden zu schlagen. Derartige Stützen eignen sich aber nur für geschützte Stellen, da sie durch starken Wind schnell aus der Verankerung gelöst werden. An exponierten Standorten ist es zu empfehlen, Zaunpfosten aus Stahl in Beton einzulassen; sorgen Sie in diesem Fall mit Schotter an der Basis für eine gute Drainage und schrägen Sie die Betonsockel oben ab, damit Regenwasser sofort abläuft. Auf solche Weise eingelassene Stützen halten meist sehr lange. Zaunlatten lassen sich problemlos austauschen, wenn man sie mit Nuten an den Pfosten befestigt.

Gute Abschlussleisten

Wählen Sie eine abgerundete oder angeschrägte Abschlussleiste für die Oberkante Ihres Zaunes; so sammelt sich kein Regenwasser darauf und das Holz bleibt unbeschädigt.

Erhöhung in windigen Lagen

In windigen Lagen sollten geschlossene Bretterzäune nicht höher als 1,2 m sein; bei höheren Einfriedungen käme es sonst zu Luftstauungen. Wer mehr Privatsphäre wünscht, erhöht seinen Zaun durch ein Gitterspalier, das genug Wind durchlässt. Rankende Pflanzen wie Kletterrosen machen solch ein Gerüst zu einem reizvollen Blickfang. Man darf die Rosenstängel aber keinesfalls durch das Gitterwerk flechten, weil dadurch zu viel Druck auf das Holz entstünde, was irreparable Schäden zur Folge hätte. Deshalb bindet man sie lediglich daran fest.

Konstruktion an Hanglagen

An einem Hang muss man einen Zaun abschnittsweise errichten und die Pfosten dabei in gleichmäßigen Stufen abwärts führen. Gehen Sie dabei so vor, dass Sie ein Holzklötzchen auf dem niedrigeren von zwei Pfosten platzieren und mithilfe einer Holzlatte, auf die Sie eine Wasserwaage legen, exakt den gewünschten Höhenabstand markieren. Heben Sie

unter den einzelnen Zaunabschnitten Erde aus bzw. füllen Sie unter Umständen Boden auf, sodass der Abstand zur Basis überall gleich ist.

Attraktive Berankung für Maschendraht

Verbergen Sie einen einfachen Drahtzaun, der vom Haus aus gut zu sehen ist, möglichst hinter Kletterpflanzen. Die Maschen bilden ein hervorragendes Gitterspalier. Wählen Sie vorzugsweise eine dekorative Efeusorte (Hedera), die schnell größere Flächen bewächst, ohne sich allzu sehr auszubreiten.

Sinnvolle Kombination

Erwägen Sie, einen höheren Maschendrahtzaun, der Sicherheitszwecken dient oder Tiere aus dem Garten fern halten soll, von einer immergrünen Hecke überwachsen zu lassen. Die Lösung ist optisch reizvoller als die Berankung mit Kletterpflanzen und verschafft Ihnen mehr Privatsphäre.

Zeitungspapier

Frühbeete warm halten

Decken Sie Ihr Frühbeet bei Frostgefahr nachts mit einigen Lagen Zeitungspapier zu, die Sie an den Rändern mit Ziegeln oder Steinen beschweren. Erledigen Sie dies vor Sonnenuntergang, damit ein Teil der tagsüber eingefangenen Wärme in der Erde bleibt.

Schutz für Orchideen

In milden Gegenden und an geschützten Standorten ist es möglich, die Japanorchidee (Bletilla striata) im Freien überwintern zu lassen, doch man muss für eine gute Drainage und vor allem für ausreichenden Frostschutz sorgen. Bei einsetzender Kälte deckt man die Pflanze mit Zeitungspapier und einer rund 10 cm dicken Erdschicht zu.

Preiswerte Anzuchttöpfe

Fertigen Sie Anzuchttöpfe für Tomaten und Zucchini aus Zeitungspapier an. Schneiden Sie dazu etwa 20 × 30 cm große Rechtecke aus, die Sie längs auf die Hälfte falten. Stecken Sie die Kanten der Schmalseiten ineinander und geben Sie dem Innern eine runde Form. Stellen Sie die unten offenen Papierröhren aufrecht in Saatschalen, füllen Sie sie mit Anzuchterde und legen Sie in jede ein Samenkorn. Setzen Sie die Sämlinge zur Pflanzzeit mit den Töpfchen ins Freiland.

Aussaat abdunkeln

Manche Samen benötigen nach der Aussaat zum Keimen Dunkelheit; das ist z. B. bei Stiefmütterchen (Viola) der Fall. Legen Sie Glasscheiben auf die Schalen oder Töpfe mit solchem Saatgut und decken Sie Zeitungspapier darüber. Wenden Sie das Glas täglich. So verhindern Sie, dass die Keimlinge zu feucht werden.

Wachstum fördern

Bedecken Sie die Saatfurchen von Bohnen und Erbsen mit einer Mischung aus Gartenkompost und Zeitungspapierstreifen, die Sie zuvor gründlich in Gülle eingeweicht haben. Dadurch fördern Sie das Pflanzenwachstum, denn das Füllgut ist nährstoffreich und speichert Feuchtigkeit und Wärme im Boden.

Ausgezeichnetes Mulchmaterial

Wussten Sie schon, dass sich Zeitungspapier hervorragend zum Mulchen eignet? Im Ziergarten bedecken Sie es aus ästhetischen Gründen am besten mit Rindenschnitzeln. In Bereichen, wo eine gefällige Optik nicht wichtig ist, bestreut man das Papier mit Rasenschnitt oder verwendet es einfach ohne Kaschierung. Damit es bei Wind nicht wegweht, beschwert man es mit Steinen. Tränken Sie Zeitungspapier vor der Verwendung in einem großen Eimer oder in einer Wanne gründlich mit Wasser, denn am Boden ist die Anfeuchtung mehrerer Lagen schwierig, weil das Wasser nicht in alle Schichten dringt.

Beigabe im Komposthaufen

Geben Sie beim Aufbau eines Komposthaufens eine Schicht zerkleinertes Zeitungspapier auf jeweils 15 cm Kompostmaterial und mischen Sie das Papier mit Grasschnitt, damit es sich schneller zersetzt.

Gartengeräte winterfest machen

Achten Sie beim Kauf von Gartengeräten auf hohe Qualität und pflegen Sie Ihre Ausstattung stets sorgfältig. Entfernen Sie am Ende der Saison Erde und Schmutz an allen Geräten und nehmen Sie dann eine gründliche Reinigung mit einem öligen Lappen vor. Fetten Sie sämtliche beweglichen Teile ein. Umwickeln Sie Metallteile zum Schutz vor Rost mit Zeitungspapier, das Sie mit Klebeband befestigen.

Wässerung vor Sommerausflügen

Vor mehrtägigen Ausflügen in heißen Sommerwochen gilt es, Topf- und Kübelpflanzen gut mit Feuchtigkeit zu versorgen. Legen Sie mehrere Lagen Zeitungsblätter übereinander und schneiden Sie einen Kreis mit dem Durchmesser des jeweiligen Pflanzgefäßes aus. Schneiden Sie das Papier außerdem einmal vom Rand zur Mitte hin so ein, dass Sie es leicht um den Pflanzenstängel legen können. Gießen Sie das betreffende Gewächs durchdringend, dann tränken Sie das runde Papier mit Wasser und legen es auf die Blumenerde. Die Maßnahme verzögert die Verdunstung und die Pflanze bleibt feucht, bis Sie wieder heimkehren.

Wärmeschutz für Fensterbänke

Hinter Gardinen wird es nachts häufig ziemlich kalt. Platzieren Sie deshalb einige Lagen Zeitungspapier zwischen den Pflanzen und dem Fenster. Das Papier sollte locker über die Blätter hängen; so sind sie am besten geschützt.

Tomaten nachreifen lassen

Wickeln Sie im Herbst die letzten, noch grünen Tomaten vorsichtig in Zeitungspapier ein und geben Sie die Früchte in flache Kisten; dort reifen sie rasch nach.

Zierfrüchte

Ausgewogenes Geschlechterverhältnis

Pflanzen mit leuchtenden Beeren runden das Gartenjahr eindrucksvoll ab. Achten Sie bei der Auswahl der Gewächse unbedingt auf ein ausgewogenes Geschlechterverhältnis. Zu den so genannten zweihäusigen Arten, bei denen männliche und weibliche Blüten an unterschiedlichen Pflanzen stehen, gehören beispielsweise die Japanische Aukube (*Aucuba japonica*), der Gewöhnliche Sanddorn (*Hippophae rhamnoides*), die Skimmie (*Skimmia*) und die Stechpalme (*Ilex*). Drei weibliche Pflanzen werden ausreichend von einer männlichen bestäubt. (Siehe auch *Stechpalmen*)

Verunreinigungen vermeiden

Sträucher mit Beeren verleihen einem Gartenweg viel Charme, doch die abfallenden Früchte verschmutzen Platten oder Pflaster, bleiben an den Schuhen kleben und werden ins Haus getragen. Vermeiden Sie solche ärgerlichen Verunreinigungen, indem Sie Pflanzen wie Felsenmispeln (*Cotoneaster*), Haferpflaumen (*Prunus domestica* ssp. *insititia*), Holunder (*Sambucus*) und Vogelbeeren (*Sorbus aucuparia*) weitab von Wegen setzen. Lassen Sie auch keinen Weißdorn (*Crataegus*) über den Abstellplatz Ihres Autos wachsen. Zwar verursachen die Beeren selbst keine Schäden, doch ihre Überreste in den Exkrementen von Vögeln, die sie gefressen haben, hinterlassen Flecken, die meist nicht mehr zu beseitigen sind.

Beliebte Pflanzlösungen

Häufig werden Beerensträucher entweder als Einzelexemplare oder als Hecke vor einigen Gewächsen mit dunkelgrünem Laubwerk gepflanzt. Bei beiden Lösungen kommen die Früchte sehr gut zur Geltung.

Dekorativer Effekt

Beerensträucher mit immergrünem Laub bleiben das ganze Jahr über äußerst dekorativ. Stechpalmen (*Ilex*) etwa weisen außer leuchtenden Früchten auch attraktive glänzende Blätter auf, die bei manchen Arten dunkelgrün sind, bei anderen

Die immergrüne Felsenmispel-Art Cotoneaster lacteus *trägt bis in den Winter dichte Büschel roter Beeren.*

aber auch Stachelbewehrungen und silbrige Ränder aufweisen, was u. a. bei *Ilex aquifolium* 'Argentea marginata' der Fall ist.

Eindrucksvoller Anblick

Unter den Laub abwerfenden Bäumen stechen Holzapfelsorten (*Malus × robusta*) durch ihre schönen gelben Früchte mit einem Hauch von Rot oder Purpur hervor. Ebenso wirken zwei oder drei nebeneinander stehende Pfaffenhütchen (*Euonymus europaeus* 'Red Cascade') mit ihrer Fülle an orangeroten Beeren sehr eindrucksvoll.

Wandbewuchs

An einer alten Backsteinmauer bilden die gebogenen Äste eines Weiß- oder Feuerdorns (*Pyracantha*) einen zauberhaften Bewuchs. (Siehe auch *Sträucher*)

Ganzjährig schön

Auf großen Flächen lassen sich Pflanzen so kombinieren, dass zu jeder Jahreszeit neue Farbakzente entstehen. In kleinen Gärten ist für solch ein Arrangement bisweilen nicht genügend Platz. Von daher empfiehlt es sich, Gewächse auszuwählen, die zu jeder Jahreszeit schön anzusehen sind. Zieräpfel beispielsweise bilden im Frühjahr je nach Art und Sorte dekorative Blüten in zartem Rosa oder strahlendem Weiß. Im Herbst verfärbt sich das Laub in unterschiedlichen Rottönen; *Malus* 'Royalty' und *Malus × purpurea* bringen zudem prächtige dunkelrote Zierfrüchte hervor. Nicht minder dekorativ nehmen sich Felsenbirnen (*Amelanchier* sp.), Seifenbäume (*Sapindus saponaria*), Vogel- (*Sorbus*-Arten) und Maulbeeren (*Morus*) aus.

Vorsicht bei Kindern im Haus

Wer kleine Kinder hat, sollte sich vor dem Kauf von Pflanzen mit Zierfrüchten darüber informieren, ob die Beeren giftig sind. Verzichten Sie u. a. auf Akuben, Eiben (*Taxus*), Lorbeerkirschen (*Prunus laurocerasus*), Schneebeeren (*Symphoricarpos*) und Seidelbast (*Daphne*). Entscheiden Sie sich lieber für Gewächse mit verzehrbaren Früchten.

Früchte für Marmeladen, Tees und Liköre

Hecken- oder Hundsrosen (*Rosa canina*) bilden im Sommer Hagebutten, die sich bei milder Witterung lange halten. Kochen Sie Marmelade aus dem Fruchtfleisch oder bereiten Sie Tee damit zu. Zur Herstellung von originellen Konfitüren und auch Likören eignen sich Holunder (*Sambucus*), Mahonien (*Mahonia*) und Zieräpfel, bei Letzteren vor allem Sorten mit dicken Früchten wie 'John Downie'. Pflücken Sie nur reife oder sogar überreife Früchte.

Ziergräser

Riesige Auswahl

Auf der ganzen Welt wachsen Süßgräser (*Gramineae*), weshalb sich für jeden Bodentyp eine geeignete Auswahl findet. Darunter gibt es immergrüne, halbimmergrüne und sommergrüne Stauden genauso wie unterschiedliche einjährige Formen. Viele Gräser vertragen auch verschmutzte Luft und eignen sich deshalb ausgezeichnet für Stadtgärten. Ungewöhnliche Sorten muss man aus Samen ziehen oder in spezialisierten Gärtnereien kaufen.

Fülle und Farbe für Rabatten

Mit aufrechten oder anmutig überhängenden Blütenständen, die sich schon beim kleinsten Windhauch bewegen, bringen Ziergräser ein belebendes Element in jede Rabatte. Ihre ausladenden Blätter sorgen für Fülle und durch verschiedenste Farbschattierungen für interessante Akzente (siehe Kasten S. 325).

Auffällige Ähren

Eine Reihe von einjährigen Arten hat neben attraktivem Blattwerk auch besonders auffällige Ähren. Versuchen Sie doch einmal Ihr Glück mit dem zierlichen Liebesgras (*Eragrostis*), dem aparten Sammetgras (*Lagurus ovatus*) oder dem Afrikanischen Lampenputzergras (*Pennisetum setaceum*), das fedrige Blütenstände aufweist. Für einen halbschattigen Ort eignet sich das Flattergras (*Milium effusum* 'Aureum').

Die anmutig gebogenen federförmigen Ähren des Lampenputzergrases Pennisetum orientale *bilden von Juli bis Oktober in Rabatten einen besonderen Schmuck.*

Sommerliche Zierde

Viele einjährige Gräser sorgen zwischen Juni und August oder September für Abwechslung im Garten, ohne andere Pflanzen zu verdecken. So stellt das Hasenschwanzgras (*Lagurus ovatus*) mit seinen weißen flaumigen Ähren auf schlanken Halmen ein besonderes Glanzlicht im Blumenbeet dar. Die ausdrucksvolle fedrige Mähnengerste (*Hordeum jubatum*) steht gut im mittleren Bereich einer Rabatte, während die zarte Fingerhirse (*Eleusine coracan*), das weiß berandete Honiggras (*Holcus mollis* 'Albovariegatus') und das niedrige Zittergras (*Briza media*) mit seinen kleinen herzförmigen Ähren an feinen Stielen besser am vorderen Rand aufgehoben sind.

Üppige Eleganz

Verleihen Sie einer Staudenrabatte mit hohen mehrjährigen Gräsern wie Blaustrahlhafer (*Helictotrichon sempervirens*), Chinaschilf (*Miscanthus sinensis* 'Zebrinus') und Riesenfedergras (*Stipa gigantea*) eine üppige Eleganz. Die Gewächse werden bis zu 3 m hoch und entwickeln dichte Horste aus grünen Blättern. Das trifft auch auf das Pampasgras (*Cortaderia selloana*) zu, dessen imposante silbrig weiße Federrispen am besten an einem sorgfältig ausgewählten Standort mit einem Hintergrund aus dunklem Laub zur Geltung kommen. Betonen Sie die Schönheit der anmutigen Staude, indem Sie Einzelexemplare in den Rasen, an eine kiesbedeckte Stelle oder in eine lauschige Ecke setzen.

Reizvolle Gestecke

Ziergräser fügen sich wunderbar in frische Blumensträuße genauso wie in Trockenblumengestecke ein. Schneiden Sie die Pflanzen zum Trocknen, sobald die Rispen gerade aufblühen. (Siehe auch *Trockenblumen*)

Kombination in Blumenkästen

Setzen Sie kleine Ziergräser auch in Blumenkästen. Kombinieren Sie beispielsweise Zittergras mit Goldmohn (*Eschscholtzia*), Ringelblumen (*Calendula officinalis*) und Studentenblumen (*Tagetes*). (Siehe auch *Blumenkästen*)

Frühjahrsschnitt

Schneiden Sie Ziergräser möglichst erst im Frühjahr zurück. Während der kalten Monate schützen die Blätter die Wurzeln vor Frost und zieren zudem den winterlichen Garten.

Aussaat

Säen Sie einjährige Gräser im Frühling an einem sonnigen Platz aus. Geben Sie die Samen breitwürfig auf die jeweilige Fläche und bedecken Sie die Saat nur leicht mit Erde. Spannen Sie zum Schutz vor Vögeln ein Netz über das Beet. Vereinzeln Sie die Keimlinge später auf 15–30 cm.

Vermehrung durch Teilung

Ziergras lässt sich problemlos durch Teilung vermehren. Heben Sie im zeitigen Frühjahr ein Stück des Wurzelballens der betreffenden Pflanze aus dem Boden. Teilen Sie es in 3–4 kleinere Stücke, die Sie dann einzeln in Töpfe setzen und regelmäßig gießen. Pflanzen Sie die Gewächse im Herbst ins Freiland.

Zierkürbisse

Hübsche Dekoration

Zierkürbisse (*Cucurbita pepo*) stammen ursprünglich aus dem tropischen Amerika, gedeihen aber auch in Westeuropa, wenn man ihnen ausreichend Wärme und Feuchtigkeit bietet. Die Pflanzen wachsen bis zu 3 m hoch oder breiten sich bis zu 10 m weit am Boden aus. Im Sommer bilden sie gelbe oder weiße Blüten, aus denen sich dann Früchte in unterschiedlichen Formen und Farben entwickeln. Die Ernte lässt sich zwar nicht verzehren, doch im Herbst als hübsche Dekoration in Schalen und Körben verwenden.

Aussaat

Säen Sie die Samen Ende April oder Anfang Mai in Töpfen aus. Ab Ende Mai ist eine Aussaat im Freiland möglich. Wählen Sie dafür eine sonnige Lage. Lockern Sie zunächst die Erde und arbeiten Sie reifen Kompost ein. Anschließend stecken Sie je zwei Samen in Abständen von 50 cm 2–3 cm tief in den Boden. Decken Sie die Saat leicht mit

Erde zu und wässern Sie das Beet ausgiebig. Sobald die Saat angegangen ist, entfernen Sie an jeder Saatstelle den schwächeren der beiden Sämlinge. Es empfiehlt sich, Zierkürbisse an Gitterdrähten oder Spalieren hochzuziehen.

Feuchte Mulde

Graben Sie eine Mulde um Ihre Zierkürbisse, sobald die Pflanzen zu wachsen beginnen, und mulchen Sie die Vertiefung großzügig mit Rasenschnitt oder gut verrottetem Kompost. So ist für genügend Feuchtigkeit gesorgt.

Trocknen und lackieren

Lassen Sie Zierkürbisse reifen, bis sie hart sind und die Blätter welken. Nach der Ernte müssen die Früchte gesäubert werden und einige Wochen lang trocknen. Tragen Sie dann eine Schicht Klarlack auf; dadurch wird die Schale fester und die Farben leuchten intensiver.

Siehe auch *Kürbisse*

Ziertabak

Süßer Duft

Pflanzen Sie Gruppen von Ziertabak (*Nicotiana*) an Ihre Terrasse und unter Ihr Schlafzimmerfenster, denn die Pflanzen verströmen einen unvergleichlich süßen Duft, der bei manchen Sorten, darunter *Nicotiana sylvestris*, besonders abends sehr intensiv ist. Bei richtiger Pflege hat man lange Freude an Ziertabak; von Juni bis Oktober bilden sich immer wieder neue Büschel mit röhrenförmigen Blüten.

Ideale Bedingungen schaffen

Ziertabak gedeiht in Kübeln genauso gut wie in Beeten. Wichtig sind ein nährstoffreicher, leicht feuchter Boden und viel Sonne. Düngen Sie Ziertabak als Kübelpflanze wöchentlich und als Beetblume einmal im Monat.

Anzucht

Wässern Sie im März einige Torftöpfe in einer Schale und füllen Sie die Gefäße mit Aussaaterde. Säen Sie in jedes Behältnis drei Samen. Legen Sie dann eine Plastikfolie über die gesamte Schale und stellen Sie die Aussaat an ein Fenster. Lassen Sie in jedem Topf nur den kräftigsten Sämling stehen, der entspitzt werden muss. Nach den Eisheiligen dürfen die jungen Pflanzen ins Freie.

DER ZIMMERGARTEN

Eine grüne Oase im Haus lässt sich das ganze Jahr hindurch lebendig, farbenfroh und abwechslungsreich gestalten.

Zimmerpflanzen, ganz gleich ob Blüten- oder Blattpflanzen, bringen die Natur direkt ins Haus und geben dem Gärtner Gelegenheit, seine Sachkenntnis und seinen Einfallsreichtum unabhängig vom Wetter auf die Probe zu stellen.

Zimmerpflanzen stellen genau wie Gartenpflanzen unterschiedliche Ansprüche an Lichtverhältnisse, Nährstoffe, Luftfeuchtigkeit und Wasser. Einige gedeihen im vollen Sonnenlicht, andere würden bei direktem Licht eingehen und benötigen daher einen Platz abseits des Fensters. Während viele Pflanzen regelmäßig gegossen werden müssen, fühlen sich andere nur dann wohl, wenn die Erde beinahe trocken ist.

Das Wissen um diese unterschiedlichen Bedürfnisse ist der Schlüssel zum Erfolg mit Zimmerpflanzen. Mit ein bisschen Fachwissen und sorgfältiger Pflege kann man sowohl tropische Pflanzen wie das auffallende Glanzkölbchen (*Aphelandra squarrosa*) als auch „alte Vertraute" wie die zarte Fliederprimel (*Primula malacoides*) züchten.

Die Auswahl ist riesig. Blattpflanzen bieten eine große Vielfalt an Blattformen, Mustern, Farben und Texturen, die saisonal durch die Fülle an Blütenpflanzen ergänzt wird. Bei geschickter Kombination kann man mit beiden eine vielseitige lebendige Farbenpracht schaffen.

Standortbeschreibung

 Direkte Sonne: Auf dem Fensterbrett des südlichen oder westlichen Fensters. Im Sommer sollten die Pflanzen vor der starken Mittagssonne geschützt werden.

 Helles Licht: Am Süd- oder Westfenster hinter einem dünnen Vorhang oder auf dem Fensterbrett des Nord- oder Ostfensters.

 Halbschatten: Auf dem Fensterbrett des Nord- oder Ostfensters oder 2 m vom Südwestfenster entfernt, ohne direkte Sonne.

Schatten: In der schattigen Ecke eines hellen Zimmers oder 3 m vom Nordfenster entfernt.

Blütenpflanzen

Aeschynanthus speciosus (Äschynanthus)
Kriechpflanze mit blassen Blättern. Röhrenförmige orangefarbene Blüten von Juni bis September.

 Normale Zimmertemperatur das ganze Jahr hindurch.

Während der Wachstumsphase reichlich gießen und die Blätter besprühen; die Erde sollte stets feucht, jedoch nicht nass sein. Im Winter erst gießen, nachdem die Erdoberfläche ausgetrocknet ist. Während der aktiven Wachstumsphase einmal pro Monat flüssigen Kalidünger zum Gießwasser geben.

TIPP: Halten Sie Ausschau nach Blattläusen, besonders auf jungen Blättern.

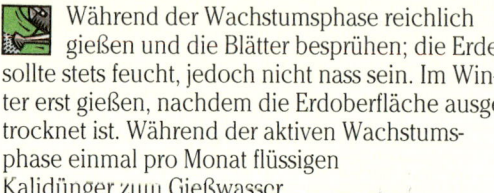

Aphelandra squarrosa (Glanzkölbchen)
Ein Strauch mit Blütenähren aus gelben Hochblättern (Brakteen), auf denen sich im Juli bis September gelbe Blüten entwickeln. Die großen Blätter haben elfenbeinfarbene Blattrippen.

 Benötigt eine Wintertemperatur von mindestens 10 °C.

 Lassen Sie die Erde nicht austrocknen; in der winterlichen Ruhephase wenig feucht halten. Während der Wachstumsphase wöchentlich mit Flüssigdünger düngen.

TIPP: Untersuchen Sie die Pflanzen regelmäßig auf Blatt-, Woll- oder Schildläuse.

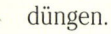

Beloperone guttata (Zimmerhopfen)
Immergrüner Strauch, auch als *Justicia brandegeana* bekannt, der rotbraune oder rosa Blütenähren hat. Weiße Blüten erscheinen von April bis Dezember.

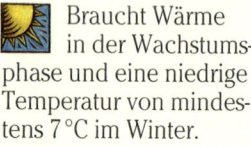 Braucht Wärme in der Wachstumsphase und eine niedrige Temperatur von mindestens 7 °C im Winter.

Sparsam gießen, sodass die Erde zwischendurch teilweise austrocknet. Von Spätwinter bis Frühherbst wöchentlich mit einem flüssigen Volldünger düngen.

TIPP: Im Frühjahr auf die halbe Höhe zurückschneiden, lang geschossene Triebe entspitzen.

Clivia miniata (Klivie, Riemenblatt)
Beliebte Pflanze mit trompetenartigen orangefarbenen oder roten Blüten; blüht von März bis August.

Braucht Wärme; Anfang Winter sollte man die Klivie aber für 6–8 Wochen an einen kühlen Ort mit knapp unter 10 °C stellen, um die Knospenbildung zu fördern.

Halten Sie die Erde im Frühjahr und Sommer leicht feucht; gießen Sie im Herbst weniger und lassen Sie das Substrat Anfang Winter für 6–8 Wochen fast austrocknen. Sobald sich Blütenstände bilden, braucht die Pflanze wieder mehr Wasser. Während der Blüte düngen Sie alle 2 Wochen mit flüssigem Volldünger; stellen Sie das Düngen am Ende des Sommers, etwa einen Monat vor der Trockenphase, wieder ein.

TIPP: Entfernen Sie die Früchte und die verwelkten Stängel nach dem Abfallen der Blüten, damit die Pflanze auch im nächsten Jahr wieder kräftige Blüten hervorbringt.

Echeveria derenbergii (Echeverie)
Eine Sukkulente, deren fleischige Blätter mit einem weißen Flaum bedeckt sind. Gebogene Blütenstände tragen im Frühling und Frühsommer orangerote Blüten.

 Normale Zimmertemperatur ist geeignet, allerdings zieht die Pflanze im Winter einen kühleren Standort mit 13–16 °C vor.

 Im Sommer regelmäßig gießen, die Erdoberfläche zwischendurch trocknen lassen. Hin und wieder sollten Sie einen schwach konzentrierten Flüssigdünger verwenden. Im Winter nur so viel gießen, dass die Pflanze nicht welk wird.

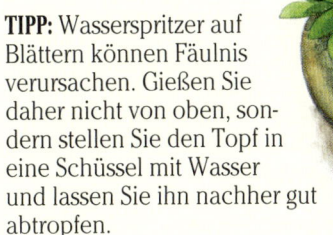

TIPP: Wasserspritzer auf Blättern können Fäulnis verursachen. Gießen Sie daher nicht von oben, sondern stellen Sie den Topf in eine Schüssel mit Wasser und lassen Sie ihn nachher gut abtropfen.

Epiphyllum (Epiphyllum, Blattkaktus)
Großblumiger Kaktus mit abgeflachten Trieben, der von Mai bis Juni blüht.

 Gedeiht bei mindestens 16 °C vom Frühling bis zum Herbst, im Winter bei 10 °C.

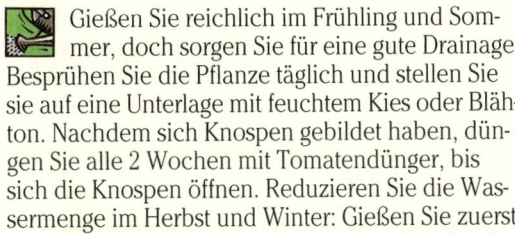 Gießen Sie reichlich im Frühling und Sommer, doch sorgen Sie für eine gute Drainage. Besprühen Sie die Pflanze täglich und stellen Sie sie auf eine Unterlage mit feuchtem Kies oder Blähton. Nachdem sich Knospen gebildet haben, düngen Sie alle 2 Wochen mit Tomatendünger, bis sich die Knospen öffnen. Reduzieren Sie die Wassermenge im Herbst und Winter: Gießen Sie zuerst so viel, dass die Erde leicht feucht bleibt; später lassen Sie den obersten Zentimeter Substrat vor dem Gießen austrocknen.

TIPP: Dieser Kaktus blüht besonders reichlich, wenn er wenig Platz im Topf hat. Topfen Sie ihn erst um, wenn er kopflastig wird und umzufallen droht.

Euphorbia pulcherrima
(Weihnachtsstern, Poinsettie)
Beliebter Strauch, der im Winter hübsche rote, rosa oder weiße Hochblätter hervorbringt und in der Weihnachtszeit gekauft wird, um zur Dekoration beizutragen.

 Normale Zimmertemperatur, mindestens 13 °C im Winter und nicht unter 18 °C ab April.

 Regelmäßig gießen, dabei die Erdoberfläche zwischendurch immer austrocknen lassen.

TIPP: Um die Poinsettie auch im zweiten Jahr zum Blühen zu bringen, schneiden Sie die Triebe bis auf 10 cm über der Erdoberfläche zurück und lassen die Erde fast ganz austrocknen. Nehmen Sie das Gießen im April wieder auf und topfen Sie die Pflanze in frische Erde um, damit das Wachstum angeregt wird. Düngen Sie von Juni bis September wöchentlich mit einem schwach konzentrierten Volldünger. Von Ende September an stellen Sie die Pflanze täglich 14 Stunden ganz dunkel, indem Sie sie mit einem Karton oder einer schwarzen Plastiktüte bedecken. Ihr Weihnachtsstern wird zu Weihnachten wieder blühen, allerdings wird er höher sein als im Vorjahr.

Exacum affine (Blaues Lieschen)
Kurzlebige, üppig blühende Pflanze, die duftende hellblaue Blüten hervorbringt. Sie ist mehrjährig, wird aber wie einjährig behandelt und nach der Blüte weggeworfen.

 Gedeiht bei Temperaturen von 13–16 °C.

 Halten Sie die Pflanze ständig feucht: Gießen Sie oft, stellen Sie den Topf auf eine Unterlage mit feuchtem Kies und besprühen Sie die Blätter. Während der Blüte düngen Sie die Pflanze alle 2 Wochen mit flüssigem Volldünger.

TIPP: Entfernen Sie alle verwelkten Blüten. Die Pflanze wird daraufhin Samen und zugleich immer mehr Blüten bilden; auf diese Weise können Sie die Blütezeit verlängern.

Hibiscus rosa-sinensis (Roseneibisch, Chinarose)
Zimmerhibiskus, blüht im Spätfrühling und Frühsommer. Die Blüten sind orange, rosa, rot, weiß oder gelb.

 Wächst bei Zimmertemperatur fast das ganze Jahr gut; im Winter sollte man die Pflanze bei etwa 10 °C kühl stellen.

 Die Erde feucht halten, außer im Winter, wenn nur so viel gegossen werden muss, dass die Pflanze nicht austrocknet. Von Mai bis September alle 2 Wochen mit einem flüssigen Kalidünger düngen.

TIPP: Um die Pflanze buschig zu halten, schneiden Sie Triebe und Zweige im Frühjahr bis auf 15 cm zurück. Sie können auch das obere Drittel beschneiden und die Seitentriebe auf 7–8 cm kürzen.

Phalaenopsis (Nachtfalterorchidee)
Pflegeleichte Orchidee, deren bogenförmige Blütenstände bis zu 30 große Blüten tragen. Jede Blüte kann sich bis zu 3 Wochen halten.

 Diese Pflanze benötigt das ganze Jahr über eine Mindesttemperatur von 16 °C.

Gießen Sie mit weichem Wasser und lassen Sie die Erdoberfläche zwischendurch trocknen; halten Sie die Erde von November bis März leicht angefeuchtet. Stellen Sie den Topf auf eine Unterlage mit feuchtem Kies und besprühen Sie die Pflanze täglich. In der Wachstumsphase geben Sie bei jedem dritten Gießen Orchideendünger zum Gießwasser.

TIPP: Achten Sie darauf, dass keine Wassertropfen auf den Blättern bleiben, da dies eine Pilzinfektion oder Fäulnis verursachen kann.

327

Primula malacoides (Primel)

Mehrjährige Zimmerpflanze mit zarten Blüten, die meistens nach der ersten Blüte weggeworfen wird, deren Weiterkultur aber möglich ist.

 Wächst am besten bei Temperaturen zwischen 10 °C und 13 °C.

 Halten Sie die Topferde das ganze Jahr über feucht. Steht die Pflanze in einem warmen Zimmer, so besprühen Sie die Blätter täglich mit Wasser. Düngen Sie während der Blütezeit alle 2 Wochen mit einem Flüssigdünger.

TIPP: Um die Blütezeit zu verlängern, entfernen Sie alle welkenden Blüten.

Rhododendron simsii (Azalee)

Winterblühender Strauch, der im Topf bis zu 45 cm hoch und breit werden kann. Die großen trichterförmigen Blüten gibt es in vielen Farben.

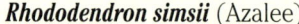 Braucht einen kühlen Platz bei Temperaturen zwischen 7 °C und 16 °C.

 Gießen Sie reichlich mit weichem, kalkfreiem Wasser und besprühen Sie täglich die Blätter. Wenn Sie die Pflanze nach der Blüte weiter kultivieren wollen, düngen Sie sie von Ende Frühling bis Anfang Herbst alle 2 Wochen mit einem kalkfreien Rhododendrondünger.

TIPP: Um die Pflanze im zweiten Jahr zum Blühen zu bringen, stellen Sie sie nach der Blütezeit in einen kalten Raum. Gießen Sie die Erde mäßig; sie darf nicht austrocknen. Wenn nötig, topfen Sie die Pflanze um. Sobald keine Frostgefahr mehr besteht, stellen Sie den Topf im Freien an einen schattigen Ort; halten Sie die Erde feucht. Im September muss die Pflanze wieder ins Haus gebracht und an einen kalten Standort gestellt werden, bis sich die Blüten wieder zu öffnen beginnen.

Saintpaulia ionantha (Usambaraveilchen)

Beliebte kompakte Pflanze, die bis zu 10 Monate im Jahr blüht.

 Gedeiht bei Temperaturen zwischen 18 °C und 24 °C, im Winter bei 13 °C, wenn sie nicht zu viel gegossen wird.

 Gießen Sie Usambaraveilchen, wenn die Erdoberfläche sich trocken anfühlt. Um Wasserspritzer auf den Blättern zu vermeiden, können Sie lauwarmes Wasser in den Untersetzer geben. Während der Wachstumsphase fügen Sie bei jedem Gießen dem Wasser einen Flüssigdünger zu, der zu gleichen Teilen aus Stickstoff (N), Phosphor (P) und Kalium (K) besteht.

TIPP: Topfen Sie die Pflanze jedes Jahr um und entfernen Sie dabei alle Außenblätter, die gegen den Topfrand gedrückt waren und dadurch beschädigt wurden.

Solanum pseudocapisicum (Korallenbäumchen)

Buschiger Strauch, der im Sommer mit kleinen Blüten und im Winter mit leuchtenden, aber giftigen Beeren bedeckt ist.

 Im Herbst und Winter sollte ein Korallenbäumchen nicht wärmer als 15 °C stehen; im späten Frühjahr und im Sommer kann es auch ins Freie gestellt werden.

 Halten Sie die Erde feucht und gießen Sie oft. Besprühen Sie die Blätter im Winter täglich mit Wasser. Düngen Sie alle 2 Wochen mit Flüssigdünger, außer in der Wachstumspause.

TIPP: Meistens wird ein Korallenbäumchen nach einem Jahr weggeworfen, doch das muss nicht sein. Sobald die Beeren zu schrumpfen beginnen, gießen Sie 4–5 Wochen lang nur wenig. Topfen Sie den Strauch anschließend um und stellen Sie ihn von Juni bis zum Herbst ins Freie. Im Winter sollte er wieder ins Haus genommen werden.

Spathiphyllum wallisii
(Einblatt, Blattfahne)

Eine Pflanze mit kurzem, kaum über die Erdoberfläche reichendem Hauptstamm, pfeilförmigen Blüten und glänzenden Blättern.

 Gedeiht bei Temperaturen von 13–16 °C.

Gießen Sie mäßig und lassen Sie die Erdoberfläche zwischendurch austrocknen. Düngen Sie vom Frühling bis in den Spätherbst mit einem flüssigen Volldünger.

TIPP: Stellen Sie den Topf auf eine Unterlage mit angefeuchteten Kieselsteinen und besprühen Sie die Blätter regelmäßig mit Wasser, um Rote Spinnmilben, die typischen Schädlinge, abzuwehren. Wischen Sie die Blätter hin und wieder mit einem Schwamm ab, damit sie staubfrei bleiben.

Streptocarpus (Drehfrucht)

Reich blühend von Frühling bis Herbst, Blätter mit oder ohne Stiel, trompetenförmige Blüten.

Wächst gut in einem warmen Raum. Die Pflanze braucht in der aktiven Wachstumsphase mindestens 13 °C, verträgt aber im Winter auch 10 °C.

Lassen Sie in der Wachstumsphase den obersten Zentimeter Erde austrocknen, bevor Sie die Pflanze gießen; in der Ruhephase sogar 2–3 cm. Während der Wachstumsphase düngen Sie alle 2 Wochen mit einem schwach konzentrierten Flüssigdünger.

TIPP: Erhöhen Sie die Luftfeuchtigkeit während der Wachstumsphase, indem Sie den Topf auf eine Unterlage mit angefeuchteten Kieselsteinen stellen. Um Schimmelbildung zu vermeiden, sorgen Sie für ausreichende Belüftung. Topfen Sie die Drehfrucht alle 2 Jahre um, verwenden Sie dafür jedoch keine tiefen Töpfe.

Blattpflanzen

Adiantum raddianum (Frauenhaarfarn, Venushaar)
Beliebter Farn mit dunkelgrünen, herabhängenden Wedeln und feinen, glänzenden Blattstielen.

 Verträgt Temperaturen von mindestens 10–24 °C.

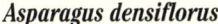 Gießen Sie mäßig, der Wurzelballen sollte allerdings nicht austrocknen. Während der Wachstumsphase düngen Sie alle 2 Wochen, wenn das Pflanzsubstrat vorwiegend aus Torf besteht, und alle 4 Wochen, wenn der Anteil der Erde überwiegt.

TIPP: Wenn die Lufttemperatur über 24 °C steigt, besprühen Sie die Blätter täglich mit Wasser und stellen den Topf auf eine Unterlage mit feuchtem Kies oder Blähton.

Asparagus densiflorus
(Zierspargel, Zimmerspargel)
Farnähnliche Pflanze aus der Familie der Liliengewächse mit attraktiven, gefiederten Wedeln.

Zierspargel bevorzugt Zimmertemperatur, verträgt jedoch im Winter auch eine Temperatur von 7 °C, wenn er mäßig gegossen wird.

Die Erde muss von Frühling bis Herbst gut feucht gehalten werden. Im Winter sollte man nur so viel gießen, dass die Erde nicht ganz austrocknet. Düngen Sie während der Wachstumsphase alle 2 Wochen mit flüssigem Volldünger.

TIPP: Dicke Wurzeln des Zimmerspargels drücken die Erde nach oben, deshalb sollte man das Substrat nicht bis zum Topfrand einfüllen. Einmal jährlich oder nach Bedarf auch öfter sollte man Zimmerspargel in einen größeren Topf umpflanzen.

Aspidistra elatior (Schusterpalme, Metzgerpalme)
Widerstandsfähige Palmenart mit dunkelgrünen ledrigen, 35–50 cm langen Blättern.

 Wächst gut in kalten wie in warmen Räumen und kommt sogar mit einem Standort in einer dunklen Ecke oder Diele zurecht.

Lassen Sie das obere Drittel Erde austrocknen, bevor Sie wieder gießen; zu viel gegossene Pflanzen bekommen braune Flecken auf den Blättern. Düngen Sie während der Wachstumsphase alle 2 Wochen mit einem Stickstoff- oder Volldünger.

TIPP: Wischen Sie die Blätter regelmäßig mit einem Schwamm ab, um Staub zu entfernen.

Ceropegia linearis* ssp. *woodii (Leuchterblume)
Kriechende, meist in einer Ampel hängende Sukkulente mit herzförmigen Blättern und hautfarbenen Röhrenblüten.

Gedeiht bei Zimmertemperatur das ganze Jahr über.

 Gießen Sie mäßig im Frühjahr und Sommer, lassen Sie die Erdoberfläche zwischendurch austrocknen. Gießen Sie im Winter nur so viel, dass die Erde nicht ganz austrocknet. Düngen Sie erwachsene, gesunde Pflanzen während der Wachstumsphase einmal monatlich mit flüssigem Volldünger.

TIPP: Wenn Sie Leuchterblumen in eine Ampel pflanzen, setzen Sie die Knollen am besten mit einem Abstand von 4–5 cm, um einen optimalen Effekt zu erzielen.

Cissus rhombifolia
(Klimme, Känguruwein)
Schnell wachsende Kletterpflanze, verwandt mit der Weinrebe. Ihre Blätter sind am Rand gezahnt.

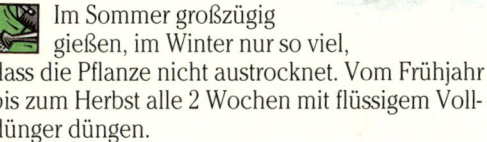

Genießt die Wärme, hält aber im Winter auch kurzfristig eine Temperatur von 13 °C aus.

Im Sommer großzügig gießen, im Winter nur so viel, dass die Pflanze nicht austrocknet. Vom Frühjahr bis zum Herbst alle 2 Wochen mit flüssigem Volldünger düngen.

TIPP: Schneiden Sie im Frühling die Seitentriebe bis auf 2–3 cm zurück und kürzen Sie die Haupttriebe um ein Drittel. Entfernen Sie die Triebspitzen, um die Zweigbildung anzuregen.

Codiaeum variegatum* var. *pictum
(Kroton, Wunderstrauch)
Buschiger Strauch, je nach Züchtung mit unterschiedlichen Blatt- und Blattrippenfarben.

Braucht ganzjährig Temperaturen von mindestens 13 °C.

 Während der Wachstumsphase reichlich mit lauwarmem Wasser gießen, die Erdoberfläche zwischendurch trocknen lassen. Im Winter nur so viel gießen, dass die Erde nicht ganz austrocknet. In der Wachstumsphase alle 2 Wochen mit flüssigem Volldünger düngen.

TIPP: Wenn der Kroton über den ihm zugedachten Platz hinauswächst, schneiden Sie ihn im Frühjahr zurück und bestäuben die Schnittstellen mit Kohlepulver, um den Milchfluss einzudämmen.

Cordyline australis (Keulenlilie, Kolbenbaum)
Wächst als Einzelstamm mit dichten Büscheln schmaler, lediger Blätter von bis zu 90 cm Länge und 5 cm Breite.

 Verträgt niedrige Temperaturen bis 4 °C. Kann im Sommer und Frühherbst ins Freie gestellt werden.

 Gießen Sie so, dass die Erde immer gut feucht, jedoch nicht völlig nass ist. Im Winter nur hin und wieder gießen, damit die Erde nicht ganz austrocknet. In der Wachstumsphase alle 2 Wochen mit flüssigem Volldünger düngen.

TIPP: Um ein gesundes Wachstum zu fördern, entfernen Sie das untere trockene Laub und besprühen die Blätter regelmäßig mit Wasser.

Cyperus alternifolius (Zypergras, Schirmpflanze)
Feuchtigkeitsliebende Pflanze mit Rosetten von langen, schmalen Hochblättern auf dünnen Stielen. Kann bis zu 75 cm hoch werden.

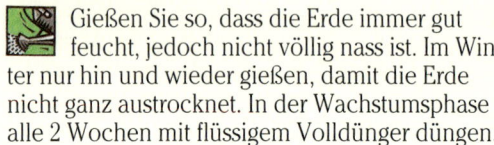 Zypergras verträgt Temperaturen bis 10 °C, fühlt sich aber bei Zimmertemperatur wohler.

Gießen Sie die Pflanze reichlich und stellen Sie den Topf in einen tiefen Untersetzer mit Wasser, sodass die Erde ständig feucht bleibt. In der Wachstumsphase düngen Sie einmal monatlich mit flüssigem Volldünger.

 **TIPP:** Besprühen Sie die Blätter häufig mit warmem Wasser, um die zusätzliche Luftfeuchtigkeit zu schaffen, die Zypergras braucht.

Dieffenbachia (Dieffenbachie)
Auffällige Pflanze mit dicken Stämmen und großen fleischigen, dekorativ gemusterten Blättern. Wird bis zu 1,5 m hoch.

 Gedeiht am besten bei Temperaturen über 15 °C.

 Stellen Sie den Topf auf eine Unterlage mit feuchtem Kies und halten Sie die Erde ganzjährig leicht angefeuchtet; lassen Sie die Erdoberfläche zwischendurch trocknen. Düngen Sie während der Wachstumsphase alle 2 Wochen mit flüssigem Volldünger.

TIPP: Der Saft der Dieffenbachie ist giftig; waschen Sie sich deshalb nach dem Schneiden von Ablegern oder nach dem Entfernen der welken Blätter immer die Hände.

× *Fatshedera lizei* (Efeuaralie)
Beliebte Hybride von *Fatsia japonica* und *Hedera helix* mit glänzenden, fünffach gelappten, bis zu 20 cm großen Blättern.

 Wächst am besten bei niedrigen Temperaturen, gedeiht aber auch in beheizten Räumen, wenn nicht mehr als 21 °C herrschen.

 Wenn die Pflanze in einem warmen Zimmer steht, stellen Sie den Topf in eine Schale mit feuchten Kieselsteinen. Lassen Sie in der Wachstumsphase den obersten Zentimeter Erde vor dem Gießen austrocknen und gießen Sie im Winter nur so viel, dass die Erde nicht ganz austrocknet. Düngen Sie während der aktiven Wachstumsphase alle 2 Wochen mit flüssigem Volldünger.

TIPP: Eine Efeuaralie wird bis zu 1,2 m hoch. Stecken Sie einen Stab in die Erde und binden Sie die Pflanze daran, um sie zu stützen. Entfernen Sie im März die kahl werdenden Seitentriebe.

Hypoestes phyllostachya (Hypoestes, Hüllenklaue)
Dichte, buschige, strauchförmige Pflanze mit rosa, rot oder weiß gesprenkelten Blättern.

 Wächst am besten bei einer Zimmertemperatur über 15 °C. Wenn die Pflanze dunkel gestellt wird, verblassen die Blattmuster.

Gießen Sie von Frühjahr bis Herbst mäßig und im Winter nur so viel, dass die Erde leicht angefeuchtet ist. Düngen Sie während der Wachstumsphase alle 2 Wochen mit flüssigem Volldünger.

TIPP: Regelmäßiges Zurückschneiden fördert buschiges Wachstum. Wenn eine alte Pflanze wuchert und struppig wird, kann man von ihr im Frühjahr Ableger nehmen oder kauft eine neue.

Lobivia, Mammillaria, Rebutia (Kakteen)
Beliebte, blühende Kakteen mit kugelförmigen Stämmen.

Kakteen müssen im Winter an einem kühlen, sehr hellen Platz bei einer Temperatur von etwa 5 °C stehen, damit die Blüte angeregt wird. Nur in den heißesten Sommermonaten muss man sie vor Sonne schützen.

Im Frühling und Sommer gießt man Kakteen sparsam, wenn die Erdoberfläche auszutrocknen beginnt. Im Winter sollte man sehr wenig gießen, gerade ausreichend, dass die Pflanzen nicht schrumpfen. Im Frühling und Sommer düngt man die Gewächse mit Kakteendünger – alle 2 Wochen, wenn das Pflanzsubstrat vorwiegend aus Torf besteht, alle 4 Wochen, wenn der Erdanteil überwiegt.

TIPP: Öffnen Sie im Sommer häufiger das Fenster, vor dem die Kakteen stehen, um ihnen etwas frische Luft zu gönnen.

Nephrolepis exaltata 'Bostoniensis' (Schwertfarn)
Beliebter Zimmerfarn mit langen, bogenförmigen Wedeln. Er sieht besonders apart aus, wenn er einzeln auf einem Blumenhocker steht.

 Schwertfarn wächst gut bei 15–21 °C, verträgt aber auch niedrigere Temperaturen bis 10 °C.

 Halten Sie das Substrat ganzjährig gut feucht, jedoch nicht nass. Ist die Raumtemperatur niedriger als 13 °C, lassen Sie das obere Drittel der Erde vor dem Gießen austrocknen. Stellen Sie den Topf in eine Schale mit Kieselsteinen und besprühen Sie hin und wieder die Blätter. Düngen Sie Pflanzen in der Wachstumsphase mit einem flüssigen Volldünger alle 4 Wochen, wenn der Erdanteil im Pflanzsubstrat überwiegt, und alle 2 Wochen, wenn das Substrat vorwiegend aus Torf besteht.

TIPP: Wenn nötig, topfen Sie den Farn im Frühjahr um. Achten Sie darauf, dass die Blattknospen dabei nicht mit Substrat bedeckt werden.

Philodendron scandens (Kletterphilodendron)
Kleinblättrige Kletter- oder Kriechpflanze, eine der besonders pflegeleichten Zimmerpflanzen.

 Gedeiht bei Temperaturen über 13 °C.

 In der Wachstumsphase mäßig gießen, die Erdoberfläche zwischendurch trocknen lassen. Im Winter sparsam gießen. Den Topf in eine Schale mit Kieselsteinen stellen oder häufig die Blätter besprühen. Während der Wachstumsphase alle 2 Wochen mit flüssigem Volldünger düngen.

TIPP: Entspitzen fördert buschiges Wachstum.

Platycerium bifurcatum (Geweihfarn)
Ein Regenwaldfarn mit breiten, herunterhängenden Wedeln, die einem Hirschgeweih ähnlich sehen.

 Bevorzugt Temperaturen um 21 °C im Sommer und 13 °C im Winter.

 Wenn die Wedel zu erschlaffen beginnen, tauchen Sie den Topf oder die Stammbasis samt der Rinde, auf der die Pflanze wächst, für einige Minuten in Wasser. Wenn es im Zimmer sehr warm ist, sprühen Sie die Blätter regelmäßig mit Wasser ein. Während der Wachstumsphase zwei- bis dreimal mit flüssigem Volldünger düngen.

TIPP: Geweihfarn gedeiht auf einem Stück Rinde, das von der Decke eines schattigen, feuchten Gewächshauses herunterhängt. Umwickeln Sie die Wurzeln mit Torfmoos (Sphagnum) und Torf oder Kokosfasern und binden Sie dieses „Paket" vorsichtig mit einem starken Faden an die Rinde. Halten Sie die Rinde und die Wurzeln feucht, bis die Pflanze mit der Unterlage gut verwachsen ist.

Scindapsus aureus (Goldgefleckte Efeutute)
Eine Kletterpflanze, auch als *Epipremnum aureum* bekannt, mit auffallenden herzförmigen, leuchtend grüngelben Blättern.

 Liebt Wärme, braucht aber während der Winterruhe Temperaturen zwischen 10 °C und 13 °C.

 In der Wachstumsphase mäßig gießen, die Erdoberfläche zwischendurch trocknen lassen. Im Winter sparsam gießen. Während der Wachstumsphase alle 2 Wochen mit flüssigem Volldünger düngen.

TIPP: Wenn die Blätter grün werden, stellen Sie die Pflanze näher ans Licht, um eine stärkere Panaschierung zu erhalten.

Syngonium podophyllum (Purpurtute)
Tropische Kletterpflanze mit frischgrünen, gerundeten Blättern.

 Gedeiht gut bei Zimmertemperatur.

 Halten Sie die Erde während der Wachstumsphase feucht. Gönnen Sie der Pflanze eine kurze Winterruhe, indem Sie weniger gießen; lassen Sie die Erde jedoch nicht ganz austrocknen. Düngen Sie im Frühling und Sommer alle 2 Wochen mit flüssigem Volldünger.

TIPP: Besprühen Sie häufig die Blätter und stellen Sie die Pflanze in einem warmen Zimmer in eine Schale mit feuchtem Kies, um die Luftfeuchtigkeit zu erhöhen.

Tolmiea menziesii (Henne mit Küken)
Die Pflanze hat große, lang gestreckte, drüsig behaarte, herzförmige Blätter, die durch kleine Tochterpflänzchen, die sich am Blattgrund entwickeln, herabgedrückt werden.

 Bevorzugt kühle, ungeheizte Räume und gedeiht bei etwa 10 °C.

 Gießen Sie in der Wachstumsphase mäßig, lassen Sie die Erdoberfläche zwischendurch trocknen. Halten Sie das Substrat im Winter wenig feucht. Düngen Sie während der Wachstumsphase alle 2 Wochen mit einem flüssigen Volldünger.

TIPP: Die schönen, bogenförmig herunterhängenden Blätter der Henne mit Küken kommen am besten zur Geltung, wenn man die Pflanze in eine Ampel setzt.

Zimmerpflanzen

Schützende Hülle
Nehmen Sie zum Kauf einer neuen Zimmerpflanze mehrere Einkaufstüten mit. Packen Sie das Gewächs vorsichtig darin ein, bevor Sie aus dem Geschäft auf die Straße treten. So verhindern Sie Beeinträchtigungen durch Temperaturunterschiede oder kalten Wind, wodurch beispielsweise Blätter oder Blüten abfallen könnten.

Gedächtnisstütze
Bewahren Sie Pflanzenetiketten auf, damit Sie jederzeit die Möglichkeit haben, die Hinweise zum Gießen und Düngen zu überprüfen oder sich den botanischen Namen ins Gedächtnis zu rufen, unter dem Sie vielleicht nähere Informationen in einem Buch nachschlagen möchten.

Eingewöhnungszeit
Geben Sie einer neuen Zimmerpflanze ausreichend Zeit zur Eingewöhnung in der neuen Umgebung. Am besten steht sie erst einmal mindestens 2 Wochen lang an einem Platz ohne Zugluft und direkte Sonneneinstrahlung. Danach darf sie an ihren endgültigen Standort gebracht werden.

Feuchte Unterlage

Stellen Sie Pflanzen, die keine trockene Umgebung vertragen, auf ein wasserdichtes, zur Hälfte mit Kies oder Blähtonkugeln gefülltes Tablett, das Sie mit etwas Wasser füllen.

Sinnvolle Gruppierungen
Gesunde Pflanzen, die vergleichbare Bedingungen bevorzugen, profitieren von einer Gruppierung am selben Ort. Dies trifft besonders während der Heizperiode zu. Das aus der Blumenerde in den Töpfen verdunstende Wasser sorgt für die nötige Luftfeuchtigkeit.

Ausreichend Licht im Winter
Beachten Sie, welche Pflanzen und keimenden Samen vor allem im Winter viel Licht brauchen. Platzieren Sie solche Gewächse und Aussaaten während der kalten Monate an Fenstern, die nach Süden oder Westen gerichtet sind. Dort ist eine gute Lichtversorgung gewährleistet. Düngen Sie die Pflanzen während dieser Zeit nur sehr selten, damit sie nicht aufschießen.

Selbst gemachte Reflektoren
Verstärken Sie in trüben Wintermonaten die Sonneneinstrahlung, indem Sie einen Spiegel oder ein mit Aluminiumfolie bezogenes Stück Pappe hinter oder neben Ihren Pflanzen positionieren. Das reflektierte Licht bewirkt ein gerades Wachstum und verhindert ein Aufschießen.

Rankhilfen im Raum
Helfen Sie Rankgewächsen wie dem Baumfreund (*Philodendron*), der Klimme (*Cissus*), der Kapland-Klimme (*Rhoicissus*) und Zimmerefeu-Hybriden (*Hedera*) beim Hochwinden, indem Sie eine unsichtbare Kletterhilfe aus durchsichtigem Nylonfaden mit kleinen Nägeln an einer Raumwand befestigen.

Schlingpflanzen zur Geltung bringen
Die Schönheit vieler kriechender Zimmerpflanzen kommt vor allem in Ampeln zum Ausdruck. Bringen Sie beispielsweise die sternförmigen Blüten der Zwergwachsblume (*Hoya bella*) auf diese Weise optimal zur Geltung.

Knospen erhalten
Stellen Sie Gardenien (*Gardenia*), Hibiskus (*Hibiscus*), Kamelien (*Camellia japonica*) und Wachsblumen (*Hoya*) nicht mehr um, nachdem sich Knospen entwickelt haben, denn die Blütenansätze fallen sonst leicht ab. Allerdings sollten Sie die Blumen alle paar Tage um 180 Grad drehen; dadurch wachsen die Blätter gleichmäßig.

Umzüge vermeiden
Nicht nur Blütenpflanzen, sondern Zimmergewächse allgemein sollten nicht häufig umziehen müssen, denn Veränderungen der Lichtverhältnisse, der Temperatur und der Luftfeuchtigkeit wirken sich meist nachteilig aus. Plötzliches grel-

les Sonnenlicht etwa ruft leicht Verbrennungen an den Blättern hervor. Unvermittelte Kälte löst oft einen Schock aus, der zu Wachstumsverzögerungen führt, während bei geringer Luftfeuchtigkeit die Gefahr von Mangelerscheinungen besteht.

Hohe Nährstoffzufuhr
Topfpflanzen verbrauchen schnell die Nährstoffe, die in Blumenerde enthalten sind. Düngen Sie daher häufig während der Wachstumsphase oder verabreichen Sie einmal ein Mittel, das seine Wirkstoffe nur langsam abgibt. Pflanzen, die schwächlich wirken, lassen sich auch mit Tomatendünger wieder aufpäppeln.

Blütenpflanzen richtig düngen
Beachten Sie, dass viele Zimmerpflanzendünger für Blattpflanzen entwickelt wurden und bei blühenden Gewächsen die Blattbildung auf Kosten der Blüten fördern. Informieren Sie sich deshalb genau, wie viel Dünger Ihre Blütenpflanzen im Einzelnen benötigen.

Ideale Gießkanne
Benutzen Sie zum Wässern eine kleine Gießkanne mit langem schlankem Hals. So vermeiden Sie, dass Wasser auf die Blätter spritzt oder überläuft.

Usambaraveilchen wässern
Gießen Sie Usambaraveilchen (*Saintpaulia-Ionantha*-Hybriden) nicht mit einer Kanne. Stellen Sie die Blumen stattdessen in eine flache Schüssel mit Wasser. Benässen Sie keinesfalls die Blätter, es würden Wasserspuren zurückbleiben.

Maßnahme bei Austrocknung

Tauchen Sie völlig ausgetrocknete Töpfe in einen Eimer voll Wasser, bis keine Luftbläschen mehr aufsteigen. Stellen Sie die Gefäße anschließend auf einen Untersetzer, solange das überschüssige Wasser abläuft.

Schädlinge biologisch bekämpfen

Klebriger Belag auf Möbeln oder Fensterbrettern ist häufig ein Anzeichen für Schädlingsbefall. Versuchen Sie, das Problem mit einem biologischen Pflanzenschutzmittel in den Griff zu bekommen. Greifen Sie nur in äußerst hartnäckigen Fällen zu Insektiziden.

Staub entfernen

Duschen Sie verstaubte Blattpflanzen hin und wieder mit lauwarmem Wasser ab. Wischen Sie danach verbleibende Tropfen auf den Blättern mit einem Schwamm ab.

Natürliche Luftfilter

Stellen Sie nach Streicharbeiten Töpfe mit Azaleen (Rhododendron), Bogenhanf (Sansevieria) und Zimmerefeu in den betreffenden Räumen auf. Der unangenehme Farbgeruch verschwindet

---

GÄRTNER-WISSEN

Gute Pflege

Beachten Sie folgende wichtige Grundregeln im Umgang mit Zimmerpflanzen:

- Entfernen Sie regelmäßig welke Blüten und trockene oder beschädigte Blätter.
- Gießen Sie nicht übermäßig, sondern lassen Sie die Erde zwischendurch trocknen.
- Düngen Sie Ihre Pflanzen während der Wachstumsphase, die in der Regel zwischen Ende März und Ende September liegt, häufig.
- Behandeln Sie Blattpflanzen nicht zu oft mit Blattglanzspray, da sonst die Poren verstopfen. Wischen Sie die Blätter regelmäßig mit einem feuchten Schwamm ab; gelegentliches Abduschen mit lauwarmem Wasser ist ebenfalls ratsam.

---

dann ganz schnell wieder, denn die genannten Pflanzen absorbieren Giftstoffe in der Luft und bauen diese ab.

Würmer beseitigen

Wenn die Erde in Ihren Töpfen durch Würmer unterwandert ist, gießen Sie ein Glas Rotwein in den Topf. Die Würmer kommen dann an die Oberfläche und können mühelos abgesammelt werden.

Umtopfen bei Chlorose

Topfen Sie Pflanzen, die an Chlorose leiden, sofort um. Waschen Sie zunächst mit lauwarmem Regenwasser gründlich die Erde von den Wurzeln ab und setzen Sie die Gewächse in neue geeignete Blumenerde. Bei der Chlorose handelt es sich um einen Mangel an Blattgrün (Chlorophyll) durch Unterversorgung mit wichtigen Nährstoffen und Spurenelementen, beispielsweise Eisen. Die Krankheit lässt sich an hellgrün, gelblich oder weiß verfärbten Blättern erkennen.

Zimmerpflanzen gießen

Regenwasser bei Kalkunverträglichkeit

Die meisten Zimmerpflanzen gedeihen problemlos mit Leitungswasser. Ausnahmen bilden nur die kalkfliehenden Gewächse, die sich durch hartes Wasser gelb verfärben. In Gegenden mit kalkreichem Wasser empfiehlt es sich, für solche empfindlichen Pflanzen in einem kleinen Behältnis Regenwasser zu sammeln, das allerdings stets frisch verwendet werden muss. Benutzen Sie kein stehendes Regenwasser aus Tonnen, denn es enthält meist Mikroorganismen, die Wurzelkrankheiten verursachen.

Chlor- und Kalkgehalt vermindern

Lassen Sie Leitungswasser über Nacht in einem Eimer oder einer Gießkanne stehen, bevor Sie Ihre Zimmerpflanzen damit gießen. So verringert sich der Chlorgehalt ein wenig. Vermindern Sie den Kalkgehalt dagegen durch Abkochen. Lassen Sie das Wasser abkühlen, bevor Sie es zum Gießen verwenden. Im Gartenfachhandel gibt es auch Entkalker für hartes Wasser.

Wasser mit Zimmertemperatur nehmen

Gießen Sie zarte Zimmerpflanzen nur mit Wasser, das Zimmertemperatur hat. Geben Sie kaltem Wasser abgekochtes, aber schon leicht abgekühltes Wasser hinzu.

Das richtige Maß

Topfsubstrat sollte immer leicht feucht, aber nie ganz nass sein. Beachten Sie zudem, dass Zimmerpflanzen während der Ruhezeit weniger gegossen werden müssen. Befolgen Sie stets die Bewässerungshinweise auf den Etiketten.

Test mit dem Finger

Testen Sie, ob das Substrat einer Zimmerpflanze zu trocken ist, indem Sie Ihre Fingerkuppe bis zum Nagel in die Erde drücken. Bleibt der Nagel trocken, so ist es an der Zeit zu gießen. Natürlich sind dabei noch die individuellen Bedürfnisse der Pflanze und die Jahreszeit zu berücksichtigen.

Granulat als Feuchtigkeitsspeicher

Gerade kräftige Topfpflanzen benötigen in ihrer Wachstumsphase sehr viel Flüssigkeit und trocknen leicht aus. Fügen Sie dem Substrat solcher Gewächse beim Umtopfen Wasser speicherndes Granulat hinzu. So brauchen Sie anschließend weniger zu gießen.

Ungeeigneter Standort

Platzieren Sie Pflanzen niemals auf einem Fernseher. Die Temperaturschwankungen, die sich ergeben, wenn das Gerät läuft bzw. abgeschaltet ist, wirken sich nachteilig auf die Gewächse aus.

Wasseransammlungen

Nicht versickernde Wasseransammlungen auf der Substratoberfläche werden entweder durch eine Verdichtung der Blumenerde oder durch eine Salzkruste auf der Oberfläche hervorgerufen. Lockern Sie das Substrat in solchen Fällen mithilfe einer kleinen Gabel.

Düngung vorbereiten

Gießen Sie Pflanzen einige Tage vor dem Düngen, damit das Substrat bei der Nährstoffzufuhr feucht ist und sich das jeweilige Mittel gut verteilt.

Sonderbehandlung für Azaleen

Azaleen werden meist in Tontöpfen verkauft, die leicht austrocknen. Stellen Sie die Töpfe am besten 2–3 Stunden lang in ein mit Wasser gefülltes Becken, sodass sie sich vollsaugen können. Lassen Sie das Wasser anschließend gut ablaufen.

Aufenthalt im Badezimmer

Versorgen Sie Ihre Pflanzen vor mehrtägigen Ausflügen ausreichend mit Flüssigkeit. Legen Sie dazu Ihre Badewanne mit alten Handtüchern aus, die Sie anschließend mit Wasser besprenkeln. Stellen Sie Ihre Pflanzen darauf. Verdunkeln Sie das Badezimmer aber nicht, denn die Pflanzen brauchen Licht.

Sämlinge versorgen

Sämlinge in Töpfen oder Saatschalen brauchen spezielle Pflege während Ihrer Abwesenheit von zu Hause. Kaufen Sie in einem Gartencenter ein Stück Vliesmatte, legen Sie es auf Ihre Spüle und lassen Sie es 30–40 cm in das Becken hängen. Feuchten Sie danach die Töpfe und Schalen gut an und stellen Sie die Gefäße auf die Matte. Füllen Sie das Spülbecken, damit sich die Matte vollsaugt und das Wasser zum Drainageloch weiterleitet, von wo aus es in das Substrat dringt. Bei Pflanzen in sehr großen Gefäßen oder Tontöpfen empfiehlt es sich, zusätzlich Dochte aus Streifen von Vliesmatten in das Entwässerungsloch zu stopfen, damit tatsächlich genügend Flüssigkeit weitergeleitet wird.

Größe des Topfuntersetzers

Nehmen Sie für Zimmerpflanzen, die Sie von unten gießen, ausreichend große Untersetzer, damit die aufgefüllte Wassermenge die Wurzelballen genug befeuchtet. Stellen Sie bei Abwesenheit, solange eine andere Person gießt, größere Untersetzer unter Ihre Gewächse und füllen Sie vor der Abreise bereits Wasser auf.

Schädliche Staunässe

Lassen Sie von unten gegossene Zimmerpflanzen nie längere Zeit im Wasser stehen, da sonst die Wurzeln faulen. Schütten Sie Flüssigkeit, die sich 1–2 Stunden nach dem Gießen noch im Topfuntersetzer befindet, unbedingt weg.

Maßnahmen bei trockener Luft

Zahlreiche Zimmerpflanzen stammen aus tropischen Regionen und brauchen eine dementsprechend hohe Luftfeuchtigkeit. Während der Heizperiode sind die Räume aber meist zu trocken. Ein voll beheiztes Zimmer weist in der Regel nur 30–40 % Luftfeuchtigkeit auf, viele Gewächse benötigen aber 60–70 %. In diesem Fall hilft sehr häufiges Besprühen mit lauwarmem Wasser. Die gleiche Wirkung erzielen Sie, indem Sie Ihre Topfpflanzen auf umgedrehte Untersetzer in Schalen mit Wasser stellen.

Zimmerspringbrunnen

Ein Zimmerspringbrunnen ist äußerst dekorativ, aber ziemlich teuer. Zudem verbessert er die Luft nur in seiner unmittelbaren Umgebung.

Siehe auch *Urlaub, Der Zimmergarten* S. 326–331

Zinnien

Farbenfrohe Korbblütler

Als Beetblumen erfreuen sich Zinnien (*Zinnia*) außerordentlicher Beliebtheit und dürfen in keinem Bauerngarten fehlen. Die farbenfrohen Korbblütler blühen von Juni bis Oktober. Ursprünglich sind sie in Mexiko beheimatet; von daher mögen sie Wärme und Sonne. Der Standort muss durchlässigen nährstoffreichen Boden aufweisen.

Arten und Sorten

Zinnia angustifolia ist wenig bekannt, fügt sich aber mit ihren gelben und braunen Farbtönen besonders harmonisch in naturnahe Gärten ein und nimmt sich beispielsweise sehr hübsch neben der Studentenblume (*Tagetes*) aus. Dagegen hat *Zinnia elegans* weite Verbreitung gefunden. Ihre hohen Sorten und Mischungen werden bis zu 1 m groß und weisen u. a. dahlien-, chrysanthemen- und skabiosenähnliche Blüten auf. Die halbhohen Sorten erreichen 40–60 cm; sie sind meist kleinblumig und teilweise zweifarbig. Mit maximal 30 cm Länge eignen sich die niedrigen Sorten insbesondere für Randbepflanzungen und auch für die Gefäßkultur.

Vorkultur

Beginnen Sie im März mit der Vorkultur von Zinnien. Lassen Sie dazu Torfpresstabletten in einer Schale mit Wasser aufquellen. Dann drücken Sie 2–3 Samen in jeden Quelltopf. Legen Sie einen durchsichtigen Deckel über die Schale und stellen Sie das Gefäß an einen hellen warmen Ort. Sobald sich Sämlinge zeigen, nehmen Sie den Deckel täglich einige Stunden ab. Anfang Mai beginnen Sie mit der Abhärtung; setzen Sie die jungen Pflanzen 2 Wochen später ins Freiland. Düngen Sie die Erde dabei mit einem organisch-mineralischen Volldünger. Ab Mitte Mai ist auch eine direkte Aussaat im Freiland möglich. Pikieren Sie die Sämlinge großer Sorten später auf 30–40 cm Abstand, kleinere Sorten auf 20 cm.

Schneiden und Trocknen

In der Vase halten sich am besten voll erblühte Zinnien. Trocknen Sie Blumen mit dahlienähnlichen Blüten in einer Schale mit Kieselgur.

Zitronenbäume

Pflege in kaltem Klima

Obwohl Zitronenbäume (*Citrus limon*) aus warmen Regionen stammen, sind sie relativ unempfindlich und vertragen auch niedrige Temperaturen, jedoch keinen Frost. Setzen Sie deshalb die Pflanzen in Kübel, die Sie draußen in geschützter Süd- oder Südwestlage positionieren. Verwenden Sie nährstoffreiche durchlässige Erde und düngen Sie einmal wöchentlich mit flüssigem Zitruspflanzendünger. So beugen Sie Chlorose vor, einer Krankheit, die durch Mangelerscheinungen hervorgerufen wird. Gießen Sie einen Zitronenbaum in der Wachstumsperiode sehr häufig, am besten mit Regenwasser. Holen Sie ihn zum Überwintern ins Haus und stellen Sie ihn dort bei 13–15 °C an einen hellen Platz; direkte Mittagssonne ist jedoch schädlich. Bei guter Pflege erhalten Sie ein gedeihendes Gewächs mit wohlriechenden Blättern, aparten Blüten und saftigen Früchten.

Blüten von Hand bestäuben

Erhöhen Sie den Ernteertrag, indem Sie mit einem Pinsel reifen Pollen von einigen Blüten auf andere bringen. Nehmen Sie die Maßnahme möglichst in der Mittagszeit vor.

GESCHICHTE IN KÜRZE

Vom Himalaja nach Europa

Die Heimat des Zitronenbaums dürfte an den östlichen und südlichen Ausläufern des Himalaja liegen. Um 300 v. Chr. kam die Pflanze in das Mittelmeergebiet, fand aber vorerst keine weite Verbreitung. Im 12. und 13. Jh. war sie an einigen südeuropäischen Höfen zu bewundern, aber erst um 1500 steigerte sich ihr Bekanntheitsgrad. In den folgenden Jahrzehnten fand man sie zunehmend in großen Gärten vor, wo sie in Kübeln kultiviert und bei Kälte mit Rollunterlagen ins Haus geholt wurde. Die Wertschätzung des Zitronenbaums galt seinem Duft genauso wie seinen Früchten.

1601 entdeckte man, dass Zitronensaft Skorbut vorbeugt, und verabreichte ihn Seeleuten. Nur wenig später begannen die vornehmen Leute damit, den Saft zur Aufhellung auf die Haut aufzutragen. Seit dem frühen 18. Jh. entwickelten sich Limonade und konzentrierte Zitronengetränke zu beliebten Durstlöschern und Zitronencreme zu einem favorisierten Dessert.

Zucchini

Samen vorquellen lassen

Zucchini (*Cucurbita pepo* convar. *giromontina*) gehören zu den Gewächsen der Kürbisfamilie. Legen Sie die Samen vor der Aussaat über Nacht in Wasser, damit die äußere Schale aufweicht und sich die Keimung beschleunigt. Setzen Sie dann immer zwei Samen aufrecht in einen Topf oder ein Pflanzloch. Die Vorkultur erfolgt im April oder Anfang Mai, die Aussaat im Freiland Ende Mai. Entfernen Sie später jeweils den schwächeren der beiden Sämlinge.

Töpfe täglich drehen

Stellen Sie Ihre Töpfe mit Zucchinisaat auf ein sonniges Fensterbrett und drehen Sie die Gefäße täglich um 180 Grad. Durch die gleichmäßige Lichtaufnahme wachsen die Sämlinge gerade.

Am Komposthaufen anbauen

Statt im Beet lassen sich Zucchini auch am Fuß eines Komposthaufens anbauen. Die Masse muss allerdings bereits gut verrottet sein. Frischer Kompost eignet sich nicht als Grundlage, weil er reich an Stickstoff ist und deshalb eine übermäßige Blattproduktion auf Kosten der Früchte fördert.

Nährstoffversorgung in mageren Böden

Wer Zucchini auf magerem sandigem Boden kultiviert, sollte den Pflanzen dauerhaft Nährstoffe zuführen. Bohren Sie Löcher in einen alten Plastikeimer und graben Sie das Gefäß so tief in das Beet ein, dass der Rand mit der Bodenfläche abschließt. Füllen Sie den Eimer mit Dung und pflanzen Sie rundum in einem Kreis von 1 m Ø vier Sämlinge. Wässern Sie dann stets den Eimer, nicht die Pflanzen selbst, sodass sich die Nährstoffe aus dem Mist in der Erde verteilen.

Platz sparende Lösungen

In kleinen Gärten empfiehlt es sich, kompakte buschförmige Zucchini-Sorten anzubauen oder kriechende Sorten zeltförmig an schräg zusammengestellten Bambusstangen hochzuziehen.

Pflanzlöcher markieren

Kriechende Zucchini wie 'Tondo do Nizza' und 'Tromboncino' besitzen dichtes Laub und breiten sich über eine große Fläche aus. Stecken Sie deshalb bei der Aussaat oder beim Aussetzen der Sämlinge in jedes Pflanzloch einen Pflock. So wissen Sie später beim Bewässern der ausgewachsenen Pflanzen gleich, wo sich die Wurzelbereiche befinden.

Mit System wässern

Übermäßiges Gießen fördert das Wachstum der Blätter auf Kosten der Blüten. Solange die Pflanzen nicht leiden, sollten sie daher erst ab der Fruchtentwicklung reichlich gewässert werden; dann braucht jede Pflanze 9 l pro Tag.

Bestäubungshilfe

Bestäuben Sie Zucchini von Hand, falls bei feuchtem oder windigem Wetter nicht genügend Insekten fliegen. Suchen Sie zunächst die weiblichen Blüten, die Sie an dem Fruchtknoten unter den Blütenblättern erkennen. Nehmen Sie nun eine männliche Blüte, entfernen Sie vorsichtig die Blätter daran und schieben Sie die Staubgefäße in die Trompete der weiblichen Blüte. Mit einer männlichen Blüte lassen sich mehrere weibliche bestäuben.

Kleine Früchte ernten

Schneiden Sie Zucchini laufend von den Pflanzen, solange die Früchte jung sind. Bei einer Länge von 10–20 cm schmecken sie am zartesten. Achten Sie darauf, dass kein großer Gemüsekürbis heranwächst; das verlangsamt die Entstehung weiterer Früchte.

Grün und gelb

Mischen Sie beim Anbau grüne und gelbe Sorten; das macht Ihre Gemüsegerichte optisch reizvoller. Die oben genannten Sorten sind grün. Weitere empfehlenswerte grüne Sorten sind 'Cocozelle von Tripolis' und 'Diamant', während 'Gold Rush' schmackhafte gelbe Früchte hervorbringt.

Essbare Blüten

Verwenden Sie auch einige Zucchiniblüten, beispielsweise roh als Salatbeigabe oder in Pfannkuchenteig getaucht und dann in Öl frittiert.

Siehe auch Kürbisse

Zuckermais

Klimabedingungen berücksichtigen

Bei Zuckermais (*Zea mays*) ist eine Wachstumsperiode von 70–110 frostfreien Tagen erforderlich, damit die Ernte zufrieden stellend ausfällt. Nehmen Sie die Aussaat bei mildem Klima Anfang Mai direkt im Freiland vor. Säen Sie die Samen in Abständen von 7 cm 2–3 cm tief aus und vereinzeln Sie die Sämlinge nach der Keimung. Bei Frühjahrskälte empfiehlt es sich dagegen, die Aussaat in Multitöpfen mit 8 cm Ø vorzunehmen und die Gefäße zunächst ins Gewächshaus zu stellen. Entfernen Sie dann schwächere Sämlinge und pflanzen Sie die kräftigen in den Gemüsegarten, sobald die Bodentemperatur über 13 °C liegt. In voller Sonne gedeiht Zuckermais am besten. Er braucht einen nährstoffreichen und durchlässigen Boden, den man vor der Aussaat mit Kompost und anschließend alle 4 Wochen mit Volldünger versorgen sollte.

Blöcke anpflanzen

Zuckermais wird durch den Wind bestäubt. Pflanzen Sie ihn deshalb besser nicht in Reihen, sondern in Blöcken an.

Extrasüße Sorten

Extrasüße Sorten, darunter die F_1-Hybriden 'Dickson', 'Early Extra Sweet' und 'Tasty Sweet', unterscheiden sich genetisch von den Standardsorten und haben mindestens den doppelten Zuckergehalt. Sie sind jedoch auch schwieriger zu züchten. Man sollte sie grundsätzlich in Töpfen aussäen und erst die starken Sämlinge auspflanzen. Kombinieren Sie extrasüße Sorten nicht mit herkömmlichen; die Süße würde durch die Fremdbestäubung verloren gehen.

Ernten

Die Erntezeit für Zuckermais liegt im August und September, sobald sich die Fäden an den Blattspitzen über den Kolben braun färben. Testen Sie den Reifegrad, indem Sie einen Fingernagel in ein Maiskorn drücken. Tritt eine milchige Flüssigkeit aus, so ist das Gemüse erntefähig. Drehen Sie die Kolben dann mit der Hand nach unten hin ab.

Schnell zubereiten

Während sich die extrasüßen Sorten nach dem Pflücken bis zu 10 Tage gut halten, verlieren die Standardsorten schnell ihr Aroma. Bringen Sie Letztere deshalb möglichst schnell auf den Tisch. Mais lässt sich kochen, dämpfen, grillen und marinieren, aber auch roh verzehren. In Salaten macht er sich besonders gut.

Zweijährige Pflanzen

Erkennungsmerkmale

Als Zweijährige bezeichnet man Pflanzen, die im ersten Jahr austreiben und erst im zweiten Jahr blühen. Im Allgemeinen zählt man aber auch einige mehrjährige Gewächse dazu, die in der zweiten Saison viele Blüten entwickeln und dann verkümmern, sodass sich keine weitere Pflege lohnt. Zu solchen Gattungen gehören Bartnelken (Dianthus barbatus), Goldlack (Cheiranthus), Schlüsselblumen (Primula veris), Stiefmütterchen (Viola-Wittrockiana-Hybriden) und Vergissmeinnicht (Myosotis).

Gewächse mit interessanten Blättern

In der Regel werden Zweijährige wegen ihrer Blüten angepflanzt, doch es lohnt sich auch, Gewächse mit ausnehmend schönen Blättern in ein Beet zu integrieren, etwa die Gewöhnliche Eselsdistel (Onopordum acanthium), die Filzige Kokardenblume (Galactites tomentosa) und die Kreuzblättrige Wolfsmilch (Euphorbia lathyris).

Aussaat in Reihen vornehmen

Säen Sie Zweijährige in Reihen aus, damit Sie keimende Sämlinge leicht von Unkräutern unterscheiden können.

Aussaattermine

Während man Zweijährige meist zwischen Mai und Juli aussät, sollte man bei Goldlack bis August damit warten. Bei früherer Ausbringung bilden sich große Pflanzen mit feinen Wurzeln, die sich dann nicht gut versetzen lassen.

Eigener Bereich

Spät blühende Zweijährige wie Bartnelken, Fingerhut (Digitalis), Maßliebchen oder Tausendschönchen (Bellis perennis) und Marienglockenblumen (Campanula medium) sind gut in einer eigenen abgelegenen Ecke oder am Rand eines Gemüsegartens aufgehoben, weil sie im Ziergarten bisweilen durch die Bearbeitung des Bodens für die Sommerbepflanzung gestört werden.

Bunte Mischung

Ein Beet mit einem Teppich aus niedrigen früh blühenden Zweijährigen, der von Zwiebelpflanzen durchbrochen wird, bietet im Frühjahr einen farbenprächtigen Anblick. Kombinieren Sie beispielsweise

Verbergen Sie eine unansehnliche Mauer hinter farbenprächtigen hohen Zweijährigen wie Fingerhut (Digitalis) und Marienglockenblumen (Campanula medium).

Goldlack und Vergissmeinnicht mit Hyazinthen (Hyacinthus), Narzissen (Narcissus) und Tulpen (Tulipa). Pflanzzeit ist im Herbst.

Langlebige Stockrosen

Schneiden Sie Stockrosen oder Stockmalven (Alcea) sofort nach der Blütezeit auf 15 cm zurück, denn die Samenbildung erschöpft die Pflanzen so sehr, dass sie absterben. Sollten sich Samen bilden und ausstreuen, kommt es allerdings häufig vor, dass sich daraus neue Blumen entwickeln. Durch rechtzeitigen Schnitt halten sich Stockrosen oft mehrere Jahre.

Üppigen Fingerhut heranziehen

Entfernen Sie stets die verwelkten Hauptblütenstände am Fingerhut. Die blühenden Seitentriebe werden dadurch größer.

Herrlicher Naturgarten

Schaffen Sie mit Zweijährigen, die sich selbst aussäen, einen attraktiven Naturgarten. Wählen Sie dafür u. a. Fingerhut, Nachtkerzen (Oenothera), Silberling (Lunaria) und Vergissmeinnicht. An einem trockenen und sandigen Standort gedeihen auch die verschiedenen Arten und Sorten der Königskerze (Verbascum) gut; ihre riesigen, Kandelabern ähnelnden Stiele wirken sehr imposant. Gewähren Sie den verblühten Pflanzen ausreichend Zeit, Samen zu bilden und auszustreuen, bevor Sie die Gewächse wieder entfernen.

Achtung bei Maßliebchen

Beachten Sie, dass sich Maßliebchen zwar auch selbst aussäen, doch dabei neue Pflanzen mit ungefüllten Blüten hervorbringen. Vermehren Sie die Blumen deshalb lieber durch Teilung besonders kräftiger Exemplare.

Vorsicht, Gift

Warnen Sie Ihre Kinder davor, dass die Blüten des Fingerhuts und der milchige Saft der Kreuzblättrigen Wolfsmilch giftig sind.

Gesondertes Beet

Richten Sie, wenn Ihr Garten groß genug ist, ein eigenes kleines Beet ein, aus dem Sie sich Blumen für Sträuße holen. So entstehen in Ihrem Ziergarten keine Lücken durch häufiges Schneiden schöner Blütenpflanzen.

Herbstliche Dekoration

Schneiden Sie im August die getrockneten Stängel des Silberblatts ab. Reiben Sie die Schoten leicht zwischen Daumen und Zeigefinger, sodass die blassbraune Schale abfällt und das silbrige Innere zum Vorschein kommt. Die Stiele bilden eine hübsche herbstliche Dekoration und fügen sich apart in Trockenblumensträuße ein.

Siehe auch *Ein prachtvolles Gartenjahr* S. 42–45

Zwergpflanzen

Irreführende Bezeichnung

Bisweilen ist die Bezeichnung „zwergwüchsig" irreführend. Bei vielen der so genannten zwergwüchsigen Koniferen handelt es sich beispielsweise nur um langsam wachsende Formen normaler Bäume, von denen sich eine ganze Reihe zu wahren Riesen entwickelt. Sollten Sie eine Konifere anpflanzen wollen, die tatsächlich klein bleibt, dann lassen Sie sich in einem Gartencenter beraten, welche Arten und Sorten für Sie infrage kommen.

Obstkultur in Kübeln

Wer keinen oder nur einen kleinen Garten besitzt, braucht trotzdem nicht auf eigene Früchte zu verzichten, denn es gibt kleinwüchsige Obsthölzer, die sich auch auf einem sonnigen Balkon oder einer geschützten Veranda ziehen lassen.

Einige von Natur aus zwergwüchsige Sorten eignen sich ideal für die Kübelkultur, darunter die Kirsche 'Compact Stella', der Pfirsich 'Bonanza' und die Nektarine 'Nectarella'. Alle benötigen Töpfe mit mehr als 45 cm Ø und nährstoffreiche Erde. Genauso gute Ergebnisse bringt aber auch die Veredelung größerer Gehölze durch Pfropfen auf eine wuchshemmende oder mittelschwach wachsende Unterlage hervor. Beispielsweise trägt ein Apfelbaum auf der mittelschwach wachsenden Unterlage M26 im Topf schon sehr jung Früchte. Pflaumen bleiben auf Pixy und St. Julien INRA 655/2 klein. Achten Sie stets darauf, dass die jeweilige Unterlage zu den klimatischen Bedingungen in Ihrer Region passt.

Unerwartetes Wachstum
Züchter behandeln blühende Zimmerpflanzen wie Chrysanthemen (Chrysanthemum) und Weihnachtssterne (Euphorbia pulcherrima) häufig mit einem chemischen Präparat, das Zwergwüchsigkeit bewirkt. Dadurch behalten die Blumen vorerst ihre kompakte Form und gelangen früh zur Blüte. Nach wenigen Monaten setzt jedoch wieder normales Wachstum ein. Seien Sie also nicht überrascht, falls solche Pflanzen plötzlich lange Triebe entwickeln.

Hinter leuchtenden Blütenpflanzen wirkt 'Nana Aurea', eine Form der Goldgelben Zwergmuschelzypresse (Chamaecyparis obtusa), äußerst ansprechend.

Kleiner Wald im Wohnzimmer
Durch Gruppierung bestimmter Zimmerpflanzen und Zwergformen einiger Gartengewächse entsteht in Ihrem Wohnzimmer eine Art kleiner Wald. So bilden Usambaraveilchen (Saintpaulia-Ionantha-Hybriden) und das Einblatt (Spathiphyllum) mit seinen weißen aronstabtypischen Blüten eine gute Kombination mit den kontrastierenden Blattformen und -strukturen von Farnen, Kanonierblumen (Pilea cadierei 'Nana'), Kletterfeigen (Ficus pumila 'Minima') und Pfeffergesichtern (Peperomia).

Siehe auch *Zimmerpflanzen*

Zwiebeln

Weniger Arbeit mit Steckzwiebeln
Das ganze Jahr über braucht man Zwiebeln (Cepas) in der Küche. Dabei unterscheidet man zwischen Haushalts-, Gemüse-, Silber- und Frühlingszwiebeln. Eine Aussaat ist ab März möglich, bei Frühlingszwiebeln ab August. Bessere Ergebnisse erzielt man allerdings häufig mit dem Auslegen von Steckzwiebeln im April, vor allem in rauerem Klima und bei ungünstigen Bodenverhältnissen. Die Methode ist zudem weniger aufwändig, weil damit das Ausdünnen und Umsetzen der Sämlinge entfällt.

Notwendige Wärmebehandlung
Kaufen Sie nur wärmebehandelte Steckzwiebeln. Bei diesem Verfahren sterben die Knospen im Innern ab, während die Zwiebeln selbst unversehrt bleiben. Das ist notwendig, damit die Pflanzen nicht vorzeitig schießen.

Eigenes Saatgut lagern
Gewinnen Sie Ihr eigenes Steckzwiebel-Saatgut, indem Sie Zwiebelsamen auf ein gesondertes Beet säen. Es ist wichtig, dass Sie dafür eine geeignete Sorte verwenden; vor allem 'Stuttgarter Riesen', aber auch 'Juwarund', 'Stunova' und 'Sturon' haben sich bewährt. Lagern Sie Ihre Steckzwiebel-Ernte den Winter über richtig, entweder dauerhaft

bei Zimmertemperatur oder 3–4 Wochen lang bei 30–40 °C. Nur durch solches Darren erzielen Sie eine genügende Schossfestigkeit.

Auslegen
Bereiten Sie das Gemüsebeet gut vor. Zwiebeln brauchen einen lockeren sandigen Boden mit mittlerem Nährstoffgehalt. Lockern Sie schwere und nasse Erde mit Sand. Graben Sie die Fläche rund 60 cm tief um und arbeiten Sie eine etwa 10 cm dicke Schicht Kompost ein. Legen Sie dann die haselnussgroßen Steckzwiebeln jeweils 10 cm voneinander entfernt in Reihen mit 20–25 cm Abstand aus und drücken Sie sie so tief in die Erde, dass die Spitzen gerade bedeckt sind. Legen Sie ein Netz als Vogelschutz über die Zwiebelreihen.

Stickstoffaufnahme verringern
In stickstoffreicher Erde bildet das Gemüse üppige Blätter auf Kosten der Zwiebeln aus. Setzen Sie es bei derartigen Bodenverhältnissen in Ihrem Nutzgarten neben Blattgemüse wie Kopfsalat, das den Stickstoffüberschuss aufnimmt.

Zeitungsmulch
Sollten Sie sich für die Aussaat von Zwiebeln entscheiden, dann legen Sie einige Wochen zuvor Zeitungspapier auf das Beet und beschweren Sie es mit Steinen. Halten Sie es ausreichend

feucht. Solch ein Mulch erwärmt den Boden und dämmt Unkräuter ein. Nehmen Sie das Papier vor dem Ausbringen der Samen ab und decken Sie es danach gleich wieder über die Fläche, wo es bleiben sollte, bis die ersten Triebe erscheinen. (Siehe auch *Zeitungspapier*)

DIES UND DAS

Erstaunliche Eigenschaften
Einer alten Bauernregel zufolge lässt sich mithilfe von Zwiebeln das Wetter vorhersagen. Eine dünne Haut deutet angeblich auf einen milden Winter hin, während eine dicke Haut eine kalte und raue vierte Jahreszeit ankündigen soll. Auch glaubte man früher, auf einem Kahlkopf würden neue Haare sprießen, wenn man ihn mit einer Mischung aus reichlich Zwiebelsaft und etwas Honig einreibe.

Vorsichtig jäten

Jäten Sie nicht mit einer großen Hacke zwischen Ihren Zwiebelreihen; Sie könnten das Gemüse dabei beschädigen, was es für Schädlinge und Krankheiten anfällig macht. Entfernen Sie Unkräuter entweder mit der Hand oder benutzen Sie einen speziellen kurzschaftigen Zwiebeljäter. (Siehe auch *Hacken*)

Sachgemäß gießen

Gießen Sie Zwiebeln regelmäßig, einmal im Monat zusätzlich mit einem Flüssigdünger. Hören Sie aber damit auf, sobald an den heranreifenden Pflanzen das Laub vergilbt und umfällt. Die Zwiebeln reifen so besser aus und lassen sich anschließend lange lagern.

Blätter nicht umknicken

Früher knickte man vor dem Ausgraben die Blätter an Zwiebeln um, damit die Ernte mehr Sonne abbekam und sich der Reifeprozess beschleunigte. Inzwischen haben Forschungen allerdings ergeben, dass Zwiebeln dadurch oft beschädigt werden und ihre Haltbarkeit leidet. Lassen Sie die Blätter also auf natürliche Weise absterben. Heben Sie die Zwiebeln dann mit einer Grabgabel leicht an und reißen Sie die Wurzeln ab, indem Sie darunter stechen. Warten Sie mit dem Ausgraben noch weitere 2 Wochen.

Nützlicher Rost

Nach dem Ausgraben müssen Zwiebeln vollständig trocknen, damit sie beim Lagern nicht faulen. Breiten Sie Ihre Ernte an einem schönen Tag, wenn kein Regen vorhergesagt ist, an einer sonnigen Stelle auf dem Gartenboden aus. Auch ein Rost ist beim Trocknen im Freien hilfreich. Nageln Sie einfach aus vier Holzlatten einen Rahmen und spannen Sie ein Stück Plastikgitter oder Maschendraht darüber. Bringen Sie die Zwiebeln mit der Unterlage nachts oder bei Regenwetter an einen geschützten Ort, beispielsweise in einen Carport, einen Schuppen oder eine Garage.

Drinnen trocknen

Bei schlechtem Wetter empfiehlt es sich, Zwiebeln zum Trocknen in einem luftigen Raum aufzubewahren und dort in flache Schalen oder auf Sackleinen zu legen. Schneiden Sie nach dem Trocknen die abgestorbenen Blätter ab. Verwenden Sie beschädigte Exemplare sofort.

DIE RICHTIGE WAHL

Zweimal ernten

Ziehen Sie Frühlingszwiebeln im frühen Sommer aus der Erde und verzehren Sie das Gemüse frisch. Sorgen Sie zudem für eine ausreichende Sommerernte anderer Zwiebelarten, damit Sie einen Vorrat für die kalte Jahreszeit haben.

Sorte	Beschreibung
Frühlings- **zwiebeln**	
'Weiße Frühlings- zwiebel'	Aussaat im August
'Yellow Stone'	Aussaat im August
Zwiebeln für die Sommerernte	
'Alisa Craig'	Saftige milde Gemüsezwiebel; Aussaat im Dezember
'Csardas'	Rote Sorte, intensives Aroma
'Golden Bear'	Große bronzebraune Zwiebel; sehr frühe Ernte ab Juli/August
'Hygro'	Hervorragende neue Sorte
'Red Baron'	Rote Steckzwiebel mit süßlich scharfem Aroma
'Rijnsburger 5/ Oporto'	Braungelbe große Speisezwiebel; sehr gut lagerbar
'Senshyu Yellow'	Späte Überwinterungszwiebel; Aussaat im August
'Sturon'	Gute Steckzwiebel
'Stuttgarter Riese'	Steckzwiebel; auch für die Herbstaussaat als Winterzwiebeln geeignet
'Weiße Königin'	Kleine Silberzwiebel
'Zittauer Gelbe'	Altbewährte Gartensorte; bis März lagerbar

Einen Zopf flechten

Zwiebelzöpfe stellen nicht nur eine alte Dekoration dar, sondern auch die beste Aufbewahrungsart, weil so genügend Luft an das Gemüse gelangt. Schneiden Sie an trockenen Zwiebeln die Wurzeln ab. Entfernen Sie die losen Schalen, aber lassen Sie die restlichen Blätter stehen. Drehen Sie zunächst zwei Zwiebeln zu einem Strang zusammen, der das Mittelstück bildet. Binden Sie dann gleichzeitig jeweils zwei oder drei weitere Zwiebeln spiralförmig von unten nach oben daran; die Wurzeln müssen nach außen weisen. Stellen Sie so einen längeren Zopf her. Wickeln Sie zum Abschluss eine Schnur um die obersten Zwiebeln und hängen Sie den Zopf an einen kühlen trocke-

---

nen Platz. Die beste Lagertemperatur liegt zwischen 0 und −2 °C. Schneiden Sie die Zwiebeln bei Bedarf von oben nach unten am Hals ab.

Aufbewahrung in Strümpfen

Zwiebeln lassen sich auch gut in alten Strümpfen oder Strumpfhosen lagern. Verknoten Sie jeden Strumpf zwischen den einzelnen Zwiebeln; so verringern Sie die Gefahr, dass faulende Exemplare ihre Nachbarn anstecken. Hängen Sie die gefüllten Strümpfe über einen Balken oder an Haken unter der Decke in Ihrem Gartenschuppen oder Ihrer Garage. Schneiden Sie die Zwiebeln zur Verwertung unter den Knoten ab.

Vorgehen bei Zwiebelfäule

In der Nähe von Zwiebelhälsen zeigt sich bisweilen ein grauer samtiger Schimmelrasen. Dabei handelt es sich um Zwiebelfäule. Vermeiden Sie dann eine starke Stickstoffdüngung während der Kultur. Lagern Sie keine Zwiebeln mit großen fleischigen Hälsen; sie verfaulen rasch. Verbrennen Sie befallene Lagerzwiebeln.

Frische Sprosse für Salat

Wer das ganze Jahr über frische Sprosse vorrätig haben möchte, legt eine Zwiebel mit 18–20 cm Umfang in den Hals einer Karaffe oder eines Wasserkrugs. Die Wurzeln wachsen nach unten ins Wasser und aus dem oberen Teil sprießen grüne Triebe, die man abschneidet und als Salatzutat verwendet. Sobald die Triebkraft der Zwiebel erschöpft ist, ersetzt man sie durch eine neue.

Schälen ohne Tränen

Beim Zwiebelschälen muss man nicht notwendigerweise leiden. Vermeiden Sie Tränen, indem Sie ein Fenster öffnen, beim Einatmen den Kopf zur Seite wenden oder die Zwiebeln beim Schälen unter Wasser halten. Sollten Sie das Gemüse nicht roh vertragen, z. B. in Salaten, dann blanchieren Sie es 2 Minuten in kochendem Wasser und legen es zum Abschrecken eine Minute in kaltes Wasser. Dadurch wird es wesentlich milder.

Zwiebelpflanzen

Erinnerungshilfen

Schauen Sie Ihren Garten im zeitigen Frühjahr genau an. Notieren Sie sich, welche Flächen eine Auffrischung vertragen, oder machen Sie einige Fotos. Nehmen Sie die jeweiligen Erinnerungshilfen im Herbst zur Hand und stecken Sie verschiedene Blumenzwiebeln an die bisher unattraktiven Stellen. Gruppieren Sie die Zwiebeln dabei. Nützliche Anregungen für die Beetgestaltung erhalten Sie u. a. auch in öffentlichen Parks.

Dichte Blütenfülle

Es ist sinnvoll, Zwiebeln in zwei oder drei Lagen übereinander in die Erde zu setzen; das gilt für die Pflanzung im Freiland genauso wie in Töpfen. So ergibt sich eine viel dichtere und längere Blütenfülle. Die Zwiebeln sollten sich möglichst nicht berühren. Trennen Sie die einzelnen Lagen deshalb durch 4–5 cm dicke Erdschichten voneinander. Verwenden Sie bei jeder Art nur eine Zwiebelsorte, damit alle zusammengehörigen Blumen gleichzeitig oder zumindest innerhalb weniger Tage blühen.

Langes Farbenspiel

Setzen Sie unterschiedliche Zwiebelpflanzen mit nacheinander folgenden Blütezeiten in Ihre Beete, damit sich ein langes leuchtendes Farbenspiel ergibt. Mischen Sie Zwiebelpflanzen außerdem mit Zweijährigen, niedrigen Mehrjährigen sowie Kriechpflanzen, die später die vergilbenden Blätter verdecken. (*Ein prachtvolles Gartenjahr S. 42–45, Zweijährige Pflanzen*)

GÄRTNER-WISSEN

Häufiges Düngen erwünscht

Frisch gekaufte Blumenzwiebeln sind kleine Kraftwerke, profitieren aber trotz der großen Nährstoffmengen, die bereits in ihnen stecken, von zusätzlichen Düngergaben. Früher düngte man Zwiebelpflanzen immer erst nach der Blüte, aber neuere Versuche ergaben, dass man durch häufige Anwendung von flüssigen Düngern während der Wachstumsphase bessere Ergebnisse erzielt. Verwenden Sie ein kaliumreiches Mittel, beispielsweise flüssigen Tomatendünger. Setzen Sie es vom Erscheinen der Blütenknospen bis zur Vergilbung der Blattspitzen ein.

Leuchtende Blüten am Rasenrand

Setzen Sie Zwiebelpflanzen auch an den Rand Ihres Rasens, möglichst aber nur an eine Stelle, damit es möglich ist zu mähen. Zwar wirkt ein Frühlingsgarten mit Gruppen blühender Blumen mitten auf dem Gras besonders lebendig und farbenfroh, doch muss man dann mit dem Mähen warten, bis die Blätter der Pflanzen abgestorben sind; sonst nehmen die Zwiebeln nicht ausreichend Nährstoffe für die Blüte im folgenden Jahr auf. (Siehe auch *Rasenpflege*)

Korrekte Pflanztiefe

Als Faustregel gilt, dass die Pflanztiefe einer Blumenzwiebel mindestens ihrer doppelten Höhe entsprechen sollte. Es gibt jedoch auch Ausnahmen: Lilienzwiebeln mit Sprosswurzeln etwa müssen drei- oder viermal so tief eingepflanzt werden, wie sie hoch sind, während man die Zwiebeln der Weißen oder Madonnenlilie (*Lilium candidum*) fast direkt unter die Erdoberfläche setzt. Achten Sie darauf, dass die Zwiebeln im Pflanzloch nicht auf die Seite rutschen, weil dadurch leicht Hohlräume um sie herum entstehen. Die Basis muss unbedingt den Boden berühren, damit die Pflanzen richtig wachsen. (Siehe auch *Lilien*)

Stützen einsetzen

Manche Zwiebelpflanzen brauchen Stützpflöcke für ihre schweren Blüten. Das ist beispielsweise bei Gladiolen (*Gladiolus*) der Fall. Stecken Sie die Stäbe vor dem Pflanzen in den Boden; später würden Sie die Zwiebeln wahrscheinlich spalten oder zerquetschen. Nehmen Sie bei kleinen Gewächsen nur einen Zweig oder Stock.

Leichtes Hervorholen

Legen Sie Pflanzlöcher vor dem Einsetzen von Zwiebelgewächsen mit Drahtgeflecht oder Netzen aus; das jeweilige Material sollte an den Seiten etwas über die Erde ragen. Sobald es an der Zeit ist, die Zwiebeln aus der Erde zu holen, brauchen Sie die Unterlage lediglich an den Rändern hochzuheben. (Siehe auch *Tulpen*)

Arbeitserleichterung

Statt Zwiebeln einzeln in die Erde zu stecken, ist es möglich, sie in ein Sieb zu pflanzen oder in eine billige Plastikschale, in deren Seiten und Boden man Löcher gebohrt hat. Füllen Sie das betreffende Behältnis mit Erde aus dem vorgesehenen Pflanzloch und fügen Sie Kompost bei. Senken Sie den improvisierten Korb dann so ein, dass die Erde darin mit dem umgebenden Boden eben

---

abschließt. Heben Sie das Behältnis wieder heraus, nachdem die Blätter vergilbt sind. Bewahren Sie die Zwiebeln bis zur Pflanzung im nächsten Jahr auf.

Ungewöhnliche Dekoration

Bestücken Sie ein dekoratives Glas eng mit Zwiebelpflanzen. Füllen Sie das Gefäß vorab mit jeweils einer Schicht aus Sand, Murmeln, Blumenerde und Kieselsteinen. Halten Sie den Grund stets feucht. Da Zwiebeln alle notwendigen Nährstoffe enthalten, die sie zum Blühen brauchen, gedeihen sie auch in solch einer ungewöhnlichen Substratzusammensetzung.

Verblühtes entfernen

Schneiden oder brechen Sie verwelkte Blüten immer zusammen mit einem 3–5 cm langen Stielstück ab. So sehen die Pflanzen wieder schön aus. Darüber hinaus verbrauchen die Zwiebeln auch keine Energie zur Bildung von Samenkapseln und behalten dadurch mehr Kraft für die nächste Saison.

Trocknen und säubern

Je nachdem, wann Zwiebelgewächse blühen, gräbt man sie zu unterschiedlichen Zeitpunkten aus, lässt sie trocknen und reinigt sie. Bis zur nächsten Pflanzung bewahrt man sie an einem trockenen und kühlen, aber frostfreien Ort auf. Zwiebelhorste dagegen dürfen jederzeit zwischen Juli und September herausgenommen, geteilt und sogleich wieder eingepflanzt werden.

Lagerung

Bei der Lagerung in offenen Holzkisten sollten Zwiebeln zwischen Schichten aus trockenem Torf, Sand oder Sägemehl untergebracht sein und einander nicht berühren. Manche Gärtner schwören darauf, empfindliche Zwiebeln wie die von Lilien in erkalteter Holzasche aufzubewahren, die sehr vorsichtig über der Menge verteilt werden muss, damit sich keine Staubwolken bilden. Halten Sie Mäuse mit einem Drahtgeflecht von Ihren Zwiebeln fern.

SCHÄDLINGE UND KRANKHEITEN

Wie Sie Ihren Garten gesund erhalten

Auf den folgenden Seiten werden Ihnen die häufigsten Pflanzenschäden vorgestellt, ferner die Schädlinge und Krankheiten, die sie verursachen, sowie die Möglichkeiten ihrer Bekämpfung. Greifen Sie dabei nicht gleich zur „chemischen Keule". Abgesehen davon, dass der Gebrauch chemischer Mittel vom Gesetzgeber stark eingeschränkt wurde und weiter begrenzt wird, gibt es eine Vielzahl biologischer Maßnahmen, mit denen man Krankheiten und Schädlingen entgegentreten kann. Am besten ist es sowieso, Pflanzenschäden durch die richtige Kulturführung, beispielsweise durch den Anbau in Mischkultur und durch Fruchtwechsel, gar nicht erst entstehen zu lassen.

Sichtbare Schädlinge

Grüne und Schwarze Blattläuse

Betroffene Pflanzen:
Die meisten Freiland- und Zimmerpflanzen.

Schadbild:
Grüne, schwarze, gelbe, rosafarbene oder graue, meist un-geflügelte, gelegent-lich auch geflügelte Insekten auf jungen Blättern und Trieben, die sich vom Saft der Pflanzen ernähren. Verformter Jungwuchs.

Abhilfe:
· Spritzen Sie, ehe starker Befall auftritt, mit Brenn-nesselbrühe, Kaliseife oder Pyrethrum.
· Im Winter kann ein Mineralöl-Präparat auf Bäume und Sträucher ausgebracht werden, um die Blattlauseier zu vernichten.
· Setzen Sie natürliche Feinde wie Marienkäfer und Schwebfliegen ein.
· Im Gewächshaus können Sie natürliche Feinde wie Raubwanzen oder Schlupfwespen einsetzen.
· Vermeiden Sie zu starke Stickstoffdüngung.

Schaumzikade

Betroffene Pflanzen:
Zahlreiche, darunter Astern, Chrysanthemen, Lavendel, Rosen und Weiden.

Schadbild:
Im Frühsommer auf Trie-ben und Blättern Schaum-häufchen, die kleine rosa oder grüne Insekten ver-decken. Verkrüppeltes Wachstum.

Abhilfe:
· Spritzen Sie den Schaum mithilfe eines Garten-schlauchs ab.
· Spritzen Sie mit Pyrethrum.

Großer Schwammspinner

Betroffene Pflanzen:
Zahlreiche Sträucher und Bäume.

Schadbild:
Raupen, bräunlich gelb mit schwarzen Streifen, mit aus warzenähnlichen Höckern sprießenden Haaren an Rücken und Seiten. Die zehn Haare auf dem Rücken, die dem Kopf am nächsten sind, sind blau, die rest-lichen Haare auf dem Rücken rötlich braun und die sonstigen Haare gelb. Die Haare können bei manchen Menschen allergische Reaktionen aus-lösen, deshalb sollte mit diesen Raupen äußerst vorsichtig umgegangen werden.

Abhilfe:
· Bei schwachem Befall sammeln Sie die Raupen vorsichtig von Hand ein und entfernen sie aus Ihrem Garten.
· Spritzen Sie bei starkem Befall mit Pyrethrum.
· Bringen Sie Leimringe an Baumstämmen an.

Schmierläuse

Betroffene Pflanzen:
Einige Zimmerpflanzen und viele Gewächs-hauspflanzen, vor allem Sukkulenten, Zitrusarten und Weintrauben.

Schadbild:
Kleine rosafarbene Insek-ten, von einem wolligen oder mehligen weißen Überzug bedeckt. Neben den Blättern sind vor allem Blattachseln und Sprossverzweigungen befallen.

Abhilfe:
· Setzen Sie im Garten im Sommer Marienkäfer als natürliche Feinde ein.
· Behandeln Sie ruhende Weinstöcke im Winter mit Mineralöl-Präparaten.
· Siedeln Sie im Gewächshaus den Australischen Marienkäfer *Cryptolaemus montrouzieri* an.

Schildläuse

Betroffene Pflanzen:
Zahlreiche, vor allem Lorbeerstrauch, Kamelien, Zitrusarten, ferner Farne, vor allem im Gewächs-haus, sowie Zimmer-pflanzen.

Schadbild:
Braune Insekten auf der Blattunterseite, normaler-weise entlang den Blattadern.

Abhilfe:
· Spritzen Sie mit Kaliseife.
· Setzen Sie im Gewächshaus die Schlupfwespe *Metaphycus helvolus* ein.

Weiße Fliege

Betroffene Pflanzen:
Kohlarten im Freiland sowie Gewächshaus-pflanzen, vor allem Tomaten.

Schadbild:
Kleine weiße, motten-ähnliche Insekten auf der Blattunterseite.

Abhilfe:
· Spritzen Sie mit Kaliseife oder Pyrethrum.
· Setzen Sie im Gewächshaus die Schlupfwese *Encarsia formosa* ein oder hängen Sie als Fallen gelbe Klebtafeln auf.

Blätter mit Löchern

Blattwanzen

Betroffene Pflanzen:
Einjährige, Stauden und Obstbäume.

Schadbild:
Kleine gezackte Löcher in jungen Blättern.

Abhilfe:
· Aufgrund der großen Anzahl natürlicher Feinde reicht es in der Regel aus, in den frühen Morgenstunden die Insekten abzusammeln.
· Lassen Sie im Winter keine Pflanzenreste im Garten herumliegen, um überwinterndem Ungeziefer keinen Unterschlupf zu bieten.
· Nehmen Sie bei Obstbäumen eine frühe Austriebsspritzung gegen überwinternde Eier mit Mineralöl-Präparaten vor.
· Beachten Sie: Neben den Pflanzen schädigenden Wanzen gibt es auch einige Insekten fressende Wanzen, die so genannten Raubwanzen. Sie machen Jagd auf Grüne Blattläuse, Thripse (Blasenfüßer), Grashüpfer, kleine Raupen und Spinnmilben, sind also Nützlinge, deren Anwesenheit im Garten wünschenswert ist.

Raupen

Betroffene Pflanzen:
Zahlreiche Gartenpflanzen, Bäume und Sträucher.

Schadbild:
Große, unregelmäßig ausgefressene Löcher in Blättern sowie auf Blumenkohl.

Abhilfe:
· Bei leichtem Befall sammeln Sie die Raupen von Hand ab und setzen sie außerhalb Ihres Gartens aus oder vernichten sie.
· Spritzen Sie mit einem *Bacillus-thuringiensis*-Präparat.
· Bringen Sie an Bäumen Leimringe an.
· Decken Sie Gemüsebeete nach der Aussaat mit Vlies ab.

Ohrwürmer

Betroffene Pflanzen:
Zahlreiche, darunter Chrysanthemen, Clematis, Dahlien und Gladiolen.

Schadbild:
Unregelmäßig ausgefressene Löcher in den Blättern.

Abhilfe:
· Stecken Sie Stäbe in den Boden. Füllen Sie Blumentöpfe mit Holzwolle und stülpen Sie die Töpfe umgedreht auf die Stäbe; die Ohrwürmer suchen tagsüber Schutz in der Holzwolle und können dann leicht entfernt werden.

Erdflöhe

Betroffene Pflanzen:
Kohl, Kresse, Radieschen, Rettich, Weiße Rüben, Steinkraut, Goldlack und andere Angehörige der Familie der Kreuzblütler.

Schadbild:
Die jungen Blätter sind mit winzigen Löchern übersät.

Abhilfe:
· Halten Sie den Boden stets feucht.
· Bringen Sie Mulchmaterial aus.

Stachelbeerblattwespe

Betroffene Pflanzen:
Rote und Weiße Johannisbeeren, Stachelbeeren.

Schadbild:
Blätter häufig bis auf die Blattadern abgefressen, wovon die ganze Pflanze betroffen sein kann.

Abhilfe:
· Sammeln Sie die Raupen von Hand ab.

Blattschneiderbiene

Betroffene Pflanzen:
Zahlreiche Zierpflanzen wie Flieder, Goldregen, Liguster und Rosen.

Schadbild:
Rautenförmige oder kreisrunde, gleichmäßig große Fraßstellen an Blatträndern.

Abhilfe:
· Blattschneiderbienen sind als Bestäuber nützlich; werden die Pflanzen nicht stark geschädigt, ist eine Bekämpfung nicht erforderlich.

343

Blattrandkäfer

Betroffene Pflanzen:
Erbsen und Bohnen.
Andere Pflanzen werden nicht befallen.

Schadbild:
Bogenförmig befressene Blattränder.

Abhilfe:
· Ältere Pflanzen werden nicht stark befallen. Fördern Sie ein rascheres Wachstum der Pflanzen, indem Sie mit der Aussaat erst beginnen, wenn der Boden schon etwas erwärmt ist.

Blattwespenlarven der Rose

Betroffene Pflanzen:
Rosen.

Schadbild:
Die Larven fressen die oberen Zellschichten der Blätter, wodurch transparente Fenster entstehen. Von Mai bis September.

Abhilfe:
· Enfernen Sie unverzüglich befallene Blätter.
· Spritzen Sie mit Pyrethrum.
· Graben Sie im Winter die Erde unter den befallenen Pflanzen um, damit die Larven ihren natürlichen Feinden ausgesetzt sind.

Schrotschusskrankheit

Betroffene Pflanzen:
Kirschen, Pfirsiche, Pflaumen u. a.

Schadbild:
Kleine braune Flecken auf den Blättern.

Abhilfe:
· Düngen Sie mit einem ausgewogenen Dünger und halten Sie den Boden feucht. Bringen Sie auf jungen Bäumen Blattdünger aus.
· Nehmen Sie einen frühzeitigen Rückschnitt befallener Triebe vor und entfernen Sie alle befallenen Blätter.
· Spritzen Sie beim Austrieb mit Schachtelhalmbrühe.

Schnecken

Betroffene Pflanzen:
Zahlreiche, darunter Erdbeeren, Lilien, Narzissen, Primeln, Rittersporn, Salat, Tulpen und Zuckererbsen. Sämlinge sind besonders anfällig.

Schadbild:
Ungleichmäßig ausgefressene Löcher an den Blättern; Sämlinge ganz abgefressen; Schleimspuren auf der Pflanze und um sie herum.

Abhilfe:
· Der Boden sollte frei von pflanzlichen Abfällen gehalten und nicht gemulcht werden.
· Bringen Sie bei trockenem Wetter Kalk- oder Gesteinsmehl aus.
· Stellen Sie Bierfallen auf; Bier lockt die Schnecken an, die darin ertrinken.
· Bringen Sie um besonders gefährdete Beete Schneckenzäune an.
· Wenden Sie in besonders hartnäckigen Fällen ein Eisenphosphat-Präparat an.
· Fördern Sie die Ansiedlung natürlicher Feinde wie Igel, Frösche und Kröten.

Wicklerraupen

Betroffene Pflanzen:
Zahlreiche Pflanzen, Sträucher und Bäume.

Schadbild:
Löcher in jungen Blättern, die mit Seidenfäden zusammengesponnen sind.

Abhilfe:
· Lesen Sie die Raupen ab.
· Setzen Sie Pheromonfallen ein, die im Fachhandel erhältlich sind; diese locken die Männchen an, und die Wahrscheinlichkeit einer Paarung mit einem Weibchen wird verringert.
· Spritzen Sie mit einem *Bacillus-thuringiensis*-Präparat.

Gefurchter Dickmaulrüssler

Betroffene Pflanzen:
Zahlreiche Ziergehölze wie z. B. Rhododendron, aber auch Kübel- und Topfpflanzen im Freien oder im Gewächshaus.

Schadbild:
Bogenförmige Fraßschäden an den Blatträndern, häufig in Bodennähe. Die Pflanzen werden dadurch aber kaum im Wachstum beeinträchtigt. Gefürchtet sind die Larven, die die feinen Wurzeln fressen und an der Rinde nagen.

Abhilfe:
· Entfernen Sie die Larven vom Topfsubstrat von Jungpflanzen.
· Biologisch können die Larven mit Fadenwürmern (Nematoden) bekämpft werden.
· Lesen Sie die Käfer, die nur nachts aktiv sind, spätabends von den Blättern ab.
· Ausgewachsene Käfer können nicht fliegen. Schützen Sie Ihre Pflanzen mit Leimringen.

Verkrüppelte Blätter

Zwiebelschalenmilbe

Befallene Pflanzen:
Hippeastrum und Narzissen.

Schadbild:
Verdrehte und verformte Blätter mit rotbraunen oder roten Flecken. Besonders häufig bei Zwiebeln, die bei hohen Temperaturen vorgetrieben wurden.

Abhilfe:
· Entfernen und entsorgen Sie erkrankte Zwiebeln.
· Kaufen Sie nur befallfreies Pflanzenmaterial.
· Setzen Sie die ruhenden Zwiebeln etwa eine Woche vor dem Frühtreiben 2–3 Tage lang dem Frost aus, oder geben Sie sie 1–2 Stunden lang in auf 45 °C erhitztes Wasser. *Hippeastrum*-Zwiebeln dürfen keinem Frost ausgesetzt werden.

Kirschenblattlaus

Betroffene Pflanzen:
Sowohl Nutz- als auch Zierkirschen.

Schadbild:
Kleine schwarze Insekten auf der Blattunterseite am Ende junger Triebe. Die Blätter rollen sich ein und werden schwarz. Das Wachstum ist beeinträchtigt.

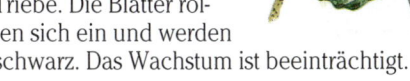

Abhilfe:
· Spritzen Sie mit Kaliseife oder Pyrethrum.
· Bringen Sie Leimringe am Stamm an, um Ameisen abzuhalten, die die Läuse von Baum zu Baum befördern.
· Fördern Sie die Ansiedlung natürlicher Feinde wie Marienkäfer und Schwebfliegen.
· Pflanzen Sie resistente Zierkirschenarten wie *Prunus sargentii* und *P. subhirtella* an.

Schäden durch Herbizide

Betroffene Pflanzen:
Alle.

Schadbild:
Kleinere, schmalere, becherartig verformte und stark verkrüppelte Blätter.

Abhilfe:
· Wenn der Schaden einmal eingetreten ist, gibt es keine Abhilfe. Es kann jedoch vorkommen, dass sich die Pflanzen erholen.
· Bringen Sie zur Schadensvorbeugung Herbizide nie an windigen Tagen aus.
· Verwenden Sie die für Herbizide vorgesehenen Spritzgeräte nie für andere Zwecke.
· Verwenden Sie kein Gras von mit Herbiziden behandeltem Rasen zum Mulchen, sondern vernichten Sie es oder kompostieren Sie es mindestens 6 Monate lang.

Pflaumenlaus

Betroffene Pflanzen:
Pflaumen und Zwetschen.

Schadbild:
Insektenkolonien auf der Unterseite junger Blätter; die jungen Blätter sind gekräuselt und gerollt.

Abhilfe:
· Wenden Sie im Winter ein Mineralöl-Präparat an. Spritzen Sie vor der Blüte mit Kaliseife oder Pyrethrum.

Rosenblattrollwespe

Betroffene Pflanzen:
Rosen.

Schadbild
Blätter mit stark eingerollten Kanten, in denen sich kleine Maden befinden können.

Abhilfe:
· Entfernen Sie beschädigte Blätter im Mai und Anfang Juni.
· Spritzen Sie bei starkem Auftreten mit Pyrethrum.
· Graben Sie im Winter und Frühjahr die Erde um die Rosen regelmäßig um. Dadurch setzen Sie die überwinternden Larven den Vögeln aus.

Zwiebelälchen

Betroffene Pflanzen:
Knoblauch, Schnittlauch, Schalotten und Zwiebeln.

Schadbild:
Abnorm verbogene und teilweise schlaffe Blätter mit weißen Flecken. Im fortgeschrittenen Stadium werden die Zwiebelschuppen faul.

Abhilfe:
· Entfernen und entsorgen Sie betroffene Pflanzen.
· Führen Sie Fruchtwechsel im 3-Jahres-Rhythmus durch.
· Ziehen Sie Zwiebeln aus Samen statt aus Steckzwiebeln.

Kräuselkrankheit

Betroffene Pflanzen:
Mandel, Nektarine, Pfirsich und verwandte Zierarten.

Schadbild:
Große rote Blasen (Gallen) auf den Blättern, die Blätter verfärben sich zunächst weiß, dann braun und fallen ab.

Abhilfe:
· Entfernen und entsorgen Sie betroffene Blätter, bevor sie sich weiß verfärben, und fördern Sie das Nachwachsen durch Düngen mit einer selbst hergestellten Brennnesseljauche.
· Spritzen Sie beim Austrieb zur Vorbeugung dreimal innerhalb von 10 Tagen mit Ackerschachtelhalmbrühe.

Johannisbeer-Blasenlaus

Betroffene Pflanzen:
Rote und Schwarze Johannisbeeren.

Schadbild:
Rote oder grüne Blasen (Gallen) auf den Blättern, verursacht durch gelbe Läuse auf der Blattunterseite.

Abhilfe:
· Spritzen Sie im Winter mit einem Mineralöl-Präparat, um die Lauseier zu vernichten. Wiederholen Sie die Anwendung bei Bedarf.
· Spritzen Sie, sobald erste Symptome auftreten, mit Kaliseife. Wiederholen Sie die Anwendung kurz vor Öffnung der Blüten, kurz nach dem Abfall der Blütenblätter und nochmals im Herbst.

Brennnesselblättrigkeit

Betroffene Pflanzen:
Johannisbeeren.

Schadbild:
Blätter kleiner und mit weniger Lappen als gewöhnlich; reduzierte Anzahl von Blüten; Obstertrag beträchtlich gemindert. Durch Virus verursacht.

Abhilfe:
· Graben Sie die betroffene Pflanze aus und vernichten Sie sie.
· Ersetzen Sie die Pflanze durch garantiert virusfreie Sorten.
· Pflanzen Sie neue Gewächse so weit entfernt wie möglich von den alten Pflanzen.
· Überprüfen Sie die Pflanze auf Befall von Gallmilben (siehe S. 357), die das Virus übertragen können.
· Ersetzen Sie alle 7–8 Jahre alte Pflanzen durch neue.

Stängel- und Zwiebelälchen

Betroffene Pflanzen:
Hauptsächlich Hyazinthen, Narzissen, Schneeglöckchen, Tulpen und Zwiebeln.

Schadbild:
Verkümmerte und verformte Blätter mit kleinen gelben Ausbeulungen. Zwiebeln fühlen sich um den Hals herum weich an. Wenn sie durchgeschnitten werden, zeigen sich braune Ringe, ein Anzeichen für abgestorbenes pflanzliches Gewebe.

Abhilfe:
· Entfernen und entsorgen Sie betroffene Pflanzen.
· Vernichten Sie vor der Pflanzung weiche Zwiebeln.
· Halten Sie Unkraut unter Kontrolle.
· Setzen Sie mindestens 3 Jahre lang keine Zwiebelpflanzen mehr auf die betroffene Stelle.

Weichhautmilben

Betroffene Pflanzen:
Zahlreiche verschiedene Pflanzen, darunter Gewächshauspflanzen wie Begonien, Dahlien, Farne und Gerbera, auch bei Astern.

Schadbild:
Je nach Milbenart sehr verschieden, beispielsweise verformte oder bei leichterem Befall an den Rändern eingerollte Blätter, die verdickt und spröde sind.

Abhilfe:
· Entsorgen Sie alle befallenen Pflanzen.

Verticillium-Welke

Betroffene Pflanzen:
Acer- und *Rhus*-Arten, Astern, Beetpflanzen, Gewächshaustomaten, Stauden u. a.

Schadbild:
Welkende Blätter auf einem oder zwei Trieben. An Tomatenpflanzen welken alle Blätter, erholen sich aber über Nacht. Befallene Äste und Zweige, eventuell sogar die gesamte Pflanze, sterben ab. Durch einen Pilz verursacht.

Abhilfe:
· Beseitigen Sie befallene Äste oder Triebe sofort.
· Entsorgen Sie bei anhaltendem Befall alle befallenen Pflanzen und den Boden in unmittelbarer Nachbarschaft der Wurzeln. Geben Sie Pflanzen und Boden aber nicht auf den Kompost.
· Reinigen Sie Schnittwerkzeuge nach dem Einsatz an kranken Pflanzen gründlich.
· Bekämpfen Sie rigoros Unkraut und bauen Sie anfällige Pflanzen nicht auf Flächen an, auf denen befallene Pflanzen wuchsen.

Verfärbte Blätter

Virosen

Betroffene Pflanzen:
Zahlreiche
Gartenpflanzen.

Schadbild:
Kleine, verschrumpelte und unregelmäßig geformte Blätter.

Abhilfe:
- Entfernen und entsorgen Sie betroffene Pflanzen.
- Sorgen Sie für Sauberkeit und Ordnung in Ihrem Garten und unternehmen Sie unverzüglich etwas, wenn Blattläuse, die für die Übertragung vieler Krankheiten verantwortlich sind, auftreten.
- Bauen Sie Ihre Pflanzen im Fruchtwechsel an.
- Kaufen Sie virusresistente oder als virusfrei ausgezeichnete Pflanzen.
- Reinigen Sie Ihre Werkzeuge beim Vermehren von Pflanzen gründlich, um eine Infizierung zu vermeiden.

Weiden-Anthraknose

Betroffene Pflanzen:
Alle Weidenarten.

Schadbild:
Kleine braune Flecken auf den Blättern; die Blätter rollen sich ein und fallen dann ab. Befallene Sprosse sterben ab. Kleine Krebsgeschwüre auf den Ästen und Zweigen.

Abhilfe:
- Sammeln Sie alle abgefallenen Blätter auf und entsorgen Sie sie.
- Schneiden Sie alle abgestorbenen Äste und Zweige aus und reinigen Sie danach Ihre Werkzeuge gründlich.

Fichtengallenlaus

Betroffene Pflanzen:
Fichten, Lärchen, Kiefern und Tannen.

Schadbild:
Auf der Unterseite von Nadeln und Blattachseln Kolonien von Läusen, die weiße Wachsfäden ausscheiden. Die Triebe kümmern, teilweise mit bleichgrünen Blasen (Gallen).

Abhilfe:
- Spritzen Sie vor dem Austrieb mit einem Mineralöl-Präparat und etwa 2 Wochen danach noch einmal.

Krautfäule

Betroffene Pflanzen:
Freiland- und Gewächshaustomaten sowie Kartoffeln.

Schadbild:
Braune Flecken auf den Blättern; weißlicher Belag auf der Oberseite der unteren Blätter. Die Stängel werden schwarz und faulen. Bei Nässe kann die ganze Pflanze absterben.

Abhilfe:
- Entfernen Sie befallene Blätter unverzüglich.
- Bauen Sie weniger anfällige Kartoffelsorten wie 'Désirée', 'Granola,' 'Ostara' oder 'Sirtema' an. Verwenden Sie gesundes, vorgekeimtes Saatgut.
- Wenn Sie Tomaten im Gewächshaus anbauen, achten Sie auf gute Belüftung, vor allem in warmen Sommernächten.
- Bauen Sie Tomaten nie neben Kartoffeln an.

Chlorose durch Kalküberschuss

Betroffene Pflanzen:
Himbeeren, Hortensien sowie Moorbeetpflanzen, z. B. Rhododendren.

Schadbild:
Blätter färben sich weiß oder gelb, während die Blattadern dunkel bleiben.

Abhilfe:
- Pflanzen Sie keine Moorbeetpflanzen auf kalkhaltige Böden.
- Arbeiten Sie jeden Winter reichlich saures Humusmaterial wie kompostiertes Laub, Kompost oder Mist in den Boden ein. Fügen Sie des Weiteren Eisenchelat-Verbindungen oder Spurenelementdünger hinzu.

Kohlhernie

Betroffene Pflanzen:
Goldlack, Levkojen und Kohlarten.

Schadbild:
Gelbe, welkende Blätter, Wucherungen an den Wurzeln und gehemmtes Wachstum.

Abhilfe:
- Entsorgen Sie befallene Pflanzen.
- Durchlüften Sie zur Vorbeugung den Boden gut.
- Kalken Sie den Boden, wenn er zu sauer ist, sodass er einen ph-Wert von 6,5–7 crreicht.
- Tauchen Sie die Wurzeln von Sämlingen vor dem Auspflanzen in ein Wurzelbad aus Schachtelhalmbrühe und Lehm.
- Bringen Sie wachstumsfördernde Kräuterjauche aus.
- Führen Sie keine Gründüngung mit Raps oder Senf durch, die wie Kohl zur Familie der Kreuzblütler gehören.
- Bauen Sie resistente Sorten an und betreiben Sie Fruchtwechsel in einem 7- bis 8-Jahres-Rhythmus.

Falscher Mehltau

Betroffene Pflanzen:
Kohlarten, Salat, Spinat und Zwiebeln.

Schadbild:
Gelbe oder braune Flecken auf der Blattoberseite, grauweißer Schimmelrasen auf der Unterseite.

Abhilfe:
· Bauen Sie resistente Sorten an und vermeiden Sie dichten Stand.
· Führen Sie eine Fruchtfolge durch, möglichst im 4-Jahres-Rhythmus.

Obstbaum-Spinnmilbe

Betroffene Pflanzen:
Apfel-, Birn- und Pflaumenbäume sowie verwandte Zierarten.

Schadbild:
Ältere Blätter werden gelb, vertrocknen und sterben ab.

Abhilfe:
· Spritzen Sie vor dem Austrieb mit einem Mineralöl-Präparat.

Fusarium-Welke

Betroffene Pflanzen:
Zahlreiche, besonders Astern, Bohnen, Erbsen und Nelken.

Schadbild:
Die Blätter verlieren ihre Farbe und die gesamte Pflanze beginnt zu welken. Der Stängelgrund kann ebenfalls verfärbt sein.

Abhilfe:
· Entsorgen Sie befallene Pflanzen und die Erde, in der sie gewachsen sind.
· Pflanzen Sie auf der betreffenden Stelle frühestens nach 5 Jahren resistente Sorten an.

Rote Spinne

Betroffene Pflanzen:
Viele Gewächshaus- und Zimmerpflanzen, aber auch Erdbeeren, Fuchsien, Gurken, Pfirsiche, Rosen und im Freiland wachsende Veilchen.

Schadbild:
Gesprenkelte Blattoberseite, gefolgt von gelber Verfärbung.

Abhilfe:
· Halten Sie die Luftfeuchtigkeit im Gewächshaus hoch.
· Spritzen Sie befallene Pflanzen mit Pyrethrum oder Kaliseife.
· Setzen Sie Raubmilben im Gewächshaus ein, aber nur, wenn Sie nicht gleichzeitig gelbe Leimtafeln verwenden.

Grauschimmel (Botrytis)

Betroffene Pflanzen:
Die meisten Blütenpflanzen, Sträucher und Bäume.

Schadbild:
Grauer, samtiger Schimmel auf faulenden Blättern.

Abhilfe:
· Entfernen und entsorgen Sie befallene Pflanzen.
· Achten Sie auf gute Drainage und genügend Abstand zwischen den einzelnen Pflanzen.
· Achten Sie auf gute Wachstumsbedingungen der Pflanzen; Botrytis ist ein „Schwächeparasit".
· Halten Sie Unkraut unter Kontrolle und sorgen Sie für gute Gartenhygiene.
· Sorgen Sie im Gewächshaus für ausreichende Belüftung.

Zikade

Betroffene Pflanzen:
Zahlreiche, sowohl Freiland- als auch Gewächshauspflanzen, darunter Pelargonien, Primeln und Rosen.

Schadbild:
Weiße Flecken auf den Blättern.

Abhilfe:
· Spritzen Sie befallene Pflanzen mit Pyrethrum oder Kaliseife.

Braunfleckenkrankheit

Betroffene Pflanzen:
Unter Glas gezogene Tomaten.

Schadbild:
Rotbraune Verfärbungen auf der Blattunterseite, gelbe Flecken auf der Blattoberseite. Die Symptome treten normalerweise erst im Juni auf, ausnahmsweise aber auch schon im April.

Abhilfe:
· Entfernen Sie befallene Blätter unverzüglich.
· Bauen Sie resistente Sorten an.
· Sorgen Sie für gute Belüftung im Gewächshaus.

Magnesiummangel

Betroffene Pflanzen:
Alle, vor allem Äpfel und Tomaten.

Schadbild:
Zwischen den Blattadern gelbe oder orangefarbene Bänder, die sich später braun verfärben; die Blätter verwelken schließlich.

Abhilfe:
· Behandeln Sie die Pflanzen und/oder den Boden im Herbst mit Bittersalz, entweder unverdünnt den Boden in einer Dosierung von 25 g pro 1 m² oder als Blattspritzung in einer Verdünnung von 200 g pro 10 l Wasser unter Zusatz eines Netzmittels.

Manganmangel

Betroffene Pflanzen:
Zahlreiche.

Schadbild:
Ältere Blätter sind um die Blattadern herum vergilbt.

Abhilfe:
· Wählen Sie der Bodenart angepasste Pflanzen.
· Gießen Sie empfindliche Pflanzen mit Regenwasser.
· Bringen Sie saures Mulchmaterial aus.
· Bringen Sie Spurenelementdünger aus.

Stickstoffmangel

Betroffene Pflanzen:
Obststräucher und -bäume sowie Gemüse.

Schadbild:
Junge Blätter verfärben sich blassgelb und später dunkelgelb oder rot; die Pflanzen sind klein und kraftlos.

Abhilfe:
· Düngen Sie im Herbst oder im frühen Frühjahr mit Kompost oder Mist und fügen Sie im Frühjahr stickstoffhaltigen Dünger wie Ammoniumsulfat oder Blutmehl hinzu. Wiederholen Sie die Anwendung häufig.

Birnenpockenmilben

Betroffene Pflanzen:
Cotoneaster, Eberesche und Birnen.

Schadbild:
Grüne, rosafarbene, gelbe oder braune Pusteln auf Blattunterseite und -oberseite. Stark befallene Blätter können absterben und der Jungwuchs der Stängel kann beeinträchtigt sein.

Abhilfe:
· Entfernen Sie alle erkrankten Blätter und Triebe.

Echter Mehltau

Betroffene Pflanzen:
Zahlreiche, u. a. Begonien, *Euonymus*-Arten, Rosen und Stachelbeeren.

Schadbild:
Triebe, Blätter und zuweilen auch die Blüten sind mit einem weißen, mehlartigen Belag überzogen.

Abhilfe:
· Gießen Sie regelmäßig und mulchen Sie bei Bedarf den Boden, um die Wasserhaltekraft zu verbessern.
· Vermeiden Sie zu starke Stickstoffdüngung.
· Geben Sie zur Stärkung Ackerschachtelhalmtee.
· Spritzen Sie bei anhaltendem Befall mit einem Lezithin-Präparat.
· Vermeiden Sie das Heranziehen schwacher Pflanzen auf trockenen Böden.
· Pflanzen Sie resistente Sorten an.
· Entfernen Sie im Herbst abgestorbene Triebe.

Sternrußtau

Betroffene Pflanzen:
Rosen.

Schadbild:
Dunkelbraune oder schwarze Flecken auf den Blättern; die Blätter färben sich gelb und fallen ab.

Abhilfe:
- Entfernen und entsorgen Sie alle abgestorbenen Blätter und halten Sie Ihren Garten sauber.
- Fördern Sie ein kräftiges Wachstum, indem Sie ab dem Knospenschwellen regelmäßig alle 3 Wochen Schachtelhalmbrühe spritzen.
- Pflanzen Sie widerstandsfähige Sorten.

Rostkrankheiten

Betroffene Pflanzen:
Zahlreiche, u. a. Minze, Pelargonien, Pflaumen, Rosen, Stockrosen und Zwiebelgewächse.

Schadbild:
Große Mengen pulveriger, gelber, brauner oder orangefarbener Sporen auf den befallenen Blättern und Stängeln oder zuweilen auch auf Blüten und Samenkapseln.

Abhilfe:
- Entfernen Sie Befallsherde und halten Sie Ihren Garten sauber.
- Wählen Sie rostresistente Sorten.

Schorf

Betroffene Pflanzen:
Äpfel, Birnen, Feuerdorn.

Schadbild:
Olivgrüne oder braune Flecken auf den Blättern; die Blätter sterben ab.

Abhilfe:
- Entfernen und entsorgen Sie alle befallenen Pflanzenteile.
- Sammeln Sie befallenes abgestorbenes Laub ein und entsorgen Sie es; mulchen Sie danach den Boden um das Gewächs herum mit Kompost.
- Pflanzen Sie Sorten, die weniger anfällig sind.
- Spritzen Sie im Frühjahr vorbeugend mit Ackerschachtelhalmtee.

Verbrennungen

Betroffene Pflanzen:
Pflanzen mit zartem Laub wie Ahorn, Buche und Kastanie; die meisten Gewächshaus- und Zimmerpflanzen.

Schadbild:
Hellbraune Flecken auf den Blatträndern und -spitzen durch starke Lichteinwirkung; die betroffenen Teile können vollkommen verwelken.

Abhilfe:
- Errichten Sie Windfänge um besonders empfindliche Pflanzen herum.
- Sorgen Sie für Schatten im Gewächshaus und stellen Sie Zimmerpflanzen an weniger sonnige Standorte.
- Gießen oder bespritzen Sie die Pflanzen am Abend oder am frühen Morgen, sodass in der Zeit der stärksten Sonneneinstrahlung keine Wassertropfen auf den Blättern bleiben.

Bleiglanz

Betroffene Pflanzen:
Zahlreiche Sträucher und Bäume, u. a. Äpfel, Birnen, Kirschen, Flieder, Pfirsiche, Pflaumen und andere *Prunus*-Arten.

Schadbild:
Bleigraue Verfärbung der Blätter, die oft an einem einzelnen Zweig beginnt und sich dann ausbreitet. Die Zweige sterben nach und nach ab; die befallenen Baumteile verfärben sich bei Feuchtigkeit innen braun oder purpurfarben. Auf totem Holz entwickelt sich ein flacher, purpurfarbener Pilz.

Abhilfe:
- Verletzen Sie die Pflanzen nicht.
- Schneiden Sie anfällige Bäume im Sommer, wenn eine Infektion weniger wahrscheinlich ist, und wenden Sie ein Wundverschlussmittel an.
- Schneiden Sie befallene Baumteile bis auf 15 cm unter die Braunverfärbung zurück.

Narzissenfeuer

Betroffene Pflanzen:
Narzissenarten und -sorten.

Schadbild:
Verfaulende, mit grauem Schimmelrasen überzogene Blätter.

Abhilfe:
- Entfernen Sie befallene Pflanzen unverzüglich nach dem Auftreten erster Symptome.
- Vernichten Sie befallene Zwiebeln und lagern Sie die verbleibenden Zwiebeln an einem kühlen, trockenen Ort.
- Geben Sie zur Vorbeugung Pflanzenstärkungsmittel.
- Vermeiden Sie zu starke Stickstoffdüngung.
- Wählen Sie im Jahr nach dem Befall einen anderen Standort.

Fraßschäden

Rußtau

Betroffene Pflanzen:
Die meisten Garten- und Gewächshauspflanzen, Obst- und Ziersträucher sowie -bäume.

Schadbild:
Schwarzer Schimmelbelag auf der Blattoberseite.

Abhilfe:
· Wischen Sie den Schimmel mit einem weichen, feuchten Tuch ab.
· Spritzen Sie mit Kaliseife oder Pyrethrum gegen Blattlausbefall.
· Spritzen Sie mit einem Mineralöl-Präparat gegen Schildläuse.
· Siedeln Sie im Gewächshaus Raubwanzen und Schlupfwespen an.

Thrips

Betroffene Pflanzen:
Begonien, Birnen, Chrysanthemen, Erbsen, Gladiolen, Kohlarten, Liguster, Nelken, Rosen, Tomaten und Zwiebeln.

Schadbild:
Silbrig weiße Flecken mit schwarzen Pünktchen in der Mitte auf den Blättern.

Abhilfe:
· Besprühen Sie die Pflanzen regelmäßig mit Wasser.
· Senken Sie die Temperatur im Gewächshaus durch Beschatten und Durchlüften ab.
· Spritzen Sie, sobald erste Schäden auftreten, mit Pyrethrum.
· Siedeln Sie in Ihrem Gewächshaus die Raubmilbe *Amblyseius cucumeris* an oder hängen Sie gelbe Klebtafeln auf.

Virosen

Betroffene Pflanzen:
Zahlreiche Gartenpflanzen.

Schadbild:
Die Blätter sind gelb gestreift, gefleckt oder gesprenkelt und können auch verformt sein.

Abhilfe:
· Entfernen und entsorgen Sie betroffene Pflanzen.
· Sorgen Sie für Sauberkeit und Ordnung in Ihrem Garten und unternehmen Sie unverzüglich etwas, wenn Blattläuse, die für die Übertragung vieler Krankheiten verantwortlich sind, auftreten.
· Bauen Sie Ihre Pflanzen im Fruchtwechsel an.
· Kaufen Sie virusresistente oder als virusfrei ausgezeichnete Pflanzen.
· Reinigen Sie Ihre Werkzeuge beim Vermehren von Pflanzen gründlich, um eine Infizierung zu vermeiden.

Weißer Rost

Betroffene Pflanzen:
Arabis, *Aubrieta*, Haferwurz, Kreuzblütler, Vertreter der Kohlfamilie, Mondviole und Schwarzwurzel.

Schadbild:
Glitzernde weiße Blasen (Gallen), entweder einzeln oder in konzentrischen Kreisen angeordnet, auf Blättern und Stängeln; das Wachstum und die Wurzelentwicklung können gestört sein.

Abhilfe:
· Entfernen und entsorgen Sie befallene Blätter und Stängel.
· Achten Sie darauf, dass die Pflanzen nicht zu eng nebeneinander wachsen.
· Praktizieren Sie Fruchtwechsel.

Erdraupen

Betroffene Pflanzen:
Zahlreiche, u.a. Vertreter der Kohlfamilie, Salat und junge einjährige Zierpflanzen.

Schadbild:
Abgefressene Triebe in Bodennähe; dicke Raupen im Boden und nachts auf den Pflanzen.

Abhilfe:
· Bei leichtem Befall sammeln Sie die Raupen von Hand ab und setzen sie außerhalb Ihres Gartens aus oder vernichten sie.
· Bei starkem Befall spritzen Sie mit Pyrethrum oder setzen ein *Bacillus-thuringiensis*-Präparat ein.
· Graben Sie den Boden um, um die Raupen den Vögeln auszusetzen.
· Gießen Sie Setzlinge mit Rainfarnbrühe.

Kaninchen, Hasen und Wühlmäuse

Betroffene Pflanzen:
Gemüse und junge Bäume.

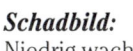

Schadbild:
Niedrig wachsende Triebe und Baumrinde in Bodennähe abgefressen.

Abhilfe:
· Halten Sie die Nager mit mindestens 1 m hohen Drahtnetzen, die 30 cm unter die Erdoberfläche reichen, aus Ihrem Garten fern.
· Schützen Sie Baumstämme mit Wildschutzspiralen oder feinmaschigem Maschendraht.
· Pflanzen Sie um Ihre Gemüsebeete Knoblauch, um den Duft des Gemüses, von dem die Tiere angelockt werden, zu überdecken.

Abnorme und welke Triebe

Obstbaumkrebs

Betroffene Pflanzen:
Äpfel, Birnen, Buchen, Pappeln und *Sorbus*.

Schadbild:
Längliche Stellen abgestorbenen Holzes mit Wucherungen; die Rinde löst sich und Äste sterben ab.

Abhilfe:
· Sägen Sie befallenes Holz oder ganze Äste, wenn sie nicht zu groß sind, ab und entsorgen Sie sie.
· Pflanzen Sie Bäume nicht auf Böden mit stauender Nässe.
· Düngen Sie nicht zu stark.
· Pflanzen Sie, wenn möglich, resistente Sorten an.

Bakterienbrand

Betroffene Pflanzen:
Kirschen, Pflaumen, Renekloden, Zwetschen und viele Zier-*Prunus*-Arten.

Schadbild:
Die Blätter färben sich gelb und junge Triebe sterben ab; Harz tritt aus der Basis der befallenen Triebe aus.

Abhilfe:
· Schneiden Sie befallene Äste bis auf gesundes Holz ab.
· Düngen Sie nicht zu stark.
· Achten Sie beim Stützen und Festbinden von jungen Bäumen darauf, dass Sie dem Baum keine Stammverletzungen zufügen, über die die Krankheit in die Pflanze eindringen kann.

Platzen der Rinde

Betroffene Pflanzen:
Obst- und Zierbäume.

Schadbild:
Die Rinde splittert und platzt der Länge nach auf.

Abhilfe:
· Schneiden bzw. sägen Sie abgestorbenes Holz aus und entfernen Sie lose Rinde, sodass eine saubere Wunde zurückbleibt.
· Düngen und bewässern Sie den Baum und mulchen Sie den Boden um ihn herum, um den Heilungsprozess zu unterstützen.

Nassfäule

Betroffene Pflanzen:
Kartoffeln, Pelargonien u. a.

Schadbild:
Die Stängelbasis fault und verfärbt sich schwarz, die Blätter vergilben und die Pflanze stirbt ab.

Abhilfe:
· Beseitigen und vernichten Sie befallene Pflanzen.
· Setzen Sie keine empfindlichen Pflanzen in nassen Boden oder verbessern Sie die Drainage.
· Pflanzen Sie Pelargonien nur in sterilisierte Erde und Töpfe.
· Achten Sie darauf, dass die Luftfeuchtigkeit in Ihrem Gewächshaus nicht zu hoch ist und sorgen Sie für eine gute Hygiene.

Brennfleckenkrankheit

Betroffene Pflanzen:
Himbeeren.

Schadbild:
Kleine, runde, violette Flecken, die größer werden und sich silbergrau verfärben, dann aufsplittern und kleine Risse zurücklassen. Die Blätter können gefleckt und das Obst verformt sein.

Abhilfe:
· Schneiden Sie beim ersten Anzeichen befallene Ruten im Herbst bis unter die Erdoberfläche heraus und entsorgen Sie sie.
· Pflanzen Sie an einem anderen Standort resistente Sorten an.
· Düngen Sie nicht übermäßig.

Clematiswelke

Betroffene Pflanzen:
Clematis.

Schadbild:
Die jungen Blätter welken und die oberen Teile der Blattstängel verfärben sich schwarz, kränkeln und sterben ab. Auf den Blättern können sich dunkle Flecken, auf den Trieben in Bodennähe Verfärbungen bilden. Die ganze Pflanze kann plötzlich in sich zusammenfallen.

Abhilfe:
· Schneiden Sie befallene Triebe bis ins gesunde Gewebe, wenn nötig bis unter die Bodenoberfläche, zurück.
· Mulchen Sie im Winter um die Triebbasis herum.
· Achten Sie darauf, die Triebe nicht zu verletzen, vor allem, wenn Sie um die Pflanzen herum Unkraut jäten.
· Pflanzen Sie keine großblütigen Hybriden, die besonders empfindlich sind.

Rotpustelkrankheit

Betroffene Pflanzen:
Sträucher und Bäume, besonders Ahorn, Johannisbeeren und Magnolie.

Schadbild:
Triebe und Zweige sterben ab; mit Sporen gefüllte korallenrote Pusteln am toten Holz.

Abhilfe:
· Schneiden Sie tote oder erkrankte Triebe bis mindestens 15 cm unter die sichtbare Befallstelle ab und entsorgen Sie sie.
· Desinfizieren Sie Säge oder Gartenschere nach dem Gebrauch.
· Düngen und bewässern Sie die Pflanze und mulchen Sie den Boden um sie herum, um ein kräftiges Neuwachstum zu fördern.

Wurzelhalsfäule

Betroffene Pflanzen:
Rhabarber.

Schadbild:
Knospe und Wurzelhals faulen. Die Blätter sind lang und dünn und sterben früh ab.

Abhilfe:
· Entfernen und entsorgen Sie die befallene Pflanze.
· Pflanzen Sie auf derselben Stelle keinen Rhabarber mehr an.

Umfallkrankheit

Betroffene Pflanzen:
Die meisten Sämlinge, vor allem von kleinen, schnell wachsenden Beetpflanzen wie Begonien, Lobelien, Löwenmäulchen und Petunien.

Schadbild:
Die Sämlinge fallen kurz nach dem Austrieb um und sterben ab.

Abhilfe:
· Verwenden Sie sterile Substrate, einwandfreies Wasser und saubere Anzuchtschalen.
· Säen Sie dünn aus, verbessern Sie die Belüftung der Sämlinge und sorgen Sie für eine gute Hygiene.
· Vermeiden Sie übermäßiges Gießen.

Trockenfäule

Betroffene Pflanzen:
Freesien, Gladiolen und Krokusse.

Schadbild:
Das Laub verfärbt sich gelb und stirbt ab. Die Blattscheiden verfaulen an der Basis, sodass die Pflanzen umfallen. Das befallene Blattgewebe ist mit einer Schicht winziger schwarzer Sporen überzogen.

Abhilfe:
· Entfernen und vernichten Sie befallene Zwiebeln, sobald erste Anzeichen auftreten.
· Ziehen Sie die Pflanzen jedes Jahr an einem anderen Standort.

Verbänderung

Betroffene Pflanzen:
Zahlreiche, u. a. Forsythien, Lilien, *Prunus*-Arten, Rittersporn und Rosen.

Schadbild:
Abgeflachte, missgebildete Stängel.

Abhilfe:
· Verbänderung ist nicht schädlich; Sie können betroffene Pflanzenteile zur Verbesserung der Optik abschneiden.

Feuerbrand

Betroffene Pflanzen:
Äpfel, Birnen, *Cotoneaster*, Weißdorn und verwandte Zierpflanzen, Feuerdorn und *Sorbus*-Arten.

Schadbild:
Die Triebe sterben ab; die Blüten welken; das Laub wird schwarzbraun, vertrocknet und stirbt ab. Die Pflanzen sehen aus, als ob sie von einem Feuer versengt worden wären. Die Krankheit kann einen ausgewachsenen Baum innerhalb von 6 Monaten absterben lassen.

Abhilfe:
· Entfernen Sie kleinere befallene Pflanzen.
· Schneiden Sie bei größeren Pflanzen die befallenen Triebe etwa 60 cm unter der sichtbaren Befallstelle ab. Ist der ganze Baum abgestorben, entfernen Sie ihn. Geben Sie infiziertes Material nicht auf den Kompost, sondern in den Abfall.
· Vergessen Sie nicht, die Säge vor erneutem Gebrauch zu desinfizieren.

Stängelgrundfäule

Betroffene Pflanzen:
Bohnen, Beetpflanzen, Erbsen und Tomaten.

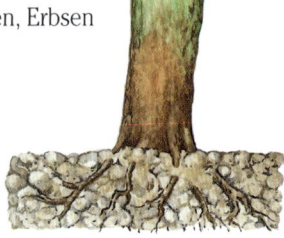

Schadbild:
Die Stängelbasis färbt sich braun und fault; die Pflanze stirbt ab.

Abhilfe:
· Entfernen und entsorgen Sie befallene Pflanzen.
· Verwenden Sie für Sämlinge und Topfpflanzen nur sterilisiertes Substrat und sterilisierte Anzuchtschalen.
· Betreiben Sie Fruchtwechsel im 3- oder 4-Jahres-Rhythmus, bei Bohnen und Erbsen im 5-Jahres-Rhythmus.
· Achten Sie darauf, dass die Pflanzen keinem Stress ausgesetzt sind.
· Gießen Sie mit Schachtelhalmtee.

Grauschimmel (Botrytis)

Betroffene Pflanzen:
Salat.

Schadbild:
Welke Pflanzen sind an der Basis verfault und mit grauem Schimmelrasen bedeckt. Die Blätter lösen sich leicht von den Wurzeln.

Abhilfe:
· Entfernen und entsorgen Sie befallene Pflanzen.
· Achten Sie auf gute Drainage und genügend Abstand zwischen den Pflanzen.
· Achten Sie auf gute Wachstumsbedingungen der Pflanzen; Botrytis ist ein „Schwächeparasit".
· Halten Sie Unkraut unter Kontrolle und sorgen Sie für gute Gartenhygiene.
· Sorgen Sie im Gewächshaus für ausreichende Belüftung.

Gummifluss

Betroffene Pflanzen:
Kirschen und andere *Prunus*-Arten.

Schadbild:
Ein gummiartiger Saft tritt aus Stamm und Zweigen aus und wird an der Luft langsam hart. Die Blätter vergilben und sterben ab, gefolgt von den Zweigen.

Abhilfe:
· Schneiden Sie kranke Stellen bis auf gesundes Holz heraus; sägen Sie abgestorbenes Holz ab.
· Düngen und wässern Sie den Baum und mulchen Sie um ihn herum, um ihm wieder Kraft zu verleihen.

Triebgallen

Betroffene Pflanzen:
Zahlreiche, u. a. Chrysanthemen, Dahlien, Gladiolen, Pelargonien, Erdbeeren und Zuckererbsen.

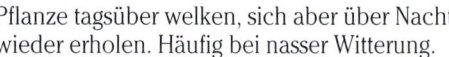

Schadbild:
Absterbende Triebe, häufig abgeflacht, mit verdickten und verkrüppelten Blättern.

Abhilfe:
· Entfernen und entsorgen Sie befallene Pflanzen.
· Wählen Sie gesundes Saat- und Pflanzgut.
· Pflanzen Sie resistente Sorten an einem anderen Standort.

Minzrost

Betroffene Pflanzen:
Minzarten.

Schadbild:
Aufgeschwollene, missgebildete Triebe, mit orangefarbenen Sporenpusteln gesprenkelt.

Abhilfe:
· Schneiden Sie befallene Triebe ab und entsorgen Sie sie.
· Ausläufer aus einer befallenen Fläche, die Sie einpflanzen möchten, waschen Sie gut mit kaltem Wasser, lassen sie dann 10 Minuten lang in 45 °C heißem Wasser ziehen und schrecken sie einige Sekunden lang in kaltem Wasser ab.

Päonienwelke

Betroffene Pflanzen:
Päonien (Pfingstrosen).

Schadbild:
Befallene Triebe in Bodennähe welken und sterben ab. Bei einer Erstinfektion kann die Pflanze tagsüber welken, sich aber über Nacht wieder erholen. Häufig bei nasser Witterung.

Abhilfe:
· Schneiden Sie befallene Triebe bis unter die Erdoberfläche ab.
· Entfernen und entsorgen Sie abgestorbene Pflanzen und pflanzen Sie mehrere Jahre lang keine Pfingstrosen mehr an der betroffenen Stelle.
· Pflanzen Sie Pfingstrosen nicht in Böden mit stauender Nässe.
· Vermeiden Sie zu starke Stickstoffdüngung.

Petunienwelke

Betroffene Pflanzen:
Zahlreiche Beetpflanzen wie Petunien, Trompetenzunge und Zinnien.

Schadbild:
Die Pflanzen welken, oft kurz vor der Blüte. Die Stängelbasis kann verfärbt sein.

Abhilfe:
· Entfernen und entsorgen Sie befallene Pflanzen.
· Setzen Sie die Pflanzen jedes Jahr an eine andere Stelle.

Rhizomfäule

Betroffene Pflanzen:
Rhizombildende Iris.

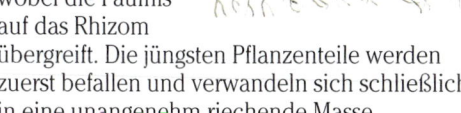

Schadbild:
Die Basis der äußeren Blätter fault, wobei die Fäulnis auf das Rhizom übergreift. Die jüngsten Pflanzenteile werden zuerst befallen und verwandeln sich schließlich in eine unangenehm riechende Masse.

Abhilfe:
· Schneiden Sie bei leichtem Befall die betroffenen Pflanzenteile aus.
· Entfernen Sie stark befallene Pflanzen.
· Verbessern Sie die Drainage oder pflanzen Sie nur auf gut durchlässigen Böden.
· Ergreifen Sie Maßnahmen gegen Schnecken und andere Schädlinge, die die Rhizome verletzen und so das Eindringen der Krankheitserreger ermöglichen.

Rosenrost

Betroffene Pflanzen:
Rosen.

Schadbild:
Auf der Unterseite der Blätter bilden sich Pusteln, die schließlich aufplatzen und große Mengen orangefarbener Sporen freisetzen.

Abhilfe:
· Schneiden Sie befallene Teile aus und entsorgen Sie sie.
· Spritzen Sie in Abständen von 7 Tagen abends mit einem Lezithin-Präparat.
· Sammeln Sie befallenes abgestorbenes Laub im Herbst auf und entsorgen Sie es.
· Vermeiden Sie zu starke Stickstoffdüngung; achten Sie dafür auf ausreichende Kaliversorgung.
· Setzen Sie zur Stärkung Ackerschachtelhalmtee ein.
· Ziehen Sie nur resistente Sorten.

Schorf

Betroffene Pflanzen:
Äpfel, Birnen, Feuerdorn.

Schadbild:
Auf jungen Trieben bilden sich kleine blasenähnliche Pusteln, dann springt die Rinde auf und es bleiben ringförmige schorfige Wunden zurück.

Abhilfe:
· Entfernen und entsorgen Sie alle befallenen Pflanzenteile.
· Sammeln Sie befallenes abgestorbenes Laub ein und entsorgen Sie es; mulchen Sie danach den Boden um das Gewächs herum mit Kompost.
· Pflanzen Sie Sorten, die weniger anfällig sind.
· Spritzen Sie im Frühjahr vorbeugend mit Ackerschachtelhalmtee.

Stängelfäule

Betroffene Pflanzen:
Lobelien, Nelken und Tomaten.

Schadbild:
Die Stängel verfaulen.

Abhilfe:
· Entfernen Sie bei den ersten Anzeichen befallene Pflanzen und entsorgen Sie sie.
· Vermehren Sie niemals Pflanzen, die Symptome der Krankheit aufweisen.
· Achten Sie bei der Aufzucht unter Glas darauf, dass die Belüftung ausreichend ist.
· Setzen Sie mehrere Jahre lang keine anfälligen Sorten an denselben Standort.

Tulpenfeuer

Befallene Pflanzen:
Tulpen.

Schadbild:
Junge Triebe faulen an der Basis und überziehen sich dann mit einem silbergrauen Schimmelrasen. Auf Blütenblättern erscheinen kleine braune Flecken. Zwiebeln tragen kleine, schwarze Pilzsporen.

Abhilfe:
· Entfernen und entsorgen Sie befallene Pflanzen.
· Vermeiden Sie zu starke Stickstoffdüngung.
· Wechseln Sie jährlich den Standort.

Verfärbte Triebe

Virosen

Betroffene Pflanzen:
Zahlreiche Gartenpflanzen.

Schadbild:
Runzlige Blätter mit gelben Streifen und Sprenkeln; die Pflanze welkt.

Abhilfe:
· Entfernen und entsorgen Sie betroffene Pflanzen.
· Sorgen Sie für Sauberkeit und Ordnung in Ihrem Garten und unternehmen Sie unverzüglich etwas, wenn Blattläuse, die für die Übertragung vieler Krankheiten verantwortlich sind, auftreten.
· Bauen Sie Ihre Pflanzen im Fruchtwechsel an.
· Kaufen Sie virusresistente oder als virusfrei ausgezeichnete Pflanzen.
· Reinigen Sie Ihre Werkzeuge beim Vermehren von Pflanzen gründlich, um eine Infizierung zu vermeiden.

Hexenbesen

Betroffene Pflanzen:
Zahlreiche Sträucher und Bäume, u. a. Birken und *Prunus*-Arten.

Schadbild:
Dichte Büschel kleiner Triebe wachsen auf ansonsten normalen Zweigen, viele davon mit kleinen Blättern oder Blättern mit Blasen auf der Oberfläche.

Abhilfe:
· Schneiden Sie die Zweige 15 cm unterhalb des Besens ab und bestreichen Sie die Stelle mit Wundverschlussmittel.

Grauschimmel (Botrytis)

Betroffene Pflanzen:
Die meisten Blütenpflanzen, Sträucher und Bäume.

Schadbild:
Faulende Triebe, die mit einem grauen samtigen Schimmel bedeckt sind.

Abhilfe:
· Schneiden Sie befallene Triebe ab und entsorgen Sie sie.
· Achten Sie auf gute Drainage und genügend Abstand zwischen den einzelnen Pflanzen.
· Halten Sie Unkraut unter Kontrolle und sorgen Sie für gute Gartenhygiene.
· Sorgen Sie im Gewächshaus für ausreichende Belüftung.

Sclerotinia-Stängel-/Knollenfäule

Betroffene Pflanzen:
Zahlreiche, u. a. Dahlien, Sonnenblumen, Gurken, Karotten, Knollen- sowie Stangensellerie, Petersilie und Topinambur.

Schadbild:
Die Stängel verfaulen rasch und überziehen sich mit einem weißen lockeren Pilzgewebe mit großen schwarzen Sklerotien (Pilzfadengeflechten). Bei Topinambur und Sonnenblumen tritt das Pilzgewebe nicht immer auf.

Abhilfe:
· Vernichten und entsorgen Sie befallene Pflanzen so früh wie möglich, da sonst Sporen produziert werden, die auf den Boden fallen und andere Pflanzen befallen können.
· Ziehen Sie mehrere Jahre lang keine anfälligen Pflanzen auf befallenen Flächen.
· Führen Sie Fruchtwechsel durch und legen Sie Mischkulturen an.
· Wässern Sie Setzlinge morgens.

Rutenkrankheit

Betroffene Pflanzen:
Himbeeren und Loganbeeren.

Schadbild:
Auf den Trieben bilden sich blauviolette Flecken, die sich später silbergrau verfärben. Knospen und neue Triebe sterben ab.

Abhilfe:
· Schneiden Sie bei den ersten Anzeichen alte befallene Ruten nach der Blüte zurück.
· Entfernen Sie überschüssige junge Ruten frühzeitig.

Blutläuse

Befallene Pflanzen:
Apfelbäume, Eberesche, *Cotoneaster* und Feuerdorn.

Schadbild:
Krebsartige Schwellungen und weiße wollige Absonderungen an Stämmen und Ästen.

Abhilfe:
· Entfernen und entsorgen Sie Äste, wenn sie Schaden genommen haben.
· Spritzen Sie mit einem Mineralöl-Präparat.
· Ziehen Sie resistente Sorten.

Schäden an Blütenknospen

Apfelblütenstecher

Betroffene Pflanzen:
Äpfel.

Schadbild:
Die befallenen Blüten-
knospen verfärben sich
braun und öffnen sich
nicht. Zuweilen finden
sich die weißlich gel-
ben Larven oder Puppen des Schädlings in den
Knospen. Die Symptome können mit Frostschäden verwechselt werden.

Abhilfe:
· Spritzen Sie vor der Blüte mit Pyrethrum.

Johannisbeer-Gallmilben

Betroffene
Pflanzen:
Schwarze
Johannisbeere.

Schadbild:
Die Knospen sind ballon-
förmig aufgetrieben und
treiben nicht aus.

Abhilfe:
· Entfernen und entsorgen Sie im Januar und Feb-
  ruar befallene Knospen.
· Nehmen Sie keine Stecklinge von befallenen
  Sträuchern.
· Pflanzen Sie neue Pflanzen so weit wie möglich
  von den infizierten Sträuchern entfernt an.
· Beachten Sie: Gallmilben übertragen die Bren-
  nesselblättrigkeit (siehe S. 346).

Blindtriebe bei Blumenzwiebeln

Betroffene Pflanzen:
Zahlreiche Zwiebel-
gewächse, vor allem
Narzissen und Tulpen.

Schadbild:
Blütenknospen blei-
ben aus oder bilden sich
zwar, sterben aber ab, bevor
sie sich öffnen können.

Abhilfe:
· Das Ausbleiben von Blüten ist normalerweise
  auf zu kleine Zwiebeln zurückzuführen; wählen
  Sie größere Zwiebeln.
· Lagern Sie Blumenzwiebeln an einem kühlen,
  trockenen Ort und pflanzen Sie sie zur rechten
  Zeit aus.
· Graben Sie gruppenweise wachsende Pflanzen
  jedes Jahr aus und trennen Sie die einzelnen
  Zwiebeln voneinander.
· Achten Sie darauf, dass der Boden nicht aus-
  trocknet. Betroffene Zwiebeln können wieder
  neu gepflanzt werden.

Knospenfall

Betroffene Pflanzen:
Zierpflanzen wie Gardenien, Hibiskus und Kamelien, wenn unter Glas gezogen.

Schadbild:
Die Knospen öffnen sich nicht und fallen ab.

Abhilfe:
· Achten Sie darauf, dass die Erde nicht
  austrocknet.
· Ziehen Sie Gardenien bei hoher Luftfeuchtigkeit
  und in feuchter Erde, doch gießen Sie sie nicht
  übermäßig.
· Ziehen Sie die Pflanzen an einem gut belichte-
  ten Standort.
· Topfen Sie die Pflanzen nicht um, wenn sie gerade Knospen ausbilden.

Dompfaffen

Betroffene
Pflanzen:
Johannisbeeren, blü-
hende Forsythien,
Birnen, Kirschen und
Pflaumen.

Schadbild:
Blütenknospen sind
abgefressen.

Abhilfe:
· Schützen Sie die Pflanzen mit geeigneten
  Netzen.

Raupen

Betroffene Pflanzen:
Zahlreiche Pflanzen,
Sträucher und
Bäume.

Schadbild:
Abgefressene Blü-
tenblätter; zuweilen
befinden sich Rau-
pen in der Blüte.

Abhilfe:
· Bei leichtem Befall sammeln Sie die Raupen
  von Hand ab und setzen sie außerhalb Ihres
  Gartens aus oder vernichten sie.
· Spritzen Sie, bevor die Pflanze voll erblüht, mit
  einem *Bacillus-thuringiensis*-Präparat.
· Bringen Sie an Bäumen Leimringe an.

357

Schäden an Blüten

Päonienwelke

Betroffene Pflanzen:
Päonien
(Pfingstrosen).

Schadbild:
Die Knospen öffnen sich
nicht, überziehen sich mit
einem grauen Schimmelrasen,
färben sich braun und sterben ab.

Abhilfe:
· Entfernen und entsorgen Sie abgestorbene
  Pflanzen und pflanzen Sie mehrere Jahre lang
  keine Pfingstrosen mehr an der betroffenen
  Stelle.
· Pflanzen Sie Pfingstrosen nicht in Böden mit
  stauender Nässe.
· Vermeiden Sie zu starke Stickstoffdüngung.

Rhododendron-Knospenfäule

Betroffene Pflanzen:
Rhododendren und
Azaleen.

Schadbild:
Die Knospen verfärben
sich im Winter grau
oder braun; im Frühjahr
bedecken sie sich mit
borstenartigen schwarzen
Pilzfäden. Die befallenen
Knospen verbleiben auf der Pflanze, öffnen sich
aber nicht.

Abhilfe:
· Entfernen und entsorgen Sie alle befallenen
  Knospen. Wenn das unterbleibt, können die
  Knospen bis zu 3 Jahre lang andere Pflanzen
  infizieren.

Apfel- und Birnblattsauger

**Betroffene
Pflanzen:**
Äpfel und
Birnen.

Schadbild:
Die Blütenblätter
färben sich braun
und die Blüten kön-
nen absterben. Durch die Exkre-
mente der Insekten kann sich auf Birnbaumblät-
tern und den Früchten Honigtau bilden, auf dem
sich Rußtaupilze ansiedeln können.

Abhilfe:
· Bringen Sie im Winter auf Apfelbäumen ein
  Mineralöl-Präparat aus.
· Spritzen Sie erneut kurz vor der Öffnung der
  Knospen und Anfang Juni.
· Wiederholen Sie die Anwendung an Birnbäu-
  men bei Abfall der Blütenblätter.

Schwarzfleckenkrankheit

Betroffene Pflanzen:
Rittersporn und
Nieswurz.

Schadbild:
Auf den Stängeln und
Blüten bilden sich
schwarze Flecken.

Abhilfe:
· Schneiden Sie befallene Teile ab und entsorgen
  Sie sie.

Blattwanzen

Betroffene Pflanzen:
Einjährige, Stauden und
Obstbäume.

Schadbild:
Verformte Blüten.

Abhilfe:
· Aufgrund der großen
  Anzahl natürlicher
  Feinde reicht es in der Regel aus, in den frühen
  Morgenstunden die Insekten abzusammeln.
· Lassen Sie im Winter keine Pflanzenreste im
  Garten herumliegen, um überwinterndem Unge-
  ziefer keinen Unterschlupf zu bieten.
· Nehmen Sie bei Obstbäumen eine frühe Aus-
  triebsspritzung gegen überwinternde Eier mit
  einem Mineralöl-Präparat vor.
· Halten Sie Unkraut unter Kontrolle und sorgen
  Sie für Hygiene in Ihrem Garten.
  Beachten Sie: Neben den Pflanzen schädigen-
  den Wanzen gibt es auch einige Insekten fres-
  sende Wanzen, die so genannten Raubwanzen.
  Sie machen Jagd auf Grüne Blattläuse, Thripse
  (Blasenfüßer), Grashüpfer, kleine Raupen und
  Spinnmilben, sind also Nützlinge, deren Anwe-
  senheit im Garten wünschenswert ist.

Raupen

**Betroffene
Pflanzen:**
Zahlreiche Pflan-
zen, Sträucher und
Bäume.

Schadbild:
Abgefressene Blüten-
blätter; Raupen befinden
sich zuweilen im Inneren
der Blüte.

Abhilfe:
· Bei leichtem Befall sammeln Sie die Raupen
  von Hand ab und setzen sie außerhalb Ihres
  Gartens aus oder vernichten sie.
· Spritzen Sie mit einem *Bacillus-thuringiensis*-
  Präparat.
· Bringen Sie an Bäumen Leimringe an.

Ohrwürmer

Betroffene Pflanzen:
Zahlreiche, u. a. Chrysanthemen, Clematis, Dahlien und Gladiolen.

Schadbild:
Unregelmäßige Löcher in den Blütenblättern.

Abhilfe:
· Stecken Sie Stäbe in den Boden. Füllen Sie Blumentöpfe mit Holzwolle und stülpen Sie die Töpfe umgedreht auf die Stäbe; die Ohrwürmer suchen tagsüber Schutz in der Holzwolle und können dann leicht entfernt werden.

Gladiolen-Thrips

Betroffene Pflanzen:
Gladiolen und einige verwandte Arten.

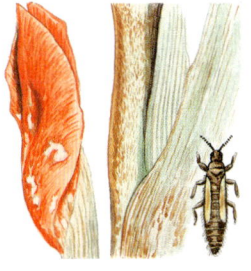

Schadbild:
Feine silbrige Flecken auf den Blütenblättern; in schweren Fällen sind die Blüten ganz verfärbt und sterben ab.

Abhilfe:
· Spritzen Sie bei den ersten Anzeichen mit Pyrethrum oder Kaliseife.
· Gießen Sie die Pflanzen bei trockener Witterung regelmäßig und sorgen Sie im Gewächshaus für kühle, feuchte Luft.

Grauschimmel (Botrytis)

Betroffene Pflanzen:
Blumen, Sträucher und Bäume.

Schadbild:
Auf den Blüten bildet sich ein grauer Schimmelbelag.

Abhilfe:
· Entfernen und entsorgen Sie befallene Pflanzen.
· Achten Sie auf gute Drainage und genügend Abstand zwischen den einzelnen Pflanzen.
· Halten Sie Unkraut unter Kontrolle und sorgen Sie für gute Gartenhygiene.
· Sorgen Sie im Gewächshaus für ausreichende Belüftung.

Itersonilia-Blütenfäule

Betroffene Pflanzen:
Die Blütenköpfe von Artischocken, ferner Chrysanthemen und Dahlien, vereinzelt auch Kornblumen.

Schadbild:
Auf den äußeren Blütenblättern bilden sich dunkle, wässrige Flecken, bis die Blüte fault und abstirbt.

Abhilfe:
· Vernichten Sie befallene Blüten.
· Beugen Sie Pilzbefall vor, indem Sie die Luftfeuchtigkeit in Ihrem Gewächshaus reduzieren.

Tulpenfeuer

Betroffene Pflanzen:
Tulpen.

Schadbild:
Kleine, braune Flecken auf den Blütenblättern, die Blätter können faulen und sich mit einem silbergrauen Schimmelrasen überziehen.

Abhilfe:
· Entfernen und entsorgen Sie befallene Pflanzen.
· Vermeiden Sie zu starke Stickstoffdüngung.
· Wechseln Sie jährlich den Standort.

Virosen

Betroffene Pflanzen:
Zahlreiche Gartenpflanzen.

Schadbild:
Verformte Blüten mit weißlichen Streifen auf den Blütenblättern.

Abhilfe:
· Entfernen und entsorgen Sie betroffene Pflanzen.
· Sorgen Sie für Sauberkeit und Ordnung in Ihrem Garten und unternehmen Sie unverzüglich etwas, wenn Blattläuse, die für die Übertragung vieler Krankheiten verantwortlich sind, auftreten.
· Bauen Sie Ihre Pflanzen im Fruchtwechsel an.
· Kaufen Sie virusresistente oder als virusfrei ausgezeichnete Pflanzen.
· Reinigen Sie Ihre Werkzeuge beim Vermehren von Pflanzen gründlich, um eine Infizierung zu vermeiden.

Obstschäden

Apfelsägewespe

Betroffenes Obst:
Äpfel.

Schadbild:
Junge Früchte sind mit Fraßgängen durchsetzt und fallen ab; reife Früchte haben eine bandförmige Narbe auf der Schale.

Abhilfe:
· Spritzen Sie nach dem Abfall der Blütenblätter mit einem Mineralöl-Präparat oder Pyrethrum.
· Entfernen und kompostieren Sie früh abgefallenes Obst.

Stippigkeit des Apfels

Betroffenes Obst:
Äpfel.

Schadbild:
Kleine, eingesunkene braune Flecken in der Schale und im Fruchtfleisch.

Abhilfe:
· Spritzen Sie Mitte Juni mit Kalziumnitrat oder -chlorid und wiederholen Sie die Anwendung dreimal alle 3 Wochen.
· Kalken Sie, wenn der ph-Wert des Bodens unter 6,5 liegt.
· Verwenden Sie keine Dünger, die viel Stickstoff oder Kali enthalten.
· Mulchen Sie den Boden um die Bäume herum und bewässern Sie ihn regelmäßig, sodass er nicht austrocknet.

Monilia-Fruchtfäule

Betroffenes Obst:
Alle Obstbäume.

Schadbild:
Das Obst verfärbt sich bräunlich weiß und ist oft mit weißen, in konzentrischen Kreisen angeordneten Pilzsporen überzogen; die Früchte schrumpfen und verdorren.

Abhilfe:
· Vernichten Sie befallenes Obst.
· Schneiden Sie beim Rückschnitt abgestorbenes Holz ab.
· Lagern Sie kein Obst, das nass, gequetscht oder in sonstiger Weise beschädigt ist.
· Halten Sie Vögel, Wespen und Raupen vom Obst fern, da es von diesen beschädigt wird, sodass Pilze in die Frucht eindringen können.

Blattwanzen

Betroffenes Obst:
Äpfel und Birnen.

Schadbild:
Wucherungen und korkartige Flecken auf reifendem Obst.

Abhilfe:
· Aufgrund der großen Anzahl natürlicher Feinde reicht es in der Regel aus, in den frühen Morgenstunden die Insekten abzusammeln.
· Lassen Sie im Winter keine Pflanzenreste im Garten herumliegen, um überwinterndem Ungeziefer keinen Unterschlupf zu bieten.
· Nehmen Sie bei Obstbäumen eine frühe Austriebsspritzung gegen überwinternde Eier mit einem Mineralöl-Präparat vor.
· Beachten Sie: Neben den Pflanzen schädigenden Wanzen gibt es auch einige Insekten fressende Wanzen, die so genannten Raubwanzen. Sie machen Jagd auf Grüne Blattläuse, Thripse (Blasenfüßer), Grashüpfer, kleine Raupen und Spinnmilben, sind also Nützlinge, deren Anwesenheit im Garten wünschenswert ist.

Apfelwicklermaden

Betroffenes Obst:
Hauptsächlich Äpfel, vereinzelt auch Birnen und Pflaumen.

Schadbild:
Ab Ende Juli kleine Löcher in der Frucht. Beim Aufschneiden reifer Früchte zeigen sich im Innern in der Nähe des Kerngehäuses kleine Maden.

Abhilfe:
· Hängen Sie vom späten Frühjahr bis Sommermitte Pheromonfallen in die Bäume, um den männlichen Wickler einzufangen; so wird die Befruchtung der Eier verhindert.
· Legen Sie Ende Juli Obstmadenfanggürtel um den Stamm. Die Maden suchen darunter Unterschlupf und können im November durch das Abnehmen und Entsorgen dieser Bedeckung vernichtet werden.
· Fördern Sie die Ansiedlung Insekten fressender Vögel in Ihrem Garten.

Schalenriss

Betroffenes Obst:
Das meiste, u. a. Äpfel, Birnen, Kirschen, Pflaumen und Weintrauben.

Schadbild:
Risse in der Schale des Obstes.

Abhilfe:
· Sorgen Sie durch Düngen, Bewässern und Mulchen für ein gleichmäßiges Wachstum. Lassen Sie den Boden nicht austrocknen.

Fruchtfall

Betroffenes Obst:
Alle Obstbäume.

Schadbild:
Das Obst fällt vorzeitig ab.

Abhilfe:
· Es gibt kein Mittel gegen Fruchtfall, der durch unzureichende Bestäubung verursacht wird.
· Achten Sie bei der Sortenwahl Ihrer Obstgehölze auf die richtigen Befruchtersorten.
· Düngen und bewässern Sie die Obstbäume und mulchen Sie den Boden um sie herum.

Grauschimmel (Botrytis)

Betroffenes Obst:
Alle Arten von Weichobst, vor allem Erdbeeren und Himbeeren.

Schadbild:
Grauer Schimmel überzieht den Fruchtkörper, der weich und schleimig wird und schließlich verfault.

Abhilfe:
· Entfernen und entsorgen Sie befallenes Obst.
· Achten Sie auf gute Drainage und genügend Abstand zwischen den einzelnen Pflanzen.
· Halten Sie Unkraut unter Kontrolle und mulchen Sie Erdbeeren nicht mit einer zu dicken Strohschicht, da sowohl Unkraut als auch Stroh Grauschimmelsporen beherbergen können.
· Pflanzen Sie Knoblauch und Zwiebeln zwischen die Erdbeeren.
· Spritzen Sie vorbeugend mit Knoblauchtee.
· Sorgen Sie für gute Gartenhygiene.

Echter Mehltau

Betroffenes Obst:
Äpfel, Stachelbeeren und vereinzelt auch Brombeeren, Erdbeeren, Beeren-Hybriden und Himbeeren.

Schadbild:
Weißer, mehlartiger Überzug auf dem Fruchtkörper.

Abhilfe:
· Gießen Sie regelmäßig und mulchen Sie bei Bedarf den Boden, um die Wasserhaltekraft zu verbessern.
· Spritzen Sie bei anhaltendem Befall mit einem Lezithin-Präparat.
· Vermeiden Sie zu starke Stickstoffdüngung.
· Pflanzen Sie resistente Sorten an.
· Vermeiden Sie das Heranziehen schwacher Pflanzen auf trockenen Böden.

Himbeerkäfer

Betroffenes Obst:
Brombeeren, Himbeeren und Loganbeeren.

Schadbild:
Auf oder in der reifen Frucht befinden sich kleine weißliche Maden. Die Früchte sind am Stängelende braun und trocknen ein.

Abhilfe:
· Klopfen Sie die Maden ab, fangen Sie sie in Schüsseln auf und entsorgen Sie sie.
· Hängen Sie weiße Leimtafeln auf.
· Spritzen Sie abends oder frühmorgens in die Blüte Pyrethrum.

Schorf

Betroffenes Obst:
Äpfel, Birnen, Feuerdorn.

Schadbild:
Brauner oder schwarzer Schorf auf den Früchten, der aufplatzt und die Frucht damit für Sekundärinfektionen anfällig macht.

Abhilfe:
· Entfernen und entsorgen Sie alle befallenen Pflanzenteile.
· Sammeln Sie befallenes abgestorbenes Laub ein und entsorgen Sie es; mulchen Sie danach den Boden um das Gewächs herum mit Kompost.
· Pflanzen Sie Sorten, die weniger anfällig sind.
· Spritzen Sie im Frühjahr vorbeugend mit Ackerschachtelhalmtee.

Steinfruchtigkeit

Betroffenes Obst:
Birnen.

Schadbild:
Die Früche sind verhärtet und verformt mit Stellen abgestorbener steiniger Zellen im Fruchtfleisch, die sie ungenießbar machen. Die Krankheit breitet sich Jahr um Jahr aus, bis schließlich alle Früchte infiziert sind.

Abhilfe:
· Vernichten Sie kranke Birnbäume.

Schäden an Bohnen, Erbsen und Tomaten

Brennfleckenkrankheit

Betroffene Pflanzen:
Buschbohnen und vereinzelt auch Stangenbohnen.

Schadbild:
Dunkelbraune Stellen auf den Hülsen und braune Flecken auf Stängeln und Blättern; die Blätter können frühzeitig abfallen.

Abhilfe:
· Entsorgen Sie infizierte Pflanzen am Ende der Saison und verwenden Sie die Bohnen nicht zur Aussaat.
· Säen Sie neue resistente Bohnensorten auf einer anderen Fläche aus.

Krautfäule

Betroffene Pflanzen:
Sowohl Freiland- als auch Gewächshaustomaten.

Schadbild:
Braune Verfärbungen auf den Blättern. Die Oberfläche der unteren Blätter ist mit einem weißen Pilzbelag überzogen; dann verfärben sich die Stängel schwarz. Befallene Früchte verfärben sich braun, schrumpfen und verfaulen.

Abhilfe:
· Schneiden Sie befallene Blätter und Früchte bei den ersten Anzeichen ab und vernichten Sie sie.
· Sorgen Sie für ausreichende Belüftung in Ihrem Gewächshaus, vor allem in warmen Sommernächten.
· Pflanzen Sie robuste Sorten an.

Blütenendfäule

Betroffene Pflanzen:
Tomaten.

Schadbild:
Ein ringförmiger brauner oder schwarzer Fleck am Blütenende der Frucht, bei starker Feuchtigkeit faulend.

Abhilfe:
· Sorgen Sie durch regelmäßiges Gießen, Düngen und Mulchen für ein gleichmäßiges Wachstum.
· Lassen Sie den Boden nicht austrocknen.

Aufplatzen

Betroffene Pflanzen:
Tomaten.

Schadbild:
Die Schale springt in der Nähe des Ansatzes auf, meist ringförmig, zuweilen auch der Länge nach.

Abhilfe:
· Lassen Sie den Boden nicht austrocknen.

Grünkragen

Betroffene Pflanzen:
Tomaten.

Schadbild:
Ein harter, gelber oder grüner Fleck in der Nähe des Stielansatzes. Ähnliche Flecken auch an anderen Stellen der Frucht.

Abhilfe:
· Lassen Sie den Boden nicht austrocknen.
· Sorgen Sie in Ihrem Gewächshaus bei heißem Wetter für Schatten und gute Belüftung.
· Ziehen Sie resistente Sorten.

Grauschimmel (Botrytis)

Betroffene Pflanzen:
Hauptsächlich Tomaten, auch Erbsen- und Bohnenhülsen.

Schadbild:
Grauer Schimmelrasen auf verfaulenden Früchten oder Hülsen.

Abhilfe:
· Entfernen und entsorgen Sie befallene Früchte oder Hülsen.
· Achten Sie auf gute Drainage und genügend Abstand zwischen den einzelnen Pflanzen.
· Halten Sie Unkraut unter Kontrolle und sorgen Sie für gute Gartenhygiene.
· Sorgen Sie im Gewächshaus für ausreichende Belüftung.

Erbsenwickler

Betroffene Pflanzen:
Erbsen.

Schadbild:
Die Erbsen sind in der Hülse von kleinen, gelblichen, madenähnlichen Raupen angefressen. Der Schaden tritt normalerweise im Juli oder August auf.

Abhilfe:
· Ziehen Sie früh reifende Sorten.
· Säen Sie sehr früh oder sehr spät, um die Zeit, in der der Schädling am aktivsten ist, nämlich Juli und August, zu vermeiden.
· Stellen Sie Pheromonfallen auf, um die Männchen einzufangen.

Wurzelschäden

Kohlfliege

Betroffene Pflanzen:
Frisch gepflanzte Kohlarten, vor allem Kopfkohl, Blumen- und Rosenkohl, Goldlack.

Schadbild:
Fliegenmaden im Boden ernähren sich von den Wurzeln; die Pflänzchen fallen um.

Abhilfe:
· Legen Sie als Kohlfliegenkragen etwa 12 cm breite Streifen Karton oder Filz um den Wurzelhals der Pflanzen, um die weiblichen Fliegen an der Eiablage in den Boden zu hindern.
· Verpflanzen Sie die Pflanze bei leichtem Befall in gesunden Boden, um ein Neuwachstum der Wurzeln zu fördern.
· Bedecken Sie die Pflänzchen mit Vlies oder einem Gemüsefliegennetz.
· Graben Sie im Winter den Boden um, um die Larven den Vögeln auszusetzen.

Kohlhernie

Betroffene Pflanzen:
Goldlack, Levkojen und Kohlarten.

Schadbild:
Korkartige Wurzelverdickungen; die Pflanzen sind schwächlich und gelb verfärbt.

Abhilfe:
· Entsorgen Sie befallene Pflanzen.
· Durchlüften Sie zur Vorbeugung den Boden gut.
· Kalken Sie den Boden, wenn er zu sauer ist, so dass er einen ph-Wert von 6,5–7 erreicht.
· Tauchen Sie die Wurzeln von Sämlingen vor dem Auspflanzen in ein Wurzelbad aus Schachtelhalmbrühe und Lehm.
· Bauen Sie resistente Sorten an und betreiben Sie Fruchtwechsel in einem 7- bis 8-Jahres-Rhythmus.

Hallimasch

Betroffene Pflanzen:
Fast alle holzigen Pflanzen, einige Laubsträucher und -bäume.

Schadbild:
An der Stammbasis, auf Baumwurzeln oder Baumstümpfen wachsen gelbliche Pilze in Büscheln, die bis zu 15 cm hoch und breit sein können. Manchmal ziehen sich schwarze Pilzstränge sichtbar durch den Boden um die Pflanze. Das Holz in der Nähe befallener Stellen ist oft mit einem weißen Pilzgeflecht überzogen.

Abhilfe:
· Entfernen Sie Baumstümpfe.
· Pflanzen Sie resistente Sträucher und Bäume an, beispielsweise Buchen, Clematis, Eiben, Eschen und Weißdorn.

Schnakenlarven

Betroffene Pflanzen:
Zahlreiche Zierpflanzen und Gemüsearten. Besonders anfällig sind Jungpflanzen.

Schadbild:
Die Wurzeln sind abgefressen von harthäutigen graubraunen beinlosen Larven.

Abhilfe:
· Graben Sie den befallenen Boden häufig um, um die Larven den Vögeln auszusetzen.
· Halten Sie die befallene Fläche frei von Unkraut.
· Bringen Sie im Boden Nematoden aus (*Steinernema carpocapsae*).

Wurzelläuse und Schmierläuse

Betroffene Pflanzen:
Kakteen und Sukkulenten, Primeln und andere Topfpflanzen sowie einige Freilandzierpflanzen, Salat.

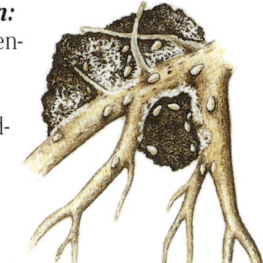

Schadbild:
Weiße, mit einem wachsartigen Überzug versehene Läuse oder Schmierläuse an den Wurzeln; die befallenen Pflanzen verfärben sich gelb und können absterben.

Abhilfe:
· Spritzen Sie die Pflanzenbasis mit Kaliseife oder einem Mineralöl-Präparat. Wiederholen Sie die Behandlung nach 10–14 Tagen.

Wurzelbohrerraupen

Betroffene Pflanzen:
Zahlreiche krautige Stauden.

Schadbild:
Schmutzig weiße, 3–5 cm lange Raupen mit braunen Köpfen, die die Wurzeln kultivierter Pflanzen wie auch die von Unkräutern wie Ampfer, Brennnessel und Distel fressen.

Abhilfe:
· Halten Sie die Anbaufläche frei von Unkraut.
· Graben Sie häufig um.

Schäden an Zwiebel- und Knollengewächsen

Basalfäule

Betroffene Pflanzen:
Krokusse, Lilien und
Narzissen.

Schadbild:
Wurzeln und Basis
der Zwiebeln faulen
und weisen, wenn die
Zwiebeln senkrecht
aufgeschnitten werden,
dunkle, von der Basis ausgehende Pilzstränge auf.
Eventuell steigt auch braune Fäule in den inneren
Schuppen auf.

Abhilfe:
· Vernichten Sie stark befallene Zwiebeln.
· Lagern Sie gesunde Zwiebeln in Moos, Sägemehl oder Sand an einem kühlen, gut belüfteten Ort.
· Lilienzwiebeln können eventuell im Anfangsstadium gerettet werden, indem man die befallenen Wurzeln und Schuppen wegschneidet.

Krautfäule

Betroffene Pflanzen:
Kartoffeln.

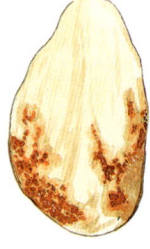

Schadbild:
Braune Verfärbung der Blätter,
die dann faulen. Dunkle Stellen
auf der Schale; im Fleisch der
Knollen entstehen rostbraune
faulende Stellen.

Abhilfe:
· Häufeln Sie die Kartoffeln hoch
  an, sodass die Infektion nicht
  an die Knollen vordringen
  kann.
· Vernichten Sie befallene
  Knollen.
· Bauen Sie weniger anfällige
  Sorten wie 'Désirée', 'Granola',
  'Ostara' sowie 'Sirtema' an.

Braunfäule

Betroffene Pflanzen:
Kartoffeln.

Schadbild:
Aus den Augen
kann eine graue
Flüssigkeit austreten;
aufgeschnittene Knollen
weisen ringförmige braune Verfärbungen auf.

Abhilfe:
· Häufeln Sie die Kartoffeln hoch an, um die
  herunterfallenden Sporen am Eindringen zu
  hindern.
· Gießen Sie Kartoffeln nicht von oben.
· Bauen Sie resistentere Sorten an.

Möhrenfliege

Betroffene Pflanzen:
Hauptsächlich Möhren, aber
auch Fenchel, Kerbel, Pastinaken, Petersilie und Sellerie.

Schadbild:
Die Maden der Möhren-
fliege bohren unter der
Oberhaut reifer Wur-
zeln schwarze Fraß-
gänge; das Laub verfärbt sich gelb. Junge Pflanzen sterben ab und ausgewachsenes Wurzelgemüse wird ungenießbar.

Abhilfe:
· Entfernen und entsorgen Sie stark befallene
  Wurzeln.
· Setzen Sie zwischen anfällige Pflanzen Knob-
  lauch oder Zwiebeln, die durch ihren intensi-
  ven Geruch die Fliegen auf ihrer Suche nach
  Möhren in die Irre führen können.
· Schützen Sie Beete mit einem feinmaschigen
  Netz oder bedecken Sie sie mit Gartenvlies.
· Säen Sie erst ab Ende Mai aus, um die Zeit, in
  der die Insekten ihre Eier legen, zu umgehen.
· Säen Sie möglichst dünn aus, um die Sämlinge
  später nicht pikieren zu müssen, da dabei das
  Laub gequetscht werden kann, wodurch der
  lockende Duft der Möhre frei wird. Lassen Sie
  ausgedünnte Sämlinge nie am Boden liegen.

Kartoffelschorf

**Betroffene
Pflanzen:**
Kartoffeln.

Schadbild:
Unregelmäßiger
Schorf auf den
Knollen.

Abhilfe:
· Kalken Sie den Boden vor dem Einpflanzen der
  Kartoffeln nicht.
· Reichern Sie die Erde vor dem Pflanzen mit gut
  verrottetem Mist oder Kompost an und halten
  Sie die Anbaufläche immer feucht.
· Geben Sie vor dem Setzen der Knollen ein paar
  Comfreyblätter (Beinwell) in jedes Pflanzloch.
· Entsorgen Sie die Schalen befallener Kartoffeln
  nicht auf dem Komposthaufen.
· Bauen Sie resistente Sorten an.

Knollenfäule

Betroffene Pflanzen:
Freesien und Gladiolen.

Schadbild:
Die Zwiebeln fau-
len von innen nach
außen, werden mat-
schig und verfärben
sich dunkelbraun oder
schwarz.

Abhilfe:
· Vernichten Sie befallene Zwiebeln.
· Lagern Sie gesunde Zwiebeln an einem trocke-
  nen Ort bei 7–10 °C.

sowie an Wurzelgemüsearten

Aufplatzen

Betroffene Pflanzen:
Alle Arten von Wurzelgemüse.

Schadbild:
Das Gemüse platzt der
Länge nach auf.

Vorbeugung:
· Gießen Sie regelmäßig,
  sodass der Boden nicht
  austrocknet.
· Reichern Sie den Boden
  regelmäßig mit organi-
  schem Material an.

Trockenfäule

Betroffene Pflanzen:
Freesien, Gladiolen
und Krokusse.

Schadbild:
Kleine, dunkle Fle-
cken auf der Knolle ver-
schmelzen zu größeren dunklen Stellen; die
Knolle schrumpft.

Abhilfe:
· Entfernen und entsorgen Sie befallene Knollen,
  sobald erste Anzeichen auftreten.
· Setzen Sie die Knollen jedes Jahr auf eine andere Fläche.

Lackschorf der Gladiole

Betroffene Pflanzen:
Gladiolen.

Schadbild:
Runde, eingesunkene
Stellen mit erhabenem
Rand und häufig lack-
artigen Ausscheidungen,
die die Knollen überziehen.

Abhilfe:
· Siehe Trockenfäule.

Zwiebelfäule

Betroffene Pflanzen:
Zahlreiche Zwiebelgewächse, u.a.
Hyazinthen und Tulpen.

Schadbild:
Die Symptome variieren,
doch normalerweise bilden
sich auf dem Zwiebelhals
trockene, graue Faulstellen,
die sich rasch mit großen,
schwarzen Pilzsporen überziehen und dann zerfallen.
Einige Zwiebeln weisen rötliche, eingesunkene Stellen auf,
die sich mit einem blauen Schimmel bedecken.

Abhilfe:
· Beseitigen und entsorgen Sie befallene Pflanzen
  sowie jegliche Abfälle befallener Zwiebeln, und
  tauschen Sie den Boden um die Zwiebeln aus.
· Setzen Sie ausschließlich gesunde Zwiebeln
  und diese jedes Jahr auf eine andere Fläche.

Hartfäule

Betroffene Pflanzen:
Hauptsächlich
Gladiolen, aber
auch Freesien und
Krokusse.

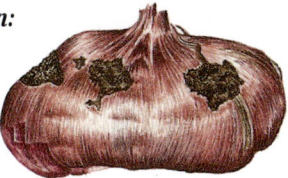

Schadbild:
Große, klar umrissene, schwarzbraune, leicht eingesunkene Stellen auf den Knollen, die hart werden und schrumpfen können.

Abhilfe:
· Entfernen und vernichten Sie befallene Zwiebeln bei den ersten Anzeichen unverzüglich.
· Setzen Sie ausschließlich gesunde Zwiebeln
  und diese jedes Jahr auf eine andere Fläche.

Eisenfleckigkeit

Betroffene Pflanzen:
Kartoffeln.

Schadbild:
Im Fleisch der Knollen entstehen rostbraune
Stellen.

Abhilfe:
· Arbeiten Sie vor dem Pflanzen reichlich organisches Material in den Boden ein und lassen Sie
  die Erde nie ganz austrocknen.

Narzissenfliege

Betroffene Pflanzen:
Hauptsächlich Narzissen.

Schadbild:
Die Zwiebeln werden weich und faulen, darin finden sich braune Maden.

Abhilfe:
- Sondern Sie beim Pflanzen weiche Zwiebeln aus.
- Setzen Sie die Zwiebeln im Schatten von Bäumen.
- Rechen Sie nach dem Absterben der Blätter Erde über die Löcher im Laub.

Zwiebelhalsfäule

Betroffene Pflanzen:
Gelagerte Zwiebeln.

Schadbild:
Ein grauer Schimmelrasen entwickelt sich am Hals der Zwiebeln, die rasch verfaulen.

Abhilfe:
- Entsorgen Sie alle befallenen Zwiebeln.
- Lagern Sie nur gut ausgereifte, harte Zwiebeln und bewahren Sie sie an einem trockenen, gut belüfteten Ort auf.
- Betreiben Sie Fruchtwechsel im 4-Jahres-Rhythmus.
- Kompostieren oder vergraben Sie keine befallenen Zwiebeln in Ihrem Garten.

Zwiebelfliege

Betroffene Pflanzen:
Lauch, Schalotten und Zwiebeln.

Schadbild:
Die Zwiebeln werden breiig und faulen; sie sind von kleinen, weißen Maden befallen.

Abhilfe:
- Entfernen und entsorgen Sie befallene Pflanzen.
- Pflanzen Sie Möhren zwischen die Zwiebeln, deren Duft die Fliegen auf ihrer Suche nach Zwiebeln in die Irre leitet.
- Decken Sie Saatbeete nach der Aussaat mit Gartenvlies ab.
- Graben Sie im Winter den Boden um, um die Larven den Vögeln auszusetzen.

Pulverschorf

Betroffene Pflanzen:
Kartoffeln.

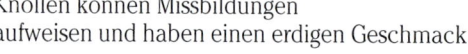

Schadbild:
Gleichmäßige runde, zuerst erhabene, dann aufbrechende Pusteln auf den Knollen, die Massen von olivbraunen Sporen entlassen. Die befallenen Knollen können Missbildungen aufweisen und haben einen erdigen Geschmack.

Abhilfe:
- Entsorgen Sie befallene Knollen und pflanzen Sie mehrere Jahre lang keine Kartoffeln mehr auf derselben Stelle an.
- Verbessern Sie die Drainage.

Ringfäule

Betroffene Pflanzen:
Kartoffeln.

Schadbild:
Das Fleisch der Kartoffeln unterhalb der Schale ist von einer weichen, käseähnlichen Fäule umgeben. In schweren Fällen kann die Krankheit die Schalen sprengen.

Abhilfe:
- Entsorgen Sie befallene Knollen.
- Setzen Sie nur befallsfreie Knollen.
- Lagern Sie keine anfälligen Knollen ein und achten Sie darauf, dass die Lagerbehälter sauber sind.

Schnecken

Betroffene Pflanzen:
Zahlreiche, u. a. Kartoffeln, Lilien, Narzissen und Tulpen.

Schadbild:
Unregelmäßige Löcher oder Fraßgänge in Zwiebeln und Knollen.

Abhilfe:
- Heben Sie Kartoffeln so früh wie möglich aus, um den Schaden gering zu halten.
- Der Boden sollte frei von pflanzlichen Abfällen gehalten und nicht gemulcht werden.
- Bringen Sie bei trockenem Wetter Kalk- oder Gesteinsmehl aus.
- Stellen Sie Bierfallen auf; Bier lockt die Schnecken an, die darin ertrinken.
- Wenden Sie in besonders hartnäckigen Fällen ein Eisenphosphat-Präparat an.
- Ackerschnecken können mit *Phasmarhabditis hermaphrodita,* einer Nematodenart, bekämpft werden.
- Fördern Sie die Ansiedlung natürlicher Feinde wie Igel, Frösche und Kröten.

Narzissenfeuer

Betroffene Pflanzen:
Narzissenarten und -sorten.

Schadbild:
Die Zwiebeln verkümmern, darauf bilden sich kleine, flache schwarze Sporen. Auf den Blättern entwickelt sich ein grauer Schimmelrasen.

Abhilfe:
· Entfernen Sie befallene Pflanzen unverzüglich nach dem Auftreten erster Symptome auf den Blättern (siehe S. 350).
· Vernichten Sie befallene Zwiebeln und lagern Sie die verbleibenden Zwiebeln an einem kühlen, trockenen Ort.
· Geben Sie zur Vorbeugung Pflanzenstärkungsmittel.
· Vermeiden Sie zu starke Stickstoffdüngung.
· Wählen Sie im Jahr nach dem Befall einen anderen Standort.

Stängel- und Zwiebelälchen

Betroffene Pflanzen:
Hauptsächlich Hyazinthen, Narzissen, Schneeglöckchen, Tulpen und Zwiebeln.

Schadbild:
Die Zwiebeln sind innerlich gelblich braun verfärbt und verfaulen schließlich; die Pflanze ist verkümmert und verkrüppelt.

Abhilfe:
· Entfernen und entsorgen Sie betroffene Pflanzen.
· Vernichten Sie vor der Pflanzung weiche Zwiebeln.
· Halten Sie Unkraut unter Kontrolle.
· Setzen Sie mindestens 3 Jahre lang keine Zwiebelpflanzen mehr an der betroffenen Stelle.

Tulpenzwiebelläuse

Betroffene Pflanzen:
Gladiolen, Iris, Krokusse und Tulpen.

Schadbild:
Ruhende und eingelagerte Zwiebeln und Knollen sind von dunkelgrünen Läusen überzogen.

Abhilfe:
· Spritzen Sie die Zwiebeln vor der Lagerung mit Pyrethrum oder Kaliseife.
· Entfernen Sie bei leichtem Befall die Läuse von Hand.

Tulpenfeuer

Betroffene Pflanzen:
Tulpen.

Schadbild:
Verfaulende Zwiebeln, auf denen kleine, schwarze Pilzsporen sichtbar sind. Tritt vor allem bei kalter, feuchter Witterung im Frühjahr auf.

Abhilfe:
· Entsorgen Sie befallene Zwiebeln.
· Vermeiden Sie zu starke Stickstoffdüngung.
· Wechseln Sie jährlich den Standort.

Mehlkrankheit

Betroffene Pflanzen:
Lauch, Knoblauch, Schalotten und Zwiebeln.

Schadbild:
Zwiebelbasis und Wurzeln sind mit weißem mehligem Schimmel bedeckt und faulen. Tritt vor allem an zu dicht stehenden Pflanzen in sehr heißen Sommern auf.

Abhilfe:
· Es gibt kaum wirksame Bekämpfungsmaßnahmen.
· Entsorgen Sie befallene Pflanzen und warten Sie mindestens 4, besser noch 8 Jahre, bevor Sie anfällige Pflanzen wieder auf derselben Fläche anpflanzen.

Drahtwürmer

Betroffene Pflanzen:
Zahlreiche Gemüsearten, u. a. Kartoffeln und Möhren.

Schadbild:
Die unterirdischen Teile der Frucht sind von den Fraßgängen der gelblich braunen Larven durchsetzt.

Abhilfe:
· Bearbeiten Sie den Boden regelmäßig und gründlich, bevor Sie ihn bebauen.
· Halten Sie Unkraut unter Kontrolle.
· Heben Sie Kartoffeln so früh wie möglich aus, um den Drahtwürmern ihre Nahrungsquelle zu entziehen.

Rasenschäden

Hexenringe

Schadbild:

Auf dem Rasen erscheinen zunächst dunkelgrüne Ringe, dann wachsen im Sommer und Herbst in den Ringen Gruppen schlanker Pilze mit braunen Kappen.

Abhilfe:
· Harken Sie die Pilze aus und entsorgen Sie sie.
· Vermeiden Sie zu starke Stickstoffdüngung.

Schneeschimmel (Fusarium)

Schadbild:

Große, unregelmäßige abgestorbene Stellen im Rasen mit weißem, flaumigem Pilzbefall, der besonders bei feuchter Witterung und nach Schneefall auffällt. Der Befall ist normalerweise stärker auf Böden mit schlechter Drainage und an schattigen Standorten.

Abhilfe:
· Vermeiden Sie zu starke Stickstoffdüngung, besonders ab August.

Flechten

Schadbild:

Auf dem Rasen erscheint ein flach wachsendes Blattgeflecht, das bei Nässe dunkelgrün und bei Trockenheit graugrün oder braun ist.

Abhilfe:
· Harken Sie die Flechten aus dem Rasen und setzen Sie geeignete chemische Mittel ein.
· Pflegen Sie Ihren Rasen regelmäßig; sorgen Sie vor allem für gute Belüftung und Düngung und verbessern Sie die Drainage.

Blattrost

Schadbild:

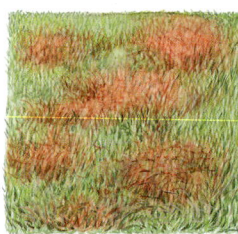

Abgestorbene gelbe Rasenflächen mit bis zu 1 m Ø, mit rötlichem Pilzbefall.

Abhilfe:
· Vertikutieren und düngen Sie den Rasen und bringen Sie Ammoniumsulfat aus.
· Bringen Sie im Frühjahr stickstoffreichen Dünger aus.

Nützlingsproduzenten

Katz Biotech Services
Industriestr. 38
73642 Welzheim
Tel.: 0 71 82/93 53 73
Fax: 0 71 82/93 53 71
E-Mail: katzbiotechservices@t-online.de
Internet: http://landwirtschaft.freepage.de/kbservices

W. Neudorff GmbH
Abt. Nutzorganismen
Postfach 1209
31857 Emmenthal
Tel.: 0 51 55/62 41 42 bis 45
Fax: 0 51 55/60 10
E-Mail: w.neudorff@t-online.de
Internet: http://www.neudorff.de

re natur GmbH
Hof Aqua Terra
Am Pfeifenkopf 9
24601 Stolpe
Tel.: 0 43 26/9 86 10
Fax: 0 43 26/9 86 11
E-Mail: aquaterra@re-natur.de
Internet: http://www.re-natur.de

Saufter & Stepper GmbH
Rosenstr. 19
72119 Ammerbuch
Tel.: 0 70 32/95 78 30
Fax: 0 70 32/95 78 50
E-Mail: nuetzlinge@t-online.de
Internet: http://www.nuetzlinge.de

Hatto Welte
Gartenbau, Biologischer Pflanzenschutz
Maurershorn 10
78479 Insel Reichenau
Tel.: 0 75 34/71 90 oder 74 00
Fax: 0 75 34/14 58
E-Mail: info@welte-nuetzlinge.de

Wilhelm Biologische Pflanzenschutz GmbH
Neue Heimat 25
74343 Sachsenheim
Tel.: 0 70 46/23 86
Fax: 0 70 46/12 198

AUSWAHL DER ZUM PFLANZENSCHUTZ VERWENDETEN MITTEL

Verzeichnisse der amtlich zugelassenen Pflanzenschutzmittel werden jährlich neu herausgegeben. Diese Publikationen listen sowohl neue Mittel wie auch die Anwendungsverbote und zeitlichen Beschränkungen früher zugelassener Präparate auf. D. h., dass eine langfristig gültige Zusammenstellung von zugelassenen Pflanzenschutzmitteln nicht möglich ist. Jedem Freizeitgärtner sei deshalb angeraten, sich vor dem Einsatz von Pflanzenschutzmitteln, insbesondere von Herbiziden und Insektiziden, im Fachhandel oder bei den zuständigen Behörden zu informieren. Zusätzlich sind hier biologische Mittel und Nützlinge aufgeführt.

Mittel	Handelsname	Beschreibung und Anwendung
Amblyseius	Raubmilbe	Gegen Thripse und Spinnmilben in Gewächshaus und Wintergarten.
Aphidoletes aphidimyza	Räuberische Gallmücke	Gegen Blattläuse in Gewächshaus und Wintergarten. Auf die Erde unter den Pflanzen ausbringen.
Azadirachtin	Celaflor Schädlingsfrei Neem	Gegen Mehlige Apfelblattlaus, Blattläuse, Weiße Fliege, Frostspanner, Gespinstmotten, Minierfliegen, Spinnmilben und Thripse. Sprühextrakt aus den Samen des Neembaumes.
Bacillus thuringiensis	Neudorffs Raupenspritzmittel	Bakterium gegen Schadraupen. Dosierung nach Packungsanweisung.
Brennnessel	Brennnessel Pulver (Neudorff)	Zur Pflanzenstärkung und gegen Blattläuse. Mit Wasser vermischen und 7–10 Tage stehen lassen. Verdünnen und gießen oder spritzen.
Chrysoperla carnea	Florfliege	Gegen Blattläuse und Thripse. Larven auf die befallenen Pflanzen streuen.
Cryptolaemus montrouzieri	Australischer Marienkäfer	Gegen Wollläuse in Gewächshaus und Wintergarten. Käfer auf die befallenen Pflanzen streuen.
Eisen-III-Phosphat	Ferramol Schneckenkorn	Gegen Nacktschnecken. Breitflächig ausstreuen.
Encarsia formosa	Schlupfwespe	Gegen Weiße Fliege in Gewächshaus und Wintergarten.
Fanggürtel	Obstmaden-Fanggürtel	Gegen Maden des Apfelwicklers an Apfel- und Birnbäumen.
Gelbe Falle	Celaflor Kirschfruchtfliegenfalle, Kirschfliegenfallen (Neudorff)	Fängt Kirschfliege. Ohne chemische Wirkstoffe; der gelbe Leim lockt die Insekten an. Im Baum aufhängen.
Gelbtafel	Gelbsticker Neudorff, Gelbtafeln Hobby Neudorff	Fängt Weiße Fliege, Minierfliegen und Trauermücke im Gewächshaus oder Wintergarten. Gelber Leim.

Mittel	Handelsname	Beschreibung und Anwendung
Heterorhabditis megidis	HM-Nematoden	Fadenwürmer gegen Larven und Puppen von Dickmaulrüsslern und Gartenlaubkäfern. Auf den Boden gießen.
Kaliumsalze natürlicher Fettsäuren (Kaliseife)	Neudosan Blattlausfrei	Gegen Blattläuse, Weiße Fliege, Rote Spinne und Sitka-Fichtenlaus. Pflanzen tropfnaß spritzen. Zur Anwendung im Freien, Gewächshaus und Wintergarten.
Lecithin	Bio Blatt Mehltaumittel	Gegen Echten Mehltau. Spritzmittel zur Anwendung im Freien und im Gewächshaus.
Leimring	Celaflor Raupenleimring, Raupenleimring fix-fertig	Gegen Frostspanner an Obst- und Zierbäumen. Schutz vor am Stamm hochkriechenden Schädlingen.
Paraffinöl (Mineralöl)	Promanal Neu Austriebsspritzmittel, Promanal Neu Schild- und Wolllausfrei	Gegen Schildläuse, Wollläuse und Spinnmilben; auch gegen Wintereier der Spinnmilben und überwinternde Stadien der Schildläuse an Obst- und Ziergehölzen. Pflanzen tropfnaß spritzen.
Pheromone	Celaflor Obstmadenfalle, Celaflor Pflaumenmadenfalle, Neudomon Apfelmaden-/Pflaumenmadenfalle	Sexuallockstoff, wirkt selektiv gegen Apfelwickler bzw. Pflaumenwickler. Die Männchen werden in die Falle gelockt und bleiben auf dem Leim kleben.
Phytoseiulus persimilis	Raubmilbe	Gegen Spinnmilben im Gewächshaus und Wintergarten. Granulat auf die Pflanzen streuen.
Pyrethrum	Bio Myctan Spinnmilbenfrei, Spruzit flüssig, Spruzit Gartenspray, Spruzit Staub	Gegen saugende und beißende Insekten sowie Spinnmilben. Als Flüssigkeit zum Spritzen, als Spray und zum Einstäuben.
Rapsöl	Naturen	Gegen saugende Insekten und Spinnmilben. Tropfnaß spritzen.
Steinernema carpocapsae	SC-Nematoden	Gegen Maulwurfsgrillen und Wiesenschnaken. Auf den Boden gießen.

369

DAS JAHR DES HOBBYGÄRTNERS

Gartenarbeiten rund ums Jahr

Der Lauf der Jahreszeiten wiederholt sich; deshalb müssen immer wieder die gleichen Gartenarbeiten ausgeführt werden. Der folgende Kalender zeigt Ihnen, wie Sie die Aufgaben des Gartenjahrs auf die Monate verteilen können bzw. sollten. Natürlich handelt es sich dabei nur um ungefähre Angaben, denn vieles hängt ab von der Größe und individuellen Beschaffenheit Ihres Gartens, von Ihrer verfügbaren Zeit, von den Launen des Wetters und nicht zuletzt von der geographischen Lage, in der Sie Ihr Zuhause haben, und damit verbunden dem jeweiligen Klima. Berücksichtigen Sie dies bitte bei der Verwendung dieses Kalenders und sehen Sie ihn als Leitfaden, nicht als strikt zu befolgende Anweisung.

Gehölze, Kletterpflanzen

KULTIVIERUNGSMASSNAHMEN

- Drücken Sie um neu gepflanzte Exemplare den eventuell durch Frost gelockerten Boden wieder fest.
- Bedecken Sie, wenn Kälte vorhergesagt ist, Azaleen und Rhododendren mit Stroh.
- Binden Sie – falls Sie es nicht bereits im Monat zuvor getan haben – Streifen von Sackleinen um junge Koniferen, damit die Zweige nicht unter der Last des Schnees abbrechen.

PFLANZUNG UND AUSSAAT

- Pflanzen Sie in Perioden milden Wetters weiter junge Laubbäume.

SCHNITT

- Schneiden Sie bei fest angewachsenen Bäumen und Sträuchern weiterhin abgebrochene, abgestorbene oder kranke Äste aus.
- Schneiden Sie Glyzinen bis auf neu ausgebildete Triebe stark zurück.

VERSCHIEDENES

- Lassen Sie all Ihre verschiedenen Gartenscheren neu schleifen.

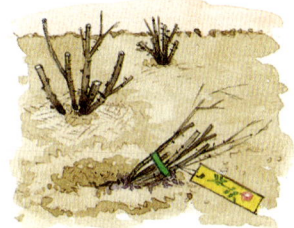

Rosen

KULTIVIERUNGSMASSNAHMEN

- Schlagen Sie Rosen ohne Ballen ein, wenn sich der Boden noch nicht für die Pflanzung eignet; setzen Sie dagegen Rosen, wenn es das Wetter und die Bodenbeschaffenheit erlauben.
- Bereiten Sie den Boden, auf dem im Frühjahr neue Rosenstöcke gepflanzt werden sollen, vor, indem Sie organisches Material und Knochenmehl einarbeiten.
- Behandeln Sie Rosen mit mineralölhaltiger Spritzbrühe, um Ungeziefer, das auf den Pflanzen überwintert, zu vernichten.

PFLANZUNG UND AUSSAAT

- Pflanzen Sie in Perioden milden Wetters weiter junge Rosenstöcke.

SCHNITT

- Schneiden Sie an exponierten oder starken Winterstürmen ausgesetzten Standorten im Herbst gepflanzte Rosen zurück, falls dies nicht schon nach der Pflanzung geschehen ist.

Rasen

KULTIVIERUNGSMASSNAHMEN

- Stechen Sie, sofern es das Wetter erlaubt, die Rasenfläche mit einer Grabgabel ein, um Belüftung und Drainage zu verbessern.

MÄHEN

- Sie können den Rasen in Perioden milden Wetters unbesorgt mähen; andernfalls wird er im Frühjahr zu hoch.

VERSCHIEDENES

- Bestellen Sie Grunddünger und Samenmischungen für die Aussaat im Frühjahr.
- Lassen Sie Ihren Rasenmäher und andere Schneidemaschinen überholen.
- Halten Sie nach heftigen Regenfällen oder der Schneeschmelze Ausschau nach Stellen, an denen sich das Wasser staut, und treffen Sie Vorkehrungen zur Verbesserung der Drainage.

Stauden und Einjährige

KULTIVIERUNGSMASSNAHMEN

- Lockern Sie in Perioden milden Wetters den Boden zwischen fest angewachsenen Stauden und entfernen Sie Unkraut.
- Graben Sie, wenn das Wetter es zulässt, den Boden um und bereiten Sie ihn für die Pflanzung bzw. Aussaat im Frühjahr vor.
- Kontrollieren Sie eingelagerte Dahlienknollen und legen Sie geschrumpfte Knollen über Nacht in lauwarmes Wasser, dadurch werden sie wieder prall. Schneiden Sie verfaultes Gewebe aus.

PFLANZUNG UND AUSSAAT

- Pflanzen Sie Blumenzwiebeln, z. B. von Hyazinthen und Narzissen, die im Haus verblüht sind, ins Freiland.
- Pflanzen Sie, wenn das Wetter es erlaubt, spät gelieferte Lilien ins Freiland oder pflanzen Sie sie in Töpfe mit feuchtem Substrat, die Sie in ein frostfreies Gewächshaus stellen.
- Säen Sie Nelken, Lilien und Wicken unter Glas.

VERMEHRUNG

- Schneiden Sie grundständige Stecklinge von großblütigen Chrysanthemen.
- Bewurzeln Sie Stecklinge von Lichtnelken in einem Vermehrungskasten mit Bodenheizung, wenn Sie es nicht schon getan haben.

VERSCHIEDENES

- Bestellen Sie Steckzwiebeln und Pflanzen, falls Sie es noch nicht getan haben.

Januar

Stein- und Wassergärten

KULTIVIERUNGSMASSNAHMEN

- Lockern Sie weiter den Boden zwischen den Pflanzen mithilfe einer Handgabel und entfernen Sie mehrjähriges Unkraut.
- Beseitigen Sie weiter Falllaub.
- Bringen Sie kleine Steine auf dem Boden aus, falls Sie es noch nicht getan haben; es sieht nicht nur schön aus, sondern schützt auch die Wurzelhälse der Pflanzen vor Fäulnis.
- Schützen Sie Alpenpflanzen in Kalten Kästen vor großer Kälte, indem Sie alte Decken darüber legen.
- Belüften Sie Kalte Kästen und Alpinhäuser an warmen, sonnigen Tagen, aber verschließen Sie sie nachts wieder gut.
- Säubern Sie Ihren Teich weiter von Falllaub.

VERMEHRUNG

- Säen Sie Samen von Alpenpflanzen, die stratifiziert werden müssen, in Töpfe mit sandigem Substrat, falls Sie es nicht schon getan haben.

VERSCHIEDENES

- Beseitigen Sie Schnee, der auf Zwergbäumen und Sträuchern liegt, um Schneeschäden zu vermeiden.
- Schützen Sie weiterhin Teiche vor dem vollständigen Zufrieren.

Topf- und Kübelpflanzen

KULTIVIERUNGSMASSNAHMEN

- Schützen Sie weiterhin Topf- und Kübelpflanzen vor der Kälte.

SCHNITT

- Beschneiden Sie Weinstöcke in Kübeln vor Ende des Monats (wenn Sie länger damit warten, könnten die Schnittstellen ausbluten).
- Entfernen Sie verwelkte Blütenköpfe von winterblühenden Stiefmütterchen in Ampeln oder Töpfen, damit sie erneut blühen.

VERSCHIEDENES

- Bringen Sie vorgetriebene Blumenzwiebeln (Iris, Hyazinthen, Krokusse und Narzissen) vor der Blüte ins Haus.
- Kontrollieren Sie vorgetriebene Zwiebeln auf Blattlausbefall und behandeln Sie die Pflanzen entsprechend, bevor Sie sie ins Haus bringen.

Gemüse und Kräuter

KULTIVIERUNGSMASSNAHMEN

- Graben Sie weiter Ihren Gemüsegarten um. Erdschollen brauchen Sie nicht aufzubrechen, da dies durch starken Frost von allein geschieht.

VERSCHIEDENES

- Ernten Sie Topinambur.
- Ernten Sie weiter Kopfkohl, Lauch und Rosenkohl.
- Ernten Sie unter Glas oder im Haus gezogene Petersilie, indem Sie die einzelnen Blättchen mit einer Küchenschere abschneiden.
- Planen Sie Ihren Kräutergarten und bestellen Sie Samen und junge Pflanzen für das Frühjahr.
- Bestellen Sie Saatkartoffeln von Spezialhandlungen.
- Kontrollieren Sie eingelagertes Gemüse auf Fäulnis und vernichten Sie befallene Pflanzen, bevor die Fäulnis auf anderes Gemüse übergreift.

Obst

KULTIVIERUNGSMASSNAHMEN

- Behandeln Sie Obstbäume und -sträucher weiter mit mineralölhaltiger Spritzbrühe.

PFLANZUNG UND AUSSAAT

- Pflanzen Sie in Perioden milden Wetters weiter junge Bäume und Sträucher.

SCHNEIDEN

- Schneiden Sie abgestorbene oder kranke Äste von Obstbäumen ab, außer von Kirsch-, Nektarinen-, Pfirsich-, Pflaumen- und Zwetschenbäumen.
- Schneiden Sie neu gepflanzte Bäume weiter leicht in Form.
- Stutzen Sie an Obststräuchern alle Haupttriebe auf die Hälfte ihrer Länge, bei Johannisbeeren auf 5 cm.
- Schneiden Sie neu gepflanzte Obststräucher wie z. B. Himbeeren auf 25 cm Höhe zurück.
- Schneiden Sie Weinstöcke im Freien stark zurück und belassen Sie nur frische Triebe, die Sie an horizontal gespannte Drähte binden.

VERSCHIEDENES

- Kontrollieren und reparieren Sie Spaliere für Obststräucher.
- Kontrollieren Sie weiterhin eingelagerte Äpfel und Birnen und entfernen Sie alle Früchte, die faul sind.

Gehölze, Kletterpflanzen

KULTIVIERUNGSMASSNAHMEN

- Drücken Sie den eventuell durch Frost gelockerten Boden um neu gesetzte Pflanzen weiterhin fest.
- Bereiten Sie den Boden für die Pflanzung immergrüner Pflanzen im Frühjahr vor.

PFLANZUNG UND AUSSAAT

- In Perioden milden Wetters können weiterhin sommergrüne Bäume, Sträucher und Hecken gepflanzt werden.

SCHNITT

- Schneiden Sie Holzapfelbäume in Form, indem Sie inwärts wachsende oder missgebildete Triebe abschneiden.
- Schneiden Sie schwache Triebe von *Celastrus* und *Solanum* aus; stutzen Sie bei Bedarf stark zurück.
- Sommergrüne Hecken können bei frostfreiem Wetter bis Monatsende zum ersten Mal beschnitten werden.

VERMEHRUNG

- Säen Sie Ginstersamen in einen Vermehrungskasten mit Bodenheizung.

VERSCHIEDENES

- Behandeln Sie Bäume mit mineralölhaltiger Spritzbrühe, um Moose und Flechten von den Stämmen zu entfernen.

Rosen

KULTIVIERUNGSMASSNAHMEN

- Schlagen Sie Rosen ohne Ballen weiterhin ein, wenn der Boden noch gefroren oder zu nass ist. Sie können die Pflanzen auch unter einer vor Frost schützenden Bedeckung lagern.
- Bereiten Sie den Boden weiter auf die Pflanzung im Frühjahr vor.
- Drücken Sie neu gepflanzte, durch Frost oder Stürme gelockerte Rosenstöcke fest.

PFLANZUNG UND AUSSAAT

- Pflanzen Sie spät gelieferte Buschrosen.
- Sammeln Sie die Samen von Wildrosen ein und säen Sie sie in Töpfe in einem Kalten Kasten.

SCHNITT

- In mildem Klima und in Gärten in geschützter Lage können Sie gegen Ende des Monats mit dem Beschneiden fest angewachsener Rosen beginnen.
- Schneiden Sie bei fest angewachsenen Strauchrosen etwa ein Drittel des ältesten, am stärksten verholzten Wuchses ab, um das Wachstum neuer, kräftiger Triebe zu fördern.
- Dünnen Sie wiederholt blühende Ramblerrosen, die sich an Bäumen emporranken, aus, wenn sie zu üppig wachsen. Das geht in dieser Jahreszeit, in der weder die Rosen noch der Baum mit Laub bedeckt sind, viel einfacher.
- Beschneiden Sie keine nur einmal blühenden Kletter- und Ramblerrosen.

Rasen

KULTIVIERUNGSMASSNAHMEN

- Belüften Sie bei gutem Wetter weiterhin fest angewachsenen Rasen.
- Bringen Sie ein Mittel gegen Moos auf den Rasen auf und entfernen Sie danach mit einem Rechen das abgestorbene Moos.

MÄHEN

- Mähen Sie in Perioden milden Wetters bei Bedarf weiterhin den Rasen.

VERSCHIEDENES

- Besonders starkes Mooswachstum auf dem Rasen können Sie bekämpfen, indem Sie Verdichtungen beseitigen, die Drainage verbessern und die Beschattung vermindern.
- Bearbeiten Sie den Rasen nicht bei Frost, Schnee oder sehr nassem Wetter.
- Streuen Sie Vogelfutter auf den Rasen, um Vögel anzulocken, die Schädlinge auf dem Rasen vertilgen.

Stauden und Einjährige

KULTIVIERUNGSMASSNAHMEN

- Verhindern Sie Schneckenfraß an den Wurzelstöcken von Chrysanthemen, *Hosta* und Rittersporn.
- Lockern Sie als Vorbereitung für die Pflanzung und Aussaat im Frühling mit einer Grabgabel die Beete, wenn Sie es noch nicht im Herbst getan haben, und arbeiten Sie Knochenmehl oder einen anderen Kopfdünger in den Boden ein.

PFLANZUNG UND AUSSAAT

- Pflanzen Sie weiterhin bei mildem Wetter Lilien ins Freiland oder topfen Sie sie ein.
- Verpflanzen Sie weiterhin Zwiebeln und Knollen von im Haus verblühten Pflanzen ins Freiland.
- Säen Sie am Monatsende Wickensamen direkt dorthin ins Freiland, wo sie später wachsen sollen.
- Säen Sie halbharte Einjährige wie Begonien und Lobelien unter Glas bei einer Temperatur von 18–21 °C.

VERSCHIEDENES

- Bestellen Sie restliche Pflanzen und Samen für die Pflanzung und Aussaat im Frühjahr.
- Spannen Sie über Krokusse kreuz und quer weißen Baumwollfaden, wenn sich Vögel an den Pflanzen zu schaffen machen.

Februar

Stein- und Wassergärten

KULTIVIERUNGSMASSNAHMEN

- Drücken Sie alle durch Frost gelockerten Pflanzen im Steingarten wieder fest. Bringen Sie Split aus, um die Drainage zu verbessern und Unkraut zu unterdrücken.
- Schützen Sie in Perioden milden Wetters die Pflanzen vor Schnecken.
- Belüften Sie, wenn es das Wetter zulässt, Ihr Alpinhaus gut, um die Luftzirkulation zu verbessern und Krankheiten vorzubeugen.
- Entfernen Sie Sämlinge von einjährigem Wiesengras und anderen kleinen einjährigen Unkräutern, die in Perioden milden Wetters inmitten kissenbildender Alpenpflanzen rasch keimen.

VERMEHRUNG

- Schneiden Sie Wurzelstecklinge von *Crepis* und geben Sie sie in einen Kalten Kasten.
- Säen Sie Sumpfprimelsamen in mit Substrat gefüllte Behälter und stellen Sie diese nach draußen; die Samen können Frost vertragen, müssen aber vor starken Regenfällen geschützt werden.
- Bis spätestens Mitte des Monats sollten Sie die Aussaat von Alpenpflanzen beendet haben.

VERSCHIEDENES

- Schützen Sie weiterhin Teiche vor dem vollständigen Zufrieren.
- Beginnen Sie mit der Fütterung von Fischen, wenn das Wetter milder wird.

Topf- und Kübelpflanzen

KULTIVIERUNGSMASSNAHMEN

- Achten Sie darauf, dass sich neben Töpfen und Kübeln kein Falllaub und andere organische Abfälle ansammeln, die den Wasserabfluss behindern könnten.
- Schützen Sie zarte, früh blühende Sträucher wie Magnolien und Rhododendren, wenn Frost angekündigt ist.

PFLANZUNG UND AUSSAAT

- In Perioden milden Wetters können sommergrüne kleine Bäume und Sträucher gepflanzt werden.

SCHNITT

- Schneiden Sie sommerblühende Clematis stark zurück, wenn sie zu wachsen beginnen.

VERSCHIEDENES

- Bringen Sie die letzten vorgetriebenen Blumenzwiebeln zur Blüte ins Haus.
- Planen Sie jetzt, wie Sie Ihre Terrasse für das Frühjahr und den Sommer gestalten bzw. wie Sie Ihre Töpfe und Kübel bepflanzen möchten.
- Geben Sie Ihre letzten Bestellungen bei Samenversandhäusern auf.
- Bestellen Sie Jungpflanzen für die Pflanzung im Frühjahr.

Gemüse und Kräuter

KULTIVIERUNGSMASSNAHMEN

- Bereiten Sie ein Beet für neue Spargelpflanzen vor und graben Sie dazu die bereits im vorangegangenen Herbst mit Mist angereicherte Erde um.
- Legen Sie den Kräutergarten an, indem Sie den Boden gründlich umgraben und ihn mit gut verrottetem Kompost und anderem organischem Material anreichern.
- Bedecken Sie Flächen, die für frühe Aussaaten vorgesehen sind, mit Plastikfolie, um sie zu erwärmen.

PFLANZUNG UND AUSSAAT

- Pflanzen Sie Schalotten ins Freie; in kälteren Gegenden jedoch erst am Ende des Monats.
- Säen Sie frühe Möhren in einen Kalten Kasten.

VERMEHRUNG

- Teilen Sie fest angewachsene Minzpflanzen und verpflanzen Sie sie in fruchtbaren Boden.

Obst

KULTIVIERUNGSMASSNAHMEN

- Mulchen Sie alle neu gepflanzten Obstbäume und -sträucher.
- Beenden Sie am Anfang des Monats, bevor sich die ersten Knospen bilden, die Anwendung mineralölhaltiger Spritzbrühen.
- Decken Sie Erdbeeren für eine frühe Ernte mit Glashauben ab.

PFLANZUNG UND AUSSAAT

- Pflanzen Sie bei geeignetem Wetter weiter neue Obstbäume und -sträucher.

SCHNITT

- Schneiden Sie die Triebe neu gepflanzter, fächerförmig erzogener Nektarinen und Pfirsiche auf 30–45 cm zurück.
- Schneiden Sie im Herbst tragende Himbeeren bis auf Bodenniveau zurück.
- Schneiden Sie im Sommer tragende Himbeeren bis knapp über den obersten Draht, neu gepflanzte Obststräucher auf 25 cm zurück.

Gehölze, Kletterpflanzen

KULTIVIERUNGSMASSNAHMEN

- Gießen Sie Jungpflanzen und mulchen Sie mit gut verrottetem Mist oder gehäckselter Baumrinde.
- Bereiten Sie weiterhin den Boden für die spätere Pflanzung immergrüner Pflanzen vor.
- Bereiten Sie die Pflanzung von Rhododendren vor, indem Sie den Boden mit kalkfreiem Kompost anreichern.
- Jäten Sie unter Hecken Unkraut.

PFLANZUNG UND AUSSAAT

- Setzen Sie Erika in sauren Boden.
- Pflanzen Sie Laub abwerfende Bäume, Sträucher und Heckenpflanzen sowie im Topf gezogene Clematis.

SCHNITT

- Schneiden Sie *Buddleja*, *Hydrangea paniculata*, *Spirea* und Tamarisken stark zurück.
- Schneiden Sie im Sommer blühende Clematis und Strauchmalven bis auf frisches Holz zurück.
- Schneiden Sie Hartriegel und Weiden stark zurück.

VERMEHRUNG

- Trennen Sie bewurzelte Ableger von *Kerria* ab und pflanzen Sie sie direkt an den gewählten Standort.
- Senken Sie fest angewachsene Erikapflanzen ab oder bewurzeln Sie Ansatzstecklinge von Seitentrieben in einem geschlossenen Kalten Kasten.

VERSCHIEDENES

- Schützen Sie neu gepflanzte Sträucher vorübergehend mit Windfängen.

Rosen

KULTIVIERUNGSMASSNAHMEN

- Arbeiten Sie am Monatsende Rosendünger in die Erde ein und mulchen Sie mit gut verrottetem Mist, Kompost oder gehäckselter Baumrinde. Verwenden Sie dazu auf keinen Fall abgemähtes Gras.

PFLANZUNG UND AUSSAAT

- Beenden Sie so bald wie möglich die Verpflanzung von Busch- und Kletterrosen in Containern wie auch von Pflanzen ohne Ballen.

SCHNITT

- Kürzen Sie die Seitentriebe wiederholt blühender Kletterrosen um etwa die Hälfte ihrer Länge und beseitigen Sie schwache, kranke oder beschädigte Triebe.
- Schneiden Sie bei frostfreiem Wetter alle abgestorbenen, kranken und beschädigten Triebe fest angewachsener Buschrosen ab und kürzen Sie die verbliebenen Triebe.
- Kürzen Sie durch frühen Frost beschädigte Triebe bis auf unbeschädigte Knospen.

Rasen

KULTIVIERUNGSMASSNAHMEN

- Harken Sie die Fläche für einen neuen Rasen; die obere Schicht muss feinkrümelig sein. Treten Sie die Erde an, sodass sie eben und fest ist. Bringen Sie einen Volldünger aus, sofern Sie es noch nicht getan haben.
- Belüften Sie weiterhin fest angewachsenen Rasen und entfernen Sie totes Gras und Moos.
- Bringen Sie am Monatsende, sofern es bereits wärmer ist, auf fest angewachsenem Rasen eine Frühjahrsdüngung aus.
- Behandeln Sie Moosflächen weiter mit einem geeigneten Mittel.
- Begradigen Sie die Kanten von Blumenbeeten mithilfe eines Rasenkantenstechers und bessern Sie beschädigte Kanten aus.

VERLEGUNG UND AUSSAAT

- Säen Sie bei warmer Witterung neuen Rasen. Rechen Sie den Boden leicht, um die Samen mit Erde zu bedecken. Verwenden Sie auf leichten Böden eine Walze, um das Saatgut anzudrücken.

MÄHEN

- Mähen Sie fest angewachsene Rasenflächen zum ersten Mal, sobald das Gras 7–8 cm hoch ist, und stellen Sie die Schnittblätter hoch ein.

VERSCHIEDENES

- Schneeschimmelflecken auf dem Rasen können im Frühjahr auftreten und sind ein Zeichen für schlechte Drainage.

Stauden und Einjährige

KULTIVIERUNGSMASSNAHMEN

- Bringen Sie auf Beeten und Rabatten eine Kopfdüngung aus.
- Bereiten Sie Beete und Rabatten für Chrysanthemen und Dahlien vor, indem Sie organisches Material in den Boden einarbeiten.
- Düngen Sie Iris und entfernen Sie alle abgestorbenen Blätter.

PFLANZUNG UND AUSSAAT

- Pflanzen Sie winterharte Stauden ins Freie.
- Pflanzen Sie Beetnelken ins Freie.
- Pflanzen Sie im Herbst gesäte Wicken.
- Säen Sie winterharte Einjährige direkt dorthin ins Freiland, wo sie später wachsen sollen.
- Pflanzen Sie in milden Gegenden sommerblühende Zwiebelgewächse.

SCHNITT

- Entfernen Sie verwelkte Blütenköpfe von Narzissen und anderen Zwiebelgewächsen.

VERMEHRUNG

- Treiben Sie Dahlienknollen, um aus den Trieben Stecklinge zu gewinnen.
- Schneiden Sie Stecklinge von Chrysanthemenstöcken.
- Trennen Sie zu dicht aufeinander wachsende Schneeglöckchen und verpflanzen Sie sie.
- Säen Sie weiter halbharte Einjährige unter Glas und beginnen Sie mit dem Pikieren der Sämlinge.

VERSCHIEDENES

- Bekämpfen Sie, sobald es wärmer wird, Schnecken.

März

Stein- und Wassergärten

KULTIVIERUNGSMASSNAHMEN

- Jäten Sie weiter zwischen den Pflanzen aufkommendes Unkraut und bringen Sie bei Bedarf nochmals Split aus.
- Entfernen Sie mithilfe eines Netzes oder Rechens Algen aus Ihrem Teich.
- Geben Sie Seerosen und anderen Wasserpflanzen in Pflanzkörben eine Düngung aus mit Dünger gemischter Erde.
- Entfernen Sie den verwelkten obersten Wuchs von Uferpflanzen.

PFLANZUNG UND AUSSAAT

- Setzen Sie neue Alpenpflanzen.
- Setzen Sie am Monatsende feuchtigkeitsliebende Farne, Astilben und Primeln in den Sumpfgarten.

SCHNITT

- Kürzen Sie Zwergrosen um die Hälfte zurück und beseitigen Sie abgestorbene und frostgeschädigte Triebe.

VERMEHRUNG

- Heben Sie Alpenpflanzen wie *Arenaria*, Geranien und Lichtnelken aus, teilen und verpflanzen Sie sie.
- Säen Sie Alpenpflanzen unter Glas.

VERSCHIEDENES

- Beginnen Sie mit der Fütterung von Fischen, wenn es das Wetter im vorangegangenen Monat noch nicht erlaubt hat.

Topf- und Kübelpflanzen

KULTIVIERUNGSMASSNAHMEN

- Bereiten Sie Töpfe, Kübel und andere Behälter durch eine gründliche Reinigung für die Bepflanzung im Frühjahr vor. Achten Sie darauf, dass die Drainagelöcher nicht verstopft sind.
- Behandeln Sie Pflanzbehälter aus Holz mit einem Holzschutzmittel.
- Kaufen Sie Substrat oder mischen Sie es sich selbst.
- Schützen Sie winterblühende Stiefmütterchen, Primeln und andere früh blühende Pflanzen vor Schnecken.

PFLANZUNG UND AUSSAAT

- Beginnen Sie bei milder Witterung, Begonienzwiebeln in Töpfen mit feuchtem Substrat zu treiben.

SCHNITT

- Beschneiden Sie Bäume und Sträucher.
- Entfernen Sie weiterhin verwelkte Blütenköpfe von Stiefmütterchen, damit sie immer wieder neue Blüten bilden.
- Stutzen Sie den oberen Wuchs überwinternder Fuchsien und Pelargonien und beginnen Sie, die Pflanzen wieder zu gießen.

VERMEHRUNG

- Säen Sie halbharte Einjährige unter Glas.

Gemüse und Kräuter

KULTIVIERUNGSMASSNAHMEN

- Graben Sie Ihren Gemüsegarten um, entfernen Sie Unkraut, harken Sie den Boden, bis er feinkörnig ist, und bringen Sie einen Volldünger aus.
- Heben Sie Gräben für Kartoffeln aus und mulchen Sie mit gut verrottetem Mist oder Kompost.
- Mulchen Sie Spargelbeete mit gut verrottetem Mist oder bringen Sie einen Volldünger aus.

PFLANZUNG UND AUSSAAT

- Säen Sie Sellerie unter Glas.
- Bereiten Sie Saatbeete vor und säen Sie Lauch, Rosenkohl und Sommerkohl.
- Säen Sie Erbsen, Puffbohnen, Radieschen, Salat, Spinat und Zwiebeln direkt ins Freiland.
- Säen Sie Wurzelgemüse wie Rote Bete, Kohlrabi, Möhren und Weiße Rüben.
- Beginnen Sie Mitte des Monats, Steckzwiebeln zu setzen, wenn es dafür nicht zu nass ist.
- Pflanzen Sie jungen Spargel, sobald die Pflanzen bei Ihnen eintreffen.
- Säen Sie Auberginen, Basilikum, Paprika und Tomaten, sobald es 18 °C warm ist.
- Säen Sie im Kräutergarten Dill, Fenchel, Kerbel, Petersilie und Sauerampfer.
- Säen Sie Majoran in Töpfe oder direkt ins Frühbeet.

VERMEHRUNG

- Graben Sie zu dicht stehenden Fenchel und Schnittlauch aus und teilen und verpflanzen Sie die Pflanzen.

Obst

KULTIVIERUNGSMASSNAHMEN

- Beenden Sie das Mulchen fest angewachsener, nicht auf Gras stehender Bäume und Sträucher.
- Düngen Sie bei Bedarf mit einem Volldünger oder einem Spezialdünger für Obst.
- Befestigen Sie Brombeeren und Loganbeeren an Drähten.
- Spritzen Sie Obstbäume kurz vor Öffnung der Knospen mit einem umweltschonenden Mittel gegen Schädlinge und Krankheiten.

PFLANZUNG UND AUSSAAT

- Erdbeeren, Himbeeren und Schwarze Johannisbeeren können nach wie vor gepflanzt werden. Es sollte verhindert werden, dass sie im ersten Jahr Früchte tragen.
- Säen Sie aus Samen zu ziehende Erdbeersorten.

SCHNITT

- Schneiden Sie Himbeeren und Schwarze Johannisbeeren stark zurück.
- Schwarze-Johannisbeer- und Stachelbeersträucher, die im Winter von Vögeln beschädigt wurden, sollten bis auf intakte Knospen zurückgeschnitten werden.
- Beenden Sie den Schnitt neu gepflanzter Pflaumen und Zwetschen.

VERSCHIEDENES

- Schützen Sie offene Blüten von an Wänden gezogenen Pfirsichbäumen gegen Frost, indem Sie die Bäume in ein sehr feinmaschiges Vlies oder Netz hüllen. Bestäuben Sie von Hand, wenn noch keine Insekten fliegen.

Gehölze, Kletterpflanzen

KULTIVIERUNGSMASSNAHMEN

- Gießen und mulchen Sie weiter neu gepflanzte Bäume, Sträucher und Hecken.
- Jäten Sie weiter Unkraut, vor allem entlang neuer Hecken.

PFLANZUNG UND AUSSAAT

- Pflanzen Sie immergrüne Bäume und Sträucher.
- Pflanzen Sie Erika, Kletterpflanzen und in Töpfen gezogene Sträucher für Mauern.
- Pflanzen Sie Rhododendren. Verpflanzen Sie alle Exemplare, die zu groß geworden sind.

SCHNITT

- Beschneiden Sie winterblühende Erika und Sträucher, z.B. Zierquitten, nach der Blüte leicht.
- Schneiden Sie Forsythien nach der Blüte stark zurück und entfernen Sie alle Blütentriebe.
- Schneiden Sie *Buddleja davidii* und *Hydrangea paniculata* stark zurück.
- Schneiden Sie Lavendel in Form.
- Entfernen Sie verwelkte Blüten von Azaleen und Rhododendren.

VERMEHRUNG

- Vermehren Sie weiterhin Erika durch Absenker oder Stecklinge.
- Vermehren Sie Magnolien durch Absenker; neue Wurzeln dürften sich nach 1–2 Jahren bilden.
- Schneiden Sie Stecklinge von Forsythien und verpflanzen Sie sie nach der Bewurzelung.

VERSCHIEDENES

- Binden Sie Kletterpflanzen und an Wänden gezogene Sträucher an.

Rosen

KULTIVIERUNGSMASSNAHMEN

- Mulchen Sie neu gepflanzte Rosen mit einem Torfersatz.
- Mulchen Sie Kletterrosen zur Verbesserung der Wasserhaltekraft; dies hilft gegen Mehltaubefall im Sommer.
- Verwenden Sie zum Unkrautjäten keine Hacke, denn Rosenwurzeln wachsen dicht unter der Erdoberfläche und könnten beschädigt werden. Jäten Sie lieber von Hand.
- Bringen Sie einen speziellen Rosendünger aus, vor allem wenn Sie den Boden vorher nicht mit Mist angereichert haben.
- Gießen Sie bei trockenem Wetter neu gepflanzte Rosen regelmäßig.

PFLANZUNG UND AUSSAAT

- Topfrosen können Sie nun ins Freie pflanzen.

SCHNITT

- Beenden Sie so bald wie möglich den Rosenschnitt.
- Schneiden Sie durch späten Frost beschädigte neue Triebe bis auf unbeschädigte Knospen zurück, falls Sie es nicht schon im Monat zuvor getan haben.

VERSCHIEDENES

- Binden Sie neue Triebe von Kletter- und Ramblerrosen, die im Herbst neue Blütentriebe ausbilden werden, an Bambusstäbe oder Drähte.

Rasen

KULTIVIERUNGSMASSNAHMEN

- Belüften, vertikutieren und düngen Sie weiterhin fest angewachsenen Rasen.
- Glätten Sie unebene Stellen und füllen Sie Löcher auf.
- Entfernen Sie Unkraut von Hand.

VERLEGUNG UND AUSSAAT

- Säen Sie weiter neuen Rasen.
- Säen Sie nochmals auf Flächen, die von Vögeln abgefressen wurden, der Umfallkrankheit zum Opfer gefallen sind oder sich nicht gut entwickelt haben. Bringen Sie kalkhaltige Erde oder altes Topfsubstrat aus.
- Verlegen Sie Rasenstücke.

MÄHEN

- Verwenden Sie gemähtes Gras besser nicht zum Mulchen, denn in der Regel enthält es Unkrautsamen, die dann auf den Beeten zu keimen beginnen.

Stauden und Einjährige

KULTIVIERUNGSMASSNAHMEN

- Jäten Sie zwischen den Pflanzen Unkraut.
- Stützen Sie Nelken, Rittersporn und andere schwachstielige Mehrjährige.
- Bringen Sie auf Ihrem Chrysanthemenbeet einen Volldünger aus und bringen Sie Stützen an.

PFLANZUNG UND AUSSAAT

- Pflanzen Sie nun spät blühende Stauden.
- Pflanzen Sie in geschützt liegenden Gärten in mildem Klima gegen Ende des Monats *Calla*, Freilandchrysanthemen und Dahlienknollen ins Freie.
- Pflanzen Sie Gladiolen und Nelken.
- Pflanzen Sie im Frühjahr gezogene Wicken aus.
- Säen Sie weiterhin Einjährige wie Fleißige Lieschen und Petunien unter Glas.

SCHNITT

- Entfernen Sie weiterhin verwelkte Blütenköpfe von Narzissen und Tulpen.

VERMEHRUNG

- Graben Sie die gesunden äußeren Teile von Astern, *Helenium*, Indianernesseln, *Rudbeckia* und mehrjährigen *Helianthus*-Arten aus, teilen und verpflanzen Sie sie.
- Topfen Sie bewurzelte Dahlienstecklinge ein und härten Sie sie ab.

VERSCHIEDENES

- Bekämpfen Sie Läuse und Schnecken.

April

Stein- und Wassergärten

KULTIVIERUNGSMASSNAHMEN

• Jäten Sie weiter zwischen fest an- gewachsenen Pflanzen Unkraut.
• Bewässern Sie bei Trockenheit.
• Bereiten Sie neu angelegte Teiche zum Bepflanzen vor, indem Sie Teichboden und Teichränder mit einer Schicht nährstoffreicher Erde mit neutralem oder alkalischem pH-Wert bedecken.

PFLANZUNG UND AUSSAAT

• Beenden Sie die Pflanzung von Alpenpflanzen sowie unter Glas gezogenen Sämlingen.
• Pflanzen Sie gegen Ende des Mo- nats Tiefwasser- und Uferpflan- zen. Beschweren Sie Sauerstoff bildende Pflanzen mit Steinen und versenken Sie sie im Teich. Siedeln Sie auf der Wasseroberfläche Schwimmpflanzen an.

VERMEHRUNG

• Graben Sie Alpenpflanzen aus, teilen und verpflanzen Sie sie.
• Pikieren Sie Sämlinge unter Glas, wenn sich 3–4 Blattpaare gebildet haben, und topfen Sie sie in tiefe Schalen oder Töpfe mit sandigem Substrat ein.
• Pflanzen Sie selbst gezogene Säm- linge von Aponogeton distachyos in Ihren Wassergarten.
• Heben Sie zu üppig wachsende Seerosen aus, teilen und verpflan- zen Sie sie.
• Säen Sie Samen von Mimulus und Sumpfprimeln in Saatschalen.

VERSCHIEDENES

• Bedecken Sie mit Wasserpflanzen bepflanzte Körbe mit Kies, sodass die Erde im Wasser nicht austritt.

Topf- und Kübelpflanzen

KULTIVIERUNGSMASSNAHMEN

• Holen Sie Ende April Ihre Kübel- pflanzen aus dem Winterquartier ins Freie und härten Sie sie vor- sichtig ab. Holen Sie sie nachts bzw. bei Frost ins Haus.
• Bereiten Sie leere Töpfe und an- dere Behälter für die Bepflanzung vor, falls Sie es nicht schon getan haben.
• Entfernen Sie die oberste Schicht Erde aus mit Bäumen oder Sträu- chern bepflanzten Kübeln und fül- len Sie neue Erde auf.
• Schützen Sie Topf- und Kübel- pflanzen vor Nackt- und Gehäuse- schnecken.
• Kontrollieren Sie Ihre Pflanzen auf Blattlausbefall und spritzen Sie nö- tigenfalls mit umweltschonenden Mitteln.

PFLANZUNG UND AUSSAAT

• Bepflanzen Sie Tröge und Bottiche mit kleinwüchsigen, kompakten Pflanzen, mit Kletterpflanzen oder auch mit Zwergkoniferen.
• Säen Sie als Farbtupfer für den Sommer Einjährige unter Bäume und Sträucher.
• Topfen Sie Begonienzwiebeln ein.

SCHNITT

• Schneiden Sie nach der Blüte Sträucher in Form.
• Entfernen Sie von frühlingsblü- henden Beetpflanzen und früh blühenden Zwiebelgewächsen verwelkte Blütenköpfe.

VERMEHRUNG

• Gießen Sie Fuchsien und Pelargo- nien nun reichlicher und düngen Sie alle 14 Tage mit Flüssigdünger.

Gemüse und Kräuter

KULTIVIERUNGSMASSNAHMEN

• Jäten Sie regelmäßig Unkraut und bewässern Sie bei trockenem Wetter.
• Häufeln Sie Kartoffeln an, wenn das Wachstum fortschreitet, und bedecken Sie das Laub mit Vlies, Stroh oder Zeitungspapier, wenn Nachtfröste vorhergesagt sind.
• Pikieren Sie im vorigen Monat ge- säte Sämlinge.

PFLANZUNG UND AUSSAAT

• Setzen Sie weiterhin Zwiebeln und pflanzen Sie nun frühe Kartoffeln.
• Pflanzen Sie im vorigen Monat ge- säten Sommerkohl aus.
• Säen Sie weiterhin Salat.
• Pflanzen Sie Gewächshaus- tomaten.
• Säen Sie Brokkoli, Winterkohl und im Spätsommer reifenden Blu- menkohl in ein Saatbeet.
• Pflanzen Sie im Kräutergarten La- vendel, Minze, Raute, Salbei und Ysop sowie an geschützten Stand- orten winterharten Rosmarin.
• Säen Sie weiterhin Dill, Fenchel, Majoran und Petersilie.
• Säen Sie weiterhin Basilikum unter Glas.

VERMEHRUNG

• Vermehren Sie Thymian durch Ab- senker; trennen Sie sie ab, sobald sich Wurzeln gebildet haben.

VERSCHIEDENES

• Entfernen Sie Rhabarberblüten, sobald sie erscheinen und bevor sie der Pflanze Nährstoffe rauben.
• Gegen Ende des Monats wächst der erste Spargel; ernten Sie ihn, wenn er 10–15 cm groß ist.

Obst

KULTIVIERUNGSMASSNAHMEN

• Kontrollieren Sie Baumanbinder an neu gepflanzten Bäumen und drücken Sie durch Frühlingsstürme gelockerte Sträucher fest.
• Wässern Sie neu gepflanzte Bäume und Sträucher bei langer Trockenheit sehr reichlich.
• Spritzen Sie mit umweltschonen- den Mitteln gegen Schädlinge und Krankheiten, und zwar vor dem Öffnen der Blütenknospen oder nach Abfall der Blütenblätter, auf keinen Fall jedoch, wenn die Obst- pflanzen in voller Blüte stehen.
• Belüften Sie unter Glasglocken ge- zogene Erdbeeren, um sie vor dem Vergeilen und Schädlingsbefall zu schützen und um Bienen zum Be- stäuben an die Pflanzen zu lassen.

SCHNITT

• Schneiden Sie sich überkreu- zende Äste von Schattenmorel- len aus. Entfernen Sie von fächer- förmig an einer Mauer erzogenen Kirsch-, Pfirsich- und Pflaumen- bäumen Äste, die auf die Mauer zu oder von ihr weg wachsen.
• Entfernen Sie die Blüten von jun- gen Erdbeerpflanzen, um zu ver- hindern, dass sie schon im ersten Jahr Früchte tragen.

VERSCHIEDENES

• Nebeln Sie geöffnete Pfirsichblü- ten ein, um die Fruchtbildung zu fördern.
• Spritzen Sie Obstgehölze nie mit Insektiziden, wenn die Blüten ge- öffnet sind oder Bienen fliegen.
• Schützen Sie geöffnete Blüten vor Frost, indem Sie die Bäume über Nacht mit Vlies einschlagen.

Gehölze, Kletterpflanzen

KULTIVIERUNGSMASSNAHMEN
- Bewässern Sie weiterhin neu gepflanzte immergrüne Pflanzen und Hecken, wenn der Boden sehr trocken ist.
- Besprühen Sie das Laub bei heißem Wetter jeden Abend mit Wasser.
- Mulchen Sie Erika und jungen Rhododendron mit gehäckselter Baumrinde.
- Jäten Sie weiterhin unter Hecken Unkraut.

PFLANZUNG UND AUSSAAT
- Beenden Sie die Pflanzung von immergrünen Pflanzen.
- Pflanzen Sie Sträucher und Kletterpflanzen, die als Jungpflanzen sehr zart und empfindlich sind, wie *Cytisus scoparius,* die winterharte Fuchsie *Fuchsia magellanica* und *Hydrangea.*

SCHNITT
- Entfernen Sie bei frühlingsblühenden Sträuchern wie *Kerria, Pieris, Ribes* und *Spiraea* abgestorbene Blüten. Kürzen Sie lange Triebe und dünnen Sie altes und schwaches Holz aus.
- Entfernen Sie verwelkte Blütenköpfe von Rhododendren.
- Schneiden Sie zur Förderung eines buschigen Wuchses neu gepflanzte Hecken zurück.
- Beschneiden Sie Liguster- und *Lonicera-nitida*-Hecken.

VERSCHIEDENES
- Entfernen Sie Wurzelschösslinge von Fliederbäumen.

Rosen

KULTIVIERUNGSMASSNAHMEN
- Kontrollieren Sie neuen Wuchs auf Läuse und spritzen Sie bei ersten Anzeichen unverzüglich. Verwenden Sie ein umweltschonendes Mittel, das keine nützlichen Insekten vernichtet
- Achten Sie auf zusammengerollte Blätter; sie sind ein Anzeichen für Befall durch die Rosenblattrollwespe. Entfernen Sie die Blätter; spritzen Sie eventuell mit Pyrethrum.
- Gießen Sie weiterhin bei trockenem Wetter neu gepflanzte Rosen.
- Achten Sie darauf, dass die Mulchschicht überall den Boden bedeckt und dass kein Unkraut zwischen den Stängeln wächst.

PFLANZUNG UND AUSSAAT
- Unterpflanzen Sie formale Rosenbeete mit Beetpflanzen und Einjährigen.
- Säen Sie kräftige einjährige Kletterpflanzen wie die Prunkwinde und *Tropaeolum peregrinum* (Kapuzinerkresse) um große Rosensträucher, damit die Sträucher Farbe haben, wenn die Rosen verblüht sind.
- Pflanzen Sie, wenn nötig, in Töpfen gezogene Rosen aus, doch rechnen Sie damit, dass Sie sie das restliche Jahr hindurch ständig bewässern müssen.

Rasen

KULTIVIERUNGSMASSNAHMEN
- Düngen Sie schlecht wachsenden Rasen mit einem stickstoffreichen Dünger.
- Bewässern Sie neuen Rasen bei trockenem Wetter reichlich.
- Entfernen Sie weiterhin Unkraut von Hand.
- Bessern Sie weiterhin die Rasenkanten und beschädigte Stellen aus.

MÄHEN
- Mähen Sie Zierrasen weiter mindestens einmal die Woche, Gebrauchsrasen einmal alle 14 Tage.
- Mähen Sie Rasen, den Sie mit früh blühenden Zwiebelgewächsen verschönert haben, sobald deren Laub abgestorben ist.

VERSCHIEDENES
- Stützen Sie Rabattenpflanzen am Rasenrand, die durch Umknicken nackte Stellen hinterlassen, unauffällig mit Stäben.

Stauden und Einjährige

KULTIVIERUNGSMASSNAHMEN
- Hacken Sie weiter, damit das Unkraut nicht keimt.
- Stützen Sie weiterhin großwüchsige Stauden und bewässern Sie neu gepflanzte Stauden.
- Mulchen Sie an Spalieren gezogene Wicken; befestigen Sie die Stängel und entfernen Sie Seitentriebe und Ranken.
- Graben Sie frühlingsblühende Narzissen- und Tulpenzwiebeln aus, wenn Sie die Beete für den Sommer neu anlegen wollen. Schlagen Sie die Zwiebeln ein, bis das Laub abgestorben ist.

PFLANZUNG UND AUSSAAT
- Pflanzen Sie am Monatsende Chrysanthemen und Dahlien ins Freie und stützen Sie sie.
- Pflanzen Sie im Gewächshaus in Töpfen gezogene Lilien ins Freie.
- Beenden Sie die Aussaat von Einjährigen direkt ins Freie.
- Pflanzen Sie, sobald kein Frost mehr droht, aus Samen gezogene Einjährige ins Freie, nachdem Sie sie abgehärtet haben.
- Säen Sie Zwei- oder Mehrjährige ins Freie, entweder in ein Saatbeet oder einen Kalten Kasten.

SCHNITT
- Entfernen Sie weiterhin verwelkte Blütenköpfe von Hyazinthen, Narzissen und Tulpen.
- Entspitzen Sie Goldrute, *Helenium,* Phlox und große *Rudbeckia,* um Seitentriebe zu fördern.
- Schneiden Sie schwache Stängel von in Gruppen wachsenden, fest angewachsenen Stauden bis auf die Hälfte zurück.

Mai

Stein- und Wassergärten

KULTIVIERUNGSMASSNAHMEN

- Halten Sie weiter das Unkraut im Steingarten unter Kontrolle.
- Streuen Sie feine, mit Dünger vermischte Erde zwischen Gruppen von *Sedum* und Steinbrech.
- Entfernen Sie weiterhin mithilfe eines Netzes oder Rechens Algen aus Ihrem Teich.

PFLANZUNG UND AUSSAAT

- Pflanzen Sie weiterhin Tiefwasser-, Sumpf- und Uferpflanzen in und um den Teich.

SCHNITT

- Beschneiden Sie Alpensträucher nach der Blüte leicht.
- Beschneiden Sie nach der Blüte *Aubrieta* und krautigen Steinbrech, um die Selbstvermehrung durch Samen zu verhindern und einen kompakten Wuchs und eine wiederholte Blüte zu fördern.

VERMEHRUNG

- Teilen Sie zu dicht wachsende Seerosen, wenn Sie es nicht bereits im vorigen Monat getan haben.
- Teilen Sie zu dicht wachsende Uferpflanzen und pflanzen Sie sie wieder in den Teich.

VERSCHIEDENES

- Überfluten Sie bei trockenem Wetter Ihren Sumpfgarten, um die Pflanzen feucht zu halten.

Topf- und Kübelpflanzen

KULTIVIERUNGSMASSNAHMEN

- Entfernen Sie gegen Monatsende frühlingsblühende Zwiebelgewächse aus Blumenkästen und anderen Behältern. Schlagen Sie sie vorübergehend in einer ungenutzten Ecke Ihres Gartens ein, bis auch das Laub abgestorben ist, und graben Sie dann die Zwiebeln zur Lagerung wieder aus.

PFLANZUNG UND AUSSAAT

- Bepflanzen Sie gegen Ende des Monats oder wenn kein Frost mehr droht, Töpfe und andere Behälter mit Sommerbeetblumen.
- Pflanzen Sie Fuchsien und Pelargonien, die in Töpfen überwintert haben und abgehärtet wurden, ins Freie.
- Bepflanzen Sie Anfang des Monats Blumenampeln und Wandbehälter, wenn Sie ein Gewächshaus oder einen anderen Platz haben, an den Sie sie stellen können, bis kein Frost mehr droht.

SCHNITT

- Schneiden Sie Eiben- und Lorbeerhochstämme in Form.

VERSCHIEDENES

- Härten Sie Begonienknollen in einem Kalten Kasten ab.
- Setzen Sie wasserspeicherndes Polymer zu, wenn Sie die Erde für Blumenampeln und Wandbehälter mischen; sie trocknet rasch aus.
- Mischen Sie Langzeitdünger in Granulatform unter die Blumenerde, bevor Sie Behälter mit Sommerblumen bepflanzen; so sparen Sie sich das ständige Düngen mit Flüssigdünger.

Gemüse und Kräuter

KULTIVIERUNGSMASSNAHMEN

- Bereiten Sie Anfang des Monats die mit Gurken, Kürbissen, Tomaten und Zucchini zu bepflanzenden Flächen vor.
- Stellen Sie Stützen für Stangenbohnen auf.
- Entfernen Sie die Glasglocken über frühen Erbsen, Möhren und Puffbohnen.

PFLANZUNG UND AUSSAAT

- Säen Sie gegen Monatsende Haferwurz, Meerkohl, Rote Bete, Stangenbohnen und Zuckermais.
- Säen Sie Stangenbohnen in kälteren Gegenden unter Glas.
- Säen Sie nochmals Salat und Sommerspinat.
- Pflanzen Sie im Spätsommer reifenden Blumenkohl und in kälteren Regionen Rosenkohl ins Freie.
- Säen Sie Anfang Mai Gurken, Kürbisse und Zucchini, die Sie Ende Mai ins Freie pflanzen.
- Säen Sie erneut Kräuter und pikieren Sie im April gesäte Sämlinge.
- Pflanzen Sie Basilikumsämlinge in Töpfe und Mitte Mai an geschützten Stellen ins Freie.

VERMEHRUNG

- Schneiden Sie Stecklinge von Majoran, Rosmarin, Salbei und Thymian.
- Teilen Sie zu üppig wuchernde Minze- und Thymianpflanzen.

VERSCHIEDENES

- Beginnen Sie Puffbohnen zu ernten, wenn die Hülsen etwa fingerdick sind.
- Ernten Sie weiterhin Spargel.
- Binden Sie Tomaten an.

Obst

KULTIVIERUNGSMASSNAHMEN

- Bewässern Sie ausgiebig, wenn das Obst zu reifen beginnt.
- Spritzen und düngen Sie weiterhin Obstbäume und -sträucher.
- Halten Sie neu gepflanzte Brombeer- und Loganbeersträucher getrennt von solchen, die in diesem Jahr tragen.
- Beginnen Sie mit dem Ausdünnen der Früchte auf an Wänden erzogenen Nektarinen-, Pfirsich- und Schattenmorellenbäumen.
- Schützen Sie Erdbeerfrüchte durch Ausbringen von Stroh.

SCHNITT

- Beginnen Sie mit dem Sommerschnitt von im Freien wachsenden Weinstöcken.
- Entfernen Sie bei an Wänden erzogenen Obstbäumen und -sträuchern alle direkt gegen die Wand oder von ihr weg wachsenden Triebe.
- Entfernen Sie auf neu gepflanzten Obstbäumen alle Blüten, damit sich die ganze Energie der Pflanze auf die Bildung starken neuen Holzes konzentriert.
- Dünnen Sie Himbeersträucher aus.

VERSCHIEDENES

- Ringeln Sie die Rinde ertragarmer Apfel- und Birnbäume und verschließen Sie die Wunden mit Baumwachs, um den Heilungsprozess zu beschleunigen.
- Ernten Sie die ersten Erdbeeren von unter geschützten Bedingungen wachsenden Pflanzen.

Gehölze, Kletterpflanzen

KULTIVIERUNGSMASSNAHMEN

- Entfernen Sie durch Selbstvermehrung entstandene Bergahorn- und Eschensämlinge.
- Bewässern Sie bei trockenem Wetter weiterhin neu gepflanzte immergrüne Pflanzen.
- Kontrollieren Sie Rhododendren auf Schädlings- und Krankheitsbefall und unternehmen Sie bei ersten Anzeichen sofort etwas.
- Jäten Sie weiterhin unter Hecken Unkraut und lockern Sie den Boden durch Hacken.

SCHNITT

- Beseitigen Sie Blütentriebe von *Deutzia*.
- Entfernen Sie abgestorbene Blütenköpfe von Flieder und Goldregen und dünnen Sie schwache Triebe aus.
- Schneiden Sie Besenginster nach der Blüte stark zurück; schneiden Sie dabei nicht in altes Holz.
- Entfernen Sie weiterhin verwelkte Blütenköpfe von Azaleen und Rhododendren.
- Schneiden Sie Berberis-, Liguster- und Weißdornhecken.

VERMEHRUNG

- Senken Sie lange Triebe von Clematis und Zierquitten ab.
- Schneiden Sie halbreife Stecklinge von Clematis, *Cotoneaster, Deutzia* und Fuchsien und bewurzeln Sie sie in einem Kalten Kasten.
- Nehmen Sie Kopfstecklinge von *Viburnum*.

VERSCHIEDENES

- Halten Sie den Boden um Bäume und Sträucher frei von Gras.

Rosen

KULTIVIERUNGSMASSNAHMEN

- Halten Sie weiter an Stellen, die im Frühjahr nicht gemulcht wurden, das Unkraut unter Kontrolle.
- Gießen Sie weiterhin bei trockenem Wetter.
- Entfernen Sie bei Teehybriden alle Nebenknospen bis auf die Hauptknospe, um besonders große und langstielige Schnittblumen zu erzielen.
- Spritzen Sie weiterhin mit umweltschonenden Mitteln gegen Schädlinge und Krankheiten.

PFLANZUNG UND AUSSAAT

- Kaufen Sie in Töpfen gezogene, gerade blühende Rosen. Gießen Sie sie vor der Pflanzung reichlich, mulchen Sie danach und halten Sie die Pflanzen das ganze Jahr über gut feucht.

SCHNITT

- Entfernen Sie an früh blühenden Strauchrosensorten abgestorbene Blüten, außer an solchen, die im Herbst schöne Hagebutten hervorbringen.
- Statt Wurzelschösslinge mit einer Rosenschere abzuschneiden, entfernen Sie sie besser, indem Sie sie von der Basis her abreißen.

Rasen

KULTIVIERUNGSMASSNAHMEN

- Belüften Sie fest angewachsenen Rasen gut, damit das Regenwasser bis zu den Wurzeln vordringen kann.
- Entfernen Sie weiterhin Unkraut von Hand.

MÄHEN

- Mähen Sie weiterhin regelmäßig. Stellen Sie bei Trockenheit die Schnittblätter Ihres Rasenmähers hoch ein und lassen Sie das gemähte Gras liegen; dies bewahrt vor Feuchtigkeitsverlust.
- Rasen, auf dem spät blühende Zwiebelgewächse angesiedelt wurden, können von Mitte des Monats an, wenn deren Laub abgestorben ist, gemäht werden. Gründliches Bewässern fördert neues Rasenwachstum über den braunen Stoppeln, die beim Mähen zum Vorschein kommen können.

VERLEGUNG UND AUSSAAT

- Verlegen Sie Rasenstücke, wenn Sie Zeit haben, sie regelmäßig zu bewässern. In dieser Zeit des Jahres wachsen sie sehr schnell fest.

VERSCHIEDENES

- Düngen Sie nicht in Trockenperioden, außer Sie bewässern den Rasen regelmäßig.

Stauden und Einjährige

KULTIVIERUNGSMASSNAHMEN

- Schneiden Sie frühe Stauden nach der Blüte bis fast auf die Erdoberfläche zurück.
- Mulchen Sie Dahlien und feuchtigkeitsliebende Pflanzen mit Kompost oder gehäckselter Baumrinde.
- Bewässern Sie Beete und Rabatten bei trockenem Wetter reichlich.
- Graben Sie frühlingsblühende Zwiebeln nach dem Absterben des Laubes aus. Reinigen Sie die Zwiebeln, sobald sie trocken sind, und bewahren Sie sie bis zum Frühjahr an einem kühlen, trockenen Ort auf.

PFLANZUNG UND AUSSAAT

- Beenden Sie die Pflanzung Einjähriger; stützen Sie große Exemplare.
- Pflanzen Sie *De-Caen*-Anemonen zur Blüte im Herbst.

SCHNITT

- Entspitzen Sie Chrysanthemen, Dahlien und moderne Nelkensorten. Entknospen Sie Rabattenlichtnelken.
- Säen Sie winterharte Stauden und Goldlack in ein Saatbeet im Freien.

VERMEHRUNG

- Graben Sie Beetprimeln aus und teilen Sie sie.
- Schneiden Sie Stecklinge von Nelken und bewurzeln Sie sie in einem Kalten Kasten.

VERSCHIEDENES

- Kontrollieren Sie die Pflanzen auf Insekten, die sich von Pflanzensaft ernähren, und bekämpfen Sie sie mit umweltschonenden Mitteln.

Juni

Stein- und Wassergärten

KULTIVIERUNGSMASSNAHMEN

- Jäten Sie weiterhin in Steingärten Unkraut.
- Bewässern durch feines Benebeln.
- Füllen Sie Ihren Teich mit frischem, sauberem Wasser auf.
- Entfernen Sie weiterhin Algen.
- Entfernen Sie zu üppig wuchernde Schwimmpflanzen, damit Licht in den Teich fallen kann.

PFLANZUNG UND AUSSAAT

- Beenden Sie die Pflanzung von Wasserpflanzen.

SCHNITT

- Entfernen Sie in Ihrem Steingarten weiterhin verwelkte Blütenköpfe.
- Entfernen Sie zu üppigen Wuchs an kletternden Alpenpflanzen.

VERMEHRUNG

- Pikieren Sie Sämlinge von im Frühjahr gesäten Sumpfprimeln und pflanzen Sie sie in ein schattiges, feuchtes Aufzuchtbeet.

Topf- und Kübelpflanzen

KULTIVIERUNGSMASSNAHMEN

- Bringen Sie alle bepflanzten Blumenampeln ins Freie.
- Gießen Sie bei heißem, trockenem Wetter alle Topf- und Kübelpflanzen täglich sehr reichlich.
- Düngen Sie Topf- und Kübelpflanzen regelmäßig, wenn Sie die Blumenerde nicht schon vor der Pflanzung mit Langzeitdünger in Granulatform angereichert haben. Verwenden Sie einen Dünger speziell für Topf- und Kübelpflanzen.
- Drehen Sie Blumenampeln regelmäßig so, dass die Pflanzen gleichmäßig wachsen.

PFLANZUNG UND AUSSAAT

- Beenden Sie die Bepflanzung von Kübeln und anderen Behältern.

SCHNITT

- Entfernen Sie regelmäßig Blütenköpfe, sobald sie zu verwelken beginnen.
- Entspitzen Sie Einjährige zur Förderung der Ausbildung von Seitentrieben.

VERSCHIEDENES

- Füllen Sie Lücken in Ihren Töpfen und anderen Behältern mit im Garten ausgegrabenen Einjährigen.

Gemüse und Kräuter

KULTIVIERUNGSMASSNAHMEN

- Hacken und gießen Sie weiterhin regelmäßig.
- Häufeln Sie Haupternte-Kartoffeln an.
- Bewässern Sie bei trockenem Wetter Ihren Kräutergarten.

PFLANZUNG UND AUSSAAT

- Pflanzen Sie Brokkoli, Rosenkohl und Winterkohl ins Freie, nachdem Sie Horn- und Knochenmehl in die Erde eingearbeitet haben.
- Pflanzen Sie Gurken, Kürbisse und Zucchini auf den im vorherigen Monat vorbereiteten Flächen an.
- Setzen Sie Tomatenpflanzen ins Freie und stützen Sie alle Arten außer Buschtomaten. Gießen Sie reichlich.
- Pflanzen Sie Lauch und lassen Sie den Boden zum Bleichen einsinken oder häufeln Sie ihn wiederholt um die Pflanze herum an.
- Pflanzen Sie Bleichsellerie.
- Säen Sie Chicorée, Mangold und Weiße Rüben.
- Säen Sie weiterhin Bohnen, Erbsen und Salat.

VERMEHRUNG

- Nehmen Sie halbreife Stecklinge von Rosmarin und Salbei.

VERSCHIEDENES

- Ernten Sie frühe Kartoffeln.
- Beenden Sie gegen Monatsmitte die Spargelernte.
- Beginnen Sie, Kräuter zur sofortigen Verwendung oder zum Einfrieren oder Trocknen zu ernten.
- Binden Sie weiter Tomaten im Gewächshaus an. Entfernen Sie Seitentriebe; gießen Sie regelmäßig.

Obst

KULTIVIERUNGSMASSNAHMEN

- Spritzen Sie weiterhin mit umweltschonenden Mitteln gegen Schädlinge und Krankheiten.
- Wässern und mulchen Sie weiterhin junge Obstbäume und -sträucher; kontrollieren Sie Stützen und Bänder.
- Beseitigen Sie Unkraut.
- Dünnen Sie junge Früchte an Apfel-, Birn-, Pfirsich- und Pflaumenbäumen sowie Stachelbeeren aus.
- Binden Sie Triebe von fächerförmig an einer Mauer erzogenen Bäumen an; entfernen Sie Seitentriebe.
- Binden Sie lange, kräftige Triebe von Obststräuchern an; da sie sehr weich sind, können sie leicht beschädigt werden.
- Halten Sie weiterhin neue Obststräucher getrennt von fruchttragenden.
- Schützen Sie Obststräucher mit feinmaschigen Netzen oder einem Drahtkäfig.

SCHNITT

- Schneiden Sie an Weinstöcken im Freien neue Seitentriebe auf 60 cm zurück. Binden Sie zwei Ersatztriebe an, die Seitentriebe im nächsten Jahr liefern.
- Entfernen Sie Ausläufer von fest angewachsenen Erdbeerpflanzen.

VERMEHRUNG

- Senken Sie Erdbeerausläufer ab.

VERSCHIEDENES

- Beginnen Sie mit der Kirschernte.
- Ernten Sie weiterhin Erdbeeren.

Gehölze, Kletterpflanzen

KULTIVIERUNGSMASSNAHMEN

- Halten Sie weiterhin junge Bäume und Sträucher gut feucht.
- Jäten Sie weiterhin unter Hecken Unkraut.
- Binden Sie neue Triebe von Kletterpflanzen an und entspitzen Sie sie.
- Entfernen Sie Wurzelschösslinge von veredelten Rhododendren.

SCHNITT

- Schneiden Sie Laub abwerfende Sträucher wie z. B. *Philadelphus* nach der Blüte.
- Schneiden Sie Hainbuchen- und Weißdornhecken zurück.

VERMEHRUNG

- Senken Sie Glyzinentriebe ab.
- Bewurzeln Sie in einem Kalten Kasten halbreife Stecklinge von *Buddleja alternifolia, Cotoneaster, Deutzia, Euonymus* und *Viburnum*.
- Schneiden Sie Stecklinge von Hibiskus und *Jasminum officinale*.

Rosen

KULTIVIERUNGSMASSNAHMEN

- Bewässern Sie weiterhin.
- Düngen Sie fest angewachsene und neue Pflanzen mit einem speziellen Rosendünger.
- Spritzen Sie mit umweltschonenden Mitteln gegen Rußtau und andere Pilzkrankheiten, grüne Blattläuse und Mehltau.
- Binden Sie neue kräftige Triebe von Kletter- und Ramblerrosen an.

PFLANZUNG UND AUSSAAT

- Pflanzen Sie weiterhin in Töpfen gezogene, blühende Rosen und achten Sie darauf, dass sie auf keinen Fall austrocknen.

SCHNITT

- Entfernen Sie von modernen Kletter- und Strauchrosen die verwelkten Blütenköpfe und schneiden Sie sie bis auf eine Blattknospe zurück.
- Entfernen Sie von Strauchrosen die verwelkten Blüten und beschneiden Sie die Pflanzen leicht mit Ausnahme solcher, die im Herbst schöne Hagebutten hervorbringen.
- Entfernen Sie von Teehybriden und Floribundarosen die verwelkten Blütenköpfe, um so eine erneute Blütenbildung zu fördern.
- Entfernen Sie weiterhin Wurzelschösslinge.

Rasen

KULTIVIERUNGSMASSNAHMEN

- Bewässern Sie bei anhaltender Trockenheit reichlich.
- Belüften Sie verdichteten Rasen.
- Entfernen Sie weiterhin Unkraut von Hand.

MÄHEN

- Mähen Sie weiterhin mindestens einmal in der Woche, außer bei Trockenheit.
- Begradigen Sie weiterhin die Rasenkanten.

VERSCHIEDENES

- Vermeiden Sie es, auf dem Rasen zu gehen, wenn er trocken und braun gefärbt ist, da der verbliebene lebensfähige Wuchs beschädigt werden könnte, was kahle Stellen zur Folgen hätte.
- Wenn einige Rabattenpflanzen am Rasenrand abgestorben sind und kahle Stellen hinterlassen haben, können Sie den Rasen mit Stein- oder Tonziegeln begrenzen.

Stauden und Einjährige

KULTIVIERUNGSMASSNAHMEN

- Schneiden Sie weiterhin früh blühende Stauden zurück.
- Bringen Sie um schwache Pflanzen einen Universaldünger aus.
- Graben Sie neue Beete tief um. Entfernen Sie mehrjährige Unkräuter und arbeiten Sie Mist in den Boden ein.
- Binden Sie weiterhin große Pflanzen an.
- Graben Sie im Frühling blühende Zwiebeln und Knollen aus und lagern Sie sie ein.

PFLANZUNG UND AUSSAAT

- Pflanzen Sie im Herbst blühende Zwiebeln wie Herbstkrokusse und *Sternbergia*.
- Säen Sie Goldlack in ein Saatbeet.

SCHNITT

- Entfernen Sie von allen Pflanzen, hauptsächlich von Einjährigen, regelmäßig die verwelkten Blüten.
- *Achillea*, verschiedene *Geranium*-Arten, Lupinen, Rittersporn und *Salvia* 'Superba' blühen nochmals, wenn sie fast bis zum Boden zurückgeschnitten werden.

VERMEHRUNG

- Graben Sie Zwergiris und mittelgroße Arten aus, teilen Sie die Rhizome und verpflanzen Sie die besten Exemplare; kürzen Sie dabei das Laub auf die Hälfte.

VERSCHIEDENES

- Unternehmen Sie etwas gegen Schädlinge und Krankheiten, vor allem an Gladiolen und Lilien.
- Bestellen Sie Blumenzwiebeln fürs nächste Frühjahr.

Juli

Stein- und Wassergärten

KULTIVIERUNGSMASSNAHMEN

- Bewahren Sie die Samen kurz-lebiger Alpenpflanzen wie Akelei, Mohnblumen und Primeln auf.
- Gießen Sie Alpenpflanzen bei heißem Wetter, vor allem neu ge-pflanzte Exemplare.
- Entfernen Sie überschüssigen Wuchs von Seerosen.
- Dünnen Sie Sauerstoff bildende Pflanzen aus.
- Bepflanzen Sie Ihren Teich bei Be-darf mit weiteren Pflanzen.
- Jäten Sie in Ihrem Sumpfgarten sorgfältig Unkraut und bewässern Sie ihn regelmäßig.

VERMEHRUNG

- Teilen und verpflanzen Sie Alpen-pflanzen wie *Achillea* und Stein-brech nach der Blüte.

Topf- und Kübelpflanzen

KULTIVIERUNGSMASSNAHMEN

- Fahren Sie fort, Pflanzen in Pflanz-behältern ausgiebig zu gießen, vor allem Pflanzen in Blumenampeln und -kästen.
- Düngen Sie Ihre Pflanzen weiter-hin jede Woche mit Flüssigdünger.
- Kontrollieren Sie weiter auf Befall durch Blattläuse, Raupen und an-dere Schädlinge und unterneh-men Sie bei den ersten Anzeichen unverzüglich etwas dagegen.
- Entfernen oder ersetzen Sie ver-blühte oder abgestorbene Topf- und Kübelpflanzen.

SCHNITT

- Entfernen Sie verwelkte Blüten-köpfe.

VERSCHIEDENES

- Vereinbaren Sie mit Freunden oder Nachbarn, wer Ihre Pflanzen gießt, bevor Sie in Urlaub fahren. Besteht diese Möglichkeit nicht, stellen Sie die Pflanzen zumindest an den schattigsten Standort in Ihrem Garten.

Gemüse und Kräuter

KULTIVIERUNGSMASSNAHMEN

- Hacken und bewässern Sie Ihren Gemüsegarten weiterhin regel-mäßig.
- Entfernen Sie Seitentriebe von Freilandtomaten, vor allem von buschigen Sorten.

PFLANZUNG UND AUSSAAT

- Beenden Sie die Pflanzung von Brokkoli, Lauch, Rosenkohl und Winterkohl.
- Säen Sie Erbsen, Rote Bete und Spinat.
- Säen Sie Chicorée, Endivie und andere Salatarten sowie Mangold und Winterradieschen.
- Säen Sie weiterhin Dill, Kerbel und Schnittlauch.

VERSCHIEDENES

- Ernten Sie im Gewächshaus gezo-gene Gurken und Tomaten.
- Ernten Sie weiter frühe Kartoffeln.
- Ernten Sie Schalotten und breiten Sie sie zum Trocknen aus; ernten Sie gegen Monatsende Zwiebeln.
- Ernten Sie Kräuter, auch Lavendel, und lassen Sie sie trocknen.
- Häufeln Sie in exponierten Gärten Brokkoli und Rosenkohl an oder stützen Sie die Pflanzen.

Obst

KULTIVIERUNGSMASSNAHMEN

- Beenden Sie das Ausdünnen von Äpfeln und Birnen.
- Binden Sie weiter neue Triebe von Brombeeren und Loganbeeren an.
- Hacken Sie oft die Erde um Beerensträucher herum, wenn sie nicht gemulcht wurde.
- Unternehmen Sie bei Bedarf etwas gegen die Brennnesselblätt-rigkeit bei Johannisbeeren.
- Entfernen Sie die Netze über Erdbeerpflanzen und das Stroh darunter, wenn die Pflanzen keine Früchte mehr hervorbringen, und schneiden Sie eventuell das Laub zurück. Entfernen Sie Pflanzen, die älter als 3 Jahre sind.
- Binden Sie Ersatztriebe auf an Mauern erzogenen Pfirsichbäu-men an.

SCHNITT

- Beschneiden Sie Apfel- und Birn-bäume.
- Entspitzen Sie fächerförmig erzo-gene Kirschbäume.
- Schneiden Sie Himbeersträucher nach dem Abernten bis auf den Boden zurück und entfernen Sie schwache und überflüssige neue Triebe.
- Entfernen Sie unerwünschte Knospen auf Weinstöcken im Frei-land und schneiden Sie neue seit-liche Triebe auf 60 cm zurück.

VERSCHIEDENES

- Stützen Sie reichlich mit Früchten behangene Äste von Apfelbäu-men mit stabilen, am oberen Ende verzweigten Stäben ab.
- Ernten Sie Beerenobst, sobald es reif ist.

Gehölze, Kletterpflanzen

KULTIVIERUNGSMASSNAHMEN

- Bewässern und mulchen Sie weiter neu gepflanzte Exemplare.
- Binden Sie weiterhin neue Triebe von Kletterpflanzen an und entspitzen Sie sie.
- Jäten Sie weiter unter Hecken Unkraut.

SCHNITT

- Schneiden Sie Ligusterhecken nochmals.
- Beschneiden Sie Buchen- und Eibenhecken.
- Schneiden Sie Lavendelbüsche zurück, nachdem sie verblüht sind.
- Schneiden Sie an Glyzinen junge Triebe oberhalb von drei oder vier Blättern ab.
- Entfernen Sie abgestorbene Äste von immergrünen Bäumen und Sträuchern.

VERMEHRUNG

- Schneiden Sie halbreife Stecklinge von sommer- und immergrünen Sträuchern und bewurzeln Sie sie in einem Vermehrungskasten.
- Topfen Sie Stecklinge von Glyzinen in Anzuchtsubstrat und stellen Sie sie in einen Vermehrungskasten mit Bodenheizung.
- Senken Sie Rhododendren ab; es kann allerdings 3–4 Jahre dauern, bis sie Wurzeln schlagen.
- Nehmen Sie Kopfstecklinge von Erika.
- Nehmen Sie Stecklinge von *Hydrangea* und bewurzeln Sie sie in kleinen Töpfen mit sandigem Substrat in einem Kalten Kasten.

Rosen

KULTIVIERUNGSMASSNAHMEN

- Bewässern Sie Ihre Rosenbeete weiterhin in Trockenperioden.
- Beenden Sie die Düngung mit Rosendünger.
- Spritzen Sie weiter regelmäßig mit umweltschonenden Mitteln gegen Schädlinge und Krankheiten.
- Kontrollieren Sie bei heißem, trockenem Wetter Kletterrosen oder an Wänden, auf trockenem Boden oder an sonnigen, windgeschützten Standorten gezogene Rosen auf Mehltaubefall.
- Achten Sie auf Unkraut, vor allem wenn Rosenbeete bei Trockenheit bewässert werden, und entfernen Sie es sofort.
- Entfernen und entsorgen Sie kranke Blätter.
- Binden Sie weiterhin neue Triebe von Kletterrosen an.

SCHNITT

- Entfernen Sie weiterhin verwelkte Blütenköpfe, um eine erneute Blütenbildung zu fördern.
- Fahren Sie fort, Wurzelschösslinge beim ersten Auftauchen zu entfernen.

VERSCHIEDENES

- Besuchen Sie Gartenausstellungen, Schaugärten und auf Rosen spezialisierte Gärtnereien, um nach neuen Sorten Ausschau zu halten. Bestellen Sie jetzt für die Lieferung im Herbst.

Rasen

KULTIVIERUNGSMASSNAHMEN

- Bereiten Sie den Boden für das Verlegen von Rasen bzw. für die Aussaat vor. Graben Sie gut um, treten Sie den Boden fest und arbeiten Sie einen Rasendünger mit niedrigem Stickstoffgehalt ein.

VERLEGUNG UND AUSSAAT

- Säen Sie eine Woche nach der Bodendüngung Rasensamen aus und achten Sie darauf, dass das Saatgut gleichmäßig verteilt wird; schützen Sie es mithilfe von Netzen oder Vlies vor Vögeln.

MÄHEN

- Mähen Sie weiter regelmäßig.

VERSCHIEDENES

- Wählen Sie sorgfältig die Samen aus, aus denen Sie einen neuen Rasen ziehen möchten. Es gibt verschiedene Sorten für Zier- und Gebrauchsrasen und für sonnige und schattige Standorte.
- Sie können zur Anlage eines neuen Rasens auch Rasenstücke verlegen, was schneller geht, jedoch teurer ist als das Einsäen. Rasenstücke gibt es in verschiedener Qualität; man muss sie bestellen.

Stauden und Einjährige

KULTIVIERUNGSMASSNAHMEN

- Legen Sie weiter neue Beete und Rabatten an.
- Binden Sie Chrysanthemen und Dahlien an und düngen Sie sie.
- Halten Sie spät blühende Stauden gut feucht und frei von Unkraut.

PFLANZUNG UND AUSSAAT

- Pflanzen Sie Krokusse, Lilien und Narzissen.

SCHNITT

- Entfernen Sie weiterhin verwelkte Blüten von Ihren Pflanzen.
- Entknospen Sie Chrysanthemen.

VERMEHRUNG

- Pflanzen Sie Lilien-Brutzwiebeln in tiefe Kisten.
- Säen Sie selbst gewonnene Liliensamen.
- Graben Sie weiterhin Iris aus, teilen und verpflanzen Sie sie.

VERSCHIEDENES

- Bestellen Sie Stauden und Blumenzwiebeln, auch solche, die im Haus blühen sollen.

August

Stein- und Wassergärten

KULTIVIERUNGSMASSNAHMEN

- Ergänzen Sie die Bepflanzung Ihres Teiches.
- Entfernen Sie weiterhin überschüssigen Wuchs an Seerosen.
- Dünnen Sie weiter Sauerstoff bildende Pflanzen aus.
- Halten Sie weiterhin Ihren Sumpfgarten frei von Unkraut und bewässern Sie ihn.

VERMEHRUNG

- Nehmen Sie Triebstecklinge von *Aethionema, Iberis,* Lein und Nelken und Basalstecklinge von *Erodium* und *Hypericum.* Bewurzeln Sie alle Stecklinge in einem Anzuchtkasten.
- Achten Sie darauf, dass neue Stecklinge, bewurzelte Stecklinge und Jungpflanzen feucht bleiben und ausreichend beschattet werden.
- Graben Sie Astern, *Chiastophyllum,* Goldköpfchen, *Cotula,* Mannsschild und *Mimulus* aus, teilen und verpflanzen Sie sie.

Topf- und Kübelpflanzen

KULTIVIERUNGSMASSNAHMEN

- Gießen Sie die Pflanzen weiterhin täglich und düngen Sie sie einmal in der Woche.
- Entfernen Sie weiter Pflanzen, die endgültig verblüht sind.

SCHNITT

- Entfernen Sie weiterhin verwelkte Blüten von Einjährigen.
- Schneiden Sie rankende Pflanzen wie efeublättrige Pelargonien zurück, wenn sie zu stark wuchern.
- Schneiden Sie nach der Blüte Sträucher in Form.

VERMEHRUNG

- Legen Sie sich für das kommende Jahr einen Vorrat an Stecklingen von Fuchsien, Pelargonien und anderen Topf- und Kübelpflanzen an, die nicht aus Samen gezogen werden können.

VERSCHIEDENES

- Überlegen Sie sich, wie Sie Terrasse oder Balkon im Winter und Frühjahr gestalten wollen.
- Lassen Sie sich Kataloge von Samenversandhäusern und auf Balkonpflanzen spezialisierten Versandhäusern kommen und geben Sie unverzüglich Ihre Bestellung auf. Gute neue Sorten sind meistens in kurzer Zeit ausverkauft.

Gemüse und Kräuter

KULTIVIERUNGSMASSNAHMEN

- Sobald das Gemüse abgeerntet ist, entfernen Sie die entsprechenden Pflanzen und bereiten den Boden für andere Pflanzen vor.
- Düngen Sie Brokkoli und Rosenkohl.
- Gießen und düngen Sie Stangenbohnen; spritzen Sie bei Bedarf mit einem umweltschonenden Mittel gegen schwarze Blattläuse.
- Unterbrechen Sie das Wachstum von Gewächshaustomaten; hören Sie auf zu düngen und gießen Sie weniger häufig als vorher.
- Unterbrechen Sie das Wachstum von Freilandtomaten, sobald sich vier oder fünf Fruchttrauben gebildet haben.
- Lagern Sie getrocknete Kräuter ein.
- Sammeln und trocknen Sie Dillsamen.

PFLANZUNG UND AUSSAAT

- Säen Sie frühen Kohl und späten Wintersalat.
- Säen Sie Japanische Winterzwiebeln; sie müssen später mit Glasglocken zugedeckt werden.

VERMEHRUNG

- Nehmen Sie Stecklinge von Lavendel, Lorbeer, Minze, Raute, Rosmarin und Salbei; bewurzeln Sie sie in einem Kalten Kasten oder in einem geschützten Anzuchtbeet im Freien.

VERSCHIEDENES

- Ernten Sie Bleichsellerie, sobald er groß genug ist; er verträgt keinen Frost.
- Ernten Sie Zuckermaiskolben.

Obst

KULTIVIERUNGSMASSNAHMEN

- Beginnen Sie, frühe Äpfel und Pflaumen zu ernten.
- Schützen Sie im Freiland reifende Trauben vor Vögeln und Insekten, indem Sie sie mit Vlies oder feinmaschigem Netz einhüllen.

PFLANZUNG UND AUSSSAAT

- Pflanzen Sie bewurzelte Erdbeerausläufer.

SCHNITT

- Beschneiden Sie weiterhin Apfel- und Birnbäume.
- Schneiden Sie nach der Ernte abgestorbene, kranke, beschädigte und sich überkreuzende Äste von Pflaumenbäumen ab.
- Schneiden Sie bei fächerförmig erzogenen Pflaumenbäumen seitliche Triebe um die Hälfte zurück.
- Schneiden Sie Brombeer- und Loganbeersträucher, die schon Früchte getragen haben, bis zum Boden zurück.
- Schneiden Sie weiterhin Himbeersträucher, die Früchte getragen haben, zurück.
- Schneiden Sie Triebe von Nektarinen-, Pfirsich- und Schattenmorellenbäumen, die schon Früchte getragen haben, ab.
- Binden Sie Ersatztriebe an.

VERSCHIEDENES

- Verbrauchen Sie früh reifende Äpfel; sie eignen sich nicht für die Lagerung.
- Stützen Sie weiterhin schwer mit Früchten behangene Obstbäume.

Gehölze, Kletterpflanzen

KULTIVIERUNGSMASSNAHMEN

- Bereiten Sie den Boden für die Pflanzung sommer- und immergrüner Bäume und Sträucher vor, indem Sie gut verrotteten Mist oder Kompost und etwas Knochenmehl in die Erde einarbeiten.
- Bereiten Sie den Boden für die Pflanzung neuer Hecken vor.
- Mulchen Sie Bäume, Sträucher und Kletterpflanzen mit unkrautfreiem organischem Material.

PFLANZUNG UND AUSSAAT

- Beginnen Sie gegen Ende des Monats mit der Pflanzung immergrüner Pflanzen.
- Verpflanzen Sie bei Bedarf Rhododendren und Azaleen.
- Pflanzen Sie Erika.

SCHNITT

- Schneiden Sie fest angewachsene Hecken zum letzten Mal.

VERMEHRUNG

- Schneiden Sie weiterhin halbreife Stecklinge von Sträuchern.
- Schneiden Sie Steckhölzer von sommer- und immergrünen Sträuchern und bewurzeln Sie sie, z.B. in einem Kalten Kasten.
- Senken Sie weiter Rhododendren ab.
- Teilen Sie Sträucher, die Wurzelschösslinge bilden, z.B. *Philadelphus,* und dünnen Sie den oberen Wuchs aus.

VERSCHIEDENES

- Kontrollieren Sie nach Herbststürmen Stützen und Bänder an jungen Bäumen und Kletterpflanzen.

Rosen

KULTIVIERUNGSMASSNAHMEN

- Spritzen Sie mit Lezithin gegen die Bildung von Mehltau.
- Düngen Sie Busch- und Kletterrosen mit Holzasche, um neues Holz zu härten.
- Binden Sie neue Triebe von Kletterrosen an und binden Sie lange Triebe horizontal fest, um Blüten bildende Seitentriebe im Wachstum zu fördern.
- Bereiten Sie den Boden für neue Pflanzungen vor, indem Sie ihn gründlich umgraben und große Mengen gut verrotteten Mists oder Komposts einarbeiten.

SCHNITT

- Entfernen Sie weiterhin verwelkte Blütenköpfe.
- Schneiden Sie die Blütentriebe nicht noch einmal blühender Kletter- und Ramblerrosen bis zum Boden zurück und binden Sie Ersatztriebe an.
- Schneiden Sie die Blütentriebe hängender Hochstämme bis auf den Haupttrieb zurück.

VERMEHRUNG

- Schneiden Sie bis zu 30 cm lange Stecklinge aus reifen Seitentrieben von Kletter- und Ramblerrosen sowie von kräftigen Floribundarosen. Bewurzeln Sie sie in einem beschatteten Freilandbeet.

Rasen

KULTIVIERUNGSMASSNAHMEN

- Bekämpfen Sie Moos im Rasen.
- Entfernen Sie abgestorbenes Gras vom Rasen und verwenden Sie dazu auf großen Rasenflächen einen elektrischen Rasenrechen. Für kleine Flächen reicht ein normaler Rechen.
- Verbessern Sie bei Bedarf die Drainage, indem Sie tiefe Löcher in den Rasen bohren, eventuell mithilfe einer Grabgabel mit hohlen Zinken. Füllen Sie die Löcher mit grobem Sand oder bereits verwendetem Topfsubstrat.
- Bringen Sie eine Herbstdüngung aus.
- Säen Sie auf entsprechend vorbereitetem Boden Rasensamen, falls Sie es nicht schon im Monat zuvor getan haben.

VERLEGUNG UND AUSSAAT

- Verlegen Sie Rasen, bewässern Sie ihn reichlich und achten Sie darauf, dass er nicht austrocknet.
- Bei der Anlage eines neuen Rasens sollten Sie mit demselben Gras einen kleinen Weg im Gemüsegarten anlegen. So haben Sie eine Rasenreserve für die Ausbesserung von beschädigten Rasenflächen in den folgenden Jahren.
- Säen Sie erneut auf ausgetretenen oder beschädigten Stellen im Rasen.

MÄHEN

- Mähen Sie weiterhin und stellen Sie die Schnittblätter für einen leichteren Schnitt hoch ein.

Stauden und Einjährige

KULTIVIERUNGSMASSNAHMEN

- Bereiten Sie weiterhin neue Blumenbeete und -rabatten vor.
- Kontrollieren Sie Befestigungen an Chrysanthemen und Dahlien.
- Düngen Sie Dahlien alle 14 Tage.
- Säubern Sie Sommerbeete.

PFLANZUNG UND AUSSAAT

- Pflanzen Sie Iris.
- Beginnen Sie mit der Pflanzung von Lilienzwiebeln.
- Pflanzen Sie frühjahrsblühende Blumenzwiebeln.
- Topfen Sie Blumenzwiebeln ein.
- Pflanzen Sie bewurzelte Stecklinge von Nelken.
- Pflanzen Sie winterharte Zweijährige aus.
- Säen Sie winterharte Einjährige wie Kornblumen, Mohnblumen und Rittersporn ins Freie.

SCHNITT

- Schneiden Sie alte, unansehnliche Mehrjährige zurück.
- Entspitzen Sie junge Nelken.
- Entfernen Sie weiterhin verwelkte Blütenköpfe.

VERMEHRUNG

- Topfen Sie Brutzwiebeln von *Lilium auratum* ein und stellen Sie sie in einen Kalten Kasten.
- Säen Sie Liliensamen oder bewurzeln Sie bei geeigneter Temperatur Lilienzwiebelschuppen in Töpfen mit Vermehrungssubstrat.

VERSCHIEDENES

- Hängen Sie Dahlien zur Samengewinnung mit dem Kopf nach unten auf und lassen Sie sie trocknen.

September

Stein- und Wassergärten

KULTIVIERUNGSMASSNAHMEN

- Schaffen Sie ein neues Heim für Alpen- und Steingartenpflanzen. In einem großen Garten bietet sich ein Steingarten an; in kleineren Gärten ist ein Hochbeet praktischer, während in sehr kleinen Gärten Steintröge zum Bepflanzen mit kleineren Steingartenpflanzen verwendet werden können.
- Entfernen Sie abgestorbene Pflanzen aus dem Sumpfgarten.
- Füttern Sie die Fische in Ihrem Teich sparsam, jedoch mit stark proteinhaltigem Fischfutter.

PFLANZUNG UND AUSSAAT

- Verpflanzen Sie Alpenpflanzen, die über den für sie vorgesehenen Platz hinausgewuchert sind.
- Pflanzen Sie aus Samen gezogene Sumpfprimeln aus.

VERMEHRUNG

- Schneiden Sie Basalstecklinge von Veilchenarten und bewurzeln Sie sie in einem Kalten Kasten.
- Graben Sie Alpenpflanzen wie *Globularia, Mertensia, Omphalodes* und *Veronica* aus, teilen und verpflanzen Sie sie.
- Sammeln Sie Winterknospen von europäischem Froschbiss *(Hydrocharis morsus-ranae)* und Wasserfeder *(Hottonia palustris),* bevor sie auf den Teichboden sinken. Bewahren Sie sie bis zum Frühjahr in einem großen, mit Teichwasser gefüllten Gefäß auf einer kühlen Fensterbank auf.

Topf- und Kübelpflanzen

KULTIVIERUNGSMASSNAHMEN

- Gießen Sie die Pflanzen weiterhin bei trockenem Wetter.
- Entfernen Sie weiter abgestorbene Einjährige.
- Entfernen Sie pflanzliches Material aus den Behältern und füllen Sie das verbliebene Substrat auf.

PFLANZUNG UND AUSSAAT

- Pflanzen Sie frühjahrsblühende Zwiebelgewächse in Pflanzbehälter. Zwergformen können Sie um Sträucher herum oder auch in Blumenkästen auf der Fensterbank zusammen mit Stiefmütterchen setzen; größere Sorten sollten Sie dagegen allein in Töpfe pflanzen.
- Bepflanzen Sie Blumenkästen mit Frühlingsbeetblumen, beispielsweise mit Goldlack, Primeln und Vergissmeinnicht.
- Bepflanzen Sie Blumenampeln für Winter und Frühjahr mit einer Mischung aus verschiedenen Efeuarten, Beetblumen wie Primeln und Stiefmütterchen und frühjahrsblühenden Zwiebelgewächsen.
- Graben Sie ein paar Kräuter, z. B. Petersilie und Schnittlauch, aus, pflanzen Sie sie in Töpfe und stellen Sie sie an einen geschützten Ort; so haben Sie im Winter und Frühjahr einen Vorrat.

SCHNITT

- Stutzen Sie weiter Sträucher nach der Blüte.

VERMEHRUNG

- Schneiden Sie Stecklinge von *Campanula isophylla,* Fleißigen Lieschen, Fuchsien, Pelargonien und *Plumbago.*

Gemüse und Kräuter

KULTIVIERUNGSMASSNAHMEN

- Häufeln Sie Chicorée zum Bleichen an.
- Entfernen Sie von Pfropfen und anderen Krankheiten befallene Kartoffeln und entsorgen Sie sie.

PFLANZUNG UND AUSSAAT

- Säen Sie Petersilie in Töpfe für die Winterernte.

VERMEHRUNG

- Teilen und verpflanzen Sie Liebstöckel und Ysop.
- Verpflanzen Sie Lavendelstecklinge aus dem Anzuchtbeet in einen Kalten Kasten.

VERSCHIEDENES

- Ernten Sie Kürbisse und lagern Sie sie an einem frostfreien Ort. Lassen Sie die Früchte vor der Lagerung trocknen, am besten auf Glas- oder Holzstücken, die Sie auf Ziegelsteine legen.
- Ernten Sie weiterhin Gemüse, sobald es reif ist, und lassen Sie es nicht an der Pflanze verderben.
- Graben Sie Möhren aus und lagern Sie sie ein.
- Entfernen Sie Tomatenpflanzen und bringen Sie noch unreife Tomaten zum Nachreifen ins Haus.

Obst

KULTIVIERUNGSMASSNAHMEN

- Halten Sie Ausschau nach Hallimasch an der Stammbasis alter Obstbäume und unternehmen Sie bei ersten Anzeichen unverzüglich etwas dagegen.
- Binden Sie Raupenleimringe an Baumstämme.
- Binden Sie neue Fruchttriebe von Brombeeren und Loganbeeren an.

SCHNITT

- Schneiden Sie Apfel-, Birn- und Pflaumenbäume nicht weiter.
- Schneiden Sie an Wänden gezogene Nektarinen- und Pfirsichbäume nicht weiter; binden Sie Ersatztriebe an.

VERMEHRUNG

- Schneiden Sie Steckhölzer von Johannisbeerbüschen.

VERSCHIEDENES

- Bestellen Sie neue Bäume und Büsche.
- Bereiten Sie Lagerräume bzw. -behälter für geerntetes Obst vor.
- Ernten Sie für die Einlagerung vorgesehene Äpfel und Birnen, bevor sie voll ausgereift sind.
- Ernten Sie im Herbst reifende Himbeeren.

Gehölze, Kletterpflanzen

KULTIVIERUNGSMASSNAHMEN

- Schlagen Sie neue Pflanzen ein, wenn Sie sie bei Kälte erwerben.
- Mulchen Sie zwischen Rhododendren mit verrottetem Laub.

PFLANZUNG UND AUSSAAT

- Pflanzen Sie in Containern gezogene sommer- und immergrüne Bäume und Sträucher. Treiben Sie eine Stütze in die Erde und befestigen Sie sie daran.
- Verpflanzen Sie Immergrüne.
- Pflanzen Sie Clematis und andere sommergrüne Kletterpflanzen.
- Pflanzen Sie weiterhin Erika.
- Pflanzen Sie *Kalmia* und Rhododendron und beginnen Sie, neue Hecken zu pflanzen.

SCHNITT

- Schneiden Sie ungünstig wachsende Äste an sommergrünen Bäumen und Sträuchern aus.
- Schneiden Sie sommerblühende Erika.

VERMEHRUNG

- Schneiden Sie Steckhölzer aus sommer- und immergrünen Sträuchern.
- Entfernen Sie Wurzelschösslinge von *Forsythia* und *Rhus typhinas*.
- Teilen Sie *Euonymus fortunei* und verpflanzen Sie sie.
- Säubern Sie Beete und Rabatten und arbeiten Sie gut verrotteten Mist oder Kompost ein.
- Pflanzen Sie rotbeerige Sträucher, um Vögeln Nahrung zu geben.
- Überprüfen Sie weiterhin Befestigungen von Kletterpflanzen sowie an Sträuchern, die an Mauern erzogen werden.

Rosen

KULTIVIERUNGSMASSNAHMEN

- Graben Sie den Boden von neu mit Rosen zu bepflanzenden Flächen um, wenn Sie es noch nicht im Monat zuvor getan haben, und arbeiten Sie reichlich organisches Material in die Erde ein.
- Überprüfen Sie Schnüre an Kletter- und Ramblerrosen und binden Sie, falls nötig, neue Triebe an.
- Beginnen Sie, das Rosenbeet zu säubern. Entfernen Sie abgestorbenes Laub und Unkraut und entsorgen Sie kranke Blätter.

VERMEHRUNG

- Schneiden Sie weiter Steckhölzer.

SCHNITT

- Entfernen Sie weiterhin verwelkte Blütenköpfe.
- Beenden Sie den Schnitt von Kletterrosen und binden Sie Ersatztriebe an.
- Stutzen Sie die Stängel von Teehybriden und Floribundarosen nach der Blüte um die Hälfte, um Windschäden im Winter zu vermeiden.

VERSCHIEDENES

- Rosen lieben organisches Material. Mist ist das beste Material, das für die Vorbereitung neuer Beete verwendet werden kann. Ist kein Mist verfügbar, kann auch Gartenkompost, Pilzsubstrat oder ein spezieller Bodenverbesserer verwendet werden.

Rasen

KULTIVIERUNGSMASSNAHMEN

- Bessern Sie weiterhin beschädigte Flächen aus bzw. sähen Sie sie neu ein.
- Rechen Sie Falllaub zusammen und schichten Sie es aufeinander, um Blatthumus zu gewinnen.
- Verbessern Sie die Drainage auf fest angewachsenem Rasen, wenn Sie es nicht schon getan haben.
- Bringen Sie, falls noch nicht erledigt, eine Herbstdüngung aus.
- Schützen Sie frisch gesäte Rasenflächen vor Pilzinfektionen, indem Sie regelmäßig Falllaub entfernen, unter dem sich Feuchtigkeit um junge Grastriebe herum bildet.

VERLEGUNG UND AUSSAAT

- Legen Sie weiter neue Rasenflächen an, entweder durch Aussaat oder durch Verlegung von Rasenstücken.
- Falls Sie Zwiebelgewächse in Ihrem Rasen ansiedeln wollen, sollten Sie ihn ganz kurz schneiden.

MÄHEN

- Mähen Sie Ihren Rasen weiter mit hoch eingestellten Schnittblättern.

Stauden und Einjährige

KULTIVIERUNGSMASSNAHMEN

- Säubern Sie Beete und Rabatten und arbeiten Sie gut verrotteten Mist oder Kompost ein.
- Schneiden Sie Dahlien zurück und graben Sie die Knollen aus; lagern Sie sie frostfrei.
- Graben Sie nicht winterharte, sommerblühende Zwiebelpflanzen wie *Ixia* aus und trocknen Sie die Zwiebeln. Bewahren Sie sie auf.
- Pflanzen Sie jetzt Lilien.

PFLANZUNG UND AUSSAAT

- Pflanzen Sie Hyazinthen und Tulpen, ferner winterharte Stauden wie z.B. Federnelken.
- Beenden Sie die Pflanzung von Zweijährigen.
- Säen Sie Wicken ins Freie, unter Glashauben oder auch in Töpfe für den Kalten Kasten.

SCHNITT

- Entfernen Sie weiter verwelkte Blütenköpfe und schneiden Sie unansehnlichen Wuchs zurück.
- Schneiden Sie langes Irislaub auf die Hälfte zurück.

VERMEHRUNG

- Graben Sie wuchernde Stauden aus, teilen und verpflanzen Sie sie.
- Graben Sie bewurzelte Absenker von Gartennelken aus und pflanzen Sie sie ins Freie.

VERSCHIEDENES

- Überprüfen Sie Töpfe mit Steckzwiebeln zum Frühtreiben; gießen Sie gegebenenfalls.
- Entfernen Sie Dahliensamen von getrockneten Blüten und bewahren Sie sie bis zum Frühjahr auf.

Oktober

Stein- und Wassergärten

KULTIVIERUNGSMASSNAHMEN
- Entfernen Sie Unkraut aus Ihrem Steingarten.
- Entfernen Sie Falllaub und andere organische Abfälle.
- Entfernen Sie Falllaub aus Ihrem Teich.

PFLANZUNG UND AUSSAAT
- Pflanzen Sie Zwergbäume und Sträucher in Ihren Steingarten.

SCHNITT
- Beginnen Sie, unter Wasser wachsende, Sauerstoff bildende Pflanzen auszudünnen.
- Schneiden Sie abgestorbene Seerosenblätter ab.

VERMEHRUNG
- Graben Sie Alpenpflanzen wie *Dodecatheon* und im Herbst blühenden Enzian aus und teilen Sie sie.
- Graben Sie Sumpfpflanzen aus, teilen und verpflanzen Sie sie.

VERSCHIEDENES
- Füttern Sie weiterhin die Fische in Ihrem Teich.
- Erneuern Sie Pflanzenetiketten, die durch Regen und Wind unleserlich geworden sind.

Topf- und Kübelpflanzen

KULTIVIERUNGSMASSNAHMEN
- Bringen Sie mit *Agapanthus, Crinum* und *Nerine* bepflanzte Kübel an einen frostfreien, überdachten Ort.
- Graben Sie empfindliche Fuchsien und Pelargonien aus, topfen Sie sie ein und bringen Sie sie ins Haus.
- Stellen Sie mit Bäumen und Sträuchern bepflanzte Kübel an einen windgeschützten Ort.

PFLANZUNG UND AUSSAAT
- Bepflanzen Sie Kübel und andere Behälter mit *Aucuba,* Zwergkoniferen, im Winter blühender Erika und *Skimmia,* um im Winter ein paar hübsche Farbtupfer zu haben.
- Bepflanzen Sie Blumenampeln und -kästen mit winterblühenden Stiefmütterchen. Eine mit einer Mischung aus verschiedenen Stiefmütterchen bepflanzte Ampel kann sehr dekorativ aussehen.
- Pflanzen Sie weiter frühlingsblühende Zwiebelgewächse.

SCHNITT
- Schneiden Sie abgestorbene oder beschädigte Äste aus Bäumen und Sträuchern.

VERSCHIEDENES
- Stellen Sie leere Terracottatöpfe an einen frostfreien überdachten Ort.

Gemüse und Kräuter

KULTIVIERUNGSMASSNAHMEN
- Graben Sie Brachland um und arbeiten Sie gut verrotteten Mist oder Kompost in den Boden ein. Brechen Sie keine Erdschollen auf; das erledigt der Frost für Sie.

PFLANZUNG UND AUSSAAT
- Pflanzen Sie Winter- und Frühjahrssalat.
- Säen Sie weiterhin Salat unter Glashauben.
- Säen Sie Spinat zum Überwintern für eine frühe Ernte im Frühjahr.

VERMEHRUNG
- Teilen Sie wüchsige Minze und Schnittlauch, wenn Sie es nicht schon früher getan haben.
- Bringen Sie ausgegrabene Rhabarberwurzelstöcke zum Vortreiben in ein beheiztes Gewächshaus.
- Topfen Sie Minzewurzeln ein, um sie im Gewächshaus für die Ernte vorzutreiben.

VERSCHIEDENES
- Schneiden Sie Bohnen- und Erbsenstroh; lassen Sie die Wurzeln der Pflanzen in der Erde. Sammeln Sie wieder verwendbare Stangen ein und lagern Sie sie an einem trockenen Ort.
- Graben Sie Rote Bete und Winterrettich aus und lagern Sie beides ein.
- Ernten Sie die letzten Kartoffeln.
- Pflücken Sie die letzten Gewächshaustomaten.
- Graben Sie Chicoréepflanzen aus, setzen Sie sie in mit feuchter Erde gefüllte Kisten und lassen Sie sie in einem Raum bei einer Temperatur von 10–18 °C austreiben.

Obst

KULTIVIERUNGSMASSNAHMEN
- Bereiten Sie den Boden für die Pflanzung neuer Obstbäume und -sträucher vor, indem Sie reichlich organisches Material und Dünger in die Erde einarbeiten.

PFLANZUNG UND AUSSAAT
- Pflanzen Sie Erdbeerausläufer aus.

SCHNITT
- Schneiden Sie Brombeer-, Loganbeer- und Himbeersträucher und binden Sie Ersatztriebe an.

VERMEHRUNG
- Schneiden Sie Steckhölzer von gesunden Stachelbeerbüschen und bewurzeln Sie sie im Freiland.

VERSCHIEDENES
- Befestigen Sie Leimringe an den Stämmen von Apfel- und Kirschbäumen, um Eier legende Insekten zu fangen.
- Ernten Sie weiterhin Äpfel und Birnen und lagern Sie sie an einem kühlen, gut belüfteten Ort ein.
- Ernten Sie weiterhin im Herbst tragende Himbeeren.
- Ernten Sie spät tragende Erdbeeren.

Gehölze, Kletterpflanzen

KULTIVIERUNGSMASSNAHMEN

- Sammeln Sie Falllaub ein und schichten Sie es zur Gewinnung von Blatthumus auf.
- Errichten Sie einen Windfang aus Sackleinen oder stabiler Plastikfolie um neu gepflanzte Sträucher, da diese als Jungpflanzen sehr empfindlich sind.
- Drücken Sie alle neu gepflanzten Bäume und Sträucher fest, die durch Frost gelockert wurden.
- Lagern Sie Pflanzen, die Sie bei kaltem Wetter erwerben, in einem frostfreien Schuppen ein. Wickeln Sie die Wurzeln der Pflanzen in Stroh oder Plastikfolie ein.

PFLANZUNG UND AUSSAAT

- Pflanzen Sie sommergrüne Bäume und Sträucher ohne Ballen.
- Pflanzen Sie weiter in Containern gezogene Bäume und Sträucher.
- Beenden Sie die Pflanzung von Erika und neuen Hecken.

VERMEHRUNG

- Senken Sie *Actinidia*-Triebe ab.
- Schneiden Sie weiterhin Hartholzstecklinge von sommer- und immergrünen Sträuchern.
- Schneiden Sie Stecklinge von Winterjasmin und bewurzeln Sie sie in einem Kalten Kasten.
- Säen Sie in Töpfe mit sandigem Substrat Samen von Bäumen, Sträuchern und Kletterpflanzen und stellen Sie sie in einen Kalten Kasten oder an einen geschützten Ort im Freien.

Rosen

KULTIVIERUNGSMASSNAHMEN

- Falls sich der Boden nicht für die Pflanzung eignet, schlagen Sie Rosen ohne Ballen ein. Oder wickeln Sie die Wurzeln in Stroh oder Sackleinen ein und lagern Sie sie an einem frostfreien Ort.
- Stellen Sie eine Mischung aus Kompost und Knochenmehl zur Grunddüngung her.
- Säubern Sie die Rosenbeete und begradigen Sie die Rasenkanten.
- Stützen Sie Rosen-Hochstämme.

PFLANZUNG UND AUSSAAT

- Pflanzen Sie Rosen ohne Ballen, wenn es das Wetter erlaubt, in bearbeiteten und mit dem Grunddünger gedüngten Boden.
- Pflanzen Sie Kletterrosen mit einem Abstand von mindestens 30 cm an eine Mauer oder einen Zaun. Ordnen Sie die Haupttriebe fächerförmig an und binden Sie sie fest.

SCHNITT

- Bevor Sie neue Rosen pflanzen, entfernen Sie dünne Seitentriebe und schneiden beschädigte Wurzeln bis auf gesundes Gewebe zurück. Kürzen Sie die Wurzeln auf etwa 30 cm.
- Schneiden Sie weiterhin nach der Blüte Teehybriden und Floribundarosen um etwa die Hälfte zurück.

VERSCHIEDENES

- Stülpen Sie über hängende Rosen-Hochstämme eine Drahtkrone. Ziehen Sie die Triebe durch das Drahtgeflecht und binden Sie sie daran fest.

Rasen

KULTIVIERUNGSMASSNAHMEN

- Bereiten Sie den Boden für die Aussaat neuer Flächen im Frühjahr vor, indem Sie ihn umgraben. Lassen Sie grobe Erdschollen liegen.
- Belüften Sie fest angewachsenen Rasen und verbessern Sie bei Bedarf die Drainage.
- Rechen Sie weiter Falllaub sowohl auf neuem als auch auf fest angewachsenem Rasen zusammen.

VERLEGUNG UND AUSSAAT

- Beenden Sie so bald wie möglich das Anlegen neuer Rasenflächen durch Aussaat.
- Beenden Sie möglichst in diesem Monat die Verlegung von Rasenstücken. Allerdings können Sie damit in Perioden milden Wetters im Winter fortfahren.

VERSCHIEDENES

- Reinigen und schmieren Sie Ihren Rasenmäher und lassen Sie ihn bei Bedarf überholen; leeren Sie den Kraftstofftank von benzinbetriebenen Rasenmähern.

Stauden und Einjährige

KULTIVIERUNGSMASSNAHMEN

- Säubern Sie weiterhin Blumenbeete und Rabatten.
- Beenden Sie das Umgraben neuer Beete und lassen Sie grobe Schollen liegen.
- Entfernen und säubern Sie Stützstäbe und bewahren Sie sie auf.
- Rechen Sie Falllaub zusammen und verwenden Sie es für Laubkompost.
- Überprüfen Sie eingelagerte Chrysanthemenstöcke und Dahlienknollen und entsorgen Sie sie, wenn sie Fäulnis aufweisen.
- Drücken Sie den Boden um durch Frost gelockerte Pflanzen fest.
- Bereiten Sie den Boden für Gartenwicken im nächsten Jahr vor.

PFLANZUNG UND AUSSAAT

- Beenden Sie die Pflanzung winterharter Stauden, Hyazinthen und Tulpen.

VERMEHRUNG

- Säubern Sie Gladiolenknollen, entfernen Sie die daran haftenden Brutzwiebeln und lagern Sie sie bis zum Austreiben im kommenden Frühjahr. Sondern Sie alte Knollen aus.
- Topfen Sie Sämlinge ein.

VERSCHIEDENES

- Bringen Sie vorgetriebene Blumenzwiebeln, die bereits genug ausgetrieben haben, ins Haus an einen kühlen, hellen Platz.

November

Stein- und Wassergärten

KULTIVIERUNGSMASSNAHMEN

- Entfernen Sie Falllaub aus Ihrem Steingarten und verwenden Sie es zur Kompostierung oder als Wintermulch.
- Hacken Sie den Boden zwischen den Steingartenpflanzen leicht und bringen Sie Split aus.
- Achten Sie darauf, dass frühjahrsblühende Zwiebelgewächse nicht, wenn sie auszutreiben beginnen, vom Laub wüchsiger Alpenpflanzen erstickt werden.
- Entfernen Sie weiterhin Falllaub aus Ihrem Teich.

SCHNITT

- Dünnen Sie weiter Sauerstoff bildende Pflanzen aus.

VERSCHIEDENES

- Hören Sie am Ende des Monats auf, Fische zu füttern.

Topf- und Kübelpflanzen

KULTIVIERUNGSMASSNAHMEN

- Stellen Sie Lorbeerbäumchen in ein Gewächshaus oder an einen anderen frostfreien Ort.

PFLANZUNG UND AUSSAAT

- Pflanzen Sie weiterhin Sträucher und Bäume, vor allem mehrfarbige Sorten immergrüner Pflanzen wie Efeu, *Euonymus fortunei* und *Vinca,* sodass Sie im Winter im Garten ein paar hübsche Farbtupfer haben.

SCHNITT

- Schneiden Sie Miniaturrosen leicht, auch die Wurzeln, bevor Sie sie in Töpfe pflanzen. Achten Sie darauf, dass sie vor starkem Wind geschützt sind.
- Um Windschäden zu vermeiden, schneiden Sie den buschigen Wuchs von in Töpfen gezogener Clematis zurück. Schneiden Sie dann nochmals im Frühjahr.
- Beenden Sie die Leerung, Säuberung und Einlagerung von Pflanzbehältern.

Gemüse und Kräuter

KULTIVIERUNGSMASSNAHMEN

- Graben Sie weiter brachliegenden Boden in Ihrem Gemüsegarten um und reichern Sie ihn mit Mist oder Kompost an.
- Säubern Sie Ihren Kräutergarten von einjährigen Kräutern und graben Sie den Boden danach um.

PFLANZUNG UND AUSSAAT

- Säen Sie in wärmeren Gegenden Salat unter Glashauben.
- Pflanzen Sie Knoblauch.
- Säen Sie frühe Erbsen unter Glashauben.

VERMEHRUNG

- Entfernen Sie Wurzelschösslinge von Artischocken, topfen Sie sie ein und lassen Sie sie in einem Kalten Kasten überwintern.

VERSCHIEDENES

- Kontrollieren Sie Kartoffeln und anderes eingelagertes Gemüse; vernichten Sie alles Gemüse, das Anzeichen von Fäulnis oder Krankheiten aufweist.

Obst

KULTIVIERUNGSMASSNAHMEN

- Bereiten Sie kurz vor der Pflanzung junger Bäume und Sträucher die Pflanzlöcher vor. Eignet sich das Wetter nicht zur Pflanzung, schlagen Sie die Pflanzen ein oder lagern sie frostfrei, nachdem Sie die Wurzeln mit feuchtem Sackleinen umwickelt haben.
- Treiben Sie vor der Pflanzung Stützen in den Boden.
- Schneiden Sie von Baumkrebs befallene Stellen aus alten Bäumen.

PFLANZUNG UND AUSSAAT

- Pflanzen Sie möglichst noch in diesem Monat all Ihre Obstbäume und -sträucher ohne Ballen und mulchen nach der Pflanzung.
- Pflanzen Sie Erdbeeren.

SCHNITT

- Beschneiden Sie fest angewachsene Apfel- und Birnbäume.
- Schneiden Sie neu gepflanzte Bäume leicht in Form.
- Entfernen Sie bei fest angewachsenen Brombeersträuchern in der Mitte wachsende alte Triebe.
- Kürzen Sie an Schwarzen Johannisbeer- und Stachelbeersträuchern die Haupttriebe um die Hälfte und die Seitentriebe auf 5 cm. Entfernen Sie schwache Triebe vollständig.

VERSCHIEDENES

- Kontrollieren Sie eingelagertes Obst; lassen Sie Birnen, falls nötig, bei Zimmertemperatur ausreifen.
- Achten Sie darauf, dass die über Ihren Obstpflanzen hängenden Netze keine Risse aufweisen und genug Schutz vor Vögeln bieten.

Gehölze, Kletterpflanzen

KULTIVIERUNGSMASSNAHMEN

- Rechen Sie weiter Falllaub zusammen und schichten Sie es zur Gewinnung von Blatthumus aufeinander.
- Drücken Sie weiter durch Frost gelockerte, neu gepflanzte Bäume und Sträucher fest.
- Binden Sie Streifen von Sackleinen um junge Koniferen, damit die Zweige nicht unter der Last des Schnees abbrechen.
- Schützen Sie, wenn sehr kaltes Wetter vorhergesagt ist, weniger winterharte, an Wänden erzogene Sträucher und Kletterpflanzen mit feinmaschigen Netzen.

PFLANZUNG UND AUSSAAT

- Pflanzen Sie weiterhin bei mildem Wetter sommergrüne Bäume und Sträucher.
- Beenden Sie die Pflanzung sommergrüner Heckenpflanzen.

SCHNITT

- Schneiden Sie bei fest angewachsenen Bäumen und Sträuchern bei frostfreiem Wetter abgestorbene, beschädigte oder kranke Äste bis auf gesundes Holz zurück.
- Schneiden Sie zurückgeschlagene einfarbige Schösslinge panaschierter immergrüner Sträucher zurück.
- Schneiden Sie sommergrüne Bäume und Sträucher zurück, deren Äste über Gemüsebeete hängen.

VERMEHRUNG

- Sie können auch jetzt noch Steckhölzer schneiden und in einem Kalten Kasten bewurzeln.
- Schneiden Sie Wurzelschösslinge von Sträuchern wie Sumach.

Rosen

KULTIVIERUNGSMASSNAHMEN

- Schlagen Sie weiterhin Rosenpflanzen ein oder lagern Sie sie an einem frostfreien Ort, wenn sie nicht gleich gepflanzt werden können.
- Sammeln Sie weiter krankes Falllaub ein und entsorgen Sie es.

PFLANZUNG UND AUSSAAT

- Rosen ohne Ballen können nach wie vor gepflanzt werden, vorausgesetzt der Boden ist trocken und nicht gefroren.
- Verpflanzen Sie ausgewachsene Rosen, schneiden Sie den oberirdischen Wuchs stark zurück und beschneiden Sie auch die Wurzeln.
- Säen Sie Samen von Wildrosen in Töpfe und stellen Sie sie in einen Kalten Kasten.

SCHNITT

- Stutzen Sie lange Stängel fest angewachsener Buschrosen um die Hälfte.

VERMEHRUNG

- Achten Sie darauf, dass ins Freie gesetzte Steckhölzer fest im Boden verankert sind.

VERSCHIEDENES

- Überprüfen und erneuern Sie gegebenenfalls die Befestigung von Kletterrosen.
- Achten Sie darauf, dass Kletter- und Ramblerrosen gut befestigt sind; ihre dornigen Stängel könnten bei starkem Wind Schaden anrichten.

Rasen

KULTIVIERUNGSMASSNAHMEN

- Beenden Sie die Vorbereitung von Saatflächen für das kommende Frühjahr.
- Belüften Sie weiterhin fest angewachsenen Rasen.
- Behandeln Sie den Rasen gegen Schnakenlarven.

MÄHEN

- Mähen Sie weiter ab und zu mit hoch eingestellten Schnittblättern, falls es sich als notwendig erweist.

VERSCHIEDENES

- Beenden Sie die Säuberung und Wartung Ihres Rasenmähers und anderer Geräte für die Rasenpflege und schmieren Sie alle Teile sorgfältig, bevor Sie die Maschinen über Winter unterstellen.
- Gehen Sie bei Frost, Schnee oder außergewöhnlich nassem Wetter besser nicht über den Rasen, da das Gras dadurch beschädigt werden könnte.
- Gehen Sie niemals immer an derselben Stelle über den Rasen. Wenn Sie den Rasen täglich überqueren müssen, sollten Sie sich überlegen, ob das Anlegen eines kleinen Weges nicht sinnvoll wäre. Die Verdichtung der Erde, die durch das regelmäßige Betreten von nassem Rasen verursacht wird, verschlechtert die Drainage ganz erheblich.

Stauden und Einjährige

KULTIVIERUNGSMASSNAHMEN

- Beenden Sie die Säuberung von Blumenbeeten und Rabatten.
- Kontrollieren Sie weiterhin eingelagerte Chrysanthemenstöcke und Dahlienknollen auf Fäulnis.
- Fahren Sie fort, den Boden um durch Frost gelockerte Pflanzen festzudrücken.
- Hacken Sie vorsichtig die Erde in Beeten mit frühjahrsblühenden Zwiebelgewächsen.
- Stülpen Sie Glashauben über Winterblüher, um eine frühe Blütenbildung zu fördern und die Blüten vor Schlamm zu schützen.

VERSCHIEDENES

- Bestellen Sie Blumenzwiebeln, Pflanzen und Samen fürs kommende Frühjahr.
- Bringen Sie nach und nach Töpfe mit vorgetriebenen Zwiebelgewächsen ins Haus.

Dezember

Stein- und Wassergärten

KULTIVIERUNGSMASSNAHMEN

- Jäten Sie in Ihrem Steingarten weiterhin Unkraut und sammeln Sie Falllaub auf.
- Harken Sie weiterhin den Boden zwischen den Pflanzen.
- Entfernen Sie weiterhin Falllaub aus Ihrem Teich.

PFLANZUNG UND AUSSAAT

- Säen Sie Samen von sommerblühendem Enzian, Primeln und anderen Alpenpflanzen in Töpfe und stellen Sie die Töpfe ins Freie; die Pflanzen können Frost vertragen, müssen aber vor Staunässe geschützt werden.

VERSCHIEDENES

- Verhindern Sie, dass Ihr Teich völlig zufriert, indem Sie einen Gummiball oder eine Plastikflasche auf der Wasseroberfläche treiben lassen. Sie können auch Löcher in die Eisfläche schmelzen, indem Sie Behälter mit kochendem Wasser darauf stellen.

Topf- und Kübelpflanzen

KULTIVIERUNGSMASSNAHMEN

- Stellen Sie Hortensien in Kübeln an einen frostfreien Ort.
- Schützen Sie die Wurzeln empfindlicher Pflanzen vor Frost.
- Stellen Sie Pflanzbehälter von exponierten Stellen an geschützte Standorte. Niedrige Behälter stellt man am besten in ein frostfreies Gewächshaus.
- Stellen Sie alle Pflanzbehälter, die den Winter über im Freien bleiben sollen, auf Ziegelsteine, damit das Wasser abfließen kann und somit Staunässe verhindert wird.
- Bringen Sie Blumenampeln an einen überdachten Ort, in ein kaltes Gewächshaus oder an einen geschützten Standort im Freien, wenn Frost vorhergesagt ist.

PFLANZUNG UND AUSSAAT

- Bei mildem Wetter können nach wie vor sommergrüne Bäume und Sträucher in tiefe Behälter gepflanzt werden.
- Bepflanzen Sie Blumenkästen mit winterblühenden Stiefmütterchen, um schon früh im Jahr ein paar hübsche Farbtupfer auf dem Fenstersims zu haben.

SCHNITT

- Schneiden Sie angebrochene, beschädigte oder kranke Äste aus Sträuchern.
- Beschneiden Sie vor dem Monatsende Weinstöcke; später könnten die Schnittstellen bluten.
- Entfernen Sie verwelkte Blüten von winterblühenden Stiefmütterchen in Blumenkästen und anderen Behältern, damit sie stets neue Blüten bilden.

Gemüse und Kräuter

KULTIVIERUNGSMASSNAHMEN

- Graben Sie weiterhin Brachland um und düngen Sie den Boden.
- Heben Sie Furchen zur Pflanzung von Stangenbohnen im kommenden Jahr aus und reichern Sie die Erde mit gut verrottetem Mist an.
- Graben Sie weiterhin Rhabarberstöcke zum Vortreiben aus.
- Stülpen Sie Glashauben über Wintersalat.
- Beenden Sie die Säuberung Ihres Kräutergartens von einjährigen Kräutern.
- Schützen Sie Rosmarin mit Stroh, Lauberde oder gehäckselter Baumrinde.

PFLANZUNG UND AUSSAAT

- Beenden Sie die Pflanzung von Knoblauch.

VERSCHIEDENES

- Ernten Sie Lauch, Pastinaken und Rosenkohl.
- Sammeln Sie Stützstäbe, Reisig und Netze zusammen und räumen Sie Ihren Gemüsegarten ordentlich auf.
- Vernichten Sie weiterhin alles Lagergemüse, das Anzeichen von Fäulnis oder Krankheiten aufweist.

Obst

KULTIVIERUNGSMASSNAHMEN

- Spritzen Sie Obstbäume und -sträucher mit mineralölhaltiger Spritzbrühe, allerdings nicht bei windigem Wetter.
- Überprüfen Sie Stützen und Befestigungen und nehmen Sie bei Bedarf Ausbesserungen vor.
- Düngen Sie alle Obstbäume; düngen Sie an Wänden gezogene Bäume mit verrottetem Mist.

PFLANZUNG UND AUSSAAT

- Pflanzen Sie bei günstigen Wetterbedingungen weiterhin Obstbäume und -sträucher.

SCHNITT

- Beenden Sie den Schnitt älterer Bäume und Sträucher.
- Stutzen Sie die Haupttriebe neu gepflanzter Apfel- und Birnbäume um bis zu zwei Drittel.
- Beschneiden Sie die Haupttriebe an neuem Spalier- oder Kordonobst.
- Beschneiden Sie neu gepflanzte Obststräucher auf 25–30 cm.
- Beschneiden Sie neue Schwarze-Johannisbeer-Büsche auf 5 cm.
- Stutzen Sie Rote Johannisbeeren und Stachelbeeren.

VERMEHRUNG

- Verwenden Sie reifes Schnittholz von neu gepflanzten Schwarze-Johannisbeer-Büschen als Steckhölzer; stecken Sie diese im Freiland zum Bewurzeln in Furchen.

VERSCHIEDENES

- Kontrollieren Sie eingelagertes Obst; lassen Sie Birnen bei Zimmertemperatur ausreifen.

Gartenbegriffe A–Z

Abhärten Allmähliche Gewöhnung von Pflanzen an Freilandbedingungen nach der Vorkultur im Frühbeet oder im Gewächshaus.

Abhäufeln Angehäufelte Erde rund um die Basis einer Pflanze entfernen. Siehe auch *Anhäufeln*

Ableger, Absenker Vegetative Vermehrungsmethode, bei der ein Trieb Wurzeln bildet, während er noch mit der Mutterpflanze verbunden ist. Siehe auch *Vermehrung*

Alkalisch (Boden) pH-Wert über 7. Die meisten Pflanzen gedeihen am besten auf neutralem oder leicht alkalischem Boden. Siehe auch *pH-Wert*

Alpenpflanze Pflanze, die auf kargem, trockenem Boden oberhalb der Waldgrenze im Gebirge gedeiht und im Garten häufig zur Bepflanzung von Steingärten verwendet wird.

Anhäufeln Erde rund um eine Pflanze aufschichten, um die Triebe zu bleichen oder um die Bewurzelung zu fördern sowie zum Schutz vor starkem Wind und Frost. Siehe auch *Abhäufeln*

Anorganisch Chemische Verbindung, die keinen Kohlenstoff enthält. Anorganischer Dünger wird im Gegensatz zu organischem Dünger, der aus Blut, Knochen oder anderem lebendem Material besteht, aus natürlich vorkommenden Verbindungen gewonnen oder künstlich hergestellt. Siehe auch *Dünger, Organisch*

Art Kategorie in der systematischen Einteilung der Pflanzen; Rangstufe unterhalb der Gattung.

Auf Stock setzen Bei älteren Sträuchern das Entfernen von fast sämtlichem oberirdischem Holz, sodass es zu einem starken Neuaustrieb kommt.

Ausdünnen Entfernen der Fruchtansätze bei Obstbäumen, um die Bildung von Einzelfrüchten zu fördern.

Ausläufer Seitentriebe, die sich bewurzeln und neue Pflanzen bilden; oberirdisch bei der Erdbeere, unterirdisch bei Giersch und Quecke. Siehe auch *Vermehrung, Wildkräuter*

Auswaschen Verlust von Bodennährstoffen nach dem Wässern oder nach Regen durch Versickern.

Ballengehölz Pflanze, die in der Baumschule durch mehrmaliges Versetzen einen starken Wurzelballen entwickelt hat; er wird vor dem Verkauf in ein Tuch gewickelt oder – bei größeren Pflanzen – mit einem Drahtnetz zusammengehalten. Ballengehölze dürfen nur im Frühjahr und Herbst gepflanzt werden, da ihr Anwachsrisiko etwas höher ist als bei Containergehölzen.

Ballenloses Gehölz Pflanze, die zwischen November und März unverpackt verkauft wird und auch nur in dieser Zeit gepflanzt werden darf; im Gegensatz zu Container- und Ballenware hat sie das höchste Anwachsrisiko.

Basisch (Boden) Siehe *Alkalisch*

Baum Mehr als 5 m hohe verholzte Pflanze mit Wurzelwerk, Stamm und Krone.

Baumscheibe Fläche rund um einen Baumstamm, die frei von Pflanzen bleibt und/oder mit einer Mulchschicht bedeckt wird, sodass für die Baumwurzeln keine Konkurrenz um die Bodennährstoffe und -feuchtigkeit entsteht.

Baumschutzverordnung Regional unterschiedliche Regelung der zuständigen Naturschutzbehörde zum Schutz von Bäumen; sie umfasst u. a. die Genehmigungspflicht für das Fällen von Gehölzen oder für größere Schnittmaßnahmen bei Bäumen ab einem bestimmten Stammumfang sowie für Neupflanzungen.

Baumstütze Wird kurzzeitig bei Obstbäumen mit sehr reichem Fruchtbehang verwendet, damit die Äste nicht abbrechen; meist Holzpfosten mit verschiebbarem Asthalter aus Metall oder Kunststoff.

Beetpflanze Besonders farbenfrohe und blühfreudige Pflanze.

Befruchtersorte Pflanze, die den Blütenstaub zur Bestäubung selbststeriler Obstsorten liefert. Siehe auch *Selbststeril*

Belüften Lockerung eines verfestigten Bodens, damit mehr Luft eindringen kann.

Blattschmuckstaude Mehrjährige Pflanze, die vor allem wegen ihrer schönen Blätter gepflanzt wird, z. B. Funkie *(Hosta)*.

Bleichen Bei Gemüsepflanzen das Licht von heranwachsenden Blättern oder Stängeln fern halten, damit das Pflanzengewebe hell, weich und im Geschmack milder bleibt, beispielsweise bei Chicorée, Lauch und Sellerie. Gebleicht wird durch Anhäufeln, Einschlagen in festen Karton oder Bedecken der Pflanzen mit Pflanzgefäßen.

Blindheit Blüten, die sich nicht richtig öffnen und schon in der Knospe verfaulen.

Blüte Kurzer Trieb mit Blättern, der zur geschlechtlichen Fortpflanzung von Blütenpflanzen dient und entsprechend geformt ist. Bei zwittrigen Pflanzen unterscheidet man folgende Blütenblattkreise (von außen nach innen): meist grüner Kelch (Calyx); meist farbige Blumenkrone (Korolle); männliche Staubblätter (Stamina) und den Fruchtknoten bildende weibliche Fruchtblätter (Karpelle); die Staubblätter tragen die Pollensäcke mit den Pollen, der Fruchtknoten enthält die Samenanlagen. Bei Pflanzen mit nicht zwittrigen Blüten befinden sich männliche und weibliche Blüten auf derselben Pflanze (einhäusig) oder auf verschiedenen Pflanzen (zweihäusig).

Blütenblatt Modifiziertes, meist farbiges Blatt, das einen Teil der Blüte bildet.

Blütenhülle (Perianth) Besteht aus gleich oder unterschiedlich geformten Blütenblättern.

Blütenstand Kleine Einzelblüten, die dicht zusammen stehen und daher wie eine einzige Blüte erscheinen. Die häufigsten Blütenstände sind:
· Ähre: hängend (Birke, Erle), stehend (Roggen);
· Blüten in Körbchen: Triebspitze gestaucht und scheibenförmig verbreitert oder kolbenförmig erhöht, umgeben von mehreren Reihen von Hüllblättern; in der Mitte kleine gelbe Röhrenblüten (Unechte Kamille), in der Mitte Röhren-, am Rand Zungenblüten (Rudbeckia), im Körbchen veschieden lange Zungenblüten (Löwenzahn);
· Dolde: gestielte Blüten entspringen an einem Punkt der Triebspitze; gewölbt mit gleich langen Blütenstielen (Kerbel) oder flach mit längeren äußeren Strahlen (Möhre);
· Köpfchen: eng gedrängt sitzende kleine, gleich lange Blüten an der Triebspitze (Wiesenklee);
· Traube: aufrecht einseitswendig (Maiglöckchen), aufrecht allseitswendig (Lupine) oder hängend (Goldregen).

Boden Bezeichnung für die etwa 1 m tiefe, natürlich gewachsene obere Erdschicht, wobei man zwischen dem vorwiegend humosen Ober- und dem mineralischen Unterboden unterscheidet. Siehe auch *Oberboden, Unterboden*

Bodendecker Niedrig wachsende Pflanzen, die den Boden rasch bedecken und dadurch das Aufkommen von Unkräutern unterdrücken.

Bodenpflege Bezeichnung für alle Techniken, die helfen, den Boden zu verbessern, damit die Pflanzen optimal gedeihen; u. a. Lockern, Hacken, Umgraben, Mulchen und Düngen.

Bonsai In Japan geübte Kunst, Zwergbäume aus normalwüchsigen Gehölzen zu ziehen, indem die Wurzeln durch gezieltes Zurückschneiden in ihrem Wachstum behindert werden. Durch regelmäßigen Rückschnitt und mithilfe von Draht werden auch die Triebe so gestaltet, dass die ursprüngliche Erscheinungsform erhalten bleibt.

Braktee (Deckblatt) Schützendes Blatt unter der eigentlichen Blüte. Brakteen können wie normale Blätter aussehen, aber auch klein und schuppenartig oder groß und bunt gefärbt sein.

Brutzwiebel Kleine, unreife Tochterzwiebel, die sich meist auf reifen Zwiebeln, manchmal aber auch oberirdisch am Stängel bildet.

Chlorose Eingeschränktes oder fehlendes Chlorophyll, sodass die Blätter sich gelb verfärben. Ursache kann ein Virus oder ein Mineralmangel sein.

Containerpflanze Pflanze, die in einem eigenen Behälter gezogen und verkauft wird, meist Gehölze und Stauden; Containergehölze können im Gegensatz zu Ballengehölzen und ballenlosen Gehölzen ganzjährig gepflanzt werden.

Cultivar Anderer Begriff für Sorte; kommt vom englischen „cultivated variety" und wird nur abgekürzt verwendet (cv.).

Dormanz Ruhezustand, in dem kein Wachstum stattfindet und auch andere vitale Prozesse der Pflanze verlangsamt sind; bei den meisten Pflanzen während des Winterhalbjahrs.

Drainage Abfließen von überschüssigem Wasser im Boden; Entwässerungssystem zum Ableiten von überschüssigem Wasser.

Dünger Organische oder anorganische Substanz zur Verbesserung der Bodenfruchtbarkeit.

Dunkelkeimer Samen, die nur bei Dunkelheit keimen und deshalb je nach Pflanzenart bei der Aussaat mit der entsprechenden Substratmenge bedeckt werden müssen. Siehe auch *Lichtkeimer*

Edelreis (Edelauge) Abgeschnittener Trieb oder Knospe, die auf eine andere Pflanze aufgepfropft wird. Siehe auch *Unterlage*

Einjährige Pflanzen, die in einer Saison keimen, wachsen, blühen, Samen bilden und absterben.

Einschlagen Pflanzen locker in die Erde legen, ehe sie an ihren endgültigen Standort kommen.

Einwärts gebogen Kronblätter von Blüten und Einzelblüten, die sich nach innen biegen und so eine kompakte, abgerundete Form erzeugen.

Einzelblüte Kleine Blüte innerhalb eines vielblütigen Blütenstands. Siehe auch *Blütenstand*

Entknospen Entfernung aller Seitenknospen, um die ganze Energie der Pflanze in die verbliebene Endknospe zu lenken, sodass sie eine besonders große Blüte hervorbringt. Dieses Verfahren wird beispielsweise bei Chrysanthemen, Dahlien und Rosen angewendet.

Entspitzen Entfernung der Triebspitze, um die Bildung von Seitentrieben und Blütenknospen zu fördern.

Entwässerung Siehe *Drainage*

Erziehungsschnitt Schnitt an jungen Bäumen und Sträuchern, um die Aststruktur in die gewünschte Form zu bringen.

F_1-Hybride Erste Generation aus der Kreuzung zweier reinerbiger Elternpflanzen, um einheitliche kräftige und – bei Nutzpflanzen – ertragreiche Nachkommen zu erhalten.

F_2-Hybride Pflanze, die aus Selbst- oder Fremdbefruchtung der F_1-Hybride hervorgeht und weniger einheitlich ist als ihre Elternpflanzen.

Familie Kategorie in der systematischen Einteilung der Pflanzen. Anordnung von verwandten Gattungen; so umfasst etwa die Familie *Rosaceae* u. a. die Gattungen *Prunus, Pyracantha, Rosa, Rubus* und *Sorbus*.

Farn Nicht blühende Pflanze mit büschelig stehenden Blättern (Wedeln), die auf der Unterseite die zur Vermehrung dienenden Sporen tragen.

Flechte Niedrige zweigeschlechtliche Pflanze aus symbiotisch miteinander verbundenen Algen und Pilzen, die an Baumrinden, Felsen usw. zu krustigen, strauchigen oder laubförmigen Gebilden zusammenwächst. Siehe auch *Zweigeschlechtlich*

Flüssigdünger Dünger in Flüssigform, meist als Mineraldüngerkonzentrat verwendet, das vor Gebrauch mit Wasser verdünnt wird.

Folientunnel Wärmeschutz für frühe Aussaaten und zur Verlängerung der Erntezeit im Gemüsebeet sowie zum Schutz vor Schädlingen.

Form Geringfügige erbliche Abweichung innerhalb einer Art; so ist etwa *Clematis montana* fo. *grandiflora* eine größerblütige und stärkere Form von *C. montana*.

Formschnitt Regelmäßiger Rückschnitt von Bäumen und Sträuchern, um verschiedene, meist geometrische Formen zu erzielen.

Fremdbestäubung Übertragung von Blütenstaub (Pollen) vom Staubbeutel einer Blütenpflanze auf die Blütennarbe einer anderen Pflanze.

Frostkeimer Pflanze mit sehr hartschaligem Samen, der erst durch die Einwirkung von Frost und Schnee zur Keimung gebracht werden kann, etwa Adonisröschen (*Adonis*), Nieswurz (*Helleborus*) oder Trollblume (*Trollius*).

Fruchtfolge Aufeinanderfolge von Kulturpflanzen entsprechend ihren Ansprüchen an Nährstoffe und Bodenverhältnisse.

Fruchtknoten Unterer Teil des Stempels, der eine oder mehrere Samenanlagen enthält und sich nach der Befruchtung zur Frucht entwickelt.

Fruchtwechsel Regelmäßiger Wechsel verschiedener Gemüsearten auf derselben Parzelle, wobei eine Fläche in drei oder vier Parzellen aufgeteilt wird; reduziert die Ansiedlung von Schädlingen im Boden und fördert die optimale Nutzung der Bodennährstoffe und des aufgebrachten Düngers.

Fungizid Chemisches Präparat zum Abtöten von krankheitsverursachenden Pilzen.

Gattung Kategorie in der systematischen Einteilung der Pflanzen innerhalb einer Familie. Es handelt sich dabei um eine Gruppe von verwandten Arten, die durch eine Reihe gemeinsamer Merkmale miteinander verbunden sind; so gehören etwa alle Tulpenarten zur Gattung *Tulipa*.

Gefiedert Blatt, das aus zwei oder mehr Teilen besteht (Fiederblatt).

Gefüllt Blüte, bei der sich Staubgefäße zu Blütenblättern umgewandelt haben, etwa bei verschiedenen Chrysanthemen- oder Dahliensorten.

Gegenständig Zwei Blätter oder Seitentriebe, die einander auf gleicher Höhe an den entgegengesetzten Seiten eines Triebes gegenüberstehen. Siehe auch *Wechselständig*

Griffel Verbindungsglied zwischen Fruchtknoten und Narbe.

Hagebutte Beerenähnliche rote oder orangefarbene Scheinfrucht der Wildrose.

Halbstamm (Fußstamm) (Obst-)Baum mit nur 0,5–1 m hohem Stamm und entsprechend tief angesetzten Seitentrieben. Siehe auch *Hochstamm*

Hartholz Voll ausgereiftes Holz von Bäumen und Sträuchern.

Haube Bedeckung aus durchsichtigem Plastik oder Glas zum Schutz vor Nachtfrösten und anderen schädlichen Witterungseinflüssen.

Hauptkultur Gemüsesorten, die während der Hauptwachstumszeit im Sommer reifen und längere Zeit Erträge bringen als die frühen und späten Sorten.

Herbizid Chemisches Präparat zur Bekämpfung von Unkräutern.

Hochstamm (Obst-)Baum mit einer Stammhöhe von 1,6–1,8 m. Siehe auch *Halbstamm*

Holländern Grabmethode, bei der der Boden bis zur Tiefe von zwei Spatenstichen bearbeitet wird, um Drainage, Belüftung und Fruchtbarkeit zu verbessern und damit die Pflanzen sich tiefer einwurzeln können.

Humus Verschiedene organische Abbauprodukte von pflanzlichen Substanzen im Boden; wird oft auch für erst teilweise abgebaute Materialien wie Blatthumus oder Kompost verwendet.

Hybride Nachkomme durch Kreuzung zweier verschiedener Arten oder Unterarten. Hybriden zwischen Arten derselben Gattung heißen Arthybriden, jene zwischen Arten von verschiedenen, aber meist nah verwandten Gattungen werden als Gattungshybriden bezeichnet.

Hydrokultur Kultivierung von Pflanzen in mit Nährstoffen angereichertem Wasser; chemisch indifferentes Füllsubstrat, das Pflanzen Halt bietet.

Hygrometer Gerät zur Messung der herrschenden Luftfeuchtigkeit.

Immergrüne Pflanzen, die ihre Blätter ganzjährig tragen.

Imprägnierung Haltbarmachung von Holz zum Schutz vor Feuchtigkeit

Insektizid Chemisches Präparat zur Vernichtung von Insekten.

Kaktus (Sukkulent) Pflanze mit wolligen Haaren und in der Regel Stacheln tragenden Höckern und Rippen. Siehe auch *Sukkulent*

Kalk Kalziumverbindungen; der Kalkgehalt im Boden entscheidet darüber, ob der Boden basisch, sauer oder neutral ist.

Kätzchen Hängender ährenförmiger Blütenstand, der nach dem Verblühen als Ganzes abfällt.

Keimblätter Die ersten Blätter des Sämlings nach der Keimung, die mit zunehmendem Wachstum der Jungpflanze verkümmern, vertrocknen oder abfallen.

Keimprobe Prüfung der Keimfähigkeit von älteren Samen.

Keimung Physikalischer und chemischer Prozess, wenn Samen zu wachsen beginnen und sich zu Sämlingen entwickeln. Zur Keimung gehören Wasser, Sauerstoff und Nährstoffe sowie je nach Pflanzenart Licht bzw. Dunkelheit und Wärme bzw. Kälte.

Kelch (Calyx) Der meist grüne, aus Kelchblättern (Sepalen) zusammengesetzte äußere Teil der Blütenhülle.

Kletterpflanze Pflanze, die andere Pflanzen oder Gegenstände als Rankhilfe benutzt.

Klon Pflanze, die durch vegetative Vermehrung, also nicht durch Samen, gewonnen wird und so genetisch mit der Mutterpflanze identisch ist.

Knolle Verdicktes, von einem Trieb (bei Kartoffel) oder einer Wurzel (bei Dahlie) stammendes, meist unterirdisches Organ zur Speicherung von Nährstoffen.

Knospe Sehr kurzer Trieb, der die Anlagen von Blättern oder Blüten enthält und von den Knospenschuppen schützend umhüllt wird.

Knoten Abschnitt des Stängels, an dem Blätter, Sprosse, Zweige oder Blüten entspringen.

Kompost Humusreiches, organisches Material aus mehr oder weniger stark zersetzten Pflanzen und anderen organischen Substanzen wie Küchenabfällen; zur Bodenverbesserung und zum Mulchen.

Konifere Sammelbegriff für alle Nadelgehölze mit zapfenförmigen Früchten.

Kopfdüngung Düngemethode, bei der ein sofort verfügbares Düngemittel auf dem Boden rund um die Pflanze verteilt wird.

Kordon (Schnurbaum) Senkrecht oder waagrecht gezogener Spalierobstbaum.

Krautig Nicht verholzende Pflanze, deren oberirdische Teile am Ende der Wachstumsperiode absterben (Staude); botanische Bezeichnung auch für ein- und zweijährige Pflanzen.

Kronblatt (Petalum) Modifiziertes, oft leuchtend gefärbtes Blatt, Teil der Krone.

Krone (Corolla) Innerer Teil der Blütenhülle, der aus getrennten oder verwachsenen Blütenblättern (Petalen) besteht.

Kultivator Mechanisches Gartengerät zur Lockerung des Bodens.

Kunstdünger Umgangssprachlicher Ausdruck für Mineraldünger.

Kurztrieb Kurzer Trieb, an dem die Blätter dicht gedrängt stehen; bei Obstbäumen das Fruchtholz zur Blütenbildung.

Larve Jugendform von Insekten, die sich von dem erwachsenen Tier wesentlich unterscheidet (flügellos) und sich erst durch Umwandlung (Metamorphose) zum fertigen Insekt entwickelt.

Laub abwerfend Mehrjährige Pflanzen (Bäume und Sträucher), die ihre Blätter im Herbst abwerfen und im Frühjahr neue Blätter entwickeln.

Lauberde Durch Kompostierung von Laub gewonnenes Material als Bestandteil von Topfsubstraten und zur Bodenverbesserung.

Lehmboden Nährstoffreichster Mineralboden, der mehr oder weniger viel Sand, Schluff und Ton enthält. Je nach Anteilsverhältnissen wird er als schluffiger, toniger oder sandiger Lehmboden bezeichnet.

Leicht (Boden) Boden mit einem hohen Sandgehalt und nur wenig Tonanteilen.

Lichtkeimer Samen, die zum Keimen Licht benötigen und daher bei der Aussaat mit nur wenig Erde bedeckt werden. Siehe auch *Dunkelkeimer*

Lockstoffe Duftstoffe wie Pheromon, durch die männliche Insekten angezogen werden; so genannte Pheromonfallen werden bei der Schädlingsbekämpfung eingesetzt.

Luftwurzel Oberirdisch wachsende Wurzel zur Verankerung der Pflanze an ihrer Unterlage. Luftwurzeln nehmen Feuchtigkeit aus der Luft auf und können anderen Pflanzen als Stütze dienen.

Mehltau Durch zwei unterschiedliche Pilze verursachte häufige Pflanzenkrankheit: Echter Mehltau befällt Äpfel, Stachelbeeren, Weinreben, Erbsen, Gurken und Zierpflanzen wie Chrysanthemen und Rosen, wobei Triebe und Blätter mit einem weißgrauen Belag überzogen sind; bei Falschem Mehltau zeigen sich gelbbraune Flecken auf der Blattoberseite bzw. violettgraue Schimmelbeläge auf der Blattunterseite von Erbsen, Gurken, Kohlarten, Rhabarber, Rüben, Salat, Spinat und Weinreben sowie bei zahlreichen Zierpflanzen.

Mergel Umgangssprachlicher Begriff für Mineraldünger (Kalkdünger).

Miete Lagermethode für Wurzelgemüse im Freien: Das aufgehäufte Gemüse wird durch eine 30 cm dicke Strohschicht sowie durch eine zweite 25 cm dicke Erdschicht vor Frost geschützt. Die Erdschicht wird festgedrückt und geglättet, damit das Regenwasser ablaufen kann, während ein „Kamin", von oben in die Mitte gebohrt und mit Stroh aufgefüllt, für die nötige Belüftung sorgt.

Mischkultur Nebeneinandersetzen von Pflanzen, die eine günstige Wirkung auf ihre Nachbarpflanzen haben, indem sie Schädlinge und Krankheiten abhalten und das Wachstum fördern.

Mittelrippe Wichtigste, meist zentrale Blattader.

Moorbeetpflanze Flach wurzelnde Pflanze, die auf schwach sauren bis sauren Böden gedeiht, wie Rhododendren oder Azaleen.

Moos Immergrüne, dichte Polster bildende Pflanzen an vorwiegend feuchten, schattigen Stellen, etwa auf Rasenflächen mit schlechter Drainage oder unter Bäumen.

Mulch Organisches Material, das schichtweise auf dem Boden verteilt wird, um Unkräuter zu unterdrücken, die Feuchtigkeit länger zu speichern und eine niedrige, gleichmäßige Bodentemperatur herzustellen. Neben organischem Material wie Grasschnitt, Rindenmulch, Kompost und Stallmist werden auch schwarze Plastikfolie (Mulchfolie) oder Kieselsteine verwendet.

Mutation Spontane, durch natürliche Umwelteinflüsse oder künstlich ausgelöste Veränderungen der Erbmasse, sodass z. B. Blüten entstehen, die anders gefärbt sind als die der Eltern.

Narbe Teil eines oder mehrerer Fruchtblätter, meist an der Spitze des Griffels; nimmt den Pollen vor der Befruchtung auf.

Nektar Süße Flüssigkeit, die von Blüten abgesondert wird und bestäubende Insekten anlockt.

Neutral (Boden) pH-Wert 7, also weder sauer noch basisch. Siehe auch *pH-Wert*

Oberboden Oberer Teil des Bodens, der vor allem Humus enthält und deshalb auch als Humusschicht oder Mutterboden bezeichnet wird. Siehe auch *Unterboden*

Organisch Chemische Verbindungen, die Kohlenstoff aus abgebauten Organismen von Pflanzen und Tieren enthalten; bezogen auf den Garten umgangssprachlicher Begriff für Kompost, Mulch oder andere natürlich vorkommende Pflanzenmaterialien. Siehe auch *Anorganisch*

Panaschiert Dekorative, in der Regel weiße oder gelbe Musterung bei grünen Blättern.

Parasiten Pflanzen, die auf oder in anderen Pflanzen auf deren Kosten leben und ihnen Nährstoffe entziehen; Misteln sind beispielsweise teilweise Parasiten auf Bäumen.

Perennierend Mehrjährige Pflanze.

Pergola Mit Kletterpflanzen berankte Laube oder Laubengang.

Pfahlwurzel Große, senkrecht nach unten wachsende Pflanzenwurzel, die sich nur schwer aus dem Boden entfernen lässt.

Pfropfen Siehe *Veredeln*

pH-Wert Maß für den Gehalt an Säuren oder Basen (im Gartenbau auf den Boden bezogen), wobei die Skala von 1–14 reicht. Ein pH-Wert von 7 ist neutral, ein Wert über 7 ist alkalisch (basisch), ein Wert unter 7 ist sauer; die meisten Gartenböden bewegen sich im Bereich zwischen 4,5 und 8.

Pikieren (Vereinzeln) Junge Sämlinge aus ihrem ersten Anzuchtbeet oder -topf in Beete oder Töpfe umsetzen, sodass sie ausreichend Platz zum Weiterwachsen haben.

Pikierholz Werkzeug zum leichteren Umsetzen von Sämlingen.

Pollen Von Blütenpflanzen produzierter Blütenstaub, der die Eizelle befruchtet, nachdem er auf die Narbe einer Blüte derselben Art gelangt ist.

Ranken Als Kletterorgane dienende Umbildungen von Pflanzentrieben oder Blättern.

Rasensode Mit dem Spaten abgestochene Grasnarbe mit Wurzeln und Erdreich; Bestandteil eines Kunstrasens.

Raupe Larve eines Schmetterlings oder einer Motte; die meisten Raupen ernähren sich ausschließlich von den Blättern der Pflanzen, manche jedoch auch von den Blüten, Stängeln, Wurzeln oder Früchten.

Remontierend Pflanze, die mehr als einmal während einer Wachstumsperiode blüht, häufig bei Rosen- und Erdbeersorten.

Rhizom In der Regel horizontal kriechender, verdickter oder schlanker unterirdischer Trieb; wirkt als Speicherorgan und bildet an seiner Spitze und an den Seiten oberirdische Triebe aus.

Ringelung 0,5 cm breiter Rindenring, der vom Stamm oder von den Ästen bestimmter Obstbäume entfernt wird, um ein zu starkes Wachstum der Bäume einzuschränken und den Ernteertrag zu steigern.

Saatbeet Speziell zur Aussaat vorbereitetes Beet mit feinkrümeliger Erde.

Saatrille Schmale, gerade Furche im Boden, in die Samen gesät und Sämlinge gesetzt werden.

Saatschale Unterteilter Kasten für die Aussaat von Samen.

Sämling Aus Samen gezogene Jungpflanze mit Keimblättern.

Sauer (Boden) pH-Wert unter 7. Saure Böden sind für manche Pflanzen wie Rhododendren, Azaleen und Heidekraut-Arten unbedingt notwendig. Leicht saure Böden mit einem pH-Wert von 6,5 vertragen dagegen die meisten Pflanzen. Siehe auch *pH-Wert*

Sauerstofflieferant Unter Wasser wachsende Pflanze, die sehr wichtig zur ausreichenden Sauerstoffversorgung von künstlich angelegten Teichen oder Becken ist.

Schwachzehrer Pflanze mit besonders niedrigem Nährstoffbedarf. Siehe auch *Starkzehrer*

Schossen Schnell und kräftig in die Höhe wachsen und frühzeitig Blüten und Samen bilden, oft verursacht durch nährstoffarme Böden oder Wassermangel; dafür besonders anfällig sind Salat und Spinat.

Schwer (Boden) Boden mit einem hohen Anteil an Ton und nur wenig Sand.

Selbstbestäubung Übertragung der Pollen von den Staubbeuteln auf die Narbe derselben Blüte oder einer anderen Blüte derselben Pflanze.

Selbstfertil Pflanze, die nach der Befruchtung mit ihrem eigenen Pollen lebensfähige Samen hervorbringt.

Selbststeril Pflanze, die nach Selbstbefruchtung keine lebensfähigen Samen bilden kann und daher einen Fremdbestäuber benötigt.

Sommerblumen Umgangssprachliche Bezeichnung für ein- und zweijährige Blühpflanzen.

Solitär Pflanze (meist Gehölz), die aufgrund ihrer besonders schönen Erscheinungsform einen Einzelstand bekommt.

Sorte Durch Kreuzung oder Auslese in Kultur entstandene vererbbare Abwandlung von Pflanzen.

Spalierpflanze Pflanze mit vertikalem Hauptstamm und drei oder mehr horizontalen Astreihen, die beidseitig der Achse auf gleicher Höhe stehen; häufig werden Obstbäume so erzogen.

Spore Mikroskopisch kleine, ungeschlechtliche Fortpflanzungszelle bei blütenlosen Pflanzen wie Farnen, Pilzen und Moosen.

Sprossknolle Verdickung an unterirdischen Trieben, die in der Regel von einer papierartigen Hülle umgeben ist.

Spurenelemente Chemische Elemente, etwa Bor, Kupfer oder Mangan, die für die Pflanzen lebenswichtig sind, aber nur in geringsten Mengen benötigt werden; bei einem Mangel kann es zu Krankheiten kommen, sodass sie über einen Dünger zugeführt werden müssen. Siehe auch *Dünger*

Starkzehrer Pflanze mit besonders hohem Nährstoffbedarf. Siehe auch *Schwachzehrer*

Staubbeutel (Anthere) Pollen produzierender Teil eines Staubblatts; männliches Fortpflanzungsorgan einer Pflanze.

Staude Mehrjährige Pflanze, deren oberirdische Teile im Herbst absterben und die im Frühjahr neu austreibt.

Steckling Von einer Pflanze abgeschnittener Teil (Blatt, Trieb, Wurzel oder Knopse), aus dem eine neue Pflanze gezogen wird:
· Ansatzsteckling: Trieb mit einem Stück Rinde oder reifem Holz an der Basis;
· Augensteckling: Trieb, der knapp unterhalb eines Auges oder Knotens abgeschnitten wird;
· Blattknospensteckling: Triebstück mit ein bis zwei Paar Knospen oder Blättern;
· Blattsteckling: Blatt oder Teil eines Blattes;
· Grünsteckling: junger, unreifer Trieb von Laub abwerfenden Gehölzen während der Wachstumsperiode;
· Kopfsteckling: Stück von der Triebspitze;
· Stammsteckling: Stück aus einem beliebigen Teil des Stammes (nicht bei Freilandpflanzen);
· Steckholz: Trieb aus dem reifen Holz von Laub abwerfenden und immergrünen Pflanzen am Ende der Wachstumsperiode;
· Weichholzsteckling: Weiche junge Triebspitze von immergrünen Laubgehölzen im Juni oder Juli;
· Wurzelsteckling: Wurzelstück.

Steinfrüchte Früchte mit großem, hartem Kern wie Aprikose, Kirsche, Mirabelle, Pfirsich oder Pflaume.

Stempel Weibliches Fortpflanzungsorgan von Blütenpflanzen, das aus Fruchtknoten, Griffel und Narbe besteht.

Steril Pflanze, die keine Blüten oder lebensfähigen Samen hervorbringt; Blüten ohne funktionsfähigen Staubbeutel und Stempel.

Stickstoff Natürliches in Erde und Luft vorkommendes Element, das von den Pflanzen vor allem zur Blatt- und Stängelbildung benötigt wird; bei einem Mangel kommt es zu einer Gelbfärbung der Blätter.

Stratifizieren Feuchtes Lagern von Samen bei niedrigen Temperaturen zur Beschleunigung der Nachreife bzw. Verkürzung der Ruheperiode und um die Keimung zu fördern.

Substrat Erdmischung zum Einfüllen in Pflanzbehälter; je nach Pflanzenart aus unterschiedlichen Bestandteilen zusammengesetzt.

Sukkulent Pflanze mit dicken, fleischigen Blättern und/oder Stängeln, die das Wasser besonders gut speichert; zu den Blattsukkulenten gehören etwa *Agave, Aloe, Sanseviera* und *Sedum*, während Kakteen als Stammsukkulenten bezeichnet werden. Siehe auch *Kakteen*

Sumpfgarten Natürlicher staunasser oder künstlich angelegter feuchtnasser Boden, auf dem feuchtigkeitsliebende Pflanzen gedeihen.

Systemisch Pestizid oder Fungizid, das von der Pflanze aufgenommen und im gesamten Pflanzengewebe verteilt wird.

Teilung Vermehrungsmethode für ausdauernde Pflanzen, bei der die Pflanze so geteilt wird, dass jedes Stück einen Teil des Wurzelsystems und einen oder mehrere Triebe oder Ruheknospen besitzt. Siehe auch *Vermehrung*

Terminal Triebspitze; bezieht sich meist auf eine Knospe oder Blüte.

Torf Unter Luftabschluss zersetzte Reste von Sumpfpflanzen und Moosen. Torf wurde lange Zeit als Substrat und zur Bodenverbesserung verwendet, aufgrund der zunehmenden Verknappung nimmt man heute jedoch vor allem Torfersatzprodukte.

Transpiration Wasserverlust durch Verdunsten aus den Blättern und Stängeln der Pflanzen.

Uferpflanze Pflanze, die nur auf feuchten oder nassen Böden gedeiht, beispielsweise in der Nähe eines stehenden oder fließenden Gewässers. Siehe auch *Wassergarten, Wasserpflanze*

Umgraben Grabmethode, bei der der Boden bis zur Tiefe eines Spatenstichs bearbeitet wird. Siehe auch *Holländern*

Unkräuter Umgangssprachliche Bezeichnung für Wildkräuter, die zwischen Zier- und Nutzpflanzen wuchern und deren Entwicklung behindern. Siehe auch *Wildkräuter*

Unterart Kategorie in der systematischen Einteilung von Pflanzen; bezeichnet die geographische Rasse einer Art.

Unterboden Bodenschicht unterhalb des Oberbodens, der vor allem Mineralien enthält und daher auch als Mineralschicht bezeichnet wird; in der Regel weniger fruchtbar und von schlechterer Struktur und Textur als der Oberboden. Siehe auch *Oberboden*

Unterfamilie Kategorie in der systematischen Einteilung von Pflanzen; bezeichnet die Gruppe innerhalb einer Familie.

Unterlage Pflanze, die als Wurzelsystem für ein Edelreis dient. Siehe auch *Veredeln*

Unterpflanzung Niedrig wachsende Pflanzen, die unter höhere Pflanzen gesetzt werden. Siehe auch *Bodendecker*

Varietät Botanische Bezeichnung für eine natürlich vorkommende Variante (var.) einer wild wachsenden Art (Spezies), zwischen den Rangstufen Unterart (Subspezies) und Form (f.); umgangssprachlicher Begriff für Pflanzensorten.

Veredeln (Pfropfen) Operatives Zusammenfügen eines Edelreises oder Edelauges mit einer mehr oder weniger eng verwandten Unterlage; diese Methode wird vor allem bei Obstgehölzen und Rosen angewandt.

Veredlungsstelle Stelle, an der ein Edelreis oder Edelauge und die Unterlage miteinander verbunden sind.

Vereinzeln Siehe *Pikieren*

Vergeilen Pflanzen, die durch Lichtmangel verkümmern; betrifft vor allem Sämlinge. Siehe auch *Sämlinge*

Vermehrung Vervielfältigung von Pflanzen durch Samen, Sporen, Stecklinge, Teilung, Veredlung, Ausläufer, Ableger oder Absenker.

Versandgärtnerei In der Regel auf bestimmte Pflanzenarten wie Rosen, Stauden oder Zwiebel- und Knollenpflanzen spezialisierte Gärtnerei, die ihre Ware verschickt.

Vertikutieren Senkrechtes Einschneiden der Rasenfläche mit einem Spezialgerät (Vertikutierer), um verfilzte und abgestorbene Pflanzenteile zu entfernen.

Vlies Leichtes wasser- und luftdurchlässiges Kunststoffmaterial als Bedeckung für Nutzpflanzen, das vor Frösten bis etwa –5 °C schützt.

Vorkultur (Vortreiben) Auslösen des Keimungs- und Wachstumsprozesses von Pflanzen durch Schaffung der entsprechenden Vegetationsbedingungen, etwa durch die Zufuhr von Licht, Wärme und Luftfeuchtigkeit; wird vor allem angewendet bei Zwiebelpflanzen wie Tulpen, Narzissen oder Hyazinthen, ferner bei kälteempfindlichen Einjährigen und Stauden oder bei früh reifendem Gemüse wie Salat und Rhabarber.

Wassergarten Natürlicher oder künstlich angelegter Teich, Wasserbehälter oder sumpfiger Grund, wo Wasser-, Ufer- und Sumpfpflanzen gedeihen. Siehe auch *Uferpflanze, Wasserpflanze*

Wasserpflanze Im Wasser lebende Pflanze, die entweder frei treibt, unter Wasser wächst oder am Grund wurzelt, während sich Blätter und Blüten oberhalb des Wasserspiegels befinden. Siehe auch *Uferpflanze, Wassergarten*

Wechselständig Einzeln stehende Blätter an einem Trieb, die einander auf unterschiedlichen Höhen gegenüberstehen.

Wedel Blattähnliche Organe von Farnen; einige Farnarten bilden sowohl sterile als auch fertile, also Sporen tragende Wedel aus, über die sich die Pflanzen vermehren, etwa der Straußenfarn (*Matteuccia*). Siehe auch *Vermehrung*

Wildkräuter Ein- und mehrjährige Pflanzen, die zwischen Zier- und Nutzpflanzen wachsen und mit diesen um die Bodennährstoffe und -feuchtigkeit konkurrieren. Zu den einjährigen Wildkräutern gehören etwa das Weidenröschen (*Epilobium hirsutum*) und das Drüsige Springkraut (*Impatiens glandulifera*), die sich durch Samen vermehren. Zu den mehrjährigen Wildkräutern zählen Brennnessel (*Urtica dioica*), Giersch (*Aegopodium podagraria*), Quecke (*Agropyron repens*) und Winde (*Convolvulus arvensis*) sowie die Pfahlwurzler Distelarten (*Carduus*) und Löwenzahn (*Taraxacum*). Siehe auch *Pfahlwurzel*

Windfang Bäume, Hecke, Zaun oder Mauer zum Schutz der Pflanzen vor starkem Wind und anderen ungünstigen Witterungseinflüssen.

Wintergrün Laub tragende Pflanzen, die ihre Blätter im Herbst nicht abwerfen, wie Bambus (*Sinarundinaria muriela*), Feuerdorn (*Pyracantha coccinea*), Hainbuche (*Carpinus betulus*), Kirschlorbeer (*Prunus laurocerasus*), Liguster (*Ligustrum ovalifolium*), Runzelblättriger Schneeball (*Viburnum rhytidophyllum*) oder Strauchmispel (*Cotoneaster salicifolius*).

Winterhart Pflanzen, die unter allen klimatischen Bedingungen einschließlich Frost und Schnee ohne Schutz gedeihen.

Wurzel Der in der Regel unterirdische Teil einer Pflanze; verankert die Pflanze sicher im Boden und nimmt das Wasser und die in ihm gelösten Nährstoffe aus dem Boden auf.

Wurzelschössling Trieb von der Basis der Pflanze oder vom unterirdischen Wurzelstock.

Zapfen Entwickelt sich aus den weiblichen Blüten der Nadelgehölze; besteht aus verholzenden Schuppen und setzt bei der Reife die Samen frei. Siehe auch *Konifere*

Zeigerpflanze Pflanze, die durch ihr natürliches Vorkommen an einem bestimmten Platz die jeweilige Bodenbeschaffenheit ihres Standorts anzeigt, wie pH-Wert, Struktur und Nährstoffe.

Zweigeschlechtlich Pflanzen, in deren Blüten sich sowohl männliche als auch weibliche Organe befinden (Zwitter).

Zweijährige Sommerblumen und Kräuter, die im Gegensatz zu Einjährigen erst in der zweiten Saison blühen, fruchten und dann absterben. Siehe auch *Einjährige*

Zwiebel Modifizierter Trieb, der als Speicherorgan dient; er besteht vor allem aus fleischigen, mehr oder weniger eng sitzenden Schuppenblättern auf einem stark verkürzten Stängel.

Zwiebelpflanze Mehrjährige Pflanze mit einer im Vergleich zu anderen Pflanzen nur sehr kurzen Vegetationsperiode, die sich über Tochterzwiebeln oder Samen vermehrt.

Zwischenkultur Kulturen mit kurzer Entwicklungszeit zwischen Früh- und Hauptkultur, um den frei gewordenen Platz der Frühkultur so lange zu nutzen, bis dieser dann von der Hauptkultur benötigt wird.

Zwittrig Siehe *Zweigeschlechtlich*

Register

Die Umlaute ä, ö, ü werden wie a, o, u behandelt. Kursive Seitenzahlen weisen auf eine Abbildung hin.

Bildnachweis

Fotos:
Alle nicht aufgeführten Fotos: © Reader's Digest.

10 Mayer/Le Scanff/The Garden Picture Library. 20 D. Lecourt/Jacana. 21 N. & P. Mioulane/MAP. 22 o.l: A. Descat/MAP; u.l: G. Hahn/IFA-Bilderteam; u.r: N. & P. Mioulane/MAP. 23 o: N. & P. Mioulane/MAP; u.l, r: Ph. Perdereau. 33 Lamontagne. 34 N. & P. Mioulane/MAP. 40 Nigel Francis/The Garden Picture Library. 42 Ron Evans/The Garden Picture Library. 52 Lamontagne. 56 Lamontagne. 59 Friedrich Strauß. 60 Lamontagne. 62 Lamontagne. 69 Lamontagne. 79 Ph. Perdereau. 80 Steven Wooster/The Garden Picture Library. 85 Lamontagne. 89 Lamontagne. 95 A. Schreiner. 96 Hans Reinhard/Reinhard-Tierfoto. 97 Geduldig/PhotoPress. 101 Lamontagne. 103 Lamontagne. 104 Marijke Heuff/The Garden Picture Library. 107 Lamontagne. 111 Photos Horticultural Picture Library; u: Eric Crichton (3). 118 Ph. Perdereau. 123 o.l: Lamontagne. 127 Lamontagne. 130 u. Verkehrsverein Reichenau e.V.; o: Ursula Edelmann/ARTOTHEK/Städelsches Kunstinstitut Frankfurt a.M. Leihgabe des Historischen Museums Frankfurt a.M. 131 l: Marc/IFA-Bilderteam; r: Otto Stadler/Silvestris. 132 Nils Reinhard/Reinhard-Tierfoto. 133 N. & P. Mioulane/MAP. 135 Ph. Perdereau. 138 u: B. Radelt/Bildagentur Huber; o: Otto Werner/Silvestris. 139 o: R. Schmid/Bildagentur Huber; u: Gräfenhain/Bildagentur Huber. 142 Lamontagne. 153 N. & P. Mioulane/MAP. 156 Hans Reinhard/Reinhard-Tierfoto (2). 157 o: R. Schmid/Bildagentur Huber; u. v. l. n. r: LTF Michler/Helga Lade; Hans Reinhard/Okapia; Willi Rauch/Silvestris; Wolfgang Redeleit. 159 Hans Reinhard/Reinhard-Tierfoto. 162 Lamontagne. 171 Hans Reinhard/Reinhard-Tierfoto. 172 Eckhardt/IFA-Bilderteam. 177 Lamontagne. 179 Lamontagne. 181 Lamontagne. 183 Lamontagne. 184 Lamontagne. 191 P. Eden/The Image Bank. 197 Lamontagne. 211 Lamontagne. 221 N. & P. Mioulane/MAP. 222 N. & P. Mioulane/MAP. 223 o: Eric Crichton; M: Ph. Perdereau. 224 Lamontagne. 225 C.M. Walkden. 240 M.r, u.l: N & P Mioulane/MAP; u.r: Chris Burrows/The Garden Picture Library. 241 o.l, M.r: Ph. Perdereau; M.l: N. & P. Mioulane/MAP. 252 o: Steven Wooster/The Garden Picture Library; u: Jerry Harpur. 253 o: Eric Crichton; M: Neil Holmes/The Garden Picture Library. 258 A. Descat/MAP. 261 Ph. Perdereau. 273 Lamontagne. 275 Lamontagne. 282 Lamontagne. 284 l: Photos Horticultural Picture Library; r: Harry Smith Collection. 285 u: Photos Horticultural Picture Library. 289 N. & P. Mioulane/MAP. 295 Lamontagne. 297 Lamontagne. 300 Geduldig/PhotoPress. 307 Ph. Perdereau. 312 Lamontagne. 315 Kanzler/IFA-Bilderteam. 316 Photos Horticultural Picture Library. 316/317 Lamontagne/The Garden Picture Library. 317 Eric Crichton. 323 J.C. Mayer-G. Le Scanff. 336 Lamontagne. 337 Lamontagne. 340 Linda Burgess/The Garden Picture Library. 370 Mayer-Le Scanff/The Garden Picture Library.

Illustratoren:

• Isabelle Arslanian • Cy Baker • Liliane Blondel • Sylvia Bokor • Wendy Bramall • Ray Burrows • Bénédicte Carraz • Nicole Colin • Bruno Congar • Philippe Degrave • Paulette Dimier • Gavin Dunn • Wayne Ford • William Fraschini • Nicole Gawsewitch • Sally Gooden • Tony Graham • Maxine Hamil • Diana Leadbetter • Manfred Lindner • Michel Loppé • Régis Macioszczyk • Jean-Marc Pariselle • Pond and Giles • Precision Illustration • Anne Sarrazin • Jeremy Simmonds • Tig Sutton • Gill Tomblin • Michèle Trumel • Barbara Walker • Paul Williams • Christine Wilson • John Woodcock.